(京)新登字 054 号

中国机械电子工业年鉴（机械卷）
·1992·
中国机械电子工业年鉴（机械卷）编辑委员会编
*
机械工业出版社出版（北京阜成门外百万庄南街一号）
（北京市书刊出版业营业许可证出字第 117 号）
机械工业出版社印刷厂印刷
新华书店北京发行所发行·新华书店经售
*
开本 787×1092 毫米 1/16·印张 45 3/4 ·插页 16 ·字数 1707 千字
1992 年 10 月北京第 1 版·1992 年 10 月北京第 1 次印刷
印数 0,001—6,000·定价. 48.00 元
*
科技新书目：277-014 ③
ISBN 7-111-03371-X/TH·377

中国机械电子工业年鉴

(机械卷)

·1992·

中国机械电子工业年鉴（机械卷）编辑委员会编

机 械 工 业 出 版 社

《中国机械电子工业年鉴(机械卷)》编辑委员会

《中国机械电子工业年鉴(机械卷)》各部门特约编辑

国家教育委员会	张润兴
国家科技奖励工作办公室	赵宝森
公安部	王茂堂
地质矿产部	胡明松
建设部	李映祥
能源部	张海清
铁道部	金列明
交通部	王建辉
机械电子工业部	
办公厅	陶少华
体制改革司	张　强
政策法规司	田淑坤
综合计划司	华征宇
科学技术司	桑远通
生产司	班如平
国际合作司	文　勇
质量安全司	李建林
信息统计司	胡慧玲
教育司	孙长庆
工程农机司	罗力成
第一装备司	呼淑清
	陈清华
第二装备司	樊　晌
第三装备司	尹建平
仪器仪表司	昝福祥
机械基础产品司	吉　喆
机床工具司	蒋业成
民用爆破器材行业办公室	聂德俊
包装食品机械行业办公室	季芷怡

航空航天工业部	王　中
	王中原
冶金工业部	邓臻兴
化学工业部	芮晓红
轻工业部	潘　科
	吴基华
纺织工业部	顾　平
邮电部	冯金声
水利部	王大迎
农业部	马孟发
林业部	谢湘京
商业部	邢　默
中国机械进出口总公司	吴　越
国家统计局	邢俊玲
国家医药管理局	卜绮成
国家技术监督局	戴　莹
国家海洋局	朱莉莉
国家地震局	黄宝森
国家建筑材料工业局	黄成通
中国科学院	盛海涛
中国船舶工业总公司	郭　泽
中国汽车工业总公司	姜　英
中国石油化工总公司	张健生
中国石油天然气总公司	赵光理
中国核工业总公司	杨宝龙
中国煤矿机械装备公司	董善宇
中国有色金属工业总公司	李冠唐
中国质量协会	房玉生
中国机械冶金工会全国委员会	李　烨

《中国机械电子工业年鉴(机械卷)》各地区特约编辑

北京市机械工业管理局	江艺刚
天津市机械工业管理局	张　玲
河北省机械电子工业厅	李春录
山西省机械电子工业厅	谷连云
内蒙古自治区冶金机械工业厅	黄　盛
辽宁省机械工业委员会	张　宇
吉林省机械工业厅	翟胜志
黑龙江省机械工业厅	时钟常
上海市机电工业管理局	马俊勇
江苏省机械工业厅	夏国柱
浙江省机械工业厅	孙烈根
	谢国建
安徽省机械工业厅	李　力
福建省机械工业厅	严子杰
江西省机械工业厅	熊根生
山东省机械工业厅	石长河
河南省机械电子工业厅	崔安国
湖北省机械工业厅	万建国
湖南省机械工业厅	刘永光
	于从予
广东省机械工业厅	黄志强
广西壮族自治区机械工业厅	陈家仁
海南省机械工业局	韩芹光
四川省机械工业厅	雷永亮
贵州省机械工业厅	李江林
云南省机械工业厅	朱国华
陕西省机械工业厅	李耀南
甘肃省机械工业总公司	仲　达
青海省机械工业厅	秦金安
宁夏回族自治区重工业厅	张建中
新疆维吾尔自治区机械电子工业厅	黄效忠

* *

《中国机械电子工业年鉴(机械卷)》编辑出版工作人员

总　编　辑　李宣春
编辑部主任　杜焕生
责任编辑　王树良　史晓岩　白萍　邝鸥　陈振中　胡导明　王亚水
封面设计　史晓岩
版面设计　徐珏蓉
出版负责人　史伟伯
发行负责人　史晓岩
广告负责人　白　萍

1991 年度优秀特约编辑

(以姓氏笔画排列)

万建国　石长河　吉　喆　朱国华　李江林
李锦池　张立言　张海清　昝福祥　夏国柱
崔安国　黄效忠　董善宇

1991 年工业总产值及销售收入

统计口径及范围	工业总产值（亿元）(1990 年不变价格)	产品销售收入(亿元)
全国机械电子工业（乡及乡以上企业）	5845.06	
全国机械电子工业（乡及乡以上独立核算企业）	5661.72	5127.16
全国机械工业（乡及乡以上企业）	4910.60	
全国机械工业（乡及乡以上独立核算企业）	4748.85	4417.50
全国机械工业（乡及乡以上全民所有制独立核算企业）	2671.12	2609.64
机械电子工业部系统机械电子工业（县及县以上企业）	2963.85	2681.19
其中：机械工业系统	1850.33	1789.23
其中：汽车工业系统	449.49	498.12
兵器工业系统	143.40	139.81
船舶工业系统	83.85	72.06
电子工业系统	886.27	680.08

注：全国机械工业包括金属制品业、普通机械工业、交通运输设备制造业、电气机械及器材制造业、仪器仪表及其他计量器具制造业。

编辑说明

一、《中国机械电子工业年鉴》从1984年创刊，连续出版了三期。根据原国家经委批示，1987年分为《中国机械工业年鉴》和《中国电子工业年鉴》出版。1988年国家机构改革，组建了机械电子工业部，为此，1989年又重新出版《中国机械电子工业年鉴》，分为"机械卷"和"电子卷"两册。均由机械电子工业部主办，国务院所属有关部门及省市参加编写。

二、本书为"机械卷"，是记述我国机械工业状况的大型、权威性、资料性年刊。1992年刊主要反映1991年我国机械工业及其各行业的发展情况和所取得的成绩，全面、系统地提供我国机械工业的经济技术资料和统计数据。

三、本《年鉴》收集资料的范围是全国性的。参加本《年鉴》1992年刊撰稿的有国家教委，国家科委，国务院机电产品出口办公室，机械电子工业部、航空航天工业部、轻工业部、邮电部等18个部，中国船舶工业总公司、中国汽车工业总公司、中国石油化工总公司等7个公司，中国科学院，中国社会科学院，国家统计局、国家医药管理局等6个局，海关总署，中华全国总工会和中国质量协会，还有29个省、市、自治区的机械工业厅、局，共计68个部门和单位。

四、本《年鉴》分为十二个栏目。新增加了"机械工业管理机构及领导人员"、"机械工业企业主要经济指标排序"、"企业集团名录"、"世界机械和运输设备贸易的发展情况和趋势"等内容，充实了"省、市、自治区机械工业发展情况"等栏目的资料和数据，使内容更加详尽、权威和实用，便于了解机械工业的信息、积累史料。编辑体例与以前基本相同，个别稍有调整。

五、本《年鉴》主体为行业概况。为便于了解每个行业中各部门的情况，未对整个行业情况汇总，按部门分别叙述。

六、本《年鉴》按行业编排。行业的分类参照国家统计局、国家标准局的国民经济行业分类方法，兼顾当前行政管理体制的现状，划分为73个行业。

七、本《年鉴》各部分所列数字，因来源和统计口径不同，不尽一致，全面的数字均以国家统计局提供的"机械工业全国统计资料"为准。

八、本《年鉴》各项全国统计数字均不含台湾省。

九、由于时间仓促、水平有限，错误和缺点总会存在，敬请各界读者批评指正。

目　　录

第Ⅰ部分　机械工业发展情况

第Ⅱ部分　省、市、自治区机械工业发展情况

第Ⅲ部分　机械工业行业概况

第Ⅳ部分　机械工业发明及优秀科研成果

第Ⅴ部分　机械工业优质产品及节能产品

第Ⅵ部分　机械工业产品和技术进出口

第Ⅶ部分　机械工业全国统计资料

第Ⅷ部分　机械工业重要经济政策法规

第Ⅸ部分　1991 年机械工业大事记

第Ⅹ部分　机械工业优秀企业

第Ⅺ部分　机械工业先进人物

第Ⅻ部分　企业介绍

附　录

机械工业独立核算企业分地区产品销售收入(1991年)

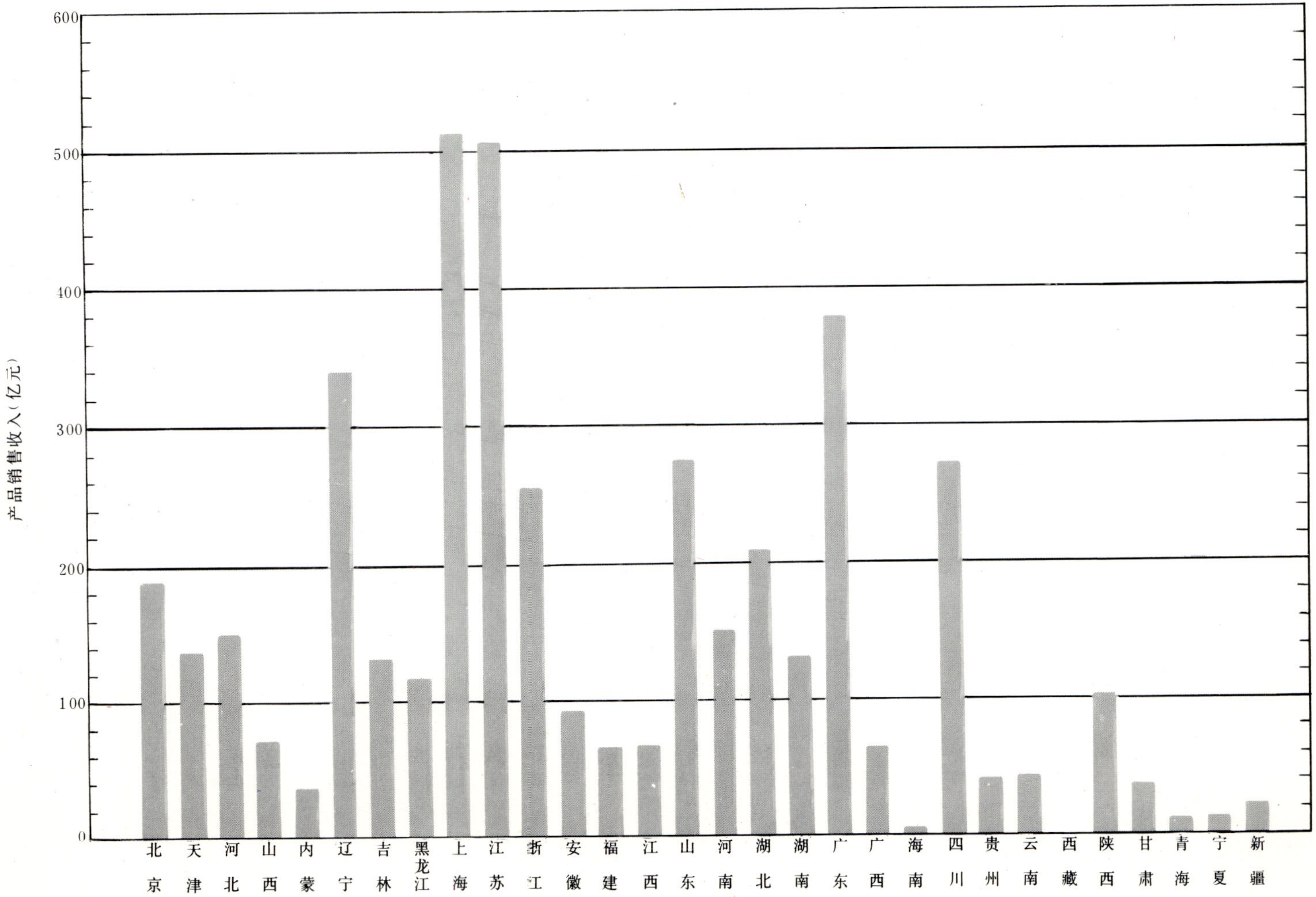

机械工业独立核算企业分地区工业总产值(1991年)

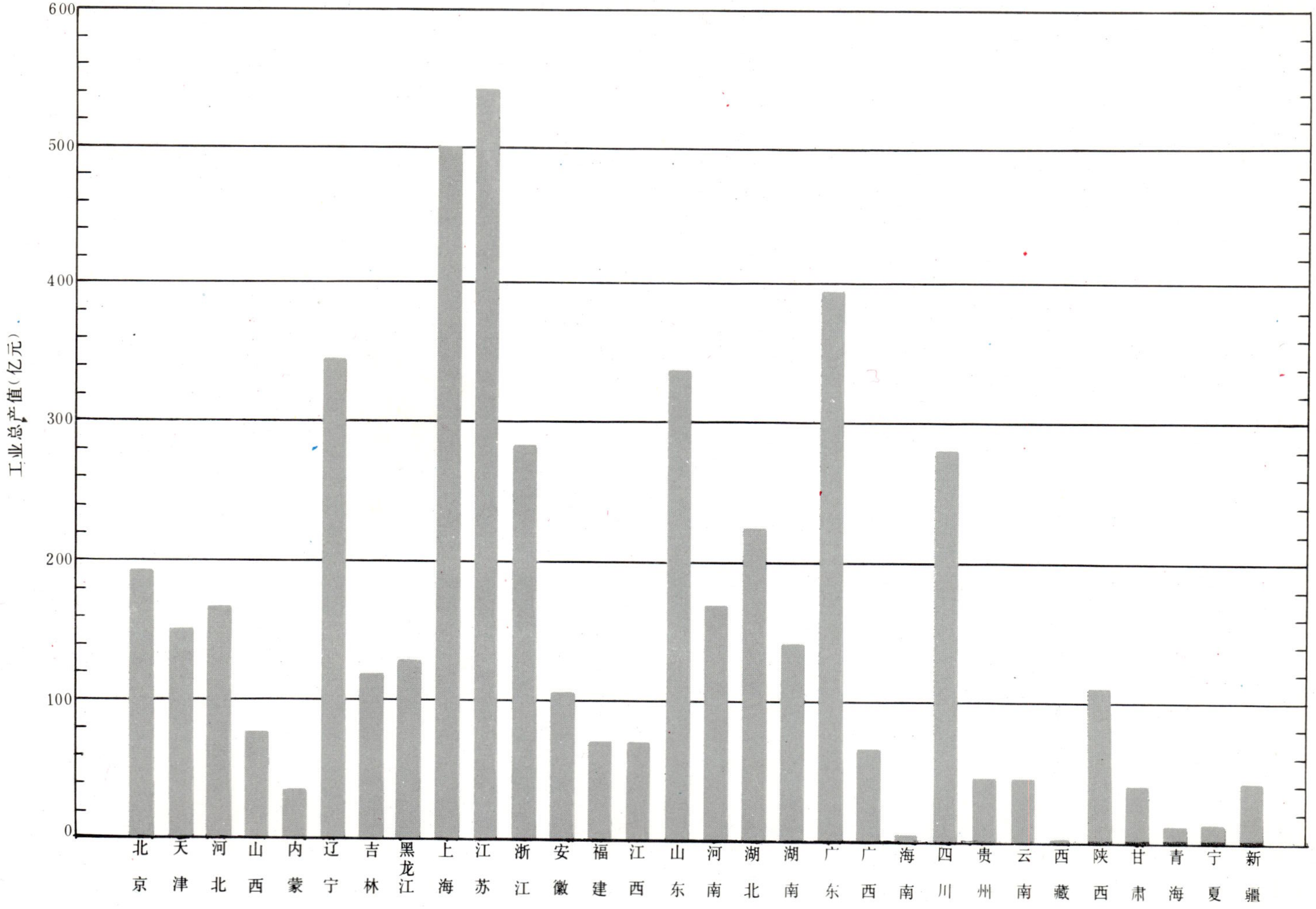

机械工业独立核算企业分地区固定资产原值(1991年年末)

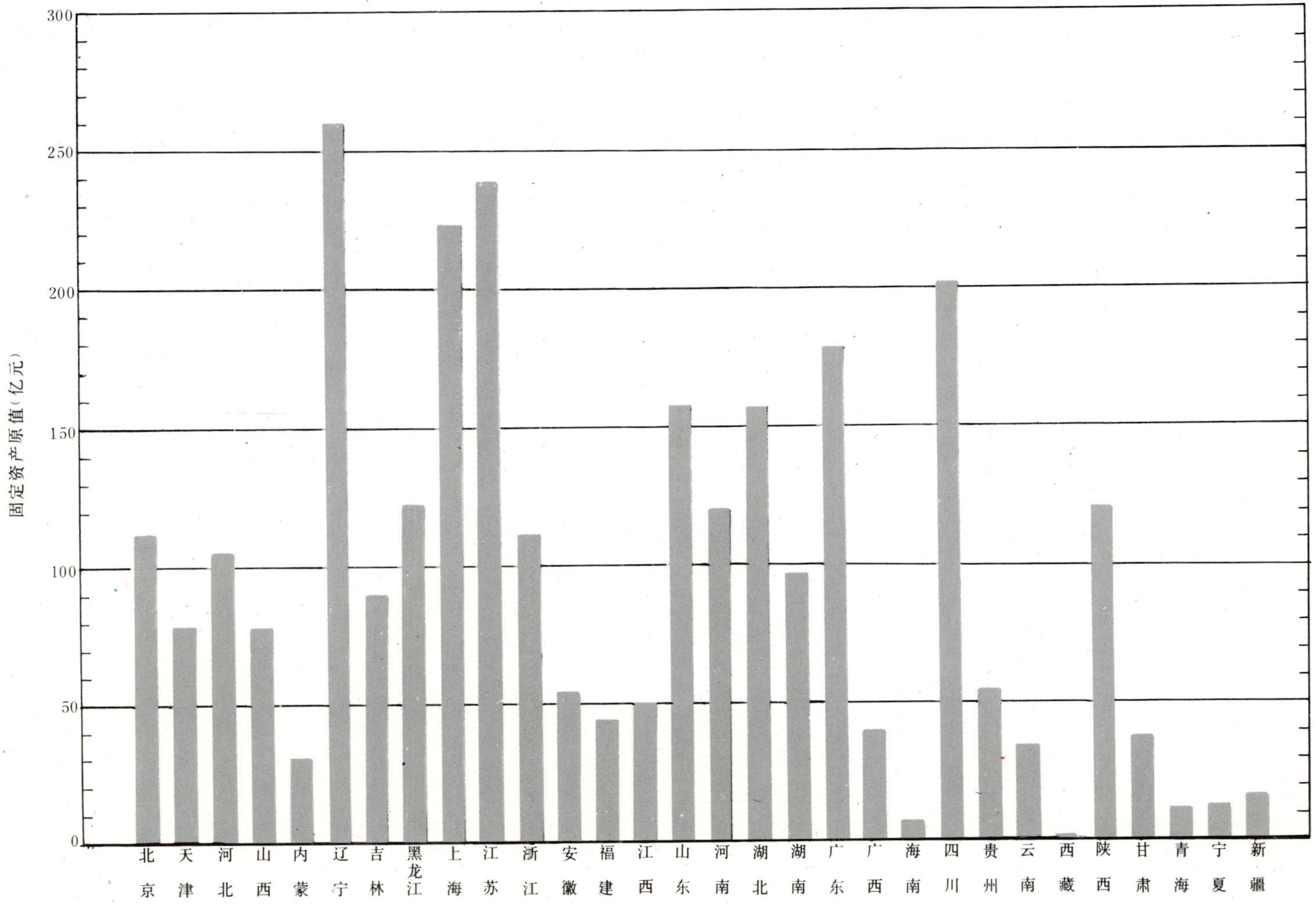

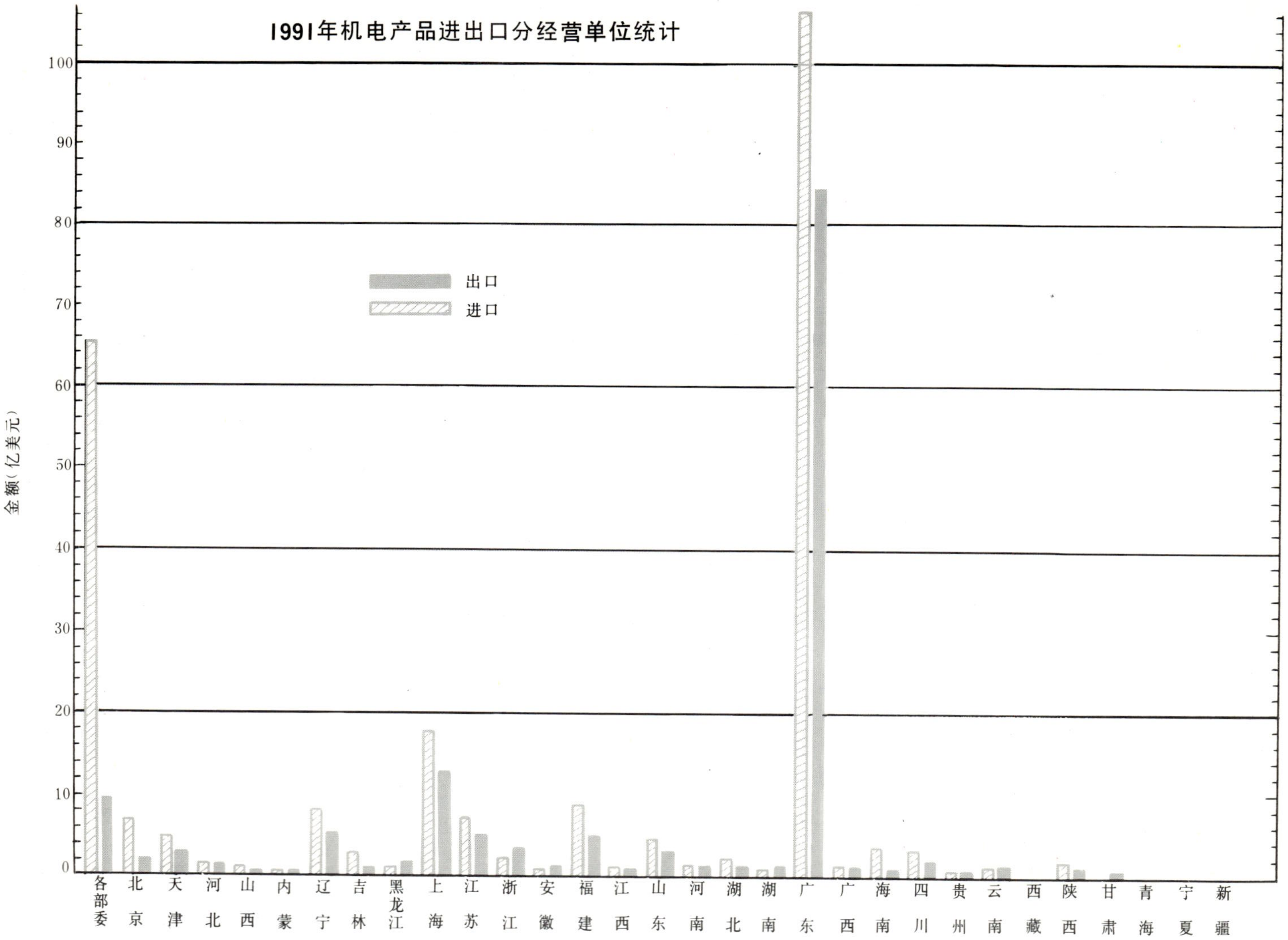
1991年机电产品进出口分经营单位统计
出口
进口
金额(亿美元)
0
10
20
30
40
50
60
70
80
90
100
各部委
北京
天津
河北
山西
内蒙
辽宁
吉林
黑龙江
上海
江苏
浙江
安徽
福建
江西
山东
河南
湖北
湖南
广东
广西
海南
四川
贵州
云南
西藏
陕西
甘肃
青海
宁夏
新疆

◁ 邓小平同志视察深圳先科集团公司

(深圳市先科集团公司供稿，张熙彦摄影)

▷ 1991年9月20日，江泽民总书记在河北省委书记邢崇智陪同下到冶金工业部邢台冶金机械轧辊厂视察工作时听取黄庚辰厂长汇报该厂“八五”规划

(冶金工业部供稿)

▽ 青海第二机床厂生产的SB6332型半自动螺杆铣床

(青海省机械工业厅供稿)

◁ 西北有色冶金机械厂生产的 $38m^3$ 浮选机

(中国有色金属工业总公司供稿)

▷ 机械电子工业部济南铸锻机械研究所研制的板材加工柔性制造系统(FMS)

(机械电子工业部科学技术司供稿)

◁ 航天技术35年成果展览会上的火箭、卫星展品

(航空航天工业部供稿)

△　湖北白莲发电设备制造厂生产的HL240–WJ–71水轮机、TSW143/39–12型630kW 6.3kV 水轮发电机

（水利部供稿）

◁　昆明机床厂最新研制的FMC–1000H精密箱体柔性制造单元，是国家“七五”期间重点科研攻关成果

（云南省机械工业厅供稿）

湖北第二机床厂研制的HB_2–ZX001型球轴承套圈车削自动线，获机械电子工部科技进步二等奖

（湖北省机械工业厅供稿）

◁ 广西玉林水电设备厂生产的 8kW 微型整装机组

（水利部供稿）

▷ 郑州水工机械厂制造的郑水牌自动化混凝土搅拌楼

（水利部供稿）

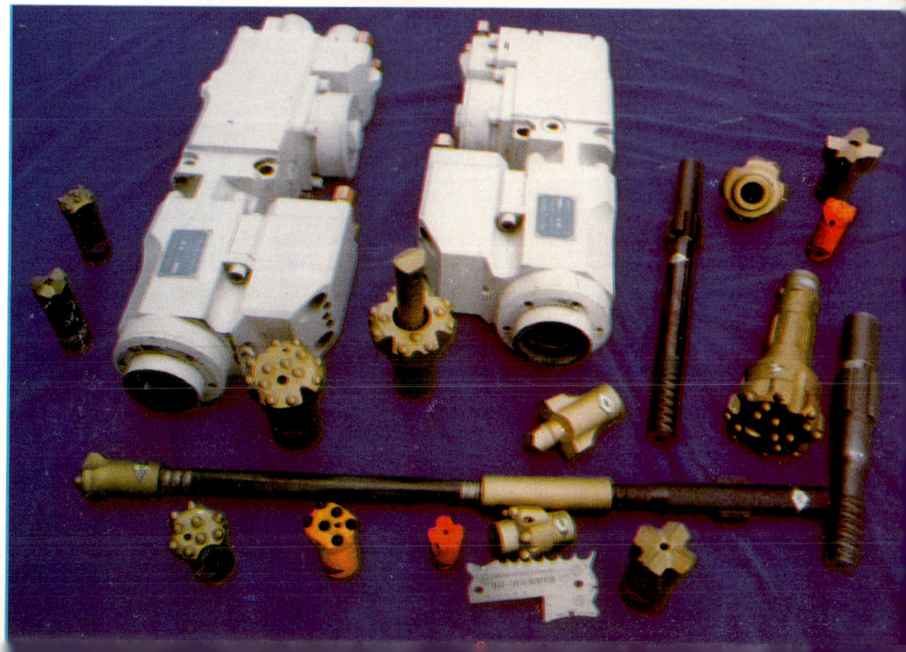

▷ 莲花山冶金机械厂生产的 HYD^{200}_{300} 型液压凿岩机和柱齿钎头，其中柱齿钎头获国家银质奖

（中国有色金属工业总公司供稿）

▷ 重庆工业自动化仪表研究所的“七五”科技攻关成果——加热炉自控系统

(机械电子工业部科学技术司供稿)

◁ 长征火箭在测试中

(航空航天工业部供稿)

▽ 江苏省水利机械厂与长春机械研究所合作生产的水利清淤机械，形成 0.2、0.3、0.4m^3系列两栖式清淤机

(水利部供稿)

◁ 山东冶金机械厂生产的CCC型紧凑式轧机，该轧机已列入国家“八五”重点推广项目计划

（冶金工业部供稿）

▷ 天津市海河电冰箱压缩机公司引进意大利扎努西公司的制造设备和技术，生产的QD44型小型全封闭制冷压缩机1991年获国家银质奖

（天津市机械工业管理局供稿）

◁ 大连造船新厂生产的98000吨成品原油轮

（中国船舶工业总公司供稿）

▷ 吉林水工机械厂生产的 LQ6342 新型龙门吊

（水利部供稿）

◁ 黄河机械修造厂生产的 2.5m^3 和 3m^3 铲运机

（水利部供稿）

▽ 江南造船厂生产的 4200m^3 液化气船

（中国船舶工业总公司供稿）

▷ 上海向明机械厂生产的4LQ-2.2型谷物联合收割机

(农业部农垦司供稿)

△ 湖北黄石锻压机床有限公司生产的2-W67Y-500/6000双台联动液压折弯机，获国家金质奖

(湖北省机械工业厅供稿)

▷ 郑州水工机械厂制造的葛洲坝大江船闸人字门

(水利部供稿)

◁ 江苏武进液压启闭机总厂为江苏谏壁抽水站制造的 QPPY-2 型 80 吨液压启闭机，获国家银质奖

（水利部供稿）

▷ 榆次液压件厂为攀钢 1350 板坯连铸机承制的液压系统，是目前我国自行设计制造的规模最大的液压系统

（机械电子工业部第三装备司供稿）

◁ 重庆工业自动化仪表研究所的“七五”攻关成果——DJK-7500 分散型控制系统

（机械电子工业部科学技术司供稿）

常熟通润机电有限公司
常熟千斤顶厂

常熟千斤顶厂是机械电子工业部千斤顶行业的中型重点企业，是国家定点千斤顶出口基地，1989 年 7 月与香港华润机电有限公司合资建办了“常熟通润机电有限公司”。该厂积二十余年生产液压产品之经验，技术力量雄厚，测试手段完备，工艺装备先进，生产的 TR 牌立式、卧式液压千斤顶素以品质超群、性能稳定而博得国内外用户的信誉。其中三吨立式千斤顶继 1980 年获得国家银质奖后 1990 年复评再获银质奖；QL 型卧式千斤顶经美国消费者试验实验室按美国 ANSI / ASME 标准通过验收并获德国“TUV”认证机构颁发的“GS”标志。1991 年被国家经贸部、国家统计局列为“全国最大的三百家外商投资企业”之一和机电部“机械电子工业百家先进企业”之一，产品远销美国、西欧、澳大利亚、东南亚三十多个国家和地区。

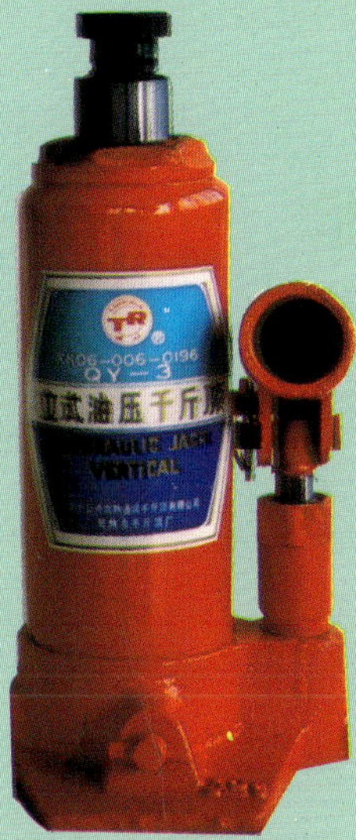

三吨千斤顶
荣获国家银质奖

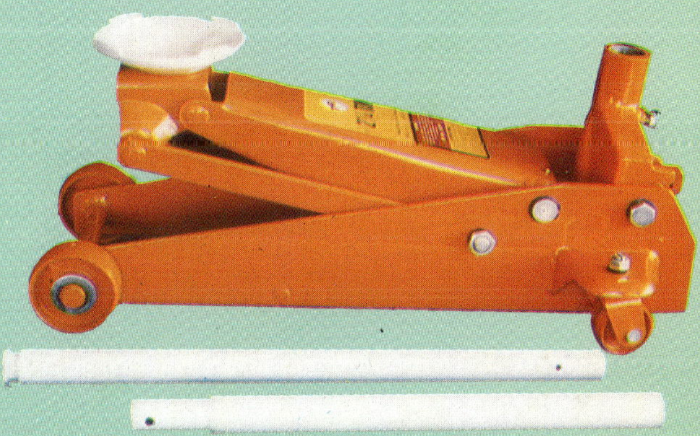

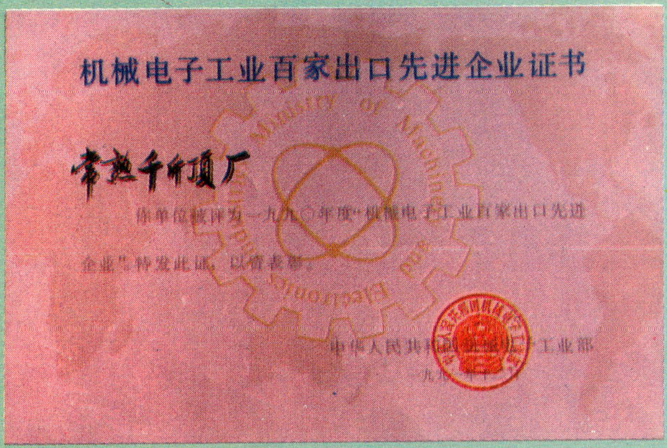
机械电子工业百家出口先进企业证书

常熟千斤顶厂

你单位被评为一九九〇年度“机械电子工业百家出口先进企业”，特发此证，以资表彰。

中华人民共和国机械电子工业部

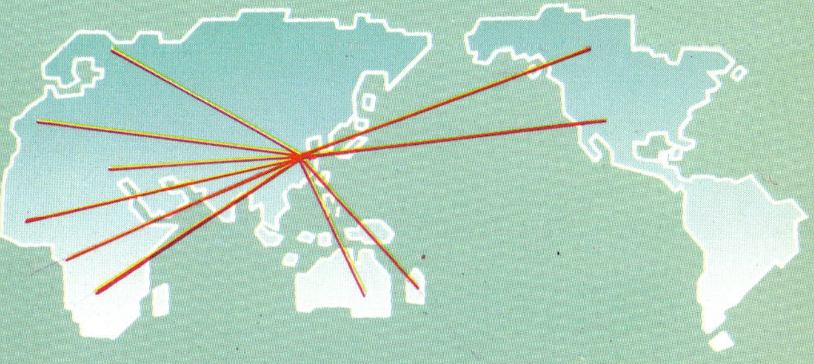

地址：江苏省常熟市泰安街 283 号
电话：770518　电报：0251
电传：363424 JACK CN
传真：05221-771282　邮编：215500

宜興市川埠耐火電瓷二廠

我厂创建于 50 年代，驻址于驰名中外的宜兴旅游胜地“洞天世界”与陶都之侧，生产各种铠装特种陶瓷隔膜阀、刚玉柱塞阀球和工业电炉、实验电炉用耐火材料与可控气氛热处理炉用抗渗碳砖、低压陶瓷灭弧罩、瓷底板、电瓷件、高频瓷、远红外辐射元、器、管状件等二千多个品种，拥有固定资产 700 万元，厂房面积 30000 平方米，是宜兴市重点企业之一，我厂生产经营已形成实施规范，并具有雄厚的技术力量和先进的生产工艺及设备，组织机构健全，管理制度完善，业务协作重合同，守信用，企业全体员工本着开拓进取的精神适应市场，开发新产品，为实现“四化”做贡献。

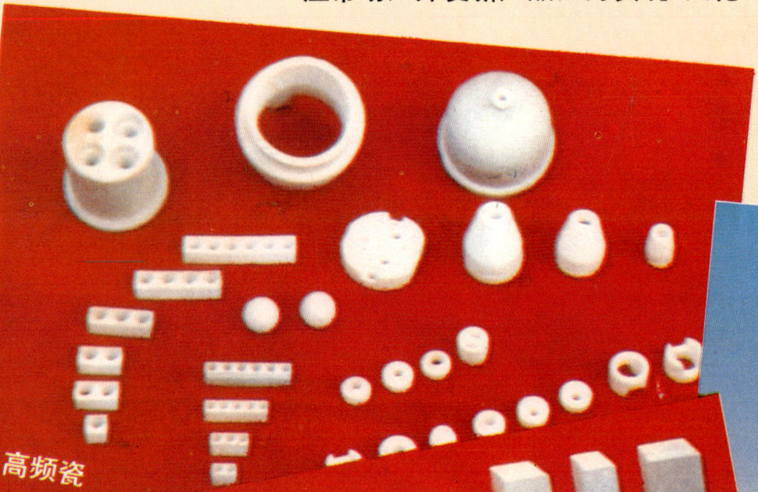

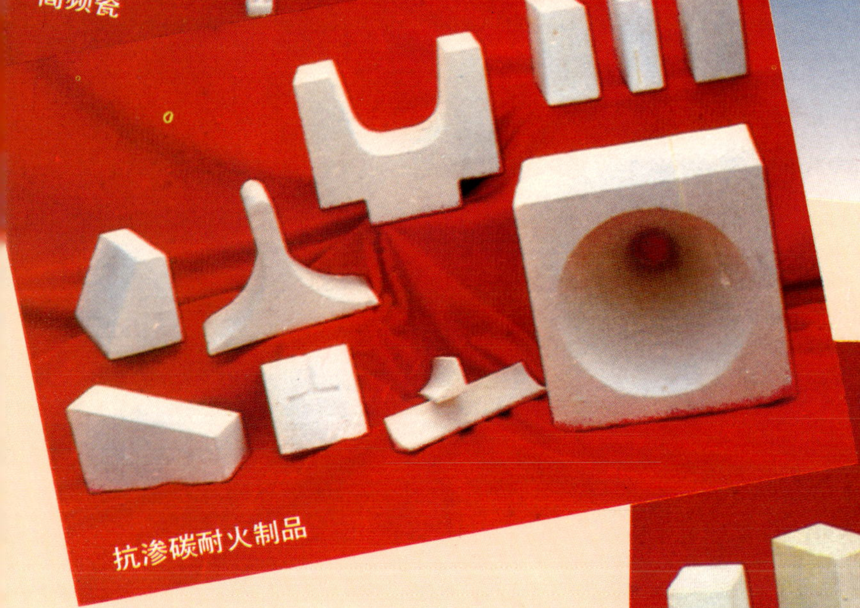

厂址：江苏省宜兴市川埠潜洛

电话：国内程控 0 5 2 1 8 —7 4 1 5 5 6

宜兴：7 4 1 0 8 6　7 4 1 0 8 7

电挂：1 8 8 9

邮编：2 1 4 2 2 2

南通柴油机厂

N6135 型柴油机是 6 缸、135 缸径、转速为 2200、1800 和 1500 转／分，四冲程、“ω”型直喷式、强制水冷却的高速机型。该机性能优异，结构紧凑，维护方便，使用可靠，是船机、工程机械理想的新型配套动力。

南通柴油机厂是机电部重点中型企业之一，是制造 135 系列高速柴油机的专业工厂，具有 30 多年的历史。该厂主要生产飞鲸牌自然吸气式和涡轮增压船用、工程机械用、发电和农用等 100 多种变型产品，功率覆盖面为 25～309kW。6135Ca、2135Ca 船用柴油机和 75GF38 发电机组获部优质产品证书，13 个品种柴油发电机组获全国工业产品生产许可证，产品远销 10 多个国家和地区。

近年来，该厂与奥地利 AVL 公司联合研制的新一代 N135 系列柴油机，技术性能指标达到国际 80 年代先进水平，现已分批投放国内外市场。

N6135 柴油机

四种机型的主要技术数据

指标		N6135K	N6135K－1	N6135ZLK	N6135ZLCa
1h 标定功率／标定转速(kW／r／min)		194.1／2200	176.5／2200	218.4／1500	226.5／1854
12h 标定功率／标定转速(kW／r／min)		176.5／2200	176.5／2200	198.5／1500	／
外特性最低燃油耗率(g／kW·h)		<214.9	<214.9	<210.8	／
标定功率时燃油耗率(g／kW·h)		<225.8	<225.8	<220.3	<220.3
90%标定转速燃油耗率(g／kW·h)		／	／	／	<229.1
标定功率时机油耗率(g／kW·h)		<1.36	<1.36	<1.09	<1.09
排气限度 (Bosch)		<2.5	<2.5	<2.0	<2.0
噪声 〔dB(A)〕		<118	<118	<117	<117
排气有害成份	CO	<13.6	<13.6	<13.6	<13.6
(g／kW·h)	NOx+HC	<13.6	<13.6	<13.6	<13.6
起动方式		24V 电启动	24V 电启动	24V 电启动	24V 电启动
大修期(h)		15000	15000	15000	15000

地址：南通市任港路 46 号
邮编：226006
电话：0513—516196
电报：8080

新疆梧桐机械厂

厂　长：万进顺
经营副厂长：韩明常

厂　址：新疆五家渠梧桐镇
电　报：五家渠 2623
电　话：五家渠直拨

开户行：五家渠一〇二团营业所
帐　号：431-5
邮　编：831302

新疆梧桐机械厂是新疆维吾尔自治区、新疆生产建设兵团定点生产 5XF-1.3B 复式种子精选机、605A 农用柴油机动三轮车、红山牌棕刚玉砂布、树脂加强切割片、角磨砂轮等产品的厂家。1952 年建厂，为国营企业，有雄厚的技术力量、先进的生产设备、完善的检测手段。

我厂生产的 605A 柴油机动三轮车为座式，有链条和传动轴两种，有十多年的生产历史，年产 2000 辆，该车外型美观，工艺先进,使用维修方便，灵活，制动性能好，载重 500 公斤，最高时速 38 公里，百公里耗油 2.2 公斤，是集体和个体短途运输最理想的工具。

我厂生产的 5XF-1.3B 复式种子精选机工艺先进，操作方便，运转平稳，生产效率高，质量好，尤其对清除种子中的燕麦、苦豆子，宾麦等杂物效果更佳，该机能精选各种农作物的种子，还可以进行打瓜子分级，在无电源地区可用其它动力驱动，该机运输方便，除满足新疆用户，还远销内蒙、河南、湖北、福建、甘肃、深圳等地，深受用户好评。

我厂地处乌鲁木齐市郊区，交通方便。我厂的宗旨是质量第一、用户至上，欢迎新老用户来人、来信、来函看样订货选购。

国家二级企业

皖南電機廠

厂　　长：陈根喜
厂　　址：安徽省泾县城关
电　　报：4111
电　　话：22533　22471
邮政编码：242500

皖南电机厂创建于 1958 年。30 多年来，尤其是党的十一届三中全会以来，企业获得了飞跃的发展。“七五”期间，本厂投资近千万元经过迁址扩建和技术改造，已成为拥有国内先进工艺和设备，具有较高现代化管理水平的中型企业。厂区占地 50000 平方米，其中建筑面积 27000 平方米，固定资产 1250 万元，相当于建厂初期的 30 倍。

皖南电机厂是安徽省机械系统重点企业，是全国最早试制生产机电部推广的新型节能电机——Y 系列三相异步电动机的工厂之一。1983 年被机械部列为定点厂。产品全部采用国际标准，并于 1986 年获机械部合格证。本厂主要产品有：Y 系列，YD 变极多速系列，YH 高滑率系列，YZC 低噪声、低振动系列，YEJ 电磁制动系列，YCT 电磁调速系列，YCF 抽风系列三相异步电动机（以上中心高均为 H80～180mm），NEMA 标准电动机。其中 Y 系列，YD 系列电动机均获安徽省及机电部优质产品证书。注册商标“南华牌”。

皖南电机厂产品不但行销国内，而且出口美国、加拿大等国和东南亚地区。本厂一贯奉行“质量第一、信誉至上”的经营宗旨。为稳步提高产品质量，建立健全了质量保证体系。企业 1987 年获得省质量管理奖，1989 年获机电部质量管理奖。1988 年至 1990 年连续获得机电部“工艺管理先进企业”奖。1987 年被授予安徽省先进企业称号，1990 年晋升为国家二级先进企业。

开 封 机 械 厂

荣获 1991 年河南省
机电行业优秀企业称号

开封机械厂建于 1948 年，是河南生产农机最早的大型骨干企业，现为机电部小四轮拖拉机定点生产厂。60 年代生产大型联合收割机，70 年代生产 40、50 马力中型拖拉机，80 年代生产多种型号的 12、15 马力小四轮拖拉机。工厂占地面积 21 万平方米，配套设备 1500 台，拥有职工 2500 人，专业技术人员 400 人。年生产小拖 40000 台，工业总产值 2 亿元，创利 700 万元。部优产品中州牌小四轮拖拉机在历届全国小拖行评中均名列前茅，曾夺得总分第一和五个单项奖中的三项优胜，获同类产品最高奖。外观新颖的中州牌小拖在北京国家农业新技术博览会、全国农机订货会和吉隆坡国家市场倍受国内外用户的青睐，被公认为全国一流的小拖拉机，被机电部评为部优质产品。

在日趋激烈的市场竞争中，开封机械厂内抓管理要质量，外抓市场要效益，使中州牌小拖始终优于同类产品，经济效益逐年递增。近年来，开封机械厂的小拖外观质量、产销平衡、小拖单台成本（最低）、人均利润、资金利税率均居全国同行前茅。

开封机械厂始终遵循“立足于农机，服务于农业，让利于用户”的宗旨，“八五”期间将推出 25～40 马力系列轮式拖拉机及其它产品，为农业机械化做出更大的贡献！

厂　　长：杨尚礼

总工程师：刘重阳

地　　址：河南开封南关五一路

邮政编码：475003

电　　话：332901

电　　挂：2200

部优产品——金牛牌 ZH 1105 W 型
15 ～ 18 马力节能柴油机

劲牛牌 150 型四轮拖拉机

郑州柴油机厂

荣获 1991 年河南省机电行业优秀企业称号

郑州柴油机厂始建于 1934 年，现有职工 2000 余名，占地面积 14.4 万平方米，固定资产原值 4021.86 万元，生产性固定资产 3323 万元，主要生产设备 526 台。

郑柴厂目前系中国机电部生产中、小型柴油机定点厂，中国"一拖集团"紧密联营厂，国家计委计划单列厂，国家 234 个"双保"企业之一，国家大二企业，河南省一级先进企业和河南省 118 个重点企业之一。

郑柴厂 1959 年开始生产柴油机，是河南生产柴油机最早的厂家，也是全国生产小动力最早形成年产万台能力的 4 个厂家之一。当前的主导产品是金牛牌 ZH1105W 型 15～18 马力直喷式节能柴油机。该机各种技术性能和经济指标均具有 80 年代国际同类产品先进水平，在全国居领先地位，1987～1991 年投放市场达 25 万余台，以其省油省水、马力大、好启动等优点，深受全国用户欢迎，长期供不应求。1991 年投资 2200 万元进行技术改造，1994 年年产可达 25 万台，产值 4 亿元，利税 3000 万元。该产品 7 年 10 次获奖：1988 年获全国首届名优小四轮拖拉机拉力赛"最佳配套动力特别奖"；1989 年先后获全国首届中小功率柴油机展评会"最佳奖"和北京首届国际农机工程研讨会"金麦穗奖"；1990 年获机电部优质产品奖；1991 年获首届"中华国产精品展销会银奖"等。

厂长：严聚洲（"明星厂长"、"全国'五一'劳动奖章"获得者）
厂址：中国郑州市二七区合作路 1 号
邮编：450052
电话：774035 448078
电挂：0589
电传：（0371）773426

▼部分获奖奖杯

云南省机床设备公司

公司总经理——李远谟

云南省机床设备公司（第二名称为云南省包装和食品机械公司）成立于1980年，是我省机床行业对外宣传介绍定点经营各类机床及配件、包装和食品机械的专业性公司，也是我省机床行业对外宣传介绍产品的窗口。公司位于昆明东郊董家湾，拥有较好的经营场所及仓储、吊运设施，下设8个经营部、4个职能科室、1个劳动服务公司。公司不仅拥有众多的生产企业作资源后盾，在经营上又有如“全国十六城市机床公司联销理事会”、“中国包装和食品机械总公司”这样一些在全国具有较高知名度的公司作为经营伙伴，形成了公司较强的经营群体优势和情报信息网络。

经营方针：

坚持改革、热忱服务、联合开拓

机械工业

发展情况

第Ⅰ部分

机 械 工 业

机械电子工业部综合计划司　黄开亮

1991 年，是我国执行“八五”计划和十年规划的第一年，也是进行“治理整顿”的第三年。随着国家紧缩政策的实施，作为主要投资类产品的机械工业，从 1989 年下半年开始，市场逐步疲软，1990 年出现负增长，经济效益大幅度滑坡。在极其困难的情况下，机械工业采取了“一创三节两保证”（即创汇，节能、节材、节汇，保证重大技术设备和人民生活用机电产品）为主攻方向的调整产品结构等重要措施，避免了机械工业的大起大落。从 1990 年四季度逐步走出低谷，1991 年继续向好的方向发展，工业生产和销售增长，经济效益回升。机械工业不仅比较全面地实现了“八五”计划第一年的各项指标，而且基本完成了治理整顿的主要任务。本文在介绍机械工业 1991 年的生产、技术进步、经济效益等成就和问题的同时，一并介绍机械工业三年来的治理整顿情况。

表 1　1991 年机械电子工业全行业主要指标

指　标	单位	工业	机械电子工业全行业	机电工业在工业中比重(%)	1991 年比上年增加%	
					工业	机电工业
一、独立核算企业主要指标						
企业单位数	万个	41.89	10.55	25.18	0.43	0.66
其中：亏损企业	万个	7.85	1.74	22.21	−10.73	−10.21
产品销售收入	亿元	20597.44	5127.16	24.89	22.65	31.46
产品销售税金	亿元	1590.51	230.90	14.52	14.75	21.51
利润总额	亿元	1069.65	274.58	25.67	91.07	74.91
利税总额	亿元	2708.75	510.10	18.83	39.20	47.66
已交利税费	亿元	342.74	85.24	24.87	17.22	0.77
企业留利	亿元	320.53	89.12	27.80	3.05	10.16
固定资产原值年末数	亿元	17156.27	3195.20	18.62	19.22	17.45
其中：生产用	亿元	14031.43	2526.80	18.01	18.90	19.71
固定资产净值年末数	亿元	12019.69	2077.77	17.29	18.55	19.22
本年提取的折旧基金	亿元	795.21	160.07	20.13	20.91	18.48
定额流动资金平均余额	亿元	6784.00	2426.78	35.77	16.67	14.28
全部资金	亿元	18803.69	4504.55	23.96	17.87	16.51
工业总产值						
按 1990 年不变价计算	亿元	22381.84	5661.72	25.3	8.38	16.55
按现行价格计算	亿元	22088.68	5404.90	24.47	12.48	16.58
工业净产值(分配法、现价)	亿元	5915.10	1441.33	24.37	16.14	19.25
工业增加值	亿元	6710.30	1601.40	23.86	16.68	19.18
劳动生产率：按总产值计	元／人	28704	26973		9.08	31.05
按净产值计	元／人	7426	7829			
全部职工年末人数	万人	7965.22	2139.14	26.86	3.94	3.73
二、独立核算企业主要指标分析						
利税率：按全部资金	%	14.26	11.22		2.06	2.29
按固定资产净值	%	22.31	24.33		3.12	4.51
按销售收入	%	13.02	9.86		1.43	1.0
每一职工创利税	元	3401.0	2384.6		30.8	39.61
利润率：按全部资金	%	6.56	6.10		2.18	2.04
按固定资产净值	%	8.90	13.22		3.38	4.14
按销售收入	%	5.19	5.36		1.86	1.33
每一职工创利润	元	1342.9	1283.6			

表 2　1991 年机械工业全行业六大行业主要指标

指　标	单位	合计	金属制品业	普通机械业	交通运输设备业	电气机械及器材业	电子及通讯设备业	仪器仪表业
企业单位	万个	10.55	2.86	4.25	1.12	1.48	0.49	0.35
销售收入	亿元	5127.16	547.52	1901.76	996.33	841.33	709.66	130.56
利税总额	亿元	510.10	53.25	188.19	102.41	88.06	61.76	16.41
固定资产：原值	亿元	3195.20	281.98	1451.46	581.94	409.93	367.14	102.75
净值	亿元	2077.77	190.94	903.26	374.99	281.48	262.20	64.89
定额流动资金平均余额	亿元	2426.78	216.29	1039.37	391.06	374.53	319.76	85.77
工业总产值：1990 年价	亿元	5661.72	625.93	2059.79	949.47	969.46	912.88	144.20
现价	亿元	5404.90	615.23	1995.40	975.75	917.12	764.69	136.71
工业增加值	亿元	1601.40	175.23	633.32	272.69	261.11	204.72	54.32
年末职工人数	万人	2139.14	288.72	990.96	321.86	282.00	175.35	80.25

机械工业全行业过去叫金属加工工业，包括普通机械制造业、交通运输机械制造业、电气机械及器材制造业、电子及通讯设备制造业、仪器仪表制造业和金属制品业共六个大行业。1991 年，中国机械工业全行业共有企业 10.55 万个，职工 2139.14 万人，固定资产原值 3195.2 亿元、净值 2077.77 亿元；完成工业总产值 5661.72 亿元，工业净产值 1441.33 亿元，工业增加值 1610.40 亿元；完成利税 510.10 亿元，出口创汇 141.22 亿美元，在全国外贸出口总额的占比达 19.6%。

总的看来，机械工业全行业各项指标约占工业的四分之一，是工业中最大的产业。

另外还有村办机械工业：企业 7.72 万个，从业人员 281.74 万人，工业总产值 586.57 亿元。

对机械工业全行业发展总的情况见表 1；六大行业情况详见表 2。

本文下述的机械工业，主要是机械电子工业部系统的机械工业。

一、生产逐步进入了正常发展的轨道

(一) 机械电子工业部系统各系统全面完成生产计划，普遍有较大增长

1991 年，机电部系统共完成工业产值 2963.85 亿元，超额 19.22%完成了全年生产计划，比上年增长 21.00%。各系统情况如表 3。

表 3　1991 年机械电子工业部各系统工业总产值完成情况　　(单位：亿元)

系统和分系统	1991 年 实际	1991 年 计划	1991 年 完成计划%	1990 年 实际	1990 年 计划	1990 年 完成计划%	1989 年实际	1991／1990 (%)
机械电子工业部总计	2963.85	2485.98	119.22	2449.50	2390.57	102.47	2425.85	121.00
机械工业	1850.33	1568.00	118.01	1562.09	1572.92	99.31	1582.60	118.45
其中：汽车工业	449.49			320.56			317.81	140.22
电子工业	886.27	748.42	118.42	698.11	667.71	104.55	658.10	126.95
兵器工业	143.40	104.47	137.26	118.29	92.88	127.36	125.41	121.23
船舶工业	83.85	65.09	128.82	71.01	57.06	124.48	59.74	118.08

注：表中数据为 1990 年不变价。

表 4　1980～1991 年机械电子部机械工业系统历年生产增长情况

年　份	总产值(亿元) 1980 年价	总产值(亿元) 1990 年价	指数(%) 以上年为 100	指数(%) 以 1980 年为 100
1980	413.14	579.18	95.22	100.00
1981	354.66	497.19	85.84	85.84
1982	411.43	576.78	116.01	99.59
1983	491.70	689.31	119.51	119.01
1984	598.45	838.96	121.71	144.85
1985	740.90	1038.66	123.80	179.33
1986	776.12	1088.03	104.75	187.86
1987	886.48	1242.75	114.20	214.57
1988	1060.60	1486.84	119.64	256.71
1989	1128.90	1582.60	106.44	273.25
1990	1114.40	1562.09	98.70	269.71
1991		1850.33	118.45	319.47
1981～1985 年平均年增				12.4
1986～1990 年平均年增				8.5
1980～1991 年平均年增				11.1

（二）机械电子工业部系统机械工业平稳发展

1. 12年的发展比较平稳

自1978年党的十一届三中全会实行改革开放政策以来，机械工业有高速发展时期，也有低速或负增长时期，但从12年总的看，发展比较平稳、顺利。

从1980年至1991年，中间经过"六五"、"七五"两个五年计划时期，11年共增长2.2倍，平均每年增长11.1%，其中"六五"增长近80%，"七五"增长50%，分别平均年增12.4%和8.5%。从表4可以看出12年来机械工业的发展比较平稳。

2. 1991年机电部机械工业平稳增长

1991年机械工业的增长，除一季度外，平均每季产值波幅上下不超过10%，与1990年大起大落形成鲜明对比。如表5。

3. 机械工业历次调整，以这次调整最平稳，周期最短

建国以来，机械工业经历了较大的调整4次。第一次是60年代前期的调整，历时五年还未恢复到基期水平，谷底比基期下降了77.4个百分点。第二次是"文化大革命"初期，历时三年，谷底比基期下降了28.2个百分点。第三次是80年代初期，历时四年，谷底比基期下降了17.4个百分点。第四次是这次调整，历时三年，严格说来，只有二年多一点（从1989年四季度到1991年上半年），谷底比基期下降了1.3个百分点。以这次周期最短，峰谷之间差距最小。如表6。

表5 机械工业季产值及累计增长速度

年份	项目	一季度	二季度	三季度	四季度	季平均
1991	当季	393.8	509.8	493.7	453.0	462.6
	累计	393.8	903.6	1397.3	1850.33	462.6
	±%	13.12	14.88	18.19	18.44	
1990	当季	242.1	312.0	281.1	279.8	278.7
	累计	242.1	554.2	835.3	1115.1	278.7
	±%	−7.2	−2.87	−2.87	−1.23	

（三）1991年机械工业各行业生产普遍回升

表6 机械工业四次调整，峰、谷及周期比较 （单位：%）

调整次数	基期	第一年	第二年	第三年	第四年	第五年
第一次（1961～1965年）	100.0（1960年）	37.0（1961年）	22.6（1962年）	26.3（1963年）	31.8（1964年）	44.5（1965年）
第二次（1967～1969年）	100.0（1966年）	71.8（1967年）	76.5（1968年）	114.1（1969年）		
第三次（1980～1983年）	100.0（1979年）	95.2（1980年）	82.6（1981年）	95.4（1982年）	114.8（1983年）	
第四次（1989～1991年）	100.0（1989年）	98.7（1990年）	118.4（1991年）			

表7 1991年机械工业产值增长情况

（单位：亿元）

行业	1991年	1990年	1991年比上年增长%
机械工业总计	1850.33	1562.09	18.45
其中：农机工业	342.92	285.84	19.97
工程机械工业	46.30	37.74	11.39
仪器仪表工业	79.07	65.72	20.31
石化通用机械工业	118.09	102.36	15.37
重型矿山机械工业	85.57	79.99	6.98
机床工具工业	113.05	100.83	12.12
电工电器工业	456.37	419.51	8.79
轴承工业	69.51	65.72	5.77
通用基础件工业	44.43	40.21	10.49
包装食品机械工业	10.22	9.05	12.93
汽车工业	449.49	320.56	40.22

1991年，不仅国家重点支持的汽车行业增长速度高，而且近年来一直低速增长的仪器仪表行业、农机行业也以较高速度增长，分别达20.31%和19.97%；重型矿山行业止住了滑坡，增长速度近7.0%；轴承行业由于外销不畅，由多年来领先发展降至5.77%，低于各行业的发展速度。机电部11个行业1991年生产增长情况如表7。

（四）从"增加值"分析，机械工业的发展还存在一些亟待解决的问题

"增加值"是计算国民生产总值（GDP）的一项基础指标，也是从1992年开始执行的新的国民经济指标体系的重要内容之一。

1991年机械工业增加值为505.85亿元，折合成可比（参考）价比上年增长18.46%。见表8。从当年看，速度不低，但从"七五"以来连续几年情况分析，还存在一些需要尽快解决的问题。

一是"增加值率"（即增加值与按当年价计算的工业总产值的比例）过低，而且连年不断降低。先进国家的机械工业增加值率在40%～50%之间。我国机械工业最高的1985年只有37.15%，至1991年降至27.89%，六年降低近10个百分点。充分反映了同期机械工业效益的大幅度下降。

二是工业增加值与工业总产值的最大区别在于消除了重复计算。1991年比1985年，工业总产值年增长10.1%，而同期工业增加值年均只增长5.4%。由此可见，机械工业近年来实际增长的速

表 8　1986～1991 年机械工业增加值增长情况　　(单位: 亿元)

年　份	工业增加值		工业总产值	工业净产值	增加值在总产	指数　(%)	
	按当年价计	按可比价计	(当年价)	(当年价)	值中比重(%)	总产值(不变价)	增加值(可比价)
1985	299.57	275.27	806.33	272.78	37.15	100.00	100.00
1986	298.53	269.65	859.27	274.63	34.74	104.75	97.96
1987	325.73	288.53		303.22		119.65	104.80
1988	401.47	330.01	1290.19	379.85	31.12	143.15	119.89
1989	463.59	335.81	1558.48	458.79	29.68	152.37	121.99
1990	427.03	317.85	1497.39	430.30	28.45	150.39	115.47
1991	505.85	376.51	1813.74	501.54	27.89	178.15	136.78

注: 现在计算的增加值中未能扣除"支付给非物质生产部门的费用", 故比实际数略高; 可比价计算的增加值系按当年价与不变价系数推算, 不够准确。

度远远低于我们过去表面上看到的按总产值计算的虚假高速度。

三是在正常情况下, 工业增加值应高于工业净产值, 1985 年工业增加值比工业净产值高 9.8%, 已经不算高, 尔后逐年下降, 至 1990 年增加值反而低于净产值, 1991 年略有回升, 但也只高 0.86%。这反映了机械工业沉重的债务包袱, 特别是反映了技术进步的缓慢情况, 这是关系机械工业发展后劲的大问题。

(五) 重点产品和成套设备任务完成较好

1. 农业机械全面高速发展

从 1990 年四季度开始, 农业机械市场形势首先好转。1991 年以来, 拖拉机、农用运输车再次成为抢手货, 其他农业机械的增势也很猛。大中型拖拉机(含第一拖拉机厂的推土装置)生产 5.94 万台, 比上年增长 40.76%, 是 80 年代以来产量最高的一年, 小型拖拉机生产 132.21 万台, 与历史最高产量的 1988 年持平; 机动植保机械共完成 28.24 万台, 比上年增长 68.13%; 联合收割机生产 7950 台, 比上年增长 52.88%; 农用运输车生产 7.75 万辆, 比上年增长 61.80%。详见表 9。

2. 为能源建设做出新贡献

1991 年, 发电设备产量和电力新增装机, 相继双双超千万千瓦。发电设备制造, 全年共完成 1089.7 万千瓦, 为年计划的 128%, 比上年下降 5.15%, 仍是一个丰收年景。完成大型变压器 4214 万千伏安和其他一批电器产品, 确保了装机 1000 多万千瓦任务的完成。

为满足电力工业现代化建设的要求, 积极改善机组的构成, 努力增产大型高参数机组。火力发电设备, 30 万千瓦、20 万千瓦机组已成为主力机组。1991 年生产 20 万千瓦以上特大型机组 411 万千瓦, 其中 30 万千瓦的 7 套, 20 万千瓦的 10 套。水电发电设备, 共完成特大型机组 5 套、97.3 万千瓦, 其中有广西岩滩水电站的 30.25 万千瓦机组 1 套, 贵州天生桥 22.05 万千瓦和陕西安康 20 万千瓦机组各 1 套。

3. 各型汽车全面增长

1991 年生产汽车 64.91 万辆, 是历史最高年产量。在生产的载货汽车 34.81 万辆中, 重型车 9911 辆、中型车 15.9 万辆、轻型及微型车 17.9 万辆, 载货汽车中的"缺重、少轻"局面得到初步改善。生产轿车 6.83 万辆, 虽比以往有较大增长, 但远未解决我国汽车构成中轿车量少的局面。

4. 大型成套设备完成较好

除完成一批大型发电设备外, 还完成了一批大型冶金、矿山成套设备, 如宝钢二期工程设备已于 1991 年 6 月底正式投产; 为舞阳钢厂生产了 1900 毫米连铸机, 太原重型机器厂引进美国 P& H 公司技术、合作生产的 16 立方米挖掘机 2 台, 已交付使用。

二、调整产品结构初见成效, 重大新产品和技术装备的研制生产取得重大进展

在三年治理整顿期间, 机械工业抓住机遇, 调整产品结构, 主攻成套, 上品种、上水平, 提高重大技术装备的设计制造能力, 取得重大进展。

(一) 重要新产品

1991 年发展重要新产品 2000 多项。

机电一体化产品发展步伐加快。包括 2 条柔性生产线、15 个柔性制造单元在内的 285 种国家"数控一条龙"项目的新产品全部通过了国家和部级鉴定验收。济南铸造锻压机械研究所等单位联合开发的板材加工柔性线, 已在用户投入使用, 这条线的完成, 标志着锻压机械产品水平达到了一个新的高度。上海机床厂引进技术开发的 PMM12106 型精密级三坐标测量机, 达到了国际同类产品水平。沈阳第三机床厂开发出全功能的四轴数控车床, 一台可等效于两台数控机床, 加工精度也大大提高。北京第三机床厂开发的卧式加工中心和立式钻削加工中心全系列产品, 结构简化, 具有较好的性能价格比。

节能节材产品品种不断增加。1991 年鉴定的热电联产、高效节能型的每小时 75 蒸发量吨的循环流化床锅炉, 燃烧效率达 98%, 热效率达 88.64%, 它的成功是机械设备节能技术的一项重大突破, 如果采用这种炉型结构改造 100 台这样的锅炉, 年可节约标准煤 200 万吨, 相当一个年产 300 万吨原煤的大型矿井。保定变压器厂试制

表9 1991年主要机械产品产量表

产品名称	单位	1991年		1990年		1991年比上年增长%	
		全行业	机电部	全行业	机电部	全行业	机电部
内燃机(生产量)	万千瓦	9722.07	9170.19	7644.94	7185.79	27.17	27.61
其中：柴油机	万千瓦	5099.38	4754.20		3946.64		20.45
金属切削机床	万台	16.39	11.47	13.45	9.93	21.86	15.51
其中：数控机床	台	4051	2371	2634	1258	53.80	88.47
锻压设备	万台	6.55	3.65	4.63	2.78	41.47	31.29
起重设备	万吨		24.52	39.31	21.46		14.26
其中：叉车	台	16879	15783	16684	15982	1.17	−1.24
输送机械	万吨	24.09	9.29	26.54	9.65	−9.23	−3.73
泵	万台	399.15	219.88	366.37	206.02	8.95	6.73
其中：工业泵	万台	124.19	39.25	113.62	36.19	9.30	8.46
滚动轴承	亿套	7.31	4.39	6.69	5.96	9.27	−26.34
矿山设备	万吨	33.39	15.00	31.38	14.07	6.41	6.61
冶炼设备	万吨	3.82	2.63	4.07	3.21	−6.14	−18.07
金属轧制设备	万吨	5.44	3.46	4.95	3.92	9.90	−11.73
石油钻采设备	万吨	17.41	8.05	18.05	8.18	−3.55	−3.20
炼油设备	万吨	2.71	2.28	2.30	2.25	17.83	1.33
印刷机械	万吨	6.96	5.42	4.72	4.10	47.46	32.20
大中型拖拉机	万台	5.27	5.94	3.94	4.22	33.76	40.76
小型拖拉机	万台	134.78	132.21	110.14	108.47	22.37	11.26
联合收割机	万台	1.06	0.795	0.51	0.52	107.8	52.88
挖掘机	台	1963	1498	1177	955	66.78	56.86
推土机	台	9893	4625	5376	2199	84.02	21.15
装载机	台	8946	7075	7259	5633	23.24	25.60
照相机	万架	478.18	100.44	132.22	92.16	261.65	8.98
汽车	万辆	71.42	64.91	51.40	42.98	38.95	51.02
其中：载货汽车	万辆	38.25	34.81	28.97	23.39	32.03	48.82
轿车	万辆	6.87	6.83	3.50	3.49	96.29	45.70
改装汽车	万辆	14.99	6.50	11.05	4.24	35.66	54.03
摩托车	万辆	134.10	27.99	97.85	21.62	37.05	29.46
发电设备(500千瓦及以上)	万千瓦	1164.16	1089.69	1233.93	1148.81	−5.66	−5.15
其中：水电设备	万千瓦	213.14	182.01	210.07	193.62	1.50	−5.30
交流电动机	万千瓦	3825.19	3199.52	3527.25	3007.68	8.43	10.63
变压器	万千伏安	7747.66	7258.4	7442.57	6915.39	4.10	10.97
工业锅炉	蒸吨	6.65	4.73	5.52	4.22	20.47	20.85

成功的500千伏、24万千伏安变压器，它与国内现有的相同产品比，总损耗低183千瓦，重量减少27吨。通用机械行业完成的柱锥复合活塞推料离心机，在上海吴淞化肥厂工业运行837小时，其生产能力比活塞推料离心机提高了一倍，年节电4万度以上，节约蒸汽180吨，如在全国上千个小化肥厂推广应用，效益很大。苏州铸造机械厂开发的气流冲击造型线，投产后每条线年可为用户节支增收30万元，并净化了环境。哈尔滨电机厂为广西红水河岩滩电站试制的混流式30.25万千瓦机组，是世界第三大机组。

技术先进产品和出口产品品种增加。上海锅炉厂和上海重型机器厂联合制造的80万吨／年加氢裂化反应器，内径3.2米，壁厚210毫米，内壁堆焊TP309和TP347厚度8毫米，容器总长32.78米、重量560吨，过去这类容器一直依赖进口，这台容器已于1991年4月在浙江镇海石化总厂吊装就位。广东肇庆机床厂研制的WJ100−1600−2五层瓦楞纸板生产线，速度每分钟100米，是同类产品水平较高的产品，已经鉴定。大连重型机器厂，1991年6月完成的直径140～470毫米，年产量3万吨的圆形坯连铸机，该机不仅填补了国内空白，而且也是目前世界上最大规格的圆坯连铸机，这套设备的研制成功，为国家节约资金6890万元，节约外汇1500万美元。

(二) 重大成套设备制造水平跃上新台阶

据不完全统计，改革开放十年以来，机械工业为能源、交通、冶金、矿山、石化等国家重点发展产业提供了24类160种大型成套设备。三年治理整顿期间，在以下几个方面取得令人瞩目的进展。

国内首台巨型水轮发电机转轮研制成功。岩滩水电站30.25万千瓦水轮机转子于葫芦岛水轮机加工厂制造完成。这个混流式水轮机的转轮最大直径8.5米、高5.2米，净重296吨，在国内居第一位，在世界上名列第三。这个转轮的研制成功，为即将建设的长江三峡水电站需要的大型水电机组设计制造积累了经验。

国内首台核电机组研制成功。中国第一座核电站——秦山核电站，于1991年12月15日正式并网发电。这座压水堆型30万千瓦核电机组由国内自行设计研制，它的完成，为已经开始的秦山核电站二期60万千瓦机组建造打下了基础。

填补国内空白的沙漠边缘石油钻机研制成功。6000米链条传动石油钻机，是为新疆塔里木沙漠油田勘探研制的。该机名义钻深6000米，最大钩载450吨，配备功率2940千瓦，井架高44.8米，SCR系统采用"模拟控制、微机监控"。1991年3月进行第一口井的工业性试验，钻至4477米时，获得日产原油345立方米、天然气55万立方米的好成绩；1991年7月第二口井开钻，钻至4503米时，又获得高产油气。

2000万吨级大型露天矿成套设备陆续完成。这套设备主要包括16立方米和23立方米挖掘机、154吨电动轮自卸车、410和525马力推土机、15吨炸药现场混装车、8～13立方米以上液压挖掘机、10立方米装载机、孔径310～380毫米牙轮钻机和250马力平地机等设备。这套设备大部分采取技贸结合方式引进技术，通过合作生产和科技攻关，逐步实现国产化。目前，多数设备已在矿山考核试运转。

为宝钢二期工程提供了具有国际先进水平的大型设备。宝钢二期工程共21个单项，冷轧、热轧、连铸设备已于1990年4月先行投产，高炉、焦化、烧结设备于1991年6月试生产，全部工程于1992年3月建成投产。宝钢二期工程设备遵循"以我为主"的方针，设备引进逐步递减，总的看国内机电工厂大约承担了三分之二的设备。通过宝钢二期工程的建设，使我国冶金设备设计水平、制造能力得到了提高。目前，很多同类设备已由国内制造在攀枝花钢铁公司、舞阳钢铁公司等应用。

为重型发电设备、汽车的制造提供一批大型制造设备。重型发电设备成套加工设备，是由武汉重型机床厂等引进国外先进技术制造的，包括承重630吨、回转体8000～16000毫米、箱体1250～6000毫米、孔径2300～3200毫米、长度5600～7000毫米的重型金属切削机床，国产化率达80%左右，属国际80年代中期水平。为轿车生产了大型冲压设备。引进美国维尔森、日本小松技术的2500～20000千牛的单点、双点、四点、单动、双动等冲压生产线成套设备；引进德国奥姆科公司技术制造的12500吨锻造压力机生产线等已陆续由济南第二机床厂、第二重型机器厂等研制成功，产品达到了国际80年代水平。

提供了年装船3000万吨煤炭的港口装卸成套设备。包括天津传动设计研究所提供的三级计算机控制管理设备、大连重型机器厂承制的4860吨/时三车翻车机及堆料机等重大设备等。这套设备的完成，表明我国已具备大中型港口成套设备的承包能力。

大型合成氨成套设备。国产第一套年产20万吨合成氨装置已于1992年4月通过鉴定。整个装置133台（套）设备中，115台（套）是国产的，大多是国内首次制造、并达到国际80年代末期先进水平。装置"心脏"的五大机组中，有四台半是国产的。这套设备采用了以燃气轮机为动力的节能性技术和工艺，吨氨能耗降至700万大卡以下，并采用了先进的智能控制系统，这些都是大化肥装置中国际80年代中期或末期的先进技术。

三、产品质量稳定，但伪劣产品危害严重，亟须加强治理

（一）重点考核产品质量稳定提高

1991年，国家开展"质量、品种、效益年"活动，促进了机械工业职工对产品质量工作的重视，保证了产品质量稳定并有提高。

1. 质量指标

1991年计划重点考核产品3605种，全年实际考核2852种。品种抽查合格率99.82%，品种一等品率72.97%，优质产品产值率36.33%，都比上年有所增长。详见表10。

表10　1991年机械产品质量指标提高情况

（单位：%）

年份	品种抽查合格率	品种一等品率	稳定提高率	优质产品产值率
1980年	99.14			
1981年	99.17	51.03		
1983年	99.57	67.76	92.58	15.31
1985年	98.85	73.51	94.44	21.76
1990年	99.43	68.76	97.12	32.43
1991年	99.82	72.97	97.76	36.33

2. 国家监督性抽查产品质量稳定提高

1991年进行了四个季次的国家监督性产品抽查，抽查表明，机械产品质量有所提高。如第四季度，国家监督抽查了793个企业的41类1003种国内销售的产品，合格794种，抽样合格率79.2%，其中机电产品抽样合格率为88.4%，比平均合格率高出9.2个百分点。抽查合格率达到100%的9类产品中有7类是机电产品，它们是整流器、110千伏互感器和断路器用瓷套、拖拉机、医用诊断X线机、乳化液泵、内圆主动测量仪及火灾报警控制器。

第四季度抽查了乡镇企业的15种机电产品，全部合格，反映出机电行业中乡镇企业的质量逐步转入正轨并取得成效。

国家监督抽查工作对产品质量提高起到了重要

促进作用。跟踪抽查的产品质量提高幅度较大。如农用齿轮在1988年第一次抽查时合格率仅13.3%，这次抽查提高了60个百分点；火灾报警控制器，经两次抽查后，此次合格率达到100%。一些过去没有抽查过的产品，质量较差，抽样合格率低。在这次全国抽样合格率在70%以下的10类产品中，有9类是国家首次监督抽查的产品。

（二）伪劣产品问题严重，已成一大公害

1992年1月14日，国家技术监督局全国工业产品生产许可证办公室与机电部机械工业生产许可证办公室联合组织国家低压电器产品质量监督检验中心等5单位在北京市7条主要商业街进行低压电器专项突击检查，共查363户，其中经销伪劣产品的高达310户，占85%；抽查的产品价值1万多元，伪劣品竟占95%。另北京东城区工商行政局查获一宗伪劣低压电器，共50吨、596箱，被假冒产品的厂家涉及北京、沈阳、上海、天津、苏州等地的15个工厂。

据人民日报社记者对河南省巩义市回郭镇的调查，该镇现有一定规模的生产电线企业达600家，为这些企业配套的手工作坊则多以千计，年产电线近2亿元。当地技术监督部门按照国家标准进行检测，1990年合格率为3%，1991年虽有上升，也只有13.6%。有些电线绝缘皮含杂质达到50%，超过国家标准10倍，在额定电压下通电20～30小时便被电流击穿，这种电线极可能造成人身伤害和财产损失。

（三）废品损失巨大

1991年，机械工业全部废品损失11.66亿元，相当1991年利润总额78.97亿元的14.77%，相当平均每个职工加工中损失180多元，数量不少。

四、经济效益有所回升，但制约机械工业效益根本好转的深层次问题尚待解决

治理整顿以来，由于国家经济紧缩，作为主要提供投资类生产资料的机械工业，首当其冲，市场萎缩，在相当长一段时间里，出现了经济效益持续下降局面。集中表现在盈利水平大幅度下降，成本提高，费用增加，亏损上升。1990年和1988年相比，实现利税总额下降31.7%，其中利润下降49.0%，亏损企业亏损额增长9倍多。1990年四季度，机械工业市场开始回升，至1991年，随着国家固定资产投资增加，市场好转，特别是下半年以来，国家以清理“三角债”为突破口，整顿经济秩序；以“压贷挂钩”为手段，压缩产成品库存等措施的奏效，机械工业发展速度明显加快，但是还只是有限的恢复性回升。从根本上说，机械工业经济效益不高，是经济体制和企业机制还不合理的交叉反映，企业缺乏必要的经营自主权和约束机制，优胜劣汰机制不健全，加上价格不合理，流通不畅，使企业效益大量流失，这些深层次问题，有待新的发展时期加快解决。

（一）企业经营情况好转，生产、效益逆向发展问题开始转变

1. 产品销售收入、实现利税同步增长

1991年，机械工业完成产品销售收入1789.23亿元，比1990年增长34.10%。同期实现利税总额162.22亿元，其中产品销售税金81.76亿元、利润总额78.97亿元，分别比上年增长24.95%、25.03%和24.64%。见表11。

表11　1991年机械工业利税增长情况表

（单位：亿元）

项　目	1991年	1990年	1991年比上年增长%
产品销售收入	1789.23	1334.27	34.10
利税总额	162.22	129.83	24.95
其中：产品销售税金	81.76	65.39	25.03
利润总额	78.97	63.36	24.64
教育费附加	1.49	1.08	37.96

1991年涌现出一批盈利大户，盈利1亿元以上的企业：第二汽车厂6.58亿元，上海大众汽车公司5.19亿元，北京吉普车公司1.88亿元，第一汽车厂1.4亿元，第一拖拉机工程机械联营公司1.01亿元。

2. 亏损企业减少，亏损企业亏损额下降

机械工业1991年底共有亏损企业1848个，亏损面18.05%，比上年的2033个减少185个，亏损面比上年的19.78%减少1.73个百分点。亏损企业亏损额19.88亿元，比上年的22.22亿元，下降10.53%；但比1988年的2.12亿元和1989年的4.25亿元，分别要高8.38倍和5.68倍，差距还很大。

重型矿山机械工业全行业亏损，亏损额1.6亿元，第一重型机器厂等8大重机厂都是亏损大户。

亏损3000万元以上的大户有：第二重型机器厂亏损4693万元，吉林轻型车厂4538万元，陕西汽车厂4198万元，沈阳拖拉机厂3484万元，北京重型机器厂3259万元。如果加上潜亏，可能还有更多的企业进入亏损大户队伍。

3. 亏损产品亏损额有所减少

“七五”时期以来，由于能源、原材料大幅度涨价，机械产品成本不断上升，加之部分机械产品降价竞销，价格背离其价值，企业亏损产品亏损额逐年上升，1990年机械工业企业亏损额（包括盈利或亏损企业所有亏损产品）高达26.33亿元。1991年，因市场需求改善，亏损产品亏损额下降至24.92亿元，但降幅不大。每百元产品销售收入的产品亏损额仍高达1.39元，比1989年高出近一倍。见表12。

4. 企业留利增加

1991年，机械工业企业共留利32.87亿元，比1990年的24.90亿元，增长32.0%。回升幅度不小，但平均每户只有32.10万元，还要扣去预算调节基金和能源交通建设基金25%，企业所得就

表 12　机械工业企业亏损产品亏损额情况

项　目	单位	1986 年	1987 年	1988 年	1989 年	1990 年	1991 年
机械工业亏损产品亏损额	亿元	3.75	4.99	10.82	9.64	26.33	24.92
机械工业产品销售收入	亿元	805.01	977.12	1211.87	1377.95	1334.27	1789.23
每百元销售收入亏损产品亏损额	元	0.47	0.51	0.85	0.70	1.97	1.39

表 13　机械工业企业留利情况

项　目	单位	1985 年	1986 年	1987 年	1988 年	1989 年	1990 年	1991 年
机械工业企业留利总额	亿元	44.98	36.51	37.40	34.17	39.71	24.90	32.87
机械工业企业单位数	个	11112	11325	9953	10041	10363	10278	10240
平均每个企业留利数	万元	40.12	32.24	37.57	34.03	38.32	24.23	32.10

更有限了。见表 13。

5. 资金结构变化，成品资金占用减少

1991 年，机械工业企业定额流动资金期末占用额 911.54 亿元，比上年的 793.01 亿元增长 14.95%。年底占用资金的结构比上年有了明显变化，生产资金占用比例上升，产成品资金下降。1991 年底生产资金和产成品占用流动资金的比例，分别为 34.30%和 26.18%，与上年比，生产资金占用增加 3.87 个百分点，产成品资金占用下降 5.97 个百分点。产成品占用资金由 254.98 亿元压缩至 238.67 亿元，减少 16.31 亿元，压缩了 6.4%，其中骨干企业减少幅度更大，减少 10.07 亿元，压缩了 12.23%，说明 1991 年压缩库存工作对大型企业奏效更大。详见表 14。

表 14　机械工业定额流动资金期末占用额构成情况

项　目		1991 年				1990 年			
		合计	储备资金	生产资金	成品资金	合计	储备资金	生产资金	成品资金
机械工业合计	金额(亿元)	911.54	337.60	312.66	238.67	793.01	277.41	241.30	254.98
	比重(%)	100.00	37.04	34.30	26.18	100.00	35.00	30.43	32.15
其中:骨干企业	金额(亿元)	354.54			72.27	323.81			82.34
	比重(%)	100.00			20.38	100.00			25.43

（二）压缩产成品库存和清理“三角债”工作取得良好成绩

压缩产成品库存和清理“三角债”，是 1991 年机械工业乃至国家整个经济工作的重要大事。

1. 机械工业压缩产成品库存成效显著

经过多年实践，机械工业较合理库存的存销比约为 12%以下。自 1988 年开始，机械工业库存节节上升。机械工业产成品库存失控的外在原因是国家从 1989 年开始的治理整顿、大规模地压缩固定资产投资规模。1989 年和 1990 年，全社会固定资产投资的实物工作量分别比 1988 年下降 22%和 18%。在此情况下，作为主要生产投资类产品的机械工业，国内市场容量急剧下降。内在原因，是机械工业适应市场变化、自我调节的能力薄弱，一些地方政府为了完成承包目标，要求企业不顾市场需求盲目扩大生产，以致机械工业产成品库存猛增。1988 年为 113.19 亿元，1989 年增至 202.12 亿元，1990 年 251.52 亿元，至 1991 年一季度平均以每月新增 10 亿元的速度上升，至当年 8 月达到 273.54 亿元的尖峰，存销比由 1988 年的 9.22%增至 22.26%。

机械电子工业部早已注意了产成品库存超储的

表 15　近年来机械工业产成品库存情况

项　目	单位	1985 年	1986 年	1987 年	1988 年	1989 年	1990 年	1991 年	
								8 月份	年末
销售额	亿元	754.49	796.32	956.32	1227.21	1409.49	1396.81	1228.25	1762.25
库存额	亿元	74.9	98.4	100.2	113.19	202.12	251.52	273.54	228.16
存销比	%	9.93	12.36	10.48	9.22	14.34	18.01	22.26	12.94

问题，1990 年夏和 1991 年 4 月两次对各地发出电报，强调“不要盲目生产，产生新的积压”，但效果不大。直到 1991 年 8 月 27 日朱镕基副总理在全国第二次“质量、品种、效益年”电话会上强调“年底产成品资金占用要低于去年水平”，并实行“压贷挂钩”政策和“增畅、限平、停滞”的“限产压库”措施，加上市场情况好转，从 9 月份开始，超储库存逐月下降。至 12 月，机械工业产成品库存压缩到 228.16 亿元，存销比降至 12.94%，回落到 1989 年上半年的水平，超额完成了压缩库存至 1990 年

底水平的任务。

2. 清理"三角债"取得进展

在新旧体制更替过程中，由于宏观调控体系尚不健全，法制体系和市场体系也不健全，产生了"三角债"这个怪圈。"三角债"问题在1985年已露端倪，到1991年则严重影响了国家经济生活的正常运行，机械工业企业、特别是大中型企业深受其害，有的已达到难以进行生产活动的程度。对全国机械工业没有完全的统计，估计债权约在300亿元以上，债务相当债权的一半左右。

全国清理"三角债"曾进行多次，均未奏效，1991年三季度国务院作出统一部署，抓清理"三角债"工作。到1991年年底，全国投入320亿元，清理1350亿元。据对8个省市机械工业的466户企业的统计，应收79亿元，实收24.6亿元，实收占应收的31%；其中基建技改应收29亿元，实收14.4亿元，实收占应收的49.7%；有些企业的一些老大难拖欠问题这次得到了解决。总的看，1991年"三角债"问题虽然还只清理了三分之一左右，但对整顿经济秩序起了很好作用，特别是达到了预期的搞活大中型企业的目的。

（三）机械工业经济效益虽有所改善，但效益不高的局面没有明显改观

如前所述，1991年机电部机械系统经济效益普遍有所好转，但这不能说明机械工业的经济效益已经很好。相反，机械工业经济效益差的问题，仍

表16　近年来机械工业主要经济效益指标变化情况表

项目	单位	1985年	1986年	1987年	1988年	1989年	1990年	1991年
资金利税率	%	20.17	20.51	19.00	20.16	17.17	9.85	11.04
资金利润率	%	18.68	14.42	12.73	12.67	10.71	4.85	5.39
流动资金周转期	天	153	176	164	143	166	208	174
全员劳动生产率	元／人·年	17819	18040	20720	24222	25200	24670	28763
每万元产值消耗能源	标煤吨	1.60	1.53	1.34	1.16	1.05	1.01	0.98
每万元产值消耗钢材	吨	0.77	0.73	0.70	0.63	0.52	0.48	0.47

是困扰机械工业发展的重要难题。

由表16可以看出，经济效益不高，是我国机械工业发展中长期存在的顽症。特别是在治理整顿期间，出现了进一步下降的趋势，1991年只不过是止住了继续下滑而已。以对国家、对企业最重要的资金利税率和资金利润率为例进行分析。1991年的资金利税率11.04%，不仅远低于历史较好的1984年20.9%，也远低于本次效益大滑坡开始时1989年17.17%的水平。资金利润率的情况更为糟糕，1991年只不过比历史上最低的1990年4.85%略高一点，1991年5.39%的资金利润率，不仅远低于历史较好的1985年18.68%的水平，而且比已经多次降低的银行贷款最低利率7.2%还低1.81个百分点。这两个指标的现状表明机械工业投入产出效益差问题严重到何种程度。初步分析，主要原因是:

1. 产业结构不合理

机械工业点多批量小，绝大部分企业达不到经济规模，大多数企业在低效益情况下运行，大量能力闲置无法调整使用，一般生产能力利用率在50%以下。同时，由于种种原因，相当一批骨干重点企业任务也不饱满。重型机械行业全行业亏损，8个拥有6000吨水压机的重机厂，都拥有先进的工艺装备及测试手段，但1991年的任务只相当总能力的三分之一，全部是亏损大户：第一重型机器厂亏损2354万元，第二重型机器厂亏损4693万元，上海重型机器厂亏损946万元，北京重型机器厂亏损3259万元，天津重型机器厂亏损1574万元，洛阳矿山机器厂亏损460万元，沈阳重型机器厂亏损1273万元，太原重型机器厂亏损2494万元。8个重机厂共计亏损21300万元，如果加上潜亏，亏损额将难以令人置信，仅一个北京重型机器厂就有债务2亿多元。就是在这样情况下，还有许多部门在新上重型机器制造厂点。

经过三年的治理整顿，机械工业的产业结构有所调整，但是收效有限。目前，生产要素配置还很不合理，资源利用率不高仍严重阻碍效益的提高。

2. 经营不善，流通不畅

总体上说，机械工业企业多处于粗放经营状态，长期以来，主要是依靠速度增加效益。1989年开始的"双紧"政策，又为机械工业企业经营增加了新的难度，面对产成品资金占用增加，"三角债"拖累，流通不畅，成本升高。

(1) 流动资金占用增加过多。一是增长速度过快，1985年以来，多数年份流动资金的增长速度远远超出产值的增长，如1989～1991年三年的情况，产值年均增长7.6%，而流动资金年均增长达19.6%。二是单位流动资金的产出急剧下降，每百元流动资金产出值，1988年为294.7元，1991年为214.79元，下降了近30%。三是在资金总额中，流动资金占用量的比重远远超出常规，在1985年前，机械工业流动资金的比重多数年份为45%左右，已经超出了常规只占三分之一的比重，1990年竟高达59.06%，1991年达58.83%。见表17。

(2) 成本增加。成本是用价值形态表示的机械工业的物化劳动和活劳动消耗总量。资金占用增加，原材料、能源提价，工资增加，资金周转速度放慢，必然导致机械产品成本增加。在70年代及以前，机械工业可比产品成本年年下降，而从

1984 年开始，机械工业成本连年增加，最高的 1989 年，竟比上年提高到 22.49%。按照产品销售收入＝成本+实现利税的公式，成本增加就是利税的减少。见表 18。

表 17　1985 年以来机械工业流动资金超常增长分析表

项　　目	单位	1985 年	1986 年	1987 年	1988 年	1989 年	1990 年	1991 年
工业总产值(1990 年价)	亿元	1038.66	1088.03	1242.75	1486.84	1582.60	1562.09	1850.33
工业总产值年增长率	%	23.80	4.75	14.20	19.64	6.44	−1.30	18.45
资金总额	亿元	635.33	742.04	830.12	935.15	1120.51	1305.91	1464.22
其中：定额流动资金平均余额	亿元	317.40	393.69	446.01	504.60	636.69	771.21	864.43
流动资金年增长率	%		24.04	13.29	13.14	26.18	21.13	11.70
流动资金在资金总额中比重	%	49.96	53.04	53.73	53.96	56.82	59.06	58.83
百元流动资金提供的产值	元	327.24	276.37	278.74	294.7	248.57	202.55	214.79

表 18　机械工业历年销售收入中利税和工厂成本比重情况　(单位：%)

项　　目	1982 年	1983 年	1984 年	1985 年	1986 年	1987 年	1988 年	1989 年	1990 年	1991 年
机械工业产品销售收入	100.0	100.0	100.0	100.0	100.0	100.0	100.0	100.0	100.0	100.0
其中：1. 工厂产品成本	80.8	79.3	77.8	76.1	78.3	78.3	81.9	82.1		86.35
2. 产品销售利税	18.4	20.0	22.3	22.9		19.7	15.4	15.3	11.4	10.52
其中：利润	13.3	15.5	17.4	17.0		14.1	10.6	10.0	6.5	5.95
3. 销售费用	0.75	0.67	0.74	0.88		0.94	1.25	1.34		3.04
附：可比产品成本降低率	3.3	2.8	−0.1	−8.7	−7.59	−4.19	−11.64	−22.49	−7.09	−0.32

如上表所示，机械工业销售收入中的利税特别是利润不断减少。假如 1991 年保持 1985 年的水平，则 1991 年机械工业的利税将由现在的 162 亿元增加到 353 亿元，其中利润由现在的 79 亿元增至 226 亿元。

3. 效益转移

(1) 向原材料、能源行业转移。机械工业是高消耗产业，产品总成本中，原材料占 70%以上。近年来，由于采取了多种措施，以实物计的物耗不断降低。如每万元产值消耗能源：1985 年为 1.60 吨标准煤，1991 年只有 0.98 吨标准煤；每万元产值消耗的钢材：1985 年为 0.77 吨，1991 年只有 0.47 吨。但由于能源、原材料提价幅度大大高于实物消耗降低的幅度，以致成本不断提高，减少了企业的效益。见表 19。

表 19　几种主要原材料 1985 年市场价与现价的涨幅情况　(单位：元／吨)

材料名称	1985 年	1991 年	增长%
铸造生铁	500	800	60.0
45 号钢	1250	1720	37.6
硅钢片	20000	27000	35.0
电解铜	600	16000	166.7
电解铝	4500	9700	115.6

当然近年来机械产品也在提价，但是其幅度赶不上原材料及能源。据统计，1991 年与上年比，15 个工业部门中，冶金（提价 14.2%）、电力(16.9%)、煤炭（13.1%)、石油（18.8%）等部门产品提价都达二位数，而机械产品只上涨 2.8%。从具体产品出厂价格看，生铁（提价 13.2%)、普通中型钢材（16.8%)、薄钢板（24.8%)、无缝钢管（31.2%）都上涨较多，而车床（提价 3.2%)、小型拖拉机（3.9%)、载重汽车（2.4%）等机械产品涨幅很小。以上说明，近年来由于原材料、能源的不断大幅度提价，使机械工业效益进一步向这些部门转移。

(2) 效益向银行转移、向税务部门转移。近年来，机械工业的产品销售税金不断增加，利息支出更是直线上升，而企业利润总额却不断减少。见表 20。

从表 20 可以看出，从 1985 年到 1991 年：税金及利息支出由 58.66 亿元增至 155.26 亿元，增长 164.7%；其中：税金由 45.37 亿元增至 81.76 亿元，增长 80.21%；利息由 13.29 亿元增至 73.50 亿元，增长 453.05%。而企业利润则由 125.10 亿元减至 78.97 亿元，减少 36.9%。

税金、利息相当利润的比例，由 46.89%增至 196.61%，增长了 149.7 个百分点。利息相当利润的比例，由 10.62%增至 93.07%，其中 1990 年利息还高于企业的利润。

从以上分析，可以看出机械工业创造价值的流向。流向银行和税务部门，也流向能源原材料部门。

除此以外，企业还要支出 25%的能源交通建设基金和预算调节基金。预算外资金还要上缴建筑税、奖金税、建材基金等税费。地方税费也很重，如上海地区要支出电力开发基金、平抑粮价基金、副食品生产基金、职工待业保险金、排水措施费等。上海重型机器厂仅上述支出就达 1034 万元，比同期该厂实现利润总额 684 万元还高 350 万元。

五、机电工业外贸再上新台阶

表 20　近年来机械工业利息、税金、利润分布分析表

	单位	1985	1986	1987	1988	1989	1990	1991
利润总额	亿元	125.10	107.00	105.70	124.27	120.04	63.36	78.97
产品销售税金	亿元	45.37	45.25	52.02	64.29	72.37	65.39	81.76
利息支出	亿元	13.29	19.33		33.00	58.80	71.50	73.50
税金及利息小计	亿元	58.66	64.58		97.27	131.17	136.89	155.26
税金、利息相当利润的比例	%	46.89	60.36		78.29	109.17	216.05	196.61
利润在利税总额中的比重	%	73.39	70.28	67.02	65.91	62.39	49.21	49.13
利息相当利润的比例	%	10.62	18.07		26.56	48.98	112.85	93.07

1991 年，我国外贸体制实行了重大改革，使外贸经营机制逐步走上了平等竞争、自主经营、自负盈亏的良性发展轨道。一年来，机电工业进出口稳步发展，“三资”企业经营情况良好。

总的看，1991 年，我国机电产品进、出口均有较大增长，都达历史最高水平。进出口总额达 391.24 亿美元，比 1990 年增长 20.3%，在我国外贸进出口总额 1357 亿美元中的比重达 28.8%；在工业制成品进出口总额 807.5 亿美元中的比重达 48.5%，居各行业的第一位。出口额 141.22 亿美元，比上年增加 30.3 亿美元，增长 27.4%；进口额 250.02 亿美元，比上年增加 35.6 亿美元，增长 16.6%。

机电产品占全国商品出口比重上升，进口比重下降。出口额比重由 1990 年的 17.9%上升到 1991 年的 19.6%；进口额比重由 1990 年的 40.2%下降到 1991 年的 39.2%。

进出口逆差不断减少。1991 年机电产品进出口逆差 108.8 亿美元，比 1986 年时逆差 168 亿美元，降低了三分之一以上。“名义竞争力”（Nominal Competitiveness，即出口额与进口额之比，是一个国家出口创汇能力和国产商品满足国内市场需求能力的重要标志）不断提高，1985 年为 0.09，1990 年上升至 0.52，1991 年进一步增至 0.56，说明机电产品的自给率有所提高。详见表 21。

表 21　按海关统计 1980～1991 年机电产品进出口情况及分析　（单位：亿美元）

年份	进出口总额	出口额	进口额	进出口差额(−为入超)		机电产品出口额	
				全国外贸	机电产品	占全国外贸比重(%)	名义竞争力(出口／进口)
1980		13.9		−19.0			
1985	199.7	16.78	182.88	−149.0	−166.1	8.4	0.09
1986	218.3	24.82	193.47	−119.6	−168.7	11.4	0.13
1987	212.4	38.56	173.88	−37.8	−135.3	18.2	0.22
1988	268.6	61.59	206.98	−77.6	−145.4	22.9	0.30
1989	308.2	83.18	224.99	−66.0	−141.8	27.0	0.37
1990	325.2	110.88	214.35	−87.5	−103.5	34.1	0.52
1991	391.2	141.22	250.02	−81.2	−108.8	36.1	0.56

表 22　1978～1991 年按海关统计的中国机电产品的出口情况　（单位：亿美元）

年份	世界机电产品出口额①	中国机电产品出口额	中国对外贸易出口总额	占世界机电产品出口额的比重(%)	占中国出口贸易额的比重(%)
1978	4390	6.59	97.5	0.15	6.76
1979	5090	8.13	136.58	0.16	5.95
1980	5930	13.90	181.19	0.23	7.67
1981	6061	18.00	220.07	0.30	8.18
1982	5909	19.45	223.21	0.33	8.71
1983	5953	19.39	222.26	0.33	8.72
1984	6441	21.96	261.39	0.34	8.40
1985	6867	16.78	273.50	0.24	6.13
1986	8278	24.82	309.42	0.30	8.02
1987	9873	38.56	394.40	0.39	9.75
1988	10104.5	61.59	475.20	0.61	12.96
1989	10845.5	83.18	525.38	0.77	15.83
1990	12372	110.88	620.68	0.90	17.86
1991	13500②	141.22	719.10	1.05	19.64

①资料来源：GATT（关税与贸易总协定）年报。

②为推算数。

(一) 机电产品的出口

1.出口总额持续大幅度增长

自 1985 年 10 月国务院确定把机电工业作为重要的长期出口战略产业以来，机电产品出口持续大幅度增长。

(1) 按海关统计。1991 年全国机电产品出口 141.2 亿美元，比上年增长 27.4%，高于全国出口贸易总额增长 15.8%的速度，比 1985 年的 16.78 亿美元高出 7.4 倍，1986～1991 年平均每年增长 42.6%；在全国外贸出口总额中的比重，由 1985 年的 6.13% 提高到 1991 年的 19.64%；占世界机电产品外贸出口额的比从 1985 年的 0.24%，至 1991 年提高到 1%左右，居世界第 20 位。详见表 22。机电产品出口的贡献度不断增长。1991 年机电产品出口比 1990 年净增 30.3 亿美元，不仅创行业本身增长额的历史最好水平，而且在同期全国外贸出口增量 98.42 亿美元中占比达 30.9%，即我国外贸出口每增加 100 亿美元中，机电工业要占 30 亿美元以上；而 1986～1991 年只有 27.9%。说明机电产品已日益成为我国扩大外贸出口的支柱产品，有力地推动我国外贸出口商品结构的改善。

表 23　1985～1991 年按经贸业务统计的机电产品出口情况

(单位：亿美元)

年　份	全国外贸	机电产品	比重(%)
1985	259.16	14.20	5.50
1986	270.14	22.30	8.25
1987	347.10	32.00	9.22
1988	406.40	48.00	11.81
1989	432.77	61.00	14.10
1990	516.96	81.22	15.71
1991	609.22	109.02	17.90

(2) 按经贸业务统计。1991 年全国机电产品出口 109.02 亿美元，比 1990 年增长 34.1%，远远高于全国外贸出口增长 17.0%的水平，超额完成了经贸部下达的机电产品出口创汇 92.38 亿美元的任务。1991 年机电产品出口比上年净增 27.8 亿美元，占同期全国出口净增 92.26 亿美元的 30.1%。机电产品占全国出口总额的比重，从 1990 年的 15.71% 上升到 17.90%，而在 1985 年只有 5.50%，六年增加了 12.4 个百分点。详见表 23。

机电部系统工贸公司和有对外经营权企业自营出口共 37.4 亿美元，占全国机电产品出口总额 109.02 亿美元的 34.3%。其中部直属 6 大工贸总公司 19.3 亿美元，37 家地方机械设备进出口公司 12.2 亿美元，29 家有外贸经营权专业公司 2.8 亿美元，另外 131 家自营企业合计完成 3.12 亿美元，一般都比上年增长 15.0%以上。

(3) 按出口产品产值统计。1991 年机电产品出口产值 317.20 亿元 (1990 年不变价)，占机电部系统总产值的 10.70%。其中机械 (含汽车) 行业出口产品产值 121.32 亿元，出口占比 6.55%；电子行业出口产品产值 195.87 亿元，出口占比 22. 10%；船舶行业出口产品产值 27 亿元，出口占比 32.2%；兵器行业出口民品产品产值 16.7 亿元，出口占比 11.6%。其中电子行业最多，占机电部系统的 61.7%。见表 24。

2. 机电工业出口主要特点分析

(1) 各行业、各部门的出口普遍增长

按海关统计，在全国出口机电产品 141.2 亿美元中，机械产品 96.15 亿美元，比上年增长 31.69%；电子产品 45.07 亿美元，比上年增长 19.01%。

在全国机电产品出口 141.2 亿美元中，机电部归口产品 89.62 亿美元，比上年增长 23.7%，占比为 63.5%。机电部归口企业出口 41.54 亿美元，其中机械企业 19.37 亿美元，电子企业 22.17 亿美元。

在机电部归口产品出口额 89.62 亿美元中，原机械部归口产品 41.67 亿美元，在全国出口机电产品中比重为 29.51%；原电子部归口产品 44.64 亿美元，比重为 31.61%；船舶产品 3.09 亿美元，民用爆破器材 0.21 亿美元。见表 25、26。

(2) 出口商品结构有一定改善，大宗出口商品发展稳定

表 24　机械电子工业出口产品产值情况(均按 1990 年不变价)　　(单位：亿元)

年　份	机电工业全行业			机电部系统机械工业		
	总产值	出口产品产值	比重(%)	总产值	出口产品产值	比重(%)
1985 年				1038.52	18.43	1.77
1990 年	4636.20	489.61	10.56	1562.09	111.74	7.15
1991 年				1850.33	121.32	6.55

我国出口机电产品技术含量不断提高。劳动与材料密集的金属制品在机电出口商品中的比重，由 1985 年的 25.39%至 1990 年下降为 12.96%，1991 年进一步下降至 12.07%；一些低档高亏产品的出口受到了抑制，如普通车床出口 0.6 亿美元、轴承出口 1.1 亿美元，分别比上年下降 3.5%和 37.7%。技术含量较高、加工层次较深的机电仪产品比重，1985 年为 50.68%，1990 年为 60.11%，1991 年为 60.35%。特别是大型电站成套设备、各类大型船舶、民用飞机及卫星通讯地面站等高科技产品出口发展较快。如 1991 年签定了出口飞机合同 32 架，实际当年交付 18 架；20 万千瓦火力成套发电机组已稳定出口；船舶出口达 3.1 亿美元，有些已达到当代世界水平。

表 25　按海关统计机械电子产品分类出口情况

项　　目	1991 年		1990 年		1991 年比 1990 年增长%
	亿美元	比重(%)	亿美元	比重(%)	
机电产品出口总计	141.22	100.00	110.88	100.00	27.36
其中：机电部归口产品[①]	89.62	63.46	72.47	65.36	23.67
其中：来料加工贸易	38.97	27.60	29.86	26.93	30.51
1. 机械产品合计	96.15	68.09	73.01	65.85	31.69
其中：机电部归口产品	44.98		41.75		7.73
其中：来料加工贸易	25.93		18.38		41.08
2. 电子产品合计	45.07	31.91	37.87	34.15	19.01
其中：机电部归口产品	44.64		36.55		22.13
其中：来料加工贸易	13.04		11.48		13.57

①1988 年为 37.69 亿美元；1989 年为 50.86 亿美元

表 26　按海关统计机械电子部归口机电产品出口情况　(单位：万美元)

产　品　名　称	1991 年	1990 年	1991 年比重(%)	1991 年比上年增长%
出口机电产品总计	1412200	1108800	100.00	27.36
其中：机电部归口产品合计	896217	724656	63.46	23.67
1. 原机械部归口产品小计	227157	200907	16.09	13.07
机床及工具	33872	34975	2.40	-3.1
磨料磨具	2310	2353	0.23	-1.8
电机及电工器材	59998	47958	4.25	25.11
农业机械	20494	18626	1.45	10.03
工程机械	11940	9981	0.85	19.63
机械基础件	25659	32790	1.84	-21.8
复印机械	327	413	0.02	-20.8
仪器仪表	21555	17414	1.53	23.78
其中：光学仪器	3370	2515	0.24	34.00
重型机械	20998	13614	1.49	54.24
通用机械	14693	10407	1.04	41.18
汽车及摩托车	15311	12376	1.04	23.72
2. 原电子部归口产品小计	316000	250724	22.38	26.04
电子计算机及软件	48651	31305	3.45	55.41
视听及通讯设备	212065	180412	15.02	17.54
电子元器件	55284	39007	3.91	41.73
3. 船舶及船用机电设备	30945	22424	2.19	38.00
4. 民用爆破器材	2133	10322	0.15	-79.30
5. 来料加工	319982	240279	22.66	33.17

注：根据机电部国际合作司资料整理；成套设备包含在其它产品类别中。在 1991 年来料加工 32.0 亿美元中，机械 18.95 亿美元，电子 13.04 亿美元。

代表当前世界需求趋势的数控机床、计算机、通讯设备三大微电子技术产品出口增长迅速。1985 年到 1991 年，计算机的出口由 92 万美元增至 2.3 亿美元，六年增长 250 倍；通讯设备由 1316 万美元增至 3.41 亿美元，增长 24 倍；数控机床从无到有，已达 1000 万美元。虽然这三类产品在机电出口总额中比重只有 4.9%，但表明了我国机电出口商品向高技术发展的动向。从同类产品内部构成看，技术含量有增加趋势。如在标准紧固件中，档次较高的异型紧固件比重上升；在机床中，专用机床、精密机床和数控机床的比重上升；在工程机械中，大型推土机、多种叉车所占比重上升；在电子产品中，通讯设备、电子计算机等投资类商品比重上升。见表 27。

出口额超过 1 亿美元以上的拳头商品不断增加，1985 年 4 种，1988 年 16 种，1989 年 19 种，1990 年 24 种（收录音机、钟表、电视机、手工具、电子元器件、电话机、机床、电工器材、船舶、纺织机械、自行车及零部件、电子计算机及零部件、电扇、电机、轴承、未录制的磁带、电子计算器、标准紧固件、干电池及蓄电池、检测仪器、照相机、汽车及零部件、锁、飞机及零部件），1991 年又增加了集装箱、提升机械及家用电热器具，共计 27 种。27 种出口拳头商品出口额共

95.76 亿美元，比 1990 年的 71.1 亿美元增长 34.7%，在机电产品出口总额的比重达 67.3%。

尤其可喜的是代表我国出口机电商品结构水平的拳头产品不断向技术密集的方向转换。初步统计，1991 年技术较密集的拳头商品达 75.34 亿美元，比上年的 53.3 亿美元增长 41.4%，比重由 75%增至 78.7%；而传统商品只有 20.42 亿美元，比上年只增长 14.7%，比重由 28.7%降至 21.3%。

表 27　机电出口商品构成分析表

项　　目	出口额(亿美元)			比重(%)		
	1985 年	1990 年	1991 年	1985 年	1990 年	1991 年
机电产品出口总计	16.78	110.88	141.22	100.00	100.00	100.00
金属制品	4.26	14.37	17.04	25.39	12.96	12.07
机电仪类	8.84	66.65	85.22	52.68	60.11	60.35
来料加工	3.68	29.86	38.97	21.93	26.92	27.60

(3) 外贸基地建设取得成绩，出口大户不断增多

出口生产体系建设。机电工业外贸基地审批和建设是从 80 年代中期开始的。至 1991 年底，国务院出口办公室和对外经济贸易部共审批了 10 批出口基地企业和扩大机电产品出口企业，共有出口基地企业 407 家，扩大机电产品出口企业 1134 家，共计 1541 家（其中 1991 年审批的第十批企业，机械工业有出口基地企业 20 家，扩大机电产品出口企业 55 家），其中机械系统出口基地企业 132 家、扩大机电产品出口企业 368 家，这些企业创汇占行业总创汇的 70%以上。见表 28。

表 28　机械系统出口重点企业情况

(单位：个)

项　目	合计	出口基地企业	扩大出口企业
全国机电工业总计	1541	407	1134
机械系统	500	132	368
比重(%)	32.45	32.43	32.45
其中:			
电工行业	119	30	89
机床工具行业	125	38	87
机械基础件行业	86	24	62
重型矿山设备行业	31	11	20
仪表行业	25	7	18
通用、石化设备行业	29	9	20
农机、内燃机行业	48	6	42
工程机械行业	17	4	13

国家大力支持出口企业的技术改造。至 1991 年，国家累计给予专项贷款 20 多亿元，加上日本“黑字还流”贷款，机械系统出口企业平均每年可得贴息技改贷款 2 亿多元，共可增加创汇能力 30 多亿美元。

为促进机电企业的对外自主经营、直接对外，至 1991 年底，机械系统共有 119 个企业经国务院生产办公室批准得到外贸进出口经营权。

出口创汇大户不断增多。出口额超过 1000 万美元的机械电子企业，1985 年 7 家，1988 年 38 家，1990 年 131 家，1991 年 139 家。1991 年机械系统出口 1000 万美元企业 28 家、500 万美元以上企业 61 家。其中哈尔滨、上海、东方三大电站集团公司创汇额分别达 3800 万美元、4661 万美元和 3130 万美元，西安电力机械制造公司 2014 万美元。

(4) 各地区出口全面增长，沿海及开放城市发展更快

按外贸业务统计，出口亿美元的省份，1985 年只上海、广东和天津三省市，1990 年增至 14 个，1991 年达 16 个。广东省，占出口开放政策之先，发展很快，1989 年 14.6 亿美元，1990 年 16.33 亿美元，1991 年达 27.48 亿美元，占全国机电产品出口总额的四分之一；上海市，1991 年出口 11.47 亿美元，居第二位；辽宁省，具有挖掘机械工业和大中型企业优势的潜力，面向两个市场，近年来机电产品出口发展很快，1985 年居第八位，1989 年居第五位，1990 年居第四位，1991 年达 6.46 亿美元，跃居第三位；江苏省 1991 年出口额也超过 6 亿美元，居第四位；福建省 1987 年只 1 亿美元，1991 年达 5.32 亿美元，居第五位。计划单列市，深圳市达 12.9 亿美元，广州市 5.05 亿美元，厦门市 3.13 亿美元，位于前列。

沿海地区，充分利用国家优惠政策和地理优势，机电产品出口发展迅速，除广西、海南外，其他省市都超过 1 亿美元，共出口 74.66 亿美元，占地方出口 89.66 亿美元的 83.26%。中部地区，出口 13.09 亿美元，占 14.6%。内地各省区 1.91 亿美元，占 2.14%。

1991 年，有 20 个省市机电产品出口额在该省市外贸出口总额中的比重，高于同期全国机电产品出口总额在全国外贸出口总额比重。其中，西安市、深圳市分别达 48.1%和 42.0%，成都、厦门、沈阳超过 30%以上，大连、广州、陕西、南京、天津、贵州、四川、北京、广东、武汉、上海超过 20%。这些省市的机电产品出口已成为当地的出口拳头产品。

(5) 对主要国家（地区）的出口稳定增长

1991年，我国对香港机电产品的出口额居第一位，达88.01亿美元，占同期我国机电产品出口总额的62.3%；居第二位的是美国，出口额9.13亿美元，占比为6.5%；欧共体为第三位，出口额8.21亿美元，占比为5.8%。1991年我国对上述三大市场机电产品出口额总计达105.35亿美元，占机电产品出口总额的74.6%。对东南亚地区（主要包括泰国、马来西亚、新加坡、印尼、菲律宾五个国家）为6.62亿美元，占4.7%，为我机电产品出口的第四大市场。

对日本出口5.23亿美元，增长92.5%。

对苏联出口2.11亿美元，对东欧各国出口0.58亿美元，分别比上年下降39.3%和67.5%。

(6) 贸易方式多样化，“三资”企业和经济特区机电产品出口增长更快

积极发展“两头在外”，利用国外元件、配件、材料发展机电产品出口取得重大进展。据海关统计，1991年来料加工装配出口为39亿美元，增长30.3%，占全国机电产品出口总额的27.6%；进料加工出口59.5亿美元，增长34%，占42.1%。以上两者共计98.5亿美元，比上年净增24.2亿美元，贡献度近80%，成为带动机电产品出口的重要因素。

“三资”企业机电产品出口的增长也很快。继“七五”后三年平均年增78.1%之后，1991年又增长50.1%，达40.6亿美元，占机电工业产品出口总额的28.75%。全国“三资”企业出口总额共91.9亿美元，其中机电工业的比重达44.18%。据统计，机电部系统2613个“三资”企业出口机电产品30.8亿美元，占机电部系统产品出口89.6亿美元的34.4%；其中机械16.8亿美元，电子14亿美元。见表29。

表29 1991年来料加工、进料加工及“三资”企业出口机电产品情况

项目	金额(亿美元)		比重(%)	
	1991年	1990年	1991年	1990年
机电产品出口总计	141.22	110.88	100.00	100.00
其中：来料、进料加工合计	98.5	74.3	69.75	66.9
来料加工	39.0	29.9	27.6	26.9
进料加工	59.5	44.4	42.1	40.0
其中：“三资”企业出口	40.6	27.05	28.8	24.4

经济特区在对外贸易中的作用进一步加强。1991年仅深圳、厦门两个特区机电产品出口额已达16.04亿美元，比1990年增长84.16%，占全国机电产品出口额的11.36%。

(7) 边境贸易活跃

在我国12个边境省、区、市中，黑龙江（含哈尔滨）、云南、广西、吉林、内蒙古、新疆的机电产品边境贸易活跃。1990年边贸机电产品出口1.1亿美元，1991年增至1.5亿美元以上，其中黑龙江、广西的机电产品边贸占本省、区机电产品出口总额的30%以上。

机电产品边贸出口的方式日趋灵活，已从初期的物物交换形式逐步发展到劳务输出、技术经济合作、境外加工、境外装配、境外合作、合资办厂等多种形式。边境贸易有一定互补性，促进了边疆地区的经济繁荣。

(8) 外贸经济效益有所提高

实行新的外贸体制，对机电产品出口形成了较大的压力，也带来了新的动力，出口企业通过调整结构，加强管理，改善经营，降低成本，努力提高出口经济效益，实现了出口额与经济效益同步增长。大多数机电外贸、工贸公司和出口自营生产企业做到了自负盈亏，没有发生新的挂帐和亏损。多年来机电产品换汇成本较高，现开始有所降低。全年出口商品流通费、出口费用水平、流动资金周转次数等经济指标都有所改善。

(9) 不断强化出口基础工作，推行出口机电产品质量保证体系

从1983年开始实施的质量许可证制度，至1991年底，已发证4325份，其中机械产品3254份，占75.2%。现在已有机床及工具、工程机械、农业机械、电工及电工器材等62类产品实施了出口质量许可证制度，其中金属切削机床、台钻、锻压机械、量具、轴承、工业链条、摩托车、家用电冰箱、家用洗衣机、柴油机、拖拉机、叉车等27种产品实行了凭质量许可证报验制度。

一些出口生产企业取得国外安全认证。到1991年底，我国机电工业共有1022家工厂的产品获得了美国UL认证；500多家工厂的产品获得了加拿大CSA认证。获认证产品年出口额达20亿美元以上。此外，还有数百家企业分别获得了澳大利亚SAA、德国UDE、英国BS、日本JIS及意大利IMQ等的验证标记。

组织ISO9000系列标准的实施。1987年，国际上正式颁布了ISO9000系列《质量管理和质量保证》标准，现已有40多个国家采用，欧共体宣布从1993年1月1日起执行。为使我国产品顺利进入国际市场，1991年国家商检局已组织编译了ISO9000标准，并决定在广东、深圳等地区开始试点。上海福克斯波罗公司已第一家于1991年11月通过了ISO9001质量体系认证。

(二) 机电产品的进口

1. 进口规模

据海关统计，1991年进口机电设备250.02亿美元，是历史上进口设备最多的一年，在全国进口总额中的比重为39.19%，与近年水平相近。

1991年进口机电产品折合按人民币（考虑关税、运费及重复计算等因素，按1美元折人民币8元计算）计算的销售额约2000亿元，相当1991年全国机电产品总销售额（总销售额包括国内产品5000多亿元、进口产品2000亿元，共约7000亿

元）的30%左右。见表30。

表30　1984年以来历年机电产品进口额

（单位：亿美元）

年　份	全国进口总计	机电产品进口	机电产品比重（%）
1984	274.1	82.11	29.96
1985	422.5	182.88	43.29
1986	429.0	193.27	45.10
1987	432.2	173.88	40.21
1988	552.8	206.98	37.46
1989	591.4	224.99	38.04
1990	533.5	214.35	40.18
1991	637.9	250.02	39.19
1985～1991	3873.4	1528.47	39.46
其中："七五"	2538.9	1013.47	39.92

在机电设备进口总额中，机械产品190.91亿美元，电子产品59.11亿美元，分别占总进口额的76.36%和23.64%。

在机电设备进口总额中，机电部归口产品144.7亿美元，占57.88%，比上年增长19%。

在机电部归口产品144.7亿美元中，机械行业63.8亿美元，占44.1%；折合人民币约510.4亿元，相当行业销售额1762亿元的28.97%；在机械行业中民机各行业产品47.2亿美元，汽车行业16.6亿美元。电子产品49.1亿美元，船舶行业3.4亿美元。来料加工料件28.3亿美元。见表31。

表31　1991年进口机电设备按行业分析

（单位：亿美元）

项　目	1991年		1990年	
	金额	比重(%)	金额	比重(%)
全国机电设备进口总额	250.02	100.00	214.35	100.00
其中：机械产品	190.91	76.36	163.57	77.15
电子产品	59.11	23.64	50.78	22.85
其中：机电部归口产品	144.7	57.88	121.7	56.78
其中：1. 机械行业	63.8	25.52	52.2	24.35
民机各行业	47.2	18.88	40.3	18.80
汽车行业	16.6	6.64	11.9	5.55
2. 电子行业	49.1	19.64	41.6	19.41
3. 船舶行业	3.4	1.36	4.9	2.29
4. 来料、来件	28.3	11.32	23.0	10.73

2. 主要进口产品

据海关统计，机电产品进口居前四位的大类产品：特种工业专用机械59.59亿美元，占23.8%；电力机械、电器及配件26.32亿美元，占10.5%；电讯器材、音响设备20.91亿美元，占8.4%；通用工业设备19.6亿美元，占7.8%。这四类机电设备共占机电产品进口总额的50.5%。

专用工业设备中，进口额较多的产品有纺织机械（约10亿美元）、工业缝纫机、皮革加工机械及工程机械等。电力电器设备类中，进口较多的产品有彩色显像管、集成电路、电力元件、开关及断路器、电缆等。视听设备和通信设备类中，进口较多的产品有程控电话交换机、无线电话机、收录机散件、彩色电视机散件等。通用工业设备中，进口较多的产品主要有运输设备零件、包装机械、轴承、阀门、传动装置、铸型砂箱等。

增长最快的是汽车（包括小轿车及散件等）、视听设备、计算机及办公机械等。

3. 进口机电设备货源

香港居第一位，达69.6亿美元；其次是日本，达51.8亿美元；以下依序为美国（32.8亿美元）、德国（21.3亿美元）、台湾（13.3亿美元）。从以上五个国家和地区进口的机电设备约占总额的四分之三。

4. 进口贸易方式和用汇来源

按进口贸易方式分析，一般贸易方式的进口额最多，达107.9亿美元；其次是外资企业作为投资进口设备，达43.47亿美元。以上两项共占进口总额的60.4%。

从用汇来源分析，中央和地方用汇及留成外汇共72.09亿美元，占总额的28.8%；这说明贷款外汇、国外投资、营运外汇等达三分之二以上。

（三）"三资"企业

自1979年中美合资的派克密封件公司创办以来，至1990年底，全国机械工业共有"三资"企业1109个，其中中外合资企业849个，中外合作经营企业142个，外商独资企业118个；外商投资总额16.2亿美元。目前，外商投资来自20多个国家和地区，现有"三资"企业已涉及机械工业全部行业，分布在全国20多个省、自治区、直辖市。实践证明，发展"三资"企业是振兴机械工业和贯彻对外开放政策的一项重要内容。

1. 举办"三资"企业缓解了技术改造资金不足的矛盾，有利于提高企业的综合素质和经济效益

上海三菱电梯有限公司，合资前是长城电梯厂，产品老化，厂房设备陈旧，改造资金紧张。合资后，改变了这一落后情况，三年之内积累了自有资金3500万元。产品达到当今世界先进水平，1991年企业人均销售收入20.6万元，人均利润2.1万元。

2. 引用外资引进技术和设备，促进了企业产品结构调整

广东顺德塑料机械集团公司，其前身是一个农机厂，1986年与香港振雄公司合资后，在引进技术的基础上，先后开发了电脑和数控电液一体化的多种规格注塑机，产品达到国际先进水平。

3. 引进新技术，发展技术先进型企业

进行合作的外商，有不少是国际上有较强竞争能力的企业，有的还是世界名牌公司，引进他们的技术和设备，一般具有当代先进水平。如西安电缆厂与日本古河电气工业株式会社合资经营的西古光纤光缆有限公司，从日本引进了先进的生产技术和全套最新的工艺设备，使光纤产品各项技术标准都

达到了国际同类产品水平，改变了光纤、光缆以前完全依赖进口的局面。

4. 技术管理水平提高，增强了国内外市场的竞争力

机电工业"三资"企业出口创汇额，从1985年的微不足道起步上升到1991年的40.6亿美元，占机电工业出口总额的28.75%，占全国"三资"企业出口总额91.9亿美元的44.18%，成为中国机电工业进军世界的一支劲旅。

5. 通过合作生产，学习先进的管理经验，促进老企业更好发展

宣化—英格索兰矿山工程机械有限公司与宣化采掘机械厂合资生产凿岩头，由老厂协作搞毛坯件和机械行走部分，零部件也相互协作。由于合资企业产品要求高，提高了老企业素质和水平。

机电工业的合资企业数量虽然只占2%，但是取得较好成绩。如从1988年开始的一年一度的全国十大最佳生产型合资企业评选活动中，属于机电行业的最多，其中上海大众汽车、上海易初摩托、北京中国惠普、迅达电梯等合资公司已5届蝉联"十佳"企业称号。又如1990～1991年中国经济效益最好的300家"三资"工业企业，机电工业企业最多，其中仅机械工业就有38家。外商投资中国机电工业，取得国际水准的效益，已成为国际共识。

船舶工业

中国船舶工业总公司政策研究室

1991年，中国船舶工业总公司系统生产经营工作取得了较好的成绩。全公司提前一个月完成各项主要计划指标，工业总产值、销售收入、承接新船订单和实际出口等四项主要经济指标均创历史最好水平。

一、生产获得较快发展

1991年，总公司各项生产指标全面超额完成年度计划。详见表1。

表1 1991年主要生产指标完成情况

项目	单位	实际完成	完成计划 %	比上年增长%
一、工业总产值(按1990年不变价格计算)	亿元	83.85	129.0	18.1
其中：船舶类产品	亿元	51.35	128.8	20.6
修船	亿元	7.47	124.2	5.0
非船舶产品	亿元	25.03	131.3	17.5
二、船舶产品产量	万吨	81.78	129.6	29.1
其中：万吨以上船舶	万吨	64.92	115.7	39.2
出口船舶	万吨	36.60	106.1	−4.3
三、柴油机	万千瓦	48.05	107.2	15.6
四、精密导航仪表	套	171	124.8	−5.5
五、商品产值	亿元	80.2	126.8	25.6

1991年，在生产方面有以下显著特点：

1. 造船生产出现新气象

造船生产是总公司的主体产业。1991年总公司继续狠抓了缩短造船周期这个"牛鼻子"，加强综合管理，强化生产技术准备工作，特别是通过抓缩短设计周期，提高设计质量，保证了图纸供应进度，造船生产取得了主动，一些企业还实现了增产目标。造船产量结束了连续三年在60万吨左右徘徊的局面，达到81.78万吨，接近历史最高水平；造船开工120万吨，是历史上最高的年份。全年下达民船和配套产品考核节点计划220项，提前、按期实现199项，占考核总数的90.5%，高于往年水平。

在1991年计划完工的32艘3000吨以上的船舶中，有18艘船比总公司下达的考核节点计划提前完工交船。其中，直接出口船舶计划完工14艘，有9艘提前完工交船。江南造船厂的65700吨货轮、沪东造船厂的47500吨货轮分别达到了船台周期和下水至交船周期"双99"、"双三月"的目标，创出了历史最好水平。沪东造船厂的第5号47500吨货船实现了船台周期84天，下水至交船周期89天。大连造船厂第3号35000吨货轮、渤海造船厂第1号35000吨肥大型船的船台周期比同类船平均缩短70天。大连造船新厂自行设计建

造的出口挪威的98000吨成品油轮1号船，比1986年建造的69000吨成品油轮2号船，船台周期缩短了3个月，总建造周期缩短5.4个月。上海船舶工业公司发挥集团优势，组织厂际合作和劳动竞赛，在1991年里，把“七五”国际市场萧条期间承接的最后几艘亏损船“扫地出门”。上海船厂完成的第8艘出口冷藏船，建造周期比首制船缩短了107天，并增产了1艘1.26万吨出口船。江南造船厂增产的、目前国内首次建造的4200立方米半冷半压式乙烯液化气船1号船提前顺利完工。万吨级以上出口船舶完工交船情况详见表2。

船用柴油机的建造水平也有新的提高。全年柴油机完工606台／48.05万千瓦，创历史最好水平。上海船厂生产的5RTA52型出口机，创造了开工至交机12个月的历史最好水平。沪东造船厂在柴油机生产任务全面完成的情况下，还增产了2台柴油机，对缓解“船等机”的矛盾起了良好的作用。

表2 1990～1991年万吨级以上出口船舶完工交船统计表

完工交船时间	船舶名称	吨位(万吨)	艘数	出口国别地区	生产厂
1990.2	52000吨生产储油轮	5.2	1	日本	沪东造船厂
1990.4	2700箱冷风集装箱船	3.28	1	德国	沪东造船厂
1990.12	62000吨原油轮	6.22	1	智利	沪东造船厂
1990.4.8	65000吨散货轮	6.5	3	美国	江南造船厂
1991.6	65700吨散货轮	6.57	1	德国	江南造船厂
1991.6	25500吨成品油轮	2.55	1	香港	广州造船厂
1991.6	44000吨成品／原油轮	4.4	1	瑞典	大连造船厂
1991.7	98000吨原油／成品油轮	9.8	1	挪威	大连造船新厂
1991.8	12300吨集装箱船	1.23	1	孟加拉	新港船厂
1991.12	12600吨集装箱船	1.26	1	香港	上海船厂

2. 修船生产再创新纪录

在连续四年有较大幅度增长的情况下，1991年修船生产继续增长。全年共完成修船949艘，总产值7.47亿元，其中：修理外轮194艘（厂修），共完成产值3.47亿元，比1990年提高37%。远洋船修理完工153艘，产值9802万元，比1990年增长53%。

表3 主要非船舶产品增长情况

产品名称	单位	1990年产量	1991年产量	1991年比上年增长%	全年销售
铁路敞车	辆	1200	1500	25.0	1575
电冰箱	只	72338	86732	19.8	95353
自行车	辆	160406	122050	31.0	122050
集装箱	只	30191	34503	15.3	20072
复印机	台	2398	3360	40.0	3223
摩托车	辆	5812	10550	81.0	12359
B超	台	243	420	72.8	330
汽车蓄电池	只	452127	544186	20.0	320300
抽油泵	台	5328	6568	23.8	

各船厂积极开拓国内外修船市场，在激烈的市场竞争中取得了显著的成绩。其中，完成独联体国家船舶20艘、产值1.5亿元，比1990年增长43%。与此同时，还大力开拓新客户，先后有美国、日本、南朝鲜等国的船舶首次到我国修理。山海关、新港、文冲等8家骨干修船厂提前一个季度完成年修船计划，产值、效益均取得新进展。上海船厂修船产值突破了9000万元，为年计划的120.4%。其中，外轮修理产值达8192万元，创该厂历史最高纪录。江南造船厂首次承接日本达伟航运公司的一艘65000吨散货船“克娜玛”号轮，仅用12天时间便高质量、高速度完成了近30000平方米的大舱及船壳除锈等修理项目，日产值突破3万美元。大连造船厂、上海船厂分别为原苏联船东完成了渔业加工船的大型改装修理工程。其中，大连造船厂大修、改装的海上鱼加工母船“布里亚吉亚”号，主要设备需更新或大修，并增加一层主甲板和一层尾楼，改装修理上千个项目，工作量很大，而合同周期仅有11个月，比同类型船合同期要求缩短近半年时间。该厂实行动态跟踪控制管理，采取联合施工、分别承包的方式，以质量保进度，修期仅10个半月，比合同期提前了半个月，比1990年完成的两艘同类型船舶缩短周期三分之一。

3. 非船舶产品生产和销售有了较大幅度提高

非船舶产品产值结束了连续三年徘徊不前的局面，1991年达到25.03亿元，比1990年净增3亿多元。销售形势较好，基本没有库存积压，库存量处于正常周转水平。详见表3。

二、经营工作取得重大进展

1991年，总公司在经营工作方面取得了较好成绩。全年出口成交5.28亿美元，比上年增长13.5%；实际出口4.19亿美元，比上年增长31.5%，创历史最高纪录。各船厂抓住国际船舶市场回升的有利形势，在强手如林的竞争中，利用各种渠道，收集国际船舶市场信息，广泛地同国内外船东接触，承接了一批出口船和国内船。全年新承接造船订单176万吨，其中国内船73.8万吨，出口船102.2万吨，大大高于最高年份的1988年，比上年承接合同量增长40.68%。出口船型有液化石油气船、集装箱船、成品油轮、原油轮和散货船，主要出口到美国、德国、比利时、新加坡、印尼、古巴和香港等国家和地区。由我国自行设计的出口船，越来越受到外国船东的青睐。新开发的7万吨散货船，当年就承接了4艘。首次承建的最大吨位的出口船——15万吨散货船已由我国自行设计。船用设备国产化率明显提高。在新接的12艘出口船中，除个别高技术船型有特殊要求外，均采用了国产主机。

在巩固西欧、北美、香港等原有市场的同时，总公司遵循“立足国内，面向世界，船舶为本，多种经营”的方针，努力开拓新的市场。我国与印尼恢复邦交后，总公司率先与印尼成交了3.5万吨原油轮的出口合同。为印尼船厂承担的造船下水滑道和部分船台工程设计合同也已生效，揭开了总公司海外工程承包的序幕。船舶、船用设备和其他机电产品开始进入南朝鲜、印尼、菲律宾、土耳其、希腊、阿联酋和突尼斯、伊朗等国，进一步提高了我国船舶工业的国际竞争力。

三、科技进步成绩喜人

1991年，总公司继续贯彻“科学技术是第一生产力”的指导思想，狠抓科技进步工作，取得了新的成果。全年共有10项科技成果获国家级科技进步奖。其中，由708所、沪东造船厂等4个单位研制、由沪东造船厂为日中石油开发株式会社建造的用于渤海石油开发的52000吨浮式生产储油轮获得国优金质奖，沪东造船厂为德国哈劳公司建造的2700箱冷风集装箱船荣获国优金质奖；哈尔滨船舶工程学院研制的水声高速目标跟踪定位和导引系统获国家级科技进步一等奖，昆明船舶设备集团公司完成的烟草制丝成套设备国产化获二等奖，沪东造船厂完成的“极地”号南极科学调查船改装设计获三等奖。高效焊接、计算机辅助设计等8项科技成果，被列入国家级重点推广项目。

1991年，总公司共下达科研计划项目1283个，其中90%已按计划完成。全年完成重大科技成果鉴定430项，其中相当一部分填补了国内空白。

我国第一艘半冷半压式乙烯液化气船是江南造船厂为德国奥伦盖斯航运公司建造的一种具有较高附加值的特种船舶，是一艘具有90年代世界水平的高技术、高难度船舶。该船有两只液化气罐，容积分别为2900和1300立方米，总重量350吨，还有能使受热蒸发的气体经加压、冷却再转化为液体的液体专用装置，不管外界气温如何，船上装载的乙烯、乙烷等易燃易爆液化气体温度始终保持在−104℃。它的建成，标志着我国船舶制造技术又有了新的提高。

35000吨级浅吃水肥大型散货船“宁安一号”于1991年底由渤海造船厂顺利建成。该船是国家“七五”重大技术装备重点科研攻关项目之一，填补了我国船舶生产品种的空白，标志着我国沿海散货、煤炭运输船在浅水重载大型化方面取得新进展，使我国肥大型船技术达到国际水平，对实现我国“北煤南运”、“晋煤外运”的战略具有重要意义，受到了国务院领导同志的表扬。

船用柴油机制造技术又有了新的进步。船用43／140低速柴油机已通过设计审查；利用引进技术生产的苏尔寿5RTA52大功率船用柴油机于1991年5月和10月分别在上海船厂、大连船用柴油机厂完工签字，交付德国弗兰斯堡船厂，实现了我国首次向国外直接出口船用柴油主机的目标。11月13日，签定了引进德国MTU956／1163系列柴油机许可证协议，中方获准生产956、1163TBB2、TB92系列柴油机共15个品种，这必将进一步提高我国船用柴油机的制造技术水平。

船用设备的国产化向着技术要求高，难度大的零部件扩展。其中有：电渣熔铸低速柴油机缸盖已通过鉴定，批量生产中速柴油机的曲轴已基本实现国产化，苏尔寿的盘车机、曼哈姆的油泵、克令吊的BV高压泵的试制均取得了成功。

非船舶产品科研开发工作取得较好成绩。完成一批国家重大装备项目的研制工作并投入生产使用。其中有：30万吨／年乙烯工程加氢精制反应器，150吨矿山重型汽车轮辋，电站用大型无缝钢管以及水电调速器等。为国民经济建设开发提供了一批高技术产品，如数控切割机，盘类陶瓷生产线，集光、核、声、电技术于一体的电缆传输数控测井系统等。在1991年北京国际传动和控制展览会上，总公司704所等单位研制的液压二通插阀集成控制系统荣获一等奖。该项目是国际液压控制技术中最新一代技术，目前仅美、德、日等少数国家掌握这一技术。该产品除满足船舶工业需要外，还广泛应用于冶金、水电、轻工等行业，大大提高了我国机电产品液压基础件的技术水平。

新工艺、新技术、新材料的研究与应用取得良好成绩。高效焊接应用比例达到59%，比上年提高了7个百分点，在1991年造船产量比1989年增长24%以上的情况下，焊工人数只增加了1.8%，有效地提高了焊接生产效率。由先进造船国家引进的预舾装造船工艺进一步获得推广，重点船厂管子预舾装比例达到88%，机电设备预舾装和单元组装比例达到50%。区域涂装、涂装生产设计、计算机辅助涂装生产动态管理等也逐步得到推广和应用。造船生产设计进一步深化，有效地推进了先进技术与现代化管理的结合。

在国家重大技术装备第二次表彰及经验交流会上，中国船舶工业总公司有14个单位获奖。其中特等奖金牌1枚，二等奖银牌3枚，三等奖铜牌1枚，一、二、三等荣誉证书共10个。在由国务院有关部委组成的评委会评定的首次国家级企业技术进步奖108个单位中，大连造船厂、江南造船厂榜上有名。

总公司在抓好科技进步工作方面积极发挥厂所结合的集团优势，在年中召开的引进技术消化吸收工作会议上，确定以厂所结合的方式，对"七五"期间引进的大型油轮（118000吨、115000吨、69000吨）、大型冷风集装箱船（2700箱）、冷藏船（28.3万立方英尺）、汽车滚装船（4000辆）等四类六型船设计技术进行更为深入的消化吸收，这是近年来总公司系统大厂、大所结合，共同开发船型技术向深层次发展的重要标志，将推动厂所结合工作的深入发展。

四、基本建设和更新改造计划基本完成

1991年，全公司基本建设计划投资35920万元，全年实际完成33569万元，占年计划投资的93.4%，低于上年的水平。

全年大中型施工项目共3个，年计划投资14324万元，实际完成13614万元，占年计划投资的95.1%。大连造船新厂20万吨级大坞是总公司系统唯一列入国家重点基本建设项目的工程，全年完成投资3146万元，占全年计划投资的85.4%。目前正在采取措施，努力扭转工程脱期的问题。

1991年，共完成更新改造投资25823万元，占全年计划投资的99.3%，比上年上升19.3个百分点。其中，生产性项目完成22744万元，占完成总投资的88.1%，比上年上升17.1%；非生产性项目完成3079万元，占总投资的11.9%，比上年度下降17.6%。生产性投资比重有较大增长，其中土建项目比重还有所减少，设备投资比重进一步增加，这表明总公司整体投资结构得到一定程度的改善。

五、对外经济技术合作发展迅速

1991年，总公司贯彻改革开放的总方针，积极发展对外经济技术合作，取得了较好的成绩。全年新批准成立的"三资"企业有21家，批准立项7家，超过了历年的发展规模和速度。已经成立的21家"三资"企业，总投资达3315.8万美元，其中外方投资1311.5万美元，占全部总投资的40%。在21家"三资"企业中，总投资在100万美元以上的企业有8家，最高的达1250万美元。这些"三资"企业具有较明显的特点。就合作项目来看，在原来以中小企业对外合资生产一般机电产品为主，发展到大中型船厂和研究设计院所对外合资、合作开发高新技术船型；就合作对象来看，由过去以港商为主，扩大到德国、日本、美国、新加坡、法国、挪威、瑞典等发达国家的公司和厂家。由中华造船厂、江南造船厂和德国希拉克公司共同投资创办的我国造船行业第一家大型合资船厂——上海爱德华造船有限公司，已经正式开业。该公司总投资达1250万美元，德方投资占60%。该公司将集中合资各方优势，主要开发和建造技术先进的液化石油气船和化学品船，以年产两艘15000立方米液化气船为目标，全部销往国外。这是我国造船工业在开发浦东、吸收外资、引进技术、促进船舶产品出口方面迈出的重要的一步。由总公司镇江锚链厂与香港华联集团合资创建的镇江锚链有限公司总投资达800万美元，该公司主要生产直径58～147mm的锚链，年产量将提高到7000吨。由求新造船厂与香港某公司合资建立的新南船舶有限公司，总投资128.2万美元，年产水翼船等铝制品艇将达到3条的规模；由重庆五洲实业公司与港商合资260万美元建立的银海忠庆工业有限公司，主要生产自行车车圈，预计年销售额将达400万元。

1991年，总公司继续狠抓学习国外先进技术和管理的工作。上海船厂、中华造船厂分别与日本住友集团、大岛造船所新签了对口友好合作协议。到1991年底，总公司已有9家企业与日本有关公司（企业）签定了友好合作协议；邀请了一批国外先进造船企业的专家学者来华访问或讲学；部分企业也派人到国外学习和考察，进一步认识到了与国外先进造船企业的差距，在加快技术进步的同时，大胆引进国外先进技术和工艺，有效地移植和吸收国外的先进管理方法，促进我国船舶工业的进一步发展。

六、存在的主要问题

1991年，总公司虽然在生产经营工作方面取得了较好的成绩，但仍存在着一些问题。

一是生产经营的发展还不平衡。就承接的造船任务来看，约90%的订单集中在8大船厂，一部分中小船厂的生产任务仍然不足，有的企业还相当困难。

二是一些企业经济效益差的状况还没有显著改变。尽管全公司经济效益有所好转，盈亏相抵实现利润3.85亿元，但仍有14户企业亏损，亏损总额达1.8亿元，扭亏增盈工作仍很艰巨。

三是产品质量仍存在一些问题，1991年因产品质量问题不得不调整年度计划70多项。大连造船新厂9.8万吨2号船、大连造船厂4.4万吨2号船均因受主机质量的影响而未能实现交船计划；广州造船厂2.55万吨成品油轮2号船也因受主机质量影响和内部特涂进度影响而没能实现交船计划。

（撰稿人：中国船舶工业总公司　范　斌）

汽车工业

中国汽车工业总公司

1991年，随着国民经济的发展，汽车工业根据市场需要，增加适销对路产品；生产持续增长，市场稳中见旺，销售活跃，经济效益好转。全国共生产各类汽车71.4万辆，摩托车134.1万辆，为历史最高水平。

一、1991年汽车工业经济形势分析

1. 生产持续稳定增长

据中国汽车工业总公司统计的231个主要汽车工业企业统计，全年完成工业总产值（1990年不变价）404亿元，比上年同期增长37%。从动态发展看，一季度增长30%，二季度增长28%，三季度增长36%，呈现出平稳增势。其中出口产值11亿元，增长60.7%。计划内汽车生产企业生产各类汽车64.45万辆，增长35.9%，为历史最高年产量，各类改装车完成4.76万辆，增长42.95%；商品发动机完成39.4万台，增长31.1%；汽车配件134.5亿元，增长31.9%。

2. 汽车市场稳中见旺，销售活跃

1991年计划内汽车生产企业销售各类汽车66.72万辆，增长40.4%，为历史最好水平，累计销售量超过生产量。其中，重型车、中型车、轻型车、微型车、客车、轿车的销售量增长幅度分别为16.3%、29.59%、41.87%、49.88%、39.37%和80.3%；销售收入分别增长79.5%、71.97%、56.42%、74.49%、64.96%和78.91%。市场销售活跃和压缩库存工作的开展，使1991年汽车库存比上年有所好转，年末生产企业库存为2.33万辆，比上年同期下降48.6%，企业产成品资金占用比上年同期下降19.5%。

3. 经济效益进一步好转

1991年231个汽车主要企业与上年同期相比，工业总产值增长37%，产品销售收入增长64%，利税增长91%，企业留利增长67%，全员劳动生产率增长32%，亏损面18.6%，比上年同期下降3.5个百分点。以上数据表明，汽车工业在经历了近两年的疲软之后，开始走出低谷，经济效益好转。

4. 实现利润大幅度上升

据对231个主要企业统计，全年实现产品销售收入453.7亿元，实现利税50.8亿元，其中实现利润33.8亿元，比上年同期增长115.5%。从小行业分类看，实现利润增长不平衡，其中汽车、配件生产企业的增长率分别为148.9%、53.3%，而改装车、发动机生产企业下降58.5%和3.37%；汽车生产企业的增幅大，实现利润额达28.1亿元，占汽车行业主要企业利润总额的83%；从利润增长额看，汽车生产企业的利润增长额占行业主要企业利润增长额的92.6%。由此可见，汽车行业利润的大幅度上升，主要是由于汽车生产企业的利润回升带动的。1991年盈利额超过亿元的生产企业有：第二汽车制造厂、上海大众汽车有限公司、北京吉普汽车有限公司、广州标致汽车有限公司、第一汽车制造厂、重庆庆铃汽车有限公司、天津微型汽车制造厂和江西汽车制造厂等8家。

从汽车类型分，中型车、轻型车、微型车、客车、轿车生产企业的利润分别增长77.3%、400.7%、533.5%、117.9%、131.7%，增长幅度高的原因主要是上年基数较低；重型车生产企业亏损继续加重，亏损额达5539万元，比上年同期增亏2389万元。

5. 资金周转明显加快，资金利税率上升

1991年末231家主要企业定额流动资金占用141.9亿元，比上年同期增长6.4%，其中产成品资金占用26亿元，下降19.5%；定额流动资金周转天数为105天，比上年同期加快55天，加速率为34.2%；资金利税率20.8%，比上年同期提高8.6个百分点；每百元产值占用流动资金35.1元，下降22.5%。数据表明，随着汽车市场的好转，生产回升，资金周转加快，资金使用效果进一步提高。

6. 亏损面逐季下降

据231个主要企业统计，一、二、三、四季度亏损企业分别为80家、63家、57家、43家。年末亏损企业亏损总额达3.6亿元，比上年同期下降26%；从小行业看，亏损最为严重的是汽车和改装车生产企业，分别有亏损企业17家和14家。汽车厂中，重型、轻型、微型车厂分别有亏损企业5家、9家和3家；中型车、客车和轿车生产企业没有亏损厂家。

二、1991年轿车工业进展情况

1991年全国共生产轿车8万辆，比上年增长90.8%，完成计划的129%。其中：(1) 上海大众汽车有限公司生产桑塔纳轿车35000辆，首次实现了单班日产100辆，创造了我国轿车工业发展史上的一个新纪录。至1991年底，发动机、车身、变速箱、前后桥等五大总成已全部实现国产化，在“三大三小”轿车基地中处于领先地位。2

月，上海汽车行业召开万人誓师大会，市委书记、市长朱镕基要求上海汽车行业"八五"期间加快建设具有经济实力的轿车基地，成为上海市的第一大产业。"八五"期间，上海汽车工业总公司将以88%的资金集中投向轿车工业及为其配套的零部件、基础工业，重点加强质量检测、技术中心和销售体系，使该公司的产值从1990年的42.8亿上升到1995年的180亿元，实现利税从6亿元提高到24亿元。为保证上海大众汽车有限公司在中国轿车工业生产中的领先地位，10月24日，中德双方决定新增投资25亿元，注册资本由现在的3.2亿元增至12亿元，以保证上海大众汽车公司不失时机地向经济规模迈进，在1995年形成年产15万辆的生产能力。11月25日，生产33年的上海牌轿车停止生产，上海汽车厂作为中方增资投入上海大众汽车公司，成为该公司的第二汽车厂。(2) 一汽大众汽车有限公司于1991年2月6日在长春成立，9月1日正式开业。年内合资企业共完成建设投资1.85亿元，竣工面积24万平方米。其中，焊装厂土建竣工并交付设备安装，9万平方米网架结构的总装厂年底基本实现冷封闭，钢板库和下料间已综合吊装完毕，涂装厂也开始基础施工，水、电、气、道路、通讯等外网工程全面开通并投入使用。通过边引进、边建设生产，10月份实现了第一批白车身在焊装后下线，并试装了156辆捷达轿车，1992年开始以CKD形式组装8000辆轿车。1991年奥迪轿车日装车能力已稳定提高到50辆，较好地完成了由SKD向CKD的过渡，当年实现国产化件35种，累计实现国产化率21.19%。全年共生产轿车6461辆。(3) 第二汽车制造厂的轿车项目的前期准备工作已经展开，冲压、油漆、焊接、总装厂设在武汉市，场地平整工作正全面铺开；发动机厂设在襄樊市。(4) 切诺基吉普汽车国产化率（取消国外订货）达44.75%，1991年产量达到1.27万辆。产值、利润、销售额全面超过BJ2020北京吉普车，已成为北京吉普汽车有限公司第一位主导产品。BJ2020、2021两种车型的新一年度改进样车及试验工作已经完成，用于出口的右置方向盘切诺基汽车开发前期工作已经就序。该公司全年共生产吉普车4.8万辆。(5) 1991年广州标致汽车有限公司生产505SW轿车9381辆，国产化率达到29.8%。1991年该公司对冲压、机加工、油漆、车身焊接、总装、线束、内饰、工具车间进行了改造，使生产能力由每小时4辆增加到5辆，同时对504双排座车的投产作了全面的工装准备。到年底，已有491种505轿车的零部件通过国产化认可和接收，获得了批量供货资格。该公司1992年目标将建成3万辆车的生产能力。(6) 天津微型汽车厂1992年共生产夏利微型轿车11261辆，国产化率达到45.7%。为了适应市场需求，拟在"八五"后期开始，在"七五"年产3万辆夏利轿车的基础上，适当扩大夏利轿车建设规模，到"九五"期间达到年产8万辆生产能力。除已定的夏利微型轿车生产点外，为了充分利用军工企业，兵器系统和航空航天系统在生产微型汽车的基础上，将生产一部分微型轿车。1991年四川长安机器厂在已引进日本铃木微型车生产技术基础上，装配"奥托"牌微型轿车245辆。

三、汽车工业面临的形势和目前存在的主要问题

1991年，我国汽车工业虽然取得了较大发展，但同国际汽车工业先进水平相比差距依然很大。发达国家汽车工业在国际市场上的竞争日趋激烈，表现为：一是加强联合改组，建立跨国公司，组织形式向着更加国际化、集约化方向发展。二是生产方式上，传统的大生产观念发生变化，向大批量和多品种相结合的方向发展，普遍采用柔性生产、精益生产方式，以适应激烈的市场竞争，最大限度满足用户需要。三是技术上的日新月异。大量的新技术、新工艺、新材料在发达国家汽车工业中很快得到了推广应用。发动机采用多气门、增压、电控喷射技术，向小排量、大马力方向发展；计算机和微电子技术广泛应用于设计开发、生产制造、管理以及汽车产品上；树脂型砂、消失模、激光焊接和热处理等新工艺被迅速利用到汽车生产中；镀层钢板、工程塑料、各种胶料等新材料在汽车产品中普遍应用。由于高技术迅速发展，发达国家的汽车产品质量、性能水平不断提高，产品开发周期由过去的四五年缩短到现在的三年左右，车型不断推陈出新。

在国内，汽车工业存在的主要问题：一是汽车工业的小生产格局与国内市场和用户对汽车产品的高要求不相适应。目前，我国汽车工业中除中吨位卡车外，各种车型生产批量较小，产品水平较低，不仅在数量上不能完全满足国内巨大市场的需要，在产品品种、质量、性能水平上也不能完全满足国内用户越来越高的要求。二是重复引进、盲目建设的势头尚未得到有效的控制。"七五"期间汽车行业摊子铺得太大，投入多、产出少，建设周期过长，很多企业处于过重负债经营状况。三是素质低，受小生产方式的局限，企业缺乏大生产的认识和经验，无论从科研开发水平、生产管理水平，还是员工素质水平来说，都不能适应大生产的要求，这些问题造成我国汽车工业效益低、成本高、换型慢，产品水平比发达国家有较大差距，竞争能力低。严重的还在于我们至今开发能力很低。从全行业总的情况看，生产经营中的问题和困难还不少，尤其是经营效益低下，1991年全行业亏损企业仍有57家，亏损额达3.6亿元。1991年的高速增长是在前两年的低水平基础上的增长。

四、"八五"和今后十年发展目标

本世纪的最后十年是中国汽车工业发展的关键时期，在这段时间里，总的发展目标是要把中国汽车工业建成既有独立自主开发能力，又能面向国内、国际两个市场的较为完整的汽车工业体系；使整个汽车工业在产品品种、数量、质量、水平方面满足国民经济发展各方面的需求，由替代进口为主发展成为机电产品出口创汇的主要产业。其中第八个五年计划（1991～1995）的主要发展目标是：

1. 产值、产量和增长速度

1995年全行业汽车产量达到90万辆。以1990年产量50.9万辆为基数，年均每年递增12%。在1995年汽车产量90万辆中，轿车30万辆，载货汽车60万辆；摩托车160万辆，1990年产量为96.6万辆，平均每年增长10.6%。

2. 品种、质量和水平

增加品种，汽车基本车型由103种增加到115种；各种专用汽车由600多种达到842种。通过消化吸收、引进技术、联合设计、人员培训、试验研究，初步掌握开发新产品的能力。1995年我国主要汽车产品50%左右达到国际80年代水平，出口轿车达到80年代末90年代初先进水平。1995年，载货汽车平均故障间隔里程要达到5000公里；汽油车大修里程提高到20～30万公里，柴油车大修里程提高到30～40万公里；汽车发动机油耗在目前基础上降低5%以上，汽车百公里油耗在目前基础上再降低5%以上。

3. 继续提高主要引进车型的国产化率

上海桑塔纳、一汽奥迪、天津夏利、北京切诺基、广州标致轿车的国产化率在1995年要求达到80%以上，一汽高尔夫、捷达，二汽雪铁龙轿车批量投产时国产化率达到60%以上。

4. 进一步提高出口创汇能力

“八五”期间创汇总额全行业达到26亿美元。1995年达到年创汇额7～8亿美元，每年平均增长24%～28%。其中汽车整车3～3.5亿美元，零部件3.5亿美元，摩托车1亿美元。

5. 增强专门人才培养能力

通过建立专业配套、结构合理的汽车工业教育体系，使专门人才培养能力由现在每年1800人增加到7500人，到1995年使全行业科技人才所占职工人数比例由现在的6.9%提高到9%，主要骨干企业达到12%。

为了实现上述目标，中国汽车工业在“八五”及稍长一些时间将执行“加速引进产品国产化，加速发展系列化、多品种，加速零部件专业化，搞好结构调整；提高企业素质和经济效益；增强行业宏观调控能力，增强企业活力，继续深化改革，推动汽车工业走联合、高起点、大批量、专业化、优质量的道路，搞好汽车工业的调整与发展”的方针，首先抓紧完成以下五项重点任务：一是进一步搞好中国汽车工业的结构调整，使整个汽车产业的企业组织结构、产品结构等逐步趋向合理。二是在继续完成载货汽车重点项目，引进产品国产化和进一步提高产品水平的同时，把发展重点转到轿车上来，按照国家确定的轿车发展的原则和规划，重点把一汽、二汽、上海三大轿车基地建设好，同时把天津、北京、广州等三个引进技术或合资的轿车生产点的生产安排好。三是加强零部件工业的发展，提高专业化水平和技术水平，在国家的统一规划下，按专业化原则合理分工，有计划地发展。同时，集中力量逐步形成一批有一定竞争实力和开发能力的零部件“小型巨人”，带动整个零部件工业发展。四是加强科技进步，逐步形成自主开发的创新能力。五是促使企业的发展，转向以提高本身的素质求得较好经济效益的轨道上来。

〔撰稿人：中国汽车工业总公司　姜　英　审稿人：中国汽车工业总公司　梁世居〕

航空航天工业

航空航天工业部政策法规司

1991年是“八五”计划第一年，是航空工业建立40周年、航天工业建立35周年。在党中央、国务院、中央军委的亲切关怀和全国人民的大力支持下，全行业80万职工艰苦奋斗，积极进取，克服困难，努力拼搏，各方面工作都取得了一定进展。

一、航空航天产品

1991年，航空航天产品科研生产任务基本完成了计划。航空系统完成了三机上天、一机定型、三机取证。干线飞机项目可行性报告已正式上报，全面部署了第一架改四轮起落架试验机的研制准备工作。运八C、运七-200B完成了调整试飞。航天系统进行了8项大型飞行试验，其它重点型号也按计划取得了不同程度的进展。

预先研究进展情况良好，航空系统一些重点项目取得较大进展，民用飞机的部分预研成果已在干线、支线和通用飞机设计、研制、取证中得到应用。航天系统六大关键技术攻关取得了明显成效。全部有22项科技成果获得国家科技进步奖，其中长征四号火箭获得国家唯一的特等奖，8项成果获得国家发明奖，882项成果获得部级科技进步奖。

批生产任务在时间紧、任务重、困难多的情况下，各单位千方百计创造条件，飞机完成年计划的101%；航空发动机完成年计划的111.6%，航天产品的生产任务也基本完成。1991年卫星发射情况见表1，1991年民用飞机生产情况见表2。

表1　1991年卫星发射情况

卫星名称	运载火箭	发射时间	备　注
实用通信卫星	长征三号	1991.12.28	发射成功，未进入预定轨道

二、非航空航天产品（即民品）

1991年航空航天工业民品生产紧紧抓住调整产品结构、加强宏观调控、依靠科技进步、提高产品质量、提高经济效益等几个方面的工作，克服市场疲软、资金紧张等困扰，民品逐步向好的方向发展，总的来看民品的发展形势是好的，几项主要支柱产品的产值、产量、销售额、销售收入逐月增长，库存有所缩小，民品利、税等几项经济指标好于上年。

民品生产增长势头明显。全年民品产值完成87.78亿元，为年计划的126.58%，比上年增长25.44%，其中：航空工业累计完成56.32亿元，为年计划的132.7%，比上年增长22.4%；航天工业累计完成31.46亿元，为年计划的116.94%，比上年增长31.22%。1991年民品产量情况见表3。

表2　1991年民用飞机生产情况

飞机型号	生产单位	研制、首飞、定型、取证时间	交付架数
运七飞机	西安飞机工业公司	1966年开始研制 1970年12月首飞 1982年7月设计定型	12
运八飞机	陕西飞机制造公司	1969年开始研制 1974年首飞 1980年设计定型	3
运十二飞机	哈尔滨飞机制造公司	1979年开始研制 1984年6月首飞 1985年取得中国型号合格证 1990年取得英国型号合格证	14
MD-82	上海航空工业公司	1985年开始总装 1987年首飞	6

民品销售形势明显好转。全年民品订货量逐月增长，销售额持续稳步增长，全年完成销售收入67.5亿元，其中：航空工业43.95亿元，航天工业23.55亿元。库存占用资金17亿元，比上年降低2.3亿元。

新产品开发工作进展较快。全年民品开发工作分两个层次进行：第一，紧紧围绕当前的生产，对已有效益好、有市场的产品，着重进行上质量、上品种、上规模、上档次、上水平的开发，如新型微型汽车及发动机、高顶面包车、药用玻璃器皿生产线设备等；第二，围绕今后的民品发展，着手进行一些高技术、更新换代产品的研究，如无梭织机、七层无菌包装材料、新型制冷技术、数控工控装置等。1991年列入国家军转民重点技术开发项目52项，其中航空系统21项，航天系统31项。此外，各企事业单位相继开发了不少新产品。全年共开发产品500多项，近300项产品通过鉴定或定型并转入小批生产。

表3　主要民品产量完成情况

产品名称	单位	计划产量	实际完成	完成计划 %
航空工业				
微型卡车	辆	7000	10035	143.4
微型面包车	辆	2000	3718	185.9
高级旅游车	辆	700	402	57.4
昌河旅行车	辆	600	780	130.0
大客车	辆	380	456	120.0
改装车	辆	252	238	94.4
吉普车	辆	2000	2302	115.1
750mL摩托车	辆	33900	25754	76.0
125mL摩托车	辆	42000	71897	171.2
100mL摩托车	辆	17500	29793	170.2
80mL摩托车	辆	2000	1100	55.0
70mL摩托车	辆	13000	18832	144.9
50mL摩托车	辆	33500	39021	116.5
微型汽车发动机	台	10000	14000	140.0
750mL发动机	台	38000	43435	114.5
125mL发动机	台	45000	68205	151.6
50mL发动机	台	40000	54624	136.6
航模发动机	台	10000	32765	327.6
缝纫机系列	台	4100	1329	32.4
空调器	台	61200	42581	69.6
电冰箱	台	100000	60663	60.4
空调器压缩机	台	130000	174743	134.4
电冰箱压缩机	台	700000	335506	47.9
液化石油气瓶	个	460000	451423	98.1
数控线切割机	台	160	250	156.3
喷砂机	台	150	121	80.7
纺织机械	台	779	965	123.9
污水净化设备	台	120	84	70.0
食品及包装机械	台	1601	1878	117.3
注塑机	台	40	171	427.5
医疗及制药机械	台	766	858	112.0
烟草机械	台	210	234	111.4
航天工业				
汽车	辆	13800	12077	87.5
改装车	辆	1600	1951	121.9
汽车发动机	台	5000	4572	91.4
电视机	台	381000	174227	45.7
彩色电视机	台	181000	96164	53.1
电冰箱	台	275000	117915	64.7
冰箱压缩机	台	300000	159484	53.2
洗衣机	台	150000	94975	93.8
电风扇	台	400000	414977	103.7
录音磁带	万盒	1350	989	73.3
单体液压支柱	根	26000	17342	66.7
卫星地面接收站	套	2870	3628	126.4
传真机	台	1170	1097	93.8
收录机	台	72000	26838	37.3

技术改造项目完成较好。全年重点安排技术改造项目 54 项，其中航空系统安排 27 项，航天系统安排 27 项，总投资 27903 万元，其中航空系统 12196 万元，航天系统 15707 万元；全年共验收 19 条生产线，其中航空系统 11 条，航天系统 8 条。全行业已有 130 个企业得到了局部改造，三分之二以上的企业有了支柱产品。

三、外贸出口

1991 年航空航天工业的外贸出口稳步增长，全年出口创汇比上年增长 15.1%，其中航空系统出口比上年增长 30.6%，航天系统出口比上年下降 13.8%。机电产品出口经过全力拼搏，完成了创汇 4 亿美元的奋斗目标，比上年增长 33%，实现了每年增长 1 亿美元的计划，机电产品出口占工业总产值的比重比上年增长 4 个百分点。出口产品结构有所变化，高技术、高附加值产品的出口比重持续上升，航空零部件出口 3800 万美元，比上年增长 36%；民用飞机出口势头看好，共成交 32 架，成交额 1.07 亿美元，交付 18 架。中国航空技术进出口总公司机电产品出口突破了 2.5 亿美元，中国长城工业公司、中国精密机械进出口总公司均突破了 4000 万美元，西安飞机制造公司、上海飞机制造厂、哈尔滨飞机制造公司，中国航空技术进出口总公司深圳、厦门、上海分公司和精密公司所属广宇公司也有较大增长，为扩大出口做出了重要贡献。

出口生产体系和市场体系建设步伐加快。1991 年又有 3 家企业被国家晋升为出口基地和扩大机电产品出口企业，通过技术改造和加强管理，全行业出口竞争能力进一步增强。企业与国外的联系继续加强，驻外机构运行状况开始好转，“三网”建设逐步走向经常化和正规化。

外贸人才培训由单层次、单渠道向多层次、多渠道发展。外贸公司和生产企业开始重视外贸人才，通过各种方式、各种渠道举办学习班，培训了不同层次的外贸人才约 300 名，企业决策人员境外培训也开始起步，全部全年举办了 3 期厂长、经理境外学习班，培训使企业领导开阔了眼界，活络了思路，增强了出口的意识。

四、企业改革

在总结“七五”承包经验的基础上，航空系统实行上缴利润基数包干、超收比例分成和减亏包干，航天系统实行上缴利润包死基数包干、超额分档分成和比例分成，90%以上的企业与部签订了承包合同，进一步完善了承包经营责任制和厂长任期目标责任制，推进了企业经营机制的转变。多数单位加强了审计、监察、法制工作，有的单位进行了人事、劳动、分配制度的内部配套改革，为进一步深化企业改革进行了有益的探索。又有沈阳飞机械制造公司、黎明发动机制造公司和三〇七厂、二三九厂等 4 个企业被批准为国家一级企业，5 个企业被批准为国家二级企业；上海飞机制造厂、西安飞机制造公司、南方动力机械公司和〇一一、〇六一、〇六六基地等 6 个单位被列入国家首批 55 个企业集团试点。

五、经济效益

由于多方面的原因，1991 年上半年全行业经济效益严重滑坡。下半年特别是第四季度以来，随着国家经济运行环境的改善，各单位认真贯彻部电话会议精神，促使全行业销售收入和工业总产值逐月同步增长，库存积压呈下降趋势，经济形势开始出现转机。南方动力机械公司和五一一、三七二、三〇七、八二五、一六五厂等单位销售收入和实现利税创造了历史最高水平；一批长期困难的单位开始走出低谷，出现了产值、利税逐月同步增长的好势头。

全年完成工业总产值为年计划的 130.14%，比上年增长 17.56%，其中，航空工业完成年计划的 136%，比上年增长 15.2%；航天工业完成年计划的 121.11%，比上年增长 21.85%。就总产值看，提前 9 年实现了工业总产值翻两番的第二步战略目标。

全年实现利润比上年下降 19%，销售收入比上年增长 16.7%；全员劳动生产率：航空工业比上年增长 36.15%，航天工业比上年增长 16.19%；人均利税：航空工业比上年增长 27.09%，航天工业比上年下降 17.55%；资金利税率：航空工业比上年增加 0.7 个百分点，航天工业比上年减少 0.56 个百分点；定额流动资金周转天数：航空工业比上年加速 73 天，航天工业比上年加速 11 天。

由于市场发展不平衡、“债务链”困扰、资金周转不灵、产品成本和营业外支出大幅度上升等原因，约有三分之一的企业盈利水平下降，亏损情况比较严重。全行业亏损企业 26 个，比上年增加 2 个，亏损面为 12.32%，降低 34.46%。其中，航空工业亏损企业 5 个，比上年增加 1 个，亏损面为 4.4%，降低 70.21%；航天工业亏损企业 21 个，比上年增加 1 个，亏损面为 21.9%，亏损额比上年增加 4.6%。

〔撰稿人：航空航天工业部政策法规司 王中原
审稿人：航空航天工业部政策法规司 孙广运〕

乡镇机械电子工业

农业部乡镇企业司

在党的十一届三中全会改革开放的正确方针指引下，我国乡镇机械电子工业得到了蓬勃发展，已经成为我国机械电子工业的一个不可缺少的极其重要的方面军。乡镇机械电子工业的发展，不仅调整了农村产业结构，富裕了广大农民，而且对促进国营企业改善经营机制，增强市场竞争能力，从整体上提高我国商品经济在国际市场上的适应性有着积极意义。

一、发展现状

乡镇机械电子工业，是乡镇工业的重要行业。主要包括机械制造业（其中包括农牧渔业机械制造，中小农具工业）、金属制品业、电气机械及器材制造业、交通运输设备制造业、电子通讯设备制造业、仪器仪表及其他计量器具制造业六个门类。在这六个门类中，机械制造、金属制品、电气机械及器材制造为主要产业，其工业产值占乡镇机械电子工业总产值的90%左右。

1991年，我国乡镇机械电子工业经受了市场的考验，有了新的发展。目前，已拥有企业12.1万个，比1990年净减0.63万个，减少4.9%；实现工业产值1450.8亿元，比1990年净增290.3亿元，增长25.1%。其中机械制造业6.1万个，产值581.9亿元，分别占行业总数50.4%和40.1%；金属制品业4.0万个，产值416.4亿元，分别占行业33.1%和28.7%；电气机械及器材业1.1万个，产值280.3亿元，分别占9.1%和19.3%。三项合计占乡镇机械电子工业行业企业个数的92.6%、工业产值的88.1%。

乡镇机械电子工业是乡镇企业中技术和资金相对密集的一个行业，主要分布在江苏、浙江、山东、广东、辽宁、上海、天津、北京及河南、河北10个省市。这10个省市的乡镇机械电子工业产值和企业个数约占全国乡镇的80%和60%。并集中了全国乡镇机械电子行业中的骨干企业。如工业产值超过1000万元、利税实现100万元以上的企业已达1000多家，其中无锡、苏州、常州就达400家。从结构和分布上看，这批骨干企业基本上属于城市工业辐射型。

1991年，我国乡镇机械电子工业得到了较快的发展和取得较好的经济效益，总体上看有如下几个特点：

1. 乡镇机械电子工业在技术进步、企业管理、产品质量、经济效益、开发新产品等方面有了较大的提高，生产了一批具有相当先进水平、高质量的产品，有些产品还填补了国内空白，有些企业进入了国家级先进企业。如DBT-1型微波针炙仪、THIG型活齿减速器、预加水成球机、水下立体音响设备、三合一滤油器、汽车消声器、高硬铝青铜防爆工具、风湿治疗仪、冷拉钢一次成型工艺模具、胆结石治疗仪、高效汽水换热器、高效净水器等产品获国际荣誉奖；有29个产品获国家质量金质奖、银质奖；有近700个产品获部优质产品奖；30多个企业获部质量管理奖；约100项产品获部科技进步奖；有70多家企业晋升为国家二级企业；有136名厂长被评为全国农民企业家。

2. 乡镇机械电子企业为国家大工业协作配套起到了相当大的作用。据调查，乡镇机械电子企业中50%是为国营企业生产零配件、工艺协作件、元器件的。有些零配件已在全行业中占主导地位。如汽车万向节、马达齿轮、小四轮拖拉机花键轴、琴键开关、自行车球架、自行车接头、镀锡铜包钢线、补偿导线、弯管接头、电子线路板等。乡镇机械电子工业同国营大工业已经初步形成互为需要、相互促进、共同发展的协作关系。

3. 乡镇机械电子工业企业，根据市场需要，也生产一定数量的主机。如玻璃钢冷却塔、环保设备、皮革机械、纺织机械、工业缝纫机、印染机械、压力容器、减速器、食品机械、包装机械、电风扇、录音机、黑白电视机等。同时还生产大量的小五金产品和农具等，年产铁制小农具达5亿多件。

4. 发展起来了一批出口创汇的骨干企业。据不完全统计，1991年出口创汇额达500万美元以上乡镇机电企业已达20家，其中超过1000万美元的达8家。如广东省中山港口风扇厂和顺德美的家用电器公司出口创汇已分别达到2098万美元和2000万美元。乡镇机械电子出口骨干企业，有5家分布在浙江和山东，其他15家都在广东珠江三角洲地区，其中10家集中在顺德县。这20家出口企业名单如表1。

从总体看，乡镇机械电子工业在全国机械电子工业中，起到了为国营大中型企业协作配套的助手作用；为城市机械电子行业起到拾遗补缺的补充作用；为城市和农村提供大量小五金商品、小农具，注重社会效益的服务作用及促进和扩大机电产品出口创汇的作用；是我国机械电子工业的一支重要新生力量。

表 1　1991 年乡镇机电产品出口骨干企业

序号	企业名称	年创汇额(万美元)
1	浙江绍兴电视机厂	1026
2	浙江杭州弹簧垫圈厂	627
3	浙江萧山五金工具厂	611
4	浙江杭州万向节总厂	517
5	山东青岛隐珠车辆厂	780
6	广东中山港口风扇厂	2098
7	广东顺德美的家用电器公司	2000
8	广东中山小榄五金制锁总厂	1092
9	广东中山星光制锁厂	1089
10	广东蚬华微波炉制品有限公司	1600
11	广东蚬华电器有限公司	1500
12	广东南海威乐斯电器公司	1000
13	广东南海飞行家用电器公司	792
14	广东顺德广连鸿机械制造公司	767
15	广东顺德桂洲第一风扇厂	750
16	广东顺德桂洲家用电器厂	710
17	广东珠江冰箱厂	583
18	广东顺德陈村拉丝厂	549
19	广东顺德南方家用电器工业公司	536
20	广东顺德裕华电风扇厂	512

二、乡镇机械电子工业结构调整

搞好乡镇机械电子工业的结构调整，不仅对乡镇企业的健康发展有着重要作用，而且直接关系到全国机电工业的持续、稳定协调发展。为此，农业部、机械电子工业部联合于 1990 年发出了《乡镇机电工业结构调整意见》，在贯彻执行中，取得了较好的效果。提出的主要调整意见是：

1. 城市郊区、沿海地区乡镇机电企业应继续有组织、有计划地分别发展为国营大工业生产加工协作配套产品和生产出口创汇的机电产品。城市郊区的乡镇机电工业应结合城市大中型企业产品结构调整的有利时机，充分发挥自身在开展专业化协作方面的优势和潜力，有组织、有计划地继续为国营大中型企业生产加工零部件、元器件、工艺协作件，提供配套服务。沿海地区的乡镇机电企业应利用自身优势，抓住国内外产品结构调整的机遇，依据国家对加强机电产品出口的要求，扬长避短，发挥优势，积极发展“三来一补”、“三资”、“两头在外”企业，努力扩大机电产品出口，带动沿海地区乡镇企业产品结构调整。

2. 积极发展拾遗补缺的机电工业产品。乡镇机电企业应充分利用自身灵活机制，密切注意农业、能源、交通、原材料等重点领域及城乡人民对机电产品的市场需求，积极调整结构，发展拾遗补缺的产品和不断开发适应市场的新产品。

3. 进一步推动乡镇机电工业的技术进步。乡镇机电工业调整产品结构，必须贯彻落实“以科技为先导，以质量为主线”的方针。要从依靠扩大加工能力转到依靠科技进步上来，努力做好乡镇机电企业职工岗位培训，提高文化技术素质。要有重点地对乡镇机电企业的低效、高耗的传统工艺和落后设备进行技术改造，提高新技术的吸收能力。要通过外引内联，引进、更新技术设备，并通过产品的更新换代带动设备和工艺的更新。继续全面推行标准化生产，开展以可靠性为重点的全面质量管理，抓好各项基础工作，把好产品质量关。

4. 对乡镇机电工业在国内同行业中占据优势地位的机电产品，要在机电工业全行业统筹规划的指导下进行改造提高；对不适应扩大发展的产品，应按市场需求及行业发展趋向，引导企业进行调整。

重点为电力、交通、冶金、矿山、农用工业等基础产业，国家“八五”计划重点建设项目配套服务。在开发新材料、新工艺、降低能耗、提高经济效益方面下功夫。

乡镇电风扇生产企业，应有重点、有步骤进行改造优化并加以组合，逐步形成一批产品先进、工艺先进、管理先进，具有合理经济规模的拳头企业，向外向型企业发展。在促进企业的专业化和联合的基础上，努力提高产品质量，开发花色品种，开拓国际市场。

组装生产空调器、电饭锅、微波炉、电磁灶、电热水器、家用电冰箱、电视机、收录机及铝合金门窗、铝铜建筑装饰品等产品的企业，凡产品有销路、质量好的企业，要加强技术改造，提高管理水平；对经济批量、产品技术性能指标达不到国家有关要求的，应积极调整产品方向。

生产电线电缆、低压电器、电动工具、电焊机等产品的企业，应按中国电工产品认证委员会的要求，申请认证。对于未取得认证，产品质量差、生产规模小的企业，应调整产品方向。

5. 在自愿互利的基础上，开展多种形式的横向经济联合。首先在乡镇机电企业系统内，要鼓励有一定开发能力的企业，兼并那些生产不对路、又没有能力调整改造的企业；同时，鼓励和提倡乡镇机电企业参加以国营大中型机电企业为龙头的企业集团，促使现有生产要素的合理流动，达到优化结构和提高规模经济效益的目的。

各级乡镇企业主管部门、机械电子工业管理部门应相互协调、配合，加强对乡镇机电企业的管理和指导，把近期的调整和国民经济长远发展结合起来，积极引导乡镇机电企业改善经营管理，调整产品结构和企业组织结构。

三、在实行行业管理中指导乡镇机械电子企业发展

机械工业率先实行全行业管理，是完全必要的。事实上乡镇机电企业在发展过程中，也没有离开行业管理部门的指导，许多发展快、搞得好、规模大、产品质量高的企业，都程度不同地得到了行业部门的支持和帮助。但在实行行业管理中乡镇企业最担心的是，怕行业管理部门照搬管理国营企业

的那套老办法，把乡镇机电企业管死。为此，机械电子工业部、农业部互相配合，要求从五个方面指导好乡镇机械电子企业，促其健康发展。

1. 在实行行业管理中，要以间接管理为主，要贯彻执行发展乡镇企业的“积极扶持、合理规划，正确引导，加强管理”的方针。要根据乡镇企业的特点给予积极指导和帮助，促其健康发展。切忌照搬管理国营企业的那套老办法，把乡镇机电企业管死。行业管理主要是通过经济政策、经济杠杆、经济信息和市场引导及服务，进行指导和管理，使企业的活动符合国家计划目标和行业发展目标的要求。

2. 要指导乡镇机械电子企业正确选择产品方向。做好这项工作，有利于企业本身的生存、发展和提高，也有利于避免盲目性。指导选择产品方向，不能采取直接行政干预的办法，而要采取间接引导的办法。

3. 正确引导乡镇机械企业过好生产技术关。乡镇机械企业必须严格遵守国家有关保证产品质量的各项规定，严格按标准组织生产，把住产品质量关。管理部门也要帮助乡镇机械企业积极提高生产技术，事先帮助企业生产技术过关要比事后质量把关更为有效。乡镇机械企业要先从工艺抓起，集中力量改进工艺设备，充实测试手段，培训操作人员，努力提高生产工艺水平。

4. 按照发挥优势的原则，有重点地支持乡镇机械企业发展生产能力。乡镇机械企业必须形成自己的特长和优势产品，才能不断发展提高，并对社会做出更大贡献。

5. 采取多种形式帮助企业提高管理水平。提高企业管理水平，关键是提高企业厂长和业务人员的素质。乡镇机械企业与国营企业不同，不能采取调换企业厂长的办法来提高企业干部的素质，也不可能由政府部门把职工培训包下来，要采取多种形式进行培训。

行业部门对乡镇企业的管理，主要是产业指导、提供信息、搞好协调服务等。

实践证明，乡镇企业的蓬勃发展，不仅对于解决农村富裕劳动力就业，发展农村经济，提高农民生活水平，而且对于增加出口创汇和增加国家税收，实现国家工业化，建设农村集镇，逐步缩小城乡差别，巩固工农联盟和基层政权，解放和发展农村生产力，提高农民素质，促进我国政治、经济和社会的稳定与发展，都具有重要的意义。

〔撰稿人：农业部乡镇企业司　夏学禹、李国文〕

机电产品出口稳定增长

国务院机电产品出口办公室

1991年是外贸体制进行重大改革，实行自负盈亏的第一年。由于各有关部门、各地方认真贯彻国务院关于进一步改革和完善外贸体制的决定和国务院批转国务院机电产品出口办公室关于“八五”期间进一步扩大机电产品出口的意见，深入组织开展“质量、品种、效益年”活动，经过机电产品出口战线上广大职工的艰苦努力，克服困难，使我国机电产品出口在过去连续五年较大幅度增长的基础上又有较快发展，取得了较好成绩。

一、1991年出口情况及特点

按海关统计，1991年全国机电产品出口额达到141.2亿美元，比上年净增30.3亿美元，增长27.4%，高于全国出口总额增长15.8%的速度，超过了年初确定的出口120亿美元增长17.7%的目标。按外贸业务统计，1991年全国机电产品出口额达到109亿美元，比上年净增27.7亿美元，增长34.1%，高于全国外贸出口总额增长17%的水平，超额完成全年争取目标和经贸部下达的计划。机电产品出口额在全国外贸出口总额中所占比重，也有一定提高，按海关统计口径达到19.6%，比上年提高1.7个百分点；按外贸业务统计口径达到17.9%，比上年提高2.3个百分点。

1991年机电产品出口取得较好成绩，不仅表现在出口总量上，而且和往年相比，还呈现出以下几个显著特点：

1. 出口经济效益普遍提高。实行新的外贸体制对机电产品出口企业形成了较大的压力，也带来了新的动力，企业通过调整结构，加强管理，改善经营，降低成本，卖好价钱，努力提高出口经济效益，实现了出口额与经济效益同步增长。大多数机电外贸、工贸公司和出口自营生产企业做到了自负盈亏，没有发生新的挂帐和亏损。多年来机电产品出口换汇成本较高，现开始有下降趋势。

2. 出口商品结构有所改善。据海关统计，1991年劳动密集、材料密集型的金属制品出口在机电产品出口总额中的比重从1990年占13%下降为12%。而技术比较密集、加工层次较深的机械及运输设备出口增长27.9%，高于全国机电产品出口平均增长速度。出口额达到1亿美元以上的出口产品由1990年的24种上升到27种。特别是一批技术含量较高的大型电站成套设备、各类大型船舶、民用飞机及卫星通讯地面站等出口发展较快。

3. 低价竞销在一定程度上受到抑制，出口秩序有所好转。1991年广州春季交易会机电产品出口成交价格普遍上升，比上届平均提高2%～4%，秋交会机电产品成交价格又有所提高。一些公司驻外机构反映，实行新的外贸体制之后，由于自我约束机制的作用和加强了协调，过去失去的老客户纷纷找上门来，主动要求恢复老的经销代理关系。

4. 外商投资企业机电产品出口增长迅猛。据海关统计，1991年外商投资企业的机电产品出口达40.6亿美元，比上年增长50.4%，大大高于全国机电产品出口平均增长速度，已占全国机电产品出口总额的28.8%，比上年提高4.5个百分点。

5. 贸易方式多样化进一步发展。据海关统计，1991年来料加工装配出口为39亿美元，增长30.5%，占全国机电产品出口总额的27.6%；进料加工出口59.5亿美元，增长34%，占全国机电产品出口的42.1%。

二、主要经验

1991年机电产品出口自负盈亏，与其它大多数出口商品相比，出口经营环境偏紧，出口难度较大，在这样的情况下，我国机电产品出口仍取得了较快增长，是十分不容易的。这一方面说明，经过“七五”期间的发展，机电产品出口的物质技术实力和适应能力明显增强，经营管理水平进一步提高；另一方面也说明，1991年各方面推动机电产品出口适应新体制的工作是富有成效的，经验是丰富的，今后要坚持下去。归纳起来，主要有以下几条经验。

1. 不断深化改革、完善和落实政策措施，为机电产品出口适应新的外贸体制创造良好的外部环境。实行新的外贸体制后，原来的许多具体政策作了相应改变和调整，出台了一些新的办法和措施，需要结合机电产品出口特点和新体制的运行情况不断加以深化和完善。1991年3月以后，周建南同志和国务院机电出口办的同志分别到近20个省市、400多家生产企业调查，并与省市领导及外贸、工贸公司进行了40多次座谈，研究分析新体制运行中的问题。对一些影响机电产品出口比较重大的问题，及时向国务院领导作了汇报，并向有关综合部门通报了情况。在国家计委、国务院生产办、财政部、经贸部、中国人民银行、国家税务局、国家外汇管理局、国务院进口审查办等部门的密切配合和支持下，及时增加了出口计划和退税计划；明确了出口生产企业代理出口和出口奖励的政策；对260多家符合条件的机电企业保留或赋予了外贸经营权；制定了鼓励彩色电视机、电冰箱、空调器出口的“出一奖一”政策；在利率调整中，对外贸、工贸公司实行了统一的优惠贷款利率。这些都为机电产品出口适应新的外贸体制创造了条件，起了重要作用。

各地方和有关工业部门，也狠抓了政策的落实，帮助出口企业排忧解难。1991年全国机电产品出口工作会议以后，各省市领导十分重视，采取不同的形式传达贯彻落实会议精神。绝大多数省市和工业部门召开了机电产品出口工作会议，传达贯彻国发〔1991〕10号文件和全国机电产品出口工作会议精神；浙江、山东、上海等省市还研究确定了“八五”期间机电产品出口的目标和政策措施；江苏、浙江、山东、湖北等省市采取了一些统筹措施支持机电产品出口；北京、湖南、云南、江苏等23个省市为落实简化机电产品出口推销服务人员多次出国审批手续，制定了具体的实施办法；安徽省在遭受历史罕见的洪涝灾害的情况下，各级政府以抗洪救灾为中心，仍不放松机电产品出口，提前两个月完成全年争取目标。机械电子工业部、航空航天工业部等工业部门领导多次召开专门会议研究机电产品出口问题，林宗棠部长在北京、深圳分别主持召开了现场办公会和沿海地区机电产品出口会议，对出口工作做了具体安排。由于各地方、各有关部门高度重视和大力支持，为机电产品出口适应新体制奠定了基础，起了很好的促进作用。

2. 加速出口商品结构的调整。主要包括两个方面，一是适应性调整，主要是在现有的出口商品上作文章，通过加强管理、提高劳动生产率、确保出口产品质量、降低成本，提高出口的经济效益。保定电影机械厂在外贸出口收购价下降、原材料价格上升的情况下，提出“以人为本练内功”，从改进产品设计、完善加工工艺、减少材料消耗、加强外购外协件的选择、完善工资制度等九个方面，精打细算，加强管理，降低总成本380多万元，使砂轮机出口由亏转盈，成为出口拳头产品，实现了出口创汇和实现利税同步增长。二是开发性调整，主要是提高现有出口产品加工深度和档次、开发新产品，促使出口商品结构性调整。杭州弹簧垫圈厂由生产通用光面弹簧垫圈，调整为生产德制印花弹簧垫圈，价格提高25%，每吨可多卖200多美元；杭州机床厂出口数控机床用的树脂砂铸件每吨卖价1000美元，大大高于国内一般铸件出口卖价；济南第一机床厂从主要出口马扎克普通车床，转变为以出口数控车床为主，出口效益明显增加。

3. 深化和完善承包经营责任制，加强经济核算，实现出口经济效益和出口创汇双增长。1991年许多机电外贸、工贸公司积极调整出口商品结构，普遍压缩了换汇成本较高而又没有前途的商品出口，增加附加价值较高、成本较低的产品出口。与此同时，采取深化和完善承包经营责任制等多种方式，提高经营管理水平，使各项经济指标达到历史较好水平。中国电子进出口总公司在实行新的外贸体制后，出口面临巨大压力，他们下决心向产品结构、市场结构、开源节流、科学决策、多种经营等14个方面要效益，强化了内部管理，出口仍保持了较快增长，1991年出口8.7亿美元，比上年增长18%。

4. 工贸双方平等互利、相互支持、共度难关。加强工贸结合、合理分配利益是顺利适应新的外贸体制的一个重要因素。江苏机械进出口公司，在1991年许多出口经营单位被迫减少或放弃手工具出口的情况下，手工具出口额却从1990年的2600万美元，上升到1991年的4000万美元，增长54%，其主要经验之一就是靠“三个一点”。即：“靠内部挖潜一点、卖价提高一点、生产企业让一点”，使得工贸双方都能过得去。云南机械进出口公司自成立以来，一直注重并强调树立“导向、服务、桥梁”三个观念，要求对生产企业起到“引导、推动、促进”三个作用，先后与15个大中型骨干企业组织成立了15个出口联营部，出口联营部既是公司的一个出口科，又是工厂的产品出口经营部，工贸双方优势互补、利益共享，形成十分牢固的伙伴关系，实现了三个转变：(1) 变买卖关系为合作关系；(2) 变收购制为代理制；(3) 变生产企业被动承担出口任务为主动承担出口任务。多年来出口持续增长，效益显著，走出了一条适合机电产品出口特点的工贸密切结合、共同发展的路子。

5. 采取综合措施整顿出口秩序。实行新的外贸体制后，低价竞销开始有所抑制，但打乱仗的现象仍未消除。中国机电产品进出口商会、各有关部门、各地方为此做了大量协调工作，效果是好的。一是抓大宗商品出口价格协调，对电机、轴承、电视机、客车、工程机械、柴油机等59种大宗敏感商品，严格执行最低限价。二是加强行政管理，对自行车、轴承、黑白电视机、单缸柴油机等采取计划列名和许可证管理。三是对成套设备投标制定协调管理办法，进行资格审定，对一些打乱仗严重的产品组织专项产品出口协调小组。1991年还对外商投资企业出口的协调进行了有益尝试。从1991年春、秋广交会上看，这些办法比较有效，外商到处询价，结果我们价格基本一致，便一改过去徘徊观望的态度，积极成交。例如，黑白电视机在秋交会上成交170万台，金额7000多万美元，创造了历史最好成绩。

在各方面的共同努力下，机电产品出口适应新的外贸体制，比预料的要好，已经有了一个良好的开端，积累了一些经验。一年的实践证明，国务院关于外贸体制改革和继续扩大机电产品出口的决策是完全正确的。

三、存在的主要问题及今后的工作

1991年机电产品出口在取得成绩的同时也存在一些问题。一是从总体上看机电产品出口企业经济效益还不高，扩大出口的后劲不足。目前机电产品出口额，如扣除外商投资企业出口部分，增长低于全国机电产品出口平均水平，主要是投入不足和经营机制不适应扩大出口的需要；二是外贸企业还存在自负盈亏与扩大出口的矛盾，增长速度减缓，主渠道的作用未充分发挥出来，有的公司没有处理好工贸双方利益关系，影响生产企业的出口积极性；三是出口商品质量不高、维修服务跟不上的状况还没有明显改变；四是建立出口正常秩序的工作还跟不上形势发展的要求，部分商品出口秩序混乱，打乱仗的情况仍比较严重；五是市场开拓工作还处于起步阶段，“提篮小卖”的局面尚未改变；六是新体制运行中还反映出一些亟待完善的问题，如有的地方退税不及时，生产企业取消外汇留成后创汇不能用汇等。这些都需要认真研究解决。

“八五”期间国家将继续扶持鼓励机电产品出口，为机电产品持续稳定较快发展奠定扎实的基础。为此，要着重抓好三个方面的工作：

1. 以提高出口经济效益为中心，加速出口经营机制的转换和出口商品结构的调整。从转换出口经营机制、调整出口商品结构入手，提高出口经济效益，是决定我国机电产品出口能否在“八五”期间，乃至更长时间内持续稳定较快增长的关键。今后机电产品出口的发展必须主要靠出口经营机制的转换和出口商品结构的调整，使出口企业，特别是国营大中型企业和外贸企业建立起自觉扩大出口的机制，在提高出口经济效益的基础上扩大出口。为了转换出口经营机制，从企业内部来说，就是要发扬自立自强精神，眼睛向内，搞好企业内部的改革，采取切实措施，提高出口经济效益。从企业的外部来说，就是要落实和完善有关政策，为培育自觉出口机制逐步创造良好的外部环境。一要坚决贯彻落实国家关于扶持鼓励机电产品出口的政策措施，深入调查研究，结合出现的新问题不断补充和完善现有的政策措施。如出口退税问题，要按照国家规定，只要是真出口，就应该出多少退多少；对奖励、信贷等扶持鼓励政策要保持相对的稳定性和连续性。二是要增加对机电产品出口的投入，多渠道解决机电产品出口技术改造、新产品开发等所需资金。三是进一步完善承包经营责任制，继续广泛推行内外销分别考核，扩大外向型企业试点，有条件的地方可以对出口的重点企业实行某些外商投资企业的政策，争取把大中型机电产品自营出口生产企业及出口基地纳入各地放开经营、转换机制的第一批企业。四是要在调查研究的基础上，采取经济的办法，进一步调动机电外贸、工贸公司出口的积极性。五是各地方、各部门机电出口办要在推动落实国家鼓励机电产品出口政策措施的同时，结合当地实际创造性地开展工作。

2. 牢固树立以质取胜的观念，迅速扭转我国机电产品出口质量信誉差的状况。随着机电产品出口的迅速发展和国际市场竞争日趋激烈，出口商品质量问题越来越突出地摆在我们面前。其主要问题，一是外观质量差；二是配套件质量不合格；三是零部件加工质量不高，装配质量不符合要求；四是包装质量问题较多；五是安全和技术标准不适应出口的需要。要继续采取切实措施，下大力量进行整顿，使我国机电产品出口的质量有一个明显的改观。一是各级政府主管部门和各机电出口办，要针对本部门、本地区的质量问题，制订整改目标，每年抓几个重点产品和重点企业，切实加以改进；要把技术改造的重点放在提高产品质量和档次上，帮助生产企业增添关键设备，提高工艺水平，完善检测手段，确保产品质量稳定提高；要把零部件、元器件的质量问题放到重要位置来抓，组织好专业化协作和基础件攻关，以确保整机的性能和质量，凡是国内质量不能满足需要，或价格很不合理的零部件、元器件和原材料，要支持生产企业采取国际配套，从国外进口。二是要在所有基地、扩大出口企业和有对外经营权的生产企业中建立和完善出口质量监督师制度和质量保证体系。三是机电外贸、工贸公司也要加强质量意识，坚持优质优价，在提高出口商品质量中发挥作用。四是要积极推行GB／T10300（ISO9000）系列标准，做好机电产品出口质量许可证和安全认证工作。五是要加强和完善机电产品出口生产质量许可证制度。

3. 认真贯彻"全方位、多元化和重点市场、重点产品、重点突破相结合"的方针，大力开拓国际市场。现在，我国机电产品出口市场还主要集中在港澳、美国及欧共体等国家和地区，按1990年我国海关统计，出口到港澳69.1亿美元，占62.3%，美国6.9亿美元，占6.2%，欧共体6.8亿美元，占6.1%，苏联、东欧国家5.3亿美元，占4.8%，而对其它第三世界国家只占16.7%。其中出口到港澳地区的机电产品大部分又转口到美国、西欧等国家（包括转口在内出口到欧、美国家的机电产品达60亿美元，占54%）。这种市场分布，如果美国取消我国的最惠国待遇与西方国家进一步采取贸易保护主义措施，对我国机电产品出口进一步发展是十分不利的。因此，必须认真贯彻实施"全方位、多元化和重点市场、重点产品、重点突破相结合"的市场战略，在当前动荡变化、严峻复杂的国际局势中分散出口风险，争取到对我比较有利的地位和较大的回旋余地。

〔撰稿人：国务院机电产品出口办公室政策组 张　骥〕

附：海关关于机电产品出口的统计

表1　1991年机电产品出口分贸易方式统计表　（金额单位：万美元）

贸易方式	1991年		1990年		增长%
	金额	比重(%)	金额	比重(%)	
总　计	1412201	100.00	1108834	100.00	27.4
一般贸易	406807	28.81	344980	31.11	17.9
国家间、国际组织无偿援助和赠送的物资	465	0.03	146	0.01	218.5
补偿贸易	1923	0.14	3445	0.31	−44.2
来料加工装配贸易	389653	27.59	298542	26.92	30.5
进料加工贸易	595038	42.14	443946	40.04	34.0
寄售、代销贸易	118	0.01	43	0.00	174.4
边境小额贸易(边民互市贸易除外)	7546	0.53	11021	0.99	−31.5
边境地方贸易	2800	0.20		0.00	
对外承包工程货物	7402	0.52	6303	0.57	17.4
租赁贸易	0	0.00		0.00	
出料加工贸易	85	0.01	60	0.01	41.7
其他	364	0.03	347	0.03	4.9

表2　1991年机电产品出口分产品类别统计表　（金额单位：万美元）

产品类别	1991年		1990年		增长%
	金额	比重(%)	金额	比重(%)	
总　计	1412201	100.00	1108834	100.00	27.4
金属制品	170368	12.06	143729	12.96	18.5
动力机械及设备	36514	2.59	27135	2.45	34.6
特种工业专用机械	59658	4.22	53605	4.83	11.3
金工机械	26291	1.86	26146	2.36	0.6
通用工业机械设备及零件	58430	4.14	53597	4.83	9.0
办公用机械及自动数据处理设备	44710	3.17	30588	2.76	46.2
电讯器材、收音、录音及重放装置设备	202183	14.32	173810	15.68	16.3
电力机械、电器及其配件	167941	11.89	121919	11.00	37.7
陆路车辆(包括气垫式)	84399	5.98	46836	4.22	80.2
其他运输设备	34729	2.46	25211	2.27	37.8
专业、科学及控制用仪器和装置	22132	1.57	19343	1.74	14.4
摄影器材、光学物品及钟表	58800	4.16	54433	4.91	8.0
杂项制品	29918	2.12	18664	1.68	60.3
来料加工出口产品	389653	27.59	298542	26.92	30.5
其他	26476	1.87	15276	1.38	73.3

表 3　1991 年机电产品出口分国别和地区统计表

(金额单位：万美元)

国别和地区	1991 年		1990 年		增长%
	金额	比重(%)	金额	比重(%)	
总　计	1412201	100.00	1108834	100.00	27.4
香港	880142	62.32	688958	62.13	27.7
美国	91409	6.47	69096	6.23	32.3
日本	52302	3.70	27163	2.45	92.5
德意志联邦共和国	29446	2.09	23011	2.08	28.0
巴基斯坦	26762	1.90	18515	1.67	44.5
新加坡	25241	1.79	23913	2.16	5.6
泰国	21879	1.55	13275	1.20	64.8
苏联	21154	1.50	34835	3.14	−39.3
伊朗	14879	1.05	5453	0.49	172.9
荷兰	14732	1.04	8219	0.74	79.2
印度尼西亚	13052	0.92	10744	0.97	21.5
孟加拉国	11609	0.82	9890	0.89	17.4
马来西亚	11155	0.79	6634	0.60	68.1
阿拉伯酋长国	9379	0.66	7104	0.64	32.0
台湾	9287	0.66	2699	0.24	244.1
缅甸	9201	0.65	7370	0.66	24.8
南朝鲜	8966	0.63	3655	0.33	145.3
英国	8902	0.63	6356	0.57	40.1
法国	8473	0.60	7066	0.64	19.9
意大利	7958	0.56	13545	1.22	−41.2
古巴	7582	0.54	6829	0.62	11.0
加拿大	6570	0.47	4529	0.41	45.1
朝鲜	6111	0.43	3493	0.32	74.9
澳大利亚	5146	0.36	4578	0.41	12.4
澳门	5030	0.36	2266	0.20	122.0
塞浦路斯	4907	0.35	2214	0.20	121.6
斯里兰卡	4594	0.33	1803	0.16	154.8
菲律宾	4509	0.32	3628	0.33	24.3
埃及	4136	0.29	3644	0.33	13.5
沙特阿拉伯	3822	0.27	2509	0.23	52.3
挪威	3765	0.27	394	0.04	855.6
比利时	3660	0.26	3173	0.29	15.3
智利	3442	0.24	3647	0.33	−5.6
瑞典	3386	0.24	983	0.09	244.5
丹麦	2979	0.21	2800	0.25	6.4
尼日利亚	2940	0.21	2231	0.20	31.8
西班牙	2857	0.20	1587	0.14	80.0

表 4　1991 年机电产品出口分经营单位统计表

(金额单位：万美元)

经营单位	1991 年		1990 年		增长%
	金额	比重(%)	金额	比重(%)	
总　计	1412201	100.00	1108834	100.00	27.4
广东省	830308	58.80	638966	57.63	29.9
上海市	112423	7.96	89443	8.07	25.7
各部委所属外贸总公司	98177	6.95	76873	6.93	27.7
福建省	52654	3.73	42827	3.86	22.9
辽宁省	50410	3.57	32374	2.92	55.7
江苏省	43447	3.08	34234	3.09	26.9
浙江省	32519	2.30	24843	2.24	30.9
天津市	30008	2.12	27114	2.45	10.7
山东省	27159	1.92	31686	2.86	−14.3
北京市	20020	1.42	16114	1.45	24.2
四川省	19123	1.35	11967	1.08	59.8
黑龙江省	14108	1.00	11894	1.07	18.6
湖北省	11448	0.81	9067	0.82	26.3
湖南省	10137	0.72	8241	0.74	23.0
陕西省	9677	0.69	6502	0.59	48.8
河北省	8172	0.58	6408	0.58	27.5
云南省	5603	0.40	5347	0.48	4.8
广西壮族自治区	5583	0.40	4411	0.40	26.6
河南省	5179	0.37	5982	0.54	−13.4
安徽省	5002	0.35	3902	0.35	28.2
吉林省	4665	0.33	3984	0.36	17.1
海南省	4216	0.30	3929	0.35	7.3
江西省	3201	0.23	3757	0.34	−14.8
内蒙古自治区	2102	0.15	2152	0.19	−2.3
贵州省	1946	0.14	1684	0.15	15.6
甘肃省	1931	0.14	1182	0.11	63.4
山西省	1764	0.12	1807	0.16	−2.4
新疆维吾尔自治区	504	0.04	665	0.06	−24.2
宁夏回族自治区	391	0.03	973	0.09	−59.8
青海省	283	0.02	463	0.04	−38.9
西藏自治区	41	0.00	44	0.00	−6.8

注：表 1 至表 4 由海关总署综合统计司提供。

全国机电产品进口情况

海关总署综合统计司

1991 年，根据各地海关对实际进出口货物的统计，全国机电产品进口总值达 250 亿美元，比

1990 年进口额增长 16.9%。机电产品进口额占全国进口总额的 34.8%，这一比重比 1990 年略有上升。

从进口贸易方式分类的情况看，以一般贸易方式进口的机电产品仍居首位，占机电产品进口总额的 43.1%。尽管 1991 年一般贸易进口的机电产品比 1990 年有所增加，但进口额仍低于 1986 年至 1989 年各年一般贸易方式机电产品进口额。居第二位的是外资企业投资进口的机电产品，但其进口额比 1990 年略有减少。增长较快的是进料加工贸易、来料加工贸易和外资企业供加工内销产品的料、件，其增幅分别为 35.7%、22.8% 和 103.1%。详见表 1。

表 1 1991 年机电产品进口分贸易方式统计表 (单位：万美元)

贸易方式	1991 年	1990 年	增长%
机电产品进口合计	2504642	2143379	16.9
一般贸易	1079285	922120	17.1
国家间、国际组织无偿援助和赠送的物资	11447	10179	12.5
华侨、港澳同胞、外籍华人捐赠物资	11363	4877	133.0
补偿贸易	26315	30447	−13.6
来料加工装配贸易	345508	281299	22.8
进料加工贸易	352829	260032	35.7
寄售、代销贸易	398	1636	−75.7
其他免费提供的货物	8102	7494	8.1
边境小额贸易和边境地方贸易	5710	4300	32.8
来料加工装配进口的设备	84950	72161	17.7
租赁贸易	50925	45767	11.3
外资企业作为投资进口的设备、物品	434759	439742	−1.1
外资企业进口供加工内销产品的料、件	74280	36579	103.1
出料加工贸易	157	9	1644.4
其他	18613	26737	−30.4

1991 年全国进口的 15 大类机电产品中，有 11 类均比 1990 年有所增加，其中，增加较多的有：陆路车辆进口 18.4 亿美元，增长 44%；摄影器材、光学物品及钟表进口 3.6 亿美元，增长 32.8%；电力机械、电器及其配件进口 26.3 亿美元，增长 28.4%；办公用机械及自动数据处理设备进口 9.0 亿美元，增长 27.8%；特种工业专用机械进口 59.6 亿美元，增长 19.2%。进口减少的 4 大类机电产品是金属制品、动力机械及设备、其他运输设备和杂项制品中的机电产品。详见表 2。

从具体商品来看，1991 年进口额比 1990 年增幅在 20%以上，且价值在 1 亿美元以上的大宗机电产品有：计算机及零件、电话交换机零件、彩色显像管、微电子电路、小轿车及整套散件、其他机动小客车整套散件、汽车零件、自行车零件、客机、旋转式电力设备的零件、工业用缝纫机及机头、针织机和制革机器等。1991 年进口额比 1990 年减幅在 20%以上的大宗商品主要有：锅炉及零件、核反应堆及其零件、食品加工机械、铁道用机车及货车、货船等。

从进口来源看，机电产品进口额在 10 亿美元以上的国家和地区依次是香港、日本、美国、德国、台湾、法国和意大利，其他进口额在 1 亿美元以上的国家和地区还有苏联、英国、瑞士、加拿大等 14 个国家和地区。详见表 3。

1991 年，除对外经济贸易部和各部委总公司进口机电产品 62.7 亿美元外，各省、市经营进口的机电产品以广东省居领先地位，进口额高达 106.5 亿美元，其次是上海，为 17.5 亿美元。进口额在 1 亿美元以上的还有福建、辽宁、江苏、北京等 15 个省、市。详见表 4。

〔撰稿人：海关总署综合统计司 李天虎 审稿人：海关总署综合统计司 于国华〕

表 2　1991 年机电产品进口分产品类别统计表　(单位：万美元)

产品类别	1991 年		1990 年		增长%
	金额	比重(%)	金额	比重(%)	
机电产品进口合计	2504642	100.0	2143379	100.0	16.9
金属制品	53876	2.2	53974	2.5	-0.2
动力机械及设备	164801	6.6	172967	8.1	-4.7
特种工业专用机械	595852	23.8	499987	23.3	19.2
金工机械	93025	3.7	79139	3.7	17.5
通用工业机械设备及零件	196300	7.8	173176	8.1	13.4
办公用机械及自动数据处理设备	90245	3.6	70609	3.3	27.8
电讯器材、收音、录音及重放装置设备	209138	8.4	187797	8.8	11.4
电力机械、电器及其配件	263223	10.5	205014	9.6	28.4
陆路车辆	184089	7.3	127809	6.0	44.0
其他运输设备	163465	6.5	167983	7.8	-2.7
专业、科学及控制用仪器和装置	90948	3.6	78836	3.7	15.4
摄影器材、光学物品及钟表	35929	1.4	27047	1.3	32.8
杂项制品中的机电产品	13771	0.5	14477	0.7	-4.9
来料加工进口装配用料、件	345508	13.8	281299	12.7	22.8
其他	4473	0.3	3266	0.2	37.0

表 3　1991 年机电产品进口分国家和地区统计表　(单位：万美元)

国家和地区	1991 年		1990 年		增长%
	金额	比重(%)	金额	比重(%)	
机电产品进口合计	2504642	100.0	2143379	100.0	16.9
香港	696681	27.8	578761	27.0	20.4
日本	517982	20.7	392483	18.3	32.0
美国	328209	13.1	276606	12.9	18.7
德国	212921	8.5	189241	8.8	12.5
台湾	133351	5.3	76075	3.5	75.3
法国	105331	4.2	113787	5.3	-7.4
意大利	100902	4.0	69674	3.3	44.8
苏联	69279	2.8	70349	3.3	-1.5
英国	60066	2.4	95113	4.4	-36.8
瑞士	33432	1.3	30374	1.4	10.1
加拿大	29281	1.2	22339	1.0	31.1
南朝鲜	28450	1.1	18707	0.9	52.1
瑞典	27673	1.1	21404	1.0	29.3
奥地利	27163	1.1	21406	1.0	26.9
西班牙	15006	0.6	12713	0.6	18.0
荷兰	14752	0.6	17715	0.8	-16.7
新加坡	12907	0.5	11588	0.5	11.4
捷克和斯洛伐克	12589	0.5	20817	1.0	-39.5
罗马尼亚	11935	0.5	9304	0.4	28.3
芬兰	11156	0.4	7380	0.3	51.2
比利时	10277	0.4	11459	0.5	-10.3

表 4　1991 年机电产品进口分经营单位统计表　　(单位：万美元)

项　目	1991 年		1990 年		增长%
	金额	比重(%)	金额	比重(%)	
机电产品进口合计	2504642	100.0	2143379	100.0	16.9
各部委所属外贸工贸总公司	627202	25.0	632609	29.5	−0.9
广东省	1065087	42.5	861728	40.2	23.6
上海市	175433	7.0	143541	6.7	22.2
福建省	85097	3.4	66277	3.1	28.4
辽宁省	80609	3.2	52830	2.5	52.6
江苏省	68942	2.8	43810	2.0	57.4
北京市	66081	2.6	55661	2.6	18.7
天津市	45766	1.8	28306	1.3	61.7
山东省	40784	1.6	33383	1.6	22.2
海南省	33465	1.3	15182	0.7	120.4
四川省	31943	1.3	35867	1.7	−10.9
吉林省	22902	0.9	17792	0.8	28.7
浙江省	21103	0.8	14390	0.7	46.7
湖北省	19520	0.8	14531	0.7	34.3
河北省	15656	0.6	21301	1.0	−26.5
陕西省	14985	0.6	10119	0.5	48.1
黑龙江省	13800	0.6	12751	0.6	8.2
云南省	10297	0.4	5176	0.2	98.9

机械工业科技进步

机械电子工业部科学技术司

1991 年机械工业的科技进步在“七五”的基础上，又有了较大进展。主要有以下四方面的变化。

一、产品结构发生了明显变化

“七五”期间，机械工业共完成全国第一次试制的新产品累计达 6000 余种，平均每年开发 1200 余种，加上各地方和企业开发的新产品，数量要大得多。据对 446 家机械工业重点骨干企业的调查统计，这些企业“七五”期间共开发新产品 11571 种，其中 85%达到 80 年代初水平国际先进水平。

1991 年，机械工业又完成全国第一次试制的新产品 1000 余种，其中，部计划内项目达 800 余种。

“七五”期间，机械工业共有 207 项产品获国家优质产品奖，2255 项获部级优质产品奖。1991 年，机械工业有 67 项产品获国家优质产品奖，656 项产品获部级优质产品奖。1991 年机械工业优质产品产值率达 35%。

机械工业主要产品中，达到 80 年代初国外先进水平的产品品种比例由“七五”初期的 18.9%提高到“七五”末期的 37.4%。1991 年机械工业技术进步产品产值率达 31.5%，其中，节能产品占 35.2%，替代进口产品占 9.5%，新产品占 10.6%，80 年代初水平产品占 24.2%。

机电产品出口额大幅度增长，从 1986 年的 24.8 亿美元，提高到 1991 年的 141.2 亿美元，而且出口机电产品的结构也发生了较大变化，技术密集型产品所占比重 1989 年达到 24%。

目前，国民经济各部门所需的机械产品 85%都可由国内机械行业提供。

为引导和促进机械工业的产品结构调整，近几年来采取了一系列有效的指导措施，并取得明显效果。

发布技术先进产品（原称“推荐替代进口产品”）、节能产品、淘汰落后产品以及限期考核可靠性指标产品的工作，在“七五”基础上又有新进展，到1991年底，累计发布技术先进产品28批2129项，公布节能产品14批754项，淘汰落后产品14批539项，机电一体化推广产品2批303项，发布限期达到可靠性指标的考核项目共7批957项。

在国家计委和国务院生产办公室的支持下，组织编制并于1991年发布了8个行业105大类1759种（系列）优先开发的产品，即《国家级机械新产品开发指南》。它的编制和发布对引导企业的新产品开发具有积极的促进作用，受到企业的普遍欢迎。它也是机械工业科技计划工作适应经济体制改革和企业经营机制转变新形势的一种新的尝试。

1991年，组织编制了《机械电子工业部“八五”科学技术发展规划》（机械科研、新产品部分），其中，新产品项目5449项，科研4180项。

为促进和指导机械工业企业产品结构调整，在对机械工业446家大中型企业产品结构现状调查研究的基础上，提出了机电部关于“加速技术进步，促进机械工业产品结构调整的意见”。明确了机械工业产品结构调整的7条原则、50类215种（系列）重点调整产品（优先支持开发产品）和调整的目标、措施，提出了地区优势、特色产品目录清单。

这些措施已经并必将为促进机械工业的产品开发、产品结构的调整发挥积极的促进作用。

二、自主开发能力有所增强，为国民经济提供重大技术装备的能力有较大提高

“七五”期间，机械工业在“机械基础技术与基础件”、“重点机械产品CAD”、“工业过程自动控制系统”、“柔性制造系统及装备”、“工业机器人”、“重大技术装备”等六个方面进行的科技攻关，经过五年的联合攻关，全面完成了国家规定的攻关任务，通过了国家验收，各攻关项目都达到预期的攻关目标，攻克了一批关键技术，为机械工业的发展增强了技术储备，锻炼和造就了一支高水平、能打硬仗、勇于攻尖的机械工业科技队伍，增强了机械工业的自主开发能力。“七五”的5项国家重点科技攻关项目、27个课题、282个专题的攻关，有790个企事业单位、7563名科技人员参加，取得科技成果876项，其中具有国际80年代先进水平的重大成果164项，获得国家计委、国家科委、财政部联合表彰的优秀成果33项，先进个人12名，受机电部表彰的优秀成果182项，先进个人1163名。国家表彰的重大技术装备科研攻关成果244项中，机电部系统承担的项目获奖占60%。

1991年机械工业科研开发取得丰硕成果，又有一批科技成果获得奖励，其中获国家科技进步奖40项，国家发明奖43项，获部科技进步奖375项，这些科研成果，90%以上达到国际80年代水平。机电部系统另有16家机械工业企业获国家级技术进步企业称号。

科研与测试基地建设也取得了明显进展。到“七五”末期，部直属科研院所有144项科研、测试基地立项建设，其中包括120个试验室，78个产品检测中心。现在，机械工业产品质量检测中心累计已有115个，其中列入国家级的54个，并有4个得到国际认证。许多企业，特别是机械工业重点骨干企业、企业集团的科研与测试基地建设也迈出了新的步伐，取得明显进展。如工程农机行业的企业进口了一批先进的测试仪器设备，同时还自行开发了发动机性能分析、燃油系统测试、微机控制及数据处理的自动化试验台、喷雾及激光雾场测试分析、放热规律测试诊断等专用设备。重型机械行业引进的车载机械性能参数无线电遥测和动态分析系统经消化吸收也已投入实际使用，使重型机械行业的测试技术水平和掌握现代设计技术的能力提高了一大步。上海水泵厂“七五”投资1100万元用于该厂测试车间建设，建成了0.5级大泵试验台，达到国际B级标准和80年代国际先进水平，大大提高了企业的自主开发能力。

科技进步的基础工作，包括标准化、计量、专利、数据库、技术培训等，取得了新的进展。“七五”期间制订、修订标准8130项，使机械工业“七五”末期国家标准和行业标准总数达15620项，其中约有60%达到国际先进标准的水平。1991年，标准化工作依照《标准化法》对机械工业标准体系和标准化管理工作进行整顿和完善。全年下达机械工业标准制订计划1894项，其中新增项目1093项，报出机械工业国家标准407项，批准发布行业标准1163项。计量工作，到1991年底，已有33个机械产品质检机构取得机械系统部级产品质检机构计量认证合格证。5个机械工业专业计量中心站计量服务工作取得新的成效，仅第一专业计量中心站（上海工业自动化仪表所）和第五专业计量中心站（西安高压电器所）两个单位就为各企事业单位检定了近400台（件）计量器具。专利工作，“七五”期间机械工业申请专利数为47021项，授权22271项。1991年机械工业申请专利又有15948项，其中授权8161项。在数据库建设方面，机械工业通用性的共性技术数据库，包括材料性能、疲劳设计方法、机械强度、摩擦学、腐蚀、金属切削、失效案例、机械工程术语、环境工程、工艺、热处理、铸造、质量可靠性等约17个专业数据库已在建设，有的已初具规模。此外，各行业也建立了一批本行业专用的数据库。技术培训，重点对机械工业工程技术人员、技术管理人员进行了电子技术应用、可靠性、现代设计方法、专利知识等技术培训，其中电子技术应用共培训学员535名，其中大中型企业的厂长、副厂长占23%，总师、副总师占29%，省市厅（局）干部占12%。

目前，机械工业在汽车、轮式拖拉机、发电设备、内燃机、工程机械等20多种典型产品中，形成了计算机辅助设计的自主开发能力。研制、开发了VAX系列小型机32位工作站和微机版本的功能齐全的CAD（计算机辅助设计）支撑软件，形成了具有我国自己版权的CAD技术基础核心软件，基本可替代国外先进的同类软件。经过引进、消化、创新的SAP程序已广泛移植到国内的计算站，解决了以前无法进行的许多结构分析问题，并自行研制开发了具有较高水平的结构动力分析程序DASAP、微型机辅助结构设计程序MAS。CAD的广泛普及和应用，大大提高了机电产品的设计质量和效率。如济南第二机床厂采用CAD后，使机械压力机征集设计由过去的4～6个月缩短到3～4天。

机械工业为国民经济各行业提供重点成套设备和关键设备的能力有较大提高。通过"七五"科技攻关，开发出DJK－7500分散型控制系统、柔性制造单元和柔性制造系统，自行设计制造了喷漆、焊接、搬运等多种工业机器人，为发电设备的制造提供了16米数控立式车床，为铁道交通行业提供了数控车轮车床，为汽车工业制造出高水平的组合机床自动线，为模具行业制造了大型坐标磨床，为沙漠石油钻采提供的6000米机械驱动沙漠边缘钻机，主要参数已达到美国同类型钻机水平。200吨大型高速平衡机、智能化多功能超声诊断系统也已在实际生产中应用。机械工业已经为能源、交通、化工、原材料等20多个部门提供了20多类近170种重点成套设备，其中2／3可全部由国内成套供应，1／3只需进口少量国内不能解决的特殊材料和元器件等。另有8类19种成套设备正在考核或正在提高国产化率，预计在二三年内也可以立足国内。1991年为电力、冶金、石油化工等工业部门制造完成了7套国家重大技术装备。以国内为主设计、制造的宝钢二期工程高炉、焦炉、烧结等17个成套工程设备完成调试并陆续投产，引进型30万千瓦火电机组已在上海吴泾电厂和湖北汉川电厂投入运行。为乙烯设备配套的40～80万吨／年加氢精制、裂化装置已分别在石家庄、广州、镇海三家炼油、石化厂安装和投产，其中加氢反应器（最大重量560吨）、各种压缩机等91台设备，国产化率已达到80%。同时，1991年还完成了一批重大技术装备的研制。如：为舞阳钢厂设计制造的1900mm板坯连铸机成套设备，年产板坯60万吨，其技术水平相当于与日本合作的宝钢二期设备；为新疆塔里木油田研制开发了6000米机械驱动60L型钻机，其性能超过由罗马尼亚进口的钻机，技术指标达到80年代初国际水平，国产化率达98%。这些重点设备和重大关键设备的研制开发与制造充分显示出我国机械工业的自主开发能力和制造技术实力。

三、制造技术水平有较大提高

通过引进技术的消化吸收、技术改造以及"工艺突破口"工作广泛深入的开展，机械工业的制造技术水平有较大提高，一批先进的新型、高效、高精度的机械工业制造工艺技术及装备在生产中得到应用和普及。

改革开放以来，机械工业共引进国外先进适用技术1800多项，其中原机械工业部系统1200多项。这些引进技术中，80年代国外先进水平的占35.4%，70年代水平的占64.6%，通过消化吸收，目前这些引进技术已有2／3以上试制出样机或实现批量生产，使机械工业的制造技术水平提高到了一个新台阶。如重型机械行业引进英国安德逊公司制造技术，生产出AM－500型采煤机，国产化率已达92%，引进的大型洗煤设备制造技术有13项技术已经被消化吸收，并均已生产出产品，使年处理原煤300万吨的选煤厂成套设备均可立足于国内。石油化工通用机械行业列入部计划引进的国外先进设计、制造技术90多项，对行业主要产品的覆盖率达24%，经过消化吸收，应用引进技术已能批量生产的约占55%，国产化率平均在80%以上，大大提高了企业的设计、制造技术水平。通过引进技术的消化吸收，我国发电设备的制造技术已经提高到一个新的水平，已能小批量生产具有国际市场竞争力的大型火电机组，30万千瓦以下机组已形成批量生产能力，首台引进型60万千瓦机组也已投入试运行。水电设备已经提供刘家峡、白山单机30万千瓦、龙羊峡单机32万千瓦的大型成套设备，并已经生产最高水头为372米的鲁布革单机15万千瓦高速大容量机组。机械工业引进国外先进适用技术，并加以消化吸收，移植创新，对促进我国机械工业制造技术水平跨上新的台阶发挥了至关重要的作用。

一批先进的新型、高效、高精度的制造工艺技术及关键设备在机械工业生产中得到广泛应用。在共性技术方面，许多企业已经采用冲天炉—电炉双联熔炼、炉前微机自动检测控制、树脂砂造型、消失模铸造等工艺技术，先进的机电一体化铸造机械及生产线得到广泛应用，如高压多触头造型、气流冲击造型生产线、垂直分型无箱射压造型线、水平分型脱箱射压造型线等。重型机械行业4大重机厂采用40～150吨精炼炉，并采用真空冶炼、真空脱气等工艺，使钢锭的纯洁度有了突破性进展，增添了200吨米锻造操作机，改变了过去电站大锻件长期依赖进口的局面，大型结构件焊接技术、大型铸钢件的铸造技术及材料、大扭矩铸焊滚筒的关键技术及焊接工艺也已研制成功，并在实际生产中得到应用。板焊工艺采用了钢板预处理、数控切割、自动焊接等先进技术。热处理工艺广泛采用了可控气氛热处理技术。此外，相当一批关键零部件的加工广泛采用了先进的工艺技术，如成组技术、精冲技术、超精加工技术、超硬材料工艺技术、激光加工技术等。齿轮加工由传统的剃珩工艺改为采用磨齿工艺，导轨加工由精刨、端面磨削改为周边磨削，箱体墙板加工由联动镗、卧镗改为数控镗铣床或加工中心等制造。通过技术改造，一大批重点骨干企业在生产制造的关键工序增添了先进、精密、高效的关键设备。如数控机床、加工中心、柔性制造单元、三坐标测量机、大型坐标磨床、大型精密压力机、数控剪板机、数控折弯机、工业机器人等。采用先进的关键设备，大大提高了机械工业的制造加工精度，精密加工已从 1μm 提高到 0.05μm，加工圆度达 0.1μm，表面粗糙度达 R_a0.003μm。机械工业主要设备拥有量增加较快，其中关键设备拥有量增加幅度更大，以 1989 年为例，机械工业（不含汽车）主要生产设备拥有量达 137.5 万台，比 1985 年增长了 7.1%，其中关键设备 5.49 万台，比 1985 年增长 60%。如哈尔滨市机械工业企业通过技术改造，补充和更新的设备已占设备总数的 38.7%。又如沈阳鼓风机厂新增数控设备 32 台，机床数控化率达 12.5%。

技术改造中微电子技术的广泛应用，大大提高了机械工业生产制造的自动化程度、效率和精度。CAM（计算机辅助制造）、CAPP（计算机辅助工艺设计）、FMS（柔性制造系统）得到一定应用，CIMS（计算机集成制造系统）也在重点应用工厂试点实施。沈阳鼓风机厂和济南第一机床厂已开始实施计算机集成制造系统。北京第一机床厂也以 CIMS 作为发展目标，对企业进行重点技术改造。制造过程的在线检测技术也有一定提高，一些典型产品的关键零部件其关键工序实现了制造过程中的在线检测。

“工艺突破口”工作广泛深入的开展，对加强工艺管理、加强工艺纪律、提高工艺水平发挥了显著的推动作用，保证了机械工业先进的工艺技术和装备在生产制造过程中有效地发挥作用，提高了产品质量，为机械工业制造技术水平的提高奠定了坚实的基础。目前，机械工业已有 2500 多个企业开展了这项工作，约有 90%的试点企业工艺文件贯彻正确性、齐全性、统一性的比例达到 95%以上。到 1990 年，试点企业工艺贯彻率关键工序达到 98%，一般工序达到 95%，工序质量控制点增加到 21358 个。北京人民机器厂通过开展“工艺突破口”工作，调整原有工艺路线，将 85%以上的主要设备改迁组成 11 条专业生产线，并缩短工艺流程，有效地扩大了生产面积，提高了制造技术水平。根据 1990 年上半年国家技术监督局产品质量抽查统计，“工艺突破口”试点企业产品抽查平均合格率达到 98.15%，明显高于机械行业平均 77.42%的水平，非试点企业的产品平均合格率为 70.55%。

四、科技体制改革深化，科研与生产结合取得新进展

在中央关于“科学技术必须面向经济建设，经济建设必须依靠科学技术”的方针指导下，机械工业科技体制改革进一步深化，科技工作重点逐步实现向“主战场”的转移，科研与生产结合紧密，为企业依靠技术进步发展生产、增强活力创造了较好的环境和条件。

部属 64 个研究院所按照“一个目标、多种模式、分类指导、稳步发展”的方针，对科技体制实行了重大改革，实现了科技体制由封闭到开放的转变，部属研究院所的科技活动开始与机械工业主战场的发展和建设融合在一起。现在，除个别情况特殊的研究院所外，大部分研究院所减拨事业费都已到位。院所事业费占总收入的比例由 1985 年的 14.4%下降到 1990 年的 3%，而 2／3 以上的经费来自企业。具备条件的开发类研究院所已经开始进入企业集团，如长春汽车研究所进入长春第一汽车制造厂，洛阳矿山机械研究所进入洛阳矿山机械厂等。这些院所进入企业集团后，为企业集团的发展和企业技术进步发挥了积极的促进作用，研究所的科技工作也呈现新的生机。如洛阳矿山机械研究所进入企业集团后，新产品开发数由 1985 年的 8 项增加到 1990 年的 52 项，产品产值比 1985 年增长 4 倍。另外一部分开发类研究院所利用自身的技术优势，加强中间试验环节，扩大中间试验，形成批量生产能力，开始迈向科技型企业。更多的研究院所通过成果转让、横向联合、建立行业技术开发中心等多种形式实现开放搞活，由单一的科技开发型转变为科研、生产综合型，科研成果束之高阁的现象大为改变，既促进了大中型企业的技术进步，院所的经济收入也有较大幅度的增长，机械行业 52 个部直属开发类研究院所总收入 1990 年就达到 5.78 亿元，比 1985 年增长 69%。这也说明研究院所科研与生产进一步紧密结合，研究院所科技活动在“主战场”发挥重要作用。

1991 年，中央和地方各级政府为全面推进企业的技术进步，相继出台了一系列重大的政策措施，实施了一系列优惠政策。据统计，已有 145 家机电工业企业进行不同类型的试点。这些重大政策措施和优惠政策的出台，为企业的技术进步创造了良好的环境和条件，同时也极大地推动了企业内部技术开发体制的改革。机械工业企业，特别是重点骨干企业、企业集团普遍增强了科技意识，初步形成了企业内部的科技开发、管理、投入、激励等机制，基本形成了企业的技术开发体系、开发机构和技术开发队伍，开始形成“生产一代、设计一代、预研一代、淘汰一批”的产品开发生产体系。这些企业，已经开始实现生产经营活动向依靠技术进步的轨道转变。

机械工业教育

机械电子工业部教育司

1991年机械工业教育工作认真贯彻党的十三届七中全会和中央工作会议精神，围绕机电工业三大任务（提高素质、调整结构、加强宏观调控），积极为搞好机械工业大中型企业、提高企业职工队伍素质服务；全面贯彻执行党和国家制定的教育方针，加强党对教育工作的领导，坚持社会主义的办学方向，使各级各类教育较好地适应了机械工业发展的要求。

一、坚持社会主义的办学方向

为贯彻中央文件精神，机电部有关部门在全面考察干部的基础上，按照干部队伍革命化、年轻化、知识化、专业化的方针，对部属院校的领导班子进行了必要的充实、调整和整顿，1991年完成了11所院校领导班子的换届考核，把一些政治坚强、学有专长、年富力强的同志提拔到领导岗位上来。调整后的领导班子，精神振奋、充满活力、优势互补、结构趋于合理，工作上很有成绩，扭转了一些学校过去因领导班子不强工作长期开展不利的局面。在调整配备现领导班子的同时，机电部还重点抓了后备干部的选拔和培养工作，制订了一系列措施，建立了后备干部档案，制订培训计划，选送他们到各级党校学习培训，根据工作需要把他们安排到一定岗位上进行实际工作锻练，保证了高校领导干部后继有人。

为培养和造就社会主义的建设者和接班人，高校要始终坚持德智体全面发展的方针，必须把德育放在首位，切实加强学生的思想政治工作。各院校结合自己的情况认真贯彻机电部党组《关于加强部属高等学校思想政治工作的决定》，健全了思想政治工作体制，建设一支专兼职相结合的思想政治工作队伍，联系实际进行马克思主义理论课和思想教育课的教学，对学生进行党的基本路线教育、社会主义道德教育、国情教育和法纪教育。各校还开办了业余党校，在教师和学生中积极发展党员。目前，教职工党员占36%，其中教师中的党员比例达到41.5%；学生中党员占1.9%，团员占87.6%。为进一步加强德育，促进工作，机电部组织制订了高校德育教育大纲和评估方案。

二、按需培养，教育质量稳步提高

1991年是国民经济和社会发展“八五”计划的第一年，机械工业经过调整和治理整顿，逐步走出困境，迎来了新的发展时期，各行业和企事业单位对教育和人才提出了新的更高的要求。一方面企业需要大量的人才补充科技队伍，解决业已出现的“人才断层”；另一方面企业为适应科技进步、扩大机电产品出口和激烈的市场竞争，急需一些高层次的科技和经营管理人才。为适应机械工业“八五”和今后十年对人才和教育的需要，机电部制定了《部属高校教育事业“八五”计划和十年规划纲要》。

就机电部的机械系统而言，部属普通高等院校共20所，其中大学15所（全国重点高校5所）、高等专科学校5所。1991年国家继续控制高校招生规模，部属高校招生人数与1990年基本持平，由于毕业生多于招生人数，在校生略有减少。1991年共招收普通生（研究生、本科生、专科生）14982人，比1990年增加109人，毕业生15237人，在校生为55368人，比1990年降低1.24%，减少了698人。部属高校的成人高等教育（函授、夜大学）共招生6678人，毕业7203人，在校生为21757人，比1990年降低4.57%，减少1043人。部属院校学生情况及分学校在校生情况见表1、表2。

学科水平是高校办学水平的主要标志，为推进学科建设，部组织研究并制订了“八五”和十年学科建设规划，努力办好一批重点学科和专业，使其达到国内一流水平。这些学科或专业以教学和科研为中心，培养高层次人才，承担国家重点科研项目。部属院校现有30个博士点、2个博士后流动站（吉林工业大学汽车和上海机械学院热能工程）、195个硕士学位点，吉林工业大学还有2个国家级重点学科和1个国家级重点实验室。部属高校专业、学位点情况见表3。

表1 机电部机械系统部属高校学生情况

类别	合计	普通生				成人高教		
		小计	研究生	本科生	专科生	小计	函授	夜大学
招生	21660	14982	846	11158	2978	6678	4399	2279
毕业生	22440	15237	962	11060	3215	7203	5099	2104
在校生	77125	55368	2604	44515	8249	21757	13275	8482

表 2　机电部机械系统部属高校在校生情况　　(单位：人)

院校名称	合计	普通生				成人教育		
		小计	研究生	本科生	专科生	小计	函授	夜大学
合　计	77125	55368	2604	44515	8249	21757	13275	8482
北京机械工业学院	2062	1762	30	1562	170	300	102	198
太原重型机械学院	2638	2273	32	2157	84	365	79	286
沈阳工业大学	6777	3851	90	3761		2926	1849	1077
吉林工业大学	7956	5467	529	4924	14	2489	2003	486
东北重型机械学院	3535	3042	160	2718	164	493	217	276
哈尔滨电工学院	3337	1998	74	1764	155	1339	387	952
哈尔滨科技大学	3288	1985	72	1831	82	1303	722	581
上海机械学院	3642	2672	230	2349	93	970	448	522
江苏工学院	4514	3532	183	3125	224	982	657	325
合肥工业大学	8378	5741	369	4985	387	2637	1701	936
安徽工学院	2815	1926	25	1759	142	889	644	245
洛阳工学院	4547	2868	72	2698	98	1679	1283	396
湖南大学	8121	5570	457	5113		2551	1528	1023
陕西机械学院	5801	3850	237	3335	278	1951	1282	669
甘肃工业大学	2753	2485	44	2316	125	268	132	136
哈尔滨机电专科学校	1245	1134			1134	111		111
上海机械专科学校	1449	1366		58	1308	83		83
南京机械专科学校	1493	1441		55	1386	52	18	34
郑州机械专科学校	1070	1070			1070			
湘潭机电专科学校	1704	1335			1335	369	223	146

表 3　机电部机械系统部属高校专业、学位点情况

院校名称	专业类数	专业点数	工科								财经	政法	文科	理科	硕士学位点数	博士学位点数
			小计	材料	机械	仪器	电气	电子	管理	其他						
合　计	5	277	250	16	95	9	36	28	28	39	13	3	6	7	195	30
北京机械工业学院	2	5	4		1	1	1		1		1					
太原重型机械学院	2	9	8	2	7		1				1				2	
沈阳工业大学	2	15	16	1	5		4	3	2		1				12	1
吉林工业大学	3	31	28		12		1	4	5	5		1		2	27	11
东北重型机械学院	1	8	8		5		1	1	1						11	1
哈尔滨电工学院	2	12	10	1	1	1	5	1		2	1				4	
哈尔滨科技大学	3	10	9		2	1		3	1	1			1	1	6	
上海机械学院	3	18	14	1	5	3		2	1	3	2		2		16	4
江苏工学院	3	19	16	3	8		2	1	2	2	2		1		15	2
合肥工业大学	4	28	26	1	6	1	3	3	1	9		1	1	1	29	3
安徽工学院	1	9	9	1	5		2		1						6	
洛阳工学院	2	12	11	2	9		1				1				8	
湖南大学	3	29	25	1	4	1	3	4	2	9			1	3	32	6
陕西机械学院	1	17	17	1	4	1	2	2	1	6					18	2
甘肃工业大学	2	13	12		7		1		2	1		1			9	
哈尔滨机电专科学校		11	9		3		4		2		2					
上海机械专科学校		8	7		2		1	1	3		1					
南京机械专科学校		9	9	1	6			3								
郑州机械专科学校		6	5	1	2		1		1		1					
湘潭机电专科学校		8	8		1		3		2	1						

为提高学生的工程实践能力，机电部制订了《部属院校学生实习工作暂行办法》，在机电行业确定 200 多个大中型企业为部属院校学生实习基地。

目前机电部部属高校的教师结构不尽合理，年龄结构呈马鞍型，35 岁以下教师占 47.2%，而处在教师中坚力量的 35～45 岁的中青年教师仅占 13%，51～60 岁的老教师占 38%。教授中 55 岁以上的占 77%，51 岁以上的副教授占 83%。为改善教师结构，提高师资队伍的整体素质，特别是培养一批学有成就的学术带头人和骨干教师，解决好学术骨干的接班问题，机电部和所属院校采取了一系列措施，鼓励一批青年教师脱颖而出，改革聘任、考核和分配制度，调动广大教师教学和科研的积极性，同时吸引国内外优秀人才，破格提拔中青年教师晋升教授、副教授，教师中现有 45 岁以下的教授 6 人，副教授 117 人。青年教师中约有一半具有硕士或博士学位。湖南大学俞汝勤教授被增选为中国科学院学部委员，成为机电部部属院校首位学部委员，经专家评审，机电部部属院校有 87 名教授、专家享受政府特殊津贴。

部属 20 所高校现有教职工 32072 人，其中校本部 23679 人，教师 10977 人，教师的职称结构见表 4。

表 4 机电部机械系统部属高校专任教师职称情况

院校名称	合计	教授	比例(%)	副教授	比例(%)	讲师	比例(%)	助教	比例(%)	教员	比例(%)	公共课教师
总　计	10977	384	3.50	2677	24.39	4691	42.73	2840	25.87	385	3.51	2302
北京机械工业管理学院	284	11	3.87	45	15.85	134	47.18	71	25.00	23	8.10	149
太原重型机械学院	479	13	2.71	125	26.10	143	29.85	187	39.04	11	2.30	160
沈阳工业大学	781	29	3.71	151	19.33	387	49.55	175	22.41	39	4.99	301
吉林工业大学	1143	62	5.42	244	21.35	557	48.73	280	24.50			178
东北重型机械学院	757	26	3.43	135	17.83	271	35.80	263	34.74	62	8.19	130
哈尔滨电工学院	467	9	1.93	97	20.77	185	39.61	176	37.69			135
哈尔滨科学技术大学	435	9	2.07	110	25.29	191	43.91	125	28.74			171
上海机械学院	531	33	6.21	148	27.87	197	37.10	153	28.81			135
江苏工学院	856	38	4.44	216	25.23	348	40.65	179	20.91	75	8.76	
合肥工业大学	1182	49	4.15	463	39.17	508	42.98	162	13.71			260
安徽工学院	342	6	1.75	125	36.55	124	36.26	59	17.25	28	8.19	
洛阳工学院	466	5	1.07	87	18.67	224	48.07	137	29.40	13	2.79	175
湖南大学	1098	57	5.19	301	27.41	508	46.27	232	21.13			
陕西机械学院	728	27	3.71	220	30.22	325	44.64	124	17.03	32	4.40	128
甘肃工业大学	460	10	2.17	92	20.00	183	39.78	142	30.87	33	7.17	182
哈尔滨机电专科学校	167			20	11.98	60	35.93	75	44.91	12	7.19	
上海机械专科学校	193			34	17.62	99	51.30	56	29.02	4	2.07	59
南京机械专科学校	226			18	7.96	122	53.98	82	36.28	4	1.77	
郑州机械专科学校	171			21	12.28	55	32.16	88	51.46	7	4.09	53
湘潭机电专科学校	211			25	11.85	70	33.18	74	35.07	42	19.91	86

三、科学研究和科技产业又有新的进展

高等学校不仅是基础性研究与高技术研究的一支主力，也是科技攻关、引进项目消化吸收、传统产业技术改造和高技术产业开拓中的重要力量。培养人才是高等学校的根本任务，而开展科技工作是培养高级专门人才的一个重要手段。机电部部属高校的科研工作在“七五”大踏步前进的基础上，1991 年又取得新的成绩。全年共承担科研项目 3306 项，其中基础研究占 7%，应用研究占 53%，开发研究占 40%。全年科研总经费 9066 万元，比上一年增长 21.3%，相当于全年教育事业费的 46%，其中纵向课题经费占 20%，横向课题经费占 60%。科研经费逾一千万元的学校有吉林工业大学和合肥工业大学。科研成果 411 项，获奖 188 项次，其中部省级二等奖以上 40 项，国家四等奖以上 6 项，机电部三等奖以上成果 46 项。为适应科技工作的要求，机电部部属高校已形成具有行业优势和科研特色的独立科研机构 213 个，专职科研人员 2185 人，此外教师中约有 40%从事科研活动，硕士和博士研究生也是高校科研不可缺少的力量。通过科学研究促进了学术水平的提高，共发表论文著作 3988 篇（部），其中在国外刊物上发表论文 465 篇，国内权威性学术刊物发表 1744 篇。1991 年南京机械专科学校的科研经费达到 194.5 万元，上海机械专科学校达到 144 万元，在国内高等专科学校中处于领先水平。

为充分发挥高等学校人才密集、学科齐全、设备先进等综合优势，促进科学技术转化为现实生产力，兴办校办产业特别是校办科技产业是当前深化教育改革的重要内容。机电部对这项工作高度重视，制订了《关于机械电子工业部部属院校办产业的暂行规定》，各校也把科技产业工作列入重要议事日程，纷纷成立了科技产业管理委员会。由于领导重视，措施有力，科技产业得以蓬勃发展。1991年共创各类科技产业82个，其中12个已获准进入国家高新技术开发区，全年共实现产值1.3亿元，利税2500万元，产值逾一千万元的有洛阳工学院、湖南大学、安徽工学院、沈阳工业大学、江苏工学院5所院校。由部属12所高校联办的深圳华育昌国际科教开发有限公司经营额突破5000万元，创利税600万元。共开发新产品288种，有5个新产品被列入国家级火炬计划。安徽工学院的电脑报警系统、陕西机械学院的复合陶瓷刀片等实现了产业化，在国内外市场很有竞争能力。

四、开展职工岗位培训，不断提高职工队伍素质

为实现党中央提出的“经济建设要转移到依靠科技进步和提高劳动者素质的轨道上来”的方针，机械工业职工教育工作以提高大中型企业职工队伍素质为重点，大力开展各种形式的岗位培训和短期专题培训，为全面提高企业职工队伍素质服务。举办了大中型企业厂长、党委书记培训班和高级科技人员研修班以及外贸、金融、市场营销等管理人员研讨班。组织编写了28类科技人员岗位规范。继续扩展并改进车间主任和专业管理人员的岗位培训。车间主任培训加强了能力培养，全行业共培训车间主任4万人，其中一半通过跟踪考核后获得合格证书，共发行培训教材30万册；专业管理人员培训在完成“七五”9大类基础上，又开始了14类专业管理人员培训，完成了87本14类专业管理人员培训教材的编写、出版和20类专业管理人员岗位规范的制订。工人培训，以高级技工培训为重点，在完成33个通用技术工种初级操作技能训练教材收尾工作的基础上，研究了33个通用技术工种中、高级操作技能训练大纲的制订和中级操作技能训练教材的编写，进行了分工。

为促进机械行业职工教育的开展，机电部研究制定了《关于在机械工业企业中开展职工教育评估工作的决定》和《关于加强部直属科研设计单位职工教育的若干决定》等文件。

〔撰稿人：机械电子工业部教育司　孙长庆〕
〔第Ⅰ部分责任编辑：王树良〕

机械工业

省、市、自治区

发展情况

第Ⅱ部分

1991 年各地区

1991 年,全国乡及乡以上独立核算机械工业企业工业总产值 4748.85 亿元,产品销售收入 4417.50 亿元,利税总额 371.79 亿元,分别比上年增长 19.7%、30.7%、22.7%。1991 年各地区机械工业概况统计资料见下表。

表中统计资料由国家统计局工业交通司提供。数据的范围为全部乡及乡以上独立核算

地区及行业	企业数(个)	全部职工年末人数(万人)	工业总产值		工业净产值(亿元)	产品销售收入(亿元)	产品销售税金(亿元)
			1990 年不变价(亿元)	现价(亿元)			
全国机械工业总计	100532	1963.79	4748.85	4640.21	1257.13	4417.50	206.55
金属制品业	28562	288.72	625.93	615.23	159.34	547.52	25.99
普通机械工业	42496	990.96	2059.79	1995.40	565.00	1901.76	88.16
交通运输设备制造业	11203	321.86	949.47	975.75	244.92	996.33	36.71
电气机械及器材制造业	14763	282.00	969.46	917.12	238.36	841.33	48.79
仪器仪表及其他计量器具制造业	3508	80.25	144.20	136.71	49.51	130.56	6.90
北京机械工业合计	1845	56.98	192.88	189.89	47.70	188.45	7.75
金属制品业	474	7.42	20.45	20.33	4.81	17.10	0.67
普通机械工业	684	25.60	69.10	68.52	18.41	66.49	2.67
交通运输设备制造业	323	12.54	71.34	69.63	15.43	76.13	3.02
电气机械及器材制造业	267	7.73	26.32	25.72	6.73	23.14	1.14
仪器仪表及其他计量器具制造业	97	3.69	5.66	5.69	2.32	5.59	0.25
天津机械工业合计	1960	54.20	151.12	147.38	40.25	137.61	6.18
金属制品业	518	10.34	28.73	27.88	6.57	24.70	1.05
普通机械工业	750	25.10	57.89	56.90	17.43	53.64	2.62
交通运输设备制造业	213	7.34	35.05	33.98	8.11	32.25	0.90
电气机械及器材制造业	362	8.65	25.35	24.67	6.62	23.15	1.38
仪器仪表及其他计量器具制造业	117	2.76	4.10	3.95	1.52	3.87	0.23
河北机械工业合计	4843	79.83	163.56	161.26	43.84	149.29	5.65
金属制品业	1382	13.82	26.33	25.36	6.55	22.02	0.95
普通机械工业	2245	44.41	82.56	80.37	21.72	75.18	2.62
交通运输设备制造业	513	11.09	27.25	29.04	7.42	28.95	0.85
电气机械及器材制造业	589	8.41	24.50	23.62	7.14	20.48	1.11
仪器仪表及其他计量器具制造业	114	2.10	2.91	2.87	1.00	2.66	0.12
山西机械工业合计	2481	50.53	75.70	73.40	19.83	69.51	2.89
金属制品业	784	8.16	11.75	11.54	3.50	10.11	0.51
普通机械工业	1143	30.96	43.88	41.70	11.35	39.75	1.49
交通运输设备制造业	268	5.60	8.16	8.68	1.81	8.69	0.24
电气机械及器材制造业	235	4.66	10.81	10.48	2.79	10.10	0.60
仪器仪表及其他计量器具制造业	51	1.15	1.10	1.00	0.40	0.85	0.04
内蒙古机械工业合计	1494	24.16	35.07	35.52	10.37	32.53	1.42
金属制品业	629	4.95	6.20	6.41	1.87	5.67	0.31
普通机械工业	564	14.81	20.63	21.10	5.83	19.13	0.60
交通运输设备制造业	158	2.04	2.66	2.67	0.99	2.87	0.10
电气机械及器材制造业	131	2.16	5.22	5.00	1.59	4.52	0.39
仪器仪表及其他计量器具制造业	12	0.20	0.35	0.35	0.09	0.32	0.01
辽宁机械工业合计	7493	185.78	341.80	339.70	96.87	331.88	16.38
金属制品业	1710	23.23	36.87	37.67	10.74	34.99	1.84
普通机械工业	3499	100.53	156.38	154.91	47.48	150.32	7.99
交通运输设备制造业	809	28.54	75.15	76.28	18.47	76.16	2.46
电气机械及器材制造业	1165	27.02	65.36	62.97	17.21	62.41	3.61
仪器仪表及其他计量器具制造业	310	6.46	8.03	7.88	2.97	8.01	0.48

机械工业概况

工业企业,口径包括金属制品业、普通机械工业、交通运输设备制造业、电气机械及器材制造业、仪器仪表及其他计量器具制造业。从表中可以看出,工业总产值最高的是江苏省,产品销售收入最多的是上海市,利税总额最多的也是上海市,全员劳动生产率最高的是广东省。本部分刊登 30 篇文章反映各地区机械工业的发展情况。

利润总额(亿元)	上交利税(亿元)	年末固定资产		定额流动资金		销售利税率(%)	资金利税率(%)	全员劳动生产率(元/人·年)
		原值(亿元)	净值(亿元)	年末占用数(亿元)	平均余额(亿元)			
165.24	80.78	2828.06	1815.56	2218.07	2107.02	8.42	9.48	24651
19.03	8.08	281.97	190.94	230.00	216.29	8.22	11.05	22141
57.71	32.88	1451.46	903.26	1095.17	1039.37	7.67	7.51	21169
55.61	22.97	581.94	374.99	410.38	391.06	9.27	12.05	30101
25.93	13.72	409.93	281.48	392.23	374.53	8.88	11.39	35098
6.97	3.12	102.75	64.89	90.29	85.77	10.63	9.21	18235
12.41	4.72	111.93	69.70	95.27	90.36	10.70	12.59	34080
1.30	0.48	11.07	7.70	8.71	8.18	11.54	12.42	27637
4.45	2.20	52.12	30.83	45.44	43.19	10.71	9.62	27131
5.62	1.49	27.97	18.45	20.43	18.55	11.36	23.37	58037
0.66	0.39	14.42	9.14	14.84	14.44	7.74	7.60	33986
0.37	0.16	6.36	3.57	5.85	6.00	11.14	6.51	15345
6.80	4.72	78.24	48.81	67.92	63.44	9.43	11.56	28831
1.00	0.42	13.24	8.64	9.54	8.94	8.32	11.69	28587
2.29	0.90	38.19	23.20	30.72	28.43	9.15	9.51	23817
3.00	2.67	12.42	8.08	11.31	10.52	12.12	21.02	49419
0.32	0.62	11.88	7.54	13.24	12.66	7.33	8.41	30542
0.18	0.11	2.51	1.35	3.12	2.89	10.58	9.64	15367
7.11	2.87	105.28	71.01	82.03	77.31	8.55	8.61	21042
0.89	0.35	11.67	7.83	11.16	10.27	8.35	10.16	19610
2.82	1.34	60.02	38.77	46.30	43.77	7.24	6.59	19067
1.59	0.58	20.93	15.52	12.94	12.28	8.44	8.78	25184
1.60	0.54	10.53	7.51	9.66	9.09	13.24	16.33	30222
0.21	0.07	2.12	1.39	1.97	1.90	12.54	10.13	14049
−0.38	0.73	78.13	48.91	47.52	45.44	3.60	2.66	15248
0.29	0.14	6.73	4.43	5.95	5.35	8.00	8.26	14829
−0.83	0.52	52.89	31.85	30.22	29.26	1.68	1.09	14391
−0.26	−0.12	9.23	5.91	4.85	4.52	−0.23	−0.19	14824
0.44	0.18	7.57	5.43	5.68	5.51	10.31	9.52	23600
−0.03	0.01	1.71	1.29	0.82	0.80	1.08	0.44	9626
0.57	0.25	30.55	17.94	21.15	20.38	6.11	5.19	14864
0.20	0.05	3.25	2.12	2.83	2.65	9.00	10.72	12843
0.28	0.11	21.72	11.74	14.00	13.78	4.62	3.46	14136
−0.11	0.03	2.55	1.97	1.53	1.33	−0.27	−0.23	13905
0.19	0.06	2.83	1.97	2.53	2.37	12.86	13.41	25283
0.00	0.00	0.21	0.15	0.27	0.26	5.99	4.74	18725
1.95	3.79	259.24	159.91	200.85	188.82	5.52	5.26	18600
0.70	0.56	19.89	13.13	16.53	15.51	7.28	8.89	16055
−1.55	1.61	139.05	83.55	101.55	95.58	4.29	3.60	15719
2.38	0.89	55.09	33.60	43.04	40.26	6.36	6.56	26616
0.26	0.61	39.48	25.93	33.98	32.14	6.20	6.66	24484
0.15	0.11	5.72	3.70	5.75	5.33	7.81	6.93	12581

地区及行业	企业数(个)	全部职工年末人数(万人)	工业总产值 1990年不变价(亿元)	工业总产值 现价(亿元)	工业净产值(亿元)	产品销售收入(亿元)	产品销售税金(亿元)
吉林机械工业合计	3007	62.72	118.57	130.18	32.87	132.93	5.71
金属制品业	842	9.00	11.10	11.37	3.40	10.36	0.58
普通机械工业	1186	24.95	34.38	35.06	9.44	32.58	1.57
交通运输设备制造业	497	20.47	57.77	68.96	16.05	76.03	2.69
电气机械及器材制造业	388	6.14	13.03	12.67	3.20	11.99	0.76
仪器仪表及其他计量器具制造业	94	2.16	2.29	2.12	0.78	1.98	0.11
黑龙江机械工业合计	3626	87.86	128.65	128.32	37.22	116.65	6.16
金属制品业	1102	13.80	15.69	15.89	5.02	14.08	0.87
普通机械工业	1497	45.61	64.32	63.19	17.48	56.48	2.70
交通运输设备制造业	377	13.23	21.26	22.18	6.40	22.11	0.88
电气机械及器材制造业	543	11.99	23.69	23.22	6.84	20.58	1.51
仪器仪表及其他计量器具制造业	107	3.23	3.70	3.84	1.48	3.40	0.20
上海机械工业合计	4002	135.31	500.21	490.61	137.31	512.25	23.38
金属制品业	940	20.73	61.75	60.01	16.33	59.85	2.27
普通机械工业	1623	65.84	206.39	205.87	61.15	210.80	11.35
交通运输设备制造业	341	17.99	112.22	110.02	27.77	126.36	4.02
电气机械及器材制造业	783	22.09	100.13	95.35	24.43	94.52	4.60
仪器仪表及其他计量器具制造业	315	8.66	19.72	19.36	7.63	20.72	1.13
江苏机械工业合计	10671	208.46	572.23	543.23	139.04	505.17	22.27
金属制品业	2828	33.73	82.47	78.80	18.33	69.28	2.93
普通机械工业	4604	107.86	275.87	261.67	69.36	249.14	10.39
交通运输设备制造业	851	21.94	69.67	69.55	16.70	67.51	2.33
电气机械及器材制造业	1936	34.39	121.09	112.03	27.21	99.56	5.63
仪器仪表及其他计量器具制造业	452	10.54	23.13	21.19	7.44	19.68	0.99
浙江机械工业合计	11979	106.53	292.97	277.10	77.00	253.93	12.56
金属制品业	2396	18.25	47.14	46.87	12.07	40.28	2.05
普通机械工业	5351	51.10	126.69	119.54	36.27	111.98	5.61
交通运输设备制造业	1101	10.49	30.27	29.52	7.97	27.95	1.15
电气机械及器材制造业	2501	20.69	74.94	68.97	16.52	62.02	3.09
仪器仪表及其他计量器具制造业	630	6.00	13.92	12.20	4.17	11.70	0.66
安徽机械工业合计	3734	49.55	105.19	99.94	25.97	91.10	4.37
金属制品业	1244	8.05	13.80	13.70	3.26	11.30	0.55
普通机械工业	1558	24.72	47.18	44.82	12.51	40.59	1.85
交通运输设备制造业	364	8.48	14.70	14.26	3.10	14.93	0.53
电气机械及器材制造业	418	6.37	26.09	23.91	6.03	21.56	1.27
仪器仪表及其他计量器具制造业	150	1.93	3.40	3.24	1.06	2.73	0.17
福建机械工业合计	2162	27.70	73.11	70.12	17.20	65.48	3.03
金属制品业	631	4.97	12.15	11.59	2.26	10.16	0.44
普通机械工业	916	13.01	28.69	27.55	7.85	27.34	1.22
交通运输设备制造业	245	3.87	10.94	10.92	2.47	10.30	0.46
电气机械及器材制造业	290	4.81	18.15	17.15	3.94	14.90	0.83
仪器仪表及其他计量器具制造业	80	1.05	3.17	2.92	0.68	2.77	0.09
江西机械工业合计	2730	42.26	73.23	72.32	22.13	66.51	3.21
金属制品业	759	4.51	6.66	6.45	1.84	5.40	0.25
普通机械工业	1197	20.77	30.87	29.07	8.64	27.57	1.25
交通运输设备制造业	391	9.84	20.41	22.86	7.39	21.59	1.00
电气机械及器材制造业	318	5.31	12.79	11.64	3.37	9.93	0.61
仪器仪表及其他计量器具制造业	65	1.83	2.50	2.30	0.88	2.02	0.11

(续)

利润总额（亿元）	上交利税（亿元）	年末固定资产 原值（亿元）	年末固定资产 净值（亿元）	定额流动资金 年末占用数（亿元）	定额流动资金 平均余额（亿元）	销售利税率（%）	资金利税率（%）	全员劳动生产率（元／人·年）
1.60	2.13	89.64	55.91	64.38	64.78	5.50	6.06	19373
0.21	0.16	6.71	4.74	6.66	6.18	7.57	7.18	12590
−0.37	0.43	31.61	20.17	24.53	23.92	3.67	2.71	14104
1.74	1.34	40.47	23.12	23.01	24.62	5.82	9.27	29039
0.03	0.17	7.92	5.79	8.14	8.10	6.57	5.67	21849
0.00	0.03	2.94	2.09	2.05	1.97	5.79	2.82	10638
−2.42	1.28	122.29	70.25	95.89	92.14	3.20	2.30	14855
0.47	0.19	9.33	5.66	8.38	7.81	9.51	9.94	11538
−3.47	0.57	72.94	41.27	55.66	52.47	−1.36	−0.82	14328
0.37	0.26	20.70	12.06	13.67	13.38	5.61	4.88	16314
0.25	0.22	15.74	9.65	14.55	14.94	8.57	7.17	19938
−0.04	0.05	3.57	1.60	3.62	3.54	4.73	3.13	11545
35.25	13.69	222.46	137.67	216.10	199.95	11.45	17.37	37328
3.58	1.91	26.32	17.69	20.73	19.36	9.77	15.78	30137
13.94	5.72	110.42	66.22	98.92	93.36	12.00	15.85	31605
10.96	2.45	43.00	27.99	46.30	42.15	11.86	21.36	63193
4.67	2.71	33.27	20.48	38.01	33.81	9.81	17.07	45888
2.11	0.89	9.46	5.29	12.15	11.27	15.63	19.56	22848
15.55	5.81	236.91	163.15	201.73	194.40	7.49	10.58	27952
1.18	0.54	29.25	20.97	24.56	23.50	5.94	9.26	24958
7.94	3.07	124.24	82.88	106.56	102.79	7.36	9.88	26030
3.23	0.87	34.49	24.36	23.15	21.74	8.23	12.05	32357
1.86	0.96	37.02	27.20	36.72	36.46	7.53	11.77	35867
1.33	0.36	11.91	7.74	10.73	9.91	11.78	13.13	22239
12.77	4.33	110.96	75.33	105.98	101.75	9.97	14.30	28347
1.88	0.60	15.25	10.70	14.89	14.56	9.77	15.57	26615
6.59	2.15	58.18	38.13	49.50	47.29	10.90	14.28	25589
1.52	0.53	11.83	8.20	10.84	10.39	9.55	14.36	29609
1.96	0.78	20.57	14.81	25.54	24.35	8.15	12.90	37433
0.81	0.26	5.13	3.49	5.22	5.16	12.55	16.97	23657
2.79	1.07	53.95	35.51	40.07	37.96	7.87	9.76	21868
0.30	0.13	5.49	3.65	3.65	3.57	7.47	11.69	17588
1.05	0.45	28.50	18.24	20.33	19.14	7.15	7.76	19826
0.07	0.14	9.64	6.17	7.08	6.59	4.04	4.72	17577
1.27	0.31	8.67	6.36	7.38	7.12	11.77	18.83	41950
0.12	0.05	1.64	1.08	1.62	1.53	10.36	10.80	18211
2.24	0.90	33.86	22.14	28.89	26.91	8.04	10.73	26727
0.10	0.07	4.56	3.37	3.61	3.11	5.29	8.29	24627
0.99	0.45	15.96	9.71	13.53	13.09	8.08	9.69	22342
0.53	0.14	4.67	2.89	4.48	3.73	9.55	14.86	28735
0.53	0.23	7.68	5.49	6.23	5.86	9.09	11.93	38492
0.09	0.01	0.99	0.68	1.04	1.11	6.41	9.97	30099
2.91	1.65	48.74	30.34	37.79	36.29	9.21	9.19	17638
0.12	0.06	2.86	1.82	2.60	2.45	6.88	8.70	15082
0.65	0.54	23.55	13.90	17.27	15.98	6.88	6.35	15118
1.81	0.85	13.77	8.86	10.65	10.68	13.02	14.38	21081
0.32	0.16	6.46	4.43	5.33	5.23	9.33	9.59	24522
0.01	0.04	2.10	1.33	1.94	1.94	5.82	3.59	13990

地区及行业	企业数(个)	全部职工年末人数(万人)	工业总产值		工业净产值(亿元)	产品销售收入(亿元)	产品销售税金(亿元)
			1990年不变价(亿元)	现价(亿元)			
山东机械工业合计	5055	119.15	336.02	320.50	78.63	272.09	12.16
金属制品业	1461	20.82	50.51	49.76	12.04	37.13	1.80
普通机械工业	2314	65.06	171.61	160.91	40.29	136.35	5.82
交通运输设备制造业	559	16.70	50.09	49.09	10.72	48.21	1.46
电气机械及器材制造业	601	13.21	56.80	54.07	13.36	44.67	2.79
仪器仪表及其他计量器具制造业	120	3.37	7.02	6.67	2.23	5.72	0.28
河南机械工业合计	3669	86.16	168.02	162.14	42.33	149.64	7.50
金属制品业	974	9.37	14.81	14.30	3.60	12.38	0.76
普通机械工业	1760	53.57	99.32	96.02	25.44	91.10	4.25
交通运输设备制造业	348	9.52	19.11	18.62	4.65	17.04	0.66
电气机械及器材制造业	504	11.37	32.08	30.62	7.72	26.87	1.69
仪器仪表及其他计量器具制造业	83	2.33	2.70	2.59	0.91	2.25	0.14
湖北机械工业合计	4134	100.07	223.82	217.04	60.10	207.44	9.65
金属制品业	1313	13.54	25.89	25.23	6.02	20.11	1.01
普通机械工业	1689	43.79	70.38	66.60	19.73	60.58	2.76
交通运输设备制造业	584	28.20	95.00	95.19	25.49	99.12	4.36
电气机械及器材制造业	462	10.53	27.35	25.11	6.89	22.55	1.33
仪器仪表及其他计量器具制造业	86	4.01	5.20	4.91	1.97	5.08	0.20
湖南机械工业合计	4260	70.80	141.49	136.28	38.51	129.87	6.50
金属制品业	1129	7.45	13.18	12.90	3.17	11.82	0.59
普通机械工业	1757	36.58	59.99	56.37	16.94	54.88	2.86
交通运输设备制造业	642	13.08	34.47	34.97	8.79	33.74	1.23
电气机械及器材制造业	639	11.62	30.37	28.90	8.54	26.57	1.69
仪器仪表及其他计量器具制造业	93	2.07	3.48	3.14	1.07	2.86	0.14
广东机械工业合计	5166	89.59	394.51	398.37	107.41	376.03	19.57
金属制品业	1779	17.96	67.62	68.26	19.22	64.58	2.99
普通机械工业	1704	31.70	102.11	100.42	29.13	98.31	4.79
交通运输设备制造业	538	11.18	49.86	61.57	16.57	59.45	2.77
电气机械及器材制造业	1043	27.05	169.28	162.52	40.63	148.53	8.71
仪器仪表及其他计量器具制造业	102	1.70	5.64	5.60	1.85	5.15	0.30
广西机械工业合计	1744	24.83	65.05	64.41	16.74	64.32	3.55
金属制品业	770	3.47	6.58	6.47	1.83	5.90	0.39
普通机械工业	636	12.45	29.84	29.23	8.09	30.23	1.89
交通运输设备制造业	178	4.66	15.91	16.47	3.07	16.95	0.46
电气机械及器材制造业	139	3.54	11.07	10.33	3.22	9.55	0.73
仪器仪表及其他计量器具制造业	21	0.71	1.64	1.90	0.53	1.69	0.08
海南机械工业合计	165	2.05	2.84	2.89	0.78	2.59	0.06
金属制品业	55	0.47	0.78	0.73	0.11	0.55	0.00
普通机械工业	54	0.91	0.91	0.96	0.33	0.87	0.01
交通运输设备制造业	36	0.44	0.52	0.57	0.16	0.48	0.01
电气机械及器材制造业	18	0.21	0.63	0.63	0.18	0.68	0.03
仪器仪表及其他计量器具制造业	2	0.03	0.00	0.01	0.00	0.01	0.00
四川机械工业合计	7043	134.33	279.95	272.91	77.20	269.70	14.24
金属制品业	2288	16.09	30.71	29.68	7.95	28.49	1.71
普通机械工业	2971	70.79	132.96	129.50	37.88	130.15	6.18
交通运输设备制造业	922	26.27	62.90	65.27	17.09	64.82	3.04
电气机械及器材制造业	624	15.22	42.48	38.47	10.87	36.96	2.75
仪器仪表及其他计量器具制造业	238	5.96	10.91	9.98	3.42	9.27	0.56

(续)

利润总额(亿元)	上交利税(亿元)	年末固定资产		定额流动资金		销售利税率(%)	资金利税率(%)	全员劳动生产率(元/人·年)
		原值(亿元)	净值(亿元)	年末占用数(亿元)	平均余额(亿元)			
10.93	3.61	166.63	111.08	140.84	131.73	8.48	9.51	28867
1.60	0.37	21.18	14.47	18.93	17.77	9.16	10.55	24739
5.53	1.93	92.80	60.34	75.35	70.40	8.32	8.68	27003
1.44	0.56	28.03	19.16	22.74	22.06	6.02	7.04	30644
2.01	0.66	21.03	14.80	20.39	18.42	10.76	14.46	44406
0.35	0.09	3.60	2.31	3.43	3.07	11.02	11.71	21287
5.07	2.71	120.29	76.95	80.04	76.36	8.40	8.19	20070
0.35	0.15	7.37	5.01	5.95	5.62	8.97	10.45	16406
3.15	1.72	82.77	52.02	51.20	48.88	8.12	7.33	19043
0.58	0.20	11.16	7.30	7.61	6.99	7.26	8.65	20689
1.10	0.59	15.47	10.24	13.28	12.93	10.36	12.02	29134
−0.10	0.04	3.52	2.38	1.99	1.95	1.54	0.80	11821
11.52	5.28	156.68	98.57	100.73	95.87	10.21	10.89	22738
0.43	0.30	11.99	7.92	8.83	8.31	7.14	8.85	19473
1.45	0.95	59.31	36.66	42.91	40.07	6.94	5.48	16272
8.45	3.81	66.08	40.94	30.42	29.80	12.93	18.11	34465
0.95	0.16	13.98	9.48	14.14	13.61	10.10	9.87	26410
0.24	0.06	5.32	3.57	4.43	4.09	8.66	5.75	13108
4.41	2.35	96.61	59.44	66.51	62.84	8.40	8.92	20362
0.17	0.12	5.85	3.46	4.89	4.68	6.37	9.24	18014
1.16	0.97	51.88	31.42	34.80	32.99	7.33	6.25	16694
1.66	0.63	21.16	13.65	12.74	11.71	8.55	11.37	26883
1.26	0.56	15.17	9.26	12.25	11.76	11.08	14.02	26675
0.17	0.06	2.55	1.67	1.83	1.70	10.63	9.03	17158
13.33	5.18	176.93	129.87	150.24	138.01	8.75	12.28	44971
1.91	0.64	31.27	22.89	23.22	21.16	7.60	11.14	38748
2.79	1.07	57.09	40.17	43.52	39.63	7.71	9.50	32649
4.48	1.61	25.44	18.41	24.67	22.10	12.20	17.91	45537
3.80	1.77	60.12	46.21	56.04	52.47	8.42	12.67	64158
0.35	0.09	3.01	2.20	2.80	2.65	12.56	13.35	33856
1.88	0.92	39.67	26.87	30.18	28.46	8.44	9.81	26804
0.14	0.07	3.05	1.92	2.21	2.05	9.01	13.39	19522
1.13	0.52	19.62	12.70	14.19	13.51	10.00	11.53	24659
0.48	0.18	9.27	6.55	6.36	5.88	5.56	7.58	34851
0.12	0.14	6.45	4.92	6.15	5.95	8.82	7.75	31435
0.01	0.01	1.27	0.78	1.26	1.07	5.28	4.85	23231
−0.03	0.01	3.19	2.23	1.49	1.56	0.99	0.68	14244
−0.01	0.00	0.80	0.66	0.33	0.30	−1.39	−0.80	17320
0.00	0.00	1.26	0.79	0.61	0.62	1.15	0.71	10189
−0.02	0.01	0.78	0.50	0.27	0.29	−2.02	−1.22	11973
0.01	0.00	0.34	0.27	0.28	0.36	5.18	5.63	32726
0.00	0.00	0.01	0.01	0.00	0.00	−22.82	−18.99	1842
10.88	7.43	201.03	123.27	146.08	143.68	9.31	9.41	21204
0.77	0.32	14.09	8.59	11.18	10.93	8.69	12.69	19565
4.45	3.56	112.49	68.21	77.74	75.36	8.16	7.40	19066
4.71	2.74	42.11	26.40	29.56	29.73	11.95	13.80	24467
0.67	0.67	22.04	13.79	21.00	21.08	9.26	9.81	28235
0.29	0.14	10.31	6.27	6.60	6.59	9.11	6.57	18668

地区及行业	企业数（个）	全部职工年末人数（万人）	工业总产值		工业净产值（亿元）	产品销售收入（亿元）	产品销售税金（亿元）
			1990年不变价（亿元）	现价（亿元）			
贵州机械工业合计	798	24.87	45.06	42.82	12.60	39.99	1.61
金属制品业	253	2.59	4.72	4.66	1.10	4.26	0.23
普通机械工业	289	10.26	19.23	17.56	5.34	16.13	0.68
交通运输设备制造业	162	8.43	13.80	13.68	4.10	12.79	0.36
电气机械及器材制造业	73	2.37	6.24	5.90	1.74	5.79	0.28
仪器仪表及其他计量器具制造业	21	1.21	1.07	1.01	0.31	1.03	0.06
云南机械工业合计	1008	21.84	44.07	42.60	12.11	42.14	2.10
金属制品业	448	3.08	5.55	5.34	1.25	5.27	0.24
普通机械工业	330	12.25	22.08	21.38	6.65	21.14	1.01
交通运输设备制造业	133	2.62	6.87	7.20	1.73	7.40	0.24
电气机械及器材制造业	80	2.80	7.54	6.87	1.75	6.69	0.54
仪器仪表及其他计量器具制造业	17	1.10	2.03	1.81	0.73	1.64	0.07
西藏机械工业合计	31	0.26	0.27	0.25	0.11	0.31	0.01
金属制品业	9	0.02	0.02	0.02	0.01	0.01	0.00
普通机械工业	12	0.02	0.02	0.02	0.01	0.02	0.00
交通运输设备制造业	9	0.21	0.22	0.19	0.08	0.26	0.01
电气机械及器材制造业	1	0.01	0.02	0.02	0.01	0.02	0.00
陕西机械工业合计	2792	67.65	110.80	109.00	32.81	102.67	4.44
金属制品业	797	5.81	9.20	9.05	2.54	7.92	0.42
普通机械工业	1224	32.16	47.31	46.56	13.83	44.51	1.88
交通运输设备制造业	290	17.93	29.51	29.57	8.48	28.21	0.91
电气机械及器材制造业	393	7.73	16.64	15.92	4.74	14.64	0.86
仪器仪表及其他计量器具制造业	88	4.02	8.14	7.89	3.22	7.39	0.37
甘肃机械工业合计	1258	24.88	39.86	39.22	11.56	36.48	1.90
金属制品业	586	3.64	5.30	5.18	1.47	4.43	0.23
普通机械工业	400	12.50	19.33	18.97	5.35	17.45	0.83
交通运输设备制造业	125	4.08	5.41	5.51	1.67	5.63	0.21
电气机械及器材制造业	129	3.58	8.78	8.55	2.67	8.04	0.59
仪器仪表及其他计量器具制造业	18	1.08	1.04	1.02	0.40	0.92	0.05
青海机械工业合计	286	7.42	9.79	9.51	2.51	8.86	0.49
金属制品业	81	0.98	1.55	1.45	0.42	1.36	0.11
普通机械工业	119	3.74	5.70	5.61	1.45	5.21	0.28
交通运输设备制造业	60	2.12	1.51	1.54	0.33	1.54	0.05
电气机械及器材制造业	22	0.41	0.69	0.66	0.25	0.55	0.04
仪器仪表及其他计量器具制造业	4	0.17	0.34	0.25	0.06	0.20	0.01
宁夏机械工业合计	348	6.18	12.25	12.06	3.79	11.19	0.54
金属制品业	134	0.70	1.17	1.18	0.37	1.06	0.06
普通机械工业	134	4.16	8.95	8.79	2.72	8.15	0.38
交通运输设备制造业	39	0.33	0.57	0.54	0.15	0.54	0.02
电气机械及器材制造业	27	0.32	0.69	0.66	0.23	0.59	0.04
仪器仪表及其他计量器具制造业	14	0.68	0.86	0.89	0.32	0.86	0.06
新疆机械工业合计	604	10.02	19.94	20.32	5.33	21.59	1.01
金属制品业	212	1.50	2.34	2.33	0.65	2.17	0.12
普通机械工业	228	5.00	9.49	9.63	2.45	9.84	0.43
交通运输设备制造业	115	2.51	5.81	6.07	1.44	7.31	0.28
电气机械及器材制造业	45	0.98	2.27	2.26	0.76	2.20	0.18
仪器仪表及其他计量器具制造业	4	0.02	0.03	0.03	0.01	0.06	0.00

(续)

利润总额（亿元）	上交利税（亿元）	年末固定资产		定额流动资金		销售利税率（%）	资金利税率（%）	全员劳动生产率（元／人·年）
		原值（亿元）	净值（亿元）	年末占用数（亿元）	平均余额（亿元）			
1.43	0.84	44.32	27.37	28.39	27.76	7.60	5.52	18487
0.10	0.05	2.98	1.93	1.54	1.44	7.86	9.93	18757
0.59	0.33	18.61	11.22	11.90	11.66	7.86	5.54	19013
0.60	0.22	16.80	10.63	9.67	9.69	7.49	4.71	16802
0.26	0.25	4.21	2.64	4.00	3.70	9.45	8.62	26798
−0.12	0.00	1.73	0.94	1.28	1.28	−6.34	−2.92	8920
1.67	0.80	33.81	21.58	23.42	22.06	8.95	8.64	20501
0.09	0.08	2.96	1.83	2.37	2.41	6.27	7.80	18354
0.90	0.40	21.32	13.71	14.13	13.11	9.04	7.13	18321
0.28	0.12	3.70	2.35	2.55	2.45	7.03	10.82	26563
0.32	0.19	3.74	2.48	3.16	2.95	12.76	15.73	27352
0.09	0.02	2.09	1.21	1.22	1.13	9.53	6.68	18836
0.01	0.01	0.73	0.45	0.20	0.21	5.81	2.74	10465
0.00	0.00	0.01	0.01	0.01	0.01	10.51	6.06	9151
0.00	0.00	0.09	0.07	0.03	0.03	12.04	3.06	11127
0.01	0.01	0.58	0.35	0.14	0.15	5.15	2.67	10187
0.00	0.00	0.04	0.03	0.02	0.02	3.44	1.35	17429
0.89	1.95	120.57	76.54	80.69	77.58	5.18	3.45	16716
0.29	0.15	6.75	4.36	4.91	4.61	8.91	7.86	16212
−0.16	0.59	53.99	33.46	36.11	34.57	3.86	2.53	14995
0.35	0.60	37.93	24.16	22.16	21.58	4.47	2.76	16816
0.03	0.21	11.98	7.56	10.54	10.68	6.04	4.85	21926
0.38	0.40	9.93	7.00	6.96	6.14	10.19	5.73	20763
1.09	0.95	37.31	22.61	27.60	26.97	8.19	6.02	16351
0.15	0.06	2.99	2.03	2.41	2.32	8.62	8.77	14905
0.39	0.38	21.23	12.65	15.82	15.43	7.02	4.36	15780
0.02	0.03	6.29	3.75	3.33	3.23	4.05	3.27	13431
0.56	0.48	5.34	3.35	4.78	4.56	14.23	14.46	25217
−0.04	0.01	1.46	0.83	1.27	1.43	0.79	0.32	9795
−0.26	0.06	10.97	6.83	8.03	7.73	2.61	1.58	13208
0.03	0.02	1.19	0.72	0.83	0.82	10.41	9.17	16150
−0.12	0.03	7.62	4.77	4.98	4.80	2.89	1.58	15440
−0.19	0.01	1.47	0.89	1.39	1.35	−9.13	−6.25	6928
0.02	0.00	0.45	0.28	0.62	0.59	10.48	6.64	16824
0.01	0.00	0.24	0.18	0.19	0.17	10.47	6.13	20207
0.43	0.24	11.68	7.36	8.02	7.91	8.67	6.36	20233
0.06	0.02	0.75	0.45	0.60	0.56	10.67	11.15	17193
0.25	0.15	8.88	5.60	5.82	5.76	7.65	5.49	21955
0.03	0.01	0.27	0.15	0.25	0.23	9.02	12.89	18284
0.05	0.01	0.48	0.36	0.50	0.51	14.47	9.82	22094
0.04	0.04	1.29	0.79	0.84	0.85	11.68	6.08	12861
0.55	0.36	15.42	9.67	11.20	11.08	7.22	7.51	20343
0.06	0.02	1.32	0.81	1.12	1.08	8.43	9.64	15785
0.18	0.12	8.84	5.54	5.75	5.74	6.12	5.34	19489
0.16	0.11	3.69	2.29	2.94	2.83	5.97	8.53	23493
0.15	0.10	1.54	1.02	1.37	1.39	14.98	13.69	23826
0.00	0.00	0.02	0.01	0.03	0.03	9.40	15.41	11963

北京机械工业

北京市机械工业管理局

北京市的机械工业主要由北京市机械工业管理局、北京市汽车工业联合公司、北京市仪器仪表总公司、北京市农业机械总公司所属企、事业单位组成。1991 年，这四个局、总公司共有生产企业 210 个，职工 21.8 万人，固定资产原值 48.6 亿元，净值 29.1 亿元；完成工业总产值 94.6 亿元，比上年增长 20%；产品销售收入 100.8 亿元，比上年增长 40%；上交利税 2.04 亿元，比上年增长 13%。

就总体而言，1991 年，北京机械工业系统生产开始回升，但结构性的矛盾仍很突出，汽车、农机工业回升较快，仪器仪表和机械系统回升较慢；从企业看，一部分企业的产品市场需求转旺，另有一些企业仍未摆脱困境，其中一些企业亏损仍很严

表 1　1991 年北京市机械工业系统概况

行　　业	企业数（个）	全部职工年末人数（人）	工业总产值		工业净产值（万元）	产品销售收入		产品销售税金（万元）
			1990 年不变价（万元）	比上年增长%		当年价（万元）	比上年增长%	
合计	210	218497	945783	20.0	226915	1008432	40.0	41185
农业机械	43	20885	51752	17.2	9848	44501	28.7	1369
工程机械	4	7974	23149		6671	25747		1157
机床工具	18	24901	41662		16016	43042		1954
通用基础件	21	9847	13317		4363	1265		604
轴承	4	4185	5803	25.0	1922	4719	26.0	90
石化通用机械	15	19946	42662		16178	47524		2352
重型矿山机械	3	8879	18900		1047	15725		30
汽车	31	60813	588895	77.0	122569	655070	46.0	25963
电工电器	27	34858	107389		27582	103645		4935
仪器仪表	34	23722	48280	9.2	19335	51805	19.7	2582
其他	10	2487	3974		1384	4020		149

行　　业	利润总额（万元）	上交利税（万元）	年末固定资产		定额流动资金		资金利税率（%）	全员劳动生产率（元／人·年）
			原　值（万元）	净　值（万元）	年末占用数（万元）	年平均余额（万元）		
合计	63064	20354	486345	290849	425533	406297	15.0	42230
农业机械	1582	618	27147	16436	29387	27536	7.0	25188
工程机械	697	287	14773	6484	18553	19052	7.3	29031
机床工具	2551	1931	43265	19272	32246	32527	8.7	16731
通用基础件	−166	134	18556	10884	9653	9669	−2.0	13524
轴承	280		6688	3399	6150	5516	4.2	13866
石化通用机械	5263	2985	62640	48217	37850	36909	9.0	21389
重型矿山机械	−2852	138	27939	11310	17015	14365	1.1	21286
汽车	49349	11679	162130	103033	150927	136423	32.0	96837
电工电器	2090	1090	71357	40647	72790	73755	6.0	30808
仪器仪表	4082	1366	47006	27695	47534	47275	9.2	20187
其他	188	126	4844	3472	3428	3270	5.0	16083

重。在这种情况下，各局、总公司坚持以提高经济效益为中心，深入开展“质量、品种、效益年”活动，以扭亏增盈为重点，调整产品结构，“促销、限产、压库”工作取得了一定效果和成绩。1991年，北京市机械工业系统概况详见表1、表2、表3和表4。

一、生产发展情况

1991年，北京市机械局系统工业生产仍处于十分艰难的境况，生产虽出现缓慢回升，但经济效益继续滑坡。全局以扭亏增盈为重点，狠抓产品结构调整，努力增产适销对路产品，“限产压库”，全年完成工业总产值26.3亿元，比上年增长2.9%，其中，技术进步产品产值完成10亿元，占总产值的37.5%；出口产品产值完成2.2亿元，占总产值的8.3%；销售收入完成26.7亿元，比上年增长27%；实现利润0.84亿元，比上年下降18%，是治理整顿以来连续第三年滑波。另外，企业亏损情况比较严重，全局53个全民预算内企业，亏损企业有17个，亏损额0.66亿元，比上年增长72%；上交利税全局完成1.9亿元，比上年增长0.4%，其中，全民预算内企业上缴1.6亿元，增长3.7%；全民企业出口产品供货额完成1.96亿元，比上年增长8.6%，创汇0.36亿美元，与上年持平。

北京市汽车工业联合公司，1991年，市场供求关系好转，但竞争激烈。全公司增强市场观念，积极调整产品结构，各项主要经济指标创历史最好水平，产、销均突破10万辆大关，使北京成为全国最大的轻型汽车、发动机和汽车变速器生产基地。该公司全年完成工业总产值58亿元，汽车产

表2　1991年北京市主要机械工业分属情况

指标名称		单位	合计	机械	仪器仪表	汽车	农机
企业个数		个	210	103	34	30	43
全部职工年末数		人	218497	115022	23722	58868	20885
固定资产	原值	万元	486345	254437	47006	157755	27147
	净值	万元	290849	145786	27695	100932	16436
工业总产值	1990年不变价	万元	945783	263212	48280	582539	51752
	比上年增长	%	20.0	2.9	9.2	30.5	17.0
工业净产值		万元	226915	76657	19335	121075	9848
销售收入	绝对值	万元	1008432	266720	51805	645406	44501
	比上年增长	%	40.0	27.0	19.7	45.4	28.7
利润总额		万元	63064	8372	4082	49028	1582
上交利税		万元	20354	6870	1366	11500	618
产品销售税金		万元	41185	11749	2582	25485	1369
全员劳动生产率		元／人·年	42230	22884	20187	100084	25188

表3　1991年北京市机械工业系统产品产量

产品名称	单位	产量	比上年增长%	产品名称	单位	产量	比上年增长%
小型拖拉机	台	10648	34	起重设备	吨	8948	20
内燃机	万千瓦	1104	12	印刷机械	吨	6562	9
联合收割机	台	620	54	汽车	辆	106721	25
饲料粉碎机	台	14019	−12	矿用汽车	辆	194	18
汽油机	台	26635	38	摩托车	辆	16501	18
机动喷雾器	台	77752	112	电站锅炉	蒸吨	4380	
手动喷雾器	台	13614	−53	发电设备	万千瓦	92.2	−6
金属切削机床	台	4232	10	交流电机	万千瓦	150	4
机床电器	万件	224.5		变压器	万千伏安	127	2
量具刃具	万件	1288		高压开关	组	8858	23
工业泵	万台	1.28	14	低压电器及主要元件	万件	138	20
农业泵	万台	3.52	5	工业自动化仪表	万台(件)	39	−18
风机	万台	1.2	19	电工仪器仪表	万只	50	2
气体压缩机	台	390		光学仪器	台	15110	
制冷设备	套／吨	1444／2143		分析仪器	台	4446	
标准紧固件	万件	81283	−10	实验仪器装置	台	4112	
轴承	万套	300.3	12	照相机及器材	架／台	53698／9124	

表 4　1991 年北京市机械工业系统重点企业产品出口情况

企业名称	产品名称	单位	数量	交货值（万元）	创汇额（万美元）	比上年增长%
北京汽车工业联合公司	轻汽、摩托车、内燃机	辆(台)	1330	5259	506	
北京第二光学仪器厂	光学仪器	台	380	421	76.5	332
北京仪表机床厂	万能工具铣床	台	326	1206	320	−14
北京第一机床厂	铣床	台	337	2177	397	−0.7
北京第二机床厂	磨床	台	64	624	113	79
北京高衡公司	锉刀	万支	200	364	72.5	13
北京量具刃具厂	量具、刃具	万件	145	974	175.6	9.7
北京人民机器总厂	胶印机	台	38	3796	685	−4
北京高压气瓶厂	氧气瓶	支	13240	335.2	61	71
北京叉车总厂	叉车	台	152	867	158	−15
北京起重机器厂	汽车吊	台	6	801	110	280
北京建筑机械厂	钢结构	吨	1924	1208	252	47
北京重型电机厂	发电机组			1966	345.7	48
北京电机总厂	电动机	台／万千瓦	20724／26.6	2167	399	0
北京绝缘材料厂	绝缘板	吨	723	1258	254	66
北京重型机器厂	铸件	吨		921	155	50
北京巴威公司	锅炉			894	153	−48

量 10.67 万辆，分别比上年增长 30.5%和 24.8%；销售收入完成 64.5 亿元，售出汽车 10.78 万辆，分别比上年增长 45.4%和 26%；全公司产、销量均为全国汽车行业的第二位。全年实现利润 4.9 亿元，比上年增长 59.5%；上交利税 1.15 亿元；出口创汇 2100 万元，与上年持平。

北京市仪器仪表工业总公司，眼睛向内，克服困难，制止滑坡，取得了生产与效益同步增长的好成绩。该公司全年完成工业总产值 4.8 亿元，比上年增长 9.2%；全公司 11 大类主导产品，有 10 大类产量比上年有所增长。其中微电机、低压电器主要元器件、自动化仪表、成份分析仪器、光学仪器等增幅均在 10%以上；销售收入全年完成 5.2 亿元，比上年增长 19.7%，创历史最好水平；实现利润 4082 万元，比上年增长 19%，其中全民预算内企业增长 10.7%。1991 年，全公司实现了经济效益与产、销同步增长。上交利税完成 1366 万元，比上年下降 28%；完成出口供货额 3521 万元，创汇 750 万美元。

北京市农业机械总公司，1991 年，突出抓重点，扎扎实实开展"质量、品种、效益年"活动，全年完成工业总产值 5.2 亿元，比上年增长 17%；实现销售收入 4.5 亿元，比上年增长 29%；实现利润 1582 万元，比上年下降 6%；上交利税 618 万元，比上年同期下降 45%。1991 年新建"三资"企业 2 个，实现了零的突破。

二、科研与新产品开发

1991 年，北京市的机械工业把调整产品结构作为适应市场变化，提高经济效益的重点任务来抓。在一手抓适销对路产品增产的同时，一手抓好科研与新产品开发为发展后劲积蓄力量。

北京市机械局系统，1991 年完成科研、中试项目 30 个，其中有 12 项达到国内领先或国际先进水平。新产品开发完成 231 项。其中 45 项达到国际先进水平，155 项达到国内先进水平，5 项为出口新产品。全局有 80 项新产品投产，获新产品产值 4.2 亿元，占全局总产值的 15.7%，比上年提高 2.1 个百分点；新产品实现利税 4330 万元，占全局利税总额的 21.2%。北京第一机床厂完成的 FMC−630 柔性制造单元及与德国合作生产的大型数控桥式龙门铣床、北京开关厂完成的铁道部门使用的高压断路器、北京电机总厂在消化吸收引进技术基础上自行开发的 D 系列变频器、北京液压技术研究所研制的电液比例控制器以及北京电焊机厂与清华大学合作研制的场效应管逆变手工弧焊机等均达到国际同类产品先进水平，获得可观的经济效益。

北京市汽车工业联合公司完成新产品开发 32 项，其中比较重大的项目有：BJ1041、BJ482 汽油机、BJ5030 厢式车和 BJ6460 柴油车等。引进的切诺基吉普车国产化率已达到 55%，为取代北京 130 型汽车而引进的五十铃 N 系列载重车国产化工作也取得较大进展。汽车灯具厂开发研制的五十铃轻型载重车系列灯具，为五十铃 N 系列载重车国产化提供了配套能力。

北京市仪器仪表总公司，1991 年完成新产品试制 80 项，投产 183 项，获新产品产值 1.1 亿元，占总产值的 22.6%。北京第二光学仪器厂研制的 900D4 型紫外线分光光度计，在世界银行贷款招标中，中标 26 台，北京微电机厂与科研单位联合开发的稀土宽调速机组，有良好的市场前景。北京测振仪器厂接转北京自动化所的成果完成的 CP100 便携式振动信号数据采集处理器，为旋转机械运行状态监测、故障诊断及设备的维修提供了必要的技术和手段。

北京市农机公司，1991年，完成科研、新产品开发项目36个，获新产品产值2040万元。被列为国家重点新产品开发项目的自走式玉米联合收割机，样机已通过700亩玉米地的田间收割试验，性能可靠，主要技术指标基本达到设计要求。

三、产品质量

1991年，北京市机械工业系统在深入开展“质量、品种、效益年”活动中，广大干部、群众以质量求生存，向质量要效益的意识进一步增强，全面质量管理在巩固中得到新的发展，实物质量在稳定中提高。北京市机械局系统由部考核的105种、市考核的50种、局考核的165种产品质量，稳定提高率均为100%。全局优质产品产值率为28.5%，比上年提高5个百分点。RH6挖掘机获国家金质奖。Y180～280电机、1吨叉车、QY16汽车起重机获国家银质奖，另有16种产品获部优，23种产品获市优。北京电机总厂发动群众进行质量大普查，共提出2000多条质量问题和建议，该厂为此成立了13个专业组，深入现场解决问题，收到良好效果。全局有11个企业已开始实行“质量成本计划”，贯彻具有等效国际标准的质量管理和质量系列标准的工作也取得新进展。

北京市汽车工业联合公司，1991年，市考核的30种产品，质量稳定提高率达96.7%，公司考核的54种产品，质量稳定提高率为94.4%。该公司创市优产品11种，部优8种。另外，该公司所属企业通过国家质量管理八条验收标准达标验收。吉普公司引进美国克莱斯勒公司质量管理办法，推行外协作质量保证能力评分管理、整车质量平均失分值管理，建立质量统计控制，通过了美国克莱斯勒公司组织的出口产品质量保证能力考核，为产品出口创造了条件。该公司还对334个协作厂进行了质量保证能力认证，对其中120个协作厂提出限期整改要求，取消了24个定点协作关系。

北京市仪器仪表总公司，1991年国家考核的30种重点产品质量稳定提高率为100%。获部优产品6种，市优16种。北京仪表机床厂和静电设备厂达到北京市工业企业推行全面质量管理验收标准。该公司全面质量管理重点做到了五抓，即：抓基础管理、实物管理、外协件质量、人员素质和质量责任制。严格质量考核，行使质量否决权，使责任制进一步落实到实处。北京分析仪器厂4月份生产的QGS-08红外线分析仪一次交验合格率仅为35%，为此厂领导坚决支持检验部门的工作，坚决行使否决权后，5月份开始每个月产品交验合格率都在90%以上。

北京市农机总公司，市考核的10种产品质量稳定提高率均为100%，创部优产品3种，市优2种。主要产品，小汽油机、手扶拖拉机、联合收割机、畜牧机械、农用挂车等产品质量都有不同程度的提高。金狮61型小型拖拉机被评为“优秀小拖”，该公司1991年废品损失率比上年同期降低32%。

四、促销压库，扭亏增盈

1991年，北京市工业系统围绕提高经济效益，把促销压库、扭亏增盈作为工业生产的重点任务。

北京市机械局面对年初全局企业亏损和亏损额成倍增加，产成品库存、发出商品和应收货款三项资金占用居高不下的严峻局面，一手抓促销，一手抓压库；一手抓扭亏，一手抓增盈，先后下达了三项资金控制指标及奖励办法，又下达了124种适销产品的增产计划和61种滞销产品的限产计划，对亏损企业和盈利企业分别实行了控亏、扭亏及增盈责任制，把扭亏增盈作为全局工作的重点，收到了较好效果。到年底，全局全民预算内亏损企业比上半年减少了一半，企业亏损额控制在计划目标之内，产品资金比上半年下降5.8%，三项资金占用达到了市下达的控制目标。

北京市仪器仪表总公司，不断增强市场观念，强化产销衔接和营销工作，努力开拓国际和国内两个市场。公司对所属企业下达了成品资金占用、发出商品资金控制目标，对4种产品实行了停产，14种产品限产，使成品资金从10月份开始下降，全民企业成品资金占用年末控制在1.1亿元的计划目标以内。产品出口取得明显增长，北京仪表机床厂以坚持出口导向的经营方针，努力开发出口新产品。1991年，出口创汇保持在300万美元以上，占总公司出口创汇额的44%。北京科学仪器厂、北京整流器厂、北京仪表四厂和北京测振仪器厂，产品出口均实现了零的突破。

北京市农机总公司，1991年一季度，曾有4个企业亏损，亏损额达200多万元，公司抓住扭亏增盈工作不放，运用行政的、政治的、经济的手段促进扭亏增盈。为此，公司做出了亏损企业停发奖金和总公司机关停发季度奖的决定，制定了年终承包兑现与扭亏挂钩政策。公司领导和机关干部分头下厂帮促。同时，狠抓“限产压库”，按“增畅、限平、停滞”原则组织生产，在产值以17%增长的情况下，产成品资金占用比上年下降。到年底，亏损企业减至1个，亏损额降为65万元。

北京市汽车工业联合公司，面对品种畅滞并存的市场特征，突出了产品结构调整，使全年生产的10.67万辆汽车中，有60%是新产品和经过改进的产品。同时，该公司发挥整体优势，进一步加强主机厂与总成厂、零部件生产车间的协作，坚持开展联销活动，全年组织了五次较大规模的汽车、配件联合销售，保证了年产、销10万辆车目标的实现。

五、企业改革

1991年，北京市机械工业系统的企业进一步改进和完善企业内部改革，并把这项工作与市委、市政府提出的“学首钢活动”结合起来。北京市机械局系统进一步调整和强化企业内部的承包，不少企业把分配政策向销售一线、生产一线等扭盈增盈的重点工作倾斜。北京汽车工业联合公司，进一步完善企业内部经济责任制。该公司所属北京市汽车摩托车公司，“学首钢”，狠抓产品质量，强化管理基础工作，对 BJ1022 汽车“整质投产项目”实行专项承包，解决了 19 项较大质量问题。北京市仪器仪表总公司的企业，联系实际，眼睛向内，学习首钢经验，强化内部管理。北京市农机总公司的企业对照首钢和同行业企业的先进经验找差距，完善承包责任制，把各项指标和工作任务层层分解落实，做到量化和细化。

根据中央工作会议精神，北京市政府研究制订了十五条搞好国营大中型企业的政策措施。按照市政府提出的转换企业经营机制的八种模式，即投入产出总承包、比照中外合资、完善两保一挂、高新技术、利税分流、减亏承包、中外合资、股份制，从 1992 年开始“上船”企业分别实行不同型式的承包方式。

〔撰稿人：北京市机械工业管理局　江艺钢　审稿人：北京市机械工业管理局　端木玉林〕

天津机械工业

天津市机械工业管理局

一、生产发展概况

天津市机械系统共包括天津市机械工业管理局、农机公司、汽车公司、仪器仪表局四个子系统。1991 年天津市机械系统概况见表 1。本文着重介绍天津市机械工业管理局系统，其概况见表 2，其主要产品产量见表 3。另外需要补充的是 1991 年天津的汽车产量达到 44694 辆，比 1990 年的 26963 辆增长 65.8%。

1991 年天津市机械工业管理局系统生产的主要特点：

1. 坚持正确的工作思路，转变思想观念

1991 年初，全系统各级领导干部从转变观念做起，带领广大职工适应有计划商品经济发展的新形势，树立改革开放的新观念，进一步增强市场观念、质量观念、效益观念、效率观念和科技是第一生产力的观念，眼睛向内、挖掘内部潜力，迎难而上，奋力进取，确保了生产持续、稳定的增长，抑制了经济效益的滑坡幅度。

2. 坚持按需生产，做到有效增长

面对市场的急剧变化，全局适时地对生产进行动态调整。按照国内、国际两个市场的需求动向，增产畅销产品，限制平销产品。1991 年，32 种短线产品产值比上年平均增长 20%以上，其中摩托车发动机、摩托车等一批有特色的拳头产品的增长幅度达 60%以上。

3. 坚持以销带产，以销促效益的原则

全局始终把经营销售工作放在突出的地位，从机制上强化了经营销售工作，在全系统推行了全额浮动经营销售承包，并提出了“工贸一体化”的新思路，且在体制方面做了工贸一体经营的必要组织准备，使全局经营销售工作出现了新的局面，成品库存和发出商品都保持了上一年水平，商品销售率达到 99%，基本上做到了产销平衡。

4. 扩大对外合作，发展“三资”企业生产

到 1991 年底，全系统已有三资企业 20 家，其中当年新办的三资企业 7 家，三资企业全年完成工业总产值比上年增长 43%；实现销售收入累计达 3.9 亿元，比上年增长 57%；在填补上年亏损 1479 万元的基础上，实现利润 2711 万元，上缴税金 2389 万元，比上年增长 21%；三资企业出口创汇 511 万美元，比上年增长近一倍。天津奥的斯电梯有限公司和安全电机有限公司被确认为先进技术型企业，格兰德公司被确认为出口型企业。

5. 结构调整发挥了效力，促进了扭亏增盈

进入 1991 年，天津市机械工业管理局立即转入以发展外向型为主导，以提高产品质量和经济效益为中心的第二步产品结构调整。经过一年的努力实施，结构调整发挥了效力。一是在投产的新产品中，低压全封闭制冷压缩机、160B 平地机、K100 压铸轮毂摩托车、数控搓丝板强力磨床、全电脑交流调速电梯、Y27-800 单动薄板拉伸液压机、ZL45 装载机等一大批新产品，做到了当年研制、当年投产、当年收到效益，为全局经济发展起了重要作用。二是根据市场需求，重点安排的亏损企业产品结构调整计划如期兑现，全局 13 个亏损企业依靠开发投产适销对路的新产品，全年累计减亏增盈 300 万元，其中，天津工程机械厂不仅扭亏增盈，还全面完成了上级下达的承包指标。产品结构调整有效地缓解了结构性矛盾对经济效益的制约。三是技术改造项目验收以及投产达产效益均达历史最好水平。到 1991 年末，投产改造项目新创产值 1.7 亿元，新增利税 2000 万元，分别比年计划超额完成 70%和 67%。四是出口产品结构的调整使出口产品的市场在继续巩固欧洲、北美主市场基础上，扩大到东欧、南美、东南亚、南朝鲜、日本、澳大利亚等国家和地区，扩大了产品出口。

二、新产品研制与投产

天津市机械工业管理局系统在 1991 年继续坚

表1　1991年天津市机械工业系统概况

行　　业	企业数(个)	全部职工年末人数(人)	工业总产值 1990年不变价(万元)	工业总产值 比上年增长%	工　业净产值(万元)	产品销售收入 当年价(万元)	产品销售收入 比上年增长%	产品销售税金(万元)
合计	379	213993	676046	23.23	180515	645098	33.68	26477
农业机械	39	23048	54875	19.2	10857	54400	36.43	818
工程机械	1	844	1957	−17.77	824	3952	31.73	139
机床工具	34	22876	33107	9.26	12687	31943	24.66	1601
通用基础件	45	17183	21065	12.96	8952	21126	27.86	976
轴承	5	2420	2737	−2.53	988	1753	−18.47	92
石化通用机械	24	16826	45481	22.25	20065	43055	40.39	3618
重型矿山机械	5	11298	20718	−22.64	5308	20356	−15.37	581
汽车	43	36348	282202	71.96	60180	270285	75.71	6924
电工电器	72	47176	154560	−3.29	39701	142085	2.10	9740
仪器仪表	74	25763	44505	−6.28	17774	42766	17.81	2533
其他	37	10211	14839	13.94	3180	13378	17.28	456

行　　业	利　润总　额(万元)	上　交利　税(万元)	年末固定资产 原　值(万元)	年末固定资产 净　值(万元)	定额流动资金 年　末占用数(万元)	定额流动资金 年平均余　额(万元)	资　金利税率(%)	全员劳动生产率(元／人·年)
合计	42326	34117	349799	217023	322983	286887	14.27	33241
农业机械	488	−43	36099	19508	29766	26143	2.92	24311
工程机械	271	43	1116	666	3230	2690	12.45	23437
机床工具	1998	734	38922	24104	27694	23875	8.81	15215
通用基础件	842	173	20351	10004	12808	12530	8.4	12739
轴承	89	32	3303	1587	2211	2243	4.84	11707
石化通用机械	5105	2330	35136	25548	32534	27359	15.40	29969
重型矿山机械	546	538	29763	16444	18426	17795	0.14	19383
汽车	26494	25719	65589	44867	75643	62408	31.2	81902
电工电器	5996	3423	75493	46582	73292	69928	14.18	35210
仪器仪表	2483	1726	27929	17050	39917	35556	9.76	17584
其他	−895	−558	16099	10664	7461	6359	−3.02	15123

表2　1991年天津市机械工业管理局系统概况

行　　业	企业数(个)	全部职工年末人数(人)	工业总产值 1990年不变价(万元)	工业总产值 比上年增长%	工　业净产值(万元)	产品销售收入 当年价(万元)	产品销售收入 比上年增长%	产品销售税金(万元)
合计	197	127618	292731	1.3	91778	277297	10.4	16006
农业机械	1	4853	4691	−17	1481	5023	20	−16
工程机械	1	844	1957	12	824	3951	21	139
机床工具	33	22826	33092	9.2	12673	31931	24.6	1601
通用基础件	43	16736	20536	12.6	8472	20628	27.9	972
轴承	3	1885	2159	−5.2	740	1319	27	51
石化通用机械	22	14861	38988	5.8	18063	35890	18.7	2173
重型矿山机械	6	13006	26690	−0.4	7112	26944	12.1	988
汽车	1	1360	6003	66	954	5016	110	110
电工电器	63	44548	150174	−3.6	38844	138561	1.95	9657
其他	24	6699	8441	−5	2344	8030	2.4	330

(续)

行业	利润总额（万元）	上交利税（万元）	年末固定资产		定额流动资金		资金利税率（%）	全员劳动生产率（元／人·年）
			原值（万元）	净值（万元）	年末占用数（万元）	年平均余额（万元）		
合计	13271	7862	214579	129337	179838	165470	9.9	24436
农业机械	−259	–	7118	2712	5937	5766	−3.2	9857
工程机械	271	43	1116	665	3229	2689	12.2	23437
机床工具	1996	733	38922	24104	27694	23874	7.5	15242
通用基础件	840	173	19971	9824	12652	12375	8.2	12739
轴承	74	26	2273	931	1944	1965	4.3	11961
石化通用机械	4075	1927	30520	22303	29570	24804	13.2	29197
重型矿山机械	475	938	34041	19527	20003	21003	3.6	21787
汽车	16	–	–	–	2648	2730	–	46035
电工电器	5978	3952	69515	41779	70163	67040	14.3	36332
其他	−193	71	11102	7491	4994	4221	1.2	13345

表 3　1991 年天津市机械工业管理局系统主要产品产量

产品名称	单位	产量	比上年增长%	产品名称	单位	产量	比上年增长%
内燃机	台／万千瓦	906／8.43	−34.9／−37.6	叉车	台／吨	521／2008	−19.0／−26.0
金属切削机床	台	855	−5.7	装载机	台	40	33.3
锻压设备	台／吨	1172／9790	29.8／19.4	平地机	台／吨	121／1752	10.0／8.3
工业泵	台	10763	−2.5	电冰箱	台	7479	−69.4
潜油电泵机组	台	695	−30.7	冰箱压缩机	台	343651	11.0
潜油泵电缆	公里	821	−24.3	摩托车	辆	12243	57.0
风机	台	3638	12.7	摩托车发动机	台	13964	131.1
制冷设备	套／吨	972／1345	25.3／23.4	工业锅炉	台／蒸吨	145／980	11.5／21.0
高中压阀门	吨	723	0.5	交流电动机	万千瓦	63.57	−2.5
减速机	台／吨	36316／3334	14.0／12.4	变压器	万千伏安	73.95	9.8
电磁离合器	件	66713	4.3	高压断路器	台	1464	−16.8
液压件	件／吨	290180／3286	5.6／4.7	电力电缆	公里	821	−30.8
标准紧固件	万件／吨	164292／7481	−15.1／−16.9	绝缘材料	吨	2411	−10.1
轴承	万套	134.97	−9.7	蓄电池	千伏安时	129412	−31.4
起重设备	台／吨	11211／5200	−17.6／6.3	电焊机	台	2789	0.4
电梯及扶梯	台／吨	1409／20958	27.2／26.8	电焊条(含联营)	吨	88230	2.3

持以科技进步为先导的方针，切实加快新产品的研制与投产，并注重推进新产品上质量、上水平。全年共研制开发成功新产品 310 项，投产新产品 230 项，新产品创产值 5.2 亿元，创效益 4000 万元。完成国家级新产品试产项目 20 项。

1991 年天津机械工业管理局系统新产品开发研制工作的一个显著特点是：高新技术机电一体化产品、"一创三节"产品比重增大，新产品结构更趋于合理。在开发研制成功的新产品中，属于高新技术或机电一体化的产品达 60 种，占新产品总数的 19.4%。其中数控成形瓦楞辊磨床、高压三螺杆泵、船用双螺杆泵、HZP315 单动薄板拉伸液压机、WSM−63 全集成化程控脉冲 TIG 焊机、XH714C 立式加工中心、YZX5125 插齿机等均达到国际 80 年代的同类产品先进水平。在新产品中，"节能、节材、创汇、专用"型新产品占 35%以上。

三、产品质量和"质量、品种、效益年"活动

1991 年，天津市机械工业管理局系统继续坚持了"以产品质量为中心，以工艺管理为突破口，以优化现场管理为基础"的质量方针，全局产品实物质量有了进一步提高。WQPN10 中温等级潜油电缆、SN_{660}^{440}−46 三螺杆泵、ZK−2 型煤矿机采石通讯控制装置、QD44（V792A）小型全封闭制冷压缩机等 4 种产品荣获国家优质产品银质奖；KX 工业热电偶补偿导线、YHF 氯丁橡皮护套软电缆、YH 及 YHF 电焊机用软电缆、SS 系列潜油电泵用变压器、Y80−160 三相异步电动机、RQ3 井式气体渗碳炉、CS9W−25 热动疏水阀、SMC 系列阀门电动装置、0～150mm Ⅰ型镀铬游标卡尺、DP−10 压力继电器、IS35 系列单级单吸离心泵、SK_2实验用双管式电阻炉，全封闭制冷压缩机用圆铜线等13种产品荣获机电部优质产品奖；另外，还有42种产品荣获天津市优质产品奖；天津起重设备总厂的AS电动葫芦、天津减速机厂的行星摆线减速机、塘沽阀门厂的中线蝶阀、天津锻压机床总厂的双动薄板液压机、天津电机总厂的潜油电泵、天津第一机床总厂的锥齿铣齿机、天津工业泵总厂的螺杆泵等7种产品进入天津市一流产品行列。

1991年，全局系统在继上一年开展“质量年”活动的基础上，深入广泛地开展了“质量、品种、效益年”活动。(1) 深入贯彻GB／T10300国家质量标准。全局上下从机关到基层，从各级领导到广大职工，开展了学习标准、贯彻标准的培训，并结合实际举办了各种形式的产品质量剖析展览、竞赛等；进一步提高了全员质量意识，全局重点产品稳定提高率、出口商品检验合格率、国家质量监督抽查合格率三项重要质量指标继续保持100%。(2) 全面开展了以工艺管理为突破口的工作。到年末，42个企业工艺管理达到良好级，20个企业达到合格级，重点骨干企业的比重占70%以上。同时，全局加快了生产现场综合治理的步伐，83个企业达到规定的现场管理等级标准，天津减速机总厂等5个企业被天津市批准为企业管理基础样板厂。(3) 认真开展了质量“五查”。通过质量攻关，到年末，质量问题整改率达到81.5%；全局对354种产品进行实物质量抽查，合格率达到98.6%；全系统170多种产品质量上升一个等级，全年各企业提高产品投入产出一次合格率、降低不良品损失累计收回效益600万元；全局优质产品创产值9.52亿元，优质产品产值率达到27%。

四、技术改造与技术引进

天津机械工业管理系统在1991年，把抓紧抓好技术改造、技术引进作为保障经济生产正常发展的一项重要措施，积极疏通渠道，千方百计筹措资金。全年组织实施技术改造项目78项（含“七五”结转项目35项），完成技改，基建投资22044万元，完成财务支出26014万元（含外汇贷款6949万美元）；当年完成技术改造项目验收24项。截至1991年末，全系统累计实施“七五”技术改造项目85项，总投资额达6.93亿元(含外汇3841万美元)；实施“八五”技术改造项目43项。

“七五”和“八五”技术改造项目的实施，使天津工业管理局系统增强了行业竞争优势和发展后劲。(1) 一批拳头产品形成经济规模。潜油电缆、潜水电机、加工中心等一批拳头产品，通过技术改造再投入，当年新增产值1.6亿多元，新增利税1700多万元。(2) 促成一批新的拳头产品并形成优势。在1991年新开技术引进项目中，制冷压缩机用耐冷酶漆包线、换位导线两种产品均达到国际先进水平，不仅适应了市场急需，且还能顶替进口产品；天津重型机器厂经国家经委等有关部门考察批准，投资2200万元发展船用低速大功率柴油机曲轴项目，其产品填补了国内空白；天津电缆总厂交联聚乙烯高压电缆项目、天津数控机床配套公司发展数控配套装置项目等，其改造实施后的产品水平居国内领先，促使企业形成较强的竞争优势。(3) 提高了行业的工艺装备水平和生产技术能力。1991年新添设备2181台（套），加上“七五”期间的，累计新添设备9416台（套），其中30%是高、精、数控和加工中心设备，尤其是柔性制造单元和三坐标测量机等一批先进的制造、检验设备，使产品的质量有了可靠的保证，技术水平上升了档次。(4) 促进了行业的发展。据统计，全局通过技术改造、消化引进技术形成的新产品，累计创产值每年均占工业总产值的三分之一以上。

五、外向型经济和产品出口

天津机械工业管理局系统在国家外贸出口体制重大改革的情况下，发挥工业企业和外贸公司相结合的优势，努力提高出口产品质量，降低换汇成本。1991年全系统完成出口总值达1.75亿元，比上年增长12.2%，为近年来机电产品出口稳步增长的最好水平。其中，传统的出口产品电焊条、电线电缆的出口收购值分别为4488万元和1842.4万元，分别比上年增长34.42%和2.7%；在机床类出口产品中，出口数控机床(光机)52台，收购值为164.4万元，齿轮加工机床19台，收购值为1067万元，分别比上年增长65.6%和78.7%，高精度齿轮加工机床也由单机出口逐步形成成套出口；高技术产品如奥的斯电梯的出口势头急速上升，出口数量比上年增长1.4倍，另外蝶阀、潜水电机、低压开关、硬质合金等产品的出口幅度也有一定增长；摩托车首次进入国际市场。

1991年，全系统出口骨干企业进一步发展，发挥了出口主力军和出口主渠道的作用。当年新批准天津塘沽阀门厂、天津第一机床厂、天津叉车总厂为扩大机电产品出口企业，到年底，全系统已有出口基地1家，自营出口企业2家，扩大机电产品出口企业12家。这些出口骨干企业的产品出口收购值占全系统出口总值的85%以上。天津电焊条公司在超额完成年度出口收购值同时，自营出口创汇100万美元，被机电部评为出口先进企业；天津机械设备进出口公司超额完成全年出口创汇计划，且完成本系统出口收购值8718万元，得到机电部的表彰。

1991年，为增强和扩大对外交流和贸易合作，全系统共向46个国家和地区派出外贸推销、科技交流、研究培训等团组190个，接待了来自35个国家和地区的150个团组的来访、交流和商务谈判。同时，为扩大外向型经济的发展，还新批三资企业立项11家，可行性研究5家，合同章程5家。天津海河电冰箱压缩机公司与意大利扎努西电器公司合资、天津锻压机床总厂与德国SMG公司的合资等项目取得突破性进展。

六、深化改革和搞好大中型企业

天津机械工业管理局系统在1991年重点抓了企业内部经营机制的改革。在全系统范围内实行了质量工资，把完成产品质量指标和完成质量工作的实际情况同职工的分配挂钩，对导致产品实物质量优劣的责任者实行了重奖或重罚，增强了广大职工质量保证工作的自觉性。为促进产品的经营销售，在全系统对经营销售人员实行了全额浮动经营销售承包。特别是引入竞争激励机制，破格选拔科技人才，表彰并破格晋升了全系统 100 名优秀青年技术人员，其中，破格晋升天津工业泵总厂 28 岁的硕士研究生周永旭、天津电器控制设备厂青年工程师高赟为高级工程师，在全系统乃至天津市的工业系统引起巨大反响，使“科技兴业，尊重人才”的思想在全局深入人心，形成学科学、重技术、争做科技能手和行业带头人的好风气。

1991 年，天津市工业管理局系统遵照天津市委、市政府的部署，分两批选择了 18 家国营大中型企业进行搞活企业改革试验，这 18 家企业是：天津机床电器总厂、天津塘沽阀门厂、天津起重设备总厂、天津工业泵总厂、天津电机总厂、天津减速机总厂、天津第一机床总厂、天津大明电机公司、天津海河电冰箱压缩机公司、天津电缆总厂、天津电线总厂、天津发电设备总厂、天津电焊条公司、天津绝缘材料总厂、天津液压机械集团公司、天津蓄电池厂、天津变压器总厂、天津锻压机床总厂。这些企业立足于转变企业内部经营机制，解放思想，转变观念，在人事制度、劳动用工制度和分配制度等方面进行了探索。

——改革人事制度，推行干部和专业人员聘任制，调整机构设置，精减管理层次和管理人员，逐步形成干部能上能下的局面，打破“铁交椅”；

——改革劳动用工制度，推行全员劳动合同化管理，实行优化劳动组合、厂内待业、厂内退休、厂内辞退制度，并建立了厂内劳务市场，逐步形成工人能进能出的局面，打破“铁饭碗”；

——改革分配制度，推行岗位技能工资、厂内结构工资、考工晋级制度等。

此外，一些企业还在完善领导体制、划小核算单位、建立风险基金、完善承包责任制等方面进行了有益的探索和尝试。

进行企业内部经营机制改革试验，为 18 家国营大中型企业注入了新的生机和活力。与上一年相比，18 家企业 1991 年完成工业总产值下降了 2.94%，销售收入、销售税金分别增长了 6.58% 和 4.41%，实现利润、上缴利润分别增长了 8% 和 48.63%，全员劳动生产率也有较大幅度的增长，特别是在确保完成上缴和以利还贷计划的前提下，18 家企业多提留企业技术开发等四项费用基金 4662 万多元，为今后发展奠定了坚实的基础。

天津机械工业管理局系统在 1991 年，各项管理工作也得到加强并取得较大进展。通过在全系统范围内实行从产品投入到产出以至售后服务的全过程目标成本控制管理，可比产品成本逐月下降，全系统下半年可比产品返升额比上半年减少了 500 多万元，全局劳动定额压缩了 8%，设备完好率达到 85%。全系统实现节材降耗措施 149 项，完成价值工程应用项目 118 项，仅这两方面的效益近 2000 万元。下半年在全系统开展了清理“外协、外采购、外承包”工作也收到明显成效，仅据部分企业统计，节约外加工费、压缩外采购费及挽回外承包损失达 827 万元。

1991 年，全系统从局到企业，从厂长到职工逐级签定了安全生产目标责任书，开展了“安全在我心中”的群众性大讨论活动。有 18 个企业被机电部命名为“安全级企业”，全局首次实现了工伤死亡为零的目标，机电部专程发了贺电。

1991 年天津市机械工业管理局被评为全国节材降耗工作先进集体。

七、存在的问题

1991 年，整个经济工作存在的主要问题是经济效益还不理想，实现利润尚未走出谷底，亏损额增长，企业留利下降，三项资金占用大。究其深层次原因，有外部环境的制约，从内部自身看也存在三个不适应：一是思想观念还不适应商品经济的发展，从思想到行动还没有完全从产品经济的束缚中解脱出来；二是产品结构还不适应，跟不上市场发展变化的需要；三是企业素质和经营机制还不适应经济发展的需要，在一定程度上抑制了职工积极性的发挥和经济效益的提高。

〔撰稿人：天津机械工业管理局 张 玲 审稿人：天津机械工业管理局 杨力恒〕

河北机械工业

河北省机械电子工业厅

1991 年，全省机械工业完成工业总产值为 671032 万元，比上年增长 17.8%；销售收入实现 604249 万元，比上年增长 31%；实现利税为 51715 万元，比上年增长 31.5%；实现利润 28498 万元，比上年增长 29.1%；资金利税率 10%，比上年增长 1.24 个百分点；定额流动资金周转天数加快了20天；库存额已压到1990年末水平，即10.2亿元。详见表1、表2。

1991年的几项主要工作：

1. 抓好产品结构调整

根据“七五”期间的经验，全省机械工业在三年治理整顿中，没有大幅度下降，而且还有所发展，其中主要原因之一就是进行了第一、二轮产品结构调整。1991年全省仍继续抓好产品结构调整工作、并确定了第三轮产品结构调整方案。一是确立了明确指导思想，即以外向型为主线，以提高技术含量，加快机电一体化，推进技术进步，提高企业经济效益为主要内容。二是根据全行业在“走向优化、实行超越、逆倾斜发展、顺前沿突破”的总战略和第三轮产品结构调整的总要求中，增加品种，并加快产品开发步伐，曾先后三次召开了新产品开发工作会议。完成了产品数据库项目，制定了“八五”新产品开发规划和高新技术“八五”规划。同时组织编写了《河北省机械工业产品结构调整要点》，进一步明确了全省机械行业优势特色产品、重点支持开发产品、代替进口产品、推荐节能产品，以及限制、淘汰落后产品，对于全行业的产品结构调整发挥导向作用。三是积极开发新产品，全年完成新产品开发233种，其中部计划220种，完成数占计划230种的101.3%。评出优秀新产品84种，其中一等奖13种，二等奖27种，三等奖44种，优等品率占36%。

2. 重视加强质量工作

首先，在质量意识和管理素质上下功夫，举办GBT10300标准系列贯标学习班、QM手段方法学习班、定置管理学习班；还为石家庄市、沧州地、市、保定市所属企业的厂长、总工程师进行了培训，并且取得了明显成效。1991年创省QM奖

表1　1991年河北机械工业系统概况

行业	企业数(个)	全部职工年末人数(人)	工业总产值		工业净产值(万元)	产品销售收入		产品销售税金(万元)
			1990年不变价(万元)	比上年增长%		当年价(万元)	比上年增长%	
合计	534	279143	671018	19	177224	627107	33.6	20582
农业机械	146	82037	210194	—	43624	196983	—	3315
工程机械	9	8308	24567	—	8510	24130	—	790
机床工具	34	16889	19000	−8.9	6130	17381	−2	761
通用基础件	39	11300	15744	15.7	4251	13779	35.7	555
轴承	18	14811	23724	11.2	9356	17338	19.7	702
石化通用机械	44	24295	49796	33.3	16381	47851	43.8	2337
重型矿山机械	28	20599	46268	10.5	12888	39455	37.0	1344
汽车	37	28602	96718	61.9	26268	106350	109	2915
电工电器	104	46343	142301	8.4	37592	124366	24.3	6110
仪器仪表	21	6786	12638	38.6	3400	9517	42.7	538
食品包装机械	8	2784	6272	12.7	1922	5639	45.8	314
其他	46	16389	23796	12.4	6902	24318	34.0	901

行业	利润总额(万元)	上交利税(万元)	年末固定资产		定额流动资金		资金利税率(%)	全员劳动生产率(元/人·年)
			原值(万元)	净值(万元)	年末占用数(万元)	年平均余额(万元)		
合计	28575	9005	377661	241492	348353	324007	9.1	24592
农业机械	7135	2359	104042	64777	94504	85630	7.4	26201
工程机械	1758	422	16914	10178	15659	12926	11.9	29570
机床工具	−459	244	19481	11586	15653	15400	1.0	11250
通用基础件	235	99	11733	7273	8843	8230	5.3	13933
轴承	1846	433	17710	12032	13351	12826	11.3	16985
石化通用机械	4131	1265	35668	21456	31772	29936	13.4	20496
重型矿山机械	1218	594	29512	17649	29472	27798	5.9	22461
汽车	5681	497	50553	35274	50354	45338	11.3	33815
电工电器	6099	2462	68064	45482	64020	62723	11.9	30706
仪器仪表	530	187	6715	4631	7252	7015	9.3	19082
食品包装机械	444	155	3054	2068	3198	2867	15.6	22874
其他	−43	288	14215	9076	14375	13318	—	14519

表 2　1991 年河北机械工业系统产品产量

产品名称	单位	产量	比上年增长%	产品名称	单位	产量	比上年增长%
小型拖拉机	台	118765	23.2	轴承	万套	1481.9	4.4
机引犁	台	2800	43.9	输送机	米	153332	35.2
农用拖车	辆	6175	−4.2	千斤顶	台／吨	371000／3712	2.2
拖内配件	万元	11147	−1.4	推土机	台	731	15.0
轧棉花机	台	486	55.1	电动葫芦	台	1188	−9.8
小型剥绒机	台	506	58.1	钻孔机	台	158	97.5
籽棉清理机	台	91	56.7	采掘设备	台	183	−16.9
割晒机	台	28278	69.7	铸钢件	吨	1075.2	−206
柴油机	万千瓦	23.9	56.7	铸铁件	吨	1622	9.7
手推胶轮车	万辆	66.2	10.3	米面食品加工机械	台	3335	69.7
金属机床(大型)	台	2	57.0	大型榨油机	台	275	14.9
组合机床	台	42	11.9	面粉机	台	1080	7.0
锻压机床	台	40	−7.5	印刷机械	吨	395	30.0
铸造机械	台	330	61	环保机械	吨	2428	39.2
砂轮机	台	223429	30	汽车	辆	5833	74.9
磨具	吨	1908	−137.7	改装汽车	辆	800	10.0
工业泵	台	9187	−13.1	工业锅炉	台／蒸吨	740／2060	4.5／−2.0
农业泵	台	783	−23.1	交流电动机	万千瓦	49	8.0
潜水电泵	台	10098	−8.6	变压器	万千伏安	819.7	−6.3
风机	台	8779	5.8	高压断路器	台	228	−15.7
高压阀门	吨	874	9.7	钢芯铝绞线	吨	531	−36.3
低压阀门	吨	7558.8	81.9	电磁线	吨	4408	6.3
气体压缩机	台	318	83.8	铜芯塑线	公里	2653	92.3
空分设备	套	21	7.5	电力电缆	公里	4685	70.6
液压件	台／吨	55910／50	29.3	测绘仪器	台	1613	25.6
标准紧固件	万件／吨	20182／6182	−4.2／6.6	电表	万只	3.4	−32.7

1 个，省厅 QM 奖 8 个，并组织了 QM 咨询和验收。已达标验收企业 30 个，占计划 40 个企业的 75%。产品创优也取得好成绩，创国优 2 项，部优 21 项，省优 98 项。加强了技术监督，对 37 个分行业、341 个企业、375 个产品开展了质量大检查、大评比、大曝光活动，合格品率达 89.4%，这是 1985 年以来的最好水平。

1991 年第三季度国家抽查全省机械产品 20 种，合格率为 95%。全省机械行业的产品质量开始步入稳步发展和提高阶段。

3. 发挥规划导向作用，抓好技术改造

1991 年完成了河北省机械工业十年规划和“八五”计划的编制工作。全省列入“八五”计划的技改、基建、技术引进项目 156 项，总投资 17.9 亿元，比“七五”计划增加了两倍，已完成项目前期准备工作有 82 项，总投资 7.08 亿元。同时，根据省计委和机电部部署，完成了全省机械工业大行业“八五”规划，共列项目 303 个，总投资 51 亿元。利用外资和引进国外技术设备进展较大，1991 年，全省机械工业系统共签订合资项目 11 项，投资 2803 万美元，其中利用外资 777 万美元，是签订合资项目合同最高的一年。签订进口设备项目 2 项，成交 235 万美元。

“七五”项目的验收工作，1991 年计划验收 36 项，实际完成 15 项，占完成项目的 50%。

4. 抓压库限产，生产逐步增长

1991 年，全省机械工业生产增长速度较快，同时库存也迅速增加，3 月底在 1990 年末的水平上又增加了 1 亿元，使经济效益逐月回落，引起了各级领导重视，省机械厅提出了“以销定产，抓销促产，压缩库存，加快资金周转”的措施，特别是国务院提出压库限产，压缩三项资金，实行“压贷挂钩”和机电部下达的压库指标后，在省政府统一部署下，采取了一系列措施，1991 年末库存下降到 1990 年底的水平。主要采取的措施，一是统一思想，加强领导，成立以厅领导为组长，以生产处、财务处、省供销总公司为成员的压库领导小组，分析库存增加的原因，结合各地、市和重点企业库存情况，把压库任务分解到地市局和企业，在地方政府的支持下，基本做到指标到厂，层层任务明确，制订压库的具体措施，掌握进度，督促检查。二是按增畅、限平、停滞的要求，增加适销对路的产品的生产，对电线、电缆、轴承、农业泵、电磁线、小型拖拉机、电焊条等 20 种产品进行限产，平销产品按合同生产，对裸铝线等停产。三是加强销售队伍，落实销售政策。1991 年，增加销售队伍人员，特别是将技术人员充实到销售队伍中去，改变了销售队伍的构成，提高了素质，同时落实经销政策，调动了经销人员的积极性。四是1991年争取到第一批压贷挂钩项目13个，得到压贷贷款3320万元，占全省压贷贷款的22.3%。第二批压贷挂钩项目列入上报计划33项，压贷贷款19165万元，占全省压贷贷款的18.73%，两批压贷无论是项目数和贷款数都居全省各厅首位，调动了企业压库的积极性。

5. 加强企业管理，提高企业素质

1991年，从提高企业素质入手，积极探索有效管理方式，推行现代化管理，抓好企业的升级活动取得明显效果。

探索有效管理方式，提高决策者和管理者素质。从1989年6月开始引导企业探索自己的管理方式作为提高全行业管理水平的导向性工作。经过两年多的研究与实践，取得较快进展。举办了四期由地市局长、企业厂长和部分企业管理部门的473位负责人参加的高层次学习班，为培养适应"八五"行业发展决策人材准备了条件。有效管理方式的思想、观念正在被接受，并开始了实践活动，已有46家企业已经或开始创造自己的有效管理方式。企业有效管理方式研究成果受到机电部的好评。采取激励措施以后，评选出1990年度"飞龙"企业93个，优秀企业家100名，优秀管理者53名，先进地市领导班子13个，先进地市局13个。一支思想好，觉悟高，懂技术，懂管理，懂经营和有竞争意识，在困难面前经得起考验的高层次管理队伍初步形成，这支队伍在全行业发展中起着骨干作用。

企业升级活动有新进展。全省机械行业27家企业被机电部批准为国家二级企业，54家企业被批准为省级先进企业，计81家，占全系统企业总数的15%，占实现利税的46%。

企业现代化管理取得新进展。全年审报现代化管理成果340项，评出应用成果78项，其中二等奖18项，三等奖60项；组织实施奖9项，鼓励奖30项，取得经济效益4841万元。

6. 抓盈亏大户，促进效益的提高

根据1990年实现利税情况，1991年初省厅把113个利税百万元以上的企业和34个亏损50万元以上企业作为全行业扭亏增盈重点，建立了盈亏大户台帐，按月统计，按季公布，进行重点调度，不定期地深入地市和企业进行调查研究，了解增盈和扭亏进度和流动资金存在的问题，进行协调和反映。根据省政府抓两头带中间的要求，将行业的8个盈利大户和8个亏损大户(简称双八企业)作为重点，厅长分工负责，利税大户提出了全年利税目标和保证措施。亏损企业制订了分期分批扭亏措施，限期扭亏。各地市普遍对所属企业进行分类指导，地市局(公司)领导大部分都建立了联系点，帮助企业解决生产经营中的问题。各企业大都制订扭亏增盈责任制和扭亏增盈措施，层层分解落到了实处。由于上下一条心，一股劲，扭亏增盈工作收到实效。全行业亏损企业减少7户，亏损额减少26.4%。

7. 努力抓好外向型经济，机电产品出口持续增长

1991年，实行全行业开放，千方百计为企业出口创汇创造条件，逐步把企业推向国际市场，机电产品出口创汇5520万美元，比1990年增长20.4%。经国务院机电出口办和经贸部批准，1991年又增加了5家出口基地和扩大机电产品出口企业。到1991年底，机械行业共有出口基地企业7家和扩大机电产品出口企业12家。同时，全省机电产品出口企业中，选择了5家具备自营条件的企业，报经贸部批准，授予外贸自营权，从而结束了河北机电行业无自营出口企业的历史。机电部在南京召开的部出口系统出口工作会议上，表彰了百家先进企业，宣化工程机械厂、黄骅电焊网厂、保定电影机械厂受到了表彰。

为企业牵线搭桥，编制了"河北省对外经济技术合作项目"160项，为项目发布积累资料，为增强出口企业后劲，扶植机电产品出口，利用外汇贷款7303万美元。

省厅组织了河北省机械行业对外经济技术洽谈会和河北省机械行业对外经济技术项目海口发布会。签订合同28项，总金额达6476万美元，其中利用外资2102万美元，引进技术和设备11项，签订意向书25份。

8. "企业文化"得到重视，两个文明得到发展

全省机械行业在克服市场疲软，发展经济的同时，政治思想研究会和行业工会积极配合，将党在新时期的路线、方针、政策灌输于企业之中。在企业的党政关系上出现了两心合一心，互相支持，互相补台，团结奋斗，开拓创新，奉献求实的良好行业风气正在形成和发展。

职工教育工作已经逐渐形成体系，培训车间主任1700人，占计划2200人的70%；统计、会计、企管、档案中等专业教育已进入第二学期，在校人数已达932人；专业技术人员的知识更新教育也在进行，根据企业需要举办了企业领导干部微电子技术应用、计算机辅助设计培训班，机电一体化本科段第二期招生650人；技术工人培训试点班已培训2700人，为全面铺开取得了经验。

但是，全省机械工业技术含量相对偏低，外向型经济调整进展缓慢，规模化生产水平不高，仍然是制约我们大踏步前进的障碍，需要在今后的工作中着力解决。

〔撰稿人：河北省机械电子工业厅　李春录　审稿人：河北省机械电子工业厅副厅长　张塞外〕

山西机械工业

山西省机械电子工业厅

1991年，山西机械工业经过第三年的闯关和深入开展“质量、品种、效益年”及“管理年”的活动，全行业产销回升，亏损下降，开始出现转机。

一、三年闯关绩效显著

山西机械工业在1991年，为认真贯彻中央提出的治理整顿方针，紧密结合全行业的工作实际，省厅先后两次提出了闯关对策措施，有效地指导了当时的生产经营工作。如针对市场疲软的现状，几乎所有的企业都加强了对销售工作的领导，制定了促销政策，增强了经销力量。不少企业坚决地“限产压库”，使销售情况逐步好转；针对企业改革所处的情况，提出强化企业“三大机制”，即发展机制，经营机制、自我约束机制和完善承包制的措施办法，在全行业全面落实，并受到了省经委的重视；针对结构性效益低下的现实，几乎所有的企业都以发展“三大产品”（拳头产品、名优特产品和出口创汇产品）为核心目标，确定了各自经营的战略，不少产品已形成批量，见到效益；针对企业管理落后的实际情况，许多企业十分认真地抓了“工艺突破口”、现场管理、企业素质评价和企业升级等工作，促进了企业管理上水平。榆次液压件厂是榆次液压集团的主导企业，1991年全厂以提高效益为中心，以全面贯彻“质量、品种、效益年”活动为动力，努力转换企业经营机制，通过抓拓销、抓结构调整、抓分配制度的改革、抓产品实物质量的提高、抓现代化企业管理立项改革，使企业渡过

表1　1991年山西机械工业系统概况

行业	企业数（个）	全部职工年末人数（人）	工业总产值：1990年不变价（万元）	工业总产值：比上年增长%	工业净产值（万元）	产品销售收入：当年价（万元）	产品销售收入：比上年增长%	产品销售税金（万元）
合计	203	119809	198144	2.1	51278	180165	17.5	7629
农业机械	53	22833	38949	8.5	9364	36281	16.3	946
机床工具	17	8283	11186	14.3	4009	10551	44.5	625
通用基础件	18	15500	22204	−7.4	7257	19092	7.0	918
石化通用机械	12	6938	7857	51.8	2798	7435	29.3	483
重型矿山机械	26	35030	65417	2.6	14065	56476	21.6	1629
汽车	18	6300	7925	1.1	1341	8894	77.0	333
电工电器	48	22090	42005	−6.6	11467	39193	6.8	2551
仪器仪表	11	2835	2601	−2.9	977	2240	5.6	140

行业	利润总额（万元）	上交利税（万元）	年末固定资产：原值（万元）	年末固定资产：净值（万元）	定额流动资金：年末占用数（万元）	定额流动资金：年平均余额（万元）	资金利税率（%）	全员劳动生产率（元／人·年）
合计	−3112	1137	200279	106251	149200	141932	1.4	16798
农业机械	3820	402	29824	18533	22511	21040	3.4	17407
机床工具	1943	929	11988	7310	9849	9071	5.0	13680
通用基础件	5793	472	22949	13804	15346	14921	5.3	30869
石化通用机械	4549	1711	6911	3958	7152	6673	8.8	11790
重型矿山机械	−48503	1003	74478	26333	53812	51279	−4.2	18753
汽车	10482	58	7955	5063	6951	6740	−6.1	12774
电工电器	10639	6197	29258	18520	31075	29916	7.5	19118
仪器仪表	1137	594	2487	1492	2292	2504	6.7	9269

了生产经营的最困难的时期；企业经营秩序正常，人心稳定、两个文明建设健康发展；企业的各项经济技术指标稳定提高。全年完成工业总产值3241.1万元、销售收入2856.6万元、实现利税321.4万元，分别比上年增长40%、56%、45%，其中，工业总产值、销售收入创建厂26年来的最好水平，企业走出了效益滑坡的低谷，步入良性循环轨道，呈现出良性发展好势头。这些措施的实施，对企业克服困难，稳定职工队伍，促进产销回升，增强企业发展后劲都起到积极作用，一批大中型企业的素质有所提高，为实现转机打下了基础。

二、狠抓销售、压库、消欠，促进生产回升、亏损下降

全年全行业完成工业总产值198144万元，比上年增长2.1%；产品销售收入180165.7万元，比上年增长17.5%；实交利税1136.6万元，比上年减少35.8%。详见表1。产品销售收入的增长，这是各地市局、企业强化销售、压缩库存的结果。清理"三角债"工作进展较好，通过消欠，全行业注入资金达6605.8万元，对缓解资金不足的矛盾，起到积极作用。"限产压库"，减少产品资金的占用，年末全行业产品资金占用比年初减少2.6%，圆满地完成了省、机电部下达的指标。由于突出抓了销售、消欠和压库工作，使生产经营工作有了改善，特别是下半年以来，认真贯彻中央工作会议精神，省厅和地市突出抓了重点亏损企业的扭亏工作，使全行业下半年与年初相比，亏损幅度减缓，11、12两个月全行业扭亏为盈。

从地市和企业生产情况来看，大同、阳泉、长治、晋城、运城、雁北等地机械工业企业和拖拉机内燃机公司实现了产销同步增长，并涌现了榆次液压件厂、长治锻压机床厂、长治轴承厂、太行印刷机器厂、侯马内燃机厂、阳泉水泵厂、阳泉仪表厂等一批产值、销售、利税同步增长企业。长治市重工业局是连续三年产值、销售、利税同步增长的工业局。长治地区的机械工业企业，经过多年的调整产品结构，初步形成以转臂轴承、大型数控数显弯曲整形矫直机械、防爆电机、矿用装药车等为特色的机械工业。其产品不仅是省的，也是地区的拳头产品，这些产品在全国也是别具一格的产品。该地区在发展自己特色产品的同时，围绕能源、重化工基地的建设，相继开发出DY150采煤机、液压支柱等煤炭采掘支护产品，因而全局1991年工业总产值完成20552.47万元，比上年增长4.86%；销售收入完成18349.1万元，比上年增长37.2%；实现利税1776万元，比上年增长32.2%；库存产品资金占用4243.8万元，比上年降低13.5%。

表2　1991年山西机械工业系统产品产量

产品名称	单位	产量	比上年增长%	产品名称	单位	产量	比上年增长%
小四轮拖拉机	台	19581	11.7	起重设备	吨	6621.66	−13.1
农用内燃机	台	6397	74.3	刮板运输机	台	89	−41.4
小型配套农具	台	56166	78.9	矿山设备	吨	4754.03	−45.9
场上作业机械	台	7081	30.1	AM−500采煤机	台	8	63.6
收获机械	台	400	200.7	单体液压支柱	万根	7.18	−29.4
农用运输车	辆	148	196.0	印刷机	台	395	45.2
农业泵	台	36014	38.8	载重汽车	辆	45	100.0
金属切削机床	台	935	37.7	汽油机	台	366	85.7
锻压设备	台	915	67.6	汽车配件	万元	9918.41	50.8
刃具	万件	208.38	−19.4	工业锅炉	台	643	−29.7
工业泵	台	14176	20.7	交流电机	万千瓦	55.88	−4.4
磨具	吨	2264	28.6	小型工矿电机车	台	105	−16.6
磨料	吨	2130.65	−22.4	变压器	万千伏安	140.62	−18.8
液压件	万台	23.69	257.8	互感器	台	11048	500.7
标准件	万件	35004.8	−17.8	电力电缆	公里	3167.42	64.4
工业轴承	万套	598.06	−18.8	工业自动化仪表	台	157834	12.2

1991年主要产品产量见表2。

三、产品结构调整取得新的进展

1991年全行业依靠科技进步，完成科研、新产品243项，投产率为61%，新增产值1.96亿元，新增利税1800万元。

1991年重点开发的新产品(样机阶段)：(1)阔幅高产粗纺梳毛机；(2)90马力防爆内燃齿轨车；(3)特殊型蓄电池胶套轮机车；(4)25～40马力轮式拖拉机；(5)路面铣刨机；(6)车铣加工中心；(7)高压叠加阀；(8)双绕组快速制动电动机；(9)矿用液压升降台。

1991年重点开发的新产品(批量生产阶段)：(1)八吨载重汽车；(2)BCLH15型装药车；(3)千米千吨可伸缩皮带运输送机；(4)顺序阀、比例阀、换向阀、多路阀；(5)高原型27.5kV真空断路器；(6)矿用移动变电站；(7)

大型圆锥圆柱齿轮减速器；(8) ZP80F 柴油机；(9) 液压锤系列产品；(10) 铸造起重机；(11) 门式起重机；(12) 矮型采煤机。

这些新产品都具有较高的技术水平。与此同时，抓紧了对产品结构的调整。在产品结构调整上，各个企业采取以新、质、快抢占市场，在适应性和开发性上，以特、多、快、好、省五个字取胜。所谓"特"就是要有自己的产品特色。山西机械工业企业地处能源、重化工基地，有得天独厚的优越条件；以煤机产品为主，煤矿要什么就生产什么，靠煤吃饭，形成煤专机电成龙配套特色，仅为煤矿生产的防爆电机产值占电机的 60%以上。"多"就是品种多。仅防爆电机产品每年为煤矿开发的新产品在 20 种以上，已达 13 个系列、300 多个品种、1000 余种规格。这样就形成了普通不行上防爆、小的不行上大的、低压不行上高压的适应性比较强的产品结构。"快"就是交货快、研制的新产品周期要短，要先人一步，先声夺人。1988 年研制的、全国最先开发的 YBF 风机专用电机、YKY 悬挂式空压机电机，当年就到用户试用，现已成为拳头产品。"好"就是产品质量好，售后服务好。"省"就是加强企业管理，降低产品成本，努力提高经济效益。全行业经对 94 种主要产品进行市场调查，对机引耕农具、种植机械、小四轮拖拉机、机动脱粒机、农用拖车、深井潜水泵、拖拉机内燃机配件、饲料加工成套设备、矿用泵、小型工矿电机车、AM−500 采煤机、刮板运输机、互感器、高强度紧固件、汽车配件、液压件、8 吨载重汽车、工矿配件等 36 种适销对路产品给予扶持，增供材料 2200 余吨；对 43 种库存较大的产品实行限产；对 15 种淘汰产品或无销路的产品进行停产，全年适销对路的产品产值达 7000 多万元。

机电产品出口保持了增长的势头，其中，整机出口有了稳定的增长。太原重型机器厂进出口公司与菲律宾国泰公司签定了 40 万吨钢厂的部分设备制造协议；太原矿山机器厂为泰国提供一套纵、横剪机组和焊管机组；出口设备有 4 立米电铲、起重设备、锻压机床、印刷机械、机床等；出口的新产品有闻喜机床附件厂生产的多工位辅具等。出口产品结构上，由劳动密集型产品向劳动技术密集型转化，劳动技术密集型、技术密集型产品由原来的 25%上升到 31%。全年出口创汇达 1425.46 万美元，比上年增长 8.2%。太原重型机器厂出口整机和成套设备，创汇达 701 万美元，成为全行业第一家出口创汇突破 500 万美元的工业企业。以产品结构调整为龙头，继续进行企业组织结构的调整，榆次液压集团实现了资产一体化，集团内部管理体制进一步理顺。汽车工业公司、煤机集团、轴承集团已做了大量的前期准备工作。

四、以"管理年"为动力，推进企业管理进步，企业素质有所提高

各地市和企业以"管理年"为动力，普遍增强了以质量求效益的观念，强化了全面质量管理工作，产品质量有所提高。全年主要产品稳定提高率为 100%，品种抽查合格率为 100%，品种一等品率为 75%，优质产品产值率为 24%。产品创国优 1 种、部优 16 种，省优 33 种；创质量管理奖 2 个，产品创优计划全面超额完成。全行业有 185 个企业开展了"工艺突破口"试点工作，其中有 43 家取得显著成效，榆次液压件厂、太原重型机器厂、长治轴承厂获得部级工艺管理先进企业称号。

在现场管理上，省厅年初就制订了《山西省机械电子工业企业现场管理优化评价办法》，重点抓了 56 个企业现场管理。在贯彻现场管理方法上，主要采取了四步工作方法：一是抓启动。年初省厅重点抓 8 个企业，帮助企业制订现场管理办法，以此推动其它企业落实现场管理。二是抓交流。以现场管理优化为主体，结合管理年活动抓发动、抓落实的经验，调整组织结构的经验、调整产品结构的经验，提高产品质量的经验，企业内部分配制度改革的经验。三是抓检查。年中省厅对 21 个企业的现场管理优化工作进行了现场检查，推动了现场管理优化工作。四是抓终评，到年底省厅组织抽查自评 290 个车间，达一级标准的 20 个，占 7%；达二级标准的 80 个，占 28%；达三级标准的 142 个，占 49%；不达标的 48 个，占 16%。自评 2900 项，达一级标准的 322 项，占 11%；达二级标准的 1335 项，占 46%；达三级标准的 1130 项，占 30%，不达标准的 113 项，占 4%。

五、推动技术进步，全力启动"八五"规划，完善十年发展设想

1991 年是实施"八五"规划的第一年，是全面实施"八五"发展战略和发展规划，振兴山西机械工业发展的一个关键时期。全行业"八五"规划共有 58 个项目，其中，技术改造 52 个项目，基本建设 6 个项目。在规划中，农机行业 9 个项目，仪器仪表行业 3 个项目，石化通用行业 3 个项目，通用基础件行业 7 个项目，重型矿山机械行业 8 个项目，机床工具行业 6 个项目，电工电器行业 12 个项目，汽车行业 4 个项目。已审查上报 49 个项目，启动的 23 项，占到项目总数的 44.2%。"8510"工程，是省厅确定的山西机电工业的"八五"发展的重点，即 8 条龙：汽车、输变电设备、煤炭机械、25～40 马力拖拉机及配套机具、液压件及系统、计算机及外设、矿用电子系统、磁性材料；5 种拳头产品：磨料磨具、轴承、图文传真机、电子琴、自动络筒机；10 个出口基地企业：太原重型机器厂、长治轴承厂、阳泉阀门厂、晋城汽车配件厂、侯马内燃机配件厂、太原砂轮厂、原平液压件厂、太原第一机床厂、长治锻压机床厂、山西电机厂、太原工具厂。其中，轴承、液压件、汽车、煤机、矿用电子、磨具磨料等项目进展较快。在抓紧"八五"规划实施的同时，1991 年完成"七五"竣工验收项目有 25 个，完成投资 17236 万元。这些项目的投产达效，增强了行业发展的实力。

全年技术引进有 8 个项目成交，其中有 3 个项目签定合同。榆次液压件厂与日本油研工业株式会社合资生产经营液压阀及液压系统，成立榆一油研液压及系统合资公司；山西互感器厂引进德国海德里公司树脂真空浇注设备；太原工具厂通过留展，购买了德国万特公司的数控可转位圆边磨床等，总投资为4250.5万元。

六、存在的主要问题

全行业仍处于低谷运行之中，还没有转入正常发展的轨道，与全国发展水平及其他省市的差距是很大的。任务的不足、资金短缺、库存过多、亏损严重、效益低下的问题仍十分突出。

〔撰稿人：山西省机械电子工业厅　谷连云　审稿人：山西省机械电子工业厅厅长　薛文富〕

内蒙古机械工业

内蒙古自治区冶金机械工业厅

生产发展情况　1991年，内蒙古机械工业企业积极投入到全国开展的"质量、品种、效益年"活动中，生产发展取得了较好成绩。全行业(乡及乡以上独立核算企业)1437个企业完成工业产值33.1亿元，比上年增长11%；实现产品销售收入32.5亿元，比上年增长17%。厅系统归口企业142个，完成工业产值11.61亿元，比上年增长5.4%；实现利税9783万元，比上年增长4.5%，其中实现利润2561万元，比上年下降45%；实现税金7222万元，比上年增加28.3%，详见表1。机械工业系统内27家大中型企业完成产值6.8亿元，占系统内产值的41.4%；实现利税5160万元，占47.3%。

按照冶金机械工业厅"增畅、限平、停滞"的生产原则，各企业积极调整产品结构，加强销售。畅销的产品有小型播种机、精量点播机、大型农机具、青饲收获机、农机液压件、高速精密冲床、冷挤压机、皮带运输机、特种电机、大型变压器、卡盘、活塞、齿轮、轴承、钢丝绳设备等18种产品。主要产品完成情况见表2。

内蒙古乡镇机械企业近年发展迅速。至1991年底产值达到1.85亿元，主要产品有农林牧渔机械和小型农机具。一些技术含量高的机电产品、金属制品源源问世，一大批优质产品被评为自治区优、部优。

1991年出口产品增加了碾米机、割草机、风力发电机、金属切削机床、电力电缆、木工平面刨床等，达到31个品种，出口企业达到26个，出口创汇额上升到626万美元。

科研及新产品开发　1991年，共安排技术开发指导项目127项，其中列入自治区经委计划的94项，拨款346万元，科技贷款318万元。开发新产品200余项，其中45项通过鉴定。这些新产品中的钕铁硼直流电机、32吨龙门吊、10吨电站锅炉、玉米收割机、高速精密冲床、免维护蓄电池等处于国内领先地位。

为推进企业技术进步，加强宏观调控，编制、颁发了《内蒙古自治区机械工业"八五"科技发展规划纲要》以及全区机械工业"八五"产品结构调整要点。

质量工作　1991年伴随全国"质量、品种、效益年"活动的开展，企业质量意识明显提高，质量管理又向更深的层次迈进。全行业又有61个产品创优，其中，9E45A饲料粉碎机、S7-630-1600／10电力变压器等8个产品创部优；JH-125摩托车前减震器等53个产品创自治区优。呼和浩特机床附件总厂又获得国际质量奖——第六届美洲大奖。内蒙古汽车齿轮厂在全国汽车螺旋圆锥齿轮产品质量行业检测评比中各项检测指标均达到或超过标准，夺得第一名。包头拖拉机厂在全国小四轮拖拉机"双十佳"评选中榜上有名。包头潜水泵厂在全国首届排灌机械"九龙杯"奖评选活动中，荣获"九龙杯"奖，名列"十佳"之首，全自治区培训质监人员1000多人，并经考试颁发了质量检验监督人员证书，冶金机械厅还首次举办了盟市主管部门负责人和重点企业厂长共80多人参加的质量管理学习班。

技术改造及技术引进　1991年除对"七五"技改所遗留的几个项目进行验收外，集中抓了"八五"技术改造规划的修订和落实。全年技术改造(含引进)立项32项；其中国家项目5项，部项目3项，地方项目24项，总投资2.13亿元。当年开工的有呼和浩特机床附件总厂、包头拖拉机厂等14个项目，完成投资2727万元。呼和浩特机床附件总厂是全国同行业的排头兵、该厂生产的机床卡盘占全国产量的50%，占全国出口量的80%，产品十分畅销，其改造总投资为1200万元，改造后新增生产能力4.5万台(套)，新增产值1630万元，新增利税630万元，新增创汇270万元。包头拖拉机厂现拥有万台15马力小四轮拖拉机的生产能力，是全区最大的农机生产企业，完成2424万元投资的技改后，新增生产能力1万台(18、20、22马力系列拖拉机)，新增产值1.5亿元，新增利税1135万元。

表1　1991年内蒙古机械工业系统概况

行　　业	企业数(个)	全部职工年末人数(人)	工业总产值 1990年不变价(万元)	工业总产值 比上年增长%	工业净产值(万元)	产品销售收入 当年价(万元)	产品销售收入 比上年增长%	产品销售税金(万元)
合计	142	68734	116100	5.4	34093	104467	16.4	7222
农业机械	41	16724	28897	6.8	6099	25460	10.7	965
工程机械	1	254	19		13	16		1
机床工具	13	8729	11986	9.2	4097	9801	29	552
通用基础件	13	4891	3529	-44.7	1643	4820	32	470
轴承	3	2539	4564	7.6	1337	3095	17	170
石化通用机械	10	5239	6425	8.5	2430	6168	16	463
重型矿山机械	5	3206	3412	21	998	3386	27	379
汽车	14	5994	5634	35	1750	6280	36	457
电工电器	31	17493	47950	2.7	14752	41379	12	3429
食品包装机械	1	526	434	100	140	406	100	18
其他	10	3139	3250	-2.1	834	3656	6.8	318

行　　业	利润总额(万元)	上交利税(万元)	年末固定资产 原值(万元)	年末固定资产 净值(万元)	定额流动资金 年末占用数(万元)	定额流动资金 年平均余额(万元)	资金利税率(%)	全员劳动生产率(元／人·年)
合计	2561	697	89460	57785	68219	66521	7.8	16891
农业机械	-100	-59	22538	13750	18137	17360	2.8	17279
工程机械	-4	0	51	40	51	46	-3.5	748
机床工具	491	141	12809	7033	7213	7068	7.4	13731
通用基础件	118	50	3809	2333	2872	2855	11.3	4156
轴承	193	21	2738	1612	2058	1959	10.2	17976
石化通用机械	342	150	6609	4783	4566	4475	8.7	12264
重型矿山机械	28	6	2563	1323	2056	1940	12.5	10643
汽车	103	20	4247	2510	3841	3762	6.2	9399
电工电器	1497	343	30819	21400	25431	24980	10.6	27411
食品包装机械	18	5	565	336	365	437	4.7	8251
其他	-125	20	2712	2665	1629	1639	4.5	10354

表2　1991年内蒙古机械工业系统产品产量

产品名称	单位	产量	比上年增长%	产品名称	单位	产量	比上年增长%
小型拖拉机	台	14520	14	风机	台	1696	-74
柴油机	万千瓦	1.6	-634	阀门	吨	5118	3.6
机引耙	台	250	-125	其中：高中压阀门	吨	865	-2.2
机引犁	台	309	-2551	工业轴承	万套	284.08	16.6
机引播种机	台	8286	-42	起重设备	吨	1256	3.6
机动脱粒机	台	3505	45	带式运输机	米	6101	-91
牧草收获机械	台	1454	-136	工业锅炉	蒸吨	1289	-29
网围栏设备	万米	673	4.5	交流电动机	万千瓦	44.75	-28
风力机械	台	4073	-64	电力变压器	万千伏安	67.04	-11.3
金属切削机床	台	754	40	电焊条	吨	7116.57	-53.8
机床附件	万件	25.88	2.1	电力电缆	公里	2169.04	-30.8
工业泵	台	3781	-57	绝缘材料	吨	1681.06	-70.3
农业泵	台	22812	-166				

企业管理及改革　企业升级工作又有新进展，包头潜水泵厂晋升为国家二级企业；包头绝缘材料厂等4个企业晋升为自治区级先进企业。包头潜水泵厂是个只有300多名职工的小厂，经过多年的不懈努力至1990年底这个厂各项经济技术指标均达到和超过了国家一级企业标准，各项配套指标达到了国家二级企业标准，是一个名副其实的“小巨人”。至此，全区从1986年开展企业升级工作以来，共有6个企业晋升为国家二级企业，29个企业晋升为自治区先进企业，上等级企业达到企业总数的24%。

组织企业学习了首钢、武钢经验，推广了全国11个先进企业优化现场管理的经验。

搞好、搞活大中型企业是改革的主旋律。冶金机械厅选派工作组，在27个大中企业帮助贯彻落实国务院和自治区关于搞活大中型企业的“双十一条”政策措施，并针对企业存在的主要问题向自治区政府提出了12条政策建议（主要内容是扩大企业产品定价权、用人权、分配权、外贸自主权，提高企业利润留成比例，增加新产品开发基金）。新组建了农机产品经销集团，即将原三级农机公司合并为人、财、物统一的集团公司。

加强了“工艺突破口”工作。全行业又有9个企业通过诊断验收。包头内燃机配件厂获机电部授予的“工艺管理先进企业”称号。举办了一期工艺诊断师学习班和三期现代设计可靠性技术普及学习班，培训人数达200余人。

存在问题　一是在机制上，企业还没有完全摆脱行政机关附属物的境地，难以成为自主经营、自负盈亏的独立的商品生产者和经营者，可以说这是一切问题的总根源；二是企业普遍流动资金不足，给原材料的购进带来很大困难，影响生产能力的发挥；三是企业负担沉重，企业负担的各种税款已由1985年的10多种增加到20多种；四是企业无力进行技术改造，企业留利最多不超过实现利润的30%，而技改70%～80%的费用靠贷款，改造后新增加的效益甚至不够支付贷款利息；五是缺乏大宗拳头产品。

〔撰稿人：内蒙古冶金机械工业厅　黄　盛　审稿人：内蒙古冶金机械工业厅副厅长　乔岐山〕

辽宁机械工业

辽宁省机械工业委员会

1991年，辽宁机械工业生产好转，达到和超过1988年水平，即“七五”时期的最好水平，使辽宁机械工业在全省工业生产中率先步出谷底，走上持续、稳定、协调发展的轨道。

一、辽宁省全部机械工业发展情况

1991年全省机械工业(即大机械工业，含电子及通讯设备制造业)有企业7745个(包括乡以上独立核算企业)，拥有职工196.2万人。年末固定资产原值277.0亿元，比1990年净增36.1亿元；年末定额流动资金占用219.2亿元，比1990年增加31.1亿元；全年完成工业总产值372.8亿元(按1990年不变价格计算)，比1990年增长11.0%，全年实现利税总额19.5亿元，比1990年增长23.7%；全员劳动生产率(产值按1990年不变价计算)达19200元／人·年，比1990年增长13.3%。从各项主要指标完成情况看，辽宁省机械工业经过“治理”、“整顿”，1991年进入恢复性好转阶段，但发展速度仍低于全国机械工业发展水平。

二、辽宁省机械委系统民机工业发展情况

(一) 基本概况

1991年底，全省机械委系统民机工业企业有1016个，其中全民企业316个，集体企业667个，合资企业7个，有大中型企业192个（按1979年国家大中型企业划分标准计算)。民机工业企业有职工714862人，其中工程技术人员为47300人，占职工总数的6.6%；拥有固定资产原值117亿元，比1990年增长19.0%；固定资产净值60亿元(净值占原值比为51.3%)。全年生产用钢材消耗77.7万吨，铜材1.91万吨，生铁23万吨，耗电119229万度；年末拥有金属切削机床63540台，锻压设备13845台。

从各项主要经济指标完成情况看，1991年随着国家“八五”计划的逐步落实，以及国家为搞活大中型企业制定的各项政策的逐步到位，全省机械工业生产、销售、出口、经济效益等指标开始明显回升。1991年，工业总产值全年完成153.6亿元，比上年增长11.90%；销售收入完成154.6亿元，比上年增长30.4%；实现利税总额8.2亿元，比上年增长45.8%；人均工资收入比上年增长9.2%；全员劳动生产率实际完成21699元／人·年，比上年提高11.2%(详见表1)。从工业总产值构成看，出口产品产值占7.15%，技术进步产品产值占35.2%，优等产品产值占4.9%，优质产品产值占34.3%。从民机工业十大行业完成工业总产值情况看，汽车行业和机床行业发展较快，分别比1990年增长55%和9.1%，除农机行业下降3.2%

表 1　1991 年辽宁机械委系统概况

行　业	企业数（个）	全部职工年末人数（人）	工业总产值：1990 年不变价（万元）	工业总产值：比上年增长%	工业净产值（万元）	产品销售收入：当年价（万元）	产品销售收入：比上年增长%	产品销售税金（万元）
合计	1016	714862	1536568	11.9	446735	1546206	30.4	81505
农业机械	147	80691	121855	−3.2	30051	117039	12.9	4270
工程机械	31	27239	59329	11.3	17920	58479	46.7	2829
机床工具	121	83476	133602	9.1	47789	134633	35.6	8367
通用基础件	59	25103	34079	2.1	12021	29927	15.0	1969
轴承	24	38192	92448	5.3	32640	83546	13.8	5583
石化通用机械	120	94753	190990	5.5	70049	196824	21.3	10629
重型矿山机械	50	68814	137434	1.5	31600	137517	18.3	4893
汽车	71	77361	280099	55.0	65734	315104	89.4	13739
电工电器	249	168488	428800	6.9	117128	415834	17.8	25236
仪器仪表	102	39628	47418	12.9	17967	47234	26.0	3412
食品包装机械	7	3861	4136	15.8	1413	3692	25.6	225
其他	35	7256	6378	10.7	2423	6377	24.2	353

行　业	利润总额（万元）	上交利税（万元）	年末固定资产：原值（万元）	年末固定资产：净值（万元）	定额流动资金：年末占用数（万元）	定额流动资金：年平均余额（万元）	资金利税率（%）	全员劳动生产率（元／人·年）
合计	355	123258	1168632	709491	918254	834891	5.7	21699
农业机械	−7944	979	96154	59065	96694	86013	−2.7	15216
工程机械	−54	3361	63452	47216	39540	35076	3.5	21953
机床工具	809	15054	132672	69905	93531	85583	6.3	16133
通用基础件	−238	3225	32227	18728	19169	18804	5.0	13734
轴承	3831	11948	60523	33702	35209	34046	14.5	24640
石化通用机械	684	16452	169861	98605	132601	122453	5.4	20322
重型矿山机械	−6882	2430	143771	70203	112172	101874	−1.2	20166
汽车	8077	26138	159429	121553	113829	92934	12.6	36836
电工电器	2579	37552	267250	163301	234320	219022	7.6	25649
仪器仪表	252	5659	34606	21398	33954	32166	6.9	12003
食品包装机械	−577	−150	4257	3143	3488	3105	−5.7	10796
其他	−182	63	4430	2672	3747	3815	2.7	8885

外，其他行业均保持了适度的增长。

1991 年，主要产品产量见表 2。

（二）主要特点与成效

1. 全行业实现扭亏增盈。1990 年受国家压缩固定资产规模的影响和一些企业管理不善，全省民机工业亏损情况严重，亏损企业 343 家，亏损额达 5.4 亿元，由于亏损企业较多，导致全行业亏损 1.25 亿元，经济效益滑入谷底。进入 1991 年，省机械委把扭亏增盈工作作为首要工作来抓，对重点亏损市局和企业给予重点扶持，并派专人负责，通过调查研究和现场办公，协助企业解决生产中出现的困难和问题。并开展了“达标竞赛”活动，与各市局签订了工业总产值、实现利税、新产品产值、产成品库存等项指标的责任状。经过各级领导和广大职工的共同努力，1991 年末，经济效益明显好转，实现利润 355 万元，利税总额比 1990 年增长 45.8%，扭转了全行业亏损的局面，使全省机械工业开始步出低谷，走上健康发展的轨道。

2. 产品出口继续增长。积极发展外向型经济，扩大机电产品出口是全省机械工业在国民经济三年调整时期，克服国内市场疲软，保证生产发展的重要战略之一。1991 年，全省机械工业产品出口在“七五”期间大幅度增长的基础上，又有新的提高。全年实际完成出口交货值 18.66 亿元(含军工企业的民品出口)，比 1990 年增长 60.2%。其中，民机企业出口供货值为 9.84 亿元，比 1990 年提高 31.9%。实际出口创汇 3.4 亿美元，出口创汇企业和出口产品品种均有所增加。特别是成套投标项目和技术比较密集、附加值较大的产品出口额不断增加。沈阳变压器厂以高质量产品、高效反映和合理价格在国际性招标项目中中标，全年出口 800 万美元；本溪重型汽车制造厂在巴基斯坦工程项目中标32台68吨重型矿用汽车，出口创汇近800万美元。沈阳电缆厂、大连起重机厂等7家企业出口创汇均超千万美元以上，有10家企业创汇达到500万至1000万美元。中捷友谊厂在国内销售好转的情况下，依然坚持两个市场的观念，连续两年创汇超千万美元。

在产品出口中，全省机械工业工贸进出口公司起到了重要作用。在清理外贸公司中，经国家经贸部批准，省机械工业系统保留了以辽宁省设备进出口公司为主的8家工贸公司和26家自营出口生产企业。在世界12个国家和地区设置了32个网点，为辽宁机械产品打入国际市场创造了良好条件。

3. 产品质量有了进一步改善。1991年围绕“质量、品种、效益年”活动，省机械委发出了1号文件，对机械工业加强质量工作提出明确的要求。通过大发动、大检查、大整改以及加强质量监督，开展“向质量要效益”等活动，使企业的质量管理工作有了进一步的改善。全年省机械委系统（含军口民品）有172个企业208种产品荣获优质产品奖。其中获国家金质奖有两个：大连橡胶塑料机械厂生产的KHR-660A、B橡胶热练机，大连电机厂生产的Y100-280三相异步电动机（扩牌）。获银质奖有9个企业的11种产品。荣获机电部优质奖产品（含军口民品）有44个企业、47种产品，荣获省优质产品奖（含军口民品）有117个企业、148种产品。全省民机工业优质产品产值达52.7亿元，优等产品产值为7.5亿元，优等优质产品产值率为39.2%。1991年，省机械委系统(含军口民品)重点考核的481种产品，品种抽查合格率为100%，其中品种一等品率为70%，比上年提高8个百分点；优质品占33.4%，比上年提高5个百分点；质量稳定提高率为99%。

表2 1991年辽宁省机械工业系统产品产量

产品名称	单位	产量		产品名称	单位	产量	
		全行业	系统内			全行业	系统内
大中型拖拉机	台	876	876	石油钻采设备	吨	11248	2577
小型拖拉机	台	22073	22073	炼油化工设备	吨	30200	18174
内燃机生产量	万千瓦	651.2	562.6	橡胶加工机械	吨	—	8735
木工机械	台	—	2655	塑料加工机械	吨	—	1513
金属切削机床	台	17663	16670	包装机械	台/吨	2714/5224	1375/1599
锻压设备	台	2237	1482	环保设备	吨	13069	6036
磨具	吨	—	15361	汽车	辆	42044	34903
磨料	吨	—	19281	民用改装汽车	辆	4292	1638
泵	万台	41.6	7.9	工业锅炉	台/蒸吨	2262/6580.4	1589/5277
风机	万台	2.6	1.4	交流电动机	万千瓦	443.4	396.5
低压阀门	吨	35578	18122	变压器	万千伏安	1741.2	1698
高中压阀门	吨	11557	8770	高压断路器	台	—	7035
气体压缩机	台	4109	2873	高压隔离开关	组	—	13425
制冷设备	套/吨	3283/—	3253/11174	互感器	台	—	112910
真空设备	台	—	3199	避雷器	万只	—	9.6
液压件	台(件)/吨	—	108022/2363.3	高压开关板	面	—	2100
液力件	台/吨	—	111855/1074	低压开关板	面	—	5957
气动元件	万件	—	2.7	低压电器主要元件	万件	—	68.4
密封件	万件	—	1291.2	电焊机	台	—	4575
标准紧固件	万件/吨	—/28300	146728/20615	电焊条	吨	44300	42285
轴承	万套	4213	2686.9	钢芯铝绞线	吨	23737	21330
起重设备	吨	56403	40596	电磁线	吨	—	5701
运输设备	吨	19416	14781	电力电缆	公里	17156	12845
装卸机械	台/吨	685/—	—/5674	通讯电缆	公里	20299	1404
推土机	台	807	752	布电线	公里	1553000	50803
工矿车辆	吨	2230	496	绝缘材料	吨	—	2616
叉车	台/吨	1625/8515	1624/8512.4	高压电瓷	吨	—	21444
矿山设备	吨	36678	26511	铅酸蓄电池	万千伏安时	110.6	66.4
冶炼设备	吨	13653	12009	工业自动化仪表	万台(件)	—	165

注：全行业数抄自辽宁省统计局，凡划横线栏，系国家统计部门未规定汇总的产品，有的计算单位未要求按复式单位计算，故划横线。

4. 调整产品结构收效显著。1991年投入生产的新产品产值达30.4亿元(以1990年不变价格计算)，比1990年提高13%。新产品产值率为19.8%，全年开发新产品1100种，其中试制完成的产品567种，达到国内先进水平的占60%以上。以开发高新技术产品为主要内容的“5515”工程，已全面展开，全年初步完成150种，其中完成数控三坐标刨台式卧式镗床、中小型加工中心、坐标万能工具磨床等30余种机电一体化产品，完成矿用排土机、推焦机、轮船式集装箱、龙门起重机等35种重大技术装备，完成循环流化床锅炉、无功就地补偿器、高压高效电机、两相流渣浆泵等85种节电节材产品。通过调整产品结构，特别是重点开发高技术含量的产品，使全省机械产品水平和配套能力、加工能力有了进一步提高，并为企业占领市场、创造效益起到了积极作用。1991年正式投入生产的新产品中，沈阳矿山机器厂试制的ZL30A轮式装载机、大连叉车总厂的X.CPCD5A内燃平衡重式宽视野集装箱叉车、沈阳分析仪器厂的WYX-9001型原子吸收分光光度计、沈阳鼓风机厂的ZMCL456-16离心压缩机系列等184种新产品达到和超过国际先进水平。

5. 清理“三角债”和“限产压库”工作取得一定进展。在经济调整中，随着压缩固定资产投资的逐步落实，1991年初企业间的相互拖欠使“三角债”达到了最高峰，资金紧张，严重影响了企业正常的生产经营工作，加之市场需求的减少，库存积压甚为严重。1990年全省民机工业产品库存达21.96亿元，1991年6月末达27.4亿元。据全省民机工业百家重点企业调查统计，“三角债”债权为27.6亿元，债务为19亿元。省机械委围绕国务院和省政府开展清理“三角债”和“限产压库”工作，积极开展清理“三角债”，仅试点企业就清理出10亿元以上，并通过“压贷挂钩”等渠道，为企业解决生产急用资金，使紧张的资金有所松动。同时，大力加强生产经营管理，强化销售队伍，拉长短线产品，限制平销产品，停止滞销产品的生产，以“压贷挂钩”的办法“限产压库”，经过1991年下半年的努力，民机工业产成品库存得到控制，年底库存总额由1990年末的219593万元，降至192457万元，下降12.4%，比1991年上半年库存总额减少8亿元，使全省机械工业生产秩序有所改善，产成品库存与商品销售总额比为12.5%，接近合理库存水平，较好地完成了机电部下达的库存保持年初水平和库存销售比15%的计划指标。

6. 企业改革与管理更加深入。1991年全省机械行业强制推行管理效益法，全年实现管理效益2.4亿元。到1991年末，全省机械委系统(含军口企业)工业企业进入省以上先进企业行列的有161家，其中，国家一级企业7家，国家二级企业87家，企业的整体素质明显提高。

在企业改革中，企业经营思想和经营作风的转变尤为明显，一些市局和企业在生产管理中，打破传统的产品经济思想，在企业管理中增强商品经济意识和市场竞争意识，使企业在困境中得到发展。沈阳市机械局、沈阳金杯汽车股份有限公司1991年在困难面前不怨天尤人，变困难为机遇，眼睛向内，主动出击，使生产效益明显提高。在企业经营管理中，股份制、承包经营、“三资”企业管理方式、租赁制等多种经营形式使企业充满了生机和活力；通过分配制度和人事制度改革的不断深化和完善，企业职工的积极性得到了充分的发挥；中外合资合作、外商独资企业在辽宁机械工业企业中迅速发展起来，1991年共审批和签约了16个中外合资、合作、外商独资企业。如金杯汽车股份有限公司和美国通用汽车中国有限公司以合作形式组建的金通汽车股份有限公司，总投资1亿美元，注册资本3334万美元，生产SY1401及S-10轻型车及零配件；沈阳柴油机厂与香港嘉华银行金宝投资有限公司组建的沈阳力宝柴油机制造有限公司，总投资2990万美元，注册资本2415万美元，生产HL493Q（4JB1）柴油机，年产5万台。由于合资、合作企业和外商企业的不断扩大，将有利于全省企业结构的调整。

7. 军工企业发展民品取得可喜成绩。1991年全省军工企业在贯彻“军民结合”的方针中，以调整产品结构，开发新产品，增加企业效益为主攻方向，使军工企业民品发展速度加快。全年完成民品产值242810万元（按1990年不变价计算），超额完成年计划12.2%，比1990年增长20.8%。其中：完成民品出口产值88225万元，比1990年翻一番。到1991年末已有40多种民品打入国际市场，为进一步发展外向型经济奠定了基础。

为扩大企业的民品生产，积极引进了国外的先进技术，并注意消化吸收。到1991年，共引进国外技术16项，投资15495万元，用汇1993.5万美元，改造建成了15条民品生产线，新增产值44319万元，新增利税4432万元。同时兴办了13个合资企业。吸引外资191.7万美元。通过引进技术和兴办合资企业，使民品生产质量大大提高，并使这些产品大部分投放国际市场。

军工民品1991年共获各种优质奖40项。其中：国家银质奖3项，部、省优质奖37项，产品水平又有新的提高。

三、生产经营中存在的主要问题

1. 资金紧张。1991年全省民机工业年末借入资金1277804万元，比1990年增长23.9%，其中流动资金借款893821万元，比1990年增长16.8%，随着借入资金的增加利息支出呈刚性增长，1991年利息支出达89147万元；资金紧张除“三角债”影响外，企业自有资金减少、原材料、燃料、外协件和配套件涨价也是造成企业资金紧张不可忽视的因素。

2. 各种增支无法控制。近几年来，除原材料市场因价格变动较大企业无法控制外，在企业内部，还要承担粮、油、煤调价应承担的职工福利费用支出，以及调资、销售人员差旅费等各种企管费的增加，企业内部缺乏消化能力，造成产品成本逐年上升。

3. 设备老化问题更加突出。1991 年在组织生产过程中，随着市场竞争的加剧，许多用户要求提高产品的设计和技术水平，各种“急、难、杂”等产品相应增加。辽宁机械工业许多企业是建国初期“一五”和“二五”时期建成投产的，设备老化、生产线落后问题明显暴露出来。如沈阳铸造厂，近几年来效益差，自我更新改造能力低，致使主要设备新度系数为 27%。

综上所述，1991 年辽宁机械工业在省机械委的领导下，在广大干部和职工的共同努力下，克服了重重困难，终于走出低谷，生产、销售、经济效益等各项经济指标均比上年同期显著增长，为发展辽宁经济做出了重要贡献。

〔撰稿人：辽宁省机械委信息中心　张　宇、黄应烈　审稿人：辽宁省机械委主任　陈国清〕

吉林机械工业

吉林省机械工业厅

1991 年，吉林省机械工业在经受了 1990 年生产滑坡、效益显著下降之后，初步扭转了低谷中徘徊的局面，实现了经济状况的基本好转。在国家确定的三年治理整顿最后一年中，全行业的重点已由被动性调整转为主动性推进。使“八五”规划的实施，有一个良好的开端。

1991 年初，吉林省机械工业厅围绕实现全省机械工业经济状况的基本好转，确定了总的目标和三个主要标志。抓住结构调整、产品开发、提高产品质量、盈利企业增盈与亏损企业扭亏等重点工作，分为五条线跟踪检查指导、监督服务和具体落实。结合“八五”规划，提出实施“一三四七”工程。“一”是在“八五”期间发展 100 种重点产品；“三”是“三个五”，即建成五个企业集团、五个出口基地和五个生产基地；“四”是对归口企业实行“四个一批”的分类管理，即：必保一批、扶持一批、调整一批、自救一批；“七”是厅直属的 7 家地方军工企业(没有军品生产任务）三年完成搬迁、五年实现扭亏为盈。同时，采取了为生产任务不足企业寻找产品，扩大畅销产品产量与限制滞销产品生产，清仓压库、活化资金等诸项措施。这些，对机械工业走出底谷起到了一定促进作用。

一、发展状况

1. 全行业的发展

1991 年，吉林省机械工业全行业(包括金属制品、电子及通讯设备）有独立核算企业 3081 家(包括乡镇以上企业)，完成工业总产值 126.47 亿元，实现利润 1.26 亿元，上缴利税 7.16 亿元，分别比上年增长 5.5%、下降 1.9%和增长 4.5 倍。完成工业总产值与实现利润分别占全省工业的 24%

表 1　1991 年吉林机械工业系统概况

行　　业	企业数(个)	全部职工年末人数(人)	工业总产值		工　业净产值(万元)	产品销售收入		产品销售税金(万元)
			1990 年不变价(万元)	比上年增长%		当年价(万元)	比上年增长%	
合计	278	148688	274845	12.9	74321	269713	31.1	11913
农业工程机械	61	41759	92651	31.8	20428	92503	45	1826
机床工具	16	10855	17303	15.7	5754	14000	15.5	950
通用基础件	10	3874	4000	19.6	1349	4433	36.8	254
轴承	5	4988	9838	18.9	2682	8464	37.1	615
石化通用机械	35	18963	24752	−1.2	8540	25588	11.4	1665
重型矿山机械	14	8251	12433	−11.2	3613	10867	−0.3	596
汽车	43	22418	56720	29.8	15881	61431	53.6	2605
电工电器	58	24809	45393	2.9	12278	41123	9	2737
仪器仪表	19	8329	7488	4	2514	7263	33.7	464
食品包装机械	1	698	882	−7.2	357	877	−4.2	56
其他	16	3714	3425	4.2	925	3189	15.5	140

(续)

行业	利润总额(万元)	上交利税(万元)	年末固定资产		定额流动资金		资金利税率(%)	全员劳动生产率(元/人·年)
			原值(万元)	净值(万元)	年末占用数(万元)	年平均余额(万元)		
合计	5883	2373	188104	126142	181700	170764	2.3	17839
农业工程机械	1102	439	53092	34082	59722	52723	1.5	22625
机床工具	49	221	15495	11067	13032	12855	0.9	16248
通用基础件	25	60	4285	2496	3411	3195	1.4	10433
轴承	755	259	7853	5867	4918	4416	8.3	21120
石化通用机械	914	305	24441	16598	20537	19780	2.8	13450
重型矿山机械	294	194	8984	5395	8805	8683	2.8	15240
汽车	3057	398	27028	19741	26210	23300	6.9	25513
电工电器	24	451	32710	22410	32670	34026	0.7	18691
仪器仪表	−225	24	10544	6072	9185	8568	−0.1	8895
食品包装机械	9	6	1263	922	539	516	0.9	12654
其他	−143	11	2405	1488	2667	2689	−2.0	9140

表 2 1991 年吉林省机械工业主要产品产量

产品名称	单位	产量	比上年增长%	产品名称	单位	产量	比上年增长%
大中型拖拉机	台	1056	−64.1	食品机械	台	1516	39.8
小型拖拉机	万台	6.67	63.0	纺织机械	吨	624	40.5
机引耕作机械	台	39230	19.1	自行车	万辆	26.5	−7.4
种植机械	台	6340	72.1	钟	万只	31.72	−15.7
联合收割机	台	1490	28.4	表	万只	120.75	0.0
机动脱粒机	台	10890	7.9	印刷专用设备	吨	2254	10.9
中小农具	万台	2096.5	12.6	医疗器械	万元	1305.9	0.7
内燃机	万马力	734.07	33.8	汽车	辆	92293	25.8
机动饲料粉碎机	台	824	−58.2	改装汽车	辆	5143	86.7
金属切削机床	台	1130	11.6	摩托车	辆	30500	68.3
量具刃具	万件	0.5	42.8	民用钢质船舶	艘	55	77.4
泵	万台	10.29	−19.0	工业锅炉	蒸吨	3230	5.2
风机	万台	1.21	1.6	交流电机	万千瓦	64.92	−11.1
阀门	吨	41741	6.6	变压器	万千伏安	113.75	1.0
滚动轴承	万套	656.94	3.4	钢芯铝绞线	吨	2827.3	29.7
起重机械	吨	7389	−14.5	电力电缆	公里	3085.9	12.3
矿山设备	吨	10129.2	6.1	通信电缆	公里	1297.8	−48.1
工矿大机车	辆	25	8.6	电线	万公里	5.81	−28
工矿设备	吨	20445.2	8.1	蓄电池	万千伏安时	12.1	2.3
装载机	台	272	35.3	仪器	万件	0.37	−84.6
冶炼设备	吨	364.8	43	水表	万只	5.47	22.9
石油钻采设备	吨	7991.1	13.4	煤气表	万只	3.79	−5.2
化工设备	吨	3445.2	3.5	电度表	万只	142.93	18.4
建材设备	吨	591.6	−60.9	大型及专用衡器	台	817	−25.3
推土机	台	120	200				

和 25.3%，继续保持着全省工业经济支柱产业的地位。在汽车、拖拉机、自走式谷物联合收割机、铁路客车与机车的发展上，很有前途。已纳入了全省工业经济 2000 年的总体规划，正在分步实施。

2. 厅归口企业的发展

吉林省机械工业厅归口企业有 278 家，职工总数 14.87 万人，固定资产原值 18.81 亿元，固定资产净值 12.61 亿元。全年完成工业总产值 27.5 亿元(1990 年不变价)，比上年增长 12.9%，按可比口径，比历史最好水平的 1989 年增长 14%；销售收入 26.97 亿元，比上年增长 31.1%；盈亏相抵后实现利润 5883.5 万元，比上年增长 2 倍；实现利税 1.72 亿元，比上年增长 15%。详见表 1、表 2。

二、特点与成效

1. 摆脱了生产经营的被动局面

进入 1991 年，多数企业生产任务严重不足，流动资金紧缺。在这种情况下，各级主管部门从加强形势分析入手，强化生产组织，帮助企业开拓市场，多渠道启动生产。一是省机械厅与各市、地、州机械工业局先后组织企业参加各级各类机电产品订货会 32 次，并对 200 个企业、400 多种产品的销售状况，进行了两次市场预测与分析；二是从计划、资金、原材料等方面，向适销对路产品倾斜；三是组织三批 24 人次到 8 个地区，会同当地主管部门深入到 70 个企业中了解情况，帮助解决了紧缺原材料 1895 吨，解决生产流动资金 4.6 亿元；四是会同省物价部门联合下文，全部放开省管指导性计划的民机产品价格，上调了 44 种 101 个规格的农机产品价格，为企业参与竞争提供方便条件；五是在东北三省和全国范围内的清理“三角债”中，协助银行部门加强对债权、债务的清理，缓解资金紧缺与周转不灵的状况；六是强化生产调度，督促畅销产品扩产，责令滞销产品减产、停产。经过各方面的努力，全系统工业总产值从第二季度开始，与去年同期相比，一直保持着两位数的增长速度。摩托车、收割机、小四轮拖拉机、轴承、汽车配件等适销对路产品大幅度增长，多数企业生产经营趋于良性循环。

2.“质量、品种、效益年”活动取得成效

吉林省机械工业从实际情况出发，把提高产品质量作为活动年的主线。省机械厅于年初制订下发了“质量、品种、效益年”活动方案，对省政府有关部门下达的 18 项考核指标进行了层层分解，提出了一系列配套实施措施，把活动年的具体工作与各项指标责任及考核办法部署到各市、地、州主管部门和企业。并与省机械工业产业工会一起，围绕“质量、品种、效益年”这一中心，在全系统开展了以“创优、献策、促销、增效”为主要内容的竞赛活动。为了总结经验，树立样板，省机械厅推广了长春市机械工业局开展厂一车间一科室一员活动的经验和四平市机械工业局加速产品结构调整、打好质量翻身仗的作法。于 6 月中旬，在长春拖拉机制造厂召开了眼睛向内、向强化管理要效益的现场会，介绍了该厂抓管理、提高产品质量、实现扭亏为盈的经验。中共吉林省委、省政府召开支援第一汽车制造厂会议后，省机械厅结合第一汽车制造厂 CA141 整车创国优，组织有关企业对 22 种配套件进行质量攻关，并会同省计经委在第一汽车制造厂召开了 100 个配套企业的质量工作会议，交流公主岭轴承厂等部分企业提高配套产品质量的经验。

省机械厅重点考核产品的品种抽查合格率 100%，品种一等品率 70%，质量稳定提高率 100%。全系统开发新产品 232 种，新产品试生产 278 种，完成新产品产值 3.23 亿元、利税 4945 万元。由于各项指标完成较好，在省政府组织的省直工交系统“质量、品种、效益年”竞赛中，获得了优胜杯。

3.“一三四七”工程有所进展

一是增进了透明度、达成了共识。从 1991 年 3 月下旬到 6 月底，由主管规划工作的副厅长带队，各有关处室人员组成的调查组，先后到 8 个地区、23 个县（市）、126 个企业进行调查研究，就“一三四七”工程与各地政府、企业主管部门交换意见。对工程中规划的企业、产品、市场前景及“八五”投入情况进行具体分析，在认识比较一致的基础上，形成并下发了关于实施“一三四七”工程的厅市（地、州）对话纪要。

二是明确和落实了重点发展的 100 种产品。经过对全系统生产过的 5000 余种产品的逐个分析、排队，最终确定出 100 种产品为“八五”期间发展的重点，并达到一定规模。在 100 种产品中，突出发展“四车五机”，即：摩托车、专用汽车、客车、汽车配件和拖拉机、收割机、装载机、抽油机、修井机。结合重点产品上能力、上水平的技术引进和技术改造，安排了 70 个项目，总投资 2.1 亿元，年底竣工 9 项，完成投资 1.6 亿元（包括续建项目）。

三是提出了“三个五”的分步实施方案。五个企业集团已有电炉成套设备、拖拉机两个集团形成规模，五个生产基地已有收割机、汽车配件初见轮廓，五个出口基地已有金刚砂出口基地见到成效。

四是“四个一批”分类管理收到实效。必保一批的企业，产值、利润大都有明显增长；扶持一批的企业，有 20 个企业具备一定生产规模；调整一批的企业，有 19 个企业找到了主导产品，向扶持一批靠拢；自救一批的企业，有 12 个企业摆脱了困境，生产经营形势好转。

五是地方军工企业出现转机。已有 5 个企业完成搬迁任务，2 个企业实现了扭亏为盈。7 个企业的产值、销售收入均比上年有较大幅度的增长。

4. 亏损企业亏损总额大幅度减少

针对 1990 年一些企业亏损严重的状况，各主管部门把扭亏增盈作为一项主要工作来抓。特别是在扭亏上，深入企业调查研究，剖析亏损原因，制订扭亏计划和措施。结合承包，层层落实扭亏责任制。省机械厅还采取了建立联系点，跟踪扭亏措施的落实，组织人员下厂咨询等办法，重点抓了 16 个亏损 100 万元以上的大户，并对其中 7 个亏损额高的企业进行现场诊断，通过省扭亏办公室、省工商银行协助解决扭亏专项贷款 1025 万元，缓解了部分亏损企业生产启动资金短缺的困难。从而使长春拖拉机制造厂、四平专用汽车制造厂、四平客车厂、吉林省光明仪器厂、吉林省松江光学仪器厂等 5 个企业实现扭亏为盈；长春起重设备厂等 5 个企业实现减亏。在一些重点企业将潜亏明挂后，全系统亏损企业亏损总额 7793 万元，比上年减亏 12%。

围绕扭亏，开展了促销压库、活化资金工作。

在对库存500万元以上的38个企业定期调度的基础上，分析了其中库存1000万元以上的14个企业产销情况，提出了7条压库措施。各市、地、州主管部门结合实际，突出重点，落实压库指标，使产成品资金占用上升的势态得到遏制，部分库存大户的压库显见成效。年底，全系统库存资金占用比上年同期减少7000万元。

5. 转变机关作风的新尝试

在逐步转换机制、面向全行业管理过程中，省机械厅进行了转变机关工作作风的新尝试。

第一，下派锻炼干部。年初，挂职下派了8名厅机关干部，到企业担任副厂长，为期一年，有职有权，主管某一方面工作。既体验企业的困境，又密切同工人的感情。这些干部为企业加强管理、提高产品质量与水平、承接生产任务、开发新产品、解决资金不足及紧缺原材料方面，做了大量实际工作，办了150余件实事，受到企业的欢迎。

第二，实效服务。全厅分成的五条工作线，线线的具体工作务实。每条线有一名厅领导牵头，有关处室配合。各线的工作方案包括目标、任条、措施和组织领导体系等内容。"一三四七"工程线、生产经营线、"质量、品种、效益年"活动线、地方军工企业搬迁线的有关人员，常年在企业中服务，均较好完成了各自的指标。机关和厅直公司、院、所整顿线的人员重点抓了科技成果的转化，使吉林省机电研究设计院的85%科研成果转化为商品、吉林省农机研究所的75%科研成果服务于农业发展。

第三，运用唯物辩证法指导行业工作，在形势分析上，运用了"两点论"。对1991年的形势，既看到困难，又找出有利因素和可望好转的机遇，为确定全年计划指标奠定基础和提供可行依据。在工作方法上，一是采用了一般要求与个别指导相结合，坚持多搞一些面对面的指导，帮助基层和企业解决实际问题；二是采用了面上工作与典型引路相结合，总结推广经验，加强对面上的引导，在工作路数上，突出抓主要矛盾。

三、存在的主要问题

一是地区之间、行业之间发展不平衡。11个地区主管部门中，7个部门的产值增长，4个部门的产值下降；8个主要行业中，汽车、农机行业增长较快，机床工具、石油化工通用机械、电工电器3个行业有所下降。

二是经济效益尚没恢复到正常水平。少数地区、少数重点企业的效益好，掩盖了一些地区和企业的经济效益继续滑坡。11个地区主管部门中，实现利润比上年同期增长的有4个，下降的有7个。有6个亏损大户未见转机，又出现了新的亏损大户，且亏损企业数比上年增加了7个。

三是结构调整的进展比预期目标迟缓。100种重点发展的产品，有些还停留在规划阶段，新产品的产业化进度缓慢，企业组织结构调整存在一定困难。

四是企业受资金紧缺的困扰仍很严重。三项资金占用大，"三角债"、亏损挂帐和潜亏的包袱重。全系统三项资金占用达19.02亿元，约占全部流动资金的52%，其中产成品资金占用6.31亿元。省机械厅归口企业银行贷款年末达18.5亿元，仅利息支付就是1.6亿元。虽经过清理"三角债"，但很多企业付出多、回收少，全系统债权大于债务3.9亿元。一些企业生产任务不足，停产损失严重，亏损挂帐和潜亏很大，影响和束缚了企业的发展。

〔撰稿人：吉林省机械工业厅　翟胜志　审稿人：吉林省机械工业厅厅长　陶长福〕

黑龙江机械工业

黑龙江省机械工业厅

生产发展情况　1991年全省机械工业克服了种种困难，开始走出困境，从5月份起结束了历时13个月的负增长的情况。全年机械工业系统内企业完成工业总产值58.05亿元，比上年增长7.9%；销售收入完成51.66亿元，比上年增长18.7%；产品销售税金3.11亿元，比上年增长10.7%。采取的主要措施有：

一是把调整产品结构与年度生产计划有机地结合起来，根据国际、国内两个市场的变化情况，组织生产。适时的提出了增产101种、限产53种、停产3种产品并投产76种新产品的指导性计划，下发了"增、限、停"产品目录。分两批下达了限产、停产通知书，对42家企业的67个品种131个规格的产品进行限产、停产，减少产值4792万元。

二是狠抓促销压库。哈尔滨、牡丹江市机械工业局推行了销售金额承包，销售回款一条龙的办法；齐齐哈尔、佳木斯市机械工业局坚持了产品销售、库存的月分析制度，对压库的重点企业逐个落实；哈尔滨轴承厂先后五次调整生产计划，压缩滞销的"205"以下轴承1454万套，扩大了市场销售比较好的"206"以上轴承的生产。全省机械工业系统年末产成品库存为12.99亿元，比年初库存15.6亿元减少了2.6亿元，超额完成了机电部和省政府下达的压库指标。

三是继续开展“满意在基层”活动，努力为大中型企业排忧解难。哈尔滨“三大动力厂”产品价差不到位问题，省市主管部门多次向部、省和国家有关部门反映、呼吁，最终国家同意将价差问题纳入清理“三角债”一并解决，总额为2.1亿元，现已收回近1.6亿元，使三个厂一举扭转了前八个月连续亏损的局面。1991年国家确定的黑龙江省机械工业的18家清理“三角债”试点企业，收回货款3.5亿元，支付货款3.31亿元。帮助企业申请推荐新产品免税40项，免税金额800万元，还帮助企业解决了急需贷款2334万元和2254吨原材料。

四是继续开展“振兴杯”竞赛活动。佳木斯市、绥化地区机械局的主要经济指标名列前茅；哈尔市机械局分别与五个盈利大户、十四个扭亏难度大的企业建立了扭亏增盈包点责任制，全年实现利润6341万元，这三个局分别荣获“振兴杯”竞赛金、银杯奖。

各项经济技术指标和产品产量完成情况见附表1、2。

科技与质量　1991年机械工业系统共开发新产品330种，其中有64%的产品是属于“一创三节两保证”的产品，新产品产值率达27%，技术进步产品产值率为45%，达到国际80年代水平的先进产品达70%。主要有：出口创汇产品，如齐齐哈尔第一机床厂的CQK1240数控卧车，齐齐哈尔第二机床厂的Q_2–VNC数控立铣，牡丹江木工机械厂的MB402C和MB404型木工刨床；可代替进口产品，如哈尔滨电碳厂的超美洲豹直升飞机用电刷，哈尔滨印刷机厂的4000型卷烟包装机组；机电一体化产品，如齐齐哈尔第一机床厂的QIEX车轴生产线、CH5240数控双轴立车，哈尔滨龙江仪表厂的井下流量标定装置；还有150t／h燃油锅炉，无烟煤锅炉等节能产品和小型打麻联合机，纺杯轴承，干式真空有载分接开关等扩大服务领域产品。

表1　1991年黑龙江省机械工业系统概况

行　　业	企业数(个)	全部职工年末人数(人)	工业总产值		工　业净产值(万元)	产品销售收入		产品销售税金(万元)
			1990年不变价(万元)	比上年增长%		当年价(万元)	比上年增长%	
合计	314	282856	580472	7.9	172986	516563	18.7	31127
农业机械	48	35454	57511	32.5	12127	55033	30.9	1402
机床工具	30	47337	71170	9.9	26102	69771	24.1	3484
通用基础件	18	30685	70001	2.0	28960	50100	9.6	3332
石化通用机械	23	15699	28141	8.5	9777	28802	33.8	1759
重型矿山机械	11	27186	61875	0.5	14379	54071	22.5	2950
汽车	52	15572	17545	13.8	6360	15785	25.0	900
电工电器	83	89471	252341	2.4	66956	220658	11.2	15744
仪器仪表	29	16490	17637	30.2	6704	16847	38.0	1141
其他	20	4962	4251	−11.8	1619	5495	−7.9	415

行　　业	利　润总　额(万元)	上　交利　税(万元)	年末固定资产		定额流动资金		资　金利税率(%)	全员劳动生产率(元／人·年)
			原　值(万元)	净　值(万元)	年　末占用数(万元)	年平均余　额(万元)		
合计	1360	4986	563365	305135	487638	462884	7.0	20522
农业机械	−3111	228	49500	31114	56404	55248		16221
机床工具	343	641	76435	33589	72203	68108	5.6	15035
通用基础件	2841	936	51601	28274	29631	29367	21	22812
石化通用机械	526	393	22360	13706	25839	24629	9.3	17925
重型矿山机械	−3058	78	98943	46771	67550	64764		22760
汽车	−272	149	16444	10646	11906	11214	5.6	11267
电工电器	4617	2433	224716	127567	199338	185264	11.0	28204
仪器仪表	−466	105	17864	9579	19750	19325	3.5	10695
其他	−60	23	5502	3889	5016	4963	7.2	8567

表 2　1991 年黑龙江省机械工业系统产品产量表

产品名称	单位	产量	比上年增长%	产品名称	单位	产量	比上年增长%
大中型拖拉机	台	304	96.1	石油钻采设备	吨	5867	-1.0
小型拖拉机	台	20468	128.3	炼油化工设备	吨	4581	2.2
农用柴油机	万千瓦	3	-68.1	印刷机械	吨	4107	55.7
机引犁	台	2983	-20.9	环保设备	吨	1053	102.1
机引耙	台	3830	-14.2	汽车	辆	10423	92.9
机引播种机	台	4404	-31.1	汽车配件	万元	29221	44
中耕施肥机械	台	578	-73.7	工业锅炉	蒸吨	2679	-5.4
机动植保机械	台	437	-24.9	电站汽轮机	万千瓦	195.8	1.8
联合收割机	台	1611	29.1	电站锅炉	蒸吨	6804	-34.6
农副产品加工机械	台	7657	-4.3	发电设备	万千瓦	266.1	-3.1
农用拖车	台	5940	-1.0	交流电动机	万千瓦	118.9	-11.6
机动三轮车	台	8077	95.3	直流电机	万千瓦	3.1	-10.7
饲料加工机械	台(套)	11055	163.2	变压器	万千伏安	174.7	2.5
拖内配件	万元	17375	23.8	高压断路器	台	277	1.5
木工机械	台	2425	0	高压隔离开关	组	974	-61.6
金属切削机床	台	2195	62.0	互感器	台	4317	16.0
锻压设备	台	755	43.0	高压开关板	面	1025	-1.4
铸造机械	台	57	83.9	低压开关板	面	1502	-12.1
刃具	万件	5773	-9.9	继电保护屏	面	5356	5.3
量具	万件	46	0	保护及自动化继电器	万件	38	35.7
磨料磨具	吨	7636	-7.3	电焊条	吨	10146	3.8
工业泵	台	5032	-5.5	裸铝线	吨	535	-14.7
农业泵	台	8298	-27.2	钢芯铝绞线	吨	5462	-9.1
风机	台	3753	-19.1	裸铜线及电车线	吨	897	46.3
高中压阀门	吨	2700	5.8	铜排扁线及电刷线	吨	2678	-27.1
低压阀门	吨	297	-66.4	电磁线	吨	4657	-8.2
暖风机	台	787	-27.0	电力电缆	公里	3002	7.9
气体压缩机	台	67	-23.9	控制电缆	公里	1640	-5.8
制冷设备	套	136	-2.2	通讯电缆	公里	779	-12.1
气体分离及液化设备	套	40	25.0	布电线	公里	83083	-9.8
液压件	台(件)	50756	-7.1	绝缘材料	吨	6685	5.5
标准紧固件	万件	24909	4.3	高压电瓷	吨	3579	6.0
轴承	万套	6690	-1.4	电碳制品	吨	906	-0.4
起重设备	吨	5694	26.9	工业自动化仪表	万台(件)	25.4	-5.8
运输设备	吨	2284	-44.7	电工仪器仪表	万台(只)	146.5	87.5
装卸机械	吨	3598	-38.2	光学仪器	台	18916	12.3
工矿配件	吨	3735	6.8	分析仪器	台	200	-36.1
矿山设备	吨	159	-67.0	实验仪器装置	台	134	-6.3
冶炼设备	吨	4631	7.6	专用仪器仪表	台	15127	-32.2
金属轧制设备	吨	11678	-3.1	电影放映设备	台	808	-26.4
铸钢件	吨	15208	-1.2	照相机	架	13794	-3.1
锻钢件	吨	45626	11.8	科研办公机械	台	792	18.0

依靠科技进步，“科技兴业”的发展战略正逐步开展，一是产品逐步向优势特色、“三高”方向发展，哈尔滨“三大动力厂”的 30 万和 60 万千瓦发电设备、哈尔滨量具刃具厂的大型数显量仪，以及数控机床、加工中心等。二是引进消化吸收工作步伐加快，哈尔滨“三大动力厂”的 60 万千瓦发电机组的国产化率从第一台的 64.6%已提高到 88.9%，齐齐哈尔第二机床厂引进消化的日本小松压力机、德国舒勒公司 SA 系列的高速精密压力机、美国麦迪公司的立卧复合铣床，黑龙江锻压机床厂引进英国的罗德斯波尔公司的数控回转步冲压力机和佳木斯收获机械厂的联合梳麻机和中密度麻屑板成套设备均已基本实现国产化，批量投产。三是“工艺突破口”工作向纵深发展。试点企业由上年的 94 家扩

大到120家，又有39家企业达到“工艺突破口”五项标志，5家企业晋升为机电部工艺管理先进企业，6家企业进入工艺管理省级先进单位。四是科技成果转化有了突破，省机械厅首次组织8个地市40家企业到省内7所院校进行考察洽谈，从推荐的296项成果中选择，签订了22项技术联合和转让合同。

1991年全省机械工业系统内企业广泛深入地开展了“质量、品种、效益年”活动，普遍提高了认识，开展产品创名牌活动，有34个企业81种产品列入“八五”期间创名牌计划。开展了“提高关键工序一次投入产出合格率”活动和质量“五查”（查质量意识、查实物质量、查质量保证体系、查为用户服务、查质量法规贯彻）活动，积极贯彻GB／T10300《质量管理和质量保证》国家系列标准。1991年内在全省重点考核的117种主要产品中，品种抽查合格率为100%，一等品率为89.02%，质量稳定提高率达100%，优质品产值率达39.9%，均比1990年有所提高。哈尔滨锅炉厂60万千瓦火电机组配套的HG-2008／18.2-M电站锅炉获国家金质奖；第一重机厂的E4S600-MB、EIS1250机械压力机，佳木斯电机厂的YB80-280防爆电机，哈尔滨新生开关厂的QLF-2000／1000大型汽轮发电机励磁装置，哈尔滨电碳厂的T-104火箭喷嘴和哈尔滨汽轮机厂辅机工业公司的JD-350低压加热器等6种产品获国家银质奖；32种产品被评为部优，省优产品1991年停评。

技术改造 “八五”期间国家和省重点技术改造项目的可行性研究报告已基本完成，在列入部限上的70多个项目中，扩初设计已完成的有7个。在国家批准的7个项目中，齐齐哈尔第一机床厂、齐齐哈尔第二机床厂和哈尔滨第一工具厂已完成了扩大设计。1991年共启动了哈尔滨轴承厂、电碳厂等基建、技改项目77个，计划投资4.07亿元，通过多方筹措资金，已落实资金3.72亿元，当年完成29861万元。同时还验收了哈尔滨“三大动力厂”、电缆厂、变压器厂和齐齐哈尔第一、第二机床厂等16个“七五”期间的技改结转项目。齐齐哈尔第一、二机床厂、齿轮厂，佳木斯电机厂、联合收割机厂，哈尔滨第一工具厂、绝缘材料厂、蓄电池厂，阿城继电器厂等15个企业获得了机电部“七五”验收证书，与省国防科工办共同召开了“七五”技术改造总结表彰会，有71个集体、455个同志受到表彰。

出口创汇和利用外资 1991年，由于外贸企业和生产企业的通力合作，全年完成出口产品产值43073万元，完成援外产品12种、2227台(件)、产值112万元。厅属几个外贸公司出口创汇2438万美元，比上年增长7.7%，对独联体的边贸过货额完成1767万瑞士法郎。省产机床、木工机械、锻压设备、工程机械、联合收割机等产品出口大幅度增加，所占比重从1988年为全省出口产值的1.83%上升到21.6%。哈尔滨量具刃具厂、哈尔滨电站设备成套公司列入机电部百名出口创汇大企业行列。低档的农机具如脱谷机、农用三轮车、砻碾机等开始进入马里和尼日利亚等非洲国家，签订了170万美元合同，并派出专家帮助指导产品安装和使用。1991年国家批准齐齐哈尔第一机床厂、齐齐哈尔第二机床厂、牡丹江轴承厂为出口基地企业，哈尔滨第二电机厂、哈尔滨电影机械厂为扩大机电产品出口企业。到目前为止，全省已有出口基地企业10家，扩大机电产品出口企业14家。

1991年利用外资工作实现了零的突破，哈尔滨电表厂和哈尔滨汽轮机厂共6个项目利用联合国计划开发署资金39.33万美元；佳木斯联合收割机厂、第一重型机器厂、牡丹江轴承厂利用亚洲银行贷款495万美元。当年批准了与俄罗斯联邦新西伯利亚两家企业合资兴办年产2000吨焊条和年产15万只液化气罐的工厂，产品全部销往俄罗斯联邦。

深化改革和企业管理 1991年，按照国家计委和机电部1990年联合下发的〔936号〕文件精神，省机械厅会同省计委、经委组建了全省机电行业统筹规划领导小组，并成立了24个分行业规划组，制定了统筹规划工作程序和管理办法。编制了机械工业大行业“八五”计划，共提出基建、技改、技术引进（包括国家和地方）177个项目，计划总投资40亿元。同时按国家产业政策，实行宏观调控，取消了近20个农机、汽车、电器等重复投入、重复建设和低水平延伸改造的项目，按照省政府1990年1号令颁布的《黑龙江省机械工业行业管理暂行办法》的要求，牡丹江市政府、绥化行署、齐齐哈尔市相继颁布了实施细则，省厅制定的《停产、限产指令通知书办法》已经实施，行业《统筹规划暂行办法》、《机电产品定点管理办法》已形成初稿。

1991年，通过现场优化管理和强化管理基础工作，使企业管理水平和整体素质有了新的提高。多数大中型企业，在综合治理生产现场时，把现场质量管理、工艺管理、定置管理和劳动管理等有机结合起来，推进了现场优化。哈尔滨电机厂、哈尔滨电缆厂、第一重型机器厂、佳木斯联合收割机厂、佳木斯电机厂等企业很快达到了机电部现场优化标准。

在强化各项专业管理中，突出了目标成本管理，一批大中型企业从控制质量成本、设计成本、工艺成本入手，实现全厂目标成本控制，为活化资金、压缩两费、抑制效益下滑起到了有效作用。佳木斯联合收割机厂制订、修订了14920道工序工时定额，覆盖率达100%，仅此一项就使成本降低221万元；阿城继电器厂采取日、旬成本控制办法，随时掌握全厂资金的运行情况，全年节约200多万元，取得生产、销售、利税同步增长。1991年，有哈尔滨电机厂、佳木斯联合收割机厂两家企业晋升为国家一级企业，哈尔滨电缆厂、佳木斯北方机械厂、肇东水泵厂晋升为国家二级企业；牡丹江木工机械厂等14家企业晋升为省级先进企业；绥化小型拖拉机厂等17家企业被评为省机械工业先进小型企业。哈尔滨轴承厂、哈尔滨量具刃具厂、佳木斯联合收割机厂等6家企业晋升为国家安全级企业，还有5家企业新晋升为国家一级节能企业。全年共办车间主任培训班25个，学员730人，14类专业管理人员培训班5个，学员230人，专业技术人员的继续教育人数逐年增加，全系统参加学习人数达4590人，比1989年增加80%，工程师进修大学在校生达2178人，比1989年增加60%，全年培训各种技术工人36569人次，全员培训率31.5%，从而提高了职工队伍的素质。

存在的主要问题　一是经济效益差，全省机械工业系统实现利税总额和亏损额均跌入了谷底。全省实现利税总额为32788万元，比1990年减少2970万元，比最好的1988年少1.84亿元。亏损额高达14369万元，比1990年增长15.6%，亏损户109个，亏损面高达34.7%，潜亏和虚盈实亏的现象十分严重，据测算，明亏和潜亏企业大致占三分之二。资金占用大，周转慢、定额流动资金平均占用达462882万元，比上年增长20.7%，银行贷款高达39.7亿元，流动资金周转天数为322天，可比产品成本降低率为−2.36%。资金利税率大幅度下降，只有7%，远远低于全国平均水平。

部分产品质量问题比较严重，1991年在产品质量抽查中，有5%左右的产品不合格。哈尔滨电表仪器厂、哈尔滨照相机厂的照相机、绥化八一齿轮厂的小四轮拖拉机齿轮、齐齐哈尔、牡丹江链条厂的链条在《中国机电报》上被曝光。

〔撰稿人：黑龙江省机械工业厅　时钟常　审稿人：黑龙江省机械工业厅　王鸿智〕

上海机械工业

上海市机电工业管理局等

上海机械工业系统主要由上海市机电工业管理局、上海市仪表电讯工业局、上海市郊县工业管理局、上海汽车工业总公司、上海电气联合公司等所属企业组成。1991年上海市机电局、汽车工业总公司、电气联合公司共有企业376家，职工336524人，完成工业总产值181.9亿元，全员劳动生产率54043元／人·年。

1991年，上海食品包装机械行业企业数由1990年的1家，发展到5家，工业总产值和产品销售收入与上年相比，增幅较大。

1991年，上海机械工业系统概况和主要产品产量见表1、表2。

表1　1991年上海机械工业系统概况

行业	企业数(个)	全部职工年末人数(人)	工业总产值		工业净产值(万元)	产品销售收入		产品销售税金(万元)
			1990年不变价(万元)	比上年增长%		当年价(万元)	比上年增长%	
合计	376	336524	1818697	30.2	481397	1763913	37.1	87198
农业机械	10	26514	87964	6.3	30214	96752	21.8	3649
工程机械	4	5296	16111		3262	18910		1229
机床工具	41	37574	87576	11.5	26328	98953	39.8	4617
通用基础件	50	19603	57422	4.1	16180	49613	11.1	2849
轴承	14	12757	47182	13.2	13435	41424	18.8	2377
石化通用机械	60	41442	146135	18.0	52351	155051	28.7	9295
重型矿山机械	17	23622	85977	46.1	18899	86960	55.2	4180
汽车	27	35227	626103	65.2	157152	625188	73.5	26147
电工电器	84	96987	520723	0.0	137061	490765	4.9	28529
仪器仪表	5	2575	6549	30.5	2297	7640	73.4	519
食品包装机械	5	1886	4673	762.0	1848	5590	959.0	315
其他	59	33041	82282	61.4	22397	87067	86.5	3492

(续)

行　业	利润总额（万元）	上交利税（万元）	年末固定资产 原值（万元）	年末固定资产 净值（万元）	定额流动资金 年末占用数（万元）	定额流动资金 年平均余额（万元）	资金利税率（%）	全员劳动生产率（元／人·年）
合计	144332	41603	777758	471144	759725	688818	15.8	54043
农业机械	7654	2207	47897	23908	37730	31266	14.3	33176
工程机械	1248	310	13219	6384	13322	12861	9.5	30421
机床工具	7153	2686	61583	27209	64766	61889	9.5	33030
通用基础件	3039	1032	34313	22344	19330	18604	11.1	29292
轴承	4825	1815	21041	12557	17454	15749	19.6	36985
石化通用机械	16558	5986	79266	47059	90131	82365	16.0	35262
重型矿山机械	4113	819	61170	27043	57591	56349	7.1	36397
汽车	91105	7194	170783	130547	147978	111457	41.5	177734
电工电器	33992	16620	221370	130311	267513	257364	13.1	53690
仪器仪表	629	463	4162	3086	4686	4633	13.1	25433
食品包装机械	854	534	2241	1427	4048	3758	19.5	24777
其他	3162	298	60713	39319	35176	32523	7.1	24903

上海机电工业

生产发展情况　1991年上海市机电工业管理局完成工业总产值93.95亿元，比上年增长4.9%；实现利税10.91亿元，与上年持平；实现利润6.09亿元，比上年下降9.1%；出口创汇1.92亿元，比上年增长5.5%。至1991年末，全局仍有亏损企业18个，比上年末减少4个，累计亏损金额达2584.1万元，增亏260万元。1991年全局经济效益下滑的局面得到控制，但产品成本反超，亏损金额增加，资金占用上升等因素仍制约全局效益的回升。

1991年生产发展主要特点：

1. 奋力制止效益滑坡

1991年，头两个月全局实现利税比上年下降33%，其中利润下降50%，亏损企业占全局企业数的25%。全年减利达3.4亿元，相当于1990年全年实现利润的50%。面对严峻形势，全局加强综合治理，强化生产指挥系统，以销定产，限产停产滞销产品，增产适销产品，使销售量增长，增加利润近1.38亿元，占增利因素比重达43.72%。“压库促销”使产品成品资金下降，1991年末为9.35亿元，产品库存率为9.77%，低于机电部提出的12%的要求。

2. 发挥经济杠杆作用，加强政策配套

1991年为充分发挥工资分配的经济杠杆作用，机电局先后研究制定了《关于目标考核奖励办法的意见》等12个分配奖励的政策文件，集中有限的财力，增加分配的透明度，全局狠抓二季度生产，做到当季制止住效益滑坡，为全年利税回升奠定了基础。

3. 发挥整体效能，向加强管理要效益

1991年全局加强各级领导班子的建设，提高整体效能，发挥整体优势，理顺关系，加强管理。全年外协费用控制到6.6亿元，比上年压缩了3000万元，外配费用控制到1.45亿元，比上年压缩了8000万元，比预定目标多压缩3000万元，全局内配率从78.9%提高到84.1%，增利税2000万元。

4. 强化服务，为企业排忧解难

面对年初严峻的经济形势，3月份局机关抽调三分之一人员组成8个重点调研组和多种形式的专题调研组，到16个利税大户和亏损大户调研，帮助企业解决了20个影响效益的紧迫问题。财务部门还组织企业进一步清理“三角债”，缓解资金紧缺矛盾，并为企业调整不合理的产品价格，消化减利因素近1亿元。

科研成果　1991年全局科研攻关计划完成69项，完成率达75.8%，比上年提高5.8个百分点。1991年列入市科委科研攻关项目28项，科技成果推广2项，火炬计划3项。全年技术进步产品累计完成40.7亿元，占总产值的43.7%，比1990年提高4.7个百分点。

列为国家“七五”重点科研项目——“冷连轧机组关键技术”中的液压压下控制轧辊、大中型可编程序控制器PLC国产化、新一代晶闸管直流传动装置均为国内首创，达到国际先进水平。全局获机电部1990年度科技进步奖25项，市科技进步奖10项，受国务院表彰的重大装备“七五”项目33项。

新产品　1991年完成新产品试制鉴定400项，军工新产品试制80项。主要有10吨／时角管式锅炉、H215蜗杆砂轮磨齿机、SL89-299高温网带式热处理炉、微机控制溴化锂吸收式制冷机组、微机控制1000克热固性注塑机、YPZ787卷筒低平版胶印机等。新产品试产计划共完成134项，完成试产产值3.74亿元。

质量　1991年，机电局制订颁布了第一份比较完整的《质量奖惩办法》，并决定每年拨出300万元专项基金额度和30万元工资总额额度支持该《办法》的实施。1991年全局完成国家重点工程129个项目的配套产值3.44亿元，特别是30万千瓦秦山核电站、南浦大桥、虹桥机场改建等8个主要项目，并派出服务总代表加强现场服务，确保工程质量。1991年新创国家优质产品7项，部优产品48项、市优产品41项，新创质量管理奖企业部级1个、市级3个。国家、市两级质量监督抽查合格率达100%。

技术改造 1991年"七五"结转技术改造项目112项，集中全力完成了70项，按建设周期转到1992年的有42项，全局完成投资用款7亿元，为年计划的102.9%。机电局重点技术改造项目基本建成的有：(1)利用世界银行贷款改造的上海机床厂已完成总投资的63%，上海机床公司已完成总投资84.4%。(2)上海柴油机厂二铸工车间技术改造到1991年12月14日已正式出黑坯。(3)液气公司、轴承公司历时三年，投资9000万元，于1991年12月通过了"七五"限上项目国家级验收，为提高基础件生产水平创造了条件。

1991年全局完成投达产项目195项，完成项目产值18亿元，利税3.2亿元，节创汇达3600万美元。浦东开发进展较快，已批准技术改造项目7项，总投资1.4亿元。

技术引进 1991年全局技术引进工作开始实行计算机信息系统管理，提高了引进工作效率和科学管理水平。1991年利用世界银行贷款技术引进项目，由上海电器公司、上海印刷机械公司组成，总投资额为6400万美元。上海电器公司共16项，总投资额为4200万美元；上海印刷机械公司7项，总投资额为2200万美元。引进了世界上的先进技术，使企业产品更新速度加快。如上海合众—开利空调机设备有限公司，引进了先进的离心式活塞式冷水机组，开业初期还是个亏损企业，而1991年利润已达2600万元，位居全局合资企业首位。

销售 1991年全局坚持抓服务、促管理、争效益，销售总额完成92亿元，为上年同期的107.4%；销售收入完成84.2亿元，比上年增长10.5%。全年退订合同5.82亿元，比上年下降49.9%；全年门销累计达到11.8亿元，比上年增长2.3倍，门销占产品销售总额的12.8%，为销售收入的14%。

在外销方面全局扩大层次高、销路旺、效益好的产品出口，如机床公司的整机出口单价已从1986年的平均2437美元提高到1991年的5277美元。出口产品的结构调整，使1991年出口创汇比上年增长5.5%，达到1.92亿美元。23个已开业的合资企业，总销售额达9.82亿元，利润1.2亿元，出口创汇4319万美元，分别比上年增长75%、140%、67%。

深化改革及企业管理 1991年，为搞活国营大中型企业，全局进行了积极地探索和调研，加快了改革步伐。到年底，已被批准进行"转换机制、放开经营"试点，给予类似"合资"企业政策的有上海柴油机厂和上海机床厂2家；已被批准进行"税利分流、税后还贷、全员劳动合同制配套改革"试点，类似上海第二纺织机械厂政策的有9家，即上海微型轴承厂、上海跃进电机厂、上海工具厂、上海电焊机厂、上海探矿机械厂、上海压缩机厂、彭浦机器厂、上海电缆厂、上海电线电缆（集团）公司。上海市已批准将在上海轻工机械公司进行股份制试点。1991年，新批准建立合资企业9家，总投资8004万美元，注册资本3708万美元。到年底，全局已建立合资企业29家，总投资2.52亿美元，注册资本1.31亿美元，直接吸收外方协议资金4788万美元。

1991年，上海蓄电池厂、上海砂轮厂、上海电器陶瓷厂3家企业被批准为国家二级企业。到1991年底，累计已有74家国家二级企业。1991年企业关停并转是近年来幅度较大的一年，对经营管理不善，改造无望的企业，先后"并转"了10家，"关、停"了2家，使生产要素资产存量得到优化。

〔撰稿人：上海市机电工业管理局　马俊勇　审稿人：上海市机电工业管理局副局长　洪积明〕

上海汽车工业

上海汽车工业以上海汽车工业总公司所属企事业单位为主体，与上海地区其它从事汽车、专用车、改装车、客车和零部件企业组成。1991年末，上海汽车工业总公司所属企业单位37家。完成工业总产值68.54亿元，比上年增长60.07%；实现利税13.8亿元，比上年增长152.75%；其中利润10.69亿元，比上年增长155%；出口创汇2610.4万美元，比上年增长78.32%；产品销售收入120.3亿元，比上年增长65.5%；全员劳动生产率12.4万元／人·年，比上年增长54.5%。

新技术与科研成果 1991年，列入市14项科技结合生产重点工业会战项目之首的桑塔纳轿车科技攻关，全年共完成8项。其中轿车变速器镁合金铸造用精炼剂和覆盖剂、水封气密性装置、水封橡胶波纹管等6项达国际水平；车灯底面漆，制动泵缸体铸造技术2项填补了国内空白。

1991年全公司系统企业共提出合理化建议12497条（项），完成合理化建议、技术改进项目1143项。其中有162项重大技术改进、"四新"项目荣获总公司"双革四新"优秀成果奖，产生直接经济效益2200万元。新技术推广的重点是微机应用和机电一体化，在线检测技术和测试设备，工夹具和生产设备的改造，热处理、铸造、锻造，表面涂装四大基础工艺的改进等。

新产品开发 1991年上海汽车工业总公司开发新产品15项。其中列入中国汽车工业总公司和市级重点新产品计划的有 SH6110D（中汽联合设计型号为 $KL6110HF_2$）型旅游客车底盘和旅游客车等 2 项；列入上海汽车工业总公司新产品计划的有 XF125GY 型公路越野摩托车等 3 项。其它主要新产品有装进口发动机的 $6600N_2$ 型轻型客车底盘，上海-550 型拖拉机，4100C 型、295AC 型 2 种船用柴油机，B495Q 型车用柴油机，375 柴油机，上海-50 型拖拉机窗片式水箱，JF1512 型汽车发电机等。经外商认可的出口新产品有 ZD1974 型油泵电机和 DG314 型线圈等 2 项。

质量 1991 年，总公司主导产品质量稳定提高。市级以上监督抽查 50 种产品，质量合格率为 100%。总公司抽检考核产品 257 种，产品质量稳定提高率达 95.09%，抽查覆盖率为 97.14%。对安全件、关键件，做到了月月查，产品质量稳定。全年出口的桑塔纳轿车、250mL 摩托车、上海 50 拖拉机以及 140 万件（套）汽车零部件产品，没有发现批量性质量问题和索赔。

1991 年，重点产品质量保证能力评审的目标为 5 个 A 级和 8 个 B 级。经过努力，实际达到了 5 个 A 级和 26 个 B 级。新建成“生产特区”18 个，相当于 1988 年至 1990 年三年创建“生产特区”的总和。

1991 年又有上海一易初摩托车有限公司等 9 个企业的 125mL 摩托车等 9 种产品被评为市赶超优质产品和市优产品，有 3 个企业的 3 种产品被评为市出口优质产品。

技术改造 1991 年，总公司完成技术改造投资 39306 万元，竣工投产项目 11 项。其中桑塔纳轿车配套项目 8 项。这些项目竣工投产后可新增产值 23557 万元，为 1992 年生产 6 万辆轿车提供了有力的保证。

技术引进 1991 年引进技术消化吸收和引进产品国产化的工作继续取得重大进展。桑塔纳轿车零部件国产化工装样品认可率从上年的 73%提高到 83%，减货节汇率从 60%提高到 70%以上。总公司系统内配套的零部件工装样品共认可 15 项，认可率从上年的 24.5%提高到 26.1%；减货批量认可共 29 项，减货节汇率从 18%提高到 22.05%。后桥、前悬挂总成、空调压缩机、前大灯、仪表板、发电机等一些主要总成和零部件实现了减货节汇。引进日本本田公司技术生产的 XF125 型摩托车零部件国产化率达到了 82%；引进美国伟步公司技术的 35D 矿用自卸车国产化自制率也达 80%以上。

深化改革与企业管理 1991 年，总公司组织结构调整取得进一步成效，通过企业兼并、合并、组建总厂等形式，使一些产品竞争力低、经济效益差的企业及时转变生产方向，而且通过生产要素的合理优化配置，减少了总公司的管理幅度，提高了上海汽车行业的竞争能力。1991 年，上海诚孚动力机厂由于社会资产存量得不到合理使用、经济效益差而解体；由上海离合器厂、上海工农内燃机配件厂、中国链条厂、上海汽车电镀厂等四家厂新组建了上海离合器总厂。总公司逐步完善了三个层次的经营管理体制，第一层次是总公司本部，即八处四室，为决策中心、投资中心；第二层次是二级公司、事业部、总厂，为经营中心、利润中心；第三层次是各工业企业，为生产中心、成本中心。

〔撰稿人：上海汽车工业总公司　蔡一平、都绍纬〕

上海郊县机械工业

生产情况 1991 年，上海郊县机械工业企业围绕以提高经济效益为中心，以市场为导向，依靠科技进步调整产品结构，取得了生产增长，经济效益提高。据统计，上海郊县机械工业系统 5535 家企业，完成工业产值 141.78 亿元，比上年增长 81.8%；销售收入 184.15 亿元，增长 112%；利润 106397.9 万元，增长 89.3%。

产品结构调整 一批档次高和竞争能力强产品的形成，有力地促进了郊县机械工业产品结构的调整。1991 年郊县机械工业系统又新增一批产品适销对路、具有市场竞争能力的新企业。同时，在各级政府的扶持下，涌现了一批具有相当水平和规模的“小巨人”企业。郊县机械工业适应上海支柱工业之一的轿车工业发展趋势，通过开发为桑塔纳轿车配套的新产品，组建汽车配件生产企业，在较短的时间内，使汽车及汽车配件行业成为郊县机械工业系统的一个重要行业。1991 年该行业实现产值 10.2 亿元、利税 1.4 亿元。仅为上海一桑塔纳轿车配套的企业达 10 家，共生产 72 个配套产品，1991 年实现产值近 2 亿元，占整车国产化产值的 4.6%。其中有 8 种高新技术产品，产值达 1 亿元。嘉定县乡镇工业将高新技术产品开发、生产与新材料、机电仪产品、光纤电缆、汽车配套等支柱产业的结构调整紧密结合，淘汰了一批市场销路不畅、技术落后的老产品，开发出近 20 项高新技术产品，并立即投入了规模生产。1991 年该县乡镇机械工业高新产品实现产值近 7000 万元、利税 1800 万元。嘉定东城电子元件厂通过新产品开发成为一家拥有氧化铝特种工业陶瓷等高新产品以及数百种新产品的科技型企业。1991 年该厂采用高精度机械接合新工艺，将接合后的陶瓷零部件应用到机械构造领域，在国内同行中领先一步。

科技进步 上海郊县机械工业企业在科技进步方面做了大量工作。以技术改造为突破口，提高生产手段和开发手段。全年列入市经委计划的重点技术改造和重点引进项目的总投资超过“七五”期间重点项目的总和。技术手段的提高，促进了新产品开发。上海郊县机械工业企业全年开发市、县两级重点新产品 150 项，当年完成产值 2.18 亿元、利润 2216 万元，且新产品都具有较高的水平。据统计，重点新产品中有 20%左右达到了国际、国内先进水平。在上海首届科技博览会上，郊县工业有

58个产品获奖，其中机械产品达36个，占62%。川沙努力饮料设备厂自行研制开发成功的ZGL型烛式啤酒过滤机，过滤的效果与同类进口设备相同，但价格只有进口机的六分之一，而且还能适用于其它酒类、饮料、医药、化工等行业。上海飞星电瓷厂自行设计制造的PT-80型静电粉末喷涂装置，被列为上海1992年自然科学发展基金指南传统项目的重点推广项目。1991年全系统有3个产品获机电部优质产品称号，川沙消防器材厂的手提干粉灭火机荣获国家优质产品银奖。

〔撰稿人：上海市郊县工业管理局　陈　钦、吴嘉騄〕

江苏机械工业

江苏省机械工业厅

生产持续发展　1991年，江苏省机械工业厅系统完成工业总产值154亿元，实现销售收入142.8亿元，分别比上年增长21.1%和31.4%。重点考核的100种主要产品，比上年增长的有58种。详见表1、表2。

表1　1991年江苏省机械工业系统概况

行　业	企业数(个)	全部职工年末人数(人)	工业总产值		工业净产值(万元)	产品销售收入		产品销售税金(万元)
			1990年不变价(万元)	比上年增长%		当年价(万元)	比上年增长%	
合计	770	487728	1540313	21.1	384257	1428351	31.4	54709
工程农业机械	188	139122	492641	22.2	105194	471399	31.6	9613
机床工具	62	51734	114566	15.4	37740	106138	28.7	5638
通用基础件	52	24766	58657	19.6	14606	51308	33.6	2118
轴承	17	14411	41262	7.2	13463	32682	14.8	1750
石化通用机械	65	37965	90082	18.6	26811	88725	31.6	4159
重型矿山机械	31	21456	80048	45.1	18222	70275	71.9	2487
汽车	42	19765	70019	30.7	16624	72303	41.4	2335
电工电器	152	89936	340537	12.8	84244	304996	22.7	16855
仪器仪表	60	35891	98816	46.5	30318	85420	51.6	4162
其他	101	52682	153685	20.3	37035	145105	26.1	5592

行　业	利润总额(万元)	上交利税(万元)	年末固定资产		定额流动资金		资金利税率(%)	全员劳动生产率(元/人·年)
			原值(万元)	净值(万元)	年末占用数(万元)	年平均余额(万元)		
合计	47118	13424	714436	487812	610503	564599	10.4	32286
工程农业机械	15302	5001	199418	137111	160717	143991	8.0	33388
机床工具	4280	1569	80532	49915	68689	64952	9.1	22447
通用基础件	1451	341	31622	22775	23008	20964	8.6	23881
轴承	2523	853	22145	14970	17695	16548	14.3	28966
石化通用机械	3682	1081	49579	33610	44826	42581	11.0	24095
重型矿山机械	1909	259	30731	21964	33202	31053	8.5	37668
汽车	2281	254	24629	18197	22781	21254	12.7	36236
电工电器	6661	2238	159337	112099	137936	130295	10.1	38458
仪器仪表	6387	969	42621	26618	42741	36605	17.4	27611
其他	2642	859	73822	50553	58908	56356	9.2	30667

表 2　1991 年江苏机械工业系统主要产品产量

产品名称	单位	产量	比上年增长%	产品名称	单位	产量	比上年增长%
大中型拖拉机	台	1124	3.7	起重设备	吨	39420	35.5
小型拖拉机	台	139954	−1.0	运输设备	吨	3879	−0.9
内燃机	台	1164489	31.5	矿山设备	吨	8162	−11.2
	万千瓦	1105.61	32.1	炼油化工设备	吨	2176	9.5
内燃发电机组	台	1193	−29.4	塑料加工机械	吨	2752	52.4
	万千瓦	12.62	2.0	水泥设备	吨	1288	45.0
机引耕作农具	台	15572	81.3	汽车	辆	3401	68.8
机动植保机械	台	33736	76.5	民用改装车	辆	6110	32.9
收获机械	台	5116	9.8	汽车配件	万元	39754	14.3
场上作业机械	台	49232	9.8	增压器	只	6700	−10.6
农副产品加工机械	台	5337	−10.2	发电设备	台	36	−18.2
水利排灌机械	台	22129	−26.6		万千瓦	4401	3.6
拖拉机、内燃机配件	万元	102610	23.6	微电机	万台	28.27	−20.9
农用试验设备	台	709	−39.5	油泵电机	万台	4.95	2 倍
金属切削机床	台	15365	29.8	变压器	万千伏安	516.37	4.3
机床附件	万件	36.83	−7.2	高压断路器	台	1962	13.7
机床电器	万件	299.89	34.4	高压隔离开关	组	15345	22.4
台钻	台	49689	36.2	电力整流器	万千瓦	3.02	3.1
砂轮机	台	118632	7.3	5000 伏安以下变压器	万千伏安	30.34	−20.8
机床配件	万件	14.6	2.1	高压电瓷	吨	12675	−4.9
锻压设备	台	6233	48.8	钢芯铝绞线	吨	3955.7	−3.5
铸造机械	台	1177	31.1	电力电缆	公里	7702	4.4
量仪	万件	0.68	68 倍	控制电缆	公里	5212	1.5
量具	万件	24.43	−9.1	粉末冶金制品	万件	2001	13.3
泵	台	113755	−10.2		吨	1271	−52.8
液压件	台(件)	382832	1.5	电焊条	吨	34731	31.1
	吨	4167	5.5	工业自动化仪表	万台(件)	139.06	26.1
标准紧固件	万件	482032	−4.1	电工仪器仪表	万台(只)	221.9	13.1
	吨	58188	−54.2	分析仪器	台	8840	24.3
工业链条	万米	333.6	1.0	光学仪器	台	85622	−5.0
	吨	7543	0.5	实验仪器及装置	台	73011	2.3 倍
轴承	万套	5182	16.7	专用仪器仪表	台	1849	−26.4

调整产业结构进展加快　1991 年，省机械厅系统以“一创三节两保证”产品为主攻方向，积极发展“五高两低”产品，即高市场容量、高技术含量、高附加值、高效益、高创汇、低能耗、低物耗产品，使得产品结构发生较大变化。如无锡市机械局系统现有 45%的产品达到国际 80 年代水平。苏州机床电器厂以市场为导向，以赶超国外先进水平为目标，先后开发了一批高新技术产品，该厂 1991 年有 9 项综合经济技术指标名列全国同行业之首。省机械厅系统还突出抓了 26 个外汇率和技术含量较高的产品出口，1991 年全系统技术密集型出口产品的产值占出口总产值 50%以上。另外，还以名、优、特、新产品为龙头，以重点骨干企业为依托，组建了江苏宇宙焊接材料集团、江苏骆驼电气集团等一批企业集团，促进了规模经济的发展。

新产品开发成绩显著　1991 年，江苏省机械厅系统共完成部、省下达的新产品开发计划 60 项，其中达到国际 80 年代先进水平或居国内领先水平的有 194 项，填补国内空白的有 66 项。全系统完成技术进步产品产值 37.56 亿元，比上年增长 34.9%；新产品产值率达 22%，也比上年高出 6 个百分点。厅系统还获得机电部科技进步奖 27 项(其中属第一单位的有 10 项)，省科技进步奖 47 项，厅科技进步奖 54 项。泰州市机械冶金局系统完成新产品产值近 3 亿元，占该市机械系统总产值的 42.8%。徐州工程机械集团公司的新产品销售收入 2.02 亿元，占该集团公司销售总额的 36.5%；新产品创汇 576 万美元，占创汇总额的 43.6%。无锡市机械局系统完成新产品产值 4.64 亿元，新产品产值率达 34.9%。该市有一批企业的新产品产值率超过 50%，如无锡电表厂为 73.4%，无锡机床厂为 72%，无锡通用机械厂为

70%，无锡电力电容器厂为62%，无锡锅炉厂为52.11%。南京市机械局系统完成新产品产值5.68亿元，比上年增长50%；新产品产值率为31.87%，比上年提高4.6个百分点。

质量稳中有升 据机电部考核的4种质量指标统计，1991年，江苏省机械厅系统品种抽查合格率为100%，国家监督性抽查合格率为88.2%，质量稳定提高率为99.35%，优质产品产值率为36%。1991年，机械厅系统共获得省级以上产品质量奖192项，其中国优3项，部优43项，省优146项。盐城江淮动力机厂生产的S195柴油机获得国优金质奖，徐州重型机械厂生产的QY16汽车起重机、南通机床厂生产的XK5032数控立式升降台铣床获国优银质奖。常州柴油机厂用举办“质量运动会”的形式，在65家常柴集团成员厂中开展了上万名职工参加的“1991百日质量竞赛”活动，促进了产品质量的提高，使该厂生产的所有产品全部进入优质名牌产品行列。

技术改造取得一定成效 1991年，部、省下达给省机械厅系统的技术改造项目共114个(其中“八五”新开工项目35个)，总投资额为3.85亿元，当年已完成投资额2.1亿元。“七五”技术改造基本建设项目有83个已竣工验收投产，投入产出比达到：产值为1∶3，利税为1∶0.6，企业不仅改善了技术装备，而且也增强了对市场的适应能力。泰州市机械系统近几年自筹资金近1亿元，用于优势特色产品项目的技术改造，推动了10多种高、新技术产品上水平、上批量、上效益。

技术引进和消化吸收工作有所进展 1991年，省厅系统共签约技术引进项目10项，总成交额为808万美元。截至1991年底止，全系统共引进国外先进技术129项，其中国产化率达85%以上的有80项，占全部引进技术项目的62%。徐州工程机械集团公司坚持走“引进技术—消化吸收—自主开发—批量出口”的道路，加快了引进技术项目国产化的进程，产品基本达到了替代进口的要求。目前，该公司已有9大类、40多个规格的产品进入国际市场。

企业管理综合水平又有提高 1991年，省厅系统共评选出国家一级企业1个、二级企业5个，累计国家级企业75个，省级先进企业144个。现场管理优化工作已全面展开，如无锡市机械局系统已建成78个现场管理样板车间，占车间总数的41%。1991年省机械厅系统万元产值综合能耗达到0.512吨标煤，比上年下降了0.3吨标煤，下降幅度为37%。全员劳动生产率为32286元／人·年，比上年增长了19.3%。

转换企业经营机制有所突破 1991年，省机械厅系统企业积极深化内部改革，大力转换经营机制，全面提高经济素质。盐城市机械系统下半年就在全行业实行全员上岗合同用工制度，较早打破了“铁饭碗”。无锡市机械系统在铸锻等“苦、累、脏”工种试行岗位津贴制度。全省机械系统还在14家企业开展了岗位技能工资制的试点工作。南京电影机械厂已连续六年在厂内破“铁交椅”，打破干部的身份、文凭、年龄“三唯”定势，不拘一格用人才。徐州市机械系统在转换企业经营机制、破“三铁”中取得了许多好的经验，收到了显著的成效。1991年省机械厅系统有16个企业被省政府授予省先进承包企业称号。

出口保持了较好的增长势头 1991年，省机械厅系统共完成出口产值15.2亿元，比上年增长30%。出口创汇2.4亿美元，比上年增长21%。省机械厅系统外贸公司、自营企业、三资企业共自营出口创汇1.88亿美元，比上年增长42.98%。系统内已有出口生产企业299家。其中有40个企业出口产值超过1000万元，17个机械产品出口产值超过1000万元。徐州工程机械集团公司、常州柴油机厂、常熟千斤顶厂、扬州通运集装箱公司出口创汇超过1000万美元。

存在的问题 1.亏损比较严重。全系统亏损企业有100户，虽比上年减少19户，但亏损金额达到8583万元，比上年增亏777万元。厅系统全年实现利润4.7亿元，比上年下降6.5%，有10个重点盈利大户下降幅度较大。2.特大洪涝灾害损失严重、影响深远。1991年，全省机械厅系统有400家机械企业被淹，停产、半停产的企业有308家，造成经济损失约7.5亿元，其中直接损失2.7亿元。洪涝灾害造成的内外伤及深层次的问题一时还难以消除。

〔撰稿人：江苏省机械工业厅 夏国柱 审稿人：江苏省机械工业厅 曹志超〕

浙江机械工业

浙江省机械工业厅

生产发展情况 1991年浙江机械工业根据机电部确定的机电工业的三大任务，结合行业实际，狠抓了转变观念，强化经营；以提高技术含量为主攻方向的结构调整和以质量、效益为重点的强化管理，努力发展特色优势产品，使全省机械工业在调整中有了新的发展。1991 年全省机械系统生产全面回升，速度、效益同步增长，全年完成工业总产值 84.32 亿元，比上年增长 28.9%；完成销售收入 74.2 亿元，比上年增长 39.6%；实现利润 3.96 亿元，比上年增长 19.6%；实现利税 7.35 亿元，比上年增长 11.7%。全年实现了产值、销售收入、利润和利税四个同步增长。详见表 1 和表 2。

表 1　1991 年浙江省机械工业系统概况

行　业	企业数(个)	全部职工年末人数(人)	工业总产值(万元) 现行价	1990 年不变价	比上年增长%	工业净产值(万元)	产品销售收入 金额(万元)	比上年增长%	产品销售税金(万元)
合计	632	271049	778520	843199	28.9	228793	741969	39.6	33851
工程农业机械	114	51605	153580	164108	13.8	38084	149964	23.4	4115
机床工具	49	21999	47502	49169	32.1	15277	47686	43.9	2676
通用基础件	51	18067	41903	51836	6.8	12974	40052	20.0	1534
轴承	12	9798	30138	33774	21.5	14373	22671	17.8	1126
石化通用机械	50	25096	67421	69756	22.5	23572	65975	38.8	3894
重型矿山机械	21	11376	31210	32447	27.0	10422	30468	39.8	1588
汽车	70	31010	114260	119022	66.4	34266	107068	78.6	5205
电工电器	138	54944	184994	208112	12.8	48939	179582	36.6	9732
仪器仪表	80	23484	53610	60234	36.1	17472	46351	34.1	2301
其他	34	13140	31796	33043	5.2	9250	28991	12.8	1041

行　业	利润总额(万元)	年末固定资产 原值(万元)	净值(万元)	定额流动资金 年末占用数(万元)	平均余额(万元)	销售利税率(%)	资金利税率(%)	全员劳动生产率(元／人·年)
合计	39609	393021	253359	335069	331982	9.9	12.6	31636
工程农业机械	6182	76067	45541	59869	57574	6.9	10.0	32361
机床工具	1848	30040	18761	22293	22193	9.5	11.0	22696
通用基础件	1626	24097	16609	18774	18432	7.9	6.1	28989
轴承	2465	15233	10922	13334	11532	15.8	16.0	36289
石化通用机械	6910	37213	20506	34225	33069	16.4	20.2	28079
重型矿山机械	2588	22611	15468	15073	15170	13.7	13.6	28814
汽车	9284	40989	29616	36033	36537	13.5	21.9	39723
电工电器	4456	88591	58695	86140	88523	7.9	9.6	38353
仪器仪表	3144	23646	15707	20459	20646	11.7	15.0	25748
其他	1433	17977	12687	16733	15916	8.5	8.6	25981

产品结构调整　1991 年通过重点抓“四个一批”产品（即一批适销对路产品、一批出口拳头产品，一批技术进步产品，一批重点发展产品），使全系统的产品结构调整工作落到了实处，并取得了明显成效。

(1) 全年生产适销对路重点产品的 23 家企业，实现了生产、销售和效益的大幅度同步增长，其增幅高于全系统平均水平。这 23 家企业的工业总产值、销售收入和实现利润分别比 1990 年增长 28.84%、37.02%、21.21%，占全系统产值、销售收入和利润的比重分别达到 19.32%、18.65%和 33.99%。

(2) 列入重点出口拳头产品的 10 种（类）产品，1991 年出口创汇达 8967 万美元，比 1990 年增长 6.88%，高于全系统创汇增长 3.05%的幅度，占全系统创汇总额的 66.42%。在扩大出口拳头产品出口的同时，1991 年已有 24 种出口新产品形成了商品化。全年新产品和成套设备新增创汇额达 2000 万美元。

(3) 列入重点开发的 10 种技术进步新产品，1991 年取得较大进展，分别达到了攻关、试制和批量生产准备的要求。这些技术含量较高的新产品的开发，为培育一批新的特色优势产品打下了良好基础。

(4) 重点发展 42 项产品，1991 年已实施了相应的 68 条工作措施，完成了年度工作任务。

产品质量 1991年机械工业重点考核产品的成品一等品率90.76%，比上年增长0.24个百分点；质量稳定提高率99.13%，比上年增长0.15个百分点；优质产品产值率43.79%，比上年增长3.01个百分点。这些指标均大大高于部下达的考核指标。全年共实施国家、省级各类产品质量抽查578批（次），合格率92.4%，比1990年提高4.5个百分点。向质量要效益取得较好成绩，据对全系统76家质量"减损"试点企业统计，1991年前三个季度，废次品损失比1990年同期下降34.6%，总金额1258万元。质量共性问题的攻关活动继续深入开展，全省轴承企业的轴承清洁度水平有了明显提高，清洁度批次合格率由1990年的13%提高到1991年的30%。全系统创汇产品达到148项，是近几年来最多的一年。

表2 1991年浙江机械工业系统主要产品产量

产品名称	单位	产量	比上年增长%	产品名称	单位	产量	比上年增长%
大中型拖拉机	台	1414	48.2		吨	3861	
柴油机	台	266267	20.9	空分设备	套	35	−39.7
	万千瓦	310.5		电除尘器设备	吨	11153	20.8
农业泵	台	205512	9.6	汽车配件	万元	96852	124
茶叶加工设备	台	8296	85.3	船用齿轮箱	台	20771	−8.2
金属切削机床	台	7273	134.4	工业锅炉	台	771	65.5
台钻	台	65142	81.8		蒸吨	1675	
工业链条	万米	702.1	8.7	工业汽轮机	台	87	−8.4
	吨	7657			万千瓦	18.4	
粉末冶金制品	万件	3910.5	31.5	发电设备	台	97	3.2
	吨	1760			万千瓦	26.3	
轴承	万套	5088	10.6	电站锅炉	台	19	−38.7
叉车	台	1491	27.0		蒸吨	1282	
	吨	7036		高压断路器	台	3968	24.7
千斤顶	台	208717	6.1	电度表	万只	343	50.5
	吨	5624		水表	万只	111.6	14.1
手动葫芦	台	265799	−5.7				

技术改造及技术引进 1991年全系统共下达技术改造计划78项（其中新开48项），当年财务用款27848万元，相当于"七五"实际用款的一半。其中19个重点企业47个子项，1991年已开工22项，年度财务用款17767万元。

1991年浙江省确定的"八五"期间66个重点技术改造项目中，机械系统占了19个，投资额8.7亿元，占投资总额的18.5%，大大提高了重点项目的投资强度。1991年进一步强化了项目的前期论证工作，特别是关键工艺与装备，做好专家论证和多方案的择优工作，以确保技术改造的技术含量。

全年引进项目立项50项，计划用汇6831万美元，其中机电部和中国汽车工业总公司使用国家积存外汇的第一批项目共有11项，总用汇2944万美元。

出口 1991年全系统出口创汇1.35亿美元，比1990年增长3.05%；出口产品产值完成9.92亿元，比1990年增长8.98%。年创汇在100万美元以上的企业和产品，分别从1990年的37家企业、30种产品增加到39家企业和34种产品。

"限产压库" 1991年末，成品资金占用10.72亿元，存销比达到14.63%，与1990年末相比，"压库"0.72亿元，存销比下降6.43个百分点。提前一年实现了存销比降到15%以下的目标。

企业管理 现场管理优化工作在全省机械系统全面推广，企业的现场管理有了较大改善。一些行之有效的现代科学管理方法得到进一步推广。据不完全统计，1991年全系统推广价值工程新增效益达1200万元。节能节材降耗也取得显著成效。据120家省以上重点企业统计，万元产值能耗0.50吨标煤，比上年下降0.08吨标煤；钢材利用率69.54%，比上年提高0.38个百分点；铸铁废品率为10.10%，比1990年下降1.66个百分点。

深化改革工作 进一步做好企业集团的组建和发展，以及企业组织结构的调整优化工作。已组建的集团如东海轴承集团等都在理顺关系，完善内部管理。一批新的集团如万达集团、华立集团相继成立。各市地通过企业合并、兼并或内部调整，优化了资产存量，推进了组织结构的合理调整。

存在问题 1991年生产的回升是在1990年全系统生产处于谷底水平上的恢复性回升，大中型企业增长相当缓慢，亏损面和亏损额还比较大。到1991年末，全系统亏损企业达106家，亏损额达

1.21 亿元，其中大中型企业的亏损额占全部亏损额的 52%。除明亏外，相当一部分企业还存在着较大的潜亏。技术进步产品比重较低，产品档次低的格局尚未根本改变。

〔撰稿人：浙江省机械工业厅办公室　孙烈根、谢国建　审稿人：浙江省机械工业厅　吕祖善〕

安徽机械工业

安徽省机械工业厅

生产发展情况　1991 年，安徽省机械工业在上年平稳发展的基础上，取得了全面的发展。

1. 生产得到全面增长。1991 年全省机械工业完成工业总产值 105.19 亿元，比上年增长 21.1%。省机械工业厅系统完成工业总产值 48.12 亿元，比上年增长 22.42%。全系统八大主要行业全面增长，增长幅度较大的是汽车、电工电器、机床工具和工程农机行业。全省 16 个地、市机械工业也全面增长，增长幅度较大的是宣城地区、滁县地区和铜陵市。一批重点产品的生产发展较快，并初步形成了规模经济。如扬子冰箱总厂年产 25 万台电冰箱，产值 5.3 亿元，实现利税 8153 万元；全椒柴油机总厂的小型柴油机产量在全国同行业位居第一，达 30 万台；产值 2.88 亿元，利税 2992 万元，分别比上年增长 26.6%、37.3%；六安手扶拖拉机厂的小型手扶拖拉机产量在全国同行业中也名列榜首，达 3.5 万台。还有一些重点产品的产量也有大幅度增长，如合肥叉车总厂生产的叉车产量，前几年在 1300 台左右徘徊，1991 年达到 2000 台；合肥矿山机器厂生产的液压挖掘机达到 350 台，比上年增长 90%；全省机动三轮车产量达 9.5 万台，比上年增长 72.1%。见表 1、表 2。

表 1　1991 年安徽机械工业系统概况

行业	企业数(个)	全部职工年末人数(人)	工业总产值		工业净产值(万元)	产品销售收入		产品销售税金(万元)
			1990 年不变价(万元)	比上年增长%		当年价(万元)	比上年增长%	
合计	382	186071	481231	22.4	117459	415558	32.9	15042
农业机械	126	57940	167664	20.3	35088	146809	27.9	3295
工程机械	4	7593	22507	57.1	6717	24606	89.4	865
机床工具	36	17556	23838	69.2	6651	21458	34.7	1316
通用基础件	21	7317	11770	17.3	3452	10617	29.6	434
轴承	9	7442	15202	1.2	5796	10262	−3.6	569
石化通用机械	25	12829	24675	24.7	8239	22180	22.6	1264
重型矿山机械	15	7383	13480	25.8	3527	12141	21.0	602
汽车	36	25509	43487	35.8	8876	41843	61.5	1481
电工电器	68	28788	137485	35.6	32635	107323	33.6	4284
仪器仪表	11	5033	9663	34.0	3566	8217	21.2	448
食品包装机械	5	909	886	40.2	250	768	25.7	30
其他	26	7772	10574	10.4	2662	9333	10.6	454

行业	利润总额(万元)	上交利税(万元)	年末固定资产		定额流动资金		资金利税率(%)	全员劳动生产率(元/人·年)
			原值(万元)	净值(万元)	年末占用数(万元)	年平均余额(万元)		
合计	13494	3770	250713	162703	208312	193558	8.9	25863
农业机械	5288	1269	72172	48293	58840	52400	12.5	28938
工程机械	1032	654	12864	7284	13581	12375	13.6	29642
机床工具	−668	102	25652	15431	16659	16433		13578
通用基础件	643	82	6823	3993	5671	4678	15.5	16086
轴承	1007	183	8768	5347	6211	4959	24.0	20427
石化通用机械	1200	222	17282	10249	15412	14911	9.5	19234
重型矿山机械	−140	50	10015	6357	7657	7126		18258
汽车	−958	110	31137	19940	29489	27669		17048
电工电器	6220	848	51843	36075	43246	42400	16.7	47758
仪器仪表	611	190	5418	3676	5670	4789	16.7	19199
食品及包装机械	−134	0	735	473	689	482		9747
其他	−607	60	8004	5587	5187	5335		13605

表 2　1991 年安徽机械工业系统主要产品产量

产品名称	单位	产量	比上年增长%
大中型拖拉机	台	200	100.0
小四轮拖拉机	台	98033	250.9
手扶拖拉机	台	29158	−51.7
内燃机	台	356120	16.6
	万千瓦	204.69	9.5
拖内配件	万元	22921.45	21.0
农副产品加工机械	台	14150	14.3
农用运输车	辆	1169	77.7
机动三轮车	辆	91579	59.6
金属切削机床	台	3332	26.6
多功能工具机	台	9703	−9.3
锻压设备	台	479	−18.5
泵	台	93570	−24.1
风机	台	3786	27.5
气体压缩机	台	929	−5.0
液压件	台(件)	22077	17.0
	吨	221	17.6
轴承	万套	1616.22	−7.1
斗式提升机	台	314	31.4
	吨	2511	30.6
汽车起重机	台	107	0
	吨	1370	7.1
带式运输机	米	11519	20.5
	吨	2504	22.0
叉车	台	1733	48.3
	吨	7275	43.5
综采机械设备	吨	2694	29.2

产品名称	单位	产量	比上年增长%
炼油化工设备	台	1185	92.7
	吨	5076	20.9
单斗挖掘机	台	316	75.6
	吨	5802	76.9
食品机械	台	3779	56.6
	吨	93	34.8
包装机械	台	814	19.2
	吨	1579	70.0
纺织机械	台	244	−29.1
	吨	1160	−44.2
家用电冰箱	万台	25.75	79.7
电风扇	万台	37.86	16.9
医疗器械	台(件)	3662	−34.3
汽车	辆	5340	88.2
改装汽车	辆	1316	77.6
汽车配件	万元	23824.44	30.8
工矿配件	吨	10930	29.7
工业锅炉	台	155	0
	蒸吨	605	5.2
交流电动机	万千瓦	75.92	−0.5
分马力电机	万台	52.61	35.1
变压器	万千伏安	226.39	6.8
电力电缆	公里	976	−36.5
工业自动化仪表	万台(件)	23.36	25.4
电工仪器仪表	万台(只)	67.81	2.5
光学仪器	台	992	−15.9

2. 产品销售增长超过生产增长。1991 年全省机械系统完成产品销售额 44.32 亿元，比上年增长 27.1%，高于生产增长 4.7 个百分点，产销率达 99%。完成产品销售收入 41.6 亿元，比上年增长 32.9%，销售收入的增长也大于生产增长。1991 年全省机械系统多渠道开拓市场，拓宽经营渠道，在系统内开展联销代销，在企业中普遍实行多种形式的销售承包。省机械厅领导还组织机械企业到淮南、淮北煤矿，安庆石化总厂。马鞍山钢铁公司等省内大型企业进行用户访问，使全省机电产品对省内大用户的销售有新的起色；省机械厅还和省内流通部门配合，多次召开订货会，促进产品销售。

3. 经济效益有所提高。1991 年全省机械系统实现利税 28536.2 万元，比上年增长 14.4%，其中实现利润 13494 万元，比上年减少 1.1%。资金利税率 8.92%，比上年高出 1.4 个百分点。全年定额流动资金周转天数 170 天，比上年加速 29 天。

4. 产成品库存有所下降。1991 年，针对产成品超储积压，导致经济循环不畅、资金周转缓慢，经济效益低下的问题，在全系统实行限产压库工作，省机械厅对 38 种库存量大的产品和 58 个企业提出了停产、限产的具体意见，并把压库指标层层分解到地市、企业，建立目标责任制。自 10 月份开始，每月生产都压缩 2000 万元左右，库存到年底达到了预期的要求。年末产成品资金占用为 71907 万元，比上年下降 5.7%。

新产品　1991 年，全省机械系统开发新产品 387 种，其中有 17 项 45 种通过批试鉴定。在开发的新产品中，6%的产品达到国际 80 年代中期水平，45%的产品达到国际 80 年代初的水平。新开发产品的水平和经济效益均比往年高，如开发的 5.88～6.6 千瓦手扶拖拉机、190 柴油机、容量 188L 的冰箱等，及时投放市场后受到用户欢迎，取得明显经济效益。全年新产品产值超过 10 亿元，新产品产值率达 20%，新产品利税 1 亿元，占全省机械系统利税总额的 31%。

在 1991 年开发的新产品中，属大型产品有：为电力部门配套的 SFP_7−240000kVA／220kV 型电力变压器、1250 吨单动薄板快速液压机（填补国内空白）、5000 吨纵梁联动液压机（填补国内空白），为重点工程配套的国内最大的 LS1000 型螺旋输送机、BH30／2× 90 滑行刨煤机、

SGD−630／220 刮板输送机等；属高效节能产品有：HH、HN、HJ 型混合少齿差星轮减速器，叉车用齿轮油泵，交联聚乙烯阻燃电缆，1～1.5 吨电瓶叉车，WY1301 系列成套汽车仪表，SVN650 型调速型液力偶合器，直径 800mm 轴、径向氨合成塔，全自动卧式弓锯床；属机电一体化产品有：差动远传压力表、电子式时间继电器、微机控制交流稳压器、调节式多转电动执行机构、数控升降铣床等；属支农机械产品有：ZH190W 直喷式柴油机，竹材加工成套设备，13.23 千瓦四轮拖拉机，为小四轮拖拉机配套的旋耕机、旋播机，500ZDB−70 型轴流潜水电泵，背负式弥雾喷粉机，N285 柴油机等。

质量 1991 年，省机械系统把提高产品质量摆在首位来抓，开展了一系列工作。一是开展全系统的质量大检查，加强产品监督抽查。全年共对 159 个企业 213 种产品进行了抽查，有 208 种合格，抽样产品合格率为 97.7%，比 1990 年高 5 个百分点。二是整顿质量检验机构，提高检验队伍的自身素质。着重对重点考核企业的检验科长进行了系统培训，有 72 个企业 73 名检验科长及 11 个地市主管部门的人员参加培训。并继续对计量、理化专业人员进行了培训考核，共有 60 名计量人员和 34 名理化人员通过了考核，取得了资格证书。至此，省机械系统计量、理化人员已基本考核完毕。三是继续进行发放生产许可证工作，全年通过省级预审并经部复审获得生产许可证的有 21 个企业、46 份证书，8 个企业通过出口质量许可证审查。四是加强了质量系列标准的贯彻，开展了降低内外故障损失活动。首批进行的 17 个试点企业已经取得初步成效。进一步加强了标准化工作，评审认可创优产品标准 50 多项，其中有 3 项获省科技进步奖。通过一系列工作，企业质量意识有了很大提高，涌现出象扬子冰箱厂、合肥矿山机械厂、合肥叉车总厂、合肥轴承厂、合肥仪表厂、全椒柴油机厂、安庆活塞环厂等一批质量好、效益好的企业。

1991 年省机械系统重点考核了 82 个企业 153 种产品，品种抽查合格率为 100%，品种一等品率为 78.7%，质量稳定提高率为 96.1%，优质产品产值率为 42.3%，均比上年有所提高。1991 年省机械系统新创国优产品 5 项，其中：椭圆齿轮流量计、60A 和 80 型液压挖掘机两个产品获国优金质奖，K175 柴油机、188L 和 212L 冰箱、齿轮油泵 3 个产品获国优银质奖。另外，还新创部优产品 29 个、省优产品 34 个。

技术改造及技术引进 1991 年全省机械工业技术改造任务繁重，既抓“七五”项目的清理、扫尾和竣工验收，又要抓“八五”项目的前期准备和开项工作。全年省机械系统共安排技术改造项目 100 个，落实技术改造资金 2.1 亿元，完成 1.7 亿元，是完成量最高的一年。1991 年，“八五”规划技术改造项目中的 87 个项目已批准立项，66 个项目的前期工作全部到位。1991 年省机械系统技术改造项目竣工验收了 21 个项目，如合肥化工机械厂、蚌埠拖拉机附件厂、安徽油泵油嘴厂、屯溪高压阀门厂、马鞍山压缩机厂、六安手扶拖拉机厂等经过技术改造后，大大增强了生产能力、竞争能力和发展后劲，提高了产品档次。在技术改造中，采用电子技术改造传统产业，新增了一批加工中心、数控数显机床，提高了工艺水平，老设备改造完成 110 台；推广应用计算机辅助设计（CAD）已有 12 个企业着手筹建，计算机应用落实资金 280 万元，解决拨款 30 万元。

1991 年全省机械工业外经工作，取得新的进展。省机械系统全年引进技术和利用外资共成交 6 个项目，成交额 1853.5 万美元，其中批准成立合资企业 3 个，总投资 507 万美元，吸收外商投资 178.7 万美元。同时继续抓紧引进技术的消化吸收、移植创新和投产、达产工作。全年通过引进技术开发新产品 31 种，创产值 6 亿元，利税 8000 万元，出口创汇 500 万美元。汽车仪表、流量仪表、挖掘机等 4 项新产品通过了批试和新产品鉴定。在抓紧项目实施的同时，还制定了《安徽省机械系统中外合资企业暂行管理办法》。

深化改革及企业管理 1991 年，省机械系统企业普遍开展了第二轮承包，并且采取了积极措施，对国营大中型企业在技术改造投资、原材料和能源供应等方面继续实行政策倾斜。同时以大中型企业为龙头，积极组建企业集团。1991 年省轴承工业（集团）公司、芜湖万通集团等正式成立。在企业内部改革方面，省机械厅在全省机械系统推广了宁国机械工业公司在企业内部改革用人制度、分配制度的经验，取得一定的成效。

1991 年省机械系统认真加强企业管理。一是继续狠抓“工艺突破口”工作。对“工艺突破口”试点企业抓紧了检查、指导，省机械厅领导直接抓的 16 个示范点企业现场管理水平又有新的提高。二是针对机械产品原材料涨价、费用支出增多、成本升高的情况，着重抓了目标成本管理，推广合肥轴承厂的经验，选择 28 家企业进行试点，取得了初步成效。如六安汽车齿轮厂 4 月份实行目标成本管理，到年底可比产品成本下降 10.9%，节约资金 65.3 万元。芜湖电表厂年初开始加强物资、财务管理，整顿外协件价格，开展增产节约，到 5 月份每只电表利润由原来的 0.18 元提高到 0.28 元。1990 年该厂亏损，1991 年盈利 20 万元。三是狠抓了扭亏增盈，加强经济形势分析，及时掌握企业经济运行情况，对亏损企业制定了扭亏、减亏计划。省机械厅还派出两个由厅长带队的咨询诊断组两次到亏损额较大的企业进行咨询诊断，帮助企业解决急需的资金、原材料、现场指导企业进行整顿，加强企业管理，完善经济责任制，从而使一些企业扭亏为盈。1991 年省机械系统又新创省级先进企业 4 个、国家二级企业 2 个。

产品出口 1991 年，全省机电产品出口创汇 7956 万美元，比上年增长 28.2%，占全省出口创汇的比重由1990年的9.5%上升到11.2%。省机械系统全年完成机电产品出口产值2.06亿元，全系统出口生产企业169个，产品出口到35个国家和地区，省机械设备进出口公司自营出口创汇2756万美元，比上年增长10.2%。

1991年全省机械系统产品出口呈现三个特点：一是高附加值产品增多。如合肥叉车总厂出口叉车270台，创汇310万美元，比上年增长20%；合肥矿山机器厂出口液压挖掘机13台，创汇62万美元。二是产品出口向多元化发展。如黄山机床厂在巩固老客户的同时，积极开拓新市场，全年出口AT系列工具机4000台，创汇近200万美元；合肥电缆厂产品销往新加坡、朝鲜等8个国家、地区，创汇151万美元。三是重点出口企业有新的发展，出口基地、出口扩权企业出口量增大。如芜湖电机厂的分马力电机出口创汇410万美元，池州家用机床厂的家用机床出口创汇173万美元。涌现一批后起之秀，如宁国机械工业公司全年出口创汇50多万美元，不仅柴油机出口，还把机动三轮车推向国际市场；蚌埠家用机床厂全年出口小车床1400多台，创汇50多万美元，进入20多个国家和地区。

存在问题 1. 发展不平衡，特别是在经济效益方面。如工程农机和电工电器两大行业实现利润1.31亿元，占省机械系统的86%，重型矿山设备、机床、汽车三行业则出现行业性亏损；扬子冰箱总厂、全椒柴油机厂、合肥叉车厂、宁国机械工业公司、皖南机动车辆厂、六安手扶拖拉机厂、合肥车辆厂、合肥矿山机器厂8个企业实现利润1.2亿元，占省机械系统实现利润总额的80%。2. 亏损面比较大。1991年省机械系统有97个企业亏损，比上年增加6个，亏损面占25.4%；亏损额为6939万元，虽比上年减少96万元，但亏损300万元的大户增加了，而且企业隐亏的问题相当严重。3. 重复、分散生产的格局还没有得到彻底改变，市场上急需的高技术产品开发能力低，产品品种少，质量不够稳定，出口产品品种面还比较窄。

〔撰稿人：安徽省机械工业厅　李　力　审稿人：安徽省机械工业厅　孟肖瑞、陈滴文〕

福建机械工业

福建省机械工业厅

发展概况 1991年福建机械工业走出谷底，迈进了稳定协调发展的轨道，产值、销售收入及利税总额全面增长，若干主要经济技术指标达到了历史最高水平。省机械工业系统全年完成总产值30.2亿元，比上年增长20.4%，高于全国机械工业的增长水平；完成销售收入29.2亿元，比上年增长36.5%；完成利税总额2.6亿元，比上年增长38.6%。

1991年，福建机械工业的主要特点：

1. 生产发展好于预期设想。年初只要求在压库扩销的前提下产值与上年持平。实际完成情况超过了期望值。从地区分布情况看，9个地市机械工业全面增长，尤其是漳州市和龙岩地区，增长速度分别高达73.9%和56.6%。从行业看，除重型矿山机械行业和轴承行业分别下降25.8%和8.4%以外，其它7个主要行业都有不同程度增长。从所有制形式看，全民所有制企业完成产值27.2亿元，增长21.3%；合资企业发展更快些，增长44.4%。

2. 工程农机行业发展最快。完成产值12.9亿元，增长39.8%。在全省机械系统净增的5.2亿元产值中，工程农机行业占71.2%，达3.7亿元。其中，农用运输车行业发展尤快，产量增长117%，全省机械系统产值达1亿元的5个厂中，就有2个是农用运输车生产厂。

3. 大中型企业发挥了骨干作用。30家大中型企业仅占机械系统企业总数的12%，但产值达16.8亿元，占55.6%。全机械系统有11个企业的产值达5000万，大中型企业就占9个。

4. 国家重点任务完成得很好。两批电站成套项目设备、军工专用机械以及援外产品的生产任务，均已按期、按量并保质地完成。

5. 经济效益明显提高。完成利润总额1.2亿元，增长27.3%；上交利税1.8亿元，增长49.1%；产成品资金期末占用额4.1亿元，下降16%；定额流动资金周转天数166天，比上年加快48天；全员劳动生产率29986元／人·年，增长21.8%；资金利税率10.1%（按原值计算），增长2.4个百分点；亏损企业减少19户，下降30.7%；亏损企业亏损额减少789万元，下降27.1%。从总体情况看，经济效益不但与产销同步发展，且效益增长速度高于产销增长速度。

详见表1、表2。

科技进步 1991年通过省级鉴定的新产品、科研和新工艺、新技术开发项目260项，比上年增长38.9%。新产品的开发数量是历史上最多的一年，而且水平较高。达国际水平的64种，国内首创的36种，国内先进水平的158种。有28种属机电一体化产品，占总数的 10.9%。福州发电设备厂的 TFE 无刷三相同步发电机、福州第一开关厂的第三代无油化 SF_6 断路器、KYN_4—10（F）金属封闭铠装移开式开关设备、南平电缆厂的 12 种电缆等，都达到了 80 年代国际水平。

质量与标准化 1991 年，省级以上产品质量抽查 261 项，合格率 93.1%，比上年提高 3.9 个百分点，达历史最好水平。机电部重点考核产品抽查合格率 98.7%，其中品种一等品率 53.2%，比上年提高 7.1 个百分点；质量稳定提高率 89.7%，提高 3.4 个百分点；优质品产值率 55.9%，提高 14.4 个百分点。优质品产值 9.6 亿元，占总产值的比重达 31.7%，比上年增长 19.4%。有 60 项产品获得国、部、省优质产品称号。其中国优 3 项、部优 12 项。南平电机厂 SFW850–6／1180 水轮发电机获国优金质奖，龙溪轴承厂 GE50ES 关节轴承获国优银质奖，福州变压器厂 $S_9$30–500 电力变压器获国优银质奖（扩牌）。采用国际标准 70 项，另复查 24 项，比上年多 48.9%，高于历年水平。新产品立项标准化审查 213 项，标准化定级验收 11 个企业，GB／T10300 标准开始宣贯。列为国家重点推行全面质量管理企业达标验收 12 个。福州发电设备厂获福建省质量管理奖。计量定级 12 个，累计完成定级企业 247 个，占全省机械系统 99.2%，发放生产许可证 67 张、出口质量许可证 17 张。不少企业在全国性产品质量行业检查评比中获好名次，如福州变压器厂的配电变压器、南平电机厂的水轮发电机、泉州植保机械厂的喷雾器、福鼎挂机厂的挂机均获第一名，福州柴油机厂的挂机、福州电线厂的无氧铜杆、厦门电机厂的 Y 系列电机、龙岩水泵厂的水泵均获第二名。

表 1 1991 年福建机械工业系统概况

行业	企业数（个）	全部职工年末人数（人）	工业总产值 1990年不变价（万元）	工业总产值 比上年增长%	工业净产值（万元）	产品销售收入 金额（万元）	产品销售收入 比上年增长%	产品销售税金（万元）
合计	249	101131	301557	20.4	77938	291773	36.5	12828
农业机械	83	32667	88947	56.2	19263	88345	75.3	2485
工程机械	6	6892	40356	13.5	9512	44760	30.3	2105
机床工具	22	9051	14437	5.6	5382	14562	32.5	618
通用基础件	19	4798	11563	20.8	3085	9743	23.8	542
轴承	8	5878	14187	–8.4	4825	11416	–0.1	521
石化通用机械	14	7117	13429	13.4	5329	14289	22.7	862
重型矿山机械	6	2017	2625	–25.8	712	2298	–15.1	103
汽车	2	452	901	1.1	306	605	13.7	48
电工电器	59	25592	102840	11.9	25768	94842	28.4	5112
仪器仪表	21	4866	9979	20.1	3082	7941	12.9	363
其他	8	1696	2111	9.0	531	2628	–10.0	55

行业	利润总额（万元）	上交利税（万元）	年末固定资产 原值（万元）	年末固定资产 净值（万元）	定额流动资金 年末占用数（万元）	定额流动资金 年平均余额（万元）	资金利税率（%）	全员劳动生产率（元／人·年）
合计	12213	5232	140330	87324	127455	134471	11.9	29986
农业机械	2432	995	35185	19971	33149	30146	10.3	27635
工程机械	2553	1004	18422	12841	14814	16105	16.8	59043
机床工具	884	243	9848	5151	9233	9439	10.5	15592
通用基础件	408	92	5623	3060	5130	4956	12.4	24410
轴承	719	166	9695	6093	9870	9086	8.6	23574
石化通用机械	686	259	8910	4476	9373	8734	11.9	24410
重型矿山机械	40	6	1789	1060	2157	2254	4.3	13145
汽车	98	42	334	181	281	280	32.4	20760
电工电器	4450	1661	44486	30451	46773	47075	13.5	40443
仪器仪表	64	56	4487	2968	5411	5397	5.5	20605
其他	–79	9	1129	688	872	808	–1.6	12181

表 2　1991 年福建机械工业系统主要产品产量

产品名称	单位	产量	比上年增长%	产品名称	单位	产量	比上年增长%
小型拖拉机	台	24124	59.4	橡胶机械	吨	4042	35.9
内燃机	万千瓦	96.8	37.3	变压器	万千伏安	109.9	3.9
内燃发电机组	万千瓦	8.1	7.9	高压少油断路器	台	2227	21.0
联合收割机	台	283	49.0	高压隔离开关	组	3188	3.0
农用运输车	辆	17232	117.4	互感器	台	53243	8.7
木工机床	台	711	−38.6	高压开关板	台	3177	6.2
金属切削机床	台	1385	12.2	电磁线	吨	3279	6.1
锻压设备	台	2107	17.8	电力电缆	公里	690	−17.9
工业轴承	万套	1368.6	−15.5	控制电缆	公里	559	−16.2
装载机	台	1600	15.5	布电线	公里	74843	26.9
叉车	台	1294	23.2	工业自动化仪表	万台(件)	97.3	40.3
矿山设备	吨	634	21.2	光学仪器	台	51635	44.3

技术改造及技术引进　实施百万元以上技术改造项目 77 项，其中引进技术 16 项，完成技术改造投资 1.6 亿元，新增固定资产 1.4 亿元，达产后新增产值 5.5 亿元，新增利税 1.2 亿元。

销售　1991 年，省机械系统全年销售 29.1 亿元，比上年增长 32.3%。其中，民用机械工业为 19.3 亿元，农机 8.9 亿元，仪表 0.8 亿元。重点企业销售额达 22.9 亿元，占 78.6%。从地区看，福州机械系统销售额最高，达 7.7 亿元，占 26.6%；厦门次之，达 5.3 亿元，占 18.2%。截至 1991 年底止，福建机械系统产成品库存量为 3.8 亿元，比年初下降 19.96%。存销比达 13%，比上年降低了 5.8 个百分点，接近机电部提出的 1993 年存销比为 12%的合理库存指标。全年压库 9267 万元，大大超过机电部下达给福建省机械工业系统压库 748 万元的指标要求，有 6 个地市库存情况好于全省水平。其中，莆田市机械系统存销比达 8.2%、厦门市 8.8%、龙岩地区 9.7%、三明市 11.9%、漳州市 11.9%、福州市 12.4%。

福建省机械工业厅和各地市机械工业主管部门把 1991 年销售工作的重点放在压库扩销上。例如：加大改革力度，坚决兼并库存过量且难以为继的企业，对库存量过大的 7 类产品和 23 家企业实施限产压库重点监控，压库指标分解实施，逐月公布压库动态，压库评先挂钩，压贷挂钩等。一年中，先后有 5 个企业被兼并、6 个企业（包括漳州通用电器总厂）因库存超量而停产，近 20 家企业也因库存超量而压产。南安、厦门、龙岩等轴承厂除确有订单无法利库的少量工作外，亦均予停产。压库工作的显著成效，为推动产销的良性循环提供了可靠的保证。

出口创汇　1991 年福建机械系统完成出口创汇 7228.98 万美元，比上年增长 25.2%，仍然保持出口创汇增幅高于产值增幅的好势头。完成出口产值 4.2 亿元，比上年增长 18.8%，占总产值的 13.7%。市场分布 56 个国家和地区，比上年增加 5 个。其中出口香港、东南亚的产品占 55%，北美西欧占 13.5%。创汇额达 50 万美元以上的企业 30 家，比上年多 4 家，增长 19.2%。其中，闽东电机（集团）公司继 1990 年创汇超千万美元之后，1991 年又创汇 1024 万美元，被机电部授予出口创汇先进企业称号。龙岩粉末冶金厂、福州电线厂、南安轴承总厂、闽清电瓷厂、福州鸿迈电子有限公司等 5 家企业创汇超过 300 万美元。创汇达 100 万至 300 万美元的企业有 16 家，比上年多 5 家，增长 45.5%。

创汇超 50 万美元的产品有 31 种，比上年多 5 种。其中，轴承和交流发电机两种产品超过 500 万美元。交流电动机、电工设备、钨酸及钨制品、电子产品、电磁线、显微镜等 6 种产品超 300 万美元。达 100 万至 300 万美元的有 11 种。

福建省机械设备进出口公司 1991 年创汇额达 4690 万美元，占全省机械系统出口创汇总额的 64.9%，充分发挥了出口主渠道的作用。

截至 1991 年底止，福建省机械系统已有 4 家出口基地企业，13 家扩大外贸自主权企业，占承担出口生产任务的 98 家企业总数的 17.3%。

1991 年归口省机械厅管理的三资企业产值突破 1 亿元大关，达 1.3 亿元，比上年增长 40.9%，产品出口创汇达 1300 万美元，比上年增长 78.5%。

产品结构调整

1. 限制高亏产品出口和少出低亏产品，千方百计发展创汇效益型和技术含量高、附加价值高的产品出口。如大型橡胶轮胎硫化机创汇 180 多万美元，节能变压器创汇 200 多万美元、机床 100 多万美元、水表 100 多万美元。同时也培养创汇成本适中的大宗创汇商品出口，如电机、电磁线、特种轴承、粉末冶金制品、电瓷件等。闽东电机（集团）公司停止一般电动机等高亏产品出口，扩大专用电机、发电机和其它新产品出口，换汇成本每美元比上年下降 0.5 元，出口亏损情况明显改善。

2. 大力发展适销产品生产。如农用运输车、装载机等产品产量、产值和利税均超过历史水平。龙岩拖拉机厂和平和农用车厂，自身规模不大，但积极发展适销产品的生产，1991 年产值均超亿元，产量、产值分别比上年增长 142.8%和 295.4%。

3. 抓紧新产品的市场开发，促使其尽快形成规模经营。如福州发电设备厂新产品产值占总产值 75%，福州第一开关厂占 50%以上；闽东电机(集团) 公司的稀土永磁节能纺织专用电机新产品年销量达 6000 台。

4. 应用微电子技术优化产品水平。目前已有一批机电一体化产品问世，如投卡式电度表、数控自动灌装机、电脑控制石材加工机械、数控多工位中速精密冲床等。

5. 结合压库工作，坚决限制一些长线滞销产品生产，并继续淘汰耗能耗材高等落后产品。

企业管理 1991 年有 4 家企业（南平电机厂、福州弹簧厂、三明虬江机械厂、漳州市农机公司）获国家二级企业称号，有 2 家企业（南平水控厂、闽清县农机公司）获省级先进企业称号。至此，福建机械系统已有国家二级企业 23 家，省级先进企业 58 家，升级面达 32%，高于全国机械系统水平。

现场管理优化和班组建设工作取得了一定进展。部省 7 个现场管理试点企业都取得显著成绩。南平电机厂被评为福建省现场管理先进企业，目前全省仅此一家。

南平电机厂、建瓯齿轮厂、闽清电瓷厂等 3 家企业获得国家二级节能企业称号，福州电线厂获机电部节能工作先进集体和福建省节能样板企业称号。

全省机械系统已有 22 家企业经机电部审批达到“安全级”企业标准。

“工艺突破口”工作已在 43 个重点企业中推开。有 14 个企业达到五项标志初见成效的要求，其中 6 个企业达到优秀等级。

计算机技术的应用推广也取得好成绩。已有 15 家企业推广应用计算机辅助设计 (CAD)，其中 13 家是大中型企业，占全省机械系统大中型企业总数的 40%，超过了机电部提出的在“八五”期末大中型企业 CAD 覆盖率达 10%～20%的要求。

企业改革 1991 年在提倡“厦工模式”、“闽东模式”的基础上又推出“厦叉和农用车模式”。厦门叉车总厂和各农用运输车厂依靠专业化协作，采取“拿来主义”，购置现成零配件组装生产，而且不断提高产品质量，重视按照市场需要开发新产品，积极调整产品结构，善于经营，加强服务，发展很快。尤其是农用车厂走出了一条小厂办大事、少投入多产出的路子，固定资产产值率高达 1∶12 以上。1991 年机械厅系统几个农用车厂完成产值 3.5 亿元，占全省农机工业总产值 39.5%；完成产量 17232 台，约占全国农用车总产量 20%，比上年增长 117.4%。新组建的福建省农用车工业联营公司在统一车型、协调生产、上下沟通、提供信息等方面做了许多工作，形成了一定的凝聚力。

福州、龙岩、南平等地市机械工业主管部门在结构调整改革方面做了不少工作。福州市机械局实施了“一二三二”工程，即搬迁一个厂（球墨铸造厂），建立柴油机和机床两个铸造中心，兼并光电仪器厂、压铸中心厂和锻压机床厂三个亏损企业，筹建开关电器公司和仪器仪表公司两个联合体。这个工程涉及面广、难度大、风险也大，但由于抓得紧，抓得细，1991 年已初见成效。

福州柴油机厂是福建机械系统推进改革的后起之秀。1991 年在原已兼并 4 个厂的基础上又兼并了 2 个企业，该厂处理兼并后续问题比较稳妥，职工人心稳定，充分调动了被兼并企业职工的积极性，生产发展较快。1991 年完成产值、销售收入、利税分别比上年增长 27%、27%和 37%，而且还解决了一批停产企业职工的就业问题。

转换企业机制的改革也逐步推开。福州电线厂、福州第二开关厂、龙岩液压件厂等企业已成为地区的改革试点单位。民主制度建设在许多企业开展，龙溪轴承厂、龙溪收割机厂、厦门轴承厂、福州第二开关厂等企业还被评为全省民主制度建设先进单位。

企业第二轮承包正在积极推行，1991 年已完成 96%。

职工教育 1991 年，有 194 名各类干部接受岗位培训，76 人在大专证书班毕业，累计有 2 万名初级工、9035 名中级工培训合格，举办了 17 期 12 个工种 32 个班的高级工培训，有 896 名大中专生从福建省机械厅所属学校毕业，496 名机械技校生毕业。

存在问题

1. 结构性矛盾依然突出。产品结构、企业组织结构不合理的状况仍未明显改善。在现有 73 大类 4500 种产品中，大多是落后过时产品，近年虽以每年 200 多项的速度开发新产品，但远未跟上产品更新换代的要求。尤其是高新技术产品少，机电一体化产品少。

2. 素质性矛盾仍较突出。设备老化，技术工艺落后，能耗物耗高，效益低下，人员素质差，管理水平低等状况仍相当严重。

3. 机制性矛盾突出。许多政策措施没有完全到位。企业内部机制不适应新的发展形势，相当一部分国营企业活力不强，缺乏吸收科技进步的机制。

4. 效益问题突出。亏损企业户数较多，亏损企业亏损额高达 2000 多万元，三项资金占用总额 9.2 亿元，潜亏和虚盈实亏现象严重，加上企业费用上升幅度大，效益低下和效益转移的情况短期内难以根本扭转，制约了企业自我积累和自我发展步伐。

〔撰稿人：福建省机械工业厅　严子杰　审稿人：福建省机械工业厅厅长　施今伟〕

江西机械工业

江西省机械工业厅

生产发展概况　1991 年，江西机械工业系统生产发展较好，主要经济指标均创历史最好水平。其特点是：

1. 生产稳步增长。江西机械工业进入 1991 年便停止下滑，逐步回升。工业产值一季度比上年同期增长 11.8%，二季度比上年同期增长 11.6%，三季度比上年同期增长 18.6%，年末比上年同期增长 14.8%。

2. 各地市、各行业产值全面增长。从地、市看，产值增长 10%以上的有：南昌市增长 16.1%，景德镇市增长 12.8%，萍乡市增长 37.0%，九江市增长 40.7%，宜春地区增长 10.8%，上饶地区增长 14.3%，抚州地区增长 10.2%。从行业看，产值增长百分之十以上的有：工程农机行业增长 18.3%，电工电器行业增长 42.4%，通用基础件行业增长 14.0%，汽车行业增长 27.2%。

3. 产值、销售收入、效益同步增长。全系统完成工业总产值 343074 万元，比上年增长 14.8%；完成销售收入 327715 万元，比上年增长 29.9%；实现利润总额 22966 万元，比上年增长 23.2%。同时，亏损企业减少 15 户，亏损额减少 1149 万元，比上年下降 25.3%。

详见表 1、表 2、表 3。

表 1　1991 年江西机械工业系统概况

行　业	企业数(个)	全部职工年末人数(人)	工业总产值		工业净产值(万元)	产品销售收入		产品销售税金(万元)
			1990 年不变价(万元)	比上年增长%		当年价(万元)	比上年增长%	
合计	317	165462	343074	14.8	109457	327715	29.9	16304
农业机械	112	50539	101421	19.2	23581	91884	42.5	3101
工程机械	5	8518	15594	13.2	4069	14138	15.9	461
机床工具	23	12618	14249	5.7	4851	12917	39.1	700
通用基础件	11	3367	4515	14.0	1231	2912	11.7	157
轴承	8	5936	8864	−1.1	3038	6890	10.3	359
石化通用机械	21	11067	19165	2.8	6106	16565	29.1	927
重型矿山机械	13	8847	13994	7.0	4255	12352	23.2	678
汽车	40	20292	73704	27.2	34967	98167	33.1	5723
电工电器	59	32357	77688	42.4	22279	60850	49.9	3664
仪器仪表	10	5980	8758	49.1	3385	6646	−1.8	377
食品及包装机械	2	398	617		159	383		22
其他民用机械	13	5543	4505		1538	4014		137

行　业	利润总额(万元)	上交利税(万元)	年末固定资产		定额流动资金		资金利税率(%)	全员劳动生产率(元/人·年)
			原值(万元)	净值(万元)	年末占用数(万元)	年平均余额(万元)		
合计	22966	11163	214175	128160	169969	162664	13.5	21165
农业机械	2733	1146	59874	29358	47559	42453	8.1	20426
工程机械	297	604	17638	12258	9938	8132	3.7	18999
机床工具	329	155	12780	6788	10318	10272	6.0	11412
通用基础件	142	62	3183	1786	2165	2087	7.7	13744
轴承	600	166	7058	4848	4754	4503	10.3	15543
石化通用机械	923	439	13034	7489	12198	10969	10.0	17588
重型矿山机械	731	483	11092	5715	9872	9160	9.5	15913
汽车	16424	6803	29539	20766	23275	24667	48.7	37537
电工电器	1586.0	1164	45550	29367	37959	38408	7.7	24435
仪器仪表	−192	71	6072	4086	8245	8327	1.5	15012
食品及包装机械	30	17	442	283	200	165	11.6	15542
其他民用机械	−638	54	7913	5414	3488	3522	−5.6	8324

表 2　1991 年江西机械工业系统主要产品产量

产品名称	单位	产量	比上年增长%	产品名称	单位	产量	比上年增长%
小型拖拉机	台	21607	13.6	装载机	台	806	7.9
内燃机	台	95417	86.0	家用电冰箱	万台	12	0
	万千瓦	244.10	44.9	汽车	辆	14279	46.4
农用运输车	辆	7188	91.8	工业锅炉	台	65	
农用拖车	辆	5787	5.3		蒸吨	2942	−60.2
拖拉机内燃机配件	万元	17764	32.7	发电设备	台	52	
金属切削机床	台	4502	−1.8		万千瓦	2.6	7.7 倍
泵	台	30184	16.6	交流发电机	万千瓦	82.5	11.6
风机	台	2656	−11.2	变压器	万千伏安	152.3	−13.7
轴承	万套	1090.1	−4.9	电力电缆	公里	1735.3	0.5
矿山设备	台	9149		工业自动化仪表	万台(件)	25.2	−0.8
	吨	5686.3	14.7	光学仪器	台	18863	−25.7
起重机械	台	400	−62.6	电工仪器仪表	万只	55.5	−46.8
	吨	362	−74.0	照相机	架	161661	79.6

表 3　1991 年江西机械工业系统主要产品出口情况

产品名称	单位	数量	产品名称	单位	数量	产品名称	单位	数量
小型拖拉机	台	3681	风机	台	570	照相机	架	6466
内燃机	台	2144	矿山设备	台	311	装载机	台	5
	万千瓦	4.47		吨	27.5	金属切削机床	台	617
农用拖车	辆	80	工业轴承	万套	7.5	家用电冰箱	万台	3.4
泵	台	28	光学仪器	台	8758			

科技进步

1. 科研课题。1991 年江西机械工业继续深入进行科研体制改革，厅属开发类科研单位的事业费减拨已经到位。机械、农机、矿机三个研究所全年共承担部、省级课题 50 项，完成 19 项。省农机所完成的水糠烘干成套设备，成功地解决了粮食加工过程中水糠的干燥问题，省机械所为江汽总装车间研制的动态电子文字显示系统，深受用户的欢迎。

2. 技术改造。全年安排技改项目 78 项，计划总投资 28975 万元。其中续建项目 46 项，投资 14730 万元；新开项目 23 项，投资 14245 万元。实际落实资金 23199 万元，其中银行贷款 13433 万元，财政贷款 997 万元，债券 1660 万元，自筹 7109 万元。全年完成投资 20160 万元，占落实资金总额的 86.8%。全年竣工验收项目 14 项，预计投产后可新增产值 25694 万元，新增利税 4270 万元，创汇 1412 万美元。投入产出比：产值为 1∶3.3，利税为 1∶0.55。

3. 技术引进。全年新签约的技术引进项目共 7 项，用汇额为 4063 万美元。华意电器总公司利用澳大利亚政府贷款 3700 万美元引进冰箱和冷柜用压缩机项目合同正式生效。宜春工程机械厂的“数控切割机”引进项目已经验收。该厂引进美国卡特彼勒 936E 轮式装载机亦通过部级验收，国产化率达到 60%。

4. “四新”推广。全年安排“四新”推广项目共 55 项，承担推广单位 67 家，安排推广贷款 467 万元。全年通过验收项目 21 项。在 55 项推广项目中重点推广了：盐溶炉快速启动节能技术，有 14 个企业完成 23 台炉子的改造；提高冲天炉熔炼质量成套技术，有 8 个企业改造了 12 台冲天炉；微电子技术改造各类机床 134 台；用变频器改造磨床 30 台；高强度低应力不加热时效灰铸铁。

5. 工艺。认真贯彻了《机械电子工业工艺管理规定》，全年组织力量对 20 个企业进行了“工艺突破口”咨询诊断工作，全系统 76 个重点企业已有 47 个达到“五项标准”要求。

新产品开发　1991 年，新产品开发全年下达计划 490 项，其中新开项目 340 项，列入部计划 36 项，厅重点项目 23 项。全年完成新产品鉴定 232 项，其中部计划 14 项，厅重点项目 9 项。在完成的新产品项目中，江西光学仪器总厂的 PC−14 全自动塑料相机、宜春工程机械厂的 ZL40（936E）型轮式装载机、江西冲剪机床厂的 JF−2000 型水解氢氧焊接机、长林机械厂的陶瓷离心通机、江西变压器厂的 SFPSZB−9000／220 电力变压器、江西电机厂的 YR450−8400kW6kV 中型高压异步电流互感器等一批新产品达到国内外先进水平。

为了搞好新产品开发，采取了以下措施：(1) 成立了“江西省机械工业产品可靠性中心”和“江西省机械工业现代化设计技术服务站”，为中小企业、特别是县农机企业开发新产品提供咨询和技术服务。(2) 对各地市机械工业管理部门实行三项目标管理和考核。三项目标是：完成新产品开发的数量，新产品开发的企业面达到30%，开发的新产品1／3以上达到国内先进水平。(3) 改善企业新产品开发的环境和条件。全年在省经委和银行支持下，为系统内企业开发新产品提供贷款889万元，占全省该项贷款计划的26%。

质量工作 1991年，江西机械工业系统产品质量稳定提高率达到83.3%，完成省政府下达的83%的目标；铸铁件废品率为12.3%，比上年下降0.25%；优质产品产值率完成29.5%，比上年增长4.5%；等级品评定数实现33项（其中优等品1项，一等品32项），比上年增加8项。创优质产品55项（其中国优1项、部优23项、省优31项），比上年增加15项。全系统产品监督抽查合格率达到89%，比上年增长12.8%；重点企业60种产品抽查合格率达到100%。采取的主要措施是：(1) 大力宣传"质量为主线"的方针和企业走"质量、效益型"道路的重要性和紧迫感，提高了全系统干部职工的质量意识。(2) 以质量为中心，进行综合治理。在贯彻GB／T10300系列标准试点工作中，对南昌柴油机厂、江西发动机总厂、宜春工程机械厂、江西制氧机厂、华意电器总公司等重点骨干企业推行定置管理，完善质量保证体系，实现企业管理整体优化等综合治理措施，取得了显著效果。(3) 选择薄弱环节，实施质量攻关，根据实际情况，选择了铸铁件废品率、604照相机上批量AF调整率、五十铃汽车方向机、电瓷全过程合格率及油漆工艺等五个方面为质量攻关重点，取得了突破性进展。(4) 以降低工序不良品入手，开展降低内外故障损失活动。首先在江西拖拉机厂、江西发动机总厂、清江活塞环厂、九江电瓷厂等10个企业试点，取得了较好效果。如清江活塞环厂对R180活塞环33个实测后，确定浇注、磨双端、仿形，浇后磨圆四道工序进行重点控制，使工序一次合格率分别由67%、78%提高到88%和94%。

深化改革与企业管理

1. 1991年企业管理工作重点推行了优化现场管理。全系统确定38个企业92个车间为优化现场管理单位。举办了优化现场管理学习班，提高认识，明确要求，制订措施。其次，厅在江西汽车制造厂、江西拖拉机厂、宜春工程机械厂、宜春电机厂、万载县农修厂、江西光学仪器总厂等6个企业的20个车间进行试点，取得经验。其三，采取分类指导，交流经验，定期检查的方法促进优化现场管理工作的全面展开。在推行优化现场管理中，重点治理了现场的"乱、脏、差"；改进工程器具放置，实行定置管理；植树铺草，美化现场环境，企业面貌焕然一新。宜春电机厂被评为全省先进单位，省经委在该厂召开现场交流会，予以推广。

2. 深化企业改革。首先，厅下发了《关于搞好国营大中型企业的实施意见》，进一步明确了企业在生产计划、产品销售、劳动工资、机构设置等方面的自主权。其二，大力开展禁止乱摊派、乱收费、乱罚款和克服会议多、文件多、检查评比多活动，为企业深化内部改革创造较好的外部环境。其三，企业内部改革开始向深层次推进。江西手扶拖拉机厂、上饶客车厂被列为全省以打破"三铁"为中心的综合改革试点单位；宜春电机厂被定为实行股份制的试点单位，正在全厂实施；江西光学仪器总厂开始实行层层风险承包。

3. 发展、提高企业集团。1991年江西机械工业组建了两个新的企业集团。一是以宜春工程机械厂和宜春风动工具厂为核心的工程机械企业集团；二是以地处赣州地区的于都齿轮厂为核心的企业集团。江铃汽车企业集团得到了进一步壮大和发展，该集团在省内实行了计划单列，扩大了集团的自主权；对紧密层企业实行人、材、物、产、供、销统一管理；该集团核心企业江西汽车制造厂，现有占地面积16万平方米，职工人数近7000人，固定资产1.5亿元，年产值4.4亿元，实现利润1.5亿元，占全系统利润总额的68%，成为全省利税大户，在全国同类企业中也名列前茅。

存在问题 1. 经济效益差的状况还未根本改变。随着生产的稳步增长，效益滑波的趋势虽已遏制，但仍不理想。经济效益的提高还只是低水平上的回升。从全系统来看，1991年实现利润的增幅比销售收入的增幅低6个百分点。从行业和产品来看，江铃汽车的利润额占全系统的60%以上，可见其他行业和产品的经济效益是较差的。亏损户和亏损额比上年虽有下降，但仍然偏大，而且企业潜亏和虚盈实亏的现象也很严重。

2. 结构不合理的状况尚未明显改变。经过几年的调整虽然形成了如五十铃、家用冰箱、装载机、照相机等一批名优拳头产品，但就全系统讲，大多数产品仍属于"大路货"，还有相当一些质次价高缺乏市场竞争能力的产品。多数企业缺乏现代化技术手段和设备，技术结构层次低，设备陈旧、老化、落后。

3. 企业管理水平低，经营机制不完善。企业管理虽然年年强调，但多数企业没有很大改变，处于低水平状态。企业领导思想也不够解放，市场意识、竞争意识还比较薄弱。企业依赖国家，职工依赖企业，"三铁"现象依然十分严重，职工的积极性和主动性没有充分调动起来。企业的经营机制与自主经营，自负盈亏、自我发展、自我约制的要求还有很大差距。

〔撰稿人：江西省机械工业厅 袁治如 审稿人：江西省机械工业厅副厅长 孙一奎〕

山东机械工业

山东省机械工业厅

生产发展概况 1991年末，山东机械工业走出低谷，回升较快，并取得稳定增长。1991年共有乡镇以上企业5725个（含非独立核算企业），比上年增加97个，职工118.3万人，固定资产原值165.6亿元，固定资产净值111.1亿元。1991年完成工业总产值347.5亿元，占全省工业总产值的18.7%，比上年同期增长20.5%；实现利税23.1亿元，完成出口产值21.7亿元，全员劳动生产率28660元／人·年。

山东机械工业系统（包括汽车工业）共有企业626个，其中全民所有制企业370个，集体所有制企业252个，中外合资企业4个；职工390831人，其中工程技术人员26141人，占职工总数的6.7%；固定资产原值58.9亿元，净值38.1亿元；拥有金属切削机床56582台，锻压设备9837台。机械系统归口管理20个市地机械工业局（公司），有部级骨干企业18个，部重点企业58个；大型企业39个，中型企业131个。1991年完成工业总产值115.9亿元，比上年增长19%，高于全国机械工业增长速度0.7个百分点，高于全省工业增长速度5.4个百分点，居全国第四位。19个市地机械工业局（公司）中（不包含汽车），有18个产值比上年增长，其中青岛仪表、淄博电机电器、东营、潍坊、济宁、泰安、惠民、聊城、临沂、菏泽等10个局（公司）超过平均增长速度。济南、青岛、烟台、潍坊4个市机械局产值超过10亿元。12个主要行业中有10个行业产值比上年增长，其中工程农机、仪器仪表、汽车行业超过20%，食品包装机械和其他民用机械行业比上年下降。详见表1。

42种主要产品中，产量比上年增长的有31种，其中大中型拖拉机、小型拖拉机、内燃机、拖内配件、机引耕作农具、锻压设备、印刷机械、汽车、改装汽车、汽车配件、机动三轮车、工业锅炉、试验机、照相机等14种产品增长超过30%；农用运输车、农业泵、金属切削机床、运输设备、发电设备、光学仪器等6种产品下降10%以上。详见表2。

1991年山东机械工业生产发展主要有4个突出特点：(1) 全省机械工业从底谷中较快回升，并稳定增长，各月累计增长速度均保持在16%～20%之间。如1月累增20.5%，3月累增16.6%，5月累增16.5%，7月累增18%，9月累增19.6%，11月累增18.5%。(2) 重点行业和重点产品增长较大。产值占全省机械工业总产值42.7%的第一大行业——农机工业以增长26.8%的幅度居各行业增幅之首，其增加值超过全省机械工业增加值的50%以上。位居各产品之首的拖拉机产品打破年产量最高纪录，其中大中型拖拉机突破1万台，增长62.4%；小型拖拉机突破25万台，增长30.5%；在国内居明显优势并为各省农机主机产品配套的拖内配件产值突破10亿元，增长53.2%，占总产值的10%。(3) 汽车行业步人高速发展阶段，其增长速度达到31%，高于全省机械工业平均发展速度，也高于机械工业其他行业的发展速度。省汽车总公司系统生产汽车4363辆，增长18.9%；改装车3995辆，增长12.6%；汽车配件产值达5.2亿元，增长53%。(4) 涌现出一批产值超亿元的大户，机械厅系统有15家企业产值超亿元。它们是：山东潍坊拖拉机厂5.08亿元、莱阳动力机械总厂3.19亿元、山东拖拉机厂2.12亿元、山东电缆厂2亿元、青岛电缆厂1.71亿元、山东推土机总厂1.66亿元、聊城拖拉机厂1.64亿元、济南第一机床厂1.64亿元、济南第二机床厂1.6亿元、荣城拖拉机厂1.49亿元、泰安拖拉机厂1.31亿元、第四砂轮厂1.3亿元、博山电机厂1.07亿元、青岛变压器厂1.02亿元、山东活塞总厂1亿元。

科研与新产品开发 1991年，省机械厅系统获省经委批准的科技进步奖40项，其中一等奖1项、二等奖9项、三等奖30项；机械厅科技进步奖38项。另外，还有5项计算机推广应用项目通过鉴定。

省机械厅系统技术进步产品产值达22.86亿元，其中节能产品12.1亿元，替代进口产品1.81亿元，引进技术产品1.74亿元，国际80年代水平的产品5.33亿元，投产的新产品产值1.92亿元。

1991年，共完成新产品开发项目738项，其中部级新产品35项，省级新产品363项，地市级新产品340项。其中，填补国内空白、达到国际水平的有271项。新产品产值18.4亿元，新产品产值率15.8%，创利税1.88亿元，创汇1702万美元。如济南第二机床厂的B2316×40龙门铣刨床，济南第四机床厂的J4-033型气门盘部自动成形外圆磨床，山东推土机总厂的TB-70型推耙机，德州机床厂的CMD6144-1、CMD6144-2精密卧式车床，淄博真空设备厂的ZYJ液环真空压缩机，张店电机厂的中型高压三相异步电动机，山东电影机械厂的 BY881 自动油印机，山东活塞厂的 S6102C2 活塞，青州工程机械厂的轮胎式装载机等新产品都达到了国际较高水平。还完成了 62 项新产品小批试制鉴定。

产品质量 1991 年，省机械厅系统产品品种抽查合格率 100%，一等品率 95.58%，质量稳定提高率 95.58%；优质产品产值 45.8 亿元，优质产品产值率 43.7%。有 164 项（不包含青岛市）产品获省以上优质产品称号，其中国优金质奖 1 项（山东临朐石油机械厂 QK300YB 动力钳）、银质奖 2 项（山东沂南播种机厂 2BXB-9A 半精量播种机、山东诸城农具厂 2BBJ-6 型小麦半精量播种机），部优 47 项，省优 114 项。全年有 13 家省以上重点骨干企业"工艺突破口"工作达标，累计已有 130 家部省重点企业达到和保持"工艺突破口"初见成效的要求。产品质量损失率比上年下降 5%左右，铸钢件综合废品率 5.09%，铸铁件综合废品率 12.33%，机械加工件综合废品率 3.04%，钢材利用率 66.3%，金属切削机床利用率 55.54%。全年创省质量管理奖 7 个，厅质量管理奖 15 个。共有 72 个企业的 118 个产品领取了生产许可证，有 11 个企业的 17 种产品领取了出口质量许可证，有 130 个企业通过理化认证。

表 1　1991 年山东机械工业系统概况

行　业	企业数(个)	全部职工年末人数(人)	工业总产值		工业净产值(万元)	产品销售收入		产品销售税金(万元)
			1990 年不变价(万元)	比上年增长%		金　额(万元)	比上年增长%	
合计	626	390831	1159056	19.0	286956	1004127	33.3	39872
工程农业机械	228	145237	495029	22.2	99787	436638	32.5	9782
机床工具	56	46949	101606	6.5	32578	91723	32.6	5322
通用基础件	33	14990	25592	8.5	7937	20769	12.4	1186
轴承	20	16971	37046	9.4	12639	25971	14.7	1411
石化通用机械	28	20884	56103	13.0	17376	51810	32.9	2867
重型矿山机械	13	8510	18939	5.5	4607	17154	27.8	544
汽车	55	33739	110080	31.0	25053	103742	89.2	3243
电工电器	109	66402	230617	13.7	61630	186752	28.0	12009
仪器仪表	39	19930	44632	22.7	14079	36771	35.4	1707
食品包装机械	5	1842	3345	-31.0	1176	3323	-7.8	208
船舶	10	5544	12893	15.0	2899	10010	22.6	373
爆破器材	7	3294	8580	14.7	3284	7476	13.4	748
其他	23	6539	14594	-16.0	3914	11988	-21.0	472

行　业	利润总额(万元)	上交利税(万元)	年末固定资产		定额流动资金		资金利税率(%)	全员劳动生产率(元／人·年)
			原值(万元)	净值(万元)	年末占用额(万元)	年平均余额(万元)		
合计	40304	11987	589374	380892	484191	446355	18.0	30382
工程农业机械	13119	5047	203509	136879	166639	148967	15.4	35221
机床工具	4156	710	90097	49031	64006	60981	15.5	22027
通用基础件	805	230	20580	13025	11588	10473	19.0	17469
轴承	1702	428	23635	15970	16307	14825	21.0	22138
石化通用机械	3807	923	33622	22761	27652	25298	26.4	27289
重型矿山机械	353	99	12420	7331	10767	10222	8.8	22937
汽车	3095	468	50903	34811	45641	44104	14.4	33300
电工电器	10239	3648	105512	69691	96161	90243	24.7	35565
仪器仪表	1372	252	24267	15244	25618	22723	13.5	22309
食品包装机械	152	35	2603	1469	2025	1938	18.6	18249
船舶	490	44	9352	6056	9061	8403	10.3	23540
爆破器材	378	64	3889	2340	1971	2115	53.4	27474
其他	635	39	8985	6284	6755	6063	18.3	23246

表 2　1991 年山东机械工业系统主要产品产量

产品名称	单位	产量	比上年增长%	产品名称	单位	产量	比上年增长%
大中型拖拉机	台	10018	62.4		吨	11335	16.8
小型拖拉机	台	256047	30.5	装载机	台	1091	23.8
内燃机生产量	台	599610	26.6	推土机	台	300	7.1
	万千瓦	617.6	52.0		吨	7136	9.0
拖内配件	万元	105303	53.2	粮食加工机械	台	24212	−45.3
机引耕作农具	台	14574	33.1		吨	1879	
机动脱粒机	台	56143	29.9	包装机械	台	419	−4.1
农用运输车	辆	1568	−13.6		吨	909.2	7.6
农用拖车	辆	31151	25.4	印刷机械	吨	2916	40.3
机动饲料粉碎机	台	46256	0	汽车	辆	11992	
农业泵	台	103379	−26.9	改装汽车	辆	6055	47.6
金属切削机床	台	9471	−14.1	汽车配件	万元	71737	68.5
锻压设备	台	2671	61	机动三轮车	辆	73039	121.1
工业泵	台	41793	16.4	工业锅炉	台	1424	42.3
风机	台	8955	−8		蒸吨	2807.6	28.6
高低压阀门	吨	13520	−5.9	发电设备	台	70	−28.6
制冷设备	套	1675	21.6		万千瓦	41.4	−16.4
	吨	8423	27.4	交流电动机	万千瓦	185.14	4.5
标准紧固件	万件	83429	7.1	变压器	万千伏安	421.33	20.3
	吨	15792	8.0	钢芯铝绞线	吨	3474	6.7
轴承	万套	3459.9	19.6	电力电缆	公里	10607	17.6
起重设备	台	171585	−0.4	自动化仪表	万台(件)	112.49	8.1
	吨	9471.5	13.5	电工电器仪表	万台(只)	241.49	16.3
运输设备	吨	4919.2	−13.4	试验机	台	5729	43.4
矿山设备	台	1503	7.0	照相机	架	245957	67.3
	吨	7364.4	20.0	光学仪器	台	2397	−51.3
石油钻采设备	台	2349	9.4				

技术改造及技术引进　1991 年，省机械厅系统全年下达省以上技术改造项目 112 项，年度投资总规模 3.05 亿元，比上年增加 6.5%。技术改造投资有 3 个明显特点：(1) 投资方向向“四小”项目做必要的倾斜。为更好地发挥我省机械工业小产品的优势和特色，机械厅做出了发展“小而专、小而特、小而精、小而高”的“四小”产品的重要决策，用于发展“四小”产品的技术改造投资额占年度投资的 1／3。(2) 资金使用集中，全年安排 1000 万元以上的项目 3 个，500 万元以上的项目 15 个，投资合计为 1.43 亿元，占总投资的 47%。(3) 多数企业投资效益显著，如临沂药械厂完成技术改造投资 680 万元，形成了年产机动喷雾器 10 万台的生产能力，利税突破 1 千万元；威海印刷机械厂经过技术改造，年实现利润比上年增加了 29%。

1991 年，省机械厅系统共引进技术 4 项，用外汇 651 万美元，其中德国 3 项，奥地利 1 项。利用外国政府贷款 1 项，即临沂工程机械厂利用英国政府混合贷款 528 万美元，引进大型装载机关键生产设备。签约中外合资企业 9 家，总投资 2374 万美元，其中外商投资 732 万美元。以上项目主要通过参加南朝鲜汉城和美国旧金山展览会及青岛对外经济贸易洽谈会及其他各类型对外经贸洽谈会、组团外出考察及接待来华各国团组等途径获得的。

产品销售　1991 年，省机械厅系统完成商品产值 92.87 亿元，较上年增加 15.67 亿元，增长 20.3%；累计销售 94.17 亿元，超年销售计划 16.17%，较上年增长 26.54%；全年商品销售率 101.4%。1991 年订货合同 94.84 亿元，其中应交合同 87.66 亿元，实际完成交货合同 85.63 亿元，合同完成率 98%。19 个市地局（公司）中，销售额比上年增长的有 18 个；12 个行业中，有 10 个行业增长，其中工程机械增长 97%，农机增长 31%，仪器仪表增长 45%，石化通用、船舶增长 27%，重型矿山和食包机械分别下降 33%和 50%；在可比的 50 种主要产品中，销售量较上年增长的有 43 种，其中，增幅在 50%以上的有 11 种，如大型拖拉机增长 52%，内燃发电机组增长 100%，照相机增长 286%，石油钻采设备增长 169%，压缩机增长 57%，锻压设备增长 50%，电站锅炉增长 60%，运输设备增长 51%。

到1991年末，省机械厅系统库存为11.51亿元，较上年减少1.63亿元，下降12.4%，产品库存与年销售额之比为12.23%，基本上达到了机电部规定的和省厅年计划指标的合理库存比率。在12个行业中，存销之比在12%以下的有农机（10.25%）、工程机械（8.59%）、船舶（5.73%）和爆破器材（9.93%）4个行业，超过15%的有仪器仪表（16.15%）、重型矿山（16.82%）、通用零部件（19.39%）和其他民用机械（15.73%）4个行业。在50种可比产品中，存销之比在12%以下的有19种，其中小型拖拉机1.6%、石油钻采设备1.64%、内燃发电机组3.63%，制冷设备4.36%，推土机3.78%，直流电机3.57%，钢芯铝绞线3.98%。

在全部销售额中，企业自销81.07亿元，占总额的86.1%。销往省外的产品30.47亿元，占32.36%，较上年增长33.64%。其中工程机械和机床工具2个行业，大中型拖拉机、试验机、放映设备、风机、电站阀门、推土机、发电设备、直流电机及工矿配件等9种产品销往外省的比率超过50%。

从销售去向上看，销往物资经营网点占28.21%，农林牧副渔业占11.55%，机械产品单机配套占22.21%，煤电油业占9.64%，交通邮电业占5.39%，出口援外占4.1%。

1991年，省机械厅系统完成出口产品交货值5.43亿元，其中机床工具2.05亿元，农机1.10亿元，电工电器0.91亿元。创汇0.95亿美元。被批准为第十批出口基地企业有2个，扩大机电产品出口企业有4个。完成了第四批出口基地企业及扩大机电产品出口企业的资格考评预审工作。

经济效益 1991年，全省机械系统实现产品销售收入100.4亿元，比上年增长33.3%，居全国各省市机械工业的第五位。实现利税8.02亿元，比上年增长33.3%，其中实现产品销售税金3.99亿元，实现利润4.03亿元，分别比上年增长29%和38%。

省机械厅系统经济效益指标有6个特点：(1) 地区发展不太平衡，实现利润增长的有12个市地局（公司）。其中青岛市机械、淄博电机电器、东营市、惠民地区等4个局（公司）比上年增长1倍以上，青岛市电子仪表公司由上年亏损1975万元变盈利38万元，有7个市地局（公司）利润下降。(2) 定额流动资金周转加快，周转天数为164天，比上年加速26天，加速13.9%。(3) 可比产品成本略有降低，降低率为0.8%。(4) 产成品资金占用略有降低，比上年减少1.7%。(5) 减亏幅度较大，亏损企业数为69家，比上年减少24家；亏损企业亏损额为3597万元，比上年减亏38.9%。(6) 涌现出一批利税大户，其中过1000万元的15家，他们是：山东电缆厂3541万元、青岛捷能动力集团公司2357万元、青岛电缆厂1972万元、莱阳动力机械总厂1583万元、济南第一机床厂1551万元、山东推土机总厂1419万元、临沂工程机械厂1373万元、青岛变压器厂1333万元、临沂农业药械厂1237万元、山东潍坊拖拉机厂1206万元、山东活塞总厂1097万元、博山水泵厂1086万元、济南第二机床厂1084万元、第四砂轮厂1061万元、济南变压器厂1019万元。

机构改革 为加快山东汽车工业发展，山东省汽车总公司经过八个月的筹建，于1991年4月10日正式成立，该公司既是承担全省汽车工业生产、经营及其发展任务的经济实体，又是履行对机械工业系统内汽车行业管理的职能部门，由省经委主管、省计划单列，业务上接受中国汽车工业总公司的指导，总公司直属企业12家，系统内企业45家，产品归口企业103家。

企业管理与职工教育 1991年，省机械厅系统企业管理工作的重点是引导企业把生产经营工作的重点转到全面提高素质和经济效益上来，突出生产现场的管理优化。为此，制订了《山东省机械厅生产现场管理优化指导规范》，组织了对升级企业的复查和对升级企业存在问题的自查自纠。1991年，有4家企业晋升为国家二级企业。有1家企业晋升为国家一级节能企业，另有3家通过一级预考评，24家企业通过了国家二级节能企业预考评，141家企业晋升为省级节能企业，19家晋升为厅级节能企业。有1家企业晋升为设备管理一级企业，7家企业晋升为二级企业，27家企业晋升为三级企业。机械厅荣获“机电部节能先进集体”和“省经委节能管理先进厅局”的称号。

1991年，省机械厅系统全年培训职工100737人，毕业、结业88044人。其中岗位培训90804人，毕结业83709人；继续教育2509人，结业1422人；高等教育3856人，毕业1597人；中等教育3568人，毕业1316人。技术等级培训43897人，其中初等10913人，中等24109人，高等8875人。大专以上文化程度的21472人，中专18564人，技工16739人，技师及高级技师1122人。工程技术人员23878人，管理人员47626人，服务人员28361人。高级职称1881人，中级职称10721人，初级职称37130人。

存在问题 (1) 出口创汇有所下降。(2) 市地、行业产品销售发展不平衡，部分产品存销比大大超过合理要求。(3) 三项资金占用过大，致使企业资金紧缺。(4) 亏损面还较大，经济效益未能达到历史最好水平。

〔撰稿人：山东省机械工业厅　石长河、于光华
审稿人：山东省机械工业厅　孙惠绅〕

河南机械工业

河南省机械电子工业厅

一、发展概况

1991年河南省机械工业系统完成产值84.18亿元，比上年增长13.9%；完成销售收入77.35亿元，比上年增长23.1%；产销率达到98.28%，比上年提高3.66个百分点；实现利税6.6636亿元，比上年增长5.5%；全员劳动生产率23215元/人·年，比上年增长57.4%；人均实现利税2041元，比上年增长11.22%；产成品库存12.87亿元，与上年基本持平；亏损企业63户，比上年减少13户；亏损额5065万元，比上年增加16.78%；出口创汇7973.42万美元，比上年增长10.98%。

1991年的机械工业概况及产品产量见表1、表2。

表1 1991年机械工业系统概况

行业	企业数(个)	全部职工年末人数(人)	工业总产值		工业净产值(万元)	产品销售收入		产品销售税金(万元)
			1990年不变价(万元)	比上年增长%		当年价(万元)	比上年增长%	
合计	477	362636	841871	13.9	220128	773492	23.1	35817
农业机械	193	130773	383336	20.5	87358	359685	23.5	12147
机床工具	35	29242	51688	16.4	14715	49034	40.3	2935
通用基础件	25	9210	11446	7.3	3611	10983	31.5	622
石化通用机械	30	23154	32864	20.9	10376	36925	57.5	2103
重型矿山机械	20	35348	51978	2.0	10468	48294	22.2	1714
汽车	33	20637	35214	17.4	10058	31340	27.0	1473
电工电器	86	53027	157012	7.5	42991	137589	18.1	9535
仪器仪表	17	8547	12657	1.1	4519	11120	8.2	651
食品包装机械	5	2232	3278	35.0	1214	2685	4.5	168
其它	33	9602	11833	−0.2	3618	10079	22.3	518

行业	利润总额(万元)	上交利税(万元)	年末固定资产		定额流动资金		资金利税率(%)	全员劳动生产率(元/人·年)
			原值(万元)	净值(万元)	年末占用数(万元)	年平均余额(万元)		
合计	30819	12356	580557	337600	389922	376455	9.3	23215
农业机械	16954	5790	208765	121963	126873	445381	5.1	29313
机床工具	2376	810	60795	28757	32126	33172	8.6	17676
通用基础件	100	93	9471	6148	7658	8160	5.1	12428
石化通用机械	−161	374	38950	27418	23015	23753	3.8	14194
重型矿山机械	−1089	80	55822	26446	39424	39403	1.0	14705
汽车	517	247	21456	12927	19497	18575	6.3	17064
电工电器	3780	1994	92371	57793	79330	79753	9.7	29609
仪器仪表	600	174	9729	5964	8350	7929	9.00	14809
食品包装机械	119	35	3375	2466	2108	1987	6.5	14686
其它	446	235	11988	9182	8245	7781	5.7	12323

表 2　1991 年机械工业系统产品产量

产品名称	单　位	产　量	比上年增长%	产品名称	单　位	产　量	比上年增长%
大中型拖拉机	台	18123	37.6	矿山设备	吨	10370	14.7
小型拖拉机	台	184109	11.1	汽车	辆	1750	55.5
拖内配件	万元	41382	75.9	汽车配件	万元	27240	35.7
内燃机商品量	万千瓦	306.12	54.5	工业锅炉	蒸吨	1833	60.0
金切机床	台	1861	63.1	交流电动机	万千瓦	164.23	2.4
磨料磨具	吨	55415	−4.6	高压电器	吨	5869	28.6
高中压阀门	吨	5683	−13.1	变压器	万千伏安	129.86	11.7
标准紧固件	万件	51591.3	−2.2	电力电缆	公里	10493	32.6
轴承	万套	7647.21	7.3	电工仪器仪表	万台	79.17	19.8

从统计数字看，我省机电工业 1991 年的发展速度低于全国平均速度。但从治理整顿三年来的全面情况看，我省机械工业的发展，没有象历次国民经济大调整时期出现大起大落，只出现了较小的“马鞍型”，并已于 1991 年初走出了谷底，转向稳定发展。

二、发展特点

1. 开展“质量品种效益年”活动成效显著

1991 年初，国务院关于开展“质量、品种、效益年”活动的通知下达后，各级主管部门和企业及时制订了行业和企业开展活动的具体方案，并不断检查落实情况。郑州、焦作、濮阳、鹤壁、许昌、安阳等主管部门将目标分解到各重点企业，协助企业抓产品质量和新产品开发；漯河、三门峡等市还组织企业开展了“质量、品种、效益年”厂际竞赛活动；许昌继电器厂依靠科技进步发展高科技产品，强化工艺管理，加速了企业发展，荣获 1991 年机电部工艺管理先进单位称号；新乡机床厂在“质量、品种、效益年”活动中深化企业内部改革，转换经营机制，建立了与工资、福利、住房、子女就业相结合的“全员贡献进档达标激励工程”，充分调动了广大职工的积极性。对科技开发实行“请进来，走出去”的办法，全年开发适销对路的新产品 14 种，企业经济效益大幅度上升，产值、销售收入，实现利税分别比上年同期增长 50.3%、42.4%、98.%。南阳光辉机械厂挖掘内部潜力，实现效益增长，消化减利因素 80 万元，减少不良品损失 20 万元，实现利税、利润分别比 1990 年增长 20%和 15%，达历史最高水平。舞阳机械厂深入开展双增双节活动，万元产值耗电比上年下降 251 度，万元产值耗能降低 17.6%，产值，利润，税金分别比上年增长 37.1%、75%和 39.5%。通过深入开展“质量、品种、效益年”活动，使我省机电行业继全省表彰的“十面红旗”洛阳第一拖拉机制造厂、长葛奔马机械集团公司等之后、又涌现出了新乡机床厂，新乡七六〇厂，郑州四〇五七厂等一批先进单位，并且提高了全行业职工的质量意识，促进了产品质量和新产品开发能力的提高。郑州电缆厂生产的 10kV 以下铜芯交联电缆、平顶山高压开关厂生产的 LW6−500 型六氟化硫断电器荣获国优金质奖，洛阳矿山机器厂生产的 LKZKL3A (XL−30) 行星齿轮减速器获国优银质奖。1991 年机械工业创优质产品奖 101 项，其中国优 3 项，部优 24 项，省优 74 项。创奖数是“七五”五年总数的 1／2，比 1990 年增长 13%。优质产品产值率达 33.18%，比 1990 年提高了 3.9 个百分点。新产品产值率达到 16.8%，比 1990 年提高 1 个百分点。质量稳定提高率达到 97%，比 1990 年提高 1.4 个百分点。铸件废品率 8.7%，比 1990 年下降 0.6 个百分点。全年开发新产品 223 种，比上年增加 2 种。

2. 结构调整初见成效

(1) 抓重点、抓特色、主动调整产品结构。

1991 年、根据机电部关于编制地区机电工业产品结构调整要点的要求，通过开展省市对话，对 120 多个企业的近千种重点产品进行了调查研究，提出了全省机电工业产品结构调整的重点、方向、目标及重点支持发展的特色产品 100 种、优势产品 100 种、重点支持开发的新产品 200 种、重点支持生产合理化的产品 100 种、限制产品 40 种、淘汰产品 30 种，并初步提出了发展全省高新技术产业的设想，这对我省机电工业产品结构调整起到了促进和引导作用。郑州市机电行业通过调整产品结构，引进开发 62 种新产品，改型或换代 15 种传统产品，扩大了 36 种畅销产品，淘汰了 3 种耗能高、效益低的产品。全市机电工业产品结构逐步趋于合理。省内一些适销对路的产品，如大型拖拉机、15 马力小四轮拖拉机、1105 柴油机、机动三轮运输车、内燃机缸套、活塞销、汽车传动轴、汽车接插件等产品市场占有率很高，有的已在全国名列前茅。出口产品结构也发生了较大变化，高技术、高附加值产品的出口逐步增加，到 1991 年底，全省机电产品出口总数的比重由上年的 20%上升到 25%。

(2) 企业组织结构有所改善。

1991 年，全省机电行业先后建立了一批新的企业集团。如长葛奔马机械集团公司、郑州拖拉机达利集团、商丘铸造集团等，并巩固发展了洛阳轴承联营公司、中国第一拖拉机工程机械联营公司等集团公司。企业联合有了新的发展。洛阳市重工局利用大型企业的优势，积极推进地方企业与其联合、兼并，洛阳轴承厂兼并了新安力车厂，洛阳矿山机器厂兼并了洛阳铸造厂，黄河木工机器厂兼并了水箱厂。许昌市经委机电办积极支持第一拖拉机制造厂。兼并了许昌通用机械厂，协调许昌八一厂与机车车辆厂合并。一批企业也积极向全国集团靠拢，如固始油泵油嘴厂加强了与南京油泵油嘴厂的联合，商丘油泵油嘴厂加入了全陵油嘴油泵集团。通过联合兼并，促进了企业的发展，改善了企业的组织结构。

(3) 技术结构调整迈出了新的步子。

1991年把加速企业技术改造作为技术结构调整的突破口。第一，抓项目落实。全年技改项目完成立项101项，当年安排投资99项，其中续建38项，新开61项。第二，抓资金落实。全年完成固定资产投资2.1亿元，比1990年增加11%。第三，抓项目进度。全年验收投产23项。通过狠抓技术改造，许多企业，特别是大中型企业的生产，检测等装备得到了较大改善，整体技术水平有了很大提高。影响河南省机电行业结构的郑州轻型汽车厂、安阳玻壳厂两项重点工程迎来了邹家华副总理的剪彩投产。

3. 积极开拓四个市场

1991年狠抓了压库促销，取得了一定的效果。

(1) 开拓国民经济主市场。

1991年，组织力量先后数次到省石化厅，冶金建材厅，交通厅，水利厅，煤炭厅，黄委会等行业和部门，了解他们对机电产品的需求，了解他们“七五”期间引进国外成套机电设备的情况，作为我们消化、吸收、开发新产品的主攻方向，为他们组织配套。逐步引导企业、特别是大中型企业，开拓并进入国民经济的主市场。1991年底，我厅配合省成套局成立了省设备成套网络组织，联合起来承包我省和国家工程项目，将为全省机电行业的发展产生重大作用。

(2) 以“三引三出”为方向，积极开拓国际市场。

狠抓“三引三出”是省委、省政府提出的要求，也是我省机电行业转轨变型的需要。1991年，我们先后两次组织大中型企业，由厅领导带队到广州、佛山、深圳、珠海等沿海开放地区和新疆考察学习，了解他们与内地的合作意向，学习他们开拓国际市场的经验与措施。利用他们的对外渠道，联合开拓国际市场。在两次考察中共签订经济技术合作意向书和协议书9份、合同2份。根据窗口企业的要求，我厅确定在深圳设立联络处。为了帮助企业开拓国际市场，先后组织40个机电企业的领导赴美国、香港、墨西哥、澳大利亚、法国、马来西亚等国家和地区考察、参展、洽谈技术合作项目。不仅使企业了解国际先进技术，掌握国际市场动态，而且在开拓国际市场方面取得了较大进展。1991年新打入国际市场的机电产品超过了20个品种。开封机械厂首次去马来西亚签订了拖拉机出口意向书，还初步商定了在马来西亚建立一条年产3000台拖拉机的装配生产线。焦作制动器厂在墨西哥参展时，与原引进技术的德国E&G公司签订了产品返销欧美市场的协议。全行业机电产品出口创汇继续保持较好的势头。1991年出口创汇达到7973.42万美元的历史最好水平，比1990年增长22.4%。

(3) 开拓机电工业自我配套市场。

1991年在抓技术改造与新产品开发的同时，注重抓了技术改造配套产品与新一代机电产品的自我配套工作。召开了铸造线改造等三次配套订货会，由省厅统一组织供货，进一步完善了机电行业自身配套市场。

(4) 积极开拓乡镇企业市场。

近年来，乡镇企业发展很快，我们主动协同乡镇企业局，参与省乡镇企业工作会议，为他们介绍成套机电产品。省机械所组织乡镇企业技术协作网，为乡镇企业的发展提供咨询、设计服务。

4. 搞好流通，强化销售

1991年把搞活厅属流通公司，使其成为我省机电产品销售主渠道，作为强化销售的一个重要手段。全年先后召开三次公司经理座谈会，制订了搞活厅属流通公司的政策建议。通过15个厅属行业流通公司和各市地机电行业流通公司，组织企业参加各种形式的交易市场，并自行组织农机，汽车、机床工具等产品订货会。全年厅属公司直接销售机电产品3亿元，直接和间接组织销售地方机电产品额达到全行业销售总额的40%左右。3月份召开了全省供销工作总结表彰大会，评选出5名销售状元和200名供销先进工作者，在全行业职工中树立了干销售光荣、开拓市场有功的观念。南阳地区工业局以抓销售工作和回收货款为突破口，搞活资金，搞活企业。同时召开地区机电行业供销工作会议，交流经验，表彰先进，评选出215名优秀销售工作者，树立25名供销标兵。下半年，根据国家“以销定产、压缩库存”的精神和省内机电行业的实际情况，着力抓了“限产压库”和“压贷挂钩”工作。7月份专门召开了市地局工作会议，检查和部署压贷工作，提出了压库任务和措施，将压库指标分解到各市地局和重点企业。并对113种主要产品进行摸底，分类排队，提出了“增畅，限平，压滞”促销限产计划。各市地局也分别根据本地情况制订出具体措施。通过以上努力，机械工业产成品库存由6月份的14.53亿元下降到年底12.87亿元，下降11.16%，比1990年最高月份的9月份下降了22.77%。

5. 理顺发展思路，修订、完善“八五”规划和十年发展规划

1991年根据省委五届二次全会制订的全省“八五”规划和十年规划精神对行业的“八五”规划和十年规划进行了修订和完善。于4月中旬至7月下旬，集中主要精力组织对话组分赴17个市地100多家企业实地考察，就“八五”计划和十年规划发展思路、重点及结构调整方向等问题与市地、企业充分交换了意见。通过对话，使我们更全面地了解和掌握了我省机电工业的地区结构特点，优势和差距，进一步理清了我省机电工业与各市地机电工业的发展思路。与市地共同制订了地区技术进步、争冠带先的行业、企业和产品，初步提出了地区及重点企业结构调整意见，重新修订和完善了行业“八五”规划及十年发展规划。

6. 深入落实政策，搞好国营大中型企业

1991年省机电厅领导带队先后两次到新乡、南阳、洛阳、开封、焦作、三门峡等市地局，深入近百个企业调查了解他们落实政策情况及生产经营中存在的问题，并写出了5篇有指导性的调查报告。国务院关于搞好大中型企业的20条政策公布后，省厅再次抽掉20多人，分四个调查组对我省大中型企业，进行全面调查各项政策的贯彻落实情况，提出我省机电行业搞好大中型企业的具体意见。同时在调查研究的基础上和有关厅局联合制订了关于规划、生产、质量、物价、推广价值工程、现场管理，职工教育、深化改革等方面的意见和办法、措施15项。洛阳、郑州等市地局和省机电厅同省、市领导现场联合办公，为部分大中型企业具体落实政策，为搞好国营大中型企业起到了促进作用。

7. 加速制度建设，促进机关和行业管理规范化，科学化

1991年我们把制度建设列入全厅和行业管理工作的重要内容，厅机关各处室在深化改革中进行了定岗、定员、定责，定工作标准，定工作程序的工作。同时由厅办公室牵头，组织全省企业和地市主管部门一起研究企业的转轨变型，研究企业办公室工作规律，编著了《企业办公室工作指南》一书，由河南人民出版社出版。这个研究成果受到了中共中央办公厅秘书局领导的好评。

三、存在的问题

1991年我省机电行业存在的主要问题：

1. 实现利润远低于全国平均水平，效益滑坡的趋势虽然得到了控制，但经济效益仍不理想。

2. 潜亏和虚盈实亏现象严重，据初步调查，潜亏、明亏企业占企业总数的60%左右。

3. 产品成品库存高于全国水平。库存虽然比1990年有所下降，但仍超过正常的库存额。

〔撰稿人：河南省机械电子工业厅　陈良训、崔安国、王雅敏　审稿人：河南省机械电子工业厅　孙怀玉〕

湖北机械工业

湖北省机械工业厅

生产发展　1991年全省机械工业生产，保持适度增长，经济效益逐渐好转，居高不下的产成品库存得到控制。1991年全系统完成工业总产值1240977万元，比上年增长12.2%；不含第二汽车制造厂则完成工业总产值727259万元，比上年增长12.2%。除通用基础件外，其它各小行业均比上年有不同程度增长。全系统经济效益状况有了好转，全年实现销售收入1228137万元，比上年增长40.2%；实现利税147644万元，比上年增长31.6%，其中实现利润89927万元，比上年增长34%。不计第二汽车制造厂则实现销售收入637152万元，比上年增长30.4%；实现利税55484万元，比上年增长2.9%；其中实现利润26039万元，比上年增长-4.9%。过高的库存得到控制，到1991年底，全系统产品库存总金额为13.5亿元，比上年底减少1.1亿元。库存总额占年销售总额的11.46%，年底库存低于年初的水平。扭亏有了初步成效，全系统年末亏损企业数为128户，亏损企业亏损额7814万元，都比上年有下降。详见表1。从总体看，全系统产销趋于平衡。在17个统计单位中，销大于产的有黄石市、黄冈地区、省汽车工业总公司、孝感地区、宜昌市、武汉市、鄂州市、十堰市和湖北第二机床厂，产销基本平衡的单位有荆门市、襄樊市、郧阳地区、咸宁地区、第二汽车制造厂等。

全系统重点统计的67大类主要机械产品中，产量较上年增长的有43大类，占产品数的64.2%，较上年下降的有24大类，占35.8%。67大类主要产品中，产量完成或超额完成全年计划的有大中型拖拉机、内燃机、农副产品加工机械、拖内配件、农机具配件、分析仪器、气体压缩机、印刷机械、发电设备、电站锅炉、电站汽轮机、汽

车、汽车配件等13大类，其余54大类未完成全年计划，其中18大类仅完成计划的50%以下。在30种重点机械产品中，产品产量较上年增长的有14种，占46.7%（详见表2）；完成或超额完成年计划的有神牛25拖拉机、单缸柴油机、东风140汽车底盘、汽轮机及汽轮发电机、电站锅炉、大型机床等6种，占20%

表1　1991年湖北机械工业系统概况

行业	企业数(个)	全部职工年末人数(人)	工业总产值		工业净产值(万元)	产品销售收入		产品销售税金(万元)
			1990年不变价(万元)	比上年增长%		当年价(万元)	比上年增长%	
总计	593	421029	1240977	12.2	350776	1228137	40.2	57717
总计(不含二汽)	592	337812	727259	12.2	202389	637152	30.4	29445
工程农机	134	60070	116910	20.5	28384	95176	35.1	2950
机床工具	53	39970	45411	11.0	15918	41954	39.0	1830
通用基础件	25	10180	11453	−0.5	4251	9695	8.8	605
轴承	18	20386	42455	0.7	16221	30721	7.8	1907
石化通用机械	44	24474	40432	6.0	14360	36371	19.6	1930
重型矿山机械	25	13105	23742	10.1	6544	18789	24.0	966
汽车	126	161775	737970	15.4	203995	799691	49.8	36748
电工电器	100	58157	174411	2.3	45437	149548	20.9	9188
仪器仪表	26	19423	29930	6.5	10835	30625	40.0	980
食品包装机械	3	1105	3703	23.4	767	2572	27.3	83
其他	39	12384	14560	5.3	4155	12996	17.4	529

行业	利润总额(万元)	上交利税(万元)	年末固定资产		定额流动资金年平均余额(万元)	资金利税率(%)	全员劳动生产率(元／人·年)
			原值(万元)	净值(万元)			
总计	89927	38480	860940	512545	489004	15.8	30060
总计(不含二汽)	26039	7919	476514	282753	371084	9.0	21867
工程农机	2488	1023	74879	44333	56188	5.8	19739
机床工具	−307	447	59755	24699	47344	2.2	11489
通用基础件	308	112	10300	5911	6379	7.8	11312
轴承	2988	851	35414	22104	21270	12.2	21375
石化通用机械	1299	814	30479	16699	25733	7.9	16665
重型矿山机械	−15	345	14831	8582	15703	4.0	18459
汽车	75472	33604	505207	310274	190336	24.4	47067
电工电器	7194	1047	90543	51930	94652	11.8	30346
仪器仪表	802	172	26021	19820	22854	4.2	15547
食品包装机械	14	5	1023	613	1513	4.7	33692
其他	−317	62	12489	7582	7004	1.5	11786

35家重点企业中，有29家的工业总产值较上年增长，有23家超额完成年度计划，有19家企业产值在5000万元以上，其中，产值过亿元的企业有9家（见表3）。

1991年，全系统重点围绕压库限产，抓紧了生产经营调度。全省机械工业各级管理部门成立压库专班，加强调度，各企业拟订压库计划，按照“增畅、限平、停滞”原则组织生产。全系统在生产经营调度上的主要作法：第一，变单一的生产计划考核为效益考核。咸宁地区工业局将生产调度与调整产品结构、加强销售、压缩库存挂钩，引导企业从追求产值速度转向追求效益。省汽车工业总公司将生产、效益、质量、消耗、技术进步和发展后劲6大类20多项指标分解到企业。第二，加强现场管理与调度。十堰市工业局重视均衡生产，在十堰市车桥轮毂厂开展“一个流”生产调度，全厂科室为车间服务，有效地改善了生产管理。第三，抓好配套服务。武汉市机械局坚持领导就是服务的思想，实行局机关一人一厂联系制度，在1991年抗洪救灾中，全局各级干部与企业职工坚守一线，组织生产自救。第四，加强销售工作。省机械厅与省物资厅于10月份联合召开了“全省机电产品产需衔接交易会”，对加强全省机电产品产需衔接起到积极作用。荆州地区工业局在全区推广仙桃机械厂的销售四卡制（销售登记卡、质量事故卡、售后服务卡、信息反馈卡），促进了全区的销售工作。黄石市机械局推行联网联销，利用较少的人力、财力，收到了较好的效果。

表2　1991年湖北机械工业系统产品产量

产品名称	单位	产量	比上年增长%	产品名称	单位	产量	比上年增长%
神牛25拖拉机	台	5550	90.1	金属打包机	台	80	−50.0
工农5手扶拖拉机	台	4751	−40.6	东风140汽车底盘	辆	23850	15.1
鄂100割晒机	台	3139	−1.8	汽车改装车	辆	8073	35.8
农用运输车	辆	1084	52.9	电站锅炉	台	29	−31.0
单缸柴油机	台	175946	29.6		蒸吨	5720	12.8
	万千瓦	106.87	45.5	汽轮发电机	万千瓦	98.25	9.5
双缸柴油机	台	10841	23	交流发电机	万千瓦	26.61	15.7
	万千瓦	18.52	27.5	特种交流电机	万千瓦	21.71	74.2
大型机床	台	65	4.8	变压器	万千伏安	100.2	−30.3
锻压设备	台	2140	13.8	高压断路器	台	1957	−12.8
风机	台	3532	−9.2	高压开关板	面	1258	21.2
螺杆制冷机组	台	601	22.9	电焊条(丝)	吨	24681	6.8
轴承	万套	3843	−5.2	电力电缆	公里	3279	−15.4
钢球	万粒	82960	−38.0	控制电缆	公里	1524	−27.9
叉车	台	2447	36.1	船用电缆	公里	679	−13.5
推土机配件	吨	4065	22.1	通讯电缆	公里	682	−14.3

表3　1991年产值过亿元企业产值、销售收入表

企业	产值(万元)	比上年增长%	销售收入(万元)	比上年增长%
武汉汽轮发电机厂	31530	−14.9	28032	4.2
武汉锅炉厂	25342	0.2	22366	31.8
襄阳轴承厂	20056	10.6	16919	18.6
红旗电缆厂	18209	28.2	15224	26.5
武汉仪器仪表自动化工业(集团)公司	14231	8.3	19863	80.8
湖北汽车改装厂	13774	65.9	14765	76.8
武汉电线股份公司	12786	5.6	7565	19.8
猴王焊接公司	10557	8.5	10007	33.1
武汉汽车配件厂	10011	22.7	8600	16.1

科技工作　1991年全系统共有新产品试制项目206项，其中，列入机电部新产品试制计划的有71项，列入省政府下达的全省重大新产品开发科技计划项目的有26项。全年完成了新产品试制165项，占当年应完成数的80.9%。此外，全系统有科研项目67项，完成了14项；新技术推广45项，完成了6项。在完成的项目中，有包括国家“七五”科技攻关项目、机电部新产品试制计划项目等32项，有技术水平较高、市场前景好、经济效益好的科研和新产品成果。如黄石锻压机床厂的板材柔性加工单元和额定力10兆牛、宽12米的大型双机联动折弯机，沙市第二机床厂的五坐标数控激光加工机床等达到了国际80年代水平。湖北变压器厂成功制造了湖北省第一台220千伏、9万千伏安大型变压器，标志着湖北省发展220千伏级输变电设备取得了突破。襄阳轴承厂试制了30多种五十铃轻型汽车用配套轴承，市场前景可观。武汉市机械局全年开发的新产品中，有90种达到了80年代初水平，该局纳入三年调整期间重点开发的76种新产品，有40种形成批量或小批量生产，全年投入生产的新产品共实现产值4680万元，创利税912万元。

在新技术方面，重点推广了提高了铸造熔炼质量、组合夹具、计算机辅助设计、应用微电子技术改造机床等项目，都取得了较好效果。沙市铸造二厂应用5吨开边式冲天炉，实现了熔炼过程微机控制，降低废品率16.4%，提高铁水利用率17.1%，改善了劳动强度。全系统完成了3项计算机辅助设计，其中，湖北汽车灯具厂与中科院光电技术研究所合作的汽车前照灯配光系统CAD，宜昌叉车厂与武汉水运工程学院合作的叉车 CAD 等项目，都达到了国内同行业领先水平。武汉鼓风机厂、武汉重型机床厂、武汉锅炉厂等企业计算机辅助设计已进入产品设计实质性阶段。计算机辅助管理正在骨干、重点企业中逐步展开。

质量 全系统开展了“质量、品种、效益年”活动，产品质量基本稳定并有不同程度提高。1991 年对系统内的 150 家企业的 494 种产品进行了考核，品种抽查合格率和质量稳定提高率均为 100%，与上年持平；品种一等品率为 71.06%，比上年提高 0.45 个百分点；优质产品产值率为 49.28%，比上年提高 7.7 个百分点。机电部考核湖北省的 96 种重点产品的品种抽查合格率和质量稳定提高率均为 100%，与上年持平；品种一等品率为 98.96%，比上年提高 1.04 个百分点；优质产品产值率为 68.8%，比上年提高 14.27 个百分点。1991 年，国家监督抽查湖北机械工业 6 个产品，合格 5 个，合格率为 83.3%。省级监督抽查 53 个产品，合格 52 个，合格率为 98.11%。省厅系统监督抽查 326 家企业 409 种（类）产品，合格 395 种（类），合格率为 96.57%。

1991 年，全省机械系统共创优质产品 139 项。其中，第二汽车制造厂的东风牌 EQ140—I 五吨载货汽车、湖北机床厂的 SEMEC400 滑台和襄阳轴承厂的 ZXY 牌 7608E 圆滚子轴承等 3 个产品获国优银质奖；襄樊力车厂的跃字牌 JL650 型胶轮力车等 36 个产品获机电部优质产品奖；黄石锻压机床厂黄锻牌 PPT60／30 液压板料折弯机等 100 个产品获湖北省优质产品。郧阳地区汽车改装厂、十堰市缸套厂、湖北汽车工程塑料厂、湖北汽车工具厂、宜昌市叉车厂等 5 个企业获湖北省质量管理奖。

机械产品新质量指标体系试点工作有进展。湖北省被明确为全国机械行业四个新的质量指标体系试点省份之一，省机械厅拟定了新质量指标体系试点工作方案，确定了武汉冷冻机厂等 30 个企业为试点，举办了 5 期学习班，参加人数 700 余人。30 个试点企业从 7 月份开始正式报送新质量指标报表，150 个企业试报内外部损失成本报表。

5 月上旬，省机械厅在武汉市举办了第七次“加强工艺管理，提高产品质量现场会”。会议邀请了武汉钢铁公司介绍走质量效益型企业发展道路的经验，参观了武汉重型机床厂、武汉锅炉厂、武汉复印机总厂、武汉汽车配件厂等 7 家企业管理现场。这次现场会，对促进大中型企业加强“工艺突破口”工作，优化现场管理，有积极作用。在抓制造过程的质量控制中，全系统选择了 97 家企业的 127 个关键工序，开展关键工序一次合格率、降低不良品损失活动。9 月份，省机械厅召开了全省机械工业关键工序质量控制成果发表会，发表成果 30 项。

技术改造 1991 年，国家和省共安排全系统更新改造项目 124 个，安排年度计划投资 43792 万元，其中上年结转 3721 万元。124 个项目中，国家计划项目 23 项，年度计划投资 15314 万元，其中，专项贷款 7224 万元。在国家计划项目中，有限上项目 6 项，年度计划投资 8924 万元，其中贷款 3484 万元。到年底，全年全系统共完成投资 30211 万元，占年度计划的 69%。6 个限上项目中，有 5 个建设情况较好。其中，襄阳轴承厂和红旗电缆厂分别于 1991 年 10 月和 11 月通过了机电部组织的正式验收，其工程进度、质量和效益受到了好评。襄阳轴承厂的项目验收被机电部基础产品司列为该司“七五”项目竣工验收样板。6 个限上项目 1991 年共完成投资 6073 万元，占年度计划的 68%。此外，6 个“七五”结转限下项目，全年共完成投资 1485 万元，占年度计划 76%。“八五”新开的 11 个项目，全年共完成投资 2436 万元。占年度计划 55%。

通过省政府与机电部对话，形成了《关于制定湖北省机电工业“八五”发展规划的部、省对话纪要》，明确了同意列入“八五”规划重点改造的机械项目 39 个，争取列入“八五”规划重点改造的机械项目 25 个，建议列入地方“八五”规划的机械项目 69 个。

技术引进 全年国家和省共下达技术引进外汇执行计划 9 项，956 万美元，实际完成 900 万美元。共引进了两套二手生产设备，即武汉汽车配件厂的活塞生产线和鄂州气门挺杆厂的液压气门挺杆生产线。在利用外资方面，全年共申报合资企业 14 家，合资金额 1 亿元。有 7 家可行性研究省已批复。湖北省机械工业设计院与香港合资兴办的“湖北中兴装饰工程有限公司”、京山机械厂与香港合资兴办的“湖北金茂仓储器材有限公司”和洪湖机耕船厂与香港合资兴办的“洪湖湖林五金工具有限公司”等三家合资企业已开业。武汉市开办了武汉泛州同步器齿环制造有限公司、武汉—澳斯特威亚联合机械制造有限公司等 3 家合资企业。

机电产品出口 全系统机电产品出口继续保持增长势头，全年累计完成出口外贸收购额 38234 万元，比上年增长 32.5%。系统内工贸公司（不含东风汽车进出口公司）出口创汇 4622 万美元，比上年增长 17.7%。其中，省机械设备进出口公司创汇 3310 万美元，比上年增长 10%；武汉市机械设备进出口公司创汇 1202 万美元。比上年增长 40%；中国汽车工业进出口公司武汉公司创汇 110 万美元，比上年增长 85%。全系统全年实现出口产值 45800 万元（1990 年不变价），比上年增长 27.3%，出口产值超过 2000 万元的地市有宜昌市、武汉市、咸宁地区、荆州地区、襄樊市。

全系统出口产品结构有了新变化，附加值高的产品逐渐增加。换汇成本较高的轴承、通用基础件的外贸收购比上年下降 17.7%，换汇成本较低的电工产品外贸收购及自营出口比上年增长 106.7%；重型矿山机械的外贸收购增长 24.79%；汽车的外贸及自营出口增长 22.3%；仪器仪表外贸收购增长6.25倍。系统内出口拳头产品正在形成，全年金属切削车床外贸收购及自营出口820台、2611万元，发电机20643台、2739万元，钢芯铝绞线7503吨、7037万元，电焊条6311吨、1758万元，汽车2560辆、创汇1687万美元。

全系统出口市场有新的发展。系统内工贸公司出口到日本、美国和香港的产品，占全部创汇的67.4%。同时，扩展了非洲、中东、东欧市场。电动机、柴油机、发电机、机引耙、标准件、塑料加工机械、大客车等进入了非洲市场；普通机床、鼓风机、电线电缆等进入了拉美市场；轴承、复印机等进入了东欧市场；小钻床、卡盘、钻头、柴油机、东风汽车等进入了南朝鲜、越南、泰国、孟加拉国等周边国家市场。

全系统积极扩大机电产品出口。湖北红旗电缆厂在向巴基斯坦出口7000吨钢芯铝绞线项目中中标，一项出口订单创汇1156万美元，在国内同类产品中尚属首次。武汉锅炉厂针对东南亚市场特点，开发了90吨油炉和1000吨黑液锅炉。武汉重型机床厂1991年出口重型机床10台，铸件3792吨，自营出口创汇271万美元。

企业集团 全系统在企业集团实体化建设上有了新进展。1991年11月13日，湖北省人民政府以鄂政发（1991）105号文件《省人民政府关于批转襄阳汽车轴承集团实体化建设方案的通知》，批准了襄阳汽车轴承集团实体化建设方案。襄阳汽车轴承集团是湖北省第一家跨地市的大型实体化企业集团，由襄阳轴承厂、黄石轴承厂、湖北钢球厂、湖北轴承厂、恩施轴承厂、浠水轴承厂、仙桃轴承厂七家紧密层企业和若干半紧密层、松散层企业组成，总部设在襄樊市。襄轴集团公司为襄阳汽车轴承集团的核心，集团公司对七家紧密层企业实行“人、财、物、产、供、销”六统一管理。集团公司具有法人地位，七家紧密层企业法人地位不变。集团公司隶属省机械工业厅管理。从1992年起，襄阳集团公司及其紧密层企业的中长期发展计划、基本建设、技术改造、利用外资、技术引进等计划；主要产品生产经营计划；科技发展和教育计划；劳动工资计划；财务计划；国有资产管理和审计工作；进出口贸易等在省计划中实行单列。

1991年6月28日，湖北省人民政府发鄂政发（1991）60号文件《省人民政府关于进一步理顺省汽车工业公司管理体制的通知》，批准省汽车工业公司改名为省汽车工业总公司，为产、供、销、技、工、贸相结合的经济实体，归口省机械工业厅。赋予其全省汽车工业（含摩托车）的行业管理职能。省汽车工业总公司对所属14个工业企业和18个销售企业，实行总体承包，做到人、财、物、产、供、销集中统一管理。其主要产品产量、基建、技改、物资供应、劳动工资、科技教育、财务、利用外资和引进技术等计划，从1992年度起，在省计划中实行单列。总公司在总体承包期间，实行承包经营责任制。同时，省汽车工业总公司被省政府批准为学习首钢承包试点单位，实行三包一挂，即包上交利润、包公司发展后劲、包国家指令性计划，实行工资总额与经济效益挂钩。承包期一定十年不变，从1991年1月1日起，到2000年12月31日止。

教育工作 在职工培训方面，组织了系统内车间主任岗位培训班，有827人参加了培训。举办了一期企业教育科长岗位培训班。开展了初、中级技术工人培训、考核，全系统中级技工培训累计合格率超过技工总数的50%以上。在高级技工“应知”、“应会”考核中，单科考核合格率为64%。4月份，在全省机械行业组织了第二届“黄鹤杯”操作技术大赛决赛，共有11个小行业，21个代表队的295名选手参加了比赛。决赛前，各地、市、州各小行业组织了共8万余人进行层层选拔，调动了广大工人学习技术、比技术的积极性。省机械厅组织对140家职工教育重点企业进行了“七五”职工教育工作评估，评估结果分为四个等级，有40家企业被评为职工教育工作一等企业。1991年，全省机械工业系统新建汉阳特种汽车制造厂技校、武汉汽车配件厂技校和黄石市第二机械技校等3所技工学校。国家教委批准成立武汉市机械工业职工大学。

存在问题 一是商品经济观念不强，有的企业习惯按计划经济模式组织生产，市场竞争意识淡薄。二是结构性和素质性矛盾突出，既有一般产品生产规模大而“吃不饱”，又有高水平产品和重点建设所需关键设备生产不了而“吃不了”的问题，还有个别有条件的企业宁可生产能力放空也“不愿吃”的现象。三是企业内部改革步伐缓慢，不少企业缺乏活力，职工积极性未能充分调动。四是全系统产品库存总额较高，亏损企业较多，亏损额较大。五是大中型企业普遍活力不足。

〔撰稿人：湖北省机械工业厅办公室　万建国
审稿人：湖北省机械工业厅厅长　马　骏〕

湖南机械工业

湖南省机械工业厅

一、大机械概貌

湖南大机械行业1991年年末共有生产企业4260家（不含电子企业与村办及以下企业），比上年减少54家；拥有职工70.8万人，比上年增加1.8万人；固定资产（原值）96.61亿元，比上年增加12.15亿元；全年完成总产值141.4亿元，实现利税10.9亿元，其中：利润4.4亿元。详见表1。大机械行业在全省工业中，职工占23.2%，固定资产占18.7%，总产值占21.1%，利税占14.6%，居各行业首位。

在全省大机械行业中，机械系统有生产企业457家，职工24.2万人，固定资产34.7亿元，总产值52.9亿元，利税4.2亿元。机械系统的企业数、职工人数、固定资产、总产值、利税分别占大机械行业的10.7%、34.2%、36.0%、37.4%、38.5%。这五项指标在大机械行业中，除企业数所占比重较小外，其余均占1／3强。

1991年，机械系统的十大行业中，以电工电器处于主导地位，工程农机为其次，汽车工业居第三。这三个行业的职工人数、固定资产、总产值、利税总额4项主要指标占全系统总数的65%～74%。

机械系统工业的地区分布，主要集中在长沙、湘潭、衡阳和株洲4个中心城市。1991年这4个城市的职工人数、固定资产、总产值、利税总额分别占全机械系统的68.3%、70.9%、72.0%、73.2%。

1991年，机械系统工业中，有大中型企业71家，这些大中型企业的职工人数、固定资产、总产值、利税总额分别占全机械系统的57%、67%、63%、66%。

1991年，机械系统工业中，拥有固定资产(原值)1000万元以上的企业73家，其中湘潭电机厂与湘潭电缆厂过亿元；完成产品销售收入1000万元以上的企业103家，其中湘潭电机厂、湘潭电缆厂、浦沅工程机械总厂、湖南汽车制造厂与衡阳拖拉机厂过亿元；实现利税150万元以上的企业50家，其中湘潭电机厂、湘潭电缆厂、衡阳电缆厂、长沙正圆动力配件厂和长沙水泵厂过千万元。

1991年，机械系统工业的总产值、产品销售收入、产品销售税金和实现利润4项主要指标、在全国29个省市中排序，均居中间位次。

二、机械系统工业发展情况

1991年全省机械系统工业以提高经济效益为中心，积极促销压库、调整产品结构、狠抓技术改造和提高产品质量，取得了比预想要好的成绩。现从七个方面概述如下：

1. 扭亏增盈工作有明显进展

1990年全系统实现利润比上年下降54%，亏损企业多达115家，亏损金额为7761万元，其中百万元以上的亏损大户就有24家。针对这一严峻形势，1991年初省厅即召开专门会议，研究对策，把扭亏增盈目标分解下达到地、州、市主管部门和企业，省、地、市成立45个扭亏增盈服务队，对重点企业建立档案，分类指导，逐厂开展“支、帮、促”活动，帮助解决产品方向、领导班子、材料资金和产品配套等问题，为企业排扰解难。由于广大职工的共同努力，到年末亏损企业减少到74家，亏损面由25%下降到16%，百万元亏损大户减少到10家，亏损金额下降了60%。全行业亏损的3个行业，除重型矿山机械外，机床工具和汽车工业两个行业已扭亏为盈，机床工具行业由亏损361万元，转为盈利856万元；汽车行业由亏损1483万元，转为盈利1259万元。全系统利润，一季度负增长74%，上半年负增长36%，1～3季度负增长15%，形势逐季好转，到年底实现利润18306万元，比上年增长28%。这一成绩受到了省政府的嘉奖。

2. 限产压库还贷取得初步成效

近几年，全省机电产品的库存量一直居高不下，1989年末比同年初增加88%，1990年末继续增加18%，1991年8月末再增加4.9%，达到9.6亿元。产品增产越多，库存越大，资金沉淀，形势严峻。进入9月以后，省厅上下，全系统上下，进一步把限产促销工作摆到突出位置，层层召开会议，采取措施，加强指导。一方面严格按“增畅、限平、停滞”的原则，组织安排生产；另一方面充实销售队伍，强化推销，落实责任制度和奖罚制度，从而使生产增长速度，由9月累计的14.5%，至年底累计放慢到11.6%；产品库存年底也压缩到7.85亿元，比8月末减少18%，从而扭转了库存连年上升的被动局面。库存总额与销售总额之比，由上年的22.5%减为16.5%；产成品资金占资金总数的比例，由33.8%降为29.6%；定额流动资金周转天数，由216天缩短为187天，加快了29天。

在狠抓限产促销压库的同时，充分利用全国清理“三角债”的大好时机，积极收回货款，至年底全系统共收回欠款4亿元，收回率达35%。湘潭电机厂是我省受“三角债”困扰最严重的企业之一，通过清理，收回外欠资金6632万元，收款率达63%，支付欠外资金4638万元，付款率达100%，对缓解资金短缺的矛盾起了积极作用。

3. 出口创汇继续扩大

1991年全系统生产出口产品产值2.23亿元，其中出口产值超千万元的企业有湘潭电缆厂，湘潭电机厂和株洲轴承厂3个单位。全年自营出口创汇4706万美元，比上年增长45%，创历史最高水平。出口产品产量情况见表2。

表1　1991年湖南机械工业系统概况

行业	企业数(个)	全部职工年末人数(人)	工业总产值：1990年不变价(万元)	工业总产值：比上年增长%	工业净产值(万元)	产品销售收入：当年价(万元)	产品销售收入：比上年增长%	产品销售税金(万元)
机械工业总计	4260	708003	1414870	12.4	385069	1298731	22.6	65002
机械系统工业合计	457	242471	529095	11.6	155644	482996	24.6	23919
工程农业机械	146	64712	133681	11.8	37916	126189	29.5	4523
机床工具	23	14753	21156	20.8	8185	21135	53.1	1325
通用基础件	25	10557	12421	2.5	4007	11453	17.4	578
轴承	12	11175	25384	1.7	8346	15602	−0.9	776
石油化工通用机械	31	18877	31776	6.7	11411	30753	21.5	1638
重型矿山机械	15	12259	21882	7.1	5657	20578	24.5	708
汽车	49	26993	66017	37.5	16186	65490	65.8	2434
电工电器	117	67456	191525	5.3	54473	169833	11.0	10712
仪器仪表	21	9631	15564	26.9	5272	13469	38.8	655
食品及包装机械	8	3461	5776	32.2	3083	4500	15.4	391
其他民用机械	10	2597	3913	28.0	1108	3994	38.7	179

行业	利润总额(万元)	上交利税(万元)	年末固定资产：原值(万元)	年末固定资产：净值(万元)	定额流动资金：年末占用数(万元)	定额流动资金：年平均余额(万元)	销售利税率(%)	资金利税率(%)	全员劳动生产率(元/人·年)
机械工业总计	44100	22409	966130	594432	665119	628422	8.4	8.9	20362
机械系统工业合计	18306	7094	347587	203388	267562	250949	8.7	9.3	22224
工程农业机械	5271	1537	84887	50623	64313	57000	7.8	9.1	20978
机床工具	856	292	20548	9511	14444	13859	10.3	9.3	14432
通用基础件	260	156	12243	7244	7824	7348	7.3	5.7	12003
轴承	1263	364	17220	12034	13584	11606	13.1	8.6	23679
石油化工通用机械	1852	749	29714	17449	20834	20172	11.4	9.3	17187
重型矿山机械	−122	61	20540	11519	15729	15545	2.9	2.2	18047
汽车	1259	635	38014	24330	28909	25649	5.6	7.4	24922
电工电器	6202	2903	105885	58701	87282	86281	9.96	11.7	28975
仪器仪表	631	209	11223	7528	9367	8669	9.6	7.9	16433
食品及包装机械	810	162	4282	2721	3268	2893	26.7	21.4	17003
其他民用机械	24	26	3031	1728	2008	1927	5.1	5.6	15327

注：1. 表中机械工业总计及其分项均不包括村办及村以下企业。
2. 表中全员劳动生产率按1990年不变价格计算。

表 2　1991 年主要出口产品产量

产品名称	计量单位	出口产量	产品名称	计量单位	出口产量
小型拖拉机	台	1195	矿山设备	吨	21
内燃机	万千瓦	7.33	印刷机械	吨	10
饲料粉碎机	台	1431	交流电动机	万千瓦	9.47
金属切削机床	台	172	工业自动化仪表	只	2509
工农业泵	台	886	光学仪器	台	2608
风机	台	62	电工仪器仪表	万只	7.58
起重设备	吨	310			

4. 加快调整产品结构步伐

以市场为导向，省厅编印了"全系统重点发展60种优特产品、压缩和限产24种平产产品、停止生产78种淘汰产品目录"，以指导企业的产品调整工作。20种主要产品的产量，有15种上升，5种下降，优特产品大多有明显增长。详见表3。浦沅工程机械总厂增产了质量上乘、适销对路的汽车起重机209台，比上年增长64.7%，从而取得了总产值第一次突破亿元、利税增长86.9%的好成绩。湖南汽车制造厂1990年以亏损982万元闻名全省，1991年停产老式货车，转产新开发的6450轻型车，因产品性能好，曾在全国"金盾杯"轻型汽车越野拉力赛上获得金奖，批量投放市场后，盈利207万元，使企业走出困境。湘潭电机厂狠抓增畅限滞工作，畅销的百吨级电动轮自卸车与工矿配件分别增长了38%和18%，出口产品增长1.1倍，而平滞的交流电动机减产15%，工矿电机车减产22%，电风扇减产66%。增减调整后，全厂生产仍保持增长8%的好势头。

表 3　1991 年湖南机械工业主要产品产量

产品名称	计量单位	产　量		1991 年比上年增长%	
		全　省	机械系统	全　省	机械系统
小型拖拉机	万台	1.96	1.96	137.1	137.1
内燃机	万千瓦	354.53	259.45	128.3	120.7
耕整机	台	43820	43820	90.2	90.2
农副产品加工机械	台	110129	110129	111.9	111.9
拖内配件	万元	39455	38322	153.7	153.6
金属切削机床	台	2177	2024	115.9	117.3
工农业泵	万台	28.54	24.47	108.3	116.3
风机	万台	1.19	0.53	109.2	108.1
轴承	万套	2228.59	2174.48	96.1	96.1
百吨级电动轮自卸车	辆	40	40	137.9	137.9
汽车起重机	辆	532	532	164.7	164.7
矿山设备	吨	14206	2161	99.3	104.1
印刷机械	吨	3734	3628	164.1	181.4
汽车	辆	8996	6834	260.1	266.8
发电设备	万千瓦	4.95	4.59	69.9	87.6
工业锅炉	蒸吨	1532	1499	100.9	100.5
交流电动机	万千瓦	199.80	195.53	98.5	99.8
变压器	万千伏安	241.36	237.66	76.3	75.6
电度表	万只	106.49	90.69	115.8	108.4
水表	万只	25.19	24.23	101.9	103.7

5. 技术改造取得较大成绩

1991年全系统技术改造完成投资2.87亿元，比上年增长14.5%，技术改造投资完成率、完成投产项目及投产项目达产率3项指标，均超过省经委下达的考核目标，受到了表彰。

一批技术改造竣工项目的投产，使企业扩大了生产能力，产生了明显的优势和经济效益。例如衡阳电缆厂进口关键设备的"七五"技改二期工程，完成投资1203万元，能够生产具有当代国际先进水平的市话电缆40万对公里，产品规格从400对扩大到2400对/条，在老产品基本不盈利的情况下，1991年实现利税2159万元，比1985年增长1.2倍。长沙鼓风机厂为引进罗茨鼓风机设计制造技术配套改造的技改项目，完成投资1861万元，达到年产罗茨风机2500台，1991年生产引进8个系列、220台。长沙机床厂“七五”技改项目完成投资1250万元，新建了全省机械行业面积最大的1215平方米恒温车间，进口了6米导轨磨，提高了拉床和组合机床生产工艺水平。

这批技术改造竣工项目的投产，还使有优势、特色产品的企业改组改造迈出了新步伐，为发展横向经济联合，组建集团化生产奠定了初步基础。如长沙正圆动力配件厂狠抓改组改造，打破旧的生产格局，厂区主要生产车间按多层联跨设计，分期改造，组织多条线多工艺生产，采用国外先进工艺，利用进口高精设备和国产设备组合，做到大批量、高起点生产。近年来先后兼并了长沙电镀厂和长沙装卸机械厂，并和桃源竹元水电站联营，建成年产2000万片活塞环毛坯的电炉熔炼铸造分厂，为企业的稳步发展创造有利条件。湘潭柴油机厂近年来先后兼并了湘潭洗衣机厂和湘潭木材加工厂，还联合了省内外100多家企业，外协产值占到总产值的70%，技改从“六五”末期的266万元起步，“七五”完成350万元和890万元两期工程，“八五”第一期工程总投资为2995万元，已于1991年12月开始实施。由于实行了大规模地改组改造，主要经济指标获得迅速增长，单缸水冷柴油机产量、总产值和利税：1982年为0.34万台、334万元、−32万元，1985年达到2万台、1268万元、235万元，1991年再升为8万台、8817万元、800万元。

6. 新产品开发工作有新的进展，产品质量进一步提高。

1991年全系统共开发成功新产品144种，其中数控群钻刃磨机、柴油机故障诊断仪、防腐钢芯铝绞线、50吨汽车起重机等34种产品达到国际水平；有NT485Q与R190柴油机、机车电缆、振动电机等40种产品达到国内先进水平；城市轻轨车、高炉煤气锅炉、大电流户内高压隔离开关等20种产品填补了国内空白。机电一体化产品达到10%。准柔性制造系统、60万千瓦火电站循环泵、$16m^3$与$23m^3$挖掘机的电控装置、6米焦炉炉门与炉板获国家“七五”攻关成果奖。新产品产值率达到9.1%，比上年提高1.1个百分点。

为了加强对产品质量的管理和监督，省厅成立了质量管理委员会，制订了质量攻关10条措施。全年有浦沅工程机械总厂的QY16T汽车起重机、湘潭柴油机厂的175F−1柴油机和长沙汽车发动机总厂的492Q汽车发动机3种产品创国优，另有16种产品被评为部优，62种产品被评为省优。优质产品种数之多和一年内创3个国优，均为历年少见。优质产品产值率由上年的35%，提高到39%，浦沅工程机械总厂一贯高度重视产品质量，多次行检评获第一名，主导产品8、12及16吨汽车起重机，已先后被评为国优产品。

7. 加强管理

全系统大中型企业普遍制订了三年现场管理优化规划，年内又有株洲轴承总厂、益阳齿轮厂和平江潜水电泵厂3个单位晋升为国家二级企业，长沙工业泵厂、衡阳轴承厂和郴州碾米机厂等8个单位晋升为省级先进单位。湘潭电缆厂荣获全国总工会“五一”劳动奖状。常德轴承厂进一步完善“企业管理三大体制”（坚持团结的党政工、奖罚分明的责任制、自成一体的基础管理）、“三大支柱”（职工智能优化法、滚动计划管理法、全员竞争竞赛法）、“三突出经营方针”（突出为主机配套、为优质名牌产品配套、出口创汇）的三三管理模式，促进了企业管理的整体优化。1991年在轴承市场疲软的情况下，这个厂仍实现利润387万元，比上年增长10%，赢得了全省轴承行业效益第一名。

三、存在的问题

1. 经济效益未能根本改善，主要经济效益指标虽比上年有所好转，但仍属恢复性回升。同1988年相比，亏损企业的亏损金额还高出7倍多，实现利润低38%，成本利润率低5.6个百分点，销售利税率低4.8个百分点，人均利税低24%。电工电器与轴承两个行业的利润，不仅低于1988年水平，比1990年还在继续下降。重型矿山机械行业也未扭转全行业的亏损现象。

2. 资金短缺问题继续存在。全系统年末产品库存金额仍高达7.85亿元，接近两个月生产量，比正常合理储备超出30%～40%。前清后欠现象依然严重，年底全系统有债权16亿元（内有发出商品11亿）。资金短缺问题仍在困扰企业。

3. 新产品开发速度偏慢。全系统457家企业，一年才开发新产品144种（省组织鉴定数），这种偏慢的速度，是企业产品结构调整不快和生产发展缓慢的重要原因。

〔撰稿人：湖南省机械工业厅　于从予、左熙平
审稿人：湖南省机械工业厅　刘永光〕

广东机械工业

广东省机械工业厅

产值、销售、利税和出口等同步大幅度增长，步入良性循环 1991年广东机械工业全年完成工业总产值111.71亿元，比上年增长39.01%。其中机械电子工业部企业完成106.60亿元，比上年增长39.61%。增幅较大的汽车行业，产值比上年增长9.62亿元，增长134.98%；电工电器和仪器仪表行业近年来保持持续稳定增长，其中电工电器行业产值比上年增长9.92亿元，增长28.55%，仪器仪表行业产值增长3.16亿元，增幅为118.62%(详见表1)。

全省19个市除中山、潮州两市外，均比上年增长，产值增长超过1亿元的有8个市，其中佛山市增长8.86亿元，广州市增长6.89亿元；增幅较大的有湛江市，增长113.66%，东莞市增长67.45%。全年产品销售收入110.29亿元，比上年增长45.23%。压库工作取得一定成效，全省机械生产企业年末产品库存12.78亿元，比上年末减少3.7%，库存总额占产品销售总额比重的11.59%，比正常库存略低。经济效益显著提高，实现税利12.09亿元，比上年增长61.44%，其中实现利润5.94亿元，比上年增长70.72%。企业留利比上年增长2.62亿元，增长306%。亏损企业75家，比上年减少33家；亏损面13.76%，比上年减少6.09个百分点；亏损额7097万元，比上年减少22.2%。可比产品成本下降0.12%。全员劳动生产率达49056元/人·年，比上年增长37.16%。农机管理工作稳步发展，1991年全省农机总动力达1172万千瓦，比上年增长4%；拖拉机拥有量达35万台，增长3%。

省厅考核的80种主要产品，增产的有55种，占68%，其中增产50%以上的有小型拖拉机、内燃发电机组、复印机、照相机、冷冻设备、炼油化工设备、印刷机械、汽车、电冰箱等19种；减产产品有25种（详见表2)。

深化产品结构和行业组织结构调整，推进规模经济发展 1991年广东机械工业围绕适应性、开发性、外向性、技术性、效益性和淘汰性六个方面，进行深层次的产品结构调整，加强对调整的引导，对产品优化项目，如消化吸收、高科技、出口和国家重点产品等从资金上予以支持，使这些项目的投资比重提高到72%，比上年增20%。并以名、优、新、特产品为龙头，进行行业结构和区域性产品布局的调整，推进企业的联合和兼并，发展专业化生产，组建企业集团，提高机械工业规模经济和集约效益水平。1991年全省机械工业产值超亿元的企业有16家，比上年增加4家，这16家企业合计产值为40.86亿元，比上年增55.14%，占全行业总产值的37%，其中标致汽车公司产值达7.28亿元、珠江冰箱厂7.27亿元、广东电工厂5.26亿元、湛江三星汽车公司4.28亿元。产值达5000万元至1亿元企业有27家。全系统全员劳动生产率达到10万元以上的企业有41家，比上年增加16家，其中20万元以上的企业有12家。由于规模经济的发展，产值大户增长较大，因此尽管全省机械系统1991年仍有95家企业减产，但全行业仍然增产较大，经济效益亦显著提高。

坚持依靠科技进步 1991年全省机械工业明确将工作重点放在科技进步和提高劳动者素质上，大力提高产品的技术含量、发展高新技术产品和引进设备技术的消化吸收创新。厅重点抓的新产品开发项目完成261项，比上年增长11.3%；工艺科研、推广应用项目完成2项。其中达到国际80年代水平的有83项，占31.8%；达到国内、省内先进水平的184项，占70.5%；属消化吸收创新的有94项，占36.0%；机电一体化的28项，占10.7%；出口产品有27项，占10.0%；节能产品39项，占14.9%。如汕头超声仪器研究所大力发展高新技术产品，通过消化吸收创新，研制成功了4种高性能超声显像诊断仪，国产化程度平均达到60%，有的高达80%。1991年销售收入1800万元，利税428万元，成为我国超声仪器研制的重要基地。1991年全省机械工业技术进步产值达32.6亿元，占总产值的29.18%。全年完成固定资产投资约2.7亿元，比上年增长约1倍多，是历年来完成固定资产投资最多的一年。项目验收计划为38个，完成验收35个，达92%，是近年来完成验收计划最好的一年。

抓质量促管理，提高企业素质 1991年全省机械工业扎扎实实开展“质量、品种、效益年”活动，以提高产品质量为中心，全面推进企业各项管理工作，在全行业学习推广珠江冰箱厂走质量效益型道路的经验，强化质量意识，实施“一条龙”的质量控制等。厅系统纳入机电部重点考核的112个企业123种产品，品种抽查合格率达100%，超过

98%的考核指标；品种一等品率达 68.29%，超过68%的考核指标；质量稳定提高率 95.93%，超过95%的考核指标；国家监督抽查平均合格率为80%，其中重点骨干企业抽查平均合格率达100%。优质品产值达 38.7 亿元，比上年提高53%。优质品产值率达 34.66%，超过 28%的考核指标，比上年增 3.18 个百分点。全系统 1991 年获国家优质产品金质奖 2 项，分别是广东电缆厂的电力交联电缆和广东珠江冰箱厂的 BCD-165 电冰箱。获机电部优质产品奖 26 项 38 个品种。获省优质产品奖 106 项 195 个品种。有 43 项产品获省政府授予的“优秀产品”称号，为历年之冠，比上年增加了 14 项。同时在全行业开展以降低不良品为内容的质量竞赛和推进全面质量管理工作。

表 1　1991 年广东省机械工业系统概况

行业	企业数(个)	全部职工年末人数(人)	工业总产值		工业净产值(万元)	产品销售收入		产品销售税金(万元)
			1990 年不变价(万元)	比上年增长%		金额(万元)	比上年增长%	
机械工业系统合计	545	232164	1117059	39.0	327753	1102878	45.2	61530
一、机电部系统企业	524	219720	1066043	39.6	312791	1054619	45.9	59567
农业机械	114	40997	121182	17.3	33675	118760	18.9	5575
工程机械	2	1386	3316	45.9	704	4215	36.9	140
机床工具	22	12986	32312	16.3	11361	32914	32.9	1451
通用基础件	34	11076	33846	27.3	10184	26905	21.6	1796
轴承	12	6950	26552	11.1	8322	19773	7.0	1105
石化通用机械	37	20541	68262	46.9	23348	71024	57.8	3875
重型矿山机械	20	7920	36585	39.6	10306	31697	33.3	1304
汽车	52	20267	167416	135.0	70145	251669	164.9	16628
电工电器	134	61286	446820	28.6	101954	366221	24.9	21814
仪器仪表	25	10586	58161	118.6	19249	53395	63.2	2651
食品包装机械	17	7276	20050	25.6	8205	19922	32.6	1245
其他	55	18449	51541	12.8	15337	58125	16.4	1985
二、建设部系统企业	6	5029	25584	29.9	8009	26345	36.9	888
三、船舶总公司系统企业	12	5296	21707	25.2	5477	18317	24.1	816
四、地方军工系统企业	3	2119	3725	24.1	1477	3597	40.9	259

行业	利润总额(万元)	上交利税(万元)	年末固定资产		定额流动资金		销售利税率(%)	资金利税率(%)	全员劳动生产率(元/人·年)
			原值(万元)	净值(万元)	年末占用数(万元)	年平均余额(万元)			
机械工业系统合计	59398	11488	511104	365408	442933	413426	11.2	16.9	49056
一、机电部系统企业	57241	10923	485551	348070	417116	388726	11.3	17.3	49455
农业机械	2699	1051	69881	48776	46896	46206	8.1	9.4	30491
工程机械	−114	6	1514	634	2852	2803	3.0	0.8	23890
机床工具	2270	422	26312	18900	19666	19120	11.2	10.0	24953
通用基础件	986	318	21264	14493	11689	10775	11.5	12.0	30393
轴承	1105	220	19815	14167	12297	10363	10.8	10.7	38281
石化通用机械	5242	834	44423	26894	36938	35120	13.3	15.7	34237
重型矿山机械	907	160	11829	6984	14025	12629	7.8	11.4	48125
汽车	24624	1850	59536	45933	80211	66861	16.0	39.2	86583
电工电器	13842	4999	160855	120708	135444	129821	9.6	16.0	73622
仪器仪表	2597	353	21861	16108	27172	26578	10.6	13.1	56298
食品包装机械	1106	197	11627	7986	9793	8632	13.8	15.6	27500
其他	1977	513	36634	26488	20134	19817	7.6	9.4	28294
二、建设部系统企业	1445	393	10657	7455	13426	12814	9.5	12.0	52469
三、船舶总公司系统企业	602	132	8713	5429	10682	10022	9.1	9.3	41355
四、地方军工系统企业	109	40	6183	4454	1708	1865	10.4	7.6	18368

表 2　1991 年广东机械工业系统主要产品产量

产品名称	单位	产量	比上年增长%	产品名称	单位	产量	比上年增长%
小型拖拉机	台	41387	53.6	食品机械	台	35617	23.2
内燃机	万千瓦	92.65	74.6	包装机械	台	4396	44.0
农用运输车	辆	1159	−64.3	洗衣机	万台	9.83	1.8
拖内配件	万元	21053	94.3	家用电冰箱	万台	48.34	60.9
金属切削机床	台	5555	1.4	电风扇	万台	497.93	9.8
锻压设备	台	3616	11.5	汽车	辆	20797	177.7
刃具	万件	1393	−17.3	汽车配件	万元	46547	93.1
泵	台	162310	48.7	发电设备	万千瓦	9.03	−17.8
风机	台	12563	7.0	交流电动机	万千瓦	152.95	35.6
制冷设备	套	6606	280.3	变压器	万千伏安	346.18	56.4
轴承	万套	2870.08	16.4	电力电缆	公里	4566	−1.9
起重机械	吨	18978	58.4	蓄电池	万千伏安时	46.92	10.0
运输设备	吨	6769	−0.5	工业自动化仪器仪表	万台(件)	30.3	−4.4
电梯及扶梯	台／吨	188／1010	106.6／92.4				
矿山设备	吨	4440	24.4	分析仪器	台	1625	14.4
炼油化工设备	吨	3448	89.0	光学仪器	台	20443	−0.7
				复印机	台	5323	71.7

积极开拓国际市场，进一步扩大机电产品出口　1991 年在外贸体制实行“取消补贴，自负盈亏”改革的情况下，全省机械行业积极开拓多元化国际市场，调整出口产品结构，加强工贸结合，降低换汇成本，全系统完成出口产值 12.67 亿元，占工业总产值比重为 11.35%，比上年增长 15.01%。出口创汇完成 2.46 亿美元，比上年增长 47，49%，按可比数据增长 41.48%。其中省机械设备进出口公司创汇达 1.32 亿美元，继续走在全国机械系统前列，比上年增长 20%，净收汇和经济效益均创历史最好水平；广州市机械设备进出口公司创汇 5204 万美元，创历史最好水平，比上年增长 143.2%；深圳市机械设备进出口公司完成 1573 万美元，比上年增 10%；岭南工业进出口公司完成 484 万美元，增长 41.2%。全行业出口产值超 1500 万元以上的生产企业有 20 家，其中出口 1 亿元以上的 1 家：台山机械厂 1.25 亿元；出口产值 5000 万元至 1 亿元的 2 家，分别是新会电机厂、广州机床工具工业公司。生产企业自营出口 3073 万美元，比上年增长 83.9%。1991 年新增出口基地企业 4 家：台山机械厂、湛江高压电器厂、韶关轴承厂、广州铸锻工业公司。1991 年机械行业对出口的技改项目和资金投入比重加大，占全行业技改项目总数 28%。

〔撰稿人：广东省机械工业厅　黄志强　审稿人：广东省机械工业厅厅长　奚志伟〕

广西机械工业

广西壮族自治区机械工业厅

生产发展情况　大行业：1991 年广西机械大行业生产经营向好的方向发展。全行业有独立核算企业（含电子行业）1786 个，年末职工人数 26.7 万人，固定资产原值 43.5 亿元，定额流动资金 55.2 亿元；产品销售收入 68.6 亿元，比上年增长 38.0%；工业总产值 71.1 亿元，增长 23.6%；利税总额 5.5 亿元，增长 19.1%；出口产品产值 5.2 亿元，增长 37.2%；全员劳动生产率 26609 元／

人·年，增长 22.5%；人均利税额 2056 元，增长 20.0%。

系统内企业：有 132 家企业，产品销售收入 37.6 亿元，比上年增长 46.1%；工业总产值 36.1 亿元，增长 27.2%；利税总额 3.0 亿元、增长 11.5%（详见表 1）。主要产品产量：汽车 23752 辆，增长 64.3%；装载机 1623 台，增长 33.4%；小型拖拉机 53348 台，增长 104.6%；内燃机 288 万千瓦，增长 20.5%；谷物联合收割机 2000 台，增长 26.9%，53 种主要产品中，有 33 种适销产品增产，增产面 62.6%；37.4%的产品控产压产（详见表 2）。

表 1　1991 年广西机械工业系统概况

行　业	企业数(个)	全部职工年末人数(人)	工业总产值		工　业净产值(万元)	产品销售收入		产品销售税金(万元)
			1990 年不变价(万元)	比上年增长%		当年价(万元)	比上年增长%	
合计	132	109770	360560	27.2	88110	375762	46.1	15372
工程机械	3	6369	32979	37.4	7624	35177	47.2	1325
农业机械	28	28643	89331	61.4	24439	92112	72.7	3394
机床工具	13	10780	15749	19.1	6228	17068	49.2	1151
通用基础件	8	3204	5104	0.3	1461	5266	17.9	256
轴承工业	3	2612	4882	7.3	1674	3841	14.0	258
石化通用机械	10	10557	24704	3.9	7374	26426	19.0	1807
重型矿山机械	8	7477	16019	21.9	3788	15680	34.3	797
汽车	10	12551	93629	66.6	13176	102940	94.8	2380
电工电器	36	20243	61484	14.8	17168	57805	30.9	3565
仪器仪表	5	3391	11966	31.2	3776	14092	32.0	660
食品包装机械	3	1386	1873	10.7	681	2822	29.2	179
其他	5	2057	2838	−31.8	519	3134	−16.9	90

行　业	利润总额(万元)	上交利税(万元)	年末固定资产		定额流动资金		资　金利税率(%)	全员劳动生产率(元/人·年)
			原值(万元)	净值(万元)	年末占用数(万元)	年平均余额(万元)		
合计	14311	4984	214133	145531	171348	161593	10.7	33788
工程机械	3426	526	12801	7140	10396	12443	24.5	51895
农业机械	5088	1753	47311	31946	36899	33052	13.8	32678
机床工具	−441	88	21255	14866	10357	10664	3.6	14721
通用基础件	101	75	5592	3778	3161	3202	5.9	16696
轴承工业	438	127	3872	2640	2280	2283	16.8	21245
石化通用机械	1777	496	16508	10155	16188	14540	14.9	23795
重型矿山机械	81	224	12785	6780	10212	9966	5.5	21887
汽车	2984	759	37838	27161	29820	25834	11.8	78011
电工电器	681	825	43735	24104	39652	39115	6.6	30724
仪器仪表	107	41	8160	5064	9777	7895	6.0	31390
食品包装机械	204	68	1775	1154	1068	1106	18.2	13957
其他	−184	6	1952	1286	1539	1495	−3.5	13817

表 2　1991 年广西机械工业主要产品产量

产品名称	单　位	产　量		比上年增长%	
		合　计	其中：系统内	合　计	其中：系统内
小型拖拉机	台	55847	53348	95.7	104.6
内燃机	万千瓦	292	288	18.7	20.5
内燃发电机组	万千瓦	2	1	−60.0	−66.6

(续)

产品名称	单位	产量		比上年增长%	
		合计	其中:系统内	合计	其中:系统内
拖内配件	万元	11004	9774	34.0	19.0
农用运输车	辆	1312	1312	−40.2	−40.2
谷物联合收割机	台	2000	2000	26.9	26.9
农副产品加工机械	台	60842	14972	−1.9	−29.2
饲料加工机械	台	44027	303	48.4	288.4
机动伐木油锯	台	5010	5010	−59.0	−59.0
金属切削机床	台	3570	3570	83.1	83.1
锻压设备	台	665	665	93.9	93.9
量具	万件	17	17	0	0
刃具	万件	56	56	−3.5	−3.5
磨具	吨	532	532	1.9	1.9
水泵	台	19605	17162	3.5	7.4
风机	台	4663	3454	27.3	12.5
气体压缩机	台	2051	2051	−38.0	−38.0
高中压阀门	吨	363	363	−42.2	−42.2
标准紧固件	万件	17124	17124	−9.5	−9.5
滚动轴承	万套	396	396	8.8	8.8
起重设备	吨	3098	3098	30.6	30.6
运输设备	吨	2287	2287	72.5	72.5
装载机	台	1623	1623	33.4	33.4
矿山设备	吨	7136	7136	18.2	18.2
工矿配件	吨	4656	4656	−24.5	−24.5
塑料加工机械	吨	1315	1315	76.0	76.0
水泥设备	吨	815	815	37.2	37.2
食品机械	台	91	91	−24.8	−24.8
制糖设备	吨	1502	1502	−21.8	−21.8
包装机械	台	377	377	47.3	47.3
日用电器	万元	3878	3878	−32.2	−32.2
印刷机	吨	763	763	21.5	21.5
汽车	辆	23752	23752	64.3	64.3
摩托车	辆	1673	1673	−46.0	−46.0
汽车配件	万元	14533	8537	91.5	100.2
工业锅炉	蒸吨	540	540	−14.7	−14.7
发电设备	万千瓦	6.5	6.5	8.3	8.3
交流电动机	万千瓦	44	44	41.9	41.9
变压器	万千伏安	50	50	25.0	25.0
高压断路器	台	2108	2108	−44.5	−44.5
高压隔离开关	组	962	962	−54.4	−54.4
互感器	台	2200	2200	−92.3	−92.3
高低压开关板	面	2277	2277	−9.6	−9.6
电力电容器	万千乏	190	190	16.6	16.6
电焊条	吨	7272	7272	17.7	17.7
钢芯铝绞线	吨	3823	3823	131.4	131.4
电磁线	吨	757	757	−1.0	−1.0
铅酸蓄电池	万千伏安时	13	13	0	0
工业自动化仪表	万台件	8	2.3	0	−25.4
电工仪器仪表	万台只	146	146	8.9	8.9
光学仪器	台	9855	9855	15.9	15.9
放映设备	台	629	629	−30.6	−30.6
复印机	台	3200	3200	68.8	68.8

1991年生产经营特点分析：

(1) *产品销售与库存*。全年累计订货量37.4亿元，累计销售量34.9亿元，比上年增长30.9%；商品销售率105.2%，提高7.8个百分点。期末库存4亿元，比上年压缩2.2亿元，下降35.5%；存销比11.6%，低于一个半月的库存当量。主要产品销量：小型拖拉机销量52053台，汽车24066辆，内燃机308万千瓦，装载机1718台，联合收割机2120台；这5种产品销售额175928万元，占全系统产品销售额50.4%，地方特色局部优势逐步形成；库存额4224万元，存销比2.4%，其中汽车、小型拖拉机、联合收割机销售尤畅，存销比1%，二季度后供不应求。"促销压库"取得明显进展的原因：一是生产安排坚持"增畅、限平、停滞"的原则，做好销产供综合平衡，避免发生新的产品积压和脱销。二是企业主动进入市场，营销服务网络初具规模。玉林柴油机总厂在全国有数百家经销点，15个中转库，70多个"三包"技术服务点，30多个为用户免费培训中心；与28家整车厂达成配套意向，9家签订配套协议，6家进行样车试制，3家批量配套；南宁机械厂在境外设两个总装点，一个维修中心，边贸销量2.5万多台，占年销量23%。三是实行销售风险承包机制，把销售人员工资、奖金、旅差费、业务费等实行全额承包，与销售额、销售收入挂钩。

(2) *产品结构*。以市场为导向，继续调整产品结构。从市场调查、产品开发、产品水平、技术改造、生产安排、产品质量和产品销售全过程实现产品结构逐步优化。全年技术进步产品产值、优等品产值增产率分别高于平均增长率48.0、22.5个百分点，比重分别提高8.3、1.0个百分点（详见表3）。技术进步产品产值中，替代进口产品产值6987万元，引进技术产品产值14745万元，80年代初产品产值10881万元，新产品产值33364万元，节能产品产值44124万元。

表3 1991年广西机械系统企业产品结构分析

产品结构	1990年		1991年		
	产值(万元)	比重(%)	产值(万元)	比重(%)	比上年增长%
总产值	283557	100	360560	100	27.2
其中：出口产品产值	10654	3.8	13790	3.8	29.4
其中：技术进步产品产值	62838	22.2	110102	30.5	75.2
其中：节能产品产值	44214	15.6	44124	12.2	−0.2
其中：优等品产值	15627	5.5	23389	6.5	49.7
其中：优质品产值	103779	36.6	129926	36.0	25.2

(3) *物质消耗*。全年能源消耗总量17.4万吨标准煤，万元产值综合能耗0.48吨标煤，比上年下降0.12吨标煤，节煤43267吨标煤；全年电力消耗量26579万千瓦时，万元产值耗电737千瓦时，下降155千瓦时，节电5589万千瓦时；生产用钢材消耗量14.4万吨，万元产值耗钢0.40公斤，下降0.02公斤，节钢7211吨；生铁消耗量5.6万吨，万元产值耗铁0.15公斤，下降0.02公斤，节铁7211吨。1986～1991年共投入5092万元用于节能技术改造，取得了成效。南宁机械厂对9台电阻炉引用微机群控技术节电达14万千瓦时；南宁手扶拖拉机厂对生产用2#锅炉进行两次改造，采用工业锅炉气发式节能技术装置，使热效率从62%提高到72%；柳州工程机械厂投入250万元进行节能技改，使9座电炉的单耗，1座达到特等炉，4座达到1等炉，4座为2等炉。到1991年止，已有南宁手扶拖拉机厂、柳州工程机械厂等12家企业被评为国家二级节能企业，28家评为区级节能企业。

(4) *资金运用*。万元产值占用定额流动资金4462元，比上年下降18.4%；定额流动资金周转天数162天，加快60天。"三项资金"年末占用108204万元，比年初下降6.7%（其中成品资金38728万元，下降30.2%；发出商品38189万元，上升4.5%；应收及预付货款31287万元，上升30.7%）；万元产值占用"三项资金"2987元，下降26.9%。资金运用情况改善原因：一是促销控产压库取得明显成效，增产增收不增资；二是狠抓压缩"三项资金"。从4月份开始，柳州市重工业局按月逐项分解指标下达到企业，每月检查考核，对完不成计划任务的企业科以上干部停发奖金。

(5) *经济效益*。全员劳动生产率33788元/人·年，提高24.6%；利润总额14311万元，增长6.7%；工业资金利税率10.7%；提高0.1个百分点；成本利润率4.5%、下降1.1个百分点，净产值率24.3%，下降3.3个百分点。经济效益增长滞后主要原因：一是利转息。流动资金借款利息支出净额14926万元。二是利转费。车间经费和企业管理费比上年增支9203万元。三是利转提。按政策本年提取的新产品开发基金3622万元，提取的补充流动资金2276万元，缩短折旧年限增提的折旧额829万元，共6727万元。四是利还贷。归还各项借款利润6198万元。五是利转上。上游产品、原材料、燃料价格变化减少利润2656万元。

六是利转工。工资总额比上年提高2498万元。七是利转税。税金比上年增加1884万元。

科研成果 荣获国家星火银质奖的有桂林市风动工具厂研制的Y18凿岩机。桂林电表厂与哈尔滨电表研究所联合研制的“七五”国家重点科技攻关项目——电力负荷音频控制系统，经国家组织鉴定，具有国际水平。获1991年度广西科技进步奖的有13项，其中柳州工程机械厂ZL50C轮式装载机获二等奖；梧州锅炉厂与清华大学共同研制的新型10吨／时洗矸硫化床锅炉，南宁重型机器厂MG-290～350、290～470钢球磨煤机，柳州工程机械厂ZL40B轮式装载机，梧州市电机厂YZ、YZR112-132冶金及起重用三相异步电动机等12项获三等奖。

新产品 全年开发新产品115种，其中创汇产品14种，节汇产品10种，节能产品14种，节材产品1种，“两保证”产品9种；有50种达到80年代水平。获1991年度自治区新产品“百花奖”的有YTY20垃圾填埋实机、LZW1010PB微型载货汽车、YC6105QC柴油机、G185柴油机等38项。

质量 本期实查重点考核产品65种，合格65种。其中优等品有工农-12手扶拖拉机、195S柴油机、BG26型油锯、2Z-6／8-1型无油润滑压缩机、J41H-$\frac{25}{40}$DN40铸钢截止阀，BB05 0～5mm和BB06 0～10mm百分表、YDT-1800A电液调速器、SZW_4-1.25-A1往复炉排锅炉等8种；一等品54种。四项质量指标完成情况是：品种抽查合格率100%，与上年持平；一等品率95.4%，提高0.5个百分点；质量稳定提高率100%，提高1.7个百分点；优质产品产值率41.3%，下降0.6个百分点。获优质产品称号的有16种：其中荣获国家优质产品银质奖的有YDT-1800A电液调速器；获部优质产品奖的有ZL50C轮式装载机、4L2.5B桂林-3号稻麦联合收割机、PB400×600A颚式破碎机、$81T_2$-$\frac{A}{V}$安装式电流电压表等4种；获区优质产品奖的有195S柴油机、Z40B轮式装载机、LZ1090D5吨柴油载重汽车、LZW1010PB微型货车等13种。贯彻GB／T10300系列国家质量管理标准，开办了两期学习班，对77个产品进行标准化审查。

技术改造及技术引进 本年更新改造措施项目53项，其中新开26项。全年计划投资额20231万元，其中国家计划项目计划投资3008万元，地方项目计划投资17223万元；其中技术引进项目14项，用汇981万美元。资金来源：国家预算内拨款40万元，专项贷款10252万元，其他贷款8405万元，自筹3345万元。本年实际完成19057万元，用于生产性建设18930万元，占99%；其中用于提高质量5901万元，用于增加品种1735万元，用于增加生产1018万元，用于节能与三废治理202万元。本年新增固定资产8772万元。完成厂房建筑面积20.7万平方米，购置设备1502台，其中进口设备102台，电子专用设备36台，测量仪器19台。完成主要项目有：柳州机械厂引进5台加工中心，完成投资1876万元；桂林齿轮厂用于提高齿轮热处理质量完成投资568万元，用于齿环闭式精锻和齿轮带齿精锻，完成投资104万元；桂林电表厂FF4085复印机形成生产能力1万台／年，完成投资449万元。“七五”期间，计划内技改项目共70项，到年底止，累计完成竣工验收项目共53项。“八五”规划工作方面，完成了广西机械电子工业全行业“八五”规划纲要的编制和上报工作。

深化改革和企业管理 继续做好第二轮承包。本年转包续包变化较大的有三种形式：实行上缴利润包干、超收分成的企业有40个，比上年增加15个；实行利润包干或亏损包干的企业有14个，比上年减少10个；实行“双保一挂”的有10个，比上年少5个。实行上缴利润递增包干的有22个，实行承包形式租赁的2个，其他形式的34个。其他形式中，实行招标承包的企业只有1个。未实行承包的有10个，其中有的是新建试投产的企业，有的是集体企业，有的则是潜额大、领导班子进行调整的企业。

企业联合改组方面，主要是巩固与提高。桂林-3号稻麦联合收割机在华东水灾抢收中发挥了明显的作用，订货量突破6000台，桂林行署和桂林联合收割机集团公司组织各成员厂全力生产，以保证在1992年夏收季节前供货6000台，发挥企业集团优势，力争一年翻一番半。南宁市组织和扩大南宁印刷电影机械集团公司，进行技术改造，提高印刷机协作生产能力，以满足市场需求。

狠抓“工艺突破口”，整顿工艺纪律，加强现场管理。制订了《广西机械工业工艺管理细则》，开办6期工艺培训班，对6家试点企业进行了现场诊断。加强管理和管理的基础工作。柳州工程机械厂建立和健全统一的有效管理体系，重新制订了287项工作标准和255项管理标准，投资30多万元，粉刷了厂房20多万平方米，添置工位器具，综合定置率达到92.5%，生产现场面貌一新。

存在的主要问题 调整结构步伐不快，部分大中型企业活力不强，“八五”技改项目资金到位难度较大，出口比重小，经济效益不高，实现利润未能与产销同步增长。1991年亏损企业27个，比上年增加10个，亏损额3118万元，比上年扩大96.8%。

〔撰稿人：广西壮族自治区机械工业厅 陈家仁
审稿人：广西壮族自治区机械工业厅厅长 李树森〕

海南机械工业

海南省机械工业局

海南省现有机械工业企业 124 家，其中属省机械工业局系统的企业 43 家，职工约 9000 余人。机械工业虽是海南省主要产业之一，但其基础比较薄弱，设备陈旧，工艺落后，发展较缓慢。1988 年海南建省，成为全国最大的经济特区，为海南机械工业的建设提供了一个良好的社会环境。1988 年机械工业局系统的企业工业总产值为 6651 万元，1989 年为 8242 万元，1990 年为 7856.6 万元，1991 年达到 9858.9 万元，比上年同期增长 25.5%。全员劳动生产率 1988 年为 9195 元／人·年，1989 年为 11493 元／人·年，1990 年为 10452 元／人·年，据对 39 个企业统计，效益并不理想。详见表 1。

表 1　1991 年海南机械工业系统概况

行　业	企业数(个)	全部职工年末人数(人)	工业总产值 1990 年不变价(万元)	工业总产值 比上年增长%	工　业净产值(万元)	产品销售收入 当年价(万元)	产品销售收入 比上年增长%	产品销售税金(万元)
合计	39	7396	8322	38.9	2725	8965	41.7	101
农业机械	17	2639	1467	11.5	689	1339	−7.7	22
通用基础件	3	618	806	37.5	312	987	70.2	33
轴承	1	504	561	50.8	162	364	33.3	9
石化通用机械	1	197	154	10.0	101	129	11.2	3
汽车	2	389	154	−9.4	53	195	13.4	11
电工电器	8	1332	1700	56.4	313	2946	165.1	8
食品包装机械	1	125	868		290	808		2
其他	6	1592	2603	12.2	806	2196	21.5	13

行　业	利润总额(万元)	上交利税(万元)	年末固定资产 原值(万元)	年末固定资产 净值(万元)	定额流动资金 年末占用数(万元)	定额流动资金 年平均余额(万元)	资金利税率(%)	全员劳动生产率(元／人·年)
合计	−2038	11	10272	7587	7699	8661	−6.6	3777
农业机械	−274	1	2750	1782	1707	1835	−4.2	2743
通用基础件	−27	0	1122	867	530	543	2.7	5693
轴承	−20	0	953	848	500	487	−4.9	3418
石化通用机械	1	0	155	81	128	128	3.8	5101
汽车	−26	1	505	419	232	278	1.4	1370
电工电器	−1733	6	1592	1185	2681	3595	−22.6	2307
食品包装机械	45	0	295	240	447	244	6.5	23200
其他	−4	3	2891	2165	1475	1551	0.5	4994

注：此表根据机械工业系统中 39 家企业统计，数据由机电部信息统计中心提供。

在大特区改革开放的大潮中，机械行业的广大职工认真贯彻省委、省政府提出的“用政策、打基础、抓落实、求效益”的工作方针，立足于海南特有的自然优势和中央赋予海南经济特区的优惠政策，转变思想观念，增强市场意识，以开放促改革，在传统的为农业、地方工业提供技术装备和配套服务的基础上，围绕发展外向型经济，把企业推向市场。通过扩大外引内联，引进资金、技术、设备和专业人才，加速企业技术改造，开发新产品，发展新兴产业，使海南机械工业在建省后短短的四年内发生了较大的变化。现在系统内的生产门类已由建省前的工程农机、机械基础件、电工电器、石化通用机械、民机（农机）配件等向汽车、摩托车、电子、轻工、建材、船舶、民爆等较深层次的机械产品及“军转民”产品和行业外产品扩展。新开发的产品有：第二代（CDH−73）汽车座椅调角器、北京 131 汽车齿轮、广州五羊 125 和木兰 50 摩托车齿轮、前五速变速箱、双面带防尘盖 80205 和 80208 轴承、VF−2215 盒式卡带放像机、金属彩印和制罐、船用救生抛绳器和信号器材系列、无起爆药雷管、新 2# 岩石炸药、乳化炸药、不锈钢管、自行车链条、钢丝钳、电动叉车、无氧铜杆、钢化玻璃制品、S9−100／10 低耗节能节材电力变压器等。详见表 2。

表 2 1991 年海南机械工业主要产品产量

产品名称	单位	产量	比上年增长%	产品名称	单位	产量	比上年增长%
小型拖拉机	台	131	−3.7	橡胶加工机械	吨	54.9	−9.8
机动脱粒机	台	31		液压气罐	个	59851	49.5
人力脱粒机	台	1284	−31.8	圆柱齿轮	万只	9.1	
排灌机械	台	479	247.1	花键轴	万只	0.65	
农用拖车	辆	647	108.7	交流电动机	万千瓦	0.18	350
渔业机械	台	110	59.4	变压器	万千伏安	4.96	−22.5
木工机械	台	321	73.5	低压开关板	面	64	−46.7
铸铁件	吨	935	58.9	钢芯铝绞线	吨	166.7	
泵	台	788	−15.9	铝芯塑料线	公里	1604	
标准紧固件	万件	333.4	−52.8	铜芯塑料线	公里	1132	
轴承	万套	62.7	54.4	布电线	公里	2736	317.8
工矿配件	吨	46	−2.1	电焊条	吨	1887.1	7.8

1990 年 4 月在海南省工业物资交流会上，VF−2215 盒式卡带放像机、雷达反射器、液化石油气钢瓶、离心铸铁排污管、汽车座椅调角器、船用救生信号系列产品、IS 型离心泵、TC 系列拉杆天线、S9 系列电力变压器、球墨铸铁三星齿轮、轴承、自行车链条等产品获省优秀新产品金马奖或优秀产品金马奖称号。

截至 1991 年底，全行业兴办外引内联项目 11 个，引进外来资金近 3000 万元。1990 年至 1991 年，机械产品出口东南亚和南美等 6 个国家和地区，创汇 200 万美元。

海南省机械工业局、海南省国防科技工业办公室、海南省机械工业总公司是海南省人民政府主管全省机械工业、国防工业的职能部门和省属骨干企业。实行一套人马，三块牌子的管理体制。为此，在海南经济特区大开放方针的指引下，它将充分发挥全行业产业技术力量雄厚、生产经营领域广泛等优势，进一步扩大与国内外的经济技术合作，积极稳妥地引进资金、技术、人才和内地名优产品，逐步发展一批适应国内外市场需求的“高、精、尖”项目，并利用内地的优势，加速对海南现有产品的改造，以提高市场竞争能力和出口创汇能力。

〔撰稿人：海南省机械工业局办公室　韩芹光
审稿人：海南省机械工业局局长　李春甲〕

四川机械工业

四川省机械工业厅

1991 年是四川机械工业取得较大发展的一年。在这一年里，中央和省都十分关心四川机械工业的发展，江泽民、邹家华、杨汝岱等领导同志先后视察了重庆机床厂、东方电机厂、东方汽轮机厂、长江起重机厂、长江挖掘机厂等大中型企业，推动了企业的发展与改革。到年底，省机械厅系统（含中央在川企业、下同）有全民企业316个，集体企业198个，全民与集体合营企业1个，中外合营企业3个，共518个。企业工程技术人员3.7万人，占职工总数的8.6%。企业拥有金切机床5.31万台，锻压设备8630台。

生产发展情况 1991年，四川机械系统生产发展打破了"低谷"徘徊的被动局面。从5月份起，以两位数的增幅回升，持续到年末，全年发展速度比上年同期高出19.5个百分点。全民企业完成工业总产值92亿元（1990年不变价），集体企业完成总产值6.7亿元，分别较上年同期增长19.0%和21.41%，见表1。在34个市、地、州局、公司及省直属单位中，31个单位超额完成年度计划；30个单位较上年同期增长；成都、重庆、自贡、涪陵、内江、宜宾、乐山、绵阳、南充、达县、泸州、德阳、省厅直属及代管和重汽公司等14个地区及系统年产值超过1亿元。68大类主要产品中，44大类产品产量超过上年同期水平，详见表2。46个生产企业完成工业生产总值超过5000万元，其中超过亿元的企业有19家。四川汽车制造厂、第二重型机器厂、重庆汽车制造厂、四川仪表总厂、东方锅炉厂等5家企业产值超过3亿元。

表1 1991年四川机械工业系统概况

行业	企业数（个）	全部职工年末人数（人）	工业总产值		工业净产值（万元）	产品销售收入		产品销售税金（万元）
			1990年不变价（万元）	比上年增长%		金额（万元）	比上年增长%	
合计	518	423170	990113	19.5	286224	975468	39.1	47434
工程农业机械	110	78877	186257	41.1	46402	174186	54.8	5216
机床工具	44	41799	55717	11.4	21999	54619	34.9	3197
通用基础件	29	13809	20808	25.9	6870	20635	36.6	1141
轴承	15	13410	27486	10.5	9628	21086	24.1	790
石化通用机械	60	43287	63162	3.1	21257	67260	25.9	3702
重型矿山机械	19	38480	80149	8.9	19184	70860	51.2	3058
汽车	63	49614	208055	35.9	64244	242623	54.5	10684
电工电器	120	109118	272580	9.7	73990	255702	26.0	15459
仪器仪表	28	20618	54418	7.9	16355	48768	19.1	3216
食品及包装机械	7	3213	5535	28.9	1951	4849	15.8	300
其他	23	10945	15946	12.0	4344	14880	29.2	671

行业	利润总额（万元）	上交利税（万元）	年末固定资产		定额流动资金		销售利税率（%）	资金利税率（净值）（%）	全员劳动生产率（1990年不变价算）（元／人·年）
			原值（万元）	净值（万元）	年末占用数（万元）	年平均余额（万元）			
合计	40192	32691	707782	406857	591104	582406	8.9	9.1	23695
工程农业机械	3858	2065	107524	62211	82583	76558	5.2	7.0	23841
机床工具	1180	608	59407	24252	42506	41018	8.0	6.8	13445
通用基础件	407	422	15404	7473	12748	10915	7.5	8.4	15313
轴承	861	346	19119	11420	18852	17129	7.8	5.9	20807
石化通用机械	901	847	54954	27971	50092	48684	6.8	6.0	14702
重型矿山机械	−4177	774	95144	50965	64479	67955	−1.5	−0.9	21061
汽车	28181	22039	97571	72226	85240	87289	16.0	25.5	41935
电工电器	6523	4241	199456	116282	191945	190872	8.6	7.3	25276
仪器仪表	2226	1062	39910	20900	31330	30903	11.1	10.9	26746
食品及包装机械	364	151	4628	3397	2993	3065	13.6	9.5	17638
其他	−131	137	14666	9760	8339	8023	3.6	3.2	14945

表 2 1991 年四川机械工业系统主要产品产量

产品名称	单位	产量	比上年增长%
小型拖拉机	台	22392	65.8
内燃机	台	418778	42.2
	万千瓦	418.28	26.9
其中:柴油机	台	290804	40.7
	万千瓦	393	25.5
汽油机	台	127974	45.6
	万千瓦	25.18	55.5
内燃发电机组	台	556	13.0
	万千瓦	9.76	12.6
机引耕作农具	台	2273	794.8
小型拖拉机配套农具	台	3637	85.7
机动植保机械	台	813	38.5
场上作业机械	台	9361	138.7
农副产品加工机械	台	21461	6.0
农用运输车	辆	12356	82.3
农用拖车	辆	6839	39.4
拖拉机内燃机配件	万元	52838	88.0
金属切削机床	台	5405	67.3
其中:大型机床	台	27	0
高精度机床	台	25	25.0
数控机床	台	47	−24.1
锻压设备	台	1924	74.7
铸造机械	台	282	57.5
木工机械	台	2108	59.4
量具	万件	58	−9.6
刃具	万件	3940	−9.6
硬质合金	吨	53	−0.38
磨具	吨	2640	5.2
磨料	吨	5448	14.8
气体压缩机	台	752	−7.3
高中压阀门	吨	5244	−6.9
气体分离及液化设备	套	33	10.0
液压件	件	121159	45.5
	吨	3302	39.3
液压附件	万件	66	21.5
粉末冶金制品	万件	1668	34.2
	吨	570	47.2
标准紧固件	万件	123439	27.7
	吨	14944	15.0
工业链条	万米	252	737.2
	吨	1615	427.0
轴承	万套	2799	−1.7
起重设备	台	83981	65.4
	吨	15442	32.5

产品名称	单位	产量	比上年增长%
其中:汽车起重机	台	345	20.2
	吨	5578	20.7
运输设备	吨	2840	0.5
装载机	台	830	37.6
叉车	台	466	−13.2
	吨	1112	−8.4
矿山设备	台	1416	33.0
	吨	8100	−2.2
冶炼设备	吨	34	−78.4
金属轧制设备	吨	10003	13.1
石油钻采设备	台	1088	15.7
	吨	6335	33.2
橡胶加工机械	吨	3602	16.0
水泥设备	吨	3453	113.5
建材设备	吨	482	103.3
环保设备	吨	1190	38.5
汽车	辆	13978	34.7
其中:进口零部件组装	辆	6004	32.2
改装汽车	辆	7080	129.8
汽车配件	万元	59863	43.7
工业锅炉	台	393	33.2
	蒸吨	1158	36.6
发电设备	台	82	−22.6
	万千瓦	227	−24.0
其中:水轮发电机组	组	57	−6.5
	万千瓦	66	−6.4
汽轮发电机组	台	25	−44.4
	万千瓦	161	−32.3
电站锅炉	台	51	−12.0
	蒸吨	6950	−20.6
电站汽轮机	台	28	−50.0
	万千瓦	161	−29.3
农用小水轮发电机	万千瓦	9.17	22.2
交流电动机	万千瓦	153	11.6
电力电缆	公里	3368	−1.6
绝缘材料	吨	3662	14.3
电碳制品	吨	790	−10.9
电焊机	台	4259	3.9
工业自动化仪表	万台(件)	106.1	0.9
电工仪器仪表	万台(只)	119.35	−4.3
分析仪器	台	1583	29.5
光学仪器	台	38272	33.2
实验仪器装置	台	38825	24.0
专用仪器仪表	台	17134	160.8

重点任务 1991年，全系统有20个企业承担了部下达的保电站和合理工期建设两项重点任务。全年完成重点任务产值7.9亿元，比上年同期增加20.1%，计划完成率为98%。在电站建设任务中，东方电机厂、东方锅炉厂、东方汽轮机厂、重庆水轮机厂和四川锅炉厂五家大型企业，为国内23个水、火力发电厂、站提供了33台（组），555.5万千瓦主机设备，完成产值4.9亿元，为计划的100%；同时，为国外吉大港、拉克拉和印尼等电厂提供了767台（套、件）的发电设备主机及配套件，完成产值2.2亿元。第二重型机器厂和东方汽轮机厂分别在合理工期建设中，为国家提供了968吨的铸锻件和轧制设备，以及3台汽轮机，计划完成率为84.7%。

经济效益 1991年，经过艰苦努力，企业基本上扭转了效益严重滑坡的状况，全系统经济效益开始好转。销售收入和实现利税与产值同步增长，两项指标在机电部系统省市厅局中分别居第六和第五位。定额流动资金周转天数为213天，较上年同期加速52天。资金利税率比上年提高0.45个百分点，可比产品成本下降了2.4%。全系统实现利税上千万元的企业有16家。重庆汽车制造厂、东方锅炉厂、重庆汽车发动机厂、四联仪表集团公司、长江起重机厂、重庆专用汽车厂等6家企业，实现利润超过千万元。重庆市机械工业管理局、泸州市机械局等15个局、公司的销售收入、实现利税与产值同向发展。

科技成果 由于加强了科技与经济的结合，全系统依靠科技进步成效明显，共获国、部、省及省行业科技进步奖87项。其中，部级科技进步奖34项，省科技进步奖25项，省机械工业科技进步奖27项。东方电机厂设计制造的龙羊峡320MW水轮发电机组荣获国家科技进步一等奖。全年完成重点应用及科研攻关项目11项。长征机床厂、东方电机厂、长江起重机厂、四川空气分离设备厂被省政府授予省技术进步先进企业称号。

产品开发 1991年，企业围绕国家重点建设、出口创汇、机电一体化、节能降耗和发展农村经济等方面的需要，狠抓开发性和适应性调整，共发展新产品400余种。其中，完成部、省级重点新产品试制91项（不含成都、重庆），计划完成率为81.9%。完成项目中，技术进步产品占85.7%。XK718数控立式铣床、1450热带钢轧机主轧线设备、MP6300热模锻压力机、QY40A汽车起重机、WY902-CW液压挖掘机、孟加拉吉大港汽轮发电机、铜街子水电机组等具有较高附加值、较强竞争力产品的试制成功，使全系统产品结构进一步优化。当年开发的重点新产品81.3%都实现了商品化。

产品质量 1991年，在“质量、品种、效益年”活动的推动下，企业产品质量稳中有升。全面完成了省政府下达的9项质量工作考核指标。重点产品抽查合格率达到100%，一等品率为76.1%，优质品率为34.2%，质量稳定提高率达到96.5%，各项指标均较上年同期有所提高。全年无重大质量事故发生。这一年，产品创优成绩显著，全系统共创国、部、省优质产品92项。其中，国优金质奖两项（川牌LTQ-2000型50万立方米／日油田气分离设备、东方牌QFSN-300-2型300MW汽轮发电机），国优银质奖产品3项（JS系列单级单吸离心式清水泵、长铣牌XK5038-1型数控立式升降台铣床、QY16汽车起重机）；27项产品获机电部优质产品奖；60种产品获省优质产品奖。有51种优质产品通过了复评。

质量管理 1991年企业质量管理工作又有进步。华西通用机器公司、四川空气分离设备厂、东方汽轮机厂正在积极争创部质量管理奖。四川专用汽车制造厂、南浦机械厂、长征机床厂、东方电工机械厂、成都配件厂和宁江机床厂6家企业获得四川省质量管理奖。四川小型轴承厂、丹棱齿轮厂、宜宾电机厂3家企业获省机械工业质量管理奖。截至1991年底，全系统共有8家企业获得部质量管理奖，19家企业获得省质量管理奖，11家企业获得省机械工业质量管理奖。

技术改造 1991年，企业技改步伐加快，据不完全统计，共完成技改投资4.1亿元，为年计划投资的68.4%；比上年同期增加26%。在当年计划投资中，专项贷款和其他贷款分别占27.5%和30.9%，企业自筹占33.4%。按完成投资的构成分：建筑工程占23.7%，设备工器具购置占64%；按用途分：生产性投资占96.2%，其中用于增加产量的为42%，增加品种为28.9%，提高质量为21.5%，用于节约占1.4%，用于治理三废及其他占2.2%。技改新增固定资产2.8亿元，竣工房屋面积为20.6万平方米，完成设备2389台(套)。

对外合作 1991年，四川机械系统对外引进及合作项目共达成19项。其中合资合作项目11项，总投资1400多万美元。

产品出口 1991年，在汇率下调、取消出口补贴的压力下，全系统出口创汇仍然保持升势。全年完成出口产品交货值4.58亿元，出口创汇9010万美元，分别比上年增长19.9%和20.1%。出口印尼的火电机组工作量已经过半。出口形势喜人，反映出：一是出口产品结构进一步优化，大型成套设备和技术密集型产品创汇达5800多万美元，占创汇总额的60%以上。二是出口骨干企业增多，共有140余个企业的产品出口；亚西机器厂、东方轴承厂、川东轴承厂、重庆轴承公司、四川汽车厂5家企业被批准为扩大机电产品出口企业；重庆汽车发动机厂晋升为出口基地企业；长江起重机厂和长江挖掘机厂获得外贸自营权；创汇超百万美元的企业达到29个。三是出口市场进一步扩大，产品已外销到70多个国家和地区，在巩固发展北美、西欧、日本、港澳等原有市场的同时，新开拓或扩大了印尼、荷兰、越南、叙利亚、丹麦、阿根廷、比利时等市场，初步改变了出口市场过于集中和单一的格局。

企业升级 1991年，全省机械系统企业管理水平进一步提高。四川内燃机厂、锦江油泵油咀厂、成都轴承总厂、四川小型轴承厂、重庆水轮机厂、重庆汽车制造厂等6个企业升级为国家二级企业；四川电缆厂、重庆柴油机厂、重庆蓄电池总厂、重庆川江电机厂、重庆阀门厂、成都工程机械井研铸造厂、四川旅行车厂、自贡高压阀门厂等8个企业跨入省级先进企业的行列。截至年底，共有124个企业获省级以上先进企业称号，占企业总数的23.9%。大中型企业的上等升级面达到56.7%。1991年，对全部已上等级企业进行了全面复查，撤销了重庆锅炉总厂省级先进企业称号；重庆冷冻机厂、重庆起重机厂受到警告，限期一年内达标；同时，恢复了成都汽车厂、巴中齿轮厂、四川亚西机器厂省级先进企业称号。

企业集团 1991年，四川机械系统在深入进行产品结构调整的同时，企业组织结构调整亦在积极稳妥地向前推进。中国四联仪器仪表集团公司在将重庆市机械系统原仪表行业的企业全部并入后，实行部、市双重领导，正式运行。省农用运输车集团公司、省石化机械集团公司核心层企业的划转工作基本完成，正在理顺关系。为推动四川机床电器行业的发展，新组建了长江机床电器公司。

职工教育 1991年，企业职工教育工作在满足行业发展需求的目标下进行，促进了各类人员素质提高。据不完全统计，当年参加50学时以上的各类培训人数为职工总数的32.5%。其中干部培训面达42.8%；工人培训面为29.4%。全省共有10万职工（跨行业）参加了钳工、铣工、模型工等三工种技术比赛，四川仪表九厂的刘玉刚、东风电机厂的罗跃、第二重型机器厂的卢晓玲分获三工种比赛的第一名。

存在的问题 1991年，四川机械系统在较好的发展形势下，仍然存在不少亟待解决的问题。一是效益回升较慢，利税增幅低于部系统同期平均增幅8.5个百分点。二是企业亏损严重，系统内20%的企业亏损，亏损金额高达1.7亿元，加上潜亏，估计在2.5亿元以上。三是资金仍很紧张，企业产成品资金、发出商品及应收货款三项之和，高达35.8亿元。四是行业间、企业间发展严重失衡，仅从效益看，汽车、电工、农机三大行业实现利税占系统总额的82%；相反，重型矿山行业亏损额高达4100多万元。这些问题将给以后的工作带来不小的影响。

〔撰稿人：四川省机械工业厅 雷永亮 审稿人：四川省机械工业厅 张世银〕

贵州机械工业

贵州省机械工业厅

贵州机械工业经过两年低速发展之后。在1991年生产逐步回升，销售增长，经济效益开始向好的方面发展。

表1 1991年贵州机械工业系统概况

行业	企业数（个）	全部职工年末人数（人）	工业总产值		工业净产值（万元）	产品销售收入		产品销售税金（万元）
			1990年不变价（万元）	比上年增长%		当年价（万元）	比上年增长%	
合计	132	76495	137638	1.4	42015	114855	15.9	7309
农业机械	75	16434	21119	15.6	5033	18821	37.9	677
工程机械	1	5510	16005	2.1	5716	12498	36.1	1055
机床工具	9	13238	28075	3.3	8922	20186	17.7	1357
通用基础件	6	2587	1845	−4.8	434	1935	11.3	107
轴承	3	8549	13103	−3.8	5585	9504	−10.2	799
石化通用机械	5	1317	2050	11.1	599	2041	29.5	111
重型矿山机械	2	642	668	23.0	199	624	14.7	41
汽车	5	5547	9266	2.4	1444	8286	34.8	393
电工电器	17	13306	33976	−6.4	10540	29207	5.3	1717
仪器仪表	4	8014	7827	4.7	2328	7340	14.3	448
食品包装机械	3	1276	3547	−0.1	1172	4274	5.0	597
其他	2	75	157	−50.5	43	140	−50.2	8

（续）

行业	利润总额（万元）	上交利税（万元）	年末固定资产		定额流动资金		资金利税率（%）	全员劳动生产率（元／人·年）
			原值（万元）	净值（万元）	年末占用数（万元）	年平均余额（万元）		
合计	2698	3023	131356	75808	97219	95758	6.0	18177
农业机械	−1960	12	23693	14110	19512	20321	−3.9	12935
工程机械	1931	760	10393	4892	11512	10589	19.6	29037
机床工具	823	373	31320	18351	17813	18768	6.3	21528
通用基础件	−376	2	5574	3913	1650	1708	−6.7	7264
轴承	1174	391	13594	7420	9303	7803	13.1	15692
石化通用机械	86	24	1000	535	1059	976	13.2	15692
重型矿山机械	33	20	707	459	503	432	8.6	10454
汽车	−1022	0	7888	4248	6745	6932	−5.7	16594
电工电器	2164	1200	23122	14115	20133	19221	11.6	25924
仪器仪表	−404	0	12105	6439	7616	7747	0	9774
食品包装机械	240	132	1871	1277	1293	1191	35.8	28814
其他	8	0	90	49	80	71	13.4	20933

表2　1991年贵州机械工业主要产品产量

产品名称	单位	产量	比上年增长%	产品名称	单位	产量	比上年增长%
柴油机	台／万千瓦	3553／29.36	−5.1／−16.7	轴承	万套	1429	−4.7
汽油机	台／万千瓦	10366／38.7	49.4／46.6	挖掘机	台	543	13.1
内燃发电机组	台／万千瓦	773／4.3	−6.9／−19.3	载重汽车	辆	4250	158.2
小型拖拉机	台	10001	93.5	民用改装车	辆	2160	44.2
金切机床	台	523	19.7	工业锅炉	台／蒸吨	100／146.5	0／−29.0
锻压设备	台	221	5.2	交流电动机	万千瓦	8.42	−5.9
磨料	吨	66788	−3.7	变压器	万千伏安	35.99	−33.9
泵	台	23561	12.4	工业自动化仪表	万台(件)	12.36	22.6
工业泵	台	703	36.8	电工仪器仪表	万台(件)	86.17	12.3
农业泵	台	22858	11.8	光学仪器	台	2536	157.5
风机	台	2637	−8.7				

一、生产发展情况

1991年，贵州机械电子行业拥有独立核算工业企业(含电子工业)867个，职工28.6万人，拥有固定资产原值52.3亿元，固定资产净值32.8亿元，分别占全省工业的17.1%、29.9%、23.5%、21.3%。全年完成工业总产值54.3亿元(按1990年不变价格计算)，比上年增长7.4%，占全省工业的24.9%；完成工业净产值14.8亿元，比上年下降1.2%，占全省工业的18.9%；实现产品销售收入46.2亿元，比上年增长18.8%，占全省工业的24.4%；实现利税3.1亿元，比上年下降20%，占全省工业的8.5%；出口创汇5088万美元，比上年增长25.1%，占全省出口总额的27.2%，是占全省比重最高的一年。

1991年，全省机械工业系统拥有生产企业132个，职工76495人，拥有固定资产原值131356万元，拥有固定资产净值75808万元，分别占全省机电行业的15.2%、26.7%、25.1%、23.1%。

1991年，省机械系统完成工业总产值13.8亿元，比上年增长1.4%。从行业看，除电工电器、轴承、食品包装3个行业比上年有所下降外，其余行业均有不同程度的增长，其中农业机械增长幅度最大，为15.6%。详见表1。从21种主要产品完成情况看，有13种较上年增长。其中12种产品呈两位数以上幅度增长。汽车和光学仪器增长尤多，达150%以上。详见表2。从9个地、州、市完成情况看，有5个地、州、市生产比上年有增长，毕节地区增长10.6%，黔南州增长14.6%，黔东南增长20.5%，贵阳市完成工业总产值9.57亿元，比上年增长1.5%，占全省机械系统的比重为69.5%，遵义地区完成2.09亿元，比上年增长1.3%，占全省机械系统的15.2%。

二、新产品及科研成果

据不完全统计，1991年省机械系统20个骨干重点企业计划完成新产品开发109项。包括部计划26项，省计划51项，地、州、市计划13项，企业自行安排计划19项。其中：列入部、省计划、要求当年完成的46项，年末实际完成36项，为年计划的78.3%，这是历年来完成计划最好的一年。从产品水平看，新开发的109项产品中，具有国际水平的占33项，达到国内先进水平的67项，国内一般水平的9项。

1991年，全省机械系统完成技术进步产品产值40030万元，其中，节能产品产值7586万元，占全部技术进步产品产值的19%，替代进口产品产值7853万元，占19.6%，引进技术产品产值4758万元，占11.9%。从主要行业看，比重超过两位数的有电工电器行业，完成技术进步产品产值16461万元，占全部技术进步产品产值的41.1%，机床工具行业完成14700万元，占36.7%，工程农机行业完成6763万元，占16.9%。

三、质量情况

1991年，省厅对26个骨干重点企业的41种产品进行质量情况考核。四项指标均完成计划。其中品种抽查合格率实际完成100%；品种一等品率实际完成51.2%；比上年下降11.3个百分点；质量稳定提高率实际完成92.7%，比上年下降1个百分点；优质产品产值率实际完成43.6%，比上年上升6.6个百分点。

从各级监督抽查产品质量情况看，国家级监督抽查6个厂家6个批次产品，其中，不合格1种，合格率为83%；省级监督抽查30个厂家50个批次产品，其中，不合格8种，合格率为84%；厂级监督抽查9个企业12个批次产品，不合格1种，合格率为91.7%。

1991年创优产品共计51项。虹山轴承厂制造的飞机发动机主轴轴承获国优产品奖。获部优产品奖的有ϕ1000～2000金刚石圆锯片、ϕ160磨边砂轮、ϕ20～80矩形花键拉刀、b=6～10键槽拉刀、101轴承、7208Z轴承、JT9ϕ350轴型投影仪、C0405柴油滤清器、CFF-65电饭锅、CFF-125电炒锅共10项。获省优产品奖的有40项。

四、技术改造

据1991年底统计，纳入全省机械行业“八五”规划的固定资产投资项目共130项。其中：已编报项目建议书的有93项；已批准项目建议书的有57项；已编报可行性报告的57项；已批准可行性报告的41项；已完成初步设计或实施方案的33项；已批准初步设计或实施方案的31项。在130项中，经国家计委、国务院生产办、机电出口办正式确定为国家重点技术改造专项的有13项。其中，部分项目已于1991年内正式开工。1991年列入部和省计划的基建技改项目共24项。基建计划项目4项，投资3903万元，实际完成3860万元，为年计划的98.9%；技改计划项目20项，投资6776万元，实际完成4463万元，为年计划的65.9%。

五、产品销售

1991年，省厅把调整产品结构作为重点来抓，大力促使企业生产适销对路产品，开拓国内外市场，因而销售取得较好成绩。全系统全年实现销售收入11.5亿元，比上年增长15.9%，是近几年来销售增长最好的一年。1991年产销率为83.4%，比上年提高10.4个百分点。从行业看，除轴承工业外，其他行业销售收入都比上年有较大幅度增长，见表1。从9个地、州、市看，贵阳市增长18.9%，遵义地区增长12.8%，黔南增长58%，黔东南增长27.4%，六盘水增长47.8%，铜仁增长4.3%；安顺地区、毕节地区、黔西南州3个地区有所下降。从一些主要企业看，各企业都在面向市场上下功夫，千方百计打开销路。如贵阳矿山机器厂完善销售工作责任制、努力改善售后服务，调动销售人员积极性，因而销售形势很好，全年实现销售收入12498万元，比上年增长36.1。；险峰机床厂开发新产品立足面向用户，满足市场和用户需求，全年实现销售收入3442万元，比上年增长41.6%；东方机床厂在“优化产品结构，争创一流水平”方面取得显著成效，新产品产值已占全部产值的80%以上，1991年实现销售收入2653万元，比上年增长71.6%；贵阳红星拖拉机厂抓住农机市场复苏的机遇，抓紧生产，不断巩固和扩大市场，全年实现销售收入6023万元，比上年翻一番多。

在“限产压库”方面，由于各企业认真执行机电部和省政府有关“限产压库”要求，强化销售工作，以销定产，收到了较好的效果，1991年年末库存比年初库存下降10%。

六、出口创汇

1991年是实施“平等竞争、自主经营、自负盈亏”外贸新体制的第一个年头，由于各级部门、各外贸公司、各出口企业解放思想，强化外贸管理，采取一些相应措施，狠抓了出口商品质量和出口市场多元化两个关键，经过一年的努力，拓展了出口渠道，增加了创汇能力。省机械工业厅所属的机械、汽车、七砂三个外贸公司在1991年出口创汇又迈上一个新台阶，在1987年出口创汇上千万美元之后，1991年创汇突破2000万美元，在出口品种上、在出口国家和地区上都有增多和扩展。

从企业看，出口基地第七砂轮厂在国际磨料市场竞争激烈、价格混乱的严峻形势下，抓职工观念的转变，强化职工商品意识，改善经营思想作风，树立“满足用户需要就是最好的质量”的新观念，以质量求生存求发展，保住了信誉。同时，采取了新的市场战略，即销售全方位，市场多元化、巩固发展日本市场，扩大韩国、东南亚，开拓欧美市场。因而该厂出口呈现增长势头，全年出口创汇突破千万美元，创历史最好水平，成为贵州最大的出口创汇生产企业。第六砂轮厂成立了外贸领导小组，加强对出口工作的领导，实行科研、生产、销售、服务一条龙的管理办法；积极谋求与各进出口公司的合作；利用沿海有利条件开窗设点，开拓国际市场；在国外建立服务点。1991 年在美国建立了锯片焊接服务点，通过产品推销和现场服务打进了美国市场，拥有一批固定客户，产品远销美国、西班牙、日本、意大利和香港、台湾等国家和地区。1991 年该厂出口创汇增长 13%。险峰机床厂在产品已具备较高水平的情况下，充分利用产品价格比国际市场低的优势，向台湾、香港、东南亚等地区和世界各国推销产品。现已在深圳、台湾、香港等地建立了销售渠道、转口渠道、为用户服务渠道，并与台湾、美国、南斯拉夫、朝鲜等国家和地区签订了供货合同，出口有较大发展。

七、存在问题

1. 经济效益呈下降趋势

从 1991 年主要经济效益指标完成情况看，全员劳动生产率（按总产值计算）为 18177 元／人·年，比上年减少 73 元／人·年；每一职工创利 356 元，比上年下降 60.7%；资金利税率为 6%，比上年减少 0.6 个百分点；可见经济效益是不理想的。

2. 亏损面扩大，亏损金额大增

1991 年全省机械系统企业亏损面由 1990 年的 32.6%上升为 1991 年的 36.4%，亏损金额比上年增加两倍，达到 3762 万元。

3. 产品质量不够稳定

省厅考核的四项质量指标，虽然完成了厅下达的指标计划，但与上年对比，一等品率下降 11.3 个百分点，质量稳定提高率下降 1.07 个百分点。

4. 产品结构调整和新产品开发步子缓慢

适销对路产品、水平高具有竞争能力的产品不多。“七五”期间虽进行了一些调整，但仍是适应性调整，与市场用户需求矛盾大，与国内外先进水平比也有一定差距。

〔撰稿人：贵州省机械工业厅　李江林　审稿人：贵州省机械工业厅厅长　沈连生〕

云南机械工业

云南省机械工业厅

生产发展情况　1991 年底全省机械工业全行业共有独立核算企业 1008 个，职工 21.84 万人，拥有固定资产原值 33.8 亿元。全年完成工业总产值 44.1 亿元，销售收入 42.1 亿元，实现利润总额 1.67 亿元，产品销售税金为 2.1 亿元。全行业在全省工业主要指标中的比重，已分别达到：职工人数占 19.6%，固定资产原值占 11.3%，总产值占 12.8%，利润占 11.7%，销售税金占 2.7%。按云南省内 12 个工业部门产值统计分类，机械电子工业仅次于食品工业，成为全省工业中第二大产业。

1991 年底省机械工业系统共有 236 个企业，职工 87105 人，年末固定资产原值 152012.3 万元。完成工业总产值 204760 万元，完成销售收入 198033.1 万元，分别比上年增长 16.5%和 26%。实现利税总额比上年增长 17.5%，产成品资金占用比上年降低 4.9 个百分点，流动资金周转加速 26 天，亏损企业面比上年减少 2.6 个百分点，亏损企业的亏损总额比上年减少 56.8%。云南机械工业的总产值在全国各省市机械工业中的排名位次虽然比较低，但有一些主要经济指标却较靠前，例如资金利税率(净值)为 11.7%，居第 9 位；人均创利税为 2552 元，居第 10 位。

在 1991 年中，全省机械工业继续坚持科技进步，深化改革，积极转换经营机制，大力调整产品结构，全面开展“质量、品种、效益年”活动，均取得了较好的成果。尤其是针对市场疲软，库存增加等问题，不少企业千方百计，采取各种有效措施。例如努力“促销压库”，结合产品结构调整，按“增畅、限平、停滞”的原则安排生产；加强内销公司和外销公司的建设，促进了流通环节；跟踪国家大型、重点成套工程项目，积极抓好订货；省机械厅还采取了确定全省机械工业年末产成品资金控制数，分解下达，作为考核指标之一进行考核；对库存较多的企业逐一研究“压库促销”对策；总结交流“压库促销”经验；确定重点“压库”产品等措施。有效地促进了全省机械工业经营活动的展开，促进了生产发展。又如抓好亏损大户、盈利大户和库存大户的工作，动态地抓了 11 个重点亏损企业、15 个盈利大户的扭亏增盈工作，进行经济分析活动，提出限期解决的措施。由于成效显著，省机械厅和昆明机床厂、昆明电缆厂、云南兰箭汽车厂、楚雄活塞销厂、昆明重型机器厂、昆明市手扶拖拉机厂受到了云南省“质量、品种、效益年”活动领导小组的表彰。

1991 年云南省机械工业系统概况及产品产量见表 1 和表 2。

表 1　1991 年云南机械工业系统概况

行　业	企业数（个）	全部职工年末人数（人）	工业总产值		工　业净产值（万元）	产品销售收入		产品销售税金（万元）
			1990 年不变价（万元）	比上年增长%		当年价（万元）	比上年增长%	
合计	236	87105	204760	16.4	59470	198033	25.9	11390
农业机械	108	16665	29798	15.1	8559	28905	18.1	1078
机床工具	13	13784	23486	10.4	9580	22400	31.5	1698
通用基础件	6	1027	963	20.3	206	1144	20.5	30
轴承	4	4136	6676	3.8	2373	5370	20.7	312
石化通用机械	12	5280	7318	−10.2	2894	7632	17.3	462
重型矿山机械	5	6983	10533	1.0	3103	7617	−6.3	532
汽车	25	11093	40393	47.1	9570	44549	65.9	1245
电工电器	40	16671	62578	19.3	14682	56737	18.5	4686
仪器仪表	4	2063	2822	5.9	1131	2972	25.5	185
食品包装机械	7	4853	14194	−2.2	5633	14395	9.1	1032
其他	12	4550	5999	4.1	1739	6312	16.6	130

行　业	利　润总　额（万元）	上　交利　税（万元）	年末固定资产		定额流动资金		资　金利税率（%）	全员劳动生产率（元/人·年）
			原　值（万元）	净　值（万元）	年　末占用数（万元）	年平均余　额（万元）		
合计	10260	4343	152012	95467	120496	106775	11.2	23740
农业机械	1736	670	24294	15847	13857	12595	10.4	18153
机床工具	1575	643	26921	15503	16533	15693	11.5	17050
通用基础件	−20	2	1434	771	590	542	0.7	9488
轴承	390	72	6187	4242	4401	4337	8.5	16122
石化通用机械	475	282	8691	5941	6446	5846	8.0	13834
重型矿山机械	50	98	13290	6708	11210	9876	3.6	15149
汽车	753	113	19531	12894	23553	16381	6.9	37163
电工电器	3031	1683	33376	21792	30776	28940	15.7	38171
仪器仪表	154	65	3349	2073	3211	3004	7.1	13854
食品包装机械	2196	657	8947	6025	6877	6448	28.1	29448
其他	−80	58	5992	3671	3042	3113	0.7	13208

表 2　1991 年云南机械工业系统产品产量

产品名称	单位	产量	比上年增长%	产品名称	单位	产量	比上年增长%
小型拖拉机	台	19924	7.7	起重设备	吨	2885	6.9
内燃机	万千瓦	79.3	5.6	矿山设备	吨	3761	−14.2
拖内配件	万元	5293	30.7	金属轧制设备	吨	473	−11.9
手动喷雾器	万部	28.59	32.0	水泥设备	吨	910	−11.9
农用运输车	辆	2436	71.1	粮食加工机械	台	12275	5.8
农用拖车	辆	16933	46.2	烟草加工机械	台	656	−16.8
手推胶轮车	万轮	10.33	25.3	汽车	辆	9582	56.2
茶叶加工机械	台	1217	0.7	工业锅炉	蒸吨	2885	6.9
机动饲料粉碎机	台	10050	62.4	发电设备	万千瓦	3.59	139.3
金属切削机床	台	5032	11.5	交流电动机	万千瓦	61.36	22.1
泵	台	7373	42.61	变压器	万千伏安	125.12	−2.8
滚动轴承	万套	639.56	−6.7	自动记录表	台(件)	24037	−31.3

新产品 1991年全省机械工业系统共完成128种较高水平的新产品。其中达到国际80年代初以上水平的产品占55.5%。这些产品的完成，标志着云南机械工业的产品开发和产品结构调整，在四个方面又取得新的进展：(1)重大技术装备制造水平有了提高。主要产品有VABE550斗轮挖掘机、ZSD-2000A转载机、LU-1000履带式电缆车、强力钢芯胶带运输机等露天矿连续采煤成套设备，为磷化工业提供的磷铵生产回转设备、100QLH-15潜入式磷化工泵，为烟草工业服务的LDGA-2／MAX-D／HOF-80D高速卷接装盘机组；为制糖工业服务的HGX500×1000恒比压榨机等糖厂设备，为茶叶工业服务的万吨／年红碎茶拼配车间成套设备，为子午胎钢丝帘线生产提供的拉丝设备，为铁路电气化改造服务的SFY-20000／110YN／D阻抗匹配平衡牵引变压器、XD4-250／25-417吸流变压器，为国家ITS-90温标工作基准提供的WZPB-5标准高温铂电阻温度计、WZPB-10高稳定性中温铂电阻温度计、DTL型银点炉，为发电及输变电提供的CJ461-L-145三喷嘴冲斗式水轮机组、500kV架空输电线、SF_6环网开关柜，为第二汽车厂轿车生产线提供的CYNCC400型车加工中心，为光学、电子工业提供的K-205立式铣磨机，为矿山提供的100CLX280-60、80CLX100-20两相流渣浆泵。(2)机电一体化产品有了进展。共完成34种机电一体化产品，包括国家级科技攻关项目FMC1000H精密箱体柔性制造单元以及THK46110精密卧式加工中心、1630A-P3数控铣床、YM-CV305数控立式铣床、XKD8140数控万能工具铣床、CYNCP-400普通型数控车床、CYNF520全功能数控车床、WTHZ-1智能红外温度计、TII系列电脑数字温度显示仪、TIC系列电脑数字温度控制仪、WFHX系列便携式红外辐射温度计等。(3)发展了一批支柱产品和拳头产品。如NKR552L-1DWS五十铃轻型载重汽车、高原型东风载重汽车、交联电缆等。(4)发展了一批出口机电产品。如X8140万能工具铣床、SGS系列卧轴矩台平面磨床、YUC6236高速精密车床、NEMA电机、高性能起动干荷电铅蓄电池、连续变倍望远镜、980905K、470903K等出口轴承等。

1991年有26项产品获部、省奖，其中KM1730数控高速铣床等3项获机电部科技进步奖；CLZJ80三坐标测量机、132HC塔吊等10项获云南省科技进步奖，YPL耐磨蚀料浆泵等13项获云南省优秀新产品奖。

质量 1991年全省机械工业系统在"质量、品种、效益年"活动中，进一步强化质量管理，重点抓了GB／T10300质量管理和质量保证系列标准的宣贯、考核重点机械企业的质量管理必备条件、组织"工艺突破口"试点等工作，同时，广泛开展了"用户在我心中，质量在我手中"的活动，强化了职工的质量意识。这些工作有效地促进了产品质量的稳定提高，重点考核产品的产品质量稳定提高率为100%，比上年提高6.58个百分点；优质产品产值率为46.98%，比上年提高4.87个百分点；对79个企业的101台产品进行监督性产品质量抽查，合格率为100%；抽查17个企业的25台出口产品，合格率也为100%。创部优产品6个、省优产品30个。

技术改造及技术引进 "七五"期间，全省机械工业系统共完成技术引进和技术改造项目32项，厅管主要项目22项。使一批大中型骨干企业通过改造，提高了工艺水平，增强了产品开发能力。使一批中小型企业也有重点地更新了陈旧设备，补充了关键设备，提高了应变能力。昆明重机厂"七五"技术改造和技术引进后，提高了开发能力，开发了45种新产品，发展了精密重型机械以及高技术含量的拉丝机、冷轧机等，在1991年国内同行业大中型骨干企业的厂际竞赛中，总分名列第一。昆明电缆厂投资6000万元，引进了交联聚乙烯电缆等几条生产线，生产水平、技术水平、产品水平都上了新的台阶，在塞浦路斯、马来西亚、新加坡的几次国际招标中连续中标，签定出口合同850万美元，全年出口总额达到650万美元。昆明市机器厂"七五"增加了27台精密加工和检测设备，1991年试制成功生产率为每分钟6500支的高速接装机组，可使该厂产品具有10年以上的生命周期。

1991年有效地落实了"八五"的主要项目，机械工业系统已批准立项49项，其中列入国家计划的项目已批准16项，省安排项目已批准17项，地、州（市）安排项目已批准16项。由于对"八五"计划的项目抓得早，落实快，使全省机械工业的技术改造和技术引进争得了主动。

出口 1991年国际市场出现较大变化，几个主要市场对云南机电产品的需求量大大减少，有的市场甚至减为零。这些情况使云南机电产品出口面临较大的困难。国家对外贸体制进行改革，市场竞争也增加了扩大出口的难度。为了保持机电产品出口的持续增长，云南省机械工业行业迅速调整出口产品的结构，在机床产品出口量不断减少的情况下，把工作重点转移到开发电工、重型矿山机械、汽车等产品的出口上来，取得了突破性的进展。例如电动机出口首次突破200万美元，电线电缆猛增至750万美元，汽车及汽车配件第一年出口就创汇45万美元。与此同时，还及时调整机电产品的出口市场，例如扩大了东南亚市场，开发了中东市场，并积极发展对周边国家的贸易。由于采取了有效措施，使机电产品出口继续保持了较好的发展势头，全省机械行业全年出口创汇达到6333万美元，比上年增长13.8%，机电产品出口总额在全省出口总额的比重，提高到15.8%。在6333万美元中边贸出口额占1321万美元，比上年增加50%左右。

深化改革及企业管理 1991年云南机械工业

的改革一是继续推进行业管理，加强行业监督服务；二是进一步深化企业改革。在行业管理方面，首先是继续坚持已经展开的行业管理工作。例如进一步完善和加强统筹规划；继续强化行业的质量、技术、标准等方面的监督检查；搞好生产经营、经济协调、职工教育、信息工作等多方面的服务。其次是向行业管理的新领域扩展，重点是逐步强化监督控制。例如对热门产品的重复布点、重复生产要继续进行监督控制；发挥政策法规在调控中的作用等。

在深化企业改革方面，重点是总结第一轮承包的成功经验，展开和完善第二轮承包。同时，在深化和完善企业的内部改革上下功夫，逐步转换企业内部经营机制。另外，继续完善和发展企业集团，发展横向联合，加快企业组织结构的调整。在组建新的企业集团如金马柴油机集团等的同时，认真总结CY车床集团等的成功经验，在加强和完善已有企业集团上下功夫，促进了企业集团的健康发展。

1991年又有3个企业跨入国家二级企业的行列，6个企业跨入省级先进企业的行列，还有6个企业被评为省二级先进企业。到1991年底止，全省机械工业系统已有46个企业升级，占企业总数的19.49%，其中国家二级企业12个、省级先进企业28个、省二级先进企业6个，分别占企业总数的5.08%、11.86%和2.54%。

由于企业管理工作得到加强，到1991年底止，全系统已有82个企业“工艺突破口”五项标志验收合格；云南机床厂、昆明市机器厂通过部级安全性评价终评，成为国家安全级企业；昆明机床厂经机电部审定为国家节能一级企业，还有5个企业被评为国家节能二级企业，4个企业评为省级节能先进企业，7个企业评为省二级节能先进企业。其它各项专项管理工作在企业中普遍展开，并取得了成绩。计算机辅助设计和辅助管理也有了较快进展。云南变压器厂已拥有25台套微机，已在设计、检查、工艺、生产、财务、供应、劳资等10个部门应用，初步建立了厂内数据处理网络系统。

存在问题 从总体上看，云南机械工业的生产力水平处于较低层次的状况还没有从根本上改变。基本状况是：局部有优势，总体素质低，技术基础差，水平还不高，实力比较弱，活力也不强。主要表现是：(1) 开发能力弱。据粗略统计，具有独立开发新产品能力的企业，在全部企业中仅占10%左右。而且这种状况还没有明显的改变。(2) 名牌、特色产品还不多。名牌、特色产品的品种数量有限，成套设备的开发能力较弱，出口产品的品种单一，中、低档产品居多。(3) 自身装备陈旧落后。虽然不同程度地进行了技术改造，但不少企业仍在沿用落后的工艺从事产品生产。(4) 专业化水平不高。“大而全”、“小而全”，分散重复生产的情况还不同程度地存在。(5) 总产值在全省工业总产值中的比重很小。机械工业系统只占4.96%，反映出实力较弱。

〔撰稿人：云南省机械工业厅 朱国华 审稿人：云南省机械工业厅厅长 杨树蔚〕

陕西机械工业

陕西省机械工业厅

生产发展概况 1991年末，陕西省机械工业全行业共有独立核算企业2792个，职工总数676543人；拥有固定资产原值120.6亿元、净值76.5亿元；定额流动资金年末占用数80.7亿元，年平均余额77.6亿元。1991年，陕西机械工业生产逐步回升，经济效益有所好转。全年完成工业总产值110.8亿元，比上年增长12.1%。就各行业完成工业产值情况看，金属制品业91961万元，增长13.7%；普通机械业473110万元，增长13.04%；交通运输设备制造业295128万元，增长16.98%；电气机械及器材制造业166356万元，下降1.7%；仪器仪表及其它计量器具制造业81417万元，增长20.8%。全行业实现工业净产值31.8亿元，比上年增长12.6%；完成产品销售收入102.7亿元，增长26.1%；产品销售税金44355万元，实现利润总额8872万元，上交利税63021万元，分别比上年增长14.1%、26.3%和7.6%。全行业1991年的销售利税率为5.3%，资金利税率为3.5%，全员劳动生产率为16716元／人·年，除销售利税率比上年略有下降外，其它两项比上年都有不同程度增长。

1991年，陕西机械工业系统受市场疲软、库存膨胀等多种因素影响，前五个月出现前所未有的生产负增长和行业性亏损。面对这一严峻形势，全省各级机械工业主管部门组织企业一手抓扩销、一手抓压库，积极调整结构，强化销售意识，充实销售力量，推行销售承包，改进销售服务，大力开拓新的市场；在对外出口方面，主动压缩高换汇成本产品，扩大高技术和优势特色、高附加值产品出口，并积极开发出口新产品，组织企业参加出口推销组和外贸出口展销会，大力推进产品出口；同时，要求企业调整生产组织，加强生产管理，严格按照用户需求和市场变化组织生产；各级主管部门也积极为重点产品搞好协作配套，为重点企业解决生产中遇到的电力、运输、资金等困难。从而使全系统的生产、销售在后半年出现了逐月回升，出口保持了持续增长的局面。1991年陕西机械工业系统在压缩产成品库存1.4亿元（超过部、省下达指标的66.3%）的情况下，产值、销售收入均比上年有所增长。全年实现销售收入32亿元，比上年增长17.2%；8个主要行业中，汽车、重型矿山等4个行业增长30%以上。58种重点考核产品中，28种产量比上年增长。其中高压断路器、汽车、拖内配件、电力电缆、轧制设备等8种增幅在30%以上，重型汽车首次年产、销超过千辆大关。详见表1和表2。

1991年，陕西机械厅属企业生产、效益全面回升，而且高于全系统平均水平。全年完成工业总产值85574万元，实现销售收入80309.6万元，实现利润3526.9万元，上交利税3723.5万元，分别比上年增长6.4%、27.7%、1.9%和58.6%。

全系统出口连续六年超额完成省政府下达的计划指标，1991年实现出口创汇5232万美元，比上年增长4%。省机械设备进出口公司完成出口额4111万美元，比上年增长51.2%，创历史最好水平。17家企业出口额超过百万美元，其中西安变压器厂、黄河工程机械厂、宝鸡机床厂年出口额都在300万美元以上。有12类产品出口超过百万美元，变压器、机床分别达到500万、800万美元，输变电设备超过2000万美元。全年开发出口新产品50余种，万能工具磨床、数控车床等已形成出口批量，装载机当年出口创汇已达109万美元。由于全系统较好地完成各项经济目标，省机械工业厅荣获1991年陕西省扭亏增盈三等奖、限产压库二等奖和产品协作配套工作先进单位称号。

科研与新产品开发 1991年，陕西机械工业系统坚持以市场需求为目标，把开发"一创三节两保证"产品作为主攻方向，制订了三年产品结构调整方案，采取动态滚动式调整战略。组织企业和科研单位多渠道、多层次，有步骤、有目标地开展市场调研，加强科技开发力量，加强科技横向联合，建立成果转让和商品化的联系，并组织技术难题招标和积极争取科技开发贷款，加快了全系统新产品开发和产品结构调整。当年全系统共开发新产品250种左右，其中重点新产品100种（属国际80年代初及其以上水平的占65.5%）。重点新产品中属创汇产品15种，节汇产品8种，节能产品35种，节材产品4种，属高新技术及机电一体化新产品20种。新产品产值率达到30%。西安自动化仪表所与西安仪表厂研制开发的ZBN11013-88电接点压力表荣获机电部1991年度科技进步二等奖，汉江机床厂的微机补偿磨削四级丝杠的研究、陕西机床厂与秦川机床厂的高碳当量高强度灰铸铁的研究等6项成果获三等奖；秦川机床厂开发的汽车转向油泵、宝鸡叉车公司的2～3吨内燃平衡重式叉车等36种产品获陕西省优秀新产品奖；机电部第七设计研究院的西古光纤光缆有限公司建设项目等21个科研和新产品成果获陕西省机械厅科技进步奖。汉江机床厂、汉川机床厂、秦川机床厂当年开发的各种规格的立式、卧加工中心，咸阳铸字机厂的半自动高标模切机、宝鸡仪表厂的邮资电子称筹新产品，已先后进入市场，并取得初步信誉。

表1　1991年陕西机械工业系统概况

行业	企业数（个）	全部职工年末人数（人）	工业总产值		工业净产值（万元）	产品销售收入		产品销售税金（万元）
			1990年不变价（万元）	比上年增长%		当年价（万元）	比上年增长%	
合计	228	183529	344375	0.2	124196	319130	17.2	14168
工程农业机械	58	35020	56021	-1.7	14296	53247	18.4	1554
机床工具	26	27174	45396	-3.3	15730	42994	31.7	2207
通用基础件	10	3416	3279	59.1	936	2738	31.2	107
轴承	2	5225	9386	-7.7	2819	6625	5.4	357
石化通用机械	21	15889	19630	3.2	7182	20536	18.7	1084
重型矿山机械	8	13946	18845	12.9	4936	17261	32.6	370
汽车	22	16741	37042	36.3	5599	37310	48.1	911
电工电器	51	52596	122749	-7.7	56571	109960	4.7	5789
仪器仪表	19	9926	27992	-0.5	14817	24668	10.0	1550
食品包装机械	2	318	769	366.1	371	812	728.6	117
其他	9	3278	3266	-3.7	939	2979	-9.3	122

(续)

行业	利润总额（万元）	上交利税（万元）	年末固定资产 原值（万元）	年末固定资产 净值（万元）	定额流动资金 年末占用数（万元）	定额流动资金 年平均余额（万元）	资金利税率（%）	全员劳动生产率（元／人·年）
合计	-533	5587	325442	185083	257631	243789	3.2	18764
工程农业机械	-289	604	42412	24234	41795	41373	1.9	15997
机床工具	1746	911	49730	25470	38750	37296	6.3	16706
通用基础件	-75	49	3662	1719	1989	1838	0.9	9599
轴承	258	116	11578	7994	4088	3689	5.3	17964
石化通用机械	742	319	23656	13224	16004	15378	6.4	12354
重型矿山机械	-1477	27	26806	15146	20703	18791	-3.3	13513
汽车	-3918	153	35146	21108	29804	28733	-6.0	22127
电工电器	-1319	685	107506	62955	90556	94194	2.8	23338
仪器仪表	3605	2655	19023	10267	9862	8907	26.9	28201
食品包装机械	116	62	384	298	223	242	43.1	24182
其他	78	6	5539	2668	3857	3348	3.3	9963

表2　1991年陕西机械工业系统主要产品产量

产品名称	单位	产量	比上年增长%	产品名称	单位	产量	比上年增长%
小型拖拉机	台	16469	-7.3	电梯及扶梯	吨	1877	-6.0
内燃机	万千瓦	38.54	6.2	矿山设备	吨	457.2	-2.9
内燃机发电机组	万千瓦	0.62	40.9	冶炼设备	吨	189	
机引耕作农具	台	302	130.5	金属轧制设备	吨	2080	34.2
种植机械	台	2500	13.6	润滑液压设备	吨	320.8	-13.4
农副加工机械	台	5773	-39.2	炼油化工设备	吨	1131.9	-14.2
农用运输车	辆	2206	22.6	塑料加工机械	吨	251.8	39.9
农用拖车	辆	7298	-40.9	家用洗衣机	万台	19.05	-13.2
拖内配件	万元	9193.5	67.1	印刷机械	吨	1929.4	8.8
人造板设备	吨	853.6	-46.5	环保设备	吨	181.7	21.3
金属切削机床	台	2894	-9.4	汽车	辆	1338	81.8
大型机床	台	117	48.1	汽车配件	万元	14093	26.3
高精度机床	台	99	16.5	工业锅炉	台／蒸吨	269／558.4	-5.3／-35.1
数控机床	台	93	66.1	交流电动机	万千瓦	90.83	-16.6
加工中心	台	8		直流电动机	万千瓦	6.13	-8.6
锻压设备	台	543	15.8	变压器	万千伏安	819.5	-5.9
刃具	万件	1603.7	12.5	高压断路器	台	2398	68.3
磨料	吨	1184	-62.9	高压隔离开关	组	2951	-7.2
液压件	台(件)／吨	38606／367.4	-7.0／-1.0	互感器	台	31249	3.3
标准紧固件	万件／吨	22664／3259	-10.2／20.3	电力整流器	万千瓦	9.77	-73.7
轴承	万套	726.1	-3.2	电力电容器	万千乏	220.4	-2.6
泵	台	28772	3.7	高压电瓷	吨	3411.4	-17.3
风机	台	7934	3.1	电磁线	吨	1204.9	-17.4
气体压缩机	台	617	16.0	电力电缆	公里	679.7	83.4
制冷设备	套	8		通讯电缆	公里	5707.3	8.1
高中压阀门	吨	864.7	0.3	绝缘材料	吨	3279.6	-9.8
起重设备	吨	3159.2	14.1	自动化仪表	万台(件)	28.6	-22.1
运输设备	吨	942.1	-10.0	电工仪表	万台(只)	11.67	11.2
减速机(器)	吨	873.4	-3.4	光学仪器	台	734	8.9
推土机	台	166	0.6	工矿配件	吨	3042.1	-19.8
叉车	台	818	-1.3				

质量与创优 1991 年，全系统品种抽查合格率、品种一等品率、质量稳定提高率和优质产品产值率四项指标，分别达到 100%、91.21%、100%和 33.06%，是历年来最好的一年。各级质量监督部门抽查了 82 个企业的 103 种产品，合格率为 96.12%，其中抽查的 25 个重点骨干企业的 32 种产品和国家抽查的 10 个企业的 10 种产品全部合格。全系统 1991 年新创部优质产品 3 种、省优质产品 27 种；组织了对电线电缆、清水及多级离心泵、农用挂车、中小型电动机及麻花钻头等 5 类产品的行评，涉及 5 个厅局 36 个企业的 41 种产品，其中有 5 个企业的 7 种产品被评为省优质产品。全系统 1991 年选定 25 个企业开展质量攻关 166 项、改进设计 89 项。有 85 个重大项目列入技术改造计划，146 项采取质量改进措施。当年新评定一等品 51 种；有 15 个企业的 20 种产品取得了生产许可证；西安仪表厂、汉江工具厂等 14 家企业开展了贯彻 GB／T10300 国家标准试点；全系统首次下达了“降低质量故障损失考核计划”，17 家省、部属企业当年内外故障损失率下降 21%。1991 年对 42 家企业进行了质量管理评审，海红轴承厂、宝鸡电焊条厂荣获陕西省质量管理奖称号。

技术改造及技术引进 1991 年，为增强陕西机械工业发展后劲，做好“七五”与“八五”规划衔接工作，加快企业技术改造步伐，省机械厅成立了“八五”规划工作领导小组和“七五”项目达产达效指导服务小组，加强了对技术改造工作的指导、检查和服务。当年全系统共完成固定资产投资 4720 万元，完成技术改造项目 15 项。其中已鉴定验收的部、省计划项目有西安仪表厂、陕西印刷机器厂、汉江机床厂、汉江油泵油嘴厂、海红轴承厂、秦川机床厂、汉川机床厂、陕西拖拉机厂、陕西重型机器厂、汉江工具厂、咸阳铸字机厂、咸阳深井泵厂等企业的 12 个技术改造项目，共完成投资 12974 万元，为设计总投资的 95.3%。属国家重点改造的西安仪表厂技术改造项目，通过验收。其中发电设备自控系统年产能力达到 300 万千瓦，30 万千瓦机组的配套仪表已形成批量生产能力；产品品种已由原 12 类 416 种 6000 多个规格发展为 12 类 565 种 43000 个规格，其中 50%是微电子化产品，技术水平已达到世界先进水平。该项目全面投产后，可新增产值 1.9 亿元、利润 3300 万元、税金 1070 万元、创汇 222 万美元，经济效益显著。其它重点项目也实现了产品水平、工艺装备水平和综合经济效益三提高，投入产出比达到 1: 2.72: 0.53。1991 年，汉江工具厂利用西班牙政府 250 万美元贷款，引进了圆磨法滚刀技术与设备，西安电力电子技术研究所与台湾普德有限公司合资成立了西普电力电子有限公司，合作开发、生产、经营变频调速装置。

企业改革与管理 1991 年，陕西机械工业系统在抓治理整顿的同时，重视引导企业深化各项改革。一是省机械厅成立了以厅长为组长的承包工作领导小组，省属 13 家企业已与政府签订了五年或十年承包合同；二是健全和完善了企业领导体制，在完善厂长负责制和任期目标责任制的基础上，普遍加强了党委的保证监督和职工民主管理；三是按照“配套、完善、深化、发展”的原则，企业普遍引入了竞争机制和风险机制，内部经济责任制逐步做到了法制化、规范化、普及化；四是企业管理人员和专业技术人普遍实行了聘任制，部分企业劳动管理上实行了优化组合和上岗、下岗、待岗制度，完善了分配制度上的工效挂钩办法，试行了工资总额与生产成本挂钩、活工资随效益浮动、单位产品工资含量包干、单项承包等多种工资形式和分配办法；五是在 44 个重点骨干企业的厂办研究所推行了所长负责制，实行了科技开发、试制生产、销售服务等多种形式的技术责任承包，进一步调动了科技人员的积极性。

在企业管理方面，实行“外抓市场，内抓现场”的工作方针，积极推进企业管理整体优化。一是编制了机械工业系统“八五”企业管理、优化现场管理、推进现代化管理方法及计算机辅助管理等规划，为企业深化管理工作提供了指导依据；二是本着全面推开、重点提高的原则，选了“四厂两车间”为优化现场管理试点，95 个车间为联络点，增强了生产现场的整体运行效能。1991 年已有部分骨干企业达到机电部现场管理优化“六项要求”，75%的重点骨干企业达到“工艺突破口”初见成效五条标志，6 家企业被新评为部级安全性企业；三是健全完善了财务、成本、资金等配套管理，开展了订货合同、物资占用等审计，编制了《典型零件时间定额标准》及《企业劳动工资部门管理考核标准》；四是加强了以人为中心的管理，组织了企业领导干部和车间主任为主体的岗位职务培训，工程技术人员的新理论、新技术和机电一体化内容的继续教育；五是围绕提高质量、降低消耗、增加品种和提高效益，推行现代化管理方法，全年列入计划 117 项，在省经委立项 72 项，已完成上报 60 项，多数项目已组织实施。

三年治理整顿回顾 陕西机械工业经过 1989 年至 1991 年的三年治理整顿，不仅增强了企业内在实力，而且保持了生产的持续发展。主要表现在：(1) 产品结构调整成效显著。三年间共开发新产品 820 种，全系统产品品种已达到 5600 多种。其中形成有优势特色的产品 200 种，年产值达到 10 亿元左右。全系统的 1350 种主要产品中，1991 年已有 560 种按国际标准或国外先进标准组织生产；200 余种已跻身国际市场；120 种被国家列入替代进口产品；有 45%已达到国际 80 年代水平，其中当年开发的新产品已占全部品种的 65.5%。(2)产品质量稳步提高。三年间全系统共创优质产品 137 项，约占十多年累计创优产品总数的 43.6%；一等品 263 种，占全国机械行业的 9.8%，仅次于辽宁，居全国第二位；有 13 家企业先后荣获各级质量管理奖，其中西安仪表厂、汉江工具厂、关中工具厂荣获部质量管理奖，填补了陕西机械系统的空白。(3)“七五”技术改造任务基本完成。1991年末全系统已完成固定资产投资9.7亿元，占总投资的90.7%；65个重点项目已通过验收，而且都是近两年验收的，形成了高压输变电成套设备、自动化仪表、电火花加工机床、推土机、重型汽车、小四轮拖拉机等一批新的生产能力。(4) 企业管理素质明显提高。三年间，有6家企业晋升为国家二级企业，18家企业进入省级先进企业行列，分别占累计总数的42.8%和35.3%；有25家企业被评为国家级安全企业，1家企业达到省级安全级企业标准；有143项现代化管理成果获奖；近7000名管理干部、专业人员接受了新的培训。(5) 生产保持了稳步发展。三年间在市场疲软、库存膨胀的压力下，生产、销售保持了相对稳定，1991年与1988年相比，工业总产值、销售收入分别增长1.04%和17.9%；出口创汇三年净增2305万美元，增长了78.75%。拥有18万职工的陕西机械工业，经过三年的治理整顿，生产已开始走出低谷，迈入了一个新的发展时期。

存在问题 (1)经济效益严重下降。陕西机械工业系统实现利税总额由1988年的3.69亿元降至1991年的1.41亿元，下降61.8%，并出现近十年来首次行业性亏损；亏损企业由1988年的25家增加到1991年的54家，亏损额由653万元增至10978万元，特别是几家亏损额较大的企业高亏不下，全系统经济效益已滑到谷底。(2)企业组织结构调整步履艰难，改组、联合进展缓慢。(3) 企业内部改革步伐不快。企业自我发展、自我约束机制比较弱，活力不强，应变能力比较差。

〔撰稿人：陕西省机械工业厅　李耀南　审稿人：陕西省机械工业厅副厅长　杜克俊〕

甘肃机械工业

甘肃省机械工业总公司

生产发展情况 1991年，甘肃机械工业有乡及乡以上独立核算企业共1365个，完成工业总产值40.44亿元，比上年增长9.9%，占全省工业总产值的13.8%。

全省机械工业系统归口企业有232个，实现工业总产值(1990年不变价)24.15亿元，比上年增长15.5%。就行业情况看，电工电器行业产值比上年增长26.6%，农机行业增长16.4%。这两大行业增加产值2.13亿元，占全系统产值增加额的65.7%。从绝对额看，电工电器行业工业总产值、产品销售收入、实现利税等指标已连续三年居全省机械行业之首。详见表1。

表1　1991年甘肃省机械工业系统概况

行　业	企业数(个)	全部职工年末人数(人)	工业总产值		工　业净产值(万元)	产品销售收入		产品销售税金(万元)
			1990年不变价(万元)	比上年增长%		当年价(万元)	比上年增长%	
合计	232	126073	241454	15.5	68166	216428	22.1	11973
农业机械	86	21149	40386	16.4	9413	35529	23.5	850
工程机械	1	2866	4469	15.0	1696	4148	19.1	288
机床工具	8	8397	12743	23.4	4763	11857	42.2	762
通用基础件	9	1876	2213	2.4	678	2029	16.7	123
轴承	7	10442	15269	6.4	5681	11102	9.4	794
石化通用机械	19	26772	54977	4.1	13828	54258	12.4	2948
重型矿山机械	4	1790	2544	−1.7	812	2479	23.2	153
汽车	15	8514	15488	22.4	4086	16152	46.3	690
电工电器	40	27339	74214	26.6	21782	64075	24.1	4614
仪器仪表	6	10344	8376	2.9	2717	7370	27.2	372
食品包装机械	5	1356	5245	36.8	898	2228	25.1	110
其他	32	5228	5530	11.4	1812	5201	20.9	269

(续)

行业	利润总额（万元）	上交利税（万元）	年末固定资产 原值（万元）	净值（万元）	定额流动资金 年末占用数（万元）	年平均余额（万元）	资金利税率（%）	全员劳动生产率（元／人·年）
合计	9176	6288	209985	121900	176414	171458	7.5	19572
农业机械	1384	781	26641	16477	19659	18693	6.5	19816
工程机械	481	258	5155	2541	3952	3743	12.2	16180
机床工具	555	384	16057	9806	11461	11484	6.3	15478
通用基础件	133	59	2458	1494	1474	1370	9.1	12119
轴承	701	361	13696	8991	12879	11189	7.7	15175
石化通用机械	1554	1456	59570	29552	51077	52406	5.7	20584
重型矿山机械	157	93	2760	1561	2772	2791	7.7	14332
汽车	−165	94	13114	7286	9370	8469	3.5	18396
电工电器	4867	2703	46466	29588	43192	40430	14.7	27893
仪器仪表	−648	28	17887	10713	15082	15424	−1.2	8196
食品包装机械	137	38	2000	1252	1246	1249	10.1	38229
其他	20	33	4181	2639	4250	4210	4.3	11056

1991 年，甘肃机械工业在生产稳步增长的同时，产值构成得到优化，按 1990 年不变价计算，优质产品产值为 6.99 亿元，占全年工业总产值的 28.9%，比重比上年增加 1.5 个百分点；技术进步产品产值完成 5.08 亿元，占全年工业总产值的 21.1%，比上年增加 3.58 个百分点。

在 47 种主要产品中，产量比上年增长的有 31 种。其中，机动三轮车、机床电器、低压电器一般元件、照相机械及器材、汽车、工业锅炉增长幅度在 60%以上。种子精选机、电影机械、石油钻采设备等 16 种产品比上年有不同程度的下降。详见表 2。

表 2　1991 年甘肃机械工业系统主要产品产量

产品名称	单位	产量	比上年增长%	产品名称	单位	产量	比上年增长%
小型拖拉机	台	18650	8.5	炼油化工设备	吨	7144	12.7
其中：小四轮	台	14149	14.6	石油机械配件	吨	9356	4.9
内燃机生产量	万千瓦	21.12	30.6	汽车	辆	68	119.3
小型拖拉机配套农机具	台	18852	−18.5	改装汽车	辆	945	21.8
				汽车配件	万元	5709	49.9
收获机械	台	7237	22.9	工业锅炉	台	303	110.4
种子精选机	台	508	−6.3		蒸吨	445	44.4
农用拖车	辆	11905	−19.0	一般交流发电机	万千瓦	60.57	−10.7
机动三轮车	辆	12233	119.3	交流电动机	万千瓦	62.94	15.9
拖内配件	万元	7036.7	76.1	高压断路器	台	3745	12.8
金属切削机床	台	567	8.2	高压开关板	面	2981	5.9
其中：大型	台	144	−2.7	低压开关板	面	6802	−11.3
机床电器	万件	106.07	60.2	低压电器主要元件	万件	47.73	−12.8
锻压设备	台	249	27.7	低压电器一般元件	万件	10.39	177.1
刃具	万件	667.15	−32.1	电气传动控制屏	面	1854	0.3
泵	台	13357	10.9	裸铝线	吨	374	8.4
高中压阀门	吨	2948	8.1	电磁线	吨	2087	28.7
真空设备	台	119	22.7	电力电缆	公里	1353	−22.1
标准紧固件	万件	9172	4.1	控制电缆	公里	963	−29.6
	吨	1939	34.1	布电线	公里	63105	−14.8
弹簧	万件	521.91	48.7	钢芯铝绞线	吨	3048	3.1
	吨	36.5	143.0	电工合金	吨	47.54	−30.5
滚动轴承	万套	938.59	2.0	电焊条	吨	11757	37.5
矿山设备	台	14313	31.5	电工仪器仪表	万台	52.72	−3.6
	吨	788	38.5	试验机	台	938	−13.8
风动工具	台	17498	−16.4	照相机械及器材	架(台)	463250	317.4
	吨	82.3	−19.0	其中：照相机	架	62000	21.2
石油钻采设备	吨	31406	−11.3	电影机械	台	3616	−41.5

注：1991 年全省的产品产量，农用拖车为 13268 辆，比上年减少 14.1%；布电线 85926 公里，比上年增长 16.1%；高压开关板 3106 面，比上年增长 6.9%；低压开关板 8589 面，比上年减少 11.6%；标准紧固件 18496 万件／4052 吨，比上年增长−9.3%／16.6%；汽车配件 9523 万元，比上年增长 35.9%。

在1991年的“质量、品种、效益年”活动中，全省机械系统做了六方面工作。第一，省机械工业总公司成立了领导小组，制订计划并指导企业开展工作。第二，为了进一步开拓市场，强化销售工作，总公司领导带队组织企业走访新疆、青海、宁夏及省内重点用户，宣传企业产品，了解市场信息，为进一步扩大服务领域、沟通产需双方的关系打下了新的基础。第三，开展了“查质量意识、查产品实物质量、查质量管理体系、查为用户服务、查质量法规执行情况”的“五查”活动，促进了企业的质量管理工作的提高。第四，狠抓产品结构调整工作，抓紧技术改造项目的实施，同时为督促企业落实产品结构调整任务，成立了产品结构调整领导小组办公室，编制了1991年产品结构调整年度实施计划，由总公司副总工程师专抓落实。第五，为了提高企业管理水平，总公司经理带队两次组织重点企业领导赴吉林化学工业公司，学习该公司经验，并请该公司专家来甘肃省对企业管理工作进行咨询诊断，推动了全省机械企业管理基础工作的提高，企业素质有了增强。第六，在完成第二轮企业承包的基础上，挑选16家企业参加省政府组织的“放开经营、配套改革”试点工作，取得了较好的成效与经验。

科研成果 1991年，兰州石油化工机器厂、机电部兰州石油机械研究所、甘肃长城电器工业公司、兰州电机厂等单位联合研制的ZJ45D丛式井钻机获机电部科技进步成果一等奖。兰州通用机器厂生产的YLC-1050压裂车、酒泉种子机械厂等单位研制的9CJT-300型牧草种子加工成套设备、天水凿岩机械气动工具研究所研制的凿岩机械与气动工具振动测量方法等3项产品获机电部科技进步成果三等奖。

长城电器工业公司所属的天水长城开关厂完成了“七五”国家重点攻关项目——板材柔性加工生产线，并通过国家验收。

新产品开发 1991年全省机械系统共开发新产品151项，比上年增加18项。其中完成部列新产品试制计划17项。兰州石油化工机器厂生产的直径2.4米热壁加氢反应器是炼化加氢精制的关键设备，达到国际先进水平。该厂研制的ZT60L沙漠边缘石油钻机、惠州26-1钻修模块，兰州通用机器厂生产的涡旋式压缩机，甘肃光学仪器工业公司生产的PG101全自动135平视取景照相机，天水凿岩机械气动工具研究所研制的ZM0614型冰箱门胆气动钻孔机，天水星火机床厂生产的CHOLET660卧式车床等33项产品达到国际80年代水平。兰州柴油机厂生产的LS1105型柴油机，天水锻压机床厂生产的Q12Y-32×2500液压摆式剪板机，兰州电机厂生产的12GFZ8、20GFZ9、30GFZ7微机控制无人值守微波电站，天水长城精密电表厂生产的JK-X微机控制无功功率自动补偿控制器，天水电气传动研究所研制的JS7A-2100矿井提升机晶闸管直流供电装置，天水红山试验机厂生产的3吨微机窄轨衡等89项产品达到国际先进水平。天水轴承仪器厂生产的3MZ144S双沟道磨床填补了国内空白。70%以上新产品达到当年开发、当年投产、当年见效益。

质量与创优 1991年，全省机械系统实查考核的69种产品中，合格品69种，品种抽查合格率为100%；一等品为38种，品种一等品率为55.1%，比上年减少1.6个百分点；质量稳定提高率为95.7%。

全省机械系统1991年又有75种产品获国家、机械电子工业部及省级优质产品称号。其中，兰州电机厂生产的LD牌75GFC70船用柴油发电机组、天水二一三机床电器厂生产的CJX4-09／12交流接触器获国优银质奖；兰州石油化工机器厂生产的CYJ10-3-53HB游梁式抽油机、天水风动工具厂生产的S60型气砂轮等8项产品获机械电子工业部优质产品奖；另有65种产品被评为省优质产品。天水长城开关厂获“甘肃省质量管理奖企业”称号。

技术改造及技术引进 1991年，兰州电机厂从德国西门子公司引进交流伺服电机及主轴电机制造技术，已投入小批试生产，国产化率在90%以上，其品种规格可基本满足国内数控机床配套要求，被机电部确定为“八五”期间交流伺服及主轴电机唯一的定点生产厂家。该厂从德国AEG公司引进的陆用和船用三相无刷发电机制造技术，试制成功了DK8H系列两种样机，性能指标完全符合德国标准，获得该公司生产许可证书，已开始多种规格产品的试生产。天水二一三机床电器厂扩大引进技术产品生产，引进技术产品产值达1875万元，新增利税322万元。甘肃光学仪器工业公司引进的PG101全自动照相机技术，1991年生产4.7万架，并生产出带日历拷贝的PG102变型产品。

1991年，全省机械系统完成固定资产投资18009万元，其中基本建设投资7063万元，技术改造投资10946万元。技术改造投资中列入国家和省重点的项目当年计划投资5416万元，实际完成5351万元。国家项目计划总投资22476万元，已完成投资13557万元。1991年技术改造项目投资明显向增加产品品种、提高产品质量方面倾斜，这两方面投资分别占当年年计划投资额的58.5%和30%。

销售和库存 1991年初，全省机械系统仍面临产品销售不畅、库存积压严重的局面。全系统企业在积极开拓市场的同时，根据国家“限产压库”方针，坚持以“以销定产、以销促产”的原则组织生产，对库存积压严重而又无销路的产品坚决停产、限产。下半年起，产品销售总额不断上升，产品库存总额逐月回落。到1991年底，产品销售总金额达到23.04亿元，比上年上升18.4%；产品库存总额降到56442万元，比上年下降1.8%。

从产品销售结构来看，小型拖拉机销售量上升6.6%，农机内燃机上升29.4%，农用大中型拖车上升15%，交流电动机上升23.9%，滚动轴承上升6%；而石油钻采设备下降34.1%，照相机下降47.4%。

产品销售去向中，煤、电、油工业占25.9%，物资及商业经营单位占22.9%，农林牧副渔业占12.4%，机械产品单机配套10.6%，四项合计占全省机械系统销售量的71.8%。

出口 1991年，全省机械系统产品出口创历史最高水平。全年出口生产完成（1990年不变价）1.73亿元，比上年增长31.2%；出口创汇2533万美元，比上年增长53.1%；出口交货产值(现价人民币)占现价工业总产值的比重由上年的4.8%上升到5.8%。

机械产品出口特点：(1)已初步形成了一批以出口重点企业为主体的出口企业群体。到1991年底，已有兰州电机厂、甘肃光学仪器工业公司、兰州石油化工机器厂、天水星火机床厂、天水锻压机床厂、兰州轴承厂等6家企业被批准为扩大机电产品出口企业，天水海林轴承厂已成为出口基地企业。兰州电机厂、兰州石油化工机器厂、天水海林轴承厂拥有对外经营自主权。出口重点企业出口额占全省机械系统出口额的78.9%。(2)全省机械系统优势产品出口比重大，且呈上升趋势。石油钻采设备、金属切削机床、锻压设备、交流电机、滚动轴承等产品出口创汇额占全省机械系统出口额的83%，比上年增长了27%。(3)结合产品结构的外向型调整，进一步拓宽了国际市场。全省机械系统已有40余种(类)产品销往20多个国家和地区，其中，销到美国、西欧、东南亚市场的机械产品创汇额占出口总创汇额的90%左右。

表3 1991年甘肃省机械工业系统主要经济指标完成情况

指标名称	单位	1991年实际数	比上年增长%
工业净产值率	%	28.8	−5.5
全员劳动生产率(净产值)	元/人·年	5525	−5.5
资金利税率(净值)	%	7.5	−8.5
销售工厂成本利润率	%	5.0	−26.3
百元产值成本	元	88.4	2.4
百元产值利税	元	8.9	−7.3
可比产品总成本	万元	111534	2.5
全部流动资金周转天数	天	487	延缓20天
人均占用固定资产原值	元	16877	7.6
人均月工资额	元	212	5.0
人均利润额	元	744	−12.4
人均利税额	元	1732	2.4
每万元产值耗钢材	吨	0.7	0.0
每万元产值耗生铁	吨	0.2	−33.3
每万元产值耗电	千瓦时	1248	−6.9
每万元产值耗标准煤	吨	1.7	−11.5

经济效益 1991年全省机械工业效益持续下滑的趋势虽已得到控制，但仍未彻底扭转下滑的局面，实现利润比上年下降8.6%，主要经济指标完成情况详见表3。影响效益的主要因素是支柱企业的利润继续下滑，兰州石油化工机器厂、兰州通用机器厂、兰州电机厂3家企业实现利润绝对数比上年减少1502.6万元，占全省机械系统实现利润的比重由1990年的28.6%下降为14.9%。另外，资金占用加大，资金利用效果差，成本继续上升，利息支出加大使利润转移等因素也是重要原因。

产品结构调整 1991年，是全省机械系统产品结构调整工作进展最快的一年，骨干重点企业都普遍成立了产品结构调整领导小组，加快了产品结构调整的步伐。适应性调整方面取得了可喜的成效。兰州轴承厂完成100种外球面轴承试制，从而使该厂成为国内生产外球面轴承品种最全的厂家。兰州手扶拖拉机厂积极发展三轮运输车多种变型产品。天水二一三机床电器厂已全部完成引进法国TE公司7个系列、28个品种、60个规格的产品试制，并形成批量生产能力。市场容量大、适销对路的产品产量比上年大幅度增长。如农用三轮运输车产量增长119.3%，机床电器增长60.2%，低压电器一般元件增长177.1%。在开发性调整方面，集中力量对一批以高技术、高水平和机电一体化产品进行开发，如CYTJ800−Z轮胎式全液压钻车、KQLG高压潜孔钻车、蒙乃尔合金阀门、镍合金阀门、太空棉设备、球轴承内外套圈超精研机、35kV高压开关柜、真空断路器等一批重点产品都研制成功。外向型调整在巩固传统出口产品的同时，积极开发国际市场适销的产品，取得了较好的成效。

深化改革与企业管理 1991年，全省机械系统狠抓了“工艺突破口”及管理基础工作，企业素质进一步增强，生产现场管理水平有了明显提高。天水海林轴承厂等8家企业达到“工艺突破口”五项基本要求并通过了验收。天水长城开关厂1991年被机电部评为工艺管理先进单位。兰州电机厂被批准为国家一级企业，成为甘肃省机械系统首家国家一级企业。天水海林轴承厂、天水长城控制电器厂、兰州高压阀门厂、兰州蓄电池厂、兰州机械制造公司等5家企业被批准为省一级企业。兰州电线总厂等5家企业被批准为省二级企业。

“放开经营、配套改革”试点工作取得显著成效。全省机械系统有16家企业被选为试点企业。试点企业内部采取了一系列改革措施，大多数企业取得了较好的成绩。16家试点企业实现利润7067万元，占全省机械系统利润总额的77.0%。已缴利税(包括已缴所得税、调节税、利润) 4901万元，占全省机械系统的77.9%。享受优惠政策增提新产品基金466.7万元，补充企业流动资金193.5万元，增提折旧费502.9万元。

存在问题 (1) 企业留利水平低，发展后劲不足。1991年全省机械系统留利为3636万元，企业上缴“两金”后实得留利为2919万元，企业留利赤字额达558万元，个别大中型企业留利已连续几年为赤字。全年人均留利仅为295元，严重影响企业的发展。(2) 资金占用大，企业利息负担沉重。全系统企业自有流动资金占全部流动资金的比重仅为12%，大量资金只有依靠银行贷款，流动资金银行贷款额达13亿元，比上年上升26.2%，利息支出1991年为13165万元，比上年又上升5.9%，且已占到销售收入的6.1%。(3) 亏损企业仍有32家，亏损额为1636万元。特别是仪器仪表行业，全行业亏损649.5万元，生产经营困难重重。全系统有6家企业成为特困企业，问题严重，已引起省政府重视，将采取有力措施。

〔撰稿人：甘肃省机械工业总公司　仲　达　审稿人：甘肃省机械工业总公司副经理　杨书昌〕

青海机械工业

青海省机械工业厅

生产发展情况　1991年青海省机械工业系统的生产经营工作受市场、资金诸因素影响较大，各项经济技术指标与上年相比有升有降。从年初开始工业总产值、经济效益仍持续滑坡，库存产品增加。到一季度末，与上年同期相比产值仍下降7.35%，经济效益下降238.22%，库存产品增加4350万元。3月底，根据青海省政府的决定，调整了机械工业管理体制，将下放的23个大中型机械工业企业及供销机构收归机械工业厅直接管理。企业上收后，机械厅积极采取措施,强化调度，扩销促产，使生产开始恢复性增长。到7月份扭转了负增长的局面，月平均以2%的速度回升。1991年生产经营工作有三个特点：(1)工业生产扭转了持续下滑的局面，开始恢复性增长。全省50个机械归口企业累计完成工业总产值70401万元，比上年增长1.11%。在总产值中，全民企业完成63191元，比上年增长0.89%；集体企业完成3254万元，比上年增长8.16%。厅直属企业完成工业总产值63204万元，比上年增长0.73%。全员劳动生产率达到17841元／人·年，比上年提高了1.17个百分点。从各企业情况看，除少数企业生产任务不足未完成生产计划外，大部分企业都比上年有不同程度增长，并涌现出一批产值、销售、利税同步增长的先进企业。(2) 产品销售增幅大，“限产压库”成效显著。50个机械归口企业完成商品销售总额72326万元，比上年增长18.57%，产品销售率为108.5%，完成销售收入62777万元，比上年增长15.3%，其中厅属企业完成销售收入57072万元，比上年增长17%。到年底，50个机械归口企业生产成品资金占用21072.3万元，比年初压缩了3818.7万元，其中厅属企业产成品资金占用18904万元，比年初压缩了3753万元，超额完成了机电部和省政府下达的“压库”任务。(3)经济效益仍大幅度下降。50个归口企业实现利润1027.4万元，亏损3909.8万元，盈亏相抵净亏损2882.4万元。其中厅属工业企业利润总额为−2822.1万元，比上年增亏184.26%。在50个归口企业中，全民企业亏损2871.5万元，比上年增亏187.67%；集体企业亏损10.9万元，比上年增亏201.85%。详见表1和表2。

产品结构调整　1991年青海机械工业系统，根据市场需求变化，把抓产品结构调整仍作为战略任务。省厅编制了《青海省机械工业“八五”期间产品结构调整要点》；并结合“八五”计划和十年发展规划的制定，提出了机械工业产品结构调整的方向、重点以及实施步骤，编制了《1991年至1995年新产品发展计划》。机械工业各企业也积极围绕着产品的适应性、开发性、外向性、技术性调整，做了大量工作，取得了一定成效。主要表现：(1) 出口产品产值继续保持较旺势头，完成出口产品产值15414 7万元，比上年增长15.4%，占工业总产值的21.9%。(2)技术进步产品产值有较大幅度提高，高附加值、高技术含量和节能、节材产品有较大发展。完成技术进步产品产值12266.43万元，比上年增长了42.3%；技术进步产品产值占工业总产值的17.4%，比上年提高了6个百分点。(3)适销对路产品发展较快，畅销产品由20%上升到30%，滞销产品基本上都停止了生产。

新产品开发　1991年，50个机械归口企业共完成新产品开发47项。其中，通过部、省级鉴定的23项，达到国际80年代水平的11项。青海第一机床厂研制的多轴组合式柔性加工单元，青海第二机床厂研制的SB6332数控半自动螺杆铣床，青海工程机械厂研制的QT−165GT履带式推土机、5110ZBB摆臂式自装卸车，青海重型机床厂研制的C6135×16米重型卧式车床，青海矿山机械厂研制的年产10万吨型煤成套加工设备，青海农牧机械厂研制的9N2000牛奶分离器，青海柴油机厂研制的6115Q柴油机等主要产品，均已通过鉴定。这些产品的开发，为改变青海省机械工业系统产品结构不合理的状况，增添企业发展后劲，提高经济效益，具有积极作用。

表 1　1991 年青海机械工业系统概况

行　业	企业数(个)	全部职工年末人数(人)	工业总产值 1990 年不变价(万元)	工业总产值 比上年增长%	工业净产值(万元)	产品销售收入 当年价(万元)	产品销售收入 比上年增长%	产品销售税金(万元)
合计	50	39609	70401	1.1	16964	62777	15.3	3194
农业机械	14	12667	23770	11.2	5436	23073	29.1	990
机床工具	7	12711	27103	−4.5	6958	23248	3.5	1473
通用基础件	5	2042	1938	7.3	738	1258	7.3	113
重型矿山机械	2	1551	1199	−34.6	68	1135	−10.6	38
汽车	10	6211	10050	7.6	1675	8578	34.2	225
电工电器	8	3722	5479	−11.7	1763	4666	0.1	304
仪器仪表	3	554	757	20.9	290	719	31.0	45
其他	1	151	105	72.1	36	100	104.1	6

行　业	利润总额(万元)	上交利税(万元)	年末固定资产 原值(万元)	年末固定资产 净值(万元)	定额流动资金 年末占用额(万元)	定额流动资金 年平均余额(万元)	资金利税率(%)	全员劳动生产率(元/人·年)
合计	−2882	21	85087	53372	61382	59666	0.3	17841
农业机械	−1185		35562	24142	19772	19086	−0.5	18849
机床工具	−14	17	29453	17621	20350	19767	4.0	21169
通用基础件	21	2	2607	1420	1807	1860	4.1	9893
重型矿山机械	−271		2896	1414	2857	2882	−5.4	7671
汽车	−1458	1	8810	5275	10488	9934	−8.3	16336
电工电器	1		5170	3167	5707	5735	3.4	14884
仪器仪表	33	1	512	317	270	276	15.2	13664
其他	−9		77	16	131	126	−2.3	7608

表 2　1991 年青海机械工业主要产品产量

产品名称	单位	产量	比上年增长%	产品名称	单位	产量	比上年增长%
内燃机	台	728	−50.5	汽车	辆	521	−5.1
	万千瓦	6.18	−50.4	民用改装车	辆	778	3.2
拖内配件	万元	3934	92.5	汽车配件	万元	4554	26.2
农用小拖车	辆	4071	13.4	工业锅炉	台	73	−20.6
网围栏	万米	483	108.9		蒸吨	104	−30.7
农业泵	台	879	−2.4	交流电动机	万千瓦	2.2	77.1
牛奶分离器	台	2317	−37.9	分马力电机	万台	7.8	−31.3
金属切削机床	台	1062	−18.1	变压器	万千伏安	12.7	−32.2
量具	万件	11	2.6	布电线	公里	16879	15.7
刃具	万件	1162	−10.6	电动工具	万台	5.8	−15.6
标准紧固件	万件	9257	29.2	钢锻件	吨	13237	5.6
工业轴承	万套	201	−11.4	铸铁件	吨	12664	−8.4
工矿配件	吨	1712	13.1	铸钢件	吨	1535	69.8
推土机	台	128	29.3	钢	吨	3071	−2.7

质量管理与监督抽查　机械工业各企业紧紧围绕“质量、品种、效益年”活动的开展，进一步加强质量管理工作，强化质量意识。从年初开始机械厅就对产品质量提出了明确的要求，确定了质量目标，成立了质量“五查”领导小组，并于三季度开展了质量大检查。全年共抽查了 71 个企业（次）、128 种、1406 台（件）的产品，合格 113 种、1232 台（件），品种抽查合格率为 88.28%，比上年高出 2.5 个百分点。其中重点产品抽查 46 种，合格 45 种，品种抽查合格率 97.83%，比上年提

高 5.73 个百分点。据对 20 个重点骨干企业的 45 个重点产品的考核，品种合格率为 100%，一等品率为 51.11%，优质品产值率为 38.29%，质量稳定提高率为 93.33%，综合废品损失率 1.77%。产品实物质量抽查结果见表 3。

表 3　产品实物质量抽查情况

抽查品种类　型	抽　查企业数	抽　查品种数	合格	不合格	产品抽查合格率(%)
重点考核产品	7	76	75	1	98.68
部优产品	1	3	3	0	100
省优产品	6	17	17	0	100
取得生产许可证产品	6	7	6	1	85.7

对《标准化法》颁布以前由厅审批的 136 项厅标、企标进行了清理，并起草制定了《新产品标准化审查报告编写方法》、《新产品工艺审查报告编写方法》。对各企业采纳国际标准情况进行了调查了解。

技术改造　根据机电部的部署，厅属各企业认真组织开展了“七五”技术改造项目的竣工验收和“八五”技术改造项目的立项启动工作。到年底有 16 家企业完成了“七五”技术改造项目的验收，技术改造总投资完成 14958.68 万元，占计划投资的 71.4%。其中列入国家和部计划的有 8 项，完成计划投资 6243.97 万元。在总结“七五”技术改造的同时，组织了“八五”技术改造项目的审查、论证、立项、报批、启动和实施。到年底已有 20 个企业完成了技术改造立项。其中进入国家重点项目的有 6 个企业，批准计划投资为 9277 万元。作为地方重点项目批准立项的有 13 个企业，批准计划投资 20924 万元。

1991 年有 8 个企业的技术改造项目开始实施，贷款总额 2151 万元，并获得省内贴息金额 225 万元。青海山川机床铸造厂的大件树脂砂造型项目、青海变压器厂扩建工程项目都可在 1992 年上半年完工投产。

企业管理　1991 年青海重型机床厂晋升为国家二级企业；青海变压器厂、西宁压力表厂、西宁机床厂晋升为省级先进企业。青海第一机床厂 1991 年上半年出席了第七次全国技术进步工作会议，被命名为国家级技术进步企业。根据省政府的决定，在全省机械行业还组织开展了创科技先导型企业的活动，青海工程机械厂、青海第一机床厂、青海重型机床厂被评为科技先导企业试点单位。

在开展“工艺突破口”，推行现场管理优化方面，省机械厅先后召开了工艺工作会、质量工作会，举办了现场管理优化培训班，有 300 多人参加了学习。各企业从整顿工艺纪律、完善工艺标准入手，加强管理。有 11 个企业的“工艺突破口”工作经机械厅验收合格。有 12 个企业 30%的车间基本上达到了现场优化标准。

深化企业改革　(1)认真贯彻落实国务院、省政府关于进一步搞好国营大中型企业的决定，采取了点面结合的方法，选择了 4 个企业为试点单位，制定深化改革，转换经营机制的方案，确定奋斗目标，从改革劳动人事和分配制度为突破口，推进企业内部改革的深化，指导面上工作，收到较好效果。(2) 省机械厅制定了《关于贯彻省政府进一步搞活国营大中型企业暂行规定》的实施意见，《纪检、监察部门支持厂长（经理）工作的若干规定》。并规范了对企业的各种评比检查，制定了评比检查实行审批登记的办法。(3) 机械工业各企业在推进内部用工制度和分配制度的改革上也积极进行探索。

职工教育　在职工教育和培训方面，以提高技能、岗位培训为重点，先后举办 4 期车间主任培训班，有 150 人取得了岗位合格证书。有 50 人通过了工人技师的评定。在等级培训中，培训中级工 200 人，高级工 150 人。技校毕业生有 30%参加了双证考试。工程师进修大学有 57 人得到单科结业证书。

存在的主要问题　(1)生产增长速度缓慢，生产负荷不满。(2)资金紧张，企业自有流动资金所占比例逐年下降，平均不足 18%。(3)经济效益差，减利增支因素加大，原材料、配套件、能源继续涨价，利息支出增多，各种补贴、工资总额加大，比上年多支出 3500 万元。

〔撰稿人：青海省机械工业厅　秦金安　审稿人：青海省机械工业厅副厅长　陈利恒〕

宁夏机械工业

宁夏回族自治区重工业厅

生产发展概况　1991 年，宁夏机械工业仍在低谷运行，经过艰苦努力，采取各种措施，从下半年起，生产逐步回升，实现了工业总产值、销售收入、经济效益都有所提高的奋斗目标。根据机电部和自治区的部署，自治区机械工业系统广泛深入地开展了“质量、品种、效益年”活动，宁夏重工业厅被自治区授予“质量、品种、效益年活动先进单位”。

1991年，宁夏机械工业乡及乡以上独立核算工业企业348个，拥有职工61813人，完成工业总产值122467万元，实现销售收入111917万元，分别比上年增长0.3%和18.7%。机械工业系统内30个企业，全年累计完成工业总产值62016万元，实现销售收入58026万元，实现利税5455万元，利润总额2173万元。其中厅直属企业全年完成工业总产值54329万元，实现销售收入51136万元，实现利润总额1724万元，全员劳动生产率22504元／人·年，分别比上年增长1.5%、33.4%、13.7%和减少2.4%。各项主要经济指标见表1，主要产品产量见表2。

表1　1991年宁夏机械工业系统概况

行业	企业数(个)	全部职工年末人数(人)	工业总产值		工业净产值(万元)	产品销售收入		产品销售税金(万元)
			1990年不变价(万元)	比上年增长%		当年价(万元)	比上年增长%	
合计	30	27106	62016	1.8	17893	58026	32.1	2835
农业机械	8	4276	11592	−5.6	2463	10691	9.7	367
机床工具	3	6123	11225	2.6	3899	12615	71.5	626
通用基础件	3	708	1290	0.2	106	1143	−2.7	59
轴承	1	5584	16305	1.4	4842	14918	29.0	638
石化通用机械	2	530	835	16.4	290	934	4.9	50
重型矿山机械	1	2333	7301	3.2	1743	5384	68.5	288
电工电器	6	2305	6585	2.6	2216	5694	16.7	344
仪器仪表	6	5247	6883	18.4	2334	6647	28.9	463

行业	利润总额(万元)	上交利税(万元)	年末固定资产		定额流动资金		资金利税率(%)	全员劳动生产率(元／人·年)
			原值(万元)	净值(万元)	年末占用数(万元)	年平均余额(万元)		
合计	2173	1528	61605	37719	43284	43686	6.1	23450
农业机械	514	542	7001	4300	6701	6364	8.2	27932
机床工具	40	156	14878	8333	10025	11281	3.3	18802
通用基础件	−93	1	1631	1189	777	708	−1.7	18481
轴承	828	304	15029	9235	8214	8332	8.3	30094
石化通用机械	44	38	753	393	669	596	9.5	15378
重型矿山机械	237	144	6717	4042	5150	4582	6.0	32092
电工电器	414	75	4743	3490	4799	4850	9.0	29137
仪器仪表	189	268	10853	6737	6949	6973	4.7	13412

表2　1991年宁夏机械工业主要产品产量

产品名称	单位	产量	比上年增长%	产品名称	单位	产量	比上年增长%
大中型拖拉机	台	25	100.0	减速器(机)	台	3459	8.8
小型拖拉机	台	10907	−9.5		吨	1799	
内燃机	台	18310	4.6	矿山设备	台	27	31.2
	万千瓦	16.98			吨	193	
场上作业机械	台	1900	−14.3	汽车配件	万元	1643	39.9
拖内配件	万元	3577	202.0	交流电动机	万千瓦	10.16	5.8
金属切削机床	台	1154	−13.3	变压器	万千伏安	14.7	−9.8
台钻	台	1075	0.0	高压电瓷	吨	1025	−24.5
机床配件	万件	12.43	34.7	钢芯铝绞线	吨	329	−173.0
泵	台	4324	13.5	布电线	公里	12821	3.8
风机	台	423	−129.0	电焊条	吨	3640	40.2
低压阀门	吨	1097	−17.6	工业自动化仪表	万台(件)	1.80	−8.9
标准紧固件	万件	6688	6.2	电工仪器仪表	万台(只)	19.78	−1.5
	吨	2535		试验机	台	940	79.0
起重设备	台	267	−2.8	粉末冶金制品	万件	25.3	16.9
	吨	6594		轴承	万套	200.02	2.5

科研成果及新产品开发 1991年，共开发新产品154种，创产值5960万元，创利税616万元，新产品产值率达10.5%。更新淘汰了10种老产品，推广新技术、新工艺11项，完成新产品小批试制26项，清理整顿产品标准181个。银川起重机器厂开发的气力容器式管道输送设备通过了工业试验验收；吴忠仪表厂引进的CV3000自动调节阀通过了国产化验收；长城机床厂开发的车削柔性加工单元通过了部级鉴定验收；银川拖拉机厂完成了20马力拖拉机的开发工作；西北轴承厂开发的70多种轴承新品种，部分替代了进口；吴忠材料试验机厂研制的蠕变试验成套设备获国务院重大装备成果二等奖。目前，宁夏机械工业产品结构已有了四个方面的变化：一是机电一体化、高附加值产品品种有了一定的增加，数控机床、加工中心由计算机控制的智能产品比重增大，机床行业数控机床产值已占企业总产值的50%以上。二是劳动密集型产品向技术密集型、技术含量高的方向发展。西北轴承厂生产的轴承外径已达到1250mm，单重3.9吨；银川起重机器厂生产的桥式起重机已由50吨发展到250吨，并已开发设计200吨直流变频调速的梁式兑铁水铸造吊，吊车自重可达300～350吨。三是出口产品和替代进口产品品种增加。四是有了提供成套实验室设备的能力。新开发的产品中，有1/3以上的产品水平达到国际80年代水平。这些起点比较高的产品，提高了宁夏机械产品的层次结构。

质量与创优 1991年，厅直属企业产品品种抽查合格率达到100%，品种一等品率72.1%，质量稳定提高率93%，优质产品产值率46.6%。在全国行业质量评比活动中，宁夏长城机器制造厂生产的机床床身铸件获得第一名；西北轴承厂在全国行业51个轴承企业中，排列第2名，平均等级合格率达100%。吴忠仪表厂VPI电气阀门定位器，宁夏电机厂的Y80～100系列电动机，银川起重机器厂5～50吨桥式起重机、QJR减速器获得部优质产品称号。有8种产品获自治区优质产品称号。厅直企业中有80%的企业生产优质产品。西北轴承厂获得了区质量管理奖。

技术改造及技术引进 1991年，基本建设技术改造工作的重点是“七五”项目的收尾竣工验收和“八五”技术改造项目前期准备工作。“七五”技术改造项目竣工验收的6个项目都是国家重点技术改造项目，为企业发挥投资效益注入了新的活力。到1991年底，已验收的“七五”基建技改项目占全部项目的70%，由于进度快，竣工验收及时，受到了机电部表扬。

为对基本建设技术改造工作实行科学化、规范化管理，省厅还制订了《厅基本建设技术改造项目实施管理办法》，已付诸实施。

全年基本建设、技术改造完成投资5318万元，其中技术改造项目2021万元。大河机床厂、宁夏电机厂、长城机床厂技术改造工作都完成的比较好。特别是宁夏电机厂，对技术改造项目抓得紧，抓得快，投资省，质量高，做到了当年开工，当年投入使用。

1991年，宁夏机械工业新增中外合资企业两家，引进技术、成套设备项目有3项。即吴忠仪表厂引进日本山武霍尼维尔公司小口径单座调节阀、耐腐蚀小流量调节阀、中压偏心轴旋转阀等6个系列50多种规格。至此，累计引进19个系列2500种规格和25种附件。吴忠仪表厂引进日本新新东株式会社VRH水玻璃造型生产线1条。长城机器制造厂引进美国DF公司20t/h树脂砂混砂生产线关键设备。

销售 1991年，宁夏机械工业各企业继续强化了产品销售工作，努力开拓市场。各企业加强销售力量，制定了销售策略，实行了分片包干、销售一条龙的承包办法，调动了销售人员的积极性；厂长亲自挂帅进行市场调查、用户访问、推销、催收货款；厅机关也积极参与促销活动，6月份还派出了由厅级干部带队的三支用户访问、催款小分队，分赴西北、华北、东北等地帮助企业进行用户访问、催款，取得了较好的效果。

1991年，宁夏机械工业实现销售收入从年初开始一直保持增长的好势头，并且逐月增长较大；实现利润下降幅度逐月减少，到11月份开始增长；到1991年底，全系统实现了工业总产值、销售收入、利税同向增长。产值利税率、销售利润率、资金利税率分别比上年增长8.17%、3.83%、6.7%。

到年底，产品库存额比元月底下降19%，存销比比上年下降4.11个百分点，多数企业超额完成了压缩库存指标。绝大多数企业产成品库存增长势头得到了遏制。全年完成现价商品产值55249万元，当年实现销售收入53908万元，实现销售收入与现价商品产值比为97.6%，实现了产销基本平衡。1991年实现利税情况比较好的企业见表3。

表3 1991年利税超200万元的企业及其利润完成情况 （单位：万元）

企业名称	利税总额	利润总额
西北轴承厂	1466	828
吴忠配件厂	684	452
吴忠仪表厂	674	411
银川起重机器厂	525	237
大河机床厂	460	123
长城机床厂	358	115

深化改革与企业管理 在认真总结第一轮承包的基础上，普遍进行了第二轮承包。在落实第二轮承包中坚持“大稳定，小调整，滚动承包为主”，采取“一户一议、先易后难、分期分批”的办法，根据实际充分协商，确定合理的承包基数，增加经济技术、企业管理、技术改造方面的内容及合理的奖罚

标准。各企业采用不同的形式和内容承包，如以“两保一挂”、“实现利润总额承包”、“上交利润基数包干、超收分成”、“上交利润定额包干”、“实现利润和销售收入总额承包”等签订了第二轮或首轮承包合同。

在转变企业内部经营机制，增强企业活力方面，重点抓了工资总额同经济效益挂钩的改进和完善工作。为进一步改革企业现行工资制度，逐步实行以岗位技能工资制为主要形式的企业内部分配制度，形成一个能上能下、能工能干、有利于人尽其才的运行机制，许多企业打破了干部、工人界线实行干部聘用制、任期制、考核制，选优任用。一批优秀工人被聘为经营管理人员和中层领导干部，有效地促进了各项工作。

存在的问题 (1)少数企业深化改革的步子不大，企业效益提高不明显，发展缓慢。(2)资金占用仍超出正常水平。到1991年底，厅直属企业发出商品、应收款、应收票据资金占用18038万元，虽然比上年下降7.66%，但仍超出正常水平近1亿元；产成品资金占用11582万元，超出正常水平3000万元。由于企业流动资金占用增加较大，企业自补流动资金的负担越来越重，主要靠增加银行贷款维持生产，挤占专用基金或专项借款的现象也较严重，影响了企业技术改造的正常进行。(3)出口产品交货值下降。全年产品出口交货值折合人民币为2370万元，比上年3025万元下降了21.1%。下降的主要原因：一是受东欧和苏联政局动荡的影响，已签定的出口合同不能成交，仅轴承出口就减少了1150万元。二是产品出口路子窄，信息不灵，方法和手段不活，适应不了国际市场需要。(4)企业亏损面仍很大，扭亏任务仍很艰巨。1991年，厅直属企业亏损面为40%，亏损额768.7万元。与上年相比，亏损企业数增加，亏损额减少了38.1万元。一些亏损企业由于产品结构性矛盾的解决尚需进一步努力，库存产成品中还有一部分潜亏，所以扭亏任务还很艰巨。(5)部分企业调整产品结构、开发新产品的步伐缓慢。少部分企业主导产品任务不足，替补产品尚不能进入市场，因此，开发新产品和产品结构调整的步伐急需加快。

〔撰稿人：宁夏回族自治区重工业厅　张建中
审稿人：宁夏回族自治区重工业厅厅长　查中凡〕

新疆机械工业

新疆维吾尔自治区机械电子工业厅

生产情况 1991年，新疆机械工业计划内企业有133家，完成工业总产值158295万元，年末全部职工人数69725人（其中工程技术人员4727人），销售收入177057元，实现利税13012万元。工业总产值和销售收入分别比上年增长38.4%、42.0%。从行业来看，农机行业产值比上年增长42.8%，汽车行业产值比上年增长43.3%，产值增长最快的是石化通用行业，达88.0%。详见表1。

计划考核的34种产品，产量比上年增长的有23种，占67.6%；下降的有11种。详见表2。

表1 1991年新疆机械工业（计划内）概况

行业	企业数（个）	全部职工年末人数（人）	工业总产值 1990年不变价（万元）	工业总产值 比上年增长%	工业净产值（万元）	产品销售收入 当年价（万元）	产品销售收入 比上年增长%	产品销售税金（万元）
合计	133	69725	158259	38.4	42575	177057	42.0	8394
农业机械	45	22116	50427	42.8	12579	53491	42.8	1728
机床工具	3	970	2704	−80.5	1123	1988	−83.9	93
通用基础件	4	1058	1182	−7.4	441	1298	32.8	75
轴承	1	1453	2434	−0.6	936	2014	11.0	162
石化通用机械	7	3063	6703	88.0	2262	7185	113.0	354
重型矿山机械	4	1361	1907	−41.9	544	1670	−47.1	108
汽车	25	16413	48062	43.3	11438	62712	59.3	2304
电工电器	21	8193	24213	8.9	8069	25196	36.0	1835
仪器仪表	1	89	135	31.1	35	183	−5.1	6
食品包装机械	1	360	593	22.8	192	642	27.5	31
其他	21	14649	19899	178.4	4956	20678	193.6	1698

(续)

行业	利润总额(万元)	上交利税(万元)	年末固定资产		定额流动资金		资金利税率(%)	全员劳动生产率(元/人·年)
			原值(万元)	净值(万元)	年末占用数(万元)	年平均余额(万元)		
合计	4618	2983	121932	76765	93307	92831	99.2	226518
农业机械	1699	996	34922	19808	26758	26175	7.9	23543
机床工具	271	4	3241	2518	1429	1371	9.7	29013
通用基础件	120	49	684	299	1096	929	15.8	11151
轴承	198	60	2621	1313	1966	2069	11.4	17884
石化通用机械	490	199	5947	4148	3407	3541	12.6	23495
重型矿山机械	−77	8	2257	1167	1052	1806	1.1	14105
汽车	1108	767	27071	16794	25181	24234	8.6	29806
电工电器	1899	960	15913	10923	16815	17551	13.5	30342
仪器仪表	2		57	31	128	154	4.2	15169
食品包装机械	54	5	472	336	518	399	12.7	18135
其他	−1146	−65	28747	19428	14957	14602	1.7	13875

表 2　1991 年新疆机械工业主要产品产量

产品名称	单位	产量	比上年增长%	产品名称	单位	产量	比上年增长%
中型拖拉机	台	50		组装汽车	辆	3356	45.9
小型拖拉机	台	27352	63.0	汽车底盘	件	297	
机引耕作机具	台	1756	−16.9	民用改装车	辆	4756	53.6
种植机械	台	280	−86.8	野营生活车	辆	1563	54.9
小拖配套农机具	台	7204	72.7	摩托车	辆	2616	52.4
收获机械	台	247	23.5	车用发动机	台	269	
拖内配件	万元	2028	29.9	汽车、摩托车配件	万元	7594	59.9
农机配件	万元	835	46.8	工业锅炉	蒸吨	1892	32.1
金属切削机床	台	210		锅炉附机及除尘设备	吨	62	−44.9
工夹模具	套(件)	30		农用小水轮机	千瓦	7315	102.4
机床配件	件	18.93		一般交流发电机	千瓦	6770	120.0
刃具	万件	84.5		交流电动机	千瓦	137717	12.1
工业泵	台	4861	1.6	变压器	千伏安	493037	−5.6
风机	台	2309	9.3	高压开关板	面	379	−19.4
低压阀门	吨	719	3.8	低压开关板	面	2933	36.4
小空压机	台	369	4.8	继电保护屏	面	54	−55.7
标准紧固件	万件	18314.7	−11.4	低压电器主要元件	件	1550	
弹簧	万件	21.9		铅酸蓄电池	千伏安时	126145	−24.6
链条	万米	8.1		钢芯铝绞线	吨	1003	−19.1
滚动轴承	万套	99.8	8.1	电磁线	吨	45	
起重设备	吨	362	21.2	市话全塑电缆	对公里	20106	94.8
储油设备	万只	6.5	−14.8	布电线	公里	19881	−23.4
石油钻采设备	吨	2850	16.2 倍	电焊机	台	2438	84.8
压力容器	吨	553	−25.9	电焊条	吨	3348	
石油机械配件	吨	705		电工产品配件	吨	523	
自行车	万辆	1300	107.3	温度仪表	只	233	
启闭机械	吨	132	75.1	自动化仪表成套装置	套	166	
工矿车辆	吨	214					

机械系统内企业有43家、1991年完成工业总产值83139万元，比上年增长26.9%；销售收入96278万元，比上年增长38.7%；全年完成利税5916万元，比上年增长46.6%。

科研成果 1991年，新疆机械研究所共承担科研、技术开发、新技术推广、服务项目31项，年内鉴定验收10项，有20项在生产中推广应用。主要成果有：(1)“可控气氛专用渗碳剂技术”，适用于渗碳复碳处理，可提高工件内在质量，且渗碳周期缩短10%～30%，渗碳速度比传统渗剂提高25%～40%，可以替代进口渗剂。这项技术被列入1991年自治区经委和稀土办重点推广计划，已在新疆微型汽车厂、乌鲁木齐铁路局配件厂、新疆专用汽车厂等企业使用，并被列入国家重点新技术推广计划。(2)“消除葡萄汁酒石沉淀技术及装置”，被列入1989年自治区科委计划。经过两年多的努力，完成了工艺研究试验和生产考核。生产能力为600～700kg／h，经处理的葡萄汁在贮存期内不再有酒石沉淀产生。该项目于1991年12月14日通过了自治区科委组织的专家鉴定。(3)“电动机无功就地补偿技术及装置的开发推广应用”项目，被列入1991年自治区科委新技术推广示范计划。这项技术对于改变电动机低功率因数运行，减少线路损耗，提高供电设备带负荷能力有明显效果。采用电动机无功就地补偿技术和装置，能将负荷实际功率因数提高到0.95以上，可节电10%～15%，提高变压器带负荷能力，相当于增加容量30%左右。1991年利用这项技术开发的节能型自耦减压启动箱，9月通过了自治区机械电子工业厅主持的新产品鉴定。(4)“硬质合金可转位刀具应用”项目，被列入国家科委、自治区科委技术推广和示范计划。采用硬质合金可转位刀具，可降低生产成本10%～20%。1991年选定重点推广单位7个，定点推广单位26个。全区推广比例现达55%。(5)“杏汁生产线打浆去核机组的研制”项目，是为和田地区果汁厂引进生产线成套设备配套研制的，已完成整机设计、制造和运行。用于加上杏浓缩汁，解决了杏、桃打浆去核的一大难题，为杏、桃的批量深加工奠定了基础。1991年6月通过验收。(6)新疆畜牧机械厂和新疆工学院共同研制成功的2MBZ-1B型铺膜播种机，是我国唯一适合高速作业的新型换代地膜机产品。它与15马力小四轮拖拉机配套作业，后三点全悬挂。该机适应平作地区各种土壤条件的棉花、玉米、甜菜、大豆、高梁、葵花籽等作物的地膜栽培。

新技术 为推广应用新技术，加强标准化管理，为企业提供科技情报，举办了自治区机电工业首届新产品、新技术、新工艺展览会，50多个企业近300多种产品和项目参展。在推广应用计算机辅助设计方面，天山锅炉厂的锅炉计算机辅助设计应用课题已通过部级鉴定，新疆十月拖拉机厂、新疆综合电机厂、新疆轴承厂、新疆汽车改装厂、新疆联合收割机厂相继开展了计算机辅助设计应用的前期准备。30个企业60多名技术人员参加了该项技术培训班。为加强行业标准化管理，制订和实施了《企业产品标准编制管理办法》。有6个企业分别通过三、四级企业标准化考核。新疆机械科研所积极承担研究课题和技术推广、技术服务项目31项，其中纵向项目14项，横向项目17项，年内鉴定验收10项，有20项在生产中推广应用。

新产品 1991年，开发新产品64项，完成计划的103%。其中填补国内空白的有14项，即：新疆发电设备厂的GD003-LT-30微型整装、SF12-6／368水轮发电机组，新疆汽车厂的EQ2060H型客货沙漠越野车，新疆三维实业公司的NC管道伸缩器，新疆轻工设备工业公司的糖机设备30立方米自然结晶罐，新疆轴承厂的外球面球轴承90511（VC211）、外球面球轴承90514（VC214）、外球面球轴承90516（VC216）、代顶丝和代编心套轴承90610（VC310）、代顶丝和代编心套球轴承390610（VEC310），新疆综合电机厂的抽油机节能电机，新疆物理所技术开发中心的FT408复印机电阻式温度传感器，新疆科学分院科学仪器厂的ZTD系列低噪声小型往复式活塞空压机、GF-01型高效万能微型粉碎机。

质量 对全行业开展“质量、品种、效益年”活动做出了具体安排和要求，提出了企业管理、产品质量、技术进步、经济效益四个方面的23项目标，已完成和超额完成17项指标，大中企业产品标准覆盖率、三级计量达标率、产品“采标”数等都按计划完成。重点考核企业产品质量稳定提高率为92%，产品抽查合格率为95%，综合废品损失率为0.6%。优质产品产值达4亿元，优质产品产值率为40%。企业的基础工作得到了加强。重点清理了原有地方标准185项，其中119项转入企业标准。培训了质检人员1112名，理化专业人员350名。全区31个大中型企业取得了三级以上计量定级合格证，小型企业中有71个获三级以上合格证。

1991年全面质量管理达标企业14个，有32个产品获自治区优质产品奖。新疆汽车厂，新疆综合电机厂分别获得自治区和机电行业质量管理奖。

1991年，厅机械质检站完成了9个实验室的专项计量认证，经中国汽车工业总公司批准新建。

技术改造 根据机电部“八五”产品结构调整方案，编报了15个项目建议书，提出了11个项目的可行性研究报告，13个项目的扩初设计。1991年接待了10个省市的经济协作代表团，共83人次，签定意向书39项，其中正式协议16项。

1991年，机电工业技术改造项目有15项，全年计划投资合计(包括上年结转)5377万元，至12月底完成投资2225万元，占全年计划41.4%。基建项目23项，计划投资3171万元，至12月底完成2435万元，占年计划的76.8%。全年固定资产投资计划合计8548万元，至年底完成4660万元，为年计划的54.5%。

技术引进 1991年，新产品的引进投产工作实际完成3项。即电子所研究的防盗门，昌吉市乡镇企业局的自行车防盗锁，乌鲁木齐县七道弯乡镇企业的自动多点防盗报警器。

销售 1991年，机电产品销售稳步发展，库存下降。全行业产成品库存2.7亿元，比上年末下降14.5%。库存为年销售额的14.3%，比上年末的22.5%下降8.2个百分点，下降额为4000万元，超额完成机电部和自治区下达的压库任务。库存与销售额之比，在全国同行业列第十六位。系统内43家企业，销售额为96278万元，比上年增长38.7%；产成品库存1.55亿元，比上年下降18.9%；库存为年销售额的16.1%，比上年的22.6%下降6.5个百分点。全行业和系统内企业的年末库存，都实现了不超过销售额20%的计划指标。

对外销售 全年共派出6个团组赴苏联、巴基斯坦洽谈经济贸易、合资合作生产及机电设备进口，签订了5000台（套）散件的贸易合同；接待了9个团组，洽谈经济贸易、合资合作生产及技术培训等项目。出口的产品有打气筒7060个，家用缝纫机1500架，照相机200架，载重汽车30辆等。其中首次出口的产品有改装车，小四轮拖拉机等技术复杂的整机。出口创汇799万美元，比上年同期增长29%。其中地产品153.2万美元，占出口创汇总额的19.2%。

统筹规划 1991年，初步确定了“八五”投资项目，重新编制了“新疆机电工业十年规划和‘八五’计划”，完成了11个行业的“八五”计划的制订，初步确定了“八五”建设项目共计67项。编制了“新疆机电工业为石油服务‘八五’计划”以及“天山北综合经济带机械电子工业‘八五’计划及十年规划设想”(草案)。1991年自治区下发了《新疆机械电子工业行业管理暂行规定》，为加强行业管理提供了法规依据。

节能降耗 加强能源管理基础工作，依靠技术进步降低能耗，各企业都建立、健全了节能保证体系，完善规章制度，严格能耗管理。1991年机电厅下达了14个产品的能耗定额和49个企业的能耗指标。年底有6个企业晋升为自治区一级节能企业。部分企业的技术改造获得好的效果。如：新疆十月拖拉机厂采用微机控制锅炉运行，每吨蒸汽耗标准煤降低9.3%。新疆汽车厂采用电动机无功就地补偿新技术，提高了功率因数，一年来节电1250kW·h，节约资金2250元。新疆综合电机厂采用H30-9少溶剂环氧胶浸漆新工艺，缩短了生产周期，节电50%，该厂对37kW以上电机采用了无功就地补偿装置，全年节电15万kW·h，即降低了能耗，又提高了经济效益。

对80个企业提出降低物耗目标管理，要求钢材利用率提高0.5%，产值物耗率下降1%。为此，各企业均开展了节材核算，下达了具体指标，层层分解落实，其中40%左右的企业，建立了较完整的降耗体系，其余企业均不同程度地加强物资基础管理工作，从而在1991年基本实现了目标管理，钢材利用率比1990年提高0.43%，产值物耗率比1990年下降1.24%，少耗物资资金734万元，汽车百公里耗油比上年下降2.83%，节油135吨。

职工教育 行业职工教育工作逐步规范化、制度化。1991年制定了行业教育工作“八五”规划和职教工作考察标准。有64个单位列入职教工作计划管理轨道，全行业实行专业技术人员继续教育证书制度，并在5个企事业单位试点。机电工程师进修大学有学籍的专业技术人员已达1800多人。年内开考的机电一体化本科段自学考试，已有学籍人数379人。

存在问题 (1)比较突出的是质量问题，新疆三大油田和石油领导部门点名批评了工业锅炉、开关板、发电机等产品存在质量问题。1991年产品质量未能保持原定等级的尚有标准件、Y系列电机、SLT-315变压器、CO_1割炬系列等。(2)结构性和素质性矛盾突出，调整结构的步子不大，低水平分散重复生产仍十分严重。(3)库存大、资金占用高，亏损面大，由于价格和其他方面的原因，区机电工业在自治区工业总产值中的比重呈现萎缩趋势。

〔撰稿人：新疆维吾尔自治区机械电子工业厅 董淑芝、黄效忠 审稿人：新疆维吾尔自治区机械电子工业厅厅长 莫罕买提·马木提〕

台湾机电工业

中国社会科学院台湾研究所

一、总述

1991年，台湾经济复苏，经济增长率由上年的5.3%提高为7.21%。同时，机械电子工业也由1990年4.17的低速增长转为8.49%的高速增长。

就机电工业内部看，发展并不平衡。一般机械工业与精密机械工业增长速度略有下降，分别由1990年的5.72%与8.22%降为4.77%与7.19%；电机电子器材工业与运输工具业则大幅增长，分别由1990年的负0.59%与3.31%上升为7.77%与14.22%。如按1986年不变价格计算，机电工业增长率则由上年的0.15%提升为1991年的8.27%。

表1　1987～1991年台湾机械电子工业产值占制造业总产值的比例（单位：%）

年份	合计	一般机械业	电机电子器材业	运输工具业	精密机械业
1987	25.35	3.35	15.19	5.66	1.15
1988	26.63	3.67	16.13	5.56	1.27
1989	27.46	3.60	16.28	6.20	1.38
1990	27.91	3.78	16.41	6.33	1.39
1991	28.47	3.77	16.79	6.56	1.35

表2　1991年台湾机械电子工业产品进出口贸易情况（单位：千美元）

行　业	1990年		1991年	
	出口	进口	出口	进口
一般机械	4231848	5388330	4903276	6169379
电机及电器	17889037	7654017	20261816	8099877
运输工具	3433572	3860804	3861367	3927336
精密机械	1527954	1571279	1822497	1974710
合　计	27082411	18474430	30848956	20171302

表3　1991年一般机械制造业产值与增长率（单位：百万元台币）

行　业	1990年		1991年	
	产值	增长率(%)	产值	增长率(%)
动力机械业	4478	7.93	4665	4.18
农业及园艺机械业	3939	6.46	3993	1.37
金属切削工具业	16143	−14.38	14863	−7.93
金属成形工具机械业	3559	−13.39	4323	21.47
纺织及成衣机械业	28361	15.22	34142	20.38
食品机械业	4247	2.02	3780	−11.00
化工机械业	9042	−3.75	8567	−5.25
塑胶橡胶机械业	8673	−0.99	10555	21.70
造纸印刷机械业	8049	7.52	7325	−9.00
木工机械业	7893	−4.13	7774	−1.51
建筑机械设备业	790	35.51	149	−81.14
运输机械设备业	13724	16.60	15150	10.39
办公机械业	1491	−29.84	1942	30.25
其他机械修造业	53808		54804	1.85
合计	164197	5.72	172030	4.77

机电工业在台湾制造业中的地位不断提高。1991年，机电工业产值占制造业总产值的比重达28.47%。较1990年增加0.56个百分点，较1987年增加3.12个百分点(见表1)。

1991年，台湾机电工业许可设立工厂家数8171家，占制造业许可设立工厂总家数的31.3%，许可设立工厂资本额272.7亿台币，占制造业许可设立总资本额的38.3%；工厂登记家数2806家，占制造业总登记总家数的38.5%，工厂登记资本额248.2亿台币，占制造业工厂登记总资本额的42.8%；增资工厂家数1941家，占制造业增资总家数的32%。增资资本额1276.7亿台币，占制造业增资资本总额的34.6%。

在机电产品贸易方面，1991年，出口计308.5亿美元，较上年增加13.9%；进口201.7亿美元，较上年增加9.2%(见表2)。

二、一般机械制造业

台湾一般机械业仍维持低速增长。1991年，其增长率为4.77%，较1990年下降0.95个百分点。在一般机械制造业14个分类中，建筑机械设备业从1990年35.51%的高速增长转为1991年负81.14%的大幅衰退，是造成1991年一般机械制造业增长速度总体下降的主因。1991年，一般机械业较上年增长情况见表3。

表4　1991年主要工具机(床)产销统计（单位：台）

产　品	1990年		1991年	
	生产量	销售量	生产量	销售量
一般机床	15185	15291	13116	12992
钻床	620736	623087	635555	636904
铣床	12291	12558	9699	9880
磨床	7890	7977	5249	5237
锯床	46658	46173	47264	48180
刨床	342	326	84	82
NC车床	2207	2160	2269	2163
综合切削中心机	1497	1461	1726	1734
其他NC工具机	782	756	786	738
压床	3046	3225	2621	2776
其他工作母机	44963	40251	49998	52516

在工具机生产方面，1991年钻床生产量最大，全年生产63.6万台，较上年增加2.39%；其他工作母机以5万台居次，较上年增加11.2%；锯床年产4.7万台居第三，较上年增加1.3%。其余工具机年产量相当小，除一般机床年产量达到1.3万台外，其他皆不超过万台(见表4)。

三、电机电子器材业

1991年，台湾电机电子器材业从1990年负0.59%的增长率转为7.77%的高增长。在电机电子器材业的10个小类中，发展极不平衡。其中，照明设备业与电子产品业持续衰退，通信器材业则从1990年的29.83%高增长转为1991年的4.26%的负增长，发电输配机械业也从0.81%降为负的1.38%。(见表5)。

在主要电机生产方面，1991年，除电动机与电力整流器产品产量分别较1990年下降0.22%与

表 5　1991 年台湾电机电子器材制造业产值与增长率

(单位：百万元台币)

行　业	1990 年		1991 年	
	生产量	增长率(%)	生产量	增长率(%)
发电输配机械业	25436	0.91	25085	−1.38
家用电器业	62742	−20.98	72584	15.69
电线及电缆业	52706	0.19	60821	15.40
照明设备业	20277	−9.55	18026	−11.10
电工器材业	32102	−7.10	34509	7.50
资料储存处理设备业	167098	7.59	181273	8.48
电子产品业	85537	−19.97	85461	−0.09
电子零组件业	204670	7.65	229001	11.89
通信器材业	49374	29.83	47271	−4.26
电池制造业	4381	9.63	5018	14.54
合计	704322	−0.59	759049	7.77

表 6　1991 年台湾主要电机产品产销统计

(单位：台)

产　品	1990 年		1991 年	
	生产量	销售量	生产量	销售量
发电机	4360	4201	5239	4680
电动机	3371855	3437026	3364456	3369649
电力变压器	65171	64255	67525	64144
电力电容器	32023	33682	46120	46414
电力整流器	14902	14898	11100	11100
高低压配电盘	24057	25895	25674	25946
断路器	3879270	3935161	4657579	4415794
电力开关	4016593	4212449	5653264	5729553

表 7　1991 年台湾主要家电产品产销统计

(单位：台)

产　品	1990 年		1991 年	
	生产量	销售量	生产量	销售量
冷暖气机	899803	965517	1038847	1020658
电冰箱	367242	410739	388828	418419
电饭锅	341169	279729	307908	311140
电子锅	85189	82946	77133	80709
微波炉	152220	138007	239927	247710
烤面包机	1781343	1745625	2296986	2303803
饮水机、开饮机	78387	77017	98287	103372
电熨斗	2053244	2035781	2693172	2674212
吹风机	755810	664922	510219	815477
烘衣机	114209	116249	92304	90863
洗衣机	235919	273048	229983	278138
电风扇	15217438	15350171	18572625	18511862
家用抽通风机	283601	296853	386166	390430
排油烟机	311956	318103	385881	412047
果汁机	714812	708033	927509	915212

25.51%外，其余都有不同程度的增加。其中，电力开关、电力电容器分别较 1990 年增加 40.75%、44.02%与 20.06%(见表 6)。

在家用电器生产方面，增长较大者多为小家电，如与 1990 年相比，微波炉增长 57.62%，家用抽通风机增长 36.17%，果汁机增长 29.76%，烤面包机增长 28.95%，饮水机增长 25.39%。另外冷暖气机也增长 15.45%。生产量较上年下降的主要有电饭锅、电子锅、吹风机、烘衣机等(见表 7)。

台湾家用电器业积极改用新材料，开发新产品，向高层次发展。台日合资的台湾东芝精密机械公司与台湾的声宝、大同、泰瑞等大家电企业及台湾工业研究院机械研究所共同设立瑞智精密公司，生产冷冻压缩机，将对 90%以上冷冻压缩机依赖进口的台湾冷冻空调工业的自主化发展产生重大影响。1991 年台湾电线电缆产销情况见表 8。

表 8　1991 年台湾电线电缆产销统计

(单位：吨)

产　品	1990 年		1991 年	
	生产量	销售量	生产量	销售量
裸铜线	219281	198584	256771	214450
纱漆包线	219990	49859	58824	59143
电子线	44598	44695	44729	46610
电力用电线及电缆	205325	199599	215513	218838
通讯用电线及电缆	50059	48927	58247	56601
线圈(千只)	1683149	1666581	1709949	1683336

电子、电脑等资讯工业不断发展。1991 年，台湾资讯工业生产总值 69.08 亿美元，较 1990 年增长 12.3%，占台湾“国民生产毛额”的 3.9%，居台湾各产业第九位，居世界资讯产值排名第七位。其出口值为 65.46 亿美元，占台湾外销产品总值的 8.9%，是台湾第三大出口产业，也居世界同类产品出口第三位。电脑主机板、监视器、显像扫描器和滑鼠(鼠标)等 4 项产品销售量居世界第一位。其中，1991 年，仅监视器的销售量达 16 亿美元，占全球市场由 1990 年的第二位升至第一位。特别是，荷兰飞利浦集团将在英国的 CRT 工厂迁至台湾，以台湾为该集团彩色 CRT 全球生产中心，有助于台湾监视器生产减轻对日本制 CRT 的依赖。

1991 年，台湾资讯发展策略委员会、台北市电脑公会与台湾资讯软体协会等单位制订“钻石计划”，计划投资 600 亿元台币，研究与开发通讯、电脑软硬体及关键零组件产品。同时，台湾电脑公会结合产、官、学各界，联合成立电脑多媒体系统联盟，开发新技术、新产品及开拓市场。

1991 年台湾电子及其零组件产销情况见表 9。

四、运输工具制造业

1991 年，台湾运输工具制造业年增长率达 14.22%，较 1990 年的 3.31%增长近 11 个百分点，居机械电子业增长第一位。

在运输工具制造业 10 个分类中，船舶建造修配业继续衰退，但幅度较小，增长率从上年的负 5.33%降至负 0.91%，成为运输工具制造业中唯一的负增长。其余有不同程度的增长，大致有三种情况：一是由上年衰退转为增长的有铁路车辆修造业，因南回铁路的开通，由 1990 年大幅衰退(负 85.81%)转为 309.09%的大幅增长；船舶零件业、汽车零件业与摩托车制造业由上年的负增长转为高增长。二是持续增长的有汽车制造业与自行车零件业。三是增长速度减缓的有摩托车零件制造业与其他运输工具及零件业，(见表 10)。

表 9　1991 年台湾主要电子及其零组件产销统计

产　品	单位	1990 年		1991 年	
		生产量	销售量	生产量	销售量
微型电脑	台	2436961	2285603	2465597	2404748
软式磁碟机	台	96570	87326	92080	99713
监视器	台	8037168	8021996	8419129	8288846
电脑终端机	台	1860957	1872172	1844903	1830747
电子计算机	台	44843192	45065403	31474361	32309955
彩色电视机	台	2403119	2493297	2456361	2467235
录放机	台	571080	612148	725391	773334
电唱机	台	1526759	1534871	1482255	1352676
电子游戏机	台	1750172	1777796	2202512	2191480
显(映)像管	千只	19251	19382	17010	17046
集成(体)电路	千只	2488127	2454731	2676865	2824822
电晶体(晶体管)	千只	1155856	1159366	1385419	1397984
电子电容器	千只	23625445	24501766	25642701	26212587
电子变压器	千只	374684	374193	319342	327342
电阻器	千只	34253042	38178221	36445275	65426003
电话机	台	13992431	14088592	9814437	9928231
对讲机	台	574026	528174	710568	724783

表 10　1991 年台湾运输工具制造业产值与增长率

(单位：百万元台币)

行　业	1990 年		1991 年	
	产值	增长率(%)	产值	增长率(%)
船舶建造修配业	18126	−5.33	17961	−0.91
船舶零件业	2207	−22.94	2689	21.84
铁路车辆修造业	22	−85.81	90	309.09
汽车制造业	104681	7.45	126032	20.40
汽车零件业	59108	−9.25	65685	11.13
摩托车制造业	29286	−10.62	33887	15.71
摩托车零件制造业	23808	31.17	27041	13.58
自行车制造业	24675	21.73	26565	7.66
自行车零件业	22474	9.54	24733	10.05
其他运输工具及零件业	5736	30.22	6690	16.63
合计	290123	3.31	331373	14.22

表 11　1991 年台湾交通运输设备产销统计

产　品	单位	1990 年		1991 年	
		生产量	销售量	生产量	销售量
小汽车	辆	353888	348902	399367	390001
大汽车*	辆	4333	4397	5828	5615
摩托车	辆	1055297	1069392	1174083	1168004
自行车	辆	7086325	7072473	7466039	7469460
集装箱船	载重吨(D.W.T)	59193	59193	150109	150109
游艇	艘	596	689	618	615
其他船舶	载重吨(D.W.T)	1152414	1152414	590687	590803

* 大汽车包括卡车与公共汽车。

1991 年台湾交通运输设备产销情况见表 11。

1991 年，台湾汽车制造业发展引人注目。一是 1991 年 7 月 10 日，隶属台湾三阳汽车工业公司董事长个人事业的庆众汽车投资公司与德国福斯 V.W.公司签约，在台湾生产 V.W.商用车，成立台湾第 11 家汽车制造厂，庆众汽车公司投资比例占 66.6%，德国福斯 V.W.公司占 33.4%。二是台“经济部”工业局辅导台湾汽车厂家回销零件到日本母厂，其回销比例，1991 年订为 2.5%，逐年增至 1995 年的 10%。其中，与日资合作的汽车厂商如福特、裕隆、三阳、中华、国瑞、大庆、太子等公司先后与日方达成汽车零部件逐年回销日本协议。三是 1991 年 1 月 11 日，台湾裕隆汽车公司总经理欧阳钟智与荷兰一家公司签订外销合约；同年 9 月，裕隆飞羚 102 型 400 辆小汽车正式销往荷兰，标志着台湾制小汽车开始走向世界。

近年来，台湾汽车市场的自产车与进口车竞争激烈。1991 年，台湾汽车市场汽车销售量约在 46～47 万辆之间。其中，台湾自产汽车市场总销量达 38.8 万辆(轿车 26.9 万辆，商用车 11.9 万辆)，较 1990 年增长 8.1%；进口汽车销售 8～9 万辆，较上年略有下降。台湾自产汽车和进口汽车市场占有率分别为 76%与 24%。

自行车工业是台湾另一重要的交通运输工具制造业，也是世界自行车最大输出地区。1991 年，台湾自行车生产量达 746.6 万辆，较上年增长 5.36%。

(下转Ⅳ−20 页)

机械工业

行业概况

第Ⅲ部分

农业机械

〔机械电子工业部〕

生产发展情况 1991年机械电子工业部系统农业机械行业（包括内燃机、畜牧机械制造业）共完成工业总产值342.9亿元，为年计划285亿元的120%，比1990年的289.6亿元增长18.4%(均按1990年不变价计算)。29个省、自治区、直辖市(除西藏外）只有辽宁、海南下降，其余都在上升。机电部统计的拖拉机、小型拖拉机、农机内燃机、内燃发电机组、机引犁、机引耙、机引播种机、机动插秧机、机动植保机械、联合收割机、茶叶加工机械、农用运输车、农用大拖车、饲料粉碎机、农用泵、拖内配件等16种主要农机产品全都超额完成年度计划。其中大中型拖拉机、机动植保机械和农用运输车增长速度在40%以上。与1990年比较，除内燃发电机组、饲料粉碎机下降外，其余14种都有增长。

新技术与科研成果 1991年农机科技计划共安排430项，其中新产品335项，科研95项。实际完成新产品97项，科研61项，分别占应完成项目数的49.2%和74%。

1991年还安排标准制、修订计划282项，已完成141项，占应完成131项的108%。另外还安排了可靠性项目139项，计划两年内完成。同时还完成了农用运输车选型统型工作和8.8千瓦以下的手扶拖拉机的选型工作。

1991年农机科技工作还重点抓了一批农业急需的新产品的研究开发和科研攻关。一是组织科研院所将已开发的产品安排到企业生产，推进科技成果商品化；二是通过努力，将一批农机项目列上了国家攻关项目。如半喂入水稻联合收割机项目已经国务院生产办公室正式批准立项。

1991年农机行业共评出科技进步奖26项，其中一等奖1项，二等奖10项，三等奖15项。第一拖拉机厂、佳木斯联合收割机厂被评为国家级技术进步企业。

行业管理 1991年农机行业管理主要根据国家计委和机电部联合下发的《关于加强机械电子工业全行业统筹规划工作的通知》精神，充实和完善了农业机械、内燃机两个大行业规划，并在会同有关部门对规划进行修改、补充，取得一致意见的基础上，正式将两个大行业规划上报到机电部大行业规划办公室。

在行业改革工作方面，主要围绕贯彻中央工作会议精神，就搞好国营大中型企业进行了探索。并根据国务院对组建大型企业集团进行试点的精神，抓紧了组建农机大型企业集团工作。

其它行业管理也有新进展。经民政部门批准中国农机工业协会和中国内燃机工业协会正式在北京成立。鹿中民和刘洪权同志分别当选为两个协会理事长。原农机企业管理研究会、农机劳动效率协会也于年内并入中国农机工业协会；原农机质量管理协会的组织机构及工作分别并入中国农机工业协会和中国内燃机工业协会。

1991年机电部政治思想工作办公室和工程农机司联合发出倡议信，号召在全行业推广合肥车辆厂“合格职工”达标活动的经验。全行业还开展了企业思想政治工作与企业管理相结合的综合试点，制定了试点管理办法。第一批试点企业包括上海柴油机厂、常州柴油机厂、常州拖拉机厂、第一拖拉机厂等企业。

企业升级工作又有新的进展。佳木斯联合收割机厂被晋升为国家一级企业，使农机行业一级企业数达到6个。同时，又有23个企业成为国家二级企业，使全行业二级企业达到194个。

对外合作 1991年农机行业对外合作和交流得到加强。一是密切了同联合国工发组织、亚太地区农机网等国际组织的联系。受联合国工发组织的委托，机电部工程农机司会同机电部国际合作司于10月份在北京成功地举办了“发展中国家农机工业合作会议”；受亚太农机网的委托，在尼泊尔进行了中国小型农机示范表演，收到了较好效果。二是来华考察、洽谈合作项目、进行技术交流的人员增多。仅中国农机学会和中国农机研究院接待的来访和交流的人员就比往年大量增多，先后有几十个国家和地区的人员来参观、洽谈合作项目，朝鲜、泰国等国家和地区还派人员到农机研究院学习和培训。在中国农机学会举办的“国际农业机械化技术研讨会”上，来自美国、日本等15个国家和地区的60多位农机专家与中国科技人员一道，就世界农业机械化发展问题进行了广泛的交流。三是在组织团组、出国考察、培训和项目合作方面，形式趋于多样，范围拓宽。不仅与工业发达国家在技术合作方面保持较好关系，在利用我国技术与印度尼西亚、巴基斯坦等发展中国家和地区进行合作生产方面，也有新的成果。另外，农机行业还积极组织团组出国考察和培训，参加各种农机展览会，对扩大我国农机企业的影响和产品出口创汇都起到了良好的作用。

质量及质量管理 1991年农机产品质量和质量管理工作重点抓了以下两方面工作。一是结合“工艺突破口”工作，主要抓了生产现场管理，并先后在石家庄内燃机配件厂、成都油缸厂、沈阳潜水电泵厂召开了生产现场管理经验交流会。还举办了工艺培训班5期，648人次参加了培训。二是针对用户反映的一些产品质量问题，采取具体措施。比如，第一拖拉机厂的东方红802型拖拉机在使用中存在不少问题，用户意见很多。生产主管部门及时会同使用部门召开了用户质量跟踪调研座谈会，对所有问题进行逐项分析，提出164项改进措施。改进后的拖拉机质量有了很大提高，受到用户称赞。

通过这些工作，企业的质量意识得到进一步加强，产品质量有了改观。1991年农机产品又有10种产品分别获国家金质奖和银质奖，136种产品获部优质产品奖。有49种耗能高的产品被淘汰，郑州拖拉机厂生产的达利—121手扶拖拉机、上海人民电机厂生产的QY15-26-2.2小型潜水电泵等19种机型被作为节能产品推广。

技术改造及技术引进 1991年农机行业共安排基建项目34个，总投资8710万元，其中经营性项目26个，总投资7900万元，非经营性项目8个，投资810万元。到年底，这些项目均已全部落实。

技改项目共安排89个，总投资3.77亿元，其中"七五"结转项目55项，新开工项目34项，投资1.28亿元。1991年还验收了84项"七五"重点技术改造项目。

1991年技术引进工作正在按照农机工业"八五"规划进行落实。拟从一些工业发达国家引进的农机制造技术的考察和立项进展顺利，有的已进入实施阶段。另外，引进国外先进设备的计划，也完成较好。

销售 1991年农机销售也呈现出较好的局面。全国农机生产企业销售收入达到285亿元，比1990年增长29.2%。全国农机公司经营系统销售额为215亿元，比1990年多销45亿元，增长26.9%，增长速度比前十年平均增长率11.1%高出15.8个百分点，为历史上第三个高增长年。整个农机销售形势呈现出淡季不淡、旺季更旺的局面。

农机出口与1990年持平，为1.5亿美元。其中第一拖拉机厂和常州柴油机厂均超过1000万美元。邢台拖拉机厂、永康拖拉机厂、江西拖拉机厂、潍坊柴油机厂、杭州齿轮箱厂、江阴动力机厂出口创汇均超过500万美元。

农机行业实现利润9.45亿元，比1990年7.32亿元增长29%，利润额已从十年前在机械工业八大行业中名列倒数第一上升到第三位。

农机行业出现产值和利润同步上升的主要原因有以下几点：(1) 外部环境有利。一是全国上下高度重视农业，各种支农政策逐步到位和农贷增加，增强了农民购买能力；二是人们对农机化的地位和作用有了进一步认识，农民增强了买机用机的积极性。(2) 农机工业产品结构调整已见成效，产品品种增加，适销对路产品增多。(3) 农机工业"七五"投资开始发挥效益。

〔撰稿人：机械电子工业部工程农机司 于永波
审稿人：机械电子工业部工程农机司 鹿中民〕

〔农业部〕

生产发展情况 1991年农垦系统从事农业机械生产企业120个，与1990年生产企业数相同，主要分布于新疆、辽宁、黑龙江、上海、江西、湖北、广州等21个省、市、区。其中：新疆生产建设兵团、黑龙江省国营农场总局、湖北省农垦农工商企业总公司、江苏省农垦农工商企业总公司、江西省垦殖场管理局、上海市国营农场局等6个省、市企业数共85个，占全农垦系统生产企业数120个的70.8%。全年完成工业总产值8.5亿元，比上年增长28.2%，利润总额5646万元，比上年增长105.6%，上交利润税金5142万元，比上年增长13.9%。1991年农业机械生产的特点是：农业机械市场需要量全面启动，各类大型农业机具生产量全部增长，特别是耕作机械的机引犁，比上年增长上百倍，机引耙比上年增长30.1%，机引播种机比上年增长33.1%。各类农业机械产量增长情况见表1。运输机械比上年下降13.6%，主要原因是手推胶轮车底盘，由1990年44650辆下降至1991年37500辆的结果，其它机械化运输机械还是增加的。手推胶轮车底盘的减少，亦说明农村运输条件在改善，由人力运输向机械化转变。

表1 各类农业机械产量增长情况

项　目	单位	产量	比上年增长%
耕作机械	台	8178	4.7
植保机械	台	821	58.2
收获机械	台	6326	11.6
运输机械	台	41062	−13.6
农副产品加工机械	台	486	12.2
排灌机械	台	9309	66.9
畜牧机械	台	7696	4.3
拖、内、农具配件	万件	3589	2.7

1991年由于农业机械需要量的增加，给生产企业带来好的经济效益，全系统由1990年有23个企业亏损减少到只有5个企业亏损，减亏幅度较大。1991年农垦系统有6个企业生产的农业水泵、玉米联合收获机、15吨和20吨清粮机、升运机、养鸡设备、农业机械零配件等销往国际市场，创汇约30万美元。

新技术与科研成果 1991年，农垦系统主要科研成果有：(1) 北京市国营农场管理局生产处研制的2FL-10型离心式撒肥机和内蒙古自治区海拉尔农牧场管理局农牧业机械修造厂研制生产的4S系列割晒机，均获农业部科学技术进步三等奖。(2) 上海向明机械厂与中国农业机械化科学研究院共同研制的5XZ-2.0新型比重清选机通过部级鉴定。该机具适用于粮食、蔬菜、牧草等大中小粒种子进行清选加工，可显著地提高种子质量，促进农业增产，也适用于对类似物料的其它农副产品与工业产品进行清选处理，用途广泛，适应性强。这一机具研制成功并投入生产，使我国的比重式清选机产品达到国际先进水平，为国内产品更新换代提供了所需设备。(3) 新疆生产建设兵团新疆潜水泵厂研制生产的250QJ140系列潜水电泵通过自治区鉴定。该系列泵共有5种：250QJ140-22／1、250QJ140-44／2、250QJ140-66／3、250QJ140-88／4和250QJ140-110／5。机泵连结：单级采用共轴式、多极采用套筒式，电机采用上、下止推结构。鉴定委员会认为："该系列泵能满足新疆地下水资源的开发和需求，其性能参数与相近的同类产品相比较，具有设计先进、结构合理、高效节能等特点，是销路广、效益好、有发展前途的产品"。

行业管理 1991年，农垦系统生产农机产品的企业，初步统计开发新产品170种，主要垦区开发新产品10种以上的省、市、区，有：新疆、黑龙江、广州、浙江、湖南等，占当年开发170种新产品的75.3%。这些省、市、区由于开发新产品较多，投入市场后取得的经济效益明显，利税比上年都有所增长。1991年主要垦区开发新产品数与经济效益增长情况见表2。

表2 1991年主要垦区新产品开发数与经济效益增长情况

省市区	开发新产品数	利润(万元)	比上年增长%
新疆	32	1798.9	31.8
黑龙江	32	997.3	83.3
广州	23	694.6	32.9
浙江	19	466.6	5.4

1991年农垦系统生产农业机械产品的企业获得计量定级、升级的企业78个，占全系统120个企业的65%，比上年提高1.7个百分点，其中：二级计量企业20个，三级计量企业58个。全系统设备完好率84.1%，铸件废品率9.6%，机加工废品率3.1%，其中：天津、湖北、广州、浙江等省、市三项技术指标均超过全系统平均水平。黑龙江省国营农场总局白桦机械厂获1991年度农业部农垦系统50家最佳经济效益企业机械行业第一名。

质量及质量管理 1991年农垦系统机电行业共获农业部优质产品奖10项，其中：农业机械企业生产的产品2项，即广州白云机电工业公司白云输送机械厂生产的白云牌乙型托盘式升降机、辽宁省建平铸钢厂生产的飞跃牌耐磨合金冲击板。新疆生产建设兵团机械工业公司地膜机厂生产的农友牌2BMG-8A、2BMG-A两种铺膜播种机和新疆潜水泵厂生产的250QJ140系列潜水泵均获自治区优质产品奖。

技术改造及技术引进 1991年农垦系统农业机械行业共完成固定资产投资3975万元，比上年增长68.6%，其中，基本建设投资2385万元，比上年增长38.4%，技术更新改造投资1590万元，比上年增长150.4%。新疆生产建设兵团、黑龙江国营农场总局、广州市国营农场管理局共投入2874万元，占全农垦系统基本建设投资的72.3%，其中，新疆1240万元、黑龙江969万元、广州665万元，主要用于厂房建设，改善生产条件，适应产品结构的调整。技术更新改造三垦区共投入908万元，占技术更新改造投资总额的75.1%，其中，新疆402万元、黑龙江452万元、广州市54万元。

销售 1991年农垦系统农机产品销售收入总额为7.5亿元，比上年增长36.4%，年末产品库存总金额1.4亿元，比1990年年末产品库存1.6亿元减少0.2亿元，资金周转加快，由1990年296天，下降为184天，主要是机械行业外部条件有所改善，内部加强管理，农业投入增加，"三角债"清理工作有所进展，清退加快，销售形势较好，年末产品库存减少。

1991年农垦系统对国外出口总金额相对减少，但产品中除仍以零配件出口为主外，增加了大型农机具，数量虽少、影响却不小，使国外客户注意到我国大型农机具的发展。

〔撰稿人：农业部农垦司 马孟发 审稿人：农业部农垦司工业处〕

〔中国石油天然气总公司〕

生产发展情况 济南柴油机厂1991年工业总产值15874.1万元，比上年增长8%，实现利税866.3万元，全员劳动生产率2.5万元／人·年。全年完成内燃机制造595台、357831千瓦，发电机组248台、78040千瓦。其中，柴油机555台、349847千瓦，天然气发动机40台、7984千瓦；柴油发电机组210台、71900千瓦，天然气发电机组38台、6140千瓦。柴油机配件制造526.9吨。

新技术与科研成果 济南柴油机厂1991年通过鉴定的项目有：300～700kW自动化柴油发电机组、2190T天然气发动机及60kW天然气发电机组、柴油机试车节水及能源回收装置、沙漠边缘用柴油机。

质量及质量管理 济南柴油机厂从加强质量管理入手，1991年在全厂掀起柴油机质量整改高潮，针对用户反馈的质量信息，结合厂内生产中暴露的质量问题反复分析，制定了整改计划，于1991年5月通过了国家金牌机重评检测。按国家质协"关于进行全国质量管理知识竞赛"的通知要求，全厂进行了广泛深入的全面质量管理教育，增强了全厂职工的质量意识和理论知识，1991年10月份参加了全国质量管理知识竞赛，取得了全国第二名的好成绩。

销售 1991年济南柴油机厂销售收入总额为16043.1万元，比上年增长11.8%。并开拓了国际市场，产品首次批量出口到印度尼西亚。1991年出口10台300～500kW柴油机发电机组，创汇58.6万美元。

〔撰稿人：中国石油天然气总公司 赵光理 审稿人：中国石油天然气总公司 徐德兴〕

〔航空航天工业部航天系统〕

生产发展情况 航空航天工业部下属两个发动机生产厂，即沈阳新光动力机械公司、国营星光机器厂。全年共生产汽油机4649台，实现工业总产值11892万元。其中沈阳新光动力机械公司生产汽油机1400台，实现工业总产值1820万元，国营星光机器厂生产汽油机3249台，实现工业总产值10072万元。

新技术与科研成果 沈阳新光动力机械公司在设计、工艺、测试及管理方面应用电子计算机，大大提高了产品开发、制造及管理的科学化程度，进行了对汽油机动力、热力、曲轴刚度、缸盖气道等试验数据处理和缸体及曲轴有限元等各种计算，为汽油机的研制提供了理论依据。焊接方面采用真空钎焊技术，它可焊接各种不锈钢和合金，可以对两种以上不同材料进行焊接，其特点是：被焊接零件表面无氧化，保持原加工表面的光洁度。

国营星光机器厂研制的492–3型汽油发动机接近定型，各项试验指标良好稳定。该发动机功率为63kW，扭矩181N·m。该发动机的油耗低，为285g／kW·h，处于国内领先水平。该发动机的压缩比为9.2，属于高压发动机，应烧高号汽油，但它高低号汽油均可烧，这是该发动机的又一突出优点。

新产品 沈阳新光动力机械公司生产的486Q型汽油机获沈阳市优秀新产品奖，性能优越能替代进口产品。486Q、491Q型汽油机是具有国际80年代先进水平的汽油机，有较高的动力性，良好的燃油性和低排放，体积小，重量轻，结构紧凑。

质量及质量管理 沈阳新光动力机械公司在1991年“质量、品种、效益年”里，专门成立了质量整顿小组，提出了全面质量整顿和汽油机质量整顿措施计划，对存在的问题拉条挂帐，责任及目标明确。对51个厂家141条外配件质量问题发出了质量信息反馈单，加强了质量信息反馈并为建立汽油机质量保证体系奠定了基础。

技术改造及技术引进 沈阳新光动力机械公司完成了设备安装调试，动力管线安装，从国外引进关键设备和80年代较为先进的加工中心组成一条柔性加工生产线，建成一条240米的被动式滚棒物料传送线和一条107米的地面机动滚道式柔性装配线，全线已于1991年10月竣工验收，形成单班2万台的生产能力。

销售 沈阳新光动力机械公司1991年全年销售汽油机1200台，实现销售收入1705.7万元，有完整的售后服务体系。国营星光机器厂生产的汽油机自产自销，全年生产汽油机2125台，随车销售。

〔撰稿人：航空航天工业部民品司　孙东良　审稿人：航空航天工业部民品司　辛玉文〕

热带作物机械

〔农业部〕

生产发展情况 1991年农垦系统生产热带作物机械产品的企业20个，完成工业总产值11373万元，比上年增长31.2%。完成产品产量2084台，其中，种植管理机械1581台、剑麻加工机械192台、其它热带作物机械86台。由于胶麻机械需求市场基本稳定，供求关系趋于平衡，近年胶麻种植面积变化不大，各橡胶加工厂受资金影响，更新设备不多。为此，胶麻机械生产企业在满足胶麻加工需要的前提下，积极调整产品结构，同时将胶麻机械产品推向国际市场，取得初步成绩。如广东省粤西农垦第一机械厂、海南省农垦海口机械厂以生产汽车配件和修理汽车为主，胶麻机械产品只占其少量生产能力。其它热带作物机械行业的生产企业也生产市场上需要的产品，如钢门钢窗、五金工具、工矿配件等。海南省农垦营根机械厂、云南省热带作物机械厂继续扩大橡胶初加工机械产品出口，创汇50万美元，出口产量比上年增长124%，产值比上年增长141%。云南省德宏机械厂利用本地区充足的水电资源开发新材料硅铁出口，在国际市场发生变化的情况下，及时减少硅铁出口产量，依然取得好成绩，创汇52万美元。全行业生产形势比1990年有所好转，但仍有1个企业亏损。

新技术与科研成果 1991年热带作物机械行业研制并经过部省级鉴定的新技术与科研成果有：(1)海南省农垦总局工业处研制成功的天然橡胶标准胶双列干燥器，通过专家鉴定，认为该套设备合理，技术线路正确，具有投资少、耗能低、操作性能稳定，应变能力和干燥效果好等优点，达到国内外同行业先进水平，并获农业部科学技术进步三等奖。该设备通过16座标准胶加工厂推广使用，每建一座胶厂可节约投资9.5万元，并且干燥器与造粒设备互相适应，有效地提高了制胶加工的经济效益。(2)华南热带作物机械化研究所研制成功的咖啡湿法加工工艺及配套设备，通过部级鉴定。鉴定委员会认为：该套咖啡湿法加工生产线是我国第一条咖啡鲜果生产线，生产的咖啡豆质量良好，已取代了我国中外合资咖啡加工厂的进口原料，整个生产线的水耗、能耗较低，具有国内领先水平。该套生产加工线已在海南省澄迈县咖啡加工厂、广东省南华农场咖啡加工厂等四个单位安装生产，三年来加工咖啡质量良好。(3)广东省粤西农垦局、机械研究所、东方红农场共同承担研制的“剑麻田更新配套机械的研制与应用”项目，通过了部级科研成果鉴定。该项目共包括研制 F-56 型剑麻头粉碎还田机、SC-36 型麻头碎茬机、IS-30 型深松犁改装麻头破茬机，以及引进 AE-56 型灌木一铧犁进行配套作业。上述四种机具配套作业可完成剑麻田更新作业机械化全过程。专家们认为：该项目的样机整体技术性能处于国际领先水平，四种机具联合作业后有明显的增产效果，经济效益显著，从根本上解决了剑麻田更新中长期以来未能解决的一系列问题，从而使剑麻生产走上一个新的更好的局面。(4) 海南省农垦海口机械厂研制成功的 SS-350×550 型标准胶撕碎机。该设备主要用于标准胶撕碎、脱水工艺中，与脱水机组同步配套。通过技术鉴定，鉴定委员会认为：该机具具有生产效率高、能耗低、投资小、占用厂房面积少等优点，设计合理，机械性能好，基本上达到国外同类机型的水平，填补了国内空白。(5) 海南省农垦营根机械厂研制的新型 J900 型圆盘锯胶机。(6) 广东省农垦第二机械厂研制的新型 DW-2-ϕ250×150-250 型两锭倒纱机。(7) 云南省热带作物机械厂研制的新型 YDB-100 型液压橡胶打包机，主机部分采用双柱、三工位、上顶式，电动回转，动态定位，具有锁紧装置，结构合理、可靠。这些产品投入市场使用，性能良好，客户表示满意。

行业管理 1991 年全行业主要开展"质量、品种、效益年"活动，同时进一步完善经济承包责任制，如广东省粤西农垦第二机械厂在完善经济承包责任制的同时，继续实行工资总额与经济效益挂钩，在市场困难的情况下，仍超额完成生产销售计划 108%；海南省农垦海口机械厂全厂实行日工资制、干部聘任制、编余管理制（工人、干部），全厂划分为 6 个核算单位，大大提高劳动生产率，使全员劳动生产率由 1990 年 11750 元／人·年提高到 1991 年的 15600 元／人·年。全行业进一步加强管理工作，云南省沧江机械厂全面修改完善和建立健全各种规章制度 369 个，其中，岗位责任制 61 个、工作制度 38 个、奖惩制度 10 个、安全操作规程 37 个、产品标准 82 个，还新建立有关规章 15 个，使企业向现代化、标准化、系统化和科学化迈进了一大步。全行业加强基础管理，进一步提高计量手段，通过各级计量考评，全行业二级计量单位由上年 4 个增加至 1991 年的 6 个，三级计量单位由上年 14 个减少至 1991 年的 12 个。全行业设备完好率为 88.3%，铸件废品率为 8.6%，机加工件废品率为 1.6%。海南省农垦营根机械厂还荣获海南省合理化建议和技术改进活动先进单位称号。

质量及质量管理 1991 年热带作物机械行业获部优质产品奖 1 项，即广东省粤西农垦第二机械厂生产的捷利牌 FW_2 型双锭纺纱机。该厂生产的剑麻加工机械产品，产品优等品率比 1991 年度考核指标提高 2.5 个百分点，一等品率比年度考核计划指标提高 3.1 个百分点，铸件废品率比年度考核指标下降 0.1 个百分点，机加工废品率下降 0.6 个百分点。海南省农垦营根机械厂参加省组织的全面质量管理知识竞赛获第一名，被评为全面质量管理达标单位。农垦热带作物机械产品检测中心对 4 个省区 6 个企业生产的 27 台(件)热带作物机械产品（包括橡胶机械、剑麻机械、胶刀）进行检测，检测结果表明，这 6 个厂产品的质量处于同行业的中下水平；总合格率为 68.8%(包括优等品占 6.3%、一等品占 31.2%、合格品占 31.2%)，不合格品占 31.2%，质量还需要努力提高。

技术改造及技术引进 1991 年热带作物机械行业共完成基本建设投资 404.1 万元，比上年增长 34.9%，技术改造措施费投资 308.8 万元，比上年增长 14.3%。各省区完成投资数见表 1。投资最多的是海南省农垦，其次是广东省农垦，主要用于改造维修旧厂房，改善职工住房条件，调整产品结构，更新设备。海南省农垦海口机械厂基本上完成了汽车修理和组装汽车所需的物质条件；那大机械厂投资 30 万元购买技术专利，扩大厂房建设；农垦营根机械厂更新设备 17 台，投资 43 万元，同时完成修建房面积 2100m^2，共投资 83 万元；广东省农垦第三、四机械厂的基本建设投资，主要用于改善职工住房条件。

表 1 1991 年热带作物机械行业各省区完成投资数（单位：万元）

省区	基本建设投资数	比上年增长%	技术改造措施投资数	比上年增长%
广东省	141.8	392.4	52.8	11.4
海南省	239.0	−0.5	202.1	82.4
云南省	23.3	−23.6	12.9	−2.3
广西自治区			41.0	−71.1
合计	404.1	34.9	308.8	14.3

销售 1991 年热带作物机械行业销售总收入为 10047 万元，比上年 8379.4 万元增长 19.9%，年末产品库存总金额 2573.9 万元，比上年产品库存金额增加 322.5 万元。

〔撰稿人：农业部农垦司 马孟发 审稿人：农业部农垦司工业处〕

畜牧机械

〔机械电子工业部〕

生产发展情况 机械电子工业部系统从事畜牧机械生产的主要企业有 82 个，职工 27125 人，其中：工程技术人员 1666 人，固定资产原值 34244 万元，金属切削机床 4790 台，锻压设备 1030

台。1991 年生产开始回升，完成工业总产值 48174 万元，比上年增长 17.1%。不同产品的产量有升有降。网围栏完成 977 套，比上年下降 11.7%；牧草(料)收获机械 1977 台，比上年增长 136.8%；饲草(料)加工机械 216667 台(套)，比上年增长 4%；畜禽饲养机械 71481 台(套)，比上年下降 26.9%；畜产品采集加工机械 5241 台，比上年下降 52.8%；畜牧运输车辆 33 辆，比上年下降 8.3%；其他畜牧机械 10019 台，比上年增长 27.9%。1991 年畜牧机械生产的主要特点是：(1)由于我国人均占有粮食少，饲料粮紧缺，畜牧部门大力提倡发展草食畜禽，促进了网围栏和牧草(料)收获机械生产的发展。赤峰牧业机械厂 1991 年生产青饲料联合收割机 97 台，比上年增长 177.1%，仍然供不应求。新疆牧业机械厂生产圆草捆机 30 台，被用户抢购一空。(2)饲料工业“八五”建设项目和技术改造项目开始上马，饲料加工机械的需求量增加，特别是大中型饲料加工成套设备销售旺盛，1991 年生产 192 套，比上年增长 276.5%。小型饲料加工成套设备生产 1395 套，也比上年增长 13.4%。(3)我国养鸡业已具有相当规模，鸡蛋、鸡肉产量连年上升，市场供应比较充足，价格平稳，养鸡场经济效益不好，制约了养鸡机械的生产。(4)原材料和配套件价格上涨，工资、福利及管理费用增加，生产成本继续上升，企业经济效益不好。

新技术与科研成果 1991 年完成并通过鉴定的部级科研成果及新产品有：(1)呼和浩特畜牧机械研究所的“我国畜牧业发展战略及对装备技术方向的研究”。(2)呼和浩特畜牧机械研究所的 92ZS-1.5 型草籽采集机。(3)广东华达机器厂的 93KCT-1000 型粗饲料压块成套设备。(4)广东华达机器厂的 WALF-15 型湿法鱼粉加工成套设备。(5)中国农机院与通县粉碎机厂、北京燕京牧机公司一厂、山西壶关县农机厂、阜新牧业机械总厂、江西红星机械厂、湖南临湘县机械厂、四川蓬安县农机修造厂等工厂联合研制的新系列锤片式粉碎机，包括轴向、切向、径向 3 个系列，共 11 个规格，配套动力由 3kW 到 45kW。产品鉴定委员会认为：该系列产品粉碎效率高，节能效果显著，主要性能指标超过国内机型，达到 80 年代国际先进水平（详见表 1），已有 20 个省、市的近 40 家工厂生产。

另外，中国农机院完成了欧洲共同体援助我国奶业项目的调研。有的工厂和科研单位根据当地主管部门的安排或市场需求，试制成功了一批新产品，如广东华达机器厂的 93KWH-75 型颗粒饲料压制机、江西红星机械厂的 9SJ-5000 型简易万吨粉料加工成套设备、上海金山农业机械厂的 94LDB-4128 型四层半阶梯蛋鸡（高密度）笼养设备、广州市畜牧机械厂的 9TLXB-4160 型四层半阶梯蛋鸡（高密度）笼养成套设备和 FG-1 型禽畜粪便干燥成套设备、中国农机院的鸡粪处理（日处理 3～4 吨）设备、辽宁凤城东风机械厂的 92F-45 型青饲谷物切碎机等。

表 1 新系列粉碎机主要性能指标实测值

系列	型号	生产率 (kg／h)	吨料电耗 (kW・h／t)	噪声 (dB)	功率 (kW)	筛孔直径 (mm)
轴向系列	9FZ32—12.5	730	5.69	82.24	4	2
	9FZ40—12.5	907	6.08	82.86	5.5	2
	9FZ45—16	1333	5.62	86.18	7.5	2
	9FZ50—16	1948	5.40	84.35	11	2
切向系列	9FQ32—20	839	6.70	87.37	5.5	2
	9FQ36—20	880	6.46	86.21	5.5	2
	9FQ40—20	1042	7.12	85.67	7.5	2
	9FQ50—25	1416	6.85	88.40	11	2
径向系列	9FJ56—32	5313	4.17	90.71	22	3
	9FJ56—40	8590	4.23	92.50	37	3
	9FJ63—40	6799	4.73	90.44	37	3

行业管理 为了调整产品结构，提高效益，指导行业发展。制订了《畜牧及饲料机械行业“八五”发展规划》、《畜牧及饲料机械产品结构调整和地区布点规划》，将由机械电子工业部下达执行。

为了指导新产品开发和老产品改进，克服挤奶设备品种杂、型号乱、“三化”水平低的弊端，制订了《挤奶设备产品系列型谱》。

根据国家的部署，工厂努力压缩产品库存，取得了较好效果。据8个主要生产企业统计，1991年末产品库存比上年年末下降了18.8%。

质量及质量管理 工厂认真贯彻国务院《关于开展“质量、品种、效益年”活动的通知》精神和机械电子工业部机电质（1991）1号文的要求，加强了质量管理工作，促进了产品质量提高。1991年经机械电子工业部评定，7个产品获部优质产品称号：山东诸城农机厂的9FQ40-20饲料粉碎机、内蒙古宁城农牧机械厂的9F45A饲料粉碎机、湖北安陆市农机厂的9F32饲料粉碎机、江西吉水县农机修造二厂的9FQ40B饲料粉碎机、山西大同农牧机械厂的DPDB304A颗粒饲料压制机、四川岷山机械厂和青海农牧机械厂的9N50手摇牛奶分离器。还有一些产品获省、市优质产品称号，如辽宁凤城县东风机械厂的9ZP-1.6铡草机等。

四川新都羽绒机械厂生产的9Y型系列羽绒加工成套设备，性能指标先进，质量优良，国家科委成果办公室发文向全国推广。

技术改造及技术引进 机械电子工业部安排“八五”技术改造重点项目8个，基本建设项目1个，总投资4100万元。包括：北京市畜牧机械公司、大同农牧机械厂、海拉尔牧业机械总厂、赤峰牧业机械厂、阜新牧业机械总厂、湖北省畜牧机械厂、广东华达机器厂、四川畜牧机械厂、新疆牧业机械厂。所有项目的前期准备工作都已做完。阜新牧业机械总厂和新疆牧业机械厂被列入了1991年投资计划，开始实施。

大同农牧机械厂在消化吸收瑞士布勒（Buhler）公司的颗粒饲料压制机设计制造技术的基础上，不断开发新产品，至1991年底已形成16个系列、41个品种的产品（包括颗粒料和粉料加工设备），畅销全国，连续两年被山西省机械电子工业厅评为新产品开发先进企业。海拉尔牧业机械总厂从德国莫托尔（Mörtl）公司引进的92GH-2.1型后悬挂割草机，已批量生产。但切割器等部件（锻钢件)仍依靠进口。为了实现国产化，已购置模锻锤，正在安装。

销售 全行业1991年完成销售收入38695万元，比上年增长20.3%。

1991年畜牧机械产品出口取得了新成绩。山东大华机器厂出口FFC系列齿爪式粉碎机15496台，创汇128万美元，出口数量和创汇额分别比上年增长15%、25.5%。除保持原有的印尼、巴基斯坦、泰国、新加坡、埃及、香港等国家和地区的市场以外，还新开拓了越南、老挝、柬埔寨的市场。海拉尔牧业机械总厂的悬挂式割草机除通过边境贸易继续向苏联出口之外，还新开拓了保加利亚和摩洛哥的市场，1991年出口数量由1990年的63台上升到851台，创汇39万美元。广州市畜牧机械厂向马来西亚、香港等地出口蛋鸡笼养架2978组，行车式送料机3套。新疆牧业机械厂向澳大利亚、新西兰出口了剪羊毛机、剪羊毛机刀片和部分剪羊毛机工具。赤峰牧业机械厂有2台青饲料联合收割机出口到南美洲的特立尼达·多巴哥。江西红星机械厂向东南亚出口了饲料加工机械。另外，大同农牧机械厂向香港出口注塑机105台，创汇22万美元。

〔撰稿人：中国农牧业机械总公司　邓树民　审稿人：中国农牧业机械总公司　陈维德〕

营林机械

〔林业部〕

生产发展情况 1991年营林机械行业生产企业13家，共有职工7888人，完成工业总产值12289万元，比上年增长24%。营林机械产量46929台，比上年增长78.24%。

1991年营林机械行业的生产企业根据国家对农业的倾斜政策和市场情况开始回升的势头，迅速调整产品结构，加强销售工作，狠抓售后服务质量，各企业都取得了生产总产值比上年增长的好成绩。

西北林业机械厂是以生产营林机械为主的全国机械工业重点企业之一，1991年该厂看准风力灭火机开始走红的好势头，不失时机地调整产品结构，扩大风力灭火机生产。1991年完成工业总产值2519.9万元，比上年增长57%；生产风力灭火机13640台，比上年增长336%；实现利润357.5万元，各项主要经济技术指标均比上年增长。

泰州林业机械厂1991年完成工业总产值5064万元，销售收入完成4555万元，实现利润完成479.1万元，分别比1990年增长34%、61%和29.3%；资金利税率达到26.1%，比上年增长5.39个百分点；定额流动资金周转天数115天，比上年加快84天；出口创汇22.02万美元，比上年增长91.7%；全员劳动生产率43101元／人·年，比上年增长34.5%。

新技术与科研成果 1991年完成营林机械科研项目10项。主要有：西北林业机械厂完成的3MF-4背负式弥雾喷粉机喷烟装置的研制、3MF-2喷雾器的设计以及辽宁新民林业机械厂研制的3ZC-500型除草机、2QS-130型振动式切根起苗两用机等。

1991年营林机械行业获林业部科技成果三等奖的产品有：镇江林业机械厂和中国林业科学研究院共同研制的3MF-2B型背负式多用喷雾机、泰州林业机械厂研制的BJ50手提泵。BJ50手提泵是一种体积小、重量轻、使用方便的便携式小型机动泵，既可用于消防灭火，又可用于苗圃、农作物、城市庭院的灌溉以及城乡建筑施工排水和清洗、消毒等作业。该泵重量 11kg，自吸引水，流量 $9m^3/h$，扬程 25m，进出管径均为 1 英寸。

新产品 1991 年营林机械行业通过鉴定的新产品有两项：(1)泰州林业机械厂研制的 2QC-2 割灌机。该机是一种适用于园林、家庭庭院割灌的先进机具，配以适当零部件，还可用于抽水、灌溉、收割小麦、水稻等农作物，一机多用。该机切割生产率 $25cm^2/s$，切割耗油率 $10g/m^2$，配套动力为 1E40FA-1 汽油机，整机重量 9.5kg，外形尺寸 1800mm×660mm×550mm。(2)中国林业科学研究院木材所与辽宁新民林业机械厂共同研制的 3WG-400 型拖拉机悬挂式高射程喷雾机，可进行油剂、水剂、化学及生物农药的低容量喷雾和超低容量喷雾，广泛应用于林业、农业、园林、牧业病虫害的防治及环境卫生防疫。该机配套动力 29.4～40.43kW，喷药量 0.68～6.3L/min，喷射高度 20m，水平射程 35m，工作效率为高喷 29.97 公顷/时、水平喷射 209.97 公顷/时。

行业管理 为了进一步组织各部门园林机械的生产，中国林业机械协会组织林业、城建及机械系统的营林机械生产厂于 1991 年 9 月 26 日在陕西省西安市成立了园林机械专业委员会，共有会员企业 37 个，专业委员会秘书处设在中国林业机械北京公司。专业委员会成立后即着手编制中国林业机械清册及进行园林机械市场需求调研。

质量及质量管理 1991 年，泰州林业机械厂主导产品抽查合格率 100%，优质产品产值率 46%。该厂生产的 BJ311 手抬机动泵荣获 1991 年国家银质产品奖。

林业部便携式林业机械质量监督检测站，按国家有关规定，完善管理制度，培训质检人员，不断提高质检人员素质和检测水平。经国家技术监督局评审，批准为国家便携式林业机械质量监督检测中心。

技术改造及技术引进 1991 年营林机械行业共安排技术改造项目 4 项，总投资 1072 万元(由林业部投资)，其中专项贷款 890 万元，主要用于扩建和改造机加工生产线及装配生产线，提高营林机械制造及装配能力。

经过改造的企业，生产条件和生产能力都有了较大的改善和提高。如西北林业机械厂扩建风力灭火机装配车间、改造生产线项目是 1990 年的技术改造项目，预计 1992 年竣工。经过扩建和改造后的装配车间及生产线，能提高风力灭火机的生产能力，改变装配条件落后的状况，保证供给用户性能可靠的产品，将年增产值 500 万元、利税 110 万元。

销售 1991 年营林机械企业根据国家对农业的倾斜政策和市场行情的回升，积极确定企业主导产品，拟定促销措施，使营林机械销售额达到 11213 万元，比 1990 年增长 42.7%。在扩大国内销售的同时，各企业都积极向外拓展，为争取进入国际市场、建立和发展外向型经济做了积极的工作。如泰州林业机械厂建立了外经、外贸工作领导小组和外经科，配备专业人员从事外经工作，加强与国内外贸机构的联系。并积极创造与外商直接接触的机会，让外商直接了解工厂和工厂的产品，该厂 1991 年出口产品 162 台，共计 22.02 万美元。

1991 年营林机械出口产品 245 台（套），创外汇 51.38 万美元，产品远销美国、澳大利亚、泰国等国家。

〔撰稿人：林业部 谢湘京 审稿人：林业部 陈达文〕

木材工业机械

〔林业部〕

生产发展情况 1991 年，木材工业机械生产企业 45 个，职工总人数 45546 人，完成工业总产值 85768 万元，比 1990 年增长 9.65%；产量 103127 台，其中采伐运输机械 14184 台，人造板机械 1385 台，木材加工机械 87507 台，林化设备 51 台。

1991 年按工业总产值、实现利润、全员劳动生产率等技术指标分别衡量，木材工业机械行业各单项较好的前六个企业见表 1。

表 1 林业部木材工业机械行业各单项指标的前六名企业

企业名称	工业总产值（万元）	企业名称	实现利润（万元）	企业名称	全员劳动生产率（元/人·年）
威海木工机械厂	12936	常州林业机械厂	1288	常州林业机械厂	82124
常州林业机械厂	11418	威海木工机械厂	869	威海木工机械厂	68837
柳州机械厂	9061	上海人造板机器厂	423	上海人造板机器厂	33131
哈尔滨拖拉机厂	8926	柳州机械厂	353	上海机械刀片厂	30060
上海人造板机器厂	3710	牡丹江木工机械厂	305	镇江林业机械厂	29015
牡丹江木工机械厂	3439	苏州林业机械厂	283	苏州林业机械厂	26640

新技术与科研成果 1991年，中国林业机械公司和海淀大德技术开发部针对目前我国从国外引进及国内自行开发的刨花板单层压机生产线铺装板坯传送带及其热压机液压控制回程采用的二位三通球式电磁先导阀全部需要进口，价格昂贵，影响我国刨花板生产线发展的情况，共同开发研制了具有国际先进水平的刨花板坯非金属传送带和高精度耐磨球芯电磁先导阀。刨花板坯非金属传送带是用国产材料代替进口材料，其技术性能指标达到国外进口产品水平。该传送带承受温度>200℃，承受压力>3.5MPa，规格7950mm×1370mm，厚度>1mm。高精度耐磨球芯电磁先导阀是采用高精度非金属耐磨球为阀芯，使阀的性能和寿命达到进口同类阀的水平。其公称通径6mm，额定工作压力25.5MPa；系统最大工作压力31MPa，额定工作电压220V。

1991年木材工业机械行业获国家科技进步三等奖的项目有1项，即年产3万立方米刨花板成套设备主机的引进与研制。该成套项目是由中国林业机械公司、信阳木工机械厂、镇江和苏州林业机械厂、昆明人造板机器厂等10个单位，吸取国外刨花板成套设备发展的新技术，研制了23种27台主机及成套设备，组成具有先进水平和中等规模的刨花板成套设备生产线，主机性能接近或达到世界先进水平。

1991年木材工业机械获林业部科技成果三等奖的项目有：哈尔滨林机所研制的BBP123Q小径木剥皮机，该所和常州林业机械厂共同研制的BY9、BY13型液压起重臂，该所和绥化林业机械厂研制的CJ40营林集材机，苏州林业机械厂研制的三层网带式干燥机等。

新产品 1991年木材工业机械行业开发的新产品有：牡丹江木工机械厂研制的MJ223A型摇臂式万能木工圆锯机、MB402C型四面木工刨床、MB104A型单面木工压刨床、BG6140B型木材常规干燥机、MB404型四面木工刨床，信阳木工机械厂研制的MB1013木工压刨床、BJ1220型剪板机、BJ1226型剪板机、MB402D型四面刨床、BQ1126／8型单板旋切机、BJF114型封边机等7项，苏州林业机械厂研制的BSG2613双砂架双面宽带砂光机、2713四砂架双面宽带砂光机，镇江林业机械厂研制的BM114型磨刀机、BX158型倾斜刀盘削片机（组）、CCCP-10侧面叉车，四川都江木工机床厂研制的MD536×6型曲、直线封边机、ML424型木工平压两用刨床、MBX116型数显单面木工压刨床等。

牡丹江木工机械厂研制的MB402型四面木工刨床的技术性能达到国际同类产品80年代水平，填补了国内大型四面刨床的空白，MBX116型数显单面木工压刨床是四川都江木工机床厂在消化、吸收国外先进技术基础上，结合该厂MBX115型数显木工压刨床的特点，设计的系列新产品，其技术性能达到国内同类产品的先进水平。该机最大刨削宽度630mm，最大刨削深度10mm，制件厚度范围10～20mm，送料进度5、7、11、17、25m／min，切削速度30m／s，主轴转速4640r／min。

1991年，被国家科委等5个单位批准为1991年度国家级木材工业机械新产品的项目有：苏州林业机械厂生产的BSG2713四砂架双面宽带砂光机、BF178矩形摆动筛、BG134型三层喷气式辊筒式单板干燥机、BF214气流分选机，镇江林业机械厂生产的BX4162双鼓轮刨片机、BX2113鼓式削片机，牡丹江木工机械厂生产的KS23型直面封边机、PE2000多排木工钻床，上海人造板机器厂生产的BY225×7／6、BY224×6／3刨花模压制品预压热压机、BY614×8／9二次加工贴面热压机组等。

行业管理 1991年，国家技术监督局已授权林业部1992年开始对削片机、热压机等5种人造板机械进行许可证颁发工作。

经国家经贸部正式批准授予信阳木工机械厂进出口经营权。

质量及质量管理 1991年，常州林业机械厂经中国质量管理协会评定为全国68个质量效益先进企业之一。该厂经用户评价被中国质量协会用户委员会评为用户满意单位。

常州林业机械厂生产的ZLM50装载机、上海人造板机器厂的BY134×8／20纤维板热压机、昆明林业机械厂的EQ-140汽车钢板弹簧等三个产品获林业部优质产品奖。河南信阳木工机械厂生产的MJ3212自动跑车木工带锯机被河南省评为省优质产品。

技术改造及技术引进 1991年木材工业机械行业共安排技术改造项目9项，新开工项目2项。总投资1827万元(由林业部投资)，其中专项贷款投资1540万元。这些技术改造项目和资金的安排，对推动木材工业机械企业技术进步和市场竞争能力以及提高经济效益均起到一定的作用。如四川岷江林业机械厂的竹碎料板加工设备技术改造项目，总投资510万元，1991年投资300万元。该厂技术改造后将建成我国南方竹材人造板设备生产基地，年增产值530万元，新增利税120万元。常州林业机械厂引进的7吨装载机技术，也是1991年技术改造重点项目，总投资1100万元，该项目是与日本小松制作所以技贸结合方式合作生产具有国际80年代末期先进水平的WA407-1装载机，从而使该厂形成了从1.5～7吨级的7个品种的装载机系列，实现了年增产值3000万元、新增利税1150万元、节汇500万美元、创汇1000万美元的经济效益。

销售 1991年木材工业机械行业产品销售收入呈上升趋势，产品销售收入为81135万元，出口产品3314台，创汇969.03万美元，分别比1990年增长23.5%和29.39%。

1991年木材工业机械行业国内外销售额居前八名

的企业及国内外销售产品分类构成见表2和表3。

表2 1991年林业部木材工业机械行业国内外销售额前八名企业

名次	企业名称	国内销售额（万元）	企业名称	出口额（万美元）
1	常州林业机械厂	11984	牡丹江木工机械厂	227
2	威海木工机械厂	9309	哈尔滨拖拉机厂	189.27
3	柳州机械厂	8540	常州林业机械厂	160
4	哈尔滨拖拉机厂	7572	威海木工机械厂	105
5	泰州林业机械厂	4555	镇江林业机械厂	27.89
6	上海人造板机器厂	4204	沈阳带锯机床厂	26
7	牡丹江木工机械厂	3879	泰州林业机械厂	22.02
8	苏州林业机械厂	2686	苏州林业机械厂	17.89

表3 1991年林业部木材工业机械国内外销售产品分类构成

产品种类	国内销售额（万元）	出口额（万美元）	出口额比上年增长%
木材采运机械	24449.80	356.33	29.1
木材加工机械	21638.72	499.24	34.2
人造板机械	24248.44	30.24	91.9
木工刀具、刃具	6417.19	50.39	52.7

〔撰稿人：林业部 谢湘京 审稿人：林业部 陈达文〕

〔机械电子工业部〕

生产发展情况 1991年从事木材加工机械生产的归口企业75家(包括机械电子工业部定点厂、轻工业部定点厂和其它部门的厂家)，职工人数35260人，固定资产原值41132万元。共完成工业总产值85021万元，比上年增长63.83%。其中，木工机床总产值41382万元，比上年增长18.17%；木工刀具总产值3345万元，比上年减少15.54%。木工机床总产量293612台，比上年增长25%。1991年主要木材加工机械产品有11大类，其产量见表4。在1990年通用木工机床321个品种的基础上，1991年新开发木工机床43种，其中圆锯机6种，带锯机5种，刨床9种，铣床6种，开榫机1种，榫槽机1种，砂光机7种，封边机1种，辅机2种，多用机床5种。1991年新开发木工刀具5种。

表4 1991年木材加工机械分类产量表

(单位：台)

产品	产量	比重(%)	比上年增长%
圆锯机	2118	0.72	39.6
带锯机	4019	1.39	45.0
刨床	8565	2.92	105.3
车床	78	0.03	−49.0
铣床	509	0.17	−57.9
开榫机	316	0.11	−26.0
钻床	426	0.15	187.8
榫槽机	852	0.29	−15.6
砂光机	110	0.04	−77.0
辅机	5113	1.74	63.0
多用机床	271051	92.32	24.2
其它	455	0.12	
合计	293612		25.0

从表4可以看出，多用机床占总产量的92.32%，产量比上年增加5万多台，居首位。主机方面，钻床增长比例最大，其次是刨床。下降幅度最大的是砂光机、铣床和车床。

1991年按工业总产值、实现利润、全员劳动生产率等技术经济指标分别衡量，木材加工机械行业各单项指标前五名企业见表5。

表5 1991年机电部归口企业木材加工机械行业单项指标前五名企业

企业名称	工业总产值（万元）	企业名称	实现利润（万元）	企业名称	全员劳动生产率（元／人·年）
威海木工机械厂	12936	威海木工机械厂	869	威海通用机械厂	101305
威海通用机械厂	8050	威海通用机械厂	495	威海木工机械厂	68336
牡丹江木工机械厂	3439	文登春华木工机械厂	350	乳山木工机械厂	49864
文登春华木工机械厂	2522	牡丹江木工机械厂	305	潍坊市坊子木工机械厂	46000
信阳木工机械厂	2393	银川拖拉机配件厂	245	文登春华木工机械厂	42601

新技术与科研成果 1991年，木材加工机械行业取得科技成果30项。其中，上海木工机械厂

研制的 MJG154 型带激光装置自动木工圆锯机，采用激光投射基准直线，工件直线度好，加工尺寸精确，对节材有重大作用。福州木工机床研究所研制的 MR322 型万能木工硬质合金刀具磨床，消化吸收了国外同类产品的优点，具有造价低、结构灵巧、用途广、精度高等优点，可以刃磨硬质合金圆锯片、铣刀、钻头、刨刀片等多种刀具。太行锯条厂和北京林业大学共同开发研制的硬质合金新型锯片，可以锯代刨，经过锯切的工件表面很光滑，不用再刨切，达到国外同类产品 80 年代水平。

新产品 1991 年木材加工机械新产品试制鉴定的共有 43 个，包括都江木工机床厂的 MB×116 型数显单面压刨、MB424 型平压两用刨床、MD536×10 型自动曲面直线封边机，上海木工机械厂的 MJG154 型带激光装置自动木工圆锯机，牡丹江木工机械厂的 MB402C 型和 MB404 型四面刨床、MJ223A 型万能摇臂式圆锯机，信阳木工机械厂的 MJX3512B 型数控进料带锯机、MB402D 型四面刨床、BQB33／3 型和 BQB33／3A 型纵横联合齐边锯、BJF114 型自动封边机，沈阳带锯机床厂的 MJZ3512 型自动跑车带锯机，邵武木工机床厂的 MJ3111 型普通带锯机，青岛木工机械厂的 MM349 型圆柱磨光机、MM2312 型侧立带式磨光机、MM9220 型异形磨光机、MM415 型盘带两用磨光机、MM2020 型卧带式磨光机，沈阳木工机械厂的 MY623 型双面仿形铣床、MB406 型四面刨床、MJ3510A 型辊轮进给带锯机、AF1118A 型自动进给磨锯机、MJ109A 型木工圆锯机，庐山木工机械总厂的 MLHX001 匙柄专用机床，哈尔滨木工机械厂的 MKW324 型万能刃磨机、MDJ14 型和 MSDJ17 型多功能地板块精光机，海安木工机床厂的 FMX16 型双面磨光机，洛阳机床厂的 MB918 型木工侧边刨床，威海通用机械厂的 MJ393 型台式带锯机、ML391 型台式平压刨多用机床、ML292 型台式多用机床，东台家具机械厂的 MD218 型单头直榫开榫机、MJ106-1 型手动进料圆锯机，额尔古纳左旗根河通用机械厂的 MQ443A／1 多用木工机床，文登春华木工机械厂的 MX-Z531 型和 MK-H581 型地板块开榫机，金华木工机床厂的 MS391 型台式单轴榫槽机，东台第二木工机械厂的 MB6010 型光刨机，任丘永茂机械厂的 MQJ442-1 型筒式四用木工联合机，牡丹江立新机械厂的 MX906 型地板块铣边机，牡丹江木工设备厂的 BSG4106 型小型砂光机，无锡木工机械厂的 MB105 型单面压刨床，文登草庙子木工机械厂的 ML292 型台式多用机床。

木工刀具新产品有 5 项，包括上海机械刀片厂研制的湿式金刚石圆锯片，哈尔滨第二工具厂的 R5～R30 型木工硬质合金凸半圆铣刀、R5～R30 型木工硬质合金凹半圆铣刀、3.8～6.2mm 宽木工硬质合金单片指接铣刀，太行锯条厂的直径 160～400mm 木工硬质合金刨锯片。

行业管理 1991 年，根据机电部的部署，福州木工机床所组织了多次调查论证，进行产品结构调整工作。1991 年 11 月在厦门行业工作会议上通过了“八五”淘汰产品规划和老产品换代联合设计项目，其中 MJ216、MJ217 两种脚踏截锯机列入第 15 批淘汰产品目录，MB104 型单面压刨床、MJ106 型手动进料圆锯机、MJ235 型万能式圆锯机、MJ3210 型跑车带锯机四种产品列入第 16 批淘汰产品目录。普通带锯机将进行换代，1992 年一季度将开始联合设计。

在机电部机床司领导下由中国机床总公司和福州木工机床研究所牵头，1991 年成立中国机床总公司木工机床出口集团，共有 25 个单位参加，在 9 月第二届中国国际机床展览会上首次亮相，为开展对外贸易、扩大木工机床和刀具出口开辟了更广阔的途径。

到 1991 年，木材加工机械行业共有 1 个国家一级企业——威海木工机械厂，5 个国家二级企业。获生产许可证企业 110 家、产品 234 个。

质量及质量管理 1991 年，机电部木工机床检测中心完成了锯、刨类补发生产许可证的 21 个企业 43 个产品的检测和企业考核工作，完成 5 个企业 7 个产品的检测和质量水平评价工作及 2 个产品创优的检测和质量水平评价工作，对已获生产许可证企业的 9 个产品进行了质量监督抽查。召开 1990 年度台式多用机床、普通木工圆锯片行评总结会，开展了 1991 年度硬质合金圆锯片行评工作。检测中心通过了国家商检局、机电部对国家进出口商检木工机床认可实验室的复查、考核，正式领取了标牌及印章。到 1991 年底，全行业获出口质量许可证 32 家，产品 53 个，创优 11 家；参加行评企业 39 家，获行评一、二等奖的有 7 家。

1991 年全国木工机床及刀具标准化技术委员会制订、修订了 26 项国家标准和部标准。以上海木工机械厂五种典型产品为试点，重点抓了《木工机床结构安全通则》的国家标准贯彻工作，另外还进行了标准体系表的编制、木工机床和木工刀具可靠性的基础工作以及标准的清理整顿工作。到 1991 年底，获国家银质奖产品有木工机床 2 项（2 个企业），获部优产品称号的有木工机床 4 项（4 个企业）、木工刀具 5 个系列（3 个企业）。

技术改造及技术引进 1991 年，全行业共投入基建资金 3564.45 万元和措施费 1000.6 万元进行技术改造。上海木工机械厂由地方筹资 700 万元进行厂房搬迁。牡丹江木工机械厂投资 230 万元，铸造车间采用树脂砂造型，锻造车间法兰室及加热炉改造，添置了部分机电设备，提高了工艺装备水平。信阳木工机械厂投资 144 万元，进行定向刨花板设备的开发和技术改造。威海木工机械厂投资 1064 万元，增添精密和中型加工设备，扩大生产能力，提高了产品质量和水平。哈尔滨第二工具厂投资 115 万元，扩建木工刀具车间，添置部分设备，提高了圆锯片和铣刀的加工工艺水平和产品结构水平。太行锯条厂投资149万元，对手锯、机锯生产线进行了10项技术改造，年新增手工锯类10万把，木工带锯条10万多米，新增产值100万元。

技术引进方面，太行锯条厂从德国威猛公司引进黑色金属切割锯片铣齿机，生产冶金用切割锯片，大大提高了生产能力。牡丹江木工机械厂引进技术生产的KS23型封边机和PE2000型多排多轴钻，获国家级新产品证书。

销 售 1991年国内木工机床销售额为37837.32万元，比1990年增加57.77%，具体分类构成见表6。国内销售额中，多用机床占62.65%居首位，其次是刨床，第三是带锯机，圆锯机第四，辅机第五，其它只占很小比例。

1991年木工刀具6个厂的国内销售额为3309.52万元，木工刀具企业销售额居前列的三个企业是上海机械刀片厂(1222万元)，哈尔滨第二工具厂(728万元)，太行锯条厂(678.8万元)。

表6 1991年木工机床国内外销售分类构成

产品名称	国内销售额(万元)	出口量(台)	出口额(万美元)	出口额比上年增加%
圆锯机	1286	267	60	22.0
带锯机	4504	281	55	−67.4
刨床	5085	550	134	−22.1
车床	44			
铣床	151	91	15	2.3
开榫机	502	246	18	38.3
钻床	254	20	2	−66.8
榫槽机	282	23	1	−73.0
砂光机	519	11	1	−96.7
封边机	29			
辅机	1174	299	15	154.5
多用机床	23705	3321	84	45.3
其他	302		69	
合计	37837		454	

表7 1991年木材加工机械行业国内销售额前五名企业排列顺序

名次	企业名称	销售额(万元)
1	威海木工机械厂	9309
2	威海通用机械厂	4564
3	牡丹江木工机械厂	3879
4	文登春华木工机械厂	3448
5	文登草庙子木工机械厂	2910

1991年木工机床出口额2648.6万元，创汇454.3万美元，比1990年下降6.53%，其分类构成见表6。木工机床出口情况中，辅机增长率最大，多用机床第二，开榫机第三，圆锯机第四。下降最多的是砂光机、榫槽机、带锯机、钻床和刨床，出口创汇最大的企业是牡丹江木工机械厂，超过100万美元，其次是威海木工机械厂、额尔古纳左旗根河通用机械厂、文登草庙子木工机械厂和牟平青东联营厂。

1991年木材加工机械企业销售额居前列的五个企业见表7。

〔撰稿人：福州木工机床研究所 卢镇华 审稿人：福州木工机床研究所 李玉琮 机械电子工业部机床工具司 张丽梅〕

金属切削机床

〔机械电子工业部〕

生产发展情况 1991年，机械电子工业部系统有机床企业231个，职工316979人；完成工业总产值496287万元，比上年增长14.3%；机床产量为11.03万台，比上年增长16.8%。

新技术与科研成果 1990年机床行业完成科研成果185项。其中，北京机床研究所开发的柔性加工单元用数控系统(CNC，PC)是国家"七五"攻关项目，代号为BS−06MF，该系统较FB−6ME增加了新功能，包括3～5轴联动伺服加工功能、大容量程序和数据的共用存储功能、通讯传输功能、手动示教功能等，达到国外80年代中期先进水平，填补了国内FMC用数控系统的空白。该所完成的加工中心机床误差智能控制实时补偿单元是"八六三"计划CIMS主题的研究课题之一，该系统结构简单，运动速度快，为FANUC−6ME数控系统增加了综合误差实时补偿功能，这一课题的开发填补了国家在热误差实时补偿技术方面的空白，达到国际先进水平。该所开发的另一项目—JCS−014数控激光切割机床是与德国ROFINSINAR激光公司的合作项目，机床定位精度±0.02mm/300mm，重复定位精度±0.01mm，加工精度为±0.1mm，采用快速轴流式CO_2激光器，并配有CAD/CAM系统，可优化排料及优化切割路径。苏州电加工机床研究所完成的模具中窄缝(槽)小盲孔抛光技术研究课题为机电部基金项目，该项目研制了一种采用液体抛光工艺设备，它复合了电解接触研磨和液体珩磨，是一种小型化的专用抛光设备，可对模中窄缝(槽)、小盲孔等其它方法难以抛光的型腔面进行抛光，并能取得良好的抛光效果。该所完成的D703A高速电火花小孔加工机床能加工不锈钢、淬火钢、硬质合金、铜、铝等各种导电材料，可加工直径0.3～3mm、深径比100：1以上的孔，加工速度为30～60mm/min。D4050去折断工具专用机床是苏州电加工机床所的又一成果，该机床主要用于蚀除折断在各种工件中的丝锥（M6～M16mm）、钻头、铰刀（直径6～24mm）等工具，适用于汽车、拖拉机、内燃机、柴油机等大、中型企业，该机床属国内首创。大连组合机床研究所开发的钻削类组合机床CAD系统是国家“七五”攻关项目，由21个子课题组成，完成从机床方案制订到夹具、床身、底座、多轴箱、电气控制系统、液压控制系统的设计，以及机床说明书的编制、机床精度检验规格及合格证书编制等设计全过程。该课题的研究成功大大提高了设计质量和效率，其水平在国内领先，部分达到国际先进水平，1991年获机电部科技成果一等奖，该所还完成了多轴组合式加工单元通用模块系列设计及基型研究，这一项目也是国家“七五”攻关项目，UD80多轴组合换刀箱柔性加工单元，由161种模块组成，带有刀具库和多轴箱库，它集加工中心与组合机床的优点于一体，可用于大批量、大中型箱体类零件或成组杂件的切削加工，自动完成多个侧面钻、扩铰、镗、铣、锪孔、攻螺纹、车端面、切槽等工序，产品达到国际同类产品80年代中期先进水平，填补了国内空白。该所完成的弧焊机器人技术开发是国家“七五”重点科技攻关项目，在样机研制、机构学分析、焊机系统、控制软件开发及应用技术等方面取得了丰硕成果。研制成功的DC伺服驱动与自由度关节型示教再现式机器人，具有结构紧凑、工作空间大、重复精度高、工作可靠的特点，其综合性能指标达到国际80年代中期同类产品技术水平。

北京第一机床厂完成了机床噪声计算机辅助测试系统——SSCAT的研究，其软件具有良好的操作性能、声功率测试以及功率的1／3倍频程滤波分析等内容。该厂还完成了机床热变形计算机辅助测试系统的研究，采用TDCAT软件系统，功能完善，操作方便。该系统提供了一套完整的计算机辅助测试机床热变形的方法、可在机床热变形实验中实现数据自动采集、记录及测试结果的自动分析计算，并能迅速做出试验结果报告。武汉重型机床研究所进行了“机床的热变形及其控制”的课题研究，介绍了机床热变形的研究内容和方法，分析了机床热变形的产生机理，阐述了机床的传热方式与热变形的基础理论及解析方法、机床热特性测试仪器和测试技术、机床热变形的控制理论和方法。该所还完成了机床常用回转体零件CAD／CAPP／CAM集成软件的研究，可实现从零件设计到加工的一体化过程，属模块化开放系统，具有良好的可扩充性，可与数控机床配套使用。广州机床研究所研究了通用配套辅助刀库，在FMC和FMS中储存已预调好的刀具，以便随时更换。其中包括CDK全封闭式柜式储刀库，其储刀量分别为128、300、500把刀，承重1000kg，能并排使用，采用卷帘式拉门，安全性好，精度保持好；ZDJ塔型转盘式插刀架，储刀量60、80、100把，承重600kg；CDJ小车型可移动式插刀架，储刀24、32、48把，承重400kg；TDZ通用型塑料刀座，插刀量为2、3把。该所还完成了数控机床、精密机床及普通机床导轨摩擦副中使用的聚四氟乙烯与铸铁导轨之间的胶粘剂，其180℃时的剥离强度大于50N／25mm，剪切强度大于6NPa。

新产品

车床 1991年机械电子工业部系统共生产车床52344台。开发车床产品新品种33种，其中数控车床12种。沈阳第一机床厂开发了S_1-310立式双轴数控车床，相当于两台单轴立式数控车床的有机组合，每个主轴及进给系统分别由一套数控系统实现自动控制，机床的两个主轴分别对应有一个六工位液压刀架，可以同时加工同一种零件的同一工序或不同工序，也可同时加工不同的零件。加工规格为ϕ500mm×240mm，主轴数量2个，转速42.5～574r／min。该厂完成的S_1-303型数控曲轴主轴颈车床，是为了适应我国汽车工业的发展而研制的。适用于粗、精加工长920mm以下各类曲轴的主轴颈、夹板面，工艺先进，可满足我国汽车曲轴88%以上品种的加工，加工规格为ϕ500mm×920mm。安阳机床厂在CW6163型普通车床的基础上开发出加工盘类、管类回转体零件中直径较大而本身重量又不太大的特殊工件的轻型普通车床CQ6180型普车，可加工直径800mm的工件。

铣床 1991年机械电子工业部系统共生产铣床12292台。开发铣床新品种17种。北京第一机床厂自行设计开发的MCP-1000A型立式数控仿形铣床，可进行三坐标三联动的数控插补、仿形控制运动，还具有数字实物编程等功能，工作台工作面积1000mm×2500mm，数控精度0.03mm，仿形精度0.04mm。常州机床厂在X5325／2型摇臂铣床基础上开发出XJK5325型经济型数控摇臂铣床，更换了数控主轴头，将十字工作台改成滚珠丝杠传动、贴塑导轨的数控工作台，从而实现三坐标微机控制。工作台面积9″×49″。江东机床厂在连续几年开发专用铣床的基础上，又相继推出JD24铣背专机、JD27粗铣专机和JD28立式双主轴铣床等一系列专机，这些专机用于制钳行业铣削左右钳背，可对被加工工件的平面一次装夹进行粗、精铣。太原第一机床厂开发了XQT-2014型轻型龙门铣床，该机床带有四个铣头，可同时加工，工作台进给快移采用蜗轮蜗条机械机构，牵引力大，运动平稳，加工精度高，最大加工工件尺寸4000mm×1600mm×1000mm，适用于轻纺及通用机械加工工业。沈阳第一机床厂为195柴油发动机曲轴连杆颈及夹板面的加工开发了S_1-321型曲轴铣床，该机床的加工效率为车削加工的6倍，加工精度及切削速度已达到国外数控曲轴铣床的水平，填补了国内单偏心、圆进给内铣机床的空白。

磨床 1991年机械电子工业系统共生产磨床12279台，开发磨床新品种21种。杭州机床厂开发出MLK7140型数控缓进给深切成形强力磨床，采用先进的缓进给深切成形工艺，用滚珠丝杠传动。工作台最低速度为 25mm／min，加工工件可由毛坯直接成形。可用金刚石滚轮成形修轮，也可用单颗金刚石修整砂轮的周边和端面，并有砂轮恒线速控制。该厂还开发了 HZ-1610 型龙门式平面磨床，采用双立柱龙门式布局，由床身、双立柱、顶梁组成封闭的刚性结构框架，进给量为 0.0025mm，进给稳定可靠，具有点动对刀功能。该机床规格为 1000mm×1600mm，特别适合磨削大规格模具，填补了国内空白。无锡机床厂开发了 3MK1316 型数控轴承内圈沟磨床，填补了 JB／Z240-85 轴承内圈磨床系列型谱的缺门，并可在此基础上派生 10 种轴承内圈磨床。该机床进给机构采用步进电机驱动，经谐波减速器和滚珠丝杠螺母直接驱动磨架。磨削速度 60m／s，砂轮主轴采用四片短瓦动压轴承，刚度好、精度高。新乡机床厂开发了 2M5815×2 型输送带式平面砂带磨床，加工工件最大尺寸 130mm×100mm×2000mm，砂带速度 15m／s，填补了同规格砂带磨床的空白，达到国际 80 年代中期的技术水平，该机床广泛用于机械、电气、冶金、仪器仪表、五金工具和汽车行业。北京第二机床厂开发的 B_2-092 型自动砂带抛光机采用模块化设计、预负荷滚动导轨、PLC 控制。可一次完成曲轴各部轴颈外圆、根部圆度及端面的加工。机床具有严格的动作步进联锁和灵活的跳步、独特的连杆颈抛光头、气路随意平衡和砂带自动送进等功能。工件最大回转直径 320mm，最大的顶尖间距离 1000mm。该机床填补了国内空白，可满足汽车行业高效率生产的要求，达到国际 80 年代中期技术水平。

钻镗床　1991 年机械电子工业部系统共生产钻床 12402 台，镗床 2171 台。开发钻镗床新品种 9 种，中捷友谊厂开发了 TK6511／2 型数控刨台式铣镗床和 TKP6511／3 型数控刨台式铣镗床，镗轴直径 110mm，采用模块化设计。TKP6511／3 型机床设有固定平旋盘，滑块进给(u 轴)由直流伺服电机控制，填补了国内空白。德州机床厂试制成功的 Z2102 型深孔钻床，是采用外排屑法钻削小孔径的卧式深孔钻床，通过一次钻削，就可达到通过钻、扩、铰几次加工才能达到的加工精度 IT7 和表面粗糙度 $Ra<1.6\mu m$，钻孔直径 3～20mm，最大镗孔直径 35mm，钻孔最大深度 250～1500mm。

拉床　1991 年机械电子工业部系统共生产拉床 88 台，开发拉床新产品 8 种。长沙机床厂开发的 CS-7021 型双溜板立式齿条拉床，采用拉床控制加工齿条，在我国还是首次。该机床突破了以往利用铣削和插齿机加工齿条的模式，工作效率相当于普通加工方法的两倍。齿条拉削精度高，齿垂直于零件中心线，齿全长摆差不大于 0.03mm，齿距差＜0.005mm，齿槽的均匀性差 0.02～0.075mm，机床额定拉力为 200kN，行程 1600mm。该厂还开发了 L7120 型立式外拉床，这是我国生产的拉床中行程最大的一种，工作行程为 2500mm。额定拉力 200kN，主溜板工作速度 1～9m／min，返回速度 7～20m／min，解决了拉床大溜板低速爬行的难题，特别适合于大余量、复杂多面的异形零件的加工，并能保证较高的加工精度和光洁度，生产效率高。

插刨床　1991 年机械电子工业部系统共生产插刨床 3251 台，开发插刨床新品种 3 种。长沙机床厂开发了 BF62100／3 型移动式仿形牛头刨床，该机床的主传动和仿形进给系统均采用液压传动，主传动能够无级调速，滑座具有快移和步进机构，切削平稳，仿形精度高。仿形长度 850mm，仿形宽度 2000mm，将仿形装置取下，该机床可作通用移动式牛头刨床使用。济南第二机床厂开发了 B2316 龙门刨铣床，其最大加工宽度 1600mm，最大加工厚度：刨削 1250mm、铣削 1120mm，最大加工长度 4000mm，工作台无级调速：刨削 2～60m／min、铣削 0.05～1.5m／min。精度标准按照日本 JISB6207—87 验收。

齿轮及螺纹加工机床　1991 年机械电子工业部系统共生产齿轮及螺纹加工机床 3123 台，开发齿轮及螺纹加工机床新产品 7 种。天津第一机床厂开发的 YZX5125 型高效插齿机，最大加工模数 6mm，最大加工直径 250mm，最大加工齿宽 70mm，加工精度 6 级以上。机床采用纵向布局，工作台径向进给，刀架摆动让刀。工作台偏移后可实现斜向让刀，刀架采用静压轴承和静压让刀导向支承，让刀机构采用双流子让刀凸轮。该机床生产效率高，操作方便，自动化程度高，特别适用于汽车、拖拉机行业。长江机床厂开发出 YS-5120 系列高速插齿机 11 种。

数控机床　1991 年机械电子工业部系统共生产数控机床 2371 台，开发数控机床新品种 23 种，数控机床的品种数占 1991 年总的新品种数的 19%。北京第一机床厂开发了 B_1-FMC_1-630 型柔性加工单元，该单元备有存放 60 把刀的刀库和 6 个托盘的自动交换装置，具有刀具长度自动测量及补偿、工件自动测量及补偿功能。主机装有密封式整体切削防护罩、大流量喷淋装置、排屑器和切屑提升装置，能够完成工件清洗、冷却及切屑自动收集和排出功能。工作台工作面积 630mm×630mm，主轴转速 201～3130r／min，定位精度 0.04mm，重复定位精度 0.016mm，工作台最大承重 900kg。宁江机床厂开发的 CH6132、CH6140 型车削中心是引进英国 Beayer 公司的产品，配 12 工位转塔刀架，X、Z 轴二轴联动。其中 CH6132 型车削中心车削长度 275mm，最大车削直径 180mm，主轴转速 50～5000r／min；CH6140 型车削中心最大车削直径 400mm，最大车削长度 400mm，主轴转速 50～3500r／min。中捷友谊厂开发的 THY5640 型立式铣镗加工中心是自行开发的新产品，机床采用镶钢导轨，并有贴塑，精度保持性好。主变速采用交流变频主电机和机械两档，实现无级变速，扭矩大，最大转速 4000r／min。

重型机床 1991 年机械电子工业部系统共生产重型机床 267 台。险峰机床厂开发了 MK84125 型数控轧辊磨床，最大磨削直径 1300mm，最大工件重量 25 吨，机床工作精度为圆度 0.005mm、圆柱度 1000: 0.005mm、表面粗糙度 *Ra*0.2μm、中凸（凹）度对称度 100: 0.0005mm。该厂还开发了 MK5212／1 型数控龙门导轨磨床，最大磨削宽度 1250mm，最大磨削长度 4000mm，磨床微量进给范围 0.001～0.099mm。武汉重型机床厂开发了 TK6920／3 和 TK6920／2 型数控落地铣镗床，镗轴直径 200mm，铣轴直径 280mm，滑枕断面尺寸 470mm×520mm。该厂还开发了 TK6916／3 数控落地铣镗床，镗轴直径 160mm，铣轴直径 260mm，滑枕断面尺寸 470mm×520mm。

仪表机床 宁江机床厂开发了 YM3612 型精密卧式滚齿机，主要用于滚切小模数直齿圆柱齿轮、螺旋齿轮，是 YG3612 型滚齿机的更新产品，该机提高了机床自动化程度，滚刀架轴向滚切后快速轴向退回部件、滚刀径向自动进给及快速退回双部件，采用 PC 可编程序，最大加工模数 1.5mm，滚刀架可转 90°，加工精度为圆柱齿轮 GB2363—80 中的 5 级，滚切螺旋齿轮为 GB2363—80 中的 6 级。该厂还开发了 C117／6 单轴纵切自动车床，该机床除了具有纵切自动车床的一般功能外，还配置了二轴钻孔附件、背钻孔附件及机械手，可完成零件二端面钻孔工作，棒料最大进给长度 60mm，二轴钻孔最大直径 5mm，背钻孔附件最大钻孔直径 2mm。

其它机床 齐齐哈尔第一机床厂为铁路行业的发展提供了 Q_1Z_1X 型车轴加工自动线，由 5 台机床、4 台机器人和运输小车组成，年产铸钢车轴 9 万根，有较高的自动化水平。上海机床厂开发的 PMM12106 型精密三坐标测量机，是我国第一台计量型测量机，空间测量精度达（1.25L／300）μm，达到国际先进水平。

〔撰稿人：北京机床所一分所　王惠方　审稿人：机械电子工业部机床工具司　恩宝贵、蒋业成〕

〔航空航天工业部〕

生产发展情况 1991 年，北京航天机床数控系统集团公司完成低档数控系统和直流伺服单元小批量试生产，其中：各种数控系统 230 台，直流伺服单元 390 轴(含直流伺服电机)；完成总产值 720 万元。还完成折弯机数控系统、磨床数控系统及剪板机数控系统、齿轮珩齿机及火焰切割数控系统的开发和功能完善。扩大用户，增加了机床覆盖面。

集团公司还配合部技术改造、技术更新，开展了数控机床的推广应用工作。继 1990 年在航空航天部内推广 11 台数控机床后，1991 年又推广了 18 台数控机床，选用的仍是济南第一机床厂生产的主机、由集团公司的 MNC862 数控系统配套的 JF—Ⅳ型数控机床。

新技术与科研成果 根据航空航天工业部科技司下达的中档金属切削机床数控系统——MNC901 要求，完成了技术方案论证、评审、总体设计、硬件逻辑设计、部分功能软件设计，提出元件清单。同时，落实了国家计委和机电部机床行业下达的“八五”数控技术专项攻关任务。根据该项任务要求，“八五”要完成两种“中档”数控系统平台，形成系列产品。这两种系统平台是：中华Ⅰ型数控系统，此系统将由机电集团承担；航天Ⅰ型数控系统，此系统由航天数控集团承担。为此，集团公司组织了部内外集团成员单位，对技术总体方案进行了论证，协调了各单位任务，此任务涉及到 12 个大专院校和研究单位及工厂。与行业主管部门——机电部机床工具司签订了两项三级合同，三项三级半合同；与所属各成员单位及有关用户工厂签订了 13 项四级合同。

国家科委、财政部于 1991 年 11 月联合发文，下达了航天Ⅰ型数控基本系统、车削柔性加工单元控制软件研究、三坐标测量数控系统等五项课题经费指标，航天集团公司承担的课题总经费为 1045 万元。第一批经费已到位，攻关工作将全面展开。

行业管理 为促进数控产品在航空航天工业部形成规模生产，并圆满完成承担的“八五”各项任务，航空航天部及二院领导对航天数控集团公司的组织建设作了调整：(1)经二院领导和有关部门指导协调，自 1991 年 7 月 1 日起，将 706 所 103 人的数控事业部作为数控集团公司的开发中心，人员行政关系仍属 706 所，任务考核即数控产品的产、供、销、财、物均由集团公司统筹安排，集团公司一年向 706 所交 100 万元的人员承包费。这样，使数控集团公司实体化迈进了一步。因此，1991 年 7 月 1 日后，数控产品生产有了明显的好转。(2) 数控集团公司在部、院正式列编。航天数控集团公司自 1988 年 6 月就经北京工商局批准注册登记，是自主经营的国营企业法人，但未列入航空航天工业部正式编制单位。根据发展需要，且航空航天工业部数控产品生产已初具规模，“八五”期间要完成攻关和技改任务，形成数控产品研制、开发、生产基地，为此，航空航天工业部正式批准“航天机床数控系统集团公司”为二院所属厂、所级单位。

技术改造及技术引进 1991 年，完成了“八五”技改立项和可行性论证。根据国家计委和机电部行业发展规划要求，数控产品在“八五”期间不仅要完成攻关课题，形成有自主技术版权的系列产品，还要重点支持几项技改项目，形成数控产品产业化规模生产基地，航天数控集团公司被确定为重点支持的数控产品的“三大”生产基地之一。

集团公司的“八五”技改项目建议书已于 1991 年 11 月 8 日经国家计委正式批准。将翻建一栋

$6094m^2$ 的数控综合楼，项目将于 1993 年完成，1994 年 6 月投产，1995 年达到年产 1200 台，1996 年达到设计产量 2000 台／年。

销售 1991 年签订各种数控系统销售合同 250 台，销售收入 340 万元。

〔撰稿人：航空航天工业部航天机床数控集团公司 曾孝明 审稿人：航空航天工业部民品司 郭亚伟〕

锻压机械

〔机械电子工业部〕

生产发展情况 1991 年，锻压机械行业生产企业 104 个，实现工业总产值 126710 万元，锻压机械总产量为 30874 台。1991 年锻压机械仍是朝着成套化、多品种、大重型、多功能、精密高效和数控化发展。

新技术与科技成果 1991 年锻压机械行业完成的新技术科研成果有几十种，其中具有代表性的是济南铸锻所承担的国家"七五"攻关重点课题——板材加工柔性制造系统(以下称板材加工 FMS)。该板材加工 FMS 由板材储存自动化立体仓库、冲孔单元、剪切单元、中央计算机控制室及后援设备组成。既可作到单机或单元独立加工，也可全线运行，以满足开关、仪表、电器、计算机和纺织机械等行业发展的需要。经专家评审认为该板材加工 FMS 达到了国际 80 年代末同类产品的先进水平，填补了国内空白。该板材加工 FMS 适用于多品种、小批量生产方式，可加工高低压开关柜的板件，作业班次为二班制，年处理板材量 1000～2000 吨，节省劳力达 50%以上。而且还具有较好的市场前景和可观的经济效益。

新产品 锻压机械行业 1991 年自行开发和消化吸收引进技术开发研制的新产品有近百种，其中具有代表性的并经部级鉴定的重大新产品有：黄石锻压机床厂和华中理工大学研制的 RD-W67K-125／3000 型板材折弯加工柔性单元，是"七五"国家重点攻关项目，是机、电、液一体化的高技术产品。此加工单元在国内首次采用了四级九轴分布式计算机控制系统，将 W67K-125／3000 型四轴数控折弯主机、一轴数控送料工作台、三轴数控吸盘式机械手和一轴伺服托料架在主计算机控制下连成一体，由磁盘储存 6 套模具参数和 999 个工步参数，能完成自动取料、上料定位、折弯和卸料等工序。是机械、电子、轻纺、航空、交通、造船等行业所需的关键板材加工设备。该单元的板材最大加工尺寸 2300mm × 1500mm × 3mm，板材最小加工尺寸 500mm × 500mm × 1mm，年产 1000～1500 吨板材，控制轴数 9 轴。

内江锻压机床厂研制的 Y26-160 型精密冲裁液压机，其主机采用了国际上领先的内阻尼式台阶静压导轨专利技术，具有优良的导向精度和刚度。整机采用 PC 微机控制系统及全液压传动系统。能实现模具、卸料、顶件及人身安全保护的自动控制，设有故障自诊断系统及有关的显示功能，整机性能良好，能有效地完成精冲工艺，其精冲制件可直接进入装配，一次精冲可代替大量的切削加工工序，工作效率较高。该机达到了 80 年代国际同类产品的先进水平。该机公称力 1600kN，冲裁料厚 ≤8mm，冲裁料宽 ≤220mm。

行业管理 至 1991 年 12 月中旬，经检验达到出口产品质量许可证发证要求并上报审批的产品共有 48 台(种)。开式压力机生产许可证发放工作，至 1991 年 8 月底已全部结束，1991 年经检测达到发证要求并上报审批的产品有 40 台(种)。

质量及质量管理 1991 年，铸锻机械质量监督检测中心对 14 家生产企业的 11 台剪板机产品进行了监督抽查，其中有 1 台达到一等品，6 台达到合格品，4 台为不合格品。抽查合格率为 63.6%，比 1986 年第一次剪板机抽查合格率 58.3%有所上升，产品水平基本相当。

1991 年，被评为部优产品的有：合肥锻压机床厂的 YH32-500 型 5000kN 四柱液压机、萧山精密压力机厂的 JB04-0.5 型台式压力机、南通市重型机器厂的 W11-20 × 2000A 型三辊卷板机和泰安锻压机床厂的 WC67Y-63／2500 型液压板料折弯机。

1991 年，济南铸锻所按计划进行了《机械压力机安全技术要求》的制、修订工作，归口完成了《型材卷弯机型式和基本参数》和《闭式四点单动压力机精度》两项标准。1991 年还对现行的各项锻压机械标准进行了一次认真的清理，从而使标准工作逐步走上了法制管理的轨道。锻压机械标准化技术委员会于 1991 年 12 月 3～5 日在济南召开了各分会秘书长扩大会议，会上对各分会清理整顿标准的结果进行了交流和审定，也对锻压机械综合基础性标准进行了清理和审查，这样，经过一年的努力，现行的 166 个锻压机械行业标准的清理整顿工作告一段落。

销售 1991 年对锻压机械 46 个企业统计，国内销售量为 18375 台，销售金额为 79576 万元。其分类构成为：机械压力机 10010 台、39348 万元，液压机 3031 台、19474 万元，线材自动成形机 359 台、1665 万元，锤 557 台、1681 万元，锻机 14 台、186 万元，剪切机 2739 台、9067 万元，弯曲校正机 1573 台、8135 万元，其他 92 台、206 万元。

1991 年，出口锻压机械 2343 台，创汇 1163.1 万美元。外销市场涉及到欧美等地区的工业发达国家，如美国、德国、英国、意大利、法国、日本等，但销售量最大的仍是发展中国家、港澳中间商和东南亚地区各国。

〔撰稿人：机械电子工业部济南铸造锻压机械研究所　韩褆儒　审稿人：机械电子工业部机床工具司　恩宝贵、张丽梅〕

～～～～～～～～～～～～～～～～～～～～～～～

铸造机械

～～～～～～～～～～～～～～～～～～～～～～～

〔机械电子工业部〕

生产发展情况　1991年，铸造机械生产企业30个，拥有职工18597人；完成工业总产值26547万元，比上年增长52%；铸造机械产量4694台，比上年增长35%。

新技术与科研成果　1991年铸造机械行业科研成果较多。主要有济南铸造锻压机械研究所完成的空气冲击造型技术的研究，这一课题对空气冲击造型技术所涉及的造型机结构工艺参数和型砂工艺参数进行了深入研究，并对差动空气冲击造型技术进行了初步探讨。从而建立了空气冲击造型机冲击阀开启数学模型，掌握了空气冲击造型机结构工艺参数及型砂工艺参数对空气冲击造型紧实效果的影响规律，得出了采用差动空气冲击造型装置可以提高小吃砂量砂型的紧实度的结论。

新产品　1991年完成的新产品主要有：(1)重庆铸造机械厂研制的S255型固定式双臂树脂砂混砂机，生产率为5t／h，搅笼转速960r／min，该机混砂叶片采用硬质合金，电气采用程序控制，可实现自动化生产，结构紧凑，混砂均匀。(2)保定铸造机械厂研制的600mm×480mm垂直分型无箱射压造型线，生产率为240型／h，采用微机控制，具有可靠性高、操作方便、易调整、故障自动检测报警、自动调整工艺参数、同步性能好、故障率低以及双面压实、真空辅助射砂等特点。(3)济南铸造锻压机械研究所和苏州机床厂共同研制的Z1316型翻台震压造型机，砂箱尺寸1600mm×1200mm×500mm，生产率12～20型／h，采用PC控制，举升力25kN，适用于中等铸件造型。(4)保定铸造机械厂和天津纺织机械厂共同研制的1200mm×700mm×200／200mm水平分型双筒射压造型线，射砂压力0.25～0.3MPa，生产率90～100半型／h，该造型线采用PC控制，自动化程度高。(5)济南铸造锻压机械研究所和潍坊机床二厂共同研制的Z8012型多用射芯机，砂芯最大重量12.5kg，生产率60盒／h，采用微机控制，适用冷热两种芯盒射砂芯，具有低耗，使用可靠等特点，且吹气参数可调，工艺范围宽，适应性强。(6)济南铸造锻压机械研究所和山东齐河机械厂共同研制的L1215A型惯性振动落砂机，有效负荷15000kg，振动电机功率9.5×2kW，激振频率1000r／min，该机采用双质体自同步共振式结构，噪声比老产品降低3～5dB(A)，且节约能源，是树脂砂和水玻璃砂铸型落砂的理想产品。(7)上海压铸机厂研制的J1116F型卧式冷室压铸机，合型力1600kN，空循环周期为7s，该机压射系统采用二级压射速度和一级增压结构，合型采用双曲肘扩力机构，合型力大小可以进行自动同步调整，采用中心顶出方式，以满足不同模具的需要，电气控制采用PC可编程序控制器，可靠性好，并配备压铸工艺参数的检测显示和控制装置。(8)上海压铸机厂研制的J9825型压型温度加热器，最高工作油温250℃，升温时间20min，该加热器不仅适用于压铸机，还可用于低压铸造等，是一种提高铸件质量、模具寿命、生产率且节约能源的理想设备。(9)济南铸造锻压机械研究所和江苏灌南压铸机厂共同研制的J1180型卧式冷室压铸机，合型力8000kN，工作循环次数250次／h。(10)济南铸造锻压机械研究所研制的Y815型主—从控制关节式机械手，抓取负荷500kg，自由度6个，立柱转角±165°，手爪张口0～700mm，该机采用了电液和电液伺服控制，具有整体动作控制自如、平稳、手爪结构紧凑、动作灵活准确等特点，并具有力反馈功能，由于控制室采用了空调、隔音等措施，从而改善了工人的劳动条件。(11)青岛铸造机械厂研制的ZJ042型曲轴抛丸清理机，单钩最大吊重50kg，生产率30～40钩／h，被清理曲轴尺寸ϕ210mm×860mm，结构先进，性能可靠。(12)青岛铸造机械厂研制的ZJ044型转台抛丸强化机，大转台直径1600mm，抛丸器抛丸速度60～80m／s，主要适用于齿轮及轴类零件的表面强化，强化后的工件疲劳寿命可提高6倍以上。

行业管理　1991年，铸造机械振兴办公室做了大量工作，并为行业发展争取到部分资金。铸造机械行业部分企业正在为实现铸造机械振兴目标的实施积极努力。青岛铸造机械厂1991年通过强化企业管理，大大调动了全厂职工的积极性，扭转了过去的被动局面。青岛第二铸造机械厂以市场为导向，以效益为目标，积极调整产品结构，开发新产品，为行业做出了一定贡献。青岛第三铸造机械厂通过精简机构和人员，加强"一线"力量，大大调动了全厂职工的积极性，多年来在全国同行业中多项经济指标一直名列前茅。

技术改造及技术引进　1991年铸造机械行业共完成固定资产投资3497万元(其中，由机电部下达投资2716万元)，比1990年增长2倍多，其中基本建设投资994万元，技术更新改造投资2386万元。1991年部分企业结合振兴铸造机械改造项目的实施和联合国援助项目，普遍加强了设备更新和检测水平的提高，促进了铸造机械新产品的开发，提高了铸造机械产品质量。漯河铸造机械厂于1991年2月从美国B&P公司引进了高速混砂机、翻转起模机专有技术。

销售 在1990年市场疲软之后，1991年市场情况略有回升。据对行业28个生产企业统计，产品销售收入达到26681万元，比1990年增长16.4%。1991年铸造机械五类主要产品国内销售3766台，销售金额15346万元。其中砂处理设备1203台、2760万元，造型制芯设备843台、3110万元，落砂设备67台、270万元，清理设备1244台、5342万元，金属型设备409台、3864万元。青岛第三铸造机械厂1991年产品销售收入达到2122万元，人均产品销售收入为38864元。青岛第四铸造机械厂、江阴铸造机械厂、上海压铸机厂、灌南压铸机厂人均产品销售收入分别为26314元、25749元、24698元、23561元。但是，由于行业中尚存在产品结构不合理的现象，一些产品生产重复，因而仍有部分企业的一些产品积压。

1991年行业对外共销售铸造机械16台、17.7万美元，比1990年略有下降。但销售地区扩大了，从东南亚地区扩大到拉美地区。其中，造型制芯设备1台、0.12万美元，清理设备11台、5.66万美元，金属型设备4台、11.9万美元。

〔撰稿人：机械电子工业部济南铸造锻压机械研究所 王作礼 审稿人：机械电子工业部机床工具司 蒋业成、张丽梅〕

量具刃具

〔机械电子工业部〕

生产发展情况 1991年，机械电子工业部系统从事量具、刃具生产的企业有140家，职工人数103357人；完成工业总产值178321万元，全员劳动生产率达17327元／人·年。

新技术与科研成果 1991年量具、刃具行业的科研重点是量刃具热处理工艺和设备的改进及引进技术配套项目的攻关。北京量具刃具厂自行研制的激光热处理设备，将激光技术较好地应用到了卡尺的热处理工艺上，不但节约了大量电能，而且减少了工件的淬火变形，消除了淬火裂纹。汉江工具厂、北京华翔公司共同研制的HZQ-120型高压气淬真空炉为开发高速钢齿轮刀具和高强度滚丝轮等产品的真空热处理创造了条件。本溪工具厂在机用锯条上采用真空热处理取代原来的盐浴热处理工艺也取得成功。

在引进技术配套项目的攻关方面，北京量具刃具厂研制成功的麻花钻磨沟砂轮截形的解析计算与计算机辅助设计，代替原来的估算试切法确定砂轮截形，能够从钻头的结构设计参数一次得出磨沟砂轮的结构参数，该方法计算简便精确，操作方便迅速，并节省了大量试磨材料。关中工具厂的多线金刚石滚轮的研制成功解决了引进磨制机用丝锥生产线上的一个主要工装问题。多线金刚石滚轮系高精度、高技术产品，制造难度大，过去一直由西方发达国家所垄断，该厂研制的这一产品完全可以满足磨制机用丝锥的要求，将大大降低我国磨制机用丝锥的生产成本。1991年我国第一片自行设计的“电子数显千分尺专用集成电路”在上海量具刃具厂研制成功。该“电路”能完全满足生产电子数显千分尺的精度要求，为我国大批量生产电子数显千分尺提供了关键零件。

此外，汉江工具厂进行的“摩擦焊强弱工艺参数对焊接刀具环状裂纹的影响”的研究，基本上掌握了影响环状裂纹的诸因素，使对焊刀具（柄部45#钢、刃部高速钢）因出现环状裂纹而产生废品的现象得到了有效控制，解决了全行业的一个技术难题。成都量具刃具厂与重庆大学共同承担的“低合金高速钢工具涂覆TiN重点攻关项目”也通过了鉴定，采用该项技术使低合金高速钢可以达到6542高速钢涂层的同等性能，使低合金高速钢不仅适应于低、中速切削工具，也能适应于高速切削工具。采用该项技术能节省W、Mo、V等贵重金属40%，降低材料成本15%左右。哈尔滨第一工具厂为国家重大技术装备320吨混铁水车、$23m^3$矿用挖掘机等配套的重型专用刀具全面完成了任务。哈尔滨量具刃具厂也研制成功了M3～6mm丝锥柄部磨方机、直径2～3mm小钻头四辊轧机、螺旋线渐开线样板检测仪、双头摩擦焊接机、圆光栅光割机、圆光栅检查仪等工艺设备。采用了螺纹环规淬火后精车螺纹工艺、M42～100mm螺纹塞规摩擦焊接工艺、千分尺尺架热挤压等新工艺。

1991年作为行业研究开发中心的成都工具研究所，“七五”期间承担的28项国家重点科技攻关项目，3项引进技术消化吸收数控一条龙项目，4项部基金项目，3项四川省重点科技项目全部通过了部、省级验收。其中60%的项目达到80年代国际先进水平，40%的项目达到国内先进水平，有12项被评为部级优秀成果。Si_3N_4陶瓷高温断裂韧性研究获机电部科技进步二等奖，《矩形花键滚刀》国标、《镶片齿轮滚刀》国标获机电部科技进步三等奖，工厂小型金属切削数据库获成都市新技术应用优秀项目二等奖。

新产品 1991年共研制开发156项新产品。其中：刃具新产品99项，量具新产品34项，量仪新产品23项。

刃具 由于近年来高速钢麻花钻等常规标准产品销售困难，生产能力远大于市场容量，所以刃具新产品的开发重点放在硬质合金、数控、非标异型及复合刀具的开发上。(1) 哈尔滨第一工具厂全年共开发了可转位锰叉铣刀、球边铣刀、硬质合金插齿刀、微电机转子槽花键推刀、优化转子槽铣刀、盘形摆线凸锥齿轮铣刀、模块式可转位螺旋立铣刀等 11 种新产品，这批产品大都达到国际 80 年代水平。其中，模块式可转位螺旋立铣刀是现代数控机床应用广泛的先进刀具，该刀具精度高，刀头可以互换，且定位准确可靠，有锥柄、直柄各 4 个品种，规格直径 50mm。(2) 上海工具厂开发了直径 4.2～8mm 阶梯麻花钻、同步带轮滚刀、M2.3091mm 三头剃前倒角滚刀等 3 种新产品。直径 4.2～8mm 阶梯麻花钻是为冰箱压缩机等行业开发的自动化刀具，该麻花钻一次走刀即可完成钻孔、扩孔、倒角等工序。同步带轮滚刀按 ISO5294 标准生产，采用该滚刀加工同步带轮比用成型铣削提高效率 2 倍以上。M2.3091mm 三头剃前倒角滚刀经表面 TiN 处理，滚切速度大于 60m／min，精度达 DIN3968A 级，用于桑塔纳汽车生产线上，比普通滚刀效率提高 2 倍以上。(3) 汉江工具厂开发了 $^{7}/_{11}$～$1^{5}/_{16}$″锥柄螺旋齿桥梁铰刀、蜗杆铣刀、直径 14～50mm 切口型高效立铣刀、M10～30mm 最佳前角镶片齿轮滚刀、M2～14mm 小直径系列硬质合金刮削滚刀等新产品。其中，直径 14～50mm 切口型高效立铣刀的切削性能达到了国外同类产品水平，该产品克服了普通粗加工立铣刀不能进行半精加工的弱点。(4)太原工具厂开发的直径 10～25mm 小径定心矩形花键拉刀，为我国机床、汽车、农机等行业贯彻矩形花键联接新国标，提高花键联接精度，降低齿轮传动噪音创造了有利条件。(5) 衡阳量具刃具总厂开发的直径 50～160mm 可转位套式面铣刀、直径 63～100mm 可转位套式面铣刀、直径 100～315mm 模块式面铣刀、直径 20～50mm 可转位锥柄立铣刀等硬质合金可转位铣削新产品，均达到国际 80 年代水平。(6) 四平市工具厂开发的整体硬质合金立铣刀、钻头、键槽铣刀、铰刀、线路板钻、枪钻、枪铰等系列硬质合金刀具产品，均采用优质硬质合金挤压棒料经强力磨削而成，产品几何精度高、性能好、寿命长，特别适合于淬火钢、难加工材料、大理石等的切削加工。

量具　为了适应机械、汽车、机车、内燃机等行业及国际市场的需求，“七五”期间工具行业纷纷通过技术引进、消化吸收研制开发了以电子数显卡尺为主的一批电子量具新产品，近年来品种又由单一的电子数显卡尺发展到电子数显深度卡尺、电子数显高度尺、电子数显千分尺、电子数显百分表、电子数显千分表。1991 年共开发电子量具 12 项。哈尔滨量具刃具厂、成都量具刃具厂都分别开发了数显千分表。其中，成都量具刃具厂开发的 DI-10 数显千分表进行了光机电一体化设计，集测量显示为一体，结构紧凑，使用方便，并具有任意点置零功能，备有数据输出口，测量范围 0～10mm，分辨率 0.001mm。哈尔滨量具刃具厂开发的数显千分表有 0～5mm 和 0～10mm 两种，性能与 DI-10 数显千分表相似。哈尔滨量具刃具厂与桂林量具刃具厂分别开发的 0～500mm、0～300mm 数显高度尺和带手轮数显高度尺，分辨率 0.01mm／0.0005″，示值误差 0.05mm／0.002″。桂林量具刃具厂开发的电子数显千分尺，测量范围 0～25mm／0～1″，分辨率 0.001mm／0.00005″，示值误差小于 0.002mm／0.0001″。

此外，长春量具刃具厂研制的Ⅰ、Ⅱ型 0～300mm 轴颈专用游标卡尺分别适应于测量汽车车轴和机车车轴直径，Ⅰ、Ⅱ型测量尺爪长度分别为 116mm、156mm，测量精度均为 0.1mm，该产品体积小，测量准确、效率高，填补了国内空白。北京量具刃具厂开发的 KK150S 自锁游标卡尺可用单手操作，且能可靠地保持读数，测量范围 0～150mm，分度值 0.02mm。

量仪　哈尔滨量具刃具厂根据行业和工厂未来的发展趋势，以高技术开发新产品，近年来一直将资金的投放重点放在技术密集的大型精密量仪和电子量具的研制开发上，并取得了较好的效果，建成了大型精密量仪生产基地，缩短了新产品开发周期。1991 年又开发了 6111 型单坐标测量机、PFSU640 型齿轮测量机、3280 型上置式齿形测量仪、1502 型直线度显微镜、1402 型光学同轴度仪、1605 型刀具预调仪及 T1000 型表面粗糙度测量仪等 7 种量仪新产品。其中，6111 型单坐标测量机，体积小，检测手段多样，主要用在平台上检测箱体零件的孔、轴、台阶的尺寸及中心坐标位置等，该机采用微机处理数据，分辨率 1μm、示值变动性 4μm、示值准确度 8μm。PFSU640 齿轮测量机是该厂引进德国克林贝格公司制造技术而开发的系列产品之一，该机采用了光栅数显定位、精密机械展成、电感测微记录、微机数据处理、自动打印等技术，可以在一次装夹的条件下完成齿轮主要参数的测量，可测齿轮最大直径 640mm、齿轮模数 m0.7～20mm、顶尖距离 0～850mm、允许最大齿轮重量 800kg。中原量仪厂 1991 年开发了 DGL 电子柱量仪、LY-101 型微机控制金刚石抗压强度测量仪、JDK-101 型测量仪及 JNJ-2010 球轴承在线自动检验机、ZDK-L5 型测量仪及 ZDN-Z60 型球轴承内径磨加工测量装置、ZDN-G68 型球轴承外沟道磨加工测量仪及测量装置、ZDW-G75 型球轴承内沟道磨加工测量仪及测量装置等 6 种量仪新产品。其中，DGL 电子柱量仪达到 80 年代国际水平。该量仪有气电转换型及微机控制型两种型式，气电转换型的测量范围为：±10、±25、±50、±100μm，微机控制型的测量范围为：±10、±100、±1000μm，两种型式的分辨率都为 0.2μm。

行业管理　1991 年，国家刀具产品质量监督检验中心、机电部量具量仪产品质量监督检验中心在认真总结出口许可证检测和考核工作的基础上，进一步完善了许可证考核办法。1991 年刀检中心完成刀具产品出口许可证检测25项，颁发出口许可证29份；到1991年底为止，累计发放出口许可证267份、涉及89家企业。量检中心完成量具、量仪产品出口许可证检测35项，发放出口许可证27个；到1991年底为止，累计发出出口许可证139份，涉及39家企业。通过出口许可证的发放，有力地促进了产品的出口。

目前，全行业有出口基地企业7家，扩大产品出口企业25家。哈尔滨量具刃具厂、成都量具刃具厂、哈尔滨第一工具厂、沈阳量具刃具厂、上海工具厂等5家企业还获得了自营进出口的权力。

质量及质量管理 1991年，工具行业将标准化和质量监督工作相结合，实行标准工作和质量工作一起抓，采取了企业上等级、抓"工艺突破口"、全面质量管理等一系列措施，使行业的产品质量有较大幅度的提高。1991年有14个产品分别获机电部、农业部和对外经济贸易部优质产品称号，另外，还有25个产品分别获省、市（包括计划单列市）、自治区优质产品称号。目前，工具产品标准已基本完成向国际标准和国外先进标准的过渡，1991年完成刀具标准修订13项，量具、量仪标准修订15项。

1991年第四季度国家技术监督局组织抽查了工具行业6家企业生产的11台内圆磨主动量仪、10家企业生产的直齿插齿刀。被抽查的11台内圆磨主动量仪全部合格，而插齿刀仅有7家合格，有3家企业生产的M3.ϕ100A、M4 ϕ100A插齿刀不合格。

1991年进行了锯片铣刀、塞尺、电子数显卡尺的行评。在参加锯片铣刀行评进行实际检测的20家企业中，经检测综合评定为优等品的企业有4家，占行评企业的20%；一等品的企业有5家，占25%；合格品的企业有7家，占35%；不合格品的企业有4家，占20%。参加塞尺行评的共5家，其中，一等品4家，占行评企业的80%；合格品1家，占20%。参加数显卡尺行评的企业共13家，其中，优等品3家，占行评企业的23%；一等品2家，占15.4%；合格品4家，占30.8%；不合格品4家，占30.8%。

技术改造及技术引进 1991年新立项的主要技术改造项目共11项。其中，成都量具刃具厂的"八五"数控机床国产化专项技术改造——完善和发展数控刀具项目，已完成审批的前期工作。哈尔滨第二工具厂的精密复杂木工刀具技术改造项目、关中工具厂的数控机床国产化——数控刀具技术改造项目、重庆工具厂的发展高效齿轮刀具产品技术改造项目、威海精密机床附件厂的"八五"数控机床国产化专项技术改造项目等一批"八五"重点技术改造项目开始实施。

1991年，对上海工具厂的发展整体硬质合金刀具项目，杭州工具总厂的麻花钻、立铣刀整体磨削技术及设备引进项目，哈尔滨量具刃具厂的大型精密量仪和电子数显量具技术改造，成都量具刃具厂的研制和发展电子数显量具及大型精密量仪等一批"七五"重点技术改造项目进行验收，这些项目的建成，增强了企业产品开发能力，改善了工艺装备条件，为产品水平的提高奠定了基础。

1991年新成交的技术引进项目共3项，有无锡量具刃具厂采用生产许可证形式引进美国爱·格奇量仪公司（AIR.GAGE）的电柱、多尺寸量仪制造技术，天津市第二工具厂引进美国赫特林公司（HERTLEIN）的磨制中心钻关键设备，天津异型刃具厂引进瑞士莱斯毫尔公司（REISHAUER）的螺纹磨床、丝锥测量仪和德国格林公司（Gühring）的沟槽磨床。

销售 1991年，量具刃具行业产品销售收入为156886万元。在出口方面，据对123家企业统计刃具出口14268万件、创出口值20564万元，分别比上年下降15%和13%，其中直柄麻花钻出口11995万件，比上年下降14%。量具产品出口1378.4万件，创出口值6721.6万元，分别比上年上升5%和下降24%，其中小产品塞尺的出口量达766.3万件，比上年增长24%，而其它类量具产品的出口量几乎都是下降的，如卡尺出口54.68万件，比上年下降22%。量仪出口1344件(台)、创出口值514.72万元，分别比上年上升167%和下降70%，其中大型齿轮量仪出口30台、创出口值383.72万元，分别比上年下降43%和上升64.6%。

〔撰稿人：成都工具研究所　谭固良、李闽川
审稿人：成都工具研究所　蒋磊田、幸节之　机械电子工业部机床工具司　李鸿震、李冬茹〕

磨料磨具

〔机械电子工业部〕

生产发展情况 1991年，据对全国磨料磨具行业113个生产企业统计，实现工业总产值约17.2亿元；工业净产值约为4.4亿元，比上年同期减少10.2%；亏损企业13家，亏损额达650.9万元。机械电子工业部系统93家企业共完成工业总产值约13.95亿元，工业净产值约3.7亿元。

1991年，全行业113家企业的生产情况如下。

磨料 供大于求，销路不畅。1991年只生产约18.6万吨，比上年减少约1.7万吨。其中，白刚玉比上年增长37.7%，其它如棕刚玉、黑碳化硅、绿碳化硅分别比上年下降11.1%、24%和34.6%。

磨具 生产形势好于上年，1991年完成约9

万吨，比上年增长了3.1%。

人造金刚石 市场看好、销路畅通。1991年完成金刚石磨料约2253千克、制品约1250千克，分别比上年增长了8.9%和10.9%。

涂附磨具和硅碳棒 完成也较好，分别比上年增长了3.2%和6.8%。

新技术与科研成果 1991年磨料磨具行业取得了一批科研成果。郑州磨料磨具磨削研究所共完成国家或部省级科研项目18项，经专家评价有4项达到或接近世界水平，有7项属国内领先水平。其中，"高速重负荷磨钢坯砂轮制造工艺的研究"填补了我国空白，利用这一课题所提供的制造工艺生产的80m／s高速重负荷砂轮，在太原钢铁公司初轧厂进行了磨削对比试验，结果表明，磨削效率高于美国诺顿公司同类产品水平，磨削比接近该公司同类产品水平。"提高人造金刚石锯片质量的研究"研制的花岗石雕刻用直径100mm带水槽干切锯片属国内首创，直径900～2200mm花岗石锯片质量达到国际80年代同类产品水平。在该课题研制过程中，已为用户提供了3904片价值5309万元的锯片产品，节省外汇1219万美元。"数控磨床配套用高精度丝锥金刚石滚轮的研制"，用于引进的数控丝锥磨床配套，填补了我国空白。利用"微米级金刚石烧结技术的研究"所研制的微米级金刚石烧结体达到了当代同类产品的先进水平。晶粒度为0.5～1.5μm的金刚石烧结体属国内首创。"新型低成本CBN烧结体材料的研究"采用一次高温高压合成方法，研制出CBN烧结体，其成本比目前国内二次合成CBN烧结体低50%。"人造金刚石综合物性检测技术"对人造金刚石的质量评价、物理性质检测方法、技术以至配套的检测仪器进行了综合性、系统性研究，研究的成果达到国内领先水平。"纤维增强树脂薄片砂轮成型机组的研究"，其整机是机电一体化的产品，在国内制造纤维增强树脂薄片砂轮成型设备中居领先水平。"棕刚玉冶炼炉终止前判断质量的快速分析研究"取代了传统的沾棍经验判断法，从而提高了棕刚玉产品的质量，并能节约能源，所提供的仪器性能稳定，便于携带，成果属国内领先，并达到80年代国际先进水平。在国内首先取得在大气下成功合成出金刚石成果的"大气下火焰法合成金刚石薄膜"，目前在国内外尚无同类报导，该项成果在国内处于领先地位，接近当前国际先进水平。"超硬材料溅射镀膜设备及工艺的研究"和"数控磨床配套用金刚石复合片砂轮修整装置及修整工艺的研究"也属国内首创。

新产品 1991年磨料磨具行业开发了一批新产品，主要有：第一砂轮厂开发新产品共计11项。其中部级1项，局级5项。分别是：磨铁路路轨砂轮、磨小钢球砂轮、微粉级螺栓紧固砂轮、精磨排气压盖端面杯形砂轮、磨汽阀杆砂轮、成型磨削砂轮等。第二砂轮厂开发的6项新产品均为部、省级新产品，即双面带槽磨曲轴砂轮、研磨轴承滚珠α-Al_2O_3粉、磨录音机磁头精密砂轮（陶瓷及树脂）、群钻刃磨树脂砂轮和80m／s高速磨丝锥螺纹陶瓷砂轮。磨录音机磁头精密砂轮（树脂）的各项性能指标符合GB2485—84和QB／ES213—91的要求，技术指标达到国外同类产品水平。群钻刃磨树脂砂轮在同等条件下其磨削性能、效率接近美国HR钻头磨床随机砂轮水平，磨削工件不烧伤，表面粗糙度大大改善，超过了目前刃磨钻头所需的表面粗糙度要求。第三砂轮厂的烧结刚玉（中试）采用超细矾土微粉及特殊结合剂经特定工艺成型、烧结、精选而成。主要应用于重负荷砂轮主料，具有优异的磨削性能。第四砂轮厂的新产品分别为：自动修整磨钢球（硬磨）砂轮、普通硬磨钢球砂轮、Rc_4专用砂轮和钻石磨盘划线机专用砂条等。经鉴定，Rc_4专用砂轮属国内领先水平，寿命高于英国砂轮规定的30小时。钻石磨盘划线机专用砂条，产品性能独特，专用性强，填补了国内空白。第六砂轮厂1991年完成和基本完成$6A_2$平板玻璃磨边倒角金刚石砂轮、CBN复合刀具、直径305磨空气压缩机滑板的金刚石磨盘、CBN微粉、CBN曲轴磨砂轮、CBN珩磨条等6种新产品的研制开发工作。

质量及质量管理 1991年，完成了20个省、市66个申请磨具生产许可证企业、21个申请出口磨料磨具质量许可证企业，共109个产品的工厂条件考核验收、产品检验工作。完成了12个部优产品、一个国优产品的抽检、评审、推荐上报等工作。

组织行业制订或修订了3项新的行业标准，对现行的150项标准进行了认真的清理和整顿，逐项审查了普通磨料磨具和超硬材料及其制品的134项标准。

销售 1991年全行业113个企业销售总额约为14.8亿元，略大于上年同期的14亿元；实现利润总额约为0.8亿元，比上年的1.2亿元减少了33.3%；实现利税总额约为1.7亿元，比上年减少约18.5%；销售收入利税率约11.9%，比上年下降了3.75个百分点；资金利税率为12.6%，比上年下降6.54个百分点；现价产值利税率为10.7%，比上年下降2.34个百分点。机械电子工业部系统93家企业，1991年完成销售收入11.69亿元，比上年增长7.9%。

据海关统计，1991年我国磨料磨具的出口总额为8761万美元，比上年增长11%。其中，磨料出口量最多，约为15.9万吨，但由于出口价格较低，因此磨料的出口额较前两年增加不多；普通砂轮出口额有所增加，但普通油石和砂布砂纸比上年同期下降，尤其砂布砂纸，出口额下降幅度较大，达27.4%；人造金刚石、金刚石砂轮及金刚石油石的出口额分别为708万美元、412万美元、64万美元，分别比1990年增长49.2%、221.6%和15%。1991年出口情况详见表1。

从1991年的出口情况来看，1991年的出口仍以磨料为主，占磨料磨具出口总额的65.5%，磨具占21%，人造金刚石及其制品占13.5%。

从出口市场看：人造刚玉的主要出口市场仍是

表1　1991年磨料磨具行业出口情况

产品品种		1991年 出口量（吨）	1991年 出口额（万美元）	比1990年增长% 出口量	比1990年增长% 出口额	出口构成%
普通磨料	小计	159368	5743	25.6	13.7	65.5
	人造刚玉	89904	3042	25.2	11.3	
	碳化硅	69464	2701	26.1	16.6	
普通磨具	小计		1834		−15.7	21.0
	普通砂轮		529		14.6	
	普通油石		375		−13.5	
	砂布砂纸		930		−27.4	
人造金刚石及其制品	小计		1184		80.0	13.5
	人造金刚石		708		49.2	
	金刚石砂轮		412		221.6	
	金刚石油石		64		15.0	
	合计		8761		11.0	100.0

日本，出口量、出口额分别比上年增长17.5%和3.2%。碳化硅的主要出口国也是日本，出口量较上年有所增加，但出口价格下降。近年来，出口到欧共体的碳化硅增加较多，出口量为2.4万吨，占该项出口量的34.9%。其中，出口到荷兰的碳化硅由上年的4032吨猛增到15013吨，出口到比利时的1990年仅100吨，1991年增加到1498吨；而出口到德国、英国的比上年减少许多。我国碳化硅出口量增加，但出口价格下降，一方面是由于国内生产厂家过多，产品积压，削价竞销；另一方面是耐火级碳化硅出口较多，对欧共体及美国的出口多数是耐火级碳化硅。普通砂轮的主要出口市场仍是香港，其次为日本、苏联、新加坡等。人造金刚石及其制品的出口市场是印尼、香港等。其中，人造金刚石砂轮主要出口到日本、香港，出口到美国、泰国、台湾的也比上年有所增加；金刚石油石的主要市场也是香港和日本。

〔撰稿人：机械电子工业部郑州磨料磨具磨削研究所　李　佳　审稿人：机械电子工业部郑州磨料磨具磨削研究所　瞿光辉〕

〔中国核工业总公司〕

生产发展情况　1991年，中国核工业总公司生产磨料磨具的企业，有天津金刚石厂、南方机械厂、南昌地质机械厂，产品品种有人造金刚石单晶(6个系列)、聚晶、微粉及其制品，如地质钻头、工程钻头、玻璃加工钻头、扩孔器、拉丝模、圆锯片、砂轮、磨头砂轮、玻璃钻、磨头、水磨石机和人造金刚石六面顶压机等。

1991年，产品产量和经济效益呈上升趋势，产销两旺，生产人造金刚石单晶107万克，比上年增长12.3%；人造金刚石微粉2.34万克，比上年增长87.4%；钻头3.19万个，比上年增长84%；磨头、砂轮及其他产品的产量都比上年有增长。1991年，实现工业总产值4310万元，比上年增长18.3%；全员劳动生产率为28733元／人·年；利润与上年持平。

新技术与科研成果　1991年，南昌地质机械厂开发了超细粒金刚石(140／170～325／400)，并投入批量生产，其产品全部出口；试制出50／60抗压强度22kg级的人造金刚石；完成了直径5～25mm系列玻璃加工钻头的研制；研制成直径75～150mm系列干磨树脂型砂轮；开发强力高速电解提纯制板新技术，解决了金刚石提纯中的污染问题。南方机械厂研制了无压扩孔器，并进行了生产性试验，效果良好。

新产品　1991年，南方机械厂根据国内外市场对立方氮化硼(CBN)的需要，于1989年同核工业总公司签订了开发此项目的合同，经过2000多次，十几种配方工艺试验，于1991年8月完成了研制和试生产CBN的任务，产品经中国磨料磨具测试中心测定，并经用户使用，各项性能指标达到了合同规定的要求，中国核工业总公司于1991年9月27日召开专家会议通过了对该产品的技术鉴定。鉴定结论是：小批量试制产品(试产6651克)经国家检测中心测试，质量达到国家标准，其合成工艺和性能指标居国内先进水平。该产品抗压强度按GB6408—86规定，70／80单颗粒抗压强度平均24.5N以上；粒度组成符合GB6406.1—86(人造金刚石或立方氮化硼粒度及其组成)的规定；杂质含量按GB64.5—86规定，颗粒度为120／140及其以粗者，不多于0.4%，颗粒度140／170及其以细者，不多于1%(颗粒百分数)。从小批量试产情况看，平均单次产量1.1g／次，硬质合金消耗10kg／2000克，100／120为产品峰值。此项目已经国家批准列入“八五”技改计划，技改固定资产投资750万元。

行业管理　核工业金刚石经营开发协调委员会于1991年11月召开了第二次全体委员会议，会上交流了金刚石开发、生产、经营与管理等方面的情况和经验，会议商定了对南方机械厂研制成功的立方氮化硼和南昌地质机械厂开发的强力高速电解提纯制板新技术在成员厂中推广的办法和措施，让这些新的科研成果进一步转化为生产力，发挥更好的经济效益。

质量及质量管理 1991年天津金刚石厂、南方机械厂组织对《军工条例》、《工业产品质量责任条例》的学习与检查，进一步健全完善质保体系，迎接核工业总公司对企业质保体系的考核。金刚石单晶及制品的质量都比上年有提高。南昌地质机械厂的金刚石单晶顺利通过国优银质奖的质量抽验和国家技术监督局的随机抽样检查。

为满足国内外用户的需要，按照国标GB6405—87、ISO6106、ASTM及ANSI71.6—79R标准组织金刚石的生产。南昌地质机械厂企标JR1～JR7得到国外客户认可，并正式列入客户的销售产品系列和产品样本。

技术改造及技术引进 1991年，天津金刚石厂为改善生产条件和环境保护，改造的酸处理车间已通过中国核工业总公司和天津市组织的验收。南方机械厂投资31万元改造了一个新产品试制车间；南昌地质机械厂增添了4台人造金刚石压机，扩大了金刚石的产量。1991年3个厂的技术改造虽然投入不多，但都收到了较好的经济效益和社会效益。

销售 1991年，产品销售收入为3395万元。各厂都加强了销售工作，并制定了一些鼓励销售的政策，如南方机械厂实行了销售收入与销售人员工资奖金挂勾的办法，从而大大提高了销售人员的积极性。1991年全国金刚石销售顺畅，市场需求量逐月上升，是近几年来金刚石市场最好的一年，总公司3个生产金刚石厂的年销售收入为年总产值(现价)的100.5%，但销售价格略低于上年。

国际市场对人造金刚石的需求比上年增加，但价格有所下降，3个厂出口人造金刚石单晶307696.4克，比上年多出口23128克，创汇69万美元(与上年持平)，出口扩孔器100个。产品主要销往美国、英国和比利时。

〔撰稿人：中国核工业总公司 张伯初 审稿人：中国核工业总公司 杨宝龙〕

通用机械

〔机械电子工业部〕

生产发展情况 据机电部经济信息中心统计，通用机械行业1991年完成工业总产值670198万元，比上年增长10.5%；产品销售收入674191万元，比上年增长26.9%；产品销售税金39011万元，比上年增长17.7%；利润完成36059万元，比上年增长11.0%。

在通用机械行业中，制冷空调设备行业的生产、销售、经济效益等增长幅度最高，其中：工业总产值增长20%，销售收入增长41%，利润增长55%。

1991年通用机械行业承担了国家重点建设电力投产安装和合理工期项目的任务，共计2789台(套)。其中，承担电力投产安装项目任务2179台(套)，合理工期610台（套）。宝钢二期高、烧、焦等项目工程，有90多家企业承担了1万余吨通用设备，涉及风机、水泵、阀门、压缩机、制冷空调、减速机等行业，基本都按期或提前交货。

镇海、广州、武汉、洛阳、石家庄7套加氢装置所需的91台关键设备已全部完成。其中，广州石化总厂50万吨／年加氢精制装置，石家庄炼油厂40万吨／15万吨-加氢精制／催化重整装置已投料试车，并一次获得成功。

哈尔滨160万立方米／日城市加压煤气工程，国内制造的470余台（套）设备绝大部分已完成。兰州54万立方米／日煤气工程已投料运行，生产出合格煤气，国内制造的130余台(套）设备运转良好。

总之，通用机械行业的经济效益在连续几年负增长的情况下，1991年实现了正的增长，重点骨干企业平均增长5%，产品库存逐月下降，达到了部里提出的要求。但是，行业之间、企业之间的发展很不平衡，形势不容乐观，尤其是重点骨干企业。

新技术与科研成果 1991年，获机电部科技进步奖31项(科研、产品19项，标准12项)，其中，一等奖3项（产品、科研），二等奖7项（科研、产品5项，标准2项），三等奖21项（科研、产品11项，标准10项)。其中有6项被推选参加国家科技进步奖评审。

重大技术装备科研攻关项目也取得了较好的成绩。如：由甘肃工业大学和兰州石油化工机器厂合作完成的高速带极堆焊、带极电渣堆焊及带极埋弧堆焊三种工艺方法的堆焊电源，磁控带极电渣堆焊技术用于实验工程，填补了国内空白。高速堆焊技术和焊剂达到了国际80年代末先进水平。合肥通用机械研究所和有关单位合作完成的厚壁加氢反应器超声波探伤研究课题，是用双晶直探头检测堆焊层缺陷和堆焊层下裂纹，经对人工缺陷、自然裂纹试块和实际产品检测，与解剖结果相符。所研制的串列式探伤装置使用效果良好，该课题成果达到80年代中期水平。华北化工学院、中国石化通用机械工程总公司、上海锅炉厂合作的热壁加氢反应器堆焊层剥离的影响因素及对策课题，所建立的高温高压充氧试验装置，构思新颖、具有多种功能，被认为是一项创新的成果。对国产560吨加氢反应器的工艺试验堆焊试样试验结果表明，抗氧剥离性能良好，为国产加氢反应器的创造和安全使用打下了坚实的基础。沈阳鼓风机厂为镇海石化总厂80万吨／年加氢裂化装置研制了BCL407／A型大型循环氢压缩机，该机吸入压力16.26MPa，排气压力18.75MPa，流量212285Nm^3／h，功率2096kW。按ASMEPTC—10三类标准和API617标准试验，经专家认定，符合设计要求。上海锅炉厂、上海重型机器厂完成的加氢裂化反应器，参数如下：设计压力18.6MPa，设计温度427℃，规格尺寸3200mm×210mm×34400mm，外壳重560吨，是国内迄今制造技术要求最高、单件最大、最重的加氢反应器，锻件筒节达到当今国际水平，产品制造质量达到80年代同类产品国际水平。

大型乙烯、化肥、煤化工成套装置"八五"科研攻关课题，由机电部系统企、事业单位承担的第一批攻关项目共48项，其中已有29项签定了攻关合同。

新产品　1991年共安排245项部新产品计划，其中当年计划完成210项，实际完成143项。在完成的143项中，节能、节材产品69项，替代进口产品64项，两保产品9项，出口产品1项，这些产品为国民经济各部门配套起到了很大作用。通用机械产品主要服务对象是石油、化工、冶金、能源、矿山等，产品类型属于多品种、小批量，因此在开发产品上，以节能、替代为主，亦是行业本时期的产品发展方向。例如：1991年完成的新产品HR630-N双级活塞推料离心机是由湖南湘潭离心机厂研制的，该产品达到国际80年代中期同类产品的先进水平，我国的盐矿（真空盐）一般均系用离心力卸料离心机，如W-800单级活塞推料离心机，单台产量低（5t／h），能耗高，且滤液含盐量达30%，脱水盐含水达5%，采用HR630-N双级活塞推料离心机后，单台产量可达25～30t／h，滤液含盐量为0.8%，盐的含水率2.5%，产量提高了4倍，节约能源2.4kW·h／t，为真空盐业填补了产品空白，深受用户欢迎。又如，岳阳深冷设备厂研制的汽车空调机，通过引进技术，消化吸收，试制的制冷量为24kW(2100kcal／h)，风量为52.5m^3／min，该类产品是目前国内市场急需的产品，除为汽车行业配套外，还满足了市场的需求，创产值3000多万元。

行业管理　行业协会组织制定了安全阀、气瓶阀生产许可证的发放实施细则；开展了空调机(器)、冷藏柜（不包括家用）生产许可证的发放工作；完成了疏水阀、通风机、IS离心泵、微型压缩机4种产品的到期换证工作。

1991年6月中国通用机械工业协会获得了国家社会团体登记证。1991年到期应换届选举的专业协会中，风机、泵、分离机械、摆线减速机等4个行业已经完成了换届选举，产生了第二届理事会。气体分离设备协会延期到1992年4月进行。

质量及质量管理　1991年下达标准制修订计划179项，当年计划完成118项，实际完成139项。为贯彻《中华人民共和国标准化法》，组织各归口单位，在完善各专业标准体系的基础上，对现行全部标准，进行了清理整顿，划分了强制与推荐的性质，并调整了一部分国家标准和行业标准级别。

组织完成了泵、风机、塑料机械三个行业的机动往复泵、Y型离心式油泵、高压离心通风机、普通型塑料注射成型机4种产品的行业评比工作。

组织进行并完成了化工用IH型离心式泵14个企业和板柜、厢式压滤机4个企业国家、部质量监督抽查，其结果是：IH型离心式泵，合格的13个企业，不合格的1个企业，合格率92.85%；板柜、厢式压滤机全部合格。

1991年通用机械行业新创国家优质产品奖6项。其中获得国优金质奖1项，即四川空分设备厂的川牌LTQ-2000型50万立方米／日油田气分离设备；获得国优银质奖5项，即石家庄市风机厂的4-72型系列风机、天津海河冰箱压缩机总公司的海河牌冰箱压缩机、扬子电冰箱集团公司的扬子牌电冰箱、上海冶金矿山机械厂的4FAA5X37.5-X90-125-A2型电除尘器、四川南部嘉陵水泵厂的15型单级单吸离心清水泵。天津减速机厂的天星牌X4、X7型行星摆线针轮减速机获国家优质产品扩牌奖。新创部优质产品奖73项。

技术改造及技术引进　"七五"列入国家重点技术改造项目共37项，总投资50220万元，截止到1991年底，累计安排投资52056万元，其中专项贷款17315万元。累计完成投资54812万元，其中专项贷款18088万元。完成投资占总投资的109.1%，占计划安排的105.3%。1991年有11项安排了计划，投资5470万元，其中专项贷款3090万元。37项中已有28项正式办理竣工验收手续，有8项在1992年内全部办理竣工验收，有1项因故未能执行计划，按销项处理。

存在问题　(1) 通用机械行业中低水平重复建设有增无减的问题愈来愈突出，造成的结果是一方面能力放空，一方面是急、难、杂的任务越来越多，这是企业效益下降的一个重要原因。(2) 设备老化，工艺装备、设备手段落后。这一问题在大企业、老企业中十分突出，它影响了企业进行产品结构调整，也是企业缺乏竞争力的因素之一。(3) 资金紧张，周转缓慢，贷款增长。"三角债"前清后欠，截止至1991年11月底，52家重点骨干企业外欠资金达119439万元，比上年同期增长22.24%；欠外资金115098万元，比上年同期增长1.25%，使得企业背上了沉重的包袱。(4) 产品质量下降，企业管理不善，产品结构调整缓慢等，这是企业缺乏竞争力、效益差的最重要因素。

〔撰稿人：机械电子工业部第三装备司　尹建平〕

〔能源部电力机械局〕

生产发展情况 1991年能源部电力系统中生产通用机械的企业有12家，拥有职工15788人。在产品供大于求的形势下，能源部电力修造企业以提高产品质量为宗旨，以发展产品品种、满足电厂需求为目标，在激烈的产品竞争中争取主动，绝大多数企业的主要经济指标比上年有所增长。如工业总产值，山东电力设备厂增长13.5%；上海电力修造总厂增长12.6%；郑州电力机械厂增长3.4%；北京电力设备总厂增长2.6%；上海电力机械厂增长10.1%。

新技术与科研成果 成都电力机械厂用先进的通风机设计方法取代传统方法，又增添了叶轮动应力测试设备，从而大大提高了大型电站锅炉通风机产品的可靠性。对引进的德国KKK公司静叶调节轴流风机进行了系列化工作，使产品型号更加齐全。引进的KKK公司防止轴流通风机旋转失速的"KSE"装置用于沙岭子电厂300MW机组引风机上获得成功。

新产品 1991年研制成功的新产品有西安热工研究所与成都电力机械厂、山东电力设备厂合作生产的YZJ3000／2140型子午加速轴流式引风机，用于沙岭子电厂和渭河电厂；成都电力机械厂生产的Y5-47-11N024.5F型引风机和G_9-26-11NO18D型送风机，出口到巴基斯坦；山东电力设备厂生产的6-24NO22.5F型热一次风机和6-12NO10.5型密封风机，分别用于石景山、望亭等电厂；上海电力修造总厂生产的FKGD32型锅炉给水泵，用于常熟等电厂；北京电力设备总厂生产的DG560／240型锅炉给水泵将用于双辽电厂；上海电力机械厂和哈尔滨电力设备制造厂生产的300MW机组用35%容量电动旁路装置分别用于常熟电厂和铁岭电厂；北京电力设备总厂为汉川电厂汽动锅炉给水泵拖动小汽机调速器改造获得成功。这些产品都以效率高或可靠性好而备受用户欢迎，发挥了很好的效益，在保证电力生产和电力基本建设任务的完成、满足用户需求方面起到了积极作用。

质量及质量管理 1991年能源部电力机械局狠抓了电力修造企业的产品质量和产品上水平，先后召开了各企业厂长、总工的科技座谈会，各电网、省电力局主管修造企业的负责人参加的研讨会，共同商讨产品的发展，研究确保产品质量的具体政策措施，要求各企业进一步完善质量保证体系，完善产品的出厂检测试验手段。重点对风机产品进行了设计、工艺、组装调试、产品实物达标、售前售后服务五个方面的检查，促进了产品质量的提高。为确保1991年10000MW新投产机组按期供货做了大量的组织协调工作，为电力基本建设任务的完成做出了贡献。通用机械产品全年未出现质量问题。

技术改造及技术引进 1991年重点进行了试验台的建设和改造以及增添必备的检测设备。如成都电力机械厂600MW机组锅炉通风机全负荷试验台已经开工。北京电力设备总厂对锅炉给水泵和拖动小汽机试验台进行了改造。上海电力修造总厂300MW机组全容量锅炉给水泵试验台已着手进行设计。北京电力设备总厂和上海电力修造总厂分别与瑞士苏尔寿公司和英国伟尔公司继续通过技贸结合方式引进了300MW-600MW机组锅炉给水泵最新技术，泵轴尺寸比原设计短，转速有所降低，因而可靠性大大提高，效率达到84%～85%。上海电力机械厂与西班牙伟尔公司在江苏昆山合资建成了阀门厂，生产各类高温高压调节阀。

销售 能源部电力修造企业由于狠抓产品质量，进一步加强售前售后服务工作，并组织有关人员到焦作电厂进行质量回访，了解设备存在的问题，开发适应电厂需求的产品，因而使产品的声誉进一步提高，1991年产品销售量大多与上年持平，一些企业好于去年。

成都电力机械厂生产的锅炉送、引风机销售到印尼和巴基斯坦，首次实现出口。

〔撰稿人：能源部电力机械局　白绍童　审稿人：能源部电力机械局　张海清〕

气体分离及液化设备

〔机械电子工业部〕

生产发展情况 1991年，据气体分离及液化设备行业8家主要企业统计共有职工22968人，其中工人为14569人，工程技术人员为2510人；年末固定资产原值为45510万元，固定资产净值为21776万元。工资总额为5991万元。

1991年气体分离及液化设备行业8家主要企业共完成工业总产值按1990年不变价计为45461万元，按现行价计为46436万元，分别比上年增长8.4%和10.7%；完成工业净产值为16366万元，比上年下降3.7%；实现利润1860万元，比上年下降41.3%；实现销售收入为51563万元，比上年增长48.3%；商品产值为44847万元，比上年增长13.0%。全员劳动生产率按总产值计为19546元／人·年，按净产值计为7037元／人·年。1991年整个行业工业总产值比上年有所增长，而利润总额却大幅度下降。

1991年气体分离及液化设备行业主要企业共生产成套空分设备191套，其中大中型空分设备23套，制氢设备32套，溶解乙炔设备10套。

1991年气体分离及液化设备行业的经济效果指标分别为：资金利税率按原值计为7.58%，按净产值计为 10.58%；产值利税率为 13.41%；优质产品产值率为 29.39%；可比产品成本降低率为 −0.78%；定额流动资金周转天数为 259 天；人均利润为 1130 元；成品抽查合格率为 100%；钢材利用率为 69.5%；铜材利用率为 68.25%；铝材利用率为 72.71%；铸铁件成品率为 67.50%；万元总产值能耗(折标准煤)为 0.94 吨。

作为气体分离及液化设备行业骨干厂的杭州制氧机厂全面完成了“五大套、一改造”的以空分设备为重点的年度计划，全年工业总产值达 13509 万元；实现利润 2146 万元，万元产值能耗指标下降到 0.64 吨标准煤，主要经济指标创历史最好水平。四川空分设备厂实现利税 1000 万元，比上年增长 53.0%；出口创汇 102 万美元，比上年增长 151.1%。开封空分设备厂完成工业总产值 5306 万元，比上年增长 4.5%，完成了成套空分设备 14 套。

新技术与科研成果 杭州制氧机厂自主开发成功的分子筛净化增压膨胀流程的 KDON−6000／13000−Ⅲ型空分设备获国家重大技术装备成果一等奖，并获国家公布的节能产品称号。该厂积极消化吸收这一新技术，并将其移植到 1000、3200、4500、10000 及 15000m^3／h 空分设备上。该厂将向吉林化学工业公司提供第三套新型 6000m^3／h 空分设备，同时制取氪、氙。该厂提供给首钢特殊钢公司的 1000m^3／h、贵州水城钢厂的 6000m^3／h、兰州煤气化工程的 6000m^3／h 及安阳钢厂的 6000m^3／h 空分设备均于 1991 年一次开车成功，并网出氧。提供给刘家峡化肥厂的 6000m^3／h 空分设备被化工部评为 1990 年度部优秀设计三等奖。该设备布置合理，运行稳定，技术性能好，达国内先进水平。提供给兰州煤气化工程的 6000m^3／h 空分设备，在配套国家重大技术装备 54 万 m^3／d 煤气化工程成套设备中受到国务院重大技术装备领导小组的表彰。

开封空分设备厂开发的第一套 KDON−4500／4500 型空分设备于 1991 年 1 月 16 日在河北省武安县二六七二厂一次开车成功。该设备采用全低压切换流程，除生产氧、氮产品外，还可提取气氩、液氩。该厂首次采用分子筛流程的 KDON−800／1400 型空分设备在抚顺洗涤剂厂投产。该厂与美国空气制品公司合作生产的 30000m^3／h 空分设备在上海宝钢一次开车成功。

四川空分设备厂为吉林化学工业公司提供了 KDON−12000／18000 型空分设备，同时还试制成功配套 12000m^3／h 空分设备的增压透平膨胀机，为该厂的增压透平膨胀机上水平、上台阶奠定了良好的基础。

苏州制氧机厂根据中国石油天然气总公司科研计划下达的撬装式透平膨胀制冷轻烃回收装置的任务，与华北石油管理局、西安交通大学联合研制的 LTQ−1250 型 3 万 m^3／d 轻烃回收装置，经过 6000 小时的运行考核，通过了部级鉴定。这种具有特色的小型轻烃回收装置，为国内首创，为今后进一步开发天然气润滑轴承透平膨胀机奠定了基础。该厂目前已能生产处理量为 2～15 万 m^3／d 的天然气分离设备，生产的设备已在大庆油田、辽宁油田、华北油田及胜利油田投产使用。为了满足油田初期开发井、零散井、边远井的天然气（油田气）回收的需要，研究开发了撬装式天然气分离设备。

杭州制氧机厂设计制造的我国最大的集装箱式 500m^3／h 变压吸附制氮设备于 1991 年 8 月 3 日试车成功，提供给山西矿务局用于煤矿氮气灭火。这是我国首次采用的煤矿氮气灭火新工艺。该设备具有运输方便、占地面积小、自动化程度高、操作简便、启动时间短等特点。四川空分设备厂试制成功的 150m^3／h 变压吸附制取富氧装置在重庆玻璃厂投入运转。

邯郸制氧机厂试制成功 PLK−25.8／14.2～5.35 型气体轴承透平膨胀机，具有运行平稳、绝热效率高、能耗低、噪声小等特点，达到了国内先进水平。

开封空分设备厂研制的 H200−6.3／0.97 型离心式压缩机获河南省科技进步一等奖。该厂制造的 5400mm×1213mm×940mm 板翅式换热器在武钢氧气厂投入使用。铝制板翅式换热器真空钎焊工艺成果获机电部科技进步三等奖。开发研制的板式换热器气流均布器已获国家专利，采用该技术可使气流均匀分布，提高换热器的传热效率，使空分设备操作稳定，产量高，运行周期延长。该厂的氮气果蔬干燥装置发明专利，被国家科委列为星火计划第三批推荐采用的项目。该装置的推广使用，可使空分设备的放空氮气得到综合利用。

杭州制氧机研究所承担的机械工业技术发展基金委员会选定的“空气分离导向塔板研究”和“大中型空分设备分子筛吸附器研究”两项研究课题通过部级鉴定，居国内先进水平，鉴定委员会建议将这两项课题成果尽快地在大中型空分设备中推广应用。

自贡市机械一厂研制成功的 Z−2／160 型氢气压缩机通过了省机械工业厅鉴定。该机适合于石油化工、医药卫生和国防科研等部门使用。具有可长期连续运行、性能稳定、安全可靠、节能、无污染等特点，是一种新型的更新换代产品，获自贡市科技成果一等奖。该厂研制的 NY163−5 型高压液氮汽化车通过国家定型鉴定。

新产品 1991 年气体分离及液化设备行业共试制新产品 20 项，其中 3 项通过了部、省、厅级鉴定。主要有：(1) KDON−12000／18000 型空气分离设备由四川空分设备厂制造，氧气产量 12000m^3／h，氧气纯度 99.6%，氮气产量 18000m^3／h，氮气纯度 99.999%，启动时间 40 小时，电耗约 0.5kW·h／m^3O_2，运转周期 12 个月。(2)KDON−800／1400 型空气分离设备由开封空分设备厂制造，氧气产量 800～830m^3／h，液氧

产量 $50m^3/h$，氧气纯度 99.6%，氮气产量 $1400m^3/h$，氮气纯度 99.999%。(3)BXN-500 型变压吸附制氮装置由杭州制氧机厂制造，氮气产量 $500m^3/h$，氮气纯度 98%，产品氮气压力 0.5MPa。(4)ZY-150 型变压吸附制氧设备由四川空分设备厂制造，氧气产量 $150m^3/h$，氧气纯度 90.93%，氧气压力 30kPa，起动时间≤1 小时，电耗约 $0.45kW \cdot h/m^3O_2$，水耗 6000kg/h，运转周期 8000 小时。(5)LTQ-1250 型 3 万 m^3/d 天然气分离设备由苏州制氧机厂制造，该机处理气量 3 万 m^3/d，进气压力 2.0MPa，排气压力 0.38MPa，回收 C_3，轻油 4.73t/d。(6)PLK-25.8/14.2～5.35 型透平膨胀机由邯郸制氧机厂制造，流量 $1550m^3/h$，进气压力 1.49MPa，排气压力 0.62MPa，绝热效率 >70%。(7)BCK5.4-8700/100 型主换热器由杭州制氧机厂制造，外形尺寸 5400mm×1100mm×1320mm，重量 6500kg。

行业管理 1991 年杭州制氧机厂、四川空分设备厂及自贡市机械一厂通过了机电部军工产品质量保证体系考核评审，现已具备承担军工产品研制、生产的质量保证能力。

杭州制氧机厂和开封空分设备厂被机电部确认为国家节能一级企业。

1991 年四川空分设备厂获全国先进集体称号，获全国总工会颁发的"全国五一劳动奖状"。机电部第三装备司授予杭州制氧机厂"'七五'期间石化通用机械行业技术进步优秀单位"称号。国家技术监督局颁发证书，确认杭州制氧机厂为国家计量先进单位。

1991 年四川空分设备厂取得了出口产品包装生产许可证，并获美国 $ASMEU_1U_2$ 钢印，增强了企业的竞争力。

根据机电部的精神，1991 年制定并公布了气体分离及液化设备行业长期科技发展要点、"八五"行业规划及科技发展规划，为行业科技工作未来 30 年的主要活动提出了指导性意见。

为了提高产品质量，气体分离及液化设备行业召开了行业可靠性工作会议并对行业厂的技术领导和技术骨干进行了可靠性技术培训，同时对部分行业厂的主导产品、军工产品进行可靠性限期达标考核。

质量及质量管理 1991 年四川空分设备厂的川牌 LTQ-20000 型 50 万 m^3/d 油田气液化分离设备获国家金质奖。杭州制氧机厂自主开发的分子筛净化增压膨胀流程的 $6000m^3/h$ 空分设备获机电部优质产品称号，可逆流程 $1000m^3/h$ 空分设备获省优产品称号。开封空分设备厂的铝制大板式换热器获省"兴豫杯"银奖，H200-0.63/0.97 型离心压缩机获省优秀产品二等奖。苏州制氧机厂的 PLK-8.33/20-6 型透平膨胀机获优质产品称号。

杭州制氧机厂的"ZBJ76010.1—88 大中型空气分离设备技术条件"和"ZBJ76010.2—88 大中型空气分离设备性能试验方法"标准获 1991 年度国家科技进步二等奖。

1991 年四川空分设备厂通过机电部质量管理奖预评，杭州制氧机厂获部质量管理奖；开封空分设备厂和江西制氧机厂均获省质量管理奖；哈尔滨环保制氢设备工业公司获市质量管理奖。

四川空分设备厂在"质量、品种、效益年"活动中，编制了工厂质量管理手册，贯彻并形成了国标 GB/T10300 体系，为创部质量管理奖做了大量工作，为产品上等级打下了坚实的基础。该厂在立足提高产品质量的同时，狠抓现场管理和提高人员质量意识。1991 年成品抽查合格率达 100%，成品一等品率达 99.17%，主件主项抽查合格率达 97.44%。

技术改造及技术引进 1991 年气体分离及液化设备行业共完成技术改造投资额 2472 万元。开封空分设备厂"七五"技改项目板式换热器车间组合冷库车间全部完成，完成总投资 1290 万元。邯郸制氧机厂的河北省技术改造项目透平膨胀机技术改造资金总额 400 万元，1991 年完成 250 万元。江西制氧机厂冷藏集装箱技术改造项目已列入江西省技术改造项目。

杭州制氧机厂从美国斯图尔特·沃纳(Stewart Warner)公司引进大型真空钎接炉和铝制板翅式换热器的设计制造技术合同已经对外经济贸易部正式批准。真空钎接炉已拆装运回。该项引进将使我国铝制板翅式换热器的制造技术上一个新台阶，达到世界 80 年代的水平，将为大型气体分离设备和石油化工设备提供具有当代世界水平的板式换热器做出新的贡献。

销售 1991 年气体分离及液化设备行业产品国内销售收入为 51563 万元，比上年增长 48.26%。产品对外销售收入为 478 万美元和 683 万元。出口小型空分设备 8 套，分别由杭州制氧机厂、四川空分设备厂、邯郸制氧机厂、苏州制氧机厂提供给菲律宾、朝鲜、加纳和巴基斯坦等国。出口提取氩设备 3 套，分别由杭州制氧机厂、四川空分设备厂提供给朝鲜。出口 KDON-1000/1100 型空分设备 1 套，由开封空分设备厂提供给印度尼西亚。出口溶解乙炔设备 3 套，分别由四川空分设备厂、邯郸制氧机厂、自贡市机械一厂提供给印度尼西亚、加纳。出口制氧设备 3 套，由哈尔滨环保制氢设备工业公司提供给巴基斯坦和印度尼西亚。

杭州制氧机厂 1991 年产品对内销售收入为 14724 万元，比上年增长 30.22%；产品对外销售收入为 120 万美元，比上年增长 19.71%。该厂 1991 年全年承接了"十三大套"和"一改造"的大套空分设备订货合同，对稳定 1992 年的生产经营起了重大作用。

〔撰稿人：机械电子工业部杭州制氧机研究所 陈元恺、赵小莹 审稿人：机械电子工业部第三装备司 朱燧炎〕

机械通用零部件

〔机械电子工业部〕

生产发展情况 1991年机械电子工业部系统的机械通用零部件行业(包括液压件、液力件、气动元件、密封件、粉末冶金制品、标准紧固件、链条、弹簧8个小行业）共有企业530个，全行业实现工业总产值（1990年不变价）394335万元，比1990年增加43.6%。1991年各类产品产量分别为：液压件258.6万件(台)、液力件17267台、气动元件111.2万件、各类密封件10555万件、粉末冶金制品80597.9万件、标准紧固件317.9亿件，链条2673万米，弹簧40258万件。

北京液压工业公司是全国液压元件及液压系统生产基地之一，1991年该公司产品产量7.7万件，比1990年增加10%；实现工业总产值6769万元(1990年不变价)，比上年增加17.3%；实现利润537万元，比上年增加23.3%。

1991年机械通用零部件行业在为国家重大技术装备配套和完成重点任务的工作中取得了进展。(1)由北京液压公司承制的舞阳钢厂1900板坯连铸机6套液压系统，全部按合同交付用户，其国产化率达90%以上，据舞钢、宝钢等部门组成的联检组反映，系统的整体布局和外观质量不低于日本日立造船公司为宝钢提供的1900板坯连铸机水平，主体工程已安装完毕。(2) 由韶关液压件厂承制的攀钢1350连铸机液压缸已于1991年11月份进行了出厂联检验收，由榆次液压件厂承制的51台(套) 液压系统也已全部竣工，目前正组织全面试验。(3) 落实了一批重大技术装备基础件攻关课题：大型露天矿成套设备中系统关键元部件攻关，大秦线重载列车及海运系统成套设备中基础件攻关，液压泵、阀关键元件清洗去毛刺工艺及装备的研究，冶金设备油缸用组合密封件国产化攻关，精密液压件铸件的铸造技术和清理防锈技术攻关，宝钢2050热连轧机液压系统部分元件国产化及其系统总成研制课题等。

新技术、新产品与科研成果 1991年机械通用零部件行业共完成部级新产品开发34项，另有40项为跨年度项目，结转到1992年。1991年完成部级科研项目6项，另有18项为跨年度科研项目，结转到1992年。这些项目的完成，大大促进了主机国产化及产品更新换代，扩大了产品出口，如完成冰箱压缩机、汽车发动机用粉末冶金异型结构件属有明显社会效益的节能节材产品，也促进了主机行业的国产化；已投入小批量生产的引进消化产品，如邵阳液压件厂的B型轻系列轴向柱塞泵、榆次液压件厂研制的高压叶片泵、镇江液压件厂的液压转向器，可为引进主机配套，为国家节约大量外汇；在重点主机国产化和配套方面也取得了一批科研新产品成果：由合肥液压件厂为叉车开发生产的CBT−F4系列齿轮泵，其主要性能指标达到日本同类产品水平，经用户使用未出现任何质量问题，达到行业质量分等一等品指标，可不用进口，节约外汇，降低了主机成本。由燕山大学承担的液压机用双级轴向柱塞泵原理研究（包括超高压双级溢流阀原理研究)，为国内外首创，该泵不但综合了现有闭路式轴向柱塞泵的特点，而且还具备了双端面配油开路式轴向柱塞泵的自冷却自润滑、无泄漏回油管路、自吸性能强、抗污染、体积小、重量轻、结构简单、维修方便、使用寿命长的优点，同时还具有齿轮泵和叶片泵的可串性，这一原理的研制成功为液压元件增加了新类型和系列，并为研制更多级串联泵开辟了一条途径。超高压双级溢流阀原理的成功，为研制更高压力的溢流阀找到了方向。该原理应用于液压机上可以改善压机能源复杂的局面，用一台泵取代多台泵，去掉增压器，实现泵直接传动，这样既可以改善液压机的整体性能和实用范围，又可以降低压机成本50%以上。由机电部北京起重运输机械研究所和浙江临海液压件厂联合研制的CDA4−F15多路换向阀具有结构紧凑、集成化程度高等特点，很受用户欢迎，具有良好的市场前景，其主要性能参数处于国内同类产品先进水平，接近或达到80年代中期引进日本“三菱”和TCM叉车所配多路阀的产品水平。该产品大大简化叉车液压系统管理，能通用于引进技术生产或国产各型0.5～3吨叉车，为系统“治漏”及上水平和叉车液压件“治乱”奠定了技术基础。由洛阳轴承厂承担的角接触球轴承用铁基粉末冶金实体保持架材料、工艺及应用的研究，具有创新性，在国内处于领先水平，用铁基粉末冶金材料替代黄铜角接触球轴承实体保持架，节约有色金属，提高材料利用率（由18%左右提高到60%～80%)，降低生产成本30%～40%，并改善轴承润滑性能和耐磨性能，降低轴承的震动，提高轴承的极限转速。该项目具有重大的现实意义和明显的经济效益，对促进轴承行业和粉末冶金行业的技术进步有重要作用。无锡市星辰摩擦材料厂和机电部济南铸锻机械研究所联合研制的铜基粉末冶金双金属缸体，其产品水平处于国内领先地位，该产品是以钢为基体，配油端烧结一薄层铜基粉末冶金耐磨层，柱塞孔镶配铜套制造而成，是替代目前国内轴向柱塞泵用青铜制造缸体的节材型产品，耐磨性好，成本低，可节约80%左右铜材。经用户单位使用表明，该产品性能良好，提高了缸体强度，解决了“烧盘”现象，具有良好的经济效益和社会效益。

1991年机械通用零部件行业有9项科技成果获得机械电子工业部科学技术进步奖，其中获二等奖2项，它们是：(1)合肥通用机械研究所、大连耐酸泵厂机械密封分厂、沈阳水泵厂机械密封分厂联合完成的机械密封系统研究；(2)长江液压件厂完成的高压齿轮泵引进消化。获三等奖7项，它们是：(1)北京粉末冶金公司完成的Fe-Pb-Cu系含油轴承材料研究；(2)天津液压机械集团公司完成的G5～20、G20～30、G30～31高压齿轮泵；(3)洛阳拖拉机研究所完成的CBN型齿轮泵可靠性研究；(4)上海材料研究所完成的金属多孔元件无模烧结技术研究；(5)吉林工业大学、杭州链条总厂、苏州链条总厂、沈阳链条厂联合完成的滚子链额定功率曲线编制；(6)东新电碳厂承担的机械密封用碳石墨密封环技术条件；(7)天津工程机械研究所承担的双涡轮液力变矩器通用技术条件。

行业管理 机械电子工业部机械基础产品司作为机械通用零部件行业的主管部门适应改革形势，逐步转变管理职能，加强行业宏观管理，1991年先后组织召开了液压件工业工作会议和粉末冶金工业工作会议，从大行业的角度，分析行业面临的形势，针对行业的特点，制(修)订出行业振兴发展纲要及技术改造、科学技术发展规划，明确了行业今后的任务和奋斗目标，使行业向组织结构和产品结构趋于合理的方向发展。在搞好机械基础件行业全行业"八五"规划和地区产业结构调整中，认真组织行业管理专家和技术专家评审，反复研讨力争符合国情和行业发展要求，起到推动行业发展的作用。为主机配好套、服务好是机械基础件行业的任务，为此，机电部机械基础产品司、第三装备司和轻工业部技术装备司于1991年9月联合主持召开了塑料机械用液压件及成套液压系统国产化攻关座谈会，制定了攻关项目计划，建立"塑机—液压件"一条龙合作。1991年11月，机械基础产品司又与部机床司联合主持召开了机床行业防漏治漏现场经验交流会，交流了防漏治漏的经验和做法，帮助为机床行业提供配套的液压件、密封件的企业根据主机用户的要求制定自己的措施。同时，机械基础产品司向机床行业主机发布"可供产品及企业推荐清单"，供主机厂选择产品参考。为切实解决国家重点工程配套用液压件泄漏问题，机电部机械基础产品司邀请了化工部科技司等单位召开了液压用密封工作座谈会，目的是研讨如何从原材料、工艺技术、装备等方面入手，提高密封件的质量和可靠性，逐步解决液压件内由密封件质量问题造成的脏乱问题。

为了更好地展现我国液压、气动、液力、密封行业近年来所取得的成绩，不断提高产品技术水平、产品质量和管理水平，为振兴机械基础件行业作出贡献，中国液压气动密封件工业协会受主管部门委托，评选出北京1991年国际动力传动与控制技术展览会"腾飞奖"，长江液压件厂生产的CBY高压齿轮泵等20家企业的20个产品系列（品种）获一等奖；北京液压件厂生产的4WEH16电液阀等18家企业的32个产品系列（品种）获二等奖。在液压工作会议上，评出液压行业"振兴杯"，获一等奖5项，它们是：(1)长江液压件厂，为工程机械等国产化成套服务，产品质量长期稳定；(2)榆次液压件厂，为WY1.3挖掘机、塑料机械出口成套设备服务；(3)中国船舶工业总公司、上海704研究所，二通插装阀系列、水轮机电液调速器系统系列；(4)天津液压机械集团公司，加强现场管理，实现产品规模经济生产，质量稳定；(5)扬子液压机电集团贵阳501厂，推广微电子技术生产柱塞泵的样板车间。另评出二等奖13项，三等奖24项。"振兴杯"的评选，有助于扭转行业总体面貌和形象，树立榜样，促进落后企业发展，提高行业总体信誉和地位，推动液压行业的进步。在粉末冶金工业工作会议上，表彰了宁波粉末冶金厂、北京粉末冶金研究所、晋江粉末冶金制品厂、武汉粉末冶金厂、上海粉末冶金厂、北京有色金属粉末厂、成都平和粉末冶金有限公司、江门粉末冶金厂、龙岩粉末冶金厂9个单位，对这些单位在企业管理、技术进步、产品质量、开发新产品、提高生产效率和效益、出口创汇等方面做出的突出贡献予以表扬。

为强化机械基础件出口基地建设，1991年国务院机电产品出口办公室和对外经济贸易部批准了第十批机电产品出口基地企业和扩大机电产品出口企业，其中机械通用零部件行业大连液压件厂被批准为液压行业第一个扩大机电产品出口企业。

1991年经机械电子工业部审定，批准了武汉粉末冶金厂、福州弹簧厂2家企业为1990年度国家二级企业。

机械电子工业部还评选出1991年下半年机械行业"安全级企业"，机械通用零部件行业有武汉粉末冶金厂、太原标准件厂、大连液力机械总厂、烟台气动元件厂、上海标准件七厂、浙江临海液压件厂、浙江慈溪密封材料厂、无锡市标准件二厂、天津液压机械集团公司等9家企业。

质量及质量管理 为提高机械基础件产品质量和可靠性，贯彻质量管理和质量保证GB／T10300标准，机械通用零部件行业成立了机械基础产品可靠性工作委员会，重点抓可靠性推荐和认可，首先抓了国家重点工程和重点主机用液压件产品推荐工作和链条产品的可靠性认可工作。为提高全行业的质量意识，链条行业举办了可靠性知识培训班。机械基础件行业的重点产品进行了可靠性考核，到1991年底，参加可靠性考核的产品有：(1)液压行业：电磁换向阀、溢流阀、斜盘柱塞泵、叶片泵、齿轮泵、转向器、胶管总成；(2)气动行业：电磁换向阀、微型电磁阀、减压阀、气缸；(3)密封行业：骨架油封、中型机械密封；(4)液力行业：液力变矩器、液力偶合器；(5)粉末冶金行业：粉末冶金锻造浮动油封密封环、中载汽车粉末冶金摩擦片、金属基镶嵌型固体自润滑轴承；(6)弹簧行业：液压件弹簧、喷油嘴弹簧、气门弹簧、拉簧；(7)链条行业：精密滚子链。

1991年有4个小行业的4种产品进行了行业产品质量评比。密封行业的14家企业14个产品参加了中型机械密封的质量评比，其结果为：合格13家，占92.85%（其中优等品2家，一等品4家），不合格1家；液压行业有9家企业的9个产品参加了中压定量叶片泵的质量评比，其结果为：合格的6家，占66.67%（其中一等品2家），不合格3家；液力行业6家企业的6个品种参加了双涡轮液力变矩器的质量评比，全部合格；粉末冶金行业有25家企业的25个产品参加了粉末冶金铜基含油轴承的质量评比，合格18家，占72%（其中优等品1家，一等品8家），不合格7家。行评总的结果比往年要好。不合格产品，除了个别厂家至今质量检验手段不完善外，主要是工艺控制不够严，缺乏不断调整工艺的主动性。

1991年开展了国家质量监督抽查产品活动，液压行业的节流阀产品抽查了7家企业全部合格，这7家企业的节流阀产品在市场上的占有量很大，因此，此次抽查结果反映出节流阀产品的整体质量水平是高的，说明近几年机电部在行业中狠抓“治脏治漏”取得了明显成绩。密封行业抽查了19家企业的柔性石墨金属缠绕垫片产品，有16家合格，占84.2%。浙江慈溪密封材料厂，产品质量检验手段比较齐全，质量保证体系比较完善，产品的质量和性能指标均达到一级品水平。

1991年行业开展了产品创优工作，有5个行业23个品种获得部优产品，其中液压行业7个，液力行业1个，气动行业2个，粉末冶金行业5个，标准紧固件行业8种。

1991年全行业共制（修）订各类标准59项（包括国标11项），其中液压行业8项（国标1项），气动行业10项（国标3项），密封行业18项（国标3项），粉末冶金行业5项（国标1项），标准紧固件行业5项，弹簧行业6项，链条行业7项（国标3项）。

技术改造及技术引进 1991年列入国家重点技术改造项目38项，年度总投资为14285万元，预计可新增工业产值2.2亿元，新增利税3200万元。其中液压行业技术改造13项，投资7541万元；气动行业4项，投资675万元；密封行业5项，投资1050万元。液气密行业总投资为9266万元，占行业总投资的65%，说明国家重视对关键机械基础件行业——液气密行业的投入。1990年为扩大机械基础件产品出口，安排了10项扩大出口短期小额贷款1569万元，预计可增加出口创汇1000万美元。在鼓励节能、节材产品扩大生产方面安排了近2000万元的投资。

1991年杭州链条总厂为提高产品质量和档次，扩大链条出口，进口了国外先进的链条专用设备，用汇140万美元，该项目的完成也有利于提高国家重点工程用链条配套能力，促进了行业水平的提高。

销售 1991年机械系统机械通用零部件行业的国内总销售收入为388054万元。大行业出口创汇约1.9万美元，外销产品中中高档产品出口比例有所上升。从外销市场看，北美、西欧仍然是大用户；东南亚和中东地区，中低档产品的销售有所上升。另外，在中国境内的机械基础件合资企业的产品出口增长较快。

〔撰稿人：机械电子工业部机械基础产品司　宋志明　审稿人：机械电子工业部机械基础产品司　沙宝森、陈寿德〕

轴　承

〔机械电子工业部〕

生产发展情况 1991年机械电子工业部轴承行业根据行业统计信息组的统计有287家主要企业，其中轴承厂253家、钢球厂17家、轴承锻造厂5家、保持器厂3家、轴承设备厂5家、轴承仪器厂4家。职工总数31.6万人，拥有固定资产原值52.7亿元。固定资产平均余额原值为46.7亿元，净值28.1亿元，定额流动资金平均余额33.6亿元。

根据机电部机械第十设计院对这287家企业统计，全年生产轴承6.14亿套，比上年增长3.0%，商品钢球41.2亿粒，轴承设备593台套，仪器8905台。完成工业总产值（1990年不变价）73.9亿元，现价68.7亿元，现价比上年增长10.6%，净产值26.0亿元，比上年增长11.6%，净产值率为37.8%。全员劳动生产率达到23360元／人·年，净产值劳动生产率8220元／人·年，均超过了上年水平。

1991年行业实现销售收入58.2亿元，比上年增长16.9%，销售税金3.46亿元，增长10.2%。但是实现利润及上缴利税减少，利润总额为4.61亿元，上缴利税2.24亿元，分别比上年减少11.7%和5.3%，企业留利1.16亿元，留利水平为25.2%。经济效益继续下滑，销售利税率为13.9%，人均创利税2550元，以固定资产原值计算的资金利税率10.0%，以净值计算的为13.1%，定额流动资金周转208天，均比上年水平下降。产成品资金年末占用13.0亿元，占全年销售收入的22.3%，库存产品较多。销售收入超亿元的企业有5家，洛阳轴承厂55840万元，瓦房店轴承厂55100万元，哈尔滨轴承厂40058万元，襄阳轴承厂16919万元和西北轴承厂14918万元，他们共计实现销售收入182833万元，利税25434万元，均占全行业的31.5%。

1991年轴承畅销产品是为汽车、摩托车、农机、机床等主机配套的中小型圆柱滚子轴承、大型及特大型调心滚子轴承、中大型圆锥滚子轴承和中大型推力球轴承。低销并大量积压的产品为小型及外球面深沟球轴承、中小型圆锥滚子轴承。

目前行业已生产各类轴承 6600 多个品种、15000 个规格，其中 2500 个主要品种中，相当于国际 70 年代水平的有 688 个，占 27.5%，具有 80 年代初水平 1250 个，占 50%。

1991 年的轴承行业状况可综述为生产稳定，销售增长，出口减少，产品积压，效益下滑。

新技术与科研成果 1991 年洛阳轴承研究所安排科研课题 117 项，年内完成 32 项，其中国家重点项目 22 项，达到国际 80 年代末期水平的有 4 项、80 年代中期水平 9 项。当年完成的项目中已推广应用获得社会经济效益明显的有 24 项，推广率为 75%。

1991 年行业科研工作成果较多。洛阳轴承研究所、杭州轴承试验中心与 6 所大学完成的国家“七五”重点科技攻关项目“通用轴承 CAD 研究”，洛阳轴承研究所的“滚动轴承附件—技术条件及基础尺寸”及“×××号用 D3–826 轴承研制”，瓦房店轴承厂完成的“C4G66721／630K 特大型四列圆锥滚子轴承”，洛阳轴承研究所和洛阳工学院完成的“变曲率对数母线凸度滚子滚动型面工艺研究”课题获机电部 1991 年度科技进步二等奖；洛阳轴承研究所完成的“机器人专用轴承开发研究”和“DF31 陀螺仪表框架轴承研究”及机械第十设计院完成的“贵州轴承工业联营公司‘七五’技改工程设计”同获三等奖。洛阳轴承研究所开发的“烧结多孔聚酰胺保持架材料”和“气体浮环动静压混合轴承及超高速空气精密轴承”获国家发明三等奖，机械第十设计院发明的“圆锥滚子轴承外圈自动定向装置”获国家专利。

新产品 1991 年行业试制及鉴定的新产品有：洛阳轴承研究所研制的防磁轴承、静止变频器轴承，洛阳轴承厂研制的特大型曲轴铣床高精度偏心轴承和为国家重点工程项目配套的特大型 D71169／1400 轴承，瓦房店轴承厂研制的宝钢二期 2050 轧机 E7629／520 四列组合圆柱圆锥滚子轴承和 E779／540 四列圆锥滚子轴承，重庆轴承公司研制的斯太尔汽车转向机 9938950 关节和外球面轴承，靖江轴承厂研制的汽车方向机增强尼龙保持架轴承，无锡轴承厂研制的增强尼龙保持架调心滚子轴承，沈阳轴承厂研制的 U160–3 剖分式圆柱滚子轴承和 C792726EK 三列圆柱滚子轧机轴承，九江轴承厂研制的 8101 轴承等。这些新产品结构先进，性能可靠，质量达到国际 80 年代中期水平，提高了主机的国产化程度。

行业管理 1991 年 5 月机械电子工业部在贵阳召开“全国轴承工业工作会议”，总结了行业“七五”计划执行情况，讨论“八五”调整改革振兴发展规划，并安排技术进步、出口创汇、企业经济规模评价、人才培训等方面的工作。

随着我国汽车工业的重点转移，行业对轿车轴承的“八五”发展作出规划，提出坚持起点高、厂点少、步子要稳的原则，实行轿车轴承产品 A、B、C 分类管理，重点支持，定点限点按经济规模组织生产。年内还派出代表团赴美、日考察，了解世界轿车轴承的生产技术及发展动向。

1991 年 4 月在洛阳轴承厂召开的“机械基础产品行业‘工艺突破口’工作现场会”，深入、系统地交流洛阳、瓦房店、哈尔滨、长治、杭州轴承厂的先进经验，明确今后开展“工艺突破口”工作目标、建设行业典型产品的工艺样板厂点及抓好典型工艺装备的要求。

在机电部机械基础产品司组织和洛阳轴承研究所承办下，洛阳、瓦房店、哈尔滨、襄阳、虹山、西北、成都轴承厂、上海轴承公司和湖北钢球厂 9 家企业参加了高规格的“全国首届工业企业技术进步成就展览会”，充分展示了行业改革开放以来取得的成就和整体实力，为行业起了积极的宣传作用。

行业企业继续推行现代化管理，全面提高企业素质。1991 年洛阳轴承厂进入国家一级企业，成为继瓦房店轴承厂之后行业第二家一级企业。襄阳、成都、济南、株洲、南通、镇江、常州、阜阳、四川小型轴承厂和贵州轴承公司 10 家被批准为国家二级企业，至此行业共有 55 家国家二级企业。瓦房店和襄阳轴承厂还晋升为国家特级安全企业。行业还评比出 1988 年以来产品质量高、出口创汇多、经济效益好的企业。其中中国轴承厂，上海钢球厂，无锡微型轴承厂，青岛钢球厂和烟台、哈尔滨、瓦房店、长治、阳春、杭州、无锡轴承厂为产品质量先进企业；上海轴承公司，洛阳、瓦房店、南安、上海微型、东莞、海林、哈尔滨、新昌、西北、贵阳、虹山、兰州和长治轴承厂为出口创汇先进企业；国家一、二级企业中的瓦房店、苏州、洛阳轴承厂，上海钢球厂，上海红星、上海微型、黄岩、新昌、阳春、东莞轴承厂，青岛钢球厂和石家庄轴承设备厂为经济效益先进企业。

经省政府批准，安徽省轴承工业（集团）公司正式成立。该公司由以原省轴承公司和合肥轴承厂为核心、以六安、阜阳、芜湖轴承厂为紧密层所组成，采用“两段承包双层经营”形式发展，并保留企业和公司二级法人地位。上海新华轴承厂与振兴化工总厂合并，在嘉定组建上海振华汽车轴承厂，增加投资扩大规模，将形成上海地区汽车轴承生产基地。

机电部还召开了机械基础产品出口工作会议，对出口工作成绩与问题、“八五”及近期形势做了细致分析，制定出“八五”出口规划、企业出口指标考核办法、轴承出口产品指南以及加强产品质量和整顿出口秩序的措施意见。中国轴承出口联营公司召开成立十周年纪念会，十年来公司坚持工贸、技贸结合的原则，组织成员企业联合销售、技术服务、市场预测、协调价格及扩大出口，成绩显著，已步入成熟期，正朝着对客户及厂家具有双向辐射力的专业化外贸公司迈进。

自1988年开始实施出口轴承产品质量许可证以来，中国轴承质量监督检验测试中心对243个生产出口轴承厂家进行了工厂必备条件的审查考核验收，证实95%的产品质量能够达到一等品的要求，颁发出口轴承产品质量许可证329个，获证企业227家。

经国务院和经贸部批准，又有长治、牡丹江、韶关、广西轴承厂和慈溪微型轴承厂、浙江东海轴承公司6家企业晋升为第十批出口基地企业，绍兴、宁波、合肥、阜阳、六安、永安、西平、衡阳、湘潭、四川东方、万县川东、云南、大连冶金、淮阳轴承厂和重庆轴承公司15家为扩大机电产品出口企业，行业累计已有16家出口基地和42家扩大机电产品出口企业。6家企业创汇超过500万美元，其中洛阳轴承厂1519万美元，仍为创汇第一大户，上海轴承公司1117万美元，瓦房店轴承厂1012万美元，浙江东海轴承公司958万美元，上海微型轴承厂555万美元，东莞轴承厂505万美元。还有30多家创汇超过100万美元。洛阳、瓦房店、上海微型、东莞轴承厂和上海、浙江东海轴承公司为机电部百家出口先进企业，被机电部通报表彰。

质量及质量管理 1991年行业成立机械基础产品可靠性专业委员会及机械基础产品可靠性工作委员会，加强产品的质量与可靠性管理工作。机电部把轴承和低压电器产品作为质量监督和管理的重点，查处流入市场的假冒伪劣机电产品。

1991年国家轴承质量监督检验测试中心对行业56个骨干重点企业的轴承、钢球产品进行抽查，其结果与1990年水平对比如表1。

表 1

年份	优等品率(%)		一等品率(%)		合格品率(%)	
	轴承	钢球	轴承	钢球	轴承	钢球
1990年	41.7	62.5	74.5	80.0	93.5	95.0
1991年	51.0	65.0	80.3	77.5	93.7	90.0
水平比较	+9.3	+2.5	+5.8	−2.5	+0.2	−5.0

从表1看出，轴承产品质量稳定提高，钢球产品抽查结果不理想。这次抽查的前10名为烟台、西北、上海微型、无锡微型、哈尔滨、长治、梁山、阳春、厦门轴承厂和上海中国轴承厂。西北轴承厂两年来在搬迁过程中，既未影响生产，而且产品质量提高很快，上年产品平均等级合格率为95%，名次列第十几位，到1991年为100%，升至第二位。

技术改造及技术引进 1991年列入国家重点技改项目20余项，安排投资1.2亿元。当年主要抓了"八五"规划限上项目立项、已立项项目年度计划安排及"七五"项目验收的工作。西北轴承厂已完成了技改初步设计，率先进入实施阶段。行业"七五"限上项目襄阳轴承厂技术改造工程，投资4879万元，年产量由800万套增加到1600万套，品种由270个发展到416个，7815E汽车轮毂轴承的使用寿命达到25万公里，取得了较高的经济效益，通过了验收。海红轴承厂的"七五"技改工程已在年内验收。

1991年湖北钢球厂引进了德国201钢球高速冷镦机，瓦房店轴承厂引进法国2米立式磨床及石家庄轴承专用设备厂引进保加利亚数控卧式加工中心，继续提高装备水平。

1991年行业的工艺装备消化吸收和开发工作取得新成绩，轴承车碾自动线、轴承装配自动线已完成初步工作，行业开发研制的冷挤压自动线、中小型球轴承装配自动线已通过试制方案，中小型球轴承磨削自动线已试制出样机。通过鉴定的有ZYS881−886六种磨床、倾斜料盘精密钢球成套设备和钢球超声波清洗自动线、800吨油压机生产线等。氮基气氛铸链炉生产线已完成国产化。

销售 1991年全国287家主要轴承生产企业，销售轴承5.66亿套，商品钢球41.7亿粒，实现销售收入58.2亿元，商品产值67.9亿元，商品销售率为85.7%，比上年80.6%水平有所上升。年末库存轴承1.63亿套，比年初1.36亿套增加20%，产品积压状况仍无缓解。

按产品流向分，出口轴承1.36亿套，产值8.48亿元，出口比重分别为22.1%和14.4%，均比上年降低。据海关统计，轴承出口创汇达到11391万美元，比上年下降37.7%，这是自1985年以来出口第一次出现回落，占全国机电产品出口额比重由上年1.6%降至0.8%。产品销往世界六大洲80多个国家和地区，出口额在100万美元以上的有16个国家和地区，见表2。

表 2

主要国家和地区	金额(万美元)	比重(%)	主要国家和地区	金额(万美元)	比重(%)
合计	11391	100.0	意大利	274	2.4
香港	2560	22.5	印度	263	2.3
美国	1986	17.4	英国	235	2.1
苏联	1056	9.3	荷兰	217	2.0
德国	1026	9.0	朝鲜	151	1.3
巴基斯坦	460	4.0	南朝鲜	119	1.0
新加坡	423	3.7	巴西	117	1.0
法国	390	3.4	古巴	160	1.4
泰国	331	2.9	其它	1623	14.2

分析出口下降的原因，主要是苏联经济动荡，对其贸易基本停顿，创汇比上年减少4544万美元，其它大多数国家和地区均有较大幅度下降。其次是出口秩序混乱，质量不稳定，交货不及时，影响出口信誉。

1991年进口轴承5231万美元，比上年增长37.4%，其中来自日本2530万美元，占进口总额48.4%，香港615万美元，德国725万美元，美国

414万美元，瑞典387万美元。

〔撰稿人：机械电子工业部机械第十设计院 姚信 审稿人：机械电子工业部机械基础产品司 孙振滨〕

起重运输机械

〔机械电子工业部〕

生产发展情况 1991年，机械电子工业部系统起重运输机械行业拥有企业209个。据对188个企业统计，全部职工年末人数134019人，拥有固定资产原值20.76亿元，净值12.14亿元；实现工业总产值32.86亿元；实现利税总额13378万元，其中利润总额1288万元，比上年下降60.09%。生产继续滑坡，经济效益明显下降。

行业产品结构情况如表1、表2、表3所列。与1990年相比，起重设备、水利机械、搬运车辆增长较多，输送设备变化不大，而装卸机械类产品有明显下降。主要分类产品中，千斤顶、电动单梁起重机、螺旋输送机、堆取料机比重上升。

表1 1991年起重运输机械产品产量

产品名称	单位	产量	比1990年增长(按重量)%
起重设备	台／万吨	4270662／23.63	18.86
输送设备	万吨	9.91	2.59
装卸机械	万吨	1.14	−24.50
水利机械	台／万吨	23696／1.16	24.73
搬运车辆	万吨	5.73	15.52

1991年，起重运输机械行业大中型企业有45个，全部职工年末人数72830人。大中型企业情况及其在行业中所占的比重见表4。

可见，大中型企业技术力量强，工业总产值比重大，但经济效益明显低于小型企业。

新技术与科研成果 1991年，起重运输机械行业获得机械电子工业部科学技术进步奖的项目有9项。其中，二等奖两项：自动化立体仓库、桥式起重机计算机辅助设计；三等奖7项：新型电动单梁起重机系列产品开发、Y46150型减速式防爆电磁振动给料机、起重机用双闭环涡流制动器调速系统及电控装置、电动葫芦用锥形电机型式试验台、起重机基础数据库开发、GZ电磁振动给料机型式和基本参数GB10862—89、带式输送机技术条件GB10595—89。

1991年完成的科研项目主要有如下几项。

(1) 北京起重运输机械研究所、苏州起重机械厂、北京机械工业自动化研究所共同完成的国家“七五”攻关项目——自动化仓库关键技术研究，这一项目包括五个课题：①自动化仓库总体设计的研究。它是由北京起重运输机械研究所对引进的德国仓库设计软件进行了消化、完善和扩充，实现了仓库总体设计计算分析与绘图一体化，是目前国内能全面、系统地进行立体仓库总体设计多方案比较的唯一软件，本课题的完成使我国立体仓库总体设计方法进入世界先进行列。②钢结构高层货架的研究。该成果由北京起重运输机械研究所完成。它在对钢结构高层货架的载荷及主要结构的应力进行测试和分析，并在对地震载荷、地基沉陷的影响问题进行深入研究的基础上，开发出WH系统，该系统是目前我国仓储行业中第一个运用有限元法进行分析计算的钢结构高层货架专用软件，其技术水平在国内物流仓储行业居领先地位。③堆垛机关键零、部件的攻关研究。由苏州起重机械厂完成。自行开发研制的超速保护装置结构合理、工作可靠、性能指标达到国外同类产品技术要求，填补了国内空白；仿形装置结构轻巧，为货叉、货架及堆垛机的保护提供了新品种。该课题还通过一系列的试验，详细分析了影响堆垛机停车精度的因素，并提出了保护停车精度的方法，对堆垛机的设计具有指导意义。④自动化立体仓库出入库运输机系统可靠性研究。由苏州起重机械厂完成。其中托盘、货物外形尺寸、重量检测及显示装置符合国外推荐的指标；仓库出入库输送机系统的防偏纠偏装置，针对不同的输送设备采用不同的方法，以保证货物单元在输送系统中偏斜误差在±5mm之内。⑤自动化仓库计算机管理系统的研究。由北京机械工业自动化研究所完成。这套系统使堆垛机控制单元的软件设计达到模块化、标准化，具有较强的抗干扰能力和防止作业数据重复认址器故障的检测等功能。机械设备运行状态的动态显示中可以对堆垛和运输机的作业情况进行动态显示。系统技术水平达到国内先进水平。在上海虹桥机场应用后效果很好。

(2) 起重机系列主参数及机构的优化研究。由北京起重运输研究所完成。该项研究首次运用机构零部件的成本与电动机容量利用率相结合作为目标函数的优化方法，解决了起重机机构的单机优化问题。并首次采用多级模糊综合评判的数学方法，进行起重机机构系列主参数的择优评判设计。得到符合系列性、通用性要求和考虑性能、成本、生产管理、制造批量及使用维修等多种因素的最佳起重机机构的系列主参数。在近10项起重机系列设计中应用后证明，该成果能缩短设计周期，减轻机构重量，降低整机成本，增加部件通用性，减少部件规格数，使起重机机构的主参数和各零部件合理匹配。该成果在起重运输机械行业中处于技术领先地位，达到80年代国际水平。

(3) Ⅱ−006包装堆码系统关键设备研究。由北京起重运输机械研究所负责设计，宜昌地区机械厂、韶关仪表厂、北京起重运输机械研究所等单位试制。主要包括充填机和全自动码包机。充填机的生产能力为 800～1000 袋／h，充包袋重 25～50kg；全自动码包机的生产能力为 800～1200 袋／h，处理袋重 25～50kg。接近国际上同类产品的先进水平。该设备可用于石油化工、食品、化肥、化纤原料、饲料、港口散装物料的包装堆码作业。

(4) KDX 型电动单梁悬挂过轨起重机。由开原起重机总厂研制。该产品是我国大型火力发电站磨煤机检修专用设备。它的结构为一跨放两台电动大车，一跨放若干台手动大车（按磨煤机数量定），电动葫芦小车以电动大车向手动大车（或反之）实现过轨运行。该机起重量 1～12.5 吨，跨度 3.5～22.5m，升高 6～30m。它的主要技术关键是电控系统，即两台电动单梁悬挂过轨起重机的电动与联动控制，满足起重机独立工作和联合起吊的需要，填补了国内空白。

表 2　起重机械主要产品结构

年份	单位	合计	其中：电动桥式起重机	电动单梁起重机	门式起重机	汽车起重机	电动葫芦	手动葫芦	千斤顶
1990	台	3160986	3390	4095	287	2485	47586	707351	2029479
	万吨	19.88	6.47	1.36	1.82	3.60	1.44	1.17	2.51
	比重（%）	100	0.11	0.13	0.01	0.08	1.51	22.38	64.20
		100	32.55	6.86	9.20	18.11	7.24	5.89	12.63
1991	台	4270662	2947	6014	235	2973	52620	680201	2794824
	万吨	23.63	7.23	1.68	1.36	4.56	1.68	1.12	3.80
	比重（%）	100	0.07	0.14	0.006	0.07	1.23	15.93	65.44
		100	30.60	7.11	5.76	19.30	7.11	4.74	16.08

表 3　输送、装卸机械主要产品结构

年份	单位	输送机械合计	其中：带式输送机	螺旋输送机	给料机械	装卸机械合计	其中：翻车机	堆取料机	装卸车机
1990	万吨	9.66	6.76	0.45	0.59	1.51	0.18	0.81	0.05
	比重（%）	100	74.53	4.96	6.50	100	11.92	53.64	3.31
1991	万吨	9.91	5.72	0.55	0.59	1.14	0.12	0.67	0.0015
	比重（%）	100	57.72	5.55	5.95	100	10.53	58.77	0.13

表 4　1991 年起重运输机械行业大中型企业情况

项　目	企业数（个）	全部职工年末人数（人）合计	全部职工年末人数（人）工程技术人员	工业总产值（1990 年不变价）（亿元）	利润总额（万元）	全年能源消耗总量（折标煤）（万吨）
起重运输机械行业	188	134019	9934	32.86	1288	
大中型企业	45	72830	6299	20.90	−1265	25
比重（%）	23.94	54.34	63.41	63.60	／	

(5) 直径 600mm 气力容器管道输送技术研究。由北京起重运输机械研究所设计，银川起重机器厂试制。包括容器列车、发送装置、接收装置、翻车机、平移段、缓冲器、装卸载系统、防爆除尘系统和控制监测系统等部分。样机管道内径 616mm，管材螺旋钢管（可用水泥管）内铺轻轨，列车容器有效容积 0.34m^3，列车运行速度 6～8m／s，发生间隔 45～60s，运输能力 50～80 万吨／年。采用可编程序控制器控制，计算机管理及图形监视。它具有密闭无污染、安全可靠、占地少、能耗低、生产率高等特点。适用于大宗散料的中短途运输，是为铁路、水运干线集结、分散和分流，

为电厂、洗煤厂等大运量单位组织专线运输的有效手段。

新产品 1991年，列入部新产品设计试制计划的有52项，已完成30项，其中叉车5项。主要有：大连起重机器厂完成的夹皮带卸船机，卸船能力650t/h，承载带电机功率150kW，大车运行速度12m/min，输送带速度4.65m/min，封闭式双节提升风机风量173m/min，风机电机功率7.5kW，液压泵站压力 350Pa，旋转速度0.16r/min。该机自重轻，卸船能力大，无噪声，无粉尘，物料破损小。主要用于港口卸粮，也可卸细煤粉、磷酸盐、矾土、原糖等小颗粒散料。上海起重运输机械厂完成的DN型节能带式输送机，结构简单，工作可靠，控制灵活，节能明显，填补了国内空白。适用电机功率4～400kW，比普通带式输送机节电20%。

行业管理 中国重型机械起重运输机械行业协会经过三年的筹备工作，在12个专业分会先后组建完成的情况下，于1991年1月正式成立。

1991年，获生产许可证、出口许可证的企业共38个，其中，获生产许可证49张，出口许可证27张。详见表5。

表5 1991年起重运输机械行业获得生产许可证、出口许可证情况

产品名称	企业数	生产许可证数	出口许可证数
千斤顶	14	10	24
手拉葫芦	1		3
起重滑车	8	18	
电动葫芦	1	1	
电动单梁起重机	6	12	
带式输送机	8	8	
总　　计	38	49	27

质量及质量管理 1991年，有2个企业的产品通过国优复查，7个企业的产品获部优称号。此外，油压立式千斤顶行业进行了质量评比工作。参加行评的企业48家，检测产品192台，其中一等品26家，合格品7家，不合格品15家，合格率为68.75%。10个企业获质量奖。

技术改造及技术引进 据对28个企业的调查统计，1991年完成技术改造投资6753.97万元。技改项目有唐山冶金矿山机械厂引进的螺旋伞齿轮加工设备、带式输送机高速托辊和硬齿面减速器"八五"技术改造项目，哈尔滨重型机器厂的斗轮堆取料机及派生产品技术改造项目、数控臂式斗轮堆取料机项目，山海关起重机械厂的PK型环链电动葫芦、SHHQ气动葫芦技术改造项目，常熟千斤顶厂、杭州千斤顶厂的千斤顶生产线技术改造项目等。

1991年1月生效的C型双车翻车机合作生产合同、斗轮堆取料机联合设计和制造技术合同，是大连重型机器厂分别与英国亨肖公司和日本东棉三菱公司签订的。C型双车翻车机包括翻车机、拨车机、夹轮器、逆止器的主要机构和主要钢结构，翻车次数30次/h，翻卸能力2×85t/次，翻车角度160°，用S_5–1150微机控制。DQL4500/41O*45斗轮堆取料机技术包括设计计算技术和全套图纸，取料能力4500t/h，堆料能力4100t/h，回转半径45m，轨距9m，行走速度30m/min。

在对引进技术的消化、吸收、国产化工作中，山海关起重机厂消化吸收德国德马克公司PK系列产品设计制造技术，生产了起重量为0.125吨（单）/0.25吨（双）～1吨（单）/2吨（双），起升高度为3～4m，起升速度为8、4、10、5m/min的环链电动葫芦，并派生出PK_{10}–N_3型（起重量为3吨）、PK_{10}–N_4型（起重量为4吨）产品，国产化率为100%。

销售 1991年188家企业销售起重设备260969吨/258692万元；比1990年分别增长20.17%和31.79%；运输设备68718吨/7542万元，比1990年分别下降20.04%和86.02%。从销售去向看，起重、运输设备主要销往冶金、能源、建筑及材料、交通运输和轻纺等行业。

1991年出口起重设备52509.99吨/33496.26万元、运输设备5482.70吨/3469.40万元。仍以轻小起重设备为主。出口地区：起重设备为美国、德国、法国、英国及东南亚地区，运输设备主要为东南亚地区及美国等，装卸机械为日本等国，叉车为美国、苏联、澳大利亚及东南亚地区。

〔撰稿人：北京起重运输机械研究所　王学红
审稿人：机械电子工业部第二装备司　徐仕敏〕

〔交通部〕

生产发展情况 1991年，交通部系统起重运输机械行业中年产值200万元以上的骨干企业有16个，拥有固定资产原值3亿元，职工13714人，实现工业总产值2.8亿元（当年价）。主要产品结构如表6所示。

行业内最大的企业——上海港口机械厂1991年完成工业总产值1.48亿元，全员劳动生产率为36211元/人·年，比上年增长了42%。主要产品有8～40吨的各种通用门座起重机、16吨带斗门座起重机、40吨多用途门座起重机、1200吨/时链斗卸船机、1250吨/时桥式抓斗卸船机、35.5吨岸边集装箱起重机及35.5吨集装箱轮胎龙门起重机。国家二级企业长航红光港机厂是交通部定点生产轮胎式起重机的专业厂家，该厂自行设计和生产5～25吨级轮胎起重机、埋刮板输送机、皮带运输机械和其它起重装卸机械。其中QL16B型轮胎起重机已荣获省优、部优产品称号，20多年来该厂生产的近千台轮胎起重机分布在全国21个省市的200余家用户，深受各大海港的赞誉。

一些中型企业也开始涉足于大中型产品的生产，如南京港口机械制造厂 1991 年生产了 MQ10-30 和 MQ10-25 门座起重机各 2 台，以适应港口起重运输机械大型化、品种多、批量少的特点。随着集装箱运输业的发展，1991 年集装箱装卸机械的产量有较大增长，比上年增长 44%，如广州港机制造厂生产了 580 台 JP 系列集装箱半挂车。

表 6　1991 年主要产品结构

产品类别	产量（台）	比上年增长%
起重机械	185	26
流动机械	783	-20
散货专用机械	25	-36
集装箱装卸机械	598	44
合　计	1591	

新技术与科研成果　1991 年，完成的国家科技攻关项目有“ST400 集装箱正面吊运机的研制”，该项目由交通部水运科学研究所与广州港口机械制造厂共同承担，设备的国产化率达 90%，每台可以为国家节省外汇 22 万美元。该产品参加第三届全国新产品、新技术展销会获金奖。

1991 年，获交通部科技进步奖的项目有：GGQ40／25 型高塔柱轨道式起重机和 XLJ-1200A 型悬链斗卸船机获二等奖，300 吨散装水泥自航自卸运输船和 D_2LQ16 港口轮胎起重机获三等奖。

由交通部水运科学研究所与无锡集装箱厂联合承担的部级项目“低能耗吸粮机”于 1991 年 3 月通过交通部鉴定。该机将气力输送与连续机械输送技术有机地结合为一体，其主要技术经济指标居世界先进水平，与传统吸粮机相比可节能 70%左右。其部分关键技术已获国家发明专利。由交通部水运科学研究所承担的“港口装卸机械 CAD 研究开发”中子项目集装箱装卸桥 CAD 系统于 1991 年 4 月进行了测试。该项目的自动双向消隐技术、标准化参数输入表格及其工具软件技术、反参数化图形生成技术等均达到国内先进水平。

新产品　1991 年开发的新产品主要有：(1) 红光港机厂设计制造的 DLQ25 型轮胎起重机，该机通过了部级鉴定，该机针对国内港口装卸的需要，以实现 25 吨级港口轮胎起重机国产化为目标，在结构和控制方面都有许多创新点。各工作机构的速度采用控制柴油机油门，改变发电机电压 (0～230V) 实现无级调速，当系统电压超过 80 伏时，起升、变幅机构能自动降压起动。技术性能参数与日本 UC-25 型轮胎起重机相仿，总体性能达到国内同类产品领先水平。(2) 天津港机械修理厂与天津工程机械研究所联合研制成功的 YQ45 型牵引车，整机性能指标达到日本丰田牵引车水平，在国内处于领先地位，填补了我国该类产品的空白。(3) 安庆港机厂开发的 25 吨四绳长撑杆双颚板煤炭抓斗，抓取比达 1: 1.5，为了满足抓斗正常工作条件下所必须的强度和刚度以保证抓斗的使用寿命，必须充分而合理地分配与利用抓斗的自重，为此该抓斗采用了尼龙滑轮，既减轻自重又减少钢丝绳的磨损。(4) 广州港机制造厂成功开发了 GJ5 型内河码头用固定式起重机。

广州港机制造厂 1991 年研制成功的新产品 ST400 集装箱正面吊运机和 BG42J、GJ9420JZ 集装箱自装自卸车均获得国家新产品证书。

行业管理　1991 年 5 月在武汉市召开了“交通部港机工业发展研讨会”，会上总结了“七五”期间港机工业生产及技术发展情况，研究了十年规划和“八五”计划的要点及进一步加强行业管理等方面的问题。指出了港机工业的发展，重点在于联合改组和技术改造，调整产品结构、企业组织结构和行业结构，积极采用新技术、新工艺，更新老旧设备，提高产品质量，开发新产品。

质量及质量管理　1991 年，红光港机厂生产的 D_2LQ16 港口轮胎起重机获湖北省优质产品称号。南京港口机械制造厂生产的 FQ5-25 浮式起重机获南京市优质产品称号。上海港口机械制造厂生产的 J01 型 35.5 吨岸边集装箱起重机、上海港机械修造厂生产的 DLQ8 电动轮胎式起重机均获上海市优质产品称号。

武汉港口机械制造厂 1991 年被武汉市工商局首批授予“重合同、守信用”企业称号。上海港机械修造厂被上海市定为国家二级计量管理单位。

1991 年，行业共制定 6 项国家标准：《港口轮胎式起重机技术条件》、《港口轮胎式起重机试验方法》、《轮胎式集装箱门式起重机技术条件》、《港口吸粮机技术条件》、《港口吸粮机试验方法》、《港口浮式起重机安全规程》。

技术改造及技术引进　1991 年，主要企业固定资产投资为 2213 万元，与上年度基本持平，其中技术更新改造投资为 953 万元。一些大型企业开始采用 CAD 技术来缩短设计周期，提高设计质量，以适应用户对港口机械性能参数多样化的要求。一些港口机械修造厂得到了进一步的发展，成为港口机械大修基地和港口专用机械制造基地，同时积极开展进口机械配备件国产化的工作。

结合产品结构的调整及新产品的开发，各企业都十分重视消化吸收国外的先进技术。如上海港机械修造厂引进日本住友公司的起重机臂架制造技术，使该厂生产的轮胎式起重机的技术水平有了较大的提高。大连港务局引进德国门座起重机液压变幅技术，青岛港务局引进日本 4500 吨／时装船机技术，连云港港务局引进日本波纹挡边皮带机输送技术，广州救捞局引进英国立式卷筒多层缠绕技术等都取得了较好的效果。

销售　1991 年主要企业产品销售额为 3.8 亿元，产品销售的主要流向是交通部门，其中集装箱装卸机械需求量呈现较大幅度的增长。

1991 年出口创汇 265 万美元，较上年度增长了 1.07%，主要产品是 JP 系列集装箱半挂车。

〔撰稿人：交通部水运科学研究所　范翠玉　审稿人：交通部科技司　郭琦贵〕

地质勘探设备

〔地质矿产部〕

生产发展情况　1991 年，地质矿产系统共有地质勘探设备制造、维修工厂 39 个，其中部直属大中型骨干厂 7 个，下放厂 2 个，省局属厂 28 个，归口厂 2 个；年末共有职工 24316 人，拥有固定资产 42563 万元。

1991 年，地矿行业生产经营出现稳步发展的好势头，主要特点是：

(1) 生产出现较大回升。1991 年共完成工业总产值 34084 万元，比上年增长 10.2%，除个别省局厂、归口厂略有下降外，所有直属、下放厂均比上年有不同程度的增长。其中，产值增长 20%以上的有 17 个，占 43.6%；增长在 30%以上的有 7 个，占 18%。地质勘探设备生产厂家的排头兵——上海探矿机械厂的生产经营出现连年持续稳步发展的好形势，产值在 1990 年比 1989 年增长 17.9%的基础上，1991 年又比 1990 年增长 12.5%，全员劳动生产率达 27158 元／人・年。

(2) 主要产品产量完成较好。列入计划的 32 种主要产品有 25 种完成或超额完成了计划，占 78.1%。按大类分：完成钻探设备 2229 台，比上年增长 18.2%，其中增幅最大的是浅孔钻机，比上年增长 115.9%；完成坑探设备 1378 台，比上年增长 52%；完成实验室选矿设备 2323 台，比上年下降 27.3%，其中降幅最大的是磨矿设备和脱水设备，分别比上年下降 61%和 55%。

(3) 经济效益有较大提高。1991 年地质勘探设备工厂共实现利润 2136 万元，比上年增长 10.9%。其中 6 个直属厂完成 1179 万元，比上年增长 120%。无锡钻探工具厂实现利润 340 万元，比 1990 年增长 42.3%，创历史最好水平。德州石油钻探机械厂继续保持人均创利税 7400 元以上的高水平。其他厂中有 80%已开始走出低谷。下放厂在 1990 年较高利润水平基础上增长 39.8%。但从地质勘探设备专业厂总的情况看，由于困扰企业生存发展的结构性、素质性矛盾未得到根本改善，经济效益的提高还带有恢复性质。全行业 39 个工厂尚有 14 个亏损，亏损面占 35.9%，其中省局厂亏损 13 个，亏损面占 46.4%，亏损额 536 万元。同时盈利企业还有相当数量的亏损产品。据对 5 个直属大中型企业统计，亏损产品达 148 种，亏损产品销售收入 3900 余万元，占这些厂产品销售总收入的 28.9%。

新技术与科研成果　1991 年完成了地矿部“八五”攻关项目——新型岩心钻机系列和中硬地层水力反循环输送岩心两项课题的分解、攻关合同的签订和部分课题、专题的论证。为解决软土地基加固技术，上海探矿机械厂根据铁道部第四勘测设计院软土地基研究室提出的参数，研制了 SCL-15 型砂井掸板两用机，该机可在软土地基施工中利用袋装砂井、掸板（塑料板）技术，通过预压排除土壤中水分，以增强地基强度，它可广泛用于南方铁路、公路、机场的地基加固工程，为提高施工速度、取得较好的经济效益创造了条件。

为保证许可证发放工作顺利开展，1991 年，进一步加强了质量检测中心的工作。国家级探矿工程机械质量监督检测中心和地矿部金刚石钻探工具检测中心已正式批准成立。水文水井钻机和工程施工钻机试验台已通过部级鉴定。该试验台由 4 个机械加载系统、微机检测系统及辅助设施组成，智能化检测系统由 PC386S32 位微机控制，可对七类技术参数，96 个测点实现数据采集、处理、显示、打印和绘图，并有系统自检、系统标定功能。

新产品　1991 年完成地勘设备新产品 15 项。主要有：(1) 重庆探矿机械厂与勘探技术研究所研制的 GX-1J 型钻机。钻进深度 150m，钻孔直径 150～75mm，立轴转速 60～600r／min，立轴行程 450mm，立轴最大扭矩 1.45kN・m，最大加压力 19kN，最大起拔力 27kN，卷扬机最大提升能力 14.7kN。该钻机能实现合金、金刚石钻进及冲击钻进、振动—冲击跟管钻进，可广泛用于铁路、公路、桥涵、坝基、工业及民用建筑等工程地质钻探、小型锚固灌浆孔钻探及浅孔水文地质钻探等。(2) 重庆探矿机械厂与勘探技术研究所研制的 MGT-30 型锚杆工程钻机。钻孔深度 30m，钻孔直径 110mm，钻杆直径 50mm 或 73mm，额定提升能力 22kN，额定加压能力 14kN。该机结构简单实用，技术参数合理，操作方便可靠，可用于岩土锚杆、路基坝基、挡土墙加固、预防滑坡、岩崩等灾害的整治，也可用于深基坑支挡、地下工程支护及高层建筑地基处理等领域。(3) 无锡钻探工具厂研制的直径 40～89mm 系列硬质合金球齿钎头。它是为液压凿岩配套的新型先进凿岩工具。化学成份 WC88.5%～93%，Co7%～11.5%，密度 14.1～15.1g／cm^3，抗弯强度不低于 1910～2300N／mm^2，硬度不低于 86.5～88HRA，产品在 f=8～12 各种岩石上凿孔，纯钻速 1m／min 左右。产品整体达国内先进水平，在固齿工艺等方面居国内领先水平，解决了材料选择、热处理规范、固齿工艺等关键问题和引进液压凿岩机钎头配套问题，推动了球齿钎头国产化进程。(4) 西北探矿机械厂研制的 GQ-12 型工程施工钻机。该机功能齐全，用于直径 1200mm 高层建筑和大口径基础桩钻进、农业灌溉、工业用水、矿山通风孔回填孔钻进及浅层地热与地质勘察钻进，配有步履移动装置和以泵吸反循环为主、正循环为辅的排渣系统。该机基础桩钻进钻孔深度50m、钻孔直径1200mm，水井钻进钻孔深度300m、钻孔直径500mm，矿山通风孔钻进钻孔深度100m、钻孔直径1000mm，地质勘察钻进钻孔深度1000m、钻孔直径150mm。动力头最大扭矩12kN·m，动力头最大提升能力60kN，动力头行程800mm，外形尺寸3260mm×1500mm×2430mm。(5) 贵阳探矿机械厂与贵阳建英科研所开发的采用新型稀土永磁材料、结构新颖的多用途交直流发电机。它可取代目前野外使用的动能单一、功率小、传统机械式换向的直流发电机，重量减轻35%，效率提高3%。(6) 无锡钻探工具厂采用新工艺合成的高强度人造金刚石单晶，其品级达到国内先进水平。(7) 北京钻探工具厂研制的Z型金刚石干式切割片，填补了国内空白。

行业管理 1991年，在编制地质机械行业规划，满足国家大机械行业整体规划要求基础上，采取由下而上、上下结合的方式具体编制了所属企业"八五"规划和全行业规划，经过综合平衡，明确了各企业"八五"期间各项经济技术指标及工作任务，并以正式文件下达企业执行。

1991年，有地质钻探金刚石钻头和地质钻探金刚石扩孔器两类产品列入地矿部发放产品生产许可证计划目录。草拟了《地质钻探金刚石钻头、地质钻探金刚石扩孔器生产许可证实施细则》，经征求意见，修改稿已正式向全国生产许可证办公室报审。同时，按照全国生产许可证办公室的要求，针对该部归口管理地专产品的情况，将有可能具备发证条件的十类产品作为该部后四年发证产品汇编上报，为今后有计划地发放地专产品生产许可证工作奠定了基础。

张家口探矿机械厂为领取抽油杆生产许可证，投入150万元资金，更新生产设备，调整工艺路线，补充工艺装备，完善检测手段，经中国石油天然气总公司生产许可证办公室考核验收，达到了取证标准。

质量及质量管理 1991年，地质勘探设备行业有2项产品获国家银质奖，即无锡钻探工具厂的绳索取芯钻具和贵阳探矿机械厂的PE-150×250型颚式破碎机；4项产品获地矿部优质产品奖。

1991年，地质机械仪器工业总公司对直属企业列入承包的三项质量指标进行了考核，有三个厂的成品抽查合格率、两个厂的优质品稳定提高率均达到100%。

为了给企业产品上等级提供可靠保证，1991年先后审批企业标准和产品质量分等标准99项，并对直属5个企业进行了质量管理检查。

技术改造及技术引进 结合"八五"技改规划，1991年确定重点技改项目9项，总投资985万元，实际完成510万元。同时完成基本建设投资525万元。

1991年，无锡钻探工具厂从英国引进的地质专用管材螺纹加工用数控机床到位。该设备有全自动对刀仪，对刀具磨损可自动补偿；闭环测量系统，用高精度光栅尺，确保机床精度为0.001mm；主轴孔径90mm，主轴转速600r/min。

销售 1991年地勘设备工厂共实现销售收入34343万元，比上年增长18.9%。其中，成台设备销量回升较多，特别是重庆探矿机械厂的300米岩心钻机，西北探矿机械厂的GQ-12型工程钻机和上海探矿机械厂的水文水井钻机与工程施工钻机开始呈现畅销局面。

1991年，实现对外销售176.1万美元，与上年基本持平，其中出口地质机械的有7个厂53.1万美元，比上年有较大增长；减幅较大的是成都探矿机械厂的钎具，由1990年的114.1万美元下降为57.8万美元。

〔撰稿人：地质矿产部　胡明松　审稿人：地质矿产部　孟宪琛〕

〔中国有色金属工业总公司〕

生产发展情况 1991年，中国有色金属工业总公司地质勘探行业有12个机修厂，完成工业总产值5016万元；实现利润285.84万元，比上年增长了38%。现有固定资产原值4365万元，流动资金2130万元。

1991年，根据市场的需求，结合本身实际情况，着重在产品结构方面进行了调整，重点是以发展金刚石为主体，同时发展和扩大金刚石单晶及其制品的生产。到1991年底，共有六面顶压机53台，比上年增加10台；金刚石单晶产量为400万克拉，各种规格钻头33335个，分别比上年增长了29%和16%。产值与效益基本达到同步增长。

桂林金刚石厂是较早生产人造金刚石的厂家之一，由于技术比较成熟，所以金刚石生产始终稳步发展。单晶、钻头、锯片的质量在国内有一定声誉。在深化改革浪潮的推动下，他们大胆地改革分配制度，进一步调动广大职工的积极性，以科研开发新产品为龙头，狠抓产品质量，扩大品种，强化服务质量，1991年产值700万元，利税226万元（其中利润为172.26万元），创有色金属地质机修厂效益最好水平，同时创本厂历史最好水平。

质量及质量管理 为了提高产品在市场的竞争能力，1991年继续加强产品质量管理。针对市场对金刚石生产主要是JR_4型、60#以粗的单晶的需求情况，制定了抗压强度达15kg以上为起点这一标准，并用此标准来安排具体的工作任务。通过一年的实践，金刚石单晶质量提高，市场销售很好，经济效益显著。

销售 1991年，中国有色金属工业总公司改变了以产值为考核指标的方法，主要以销售收入作为承包基数，这一做法，成效比较显著，加快了资金周转，库存积压大大下降，基本做到当年生产，当年销售，90%的资金得到回收。同时，狠抓售后服务工作。在金刚石生产方面，几个金刚石厂专设销售科，选派年青、懂技术的人员到销售岗位上，并实行承包办法，服务到现场。这方面工作，辽宁金刚石厂做的比较好。以金刚石孕镶钻头为例，该厂由于加强了销售工作，1991 年已销售 18744 个，居全国金刚石厂家钻头销售量前几名；在纺织机械生产方面，秦岭纺织机械厂（原西北地质机械厂）采取主动走访用户、服务上门的办法，并先后多次到用户开展培训活动。他们生产的 A454 型粗纺机深受用户欢迎，并得到好评。纺织部已给该厂颁发了生产许可证。

〔撰稿人：中国有色金属工业总公司地质局　杨万忠　审稿人：中国有色金属工业总公司地质局　刘跳民〕

〔能源部电力机械局〕

生产发展情况　杭州钻探机械厂是能源部直属企业之一，专门从事水电工程建设用钻灌设备及配套机具的生产。该厂 1991 年工业总产值达 1097.5 万元，比上年增长 31.8%；实现利税 193.9 万元，比上年增长 4.2%。1991 年该厂采取了注重产品质量，掌握市场动态，适时调整产品结构，加速新产品开发与投入市场的速度，增加用户所需产品、配件的生产经营策略，使该厂的经济效益连年都有较大幅度的增长。1991 年该厂被评定为国家二级企业，同时，该厂还是国家二级计量单位、国家二级档案管理先进单位。

新产品　1991 年，杭州钻探机械厂自行开发研制了 2LX-10 型双螺旋洗石机，该机生产率为 500 吨／日，螺旋直径 1079mm，螺旋长度 8250mm。该机技术指标达国内先进水平，使用性能良好，受到用户欢迎。同时，该厂还试制投产了 ZJ200、ZJ400 型制浆机和 BJ400、BJ650 型拌浆机，该制浆机的特点是制浆速度快而均匀，其性能达到并超过瑞典同类产品的性能。该产品的试制投产，使该厂在灌浆施工设备的生产制造系列化方面又迈进了一步。

销售　杭州钻探机械厂的产品主要销往从事大中型水电站建设的钻孔灌浆施工部门和煤矿勘探与井下防治水部门，1991 年，该厂销售收入为 1072 万元。

〔撰稿人：能源部电力机械局　李愉骋　审稿人：能源部电力机械局　张海清〕

矿山及煤矿机械

〔机械电子工业部〕

生产发展情况　1991 年，机械电子工业部系统生产矿山机械产品的厂家有 127 个，职工 164889 人；完成工业总产值 302941 万元，比上年增长 3.6%，较好地完成了年初预定的生产经营计划和各项指标。主要企业完成的各项指标等综合情况见表 1。

1991 年 57 家企业共生产矿山采掘机械、提升机械、破碎磨矿机械、筛分机械、选煤机械、选矿机械和矿山专用设备共 7 大类产品 12496 台、91780.54 吨。各类产品的生产情况见表 2。

表 1　1991 年矿山机械主要企业完成的各项指标　（单位：万元）

年份	统计企业数	职工人数			固定资产		工业产值		产品销售收入	利润总额	已交利税	全员劳动生产率（元／人·年）
		总人数	工程技术人员数	技术人员占职工总数 %	原值	净值	总产值	净产值				
1990	64	180303	17065	9.46	414920	189098	307320	80076	262593	5964	9955	17045
1991	57	144525	15737	10.88	319398	138276	256330	61486	254079	4505	10642	17736

从表 2 中可见，1991 年生产的矿山机械产品中，破碎磨矿机械的产品产量最大，其次是矿山采掘机械。在采掘机械中，重大技术装备产品产量有明显增长，1991 年共生产斗容 $10m^3$ 的挖掘机 8 台，比上年增长了 160.8%；与 $10m^3$ 挖掘机配套的载重 108 吨电动轮自卸汽车生产了 36 台，比上年也有较大的增长。

太原重型机器厂生产的 WK-10B 型 $10m^3$ 挖掘机是在 WK-10A 型挖掘机制造使用的基础上改进结构和材料制造的，是适用于寒冷地区露天矿山使用的挖掘设备。湘潭电机厂生产的 SF3103 型载重 108 吨电动轮自卸汽车是在 SF3102 型电动轮自卸汽车制造使用的基础上改进结构和材料，并经过在霍林河露天煤矿的寒冷条件下验证后制造的，也是适合于寒冷地区使用的大型设备。该车与 $10m^3$ 挖掘机配套，在霍林河露天煤矿和白云鄂博露天铁矿使用效果较好，受到用户欢迎和好评。在重大技术装备产品生产中，江西采矿机械厂也生产了 KY-250A 型牙轮钻机和 KY-310 型牙轮钻机各 1 台。1991 年生产的采掘机械产品中，还包括

$4m^3$ 挖掘机 16 台；在矿井提升机械产品中，有卷筒直径 2m 以上的矿井提升机 70 多台。

1991 年统计的 57 家生产企业中，全员劳动生产率达 20000 元／人・年以上的企业共 18 家，这些企业完成的各项经营指标见表 3。

1991 年，仍有相当部分企业亏损。统计的 57 家生产企业中有 19 家发生亏损，占统计企业数的 1／3，总计亏损金额达 8536.26 万元。大型骨干企业多为亏损大户，有的企业亏损额多达 2000 多万元。

表 2　矿山机械产品分类产量

产品类别	产量（台／吨）	占总产量比重(吨位)(%)
总产量	12496／91780.54	100.00
采掘机械	2526／20092.77	21.97
提升机械	4843／17018.59	18.62
破碎磨矿机械	3967／40013.93	43.60
筛分机械	12／4110.60	4.50
选煤机械	324／4491.37	4.91
选矿机械	798／3544.88	3.88
矿山专用设备	26／2508.40	2.74

新技术与科研成果　1991 年，矿山机械行业有上海重型机器厂生产的 ϕ1600×250mm 辊压机获机械电子工业部科技进步二等奖，沈阳矿山机器厂生产的周边胶轮传动的浓缩机和直径 1600mm 高梯度磁选机、洛阳矿山机器厂生产的 2JTY-1.6 型液压防爆绞车和湿式中硬度矿石大型磨矿机衬板材料的研究、沈阳重型机器厂生产的 ZY1400／170 型液压旋回破碎机等获机电部科技进步三等奖。

1991 年，南昌矿山机械研究所共完成“地下矿用电动无轨采矿装运设备关键技术研究”、“LK-1 型铲运机电力驱动系统研究”和“地下矿用辅助车辆研制”等 7 项科研课题。“地下矿用电动无轨采矿装运设备关键技术研究”是机电部“七五”期间下达的科学基金项目，包括 $2m^3$ 电动铲运机工作机构优化设计、全封闭式多盘摩擦制动的湿式多盘动器等 6 个子项研究课题。经过制造厂试验和使用现场的考核验证，取得的科研成果已应用到由南昌通用机械厂生产的 $2m^3$ 电动铲运机上。该项目于 1991 年通过鉴定验收，受到部、省有关部门领导和专家的好评。由该所设计、西北冶金机械厂试制的 WF-2 型井下维修车、WG-2 型井下运油车等辅助车辆也于 1991 年 11 月通过技术鉴定验收，正式交付有色金属地下矿山使用。

1991 年洛阳矿山机械研究所共开展“耐磨橡胶筛板与应用技术研究”、“矿井提升机恒减速控制系统研究”、“跳汰机的机电一体化研究”和“三峡升船机物理模型试验研究”等科研和新产品开发研究等 53 项，转产率达 60%以上，为洛阳矿山机器厂的新产品开发和矿山机械行业的技术进步做出了贡献。“耐磨橡胶筛板与应用研究”是国家“七五”科技攻关项目，经过与洛阳矿山机器厂合作试验研究，取得了良好效果，并于 1991 年 10 月通过了鉴定验收。

表 3　18 家人均产值超过 20000 元／人・年的企业情况　（单位：万元）

序号	企业名称	全员劳动生产率(元／人・年)	工业产值		产品销售收入	利润总额	已交利税费	固定资产	
			总产值	净产值				原值	净值
1	上海建设机器厂	68612	5201	1473	5424	340	332	1459	1193
2	常州矿山机械厂	52948	3481	482	3428	49	207	1986	1518
3	济宁矿山机械厂	32262	2239	696	2344	296	163	1093	728
4	鞍山矿山机械厂	30575	3963	1483	4133	260	67	3237	2062
5	承德矿山机械厂	28582	6366	2398	6075	405	495	5306	3005
6	上海冶金矿山机械厂	27762	7150	1143	8818	761	49	4989	2862
7	绍兴矿山机械厂	27148	1563	250	1631			693	436
8	上海重型机器厂	25877	20396	5025	19954			35570	11141
9	太原重型机器厂	25289	29213	5706	30659			46939	13917
10	沈阳重型机器厂	25227	31857	5325	30218		51	42650	15926
11	宁乡星火机械厂	25000	510	430	405	32	630	165	120
12	浑江矿山机械厂	23856	1398	417	1335	103	109	643	503
13	济南重型机械厂	23809	6988	1479	6950	117	101	6069	3212
14	上海东风机器厂	23496	3237	663	3519	503	154	2231	1112
15	锦州矿山机械厂	22707	6366	2398	6075	405	495	5306	3005
16	江阴矿山机械厂	22406	2044	483	1910	3		1009	648
17	徐州矿山设备厂	21956	3314	1406	2669	105	151	1559	955
18	株洲东方工具厂	21369	643	193	694	32	12	885	515

石家庄矿山机械研究所1991年内完成了PES-400×600型颚式破碎机课题的研究工作，产品样机于1991年12月通过了鉴定验收。

太原重型机器厂1991年内完成了引进美国的挖掘机斗齿材料消化研究。结合该厂生产16m^{3}挖掘机研制的P&H№27A材料，属于低合金耐磨铸钢，相当于国内的ZG30CrNi2Mo钢种，是太重厂首次在挖掘机上试验使用的。此研究课题于1991年10月通过了结题验收。该厂还完成了“挖掘机低温用钢选材试验研究”课题。该项目对大型结构件使用的6个主要钢种（16Mn、15MnV、PH166、PH50、仿T-1和CF-60钢）做了全面系统地试验和分析对比，对低温环境下使用的大型挖掘机重要的受力结构件用钢提出了切实可行的钢种和措施。并结合该厂的生产实际，试制了WK-4A、WK-10B和P&H2100BL型挖掘机的斗杆、起重臂共6件，送露天矿山进行工业性考核试验，使用效果均较好。

新产品 1991年57家制造厂共研制和生产新产品约80项，其中有30多项已通过技术鉴定和出厂验收，转入了批量生产。其中，洛阳矿山机器厂完成了JBT1.6×1.2P泵控液压防爆绞车、JG3—200型过坝提升机研制等30多项新产品开发和关键技术攻关研究，通过技术鉴定验收的有11项，完成新产品产值3368.50万元。沈阳重型机器厂也完成了PCK-M1416型锤式破碎机、MPS190型中速磨煤机等新产品开发22项。沈阳矿山机器厂、太原矿山机器厂、上海冶金矿山机械厂和南昌通用机械厂等单位也都完成了4m^{3}井下电动铲运机、2.7m^{3}井下内燃铲运机和LZL-120型履带式立爪装载机等新产品的研制和生产。

VABE-550型轮斗式挖掘机是昆明重型机器厂引进奥钢联技术、合作生产的大型露天煤矿连续式开采设备。1991年12月试制完成2台，并通过出厂验收。该机的理论生产能力2000~2200m^3/h，轮斗斗容530L，轮斗驱动功率500kW，上挖高度15m。其主要优点是生产能力大、结构紧凑、可靠性高，是目前世界上比较先进的露天开采设备。昆明重型机器厂利用国外先进技术，并进行了大型结构件、轮斗斗齿和斗唇、轮斗驱动装置减速机等关键技术的攻关研究，取得了研制成果后，才投产制造的，提高了国产化率，达到了国外的技术标准要求。这二台设备将于1992年现场安装、调试，并投入生产。

SF3105型电动轮自卸汽车是湘潭电机厂利用国外技术和部分进口散件研制的大型露天矿山运输设备。该车的额定载重量154t、发动机功率1342kW、最高车速55km/h、使用36.00-51型特种轮胎。在SF3105型车的研制和生产过程中，该厂攻克了三次谐波静止励磁电传动系统、电动轮、车架、举升分配阀和盘式制动器等关键技术，使整车国产化率达到了70%以上。SF3105型车的研制成功，可用于年产2000万吨级大型露天矿山，属国内先进设备，为国家节省大量外汇。

WJD-4型井下电动铲运机是南昌矿机所设计沈阳矿山机器厂试制的，该机铲斗容积4m^3，额定载重量8t，最大牵引力13t，最大铲取力16.5t。它是目前国内研制的最大规格的井下电动铲运机，是井下无轨采、装、运成套设备的主采设备。其主要优点是技术性能先进、结构合理。传动系统的变矩器为单级三元件向心涡轮变矩器，驱动桥差速器为牙嵌式的。

KYD-200型井下多功能牙轮钻机是江西采矿机械厂和长沙矿山研究院共同研制的大型井下采矿设备。该机钻孔直径118~216mm，扩孔直径400mm，钻孔深度可达100m，采用液压传动、轨轮行走、水力排渣。它是国内为井下首次试制的牙轮钻机，于1991年12月完成试制。

PL-1000型立式冲击破碎机是洛阳矿山机械研究所研制、洛阳大华机器厂生产的新一代高效节能性破碎设备。该机叶轮转数1000~1500r/min，处理量70~130t/h,电机功率2×75kW，进料粒度≤60mm，排料粒度≤10mm(60%以上)。该机的主要优点是运转平稳、结构紧凑、能耗低、效率高、重量轻（仅为圆锥破碎机重量的1/5)。可用于各种矿石、冶金渣的细碎和粗磨等作业。该机的研制成功，为国内填补了一项空白。

PYS-BC2133型圆锥破碎机是沈阳重型机器厂为德兴铜矿研制生产的大型破碎设备，主要用于矿山破碎系统的中破作业。该机动锥直径2110mm，给料口尺寸334mm，排料口调整范围25~50mm，生产能力855~1413t/h，电动机功率400kW。该机是引进美国诺德尔格公司的西蒙斯圆锥破碎机制造技术生产的产品。其主要优点是结构先进、参数选择合理、破碎力大、效率高、寿命长、噪声低、使用可靠。该破碎机于1991年11月通过技术鉴定验收，交付用户使用。

4PGC-400/380×630轻型四齿辊破碎机是海门矿山机械厂在吸收国内外先进技术的基础上设计制造的新型破碎设备。该机于1991年12月通过技术鉴定验收。

MPS190型中速磨煤机是沈阳重型机器厂引进技术生产的大型热电厂粉磨设备。该机磨盘直径1900mm，电动机功率450kW，产量34t/h。为30万kW火力发电机组配套的重要设备之一。磨煤机的关键技术和部件，如磨盘瓦、辊套、密歇尔轴承的推力轴瓦等，在试制过程中都进行了大量的攻关和试验研究工作。该机于1991年12月通过技术鉴定验收。

ZKB3675型直线振动筛是洛阳矿山机械研究所和洛阳矿山机器厂共同研制生产的大型矿用筛分设备，1991年12月通过技术鉴定验收。该振动筛采用了许多新的结构，如块偏心自同步振动器、橡胶弹簧和电气控制部分的反接制动等。该筛子主要用于煤炭的脱水、脱介、脱泥及干、湿分级等。

$\phi4.5\times4.5m$ 搅拌槽是沈阳矿山机器厂在吸收法国罗宾公司先进技术的基础上，为满足金川镍精矿矿浆管道输送系统的需要，研制生产的新型矿浆搅拌设备。该产品槽体内径 4500mm，槽体高 4500mm，槽内有效容积 $65m^3$。该搅拌设备的研制成功，填补了国内一项空白。于 1991 年 12 月通过技术鉴定验收。该机也适用于其它金属矿、非金属矿选矿厂、选煤厂、电厂和化工部门的料浆搅拌及贮存之用。

行业管理 1991 年的矿山机械行业管理主要是围绕"八五"科技发展规划的部署实施、重大技术装备的研制组织等开展工作，均取得了一定成效。

《矿山机械"八五"科学技术发展纲要和发展计划》年初经部终审通过，纳入《机械电子工业"八五"科学技术发展纲要》和《机械电子工业"八五"科学技术发展计划》中，并由机电部于 1991 年 5 月行文正式批准贯彻实施。《矿山机械"八五"科学技术发展计划》共提出矿山采掘机械、矿井提升机械、破碎磨矿机械、筛分机械、洗选机械和矿山专用设备等 6 大类新产品开发研制近 150 项，其中大型成套设备研制 10 多项。围绕新产品的开发研制，还提出了基础技术、设计试验、制造工艺、材料科学和产品试验检测技术及手段等关键技术攻关研究等科研课题 200 多项。"八五"计划的主要发展目标是以发展能源、交通和原材料等基础工业部门所需设备为重点，"抓基础、攻成套"，积极发展成套技术、成套装备，发展高效节能设备和机电仪一体化产品。

国家计划委员会、机械电子工业部和国务院生产办公室于 1991 年 9 月发布了《国家级矿山机械新产品开发指南》。该《指南》系由洛阳矿山机械研究所组织编写。《指南》提出了"八五"前三年(1991～1993 年) 应开发研制的采掘设备、提升设备、破碎磨矿设备、筛分设备和洗选设备等 5 大类新产品共 33 种（其中采掘 11 种、提升 8 种、破磨 3 种、筛分 2 种和洗选 9 种)。

1991 年中国矿山机械协会编印发行了《中国矿山机械协会企业及产品介绍》一书。书中对该协会所属的 64 家主要成员企业的工厂概况及其生产的 5000 多个品种规格主导产品进行了介绍，还有该协会 126 个成员企业名录。

质量及质量管理 机电部中小型矿山机械产品质量监督检测中心于 1991 年内开展了颚式破碎机产品质量的行业评比活动。全行业共有 48 个产品参加评比，产品总合格率达 85.4%，其中优等品占 25%、一等品为 33.33%、合格品为 27%，不合格品占 14.5%。1991 年，该中心还进行了固定车厢式窄轨矿车的产品质量评比，评出一等品占 23.3%、合格品率达 63.4%。

国家矿山机械质量监督检测中心对量大面广的 JD-1 型调度绞车进行了行业评比，并作了总结。

1991 年还经有关领导部门批准，发布了《地下电动铲运机》、《KQG 型潜孔钻机》、《复杂摆动型细碎颚式破碎机》、《CPR 型盘式强磁选机》和《重型盘式真空过滤机》等矿山机械产品的行业标准（JB）16 项、企业内部标准（JB／ZQ）1 项。

技术改造及技术引进 1991 年矿山机械行业 57 家企业共投入固定资产总投资额为 22474.93 万元，其中用于加工能力改造、扩建手段和工厂综合技术改造等技改投资 14431.9 万元，其余均为购置数控机床、切割机、建设试验检测手段和职工住宅等基本建设投资。

1991 年，中国重型机械总公司与德国塔克拉夫公司（Takraf）签订了合作生产能力为 $3600m^3/h$ 的轮斗式挖掘机组（包括斗轮挖掘机、胶带输送机、排土机）的合同，并于 1991 年 7 月生效，双方将一次性合作生产一套 $3600m^3/h$ 的轮斗式挖掘机，供给我国的元宝山露天煤矿使用。涉及这一项目合作生产的主机厂有沈阳重型机器厂、沈阳矿山机器厂、大连重型机器厂等。

太原重型机器厂利用美国技术，与外商合作，为德兴露天铜矿制造了一台 P&H2300XP 型 $16m^3$ 挖掘机，国产化率已达 80%以上。

湘潭电机厂 1991 年利用国外技术，合作制造了载重量 154 吨的电动轮自卸汽车 4 台，国产化率已达到 70%以上。

长治矿山机械厂于 1987 年引进美国埃列克公司的装药车制造技术，合作生产的三种装药车已提交矿山使用，国产化率已达 83%，年可制造整机 15 台。

重庆矿山机器厂于 1986 年引进美国英格·索兰公司的气动绞车制造技术，合同有效期为 7 年。1991 年产品生产已达到年产 150 台的批量，国产化率达 70%以上。

销售 1991 年矿山机械产品的生产基本上都是按用户需要，经与用户签订定货合同后生产的，而指令性任务很少。因此，生产出的产品一般都可以销售出去。1991 年 57 家制造企业共销售七大类矿山机械产品的总销售金额达 254079.49 万元。

1991 年矿山机械出口产品增加，外贸收入增多，成套设备开始出口，外销的国家和地区也有所增加。1991 年 57 家矿山机械制造企业共出口外销颚式破碎机、磨矿机和调度绞车等 64 台（套），外销金额达 3097.19 万美元，比 1990 年有明显增加。产品主要销往美国、澳大利亚、丹麦、智利、泰国、新加坡、台湾和香港等国家和地区。

〔撰稿人：机械电子工业部洛阳矿山机械研究所 赵惠文 审稿人：机械电子工业部第二装备司 沈光达〕

〔中国煤矿机械装备公司〕

生产发展情况 1991 年，据对煤机行业 123 个企业统计，完成产品产量 31.98 万吨，工业总产值 32.87 亿元，比上年略有下降。其中，30 个重点煤机企业完成产品产量 24.32 万吨，工业总产值

21.69 亿元。

1991 年，中国煤矿机械装备公司有直属企业 7 个，职工 29750 人，固定资产 7.19 亿元，完成煤机产品产量 12.07 万吨，工业总产值 9.21 亿元。

新技术与科研成果 1991 年，采用国产放顶煤综采设备的潞安矿务局漳村矿，原煤产量达到年产 182 万吨的新纪录，初步实现了高产高效综采设备的要求（一个工作面年产 200 万吨）。在工艺方面，推广了佳木斯煤矿机械厂单体液压支柱生产线的经验，提高了单体液压支柱制造水平；组织钢板预处理和 VRH（真空置换硬化）铸造新工艺的技术交流，以提高材料、毛坯质量；针对单体液压支柱活柱筒等离子焊接存在的问题召开研讨会，并找出了解决问题的方法；组织对齿轮材料、冷加工、热处理进行分析研讨及推广成组技术、大型组合夹具的开发等。

新产品 1991 年，重点煤机厂共完成新产品鉴定 38 项。主要有：由西安、张家口、北京煤矿机械厂与煤科总院北京开采所针对徐州矿区“三软”（煤软，顶、底板软）的地质条件，开发出了 MXA-300／4.5R 采煤机、SGZR-764／264W 刮板输送机和 ZYR3400-25／47 插腿掩护液压支架，采高达 4.5 米，填补了国内空白。鸡西煤矿机械厂生产的电牵引采煤机已完成试制，即将进入工业性试验阶段。液压支架电液控制系统已完成研制，开始井下工业性试验，经 20 架功能试验结果表明，可满足井下使用要求。张家口煤矿机械厂研制的 SGZ-764／400（C、S、W）刮板输送机采用侧卸机头双速电机、无链牵引等技术，装机功率 2×200kW，是国内目前使用的功率最大的刮板输送机，填补了国内空白。北京煤矿机械厂开发的 BC7A400-17／35 型厚煤层分层铺网液压支架，采用了国内首创的机械联网装置，目前已推广使用 5 套，取得了较好的社会效益和经济效益。

1991 年通过国家或部级鉴定的有代表性的煤矿机械新产品见表 4。

行业管理 1991 年，中国煤炭机械工业协会共发展会员 386 个，其中，公司、集团 15 个，事业单位 15 个，企业单位 356 个。除煤炭系统的煤机厂外，还有机电、航空航天、船舶等系统生产煤矿机械产品的企业。为协调跨地区、跨行业煤机制造力量，1991 年煤机协会组建了矿灯、液压支架、轻型刮板输送机、矿井专用设备、采掘机械、井下电机车等 6 个专业委员会，并相继开展了工作。下年度将陆续组建 7 个专业委员会。各专业委员会的建立，增进了企业间的相互沟通和相互了解，达到取长补短，共同提高的目的。

1991 年，煤矿机械产品许可证，共颁发、更换 65 个厂、81 个产品。其中，新转产产品煤电钻、发爆器共 29 个厂、36 个产品许可证，到期更换证的产品有单体液压支柱、矿灯共 34 个厂、35 个产品许可证，新发证的产品液压支架共 8 个厂、10 个产品许可证。经检查有近 10%的企业不符合发证要求，要求这些企业自行整顿，待条件成熟后再行复查。

在企业管理方面，1991 年煤机行业深入开展“抓管理、上等级”活动，企业素质和管理水平普遍得到提高。张家口煤矿机械厂在开展企业升级工作中，从严治厂，强化管理，不断完善企业内部运行机制，取得了物质文明和精神文明的双丰收，1991 年晋升为国家一级企业。苏南、哈尔滨、营城煤矿机械厂和兰州、济源矿灯厂晋升为国家二级企业。遵照国务院《关于加强企业管理若干问题的决定》精神，为了使煤矿机械企业在生产经营活动中实行有计划地提高计划管理人员素质，制定了《煤矿机械工业企业计划管理达标评比细则》，并组织重点煤矿机械厂进行讨论、研究、完善工作并印发试行。

中国煤矿机械装备公司在能源管理方面，取得显著成绩。北京煤矿机械厂晋升为国家一级节能企业；兰州、平顶山、山西、苏南、无锡、莱芜煤矿机械厂，兰州矿灯厂和峰峰金属支架厂晋升为国家二级节能企业。根据国家有关安全生产的方针、政策、法规，结合煤矿机械行业安全生产管理的具体情况，中国煤矿机械装备公司制定了煤矿机械工业企业《安全生产检查细则》，并于 1992 年元月开始执行。

质量及质量管理 1991 年，西安煤矿机械厂在由中国统配煤矿总公司副总经理范维唐为组长的工作组帮助下，针对近年来产品质量不稳定、用户意见较多等问题，认真开展产品质量整顿工作。通过全厂职工共同努力，企业面貌发生了变化，干部、职工质量意识有了提高，产品质量有了明显改进。在此基础上，中国煤矿机械装备公司在西安煤矿机械厂召开了质量管理现场会，要求各煤矿机械厂振奋精神，眼睛向内，克服“自我感觉良好”状态，象西安煤矿机械厂那样发动群众，举办产品质量展览，层层曝光，狠抓质量，采取切实有效措施解决产品质量问题，推动了煤机企业重视产品质量，改进加工工艺，严格检验制度，加强现场管理，使煤机产品质量有了较大提高。1991 年经过行评推荐，苏南煤矿机械厂生产的反井钻机获国家金质奖；天津煤矿专用设备厂生产的矿用电控系统获国家银质奖。

1991 年，审查产品企业标准 33 项，修订产品标准 22 项。

技术改造及技术引进 煤矿机械行业技术更新改造项目所用资金大部分靠企业自筹或贷款解决。1991 年技术更新改造投资额为 4818.4 万元，其中技术改造贷款 2660 万元。主要项目有：张家口煤矿机械厂引进大规格圆环链关键加工设备，已完成考察、谈判、签约工作。淮南煤矿机械厂的钢材预处理生产线和 CAD 工作站整体工程基本完成，引进的 CAD 辅助设计站安装完毕正在调试；引进日本普利司通公司管状带式输送机设计制造技术，已签订合同。昆明煤矿机械厂着重对单体液压支柱生产手段进行较全面的改造；同时，对引进的德国塔克拉夫公司托辊生产线技术资料，进行翻译、消化、吸收工作等。这些技术更新改造项目对提高煤矿机械产品质量，增强企业后劲将起到十分重要的作用。

表4　1991年经国家或部级鉴定的有代表性的煤矿专用新产品

序号	新产品名称	设计制造单位	主要性能参数	效果及水平
1	SGZ-764／400(C.S.W)综采刮板输送机	张家口煤矿机械厂	装机功率 2×200kW，输送量 900t／h，输送距离150m	填补国内空白
2	BC7A400-17／35厚煤层分层铺联网支架	北京煤矿机械厂	支架高度 1.7～3.5m，支架初撑力 3078kN，支架工作阻力 3920kN，重量13100kg	国内先进水平，机械联网装置属国内首创
3	SGZB-730／220中边链刮板输送机	张家口煤矿机械厂	装机功率 2×110kW，设计长度 180m，输送量500t／h	该机系坚硬煤层薄煤层综合输送机，达到国内先进水平
4	WRB200／31.5乳化液泵站	无锡煤矿机械厂	公称压力 31.5MPa，电机功率 132kW，公称流量200L／min，液箱容量1600L	填补了大流量泵站的空白，国内领先水平
5	KS11SH少维护矿灯	煤山、抚顺、济源、贵阳、兰州矿灯厂，煤科院上海分院	额定电压 4V，额定容量11Ah，点灯时间 11h，光通量 38Lm，电流 1.0／1.0A，照度 1000LX（点灯开始）～600LX（点灯11小时时）	国内领先水平，技术指标达到80年代中期国际水平
6	KBY-120／10液压充填泵站	石家庄煤矿机械厂	公称流量 120L／min，额定压力 10MPa	填补国内空白，是人工石巷旁充填工艺的关键设备
7	ZZP5200-17／35铺网液压支架	郑州煤机厂	支架高度 1700～3500mm，支护强度 0.867MPa，工作阻力 5200kN，尾梁向下摆角～44°	国内先进水平
8	MXA-300／4.5R采煤机	西安煤矿机械厂	采高～4.5m，卧底量250mm，装煤高度 390mm，能割净机尾三角煤	处理预留煤技术国内首创，国内先进水平
9	MJYK采煤机用无线电遥控装置	西安煤机厂、航空航天部西安飞行设计院	载频 471.4MHz，发射功率 10mW，重 800g，遥控距离井下 20m，连续工作16小时	国内领先，达到80年代中期国际先进水平
10	JZZ8／12Y全液压钻装锚机组	湘潭煤矿机械厂，煤科总院南京所	适用范围 8～12m^2、钻臂2个（左、右），轨距600mm，重量15t	国内先进水平，达到80年代末期国际水平

销售　由于煤矿投入少，政策性亏损大，资金严重不足，煤矿机械产品市场面临着总供给大于总

需求的局面。从煤矿机械产品销售分类构成看，综采、重型、大功率装备比例增大，普采设备比例减少。从产品销售情况看，普采产品呈下降趋势，综采产品呈上升趋势。1991年重点煤矿机械厂销售收入为19.46亿元，其中中国煤矿机械装备公司直属企业销售收入为8.86亿元。煤矿机械产品出口额达1255.15万美元。

〔撰稿人：中国煤矿机械装备公司　董善宇　审稿人：中国煤矿机械装备公司　张志明〕

〔能源部电力机械局〕

生产发展情况　1991年，能源部电力机械局从事矿山及煤矿机械生产的企业共有6个，全年生产翻车卸煤机、煤炭漏斗车和各式输煤、给煤、给粉、碎煤、筛煤、磨煤设备、堆取料机共1702台，比上年有所增加。如沈阳电力机械厂1991年的生产趋势是向高新技术发展，新产品产量比例增加，劳动密集型产品比例下降，产品结构进一步改善。目前，该厂已形成1/2是优质品、1/3是新产品、1/4是高技术产品、1/5是出口创汇产品的格局。

新技术与科研成果　北京电力设备总厂生产的ZGM95型磨煤机，其耐磨件原用镍硬四号铸铁，硬度达不到设计要求，通过缩小化学成份范围，改进热处理工艺性能，经望亭电厂装机运行，千小时磨损量已降至8～10mm，取得较好效果。上海水工机械厂研制的镍硬铸铁10E型磨环和E44磨环经一年半及二年的运行考验，各项技术指标均已达到国外同类产品的水平。尤其是用冲天炉铸造成功10E磨环，所采用的工艺在国内已处于领先水平。

新产品　1991年，沈阳电力机械厂共有11项高新技术含量高的新产品投入生产，创产值1287万元，占工业总产值的33%，新产品创利润占全厂总利润的31%，收到了较好的经济效益，满足了电力生产建设技术进步的需要。

质量及质量管理　1991年，沈阳电力机械厂GF型叶轮给粉机被评为1991年部优质产品。KRC型环锤式碎煤机等3项国家银质奖产品复查合格，ZG50型电磁振动给煤机等3项部优质产品复查合格。

技术改造及技术引进　长春发电设备总厂1991年投资400万元新建了钢材预处理车间，安装了一套钢材表面预处理机械流水线。这套装置从加热、抛丸、清理、涂漆到烘干，全机械化自动流水作业，具有红外线加热系统和可编程序PC控制自动喷漆系统，控制水平高。处理后的钢材表面油漆附着力强，不易脱落和锈蚀，质量达到国际水平，该项技术改造工程的投入使用，使单班年产可达21万m^2，为提高钢结构产品的外观质量创造了条件。沈阳电力机械厂1991年从日本大和制衡株式会社引进了耐压式计量给煤机图纸和部分关键零部件。

销售　能源部电力系统从事矿山及煤矿机械的6个企业1991年产品销售收入为28634万元。销售产品主要分三大部分。第一部分是翻车卸煤机6台，煤炭漏斗车78台；第二部分是磨煤机51台；第三部分是输煤、给煤、给粉、碎煤筛碎设备等。沈阳电力机械厂1991年出口创汇41万美元。

〔撰稿人：能源部电力机械局　张增荣　审稿人：能源部电力机械局　张海清〕

〔中国有色金属工业总公司〕

生产发展情况　1991年，有色矿山机械全行业38个企业共完成总产值17008万元，比上年增长7.2%；完成总产量32728吨，比上年增长11.5%；实现利税−163万元，比上年增亏891万元。其中5个独立机械厂完成工业总产值6750万元，比上年增长1.22%；总产量10400吨，比上年降低4.2%；实现利税−483万元，比上年增亏686万元。

生产的主要成台设备有：YZ−55牙轮钻机2台，YZ−35牙轮钻机3台，922D铲运机10台，195−B_1挖掘机1台，球磨机44台，破碎机48台，棒磨机3台，节能风机911台，液力偶合器34台，矿车994台，板框自动压滤机6台，反井钻机2台，浮选机342槽，凿岩机92台。

·1991年，莲花山冶金机械厂靠开拓国内外两个市场，经过5年多的拼搏，在澳大利亚钎头市场站住了脚。尤其是1990年下半年，在与美、日等国钎头制造厂的激烈竞争中取得了胜利，接下了芒特艾萨矿1991年度90%的钎头订货合同，1991年他们又开始打入南非市场。该厂靠产品的质量和准确的交货期赢得了用户的信赖，连年产值、产量、利润同步增长，进入良性循环。1991年产值、产量、利润分别比上年增长18%、30%、8.5%，出口创汇达到120万美元，比上年增长40%。

新技术与科研成果　1991年，衡阳有色冶金机械总厂对特殊形状的工件表面粗加工采用了砂带磨削新工艺，效果显著；推广可控气氛热处理先进工艺，比普通热处理方法更能发掘材料的机械性能潜力。沈阳有色冶金机械总厂对部分铆焊结构件焊后进行振动时效，较好地消除了金属构件内应力，替代热时效，达到节能高效的目的。该厂应用化学处理方法及复合处理技术，使W6Mo5Cr4V2高速钢比常用高速钢硬度高，韧性不降低，达到超硬高速钢水平。该厂还研制成功了中锰钢颚式破碎机齿板，性能和高锰钢相同，成本却比高锰钢降低5%～10%，试制的高碳、中低合金钢齿板寿命比高锰钢提高30%以上。西北有色冶金机械厂推广陶瓷刀具，在较高的切削温度下，获得较光洁的表面和较佳的尺寸稳定性，具有硬度高、耐磨性和热稳定性好、摩擦力小、切屑与刀刃不粘接等优点。株洲硬质合金厂将引进的硬质合金生产线的优质原料、辅助材料和先进专用设备全面消化吸收，并加以创新，以提高全行业的整体工艺技术装备水平。该厂从瑞典引进的年产 300 吨硬质合金生产线，在瑞方未提供所需主要原料生产技术的情况下，经过科研试验，已研制成功了碳化钨粉、钴粉、TIC-WC 复合碳化物和 TA[NB]C 复式碳化物，用新工艺生产的这些原料各项指标达到引进技术标准的要求，可满足引进生产线使用要求，实现了原料国产化。1991 年获总公司科技成果一等奖。西北矿冶研究院、白银有色金属公司研制成功的新型 SS 系列锚杆粘结剂，有 4 种型号，均由硅酸盐水泥和各种改性外加剂组成。具有稳定可靠的粘接性能、适宜的凝结时间、较小的贯入阻力、适度的膨胀性、较高的早期强度。原料来源广泛、价格低廉、生产工艺简单。该系列粘接剂及粘接的锚杆在推广应用中基本取代了管缝式锚杆，节约了大量的木支架和金属支架，获得了良好的经济效益和社会效益。该系列锚杆粘接剂是一种应用前景广阔的新型支护材料，获总公司科技进步三等奖。

新产品 沈阳有色冶金机械总厂为提高矿山装备水平研制的 84″ 液压圆锥破碎机，电气、机械、液压实行联合控制，根据工艺流程要求可自动调整排料口，排矿粒度 17mm，产量 350t／h。西北有色冶金机械厂研制的 WG-2 型井下无轨油车、WF-2 型井下无轨维修车，在设计中借鉴了国外先进产品的新技术、新结构，行驶液压系统采用了两电机串联，采用了 DA 速度自动控制，改善了整机的调速性能，采用锥形密封接头，能承受 40MPa 的压力，较彻底地解决了漏油问题。同时采用了液压系统清洗新工艺，确保了整机的可靠性和耐用性。昆明冶金机械厂和长沙矿山研究院共同研制的 ATM1200 型盲天井钻机，适用于地下矿山钻孔直径为 1200mm 的通风井溜矿井等，对于国防及其它地下工程也能适用，该机钻孔时不需预先打出导向孔，采用全断面向上钻进、一次成井的方法，钻进深度 50 米，属国内首创。同时昆明冶金机械厂还进行潜孔冲击器系列化研制，其性能和使用寿命接近和达到世界先进水平。揭阳有色冶金机械厂和国际水力机械研究协调中心合作研制的 4″ 二相流矿浆泵，能耗低，效率高（比瓦曼泵提高 3%)，输送渣浆时比清水泵效率更高，可输送高浓度渣浆，寿命比瓦曼泵提高 5%。韶关冶金机械厂和北京有色冶金设计研究总院对 YOTJ 调速型液力偶合器进行了系列化研制，该系列偶合器不另设油箱及供油系统，结构简单紧凑，轴向尺寸小，密封性能好，运转平稳可靠，可无级调速，能满足沙泵、水泵、风机对不同工况调节流量或风量的要求，可大量节省电能。该机输入额定转速 1500r／min，传递的功率 32～525kW，流道形式扁圆形、工作轮有效直径 360～630mm，扭矩系数 1.8×10^{-6}，滑差$\leqslant$0.03，调速方式为进口调节式，转向为双向。该产品技术先进，效果显著，获总公司科技进步奖。韶关冶金机械厂是一个 400 多人的小厂，他们在 2 年中投入 300 多万元，开发节能高效产品，开发的节能面扇、辅扇和液力偶合器等产品，已经开始占领市场，取得了较好的经济效益。

行业管理 1991 年，组织编制有色机械行业劳动定额时间标准和劳动定员定额标准，其中劳动定额时间标准已通过审查。

质量及质量管理 有色机械企业在质量品种效益年中，把重点放在提高产品实物质量上：一是以工艺为突破口，提高关键工序一次投入产出合格率；二是对重点产品、合作制造产品开展全流程质量控制，加强制造过程中的质量审核，以全优的工序质量来保证整机质量；三是严格管理制度，强化各工序间的质量管理，建立严谨的质量监督检测系统；四是对出口设备建立质量检验卡片，推行质量问题处置书，每台出口设备都由专人负责制成附有详细图纸的《产品质量报告书》；五是开展了产品可靠性工作，提高了有色金属设备的设计制造，使用管理和维修保养的可靠性水平。

1991 年，由国家有色金属机械产品质量监督中心组织编制审查的《天井钻机》、《矿用三牙轮钻头》、《潜孔冲击器和钻头》3 项国标和《地下铲运机型式试验方法》、《搭接式梭式矿车技术条件》2 项行业标准，经国家技术监督局批准正式颁布。

技术改造及技术引进 列入国家重点技术改造项目的衡阳有色冶金机械总厂采选冶设备车间改造完成投资 150 万元，各厂还完成一般技术改造 1132 万元。

莲花山冶金机械厂为提高柱齿钎头的技术水平和产品档次，增强在国际市场上的竞争能力，1991 年采用技贸结合的方式，引进芬兰赫拉索公司杜齿钎头制造技术，将首次在国内采用先进的热镶固齿工艺。为取得国际权威机构的认证，1991 年该厂与澳大利亚矿业贸易公司和 PA 咨询集团就帮助莲花山冶金机械厂建立全面质量管理和全面质量控制体系以及国际市场调查签订了合作协议。

销售 1991 年有色金属矿山机械行业国内销售收入 16726 万元，比上年增长 33%，销售利税率-0.96%，比上年降低 6.5 个百分点。其中 5 个独立机械厂国内销售收入 6396 万元，销售利税率-7.6%。

矿山设备的出口有较大增长，1991 年达 215 万美元，其中衡阳有色冶金机械厂制造的两台 YZ-35 型牙轮钻机，已发往巴基斯坦达克铜金矿，标志着我国千万吨级大型露天矿钻孔设备已由进口国变为出口国。

〔撰稿人：中国有色金属工业总公司装备局　李冠唐、杜伟玉　审稿人：中国有色金属工业总公司装备局　徐立达〕

〔冶金工业部〕

生产发展情况 1991 年，冶金工业部系统生产矿山机械及备品备件的企业共有40家，全年生产矿山专用设备577台、2183吨，矿山机械备件14567吨。据统计6个矿山专业机械（修）厂在1991年共完成机电产品总产量为29770吨，完成工业总产值11239万元，产品销售收入13561万元，全员劳动生产率为12918元／人·年，总的经济效益还比较差。见表5。

1991年独立冶金机械厂有一半企业生产矿山机械和备件，但大都是兼业厂，全年独立冶金机械厂共生产矿山专用设备96台、776吨，备品备件3457吨。成台设备比上年有所增加。见表6。

新技术与科研成果 1991年常州冶金机械厂和长沙矿山研究院等单位经过两个五年计划的攻关，先后研制成功了MARK-36型电动轮自卸车、CYS30矿山多用洒水车、HYC-12粒状铵油炸药混装车、DRHC-12乳化炸药混装车，为矿山装备现代化做出了贡献。常州冶金机械厂在154吨电动轮自卸车研制过程中，采用了不少新技术和新工艺，如国产励磁系统和逻辑系统的设计调整，橡胶悬挂的组装工艺，车架的设计计算和焊接工艺等方面，同国外相比有所改进；解决了液压举升油缸的薄壁深孔加工和耐压试验以及前轴与管套的薄壁过盈装配工艺；研制成功了整车负荷模拟试验台；研制成功了铬镍钼系列铸钢件，填补了国内空白。国产车架和后轴箱已在南芬铁矿使用多年，特别在寒冬酷暑的考验下性能良好。电动轮自卸车的大部分总成和单件可以同进口件互换，整车国产化率达到70%。该厂生产的DRHC-12乳化炸药混装车设计新颖，自动化程度高，操作方便，在海南铁矿使用情况较好，1991年通过冶金工业部鉴定并获得国务院重大办嘉奖。

表5　1991年6个矿山专业机械厂主要经济效益指标完成情况

企业名称	劳动生产率（元／人·年）	工业总产值（万元）	产品销售收入(万元)	利润总额（万元）	固定原值（万元）	资产净值（万元）	全年产品产量（吨）
邯邢矿山局机械总厂	7756	1341	2662	-255	2185	1003	3384
鲁中矿山公司机修厂	7570	433	477	-250	1189	900	835
海南铁矿机修厂	7584	565	597				1326
攀矿公司机修厂	11454	1985	1874	-393	2533	1584	3086
鞍钢矿山机修厂	16635	3337	3813	-465	4552	3296	8751
本钢矿山机修厂	18645	3578	4138	140	3146	1928	12388
小计	12918	11239	13561	-1223	13605	8711	29770

表6　1991年独立冶金机械厂生产的主要矿山专用设备产量表

产品名称	产量 台	产量 吨	产品名称	产量 台	产量 吨
154吨电动轮自卸车	2	80	永磁筒式磁选机	19	91.7
CY2型柴油铲运机	11	126.5	SHP强磁选机	3	69.5
ASG-021平路机	2	42	GN-5.18浓缩机	2	16.8
KS-15T洒水车	11	143	1200立环磁选机	1	20
K1122型钻机	20	9.8	双辊磁选机	2	9.2
SQJ100JA型钻机	3	15.9	圆筒筛1420×1950	2	4.9
HQJ100轻型钻机	1	4.2	卷扬机	2	2.4
湿碾机	4	96	搅拌机	1	11.6
圆盘给料机	4	20	石膏中和旋转机	1	7
螺旋给料机	5	6	小计	96	776

鞍钢矿山机械厂，经过13年艰苦攻关，1991年完成了鞍钢矿山16台大型进口牙轮钻机备件的全部国产化。他们针对进口牙轮钻机车架总成在使用中发生裂纹和弯曲的现象，反复测绘、计算，大胆用方型钢管代替不等边角钢，解决了车架总成裂纹和弯曲问题，使车架质量达到了国外同类产品质量水平。自1983年起鞍钢矿山机械厂共研制生产进口替代备件1180吨，累计节约外汇970万美元。

嘉兴冶金机械厂生产的SYD-3000型露天矿液压碎石机，通过了在南芬铁矿进行的工业性试验，1991年获得了国家技术装备三等奖。

冶金工业部北京冶金设备研究所和北京焦化厂、河北枣强机械厂研制的SGPO120双齿辊破碎机获得冶金工业部科技进步三等奖；马鞍山矿山研究院和马钢南山铁矿、马钢矿山设计研究院共同完成的“露天矿边坡无线监测系统的研制”项目获冶金工业部科技进步三等奖；长沙矿冶研究院、上海梅山冶金公司铁矿研制的梅山直径 20 米浓缩机溢流浓度自动控制系统项目获得冶金工业部科技进步四等奖。

新产品 马鞍山矿山设计院设计、邯邢冶金矿山管理局机械总厂研制成功 2 台 WJ1.5-2D 电动铲运机，已投入该局西石门铁矿进行工业性试验。常州冶金机械厂生产的 HYC-12 粒状铵油炸药混装车，选用了红岩 CQ30290 型汽车底盘、康明斯 NTC-290 柴油机，具有操纵灵活方便、动力性能好等特点，1991 年通过冶金工业部鉴定并获得 1991 年江苏省优秀新产品“金牛奖”。温州冶金机械厂在“七五”期间，开发了 YZJ-19A 型振动式压路机、PY220 型平路机、KS-15 吨洒水车、真空罐车等矿山专用汽车，其中 PY220 型平路机全轮转向提高了操纵灵活性，又不损失刚接主机的总强度，适用于大型矿山的路面、场地等平整作业，1991 年受到煤炭部门和冶金矿山等用户的欢迎。

行业管理 为加强冶金矿山汽车的维护和管理，提高冶金矿山汽车的综合管理水平，1991 年由冶金工业部矿山司等编辑完成了《矿用汽车管理手册》，对冶金矿山有积极指导作用。

为加速 DP665 型矿用自卸车的国产化，冶金工业部组织温州冶金机械厂、常州冶金机械厂、苏州冶金机械厂等企业进行了科研攻关和规划协调。由常州冶金机械厂负责该车大梁的攻关，苏州冶金机械厂负责后桥减速机总成的攻关，温州冶金机械厂进行整车装配，1991 年温州冶金机械厂已完成 DP665 型矿用自卸车整车初步设计准备工作。

质量及质量管理 1991 年，鞍钢矿山机械厂生产的 1.2m 粗碎机锡锑轴承偏心套和攀枝花冶金矿山公司生产的钒钛重型汽车制动鼓获 1991 年冶金工业部优质产品。

各企业十分重视计量工作，1991 年温州冶金机械厂和常州冶金机械厂通过复查，保持了国家一级计量合格证书，邯邢矿山管理局机械总厂通过国家二级计量合格单位的复查。

技术改造及技术引进 1991 年，6 个矿山专业机械厂完成技术改造投资额 836 万元，改善了工艺装备条件。1991 年常州冶金机械厂被评为省厅“七五”科技进步先进企业，温州冶金机械厂被评为市技术进步优秀企业。

销售 1991 年 6 个矿山专业机械厂完成国内销售收入为 13561 万元，销售税金 166 万元，由于实行的是公司内部价格体系，产品都是为公司生产服务的，因而销售利润和内部利润额大都是负数。

矿山机械行业 1991 年有一些机械产品出口，但创汇额不多，主要是一部分矿山备品备件。

〔撰稿人：冶金工业部机械动力司 邓臻兴 审稿人：冶金工业部机械动力司 奚延珍〕

重型机械

〔机械电子工业部〕

生产发展情况 1991 年，属重型机械行业归口管理的企业共 58 个，完成工业总产值 212718 万元，比上年增长 5%；全员劳动生产率 21488 元/人·年，比上年增长较多；而利润总额为负数，继续亏损并首次突破亿元大关。据对第一重机厂、第二重机厂、太原重机厂、大连重机厂、上海重机厂、西安重机厂（即陕重和陕压厂）、北京重机厂、天津重机厂、昆明重机厂等统计：完成工业总产值 202052.13 万元，利润总额亏损 19419.35 万元，全员劳动生产率创历史最高纪录达 20729.4 元/人·年（第一重机厂达 27079 元/人·年）。

1991 年重型机械行业生产发展的特点是：重点工程项目任务仍占相当比例，重大技术装备研制及服务项目仍然较多，市场合同项目增加，这三者共同起到了稳定生产的作用；生产发展中，集中反映出的问题是增支减利因素仍然较多，经济效益下滑、亏损严重。1991 年，党中央、国务院颁布了一系列搞好大中型企业的措施，各企事业单位面对市场，开拓市场，强化企业内部管理，以科学技术为先导，积极开发新产品，调整产品结构，重型机械行业在 1991 年度仍取得了许多重大成绩和可喜进展。

1991 年度重大技术装备研制的重大进展是：

承担上海宝钢二期工程的高、烧、焦设备制造任务的收尾工作全部结束，保证了这些成套设备按时安装、调试，全面建成投入试生产。以我国为主，自行设计、制造、施工的上海宝钢的二号高炉系统，在机械电子工业部、冶金工业部以及各方面的团结协作下，在 1991 年上半年，焦炉于 5 月 10 日出焦（3B 炉），烧结机于 6 月 22 日烧出了合格的烧结矿，二号高炉 6 月 29 日顺利点火、次日 11 时炼出了第一炉铁水，至此，实现了奋斗四年之久的“九一六”建成投产的目标；下半年，各设备承制厂继续保质服务，及时处理遗留质量问题和排除初期故障，渡过了故障多发难关，使生产日趋正常，各项指标稳步上升。据上海宝钢生产部门统计，至 1991 年 10 月底，高炉最高日产量达到 1 万吨、利用系数达 2.46、设备开动率达 95.21%，烧结设备的最高日产成品烧结矿达 1 万吨以上、一级品率与一期工程引进设备比提高了 0.92%、设备开动率达 87.48%，炼焦设备日出焦已稳定到 150～155 炉、设备开工率为 99.1%。上述成绩表明：第一次立足国内、以国产设备为主进行这样高水平的大型高、烧、焦工程建设的实践是成功的。4063m^{3}高炉、450m^{2}烧结机、6m焦炉机械设备等18项成套设备胜利建成，对上海宝钢形成年产600万吨钢的生产能力，具有决定性意义；也标志着我国机电工业、特别是重型机械行业的科研、设计、制造、调试能力和水平有了很大的提高，已有能力设计、制造像上海宝钢所需的高水平的年产300万吨钢铁的高、烧、焦等大型成套装备。

首台国产化的1900mm大型板坯连铸机——舞钢1900mm板坯连铸机机械设备制造任务全面完成。主要承制单位第一重机厂以“技术性能、产品质量均不低于上海宝钢”为目标，仅用26个月的时间于1991年5月底全面完成了设备制造任务，并于6月29日至7月2日进行了出厂前的设备最终联检，这是继合作制造上海宝钢1900mm大型板坯连铸机后又一重大成绩；另该连铸机过程计算机控制系统供货合同于1991年年中签订，该系统为1900mm大型板坯连铸机成套设备的重要组成部分，它具有铸造命令输入、过程跟踪、设备状态监视及操作序列管理、过程数据收集、过程控制自动给定（含切割长度给定、二冷水给定、预留电磁搅拌给定）、铸造长度处理、最佳切割长度数学模型、动态二冷水优化控制数学模型与基础自动化通讯、系统测试（仿真）程序和报表打印等10种功能，此系统经上级批准已列为国家重大技术装备的攻关项目，由中国重型机械总公司总抓、15所牵头负责研制，研制协议和供货合同于5月21日和7月1日在京正式签订，计划于1992年底实现对主体板坯连铸机的计算机过程控制。

攀钢1350mm板坯连铸机成套机械设备订货工作全部完成。该项目亦为国家重大技术装备项目，由西安重型机械研究所负责全套机械设备设计和在技术上总负责，自1990年3月完成技术设计后，陆续开展了设备制造的招标、议标工作，于1991年1月30日签订了最后一批设备——润滑设备、灭火设备、去毛刺设备的供货合同，至此，全套5000多吨制造任务全部落实承制单位，承制单位主要有第二重机厂、大连重机厂、西安冶金机械厂、上海东风机器厂、榆次液压件厂、太原矿山机器厂、攀钢机修厂等。

石化工业重油加氢精制装置中的心脏设备——热壁加氢反应器运抵镇海石化总厂。由上海重机厂、上海锅炉厂共同研制的目前国内最大的560吨热壁加氢反应器于1991年4月24日在上海顺利装船启运，4月26日安全运抵用户现场；第一重机厂研制的400吨热壁加氢反应器亦同期到达。设备运抵用户使工程建设进入安装调试阶段。

1991年，消化吸收引进技术、自主开发新产品方面取得的重大进展是：

按引进日本小松制作所技术生产的板料冲压压力机又取得了显著成效，如第一重机厂1991年共生产 E4S600MB型机械压力机15台，E4D800+500型机械压力机5台，国产化率均达到95.42%，使该厂重型锻压设备产量比上年度增长41.6%。由该厂生产的日本小松压力机组成的首条汽车覆盖件生产线（由1台E4D800+500型机械压力机和4台E4S600MB型机械压力机组成）于1991年9月在天津大发汽车厂的车驾分厂安装调试完毕正式投入生产。另外，由齐齐哈尔第二机床厂生产的日本小松压力机组成的微型汽车覆盖件生产线（由1台E2D500+300MB型机械压力机和3台E2S400MB型机械压力机组成）亦于1991年9月在天津微型汽车厂安装调试完毕正式投入使用。引进日本小松压力机技术生产的机械压力机现均进入批量生产阶段，已投入生产和正在安装调试的汽车厂家尚有柳州微型车厂、柳州汽车厂、重庆汽车厂、兰箭汽车厂、北京吉普汽车有限公司等，上述压力机的生产为我国汽车工业的发展，特别是轿车生产发展提供了可靠的先进装备。

按引进德国奥姆科公司模锻类设备技术研制的以MP6300型模锻压力机为主成形设备的锻造生产线（“斯泰尔”项目关键设备）成套设备亦已制造完成，另KP12500型汽车曲轴—前梁模锻生产线于1991年12月13日在长春第一汽车厂联线调试成功，并于12月17日举行了验收仪式正式交付该厂使用（该模锻生产线由直径930mm辊锻机、125MN楔式热模锻压力机、12.5MN双点式切边机、1.8MN曲轴扭拧机、20MN液压校正机及其配套的6个机械手组成，设备总重1800吨，全线由一系列微处理机控制，可实现全线全自动、半自动操作，监控油位、油温、润滑等情况，显示锻造力吨位、故障）。上述两套模锻压力机生产线成套设备的研制、调试成功，标志着我国新一代热模锻压力机的完整产品系列已经建立起来，已有能力为汽车、拖拉机、航空等行业和部门提供具有当代世界水平的先进装备。

第二重机厂立足国内技术自行研制的3300mm中厚板轧机成套设备，于1991年10月25日在上钢三厂一次试轧成功。这台轧制力为6000kN，压下装置采用干油AGC系统、具有快换辊和模垫装置的轧机是目前国内功能最全、性能最好的中厚板轧机，整机已达国际先进水平。

西安重型机械研究所承接了改造“美国中兴钢厂板坯连铸机”任务。美国中兴钢厂1号大型板坯连铸机是60年代由联邦德国提供的，经过30年运转已不适应生产需要。西安重型机械研究所运用“七五”科技攻关成果，在很短时间内提出了在技术、生产、投资、质量等方面都非常适合用户需要的改造方案而一举夺标，于1991年3月4日签订合同，设备制造由上海重型矿山机械公司承包，首批改造设备已于1991年11月19日通过美方专家验收，全部改造设备计划于1992年二季度制成运抵美国安装调试。另该所新研制的第二代DPG25WS型多排辊冷轧管机于1991年9月16日在金川有色金属公司铜管厂生产出首批高质量的冷轧铜管（经一道次轧制，可使 $\phi 32\times 3$mm 挤压管坯制成 $\phi 17\times 1$mm 管材，壁厚公差带小于0.1mm)，该设备的开发成功为建立用上引法连铸紫铜管坯、采用该设备一次轧制管材、后用盘拉组成优质、高效、低成本的铜管生产线成套设备创造了条件。

1991 年生产出的重大产品还有：第一重机厂研制的 H 型型钢轧制生产线，于 1991 年 2 月 4 日在马钢第二轧钢厂开通，结束了我国不能生产 H 型型钢的历史；太原重机厂研制的全浮式直径 76mm 连轧管机在湖南衡阳钢管厂试制成功并正式投入生产，使冷拔无缝管减少 1～2 个拔制道次；第二重机厂研制的可编电子程序控制的滚切式双边剪（按引进日本石川岛播磨重工业股份公司设计制造技术）于 1991 年 4 月制成，这台可剪厚 40～50mm、宽 1200～2100mm 各种钢板的双边剪，一台设备即可满足生产百万吨中厚板的切边需要（供重钢公司中厚板轧钢厂安装在精整剪切线上）；湖北鄂城重机厂研制的直径 500mm 齿轮毛坯碾扩机于 1991 年 8 月在綦江齿轮厂正式投入生产运行；西安重机厂与西安电炉所合作，于 1991 年 6 月 12 日、11 月 9 日研制成功 90 吨及 60 吨钢包精炼炉（前者供舞阳钢厂、后者供抚顺钢厂）；昆明重机厂于 1991 年 12 月底试制成功按德国 KOCH 公司技术转化设计的 CT-21／250 型翻转式水箱拉丝机等。

大型铸锻件生产方面，1991 年共生产大型铸锻件 25.055 万吨（其中大型锻钢件 16.745 万吨），保证了电站设备和重型机械产品以及其他大型机械产品的发展。其典型产品有：第二重机厂于 1991 年 10 月 13 日制成的水口电站水轮机主轴，该轴长 11.3m、出厂重量达 142 吨，为该类产品中尺寸规格和重量最大者，系采用无冒口钢锭两段组焊加工而成；该厂还整锻制成云南漫湾电站 250MW 水电机组大轴（总长 5.03m、推力头端直径 3.55m、锻件重量 134.5 吨），系采用 234 吨钢锭、一次带尾镦粗、用 1750mm 宽砧拔制中间坯、漏盘局部镦出推力头、再冲孔及芯棒拔长成形而成；该厂还在 1MJ 对击锤上模锻成功重庆 KV12 型大功率发动机曲轴（锻件重 340kg、长度 1852mm)；该厂又研制成功 6～300MW 不同容量的抗应力腐蚀 Mn18Cr18N 钢护环（共 10 件)，其中 300MW 护环于 1991 年 5 月交货，整个研究项目 1991 年 6 月通过部级鉴定，填补了国内空白；该厂并于 1991 年 8 月 26 日获得了研制秦山二期核电站两台 600MW 压力容器锻件的资格（国家计委和机电部确定的定点生产点)，该厂已就此部署制订出以热加工、机械加工、装配、焊接、无损探伤到运输的完整工艺方案，它标志着第二重机厂已具备了研制大容量电站大型铸锻件能力。此外，天津重机厂试制成功了 RTA48 型万吨级船用组合曲轴（该曲轴为 6 拐，共 13 件，单曲柄重 3.6 吨、总重 30 吨)，已经船检局和上海船厂检测合格出厂，该曲轴的研制成功，为成批生产高质量的船用组合曲轴奠定了基础，积累了经验。

新技术与科研成果 1991 年自主开发研究取得了许多科研成果，当年鉴定的主要成果有：1250／850／850 吨胀形液压机（西安重型机械研究所研制)，1991 年 10 月 23 日通过部级鉴定，该产品 1990 年 8 月在上海高桥无缝弯头厂调试成功投入生产，用于生产高压三通、弯头、波纹管、异型管和一些复杂中空零件，通过一年多的生产实践证明该机性能先进、使用可靠，所加工成形的零件(如三通接头）其几何形状、尺寸精度和壁厚控制各项技术指标均达到美国 ANSIB16.9—1978、德国 DIN2615 标准，鉴定认为该机主要性能和技术水平属国内领先，并已达到世界先进水平；"20 辊森吉米尔轧机板形仪研制及工业试验研究"，1991 年 12 月通过部级鉴定，此项研究始于 1983 年，由东北重型机械学院牵头研究，经 7 年试验和在武钢硅钢片厂 ZR22BS42 20 辊森吉米尔轧机上 14 个月的在线检测与显示开环运行考核，证明板形仪系统（具有 20 个信号检测段的检测辊、集流装置、电子计算机、信号处理与显示部分等）工作性能稳定可靠，检测和显示信号达到了设计要求，耐温不低于 200℃，信号输出灵敏度为 0.01mV／N，显示屏上的分辨度为 4I，能有效地检测与显示出单双边浪、中间浪和 3／4 浪等板形缺陷并与带钢实际板形良好对应，该板形仪为接触式，其几何尺寸为 $\phi 450\times 1250$mm，检测路数为 20 路，检测能力 20～210kN，板厚范围 0.1～3.5mm，板宽范围最大 1040mm，该板形仪的研制成功，结束了板形仪只能依赖进口的历史；中厚板轧机生产线采用的高压水除鳞装置的核心设备之一——除鳞泵通过技术鉴定，该泵流量 $420m^3/h$、出口压力 15.2MPa、功率 2500kW、转速 4061r／min，已在武钢热轧厂生产考核四年，运转表明各项技术指标达日本同类产品水平；国产塑泥模拟材料通过技术鉴定，锻件模拟塑泥国外只有美国 Harbutt 公司生产，清华大学为推动国内大锻件模拟技术的应用，经三年研制出适用于热钢塑性变形（锻造、模锻、挤压、轧制等）的常温模拟塑泥材料，其波桑比（$r=0.44$)、屈服时的应变($\sum s=0.05$)、硬化指数（$n=0.19\sim0.25$)、应变速率敏感指数（$m=0.08\sim0.13$)、摩擦系数（$\mu=0.31\sim0.35$)，与实际钢材的相应值相同或基本相同。

1991 年度也是近几年来科研成果获奖最多的一年。1991 年 9 月国家计委、国家科委、财政部对国家"七五"科技攻关重大科技成果及其先进集体、先进个人颁奖，重型机械行业研制完成和参与完成的共有 16 项获奖，这些项目是：

高压热壁加氢反应器，600MW 火力发电成套设备，300MW 火力发电成套设备，锻造半钢、锻造铸铁轧辊，热带钢轧机计算机模拟系统，冷连轧机卷取机，热连轧机快速换辊装置，2050mm 热连轧板机卷取机，1900mm 大型板坯连铸机，320t

混铁水车，6m 焦炉（机械设备），450m² 烧结机，4063m³ 高炉，年产 20 万吨合成氨成套设备，年产 4.5 万吨电石成套设备，重型机械基础件 CAD。这些项目的主要完成单位有第一重机厂、第二重机厂、大连重机厂、沈阳重机厂、西安重型机械研究所、太原重机厂、上海重机厂、唐山冶金矿机厂、上海冶金矿机厂、上海东风机器厂、哈尔滨环保制氢设备工业公司等。

1991 年 12 月机电部发布了 1991 年度机电部科学技术进步奖奖励项目，重型机械行业共有 20 项获奖，其中，特等奖 1 项，即供上海宝钢的 1900mm 大型板坯连铸设备；一等奖 1 项，即直径 55～130mm 七辊合金钢棒材矫直机；二等奖 9 项，即 450m² 烧结机关键部件及工艺研制，锻造半钢锻造铸铁轧辊的研制，引进消化西马克标准的推广应用，重型机械基础件 CAD，数控切割机通用全自动编程套料系统的研制，$\phi 1000 \times 250$mm 辊压机，直径 2400mm 卧式氨合成塔外壳研制，300MW 汽轮机外缸铸造工艺及新型造型材料与特种涂料的研究，直廓环面蜗杆减速器 GB9148—88；三等奖 9 项，即宝钢 2050mm 热连轧板机离心复合高铬铸铁工作辊研制，ZY1250 型耐火砖全自动液压机，连铸坯单轮打印机，2400mm 中板轧机设备（供济钢），武钢硅钢片厂卷取机与开卷机系统改造，板坯连铸总体设计软件包，新型减速器专家系统及 CAPP 与啮合仿真，70tm 蒸汽（空气）打桩机，GDⅡ型电除尘器。获奖项数占重型矿山工业总获奖数的 71.43%，其中特等、一等、二等奖占 100%。

行业管理 1991 年，重型机械行业管理工作主要围绕“八五”科学技术发展计划的部署实施，重大成套项目“八五”立项可行性研究论证，对重大技术装备研制的组织协调、落实督促等开展工作，均取得了成效。

《重型机械“八五”科学技术发展纲要和计划》，年初经部终审通过，纳入《机械电子工业部“八五”科学技术发展纲要》和《机械电子工业部“八五”科学技术发展计划》中，机电部于 1991 年 5 月 25 日行文批准贯彻执行。《重型机械“八五”科学技术发展计划》共七大类产品，发展项目计 330 项，其中成套设备项目 34 项、新产品项目 176 项、科研项目 120 项，目标是：以能源、交通运输、原材料等部门所需设备为重点，“抓基础、攻成套”，积极开发成套技术装备、精密高效产品、节能节材设备、机电一体化设备、新型系列产品、生产线机组配套设备、深度加工设备、推进老产品更新换代。

《国家级重型机械新产品开发指南》，1991 年上半年经国家计委终审通过，纳入《国家级机械新产品开发指南》中，国家计委、国务院生产办公室、机电部于 1991 年 9 月 7 日联合行文向全国发布实施。《国家级重型机械新产品开发指南》亦包含七大类设备，共提出 69 项优先开发项目（若按品种计，重大技术装备、重要成套设备以及系列产品，计约 200 余种）；同时也提出了一批淘汰、限制产品。《开发指南》的贯彻执行，将会促进各企事业单位开发适销对路新产品，加快老产品更新改造步伐，合理调整产品结构。

1991 年 6 月 28 日至 30 日在上海宝钢召开了“八五”大型冶金成套设备可行性研究报告论证会。有 160 余人参加的这次论证会（由国务院重大办和国家大型冶金成套设备专项领导小组主持），对“八五”拟开展的 10 个子项和 62 个课题的可行性报告进行了认真的论证，并通过立项。这 10 个子项是：大型高炉关键设备研制，冶金工业炉成套设备研制，大型顶底复合吹炼转炉成套设备研制，大型钢包精炼设备研制，超高功率电炉的研制，大型板坯连铸机成套设备的研制，干熄焦成套设备研制，捣固焦炉成套设备的研制，大型冷连轧板机成套设备的研制以及大型热连轧板机研制。目标是为冶金工业提供不低于上海宝钢一、二期工程水平的成套设备，总体技术达到国际 80 年代水准，机械设备国产化率不低于 90%，电气设备国产化率不低于 80%。上述立项将随依托工程落实全面开展，并拟组建“国家队”联合攻关。

为部署大型铸锻件行业今后的发展工作，于 1991 年 4 月 16 日至 21 日在杭州召开了热加工总师座谈会，由机电部第二装备司主持的这次会议（各重机厂、高等院校、科研单位等 42 个单位与会），认真讨论并通过了“关于大型铸锻件的若干技术政策问题”、“大型铸锻件工艺技术与装备政策”、“关于加强大型铸锻件工艺工作的几点意见”等文件，对今后两年提高质量、开发品种、提高经济效益也提出了措施和意见。

为确保宝钢二期工程建设顺利建成投产，1991 年和往年一样认真抓了协调、督促工作。如在 1991 年 1 月 9 日至 15 日，机电部和冶金部领导到宝钢施工现场检查了二期工程高、烧、焦工程确保 1991 年 6 月二号高炉系统全面投产的条件，这次检查就调试过程中存在的一些问题提出了快速处理有关质量问题的措施，以不留隐患的态度，做好已供设备的修换工作，从而实现了“九一六”全面投产；又如在 1991 年 11 月 22 日国务院主持在宝钢召开了宝钢二期工程建设第 13 次办公会议，会议对宝钢二期建设进行了总评价，部署各承包公司组织各承制设备单位进行全面总结，还就遗留问题提出了处理意见，善始善终地做好收尾工作。

围绕搞好大中型企业，特别是几个大型重机厂的经营生产，在体制改革方面亦有了重大进展。1991 年 3 月机电部根据国务院有关部门的意见，决定由重型矿山行业原部属八大重机厂，分别以第一重机厂和第二重机厂牵头，组建进入国家百家试点集团的两大集团，这两大集团，已经 1991 年 6 月中旬国务院办公会议批准，经半年多的正式筹建，这两个中国重型矿山机械集团的框架已基本搭就，原则已基本确立，方向已基本明确，它们将成为重型机械行业中国家计划单列的“国家队”。作为“地区队”的集团公司，1991年度正常发展，如东方重型机械集团于1991年10月中下旬召开了首届五次常务董事会暨四次董事会，会议决定不受前述两大集团筹建的影响，东方重型机械集团的性质、法人、牌子、经营方向不变，仍继续开展工作，并修改讨论通过了集团公司新章程等一系列文件；又如上海重型矿山机械公司承接了美国中兴钢厂改造大型板坯连铸机的设备制造任务。此外,企业内部体制改革也有新变化，如西安重机厂的南北两厂，1991年9月12日经陕西省机械厅批准，恢复原陕西重机厂和陕西压延设备厂厂名和实体法人地位，管理上实行自主经营、独立核算、自负盈亏；西安重机厂作为总厂继续存在。

为推动新技术、新产品的发展，对一些涉及面广的项目有组织地召开了一系列技术交流会，具有代表性的如由机电部节能委员会和第二装备司共同主持，于1991年6月9日至11日在成都召开了“电液锤技术交流研讨会”，会议对当今世界上公认的节能设备——电液锤，在国内的研究进展给予了充分肯定，认为用电液锤改造、替代蒸—空锻锤在我国具有现实和深远的意义。会议还明确提出推广电液锤的三步设想，第一步争取在1992年底前能有部分品种规格的锤达到完善指标，完成产品定型，并落实生产点；第二步，首先在重型行业内部停止生产蒸—空锻锤，用新型的节能效果好的电液锤来代替，同时在确有把握的前提下，扎扎实实开展推广工作，争取在两年内改造蒸—空锻锤百台左右；第三步在电液锤系列产品已经完全成熟后，与有关单位一起商定有关新的能耗指标及相关政策，开始全面推广。这次会议有力地推动了电液锤的完善化工作。

协会工作，1991年度有了新起色。中国重型机械工业协会自1990年7月产生第一届理事会以来，组织下属各行业协会及专业委员会，围绕行业生产发展、新技术与新产品开发、行业规划工作、标准化工作以及产品价格等方面积极开展工作，已促成机电部于1991年9月新颁布了经国家物价局同意的“重型矿山机械产品现行出厂价格目录”。协会工作的开展，为实现行业管理正在越来越多地发挥其桥梁、纽带作用。

质量及质量管理　由国家技术监督局、机械电子工业部委托西安重型机械研究所筹建的“国家冶金重型机械产品质量监督检测中心”通过了国家级验收。该中心1985年始建，先后投资500多万元，经几年建设于1991年7月20日正式通过国家技术监督局组织的验收。专家评审组经现场审查验收做出了“质检中心在组织机构、人员素质、仪器设备、环境条件、管理手段、检验工作等6方面，达到了有关文件要求，建立起了质检保证体系，已具备对冶炼机械、轧制机械、重型锻压机械、润滑设备及元件、专用零部件五大类产品的检测能力，评审为合格”的结论，一致同意通过国家级验收，报请国家技术监督局批准认可。1991年8月12日国家技术监督局已行文正式通知：命名质检中心为“国家冶金重型机械质量监督检验中心”，并授权自下文之日起以国家质检中心的名义开展工作。该中心的验收，标志着重型机械行业较为完整的质量保证体系已经建立起来。

1991年的创优计划已于当年8月完成，“冶金重型机械产品质量监督检测中心”按计划完成了4种国优产品、1种部优产品的检评任务，这些产品是：第一重机厂申报的E4S600MB型四点单动板料冲压机械压力机和E1S1250MB型单点单动板料冲压机械压力机，这两种产品都是按引进日本小松制作所技术开发的，前者已生产十几台，后者已出厂两台，均装备了各汽车厂，用户甚为满意；大连重机厂申报的产品是320吨鱼雷型混铁水车，系消化上海宝钢一期工程引进项目开发的，自1988年以来已生产24台，装备了上海宝钢二期工程，用户亦反映满意；上海重机厂申报35MN立捣卧挤电极挤压液压机为自行研制产品，后又参照德国SMS公司技术做了进一步的完善与提高，已产5台，各用户亦感满意；另一项产品是江苏省扬中县联轴器厂申报的ML型梅花形弹性联轴器，该产品特别适用于启动和正、反转频繁的传动机构，其产品已行销23个省、市、区。以上产品，按各自的技术标准、产品质量分等标准以及《机械工业企业质量管理必备条件验收细则》进行了质量检验，对企业质量管理进行了审查验收，前4种产品均达到了优等品的指标和条件要求（整机性能、装配质量、零部件加工等方面），故上报推荐参加1991年度国家优质产品评选；后一种产品达到了一等品指标，因而推荐参加机电部1991年优质产品评选。

1991年各企事业单位认真贯彻《质量管理和质量保证》国家标准，进一步落实“以科技为先导，以质量为主线”的方针，亦开展了一系列工作，从而提高了职工的质量意识，取得了满意的成效。如获省、部质量管理奖的第一重机厂1991年生产的主要产品质量达到国际80年代水平，各项质量指标为：成品抽查合格率100%、成品一等品率89.3%、主要项目合格率95.07%，有3项产品通过优质品复评，4项产品定为优等品，2项产品获国优产品，27项产品受到国家级表彰。

技术改造及技术引进　1991年，据对第一、第二、太原、大连、上海、北京、天津、西安、昆明等重机厂统计，基建、技改投资额为16689.5万元，其中技术改造投资10577.5万元。基建、技改项目规模较1990年均较小，多数是维持生产的技措，如更新旧设备、改造危房、重点产品措施，也有上计量检测手段的，新技术中试项目只有薄板坯连铸试验基地（大连重机厂），总体而言，更新固定资产步伐不快。

1991年，重型机械行业技术引进项目很少，主要有：沈阳重机厂以许可证方式，以德国曼内斯曼德马克·沙克公司（MDS）引进了三曲轴滚切式双边剪制造技术，签约日期为1991年3月28日、生效日期为1991年5月28日；湖北鄂城重机厂以易货贸易方式，从乌克兰基辅工业大学引进了摆辗机及电液清砂机的设计制造技术，签约日期为1991年9月28日，生效日期为1992年6月30日。

销售 1991年的出口产品，数量及出口金额都不大。就类别而言，多数是辊道、机加法兰，锻件，铸钢、铸铁件；也有少数整机产品，如太原重机厂向香港出口19台注塑机（出口金额为73.85万美元），大连重机厂向泰国出口1台高速线材轧机（出口金额为80.8万美元）、向巴基斯坦出口1台方坯连铸机（出口金额84万美元），上海东风机器厂向印尼出口1台小方坯连铸机（出口金额36.9万美元）等。

〔撰稿人：西安重型机械研究所 任建勋 审稿人：机械电子工业部第二装备司 汪建业〕

〔冶金工业部〕

生产发展情况 1991年，冶金机电行业（共98个企业）完成机电产品总产量943463吨，工业总产值402474万元。其中：25个独立冶金机电企业完成机电产品总产量197530吨，工业总产值123290万元。

随着钢铁企业引进新的技术装备和对产品质量要求的提高，冶金机电企业1991年的工作重点是依靠科技进步，增加资金投入，调整产品结构，加速国产化工作；加强管理，降低成本，提供技术先进、可靠、质优、价廉的高附加值产品，以满足钢铁工业的需要。

围绕工作重点，冶金机电企业配合钢铁企业技术改造和设备大修，完成了一批重点生产任务。主要有：首钢2号高炉从$1327m^3$增加至$1726m^3$的大修改造工程，由首钢总公司自己承担，共完成16大系统400余项检修项目，从休风开始到送风投产共用55天，创造了世界同类高炉大修改造工期最短的纪录，其中制造的出铁场环形吊车填补了国内空白；首钢重型机械公司制造的260吨鱼雷罐车热试车获得成功。武钢建成$3200m^3$新3号高炉，除部分引进国外先进设备外，由自己制造，其中试制的偏心水道长寿型风口，为国内首创，已列入重点推广项目。

西安冶金机械厂为马钢$2500m^3$高炉制造的无料钟炉顶和液压泥炮按时交货，为鞍钢11号高炉制造的开铁口机和差动减速机具有设计先进、结构紧凑、制造精度高等特点，完成鞍钢半连轧机炉后辊道改造，寿命提高10倍以上，年创效益123万元以上。苏州冶金机械厂为宝钢大型无缝钢管厂研制成张力减径机双位机座，每台将可节约外汇90万马克。

冶金机电企业继续把备件生产和抢修救急放在首位。据98家企业统计：全行业生产备品备件13.7万吨，轧辊15万吨。其中，西安冶金机械厂为宝钢、首钢、酒钢、重钢、成都无缝钢管厂等22个重点企业抢制224项／1030吨急需备件；常州冶金机械厂为宝钢2030冷轧机抢制轴承座6件，为重庆特钢赶制600吨小方坯液压对角剪刀，使用范围优于日本同类产品；苏州冶金机械厂生产贝拉斯7523矿用汽车的后桥减速器和变速箱总成，为首钢解决燃眉之急；鞍钢机械制造公司完成备件国产化30多项；攀钢密地机械厂研制成烧结机钒钛中硅耐热球铁拦板，寿命提高一倍以上。一年来冶金机电企业开发出一批技术先进、质量好的备件，保证了重点钢铁企业设备125项大中修任务的完成。

新技术与科研成果 1991年，依靠科技进步，在科研方面取得了很大成绩，主要有：冶金部建筑研究总院研制成功的水电解氢氧焊割新技术，专家一致认为，这种新型组合式系列水解氢氧焊接机完全适用于钢材及有色金属等材料的气焊与切割，其技术水平居国内领先地位，达到或超过国外同类产品的先进水平，用水电解氢氧焰焊接和切割金属，成本仅为使用乙炔焰的10%，经济效益和社会效益显著。北京冶金设备研究所、北京钢铁设计总院联合研制的紧凑式连轧机组对我国实现小方坯连铸连轧生产“一火成材”具有重要意义，专家们认为，我国自行设计、研制的这套机组，造型合理、结构紧凑，可实现大压下无扭转、微张力连续轧制，占地小、投资省、国内首创，已达到国际80年代水平，以年产15万吨计算，可创直接经济效益800余万元。合肥钢铁公司与北京科技大学合作新研制的我国第一台大型新型预应力高刚度全液压冷拔机是国家“七五”期间冶金节材重点攻关课题的一项最新技术成果，通过省和部组织的技术鉴定，专家们认为，该冷拔技术在结构、模具形式、变形原理及工艺方面，新颖独特，属国内首创，产品填补了我国液压、气动缸筒用材品种的空白。据合肥钢铁公司使用后的统计表明，钢材的利用率可提高16%以上，加工效率提高100多倍。而且产品可满足出口装备对冷拔缸体材料的需要。上海冶金设备总厂、北京冶金设备研究所合作研制的我国第一台18辊冷轧机于1991年5月通过辽宁省科委主持的专家鉴定。专家们认为该轧机具有制造、调整都比其它形式多辊轧机简便的优点，它是由4辊轧机改造成的，在国内属首创。该轧机轧出厚度为0.045mm的极薄带，其厚度精度为±0.003mm，此精度达到国际先进标准水平，不仅填补了国内空白，而且为国内众多4辊轧机改造提供了范例，改造费用仅100万元，经济效益显著。北京冶金设备研究所、邯郸轧钢备件厂合作研制的国内第一台喷淋式连铸结晶器，标志着我国在连铸关键技术上取得了又一重大突破，使我国成为世界上能独立设计、制造喷淋结晶器的国家，它为射流冲击传热这一高技术在冶金设备方面的进一步应用奠定了良好的基础。首钢重机公司与西安交通大学合作首次将“全可控漏三元流动”方式用于改造老式4250鼓风机获得成功，使能耗比原设备降低10%，接近国外同类产品先进水平。同时采用了叶轮外圆线速度每秒296米，高于目前高炉鼓风机每秒260米的水平。鞍钢机械制造公司研制的“高炉风口多元共渗”新工艺，经使用认证，采用这种工艺生产的紫铜风口平均使用寿命为84天，比原来提高1.65倍，每年可创经济效益128万元。西安冶金机械厂承制鞍钢1550mm和1900mm大板坯连铸机部分设备制造任务获国家重大技术装备成果特等奖，BG300型液压矮身泥炮获国家重大技术装备成果一等奖，常州冶金机械厂研制的12吨乳化炸药车获国家重大技术装备成果二等奖；高炉无料钟炉顶设备获国家重大技术装备成果三等奖，承制宝钢4063m^{3}高炉部分设备制造任务，获国家重大技术装备成果表彰奖。

新产品 1991年开发的新产品主要有：(1) YD-I型高炉炉身煤气取样机，该机是由北京冶金设备制造研究所、冶金建筑研究总院和攀钢联合研制的，1991年12月通过部级鉴定。专家们认为该设备技术先进、结构紧凑、重量轻、外形尺寸小，能适应高炉高温多尘的环境，设备的主要技术性能达到了国际先进水平。(2) YMJ-I内面研磨机是由北京冶金设备研究所、鞍钢等单位联合研制的，1991年12月通过部级鉴定。专家们认为：该机进一步完善了引进项目，设计合理先进，动作灵敏准确稳定，整机刚性、抗震性稳定，增强了整机的可靠性和适应性，延长了寿命，便于操作维护。该机填补了设计和制造机械化修模设备的空白，是对钢锭模修磨技术的重大贡献，具有国际先进水平。(3) DPC-88型多组自动配料称量车是由北京冶金设备制造厂电子仪表分厂等单位研制成功的，1991年7月9日通过部级鉴定。专家们认为这种车性能稳定、安全可靠、自动化程度高、操作方便，而且除尘效果好，技术水平处于国内领先地位，达到80年代中期同类产品的国际水平。(4) 线材轧机精轧段高铬离心复合铸铁轧辊是由江苏冶金机械厂等单位研制的，1991年7月通过部级鉴定。专家们认为这种轧辊在国内属于首创，填补了空白。实轧考核表明：其使用性能可靠，达到了国际先进水平，经济效益和社会效益显著。(5) DN32-DN600球型补偿器是由北京冶金设备研究所试制厂研制的，1991年11月通过部级鉴定。该补偿器是为解决蒸气、热水、热气体等管道热膨胀问题而研制的系列装置，具有结构简单、调整方便、转动灵活、安全可靠、密封性能好、补偿能力大，节能、经济效益好。已生产3000多套，销往全国25个省市100多家企业。(6) 首钢重型机械公司研制的“八头锥面包络蜗轮副”经第二炼钢厂使用，效果好，属国内首创，达到国际先进水平。

张家口冶金制氧机备件厂研制的煤气预热器和冶金高炉空气冷却器两项节能新产品，被国务院生产办公室下发国生科技（91）96号文件列入国家级重点新产品试产计划。

行业管理 1991年经过考评验收苏州冶金机械厂获国家一级节能企业称号。常州冶金机械厂被授予全国造林绿化先进单位称号和全国职工教育先进单位称号。冶金部全国钢铁企业机修管理联络网为了配合部加强行业管理，使钢铁企业机修各项管理工作标准化、规范化，编写了《钢铁企业机修管理标准》。

经国务院批准成立鞍钢、武钢、宝钢、攀钢四个大型企业集团。苏州冶金机械厂、常州冶金机械厂、武汉冶金设备制造公司、乐山冶金机械轧辊厂分别参加宝钢、武钢、攀钢集团，并成为紧密层单位。

1991年完成了铸钢轧辊生产许可证发放工作。在申报的20个企业中，有16个企业28项产品获得第一批生产许可证，占总申报项数的63.6%；有10个企业12项产品经检查未达到取证资格，占27.2%；另有4个企业的4项产品，申报后因无产品而自动取消。铸铁轧辊生产许可证也已正式列入国家技术监督计划。

对外经济贸易部以〔1991〕外经贸管体函字第690号文《关于邢台冶金机械轧辊厂经营进出口业务的批复》，同意邢台冶金机械轧辊厂经营进出口业务，从而邢台厂成为冶金机电行业第一家有进出口业务的企业。

质量及质量管理 1991年，冶金机电企业通过“学武钢，赶常冶”活动，进一步提高了群体质量意识，初步形成了以质量为核心的生产经营体系。邢台、扬州、上海等冶金机械企业对质量职能进行重新分解和落实，建立了以质量为中心的保证体系。质量管理是对企业全面质量管理工作的综合评价。西安、常州冶金机械厂、四川省冶金机械厂、本钢第一机修厂、鞍钢北部机械厂、攀钢密地机械厂、重钢修建部和马钢动力厂共八个单位获部质量管理奖。常州冶金机械厂、邢台冶金机械轧辊厂、本钢第一机修厂、长城特钢公司机电厂等一批企业开展班组建设和以定置管理为突破口的现场管理也取得明显的效果。

1991年质量监督检验共下达两批抽检计划，第一批是机电产品计32项，抽查了26项，平均合格率94.56%；第二批是电子仪表产品计6项，抽查3项，合格率为100%。

1991年有15项产品被评为部优质产品。西安冶金机械厂的BG300型液压矮身泥炮被评为国家优质产品银质奖。

通过对现有标准进行清理整顿，国家标准和行业标准有所减少，企业标准有新的提高，被评为国际一般水平以上的产品标准已有125项。1991年独立冶金机电企业“双标”产值率达到40%。

技术改造及技术引进 1991年冶金机电行业

(98 个企业）共完成技术改造资金 21740 万元，其中 25 个独立冶金机械企业完成 9871 万元，为提高产品水平和增加发展后劲创造了有利条件。

西安冶金机械厂金属结构车间是机械电子工业第二批国家重点技术改造项目，总投资 1000 万元，形成结构件能力 5000 吨，1991 年 10 月通过了冶金部组织的竣工验收。邢台冶金机械轧辊厂煤气发生站是省重点技术改造项目，投资 1300 万元，其中煤气站 1 号和 2 号煤气发生炉已于 1991 年 9 月投产使用。这项工程的投产为 31500kN 水压机正式投产使用提供了必要条件。首钢重型机械公司重型车间和电机厂铁芯车间以及高低压车间等扩建工程都达到国内先进水平，同时引进 3 台大型机床，年创外汇 50 万美元。北京冶金液压机械厂引进联邦德国力士乐公司液压系统和泵站许可证技术转让合同于 1991 年 6 月 3 日在北京举行了签字仪式。首钢和日本电气株式会社（NEC）合资的首钢日电电子有限公司工程于 1991 年 12 月 12 日在北京石景山西井地区举行奠基仪式，由日方转让全套生产、管理技术，采用先进的大规模集成电路扩散和封装生产线及检测设备。

销售 1991 年，98 个重点冶金机电企业全年共完成国内销售收入 334849 万元，其中 25 个独立冶金机电企业完成 118416 万元，约占销售总额的 35.4%。

1991 年冶金机电企业出口创汇达 1011 万美元，产品出口到美国、日本、南朝鲜、泰国、印度尼西亚、巴基斯坦、菲律宾、伊朗、埃及、香港、台湾等国家和地区，主要有：首钢重型机械公司出口到印度尼西亚马士达的棒材轧机成套设备 458 台（套），共 1871 吨，创汇 390 万美元，再加上备件及单机设备共创汇达 524 万美元；邢台冶金机械轧辊厂出口到泰国的罗可普型连铸机，创汇 10.37 万美元；鞍钢机械制造公司出口到印度尼西亚的 12 米刨边机，创汇 5.5 万美元；山东冶金机械厂出口到印度尼西亚的型钢矫直机 2 台，共创汇 12 万美元；邢台冶金机械轧辊厂出口到日本的焦炉本体，创汇 32.98 万美元，出口到伊朗、菲律宾的水冷电缆创汇 12.23 万美元；首钢冶金机械厂直径 14mm 和直径 50mm 高频焊管机组出口到印尼和埃及，共创汇 30 万美元。

各种轧辊出口到美国、英国、南朝鲜等 10 个国家和地区，此外，出口的产品还有牙轮钻头、剪刀、热交换器、变压器、千斤顶、交流调速电梯、渣盘、钢锭模和备件等。

〔撰稿人：冶金工业部机械动力司 刘维枫 审稿人：冶金工业部机械动力司 奚延珍〕

〔中国有色金属工业总公司〕

生产发展情况 1991 年，有色重型机械行业采取转换内部经营机制和增收节支等措施，使生产继续得到发展，保证了重点建设项目的按期投产，满足了冶金和有色金属企业主要备件的供应。但有色金属重型机械企业经济效益继续下滑，据所属 38 个企业统计，1991 年完成总产值 61812 万元，比上年增长 2.42%；完成工业总产量 83294 吨，比上年下降 12.6%；实现利税 2189 万元，比上年降低 30%。其中 5 个独立机械厂完成工业总产值 35797 万元，比上年降低 1.3%；完成总产量 39952 吨，比上年降低 5.1%；实现利税 1895 万元，比上年降低 2.1%。

1991 年，有色金属重型机械企业生产的主要成台设备有：连铸机 1752 吨，轧机 1157 吨，烧结机 3 台，浓密机 10 台，混合机 2 台，闪速炉 1 台，氟化氢反应炉 1 台，铝板冷轧机 1 台，铝铸轧机 1 台，铝箔轧机 1 台，纵切机 2 台，分卷机 2 台。

衡阳有色冶金机械制造总厂承担了西南铝加工厂特薄铝板生产线和铝箔生产线配套设备的制造，这两条生产线主机设备从德国德马克公司、ABB 公司以及美国斯坦姆科公司引进，属国际 80 年代后期先进水平的产品，配套设备的工艺、技术难度很大。该厂严格按国际标准生产，按期交货，保证了两条生产线于 1991 年 11 月建成投产，可年产优质特薄铝板 9.2 万吨，铝箔 4500 吨。该厂还承担了白银有色金属公司锌冶炼系统所需浓密机等关键设备的制造，保证了建设进度要求。

新技术与科研成果 衡阳有色冶金机械总厂推广应用 316L 超低碳不锈钢焊接新技术，成功地解决了白银有色公司浓密机引进 316L 不锈钢的焊接问题，焊后机械性能和抗腐蚀性能与母材相当。该厂针对塑性大的金属深孔钻削时，断屑并使之顺利排屑，推广应用振动喷吸钻机，顺利地完成了闪速炉壁铜板冷却水道深孔的加工，获得了好的经济效益。该厂通过推广耐磨合金等离子喷焊技术的应用，大大提高了混捏机、预热螺旋等磨耗量大的部件之寿命，满足了用户的需要。该厂还对重点设备中的关键零部件进行了科研攻关，针对 1700 铝箔轧机支承辊辊身精度要求高（如圆柱度 0.008mm）等技术特点，加强检测手段、改进工装，采用重力浮动支承和在线监测手段，效果很好。该厂同期对西南铝加工厂引进的铝箔轧机配套件薄壁长筒体进行质量攻关，使其产品铸造及加工精度完全达到国外同类产品水平。沈阳有色冶金机械总厂引进了等离子喷涂设备，解决了工件表面喷涂层，提高耐磨耐蚀能力。该厂为了提高堆焊质量，推广了新堆焊材料，可代替常用焊条，且焊前不预热、焊后不缓冷，工艺性能好，较好地改善作业条件。该厂还对宝钢高炉的风口水套进行质量攻关，提高了一次交检合格率；对武钢的 1700 轧机除鳞辊新材料进行研究，使其寿命从原有的 3 个月提高到 6 个月。西北有色冶金机械厂对压滤机的滤布、格子板、橡胶隔膜进行国产化试制，逐步实现全部部件国产化。株洲硬质合金厂对引进的高速线材轧机用硬质合金辊环进行了加工工艺的开发，使该厂加工的辊环完全达到了国外引进轧辊辊环的尺寸精度、表面粗糙度等技术指标。该厂经过四年多的研究、试制，采用四种工艺，成功地研制出YGH、YGR二个系列、10个牌号的硬质合金毛坯，结束了我国以往只能生产一个牌号硬质合金轧环的历史，基本上满足了高速线材轧机机组在不同架次、不同轧制负荷下对硬质合金辊环提出不同的物理机械性能的要求，填补了国内高速线材用硬质合金辊环的空白，对我国高速线材生产的增产降耗产生了重大的经济效益，该成果1991年获得总公司科技成果三等奖。

新产品 1991年共研制新产品20项，其中有湘乡铝厂的氟化氢反应炉、青海铝厂的HN500混捏机总成、预热螺旋等有色金属工业重点产品；还有为冶金工业研制的水平连铸机、105m^2烧结机、VOD60吨精炼炉及一、二次混料机和卷取机卷筒等。这些产品的技术性能都达到了国内先进水平。衡阳有色冶金机械总厂和德国DEMAG公司合作制造了1850轧机，并生产了与其配套的纵横剪，还承担了引进的1700铝箔轧机配套设备的制造。经用户使用，自制部分精度达到国外图纸要求，满足了与在线引进设备匹配的要求，顺利通过了国家级验收。此外，还有一批产品荣获总公司科技进步奖：如沈阳有色冶金机械总厂、沈阳铝镁设计研究院、包头铝厂联合消化吸收引进电解铝设备的工业应用获得科技进步一等奖，西北有色冶金机械厂等单位研制的YL型全自动压滤机、BS-K8浮选机获得科技进步二等奖，韶关冶金机械厂的YOTJ调速型液力偶合器、北京有色金属研究总院的ZW-1型智能涡流探伤仪获得科技进步三等奖。长沙矿山研究院研制的CWL、MWL系列防爆型涡街流量计等一批产品也获得总公司嘉奖。

行业管理 1991年有色金属重型机械行业以产业结构和产品结构调整、“八五”技术改造统筹规划以及企业领导班子建设为重点，加强了宏观管理。根据“八五”期间要增加技术改造力度的要求，各企业对“八五”技术改造计划进行了修订，并经机械大行业统筹规划组审查、平衡，项目已基本确定，部分项目已批准项目建议书和可行性研究报告。

对长期亏损的西北有色冶金机械厂、昆明冶金机械厂、广东有色冶金机械厂等单位，适时地调整了厂级领导班子。并在全行业推行人事、劳动、工资三项制度的改革，普遍进行了精简机构、全方位聘任和定岗、定员工作。衡阳有色冶金机械总厂和沈阳有色冶金机械总厂开始实行岗位技能工资。

1991年，浙江铝业股份有限公司经审查批准为机电产品出口基地，沈阳有色冶金机械总厂为扩大机电产品出口企业。

质量及质量管理 1991年国家有色金属机械产品质量监督检测中心加强内部建设，建立健全了各项规章制度，完善检测手段，于年底顺利通过国家技术监督局验收，承担起国家赋予的有色金属冶炼、选矿、轧制、加工等方面机械的检测任务。与此同时，还按有色总公司安排完成了1项国优产品、6项部优产品和近20项新产品的检测和初审工作。此外，还承担有色金属机械产品国家标准、行业标准、企业标准的组织审查工作。1991年国家正式颁布了鼓风烧结机、轧机油膜轴承通用技术条件2项国标和双辊倾斜式铝板连续铸轧机、转台式振动成型机、VAD／VOJ型25吨炉外精炼设备技术条件等16项行业标准。召开了有色金属机械企业第五次质量工作会议，交流总结了质量管理经验，研究部署了1991年和1992年的工作重点。举办了有色金属机械行业GB10300《质量管理和质量保证》系列国家标准学习班。

1991年衡阳有色冶金机械总厂生产的小方坯连铸机质量稳定，再次获得国家银质奖。WG-1700离心机等4项产品在创优复评中也被评为总公司优质产品。

技术改造及技术引进 列入国家重点技术改造计划的沈阳有色冶金机械总厂“制铝设备生产线”和“氧化铝设备国产化措施”，1991年完成投资1103万元。有色金属重型机械企业还完成一般技术改造投资3852万元。投资重点是购置关键设备和铸钢树脂砂改造项目，衡阳有色冶金机械总厂购置的2台20t／h长臂式连续混砂机已安装投入使用，沈阳有色冶金机械总厂引进的20t／h混砂机也已到厂。涿神公司装配车间扩建工程，建筑面积3400m^2，投资498万元，由于组织得力，当年开工，当年基本建成。设在长沙矿山研究院的有色机械产品质量监督检测中心试验楼全部建成投入使用，并经国家技术监督局验收通过为国家级检测中心。

销售 1991年有色金属重型机械行业国内销售收入为60953万元，销售利税率3.59%，其中5个独立机械厂国内销售收入36847万元，销售利税率为3.77%，比上年降低2.8个百分点。

机械产品出口继续保持增长势头，1991年有色金属重型机械企业出口创汇140万美元。

〔撰稿人：中国有色金属工业总公司装备局 李冠唐、杜伟玉 审稿人：中国有色金属工业总公司装备局 徐立达〕

石油化工设备

〔化学工业部〕

生产发展情况 1991年，化工系统共有化机企业221个，职工总人数13万余人，全年完成工业总产值32亿元，比上年增长45%，实现利润为9491万元。其中，骨干、重点企业33个，拥有固定资产原值14.1亿元，净值8.8亿元，职工总人数6万余人（有工程技术人员5952人），全年完成工业总产值15亿元，净产值4亿元，实现利润为0.3亿元，比上年降低63%。

1991年完成化工设备及机械产品产量29万吨，比上年增长12%，其中，化工设备及化工专用机械19万吨，备品配件8万吨，耐腐蚀设备1.8万吨。

1991年，整个化机行业经济效益有所下降，骨干、重点企业中也有部分亏损企业，但仍较好地完成了生产任务。1991年，共承包承揽国家大、中型项目和技术改造项目成套设备36项，承包成套设备总量2364台、17640吨，完成承包额27544万元，保证了在建项目设备需要。

新技术与科研成果 国务院重大技术装备领导小组于1991年3月召开国家重大技术装备表彰及经验交流会，对列入国务院"重大办"管理取得重大成果的项目给予表彰。化机行业共有26项重大装备受到奖励、表彰。其中，获得特等奖3项，一等奖7项，二等奖8项，三等奖5项，表扬3项。获特等奖的是由中国化工装备总公司、锦西化工机械厂、四川化工机械厂、四川化工设备机械厂、化工部化工机械研究院、南化公司机械厂研制的四川化工厂20万吨／年合成氨成套设备，化工部化工机械研究院、四川化工机械厂研制的乙烯裂解炉，四川化工机械厂研制的SH-1型乙烯裂解炉；获一等奖的是由中国化工装备总公司、三门峡化工机械厂、化工部化机研究院、江苏省化工设备制造安装公司、武汉青山除尘设备厂研制的南化公司、大连化学工业公司用的24万吨／年磷铵装置，化工部化工机械研究院、金州重型机器厂、南化公司机械厂研制的吴泾30万吨／年合成氨完善化装置，锦西化工机械厂、化工部化工研究院研制的四川化工厂合成气压缩机等7项；获二等奖的是由四川省化工设备机械厂研制的四川化工厂二氧化碳再生塔，南化公司机械厂研制的四川化工厂转化气废热锅炉，杭州化工机械厂研制的PF系列翻盘过滤机等8项；获三等奖的是由常州化工机械厂研制的QZM1200气垫式自动码垛机，北京化工机械厂研制的直径1200mm三元液体振动筛等5项；另有南京第二化工机械厂、上海化工机械一厂研制的宝钢6米焦炉，吉化公司机械厂研制的4.5万吨／年电石成套设备等3项受到表扬。

1991年获化学工业部科技进步奖的项目共有10项。其中二等奖4项，三等奖6项。南化公司机械厂研制的30万吨／年氨合成塔锅炉给水预热器，浙江大学、华北制药厂、杭州化工机械厂研制的化工旋转机械整机全速动平衡原理和方法的研究等4项获得二等奖；由化工部第三设计院江苏江阴市化工机械厂研制的SJ-900型双轴搅拌机，锦西化工机械研究院编制的液化气体铁道罐车技术条件GB10478-89等6项获三等奖。

1991年，抓了33个骨干，重点化机企业科研力量的建设。到目前为止，这33个重点化机企业都建立了研究设计所，并设立了科研开发基金，有力地推动了新产品开发和产品结构调整。

新产品 1991年通过化学工业部鉴定的新产品共有21项。主要有：(1)无锡化工机械厂、天津碱厂、南京第一化工仪表厂研制的3TW纯碱包装机，该产品稳定可靠，包装能力为750袋／h，单袋偏差为±160g，技术先进，结构紧凑，工作性能良好，具有80年代国外同类产品水平，填补了我国大型纯碱装置包装工艺关键设备的空白；(2)杭州碱泵厂、江苏省化工机械研究所研制的IJ型纯碱用耐腐蚀泵，流量6.3～400m³／h，扬程8～125m，进口直径50～200mm，功率1.1～110kW，效率60%～79%，该泵效率比老泵普遍提高5%～10%，推广使用后，产生了较大的经济效益；(3)苏州市化工设备二厂、江苏省化工机械研究所研制的LW-380E卧式螺旋卸料离心分级机和LW-380D并流型螺旋卸料沉降离心机，这两项产品均属国内首创，LW-380卧式螺旋卸料离心分级机，利用了液—液—固三相分离原理进行分散染料粒度分级，LW-380D螺旋卸料沉降离心机采用回流管式的并流结构，用于酒精糟等难分离物料的分离。

行业管理 1991年化学工业部组织人员对"八五"期间各企业的技术改造方案进行了座谈讨论。

1991年遵照国家体改委和国家计委关于组建企业集团的决定，为组建化机行业集团公司做了大量工作，并于1991年12月召开了"中国化工装备（集团）公司筹备会议"。讨论了集团组建《方案》、"章程"、"八五"发展规划和管理办法。现正在等待有关部门的审批。

1991年化机系统江苏省化工设备制造安装公司被批准为国家二级企业。截止到1991年底，化机系统共有20个企业被批准为国家二级企业。

1991年对41家三类压力容器制造企业进行了换证工作，并全部完成换证。第一批搪玻璃设备取证企业有58家。1991年到期的24家具有三类压力容器设计证企业中的12家完成了换证工作。

质量及质量管理 1991年有2个化机企业获得质量管理奖，即北京化工机械厂和四川化工机械厂。截止到1991年底，化机行业共有10个企业获得质量管理奖。

1991年，化机行业共评出国优产品1项，即常州能源设备总厂的QLX-60型有机载体燃煤加热炉；部优产品25项，其中，有南化公司机械厂的高压洗涤器，杭州化工机械厂的SLH_2双螺旋锥形混合机，吉化公司机械厂的8000L固碱锅等。

1991年化学工业部又修订、制订了23项化机行业的质量标准，其中，国标2项，行业标准21项。截止到1991年底，化学工业部共修订、制订化机标准540项。

1991年有4个企业取得了ASME资格证书。它们是合肥化工机械厂、大化公司机械厂、北京化工机械厂、上海化工机械一厂。

技术改造及技术引进 1991年化工机械企业在基本建设及技术改造方面共完成投资4411万元，大部分是企业自筹资金或贷款。其中，拨改贷款2700万元，企业自筹1711万元。主要基建项目有锦西化工机械厂的重型容器车间、常州化工机械厂及上海化工机械一厂的小型工业项目等。主要技改项目有北京化工机械厂的离子膜电解槽阳极涂层技术改造、沈阳化工机械厂的石墨产品设备改造、吉化公司机械厂的重铆车间的技术改造、合肥化工机械厂的“八五”项目技术改造等。

销售 1991年化工机械行业国内销售收入28亿元，国外销售约559.1万美元。

〔撰稿人：中国化工装备总公司　芮晓红　审稿人：中国化工装备总公司　乔煜国〕

〔机械电子工业部〕

生产发展情况 1991年，机械电子工业部系统石油化工设备行业共有专业厂94个，研究所4个；职工人数95096人，其中工程技术人员7072人；完成工业总产值203444万元，比上年增长22%；产品产量14.1万吨，其中，石油钻采设备7.7万吨，炼油设备及机械2.2万吨，化工设备及机械3.5万吨，小化肥专用设备0.7万吨。

1991年石油化工设备行业为石油、天然气及石油化工工业提供了不少重大装备。如：惠州26-1海洋修井模块是兰州石油化工机器厂继惠州21-1海洋钻／修井模块承担的第二个海上石油工程项目。合同总价为493.14万美元，其中兰州石油化工机器厂部分为237.57万美元，占总合同的48.17%。主要提供了井架、天车、游车、涡流刹车、绞车、大钩、水龙头、转盘、泥浆泵、泥浆除气器、储气罐等修井模块主设备，并承担了模块海上的安装及调试验收任务，与新加坡的ARGOS工程公司共同负责工程管理、工程设计和设备采办。1991年6月12日～7月12日模块在惠州26-1平台上安装完毕，8月8日通过验收，11月13日试运转成功。

我国塔里木盆地石油勘探开发已列入国家重点项目，为此，石油化工设备行业各企业争先为之服务，提供优质产品。如上海第二石油机械厂生产了67套70MPa采气井口装置，经油田使用，性能良好，达到国际当代同类产品水平，节汇60万美元。

新技术与科研成果 兰州石油化工机器厂在新材料、新工艺方面取得了不少成果，其中铸造用铬铁矿砂代替锆砂，使树脂砂成本下降，仅此一项，该厂每年节约费用60万元，同时解决了芯骨不易取出、粘砂严重等问题；以往生产可展开体模型均采用整体实样木模，现采用三合板直接弯曲成型，生产单件大中型圆柱体、圆锥体等模型，可节约大量木材，每生产一套模型可节约资金1000元；该厂与甘肃工业大学合作，开展了不锈钢焊接接头韧塑性试验，通过电镜扫描等多种研究，找出影响焊接质量的原因，制订了新的焊接工艺，从而使MoTi类不锈钢电弧焊的冷弯试验合格率提高到90%以上。

“70MPa井口采油树承压本体应用应力分析和有限元计算代替爆破和应力测定”和“沙漠工况下井口装置材料及焊接的性能研究”是上海第二石油机械厂承担的2项国家重大技术装备科研项目，前者成果在国内首次用于生产，每开发一个产品可节约试验经费5万元，其技术水平达到国外先进水平；后者成果突破了国产35CrMo钢材料原来使用范围，为沙漠油田井口装置用材提供了国产化科学依据。

新产品 1991年，石油化工设备行业共完成新产品23项。详见表1.

ZJ60L沙漠边缘6000米链条传动石油钻机是为了适应我国新疆塔里木盆地石油勘探开发打井的需要而设计、制造的，由兰州石油化工机器厂总包。该钻机采用4台12V190BYGM5-1型柴油机作动力，经涡轮变矩器传动，链条并车分别带动泥浆泵、绞车和转盘。底座高9m，旨在便于安装全套防喷装置，为安全钻井提供了条件。锥齿轮万向轴爬台传递高钻台动力，安全可靠。ZJ60L沙漠钻机名义钻深6000m，最大钩载450吨，配备总功率为2940kW，井架高度44.8m，绞车额定功率1470kW，泥浆泵额定功率2台×1180kW。该钻机于1989年11月通过方案审查，1990年10月通过出厂验收。1990年3月21日在新疆塔里木石油勘探开发指挥部轮南地区轮58井开钻，进行第一口井的工业性试验，设计井深5530m，6月5日钻至4477m时，获得日产原油345m^3，天然气55万m^2的高产油气井，提前完井；7月29日第二口试验井吉101井开钻，11月4日完钻，井深4503m，获得高产油气显示。1991年11月10日～12日由机电部和中国石油天然气总公司共同主持在新疆库尔勒召开了鉴定会。鉴定委员会认为：ZJ60L钻机总体设计合理，结构紧凑，操作维修方便，动力配备充足，功率利用率高，能满足塔里木沙漠边缘打井的特殊要求。ZJ60L钻机技术性能达到了国外同类产品的先进水平，填补了国内空白。塔里木指挥部已向兰州石油化工机器厂订货2台，这种钻机将作为沙漠边缘地区打井的主力装备。

外形酷似热水瓶胆的加氢反应器，是原油进行深度加工的重要装备，它长34.4m、外径3.64m、壁厚210mm、壳体重560吨，成为我国目前自行研制的石油化工高压管器中最重最大的产品。它是当代世界最高技术等级的压力容器，此外，目前仅有美、日、法、意四国能独立制造。

560吨加氢反应器是上海重型机器厂经过4年左右的努力制成的，花费了4000万元的生产成本，安装在镇江石化总厂的加氢裂化装置上，它正式投用后，将极大地提高我国石油提炼能力，使收油率从原来的75%猛增到95%以上，航空汽油回收从20%增加到40%，并大大减少环境污染。在"八五"期间，我国加快发展能源工业建设，需要8套大型加氢装置，上海形成的加氢装置制造能力，可为国家节省大量外汇。

行业管理 1991年，石油机械发放生产许可证工作由机电部和能源部共同组织，首先对抽油机进行了工厂条件和产品质量检查，共向22家企业颁发了生产许可证，其中机电部系统共8家、15个型号，即兰州石油化工机器厂生产的CYJ12-4.2-73、CYJ10-3-37、CYJ10-3-53，兰州通用机器厂生产的CYJ10-3-53，四川德阳东方石油化工设备总厂生产的CYJ3-1.5-6.5、CYJ10-3-53，四川钻采设备厂生产的CYJ5-2.5-18、CYJ3-1.5-6.5，新疆第三机床厂生产的CYJ10-3-53，哈尔滨石油钻采机械厂生产的CYJ10-3-37，吴县石油机械厂生产的CYJ12-4.2-73、CYJ12-4.8-73、CYJ10-3-53、CYJ10-4.2-53，大安石油机械厂生产的CYJ12-4.8-73抽油机。

1991年兰州石油化工机器厂生产的铸钢件获得英国劳埃德"工厂认可"证书，为铸钢件的出口创造了条件。

1991年，机械电子工业部批准吉林省通化石油工具厂为国家二级企业，至此，机电部系统石油化工设备行业共有8个工厂被评为国家二级企业。

表1 1991年石油化工设备行业新产品完成情况

序号	新产品名称	研制单位
1	ZJ60LSB沙漠钻机	兰州石油化工机器厂
2	ϕ2400×16730mm热壁加氢反应器	兰州石油化工机器厂
3	PF-42圆盘翻斗过滤机	兰州石油化工机器厂
4	560吨热壁加氢反应器	上海重型机器厂
5	XJ300型30吨修井机	通化石油化工机械厂
6	LJC18立放运井架车	通化石油化工机械厂
7	TY3、JQ2、QY2B、XSL、160、KY4井口机械化装置	江苏如东石油机械二厂
8	3ZBⅡL 35/355立式三缸柱塞泵	江苏如东石油机械二厂
9	CYG/22、CYG/25、CYG/19抽油杆	淄博石油机械厂
10	KQ35/65P抗硫采气井口装置	四川钻采设备厂
11	KQ70/78P抗硫采气井口装置	四川钻采设备厂
12	KQ21/65热采井口装置	上海第二石油机械厂
13	5000PSi $3\frac{1}{8}$ in× $3\frac{1}{8}$ in双油管采油井口装置	上海第二石油机械厂
14	TDLM-T60-114提放式倒扣捞矛	吉林通化石油工具厂
15	DLT-33-114B可退出螺旋卡瓦打捞筒	吉林通化石油工具厂
16	LM-S73-114伸缩式捞矛	吉林通化石油工具厂
17	QLT48-127长瓦打捞筒	吉林通化石油工具厂
18	TFLM-73-114提放式可退捞矛	吉林通化石油工具厂
19	HS5171GYQ液化石油气槽车	邯郸石油化工机械厂
20	720r/min双搅拌反应器	西安化工机械厂
21	六氟化铀低温储缸	西安化工机械厂
22	螺旋槽管高效换热器	西安化工机械厂
23	G-X4.5×3/8苯乙烯冷却装置	西安化工机械厂

为了加强工厂与用户的联系，推动我国自行研制和引进技术产品能更多地应用到海洋石油开发工程上，从而提高我国海洋石油装备的国产化率，机械电子工业部第三装备司特邀请中国海洋石油总公司系统于1991年11月12日至26日到兰州、上海、江苏地区，对有关机械设备制造企业和研究所进行了调查。这次共调查了15家工厂和2个研究所，调查的产品共14大类：石油钻机、修井机、油气水工艺处理设备、固井设备、压力容器、发电机组及电动机、采油气井口装置、钻井水下器具、防喷器及控制系统、注水系统、压缩机、阀门、空调机和低压电器。调查组认为，在调查的41种产品中，有25种可以用于海上，16种存在不同程度的问题，有待进一步改进。

销售 1991年，机电部系统石油化工设备行业实现销售收入200081万元。出口最多的是兰州石油化工机器厂，该厂产品出口情况见表2。

表2 兰州石油化工机器厂1991年产品出口情况

产品名称	出口数量	创汇额(万美元)	出口国别
抽油机	501台	497.9	美国
整改抽油机	22台	14.3	美国
惠州26-1工程	1套	128.0	新加坡
铸锻件	19吨	3.9	新加坡
其它钻采配件	6.8吨	8.3	印度尼西亚
合计		652.4	

〔撰稿人：机械电子工业部第三装备司 于黛印〕

〔中国石油天然气总公司〕

生产发展情况 1991年，中国石油天然气总公司系统生产石油化工设备的企业共有26个，拥有职工58575人；完成工业总产值155833万元，比上年增长17.7%；全员劳动生产率27003元/人·年，实现利税总额16321万元。

1991年完成石油化工设备13.7万吨，比上年减少2.8%，主要产品有：抽油机3371台，抽油泵22569台，抽油杆369.5万米，钻头28283只，钢丝绳9267.9吨，地震钻机178台，各型钻机井架25套，井架底座35套，采油井架53套，泥浆振动筛105台，电测车119台，立放运井架车43台，下灰车58台，试井车114台，石油配件及工具19084吨。

从1991年度的生产情况来看，各厂在"三角债"、资金短缺、原材料燃料动力等供应紧张的条件下，千方百计克服困难，绝大多数厂都超额完成了生产任务。

新技术与科研成果　1991年共完成科技成果85项。其中，新产品鉴定71项，"三新"（新技术、新工艺、新材料）推广应用8项，科技攻关5项，试验台架1项。

在勘探方面，YKZ480道遥测数字地震仪、SK-1004型遥测数控地震仪通过鉴定，标志着我国地震装备达到了国际80年代后期水平。新系列射孔枪、SYZ-41YD聚能射孔弹、WDJ-A完井多功能测井仪通过鉴定，标志着我国射孔装备也达到了80年代水平。KZ-20型可控震源、WTZ30型轻便钻机通过鉴定，使勘探装备的系列更加完善。1991年有30项勘探装备通过鉴定，项目之多、水平之高，均达到了历史最好水平。

在钻井方面，ZJ-60D（SB）沙漠钻机与兰州石油化工机器厂共同研制成功，使我国石油钻机的系列化水平达到了国际水平。PT-1350压裂泵阀箱通过鉴定，使400、500、700到1000压裂泵阀箱形成了系列化生产。

在采油方面，直径95mm大排量抽油泵、"89"减速器通过鉴定，超高强度抽油杆生产线在铁岭石油机械厂的建成，标志着三抽设备的配套、系列化生产达到了更高水平。20吨、100吨车装修井机通过鉴定，使我国修井机的生产完全可以使用国产设备。污水精细过滤装置和洗井液污水净化装置通过鉴定，使我国从精细过滤到污水处理达到了国际水平。

石油机械计算机辅助设计配套技术于1991年通过总公司验收，各企业已初步掌握了石油机械产品的设计计算、参数绘图、有限元力学分析、优化设计、图形数据库、计算机辅助工艺设计、切削数据库、数控自动编程、刀具轨迹模拟、汉字库等一整套配套技术，并且具有与生产密切联系的突出特点，所有项目均在生产中得到应用，就整体而论达到国内先进水平。

1991年度，石油装备获国家科技进步二等奖的项目有1项，即数字采集及井下系列配套测井仪；获中国石油天然气总公司科技进步奖的项目有一等奖2项，二等奖4项，三等奖9项；获中国石油天然气总公司石油装备科技进步奖的项目有一等奖7项，二等奖10项，三等奖13项。

新产品　1991年鉴定新产品71项，其中有42项新产品达到国外同类产品的先进水平。这些新产品不仅替代了进口设备，为国家节省了大量外汇，还为油田提供了先进的石油装备。

西安石油勘探仪器总厂研制的SYZ-41YD聚能射孔弹，于1991年11月通过鉴定，该产品设计合理，首次使用了不烧结压力成型粉末金属药型罩，性能良好的粉末配方及先进的工装模具，使其综合性能在国产89型射孔弹中取得重大突破，主要性能达到了国外80年代同类产品的先进水平。经大庆射孔弹检测中心对250发炮弹抽样，进行5类15项指标的全面检测，其中混凝靶（强度76.7MPa）平均穿深425.9mm，混凝土靶（强度30.6MPa）平均穿深487.2mm，入口平均孔径达10.8mm×10mm，杆堵率为零，套管无裂缝。经现场试验，获得了显著效果，具有明显的社会效益。

宝鸡石油机械厂研制的新系列射孔枪，于1991年11月通过鉴定，该产品具有高孔密、多相位、能与地层测试器联作的特点，经总公司管材监督检测中心检测，并在9个油田进行了工业性试验，基本能满足地质对射孔和测试工作的要求，其技术性能属国内领先，达到国际同类产品80年代末的先进水平。

行业管理　到1991年底止，有14个石油机械制造企业荣获国家二级企业称号，江汉钻头厂荣获国家一级企业称号。

生产许可证工作在1991年也取得了新的进展，总公司和机电部共同组织的"三抽"发证领导小组，于1991年9月对22家抽油机生产厂颁发了生产许可证，抽油杆正对第一批工厂进行条件审查和产品检测，抽油泵完成了生产许可证实施细则的宣贯，可望在1992年完成"三抽"发证工作。

质量及质量管理　到1991年底，有24项产品获得国家优质产品称号，其中3项为金质奖；还有228项产品获部优产品称号，26项产品获得API证书。

技术改造及技术引进　1991年的技术引进重点是已签合同的执行和新合同的准备，如第三石油机械厂的天然气压缩机，沙市石油钢管厂的玻璃钢抽油杆，江汉钻头厂的柔性加工线，华北第一机械厂的钻杆内涂层，咸阳石油钢管钢绳厂的钢丝绳二期引进，宝鸡石油机械厂的铸钢设备改造，沙洋仪表厂的AT^+环空测试仪等。天然气压缩机、AT^+环空测试仪和咸阳钢丝绳二期引进工程均于1991年底投入生产。1991年新签引进合同5项，累计达48项。

销售　1991年中国石油天然气总公司石油装备销售收入16.9亿元，比上年增加21%，保持了持续增长。

1991年共签出口合同1950.8万美元，实现出口 1252.9 万美元。向东南亚市场的出口有所增加，济南柴油机厂的发电机组销往印度尼西亚，宝鸡石油机械厂的铁塔在巴基斯坦继续中标，物探局的可控震源出口到巴基斯坦和印度，第四石油机械厂的 OPI 泵已进入美国市场，展示了良好的前景。1991 年出口情况见表 3。

表 3 1991 年石油机械主要出口情况

单位	主要类别产品	出口产品		出口金额（万美元）
		单位	数量	
宝鸡石油机械厂	抽油机	台	22	20.4
	法兰	吨	312	27.9
	井口配件	吨	12	2.7
	滚子及附件	吨	70	15.6
	输电铁塔	吨	6639.8	353.5
	小计			420.1
济南柴油机厂	300kW 发电机组	台	2	8.9
	500kW 发电机组	台	8	50.4
	小计			59.3
管道局机械厂		吨	500	53.0
四川石油局	三牙轮钻头	只		30.0
	双金属钢套	只		30.0
	灭火设备			64.0
	小计			124.0
抚顺石油机械厂	弯头	吨	2031.3	200.7
江汉钻头厂	钻头	只	278	96.1
物探局	检波器	只	235000	98.1
宝鸡石油钢管厂		吨	2350	156.1
大庆总机厂		吨	3200	
第四石油机械厂				43.4
第三石油机械厂		吨	36	2.1
	合计			1252.9

〔撰稿人：中国石油天然气总公司　赵光理　审稿人：中国石油天然气总公司　陈家巽〕

〔中国石油化工总公司〕

生产发展情况　1991 年，中国石油化工总公司系统机械制造企业 22 个，职工总人数 23669 人，其中工程技术人员 2490 人；完成工业总产值 56386 万元，比上年增长 13.5%；平均全员劳动生产率为 23823 元／人·年，比上年增长 8.5%；实现利税 4403 万元，比上年增长 15%。

1991 年完成石油化工机械设备产品产量 44726 吨，比上年减少 9%，其中石油化工专用设备中的塔类、换热器、容器等主要产品产量 26940 吨，比上年减少 1.5%；机械产品 1364 吨，比上年减少 26%；配件完成 6056 吨，比上年增长 22%。

1991 年，石油生产发展有两个突出特点：

(1) 生产经营运行机制上作了大幅度改革。企业利用自己的特长积极参与竞争，跻身市场，开拓经营，改变以往任务由上级安排的"等、靠、要"作法，企业进一步向生产经营型转变。1991 年全行业总产量虽有所减少，但工业总产值及经济效益有了进一步提高。

(2) 集中具有优势的企业参加总公司重点建设项目的公开投标，承接成套石化专用设备制造任务已初见成效，摸索了一些经验。如在福建炼油厂一、二期工程招标中有 70%的石化设备制造项目中标，又如巴陵石化公司年产 5 万吨己内酰胺工程石化专用设备招标，全部承揽 247 台共计 1800 吨制造任务。在工期短、难度大的情况下，保质保量提前完成，受到用户好评。兰州化学工业公司机械厂继上年完成辽阳石化公司乙烯裂解炉关键设备制造任务之后，1991 年又完成了齐鲁石化公司乙烯裂解炉项目，并在参加甘肃省成套局组织各厂竞争管式过滤器设备招标中一举中标，成交额 100 万元。

新技术与科研成果　1991 年获中国石油化工总公司科学技术进步奖的石油化工机械设备项目共 4 项。其中二等奖 2 项，它们是由北京炼油设计院和兰州炼油化工总厂机械厂等单位研制开发的 BDY-9 型冷壁式电液滑阀项目及由洛阳石油化工工程公司和兰州炼油化工总厂机械厂等单位研制开发的冷壁式电液控制滑阀项目；获得三等奖 2 项，它们是由兰州化学工业公司化工机械厂等单位研制开发的 DB65-40-200 磁力传动离心泵项目及由兰州炼油化工总厂机械厂等单位研制开发的BYTC-50/40磁力传动液态烃泵项目。这些科研成果项目，经在生产实践中运行考核证明性能稳定可靠，各项性能指标均已达到国内同类产品的先进技术水平。

1991年在新技术、新工艺、新材料等方面已取得成果的项目有：(1) 兰州化学工业公司机械厂在其设计部门开展CAD即计算机辅助设计应用技术，加速开发压力容器图形软件包，目前已经完成了卧式贮罐图形软件的开发工作。(2) 燕山石化公司机械厂首次应用爆炸焊接工艺焊接OCr12Ni25Mo3Cu3Si2Nb（简称941）与16MnR材质的换热器管扳。941与16MnR爆炸焊接工艺的成功属国内外首创。(3) 巴陵石化公司机械厂自行设计并成功制造了合成氨装置中脱硫部分的引进关键设备——氧化锌脱硫槽，实现了该设备的国产化，并降低造价25%。

新产品 1991年列入中国石油化工总公司石油化工机械设备新产品试制计划共28项。1991年有5项通过总公司（部）级的产品鉴定。其中有燕山石化公司机械厂和上海石化总厂机修厂从意大利艾姆科公司引进制造技术开发出的50m² 脱蜡转鼓真空过滤机，经过20个月的工业运行考核，性能完全达到了国际80年代末先进水平，天津石化公司机械厂的QHX系列汽车火花熄火器，性能达到美国SAEJ350标准规定，为国内先进水平；燕山石化公司机械厂的105m² 新型套管结晶器及U型管式折流杆换热器；兰州炼油化工总厂机械厂开发用于乙烯及化肥装置的转化炉和裂解炉的HK-40VH离心浇铸合金炉管，性能达到国内先进水平，经济效益显著。1991年还有3个项目通过总公司（部）级的技术鉴定，它们是大庆石化总厂机械厂的新型钢塑复合管的研制及应用项目，兰州化学工业公司机械厂的板焊结构热壁加氢反应器研制项目，以及上海石化总厂机修厂的GL1A8.5/38-123-306D和GL2A6.0/1430-237-306D高速泵，技术性能都达到了80年代国外同类产品先进水平，且具有明显的经济效益和社会效益。

另外，大庆石化总厂机械厂成功开发的用于30万吨乙烯装置的维肯泵，经在装置中平稳运行半年实践考核，不但可代替同类进口泵，还是一种很有前途的内啮合齿轮容积泵。由纺织工业部设计院设计、燕山石化公司机械厂制造的GAN型丙烯睛铁路罐车，已通过几个部门组成的专家鉴定验收，可投入批量生产。这种新型的铁路罐车研制成功填补了我国铁路罐车的一项空白。

行业管理 为增强情报意识开展情报研究和交流活动，9月正式成立了“中国石化总公司机械仪表信息情报网”，建立了组织机构，开办情报网刊物《石化机仪通讯》。

1991年中国石油化工总公司机械制造行业又有天津石化公司机械厂、茂名石化公司机械厂及茂名石化公司建安公司等3个制造企业，经国家及省劳动部门复审验收，通过了含三类压力容器制造许可证的换证复审工作。截止到1991年，行业系统中原取含三类压力容器制造许可证的16个制造企业，全部通过了四年一次的换证复审工作。另外，新加入行业的大庆石化总厂机修厂也于1991年通过劳动部和石化总公司的共同复审，也取得了含三类压力容器制造许可证。

质量及质量管理 1991年4月召开了总公司石化机械制造企业系统质保工程师座谈会，交流了企业在质量、品种、效益年中的工作情况，进一步确定了在质量保证体系工作上的方向。

1991年，根据中国石化总公司石油化工机械设备产品的实际情况、参照采用国外先进标准，组织编制了脱蜡转鼓真空过滤机、冷旋压封等6个石化机械设备产品技术标准，经各方专家审定由国家技术监督局批准，中国石化总公司发布执行。

1991年在加快采用国际标准工作中，取得了很大的突破，中国石化总公司机械制造企业系统中的上海石化总厂机修厂、燕山石化公司机械厂、兰州化学工业公司机械厂、巴陵石化公司机械厂、齐鲁石化公司机械厂、辽阳石化公司机械厂等6个制造企业获得了美国机械工程师协会ASME设计和制造资格证书。

1991年辽阳石化公司机械厂生产的金属波形膨胀节，在先后获部级优质产品、国家科技进步奖、国家优秀新产品奖的基础上，又获得英国劳氏“LR”认可证，成为我国首家获得英国“LR”认可产品。

技术改造及技术引进 1991年，中国石油化工总公司机械制造企业有技术改造项目9个，计划投资共1903万元，当年完成8项，计1798万元，未完成的一个项目是由于从国外引进的设备跨年度到货造成的。

1991年，技术改造方向主要集中在提高产品质量、加速技术进步以及增强装备能力及水平上，如兰州炼油化工总厂机械厂的产品科研基地改造的项目已完成并投入试生产，为今后烟气轮机、特殊阀门等产品上等级，开拓国内外市场创造了条件。兰州炼油化工总厂仪表厂FC系列变送器的引进技术及关键设备项目，投产后国产化已见成效。天津石油化工公司机械厂引进防腐换热器技术改造项目，年底已基本建成。巴陵石油化工公司机械厂及兰州化学工业公司机械厂的添置生产主要设备的项目也已完成，配套装备的增强将为企业的经济效益提高发挥更大作用。特别是系统内部6个机械厂为取得美国ASME证进行的技术改造项目的完成，为企业产品采用国际标准生产打下了牢固基础。

销售 1991年中国石油化工总公司机械制造系统国内销售收入48687万元，比上年增长7.5%。1991年，主要产品的国内销售情况是：石油化工专用设备（塔器、换热器、容器等）收入

28015万元，比上年增长2.1%；铁路槽车（包括液化石油气、衬胶、粘油、轻油、酸、碱等用槽车）收入2526万元，比上年增长14.3%；石油化工产品用的包装桶收入1233万元，比上年减少10%；石油化工机械产品收入为3220万元，比上年增长2.5%。其中：工业泵收入272万元，比上年增长201%；炼化用高温蝶阀、滑阀、风动阀、塞阀等专用阀门收入1547万元，比上年增长22%；安全阀收入58.1万元，比上年增长35%；催化三旋单管收入419万元，比上年减少30%；膨胀节收入100万元，比上年减少8%；高频焊接螺旋翅片管收入138万元，比上年减少44%。

中国石油化工总公司机械制造系统，1991年出口创汇75万美元，比上年增长166%。

〔撰稿人：中国石油化工总公司物资装备公司　张健生　审稿人：中国石油化工总公司物资装备公司　王延俊〕

橡胶、塑料机械

〔轻工业部〕

生产发展情况　1991年，轻工系统生产塑料机械的企业共有48个，全年共完成工业总产值65875万元，比上年增长11.35%；产品销售税金3689万元，利润总额3976万元，全员劳动生产率25508元／人·年。产值、利税等指标全面增长。

1991年利润总额较高的企业是：浙江塑料机械厂（772万元）、常州塑料机械厂（411万元）、甘肃省轻工机械厂（361万元）、山东塑料机械厂（358万元）等。亏损企业5个，亏损面为10%左右，企业最大亏损额为127万元。浙江塑料机械厂连续两年利润及利税居全行业之首。

行业管理　1991年，在加强行业管理方面所做的工作主要有：(1) 召开行业工作会议，讨论制定《轻工装备行业开展“质量、品种、效益年”活动实施方案》，并组织落实。(2) 发布《轻机企业开展“工艺突破口”工作实施意见》、《轻工机械企业开展“工艺突破口”工作考评办法（试行）》及《轻工机械企业开展现场管理考核细则（试行）》，并开展了“工艺突破口”试点工作。(3) 组织引进技术装备消化吸收调查，召开消化吸收工作会议，收集消化吸收项目并落实承担单位。(4) 努力扩大塑料机械产品出口。(5) 公布了第一批国家鼓励生产和使用的先进轻工技术装备产品名单，其中塑料机械产品有：浙江塑料机械总厂生产的SZ-0000／ZT塑料注射成型机，柳州塑料机械总厂生产的XS-ZY-68／40注塑机、XS-ZY-500C3注塑机、XS-ZY-250／160W电脑型注塑机，无锡塑料机械厂生产的普通型卧式塑料注射成型机，宁波塑料机械总厂生产的SZ-45／30NB、SZ-63／40NB、SZ-160／80NB、SZ-250／125NB、SZ-630／250NB塑料注射成型机，常熟市塑料机械厂生产的SZDN-63／400多功能塑料注射成型机，上海江湾机械厂生产的SJJ003A塑料拉链注射机，河南省开封民用电器厂生产的C600-K1全自动固相塑料热成型机，嘉兴市轻工机械厂生产的SK-5L塑料中空成型机，北京市塑料机械厂生产的直径45mm中空成型机，中国轻工业机械总公司武汉塑料机械厂生产的SJCZ10-25塑料挤出中空吹塑成型机组、SJ-2.80／18直径80mm平行双螺杆挤出机，湖北省轻工业机械厂生产的SL-50-1300吹塑薄膜机组，河南省驻马店地区塑料设备厂生产的SJ-65F-MF1700F线性低密度聚乙烯吹膜机组，天津市塑料制品机械厂生产的SJ-60／30-110型聚烯烃高效挤管机组，大连塑料工程机械研究所生产的SBGJ-25波纹管生产线，连云港轻工机械厂生产的YZ-65-7渔网丝拉丝组，兰州飞控仪器总厂、山东塑料机械厂等生产的SYZ-4四梭塑料圆织机，湖北省老河口市机电厂生产的CH-1000型超声熔接机，福州永逸轻工机械有限公司生产的SFW300塑料封口机，绍兴市二轻机械厂生产的GZ-700型高速自动装袋机，甘肃省轻工机械厂生产的SYZ-6六棱圆织机，江苏省张家港市橡胶塑料机械厂生产的SFFD-400螺纹密封带生产线，山东塑料机械厂生产的PC-65塑料微地膜机组，湖北省仙桃市轻工机械厂生产的KTS-1830塑料编织机。

质量及质量管理　1991年，抚顺设备厂生产的塑料圆织机、浙江塑料机械厂和海宁塑料机械厂生产的塑料注射成型机被评为国优产品，常州市第二轻工机械厂生产的钻石牌SCP-160塑料破碎机、武进圆织机厂生产的三园牌S-GYZJ-4／750高速四梭圆织机、无锡塑料机械厂生产的WX牌SZ-630／2000普通型塑料注射成型机、宁波塑料机械总厂生产的华冠牌SJ-90／30塑料挤出机和宁波牌SZ-250／125NB普通型塑料注射成型机被评为部优产品。

销售　1991年，轻工系统塑料机械产品销售收入为66711万元，比上年增长27.9%。

〔撰稿人：轻工业部技术装备司　潘　科〕

〔机械电子工业部〕

生产发展情况　1991年，机械电子工业部系统有橡胶、塑料机械生产厂家25个，完成工业总产值52909万元；生产橡胶机械16929吨，生产塑料机械27590吨。

1991年，从事塑料机械技术开发的研究所共6家，大连塑料机械研究所是全国塑料机械行业的技术归口研究所。有3所高等院校设有塑料机械专业。据不完全统计，1991年全国生产塑料机械的企业（包括专业和兼业生产塑料机械的企业）约350家，但具有一定规模的企业（即具有一定的工艺、检测设备、一定的技术开发能力、一定的管理水平）约180家。1991年共生产塑料机械约1.8万台（套），其中注塑机约6000台、挤出机约3000台。当前我国已能生产的最大注塑机为32000克，最小的为2.5克。

新技术与科研成果 1991年，塑料机械在科研和新技术开发方面，主要围绕以下几个方面进行。(1) 各种技术性能参数的进一步提高。如注塑机的注射压力、注射速率、塑化能力、螺杆转速及扭矩、加热功率、温控精度、注射速度；成型面积、启闭模速度、空循环次数等参数的提高与合理化的研究。(2) 精密化。塑料机械的精密化有两种概念，一是制品的精密化，另一是塑料机械本身的精密化。这里所指的主要是后者，即塑料机械本身结构精度的提高的技术与研究。(3) 大型化与微型化。主要是为了适应和满足市场对各种塑料制品的需要。(4) 自动化。塑料机械自动化的内容包括各种工艺参数的控制水平、人机对话的程度，操作安全可靠、微电子技术及微机的应用等。(5) 节能、节材。在机器结构设计上追求轻型化、合理化，为节约金属材料，降低消耗而努力。(6) 专用化。为满足各种用途而开发新品种。1991年，上述各方面的工作，都取得了一定的进展。获部级以上科技进步奖的项目有33项，其中，获国家科技进步二等奖3项，三等奖6项；部科技进步一等奖3项，二等奖6项，三等奖15项。

新产品 1991年，塑料机械行业有50多种新产品通过部、省、市级鉴定，并投入小批量生产。大连橡塑机械厂为进口设备研制生产的关键配件——大型混炼机转子和大型挤出机螺杆，结束了国内不能生产大型转子和大型螺杆的历史，为大型聚丙烯混炼挤压造粒机组的国产化奠定了良好的基础。青岛橡胶塑料机械厂研制的SWP400和SWP800塑料破碎机，填补了国内空白。

行业管理 为了进一步加强行业管理，1991年5月在南京召开了塑料机械行业大会，会议回顾了塑料机械行业"七五"发展情况，总结了塑料机械行业管理工作情况，同时讨论了《塑料机械行业"八五"发展规划》和《1992年塑料机械行业工作计划》，进行了专题报告和经验交流并召开了信息发布会。

质量及质量管理 根据机械电子工业部的统一部署与要求，1991年首次开展了"普通型塑料注射成型机行评工作"，对14个单位进行了抽样检查。检查结果，有9个产品达到优等品，占受检产品的64.3%；3个产品达到一等品，占21.4%；2个产品达到合格品，占14.3%。

1991年塑料机械产品获质量奖127项，其中：国优12项，部优41项，省优48项，市优12项，其它14项。

1991年，在塑料机械标准化技术委员会的组织下，完成了《双螺杆挤出机》等9项标准的制、修订工作。根据机电部有关清理整顿机械工业标准和调整标准体系的要求，认真贯彻"标准化法"及其有关配套法规，组织对"七五"期间制修订的66项塑料机械标准进行了清理整顿工作，编制了塑料机械行业"八五"标准化项目制、修订规划，为促进行业的技术进步奠定了良好基础。

塑料机械科技情报网已发展成为一个跨部门的全国性的行业情报组织，现有网员单位近百家。1991年共出版发行了《塑料机械通讯》、《塑料机械交流资料》、《国外塑料工业期刊文摘》等各种期利、资料共13期（种），共计40余万字。

销售 1991年，机械电子工业部系统橡胶、塑料机械产品销售收入为54138万元。

1991年塑料机械产值和利税都比1990年增长近一倍以上，基本摆脱了困境，开始转入正常发展。但发展也不平衡，有的塑料机械企业还有亏损，在产品质量上尚存在着不少问题，产品品种规格仍满足不了塑料工业发展的需要。

〔撰稿人：机械电子工业部第三装备司 戴仲尧〕

〔化学工业部〕

生产发展情况 1991年化学工业部系统从事橡胶、塑料机械制造的企业有31个，职工约3万余人，完成工业总产值4.8亿元，产量约5.4万吨，其中，橡胶机械产品产量为5万吨。1991年橡胶、塑料机械行业按时完成了生产任务，对承包的22个项目都能及时供货。

从事橡胶、塑料机械制造的骨干、重点企业有7个，职工约1.4万余人，其中，工程技术人员1444人；固定资产原值2.8亿元，净值1.1亿元；工业总产值3亿元，净产值1.1亿元；实现利润为730万元。

新技术与科研成果 1991年，在国务院重大技术装备领导小组召开的国家重大技术装备表彰会上，大连橡胶塑料机械厂研制的大型压延机受到了表扬。

1991年获得化学工业部科技进步奖的项目共有5项，其中，二等奖3项，三等奖2项、湖南益阳橡胶机械厂研制的GR—270N密炼机，化学工业部北京橡胶工业研究设计院、桂林橡胶机械厂、辽宁轮胎厂、银川橡胶厂联合研制的高台式纤维帘布裁断机，化学工业部桂林橡胶工业设计研究院研制的XJD-90212销钉机筒冷喂料橡胶挤出机共3项获二等奖；沈阳橡胶机械厂研制的（直径380～450mm）/直径450mm橡胶挤出压片机等2项获三等奖。

为了推动科研开发，抓了7个骨干、重点橡、塑机械企业的科研力量建设，到目前为止，7个骨干、重点企业都建立了研究设计所，并设立了科研开发基金，推动了新产品开发和产品结构调整的步伐。

新产品 1991年通过化学工业部鉴定的新产品共有5项。其中，有化学工业部北京橡胶工业研究设计院，桂林橡胶机械厂、辽宁轮胎厂研制的高台式纤维帘布裁断机，裁断前帘布最大宽度1500mm，裁断精度±1mm，角度±0.3°，该产品填补了我国斜交胎纤维帘布自动定长裁断机的空白；湖南益阳橡胶机械厂研制的GK～270N密炼机，转子型式为四棱切线型，混炼室总容量250升，填充系数0.75，在胶料比重为1∶2时的生产能力为4.5t／h，该机型是目前世界上先进机型之一，并已出口创汇；广东湛江机械厂研制的冷喂料排气式挤出机，螺杆直径90mm，长径比为1.6∶1，螺杆转速5.5～55r／min，最大生产能力210kg／h，主机功率46kW，该机填补国内空白。

行业管理 1991年，中国化工装备总公司承办了“1991年天津国际橡、塑工业展览会”橡胶机械产品展厅的工作。

1991年又有常州第二轻工机械厂，河南星火机械厂、西安化工通用机械厂、青岛第六橡胶机械厂等18个橡机企业取得了生产制造许可证。到1991年底，橡胶、塑料机械行业共有92个企业取得了不同类型、不同品种的橡胶机械制造许可证。

质量及质量管理 1991年根据国务院关于开展“质量、品种、效益年”活动的决定和化工部的部署，行业内认真开展“质量、品种、效益年”活动，企业的质量意识得到了强化，大连橡胶塑料机械厂研制的XKR-660$^{A}_{B}$橡胶热炼机获国家金质奖；南京橡胶塑料机械厂研制的SHJ-30双螺杆配混挤出机，辽宁盘锦橡胶、塑料机械厂研制的XLG-1.7×4硫化罐，甘肃化工机械厂研制的SHJ-68双螺杆配混挤出机3项产品获部优质产品称号。

1991年化学工业部修订、制订橡胶机械标准8项，其中，国标1项。到1991年底，共修订、制订橡胶机械标准88项。

技术改造及技术引进 1991年橡胶机械企业共完成技术更新改造投资1000万元。其中，专项贷款900万元，企业自筹资金100万元。技术更新改造项目主要是沈阳橡胶机械厂的子午胎成型机，益阳橡胶机械厂的引进密炼机制造技术与零部件国产化等。

1991年，为加强与国外的技术合作，组织橡胶、塑料机械企业就GX-400密炼机等合作生产问题与德国WP公司进行了商谈，并草签了合作协议。

销售 1991年橡胶机械行业国内销售收入4.5亿元，比上年增长7%。

1991年，在开拓橡胶机械国内、外市场上做了大量工作，在控制住橡胶加工行业的国内市场的同时，积极搞好对外宣传和扩大出口，1991年国外销售收入为1760.7万美元。

〔撰稿人：中国化工装备总公司 芮晓红 审稿人：中国化工装备总公司 乔煜国〕

建筑材料机械

〔国家建材局〕

生产发展情况 1991年建筑材料机械行业生产形势好转，尤其是下半年以来，生产全面回升。据对全行业75个专业机械厂的统计，全年完成工业总产值（1990年不变价）121618万元，比1990年增长19.4%，销售收入108742万元，比1990年增长27%。主要类别产品产量和销售收入见下表。

产品名称	产量（吨）	销售收入（万元）
合计	170669	108742
水泥设备	60919	70643
墙体材料设备	9769	19179
玻璃设备	1095	3681
水泥制品设备	3611	6202
其它设备	24081	0
配备件	71194	9037

1991年建材机械行业为国家重点工程提供了12700吨、11247万元的大型专业设备，主要用于吉林双阳水泥厂、北京琉璃河水泥厂、河北启新水泥厂、邯郸水泥厂等国家重点工程项目。在这一年中，陕西耀县水泥厂日产2000吨、山东鲁南水泥厂2号窑、黑龙江桦南水泥厂日产700吨等新型干法生产线顺利点火试产。

1991年，建筑材料机械行业经济效益滑坡的局面，总体上已得到控制，大部分产品靠市场调节的企业，效益开始回升，全行业亏损面从1990年的34%下降到18%，28个骨干和重点企业的亏损面从1990年的32%下降为21%。但是，由于骨干大企业亏损严重，全行业实现利润总额从1990年的3180万元降为-1122万元。在10家骨干企业中，有4家亏损，亏损额达3775万元。骨干企业亏损严重的原因除了各种费用上涨等内、外因素外，另一个重要原因是这些工厂主要承担国家重点工程设备的制造任务。由于工程设备概算资金不足，建设方的主管部门和投资部门采取压低设备价格的办法搞竞争，而企业为了生存不得不压价签订合同，无法执行国家计划价格，从而造成亏损。制订和执行合理的销售价格将是这些企业扭亏的一个重要因素。

1991年国家大力推行的墙体材料改革初见成效，墙体材料机械的生产根据国家"两部两局"（建设部、农业部、建材局、土地局）墙体材料革新与建筑节能领导小组的统一部署，开始朝着细碎、真空等方向发展，以便更好地适应行业技术政策和市场的需要。一年来，在墙体材料机械方面，完成了对进口的年产2000万块KP_1空心砖生产线的消化吸收、安装、调试等一系列工作，自行设计、制造、安装的年产3000万块KP_1空心砖主机设备正进入试生产阶段。玻璃纤维机械的生产已开始向着万吨池窑拉丝工艺技术装备过渡，"八五"期间的攻关项目——年产6000吨池窑拉丝无纺材料生产技术和装备的共35个课题已正式投入实施阶段。其中，直接无捻粗纱拉丝机、大卷装量落纱机、方格布箭杆织机、短切纤维毡机列入一类课题实施。各省市已开始注入资金支持墙体材料改革工作。目前，建材机械产品市场增长很快，许多企业积压的产品已基本售空。以生产中、小型建材机械产品的企业，已经扭转了销售被动和亏损局面；大型骨干企业由于以生产大型设备为主，其生产组织系以销定产，因此，其销售将受到较多因素的制约，困难仍然存在。

新技术与科研成果 1991年建筑材料机械行业一批科研成果通过了技术鉴定，获得了部级科技进步奖。蚌埠玻璃工业设计研究院和蚌埠平板玻璃厂开发的浮法玻璃原片改向输送及小片分片堆垛系统获建材行业部级科技进步二等奖。合肥水泥研究设计院研制的TW-1型窑胴体智能红外温度监测系统、哈尔滨玻璃钢研究所研制的JKC-320型纤维缠绕机、成都建筑材料工业设计研究院开发的永登水泥厂大闸子石灰石矿钢绳芯胶带机运输系统获建材行业部级科技进步三等奖。

1991年通过部级鉴定的科研成果主要有：

(1)冶金工业部钢铁研究总院、北京市海淀区铸钢厂、冀东水泥厂共同研制的大型水泥分解窑用窑口护铁及相匹配的篦冷机耐热钢篦子板，不仅解决了窑口护铁及篦子板的国产化问题，而且比进口材料寿命明显提高，使篦冷机与回转窑的检修时间相匹配，提高了窑的运转率。窑口护铁的新钢种充分利用了我国富有的稀土资源，提高抗氧化性能和高温强韧性。

(2) 中国建筑材料科学研究院研究开发的CP型立筒屏蔽式煤磨高压静电除尘器，由于采用立筒截锥、屏蔽和夹层保温结构，有效地解决了粉尘的二次飞扬和结露问题。该机具有良好防燃防爆性能，对烟气含氧量没有特殊要求。进口风量为$10245m^3/h$，烟气浓度$7805mg/Nm^3$时除尘效率达99.55%，出口排放烟尘浓度为$30.7mg/Nm^3$，远低于国家允许的排放标准。

(3) 中国新型建筑材料工业杭州设计研究院和上海工业大学研制的控制锡槽内锡液流动装备，可用来稳定浮法玻璃成型工艺过程，以改善玻璃的成型状况和提高玻璃质量。该装备包括直线电机、保护壳体、电控系统和机械装置，专用直线电机解决了低导磁体的电磁感应理论计算问题、特殊条件的绝缘问题和水内冷的实施技术以及保护系统的材质问题。该装备对稳定玻璃带、减少横向误差、改善玻璃平整度和厚薄差都有良好效果，有效地提高玻璃的质量和成品率。

(4) 秦皇岛玻璃研究院开发的具有对被测物料进行密度补偿功能的新一代中子测水仪，能够在线连续测量玻璃原料粉状物料中的水分含量。具有测量速度快、与物料不接触、抗震动及抗电磁干扰好，在粉尘大的恶劣环境中仍能稳定运行，测量精度高等优点。特别是密度补偿后对低水份含量物料的测量也能很好地满足精度要求。测量范围：水份含量0～10%（重量百分比）；测量精度：硅砂（砂岩粉）±0.2%，纯碱±0.5%。功耗40W。

(5) 蚌埠玻璃工业设计研究院开发的用燃料烘烤锡槽技术及设备，通过用辐射管表面的辐射热量配合电加热对锡槽槽体进行辅助烘烤，专门设计了采用以柴油为燃料，在辐射管内狭长空间进行燃烧的专用喷枪和配套的调节系统。其燃烧稳定，热均匀性好，燃油量可调范围大，解决了沿辐射管长度温度分布不均匀的难题，满足了在降低锡槽常备装机容量的情况下锡槽烘烤的升温要求。该技术和装备适用于各种生产规模的浮法玻璃锡槽，具有广泛的推广应用价值。该院研究开发的锡槽微机控制系统将集散型微机控制技术用于浮法玻璃锡槽，并开发了控制系统应用软件。该院还开发了锡槽用保护气体终端净化技术及装置，该装置利用催化剂净化氮氢保护气体，并已开发出直径600、900、1200mm等3种规格系列产品。这种装置在常温下进行氮氢气体净化处理，阻力小，催化剂不需再生，使用可靠、维护方便。净化效果残余含氧量从1.6～42ppm降到0.1～0.3ppm。脱氧技术指标达到国际浮法玻璃生产中同类装置80年代水平。

(6) 中国建筑材料科学研究院研制的TXD90-1型多元素分析仪，可分析Al、Si、Ca、Fe等多种元素，适合于进行生料率值配料自动控制。它吸收了25μ薄铍窗高分辨率封闭式正比计数管等国内外先进的科技成果，益在研制探头和能谱分析技术等方面有所创新。该仪器为国内首创，达到了80年代末国际同类产品先进水平。分析精度：$S_{CaO} \leqslant 0.10$、$S_{Fe_2O_3} \leqslant 0.02$、$S_{SiO_2} \leqslant 0.16$、$S_{Al_2O_3} \leqslant 0.06$。该院还研制了SGT-Ⅱ型透射比测定仪、SGR-Ⅱ型耐辐照试验机，SGH-Ⅱ型冲击式试验机、SGL-Ⅰ型反射比测定仪等4种汽车安全玻璃测试仪器，完全符合国际标准ISO3537、3538和3539的规定。

(7) 海安建材设备厂自行研制的ZB型液压传动转摆塔式机械立窑，高效、节能、技术先进，与国内同类产品相比，电机功率减少5.5kW，重量减轻12吨，熟料产量和质量均得到提高，塔式结构卸料均匀，密封性好，减少窑内风量损失，技术上居国内领先水平。

(8) 合肥水泥研究设计院与平顶山电收尘器厂按引进美国富乐公司技术研制的气箱脉冲袋式除尘器，可用于处理含尘浓度达 1000g／Nm^3 的烟气，出口排放在 35mg／Nm^3 以下，技术性能先进，具有 80 年代国际水平。

(9) 在墙体材料设备研制方面，为配合国家“八五”墙体材料改革，南京建材机械厂研制出 JZK50／45—20 型双级真空挤砖机，生产能力为 7000 块／小时，适合砖瓦企业改产空心砖和利用劣质原料制砖的需要。

(10) 北京砖瓦机械厂与北京重型机器厂共同研制的双金属离心复合铸造耐磨辊圈是采用高铬铸铁与球墨铸铁离心复合浇铸法制成，每生产 1000 万块砖坯，辊圈磨损 1.1mm，其材质的选用和工艺流程的选择达到了国际 80 年代水平，填补了国内空白。

新产品 1991 年通过部级鉴定的新产品有:

(1) 常州建材机械厂采用引进德国 Scholz 公司蒸压釜的设计制造技术研制的 $\phi 2.85\times 26m$ 上开门蒸压釜，选材正确，安全性好，操作方便，属国内先进水平，4 台样机已打入国际市场。

(2) 南京水泥设计研究院设计、中国建材建设总公司上饶机械厂制造的 SDBF630 熟料板链斗式输送机，与国内同类产品相比，使用功率降低 50%，重量减轻 17 吨，倾斜角可达 45°，倾斜提升高度达 20m，每台可节约设备制造及安装费用约 16 万元。

质量及质量管理 1991 年国家建材局建材机械产品质量监督检测中心正式成立，并对秦皇岛建材机械厂和南京建材机械厂生产的真空挤砖机、沈阳水泥机械厂生产的富勒式篦冷机和直径 2.85m 蒸压釜、唐山水泥机械厂生产的直径 2.2m×6.5m 球磨机和高铬铸球等 7 个企业的 9 种产品进行了抽样检查，各项指标均达到标准，全部合格。

1991 年，国家建材局先后共批准、颁布 18 项建材机械国家行业标准，即《建材机械用高锰钢铸件技术条件》、《建材机械用碳钢和低合金钢铸件技术条件》、《建材机械用铸钢件缺陷处理规定》、《建材机械用铸钢件交货技术条件》、《水泥工业用旋风式分离器》、《水泥工业用通过式分离器》、《水泥工业用增湿塔》、《水泥机械涂漆防锈技术条件》、《水泥机械包装技术条件》、《水泥工业用回转窑》、《水泥工业用推动篦式冷却机》、《水泥工业用立轴锤式破碎机》、《真空挤砖机型式与基本参数》、《真空挤砖机技术条件》、《双轴搅拌机》、《箱式给料机》、《辊式细碎机型式与基本参数》和《辊式细碎机技术条件》。

技术改造及技术引进 1991 年建筑材料机械行业固定资产投资共完成 8870 万元，其中用于技术改造方面的投资为 5492 万元。在日产 2000 吨水泥熟料装备一条龙引进技术项目中，又有袋式收尘器、包装机和辊压机等共 3 项已通过外国专家的验收认证。至此，在水泥装备方面，建筑材料机械行业共引进的 17 项设计制造技术，已基本投入批量生产。由于“七五”期间国家对建材装备方面的投资主要用在软件技术的引进上，而对承办引进技术项目的制造企业缺乏配套改造。为此，特向国家生产办公室申请日产 2000 吨级引进技术项目的承办企业进行配套收尾改造，先后通过了项目建议书的审批和可行性研究报告的专家论证工作，当年国务院生产办公室即下达了 2000 万元的专项贷款。主要用于对朝阳重型机器厂、沈阳水泥机械厂、唐山水泥机械厂、邯郸建材机械厂、山东建材机械厂等进行配套改造，以便进一步完善制造企业的生产工艺手段，达到提高水泥装备产品质量的目的。为促进我国水泥工业的进一步发展，日产 4000 吨级水泥熟料新型干法装备项目也已列入“八五”计划中。

为了配合对小水泥厂的改造和引导机械厂进行专业化生产，1991 年安排了徐州建材机械厂、南昌建材轴瓦厂和襄樊重型机器厂 3 项技术改造项目，共完成技术改造投资 500 万元，其中国家专项贷款 390 万元。

在技术引进方面，“七五”期间建筑卫生陶瓷机械所引进了陶瓷墙地砖生产线的 21 项装备的设计、制造技术，其产品中除 800 吨全自动液压压砖机外，其他均已通过验收。在房建材料机械方面，原引进的蒸压釜设计制造技术所生产的样机通过鉴定。

〔撰稿人：国家建材局中国建材技术装备总公司 黄成通〕

建筑工程机械

〔机械电子工业部〕

生产发展情况 1991 年，建筑工程机械行业生产形势经历了近两年的基本平稳和轻度衰退之后，进入新的发展高潮。1991 年，机械电子工业部系统的 140 家主要建筑工程机械生产企业，努力发展生产，较好地满足了国内外市场的需求。140 家企业年末全部职工人数 171026 人，年末固定资产原值 337182 万元，全年完成工业生产总值 469519 万元，全年实现利税总额 35681 万元，其中利润总额 15898 万元。主要产品工程起重机、装载机、推土机、单斗挖掘机、叉车和凿岩机械、气动工具的产量均比上年有所增长。从下半年开始，出现主要产品供不应求的现象，多年来不景气的凿岩机械、气动工具市场出现了前所未有的好形势，企业经济效益明显增长，部分企业扭亏增盈。

新技术与科研成果 1991年，建筑工程机械行业企业开发研制了大批新产品，开展了多项应用技术研究项目。徐州工程机械集团公司研制成功国内第一台32吨全路面汽车起重机，宣化采掘机械厂研制成功WYS-60型液压挖掘碎石机，长江起重机厂研制成功QY-40A型液压汽车起重机，浦沅工程机械总厂研制成功QY-50型液压汽车起重机，黄河工程机械总厂研制成功200马力湿地推土机，山东推土机总厂研制成功70马力推扒机。以"叉车引进技术消化吸收"项目为代表的一批科研成果获得验收。同时，一批以"八五"国家科技攻关项目"滑模式水泥混凝土摊铺机研制"为代表的新产品和科研课题分别列入国家和部的科技发展计划。

行业管理 1991年，中国工程机械集团公司的组建工作经过一年多的艰苦努力，在组织结构、内部运行机制、外部环境关系的研究和确立方面，取得了良好的进展。已经建立起来的各地区性集团和公司，经过又一年的实践和市场考验，取得了更多的经验，经营机制不断完善，有些公司的生产和销售增长很快。如，徐州工程机械集团公司1991年的工业总产值达到5.35亿元，比上年增长35%；产品销售收入达到5.44亿元，比上年增长44.8%；实现利润2290万元，比上年增长40.8%。这个集团公司的迅速发展，表明了优化产业结构，发挥群体优势，是建筑工程机械行业发展的必由之路。

1991年，经国家民政局批准，中国工程机械工业协会成立。

质理及质量管理 1991年，建筑工程机械行业在狠抓主机质量的同时，注意抓配套件产品的质量。全行业继续贯彻"工艺突破口"的工作方针，又有一批企业达到验收标准，使产品质量的提高有了可靠的保证。国家工程机械产品质量监督检测中心按计划对QY16型汽车起重机进行了行业检测，有5家企业生产的5个产品参检。结果表明，国产汽车起重机产品的技术水平、性能和质量，在过去的几年中有了很大的提高。有4个产品获得国优银质奖。

1991年，中国工程机械工业协会的各个专业分会都在质量管理工作中发挥了积极的作用。由工程起重机专业分会组织的工程起重机用配套件质量调查工作，在大量用户调查数据的基础上，指明了现存问题，提出了治理的措施，对产品质量的提高起到一定的推动作用。

技术改造及技术引进 全行业"八五"技术改造规划总体方案确定工作基本结束。重点技术改造企业的方向明确、方案具体，先后进入立项、可行性论证、批复和实施阶段。机电部系统1991年共有5个技术改造项目开工，年度计划总投资2020万元；年度基本建设项目5项，总投资4916万元。

1991年技术引进工作的重点仍然是消化吸收和创新。"六五"和"七五"期间的引进项目，大部分已完成对原有机型和技术的消化吸收。一部分企业开发出了国产化新机型，如"叉车引进技术消化吸收"项目完成后，设计出了国产化新系列叉车，以满足国内外市场的需求，跟踪世界新技术的发展。另一部分企业继续或扩大与国外同行的技术合作，引进新技术、新产品，跟上发展的步伐。

1991年本行业签定1项技术引进合同。镇江路面机械总厂以许可证贸易方式引进澳大利亚阿伦公司的沥青混凝土搅拌楼制造技术。1991年还有几家企业以合资经营的方式从国外引进了资金和技术。合肥叉车总厂与日本新兴铸物、西日本贸易合资兴办了安东铸造有限公司，湖北京山机械厂、湖北省机械进出口公司与香港和贸洋行合资兴办了湖北金贸仓储器材有限公司。

在1991年12月召开的全国企业技术进步工作会议上，联合引进美国卡特匹勒公司装载机和推土机制造技术项目被列入"八五"国家重点引进技术消化吸收项目，并将在1992年，开始立项、论证并实施。这一项目完成后，将使我国自行生产装载机、推土机以及相应配套件的能力和水平得到很大的提高。

销售 1991年，机械电子工业部系统的140家建筑工程机械企业全年产品销售收入482165万元，比上年增长44%；产品销售税金19421万元，产品销售利润21348万元。1991年全国建筑工程机械产品出口贸易总额1.2亿美元。徐州工程机械集团公司和宣化工程机械厂两个企业的出口额均超过1000万美元。1991年全国进口建筑工程机械产品的贸易总额为2亿美元。

〔撰稿人：机械电子工业部工程农机司　王　莉
审稿人：机械电子工业部工程农机司　闫笃忠〕

〔建设部〕

生产发展情况 1991年，建设部归口的建筑工程机械生产企业共有165家；拥有职工15.85万人，其中工程技术人员1.28万人；拥有固定资产（原值）28.2亿元。主要产品产量33万吨，完成工业总产值42.63亿元，实现净产值12.39亿元，比上年分别增长50.7%、62.1%、51.1%。

1991年，建筑工程机械行业治理整顿工作基本结束，生产形势走出低谷，出现了产销两旺、稳定发展的好势头。与上年相比，实现利润率增长226.8%，实交利税增长16%，销售收入利润率增长72%，资金利税率增长64%，逐步摆脱了经济效益滑坡的局面。挖掘机、铲运机、翻斗机、振动压路机、夯土机、振动桩锤、步履桩架、中小型塔式起重机、各种砼机械、各种建筑装修机械等建筑施工中比较常用的量大面广的建筑工程机械生产和销售都得到了稳步的发展。产销形势好转是由于国家实施"八五"计划，能源、交通、原材料等国家重点建设工程陆续上马，农田水利建设与防洪需要，为实现小康城乡住宅建设投资的逐步扩大，建筑工程机械需要量增加所致。从1991年开始，建筑工程机械已开始进入生产稳定发展的新阶段，并步入生产与效益同步增长的良性循环轨道。建筑工程机械行业大中型骨干企业产销形势也是好的。如，四川建筑机械厂消化吸收引进的塔式起重机技术，提高产品质量，向东南亚国家和港澳台地区出口75台大型塔机，实现销售收入5600万元，创汇1000多万美元。该厂1991年还通过了国家二级企业考核。合肥矿山机器厂坚持追求"一流技术、一流管理、一流产品、一流服务"的企业目标，加强全面质量管理，加速技术改造和深化企业改革，1991年荣获国家级技术进步奖。该厂挖掘机产品产销两旺，销售总额达到1亿元，达历史最好水平并获得较好的经济效益。长江挖掘机厂以科技立厂为宗旨，实行"三三"制，即每年设计储备3个新产品，试制鉴定3个新产品，巩固生产3个新产品。该厂的R982型液压挖掘机是全国最大的液压挖掘机，已出口到南朝鲜。新产品WDY452和WLY202型挖掘机也投放市场。全员劳动生产率达22000元／人·年，实现利税总额连续五年超1000万元。上海工程机械厂是我国生产桩工机械的主要厂家，"七五"期间引进了国外先进产品技术并完成了二期技术改造工程，产品技术水平和企业生产能力有很大提高。该厂与建设部北京建筑机械研究所和哈尔滨第一机器厂联合研制的大型DJU72A-H型全液压履带底盘打桩机架通过了部级鉴定，达到了国外80年代水平，填补了国内空白。该厂产销形势好，1991年还出口创汇310万美元，比上年增长294%。

新技术与科研成果　1991年完成的主要科研项目有：(1) 由北京建筑工程机械厂开发的塔式起重机组合产品CAD系统，达到了国际先进水平，通过了部级鉴定，填补了国内空白。(2) 长江挖掘机厂负责开发的"大中型液压挖掘机引进技术消化吸收"科研课题，通过了省级技术鉴定。这一成果使液压挖掘机的设计理论、设计手段、设计水平有了较大提高，应用这一成果，使工厂开发的新产品技术性能达到了80年代国际先进水平。(3) 国家"八五"重大科技攻关项目——公路用联合碎石成套设备，已由陕西金属结构厂等研制单位完成产品调研和可行性论证，进入总体设计阶段。

建设部长沙建筑与城建机械产品质量监督检测中心已基本建成，通过了国家级资格审查认可和计量认证的初审。

新产品　1991年共完成新产品鉴定40项，其中比较重大的新产品25项。主要新产品有：(1) DJU72A-H型全液压履带三支点式打桩机(架)，由上海工程机械厂、哈尔滨第一机器制造厂，建设部北京建筑机械综合研究所研制。发动机功率160hp，最大工作状态质量95吨，配用最大柴油桩锤D72，长螺旋钻机ZKL800，允许最大桩重10吨，最大桩长27m。该机于1991年通过了建设部鉴定，技术水平达到了国际80年代初水平，填补了国内空白，现已小批投产，在冶金、能源等国家重点建设工程施工中产生了显著的经济效益。(2) 由长江挖掘机厂引进并消化国外技术生产的R982全液压挖掘机，具有国外80年代先进水平，是我国目前最大的全液压挖掘机。发动机功率450hp，标准斗容4m^3，机重90t，最大挖掘力45t，已出口到南朝鲜。(3) 湖北建筑机械厂研制的HJ5060GK216高空作业车，1991年通过建设部部级鉴定。该车臂架长度16m，三节臂架运输状态尺寸小，电液比例调速，微动性能好，安全装置齐全。(4) 山东海洋方园建筑机械厂、建设部长沙建筑机械研究所研制的JZ C750型砼搅拌机料容量750L。该机结构紧凑、搅拌砼质量好，供水精度稳定，填补了国内空白。(5) 陕西金属结构厂研制的FJ30A型铰接车架翻斗车，载重3t，行驶速度30km／h，最小转弯半径4m，是我国目前载重量最大的翻斗车。

行业管理　1991年，编制、讨论并通过了建筑工程机械"八五"计划和十年发展规划；安排了"八五"技术引进项目和实施计划；召开全国建设工作会议，对建设机械行业的发展进行了部署；安排部署了建筑工程机械行业"质量、品种、效益年"活动；组织了春、秋季共两次定货会和一次产需衔接座谈会；安排了建设机械主要机种经济生产规模调研。

1991年，进行了建筑卷扬机生产许可证复审工作，给89个建筑卷扬机生产厂家发放了生产许可证。第二批共21家砼搅拌机生产厂家与第二批、第三批共42家塔式起重机生产厂家也获得了生产许可证。还有110家电梯生产厂家、71家电梯安装企业获得了电梯生产和电梯安装生产许可证。

到1991年底已有10家生产企业通过了国家二级企业验收。建筑工程机械行业现有出口基地企业3个，扩大机电产品出口企业8个，中外合资生产企业5个。1991年这些企业出口创汇又有较大增长，比上年增长35%。

质量及质量管理　1991年6月建设部在成都召开了建筑工程机械质量工作会议，总结了质量管理工作情况，交流了经验，提出了今后加强产品质量工作的方向任务。会上还颁发了建设部质量管理奖、优质产品奖。4月份在西安举办了第一期建设部建筑工程机械产品质量管理验收、质量管理奖评审细则学习培训班。8月份与国家技术监督局联合在丹东市召开了全国电梯产品质量分析会，研究急待解决的电梯质量问题。中国质量管理协会建筑工程机械设备用户委员会召开会议，布置了1991年至1992年工作计划。

1991年行业质量工作取得了显著成绩。成品抽查合格率由上年的88.3%提高到91.09%，一等品率由63.11%提高到66.16%，优质品率由18.87%提高到21.24%，成品装配一次合格率由80.63%提高到95.52%，成品质量稳定提高率由55.98%提高到57.89%。国家质量监督抽查合格率也有显著提高。如抽查21家企业的施工升降机21种产品，产品合格率为90.74%，比上年提高18.97个百分点。

1991年，建筑工程机械行业的产品有9项获国家优质产品奖，创历年最好成绩，其中3个金质奖，6个银质奖。有6家企业获建设部质量管理奖，9家企业通过部级全面质量管理验收，34种产品获建设部优质产品。合肥矿山机器厂生产的WY60型挖掘机通过了国优产品金质奖复查，WY80型挖掘机获金质奖。北京建筑机械厂采用引进技术生产的RH16液压挖掘机也荣获国家优质产品金质奖。

1991年建设部调整了标准管理单位，以标准工作为龙头，促进产品质量的稳步提高。全年共完成标准修制订项目41项，其中国家标准17项，行业标准22项，局批企业标准2项。

技术改造及技术引进 从"六五"以来，建筑工程机械行业共计安排技术改造项目61个，总投资51800万元，其中利用国家专项贷款14100万元。计划改造费在2000万元以上的有长江挖掘机厂、郑州工程机械厂等一批企业。上海建筑机械厂、合肥矿山机器厂、贵阳矿山机器厂、北京建筑机械厂、徐州工程机械厂、上海工程机械厂及北京、上海、天津电梯厂等一批企业也进行了重点改造。建筑工程机械行业的专项技术改造工作，坚持以消化吸收引进技术为重点，以提高经济效益为中心，以提高产品质量为宗旨，提高了企业的生产能力，增强了发展后劲，行业整体实力和面貌发生了显著的变化，推动了行业的技术进步和产品质量的稳步提高。

1991年计划安排技术改造投资1625万元，实际完成1625万元。建筑工程机械行业通过许可证贸易、技贸结合、合作生产、补偿贸易、合资经营等方式有计划的引进了29项83种型号产品的制造技术和适用技术，国产化水平逐年提高。除个别项目外，绝大多数引进项目的国产化率已达到90%以上。通过对引进技术的消化吸收和国产化，提高了自我开发、研制能力。几年来，组织国内技术力量开发研制了300个型号的新产品，使我国建筑工程机械产品的主要机种在结构和性能上都达到了国际80年代初的先进水平。

销售 1991年建筑工程机械产品由滞销转为畅销，销售总收入为430132万元，比上年增长87%。主要类别产品销售收入见表1。

1991年对外销售收入也大幅度增长。建设部建筑工程机械定点生产企业其出口产品创收约51534万元人民币，创汇9238.9万美元，比1990年增长27.5%。目前，出口生产企业有72家，产品出口到50个国家和地区。出口总额中，合资企业占31.2%，出口重点企业占40.4%。一般企业占28.4%。按主要产品分，塔式起重机、电梯占创汇总额的61.1%，是出口的主导产品；压路机出口持续增长，比上年增长65%；挖掘机出口比上年增长53%；桩工机械出口增长最快，达294%。主要建筑工程机械产品出口创汇情况见表2。

表1 主要类别产品销售收入情况

产品类别	销售收入(万元)
挖掘机械	50887
铲土运输机械	14926
超重机械	27727
压实机械	14436
桩工机械	2700
砼机械	31743
钢筋预应力机械	802
装修机械	628
电梯扶梯	14190

1991年建筑工程机械行业出口创汇200万美元至2000万美元十大生产企业是：中国迅达电梯有限公司、四川建筑机械厂、北京建筑工程机械厂、上海三菱电梯有限公司、徐州工程机械厂、沈阳建筑机械厂、哈尔滨工程机械厂、广州电梯工业公司、上海工程机械厂、北京建筑机械厂。

表2 建筑工程机械产品出口创汇情况

产品名称	创汇额(万美元)	占全行业出口总额 %
塔式起重机	2442.5	26.4
压路机	869.8	9.4
挖掘机	279	3.0
电梯	3201.8	34.7
砼机械、桩工机械、铲土运输机械等	1644.9	17.8
建筑金属结构设备	616	6.7
城建工程机械	184.9	2.0
合计	9238.9	100.0

〔撰稿人：建设部北京建筑机械综合研究所 张宝义 审稿人：建设部综合计划财务司 李映祥〕

〔交通部〕

生产发展情况 1991年，交通部生产路面机械的工厂37家，职工18143人，生产路面施工机械3981台、公路养护机械9496台、公路桥梁机械1224台，公路路政管理设备567台、公路工程检测仪器2111台，完成工业总产值35660万元(当年价)。生产的主要特点是：

(1) 继续加强企业管理，调整机构，增加工程技术人员，充实生产第一线，调动职工积极性，在新产品开发、提高产品质量和产品结构调整等方面均取得显著成绩。职工人数比1990年减少4.3%，工人和技术人员分别增加1.1%和2.95%，企业管理人员稍有下降。

(2) 主要经济指标完成较好，产品销售收入、销售税金、利润总额、已交利税分别比上年增长 8.1%、18%、1.1%、1.5%。亏损企业 6 家，亏损金额 165 万元，均比上年减少。

(3) 由于公路建设等级的提高，促进企业进行产品结构调整和开发新产品。修筑高等级公路的施工机械已逐步成为企业的主导产品，逐渐向大型化过渡，开始形成系列生产，并逐步淘汰了原主导产品牵引车、小型碎石机、翻斗车等养护机械。

(4) 由于企业进行了产品的结构调整，加快了企业的技术改造速度。1991 年企业投资 3190 万元，其中技术改造投资 2050 万元，比上年增加 69.5%。

(5) 产品竞争激烈。近几年非交通系统的工厂纷纷转向生产路面机械，形成市场产品激烈竞争局面。目前交通系统的工厂在产品品种、产量、质量、可靠性和市场占有率等方面仍占绝对优势。由于有长期使用和生产的经验，在开发新产品和产品的适用性、可靠性方面仍有明显优势。由于各行业参与生产路面机械，促进了我国公路施工与养护机械的生产发展。

新技术与科研成果 1991 年“七五”期间研制开发的一批修筑高等级公路用的施工机械、公路养护机械、公路桥梁机械，如稳定土拌和、沥青砼搅拌、沥青砼摊铺、水泥砼摊铺、沥青运输洒布、沥青稀浆封层、路面清扫、预应力张拉成套设备等产品先后通过验收鉴定，为高等级公路施工、养护提供了急需的机械设备。同时，在公路、桥梁检测仪器设备方面开发了十多项关键仪器设备，填补了国内空白，使公路工程检测仪器产品初具规模，在主要检测仪器方面开始有了国产的仪器设备。“七五”期间研制开发并通过验收鉴定的仪器有：JG−90 型自动弯沉仪、CD 型车载式颠簸累积仪、DBY−1 型标准式颠簸累积仪、HSP 型快速路形测定仪、MT5012 型静态式与 MT5022 型动态式核子密实度含水量测定仪、GBY−1 型钢筋保护层测定仪、GXY−1 型钢筋锈蚀测量仪、HJY−1 型结构砼绝对应力检测装置等，地方交通系统开发研制的仪器有：SC−Ⅲ交直流两用石灰剂量测试仪、ZTJ−150A 土壤自动击实仪、MSY−100 密实度比较仪、PT−Ⅱ型机械连续式路面平整度检测仪等，使我国高等级公路施工与检测手段上了一个等级，使急需的仪器设备立足于国内生产。

西安公路学院在稳定土转子参数优化试验研究和振荡压路机机理研究等基础理论研究方面取得很大成果。在理论研究成果基础上，指导产品开发取得成效，使我国的稳定土拌和机和振荡压路机迅速达到国外先进水平。稳定土转子参数优化试验研究被交通部评为 1991 年科技进步三等奖。

1991 年，交通部着手制订“八五”国家重点科技项目（攻关）等计划，将进一步解决高等级公路施工与养护机械，使其形成系列生产和配套成龙。新开发的项目，国家有关部门委托交通部安排组织研制。

新产品 “七五”期间，筑养路机械新产品研制开发取得较多成果。1990 年 35 个新产品通过技术鉴定，1991 年又有 42 个新产品通过技术鉴定，产品正在向系列化和开拓新机型方面深入发展。但也存在着问题：

(1) 产品重复开发，其中比较突出的有稳定土拌和机、沥青稀浆封层机、振荡压路机、路面铣削机等。目前，生产大型稳定土拌和机的厂家已有 8 家，产品性能大体类同，就国内需求看，生产能力将有过剩。近年来，生产沥青稀浆封层机的厂家迅速增加，重复开发的情况继续在发展。振荡压路机是近年来研制成的好机型，目前也处于遍地开花的状态。1000 和 500mm 的路面铣削机的发展也比较混乱。

(2) 产品仍在低水平上重复生产，这些产品主要是一些公路养护机械，如小型沥青砼搅拌机、路面标线划线机、小型水泥路面铺筑机、桥梁支座、路面铣削机等。

质量及质量管理 交通部在提高产品质量和质量管理方面一直予以重视，特别是在制订产品标准、完善产品质量的检测手段、评选优质产品、实行生产许可证等基础建设方面给予了支持并给予大量投资。目前，筑养路机械行业的主要产品已有了相应的行业标准和完善的测试手段。为提高产品质量提供了保证条件。

交通部筑路机械测试中心 1983 年在西安正式成立，“七五”期间该中心除完善室内测试基地外，并在西安北郊建设了占地 185 亩的试验场，其中包括水泥砼直线跑道、圆形转向试验场及有关 6 个试验室。“八五”期间，将进一步投资完善试验场的建设，包括各种路试的试验场及有关分析、测试等试验室。建成后筑路机械测试中心具备了可以按照国际标准的要求对筑路机械进行全面系统的试验与测试的条件。

1991 年，交通部在北京通县开始建设占地 3600 亩的公路交通工程综合试验场，作为公路交通科学研究的试验基地。该试验场的建成，将为筑路机械提供第二个试验和测试的基地。

技术改造及技术引进 1991 年，交通系统工厂的固定资产投资为 3190 万元，比上年增加 70.5%，其中用于技术更新改造项目的占 64.2%，是近几年来投资最多的一年。并取得较好的效果，一批用于高等级公路施工的机械已形成了批量生产能力，产品的结构调整正稳步地取得进展。

国内筑养路机械的发展，要求行业采取先进的管理技术以改变目前的面貌。四川省公路机械厂首先从国外引进人材，聘请加拿大企业管理专家罗伯特先生担任该厂厂长顾问，在短时期内，使工厂生产秩序和物资管理方面得到了明显改善，受到各方面的赞扬。罗伯特先生现已被聘任该厂副厂长职务。

销售 1991 年，筑养路机械产品销售情况良好，除在 1990 年稍受市场疲软影响外，1991 年一季度即开始恢复并很快上升，且一直保持上升。全年产品销售收入 35750 万元，比上年增长 8.1%。产品销售情况是：用于修筑高等级公路的 60 吨／时以上大型沥青砼搅拌设备、铺宽 6～8 米沥青砼摊铺机、300 马力以上大型稳定土拌和机和 200 吨／时以上稳定土厂拌设备、工程洒水车、沥青洒布车等产品畅销；用于高等级公路养护的公路吸扫车、多功能养护车等受用户欢迎；用于一般公路修筑的小型沥青砼搅拌机、沥青砼摊铺机、水泥路面铺筑机械销售稳定；用于一般公路养护的小型翻斗车、牵引车、小型碎石机等销售继续下降；公路桥梁机械和用于公路工程质量检测的仪器设备销路较好，一般材料检测仪器等销量继续下降；其他产品大体保持上年水平。

1991 年，西安筑路机械厂生产的 LB30 型沥青砼搅拌设备、LT6B 沥青砼摊铺机和 WB210 全液压稳定土拌和机各 2 台出口到孟加拉、新加坡，创汇 30 万美元。郴州筑路机械厂生产的 LS4500Y 沥青洒布车 5 辆和 DHHB25、DHNB40 沥青砼搅拌设备 2 套出口印尼、南朝鲜和新加坡，创汇 25 万美元。四川省公路机械厂生产的 ZL401 多功能工程机 40 台和散件销往澳大利亚、孟加拉国和返销德国，创汇近 100 万美元。

〔撰稿人：交通部工程管理司　黄家德　审稿人：交通部工程管理司　钟良筠〕

〔能源部电力机械局〕

生产发展情况　1991 年能源部生产建筑工程机械的企业有 6 家，职工 7581 人，完成工业总产值 17041 万元，全员劳动生产率 22478 元／人·年。

吉林水工机械厂根据市场需要，适时调整了产品结构，从过去生产单一品种重型塔式起重机，发展为生产 17 种机型的系列产品，并扩大了主机的备品配件供应。夹江水工机械厂在调整产品结构的同时，对 30 立方米混凝土泵进行了改型，提高了质量，降低了成本。郑州水工机械厂努力开发新产品，重点改善和提高了混凝土搅拌楼的控制系统，提高了自动化程度，引进和消化吸收国外先进混凝土搅拌楼生产技术，取得了较好经济效益。陕西水利机械厂生产的拖式振动压路机产、销量连续三年保持递增势头，1991 年生产 71 台，比上年增长 36.5%；产品产值占全厂总产值的比重由 1990 年的 68%，上升为 1991 年的 82.4%；全厂销售额达 1282 万元，比上年增长 34%。上海电力机械厂的电动卷扬机生产稳步增长。1991 年该产品打入国际市场。

新技术与科研成果　陕西水利机械厂生产的 YZ T10L 型拖式振动压路机获得全国第六届发明展览会银牌奖。

新产品　1991 年，这 6 家企业新产品开发速度较快。郑州水工机械厂完成 6 项，其中该厂自行设计的 HZ20－1Q500 型混凝土搅拌机及微机控制系统，已研制成功并出口马来西亚；该厂 HL115－3F1500 型混凝土搅拌楼微机控制系统工业运行正常。吉林水工机械厂生产的 LQ6342 型龙门起重机是国内首次试制成功的产品，具有起升高度高、起重吨位大、大跨度等特点；该厂 DBQ－4000 型塔式起重机是国内生产的最大塔式起重机，最大起重力矩为 4000 吨·米，并设有副起升装置。具有轻载快速性能，装有微机型力矩保护器，应用了液力偶合器，涡流制动器技术。夹江水工机械厂研制成功高压拖式 50 立方米混凝土泵。陕西水利机械厂生产的 YZT10L 型斜平两用振动压路机已通过部级鉴定，上海水工机械厂也有 3 项新产品通过部级鉴定。

行业管理　郑州水工机械厂被批准为河南省的扩大外贸自主权企业。陕西水利机械厂生产的 YZ T12（k），YZT18（k）及 YS08 型振动式压路机获建设部生产许可证。

质量及质量管理　1991 年郑州水工机械厂通过国家二级企业的复查和部质量管理奖复查；$L_2\times$1000 型自动化混凝土搅拌楼通过国家银质奖复查；还有 5 项产品通过了采用国际标准验收。吉林水工机械厂在获得国家质量管理奖的基础上，宣贯 GB／T10300 国家标准，使质量保证体系进一步完善和健全。3 种主导产品均采用国际标准。上海水工机械厂 QG400·24S 沙石料混匀取料机获能源部优质产品奖，SS9360 挂车获上海市优质产品奖。

技术改造及技术引进　郑州水工机械厂引进德国罗德华（RONTGENWERK）材料检测公司制造的 402 型工业用 X 射线检验设备已安装调试投入使用，提高了无损探伤检测水平。夹江水工机械厂完成了铸造车间扩建和新建喷砂防腐车间。吉林水工机械厂技改 5.5 米数控切割机编程工作站已完工，并交付使用。

销售　1991 年这 6 家企业共完成销售收入 16169 万元，销售税金 923 万元，创汇 145 万美元。

〔撰稿人：能源部电力机械局　郭　清　审稿人：能源部电力机械局　张海清〕

粮油机械

〔商业部〕

生产发展情况　1991 年，商业部所属粮油机械制造企业有 245 个（其中独立核算企业 233 个），年平均人数 42646 人，固定资产原值 72734 万元，比上年增长 21%。实现工业总产值（1990 年不变价）102147 万元，比上年增长 18.0%；实现利税12836万元，比上年增长6%；全员劳动生产率达到23864元／人·年。

新技术与科研成果 1991年，国内粮油机械工业在组织成套设备供应时，积极采用机电一体化控制装置，减轻了操作者的劳动强度，方便了操作控制，提高了产品质量和企业经济效益，取得了一些明显的进步。如湖北省粮食机械厂开发的日产100吨精米成套设备中，各单机终端都与微机相接并将微机处理后的工作状态情况在工艺演示屏上显示，以提示工人进行正确的操作；四川绵阳粮食机械厂经研制开发，在向用户提供浸出成套设备时，可应用户需要，同时提供配套微机，也很受欢迎。

碾米工艺所用砻谷机中的砻谷胶辗是易耗品，社会需求量较大。传统砻谷胶辊的辊芯是铸铁制品。制造时废品多，劳动强度大。湖南常德粮食机械厂从日本引进先进制造技术，经消化吸收，成功地生产出钢板芯砻谷胶辊，另外，还将有模硫化工艺改为无模硫化，从根本上改变了上述情况，产品质量达到了国际先进水平。

新产品 为尽快全面完成国家“七五”攻关计划中的粮油机械有关项目，商业部重点抓了已试制出的样机生产考核进度和鉴定验收工作。1991年，有3套油脂加工成套设备，40台制粉设备及2套碾米成套设备通过了部级验收。至此，国家“七五”攻关计划中制粉、制油、碾米机械攻关项目中，除受试验条件等因素限制的个别项目未验收外，其余已全部完成。

1991年通过商业部鉴定验收的有代表性的主机新产品有：

(1) 湖北省粮食机械厂设计制造的日产100吨碾米成套设备，采用风筛结合，预吸风分离器加低压脉冲除尘器组成的两级除尘清理工艺；在砻谷工艺实现二次去石，保证了后路糙米加工纯度；碾米工艺采用四机出白，多机轻碾，其中喷风米机采用了新型细粒砂辊和超声波雾化着水抛光技术等。该设备还设有产量、电耗、出米率等技术经济指标自动显示的微机数据处理和工艺流程自动监视的模拟屏，提高了米厂的自动化程度。日产精米100吨，标一米120吨。

(2) 湖南常德粮食机械厂设计制造的钢板芯砻谷胶辊，较传统的砻谷胶辊，主要在材质和生产工艺上进行了改造。一是辊芯骨架采用冲压焊接工艺成型的钢板芯代替了铸铁芯，二是改传统的有模硫化为无模硫化。该产品的开发成功，实现了国内胶辊生产的两大突破，填补了国内空白，制造工艺达到国外80年代先进水平。

(3) 山西长治粮食机械厂设计制造的FSFG-B型4×24及6×24高方平筛，是在消化吸收引进的英国制造技术的基础上，比较有效地克服了高方平筛框架易断裂的老问题。该产品设计合理，技术先进，具有80年代水平，工艺性能和机械性能达到了引进技术的要求。

行业管理 为加强行业管理，商业部正式下发了《商办工业发展十年规划和“八五”计划》、《商业部归口管理的行业和产品目录》（均含粮油机械工业），对粮油机械工业发展提出了一系列政策导向和具体措施。

成立一年来的商业部机电产品出口办公室针对机电产品出口工作存在的一些问题，着手编制并正式下发了《商业部机电产品出口工作管理细则》；为及时了解机电产品出口情况，起草下发了《商业部机电产品出口统计报表制度》。

质量及质量管理 1991年初，根据国务院关于开展“质量、品种、效益年”活动的精神，商业部起草下发了《关于进一步加强商办工业企业管理，努力提高企业经济效益的通知》，要求各地强化质量意识，调整产品结构，力争通过内涵挖潜，提高经济效益。

在商业部开展的质量管理评比工作中，江苏无锡粮食机械厂获部质量管理奖。1991年，商业部组织了有国家级评审员参加的评审组，对商业部制粉机械质量监督检验测试中心，商业部碾米、制油机械质量监督检验测试中心进行了部级计量预审验收工作，预计1992年可安排正式验收。

1991年，商业部对13种粮油机械产品进行了部优产品评比和复查，有26个企业的产品获得了部优产品称号。

技术改造及技术引进 列入商业部1991年重点技术改造的项目有江苏溧阳粮食机械厂消化吸收饲料加工成套设备改造、江苏扬州粮食饲料机械厂车间改造、山西长治粮食机械厂引进清粉机制造软件改造、四川成都市粮食机械厂添置加工设备改造，四川绵阳粮食机械厂开发新产品改造、江苏宜兴粮食机械厂消化吸收油脂加工成套设备改造、江苏无锡粮食机械厂消化吸收制粉设备改造、湖北天门包装机械厂开发包装机产品改造、湖北安陆粮食机械厂制造工艺改造、湖北省粮食机械厂扩大生产能力改造、湖南常德粮食机械厂改造炼胶工艺改造、甘肃永登粮食机械厂扩大生产能力改造、河北石家庄粮食机械厂高方筛筛格生产车间改造等项目，总投资计7865万元，其中专贷6310万元。

山西长治粮食机械厂引进了英国高方平筛、清粉机制造技术项目，其中高方平筛样机经过生产考核，已通过部级鉴定，清粉机也已完成样机试制，湖南常德粮食机械厂引进日本砻谷胶辊制造技术项目，通过了国家验收。

销售 1991年，产品销售收入为92615万元，比上年增长20.2%。近年来，企业还积极注重发展外向型经济，扩大产品出口，据不完全统计，粮油机械产品出口创汇额近500万元。1991年，粮油机械企业年创汇在100万美元以上的厂家有两个，他们是湖北安陆粮食机械厂、湖南常德粮食机械厂。出口工作存在的主要问题是，高附加值的机电产品偏少，企业商路不通，对国外市场的情况知之甚少。

〔撰稿人：商业部商办工业管理司　邢　默〕

〔机械电子工业部〕

生产发展情况 机械电子工业部所属生产粮油机械企业，多数为县级企业，1990 年以前主要生产小型粮油机械。根据市场的需求，这些企业生产已开始向大、中型单机和成套设备发展。到 1991 年底，机械电子工业部系统生产粮油机械的厂家已达到 250 个左右，总产量约 45 万台（套），其中粮食加工机械 36 万台（套），油脂加工机械 9 万台（套）。

油脂加工机械主要有：螺旋榨油机、液压榨油机、小型榨油成套设备、油指浸出成套设备和小型精炼设备。

液压榨油机在边远地区还有一定销售量，但已逐步走向淘汰。螺旋榨油机日生产量小的产品，如 68 型、78 型榨油机销量也逐渐下降，95 型和 95 型以上榨油机销售紧俏。

制粉机械单机除了 6F-1820 型、6F-1825 型、6F-1728 型、6F-2235 型外，还有 1991 年河南南阳光辉机械厂研制的新型 6F-1830 型高效面粉机单机，其生产效率比上述几种机型提高 50% 以上，成为国内外市场上畅销产品，年销售量 1 万台以上，出口量达 600 台。小型面粉成套设备也有少量出口。

联合米机从 1987 年开始大量生产，1988 年已成为市场上畅销产品。1991 年精制成套设备成为市场上畅销产品。

新技术与科研成果 粮油机械的研究重点仍是中小型成套和深度加工机械及提高设备的生产效率，推广节能产品。油脂加工机械重点是研究发展 95 型以上并能配置小型精炼设备的螺旋榨油机，使榨油和精炼一体化。

碾米机械在发展不淘洗米和营养米的基础上，正在研究加工长粒米的新工艺，降低碎米率。制粉机械正在继续发展和完善等级粉和专用粉加工成套设备，研究在成套设备上增加去原粮浮灰机构，以降低面粉灰分含量。

行业管理 经过多年努力和发展，多数粮油机械企业已成为省级或县级骨干企业，固定资产成倍增长。到 1991 年底，有 7 个企业获国家二级企业称号。

质量及质量管理 到 1991 年底，有 1 种产品获国优银质奖，12 种产品获机械电子工业部优质产品称号。

销售 近几年，粮油机械销售一直处于稳步上升趋势。1991 年粮油机械销售额比 1990 年增长 10%左右，优质产品出现供不应求。

〔撰稿人：中国农牧业机械总公司　高国才　审稿人：中国农牧业机械总公司　朱家骅〕

食品机械

〔轻工业部〕

生产发展情况

制糖机械 1991 年，该行业企业数为 14 个，比上年增加 2 个，完成工业总产值 13438 万元（当年价，下同），比上年增长 32.61%（以 1990 年不变价计，下同）。产品销售收入由上年的 10851 万元增长到 13749 万元，产品销售税金由上年的 475 万元增长为 759 万元，利润总额由上年的 136 万元增长为 284 万元。主要产品有结晶罐、甘蔗压榨机、压滤机等。

1991 年，制糖机械行业利润总额较大的企业是昆明轻工业机械厂，达 108 万元。行业虽无亏损企业，但各企业利润普遍较低，微利企业约占 50%。

制盐机械 1991 年，该行业企业数仍为 5 个；完成工业总产值 3467 万元，比上年减少 3.64%。产品销售收入由上年的 3319 万元增长到 3771 万元，产品销售税金由上年的 139 万元增长为 196 万元，利润总额由上年的 31 万元减少到亏损 166 万元。

1991 年，制盐机械行业各企业利润普遍较低。企业利润总额最大的仅为 37 万元；亏损企业 2 个，亏损面为 40%，亏损总额达 213 万元，企业亏损额最多的达 200 万元，微利企业约占 40%。

酿酒机械 1991 年，该行业企业数仍为 18 个，完成工业总产值 29865 万元，比上年增长 14.4%。产品销售收入由上年的 21938 万元增长到 29545 万元，产品销售税金由上年的 1537 万元增长为 1754 万元，但经济效益未获明显改善，利润总额由上年的 1826 万元下降到 1420 万元。主要产品有酒类发酵设备、灌装设备等。

1991 年，酿酒机械行业各企业发展很不均衡，利润总额较大的企业有：广东轻工业机械厂（782 万元），重庆轻工业机械厂（245 万元）。1991 年度亏损企业有 3 个，亏损面为 16.67%，亏损总额达 865 万元，企业最大亏损额为 795 万元，微利企业约占 25%左右。

罐头机械 1991 年，该行业企业数仍为 8 个，完成工业总产值 7691 万元，比上年增长 10.12%。产品销售收入由上年的 6226 万元增长到 8101 万元，全员劳动生产率由 12519 元／人·年上升到 13689 元／人·年。但由于罐头市场疲软等方面的原因，在产值增长的同时，利润等指标都有不同程度的下降，产品销售税金由上年的 724

万元降低为565万元，利润总额由上年的521万元降低到374万元。主要产品有高温杀菌机、制罐机、电阻焊封罐机等。

1991年，罐头机械行业生产发展也是不均衡的，利润总额较大的企业是汕头轻工业机械厂，达430万元。亏损企业有2个，亏损面为25%，亏损总额达338万元，企业最大亏损额达333万元。

乳品机械 1991年，该行业企业数仍为5个，完成工业总产值5810万元，比上年增长9.4%。产品销售收入由上年的5198万元增长到5763万元，全员劳动生产率由24620元／人·年上升到25854元／人·年，产品销售税金由上年的412万元增长为418万元。但经济效益有所下降，利润总额由上年的692万元降低到610万元。

1991年，乳品机械行业利润总额较大的企业是上海前卫机械厂（267万元）、宁波食品机械厂(130万元)。

饮料机械 1991年，该行业企业数为10个，比上年增加1个；与上年相比产值、利润等经济效益指标均有不同程度的下降，完成工业总产值6989万元，比上年减少28.54%（以1990年不变价计），产品销售收入由上年的7236万元减少到6677万元，产品销售税金由上年的448万元减少为418万元，利润总额由上年的895万元减少到534万元。饮料机械行业利润总额较大的企业有安丘轻工业机械厂（212万元）、上海饮料机械厂(181万元)。微利企业约占30%左右。

新技术与科研成果 1991年，获轻工业部科技进步二等奖的项目有：广东东莞糖厂的C112965新型立式除髓机，广东轻工业机械厂的KRONES723-15-4-6贴标机，广东轻工业机械厂的B·ZP·Y-YG36／9装瓶压盖机，清华大学经济管理学院、广东轻工业机械厂的广东轻工业机械厂管理信息系统第一期工程；获三等奖的有：上海星火机械厂的YL11H3多功能冰淇淋生产线，汕头轻工业机械厂的汕头DODO-S全自动电阻焊罐身生产线。

1991年，原国家经委确定的“七五”啤酒生产线“一条龙”项目顺利通过轻工业部组织的验收。根据原国家经委的要求，该项目实行科技攻关、技术开发、技术改造和配套技术引进互相衔接，“一条龙”地安排，并在“七五”后形成20条年产5万吨啤酒生产线的制造能力。

啤酒生产线“一条龙”项目的主要内容有：麦芽制造、原料处理、糖化设备、啤酒发酵和过滤系统、酵母选育、啤酒包装线、副产品回收综合利用、自动控制系统等。

1986年，轻工业部组织专家对啤酒生产线的技术开发进行了三次论证，最后筛选出30个课题，并明确了承担单位、主要内容及指标、经济效益和社会效益、项目起止年限及经费安排等。经过近五年的努力，1991年8月24日至28日，啤酒生产线验收工作委员会对这30个项目进行了逐项审查，有20项已完成，10项未完成。未完成的项目中，设计任务已完成的有6项，还有3项完成了50%。综合分析，啤酒生产线技术开发的任务量已完成85%以上，取得重大科技成果7项，属装备方面的有6项，它们是（1）沙拉丁制麦芽系统。采用机械方式上料，劳动强度下降20%以上，节省劳动力50%，劳动生产率提高1倍左右，节能30%，降低成本20%～30%。已生产25套，产值2233万元，利税448万元，节汇1640万美元。(2）碳钢发酵罐涂料和喷涂技术。研制成功的两种碳钢发酵罐涂料均已通过物理和机械性能测试，生物毒性试验及卫生检验也符合国家标准，通过了鉴定。(3）啤酒过滤系统。包括硅藻土过滤机、硅藻土助滤剂、过滤纸板和浊度计，该系统接近80年代国际水平，填补了国内空白。(4）瓶装线。广东轻工机械厂通过引进德国技术生产的20000瓶／时啤酒瓶装生产线达80年代国际先进水平，该厂已向市场提供40条瓶装线，创产值2.4亿元，节汇7000万美元。南京轻工机械厂与合肥轻工机械厂共同引进日本技术生产了20000瓶／时啤酒瓶装生产线，已向市场提供18条，创产值9000万元，节汇1620万美元。(5)啤酒桶装线。该成套设备达到80年代世界先进水平，显著提高了国内桶装酒灌装质量和销售质量。(6）啤酒生产线总体设计。该总体设计中全线采用了“一条龙”项目研究成果及先进技术装备达38项。啤酒生产线主要设计指标基本上达到国际80年代初的先进水平。

啤酒生产线“一条龙”项目完成后，年产5万吨啤酒的成套设备，从麦芽制备、麦汁糖化、发酵、啤酒过滤、瓶装、桶装、贴标、装箱、卸码到相应的工艺技术装备、菌种、计量仪表、自控技术、过滤纸板、硅藻土助滤剂、碳钢涂料、酵母离心机等都已具备年产20套的批量生产能力，除部分关键零部件和电控元件尚需进口外，平均国产化率已达到84%以上。

到1990年底，该项目直接完成的总产值为4.8574亿元，利税8974万元，节汇1.5亿美元。

新产品 1991年，通过轻工业部鉴定的新产品有：（1）广东江门机械厂的A1400型甘蔗压榨机，用于甘蔗糖厂榨蔗取汁，采用向心调节式、前后辊向顶辊中心调节，保持70°角不变，达到目前国内压榨机最小顶角。(2）广东轻工业机械厂的12000瓶／时啤酒瓶装生产线，采用引进技术，经消化吸收设计的新产品，全线由6种主机和6种7台辅机组成。其生产能力为12000瓶／时，生产线效率80.37%，装瓶液位合格率94.5%，酒损率1.147%，破瓶率1.411%。(3）广东轻工业机械厂的KRONES723-10-4-4型贴标机，采用德国KRONES公司技术研制，具有设计先进、结构紧凑、运转平稳、安全可靠、操作方便、自动化程度高、多功能高效率的特点，生产能力为14000瓶／时。(4) 广东轻工业机械厂的B·SJⅡB50型杀菌机，是一种隧道型、双层并联、液压步移喷淋式杀菌机，利用巴氏杀菌原理，在一定温度、一定杀菌时间内对连续进入机内的瓶装、罐装啤酒进行生物杀菌的设备。其生产能力为12000瓶／时，破瓶率0.18%，杀菌效果PV值为23.29。(5) 广东轻工业机械厂的B·XP-205型洗瓶机，采用引进德国SEN公司技术，经消化吸收设计的新产品，是单端进出瓶、连续浸泡式洗瓶机，适用于对新用或回收玻璃瓶进行洗涤。(6) 广东轻工业机械厂的B·XP·S-2型冲洗式洗瓶机，具有运转平稳、工作可靠、瓶型适用范围广、破瓶率低、耗能省、噪音低、结构紧凑等特点，其性能超过国外同类产品的水平。(7) 南京轻工业机械厂的YL2型啤酒瓶装生产线，包括YL2型灌装压盖机、YL7型四连杆装箱机、BPP40／150杀菌机、YL4B洗瓶机以及卸箱机、洗箱机、输箱机、输瓶带输盖机、清洗装置等设备，主要技术指标已接近国际80年代先进水平。(8) 中国计量科学研究院的啤酒在线浊度计，是安装在啤酒生产线过滤工段的计量仪表，用于检验啤酒过滤的重要指标——浊度，其性能稳定，填补了国内空白。(9) 浙江省象山轻工机械总厂、轻工业部杭州轻工机械研究所研制的JZL28型水平叶片式硅藻土过滤装置，能提高啤酒质量，延长啤酒贮存期，降低生产成本，提高生产效率，减轻劳动强度。(10) 上海饮料机械厂的BR8J-B-210型板式换热器，用于啤酒生产线中大流量麦芽汁冷却，其单位换热面积大，占地面积小，结构紧凑，质量指标先进稳定可靠，满足食品生产要求。(11) 轻工业部食品发酵研究所的QKX-360型充气软饮料销售机，集饮料水制备、碳酸化处理、制冷和灌装于一体，包容了碳酸饮料装瓶厂的主要生产过程，适用于现场销售三种不同品种的碳酸饮料，卫生方便。该机填补了国内空白。(12) 上海川沙努力食品机械厂的ZGL系列烛式过滤机，具有过滤效果好、能耗低、生产效率高、调节性能好、使用安装方便等优点，适用于酒类、饮料、化工、医药等多种行业。(13) 黑龙江商学院的BP-1型爆裂玉米膨化机，结构为常压加热搅拌式，工作方式为间歇作业式，能在常压下短时间内将爆裂玉米加工成无皮渣米花。(14) 黑龙江商学院的PS-40型夹馅膨化小食品机，挤出头部结构独特，采用简单的齿轮泵挤压系统供馅。(15) 黑龙江商学院的GP-200A型谷物膨化机，机构简单合理，是国内生产率最大的挤压式膨化机。

行业管理 1991年，食品机械行业管理工作主要有六个方面。(1) 召开行业工作会议，讨论制定《轻工装备行业开展“质量、品种、效益年”活动实施方案》，并组织具体实施。(2) 做好企业管理基础工作，发布《轻机企业开展“工艺突破口”工作实施意见》、《轻工机械企业开展“工艺突破口”工作考评办法（试行)》及《轻工机械企业开展现场管理考核细则（试行)》等文件，确定试点企业，率先开展“工艺突破口”自查考评试点工作。(3) 推广现代设计技术，1991年重点放在可靠性设计。(4) 组织引进技术装备消化吸收调查工作，并组织了一批项目，用以指导消化吸收工作，已落实了部分承担单位。召开了消化吸收工作会议，交流先进经验，提出问题，探讨解决办法。(5) 召开“全国轻工机械出口工作座谈会”，初步确定：“全方位、多渠道、组织起来、重点突破”为扩大轻工机械出口的方针。会议要求企业充分发挥轻工成套技术装备优势，在抓住制糖、啤酒饮料等行业成套技术装备出口的同时，扩大单机出口。会议还决定组建轻工机械出口信息网，定期发布出口情况，介绍经验、国际市场分析及预测等方面的信息。(6) 在广泛调查的基础上，经用户和专家评议，公布了第一批国家鼓励生产和使用的国产先进轻工技术装备产品，其中食品机械部分有：南海船舶仪器设备公司制造的DCC型自动称重灌包机、深圳市琼胶工业公司制造的SAA-FS12全自动水果啫喱生产线、深圳市圳辽包装机械有限公司制造的SLF红外线收缩包装机、航空航天工业部625研究所制造的FHGH-Ⅱ缝焊大罐罐身自动线、湖北广水轻工机械厂制造的JT23GGZ紫外光固化印铁机、广东汕头轻工机械厂制造的DODOQL-2612全自动电阻焊罐身生产线、黑龙江省乳品机械总厂制造的RNJM02-1200及2400双效降膜式蒸发器、湖北省沙市轻工机械总厂制造的GT7C23杀菌机、宁波食品设备制造总厂制造的RP612040超高温瞬时杀菌机、宁波食品设备制造总厂制造的RP8C1型鲜奶软包装机、宁波食品设备制造总厂制造的RP7B2自动回转式塑杯灌装机、宁波食品设备制造总厂制造的RP7D2就地清洗设备、重庆轻工业机械厂制造的JGLB1000板框式硅藻土过滤机机组、新乡市轻工机械厂制造的JGL30型1m×1m板框式硅藻土过滤机组。

质量及质量管理 1991年，汕头轻工机械厂生产的自动电阻焊封罐机获得国家优质产品称号；获得部优产品称号的有：包头市轻工机械厂的BA100（BA150）型青峰牌压滤机、上海星火机械厂的YL11H3型星火牌多功能冰淇淋生产线、东台市轻工机械二厂的TMJ400型佳灵牌枕式糖果包装机、广东轻工业机械厂的KRONES贴标机、广东轻工业机械厂的KRONES装瓶压盖机、安丘轻工机械厂的FY212型甘泉牌压盖机、安丘县轻工机械厂的QS7型甘泉牌冲瓶机、广东省吴川县轻工机械厂的YP（JMP）型尖牌蒸馏塔组、江苏省宜兴市轻工机械厂的宜轻牌GJB2.5-25高压均质泵、常州市食品机械厂的天乐牌RP9E2高压均质泵。

为搞好质量管理，加强了检测手段的建立，并制定了如下行业标准。

制糖机械 甘蔗压榨机技术条件

(QB／T1168—91)；

酿酒机械 啤酒机械术语（QB／T1079—91)、啤酒瓶装生产线（QB／T1080-91)、防盗盖玻璃瓶封口机（QB／T1245—91)、管式杀菌机（QB／T1304—91)、浸冲式洗瓶机(QB／T1305-91)；

罐头机械 电阻焊罐身组合机（QB／T1421—91)；

乳品机械 降膜式蒸发器（QB／T1163—91)、乳品机械压力喷雾干燥机（QB／T1164—91)、冷热缸（QB／T1165—91)、双联过滤器（QB／T1166—91)、奶瓶清洗机技术条件(QB／T1167—91)、紫外光消毒器（QB／T1172—91)、盘管冷却器（QB／T1301—91)、消毒乳品自动软包装机（QB／T1302—91)；

其他食品机械 多功能冰淇淋生产线（QB／T1171—91)、三头塑杯灌装封盖机（QB／T1303—91)、电阻焊罐身组合机(QB／T1421—91)。

技术改造及技术引进 1991年食品机械行业完成的技术改造项目有：宁波食品设备制造总厂的非标准不锈钢管生产配套工程，总投资500万元，产量可达700吨／年，产值2800万元；浙江食品机械厂的食品罐头机械消化吸收项目，总投资600万元，年产量74台，可创产值1500万元，利税300万元。

除烟草机械外，1991年固定资产投资额较大的是酿酒机械（1505万元)、罐头机械（1086万元）两个行业，其余行业依次是：制糖机械（638万元)、乳品机械（553万元)、饮料机械（347万元)、制盐机械（278万元)、面包糖果机械（156万元)，其他食品机械总计598万元。从用途来看，技术改造资金占大部分，面包糖果机械行业全部投资均用于技术改造，这说明各企业对提高技术水平有了一定的重视。

〔撰稿人：轻工业部技术装备司 潘 科〕

〔机械电子工业部〕

生产发展情况 据机械电子工业部信息统计司对食品机械行业71家生产企业的统计，1991年完成产品产量223124台／23315吨。全行业产品产量比上年增长30%以上。

1991年食品机械行业生产，在持续、稳定增长的形势下，各项生产指标均有较大幅度的增长。机械电子工业部系统内的绝大部分企业的产品供不应求，取得了较好的经济效益，如广州人民机器厂生产的波纹方便面生产线，1991年完成33台(套)，比上年增长37.5%；昆明市机器厂生产的香烟卷接机组，1991年完成87台（套)，比上年增长27.0%。

在机械产品“限产压库”工作中，从各省市情况看，食品机械行业企业没有产品库存积压，产品供不应求。

新技术与科研成果 1991年机械电子工业部系统食品机械行业完成部级科研项目1项，即中国农业机械化科学研究院食品机械研究所研制的真空浸糖及废糖液处理设备，该所对真空浸糖机理及工艺参数进行了理论研究，提供最佳的工艺参数，研制了真空浸糖机，并于1991年通过鉴定。

新产品 1991年机械电子工业部系统共完成部级新产品试制项目8项。主要有：(1) 广东茂名食品机械厂研制的滚切饼干生产线，其生产能力为900～1000kg／h，噪声在75dB以下，通过了广东省机械厅组织的鉴定。(2) 广东省新会县机械厂研制的BL45型冰粒机，其日产量为45公斤，制冷剂采用R12或R22，冷却方式为风冷，通过了广东省机械厅组织的产品鉴定，是国内畅销的先进产品。(3) 青岛造船厂研制的SRB30／150型杀菌机，其处理量为20000瓶／小时（按640mL瓶计)，有效处理面积为90m^2，处理时间50min，采用液压步移式传动方式，蒸汽耗用量约为1000kg／h，填补了国内空白。(4) 昆明市机器厂研制的YJ16-YF26-YJ36型高速香烟卷接机组，生产率6500支／分。烟条速度450m／min，滤嘴烟支长60～100mm，烟支直径5.2～9.5mm，该机填补了国内空白。

行业管理 1991年昆明市第二机器厂晋升为国家二级企业。

为扩大包装食品机械产品出口，传达机械电子工业部召开的出口工作会议精神，提高行业骨干重点企业涉外工作水平，机械电子工业部包装食品机械行业办公室于1991年1月份召开了行业出口涉外工作会议。

包装食品机械行业办公室1991年以机包科〔1991〕13号文发出《关于包装食品机械行业地方研究所分工问题的通知》把行业归口研究所和地方重点研究所组织起来，在隶属关系不变的情况下，实行双重领导，以省、市机械厅、局为主，机械电子工业部包装食品机械行业办公室给以业务指导，使行业研究所有机联合起来，更好地促进行业发展。

1991年11月召开了机械电子工业部包装食品机械行业重点科研院、所所长会议，主要研究如何发挥行业整体优势，把行业的归口研究所和重点研究所组织起来，实现行业的技术进步，形成机械电子工业部系统行业科技网络，促进行业迅速发展。

质量及质量管理 1991年食品机械行业按照国家技术监督局的要求，对饼干生产设备进行了行业评比，掌握了食品机械行业饼干机械的产品水平。

1991年食品机械行业共完成产品标准制修订计划3项。

技术改造及技术引进 1991年机械电子工业部对列入部重点技术改造项目已验收的3家企业，正式颁发验收证书。

食品机械行业有3家企业列入机械电子工业部“八五”重点技术改造项目，1991年安排了浙江舟山机械厂、昆明市机器厂2个企业的技术改造，其总投资为820万元，其中专项贷款370万元。

食品机械行业企业大多数基础薄弱，而真正能够纳入机械电子工业部重点技术改造项目的不多，为了加快改变行业落后的现状，“八五”期间根据机械电子工业部的一贯方针，继续坚持资金多渠道的办法，向中国食品工业协会申报技术改造项目，1991年安排了河南安阳市制冷设备厂和河北廊坊通用机械厂两项技术改造项目。

销售 1991年食品机械产品实际出口量为443台/124.7吨，吨数比上年下降87.94%。其中蛋品加工机械出口量增长幅度较大，增长14.5倍。

〔撰稿人：机械电子工业部包装食品机械行业办公室 季芷怡 审稿人：机械电子工业部包装食品机械行业办公室 许占林〕

〔中国船舶工业总公司〕

生产发展情况 中国船舶工业总公司有5家卷烟机械制造企业，生产烟草制丝成套设备，拥有固定资产21495万元，职工6805人。1991年完成工业总产值16475万元，比上年增长2.1%；完成工业净产值5618万元，比上年减少27.6%；生产各种烟草制丝设备1548台，增长55.1%。

新技术与科研成果 这5家企业联合研制的烟草制丝成套设备国产化设备（共22项）获1991年国家科技进步二等奖。由其组装成的5000kg/h烟草制丝生产线，国产化率达到90%～95%，技术上已达到或接近国际同类生产线水平。与原有生产线相比，大大地提高了生产效率，可节约大量烟叶，按5000kg/h生产线计算，一年就可节约烟叶160万公斤，价值2000万元。

1991年开发成功的烟草机械主要有：(1) 西南曙光机械厂研制的YG9101梗丝膨化干燥塔，生产能力750kg/h，梗丝膨胀率50%，蒸汽耗量1300kg/h。(2) 西南曙光机械厂研制的YG7502、7505叶丝膨胀机，生产能力1800～4500kg/h，叶丝膨胀率8%～12%（顺流干燥时）(3) 西南云水机械厂研制的YG6808顺流式烘叶丝机，生产能力4800kg/h，进料含水24%，出料含水13%。(4) 西南曙光机械厂研制的YG7303A叶片加温加湿机，生产能力2800kg/h，出料含水20%±1%。(5) 西南高峰机械厂研制的YF6501废烟支烟丝回收机，生产能力：带嘴烟250kg/h，无嘴烟200kg/h；烟丝回收率：带嘴烟≥95%，无嘴烟≥93%。(6) 西南电子设备厂研制的YD6101金属探测器，用于探测烟叶中的金属异物。

质量及质量管理 从六个质量指标看，保持稳定的有主要零件一级品率、成品一次交验合格率、机械加工综合废品率、综合废返率和优质品率五个指标；改善的有铸铁件废品率，1991年为7.94%，比上年下降2个百分点。

西南东光机械厂的YS33型加料机、加香机获1991年部级优质产品奖，西南曙光机械厂的YG系列真空回潮机、YG5301压梗机获云南省优质产品奖。

技术改造及技术引进 全年完成技术更新改造投资301万元，比上年增加46.8%，其中设备购置投资274万元，占91%。在生产性投资230万元中，节约材料、能源投资60万元，占26%；增产、增加品种投资115万元，占50%。全年新增固定资产250万元，转固率为83%。

销售 全年销售收入16240万元，比上年增长3%；产品销售率为88.9%，比上年下降2.6个百分点；产成品资金2568万元，减少8.6%；实现利税3548万元，比上年减少24.7%；全部流动资金占用21468万元，上升9.9%，比产值增长高7.8个百分点；周转天数为476天，比上年延长30天；工业资金利税率为9.35%，比上年下降3.47个百分点。经济效益下降主要是由于合同价格已定的情况下，外购原材料、燃料涨价所致。

〔撰稿人：中国船舶工业总公司 晓 军 审稿人：中国船舶工业总公司 郭 泽〕

〔航空航天工业部航空系统〕

生产发展情况 1991年，航空系统食品机械产值超过1亿元，产品品种约100多项，利税率约15%～30%。

经过“七五”发展，航空系统生产食品机械成套设备的能力明显提高，已形成稳定的产业结构，并能承担交钥匙成套工程。企业开始走上了一条研制开发、批量生产、市场竞争的良性循环路子。在品种繁多的产品中，较具代表性的有威化饼干生产线、肉食加工生产线、豆奶生产线等。

新产品 1991年4月16日至17日，贵州云马飞机制造厂和北京市食品公司共同研制生产的RJB型双轴搅拌铰肉机、RCT型真空充填机、ZZB型真空斩拌机、QD型切丁机和QT型切条机5种西式肉制品加工成套设备在北京通过了航空航天工业部与商业部联合组织的技术鉴定。这5台设备在北京市第二熟肉制品加工厂进行了半年的试用，性能良好，主要技术指标均达到了国外同类设备水平。其中真空斩拌机、双轴搅拌绞肉机填补了国内空白。

北京长空机械厂自行研制的LYQ-1型加气冷饮机于1991年4月27日在北京通过航空航天工业部鉴定。该机集水处理系统、制冷系统、碳酸水生成系统和混和系统于一体，结构紧凑合理；原料使用浓缩糖浆，直接通入自来水和CO_2气，即可调制出清凉可口的碳酸饮料。与国外同类型机器相比较，大部分性能指标均有所提高，生产能力

28L／h，饮料温度可达6℃～12℃，糖浆与碳酸水的混合比精度小于2%。

沈阳飞机制造公司研制的YL12／YL22／YJ35香烟滤棒成型机组于1991年10月在上海通过了中国烟草总公司组织的引进技术的国产化样机技术鉴定，该项目是中国烟草总公司引进德国专有技术和技术资料，由沈阳飞机制造公司承担消化吸收任务，被列入原国家经委第一批国家重点引进技术消化吸收项目计划。该机组最大生产能力3300支／分，滤棒长120mm，具有产棒率高、滤棒质量好、消耗低的特点，填补了国内高速滤棒成型机的空白。中国烟草机械公司已将该机列为"国产先进技术产品"。

航空航天工业部三院31所研制的XBZ-1型雪糕、冰淇淋自动生产线于1991年9月通过航空航天工业部鉴定，该生产线属于大型自动化成套设备，它是集制冷、传热、电子、气动、液压、机械和冷食制作于一体的系统工程，由连续冰淇淋凝冻机、雪糕包装机、冰淇淋包装机等设备组成，可同时生产雪糕和冰淇淋、生产能力为：雪糕4000～6000支／时，冰淇淋200～900L／h。该产品在设计制造中采用了新技术、新材料、新工艺，达到国外80年代同类产品水平，投资仅为引进设备的1／3左右，具有良好的经济效益和社会效益。

技术改造及技术引进 1991年列入国家第二批军民结合型企业重点技术改造计划的贵州云马飞机制造厂、龙岩飞机制造厂和黔江机械厂的肉食加工机械项目正抓紧技术改造建线，3个项目共安排投资1000万元，其中国家贷款660万元。

销售 天津市中航食品机械经营部于1991年7月25日正式成立，它是由航空航天工业部食品机械包装机械联合会与中国航空工业供销总公司西北分公司联合组建。以技、工、贸全方位服务为特点，立足天津，面向全国。主营食品机械、包装机械，并可承担交钥匙工程项目。

1991年，贵州航空工业总公司西式肉制品加工设备出口到古巴，真空充填机、搅拌绞肉机、真空滚揉机、盐水注射机、提升机和肉斗车等于9月全部交付。南峰机械厂生产的12台CCFD6袋泡茶叶包装机销往台湾。该厂注重质量管理，售出每台产品均向用户颁发操作培训证书，迄今共有80余台产品销往全国17个省市。

〔撰稿人：航空航天工业部民品司　胡　晨　审稿人：航空航天工业部民品司　赵淑芬〕

〔航空航天工业部航天系统〕

生产发展情况 1991年航空航天工业部航天系统从事烟草机械生产的企业有13家，生产的产品有10类：COMAS 5000kg／h打叶线转化设计生产、3000kg／h打叶线电控设备、制丝线电控、打叶复烤线及电控、膨胀烟丝设备、$B_1$8000型横包机、DR-5复合过滤嘴机、真空回潮机和电子秤、3000型横包机大修、6000型横包机零部件生产。1991年完成产值8500万元。

〔撰稿人：航空航天工业部民品司　谭甦徽　审稿人：航空航天工业部民品司　李凤娟〕

〔农业部〕

生产发展情况 1991年农垦系统食品机械制造企业共7家，年末职工1451人，固定资产原值1091万元，固定资产净值676万元。完成工业总产值3150万元，比上年增长56.6%；利润总额264万元，比上年增长48.5%；上交利税431万元，比上年增长142%。完成产品产量1587台(套)，比上年增长13%，其中：奶粉成套设备2套，奶制品加工设备45台，不锈钢夹层锅384台，饮料机械171台，制冷设备机组499台，冷藏箱212台。

1991年开发新产品5种。其中，重庆市农垦长寿湖机械厂开发新产品3种，即600升、800升直搅拌机和400升下搅拌机。

1991年，有2个企业取得三级计量定级证书。至此农垦系统7食品机械制造企业全部取得三级计量定级证书。

1991年农垦系统食品机械销售总收入2595万元，比上年增长24.6%；年末库存总金额850万元，比上年减少42%；资金周转天数，比上年加快10天。

〔撰稿人：农业部农垦司　马孟发　审稿人：农业部农垦司工业处〕

包装机械

〔机械电子工业部〕

生产发展情况 据机械电子工业部信息统计司对包装机械行业37家生产企业的统计，1991年产品产量完成19399台／16191吨。分类产品产量见下页表。

全行业包装机械产品产量比上年增长30%以上。在限产压库工作中，从各省市的情况看，包装机械行业生产企业的产品没有库存积压，有些包装机械产品供不应求。1991年肇庆机床厂生产瓦楞纸板生产线69台（套），比上年增长27.8%；锦州包装机械厂生产泡罩包装机116台，比上年增长47%；廊坊锻压机床厂生产灌装机116台，比上年增长65.7%；桂林包装机械厂生产自动和半自动包装机272台（套），比上年增长27.1%。

新技术与科研成果 1991年机械电子工业部

系统共完成包装机械科研项目4项。合肥通用机械研究所包装机械分所研制的粘流体、液体塑料瓶灌装线，填补了国内空白，于1991年通过工厂验收；乳酸菌饮料灌装生产线是我国制造的第一套全自动生产线，主要技术经济指标达到国外同类产品水平，通过工厂验收；泡泡糖包装机组，是根据国内的实际情况研制出的一套适合于国内用的管状、包装不同数量的球型泡泡糖包装机组，其包装速度为200～300管／分，每管2～6粒，于1991年通过工厂验收。

产　品　名　称	产　量 (台／吨)	比上年 增长 %
合　计	19399／16191	8.7／26.2
一、直接包装机械	13797／6504	−6.0／6.2
固体物料充填包装机械	313／192	9.8／−2.5
灌装机械	1572／1585	−2.0／16.5
容器成型包装机械	360／1046	−20.1／65.2
收缩包装机械	29／21	
真空包装机械	454／348	−27.1／25.6
封口机械	5539／927	−14.7／−28.4
裹包机械	314／501	12.9／4.04倍
捆扎机械	4300／1234	15.8／20.7
自动包装线	618／500	11.4／20.5
二、间接包装机械	5602／9687	76.9／44.4
包装容器加工机械	3938／6006	2.64倍／−10.5
包装专用材料加工机械	1506／3334	18.8／40.2

新产品　1991年，机械电子工业部系统包装机械行业有30项新产品列入部级开发计划，完成10项。主要有的：(1) 广东惠阳机械厂研制的高速异形压片机，最大压力4000kg，最高生产率4500片／小时，能生产标准片剂和异形片剂，填补了国内空白。(2) 广东省肇庆机床厂生产的五层瓦楞纸板生产线，最高机械速度100m／min，合理生产速度40～60m／min，幅度1600mm，粘合剂为淀粉，热源是蒸汽，压力为1～1.2MPa，耗汽量2000kg／h。(3) 广东汕头机床厂研制的SJRM－Z45X25／350型塑料挤出吹塑收缩膜机组，膜宽为150～350 mm，膜厚0.025～0.060mm，螺杆直径45mm，螺杆长径比25∶1，牵引收卷线速度4～40m／min。最高产量30kg／h，填补了国内空白。(4) 青岛锻压机械厂研制的封底封盖组合机，生产能力为120～180罐／分，适用罐径为52～73mm，适用罐高65～320mm，填补国内空白。(5) 该厂生产的GT3A30型电阻焊罐身成形机，焊接速度4～12m／min，生产能力30～90罐／分，适用罐径为52～153mm，适用罐高65～280mm，搭接宽度0.4～0.6mm，填补国内空白。(6) 武汉第二机床厂研制的拉管生产线，玻璃管直径为8～32mm，旋转管转速（无级调速）10～15r／min，生产能力为8～10吨／天，牵引速度7～280m／min，主要用于医药包装，其技术水平为国内先进。

行业管理　机械电子工业部包装食品机械行业办公室根据1991年工作要点，配合“质量、品种效益年”活动，重点抓产品质量，发挥行业科技专家在科技工作中的作用，经过大量协商筹备工作，成立了行业专家通讯委员会，对包装食品机械行业发展目标、重大科研新产品项目进行专家评估，对重大质量问题进行专家会诊。

根据机械电子工业部的有关要求，1991年要有2／3骨干重点企业达到“工艺突破口”初见成效的五项标志，并抓好现场管理优化试点工作。经过半年筹备，机械电子工业部包装食品机械行业办公室于1991年8月份召开了机械电子工业部系统的包装食品机械行业“工艺突破口”、现场管理优化工作座谈会。

机械电子工业部包装食品机械行业办公室转变政府职能，改进工作作风，深入第一线，现场办公，积极为企业办实事，解决问题。在机械电子工业部计划司的支持和帮助下，经过多方联系，共同研究，促成锦州包装机械厂与外商的合资协议签定。

质量及质量管理　1991年包装机械行业组织了封口机械的行评行检工作，摸清了封口机械的产品水平及现状。

1991年包装机械行业共完成产品标准制修订计划6项。

根据包装机械行业的产品特点，使包装机械产品的可靠性考核工作趋向规范化、标准化，对包装机械产品可靠性评定方法进行研究，提出包装机械产品可靠性考核的办法，对可靠性试验方案的确定、可靠性考核评定指标的选用及可靠性特征量的估计方法、故障定义，故障分类及其判别、试验方法的确定及试验条件的要求、样机抽样方法、数据处理与考核评定方法等方面进行了研究，该课题于1991年通过了包装食品机械行业办公室的鉴定。

技术改造及技术引进　1991年机械电子工业部对到1990年底已经通过验收的企业中包装机械

行业的5家企业正式颁发验收证书。

1991年包装机械行业列入机械电子工业部“八五”重点技术改造计划项目3项，廊坊锻压机床厂、青岛锻压机械厂和桂林包装机械厂，总投资额为850万元，其中专项贷款470万元。另有两个“七五”结转项目，汕头机床厂和锦州包装机械厂，结转项目的总投资额为520万元，其中专项贷款230万元。

1991年包装机械行业技术引进工作有所突破，有2项技术引进项目已办理批准可行性报告手续，共计300万美元，即青岛机床厂和廊坊锻压机床厂。

销售 1991年包装机械产品实际出口总量为4253台，比1990年下降8.36%，其中封口机械出口量比上年增长35.2%，包装容器加工机械出口量比上年增长80.18%。

〔撰稿人：机械电子工业部包装食品机械行业办公室 季芷怡 审稿人：机械电子工业部包装食品机械行业办公室 许占林〕

〔航空航天工业部〕

生产发展情况 1991年，航空航天工业部包装机械产值达2亿元，其中香烟横包机械产值达8000多万元。产品品种达100多项，利税率约为15%～30%。

航空航天工业部在包装机械生产中充分利用现有设备、人才和技术优势，以消化吸收为主，开发出一批机电一体化、技术水平较高的成套设备，多种产品已陆续提供市场。具有当代国际先进水平的产品，如无菌包装设备、无菌包装塑料共挤片材生产技术等，都已经取得一定的成果。6000型香烟横包机组已批量生产，为我国烟草行业提供了先进、高效的机械装备。

新技术与科研成果 国营长空机械厂于1989年从美国克劳伦公司引进1条食品保鲜包装共挤塑料片材生产线，可生产1～7层的各种塑料片材，加工工艺技术相当复杂。工厂技术人员自行攻关，应用塑料共挤新工艺、新技术，研制出各种规格的产品，主要性能指标达到比利时同类产品水平，并掌握了七层共挤复合材料的检测技术。片材最大宽度1200mm，厚度为0.4～3mm。其特点是：有一层可剥离的PP膜，在进入无菌包装机无菌区时可剥离，形成无菌表面；具有高阻隔的PVDC层，可以阻隔氧气的渗透，其阻隔保鲜性能可与马口铁罐和玻璃瓶包装相媲美。用它包装的食品饮料常温下可保存1年以上。这项技术的研究成功，使我国国成为世界上少有的能够生产PVDC高阻隔层结构片材的国家。

行业管理 航空航天工业部包装机械联合会成立三年来，积极发挥群体联合的优势和行业管理职能，在开拓国内外市场，促进技术交流和贸易合作方面，取得了很大成绩。目前已发展会员单位42家。1991年6月9日～6月16日，航空航天工业部包装机械联合会和中国长城工业公司在泰国曼谷联合主办了“1991年中国机电产品暨包装机械展览会”，展场总面积1500m^2。以航空航天系统为主的包装机械分团，参展单位共27家，展出食品机械包装机械产品13台，售出8台。

质量及质量管理 贵州航空工业管理局对平水烟机联合体生产的6000型香烟横包机组组织了质量检查整改。从设计、工艺装备到制造、检验和售后技术服务等方面提出改进措施，从抓外观质量入手，全面提高整机质量。平水烟机联合体年产香烟横包机组44条，分布在全国数十家大中型烟厂。1991年6000型横包机组被评为部级质量优秀奖。

技术改造及技术引进 1991年12月，列入第一批军民结合型企业重点技术改造计划，由国营长空机械厂承担的食品保鲜包装塑料共挤片材生产线在北京通过国家级验收。该项目总投资为2450万元，其中货款1950万元。从美国克劳伦公司引进了一条具有当代世界先进水平的食品保鲜包装塑料片材生产线和专有技术。新建厂房1700m^2，改建库房300m^2，共安装设备83台（套），建立了产品检测测试系统和质量控制体系。产品合格率达90%以上，年生产能力可达1500吨，产量质量均达到合同要求，生产的无菌保鲜包装塑料片材已供应国内5家食品生产厂，与从法国进口的埃卡包装机配套使用，包装出的产品性能稳定，符合质量标准。产品填补了国内空白，可替代进口，为国家节约大量外汇，具有良好经济效益和社会效益。

〔撰稿人：航空航天工业部民品司 胡 晨 审稿人：航空航天工业部民品司 赵淑芬〕

纺织机械

〔纺织工业部〕

生产发展情况 1991年是纺织机械行业大力调整结构的一年。根据国务院和纺织工业部严格控制棉、毛纺生产能力和加强管理化纤抽丝生产能力的指示，控制了上述“三大能力”设备生产和销售，并影响与其配套设备的销售。在此形势下，纺织机械行业压缩长线产品和能力产品的生产，调整企业的产品结构，转产适销对路和较高水平的短线产品，使行业内总量矛盾与结构性矛盾趋缓。

1991年纺织机械行业完成产量45.5万吨，实现工业总产值63.9亿元，分别比上年增长6.7%和0.1%。其中：国家合同订购任务完成13.7万吨，工业总产值24.5亿元，分别比上年增长4.6%和20.7%。全年共为纺织工业提供化纤设备200台，气流纺纱机76台，棉精梳机897台，有梭织机4.7万台，无梭织机1686台（其中：喷气织机242台，喷水织机663台，剑杆织机781台）。这适应了纺织工业的重点项目的需要。

新技术与科研成果 1991年纺织机械行业重视机电一体化工作，筹建了纺织机械电子技术推广应用办公室，召开了全国纺织机械PC机应用经验交流会，组织PLC可编程控制器测试和选型工作。

"七五"国家重大引进技术消化吸收项目——气流纺纱机和剑杆织机通过验收。"七五"国家重点企业技术开发项目——自调匀整通过鉴定。"七五"国家重点科技攻关项目中的10个专题，有8个专题已通过国家鉴定与验收，其余2个专题已接近完成。国家重点攻关项目中，第一套用于抚顺的干法腈纶设备已安装完毕，进入试运行。用于淄博化纤总厂的设备安装即将完成。

在国家"863"高科技计划CIMS工程中，郑州纺织机械厂列为CIMS单元技术应用工厂；上海第二纺织机械厂列为CIMS重点应用工厂，初步设计已通过终审，目前正在实施此项任务。

新产品 1991年纺织机械行业完成新产品试制20项、鉴定42项。其中：棉纺织设备10项，毛麻丝设备8项，印染设备8项，纺机专用仪器7项。通过鉴定的主要新产品有：(1)杭州纺织机械厂设计制造的GD004-210型轴向络丝机，将真丝、人丝、合纤丝的绞丝络到圆形有边筒子上，可作经丝和纬丝用。该机双面单层卧式，锭数60、84、120锭／台，线速9.9m／s，锭距360mm，导丝动程165～210mm，卷装容量500、600g，电动机功率2×0.75kW，采用轴向退解型式，具有张力波动小的特点。

(2)杭州纺织机械厂设计制造的ZGD200型挠性剑杆丝织机，筘幅145cm，车速200r／min，选纬色数4色，纬密10～60根／cm，功率1.8kW，经轴最大直径450mm。该机型是分离机架按钮开关式，右侧单剑杆引纬。

(3)天津纺织机械厂设计制造的FA402型粗纱机，适用于普梳和精梳棉纤维、人造纤维、合成纤维的纯纺或混纺。适纺纤维长度22～51mm及51～60mm，适纺捻度18～80捻／米，总牵伸倍数4.2～12倍，锭翼转速1400r／min，锭距185mm，成形尺寸为ϕ128mm×320mm，牵伸形式为三罗拉双短皮圈或四罗拉双短皮圈，采用YJ4-190A摇架，喂入形式为高架式导条辊，每台锭数108、120、132锭，主机功率8.6kW。

(4)青岛纺织机械厂设计制造的FA203型梳棉机，适用于纤维长度22～76mm纯棉的混纺。喂棉重量500～1000g／m，总牵伸倍数60～300倍，棉条定量3.5～6.5g／m，最高出条速度250m／min，锡林直径1289mm，回转盖板根数32／86（工作盖板／盖板总数），适用棉条筒规格ϕ600mm×1100mm，总装机功率10.99kW。

(5)诸城纺织机械厂设计制造的MA442-280型轧光机，可对棉、麻、化纤及其混纺织物进行轧光整理，还可用于床单布、装饰布、塑料皮革的轧光。机器公称宽度2800mm，最大工作压力2800kN，加热辊直径350mm，温度80～110℃。布速24～72m／min，主电动机22／7.6kW。该机轧光工艺性能达到国外80年代同类型技术水平。

(6)上海第二纺织机械厂设计制造的KV441型高速纺丝机，纺丝位数2、6、8、12。挤压机螺杆直径60～150mm。该机为单面机。纺丝位距900mm，机械卷绕速度2500～4000m／min，工艺卷绕速度3200～3500m／min，每部位喷头数8、卷绕头数2，每卷绕头卷装饼数4，丝饼规格为ϕ360mm×120mm，重量11kg。成品纤度范围80～166dtex，成品的产量600～3600吨／年。全机传动功率22.75～145.75kW，全机加热功率43.96～173.5kW。该机是与德国巴马格公司技术合作生产的产品。

(7)无锡纺织机械厂设计制造的FK6-700型弹力丝机，采用双面筒架喂入，全机216锭，适纺纤维22～220dtex，机器速度700m／min，全机总功率150.7kW，卷装尺寸ϕ250mm×250mm，卷装重量5～6kg。该机是与德国巴马格公司技术合作生产的产品。

行业管理 1991年，纺织机械行业的宏观调控措施进一步完善，为控制纺织工业"三大能力"的盲目发展及技术装备低水平的延伸，颁发了《关于棉、毛纺细纱机、化纤纺丝机生产销售和报废的管理办法》和《纺织机械第二批淘汰产品的通知》等法规性文件。还调整了9大类400余种纺织机械产品的价格。

1991年纺织机械行业调整了骨干、重点企业，由原来的64个，增加到88个。

1991年，经纬纺织机械厂晋升为国家一级企业，常州纺织器材厂和上海远东钢丝针布厂晋升为国家二级企业。还制订了《纺织机械行业生产现场管理考评细则》，并在14个企业进行试行。

"工艺突破口"工作，在完成试点的基础上，已向行业骨干、重点企业推广，有11个企业达标。

1991年，经纺织机械质量监督检验中心的检测和考评，对符合条件的棉精梳机、梳棉机及锭子、罗拉、摇架等45种产品的生产企业颁发了生产许可证。

1991年纺织工业部所属的宏大纺织机械制造(集团)公司获得外贸进出口权。

质量及质量管理 1991年纺织机械行业围绕"质量、品种、效益年"的工作重点，颁发了《关于1991年纺织机械、纺织器材行业加强质量工作的意见》、《纺织器材企业产品质量考核办法》和《关于清理整顿纺织机械、纺织器材标准的工作安排和要求》等4个法规性文件，并对棉纺锭子，SL6800系列上罗拉轴承，PG系列棉纺钢领，棉纺钢丝圈等产品进行行业质量评比抽查，共抽查

73个企业86种规格的产品，产品品种合格率为75.6%。据对行业内83个企业的综合质量系数统计，平均系数为0.998，比上年提高1.63个百分点。

1991年纺织机械行业获国优金质奖1项（郑州纺织机械厂的GA301型浆纱机），银质奖3项。国优复评银质奖3项；并有9个企业11种产品获得部优产品称号。

1991年召开了全国纺织机械、纺织器材标准工作会议和标准归口单位工作会议。全年共审批和颁发行业标准47项。并清理整顿了587项行业标准，继续生效的标准有122项，淘汰标准308项，其余的标准需要重新修订，进行了ISO／TC72国际纺织机械标准化技术归口工作，共开展国际标准项目46个，收到ISO／TC72秘书处发来的资料62份、1350页。正式表态18次，全年采用ISO纺织机械标准6个。

技术改造及技术引进 1991年纺织机械行业共安排技术改造项目66项，总投资2.8亿元，其中，技术改造新开项目37项。总投资1.5亿元，贷款0.9亿元。基本建设项目计划20项，其中结转与新开项目各10项，总投资0.5亿元。投资主要用于"七五"重点项目的新产品形成批量，提高产品稳定性、一致性和可靠性，增添测试手段，提高机电一体化的产品开发和研制的能力。

1991年纺织机械行业签订3项引进技术合同。上海第二纺织机械厂、无锡纺织机械厂等与德国巴马格公司分别签订了继续合作生产FDYB型纺丝机、FK6－900型、FK6－12型高速弹力丝机合同。

销售 据纺织机械行业承担国家计划的284个企业的统计，1991年纺织机械产品销售收入71.4亿元，上交利税2.4亿元，利润总额4.8亿元，分别比上年增长49%、4.3%和减少2%。出口额为1.17亿美元，比上年降低9.3个百分点。主要原因是多头出口造成售价降低。

〔撰稿人：纺织工业部技术装备司 顾 平 审稿人：纺织工业部技术装备司 柳仁德〕

〔航空航天工业部〕

生产发展情况 1991年航空航天工业部的一些企、事业单位与纺织行业的企业、院校、研究所密切合作，从消化吸收引进国外的纺织机械入手，开发生产了剑杆、喷水、喷气、片梭4种无梭织机和自动络筒机等新型纺织机械装备主机60多项，电控、电测及纺织专用器材170多项，参与开发生产新型纺织机械的工厂、研究所、院校80多个，开发和技术改造投入近2亿元，初步建立了一支近3000多名从事棉纺、无梭织机及专件器材的科研、设计、生产的科研队伍，成立了一批相对独立的纺织分厂和设计研究机构。1991年完成纺织机械产品产值2亿多元，利税0.3亿元，节省外汇0.4亿美元。其中合成纤维设备、棉纺织设备、丝纺织设备产量分别达到685台／1123吨、408台／1429吨、188台／408吨。由于航空航天工业部开发生产的纺织机械80%以上达到国际80年代水平，国产化率大都超过了85%，尽管1991年市场上一般纺织机械销路不太景气，但航空航天工业部生产的新型纺织机械仍滞中有俏。

新技术与科研成果 1991年通过省级、部级技术鉴定和中试鉴定合格的新型纺织机械、专用件有FB－500型高速并条机、J2－1普及型挠性剑杆织机（中试鉴定）、GA731（GD）－190型挠性剑杆织机（中试鉴定）、QVX型气动V型牵伸装置和气动V型牵伸加压摇架、新型电子提花横机等5项产品。投入批量生产的16项新型纺织机械主机和40项专件、器材、电测、电控、仪器，已经成为市场上比较畅销的商品。

新产品 1991年通过鉴定的主要新产品项目有：

(1) 石家庄飞机制造厂设计制造的FB－500型高速并条机。采用微电子技术，对开关车、快慢速、换筒、风机、揩拭器等运行实行程序控制，机电一体化水平较高，技术性能达到了80年代国际同类产品的水平。眼数2，眼距900mm，输出速度200～500m／min，喂入并合数6～8根，牵伸型式为三上三下压力棒加导向皮辊（或五上三下），加压型式为弹簧（或气动）摇架加压，适纺纤维24～80mm原棉、棉型化纤及中长纤维，自动换筒式横送直推、胶辊断条。

(2) 庆安宇航设备公司设计制造的J2－1普及型挠性剑杆织机，是纺织工业部"七五"期间关键设备科技攻关和研制生产的招标项目，1991年11月16日中试鉴定验收。用于有梭织机的更新改造和替代进口，该产品具有一定特色，电控系统采用PC机控制，性能比较可靠，共轭凸轮开口机构工作平稳，维修方便，打纬力较强，特别适合于织中、厚织物，织造性能达到国内同类织机先进水平。筘幅190cm，转速210～230r／min。入纬率440m／min，纬密30～800根／10cm，纬纱选色数混纬或2～6色纬任选。适用于织造棉、毛、丝、麻、化纤及混纺纱线的轻薄、中厚织物。

(3) 西安航空发动机公司设计制造GA731（GD）－190型挠性剑杆丝织机，是国家"七五"重点科技攻关项目，该机中试的8台经过半年多的试织生产，已织出了涤素缎、塔夫绸、电力纺（真丝）等系列产品，织物近10万米，具有生产效率高、织物质量好、综合消耗少、自动化程度高等特点，达到了国际80年代同类织机先进水平，是国内挠性剑杆丝织机中处于领先地位的织机。该机采用电子—机械联动选纬装置，无级调节的纬密装置，开口按需要可配备踏盘、多臂、提花装置，自动寻纬装置。并有自动监测系统、自停及保护装置，是织造丝织物的新型挠性剑杆织机。筘幅190cm，转速300～420r／min，入纬率750～

1064m/min。

质量及质量管理 为贯彻“质量、品种、效益年”活动，组织了黄河以北和长江流域两个调研小组，对GA731挠性剑杆织机和FA611转杯纺纱机的18个用户进行走访，对两机使用情况，质量及售前、中、后服务等进行现场调研。其中，有国家一流大型纺织企业，也有乡办小厂和中外合资企业。用户对两个产品反映较好。但对零备件供应，外购外协件装配把关等工作要改进。例如：哈尔滨亚麻厂使用64台FA731剑杆织机，两年多来，织布近200万米，还生产出了101纯亚麻出口产品，织出的亚麻布获得国家金奖，该厂于1991年12月再次订购筘幅3.8mGA731剑杆织机38台。

1991年8~9月，航空航天工业部对西安航空发动机公司生产的GA731型挠性剑杆织机和华兴航空轮机公司生产的GD762型喷水织机的质量情况进行审核，根据审查和自查中发现的问题，两公司分别制定出剑杆织机质量整改措施73项和喷水织机技术质量整改措施50项。两公司按指令计划进行考核，实施质量奖惩。

生产GA004H自动络筒机的秦岭电气公司，生产GA731型挠性剑杆织机和GA731（GD）-190型挠性剑杆丝织机的西安航空发动机公司，生产GTP-250型片梭织机的南昌飞机制造公司，生产GD762型和GD772型喷水织机的华兴航空轮机公司，生产QGT-280和GA190、GA280等3种机型喷气织机的燎原机械厂，均通过了国防科工委质量保证体系考核，并获得合格证书。

技术改造及技术引进 自动络筒机、片梭织机、黑色冶金铸造基地、无梭织机电控系统系列化、电子提花横机5个项目列入国家“八五”重点纺织机械专项技术改造计划。技术改造资金全部得到落实，1991年对自动络筒机、片梭织机、无梭织机电控系统系列化投资启动。列入国家“七五”第二批军民结合型企业重点技术改造计划有喷气织机、中频转杯纺纱机、水下切粒机、高速并条机等13项，其中，5项正抓紧技术改造建线，8项正抓紧技术改造验收的准备工作。1991年，真丝倍捻机、化纤机械和备件、储纬器、化纤计量泵系列、粗纱机、新型织机试验研究基地、塑料编织成套设备等7个项目，被列入国家“八五”军民结合型企业重点技术改造计划，技术改造资金已经落实并开始启动。

“七五”期间，共安排纺织机械产品军转民技术改造线24项，已有5项通过建线验收。

销售 为适应市场变化，促进纺织机械销售，1991年11月航空航天工业部召开了有33个单位、38名代表参加的纺织机械销售处（科）长会议，并共商成立“纺织机械联销网”。

1991年在纺织机械销售不太景气的情况下，航空航天工业部生产的新型纺织机械主机和专用件、器材、电测、电控、仪器仍有一定的销路，西安航空发动机公司开发生产的剑杆织机到1991年底累计销售486台，产值达8262万元，销往国内14个省、市20多个厂家，织造了棉、毛、麻、丝40个品种的织物。兰州飞控仪器总厂开发生产塑料编织成套设备，到1991年底累计销售织机760台、拉丝机13套，实现销售收入6300万元。产品已销往23个省、市。向泰国出口四梭、六梭、八梭圆织机分别为50台、12台、8台，拉丝机5套，外贸合同额150万美元。华兴轮机公司开发生产的喷水织机，到1991年底累计销售300台，2台出口试销泰国，国内4省10多个厂家用于生产，新增产值3000多万元。

〔撰稿人：航空航天工业部民品司　董　圭　审稿人：航空航天工业部民品司　阚力群〕

轻工机械

〔轻工业部〕

生产发展情况 1991年，轻工机械生产开始走出谷底，出现了全面回升的好势头，各行业产值、产量等均有所增长，利润、利税总额亦有所增长，行业亏损面、亏损企业数等均有不同程度的下降，但企业经济效益并未根本好转，还存在着一定数量的微利或潜亏企业，具体情况如下。

造纸机械 1991年，全行业43个企业完成工业总产值58972万元，产品销售收入63097万元，产品销售税金3896万元，分别比上年增长9.3%、21.6%、39.7%；但完成利润总额1823万元，比上年下降32.4%；总产量61911吨，比上年增长4.0%。在产值、产量均有增长的情况下，经济效益继续下降，除利润总额下降外，销售利税率、资金利税率分别由上年的10.6%和7.6%下降为9.1%和7.5%，但全员劳动生产率由上年的16746元/人·年增长为18207元/人·年。

1991年，造纸机械行业利润总额较大的企业有：天津轻工机械厂（701万元）、上海造纸机械总厂（530万元）、辽阳造纸机械厂（329万元）。亏损企业为8个，亏损面为18.6%；亏损总额达1263万元，其中亏损较大的企业达到亏损472万元和271万元。另外，还有部分利润总额小于10万元的微利企业。

1991年该行业生产的主要造纸机械产品包括造纸烘缸、造纸机、磨浆机、复卷机、分均机等。

皮革机械 1991年，全行业35个企业完成工业总产值26997万元，产品销售收入27462万元，产品销售税金1407万元，利润总额1254万元，分别比上年增长37.9%、48.1%、28.6%和33.0%；销售利税率和资金利税率分别由上年的

11.0%、8.5%下降到9.7%和上升到9.7%，全员劳动生产率由上年的16564元／人·年增加到22563元／人·年。该行业生产增长幅度大、经济效益增长也较高。

1991年，皮革机械行业利润总额较大的企业是：烟台皮革机械厂（178万元）、大连红旗机械厂（151万元）等。亏损企业4个，亏损面为11.43%；亏损总额达40万元，亏损最多的企业亏损额为21万元，微利企业约占20%。

1991年，皮革机械行业生产的产品包括：片皮机、挤水伸展机、振荡拉软机、皮革转鼓、制鞋机械等。

陶瓷机械 全行业9个企业完成产值23568吨，比上年增长25.1%；完成工业总产值13114万元，产品销售收入14934万元，产品销售税金667万元，税润总额288万元，分别比上年增长7.5%、44.7%、15.4%、161.8%；销售利税率由上年的6.7%下降到6.4%，资金利税率由上年的4.5%上升到6.2%，全员劳动生产率由上年的17456元／人·年增加到21541元／人·年。该行业生产增长，经济效益有所改善。

1991年，陶瓷机械行业利润总额较大的企业是：石湾陶瓷机械厂（290万元）、湖南轻工机械厂（181万元）等。亏损企业2个，亏损面为22.22%；亏损最多的企业亏损额达277万元。有些企业虽然出现了效益上升的好势头，但由于1990年亏损额过大，仍出现亏损。

1991年，陶瓷机械行业生产的产品包括：球磨机、炼泥机、成型机等。

玻璃机械 1991年，全行业10个企业完成工业总产值11755万元，产品销售收入11983万元，产品销售税金708万元，分别比上年增长32.6%、37.3%、39.1%；利润总额由上年亏损263万元一跃增长到盈利289万元；销售利税率、资金利税率分别由上年的2.8%、1.7%上升到8.3%、6.3%，全员劳动生产率由上年的11840元／人·年上升到15965元／人·年。该行业生产增长幅度大，经济效益显著。

1991年，玻璃机械行业利润总额较大的企业是大连市轻机厂、南通轻机厂，整个行业无亏损企业，但微利企业约占20%。

该年度玻璃机械行业生产的主要产品有退火炉、六组（八组）双滴料制瓶机、中空玻璃器皿钢化机等。

自行车、缝纫机加工机械 1991年，全行业5个企业完成工业总产值7583万元，产品销售收入7859万元，产品销售税金557万元，利润总额901万元，分别比上年增长135.6%、155.7%、111.8%、119.2%；销售利税率由上年的21.9%下降到18.6%，资金利税率由上年的19.3%上升到21.3%，全员劳动生产率由上年的13491元／人·年上升到27169元／人·年。该行业产值增长很大，经济效显著增长。

1991年，自行车、缝纫机械行业利润总额较大的企业有乐清工业缝纫机厂（413万元）等。该年度亏损企业1个，亏损面为20%；亏损额为32万元。

木工、家具机械 1991年，全行业18个企业共完成工业总产值6547万元，产品销售收入6542万元，产品销售税金393万元，分别比上年增长7.8%、25.6%、49.4%。由于家具市场疲软及行业自身技术及管理水平等方面的原因，该行业经济效益较差，与1990年相比，无明显改观，利润总额由上年亏损297万元变为亏损15万元，全员劳动生产率由上年的7995元／人·年上升到9779元／人·年。

1991年，木工家具机械行业各企业利润普遍较低，亏损企业为8个，亏损面为44.44%；亏损总额达194万元，亏损最多的企业亏损额达94万元，微利（或潜亏）企业约占40%。

该行业的主要产品包括砂光机、木工带锯机、曲直封边机、双头榫眼机等。

服装机械 1991年，全行业16个企业共完成工业总产值23894万元，产品销售收入22764万元，产品销售税金1469万元，利润总额2497万元，分别比上年增长16.3%、34.4%、27.3%、37.6%；销售利税率由上年的17.5%下降到17.4%，资金利税率由上年的21.1%上升到27.3%；全员劳动生产率由上年的24054元／人·年上升到31096元／人·年。

1991年，服装机械行业利润总额较大的企业是：武汉服装机械厂（1073万元）、上海江湾机械厂（513万元）、上海服装机械厂（339万元）、上海黎明服装机械厂（260万元）。该年度亏损企业2个，亏损面为12.5%；亏损总额为46万元，亏损最多的企业亏损额达29万元，微利企业约占30%。

1991年，服装机械行业生产的主要产品包括：自动剪线疏缝机、高速平缝机、平头锁眼机、气垫式带刀裁剪机等。

电光源机械 1991年，全行业3个企业共完成工业总产值2364万元，产品销售收入2175万元，产品销售税金170万元，利润总额194万元，分别比上年增长49.0%、63.2%、93.2%、51.6%；销售利税率、资金利税率分别由上年的16.2%和6.4%上升到16.7%和11.2%，全员劳动生产率由上年的8635元／人·年上升到13296元／人·年。

1991年，电光源机械行业利润总额较大的企业是新乡电光机械厂（125万元）。

新技术与科研成果 1991年，轻工机械各行业有一批科研成果获部级科技进步奖，主要获奖项目如下。

造纸机械 瓦楞辊加工技术研究（丹东轻工机械厂、天津市磨床总厂）、ZDP11A带HFC-1控制器450双圆盘磨浆机（上海轻工机械工厂、轻工部杭州轻工机械设计研究所）均获三等奖。

皮革机械 GJ3C1／Y-210 挤水平展机（烟台皮革机械厂）、MT3D1／D-1300 毛皮渐变染色机（轻工业部毛皮制革工业科学研究所）均获三等奖。

陶瓷机械 微机控制的底热式 60 米节能隧道窑（山东淄博张店陶瓷厂）获二等奖。

玻璃机械 ZY2 型制瓶机（沈阳市北方药用玻璃机械厂）获三等奖。

自行车、缝纫机加工机械 QH44、DH404 型车架组合半自动焊接机（上海自行车四厂）和 LE3-1905 双排滚子链装配机（浙江诸暨链条设备研究所、诸暨链条设备总厂）均获三等奖。

木工、家具机械 MJ3212 型微机跑车木工带锯机（南通市木工机械厂）获三等奖。

服装机械 GC15-5-4D 型自动高速平缝机（上海工业缝纫机厂）、高速工业缝纫机旋梭（上海华莘缝纫机零件厂）、服装计算机辅助设计系统（北京轻工业学院）获二等奖，GD22101 型电脑自动花样套结机（上海缝纫机一厂、上海电器自动化研究所、上海缝纫机研究所）、SJJ045 三层真空干燥机（上海江湾机械厂）GI5-4 型自动剪线跳针机（湖北工学院、武汉服装机械厂）获三等奖。

工艺美术机械 YHX-1 型胶背地毯定型挂胶、干燥生产线（天津市地毯六厂研制）、GY7-1.2 型地毯簇绒机（上海缝纫机一厂）、TH4 型自动提花织席机（湖南省祁阳县轻工机械厂、湖南省机械研究所）获三等奖。

其他轻工机械 X-Y-1-I 型精密数控雕孔机（北京金星制笔厂）、笔舌—储水器超体精密注塑模具（永生金笔厂）、树脂型细铅芯成套工艺设备（上海轻工业工程设计院、上海文教机械厂、上海制笔工业总厂）、脂肪酸蒸馏、分离引进设备自动控制仪器仪表国产化（上海制皂厂）、ZRJ350 真空乳化机（上海华明机械厂）、电脑自动冲床（上海电池厂）、1.3 吨可倾式调粉机（广州市日用机械厂）、移印机系列（广州市恒昌机器厂）、真空干燥制皂设备（兰州轻工业机械厂）、冰箱内胆真空成型模具（苏州香雪海电器公司工艺装备厂）均获三等奖。

1991 年，“七五”重大科技项目——服装加工生产线的消化吸收国产化工作已基本完成，顺利通过轻工业部组织的验收，形成西装加工生产线的能力，专用设备国产化率达到 80%以上，性能和质量指标达到国际 80 年代初同类产品技术水平。服装加工机械化程度达到 80%以上，对我国服装行业的发展，起到了有力的推动作用和保证作用，部分产品已能够替代进口产品。据不完全统计，到 1991 年 6 月底，已出口创汇 832 万美元，创产值 1.89 亿元，利税 4405 万元，取得了较好的经济效益和社会效益。

该项目中技术开发项目共计 30 个子项，已完成 25.5 项（其中一个子项内有两个分项，已完成一个分项），为计划数的 85%，包括：服装设计与剪裁系统 4 项、缝制设备 14 项、粘合整烫和包装设备 2 项、关键零配件及加工生产线部分 3 项、基础理论研究 2 项。该项目取得的明显效果，包括：(1) 服装设计与剪裁系统已从手工的量体裁衣发展到计算机辅助设计，可节约大量辅助时间，使我国的服装设计水平跨进世界先进行列。开发成功的摇臂式自动磨刀裁剪机，减轻了工人劳动强度，提高了裁剪精度和生产效率。(2) 缝纫系统中的平缝机、包缝机等已逐步采用高速产品，缝纫速度从原来的 3000 针／分提高到 5000 针／分，生产效率提高了 50%左右。产品种类从“六五”前的 170 余个品种、规格发展到现在的 400 多个品种、规格。(3) 粘合整烫和包装设备系统已发展到由电脑控制吸风式蒸烫机和全自动蒸汽发生器、自动控温电热蒸汽熨斗、全蒸汽熨斗的中间熨烫设备。(4) 解决了超高速机针、高速旋梭、电磁离合电机、粘合机胶带等关键零部件。(5) 开发成功了机电一体化设备——开口袋机，并已批量生产，使西装等开袋工序由手工实现了机械化。(6) 开发成功的跳针机是具有多功能的产品，可拼缝、平缝、绣花。

在该项目完成的同时，还带动了一批试验基地、数据库及仪器设备的建立。开发了一批项目外的产品，如上海江湾机械厂不但完成了自动剪线高速平缝机，还开发了高速平头锁眼机、高速包缝机等，常州服装机械厂还开发了立景机、放射型折景机等。

该项目存在的问题是个别项目立项准备不够充分，部分电气元件还需进口，小部分新产品还没有达到配套能力。

根据用电子技术改造传统产业的政策和轻工装备行业“八五”规划，“八五”期间将大力在轻工装备行业推广先进的 CAD／CAM 和机电一体化技术，1991 年，主要集中精力做好培训队伍的工作，在西北轻工业学院举办了第二期企业领导人 CAD／CAM 培训班，在北京召开了 CAD／CAM 系统选型论证会，为今后推广 CAD／CAM 技术打下了基础。

新产品 1991 年通过轻工业部鉴定的新产品有：

造纸机械 (1) 山东造纸厂、山东淄博轻工机械厂研制的 ZDP11B-450 全浮动双盘磨浆机，该机带有全浮动装置，对各种长纤维或短纤维浆料采用粘状浆式或半粘浆状打浆工艺都有较好的适应性。(2) 牡丹江第二轻工机械厂研制的 ZQB1200 型盘纸分切机，该机具有车速自动控制系统、张力自动控制系统、线压力控制系统和自动计量系统及数显装置，提高了盘纸分切精度，分切后的盘纸质量在紧、平、圆指标上，远优于国内现有分切机，接近国际同类机型水平，可满足进口烟草机械高速卷烟的要求。(3) 西北轻工业学院、四川轻机厂等研制的 ZDSP1 型高效节能直径 360mm 工程塑料双盘磨浆机，该机用工程塑料磨盘打浆，能获得高效节能的打浆效果，能保护纤维长度，成浆均整度好，成纸强度指标提高 20%左右。(4) 湖北工学院、湖北通山造纸机械厂研制的 ZGF15 刷式抛光机，该机是一种新型的纸张整饰机械，它能使涂料涂布纸在不降低其松厚度的基础上大幅度地提高其表面光泽度，还可以提高纸的平滑度和印刷性能。

皮革机械 (1) 上海江湾机械厂研制的 SJJO45 型三层真空干燥机，该机为现代制革行业不可缺少的主要设备之一，用于牛皮、猪皮及合成轻革的真空干燥，除电器部分外，全部国产化。(2) 天津市皮革机械厂、天津大学研制的 GJ3A2-180 通过式挤水机，该机自动化程度高，双级挤水，设有伸展辊装置，自动控制升降，使皮革伸展效果良好，设有毛毡自动调偏、高压工作、低压空载的自动转换，明显提高毛毡寿命。(3) 天津市皮革机械厂、天津大学研制的 GJ5E2-150 通过式压花机，该机既可熨平，又可压花，温度由微机控制，压花辊为钢质，毛毯套可自动调偏；换毯换辊方便，熨压吨位大，压出的花纹清晰一致，皮革平整，能满足制革工艺要求。(4) 青岛胶南轻工机械厂、上海胶鞋研究所研制的 XJ14A／J 型仿样机，该机具有仿样、扩样、缩样等多种功能，适用于皮鞋、布鞋、胶鞋的底样、帮样、条样的仿样，属国内先进水平。(5) 张家口市毛皮机械厂研制的 MJ5E3-30 型裘皮服装熨烫机该机适用于多种小型皮张及裘皮服装的熨烫后整理工序，机器下部有容料槽，可烫大型挂毯及靠垫等工艺品，扩大了使用范围。该机属国内领先水平。(6) 张家口市毛皮机械厂研制的 MJ4B3-180 型环形干燥机，该机是一种国内首创的新型理想的干燥设备，适用于羊皮、狗皮、狐皮等各种细杂皮的干燥工序，皮张干燥均匀，含水量适度，干燥周期短、效益高、可自动调温、排潮。(7) 烟台皮革机械厂研制的 GJ2A8-300 精密剖层机，该机主要用于剖分整张牛皮，剖分精度高，成革率高，还能剖分橡塑板、合成革等化工产品，整机结构紧凑、系统刚性好。(8) 江门电子技术设备厂研制的 GJ9A4-180 立式电子量革机，该机采用电脑控制，将光电扫描检测皮革的面积信号进行处理，并显示和打印出面积的数值，单人操作，便于检查和维修。

木工、家具机械 (1) 青岛木工机械厂研制的异形磨光机，该机主要用于木质制件中的圆弧面、曲面和异形沟槽的砂光。(2) 青岛木工机械厂研制的盘带两用磨光机、侧立带式磨光机，这两种产品适用于实木家具、建筑装修和木模制造等行业，也可用于金属制件的除锈和倒棱角等。

服装机械 (1) 华南缝纫机三厂、华南缝纫机工业公司研究所研制的 GC0801-F 自动剪线疏缝机，该机具有无线电子调速、自动剪线等优越性及踏板互锁、故障保护等功能，噪音低，达到国际80 年代初先进水平。(2) 华南工业缝纫机厂研制的 GC030-1 型可变上送料高速平缝机，该机系引进国外技术软件，通过消化吸收研制成功，缝纫性能良好，绝无起绉现象。(3) 上海黎明服装机械厂研制的 DCQ1200 气垫式带刀裁剪机，该机具有无级调整装置、气垫式裁剪工作台，采用聚氨酯直接压胶在钢带轮外缘的新工艺，面料裁剪时上下层不易发生移动，带刀刃磨装置结构新颖。(4) 天津市华北工业缝纫机厂研制的 GK36 型双线四针链式缝纫机，该机为服装针织行业缝制腰围松紧带装饰缝的必备设备。(5) 上海华莘缝纫机零件厂研制的 X-30 高速旋梭，该产品是为高速平缝机配套的关键零部件，属国内首创。(6) 上海缝纫机四厂研制的 GNT 型上下差动送料包缝机，该机有三线、四线、五线与前置式、后置式上送料牙组合的六个基本系列，可完成多种规格线迹包缝工艺。(7) 南京五一三厂研制的开袋缝纫机，该机除开袋外，还可作自动剪线双针机使用。(8) 上海工业缝纫机厂研制的 GK28-1 型高速双针链缝机，该机线迹平整且富有弹性，在服装、针织、帽子等行业有着广泛的应用。(9) 无锡市服装机械厂研制的 CCT-1 型抽湿／吹风组合式女装外衣烫台，该烫台采用组合式结构，可更换多种台面及模头，能满足各类服装厂变换产品需要，亦可满足洗染店等其它行业的要求。它既可抽湿又能吹风，主要性能指标达到 80 年代国外同类产品水平。(10) 无锡市服装机械厂研制的 QFQ-3 型全自动蒸汽发生器，该机加热速度快、热效能高，且有高低水位显示及过热过压保护装置，安全可靠，主要性能指标达到国外 80 年代同类产品先进水平。可供服装行业及其他需要蒸汽的行业使用。(11) 江苏省新沂工业缝纫机厂研制的 NHGF-300、600、900 型粘合机，该机可随工作物质料不同选定工作温度，NHGF-600、900 型偏带可自动调整，加热温度均匀。(12) 安徽省宿州市服装机械厂制造的粘合机系列产品，该系列产品包括平板粘合机和辊式粘合机，用于服装衣领、门襟、前胸、驳头、袖口等部位的粘合加工。(13) 中国标准缝纫机公司研制的 GYD 系列电脑多头绣花机，该机是集精密机械传动、电子控制技术为一体的高技术产品，具有自动换色、自动反复绣、自动挖孔绣、自动剪线、自动补偿、花样编辑等多种功能，是生产高质量刺绣品的先进设备。(14) 上海黎明服装机械厂制造的 YB170 型验布机，该机具有复码补偿功能，验布速度可无级调速，能在不同情况下进行验布。其送布装置能适用于不同型式的面料。(15) 上海黎明服装机械厂制造的 GM2-1 型圆头锁眼机，该机是缝制西服、大衣和其它各种服装钮扣的专用、高速率半自动型缝纫机，具有先切后缝、先缝后切、自动剪面线、自动抬压脚等功能，主要技术性达到 80 年代国际同类产品先进水平。

五金机械 (1) 烟台造锁设备厂研制的 YS-1027 钥匙冲孔压印机，该机主要用于制锁行业的钥匙加工，将钥匙的冲孔压印二机并为单机，改变了传统工艺、加工质量好、效率高、噪音低。(2) 上海自丰机械厂研制的 J44-630 千牛底传动双动拉伸压力机，该机行程长，台面大，结构紧凑合理，传动平稳，噪音低，使用范围广，能满足大型容器和器皿深拉伸成型。

其他轻工机械 (1) 长沙衡器厂研制的 DCS-50 型电子数字式装袋秤，该机称重可任意设定，能实现自动累计计数、过程监视、抽样检测、超差报警、故障诊断、量程较正，可计量袋装或散装，带有远控、断电自动保护，可与计算机联网，达到 80 年代中期国际先进水平。(2) 江苏省江阴市江南轻工机械厂研制的 JSYFQ-5005 型多功能吹膜彩印封切机，该机由供料、吹膜、彩印、封切四大部分组成，既能分开单独操作，又能五套色正反彩印包装袋一次自动成型，可适用于高压、低压聚乙烯和聚丙烯三种不同性能原材料。(3) 轻工业部沈阳轻工机械研究所研制的 QJ17-23 猪鬃梳理正直机，该机由备料、梳理、捆扎三个分机组成，从捞毛梳理到捆扎全部自动化，效率为手工操作的 20～24 倍。(4) 苏州春花吸尘器总厂生产的 DQZ-2A 汽车清洗打蜡机，该机以永磁直流电机为动力，两级减速，采用手提式，双头密封式结构，具有工作效率高、使用安全、多功能等特点，填补了国内空白。(5) 轻工业部沈阳轻工机械设计研究所、沈阳市苏家屯区星光石材机械厂生产的 CYQ-A 超小型带锯石材切割机，该机对翡翠、玛瑙、玉石、大理石、玻璃、陶瓷等各种硬材进行任意曲线的切割，在加工小型美术装饰品时，可直接成型。由于采用超簿型金刚石锯带，弥补了圆盘金刚石锯片的不足，降低了材料的损耗。(6) 上海电池机械厂生产的 DCA01 调粉机，该机采用可编程控制器，实现了调粉全过程自动化，不但可调制适用于锌型纸版电池的正极粉料，而且还可以调制铵型纸板电池和糊式电池正极粉料，工艺适应性高，调粉均匀率高。(7) 航空航天工业部长新机械厂、轻工业部上海设计院研制的 CM1-1000 真空均质机，该机用于高质量化妆品的制膏，它可使机内物料均质乳化进程在密闭真空状态下进行，避免了物料与空气直接接触，高速外循环均质器将物料进行强烈的剪切分散，均质乳化效果良好，膏体细腻、表面光亮。

行业管理 1991 年，轻工业部技术装备司制定了《轻工技术装备行业开展“质量、品种、效益年”活动实施方案》，规定了质量、品种、物耗、经济效益等四项考核指标，共计 16 条。提出了加强质量管理、提高产品质量和加速产品开发、调整产品结构以及加强综合治理、提高企业素质等四项措施和要求。在 4 月份召开的轻工装备行业工作会议上进行了布置。

为了进一步做好企业管理的基础工作，根据行业工作会议通过的《轻机企业开展“工艺突破口”工作实施意见》，中国轻工机械协会起草了《轻工机械企业开展“工艺突破口”工作考评办法（试行）》和《轻工机械企业开展现场管理考核细则（试行）》两个文件，并组织唐山轻工机械厂等 5 家企业率先开展了“工艺突破口”自查考评试点，轻机协会还组织了培训班，宣传贯彻两个文件，各省市轻工业厅局也分别选择了 1～2 家企业开展此项工作。

近年来，轻工各行业及轻工装备各行业引进了大量的国外先进技术和设备，但消化吸收部分所占比例极小，为此，轻工部技术装备司由两位副司长带队，赴江苏、山东、广东等地进行了大量调查，召开了多次座谈会，掌握了大量材料和数据，在此基础上提出了一批项目，用以指导行业的消化吸收工作。部分项目承担单位已经落实。1991 年 11 月，在山东泰安召开了消化吸收工作会议，交流了经验，提出了问题，讨论了今后的办法，此次会议，对轻工装备行业的消化吸收工作起到较大的推动作用。

1991 年轻机产品出口创汇不断增加，创汇较多的地区是：江苏、浙江、辽宁、上海四省市。到 1991 年为止，被国务院机电产品出口办公室批准为扩大机电产品出口企业的有：上海江湾机械厂、辽阳造纸机械厂、大连红旗机械厂、沈阳锻压设备厂、哈尔滨第一轻工机械厂、无锡轻型轴承厂、大丰轻工机械厂、浙江轻工机械厂、浙江海宁轴承厂、湖北京山轻工机械厂、广东江门机械厂、常州第二轻工机械厂。

1991 年公布了“第一批国家鼓励生产和使用的国产先进轻工技术装备产品”这对促进轻工企业使用国产设备有一定指导作用。这批产品如下。

造纸机械 共计 23 种产品，主要有 CY-1200 型滚筒压痕切线机、ZDZ21 型双锥疏解机（山东省郯城造纸机械厂），ZS2 振动筛选机（沈阳市轻工机械二厂），880、1092、1760 单、双面涂布机（杭州市轻工机械一厂），YQ-Z-42 电子多功能拉力机、YQ-Z-48 电子纸板耐破度测定仪、YQ-Z-46 数字式瓦楞纸板厚度测定仪（四川省长江造纸仪器厂），ZPD-10B 型电子无录纸张平滑仪（长春市纸张试验机厂），DW（DN）妇女卫生巾制造机（丹东轻工业机械厂），GJ160 自动割卷机（山东省诸城市农业机械厂），单面瓦楞纸板生产线及三层、五层瓦楞纸版生产线（湖北省京山轻工机械厂），ZBJ31 型湍流式中浓度浆泵（天津轻工业机械厂），高线压造纸胶辊（包括真空压榨辊、沟纹压榨辊、普通压榨辊、涂布辊）（西贝造纸胶辊公司）等。

皮革机械 共计 20 种产品，主要有 GJOB1-2 型电控转鼓（江苏省邗江县皮革机械厂），X8-185 剖层机（国营大连红旗机械厂），GJ3A1-180 挤水平展机、GJ406 锁板自撑式绷平干燥机（浙江省湖州二轻机械厂），GJ3H2-160 双排振荡拉软机（常州皮革机械总厂），双燕牌 GJ4C5-160 皮革连续绷平干燥机（成都发动机公司三厂），GJ4C6-160、180 链带式自动绷平干燥机（湖州市皮革机械厂），GJ4C6 通道式控温挂晾干燥机（海安轻工机械刀片厂），金利牌带刀及圆刀、XJ8B4-30 曲面鞋底磨粗机（扬州工具二厂），SJJ014 精刻楦机（上海江湾机械厂），XJ／A1／Y-20t 液压下料机（山西省阳泉市轻机厂），XL2Y-25 液压龙门裁断机（广州皮革机械厂），XJ4E1／Q-0.5 打钉机（福建省惠安轻工机械厂），XJ8Z2 系列配底流水线（江苏省盐城市轻工机械厂）。

陶瓷机械 共 23 种产品，主要有 1000、1500、2000、2500、3200 型系列喷雾干燥塔和 TC1F3000×500015 吨球磨机及 TCCC 系列（包括 190、200、450）双头滚压成型机（唐山轻工机械厂），TCM11325 及 TCM11180 球磨机、TCN1340 三轴卧式真空炼泥机、TCYL75K 全液压压滤机（湖南省轻工机械厂），TCYL650 压滤机、TCIT ϕ750／60 压滤机、TCX3226 及 TCZG450×120 双头滚压成型机、TCS1 万能滚压成型机、TCK90 双缸隔膜泵（江西省景德镇陶瓷机械厂），YZS-80／100 圆型振动筛选机（岳阳市轻工机械厂），TC8Q140×250 变量柱塞泥浆泵（湖南省醴陵陶瓷机械厂），TJB5／25 陶瓷柱塞泥浆泵（宜兴陶瓷机械厂）。

玻璃机械 主要有 BLH8×140（八组）、BLH6×140（六组）双滴料行列式制瓶机和 BLDL3000、2700、2400、2100、1800 型电加热节能退火炉（山东省轻工机械厂），BLQD660、BLQD910 辐射式全电加热供料道和 BLB400×250 型裹入式加料机 BLZ10 回转式制瓶机、及 BLD110×90、BLD110×60 双滴料供料机（潍坊第一轻工机械厂），BLRZ 热端蒸涂机、BLMM150 玻璃模具磨光机、BLLP 冷端喷涂机和 BLBD 系列 450、600、750、900、1050 型摆杆式加料机（山东莱州市轻工机械厂），WG 型卧式中空玻璃器皿钢化机（沈阳市玻璃机械退火炉厂）。

木工、家具机械 主要有 MY3116 木工冷压机（江苏海宁木工机械厂）。

服装机械 共计 24 种产品，主要有 ZC160-M 直刀裁布机（上海黎明服装机械厂），GC6-1 高速平缝机、GC6-1-D3 高速自动剪线平缝机、GN20-3 高速包缝机（陕西缝纫机厂），SJJ 系列 115-DK-3A 高速自动平缝机、SJJ116 复衬机（疏缝机）及 SJJ311、312、313 高速平头锁眼机（上海江湾机械厂），GC15 型系列高速平缝机、GD8-1 双针高速针送料平缝机（上海工业缝纫机厂），GI5-1 工业绣花机（武汉服装机械厂），CK1-2 缲边机（湖北鄂州市服装鞋帽机械厂），GK9-2 型手提封包机（瑞安市封包机厂），GY612-1 多头电脑绣花机（青岛缝纫机厂），YJ-100、YJ-300、YJ-500、YJ-1000 羽绒加工成套设备（徐州羽绒设备厂），ZJ-215 多功能褶景机（常州服装机械厂）。

其他轻工机械 主要有 ZRJ350 真空乳化机、YGP700 真空制膏机（上海华明机械厂），XZX150 香皂成型包装设备生产线（上海轻机公司）。

质量及质量管理 1991 年，各企业普遍增强了以质量求生存、增效益的观念，深化了全面质量管理，加强了售后服务工作。在委托有关部门进行质量监督检测的同时，对新开发产品中发现的质量问题及时进行调查处理。

在完善轻工装备质量标准检测体系方面，制订了一系列行业标准，并对 5 个检测中心进行了验收。评出了两项国优产品：大丰轻机厂生产的小型空压机和沈阳灯泡厂生产的 24 头发泡机。部优产品共计 17 项，具体产品如下。

造纸机械 辽机牌 ϕ950mm 削片机、辽机牌叠网多缸箱板纸机（国营辽阳造纸机械厂），济轻牌振框式平筛（山东济宁轻工机械厂），ZWQ33A-1092 盘纸分切机（山东造纸机械厂），飞鹤牌 ZDS11（ZDS17）卧式水力碎浆机（福建省轻工业机械厂），XZXJ41-ϕ100 离心式纸浆泵。

皮革机械 菱湖牌 GJ4C6-160 链带式自动绷平干燥机（浙江省湖州市皮革机械厂），四川牌 GJ4F1-180 电脑控制喷浆干燥机（江门电子技术设备厂），DHQ 牌 X8-230 剖层机（国营大连红旗机械厂），双戟牌 450mm 削匀机刀片（湖州市和孚刀具厂），金角牌 GJ4C6-160A 链板自撑式绷平干燥机（浙江省湖州二轻机械厂），良马牌 XJ1A2／Y-245KN 龙门液压下料机（上海皮革机械厂）。

服装机械 999 牌 HG80（HG85）羽绒烘干机（徐州羽绒设备总厂）。

五金机械 威扬牌 DJM-25 刀剪磨床（扬州五金机械厂）。

其他轻工机械 东飞牌软轴软管总成（上海东方软轴软管镇流器厂），分水牌 GL320-Ⅱ高效空气过滤器（宜兴市南方吸音器材厂），琴岛牌 YCT160-4A 电磁调速电机（青岛振华电机厂）。

1991 年完成的行业标准如下：

造纸机械 印刷开槽机（QB／T1004—91）、象限秤（QB1047—91）、压缩强度试验仪（QB1048—91）、MIT 试耐折度测定仪（QB1049—91）、撕裂度测定仪（QB1050—91）、泰伯试挺测定仪（QB1051—91）、初温强度测定仪（QB1052—91）、摆锤式抗张强度试验机（QB1053—91）、纸浆打浆度测定仪（QB1054—91）、厚度测定仪（QB1055—91）、本特生试粗糙度测定仪（QB1056—91）、耐破度仪（QB1057—91）、印刷适应性测定仪（QB1058—91）、瓦楞纸板厚度测定仪（QB1059—91）、柔软度测定仪（QB1060—91）、槽纹仪（QB1061—91）、造纸机辊筒与烘缸直径系列（QB／T1339—91）、复卷机技术条件（QB／T1340—91）、ZCC21-22 型双锥草片除尘机（QB／T1341—91）、桥式单面热风干燥气刀涂布机（QB／T1342—91）、ZDF 型纤维分离机（QB／T1419—91）、ZDS 卧式水力碎浆机技术（QB／T1420—91）、造纸机械通用部件——流浆箱技术条件（QB／T1422.1—91）、造纸机械通用部年——真空辊技术条件（QB／T1422.2—91）和造纸机械通用部件——普通铸铁辊技术条件（QB／T1422.3—91）及造纸机械通用部件——普通网笼技术条件（QB／T1422.4—91）、圆网卷纸机技术条件（QB／T1423—91）、纸机压光机技术条件（QB／T1424—91）、ZWC 型超级压光机技术条件（QB／T1425—91）、纸盘分切机技术条件（QB／T1426—91）、ZWQ 型单、双刀切纸机（QB／T1427—91）。

皮革机械 挤水平展机（QB／T1062—91）、带刀片皮机（QB／T1063—91）、圆刀片皮机（QB／T1064—91）、绷帮机（QB／T1065—91）、布面胶型成型流水线（QB／T1066—91）、羽绒除尘机（QB／T1072—91）、羽绒回厢分毛机（QB／T1073—91）、羽绒烘干机（QB／T1343—91）、电脑控制喷浆干燥机（QB／T1344—91）、链带式自动绷平干燥机（QB／T1345—91）、真空干燥机（QB／T1346—91）、下料机（QB／T1347—91）、削匀机与去肉机刀片（QB／T1348—91）、电子量革机（QB／T1349—91）。

陶瓷机械 链式干燥机（QB／T1067—91）、液压推车机（QB／T1068—91）、螺旋桨搅拌机（QB／T1069—91）、日用陶瓷机械术语（QB／T1081—91）、液压成型机（QB／T1244—91）。

服装机械 缝线分装机（QB／T1306—91）、工业缝纫机— 疏缝缝纫机机头（QB／T1307—91）、热熔粘合机（QB／T1308—91）。

其他轻工机械 火柴机械产品型号编制方法（QB／T1160—91）、梗枝筛选机（QB／T1161—91）、ZLJ350 真空乳化机（QB／T1170—91）、电池铁壳成型机（QB／T1246—91）。

技术改造及技术引进 1991 年轻工机械行业完成的技术改造项目有：(1) 西安皮革机械厂转鼓生产设备技术改造，该项目总投资 332 万元，预计每年新增产量 80 台，产值 560 万元，利税 164 万元。(2) 四川自贡轻机厂碱回收炉设备制造生产线改造，总投资 225 万元，每年新增产量 5 台（套），产值 760 万元，利税 160 万元。(3) 武汉服装机械厂引进生产跳针机设备，总投资 1200 万元，年新增产值 4900 万元，利税 1680 万元。(4) 青岛胶南轻工机械厂消化吸收鞋底生产设备的技术改造，总投资 320 万元，年新增产量 50 台，产值 500 万元，利税 120 万元。(5) 山东潍坊第一轻工机械厂引进玻璃机械制造技术的改造，总投资 1100 万元，年新增产量 206 台，产值 1400 万元，利税 323 万元。(6) 南京曙光机械厂为生产紧凑型荧光灯生产设备进行的技术改造，该项目总投资 350 万元，当年投资 300 万元，项目完成后，可年产紧凑型荧光灯生产线 12 条，产值达 1680 万元，利税为 360 万元。(7) 江苏省邗江县皮革机械厂为生产自控转鼓进行的技术改造，该项目共投资 400 万元，完成后生产电脑自控皮革转鼓，年新增产值 1860 万元，利税 485 万元，产品可出口创汇 268 万元。(8) 辽宁省辽阳造纸机械厂扩建铆焊车间的技术改造，总投资 295 万元，预计可新增产值 4000 万元，利税 660 万元。(9) 辽宁阜新轻工机械厂消化吸收热交换器生产线技术改造，每年可生产 10 条生产线，增加产值 450 万元，利税 132 万元。

另外，天津轻工机械厂消化吸收低间歇蒸煮技术的改造，总投资为 600 万元，年产量可达 4 套，产值 1800 万元，利税 630 万元。北京皮革机械厂消化吸收绷帮机的技术改造，可新增产值 430 万元，利税 200 万元，以上项目也已基本完成。

1991 年列入“八五”技改计划的部分项目已经开始进行。

1991 年，轻工机械各行业固定资产投资额较大的是皮革机械（5062 万元）和造纸机械（3930 万元）行业，其次是服装机械（1092 万元）、陶瓷机械（1066 万元）、包装机械（885 万元）、五金机械（836 万元）、玻璃机械（824 万元）、自行车及缝纫机加工机械（564 万元）等行业。从投资构成来看，除木工家具机械行业基本建设投资（260 万元）大于技术更新改造投资（171 万元）外，其他行业均以技术更新改造投资为主，电光源机械行业 274 万元固定资产投资全部用于技术更新改造，这说明轻工机械行业的发展正从单纯扩大生产规模向提高技术水平、提高技术含量、创效益的方向迈进。

为了在对外引进轻工业生产技术和设备时搞好联合对外，轻工业部技术装备司以皮革机械的引进为试点，把要引进皮革机械的制革厂家组织起来，与部内有关司局、协会、公司协同工作，通过统一的技术考察、专家论证、优化选型及集中筹码、统一谈判等工作，达成了与我方制革厂和装备厂均十分有利的成交方案，以较小的代价，在购买设备的同时也取得了全部图纸和专利与技术决窍，达到了技贸结合的目标，这次成功的经验，将应用到其他行业的技术和设备引进工作中。

[撰稿人：轻工业部技术装备司 潘 科]

日用机械

一、自 行 车

〔中国自行车协会〕

生产发展情况 1991年，全国自行车产量3676.8万辆，比上年增长17.04%；自行车零件完成33.08亿元，比上年增长20.25%。1991年，轻工系统自行车产量3293.65万辆，完成工业总产值108.46亿元（按1990年不变价格计算），比上年增长16.3%；实现利税（按独立核算企业统计）5.62亿元，比上年增长3.97倍。

1991年，全国轻工系统共有448家自行车企业；自行车产量超过100万辆的企业有上海自行车三厂、上海自行车厂、天津自行车厂、广州五羊自行车工业公司、常州金狮自行车工贸集团公司、无锡自行车厂、深圳中华自行车有限公司、天津自行车二厂共8家；自行车产量超过100万辆的地区有上海、天津、江苏、广东、浙江、山东、湖北、安徽8个省市；实现利税超过1000万元的企业有上海自行车三厂、上海自行车厂、天津自行车厂、深圳中华自行车有限公司、金狮自行车工贸集团公司、上海自行车四厂、天津自行车二厂、绍兴自行车总厂、安阳自行车工业公司、杭州自行车总厂、鲁南自行车厂、广州五羊自行车工业公司、嘉兴自行车厂、无锡自行车厂、天津斯普自行车公司、玉林市自行车总厂、永久自行车苏州有限公司、合肥自行车厂共18家，比上年增加10家；中国自行车协会统计的59家整车厂中有24家赢利，比上年增加10家；另有35家亏损。

1991年底，全国自行车拥有量约3.85亿辆，平均每百人约35辆。

新技术与科研成果 天津自行车厂的阴极极化处理微孔铬工艺技术、上海自行车厂的永久牌SC656型公路竞赛自行车获轻工业部1991年科技进步二等奖；天津自行车厂的企业能源投入产出模型研制和应用、上海自行车厂的LD钢车圈成型轧辊新工艺研究和应用、上海自行车四厂的车架组合半自动焊接机、上海自行车三厂和上海轻工业研究所的周期换向氰化镀铜添加剂及工艺试验、山东荣成自行车配件厂的铝合金自行车拨链器获轻工业部1991年科技进步三等奖。

新产品 1991年，自行车新产品开发步伐较快：3～21速钢及铝制自行车前、后拨链器、弯板及倒角变速自行车链条、2～7级外变速飞轮、2～3级变速链轮均已批量生产，促进了变速自行车的发展；受消费者欢迎的山地车、运动车已大批投放市场；整车重量仅11.5公斤的铬钼钢自行车已研制成功；车架、车把、车圈用铝合金制造的自行车已小批量投放市场；快卸铝合金前后轴、铝合金旋压轴皮、聚氨酯发泡塑料鞍座、铬钼钢脚蹬也批量投产；还研制出龟纹、仿大理石、滴纹形、丝纹、迷彩等花色漆自行车。

行业管理 1991年，有两家自行车整车厂取得生产许可证，它们是上海永凤自行车厂和深圳亚洲自行车有限公司。截至1991年底，全国共有88家自行车厂取得自行车生产许可证。

轻工业部在1991年将自行车行业作为轻工系统改组改造的试点行业。其改组改造主要内容为：支持自行车零部件专业化生产，采用先进技术达到经济生产规模；支持重点产区的生产，实现专业化协作配套，解决地区大而全、企业小而全问题；自行车整车厂向专业化生产发展，最终实现自行车整车出厂或销地组装。

1991年，天津自行车北厂恢复天津自行车二厂厂名，生产"斯普瑞克"牌自行车，后又改名为天津斯普自行车公司，属飞鸽自行车集团公司领导；鞍山自行车总厂更名为鞍山梅花自行车集团总公司。

1991年，经国务院机电产品出口办公室和对外经济贸易部批准：上海自行车（集团）公司为机电产品出口基地企业；枣阳自行车厂和杭州小轮车总厂由扩大机电产品出口生产企业（即原扩大外贸自主权企业）升为机电产品出口基地企业；南京自行车总厂和衡阳自行车厂为扩大机电产品出口生产企业。截至1991年底，自行车行业共有机电产品出口基地企业16个；扩大机电产品出口生产企业36个。

1991年，上海自行车三厂"用SHG石英管加热组合件代替炭化硅板"、天津自行车二厂"引进消化吸收，采用新技术斯普瑞克自行车生产线"、江苏大丰自行车飞轮总厂"自行车毛坯冷挤压精密成形"和"自行车飞轮零件热处理、表面处理工艺研究及应用"获轻工业部颁发的轻工企业资源节约技术进步奖。

中国自行车协会于1991年10月在无锡市举办了第二届全国新型自行车零部件展示会，250家生产企业的2500种产品参加展示。参观展示会的国内同行约1800人，另有日本、巴基斯坦、香港、台湾同行30人。本届展示会充分展示我国自行车零部件新产品开发成果，沟通了自行车整车厂和零部件厂的协作配套渠道，对促进自行车零部件的开发和产品质量的提高、整车产品结构的调整起到了积极的推动作用。

1991年，中国自行车协会在冶金工业部的支持下组织重点自行车企业试验开发铬钼钢管制造自行车，样车已研制成功；为提高自行车产品质量，中国自行车协会组织有关生产企业对自行车外变速传动系统和制动系统的产品结构、制造精度等方面进行了联合攻关，取得一定成果。

质量及质量管理 为了指导自行车外变速传动系统零部件的发展，促进自行车产品档次的提高，中国自行车协会于1991年组织制订了《自行车外变速传动联系尺寸》和《自行车外变速系统性能技术条件》，作为推荐技术文件。

1991年，获得轻工业部优质产品奖的产品有：上海自行车飞轮厂的钻石牌自行车5级飞轮、大丰自行车飞轮总厂的飞达牌自行车3级和5级飞轮、邯郸市自行车飞轮厂的工字牌20牙自行车普通飞轮、南京利民机械厂的环球牌12.7×2.4mm自行车变速链条、山东滕州市链条厂的玉兔牌12.7×3.4mm自行车普通链条、威海市链条厂的竞牌12.7×3.175mm自行车普通链条、青岛自行车工业公司链条厂的金鹿牌12.7×3.4mm自行车普通链条、广西玉林自行车链条厂的海鹰牌12.7×3.4mm自行车普通链条、河北迁西县链条厂的千力牌12.7×2.4mm自行车变速链条、苏州市自行车零件二厂的蜗牛牌自行车钳形闸、江阴鞍座手闸厂的升升牌KJ−1型自行车钳形闸、汕头自行车厂的飞乐牌直边、钩边660mm自行车车圈、兴化市自行车链轮曲柄厂的风火牌660mm自行车车圈、昆山市春雷机械厂的联凯牌钩边610×44mm自行车车圈、泰州自行车配件四厂的天马牌710mm自行车车圈等15种产品。

为了保证自行车整车装配质量，全行业1991年整车出厂发展较快，全年约达550万辆。安阳自行车工业公司整车出厂率已达90%。

技术改造及技术引进 1991年，自行车行业的技术改造以产品结构调整和发展整车装配为主。上海自行车（集团）公司技术改造计划投资3777万元，实际完成3794万元，施工面积75923m²，竣工面积33198m²；枣阳自行车厂建成6300m²装配楼；沙市自行车厂完成4000m²技术改造建筑面积，并建成4条冷轧带钢生产线和1台200kW高频焊管机；武汉自行车一厂完成3000m²技术改造建筑面积，并建成1条车圈生产线；邯郸自行车总厂新建1个车架车间；沈阳自行车厂投资200万元建成2条整车装配线；无锡自行车厂建成出口车间，并建成年产10万套的车架、前叉生产线；常州自行车二厂建成4500m²建筑面积的出口自行车综合楼，并建成年产10万辆整车装配线；永久自行车苏州股份有限公司制造投产5工位液化气多嘴焊接设备；常州金狮自行车工贸集团公司完成年产8000吨车圈带钢技改项目；鲁南自行车厂完成焊接、电镀等改造项目，共投资420万元；合肥自行车二厂建成装配车间和工具车间，共投资250万元。

1991年，安阳自行车工业公司投资1725万元引进高频焊管机、静电喷漆设备、车架毛坯喷丸清理设备等35台（套）生产设备；武汉自行车二厂引进了粉末塑料喷涂生产线；唐山自行车厂引进无接头车架生产线。这些设备的引进为产品结构的调整创造了条件。

销售 随着自行车产品结构的调整和新型自行车不断投入市场以及采取"限产压库"措施，1991年自行车销售形势好于上年，产销基本平衡。中国自行车协会统计的59家整车厂的产品销售收入为77.1亿元，比上年增加45.7%；自行车销售量3364万辆，比上年增加33.2%；工业库存自行车151.5万辆，比上年减少42.7%。飞鸽自行车集团公司自行车产量由上年的496.34万辆压至460万辆；库存由上年的82万辆降至55万辆；自行车整车实现利税由上年的6385万元增至9909万元。

1991年，上海自行车三厂的凤凰牌自行车商标和上海自行车厂的永久牌自行车商标分别被评为10个全国驰名商标的第2位和第8位；上海自行车三厂的凤凰牌自行车、上海自行车厂的永久牌自行车、常州自行车总厂的金狮牌自行车、天津自行车厂的飞鸽牌自行车、广州五羊自行车工业公司的五羊牌自行车被《消费时报》邀请的全国42家大型百货商场评为1991年最受消费者欢迎的轻工产品。

1991年，销售额超过1亿元的自行车企业共18家，位于前10名的企业依次为上海自行车三厂、上海自行车厂、广州五羊自行车工业公司、常州金狮自行车工贸集团公司、天津自行车厂、无锡自行车厂、青岛自行车工业公司、天津自行车二厂、安阳自行车工业公司、绍兴自行车总厂。其中前5名销售额均超过5亿元。

据国家海关总署统计：1991年自行车出口量729.28万辆，比上年增长93%；出口额3.58亿美元，比上年增长147.2%；出口自行车档次略有提高，平均每辆车出口价49.1美元，上年则为38.4美元；自行车零件出口额7041万美元，比上年增长12.6%。

上海自行车（集团）公司、上海自行车三厂与加纳阿哈齐·苏来马拉公司签署合同成立上海凤凰自行车（加纳）有限公司，在加纳库马西市合资兴办年产10万辆自行车的加工、组装、经营一体化企业，预计1992年投产。

［撰稿人：中国自行车协会 周瑞玺 审稿人：中国自行车协会 刘素文］

二、缝 纫 机

〔中国缝纫机协会〕

生产发展情况 1991年中国缝纫机工业在调整产品结构，压缩家用机，发展工业机生产的情况下，全国缝纫机产量完成763.84万台，比上年增长0.75%，其中家用缝纫机产量完成644.89万台，比上年下降3.27%。据银行信息网统计，1991年除蝴蝶、飞人、蜜蜂、华南、西湖等牌号的家用缝纫机产量略有增长外，全国有18个厂不同程度地压缩了产量，有6个厂相继调整了产品结构，减产面达82.76%。1991年工业缝纫机产品结构调整力度加大，产量呈上升趋势，达118.95万台，比上年增长29.97%；工业机产量占全部缝纫机产量的比重也由上年的12.07%上升到15.57%。1991年全国轻工系统缝纫机行业实现工业总产值254218万元，实现税利总额20466万元，分别比上年增长13.2%和125.77%。

1991年缝纫机行业加快了产品结构的调整，工业机生产及其经济效益继续呈上升趋势；家用缝纫机生产情况有所好转，据对占全国家用机生产总量98%的22家主要生产厂家统计，1991年实现税利10366万元，比上年的9679万元增盈7.1%，有5家亏损企业的亏损额也比上年减少20.75%；定额资金周转天数为89.15天，比上年加速13.29%；但应收及预付货款，发出商品等3项资金占用继续居高不下，达4.22亿元，比上年增加9.42%，"三角债"前清后欠问题仍相当突出。

新产品 1991年经轻工业部和省市级鉴定或投入批量生产的新产品共有44种，其中工业缝纫机39种，家用机5种。属技术含量高的品种有：上海工业缝纫机厂开发的GC19–1型高速带刀平缝机、上海协昌缝纫机厂开发的JG6001型家用电子多能缝纫机、菀平缝纫机厂开发的GC6–6型中厚料上下送料平缝机、华南缝纫机工业公司开发的GC0801–F型自动剪线疏缝机和可变上送料高速平缝机、上海黎明服装机械厂的GM2–1型圆头锁眼机、上海工业缝纫机厂开发的GK28–1型高速双针链缝缝纫机。

行业管理 1991年上海工业缝纫机厂被首批列为上海市国营大中型企业进行"转换机制、放开经营"改革配套试点单位。企业采取一系列改革措施，取得了显著的经济效益，1991年工业总产值比上年增长34.64%，总产量增长13.81%；出口增长47.46%；税利增长73.04%；全员劳动生产率增长35.34%；企业自留资金增长97%；职工收入增长29.1%，实现了国家多收，企业多留，职工多得的目标。

上海协昌缝纫机厂和上海缝纫机一厂分别被上海市列为首批进行"税利分流，税后还贷"和"实行全员劳动合同制"的改革试点单位。

轻工业部日用机械工业办公室和中国缝纫机协会于1991年11月26日至28日在北京召开了"缝纫机行业改组改造座谈会"，拟订了《缝纫机行业改组改造基本思路》。改造的重点是：调整产品结构，重点发展工业缝纫机及零部件，适当发展多能机，压缩普通家用机；提高产品质量、档次，提高工艺技术水平及装备水平，提高经济效益。用3～5年时间基本完成行业的改组任务，组建天津、上海、华南（广州）、标准（陕西）四大缝纫机集团公司；用5年或稍多一点时间，基本完成行业产品结构的调整任务，工业缝纫机的产量要达到缝纫机总产量的25%左右，工业机品种要达到600种以上。到1995年重点骨干企业的主要产品质量要达到国际80年代水平，缝纫机年产量要控制在600万台左右，其中工业缝纫机为150万台，家用缝纫机为450万台；1995年缝纫机年出口创汇额要达到1亿美元。

质量与质量管理 1991年缝纫机行业对已获得国优、部优产品的高速平缝机和家用编织机两类机种的质量情况进行了市场抽样检测，其产品质量均达到A级水平。为了促进产品质量提高，扶优限劣，指导消费，按照轻工业部的布置，由国家缝纫机质量检测中心对全国7家高速平缝机和19家中速包缝机等产品进行抽样检测。根据抽样检测结果，被轻工业部列为推荐产品的高速平缝机有：标准牌GC6–1型、双角牌SJJ–111型、华南牌GC28型、上工牌GC15–1型、金狮牌GC212–8型；中速包缝机有：双工牌GN1–113型、飞人牌GN1–1A型、标准牌GN1–10型、奔马牌GN1–1型、飞跃牌GN1–2型、乐清牌GN1–1型、温州牌GN1–2型、西工牌GN1–2型、启工牌GN1–2型、上工牌GN1–1A型、蝴蝶牌GN1–2型、山工牌GN1–1型。被列为不推荐的产品有：力达牌GC12–3型高速平缝机和沈工牌GN1–1型中速包缝机两个产品。

在标准化工作方面，1991年批准颁发了10项行业标准，分别是：工业缝纫机噪声测试方法、工业用缝纫机振动测试方法、GK型手提式封包机通用技术条件、GK型手套缝纫机机头通用技术条件、家用缝纫机曲形线链锁式线迹机头、家用缝纫机摇杆技术条件、GC15型高速平缝机送料摆杆座技术条件、GC15型高速平缝机牙架技术条件、GC15型高速平缝纫机抬牙叉形曲柄技术条件、工业用缝纫机机械离合器电动机技术条件。

销售 1991年，全国有18个家用缝纫机厂不同程度地压缩了产量，占全部家用机生产厂的66.7%，有2个厂被限量生产。据全国银行信息网统计，1991年全国家用缝纫机产量为634万台，比上年的671万台减少5.51%；工业和商业销售总量为686万台，比上年的658万台增销4.26%，工商成品库存量为291万台，其中工业库存量为96万台，分别比上年下降15.45%和28.89%。

1991年出口产品结构有所调整。据海关统计，1991年我国出口缝纫机总量196.86万架，比上年下降8.9%，出口创汇9355万美元，比上年增长11.58%。其中家用缝纫机出口163.2万架，比上年下降16.8%，创汇4323.19万美元，比上年下降0.7%；工业缝纫机出口33.66万架，比上年增长68.8%，创汇3408.38万美元，比上年增长24.8%；零部件出口创汇1603.2万美元，比上年增长23.6%。

另据国家统计局抽样调查，1991年我国全社会家用缝纫机总保有量约1.38亿台，与我国家庭总户数2.95亿户相比为1∶2.14，平均每2户就有一台家用缝纫机；城镇居民平均每百户拥有量为70.14台，已接近饱和，乡村农民平均每百户拥有量为55.19台，仍有市场潜力。

随着我国服装加工业的发展，工业用缝纫机需求量增长很快，高速平缝机和高速包缝机处于需大于供的状况，工业机生产的比重在“八五”期间将有很大增长。

[撰稿人：中国缝纫机协会　邹　云　审稿人：中国缝纫机协会理事长　梁玉信]

三、钟　表

〔中国钟表协会〕

生产发展情况　1991年全国手表总产量7595.10万只（其中轻工系统内4870.0万只），比上年下降9.1%。手表中机械女表1341.6万只，比上年下降20.6%；机械日历和自动日历表437.3万只，比上年下降5.2%。手表中石英表总产量4643.85万只，比上年增长19.6%，其中用进口关键元器件生产的国产石英表2848.97万只（其中轻工系统内1772.4万只），比上年增长17.1%，占全国手表总产量的37.5%；用进口整套散装件加工装配的1664.8万只；用进口组装件加工装配的130.07万只。

1991年时钟总产量3652.8万只（其中轻工系统内2992.0万只），比上年增长20.6%。时钟中，机械闹钟1343.7万只，比上年增加10.9%；机械摆钟194.3万只；比上年下降30.5%；石英钟2067.1万只（其中轻工系统内1454.0万只），比上年增长35.1%，占时钟总产量的56.6%。定时器总产量2009.2万只，其中洗衣机用定时器809.3万只（其中轻工系统内644.1万只），电风扇用定时器1059.93万只（其中轻工系统内976.49万只）。

由此看出，机械手表产量首次出现下降趋势，石英表则上升，且增幅大于上年；1991年时钟产量增加，其中主要是由于机械闹钟和石英钟产量的增加，机械木钟产量仍继续下滑。

1991年轻工系统的钟表企业共248个，工业总产值按1990年不变价格计算为35.4亿元。1991年手表工业实现利税总额1.8亿元，比上年下降50.3%。由于组装业留销钟表以及各种走私钟表的严重冲击，加之原材料涨价和钟表产品的高税率(手表增值税43%，仅次于香烟)，使50%的钟表企业出现亏损。1991年是轻工系统手表企业滑波最严重的一年，首次出现了全行业亏损。

据调查，截止到1990年底，我国城镇平均每百人拥有手表88.8只，每百户家庭平均拥有时钟141只，城镇钟表消费处于普及饱和阶段，已进入更新需求。农村每百人平均拥有手表59.9只，每百户平均拥有时钟97.3只，不同地区，钟表拥有率差距较大，因此农村钟、表消费市场有普及、饱和两种形式，处于普及地区需求和更新需求共存的局面。

新技术与科研成果　为适应国内外市场的需求，由丹东手表工业公司、青岛、聊城、扬州手表厂联合设计的薄型多功能机械男表机芯，已完成样机试制工作，正进入批量试制和图纸修改、定型阶段。沧州钟表厂研制的机械式新水流洗衣机定时器于1991年4月通过投产鉴定，其技术指标及性能均达到马达式定时器的标准要求，可完全替代马达定时器。1991年国家钟表质量检测中心通过了军工产品常规试验室鉴定验收，从而建立了军工产品试验的环境条件；通过了“薄量块激光干扰测长仪”的建标考核，建立了全国小尺寸段长度传递的最高计量基准；还通过了国家二级时间频率的考核验收，建立了钟表行业的最高时间计量基准；完成了“日历机构定位可靠性测试仪”的设计工作，从而具备了对多功能产品的质量检测和分析手段。

1991年天津钟表厂的金鸡牌TZJQ建筑用石英大钟荣获轻工业部科技进步二等奖；上海手表三厂的海达牌S3-2B型直径17.2mm机械日历女表、上海手表五厂的JD-3微电脑石英电子秒表、上海钟表仪器厂的PX-1型屏显示校表仪、上海明光仪表厂的DXT-15SF-E发条式15分钟新水流洗涤定时器、牡丹江市钟表工业公司和哈尔滨工业大学的WC无磁传感器、苏州第二表壳厂和苏州大学的表壳微机辅助设计与图形烤控编程WCASE系统、天津钟表电子仪器厂的TJ887型全国产化塑料石英钟机芯、轻工业部钟表研究所的XDCS-1型微机洗衣机定时器测试仪和200-JC系列石油勘采井下测试压力用钟表动力源以及西安钟表材料厂的慢走丝线切割机用电极丝共10项科研成果荣获轻工业部科技进步三等奖。

1991年在全行业石英表质量攻关工作中，各生产企业均不同程度的加强了可靠性管理，采取了新工艺。如：对石英表整机全数进行早期振动筛选和低电压（1.2V）筛选；对机芯结构进行可靠性的改进；为了提高线路板组件的可靠性，增加了防潮工艺及对电子元器件进行老化筛选等。

新产品　1991年钟表产品在外观款式上有了新的发展，开发了一些装饰性强、上档次、价值高的新产品。如上海手表二厂生产的价值4万元的多用首饰女金表；上海手表三厂生产的价值1.98万元的精制豪华型金表，均属国内首创。另外，鸡心项链金表、拱型表、戒指表以及语言报时钟、仿声动物系列石英钟、工艺钟等新产品陆续问世，并受到消费者的青睐。

行业管理　1991年中国钟表协会根据1990年对组装业留销钟表和变相走私严重冲击我国民族钟表工业的调查，向轻工业部和国务院生产办公室写了报告，并作了专题汇报。

根据中国钟表协会二届三次理事会议决定，中国钟表协会信息中心，于1991年组织全国钟表情报网站对全国22个省、区、直辖市的26175户城乡居民拥有钟表情况和“八五”期间对钟表的需求情况及购买意向进行了全面调查，为企业适当调整产品结构、合理安排生产、积极开发新产品提供了决策依据。

针对普通机械钟表滞销、产品严重积压的实际情况，根据国务院生产办公室的要求，采取了“限产压库”、压贷挂钩的措施。在对轻工产成品资金压缩指标层层分解的基础上，将1991年产成品库存压缩指标进一步分解落实到产品。生产企业则积极调整产品结构，使滞销积压的普通单机表生产量得到控制。

质量及质量管理 根据国生企业〔1991〕17号《关于暂停对企业的评优升级活动和清理整顿各种对企业检查评比的通知》文件精神，进行了评优扫尾工作。天津钟表厂的金鸡牌TZJQ建筑用石英钟、青岛手表厂的金锚牌SSQ型建筑用石英钟、济南钟表厂的康巴丝牌建筑石英大钟荣获国优银质奖；天津手表厂的海鸥牌ST6B型机械女表、上海手表厂的上海牌ZSH型机械男表及上海牌SS5A型机械女表扩牌为国优银质奖。5个厂家的机械日历手表；8个厂家的机械式电风扇定时器；1个厂家的洗衣机机械式定时器；7个厂家的异型表壳、6个厂家的宝石元件和2个厂家的人造刚玉被评为轻工业部优质产品。

1991年9月全国钟表标准化技术委员会（代号CSBTS／TC160）一届二次会议于1991年9月在济南召开。会议总结了上年的工作，审定通过了《指针式石英手表》、《指针式石英钟》等7个国家标准，已上报待批。按照标委会的工作章程，审查批准了86个单位为标委会通讯成员单位。这些单位可列席标委会会议，并有权提出建议、获得本标委会的资料和文件。

ISO／TC114的归口工作，1991年共收到文件48份，301页，收投票文件7件，实投7件，投票率100%。

国际标准化组织技术委员会（ISO／TC114）于1991年5月27日至31日在苏联列宁格勒召开了工作会议。参加会议的有德国、中国、法国、日本、瑞士、苏联和美国7个国家的代表共35人。这次共召开了4个分委会会议，一个工作组会议和TC114全体会议。4个分委会会议是SC7总尺寸、SC11石英钟表精度指示，SC6贵金属覆盖层和SC3防水表，还有WG1手表电池工作组会议。共讨论了7个标准草案和两个技术报告。

1991年国家钟表质量检测中心按时完成了轻工业部下达的行评考核和产品质量分等检测任务。共为346个企业检测了28900多只（件）产品。其中表盘、表壳和人造刚玉是首次开展行评考核。

销售 由于组装业留销钟表和各种走私钟表的严重冲击，挤占了我国国内钟表市场，仅进件组装业的留销就挤占了国内37%的市场。因此1991年钟表市场仍然平淡。据钟表协会信息中心统计，1991年轻工系统内销手表2587万只，比1990年下降7.8%，其中机械男女表分别下降51%和29%，石英表内销增长9%。轻工系统内销时钟1876万只，比上年增长1%。其中机械钟为763万只，石英钟1113万只，与1990年相比，前者下降、后者上升。石英闹钟增销104%。定时器内销为1225万只，比上年下降14.57%。

1991年出口创汇有了新的进展，据海关统计，全国钟表出口金额4.31亿美元比上年增长21.1%。但手表产品的出口仍以机芯为主，占出口总量的83.4%，且出口单价持续下跌。机械闹钟出口形式最好，比1990年增长29.0%。

为扩大钟表产品出口创汇，1991年经中国钟表协会推荐，批准了第十批出口基地和扩大机电产品出口生产企业。出口基地企业是上海钻石手表厂，扩大机电产品出口生产企业是上海钟表元件厂和上海中国钟厂。

［撰稿人：中国钟表协会 赵领素 审稿人：中国钟表协会理事长 张遐龄］

家用电器

〔轻工业部〕

生产发展情况 1991年全国家用电器生产形势开始好转。这一年全国家用电器行业完成工业总产值296.69亿元（按1990年不变价格计算，下同），比1990年249.77亿元增长18.79%。其中轻工业系统家用电器企业生产情况见下表1。

表 1

行业	企业数(个)	职工人数(万人)	工业总产值(亿元)	比上年增长%	全员劳动生产率(元／人·年)
轻工业系统合计	647	25.33	166.4	12.2	68508
洗衣机	38	4.08	35.97	15.3	87263
电冰箱	54	6.00	54.66	0.7	97847
电风扇	132	5.99	36.57	4.5	57613

1991年轻工业系统家用电器独立核算生产企业实现利税7.16亿元，比1990年6.72亿元增长6.55%。其中洗衣机企业实现利税1265万元，比1990年659万元增长91.96%；电冰箱企业实现利税2.48亿元，比1990年2.75亿元下降9.82%。

1991年，电冰箱、洗衣机产量在连续两年下降后开始回升，房间空调器、冷冻箱、电饭锅、抽排油烟机等家用电器产量增长的幅度也都较大。

1991年几种主要家用电器产品产量情况是：

家用电冰箱 全行业完成469.94万台，比1990年增长1.49%；其中轻工业系统完成243.39万台，比1990年下降11.85%。

冷冻箱 全行业完成73.38万台，比1990年增长79.41%；其中轻工业系统完成63.74万台，比1990年增长62.15%。

房间空调器 全行业完成63.06万台，比1990年增长161.66%；其中轻工系统完成29.64万台，比1990年增长187.21%。

家用洗衣机 全行业完成687.17万台，比1990年增长3.74%；其中轻工业系统完成584.45万台，比1990年增长8.48%。

电风扇 全行业完成6213.16万台，比1990年增长7.14%；其中轻工业系统完成2253.79万台，比1990年增长13.74%。

吸尘器（交流电式）全行业完成69.80万台，比1990年下降1.6%；其中轻工业系统完成53.1万台，比1990年增长3.23%。

电饭锅及电热蒸煮器具 全行业完成1183.35万个，比1990年增长66.2%；其中轻工业系统完成677.92万个，比1990年增长4.7%。

电熨斗 全行业完成1449.43万个，比1990年增长3.12%（轻工业系统完成647.47万个）。其中蒸气喷雾型电熨斗完成190.11万个，比1990年又增长了11.67%。

脱排油烟机 全行业完成217.77万台，比1990年增长47.76%。其中轻工业系统完成185.25万台，比1990年增长39.80%。

1991年，全国家用电器生产企业根据市场需求的变化，努力调整产品结构，积极开发新产品；同时搞活经营，以扩大销售来促进增产。如电风扇，全国已连续四年产大于销，1991年又遇上夏季气温偏低，许多地区出现大面积洪涝灾害，因此，是电风扇行业举步艰难的一年。但不少企业抓紧时机，摸清市场需求的变化，调整电风扇品种结构，增加适销对路的小型微风吊扇、台扇，增产出口吊扇，压缩落地扇，开发价格适中、面向农村市场的风扇，从而扩大了电风扇的销路；有的企业还同时开发多门类的小家电产品，使电扇行业1991年产值、税利均比上年有所增长。又如洗衣机行业，1991年增加了全自动洗衣机和双桶大容量洗衣机的生产，压缩了老式双桶洗衣机和单桶洗衣机的生产，据轻工业系统的统计，1991年套桶全自动洗衣机产量由1990年的23.24万台增加到39.76万台增长了71.1%；单桶洗衣机产量由1990年的51.25万台，减少到24.35万台降低了52.5%。1991年合肥（水仙牌）、天津（天洋牌）、上海（水仙牌）3个洗衣机厂的双桶大容量洗衣机，由1990年的46.9万台增加到107万台，做到了产品适销对路，产销基本平衡；同时，坚持“一主多副”的发展方针，在继续搞好洗衣机生产的基础上，积极开发工艺相近的家用电器产品，从而扭转了1990年全行业亏损的局面，利税总额比上年大幅度增长。

1991年，安徽、江苏等省遇到了历史罕见的特大洪灾，据江苏省的统计，全省有20多个家用电器生产企业受到洪水的袭击，直接经济损失2137万元，间接损失影响产值6700多万元。在抗洪救灾中，广大职工团结一心，全力以赴，奋力拼搏，积极开展生产自救，战胜洪水带来的困难，使生产迅速得到恢复，取得好成绩。这一年完成产值33.45亿元，比上年增长15.76%，其中轻工系统完成22.1亿元，比上年增长8.3%，利税1.03亿元，比上年增长5.29%，接近全国家电行业的平均水平。在抗洪救灾中，涌现出合肥电冰箱总厂、合肥洗衣机厂、苏州长城电扇厂等一大批家用电器生产企业战洪水、保证企业继续优质高产的典型。合肥电冰箱总厂从6月初起，先后遭受3次大洪水的袭击，面对全厂三面受洪水包围的境地，全厂职工毫不退缩，团结奋战，克服重重困难，分别在厂外、厂门前和厂区内筑起了三道抗洪防线，确保了厂区的安全和生产的正常进行，受到了省、市人民政府的表彰；在6月初到7月15日汛情最紧张的日子里，全厂电冰箱产量、总产值和销售额，分别比上年同期增长57%、17.8%和30%；全年共生产电冰箱24万台，实现产值3.83亿元，销售收入3.83亿元，利税5734万元；产值、销售收入、利税分别比该厂历史上最好的1990年增长了28%、20.4%和33%。

新技术与科研成果 1991年，全国家用电器行业共荣获国家科技进步三等奖13项，包括上海上菱电冰箱厂的上菱BCD-216V无霜型冷藏冷冻箱、合肥电冰箱厂的BCD181型冷冻冷藏箱、合肥洗衣机总厂的百花牌多功能食物加工机、广东南海桂岗五金家电厂的电子双定时自动压力锅、山西长治洗衣机厂的海棠牌电脑全自动洗衣机及其生产技术、合肥黄山电器总厂的黄山——格罗宝电脑豪华型吸尘器、苏州春花吸尘器厂的春花干湿两用吸尘器、沈阳电热元件厂的联钵锅炉电加热器、青岛电冰箱总厂的电冰箱试验系统、青岛电冰柜厂的电冰柜生产线微机温度巡回检测系统、北京家用电器研究所的电冰箱全封闭型电动机——压缩机及其特殊安全要求标准。

行业管理 1991年，家用电器行业出现的突出问题是：继前几年出现的冰箱热之后，又出现了房门空调器热。从1月份起，房间空调器的生产量和销售量逐月猛增，与上年同期相比，成倍增长，成为家用电器产品的新热点，出现了盲目大上空调器生产点的倾向。尽管空调器及其压缩机属国家产业政策严格限制新建和上能力的产品，且国内已有一定批量的生产企业40多家，年生产能力150万台以上，1990年全国空调器生产发挥能力还不到四分之一，而当时正在上和准备上的还有五六十家。为此，国家计委和国务院生产办公室于11月初联合向全国发出《关于制止房间空调器目盲目发展的通知》。《通知》指出：空调器的发展要认真吸取电冰箱、洗衣机等产品发展失控的经验教训。空调器属于高耗能产品，其压缩机等关键零部件国内还难以满足配套。空调器的发展必须在市场、能源供应、生产和进口等方面协调一致的情况下，才能顺利进行。《通知》要求：(1) 各地方要认真贯彻执行国务院国发〔1990〕45号文件的规定，克服对空调器项目盲目建设、盲目改造的倾向。(2) 所有空调器及其压缩机的建设和改造项目(包括合资、合作、独资、补偿贸易、来料来样加工等项目)，不论规模大小、投资多少、资金来源何处，均需由省、区、市计委（计经委）、经委(生产委) 报经轻工业部，按照国家批准的行业规划核准后，再按现行规定的审批程序审批。从现在开始，未经批准再上项目的，要追究领导责任。(3) 引进空调器及其压缩机的生产设备，事先须按国务院和国家计委的有关规定，经轻工业部审核、国务院生产办公室批准，由经贸部发给进口许可证。未经审批同意的，一律不发给进口许可证，没有进口许可证的（包括经济特区及沿海开放省、市、区)，海关一律不准放行。

为了有效地贯彻上述规定，轻工业部于12月24日在北京召开新闻发布会，提出控制空调器盲目发展的方针和措施。并提出了强化行政管理手段、制定较高的技术经济指标、加强质量管理、采取相应经济措施等四个方面的措施和办法。轻工业部徐荣凯副部长在新闻发布会上讲话，国家计委芮杏文副主任等有关部委领导出席了会议。另外，广东、浙江等省人民政府也分别结合当地的实际情况，制定了加强对房间空调器行业管理的办法和措施。

1991年5月中旬，中国家用电器协会在江苏无锡市召开了一届三次理事会，总结了协会1990年以来的工作，部署安排了协会今后的工作，并就深入贯彻国务院关于开展“质量、品种、效益年”活动进行了动员和部署。这一年，中国家用电器协会清洁器具、空调器具、通风器具、制冷器具等专业委员会，分别按专业进行了成本、价格分析、市场信息交流、发展战略研讨等多种形式的活动，从而有效地促进了家用电器生产的发展和提高。这一年，还完成了《洗衣机行业十年》的编写出版工作。

为了更好地发展外向型经济，各地家用电器生产企业积极参与国际博览会等国际交往活动。1991年4月8日至15日，102个家用电器生产企业参加了第二届北京国际博览会展出，参展的家用电器产品405种，展出面积252平方米，展出的家用电器产品式样新颖、功能齐全、外观装潢美，充分展示了我国改革开放和近年来调整产品结构取得的新成果，吸引了众多的外宾，成为最受欢迎的展区之一。展出期间，成交额共4800万美元，并有95种家电产品荣获这届国际博览会金、银奖。

销售 1991年，据全行业20个重点洗衣机厂的统计，销售额由1990年的25.92亿元上升到29.54亿元，增长13.95%。库存下降9.28%。

在产品销售中，名牌产品处于明显优势，非名牌产品销售困难。如广东中山威力牌、上海和合肥水仙牌洗衣机，1991年销售收入11.06亿元，比1990年9.65亿元增长14.6%；这两个牌号洗衣机的销售收入占全行业销售收入的三分之一。无锡小天鹅全自动洗衣机1991年销售收入由1990年的5291万元上升到15747万元，比上年增长了197.62%。

1991年，各地家用电器生产企业在努力适应国内市场需要的同时，继续大力发展外向型产品，使我国家用电器产品出口创汇在国际市场的激烈竞争中，继续保持良好的增长势头。据海关统计，这一年我国家用电器产品出口创汇4.39亿美元，比1990年增长26.5%。其中：电冰箱创汇2117万美元，家用洗衣机创汇1589万美元，电风扇创汇24252万美元，电熨斗创汇3581万美元，微波炉创汇2603万美元。

1991年，各地家用电器生产企业到国外办厂又有了新的进展。如苏州长城电器有限公司继在马来西亚办苏马公司合资企业后，1991年11月又与墨西哥可可贝里公司签订了建立双班年产50万台电风扇的合同，为直接向欧美出口增加了辐射点。

[撰稿人：中国家用电器协会　何一埠]

[机械电子工业部]

生产发展情况 1991年机械电子工业部系统家用电器生产扭转了1990年生产滑坡的局面，经济效益有所回升。据89家企业的统计数据，机电部系统完成工业总产值108亿元，是上年的2.1倍，实现利润3亿元，是上年的2.2倍。主要经济指标见表2。

1991年机电系统主要家电产品生产情况如下：

电冰箱 机械电子工业部系统共有17家电冰箱生产企业，1991年完成工业总产值37.94亿元，比上年增长66.11%，生产电冰箱161万台，比上年增长7.3%，产品销售收入32.5亿元，比上年增长80.5%。其中广东珠江冰箱厂生产电冰箱48万台，工业总产值7.6亿元，产品销售收入7.1亿元，在全国同行中名列前茅，产值和效益均列入全国500家工业大型企业之列。其次，扬子冰箱厂生产电冰箱26万台，比上年增长79.7%，产品销售收入3.5亿元。陕西冰箱厂生产电冰箱21万台，比上年增长24%，产品销售收入3.8亿元。经过两年多的市场疲软，1991年冰箱市场出现了回升势头，各冰箱厂充分利用各自的先进技术和设备优势，积极开发新产品投放市场。如扬子冰箱厂研制出大冷冻室、带储能、电子温控功能的电冰箱，低温储藏箱，超宽系列冰箱等新产品，投放市场后很受欢迎，使销售收入增加2亿元。重庆五洲冰箱厂推出183L、200L、202L、218L，大冷冻室，超大冷冻室，特大冷冻室，以低温补偿、停电储冷等多功能的新型冰箱，很快占领了本地市场。

表2 抽样的89家企业1991年完成的经济技术指标

指标名称	工业总产值			工业净产值(万元)	产品销售收入(万元)	产品销售税金(万元)	利润总额(万元)
	当年价(万元)	1990年不变价(万元)	比上年增长%				
数量	1071877	1084024	109	234310	879873	47539	30141

指标名称	年末固定资产		定额流动资金		销售利税率(%)	资金利税率(%)	全员劳动生产率(元/人·年)
	原值(万元)	净值(万元)	年末占用数(万元)	平均余额(万元)			
数量	372369	241049	289017	283990	12.5	16.1	76426

洗衣机 1991年机械电子工业部系统从事洗衣机生产的企业有11家，根据9家企业的统计数据，生产洗衣机79.7万台，比1990年下降6.75%，1991年完成产值8.36亿元，比上年增长4.5%，完成产品销售收入6.9亿元，比上年增长7.8%。1991年洗衣机行业生产仍处于低缓状态，除少数厂家产量略有提高外，近半数厂家的产值、产量较上年都有不同程度的下降。按产量排列前4名的厂家依次为：国营兰州长风机器厂220778台、陕西洗衣机厂190454台、广州航海仪器厂98250台、上海新江机器厂94975台。

电风扇 1991年机械电子工业部系统生产电风扇的企业约有40家，据31家企业的统计数据，1991年实现产值17.7亿元，比上年增长7.2%，生产电风扇1041万台，比上年增长4.1%，占全国产量的17.5%，完成产品销售收入17亿元，比上年增长26.8%。电风扇市场竞争激烈，使不少国营企业面临困境。广州远东风扇厂是机电系统的老厂，技术力量雄厚，生产的钻石牌风扇饮誉全国，面对产量下降、市场竞争激烈的困难，该厂加强市场研究，寻找对外发展的途径，1991年继完成9万多台全塑落地扇出口美国后，又与美国康氏公司签订了22万台的电机出口任务。吴县防爆电机厂在行业中继续占有优势，1991年生产电风扇221万台。

空调器 1991年机械电子工业部系统从事空调器生产的企业共10家。1991年完成产值18亿元，是上年的4.5倍，生产家用空调器16万台，比上年增长89.4%，完成产品销售收入19.1亿元，是上年的4.9倍。江苏春兰制冷设备有限公司实现产值3.2亿元，是上年的2.9倍，生产空调器5.6万台，是上年的2.8倍，完成产品销售收入2.7亿元，是上年的2.8倍，居全国空调器行业之首。1991年的空调器生产出现了空前的增长趋势，其特点是：动销早、销势旺、使用面广。原因是：随着国家经济形势的好转，空调器市场逐步趋旺，市场令生产兴奋，各空调器企业纷纷增产，生产投资骤然猛升。但是，据有关方面专家的推测，空调器市场在近期发展是有限的。

电热器具 1991年机械电子工业部系统从事电热器具生产的企业约30家。据23家企业的统计数据，1991年完成产值26.8亿元，生产电饭锅335万只、电炒锅28.5万只、电热水器3.7万台、电暖器30.3万台、电吹风36.7万只、电烤箱2.5万台、微波炉44万台、三明治炉19.3万台。

新技术与科研成果 机械电子工业部系统各企业，1991年采用新技术、新材料、新工艺达50多项。在采用新技术方面，广东珠江冰箱厂利用计算机辅助冰箱设计（CAD），绘制二维工程图，对冰箱进行三维实体设计，装配成形、效果图生成等。白云家用电器总厂在零部件生产工段上采用数显技术，保障了产品质量，并提高了效率。扬子冰箱厂利用微机对电冰箱在恒温室内进行14项指标测试，该技术达到了国际80年代末水平。上海空调机厂对压缩机排气阀片的升程进行试验研究，获得最佳值，提高能效比。春兰制冷设备总公司在空调器上采用远红外遥控电子温控器，其控制功能齐全，显示直观，并可扩展空调器功能及节能。在采用新材料方面，陕西洗衣机厂采用塑料中空板代替镀锌钢板，做洗衣机后盖，单台成本降低1.91元，全年可节约50万元。黄河机器厂用国产化材料代替了日本进口材料，降低了成本，节约了外汇。在采用新工艺方面，陕西洗衣机厂采用洗衣机箱体冲压复合模具，将48道冲压工序合并为一次成型，大大提高了效率。

此外，广州日用电器研究所制订的《电冰箱可靠性试验与评定方法》通过了部级鉴定，是我国电冰箱行业第一个可靠性试验及考核规范，对开展电冰箱可靠性研究、设计奠定了基础，该成果获得机电部科技进步三等奖。

面对保护臭氧层这一全球性环境问题，国际社会限制受控CFC使用的进程不断加快，对此机电部系统电冰箱行业积极行动，加快CFC替代技术的研究、开发和试验等工作。如陕西冰箱厂对采用真空绝缘热板在冰箱中的应用，以及 R152a、R134a 等工质在冰箱中的实际应用进行了试验研究；华意电器总公司利用澳大利亚政府贷款引进年产 100 万台 R134a 压缩机的生产线已投入基建，同时与澳大利亚科比公司共同开展了 R134a 冰箱的匹配研究；机电部广州日用电器研究所开展了新工质和混合工质在冰箱空调器中的应用研究等项目。

由于 CFC 替代技术的艰巨性和复杂性，机电部电冰箱行业除依靠自身力量进行 CFC 替代技术的研究开发外，还积极创造条件与国际社会广泛交流与合作，努力争取国际社会特别是联合国环境保护署（UNEP）的技术经济援助。在机电部的领导下，陕西冰箱厂、华意电器总公司、珠江冰箱厂以及机电部广州日用电器研究所合作，共同在 1991 年向 UNEP 的专家提出了 R134a 替代 R12 的冰箱生产示范线和 50%水部分替代 R11 发泡生产示范线方案的框架材料，UNEP 的专家还对有关工厂进行了实地考查。

行业管理 1991 年日用电器行业协会就企业关心的问题，如 CFC 替代技术、《家用电动洗衣机》国标修订情况、电风扇国外销售价格问题、国内外电热技术发展动向等进行了交流和研讨。这些活动对企业掌握市场变化情况，有的放矢地发展生产，提高产品质量起到了指导作用。

1991 年被国务院企业管理指导委员会批准为国家一级企业的有国营长风机器厂、国营长岭机器厂。

1991 年国家日用电器质量监督检验测试中心发放插头插座生产许可证 140 个。

质量及质量管理 1991 年机电部系统各企业认真贯彻执行机电部有关保证“质量、品种、效益年”活动的措施，积极推行国家质量管理和质量保证系列标准，进一步健全各级质量管理体系。扬子冰箱厂 1991 年优质品率为 42.5%，一等品率为 95%。上海远东冰箱厂在全厂范围内开展了“杜绝浪费，消灭人为质量事故”质量活动，使产品正品率比 1990 年同期提高了 25.8%。广东珠江冰箱厂认真推行全面质量管理，以质量取胜，容声牌 BCD-165 型电冰箱荣获 1991 年国优金质奖。

1991 年国家日用电器质量监督检验测试中心对全国 17 家电风扇企业的 17 种型号的产品（落地式电风扇）进行了监督性抽查，合格率为 88.2%。其中机电部系统企业的 6 个产品均合格，合格率为 100%，并被轻工部指定为推荐产品。它们是广州远东风扇厂生产的钻石牌 FS-40P 电风扇、吴县防爆电机厂生产的骆驼牌 FS-40P 落地扇、国营七二〇厂生产的蝙蝠牌 FS40-A11 落地扇、广州电风扇厂生产的钻石牌 FS6-40 落地扇、上海电机厂电器分厂生产的旋风牌 FS13-40 落地扇、台山日用电器二厂生产的北极星 FS-40P-86(3) 落地扇。

1991 年国家日用电器质量监督检测中心对全国 25 家厂的 25 种规格的电饭锅进行了监督抽查，合格率为 72%，其中机电部系统的 4 个产品均为合格，合格率为 100%。它们是：爱得牌 SYSL 70 型 700W、双鱼牌 CFXB-55-1 型 1000W、富华牌 CFXB40-1 型 700W、玉兰牌 CFF-65 型 650W、电饭锅。

1991 年国家日用电器质量监督检验测试中心对全国 37 家电风扇生产厂的 52 个品种的吊扇、34 家电冰箱、空调器生产厂的 46 个品种的产品进行了评优检测；对 50 家企业 60 个品种的冷柜、电风扇、电冰箱压缩机进行了生产许可证的检验；对 52 个企业的 57 个品种的电取暖器、熨头、落地扇进行了国家监督性抽检。

1991 年机电部系统获得国优、部优的家电产品见表 3。

表 3 1991 年机电部系统获奖产品

生产厂	获奖产品	获奖类别
广东珠江冰箱厂	BCD-165 电冰箱	国优
	BCD-190、BCD-203 电冰箱	部优
扬子冰箱厂	BCD-202 电冰箱	国优
	BCD-212、BCD-188 电冰箱	部优
漳州通用电器总厂	BCD-212 电冰箱	部优
开封冰箱厂	BCD-172 电冰箱、BD-125 冷冻箱	部优
白云家用电器总厂	BD-112L、BD-125L 冷冻箱	部优
华意电器公司	BCD-161L、BCD-185L 电冰箱	部优
上海远东冰箱厂	BCD-185、BCD-220 电冰箱	部优
上海无线电四厂	XQB30-2、XQB30-4 全自动洗衣机	部优
贵州电器厂	CFXB40-2(CFF-65) 自动电饭锅	部优

技术改造及技术引进 1991 年机电部系统企业用于技术改造总投资为 3.9 亿元，完成重点技术改造项目 42 项。珠江冰箱厂投资 2.5 亿元的三期工程的建成投产，使该厂年产冰箱可达 60 万台，成为我国最大的电冰箱生产厂之一。新联机械厂投资近千万元的空调器生产线工程的完成，是该厂继电冰箱生产线之后的又一条现代化生产线，年生产能力为 5 万台，可生产从 1200 大卡至 6000 大卡的各种窗式分体式家用空调器。南宁市电风扇厂投资 50 万元完成的前处理及粉末静电自动喷涂流水线，比以往的人工喷涂，降低了劳动强度，减少了污染，耗电量下降 46%，成本下降 40%。新会电

机厂投资1170万元建成的电机生产线，具有年产罩极电机170万台、串励电机80万台的生产能力，扩大电机出口创汇。三水县机电厂通过对吊扇转定子铁芯的用料进行改革，使每台吊扇节材0.8公斤，喷涂工序采用了快干漆，由原来每分钟喷扇头3台，提高到8台，产品合格率达到99.9%。

1991年机电部系统完成引进项目13个，主要为引进先进技术及关键设备。珠江冰箱厂耗资400多万美元从日本夏普公司全套引进的190L和210L无霜冰箱的全套生产技术和关键生产设备，为容声冰箱系列增添了新品种。

销售 据89家企业的统计，1991年机械电子工业部系统几种主要家用电器国内销售收入为88亿元，比上年增长近1倍。其中电冰箱为32.5亿元，占36.9%；洗衣机为6.8亿元，占8%；电风扇为16.3亿元，占18.5%；空调器为19.1亿元，占21.7%；电热器具为13.1亿元，占14.9%。几种家电产品中，空调器的销售收入增幅最大，是1990年的4.8倍；电冰箱其次，为上年的1.8倍；电风扇的销售收入是上年的1.2倍；洗衣机销售收入与上年基本持平。1991年四种主要家电外销情况见表4。

表4 66家企业1991年四种家电出口情况

产品名称	出口数量(台)	出口金额(万美元)	占总出口金额%
电冰箱	75091	1462.1	30.5
洗衣机	19252	129.5	2.7
电风扇	1637606	2764.8	57.7
空调器	13725	435.5	9.1

从表中可见家电产品的外销量较1990年略有下降，其中洗衣机降幅最大，为60.8%，电风扇降幅为14.4%。而电冰箱1991年外销量较上年有大幅度的增加，增幅为116.6%；1991年珠江冰箱厂向香港、东南亚等地区出口冰箱32790台，创汇693万美元；国营长风机器厂向意大利、法国出口电冰箱22430台，创汇206.3万美元。空调器增幅为7.3%，广州胜风电子机械工业公司、春兰制冷设备总公司1991年向香港、泰国、菲律宾、东南亚、意大利、西班牙等国家和地区出口空调器分别为4607台和2868台，创汇137.6美元和110万美元。

[撰稿人：机械电子工业部广州日用电器研究所 耿 悦 审稿人：机械电子工业部广州日用电器研究所 戴慈伟 机械电子工业部第一装备司 李大千]

〔航空航天工业部航空系统〕

生产发展情况 航空航天工业部航空系统家电行业共有20个主要生产企业，职工人数为18500人。1991年完成工业总产值9.64亿元，比上年同期增长12.06%，创利税1.8亿元，出口创汇1560万美元。生产各类家电产品195万台（套），主要产品有空调器、电冰箱、空调器压缩机、冰箱压缩机、电风扇、燃气热水器以及配套的检测调试等仪器设备20余种。

空调器 航空系统家电行业共有空调器及其配套件生产企业8个，1991年生产空调器4.26万台，比上年增长67.7%，空调器压缩机17.5万台，总产值达3.66亿元。宝成通用电子公司根据市场需要努力开发新型产品，该公司生产的宝花牌空调器有家用、船用、窗式、分体式、柜式5个系列26个品种，1991年生产了2.3万台。分体落地式KFR45L／W和KCR-18制冷制热两用型空调器及KC-35B、KC-31A、KC-31B整体式空调已通过技术鉴定并批量生产。江淮空调器公司地处安徽合肥，虽自然灾害对生产造成一定影响，但企业创造条件争时夺产，1991年天鹅牌空调器生产了2.04万台，产值产量都超过上年同期水平。空调器压缩机生产厂——庆安宇航设备公司是国家定点生产厂，也是目前国家唯一具有经济规模的生产企业。该公司经过“七五”一期、二期重点技术改造，现有4个系列（活塞往复式、转子式大系列、小系列、冷柜用）17个品种，生产能力达40万台，除满足本系统需要外，还为机电工业部、轻工业部等国家定点空调器生产厂提供配套。1991年共生产各种系列压缩机（输出功率1／2～6hp）14.7万台，比上年增长34.8%，出口24500台，1992年产品订货会上，订货意向突破50万台，产品供不应求。上海航空机械厂生产往复式空调压缩机，1991年生产了2.9万台，大功率双缸压缩机也研制成功通过了鉴定，开始批量供应市场。空调器配套厂秦岭电气公司生产的YYR型、YLR型空调器压缩机电机，1991年产量为10.8万台，产值996万元；豫新机械厂热交换器生产线是“七五”一期技改项目，使空调器配套件生产能力达10万台，1991年生产蒸发器8.53万台、冷凝器8.72万台，产值2742万元。其它配套产品有空调器温控器、保护器、快速密封接头等，1991年产量、产值都比上年有一定的增长。

电冰箱 航空系统家电行业电冰箱及其配套件生产企业6个，1991年生产电冰箱（柜）6.07万台，冰箱压缩机35.6万台，总产值达3亿元。成都双燕电冰箱总厂制定了严格的规章制度和奖惩办法，保证开箱合格率达99%。为了实现蒙特利尔议定书保护臭氧层的目的，经联合国环保署技术委员会专家组评定，已确认该厂与510所共同承担的在冰箱上减少50%CFC-11硬泡沫的应用项目，并把该厂定为该项目的试验厂和使用厂。远东机械制造公司生产的全封闭往复式制冷压缩机，是引进日本日立公司先进的设计和制造技术，经消化吸收、创新发展起来的系列产品，目前有13个品种，适用于中、低温工况下的电冰箱、冰柜及其它制冷设备，因国产化率达90%以上，是替代进口产品，为国内近20家电冰箱厂家配套，反映良好，1991年生产各型压缩机共35.6万台，销售压缩机超过40万台。还生产电冰箱配套的产品，如冰箱自动化霜定时继电器、冰箱压缩机起动保护器、压缩机电机、稳压电源、冰箱温控器、温控器波纹管以及冰箱配件等，其中长风机械总厂生产的W15型冰箱温控器达到国外同类产品的水平，打破了以往靠进口的局面，1991年生产温控器32万套，产值686万元。

其它家电产品 兰州飞控仪器总厂生产的电子稳压器具有稳压精度高，波形无失真，电压适用范围宽及过压保护的功能；长风机械总厂生产的电子钟是省行业唯一0.5秒级、国家A级水平，1991年产量为16万台，产值780万元；成都航空仪表公司生产的煤气电子打火器是成都煤气用具厂定点配套产品，1991年生产35万套，产值700万元；洛阳航空电器厂生产的电连接器，接触电阻小，插拔力柔和，获国家创造发明奖，是家电产品理想的接插元件，1991年生产30.9万套；长空精密机械制造公司电动牙刷产品，1991年生产了5万台，出口1万台；还有燃气热水器、电风扇、洗衣机、医疗保健电动按摩器等。

新技术与科研成果 长风机械总厂研制的K59型定温复位温控器由暖点到冷点的控温范围可达20℃，于1991年底通过设计定型；成都发动机公司冰箱研究所研制开发的双燕BD−230型冷冻箱、双燕CGL−282型食品冷藏柜具有容积大、制冷速度快、保温效果好等优点，1991年通过了设计评审；庆安宇航设备公司在二期技改的基础上，研制出YZ−14A、YZ−16、YZ−19R等型号产品，与同类活塞式压缩机相比节电9.4%，重量减轻43%，国产化率达97.9%，1991年通过陕西省投产鉴定和采标验收，YZG−15型高效节能产品完成样机试制。航空航天工业部计量测试研究所通过中标为北京冰箱压缩机厂研制的冰箱压缩机成品检测仪，一次12秒检测绝缘强度、高低压起动、输入电流、排气性能、泄漏、灌干燥空气等7项指标，从精度、效率、功能上都超过进口检测仪器，该测试仪于1991年10月已通过专家鉴定正式交付使用。

质量及质量管理 远东机械制造公司由质量、工艺、冶金和物质供应部门组成联合质量考察小组，对承担该公司冰箱压缩机配套任务的14个外购（协）厂家的生产条件、技术能力、质保体系进行认真考察，采取优胜劣汰的竞争规律组织生产，其中QD−52G、QD−62G、QD−75G等被评为陕西省优秀新产品奖和陕西省优质产品。在由中国公共关系协会和中国企业管理协会牵头，全国88家大中型企业发起的“中华国产精品展览”活动中，双燕冰箱被评为“羊年杯”国产精品优质金奖；BCD−183冰箱经过国家家用电器质量检测中心严格检测，被列为全项指标均达到A级的推荐优质产品；BCD−170、BCD−183获1991年第二届北京国际博览会金奖。庆安宇航设备公司YZ−14系列产品1991年获陕西省和航空航天工业部优质产品称号。豫新机械厂ZFQ−23蒸发器及LNQ−1冷凝器产品1991年获河南省和航空航天工业部优质产品称号。长风机械总厂生产的起动器保护器总成1991年获江苏省优质产品称号，与上海新新机器厂压缩机配套获国家银质奖，电子钟在北京国际博览会获金奖。宝花牌空调器和天鹅牌空调器获轻工业部优质产品称号。

技术改造及技术引进 庆安宇航设备公司空调压缩机生产线二期工程于1991年通过国家验收，总投资2906.7万元（含外汇243.8万美元），引进关键设备13台，国内购制224台，自制47台，建成毛坯铸造、组件焊接、装配等六条专线，生产周期55秒，具备了年产20万台小系列转子式压缩机的能力。该项目的完成不仅填补了国内空白，使我国空调压缩机的技术水平跨入世界先进行列，而且还为大批量生产品种、规格齐全的压缩机创造了良好的条件。秦岭电气公司电机自动嵌绕设备及模具生产线于1991年通过了国家验收，总投资873.2万元（含外汇95万美元），引进2台设备，国内购置32台，自制25台，达到年产60套嵌绕设备和50套模具的生产能力，为提高产品精度和自动化水平打下基础。

销售 航空系统家电行业积极开拓国际市场，1991年出口创汇1560万美元，比上年增长11.4%。出口的主要产品有空调器、电冰箱、空调压缩机、冰箱压缩机、电动牙刷、漏电保护开关、电机等，其中空调压缩机1991年出口24500台，创汇230多万美元。庆安宇航设备公司、天津航空机电公司、青岛前哨机械厂、苏州长风机械总厂、兰州万里航空机电总厂、汉中长空精密机械制造公司等单位出口创汇搞得好，受到部的表扬。

[撰稿人：航空航天工业部民品司 王平书 审稿人：航空航天工业部民品司 段铭宏]

〔航空航天工业部航天系统〕

生产发展情况 1991年航天系统从事家用电冰箱的企业3家，生产家用电冰箱压缩机的企业1家，生产洗衣机的企业1家，生产电风扇的企业2家。共生产电冰箱178165台，电冰箱压缩机199484台，洗衣机94575台，电风扇414977台。

电冰箱 1991年，航天系统从事电冰箱生产的有4个企业（包括电冰箱压缩机厂一家，即上海新新机器厂）。新中华机器厂（上海航天电冰箱厂）、风华机器厂和云南航天工业总公司，分别生产航天牌电冰箱、风华牌电冰箱和兰花牌电冰箱。这3个整机厂1991年分别生产80946、65099、32120台电冰箱，分别比上年增长51.4%、−40.9%、−17.2%；分别完成工业总产值16179、11290、4771万元，分别比上年增长74.0%、−34.3%、−17.2%。详见表5。

航天牌电冰箱有8种型号，分别是风华BCD−180C、−180D、−180E（这三种1989年通过鉴定）、BCD−210B、−220B（这两种1990年通过鉴定），BCD−186E、−126B、−201（这三种于1991年通过鉴定），兰花牌BCD−172型电冰箱于1989年通过鉴定，兰花牌BD−135电子冷柜和电子消毒柜于1991年通过局级鉴定。

表5　航天系统电冰箱3个企业生产情况

产品名称	项目	1989年		1990年		1991年	
		完成数	增长%	完成数	增长%	完成数	增长%
航天牌电冰箱	产量(台)	139770	−9.6	53461	−61.8	80946	51.4
	产值(万元)	16055	−15.0	9296	−42.1	16179	74.0
风华牌电冰箱	产量(台)	210282	−4.0	110060	−47.7	65099	−40.9
	产值(万元)	31542	−4.0	17188	−45.5	11290	−34.3
兰花牌电冰箱	产量(台)	88632		38789	−56.2	32120	−17.2
	产值(万元)	13168		5763	−56.2	4771	−17.2
合　　计	产量(台)	438684		202310	−53.9	178165	−11.9
	产值(万元)	60765		32247	−46.9	32240	0

风华电冰箱厂生产的风华BCD−180型电冰箱，1989、1990、1991年分别创汇26、1、2万美元，合计创汇29万美元，风华BCD−210、220型电冰箱1990、1991年各创汇1.5万美元，合计6万美元，总计该厂出口电冰箱创汇35万美元。

1984年，为了改变国内电冰箱所需压缩机主要靠进口的状况，上海新新机器厂决定开发电冰箱压缩机。1986年该厂被国家三委一部定为电冰箱压缩机生产定点厂。1987年从联邦德国AEC公司引进具有80年代水平的年产70万台电冰箱压缩机的生产流水线，1989年通过国家验收。该生产线设备自动化程度高，零件加工质量一致性强。该生产线被评为上海市重点技术改造项目奖，生产的电冰箱压缩机荣获1989年上海市新产品奖，1990年首届轻工博览会被评为银质奖。该厂生产的压缩机有6种规格：QD40、QD48、QD58、QD58G、QD64、QD71G。1989年生产了6万台，1990年生产了20万台，目前月产2.5～3万台，产品质量稳步提高。

上海新江机器厂拥有一条电冰箱吹胀式铝蒸发器生产线，年产能力达50万套，能生产8种规格的蒸发器。1991年生产了26702台蒸发器。

洗衣机　航天系统主要生产洗衣机的企业是上海新江机器厂。该厂从1981年开始研制洗衣机，1982年研制成功单桶洗衣机，1984年又研制成功铝双桶洗衣机，1987年开发两种新型双桶洗衣机，以后又陆续推出具有创新意义的大直径铝脱水桶和带有抗干扰、自动保护及自动检测程序的微电脑程控全自动洗衣机，双铝桶、大容量洗衣机等4类7个型号。1987年以后4年间，平均每年开发5个型号。该厂生产的上海牌洗衣机已拥有单桶、双桶、单脱水机、套桶、全自动新水流、上排水以及大容量等7类、5种规格、27个型号。该厂拥有两条生产40万台洗衣机生产线。1991年生产洗衣机94575台，比上年增长17.5%。

电风扇　航天系统的上海航天局上海有线电厂从事生产电风扇。该厂从1979年开始生产舒乐牌交流吊扇。从1980年起，又开发了48、56、52英寸倒顺三速等7种型号规格的外销吊扇和9000、1050、1200、1400mm四种规格内销吊扇。1985年又开发了1050mm装饰吊扇，1988年试制成功了1300mm的灯扇合一带照明的吊扇。1991年开发了节能省料的1200、1400mm新型吊扇。该厂拥有两条电风扇生产线，年产能力达60万台。1991年该厂生产各型吊扇380478台，比上年增长32.9%。其中FD_3−3型1200mm吊扇153800台，FD_2−4型1400mm吊扇116900台，外销型1400mm吊扇3000台，铁叶型1400mm吊扇79778台。产值达8529万元，销售收入9805万元。从1980年起，累计生产电扇200多万台，总产值28亿元，利税总额6600万元，创汇540万美元。

空调器　航天系统从事空调器生产的企业有2个，即上海新新机器厂和上海新江机器厂。上海新新机器厂从1979年开始研制空调器。十多年来，相继开发18种房间空调器和去湿机，已有16种型号空调器投放市场。同时还致力于开发特殊的、高难度的特种空调制冷设备，如战车空调器、力舱空调器、战舰空调器、彩色电视转播车用空调器等。同时，又开发了为空调器配套的全封闭制冷压缩机。先后研制了F4.3Q−A、B、C、D型，其中A型成功的用于军用制冷设备，性能指标接近或达到先进水平。该厂1991年生产了房间空调器1452台，去湿机798台，与上年产量基本持平；产值达8286万元，比上年下降了16.3%；销售收入7543万元，利税总额991万元。上海新江机器厂生产3种型号的汽车空调器，即将形成万套汽车空调器生产线。1991年生产车用空调器425台，比上年增长12.4%。

新技术与科研成果　航天系统各类家用电器产品情况如下：

洗衣机　上海新江机器厂生产的上海牌洗衣机，首创覆塑钢板箱体和机械旋压咬边铝洗涤桶独特结构，以洗涤力强、结构可靠、内在质量好享誉市场。1982年生产的单桶洗衣机，1983年获上海市第一批名牌产品称号。1984年生产的铝双桶洗衣机，获上海市优秀新产品三等奖和上海市第二批名牌产品称号。1987年，该厂建立产品开发研究所，对洗衣机的桶形、波轮形状、波轮转速及运转时间三个主要参数，通过反复调试，并在“三要素”设计上作了多种调整，研制出两种新型双桶洗衣机。一是首家推出采用一级皮带传动、发条式定时器控制的改进型新水流，突破了国外新水流机型的模式，并且具有耗能低、投资少、从普通水流转向新水流继承性能好、上马快等多项优点，是吸收、创新的一大突破，在商业检测和质量跟踪销售中，也连获好评；二是带溢水自动启动装置的上排水洗衣机，获1988年上海市优秀新产品三等奖。总之，该厂生产的上海牌洗衣机5个型号获部级技术进步奖或市级优秀新产品奖，三次获部、市优秀名牌产品称号。

电风扇 上海有线电厂生产的舒乐牌交流电扇，1983年获国家经委颁发的优秀新产品奖，1987年被评为上海市名牌产品。

1979年12月，上海有线电厂与香港新风电器有限公司签订了21万台交流吊扇来样生产的合同。上海有线电厂根据合同及港商提供的经英国专利局注册的新型样机，测绘并设计了整套工程图纸，用精密单冲加工定转子铁片，用数控车床加工上下端盖圆弧曲线，用硬木料制造扇叶压弯模具，仅用15天，就造出了5台样机，性能符合港商要求。1980年6月，经1000台试生产，进一步改进了产品性能。扇头的温升比原来降低10℃，优于香港同类产品，得到港商的信任和好评。1982年，该厂又把新产品的开发重点转向国内市场，除继续坚持美国UL标准以外，又采用了要求更高的交流电风扇的国家标准。(1) 提高风量和使用值。通过对电磁参数的计算和优化设计，选择了更优的设计参数，改进了结构，使电扇的效率达40%，使风量和使用值超过了国标的规定。(2) 潮态绝缘电阻。美国UL标准中，潮态绝缘电阻的阻值仅为0.1MΩ，而国标要求大于2MΩ。该厂经过多次试验、比较，采用氨基醇酸绝缘漆，改进了相关浸渍工艺，使潮态绝缘电阻达到1000MΩ以上。(3) 绕组匝数精度。吊扇定子绕组的匝数精度直接影响吊扇的性能，是加工过程中的关键工序。香港新风公司提供的半自动绕线机采用机械计数器误差大，匝数精度无法控制，车头惯性大，制动方式不好。经技术改进，采用数控自动计数和电磁制动，大大提高了匝数精度的稳定性，保证了性能稳定一致。经过上述技术改进，舒乐吊扇（规格1400mm）的各项性能指标均达到或超过GB158-82和GB3046-82电风扇国家标准规定的指标。并于1982年底通过生产定型鉴定。从1983年起投入大批生产。

空调器 上海新新机器厂生产的空调器各种型号多次获奖，计有：FK-3A型1983年获国家经委优秀新产品三等奖，KPS-40R型1985年获市优秀新产品三等奖，KC-40DS型1986年获市优秀新产品三等奖，ASN-301型1987年获市优秀新产品一等奖，KQF-4型1988年获市优秀新产品三等奖，KCD-45型1990年获军转民高技术出口产品展览交易会银质奖。1991年该厂研制的分体立柜式空调器已设计定型，即将投入批量生产。

质量及质量管理 1983年上海新江机器厂生产的单桶洗衣机获航天工业部和上海市优质产品奖。1984年该厂生产的铝双桶洗衣机获上海市优质产品奖。1988年该厂生产的新水流双桶洗衣机获航天工业部优质产品奖和国优银质奖。

1983年上海有线电厂生产的舒乐牌交流电扇获上海市、航天工业部优质产品奖。

1986年上海新新机器厂生产的KPS-4DR型空调器获上海市优质产品奖。该厂曾获部、市质量管理奖。

技术改造及技术引进 航天系统的企业从军品生产转入民品生产，经过了艰苦的技术改造，在引进与自创相结合的道路上迈出了可喜的一步。

上海新江机器厂为生产洗衣机，1983年自制洗衣机专用液压自动折方机，1984年自制不规则桶体自动旋压翻边机，1985年又研制成不规则桶体自动旋压咬边机、单板机电脑控制电镀流水线等专用设备，1987年引进万克注塑成型机。先后新建了两条洗衣机总装线和检测线，形成了年产40万台洗衣机的综合生产能力。企业从生产型、内向型开始向效益型、外向型转变，在困难的情况下显示出了较强的应变和发展后劲。

上海有线电厂为了生产电风扇，1980年自行设计制造安装了一条占地3000m^2单班年产能力20万台吊扇的生产线。其导轨输送线长700m，实现了扇头的装配、喷漆、成品检测、成品包装不落地的先进工艺。自制半自动绕线机18套，以及槽绝缘自动切片机、扇叶打磨机、自动理片机、自动加油机等40余台（套），还有各具特色的非标准专用设备。其中自制的1400kV高压发生器和静电喷漆设备荣获1985年上海市科技成果二等奖。为适应市场需求，1985年上海有线电厂又建成了年产40万台的第二条生产线，占地4000m^2，导轨输送线长度为1300m。同时建成了风量测试室和吊扇综合性能测试室，使全厂吊扇生产能力达60万台／年。1989年又进口了4台双头自动绕线机、两台槽绝缘自动插入机、3台数字式功率表等先进设备和仪表，将使吊扇的生产效率进一步提高。

上海新新机器厂为了生产空调器，相继建造了空调器性能试验台、运转房、滚柱式装配线、压缩机性能试验台，并引进日本氟利昂自动抽空加注器、氟利昂检漏仪。最近又引进了美国OAK公司的传热片高速冲床和模具、高精度机械涨管机和国内配套的其他设备（如清洗机，大、小弯头加工机，自动焊机）等，已安装调试，并投入生产。

[撰稿人：航空航天工业部政策法规司 王中原 上海新江机器厂 朱跃龙 上海有线电厂总师办 上海新新机器厂总师办]

印刷机械

〔机械电子工业部〕

生产发展情况 1991年印刷机械行业开始走出了低谷，纳入机电部行业归口管理的55家印刷机械厂全部实现了扭亏为盈，消灭了亏损，印刷机械的产值和利税有了较大幅度增长。行业中几个主要企业的情况见表1。

表 1

企业名称	产值(万元)	比上年增长 %	销售收入 (万元)	比上年增长 %	利税总额 (万元)	比上年增长 %
北京人民机器厂	18684	2.7	21152.4	47.2	6460	24.0
上海人民机器厂	22274	20.1	17685.5	21.6	2313	15.8
湖南印刷机器厂	3003	49.6	2526.0	47.3	364	1050
山西太行印刷机器厂	1663	101.6	1958.1	70.3	135	

1991年上海印刷机械包装机械公司出口创汇900万美元，比上年增长18.4%，北京人民机器厂创汇总额为680万美元，其中自营出口比上年增长2倍。产成品库存量也大为减少。如山西太行印刷机器厂年初产成品库存为520万元，到年末下降到100万元以内。北京人民机器厂的产品已全部脱销，1993年任务已订满。现已订到1994、1995年的货了。印刷机械产品又成为紧俏商品。预计在今后2～3年内印刷机械产品的需求将呈上升趋势。印刷机械行业要抓住这有利时机加速生产，为今后的发展和竞争创造更有利的条件。

1991年的生产情况有以下几个特点：

(1) 产品结构调整初步到位，产品的品种基本上符合印刷工业发展的需要。在产品结构调整中，首先决心淘汰和减少技术落后的产品，开发研制一批用户急需的高技能的缺门产品。如淘汰铅行业的铸字机产品，开发高档精密型半导体激光器的激光照排机，填补了国内半导体激光照排机的空白，大大提高了激光照排机的可靠性和寿命。减少凸版平台印刷机的生产，开发小胶印机系列产品、包装装璜急需的数控连晒机、数控数纸机及瓦楞纸印刷机等产品。其次是对目前适销对路的产品，积极向高水平和多功能发展。如目前胶印机市场尽管很好，而且我国胶印机制造厂又都已能生产四色以上的胶印机，但生产胶印机的厂家都在为提高胶印机的自动化水平和向多色以上的胶印机方向努力，积极开发自动控制油墨、套准、自诊断和联机打号码及上光等功能。微机数控的切纸机已能批量生产。我国的印刷机械产品已广泛地应用了微电子技术和计算机技术，使产品的可靠性和稳定性有了较大的提高。印刷机械产品的总体水平，普遍地达到了国际上80年代同类产品的水平，国产印刷机械产品的信誉提高了，同时也提高了产品的创利税率。上海印刷机械公司1991年技术进步产品产值达到11470万元，比上年增长65.6%。印刷机械行业厂有了自己的拳头产品。

(2) 把产品质量放到生产中的主线位置，真正认识到产品质量是企业的生命。在商品经济面前竞争与其说是价格的竞争不如是质量的竞争，这一点印刷机械行业感受最深。如上海订书机械厂提出“质量上，上订兴；质量下，上订衰”的口号。山西太行印刷机器厂1991年实行了以质量为主的综合否决考核，实行主要件关键件工序优质、优价及整机优质优价的奖罚办法。上海人民机器厂机加工责任废品率达到0.3%以内。北京人民机器厂的老产品08、05胶印机尽管现已十分抢手，但他们仍对08、05胶印机的润滑和张力机构进行立项研究与攻关，让用户百分之百的满意。目前印刷机产品的可靠性、稳定性及外观质量比以前均有较大提高。

(3) 企业内部进行改革加强管理，改善机制。印刷机械行业加强管理，改善企业运行机制，以生产计划管理适应以销定产的要求，以目标成本的管理满足技术、经济的共同要求，以企业管理体现精简高效等。上海人民机器厂提出，抓好管理是搞好企业的落脚点，从领导干部抓起，层层落实并以现场管理为突破口。上海订书机械厂抓内部小承包来改善机制，北京人民机器总厂以改革分配制度试行岗位技能结构工资制作为搞好企业的突破口，总之，管理工作被印机行业重视了，将进一步深化改革推进管理。

(4) 自营出口创汇，初见成效。1991年上海印刷包装机械公司共接待了20多批、40多人次外商，其中成交的项目遍及台湾、香港、日本、南朝鲜、印尼、斯里兰卡和委内瑞拉等国家和地区。公司有出口产品的企业由1990年的9家，增加到12家。1991年自营出口总额为900万美元，比上年增长18.4%。北京人民机器厂扩大出口创汇扭转创汇单靠胶印机产品的局面，1991年成功地向日本出口铸件七批、近百吨备品备件，开拓了新局面，使出口成交稳步上升。1991年创汇总额为680万美元，其中自营创汇达218.7万美元，是上年自营出口的311%。1991年与德国蔡瑟公司达成合作设计、合作生产号码胶印机的协议，并正在实施。

1991年印刷机械行业尽管有较大的发展，但还有些不足之处在发展中需要不断改进与加强。

(1) 努力降低成本，提高利税率，增强竞争能力。从1991年产品销售收入来看，有较大提高，但利税总额和人均创利率提高不大，除北京人民机器总厂产品利税率在31%以上外，其它企业利税率均在15%左右，处于一般水平。对国际印刷机械行业来讲是个低水平。这几年印刷机械产品成本不断增加，除原材料和配套件涨价因素外，管理费占生产成本的比重在不断增加。目前管理费占生产成本的比例超过30%，这个现象是不容忽视的。

(2) 抓住有利时机，努力增加产量，满足市场需要。对当前的有利时机一定要牢牢抓住，要千方百计组织各种形式，走专业化生产或产业集团的道路，多增产，多开发，为印机行业大发展创造条件。

(3) 坚持质量第一，做好售后服务，组织好备品、配件的生产，一切为用户着想，一切为方便用户服务。

(4) 抓紧向外向型企业转变。通过产品出口，提高企业素质，为参与国际市场竞争创造条件。

新技术与科研成果　为迎接1992年第三届北京国际印刷技术展览会，各企业和科研单位纷纷抓紧新技术研究与开发，取得许多成果。

在技术发展上，印刷机械产品除更广泛地应用微电子技术、计算机技术、激光技术外，在激光照排系统上开发了彩色激光照排系统，为彩色电子制版创出了一条新路。北大新技术公司和山东潍坊计算机公司先后开发了彩色激光照排系统，同时制出彩色图象底片，大大地缩短了制版周期，图象质量满足报纸、期刊印刷的要求，使彩色制版的设备费降低了，为我国发展彩色报纸、期刊和彩色教科书提供了有利条件。彩色整页拼版系统是当今国际上彩色制版的最先进设备，也是计算机应用技术的前沿技术，它综合利用图象处理、计算机色彩学、图形字、CAD／CAM局部网及高速大数据量实时微机控制技术，是一个系统工程高技术产品。我国经过几年的努力终于由中国电子技术应用公司和北京信息工程学院合作研制成功了。该系统为“方大计算机彩色整页拼版系统”。该系统彩拼处理功能齐全，不仅取代手工拼版同时具有形变、色变、合成、气刷、特殊效果等功能，达到了国际同类产品技术水平。另外深圳天诚创艺电子技术有限公司也于1991年研制成功了“创艺电脑拼版分色系统”，该系统能与国内华光、方正、科印、前景等照排系统联机运行，也可与电子分色机联网，印刷精度为175线／寸，版面为四开。

新产品　1991年开发出近百项新产品。1991年开发的重大新产品有上海人民机器厂引进德国柯尼希·鲍尔公司技术生产的PZ41040机组式平版胶印机。该机最高速度15000印／时，是国际上单张纸胶印机速度最高的。整机国产化率达56%，达到国际80年代中期先进水平。YP4787B、YP4787C卷筒纸彩色报版卧式和立式轮转胶印机，该机是吸收消化引进技术后全部国产化的产品，该机可印彩报6万纸／时，印黑白套红报纸12万张／时。采用6滚筒结构为印刷单元、模块化设计用PC机控制，并具有高速自动接纸机构，可在5万张／时下自动接纸，是一个高速度高效自动化印刷设备，该机达到80年代中期国际同类产品水平。北京人民机器厂开发了单张纸对开六色并带有UV上光装置的胶印机，该机自动化水平高，具有油墨和套准遥控装置，数字式自诊断和程序控制装置以及油精润湿系统，是国内水平最高、自动化最强、功能最全的高档胶印机产品，改变了我国不能生产高档胶印机的局面。陕西印刷机器厂开发了AXJ41400型卫星式凹版印刷机，该机可一次完成正面5色、反面一色也可进行正面六色印刷，最大印料宽度为400毫米，最大印刷宽度为390毫米，最高印刷速度为95米／分。该机主要用于塑料薄膜和玻璃纸卷筒料的彩色印刷。

在装订机械方面，上海订书机械厂开发了SXZ400型全自动锁线机，该机由搭页、锁线、气泵等组成，广泛用于平装和精装书芯。有微机控制的自动检测装置和计数显示装置。整机由PC机控制，装订速度为50～58贴／分。LQD8D骑马装订联动机也是上海订书机械厂新开发的产品，最高装订速度10000本／时。由搭页、折搭页、订书和三面切书四种单机组成，最大装订厚度为8毫米，适用各种期刊、杂志、画报的装订。上海印刷机械一厂开发了HSK660全自动糊书壳机，这是一个由PC机控制上料、上胶粘合、出书壳全部自动控制的高效设备，最高速度36转／分，书脊宽度8～80毫米。以前这类设备全部靠进口，该设备填补了国内空白。

在包装装璜设备上，河北玉田印刷机械厂开发了MY1020全自动模切机，该机最大模切纸张为1020mm×720mm，最高模切速度为6000次／时。上海亚华印刷机械有限公司开发了MY1050全自动模切机，该机最大模切纸张为1050mm×750mm，最高模切速度为5500次／时。这两种产品是制做纸箱、纸盒的重要设备，以前全部靠进口，该设备填补了国内空白。同时国内产品价格远远低于进口价格。

技术改造及技术引进 1991年是“七五”技术改造的最后一年，也是“八五”技术改造启动的一年，因此这一年技术改造的任务十分繁重。

由于“七五”期间正值我国进行改革，所以将“七五”未完的项目延长一年。印机行业1991年“七五”续建项目共17项，当年总投资为4117万元，其中工商行贷款1780万元，国家拨款1035万元，自筹资金1302万元。1991年完成“七五”项目验收5项，其中上海印刷包装机械公司和上海人民机器厂完成了“七五”项目验收，为“八五”技改项目启动和使用世界银行贷款创造了条件。

印刷机械行业“七五”期间共有20个项目投资近2亿元进行技术改造，重点引进树脂砂造型设备、加工中心、三坐标测量机、精密齿轮磨床、高精度齿轮综合检查仪等关键设备和仪器，使印刷机械的工艺装备和加工手段有了较大的提高，确保了印刷机械关主件的加工质量和精度，为印刷机械产品结构调整创造了条件。“八五”期间印刷工业技术改造又列入了国家技术改造专项，其中印刷设备(含电子)共有19项被列入印刷专项。1991年广西南宁印刷机械厂作为“八五”技改项目开始启动，当年投资总额为200万元，其中专项贷款100万元，主要是购置加工中心和三坐标测量机，以提高印刷机墙板的加工精度。印刷机械再经过“八五”计划的技术改造必定使该行业有一个更大的发展，产品水平将有更大的进步。

[撰稿人：北京印刷机械研究所 李丁垣]

医疗器械

〔国家医药管理局〕

生产发展情况 1991年全国医疗器械行业完成医疗器械工业总产值25.9亿元，其中医药局系统为22.9亿元，中科院系统为1.5亿元，航空航天工业部系统为1.1亿元，中国船舶工业总公司为2346万元，中国核工业总公司1110万元，农业部系统为2425万元，北方工业总公司1167万元，总后勤部系统为1091万元。总产值比1990年增长25.1%。全国除辽宁、福建、陕西三省外，均有不同幅度增长，其中增长幅度最大的是中科院系统和广东省，分别增长87%和53%。

1991年国家医药管理局系统出口总产值为22071万元，比1990年增长12.7%，其中出口增长幅度在10%以上的省市有天津、吉林、浙江、山东、广东、云南、陕西。

在品种上，除手术器械包、注射器、体温计、呼吸器以外，产量均有上升，其中上升幅度较大的有医用电子仪器、医用光学仪器、物理治疗仪器、中医仪器、核医学仪器、麻醉设备、口腔科材料及设备、消毒设备、医用车辆等12大类产品。

国家重点考核的手术器械和X线设备分别增长11.8%和12.4%，产量分别为2298.67万件和12584台。

1991年，重点企业上海医疗器械厂一手抓技术改造，调整产品结构，一手抓调整企业发展战略，根据市场动态及时调整产品结构，曾先后4次调整年度品种结构，适当增加双床双管200mA X线机、500mA X线机、遥控摇篮式X线诊断装置的产量，双床双管X线机增加200台，500mA X线机增加100台，遥控摇篮式X线诊断装置增加40台；减少单床单管200mA X线机200台。在销售策略上，变等客上门为上门推销，两次展销会成交额2288万元，创历史最好水平。200mA X线诊断机的优等品率达到100%，全年销售总额8664万元，比1990年增长23.2%，实现利税1038万元，比1990年增长23%。北京医用射线机厂1991年完成销售收入6867万元，比1990年增长25.6%，实现利税1680万元，比1990年增长12.2%。全国眼科器械骨干企业苏州医疗器械厂坚持科技兴厂，抓质量、上品种，以销促产，1991年，新开发的玻璃体切割器、36件眼内器械包、LD3冷冻器、20件人工晶体显微器械包、YZ20T同光路手术显微镜均投入批量生产，全年销售收入达到1629万元，比1990年增长21%；工业总产值完成1634万元，比1990年增长20%，其中新产品产值575.3万元，占全部总产值的35.2%；完成利税369.8万元，为1990年的116.78%。中国科学院科健公司的中外合资企业安科公司经过五年奋斗，已开发生产6个高技术医疗电子设备，1991年销售额突破1亿元，比1990年增长83%，实现利税3700万元。1991年共生产销售磁共振成象系统16台，各种超声诊断仪器201台。

新技术与科研成果 1991年，“七五”期间安排的一批新技术应用和科研项目相继通过鉴定。

西安交通大学和上海医用电子仪器厂联合研制的CX-970相控阵超声诊断仪于1991年12月通过国家医药管理局鉴定。该仪器成功地应用了数字信号处理(DSP)技术和脉冲多普勒技术，解决了关键部件相控阵超声探头。由于DSP技术应用于采样处理，矢径平滑、帧相关处理，数字扫描转换，线性插值，图象质量有很大提高，功能加强。该仪器具有B型、双B型、B/M型、A型四种显示方式，并可同时显示心电、心音、二路脉传波等生理信号，还具有脉冲多普勒或伪随机码多普勒血液测量功能。

清华大学研究成功的心律失常分析仪是危重病人监护系统中实时处理、高速定标的一个心电分析专用系统，又可进行心律失常、停搏、心动过缓、心动过速、室性早搏、房性早搏、室上性早搏、插入早搏、R-ON-T、室扑、室颤，以及噪声近行分析和判别，与危重病人实时监护、辅助诊断相结合，可把我国医疗水平提高到80年代中期国际水平。该仪器应用了在国际上具有权威性的MIT-BIH数据库，使分析结果具有国际相关性。MIT-BIH数据库是上海交通大学、清华大学先后作一、二期开发成功的。此库的开发应用为客观地评价监护仪心率分析能力提供了一种可行方法。此科研成果于1991年1月通过鉴定。

北京新兴生物医学工程研究发展中心研制的24小时全信息动态心电图记录分析系统也于1991年4月通过国家医药管理局组织的鉴定。该系统包括记录24小时双道心电图，以高速回放、快速分析、允许医生调用24小时内任意时刻的ECG资料和分析结果，包括房颤和室速在内的15种心律失常波形的检测和分类、集中或分别的9种趋势图，并具备多种屏幕编辑及打印功能。填补了国内全信息动态心电图记录分析系统的空白，主要性能指标达到80年代后期国际同类产品水平。

国防科工委航天医学工程研究所研制成功GXH—90型液耦式人体血压传感器和心功能传感器，并于1991年通过鉴定。前者兼有动脉压传感器及静脉压传感器双重功能，是一种监测人体动脉压、静脉压、心内压及肺楔压等有关数据值及多种血压波形的有创换能器。后者有检测心音、心尖搏动、颈静脉和颈动脉波多种功能，体积小，灵敏度高，检测波形清晰，主要性能达到国际80年代水平。

新产品 1991年共有28项医疗器械新产品先后通过了由国家医药管理局组织的鉴定。根据有关专家的评价，认为其中有些科研项目达到了国内先进水平和国际80年代中期同类产品水平。而且这些科研项目已经陆续形成了一定的生产规模或已进入试生产阶段。

这些新产品是：由青岛电子医疗仪器厂研制的DS-880多功能多参数医用监护仪，由复旦大学研制的BPT14型呼吸压差传感器、PT14PM系列随用型生理压力传感器，上海医用光学仪器厂研制的GIS-98型纤维上消化道内窥镜，金晃医学仪器有限公司研制的奥力动态心电图分析系统，中国医药公司研制的WTH-I型微波热疗机，航天中心医院研制的MAV-1型高档全能麻醉呼吸机，新兴生物医学研究发展中心研制的DCG-100A动态心电图记录分析系统，中国科学院安科公司研制的ASU-01C彩色超声多普勒血流成像系统，汕头超声仪器研究所研制的CTS-200、CTS-240、CTS-305、CTS-310超声显像诊断仪，北京爱福医疗器械厂研制的一次性使用无菌注射器，浙江省医疗器械研究所研制的SM-1型色盲镜；辽宁省医疗器械研究所研制的LY-6020尿流率膀胱压测定仪，西安交通大学研制的CX-970相控阵超声诊断仪，汕头威达医疗器械集团公司研制的WD-ESWL91B超定位水囊型体外冲击波碎石机、WD-4000神经电位诊断系统，上海振浦净化设备厂研制的一次性输液器药液终端过滤器，北京光电技术研究所研制的JZ-30A型CO_2激光治疗机，中国科学院安徽光机所研制的人工晶状体，福建省建瓯医疗器械厂研制的一次性使用输液器，杭州龙德医用器械有限公司研制的一次性无菌注射器，吉林激光材料厂研制的LJL50型调QYAG激光眼科治疗机，河南省商丘市医疗器械厂研制的JMCu锚形宫内节育器，北京国际康明人工晶体有限公司研制的后房型眼内人工晶体，江苏电分析仪器厂研制的JMZ-1型智能激光免疫浊度仪，机电部212研究所研制的微波肝脏手术仪，中国科学院高能物理所三高科技公司研制的HM型弥散离子流烧伤治疗仪，北京市智达开发公司研制的DUKE-901型医用X线电视系统。

上述新产品中有15项是在1991年5月1日国家医药管理局发布的第四号局长令《医疗器械新产品管理暂行办法》正式实施后通过鉴定的。这些新产品鉴定的审查和审批工作程序，是严格按照《医疗器械新产品管理暂行办法》的规定要求完成的。

行业管理 由国家医药管理局牵头，有关部委院参加的医疗器械统筹规划组经过一年多的努力，于1991年7月完成了医疗器械"八五"发展规划的编制工作，《发展规划》从我国国情出发，在我国医疗器械工业现状基础上，明确"八五"期间我国医疗器械工业发展重点是常规医疗器械产品、替代进口产品和出口创汇产品，并经研究论证，提出"八五"期间固定资产投资建议，共65项。

为加强医疗器械全行业管理，参考国际上对医疗器械管理的一般准则，国家医药管理局继1990年发布《医疗器械新产品管理暂行办法》之后1991年又发布了《医疗器械管理暂行办法》，前者是医疗器械新产品专项法规，后者是医疗器械综合法规。

《医疗器械新产品管理暂行办法》在1991年进入全面实施阶段，国家医药管理局成立了医疗器械新产品审查办公室和医疗器械新产品专家评审委员会。为配合该办法的实施，各省市医药管理局同时对现有医疗器械品种全部进行了产品审查登记工作，凡生产医疗器械产品的企业，不论属哪个系统、哪个部门，都必须提供生产医疗器械品种的鉴定资料和技术文件，申请产品登记号，有产品登记号的医疗器械产品才能近入国营医疗器械商业主渠道。经产品登记，发现目前国内生产医疗器械产品的企业数远远超过现有统计口径，如江苏省医药系统内企业27家，目前医疗器械工业统计企业为33家，而医疗器械产品登记涉及的生产企业为365家。

《医疗器械管理暂行办法》于1991年9月开始逐步实施。《办法》规定：(1) 医疗器械产品按产品对人身安全的相关性及其经济价值不同分为三类，一类医疗器械实施国家控制，二、三类医疗器械原则上由省市管理；(2) 一、三类医疗器械生产企业必须经审查批准，领取相应的生产准许证；(3) 所有医疗器械经营企业部必须经申请批准，领取经营准许证。鉴於医疗器械品种多，工作量大，决定先在医用超声仪器等六类产品上试行，以取得经验，逐步推开。

质量及质量管理 1991年国家医药管理局发布并实施《国家医药管理局医药标准化管理办法》和《医药标准化工作奖励办法》。全年颁布医疗器械国家标准2个、行业标准23个。

1991年获国家技术监督局标准化科技进步奖的有2项，其中GB11749—89《牙科复合树脂充填材料》获二等奖，GB12130-89《医用高压氧舱》获三等奖。有10个项目、4个个人获国家医药管理局标准化工作奖。

海鸥牌、卫字牌、生字牌全玻璃注射器，新华牌、崛新牌脉动真空灭菌器，日月牌二氧化碳激光治疗器，京立牌LD5-2A低速离心机，磁极牌台式低速离心机，久星牌医用X射线影像增强器等5个品种获国家医药管理局优质产品证书。

1991年抽查了5个医疗器械品种，涉及76个生产企业，平均抽查合格率为81%，其中医用诊断X射线机抽查合格率为100%，中频、音乐电子治疗机为90.9%，一次性使用注射器为76.9%，电热恒温培养箱为60%。

1991年，一次性使用输液器、医用超声诊断设备的生产许可证发放工作已基本完成。

技术改造及技术引进 根据医疗器械“八五”计划，1991年有6项医疗器械消化吸收国产化专项开始起动，当年投入5513万元。这些项目包括天津骨科医疗器械厂的骨科器械及骨科治疗设备、无锡雷声电子设备厂的B型超声显像仪、山东新华医疗器械厂的一次性注射针生产线、柳州八〇一厂的多功能麻醉机生产技术、中科院深圳科健公司的磁共振成像系统和超声多普勒仪器、广东惠州东江电子仪器厂的心电图记录器。6个项目的总投资为8233万元，专项贷款总额为5750万元。

1991年技术改造专项贷款限下续建项目有6项，当年安排投资2554万元，其中专项贷款1440万元。这些项目是邢台医疗器械二厂的一次性注射器、沈阳医疗器械厂的手术器械、四平医疗器械厂的节育器、上海手术器械厂的手术器械、西南医用设备厂的X线机、西北医疗设备厂的医用车辆。

1991年上海医疗器械厂的CT和大型X线机技术改造项目，完成投资1556万元，累计完成4176万元，占总投资额的76%，预计1992年全部完工并投产使用。

销售 改革开放以来，医疗器械产品已由以国营商业主渠道销售为主转向工业自销为主，工业自销比例已达总销售额的70%以上。

国家医药管理局所属中国医疗器械工业公司每年组织两次大型医疗器械博览会。两次博览会的交易状况基本上反映了当年和近期医疗器械销售趋势。

1991年两次博览会共成交11.6亿元，比1990年两次博览会总成交额7.8亿元增长48%。各主要产品成交情况如下：

产品名称	单位	成交额（万元） 北京博览会（1991年6月）	广州博览会（1991年11月）	合计
救护车	辆	1970	3004	4974
X线机	台	2050	1767	3817
B型超声诊断仪	台	266	440	706
心电图机	台	1885	1905	3790

1991年医疗器械市场活跃，销售总体形势稳中有升。仪器设备类医疗器械产品销售增长幅度在8%以上，消耗性医疗器械产品有升有降。影响1991年医疗器械销售形势的因素主要有：

(1) 医院装备更新。60年代国家投入大量资金装备县及以下医疗卫生机构，这批医疗器械装备都已超过服役年限，进入更新期，而且随着农村经济状况明显提高，县以下医疗卫生机构的医疗器械装备逐渐由以低档为主转向中档为主。因此，100mA、50mA X线诊断机的需要量增长最大。1991年下半年需要量几乎是上半年需要量的2倍。

(2) 政策性因素的影响。卫生部颁发医院分等分级标准规定，1991年是准备阶段，不少医院已开始对照等级医院装备标准，逐步更新设备，从而刺激了医疗器械市场，一些常规医用仪器装备在博览会上销售明显上升，如监护仪成交量1991年比1990年增长143%，B型超声显像仪由于被国家计生委列为计划生育装备品种、要求装备到县计划生育指导站。因而质量提高较快的国产品，象雷声电子设备厂、汕头超声仪器研究所、上海医用电子仪器厂的B型超声显像仪成为国内市场的畅销产品。

(3) 产品升级换代加快，新产品投产周期缩短，拓新了销售市场。安科公司的磁共振装置、彩色超声显像仪，威达医疗器械集团公司的直线加速器、磁共振装置等大型精密医疗设备均在新产品鉴定第二年投入小批量生产。上海市1991年就有14项新产品投入批量生产，象上海医用电子仪器厂的XJT-5型心脏急救装置、CX-2000型便携式超声显像仪和医疗设备厂的SCT急救呼吸器、MHT-A型麻醉机等。新品问世，升级换代快，推进了销售的发展。

[撰稿人：国家医药管理局 刘吉英等 审稿人：国家医药管理局 卜绮成]

〔航空航天工业部航天系统〕

生产发展情况 1991年航空航天工业部航天系统经过产品结构的调整，从事医疗器械研制、生产的单位有45个，有的单位实行了军民品分线，有的专门成立了民品事业部。产品有11类，可供产品已达50余项，产值达6000万元。其中高档呼吸麻醉机、急救呼吸机、电治疗仪及为高档呼吸麻醉机配套的200型呼吸机、监护系统等项目已通过各级技术鉴定。1991年由中国航空航天工业部第二研究院、卫生部中国进出口设备公司和美国GE公司合资的GE航卫通用电气公司经过两国有关政府部门的批准，已正式开业。

新技术与科研成果 航天系统根据产品结构调整的总体规划，逐步向着发挥本部门技术优势及技术密集型的产品发展，SC-600型多功能呼吸机、微波治癌机等高技术产品已研制出样机，即将投入临床试验。在A型、B型伽玛照相机研制的基础上，正研制大视野、高分辨率、均匀性、线性度好并有计算机处理的C型伽玛照相机，预计1992年底前能出样机。GE航卫通用电气公司在消化吸收国外先进技术的基础上，开始进行CT的国产化工作。

行业管理 根据行业主管部门的要求，对航天系统的一、二类医疗器械在产产品进行了登记工作。有11个企事业单位被中国医疗器械行业协会接纳为首批会员单位。

质量及质量管理 在质量效益年中，航天系统狠抓了产品的质量。五院504所研制的医用电视设备获得国家银质奖。

技术改造及技术引进 国家医疗器械行业对“八五”期间的医疗器械产品进行了重新定点，已下达的第一批7种热门产品52个定点单位中，航天系统有2个单位列入定点企事业单位。“八五”期间航天系统有4个单位的产品列入军转民技术改造项目，总投资6331万元，贷款5220万元。

销售 1991年仅在全国医疗器械展销会上，航天系统就有20个单位20多项产品参展，合同成交额达2460万元。

〔撰稿人：航空航天工业部民品司　李凤娟　审稿人：航空航天工业部民品司　谭甦徽〕

制药机械

〔国家医药管理局〕

生产发展情况 1991年药机工业的调整和发展出现了转机，生产形势逐步好转，6月份在天津举办的“全国首届制药机械新产品博览会”成交额达1.1亿，11月份在长沙举办的“1991全国制药机械秋季展销会”成交额达2.2亿。出口创汇228.1万美元，占总产值的2.5%。出口产品大部分是制剂机械和药用包装机械。64家行业规划内企业统计完成工业总产值50598.2万元，比上年增长29.8%；完成产量21066.8吨，比上年增长9.4%，完成产品销售收入47359.8万元，比上年增长28.1%；实现利税7140.5万元，比上年增长25.3%。全行业实现销售收入约65500万元，比上年增长25%，实现了生产销售收入与利税同步增长的好形势。

全行业发展不平衡，实现生产销售收入利税增长最快的企业达50%以上，部分企业只表现出有限地恢复性增长，幅度只有6%左右，有些骨干国营企业还相当困难，还存在亏损企业。在8大类产品中，原料药机械与设备、制剂机械、药品包装机械增长速度较快，饮片机械略有增长。造成饮片厂装备落后、饮片机械效益不佳的根本原因在于，新产品的开发速度慢，不重视传统产品的改造，没有新颖感，装备与工艺的要求差距较大。

新产品 1991年SHK-200湿法混合制粒机、GZPX-40管制瓶生产线等8项科技成果通过部（局）级鉴定，并投放市场。

由航空航天部北京航空工艺研究所研制的SHK-200湿法混合制粒机为下旋式搅拌，制粒原理与传统式摇摆式制粒机完全不同。该机物料锅有效容积220L，搅拌桨转速180／270r／min，搅拌桨驱动电机功率9～11kW，切刀轴转速1500／3000r／min，切刀轴驱动电机功率4.5／5.5kW，压缩空气压力0.5MPa。该机符合GMP要求，具有80年代末国际先进水平。

由航空航天部哈尔滨飞机制造公司研制的GZPX40管制瓶生产线，生产效率高，产品质量好，实现了自动化控制和检测，是具有80年代末国际水平的更新换代产品。整条线由制瓶机、检测机构、传递机构、退火炉和集瓶机构五部分组成，主要适用于制造抗菌素粉针剂药瓶。与美、英、意、日等发达国家的产品相比，其特点为：适用各种气源，有利于推广应用；出现卡爪闭合现象，机器停车，防止损坏；通过冷却液流量调节模具温度，有利于提高制瓶质量。

天津市医疗器械研究所研制的YD-1型片剂硬度测试仪，是企业进行质量控制的良好测试工具。采用计算机技术，能自动测试、数据处理、自动记录。该仪器每组最多能测100片；最大测定硬度值20kg、精度±1%；测量最大直径25mm；测量时间≤30s／片；能自动打印出平均值、最大值、最小值、均匀值、离散度及相关序号的硬度值。

行业管理 国家医药管理局完成了全国制药机械行业“八五”规划的编制、上报、下发工作，并逐步组织实施。

为整顿药机行业市场，改变药机展销秩序混乱状况，建立协调的制药机械经营环境，国家医药管理局制定了“制药机械展销会管理办法”。该“办法”明确了制药机械展销会“以会养会不以盈利为目的”

的办会宗旨。强调了全国性制药机械展销会。每年1～2次，由国家医药管理局主办，有关省、市医药管理局协办。

1991年6月10日～15日在天津市国际经济贸易展览中心举办“首届全国制药机械新产品博览会”，结束了我国药机行业全国性展销会地摊式的展销历史，树立了新的展销形象。天津市人民政府李惠芬副市长，国家医药管理局局长齐谋甲同志出席了大会开幕式并剪彩，国家医药管理局副局长刘永纲同志致开幕词，天津市计委主任吴吉详同志致欢迎词。展示的原料药机械与设备、制剂机械、包装机械、药用粉碎机械、饮片机械、蒸馏水设备、药品检测仪器等类新型节能、发明专利、替代进口、出口创汇等产品共800余台（套）。辽阳制药机械总厂等46个单位的LLC350淀粉离心机等62个产品获全国首届制药机械新产品博览会“金羊奖”。规划内企业28个，占获奖单位61%。

为推动和促进制药装备工业健康发展，依靠科技进步，提高行业的经济效益，民政部于1991年9月23日批准成立“中国制药装备行业协会”，1991年12月在北京召开了协会成立大会预备会。

中国制药装备行业协会现有会员近200家，其中绝大多数为制药机械制造企业，部分设计院、检测单位、药机开发经营公司也加入了协会。

全国制药机械第一、二、三届年会已于1984、1987、1990年分别在扬州、庐山、厦门召开，取得了预期效果。

1992年药机企业生产计划会于1991年11月1日～4日与1991全国制药机械秋季展销会同时在长沙召开。

为加强制药机械的行业管理，国家医药管理局决定，成立国家医药管理局制药机械行业办公室，王国立任行办主任，徐虹任行办常务副主任。

质量及质量管理 旋涡式振动筛国家标准通过审定，制定并发布实施了“安瓿超声波洗瓶机”等14个产品的质量分等标准。

获国家医药管理局1991年优质产品奖的有：中南制药机械二厂的QCA-12／1-20安瓿超声波洗瓶机、DGA6／1-20安瓿灌装封口机、SZA420／27安瓿杀菌干燥机，上海制药机械厂的CAX-18Z／2超声波安瓿洗涤机、DLAG-6Z／2多针拉丝安瓿灌封机、SMH-18／400隧道灭菌烘箱、YFS型药用旋涡振动式分筛机，重庆制药机械厂的XP250／500-Ⅱ型玻璃瓶滚筒式洗瓶机、GF250／500-ⅡA型玻璃输液瓶灌装机、ZG250／500-Ⅱ型玻璃输液瓶轧盖机、FS250／500-Ⅱ型玻璃输液瓶翻塞机，江阴市瑰宝制药机械厂的XZS514药用漩涡振动式筛分机，上海制药机械二厂的XZS514药用漩涡振动式筛分机，泰兴县制药机械厂的直径8.5、9、10mm压片机冲模。

经复评，仍然保持局优质产品资格的有：中南制药机械二厂的YK-160摇摆式颗粒机，中南制药机械一厂的YK-160摇摆式颗粒机、LSD-12型铝塑小袋热封包装机，宝鸡制药机械厂的BY-1000型荸荠式糖衣机。

中南制药机械一厂起草的《四泵直线式液体灌装机》国家标准获国家医药管理局1990年标准化项目优秀奖。该厂的周双喜同志被评为国家医药管理局标准化先进工作者。

辽阳制药机械总厂的螺旋式离心机、普摆减速机，中南制药机械一厂的片、丸塑料瓶包装生产线，中南制药机械二厂的旁滤式离心机，重庆制药机械厂的安瓿异物检查机，宝鸡制药机械厂的压汽式蒸馏水机，江阴瑰宝制药机械厂的漩涡式振动筛，佳木斯制药机械厂的自动中药小丸机，天津中药机械厂的分粒式粉碎机，瑞安市飞云机械厂的LSB140铝塑包装机，锦州市食品包装机械研究所的DP-130A型泡罩式包装机，航空航天部15所的软胶囊制造机、离心造粒机，206所的硬胶囊制造机，13所的口服液生产线，625所的包衣机、造粒机，25所的中药丸塑料壳自动浸蜡打印机等产品都具有独特的设计风格和较强的竞争力。

技术改造 1991年用于制药机械企业的固定资产投资为8433.7万元，其中：技术改造6314.7万元，基建1300万元。少部分资金来源于机械电子部、航空航天部、国家中医药管理局、中国包装总公司等部门，绝大多数投资都由地方与企业承担，1991年国家医药管理局没有对药机企业投资。“七五”接转的中南制药机械二厂和重庆制药机械厂改造大输液生产线的技改项目，1992年可竣工投产。

经专家评审，辽阳制药机械总厂等16家企业的技术改造项目，华中制药机械厂的基本建设项目列入了全国机电大行业“八五”规划项目，总投资为18300万元，用汇663万美元。

〔撰稿人：国家医药管理局制药机械行业办公室 石青 审稿人：国家医药管理局制药机械行业办公室 徐虹〕

〔航空航天工业部航天系统〕

生产发展情况 1991年航空航天工业部航天系统在调整产品结构的基础上，从事制药机械研制、生产的企事业单位有12个。有的单位开始了军民品分线的探索。产品有5大类，可供市场选择的产品有12项，产值已达1200万元。航空航天部二院206所研制的400型全自动胶囊充填机、一院13所研制的全自动易拉盖口服液生产线和上海航天局上海仪表厂研制的安瓿折断力测试仪投入批量生产。

新技术与科研成果 航空航天工业部二院206所和柳州长虹机器制造公司共同研制生产出了800型全自动胶囊充填机，并通过了航空航天工业部和国家医药管理局的联合鉴定。由206所研制的全自动硬胶囊制造生产线投入热试车考核整条生产线的各项主要技术指标，考核结果，三大主要指标达到设计任务书要求。该生产线将在1992年初进行鉴定。

行业管理 航空航天工业部航天系统的12个企事业单位中，有4个单位已纳入行业管理渠道，即：一院13所、15所，二院206所和柳州长虹机器制造公司。在航天系统内部也正向着科研与生产结合的方向努力。1991年二院206所和柳州长虹机器制造公司以800型全自动胶囊充填机的产品为龙头，积极地探索厂所结合路子，为科研成果尽快转化为生产力进行了新的尝试。

质量及质量管理 1991年航天系统借鉴军品质量管理的经验，狠抓了各项民品的质量，使产品质量有新的提高，仅在1991年全国首届制药机械展销会上，航天系统有3个单位4项产品获金羊奖。获奖的产品是：一院15所研制的软胶囊机、360M包衣造粒机，206所的28冲压片机，206所和801厂联合研制、生产的800型全自动胶囊充填机。

销售 1991年仅在全国制药机械秋季展销会上，航天系统正式成交50.5万元，意向合同有206.56万元。

〔撰稿人：航空航天工业部民品司 李凤娟 审稿人：航空航天工业部民品司〕

商业专用机械

〔商业部〕

生产发展情况 1991年，商业部所属商业机械制造企业有388个，职工43930人，拥有固定资产原值58705万元，比上年增长18.5%；全年实现工业总产值93233万元，比上年75263万元增长23.9%；实现利税10147万元，比上年8623万元增长17.7%；全员劳动生产率达到21223元／人·年，比上年增加4091元／人·年。由统计数字可以看出，商机企业生产经营情况较上年有好转，正逐步走出低谷，迈入良性循环的轨道。

随着国家改革开放形势的进一步发展，商机企业瞄准市场需求，打破行业界限，生产适销对路的产品，尤其是生产技术附加值较高的电子或机电一体化产品，更引起商机企业的关注。如广东省江门市商业局所属利安纳实业有限公司、开平县伟力电子厂生产的彩色影印设备、收录机等，除在国内畅销外，还销往国外，具有较高的经济效益。商业部所属机电企业，1991年实现的工业总产值达93233万元，其中出口产品的产值16914万元，占工业总产值的18.1%。产品已涉及并将会更多的涉及诸如电视机、电话机、收音机、儿童电子玩具等。

新技术与科研成果 近年来，我国大中城市的家庭结构已逐步向小型化发展，精神文化生活所占用的时间越来越多，因而，人们对家务劳动社会化的要求也越来越高。市场上速冻食品的销售量一直以较大的幅度增长。为形成速冻食品的工业化生产，降低工厂生产成本，使其更快地进入千家万户普通百姓家中，哈尔滨商业机械总厂、天津商学院天马制冷设备工程有限公司、北京商业机械厂、承德商机公司等相继研制开发出了产量不等的食品速冻成套装置，可以广泛地与饺子机、包子机、春卷机、馒头机等食品机械配套为生产线，产品有较好的社会和企业经济效益。

在商业部1991年科技进步评奖工作中，除一、二等奖外，获三、四等奖的项目还有北京市商业机械研究所研制的BJWZ150型卧式枕型接缝式包装机、江苏泰州商机厂生产的FSV_2–F半封闭式制冷压缩机、河北衡水棉机厂研制的MDY–200型打包机、湖南省食品机械厂研制的螺旋式超高温瞬时灭菌机、上海人民仪表厂研制的真空包装机等。

行业管理 依据国家产业政策，商业部有关部门结合商办工业的实际情况，起草制定了《商办工业发展十年规划和"八五"计划》、《商业部归口管理的行业和产品目录》等文件（均含商业专用机械工业）。它对各地商办机械工业主管部门在现阶段加强行业管理工作，实施有效的宏观调控，提供了一个参照的基础，各地对此反映较好。

商业部机电产品出口办公室成立以来，以为商办机械工业企业提供服务，开拓国际市场，发展与外商的合作为出发点，做了一些有益的工作，如制定了《商业部机电产品出口管理细则》，起草下发了商业部机电产品出口统计报表制度，组团到国外推销产品，开会表彰商业部机电产品出口大户企业等。根据年终收到的统计资料，有3个企业年创汇在300万美元以上，他们是广东省开平县伟力电子厂、广东东莞龙昌电子实业有限公司、安徽省滁州电视机厂，有7个企业年创汇在100万美元以上，他们是广东宝安华生电机厂、天津市肉类联合加工厂、江苏扬中县吉扬电子有限公司、广东宝安镇泰玩具厂、广东江门县利安纳实业有限公司、广东珠海新中玩具厂、河北省承德商业机械公司。

质量及质量管理 1991年，商业部有关部门按计划，组织国家饮食服务机械质量监督检验测试中心、国家制冷机械质量监督检验测试中心开展了国优、部优产品检查评比活动，承德商机公司的装配式冷库获国家金质奖称号，云南省商业机械厂的远红外食品烤炉获国家银质奖称号。另外，还有10个商机企业分别生产的打包秤、打包机、包装机、冷藏柜、豆制品生产线等产品获得了部优产品称号。

1991年，获得商业部设备管理奖称号的商业企业有哈尔滨商业机械总厂、江苏大丰县供销机械厂、广东省佛山市商业机械厂；获得商业部质量管理奖称号的商机企业有江苏大丰县供销机械厂。

技术改造及技术引进　1991年，列入商业部商机企业重点技术改造的项目有湖北武汉第二商机厂扩大冰淇淋成套设备生产能力改造项目、哈尔滨酿造食品机械厂扩大豆制品生产线设备生产能力改造项目、哈尔滨商业机械总厂速冻饺子车间改造项目、安徽滁州电视机厂购置彩色、黑白显像管修复线改造项目、北京商用汽车制造厂增加工艺工装等15个项目，总投资合计10670万元（含接转项目)，其中专项贷款6565万元。

另外，1991年，商业部有关司局还派员随联合国官员就保护大气臭氧层，民用制冷设备逐步限制使用CFC一事考察了部分商业机械厂。联合国有关部门决定拨付670万美元给商业部洛阳制冷机械厂，支持其以开发氨制冷压缩机为主的技术改造，项目施行时间为5年，于1997年全部完成。

销售　1991年，商业机械产品全年销售额为94451万元，比上年69760万元增加24691万元。从总的情况看，各大类产品均呈现较好的销势，一些时令饮食服务机械产品，如切肉片机等，还时常出现脱销现象。目前，国内第三产业发展的势头很猛，商业机械产品多是为商办工业提供服务的加工设备，而商办工业又多与人民群众的日常生活相关联，预计商业机械产品的销售将会出现一个新的高峰。

据不完全统计，商业机械产品全年出口创汇额为2952万美元(按国家规定的换汇率计算)，比上年900万美元增长两倍以上，增长幅度高于全国机电产品出口增长值。按产品看，创汇额较大的是电视机、收录机、饺子机等电子产品和传统食品加工设备，出口涉及的国家也越来越多。

〔撰稿人：商业部商办工业管理司　邢　默〕

水工机械

〔水利部〕

生产发展情况　建国以来，水利水电建设取得了较大的成就，建成各种水库达8.29万座，整修、新建各类堤坝20余万公里，万亩以上的大中型灌区5280余处，机电排灌动力达5800万千瓦，治理易涝农田3亿亩，小水电发展达到1385.34万千瓦，常遇洪水基本得以控制。部属及各省、市、自治区所属从事水利水工机械生产的厂家已达200个以上，除少数几个部直属的大型企业如吉林水工机械厂、郑州水工机械厂、三门峡水工机械厂、富春江水工厂、夹江水工厂外，其余大部分属中小型厂。据对18个企业的统计，1991年共完成工业总产值27576万元，生产启闭机1384台／8196吨，闸门250扇／4229吨。郑州、三门峡、吉林水工机械厂和富春江、夹江水工厂5个部直属企业，1991年共有职工9196人，工业总产值达18965万元，产品销售收入为16717万元，销售利税为1240万元。水工机械产品1991年主要有清淤机、大型水工闸门、阀门和水陆两用挖掘机、大型启闭机等，启闭机包括固定卷扬式、台车式、液压式、盘香式。其中有代表性的产品为：郑州水工机械厂为葛洲坝大江冲砂闸生产的9台2×200吨弧型闸门启闭机，采用了GB3480—83齿轮承载能力计算方法设计，进行硬齿面加工，轮轴采用辉光离子深层氮化工艺，热处理采用反向控制变形，润滑系统采用向齿面喷油强迫润滑。该机获河南省优质产品奖。又如该厂为广西“桂平”船闸制造的600kN和1100kN液压启闭机及其液压控制系统，在国内首次采用逻辑插装锥阀，使其通油能力大、密封性好、抗污染能力强，液压启闭机运行平稳安全，并实现了上下闸首船闸人字门联锁和左右扇人字门联动。通航实践证明整套设备运行灵敏、性能优良，获部级科技进步奖。又为鲁布革水电工程生产的2×3200kN固定卷扬式启闭机和漫湾水电站5000kN坝顶门式启闭机，均属国内最大型的产品。

我国自行研制的水利施工机械约100余种机型，已在水利工程建设上发挥良好的作用。如江苏省水利建筑工程公司船厂生产的SLWY-60型水陆两用挖掘机，1986年6～10月在黑龙江三江平原856农场完成一排干水利工程，挖引面积42万亩，其中解除12万亩耕地涝灾影响，还使30万亩荒地积水得以排除，使荒地变成良田，充分显示了水利施工机械的作用。吉林水工机械厂研制的水陆两用挖掘机正在试制，生产的16×13.6米的大型弧门，现正良好地运行于太平湾电站上。

新技术与科研成果　郑州水工机械厂主要生产平板闸门、弧型闸门、船闸人字门等，为斯里兰卡、马杜鲁、欧业水库工程生产的大型闸阀式平面闸门均一次安装运行成功，其主要性能指标超过美国垦务局标准，受到加拿大柯里本国际有限公司和英国劳埃德船级社的高度评价，并荣获国优金质奖。

郑州水工机械厂承接的为长江葛洲坝工程二江泄水闸制造的27扇平面工作门和三江冲砂闸的6扇平面检修门及大江电站进水口平面闸门，经受住了百年不遇的特大洪水的考验。号称“亚洲之最大”的一号超大型船闸上下闸首人字门（单扇门高34.5m、宽19.7m、厚2.7m、重609吨）已屹立在长江葛洲坝大江主航道上，其主要性能指标居于国内先进水平，荣获国优银质奖。

三门峡水工机械厂为葛洲坝水利枢纽生产的特大型弧型闸门也获得国优银质奖。

广西岩滩水电站与福建水口水电站的超大型弧

型闸门（尺寸分别是宽 15m、高 22.5m 及 24.5m 和 15m×23m、曲率半径 R25m）是目前国内最大的弧型闸门，分别由三门峡水工机械厂和郑州水工机械厂制造。

武进液压启闭机总厂改进缸筒加工，采用镀钛刀片一次拉削的新工艺，提高了加工质量和工效，并改进和提高了整机的性能，该厂为国家重点工程葛洲坝、水口提供了优质产品。

江苏省水利机械厂是生产金属结构闸门、启闭机和系列清淤机械的专业厂、曾先后承接了江都水利工程的全部闸门、启闭机和京杭大运河徐扬段复线的五座大型船闸，同时为塞内加尔、索马里、刚果、尼泊尔、布隆迪等国家提供闸门、启闭机。近几年来，与长春机械研究所合作生产水利清淤机械形成系列，包括 0.2、0.3、0.4m^3 两栖式清淤机和 0.6m^3A 型 B 型两栖式挖掘机，年生产能力为 60 台。

辽宁省水利水电科研所设计、抚顺刘山水利机械厂生产的 SGD-5 型高压喷射灌浆机，1990 年 8 月在沈阳通过了水利部主持的技术验收鉴定。该机在河堤闸站的除险加固以及对库基础的防渗处理上使用效果好，喷射灌浆有关参数采用微机监测，数据准确，国内首创。

长春机械研究所研制了 FXCZ31 型防讯工程运输车，该车采用双桥驱动，大轮胎深花纹，增加轮边减速器，加大离地间隙、降低了接地比压，提高了越野和通过性，可以在 0.5 米深泥水路面运行，经 25000 公里的运行试验，证明越野性能良好，是其它车辆无法相比的。

陕西省水利机械厂研制生产适应各种不同水利工程——大坝斜面及沟坡等的振动压实机械，有较好的声誉，并获科研专利、国优银质奖。

郑州水工机械厂具有生产混凝土拌和设备的自动化成套设备，现已生产砼搅拌楼、搅拌站 130 余台，产品遍及全国并外销阿尔巴尼亚、突尼斯、喀麦隆、朝鲜、马来西亚等国家。该产品已形成 5 大系列 23 个品种，其特点是：（1）主机以双锥倾翻自落式搅拌机为宜，并开发有单卧轴强制式搅拌机，双卧轴强制式搅拌机和涡流式搅拌机，其搅拌时间短，砼质量好，不仅适用于水工砼，而且适用于低塌落度砼和碾压砼。（2）控制技术不断完善。传感器电子称精度及可靠性达到部颁标准，采用了高精度防潮传感器，用微机控制配料系统。（3）整机功能日趋完备。为节约水泥采用了双掺技术（粉煤灰、外加剂等），可设楼外料仓、水泥仓等，增加有"片冰"装置、附壁式骨料冷风装置，楼顶可设骨料二次筛分装置，采用气垫式骨料胶带输送机，主控制室可配空调器、工业电视和对讲机，整机采用配装式钢结构，便于运输安装、拆卸和转移。

其代表性的产品有：（1）HL50-2F1000 型砼搅拌楼，获部科技进步奖及国优银质奖。（2）HL115-3F1500 型砼搅拌楼，获河南省重大科技成果奖、国优银质奖。（3）HL50-1Q500 型微机控制砼站，达国际 80 年代先进水平，已出口马来西亚等国。（4）HZC40-1F1000 型船用砼搅拌站，填补了国内工程船舶的空白。（5）HL236-4F3000 型砼搅拌楼，为国内最大的砼搅拌楼，已用在湖南五强溪电站，广西岩滩、大化水电站等工程。（6）HL75Y-ZF1500 型砼搅拌楼，采用电气—液压控制，填补了我国砼楼系列的空白、参加国际投标，一举夺魁，现已应用在云南省天生桥二级水电站建设之中。

河南黄河机械修造厂 1991 年研制的 ZK-24 型锥孔机为全国独家生产，具有堤坝锥孔、配合以压力灌注水泥浆的良好性能，远销斯里兰卡。

山东水利机械厂生产的 LS2×10 启闭机获山东省优质产品和山东省水利厅科技三等奖。

三门峡水工机械厂重视新技术的引进和推广，不断改进与完善技术工艺，为陕西安康水电站制造的 2×360 吨高扬程启用机，卷筒施行折线绳槽的加工实现了钢绳多层次整齐缠绕，省去了排绳机构，减小了整机的外形尺寸和重量，为我国制造高扬程启闭机创出一条新路。

〔撰稿人：水利部机械局　王大迎　长春机械研究所　张玉林　郑州水工机械厂　王德胜　三门峡水工机械厂　王　斌　审稿人：水利部机械局　冯丽珍〕

城建机械

〔建设部〕

生产发展情况　1991 年建设部系统市政工程车辆、环境卫生车辆、园林绿化车辆及液化石油气槽车生产厂共 30 家。其中，列入建设部生产计划的生产厂 18 家，完成工业总产值 16945 万元（当年价格），净产值 10058.74 万元，生产各种类型城市专用车 2692 辆。

新技术与科研成果　建设部城市专用车辆行业重点企业，为提高产品质量及可靠性，采用磷化漆前处理新工艺、CO_2 气体保护焊接工艺、水幕无泵漆雾净化设备，产品质量有了很大提高。

北京市政汽车改装厂，采用 2 台 500 吨压力机并联压制罐体封头技术，保证封头和罐体安装配合质量，提高了封头的使用可靠性，罐体已开始用液压成型技术进行生产。

吸污车、吸粪车液面报警装置是城市专用车辆关键配套件，由行业协作配套厂沈阳华侨电子仪器厂研制开发的新型液面报警器，采用磁场传感技术，基本上解决了过去因使用工况恶劣而寿命低的问题，提高了液面报警系统的可靠性。

新产品 1991年建设部城市专用车行业开发的新产品有：济南园林机械厂JYJ5130GYP绿化喷洒多用车、北京市清洁机械厂BQJ5090ZJL集装拉臂式垃圾车、天津市环卫设备厂TH5091GXE真空吸粪车、淮安市政工程机械厂HAC5090下水道疏通车、山东诸城摩托车厂SHZ15型扫路车、四平环卫机械厂SW5040GXC型扫路车、湖北建筑机械厂HJC5060JGKZ16高空作业车、广东省韶关机床厂SGJ5030GXC型扫路车，中国城市车辆总公司受建设部科技发展司委托，主持了对上述新产品的鉴定。

由建设部城市车辆研究所设计开发的SHZ20型吸扫式扫路车获1991年建设部科技进步二等奖，广州环卫机械设备厂研制开发的GH5200ZLY后装压缩式垃圾车获三等奖。武汉市政机械厂研制的8吨吸污车、射水车（高压清洗车）和真空泵系列被评为1991年国家级新产品。

1991年国家科委把扫路车、垃圾车、洒水车、吸粪车、除雪机等城市道路清洁车辆和垃圾运输设备正式列入85-909《有害废物和城市垃圾处理处置技术研究》国家科技攻关计划。

行业管理 为推动城市专用车辆行业向前发展，增强企业之间，企业和研究所、大专院校的横向联合，建设部科技委城市车辆技术专家委员会组织成立了城市专用车辆工作委员会，加强了城市专用车辆行业信息、情报交流，向行业内成员厂提供国内外有关城市专用车方面科技情报；组织建设部城市车辆研究所、北京清洁机械厂、鞍山汽车改装厂、天津环卫设备厂研制开发高速公路用系列扫路车。组织建设部城市车辆研究所、武汉市政机械厂研制开发吸污车、吸粪车真空泵系列产品。

1991年北京、上海、武汉三市的环卫厂家改革企业组织形式，实现同地合并。如北京清洁机械厂和北京环卫车辆改装厂，上海环卫机械厂和上海环卫车辆改装厂，武汉市政机械厂和武汉环卫机械厂先后合并，解决了专用车辆行业厂子小、批量小、资金少的问题，推进了城市专用车辆行业的发展。

园林机械行业1991年召开了行业交流会，对行业现状及发展、新产品开发、标准化工作进行了研讨和经验交流。

1991年完成垃圾车、洒水车、吸粪车三种专用车生产许可证实施细则的报批，1992年开始发证工作。

质量及质量管理 建设部中国城市车辆总公司先后制订了"城市车辆生产企业产品质量管理意见""城市车辆行业质量、品种、效益年活动考核评比办法"。上海环卫车辆设备厂、北京市政汽车改装厂、北京环卫车辆改装厂和武汉市政机械厂等企业，制定了各自的活动计划，进行了自查自检。1991年武汉市政机械厂通过了三级计量考核和武汉市全面质量管理认证，被评为二级设备管理单位和省级先进企业。开封市市政工程机械厂被中国质量协会用户委员会评为产品质量好、服务好单位。

1991年中国城市车辆总公司组织建设部城市车辆研究所编制了垃圾车、洒水车、吸粪车产品质量分等规定。

技术改造及技术引进 建设部城建行业"八五"期间的技术改造是建设部机械行业技术改造的重要部分。主要内容是调整结构、节能降耗、产品升级换代、提高开发适应城市建设需要新产品的能力，提高环卫、市政机械产品水平及生产能力，避免城市垃圾、污物收集及运输过程中的二次污染，解决城市环卫、市政部门垃圾清运、下水道疏通车辆严重不足问题。

武汉市市政环卫机械厂、长沙环卫机械厂的技术改造列入建设部"八五"技术改造专项规划。

销售 城市专用车辆市场1991年稳中有升，1991年实际销售各种城市专用车辆2500辆。

〔撰稿人：建设部中国城市车辆总公司 沈美玉、叶东强 审稿人：建设部中国城市车辆总公司 李世豪〕

环境保护设备

〔机械电子工业部〕

生产发展情况 1991年，机械电子工业部系统环境保护机械设备制造行业48个企业，完成环境保护机械设备产量53920吨，比上年增加16.3%，其中机械除尘设备13511吨，电除尘设备21396吨，水处理设备14400吨，气体净化设备2538吨，噪声控制设备1301吨。在电除尘设备的产量中按引进技术生产的产品7829吨，比上年增加42.7%。这48个企业完成工业总产值(1990年不变价)34499万元，比上年增加26.5%，利润总额495万元，比上年减少33.4%。

1991年，环境保护设备制造行业生产的重点产品有：上海冶金矿山机械厂为上海石洞口第二电厂600MW火电机组配套的CE322型电除尘器2台，分别为上海吴泾热电厂300MW火电机组和遵义电厂125MW火电机组配套的S3F240型、SH100型电除尘器各2台；辽宁北票机械厂分别为铁岭发电厂、辽阳化纤厂自备电厂生产了BDX230型、BDX150型电除尘器各2台；浙江电除尘器总厂生产电除尘24台、11153吨，这些产品大都为中小型产品；另外主要产品还有为重庆电厂200MW火电机组改造生产的F163-3型、为邢台电厂200MW、为梅溪电厂50MW火电机组配套生产的GP158-3型、F100-1型等电除尘器；哈尔滨环保制氢设备工业公司生产了电石炉气净化设备4套；无锡市通用机械厂生产了各种城市污水、工业废水处理设备92台（套），主要产品有板框压滤机、厢式压滤机、带式压榨过滤机、机械旋转格栅除污机、桥式刮泥机和微孔曝气器等产品；武汉鼓风机厂生产了各种噪声控制设备119台（套），主要产品有为阳逻电厂300MW火电机组锅炉鼓风机、引风机配套的ZPX280／160-ML-HL-R95／78型消声器，为丰镇电厂200MW火电机组锅炉鼓风机、引风机配套的ZPX150／120-PAF2850型消声器等产品。

新技术与科研成果 1991年，新技术与科研成果主要有：浙江电除尘器总厂、上海冶金矿山机械厂和上海电阻厂承担的电除尘器国产化研究课题，于1991年12月20日通过了专家鉴定，得到到会专家的好评，该课题成果的推广应用，将使按引进技术制造的电除尘器的国产化率达到100%。无锡通用机械厂将可编程序控制技术应用于厢式压滤机的研究课题取得了成功，产品通过了省级鉴定，得到用户的好评；该厂新研制的陶瓷曝气器已生产出样品，经试验，性能已达到设计要求。机械电子工业部机械工业环境保护技术研究所有5项科研成果通过了技术鉴定，主要有超疏水吸油砂制备技术研究、水域油污染治理技术及处理剂研究、化学凝固—絮凝—生物法综合治理造纸废水技术研究等。其中超疏水吸油砂制备技术研究项目，主要研究超疏水吸油砂制备。超疏水吸油砂是由核心部分(砂)、中介质层（聚氨酯涂料）及表面疏水层组成，具有良好的疏水性和吸油能力，不仅可用于含油废水治理，还可用于建筑防水、防潮及沙漠、土壤保水。该产品性能优良，成本低，原材料容易得到，具有良好的应用前景。沙市市水处理设备制造厂研究成功了专门用于阴极电泳涂漆超滤的CG膜和用国产树脂烧制膜支撑体、可分别替代偏聚二氟乙烯膜和用无纺布卷制的支撑体；该厂和机电部武汉材料保护研究所研究的阴极膜制造工艺、与中国农机院共同研究的果汁浓缩超滤技术，分别通过了机电部的鉴定。北票机械厂应用新技术对老产品进行了改造，设计出WCA100型电除尘器，每台可降低材料消耗133吨；该厂还研制成功了735mm宽极板轧机，为发展宽极板电除尘器新产品创造了条件。该厂生产的适用于高比电阻、超细烟尘除尘的GEP20型管极式电除尘器，获机电部科技进步二等奖。沙市市水处理设备制造厂设计制造的NG型超滤器获国家“七五”星火银奖。浙江电除尘器总厂按引进技术设计制造、为300MW火电机组配套的电除尘器，获国务院重大技术装备领导小组颁发的国家重大技术装备成果二等奖；为上海宝钢450m^{2}烧结机配套的GP214-3型电除尘器获国务院重大办表彰。

新产品 1991年研制的新产品主要有：上海冶金矿山机械厂为铜陵年产20万吨硫酸装置设计研制的S3L50型电除尘器，该产品有三个电场，流通截面积为50m^2。其主要特点是适用于在高温(400℃)、高露点（250℃）的工况条件下工作。北票机械厂研制成功了适用于高比电阻的BP80型电除尘器，该产品采用宽极板、多点强振打，振打效果好，材料消耗低，除尘效率高，可保证连续、可靠、稳定地运行。湖北除尘设备厂研制的用于烟丝除尘的LCMS型高效脉冲袋式除尘器，于1991年12月通过了部级鉴定，性能达到国外同类产品水平。淄博环保设备厂为水泥立窑和烘干机研制了4EFE-365×6-HSY／A型玻纤袋除尘器。该产品为单元分室组合式结构，操作采用微机控制按程序自动进行，滤袋为经硅油处理过的玻璃纤维布，耐温度可达300℃，过滤面积2190m^2，处理风量为50000～60000m^3／h，除尘效率＞99.7%。无锡通用机械厂研制的DY2000-N型带式压榨过滤机，通过了机电部组织的鉴定；XMGZ60／1000-UA型、XAJZ60／1000型厢式压滤机和XMGK60／1000型可编程序控制厢式压滤机分别通过了省、市级鉴定；该厂还研制了DY3000-N型带式压榨过滤机、GS-1.5型机械旋转格栅除污机等新产品。沙市市水处理设备制造厂研制了NG型系列管束式超滤器，膜面积10～120m^2，透过量18～202L／m^2·h，截留率97%，装在第二汽车厂电泳涂漆线上，使用情况良好。此外，还有武汉阀门厂开发了LG-2.5型污泥浓缩搅拌罐，武汉鼓风机厂研制了为烧结风机配套的ZPX-2800D型消声器、P6-420型锅炉排气消声器和天津地铁工程噪声控制设备等。

行业管理 浙江电除尘器总厂被机电部第三装备司评为“七五”期间石化通用机械行业技术进步优秀单位；经浙江省诸暨市人民政府批准，从1991年4月2日起，诸暨钢厂并入浙江电除尘器总厂，并更名为浙江电除尘器总厂二分厂；经浙江省新闻出版局批准，由浙江电除尘器总厂主办的《除尘报》于1991年1月15日起开始发行，每半个月出版一期。机电部机械工业环境保护技术研究所编写了环保机械产品型谱系列。其内容包括产品分类原则、产品分类“树技图”，产品目录代码和代表产品四部分，型谱系列分五大类、77小类、261个系列、677种代表产品；该所还编撰了《中国环保机械企业大全》一书。该书包括1808家环保企业的名录及40种产品的生产企业。

质量及质量管理 北票机械厂为贯彻《质量管理和质量保证国家标准》，健全了质量保证体系，充实了各级质量管理人员，明确了各级质量管理人员的职能范围，举办青工技术培训班、班组长培训班和举办质量管理知识教育；上海市机电工业管理局推荐上海冶金矿山机械厂为1991年度机电部质量管理奖企业。

上海冶金矿山机械厂制造的为300MW、600MW火电机组配套的电除尘器，被评为1991年度机电部、国家环保局部级优质产品，其中为

600MW 火电机组配套的电除尘器，获 1991 年度国优银质奖。浙江电除尘器总厂为平圩电厂 2#600MW 火电机组配套的 F220-4 型电除尘器，经空载通电试验，空载电压均在 7 万伏以上，证明设计、制造和安装质量良好；为大庆热电厂 1#200MW 火电机组配套的 ZGP158-4 型电除尘器，进行了 72 小时的试验，运行情况良好。

技术改造及技术引进　1991 年，环境保护机械设备制造行业列入国家重点技术改造的项目共 6 项，全年完成投资 1658 万元，比上年增加 36.7%。其中上海冶金矿山机械厂完成了 491 万元，主要建成了 5500m^2 金属结构车间，并交付使用；武汉阀门厂完成了 426 万元，主要新建了一个水处理机械试验室，其中有约 500m^2 的试验楼，一个 1615m^3 的水池，一个 500m^2 的产品安装调试场地，试验采用各种电测技术和微机进行检测及数据处理。

1991 年，电除尘器引进技术的国产化和消化吸收取得了可喜的进展，基本上实现了 100%的国产化，对老产品的改造也取得了良好的效果，如浙江电除尘器总厂使 GP 型电除尘器的设计重量减轻了 15%左右。

销售　据对 48 个生产环境保护机械设备的企业统计，1991 年全年产品销售收入 32236 万元，比上年增加 50.2%，为年产值(现行价)的 96.3%，比上年增长 17.7%，产品主要内销，出口只占 4%。

1991 年，出口环境保护机械产品 2872 吨，创汇 304 万美元，主要出口产品有电除尘器、袋式除尘器、污水处理设备、消声器等，主要出口印度尼西亚、巴基斯坦、孟加拉国、日本、香港等国家和地区。

〔撰稿人：机械电子工业部规划研究院　郑良清〕

〔冶金工业部〕

生产发展情况　1991 年冶金工业部系统生产环保设备的企业主要有：宣化冶金环保设备制造厂(它是冶金工业部唯一的环保设备专业生产厂)、北京冶金设备制造厂、首钢重型机械公司等。1991 年完成的重点生产项目有：为太原钢铁公司生产的 28m^2 电除尘器 1 台／132 吨，为攀枝花钢铁公司生产的 100m^2 电除尘器 4 台／1368.4 吨，为马鞍山钢铁公司生产的 185m^2 电除尘器 1 台／1480 吨、189m^2 电除尘器 2 台／1814 吨。宣化冶金环保设备制造厂 1991 年完成工业总产值 4507 万元，比上年增长 20.1%，其中环保设备产量为 7526.7 吨，环保设备产值 4176 万元，全年完成利税 210 万元，利润 60 万元。

新技术与科研成果　1991 年冶金工业部安全环保研究院等单位研制的高炉煤气干式横向栅板电除尘器获冶金部科技进步三等奖，同时获国家发明四等奖，该院研制的 DS-1 型自控加湿出灰机获冶金部科技进步三等奖；冶金部建筑研究总院和鞍山钢铁公司合作的“宽间距屋顶电除尘器的研究”项目、“转炉二次烟气除尘技术研究”项目获冶金部科技进步三等奖；冶金部安全环保研究院和浙江省金华无线电厂研制的“沸腾颗粒除尘器电控柜”项目获冶金部科技进步四等奖；鞍山黑色冶金矿山设计研究院和本溪钢铁公司南芬选矿厂合作的“粗破碎卸矿处除尘方式和净化设备的研究和应用”项目获冶金部科技进步四等奖。

1991 年冶金部有 14 项科研成果列入国家环保局“八五”重点推广计划，其中 3 项科研成果被评为最佳实用技术，11 项科研成果被评为可行性实用技术。见表 1。

表 1　“八五”期间重点推广的环保科研成果

序号	分类	项目名称	技术依托单位
		最佳实用技术(A 类)	
1	电除尘	烧结机头烟尘净化用电除尘器	冶金部鞍山冶金矿山设计院
2	干法除尘	中小炼钢电炉烟气捕集净化技术	冶金部武汉安全环保研究院
3	冶金废渣处理	钢渣处理及综合利用技术	冶金部建筑研究总院
		可行性实用技术(B 类)	
1	冶金废水处理	锰铁高炉三废综合利用	廊坊市冶金设计研究所
2	电除尘	高炉煤气干式电除尘器	冶金部武汉安全环保研究院
3		宽间距立式电除尘器	冶金部武汉安全环保研究院
4	干法除尘	XCY 高效旋风除尘器	西安冶金建筑学院
5		300m^3 高炉煤气全干式布袋除尘技术	冶金部包头钢铁设计院
6		快装振打玻纤扁袋除尘器	鞍钢设计研究院
7		转炉煤气净化回收成套新技术	冶金部建筑研究总院
8		低阻高效脉冲袋式除尘技术	冶金部武汉安全环保研究院
9		HD-2 型环隙喷吹脉冲袋式除尘器	冶金部武汉安全环保研究院
10		沸腾颗粒层除尘技术	冶金部武汉安全环保研究院
11	其它	聚合硫酸铁生产新工艺	冶金部建筑研究总院

新产品　1991 年宣化冶金环保设备厂和鞍钢设计院、鞍钢第二炼钢厂合作，完成了冶金部重点科技项目大型工业设备干式圆式电除尘器的课题任务，1991 年 5 月通过部级鉴定。该除尘器流通横截面面积 32m^2，每小时处理烟气量为 14～16 万 m^3，收尘极总面积 2568m^2，收尘效率达到

99.67%。该项技术填补了国内空白，尤其是扇形刮灰装置、压力安全放散阀和埋刮板输送机等高难技术项目已达到了国际先进水平。宣化环保厂还为秦皇岛电厂生产了第一台20万千瓦发电机组用电除尘器，已开始安装、投入试运行。

行业管理 为增强冶金职工的环保意识，冶金部组织冶金系统44个单位、179位同志参加了在宣化冶金环保设备制造厂举办的除尘技术学习班。

宣化冶金环保设备制造厂的环保设备经过河北省冶金企业集团公司和河北省工业产品生产许可证办公室的审查，获得生产许可证。

质量及质量管理 1991年冶金部冶金机电产品质量监督检测中心按照冶金部下达的产品抽查计划，抽查了宣化冶金环保设备制造厂的产品，产品抽查合格率为94.8%。

宣化冶金环保设备制造厂生产的板卧式电除尘器获得国家环保局部级优质产品称号。目前宣化冶金环保设备制造厂生产的优质产品产值占总产值的92.4%以上。

技术改造及技术引进 1991年宣化冶金环保设备制造厂对该厂波形板生产线进行了技术改造，当年设计、试制并投入生产。全厂全年完成技术改造投资123万元，满足了生产经营的需要。

销售 1991年宣化冶金环保设备制造厂完成销售收入3450万元，比上年略有增长，其中成台电除尘器实现销售收入3003万元，除尘器备件117万元。

〔撰稿人：冶金工业部机动司 邓臻兴 审稿人：冶金工业部机动司 奚延珍〕

〔能源部电力机械局〕

生产发展情况 1991年能源部电力系统所属生产环境保护设备的工厂共有10个，完成电除尘器30台(套)、14825吨，比上年增长了95.3%；水处理设备623台(套)、1439吨；清污机28台、186.4吨；各种消声器214台。完成工业总产值21087万元（按1990年不变价格），比上年增长了5.6%，利润总额1059万元，全员劳动生产率22889元/人·年。

浙江电力修造厂干式除灰装置，消化吸收美国A-S-H公司负压气力除灰先进技术，不仅满足国内300MW机组气力除灰的需要，而且首次出口，销往新加坡、印度尼西亚、巴基斯坦等东南亚国家，创汇50多万美元。

兰州电力修造厂是能源部电力系统所属生产电除尘器重点生产厂，产量约占本系统需要量的一半以上，1991年还向印度尼西亚出口两个电厂的5台电除尘器，用户非常满意。

云南电力修造厂生产滤水清污机械产品，该厂几年来积极进取，不断开拓，该系列产品已发展有ZSB、ZPS、CZB、ZWS、CSGP型等5种不同形式不同用途特点的滤水清污机械产品，每种机型还有多个规格，形成了多机种、宽规格的国内优势产品，产品覆盖全国24个省、市、自治区，被68家各类工程所采用，总数达261台。

新技术与科研成果 长春发电设备修造厂研制的为山东邹县电厂300MW机组配套的大型混合宽间距电除尘器，经14000小时运行，主要技术经济指标达到或超过原设计要求。经能源部西安热工研究所测试，除尘效率达到99.76%，漏风率为2.5%。该产品获1991年能源部科技进步四等奖，吉林省优秀新产品一等奖，吉林省电力科技成果一等奖。

云南电力修造厂开发的CZB型垂直网篦式清污机，具有设计新颖、安全可靠的特点，1991年国家专利局授予CZB型垂直网篦式清污机专利权，专利号为90203961X。

新产品 浙江电力修造厂与上海机电设计院合作，研制成了CD8.0-2200型仓式气力输送泵，设计压力为9kg/cm^2，设计温度-20～150℃，输送出力20t/h，输送距离大于2000m，经部级鉴定，认为该产品达到国内先进水平。

由山西电建修造厂与能源部环境保护研究所共同研制的2×165.24m^{2}静电除尘器，在漳泽5号、6号炉上运行一年，经山西环境监测总站和山西电力局环境监测研究中心站共同测试，除尘效率达到98.6%，在年末通过了技术鉴定。

上海水工机械厂为南市热电厂220t/h锅炉研制的浓相干灰输送设备，经过一年多运行考验，输灰能力186t/d。由于该装置输送灰的浓度大，密封性能好，大大改善了运行条件和环境卫生，11月中旬通过技术鉴定后，很多电厂提出用该设备改造除灰装置。

郑州机械研究所和宝鸡电力修造厂近年来联合开发的水隔离除灰装置，也已在谏壁电厂通过鉴定，而且焦作电厂和西柏坡电厂也已采用这种设备作为水力除灰设备。

质量及质量管理 兰州电力修造厂生产的RWD/KFH型电除尘器，1991年经部、省质量管理部门复查，继续保持国家优质产品金质奖称号。

华东列车电站基地生产KX-P（A）系列小孔消声器，严格按企业和国家标准生产，产品合格率达到100%。

浙江电力修造厂生产的仓式气力输送泵，采用国际先进标准，经省标准局审定，达到国内外同类产品的先进水平，被省评为优质产品。

汉口电力修造厂，1991年为确保产品质量，订出30余条具体措施，群众性技术革新达48项，产品工序交检率和关键工艺纪律执行率达到100%，产品一次交检合格率达100%，优质产品率达82.3%。被省列为100家重点企业抽检产品之一的消声器，经省质检所4次季检抽查，全部合格。

技术改造及技术引进 长春发电设备修造厂，1991年投资400万元，新建了钢材预处理车间，安装一套钢材表面预处理机械流水线。这套装置从加热、抛丸、清理、涂漆到烘干全部机械化自动流水作业，具有红外线加热系统和可编程序 PC 自动喷漆系统，控制水平高，处理后的钢材表面油漆附着力极强，不易脱落和锈蚀，质量达到瑞典标准水平，该项技术改造工程的投入使用，对提高产品外观质量创造了条件。

销售 1991 年产品销售收入 28473 万元，比上年销售收入 26104 万元增加 2369 万元，利润总额 1059 万元，比上年有所下降，其原因是任务不饱满，原材料涨价幅度太大。

产品出口收入 142.36 万美元，比上年增加 4.36 万美元。

〔撰稿人：能源部电力机械局　何光吉　审稿人：能源部电力机械局　应静良〕

消防设备及器材

〔公安部〕

生产发展情况 1991 年消防器材行业的生产、经营工作取得较好的成绩。根据直属直供企业统计，1991 年职工总数 11522 人，共计完成工业总产值（按 1990 年不变价计）27855 万元，全年销售收入 29859 万元，利税 2547.7 万元；1991 年生产消防车 1861 辆，消防机动泵 2111 台，泡沫灭火设备 9536 台（支）。

1991 年企业工作中，存在二个比较突出的问题，一是经济效益不高，利润下降，7 个部属企业的利润比 1990 年下降 23.7%，资金占用过大，生产费用较高，全员劳动生产率、人均实现利润率、人均创利税等项指标都比较低，个别企业出现亏损。二是企业改革和管理工作跟不上全国的步伐，企业活力不够，竞争意识不强，距离国家要求企业成为自主经营、自负盈亏、具有自我发展、自我约束、充满活力的社会主义商品生产者和经营者的目标还差很远。也有个别企业情况比较好，如部属震旦消防设备总厂，完成总产值 3654.7 万元，实现利润 571.2 万元。

新技术与科研成果 1991 年在全行业积极推广现代设计方法、组织举办了两期现代设计学习班，培训了一批技术骨干；在行业内开展了产品的优化设计工作，重点抓了消防车产品质量的关键总成——取力器的优化设计工作，提高了取力器的使用寿命。

1991 年消防器材行业获得各级科技进步奖的项目有：《火灾自动报警系统设计规范》国家标准、二氧化碳局部施放灭火系统设计参数的试验研究、承重梁板耐火性能测试装置、ZDDX5172GXFPM35 型泡沫消防车、应用剩磁法鉴定导火线及雷电火原因的研究、干粉泡沫联用灭火战术的研究、消防泵测试装置的研究、ZS 系列卤代烷 1301 自动灭火设备、房屋建筑物烧损率评价方法研究、直升机在消防上应用及发展方向、环泵式泡沫自动比例混合器、ZD1301 灭火系统计算机辅助设计程序等项目。

新产品 1991 年列入公安部消防器材新产品试制计划的共有 20 个项目，其中 9 项属国内空白。年内完成鉴定并投入生产的有 BX5170TXFGF40 干粉消防车、BD80 消防泵、氯化钾干粉灭火剂。

行业管理 1991 年为合理调整全国消防车生产布局，发出了关于整顿消防车生产企业重新定点的通知和调查提纲；审查、确定了《1991 年全国汽车、民用改装车、摩托车生产企业及产品目录》的消防车部分；重新调整确定了部消防器材直属直供定点生产企业共 35 家；组织召开了有 500 多个企业参加的大连 1992 年全国消防产品展销订货会和全国消防车分配会；下达了全国消防产品 1990 年不变价格补充办法；在全行业下发了《消防企业质量检验管理办法》。继续开展了生产许可证发放工作，1991 年共发放各类消防产品生产许可证 211 张。其中，手提式灭火器 117 张、灭火剂 23 张、消防水带 16 张、室内室外消火栓 30 张、水泵接合器 14 张、消防接口 11 张。制订并印发了推车式灭火器、水轮、防火门实行生产许可证制度的有关文件。对已实行许可证制度的灭火剂生产企业和已到期的国优、部优产品组织了复查，颁发了复查认证书，上报了消防产品 5 年发证滚动计划；由公安部消防器材管理办公室与公安部科技司共同组织培训了许可证部级审查员 45 名。

1991 年部属震旦消防设备总厂晋升为国家二级企业。

质量及质量管理 1991 年消防器材质量管理主要抓了以下工作：为加强企业质量管理，提高质量意识，举办了两期有 102 名企业领导干部参加的质量培训班，和为期 50 天的质量管理骨干、师资培训班；起草了《消防企业质量管理奖评细则》；下发了《消防企业质量检验管理办法》；组织了洒水喷头、灭火器、灭火剂、消防车等 8 种产品的行业评比，有 19 个产品获部优称号，其中 3 个产品获国家银质奖；召开了部属企业质量检验科长会议；开展了部属企业质量先进个人的评选工作。

1991 年国家质量监督抽查 4 次。第一季度国家消防装备质量监督检测中心抽查了 12 个省市 36 家企业 36 种手提式灭火器产品，其中 31 家企业的 31 种产品属于跟踪抽查，合格的 26 种，不合格的 10 种，合格率为 72%；国家固定灭火系统和耐火构件质量监督检测中心抽查了 9 个省市 15 家企业生产的 15 种碳酸氢钠干粉灭火剂产品，合格产品 9 种，不合格的 6 种，合格率 60%，本次抽查是自1986年以来国家监督抽查合格率最低的一次；第二季度国家消防电子产品质量监督检测中心，抽查了6省市7家企业的7种点型感温火灾探测器产品，合格的6种，不合格的1种，合格率为85.7%。国家消防装备质量监督检测中心抽查了11个省市19家企业32种无衬里消防水带产品，合格产品22种，不合格的10种，合格率为68.8%；第三季度，国家固定灭火系统和耐火构件产品质量监督检测中心，抽查了17个省市43家企业43种室内消火栓产品，经检验合格品39种，不合格品4种，合格率为90.7%；第四季度国家消防电子产品质量监督检测中心，抽查了7省市8家企业8种火灾报警控制器产品，经检验全部合格，是历次国家抽查合格率最高的一次。

技术改造及技术引进 1991年列入国家计委技术改造专项贷款项目计划的消防器材项目共有13项，计划投资1731万元，实际落实项目10项，完成投资额1290万元。

震旦消防设备总厂引进的重型消防车上部改装技术项目，已完成样车组装工作。该厂通过引进技术生产装配的ZOX5260GXFPM120A型泡沫消防车已提供国内用户使用，填补了国内空白，替代了进口产品。中外合资的上海·格拉曼国际消防装备有限公司，也完成引进美国哥达瓦公司高低压车用消防泵技术的研制工作，试制出样机并投入小批量生产。营口报警设备总厂引进德国安福公司智能化模拟感烟探测器和控制器生产制造技术项目，1991年已完成设备安装、调试等项工作，并开始试生产，产品已通过国家消防电子产品质量监督检测中心的认可，为市场提供了具备80年代末国际先进水平的报警、探测设备，可替代进口产品。

销售 随着我国经济建设的发展，各行各业对消防设备及器材的需求也在增长，1991年全国消防产品销售收入约为12亿元，比1990年11亿元增长9%，主要是地方和“三资”企业的增长。部属直供企业的销售收入约3亿元，基本上与1990年持平。按产品构成：消防车为1.25亿元，比上年下降4%；消防机动泵为0.28亿元，比上年下降5.3%；泡沫灭火设备为0.12亿元，比上年提高17%；灭火器为2.35亿元，比上年下降7%。

1991年全国消防设备及器材行业出口创汇约为1800万美元，比上年的1500万美元增长20%，其中部属直供企业出口创汇414万美元，比1990年的340万美元增长21%。1991年主要出口产品有消防车1辆，与上年持平；消防机动泵113台，比上年的80台增长41.3%；灭火器17.9万具，比上年的19.9万具下降10%；消防水带106.2万米，比上年的47.6万米增长123%。产品销往新加坡、马来西亚、泰国、孟加拉、巴基斯坦、斯里兰卡、巴西、香港、台湾、沙特阿拉伯、阿联酋、伊朗、科威特、挪威、瑞典以及苏联和东欧等近30多个国家和地区。由于国际上对哈龙的生产、使用限制，二氧化碳灭火器、干粉灭火器的出口逐步在增加，出国设点办厂的项目，有的已经落实，有的正在谈判之中。总之消防产品的出口发展较快，前景很好。

〔撰稿人：公安部　侯　正、杨玉林、王茂堂　审稿人：公安部　向先知〕

〔中国核工业总公司〕

生产发展情况 中国核工业总公司所属企事业单位系统地开发生产了火灾自动报警器、火警放射源和自动灭火设备，现已形成一个火灾探测器品种最齐全、技术水平最高、产量最大和市场占有率最高的企业集团。生产企业主要分布在北京、西安、武汉、兰州、四川等地，主要探测器产品有各种类型的离子感烟探测器、光电感烟探测器、膜盒式感烟探测器、电子感烟探测器、电缆式线性感温探测器、紫外线火焰探测器、可燃气体探测器、漏电流检测器等；主要控制器有2n+2线制、n+3线制、n+1线制、地址码4总线制和地址码2总线制等；自动灭火设备有卤代烷“1211”、“1302”及干、湿结构的水喷淋灭火系统。

新技术与科研成果 目前我国市场主要的控制器产品是多总线产品，但国外多采用两总线计算机寻码控制系统，经过近几年研究，几个企业先后开发出了两总线火灾自动控制系统。西安核设备厂研究开发的ZSTY型易熔合金喷头、超高速雨淋灭火系统、CO_2自动灭火系统(高压部分)获得成功，通过了部级科研鉴定。

行业管理 为充分发挥中国核工业总公司所属各企业的科研生产优势，形成整体优势，由中国核仪器设备总公司设立专门机构，成立了消防产品联合体，统筹规划新产品开发，新技术、新工艺应用，技术改造和技术引进；协调各企业之间的分工合作，使集团技术水平赶上世界水平。

技术改造及技术引进 自“七五”期间投资2000万元引进世界著名火灾探测器制造公司——瑞士西伯乐公司离子感烟探测器制造技术以来，消化吸收国外先进技术，提高了国产化率。

销售 1991年实现销售收入6000万元，市场对产品的需求较平稳。

〔撰稿人：中国核仪器设备总公司　高　峻　审稿人：中国核仪器设备总公司　汤荫松〕

邮政设备

〔邮电部〕

生产发展情况 邮电部门生产邮政设备企业共12家，其中部属厂4家、省属厂8家，职工总数

4042人，其中工程技术人员396人。1991年邮政设备工业总产值8065万元，比上年增长0.13%；产品销售收入8445万元，比上年提高4.84%；全员劳动生产率19952元／人·年，比1990年提高4.48%。主要产品产量：邮件分拣输送设备74台，包装捆扎机1416台，改装邮政汽车592辆，站台挂车103辆。

90年代以来邮政通信状况有了较大的改善，除了国家政策扶持以外，主要是依靠科技进步、技术改造。邮政通信的技术水平有了新的提高。全国大部分邮政枢纽都装备邮件自动分拣、装卸，传输机械化，普遍采用程序控制智能化管理手段，提高邮政通信网自动化程度和科学管理的水平，改善了工作条件，提高了工作效率。

新技术与科研成果 为了适应社会经济发展的需要，邮电工厂非常重视对邮政设备新产品的开发。邮电部贵阳通信机械厂1991年先后与南京航空学院、北京邮电学院、解放军通信工程学院进行技术合作，开发了转角型滚柱式输送机、锥型电机带式双级上包机、邮件自动分拣设备单片机TPM实时控制系统、邮件分拣设备应用STD总线标准工业控制机控制系统、站台邮件拖车、GY140C型邮政运输汽车、邮袋运输推车等7项新产品，邮电部天津通信设备厂新开发的产品有宽体牵引车、新型拖滚皮带传递机、国际彩色邮袋等。邮电部北京邮票厂与进口设备零件制配厂合作，研制出各种系列的邮票打孔针，技术性能指标都达到进口同类产品的水平，结束了过去一直依靠进口货维持生产的局面。邮电部邮政研究所开发的全国邮政编码微机自动查询台，邮电部浙江省邮政机械车辆厂开发的ZLK-250自动化立体仓库系统，邮电部第三研究所开发的XGC-1型信函自动过戳机、YGXD-1S条码式挂号登单机、YXDC6电子函件秤，邮电部明水通信机械厂开发的MS5020XYZ邮政箱式货车等研制成果，1991年分别荣获邮电部科学进步二等奖和三等奖。

质量及质量管理 中国邮电工业总公司于1991年7月增设质量管理处，加强了邮电通信工业的质量管理，推动邮政工厂的全面质量管理，健全产品质量机构，逐步完善质量保证体系，在企业内部实行质量否决权。邮电部贵阳通信机械厂广泛搜集用户意见，针对用户反映的产品质量问题，抽出厂主要技术骨干与大专院校进行技术合作进行攻关。1991年重点解决了设备的电控系统的微机电控实时控制系统的问题，提高电控系统的可靠性。

技术改造及技术引进 为了适应邮政通信的发展，不断提高邮政设备的水平和生产能力，1991年固定资产投资和技术改造投资233万元，其中技术改造资金171万元。邮电部天津通信设备厂针对邮袋质量问题和国际彩色邮袋的生产，投资130万元分三年时间改造邮袋生产线。邮电部贵阳通信机械厂针对老产品噪声大、效率低的问题，重点抓了推式悬挂输送机的4大部件的改造：夹钳小车、停放器、出轨道岔、开拆升降。在改造中把已研制成功的微机控制系统的新技术充分应用在老产品改造上，通过技术改造不仅保证邮政设备的质量，还提高了生产效率。

邮政通信设备，几年来虽有较大的改善和提高，但离我国社会发展的需要还差的比较远，邮政通信的自动化水平还不够，手工劳动还比较多，尤其是信函分拣、信函过戳等还需要进一步努力开发新的设备武装邮政通信，不断提高我国邮政通信的自动化、机械化的水平。

销售 1991年邮政设备销售额8445万元，比上年销售额8055万元提高4.84%。

〔撰稿人：中国邮电工业总公司　冯金声　审稿人：中国邮电工业总公司　邹拯民〕

铁路机车车辆

〔中国铁路机车车辆工业总公司〕

生产发展情况 1991年，中国铁路机车车辆工业总公司按照铁道部“八五”计划的部署，认真贯彻执行“转变观念、开拓经营、依靠科技、提高水平、强化管理、增加效益”的指导方针，深入开展“质量、品种、效益年”活动，克服原材料涨价带来的影响，全面完成了年度各项生产、经营、科研任务。到1991年底，总公司共有职工27.8万人，固定资产原值70.8亿元、净值47.8亿元；各类设备88837台，其中金属切削设备21898台。总公司所属34个大型骨干企业、1个中型企业和4个机车车辆专业研究所中，按照制造整机（车）、生产重大部件配件和修理整机（车）划分，制造电力机车的工厂2个，制造内燃机车的工厂6个，制造蒸汽机车（供国内工矿部门使用）的工厂3个，制造客车的工厂4个（其中一个工厂生产地铁电动客车），制造货车的工厂16个，制造内燃、蒸汽轨道吊车的工厂2个；修理电力机车的工厂1个，修理内燃机车的工厂8个，修理蒸汽机车的工厂6个，修理客车的工厂8个，修理货车的工厂13个，修理内燃、蒸汽轨道吊车的工厂3个；生产内燃机车用各种柴油机的工厂5个，生产内燃、电力机车用各种发电机、电动机的工厂3个，生产客车、货车滚动轴承、各型增压器的工厂各1个，有33个工厂和4个研究所生产供应铁路机车车辆修理用的各种配件；4个研究所中，内燃机车、电力机车、客货车辆和机车车辆生产工艺研究所各1个。

1991年，铁道部为了改变机车车辆工业由于原材料能源涨价造成企业利润滑坡的状况，对机车车辆产品上调价格，共计4.6亿元，其中制造产品2亿元，修理产品2.3亿元，配件0.3亿元。经过全行业的努力，全年完成工业总产值617803万元，净产值156836万元，分别比上年增长2.94%和19.97%；实现利润总额20835万元，比上年降低13.39%，主要是受原材料、能源涨价等因素的影响；产品销售收入699102万元，上交利税29845.9万元，分别比上年增长16.70%和41.02%；全员劳动生产率23090元/人·年，比上年增长1%；流动资金周转天数113天，比上年缩短10天；每万元工业总产值耗标准煤2.10吨，比上年降低0.06吨。

电力机车 1991年，总公司所属企业制造电力机车173台，生产功率87.04万千瓦，分别比上年增长4.85%和58.11%。其中，韶山3型95台，韶山4型25台，分别比上年减少55台和增加10台；韶山6型53台，该机车是在国际投标中中标的进口替代产品，在韶山3型基础上吸收引进国外先进技术的新型6轴客货运机车，当年研制成功，当年投入批量生产。

内燃机车 1991年，制造内燃机车521台，生产功率156.47万千瓦，分别比上年增长11.80%和55.38%。其中，东风4B型342台，东风4C型20台，分别比上年增加11台和10台；东风5型32台，东风5型宽轨和准轨口岸机车分别为2台和15台；东风7型63台，东风8型15台，东风9型1台，北京型2台，北京型准轨口岸机车1台，东方红5型和东方红7型分别为15台和3台，GK_1型工矿机车10台。其中东风9型机车时速达140km，标称功率为3400kW，是具有80年代先进水平的电力传动干线客运机车。

蒸汽机车 1991年，制造蒸汽机车12台，全部是供国内工矿部门使用的上游型机车。

客车 1991年，制造客车1674辆，比上年减少192辆。同上年相比，客车产品的结构特点是：软卧、硬卧车增加，硬座车减少；新型空调车增加，非空调车减少；空调双层客车和软座车增加。这标志我国铁路旅客运输条件正逐步改善。其中：软卧22、23型85辆，软卧25型15辆，分别比上年增加53辆和6辆；软座25型20辆，这是1991年新增加的；硬卧22、23型754辆，硬卧25型50辆，分别比上年增加189辆和略有减少；两项卧车合计比上年增加252辆，两种卧车占生产全部客车的55.20%。双层空调软座、硬座车分别为13辆和48辆，22型行李车、邮政车分别为50辆和60辆，22、23型餐车19辆，双层发电车5辆，22型公务车8辆，发电车11辆，接触网检查车1辆，米轨客车10辆。在全部客车中，有耐候钢车1595辆，空调车428辆，分别占客车总数的95.40%和25.60%，所占比重比上年分别增长2.9和13.86个百分点。

货车 1991年制造货车18478辆，比上年减少119辆。其中：C62A(G)型敞车166辆、C62A(NG)型敞车7586辆，分别比上年减少635辆和823辆；C63型敞车505辆、C64型敞车400辆，分别比上年增加175辆和366辆，敞车合计占货车总数的46.85%；N17型平车1010辆、集装箱平车454辆、D_2型大平车9辆，分别比上年增加772辆、157辆和减少6辆，平车合计占货车总数的8.00%；P62(G)型棚车193辆、P62(NG)型棚车3113辆，分别比上年减少1079辆和增加835辆，棚车合计占货车总数的17.90%；PD5型毒品车200辆、守车530辆，分别同上年持平和增加78辆；G11型罐车160辆、G17型罐车323辆、G60型罐车2053辆、GL型罐车160辆、GS型食用油罐车17辆、其它罐车1辆、U60型水泥罐车2辆、U60W型水泥罐车193辆、GF1型铝粉罐车50辆，各类罐车合计占货车总数的16.01%；B6型冰保车260辆、其它机保车34辆、K13型石碴车182辆、家畜（禽）车40辆、检衡车5辆、米轨货车177辆、K17型粮食车10辆、长钢轨车137辆、货车底架508辆。在新造货车中，有耐候钢车12076辆，滚动轴承车17892辆，分别占新造车总数的65.35%和96.83%。

轨道吊车 1991年制造轨道吊车31台，其中100吨内燃轨道吊车17台，15吨蒸汽轨道吊车12台。

柴油机、硅机组、电机 1991年，生产内燃机车各型柴油机94台，比上年增加1台，其中12V240ZJ-1型柴油机2台，12V180ZJ型、12V180ZJA型和8L240ZJ型柴油机各3台，12V240ZJ型柴油机8台，16V240ZJB型柴油机73台，16V280ZJ型、16V240ZJC型柴油机各1台。韶山5型电力机车硅机组63台，东风4型、东风5型、东风7型内燃机车硅机组分别为73台、22台和67台。电力和内燃机车用电机4120台，其中：23、46和80kW启动电机分别为37台、15台和466台，45kW励磁电机478台，410kW和700kW牵引电机分别为2056台和12台，800kW和850kW牵引电机分别为406台和267台，3000kVA主发电机383台。内燃机车各型电控236台。

1991年，还生产货车滚动轴承102339套，客车滚动轴承17206套，各型增压器814台，闸瓦间隙调整器15000组，电瓶叉车58台，各种万能折件438吨，供铁路修理机车车辆用各种配件225.5万件（套），钢水25.5万吨。

1991年，完成修理电力机车46台，内燃机车637台，蒸汽机车2194台，分别比上年增加21台、46台和减少92台；修理客车2600辆，货车52684辆，分别比上年减少31辆和增加1152辆；修理内燃和蒸汽轨道吊车124台，比上年减少。修理产品及铸钢、铸铁件指标完成情况见表1。

表1 修理产品及铸钢、铸铁件指标完成情况

项目名称	单位	实际完成	比上年增长%
修理内燃机车在厂日数	天	42.10	1.40
修理蒸汽机车在厂日数	天	20.30	0.50
修理客车在厂日数	天	46.60	-2.60
修理货车在厂日数	天	19.80	-0.60
修理内燃机车在修日数	天	32.50	1.90
修理蒸汽机车在修日数	天	14.50	0.10
修理客车在修日数	天	33.60	-1.20
修理货车在修日数	天	11.30	-0.10
铸钢件成品率	%	62.98	-0.61
铸铁件成品率	%	72.63	0.08
铸钢件废品率	%	3.82	-0.56
铸铁件废品率	%	6.73	-0.92
每吨电炉钢耗电量	度	725.00	-12.00
化铁炉焦铁比	吨	7.24	-0.01

新技术与科研成果 1991年，总公司积极贯彻"依靠科技、提高水平"的方针，紧紧围绕"高速、重载"，推广应用"四新"成果，取得显著效果。全行业下达科研计划212项，完成178项。在改善列车制动性能、保证行车安全方面，推广应用了8项制动新技术，即103阀、球芯塞门、密封式制动缸、法兰接头、主管法兰、空重车阀、闸瓦间隙调整器和高磨耗闸瓦等。在改进设计、改善工艺，提高产品零部件耐久性、可靠性，延长产品整体寿命，降低零部件修损率方面有：改进内燃机车柴油机G型连杆，使其修换率从80%降低到20%；改进、完善东风4B型机车，其机破率比原来降低50%；客货车辆全面推广采用耐候钢、钢材抛丸预处理，采用高档油漆或厚浆漆，耐久性显著提高，客车的厂修期由6年延长到7.5年，货车的厂修期由5年延长到6年；在重点磨耗部位采用耐磨材料，延长使用寿命，车辆上心盘与下心盘之间加装耐磨垫，销子与孔采用一级或二级配合，摇枕八字面与侧架斜楔之间镶装耐磨板等；客货车辆车轮轴承车间改进工艺，提高清洁度，在防止燃轴、切轴方面取得显著效果。在改善劳动条件、节省原材料、提高重大零部件质量方面，采用电子计算机控制机械手喷漆，油漆利用率由40%提高到80%；还有车辆构架、摇枕等一批大部件采用水浴清砂，采用微机数显装置改造机械动力设备160台，在11个工厂推广采用微机改造车轮踏面车床，进口机床刀具国产化率已达到70%。

群众性的技术革新和合理化建议活动取得显著效果。仅对23个工厂统计，就完成革新项目9102项，创造经济效益2660万元。

1991年，总公司有18个科研项目获铁道部科学技术进步奖，其中：浦镇车辆工厂研制的25.5米空调双层旅客列车获一等奖。该列车于1989年研制成功，1990年12月通过国家技术鉴定，列车由双层硬座车(16辆)、双层软座车（3辆）和发电车（1辆）组成，适用于外温-14～35℃短中途客运，构造速度120km／h。定员硬座车186人，软座车110人。按定员数计算，全列车如载客3306人，比同辆数的22型车可增加近60%，比25.5米客车增加45%，明显提高了运能。1989年第一列双层客车投入宁沪线运营以来，对缓和该线客运紧张发挥了较好的作用。获得二等奖的项目是大连内燃机车研究所和广州、沈阳铁路局联合研制的东风4型内燃机车组件式脉冲转换增压系统，该系统由脉冲转换器、涡轮进气壳、增压器静叶片及其它连接部件组成，可以避免增压器排气总管内各缸扫气的干扰脉冲，获得较高的涡轮效率。经30多万公里装机运用考核证明，明显改善柴油机经济性能，在1～12位手把工况时，平均燃油消耗可降低7g／hp·h。目前已在30多台东风4机车上运用。获三等奖的项目有6项，获四等奖的项目有10项。

新产品 1990年，总公司围绕"高速"、"重载"和加速产品升级换代、扩大国内外市场，开发新产品取得成效。在准高速机车车辆方面，总结研制时速140公里的东风9型客运内燃机车和韶山5型客运电力机车的经验，签订了国家"八五"重点科技攻关合同，加紧设计试制时速160公里的东风11型客运内燃机车和韶山8型客运电力机车，以及与之配套使用的25型空调客车和双层空调客车。到年底，东风11型机车已基本完成设计，客车已生产出时速200km的转向架。升级换代产品23.6米的22型客车、25型的引进技术国产化客车均已投产。在重载机车车辆方面，可以牵71.6万吨级以上列车的东风10型八轴内燃机车项目，已签订国家"八五"重点科技攻关合同，正加紧设计试制；供大（同）秦（皇岛）线运煤专用的C63A型重载敞车已投入运用，为完善该车而研制的转动车钩、制动机和大容量缓冲器正进行多种试验。C64型敞车已通过部级鉴定，该车是齐齐哈尔车辆工厂在C62A（N）型耐候钢敞车的基础上改进的通用敞车，主要用于运输煤炭、矿石、钢铁、木材、机械、设备及成包件货物和集装箱货物，载重61吨，制动系统采用密闭式制动缸、球形折角塞门、球形截断塞门和集尘器组合体等一系列新装置、新技术，制动性能明显改善，厂修期可由5年延长到8年。在开拓国内国际市场研制的产品方面，GK_1型和GK_1B型内燃机车已通过鉴定。GK_1型是为国内工矿部门研制的调车和小运转机车，柴油机装车功率800kW，传动方式为液力传动，构造速度：调车工况35km／h、小运转工况70km／h，机车起动牵引力：调车工况30285公斤、小运转工况20796公斤。GK_1B型是在GK_1型基础上改装用240型6缸柴油机的改进产品。还研制开发了K16型六轴90吨矿石漏斗车、AL型玻璃钢罐车，还有供出口的BR苏打粉、煤碳和食盐运输车三种，以及米轨敞车、米轨客车及转向架。

行业管理 全行业在普遍推行定置管理的基础

上，进一步抓了企业现场管理，绝大多数工厂做到了物品存放分类划区，摆放整齐，物流畅通，运转有序，促进了生产过程优化和提高了文明生产水平，使企业从投入到产出，从加工工艺到设备布局都更加合理，保证了生产的均衡性和经济性。到年底，大连机车车辆工厂和眉山车辆工厂被命名为全国企业管理优秀单位，荣获"金马奖"。全年又有一部分企业的标准化、计量、理化、档案、质量、设备和能源等专业管理跃上新的等级。到年底，累计有 35 个工厂中有 33 个被当地省市命名为省级先进企业，9 个工厂被晋升为国家二级企业，齐齐哈尔和眉山车辆工厂被晋升为国家一级企业，省级先进和国家一级、二级企业占企业总数的 97.14%。企业现代化管理方法和手段的应用，由单项应用发展到综合配套应用，并开始向系统应用阶段发展。全行业有 79 项成果获得总公司级优秀管理成果奖，这些项目获得经济效益 8296.6 万元。眉山车辆工厂的"主体管理法"和株洲车辆工厂的"现场管理法"分别获得铁道部一、二等创新成果奖。

质量及质量管理 全行业坚持"质量第一"、"精心修造、优质服务"的思想，大力贯彻 GB/T10300《质量管理和质量保证》系列标准，推行"质量否决权"，增强质量意识，强化质量管理，健全质量保证体系，使产品质量稳步提高。全年没有因机车车辆质量问题发生行车重大、大事故，连续五年没有发生机车车辆整机（车）批量返厂事故，行车中热轴、切轴事故明显减少，厂修货车热轴率比上年降低 2.02 个百分点，责任险性事故减少 50%。全行业各项主要产品质量指标完成情况见表 2。

表 2　1991 年机车车辆产品各项质量指标完成情况

产品类别	一等品率(%)		返工率(%)	
	计划指标	实际完成	计划指标	实际完成
蒸汽机车修理	80.00	93.71	10.0	5.69
内燃机车制造	97.00	100.00	8.0	4.38
内燃机车修理	90.00	100.00	10.0	1.75
电力机车制造	97.00	100.00	11.0	6.25
电力机车修理			20.0	15.15
客车制造	90.00	100.00	0.8	0.14
客车修理	80.00	93.72	1.0	0.26
货车制造	90.00	97.59	0.3	0.01
货车修理	85.00	93.86	0.5	0.03
配件制造	97.00	99.88	0.7	0.05

产品质量创优和全面质量管理工作效果显著。眉山车辆工厂的 C62A(N)型敞车、南口机车车辆机械工厂的东风 4 型机车从动齿轮获国家优质产品奖，唐山机车车辆工厂的 YW22B 型硬席卧车、兰州机车工厂等 6 个工厂的 RD_2 车轴获铁道部优质产品奖。全行业新造机车车辆优质产品产值率达到 71%(全国优质产品产值率为 27%)。洛阳机车工厂的修理蒸汽机车获总公司优质修理产品奖。到年底，累计有成都机车车辆工厂、齐齐哈尔车辆工厂和大连机车车辆工厂获得国家质量管理奖，有 14 个工厂获得铁道部质量管理奖（占 35 个工厂的 48.6%）。

技术改造及技术引进 1991 年，全行业技术改造的重点是调整产品结构，保证运输急需，短线填平补齐，提高经济效益。总公司根据"七五"技术改造项目的完成情况和铁路运输需求的变化，坚持走内涵扩大再生产的路子，对 13 个工厂的大中型项目和部分小型项目进行了清理，停建、缓建了一批项目，严格控制新开项目，调整了一些工厂的大中型项目和小型项目的概算，保证了重点急需工程项目的建设。全年完成基建投资 6.15 亿元。投资构成是：建筑工程 3.50 亿元，安装工程 0.21 亿元，购置设备器具 1.92 亿元，分别占完成总投资的 57.10%、3.41%和 31.22%；商品房购置及其他费用分别为 153 万元和 4983 万元，分别占 0.25%和 8.10%。按照用途划分，用于生产性建设 4.43 亿元；非生产性建设 1.72 亿元，分别占 72.03%、27.97%。

1991 年，引进技术的工作重点是加快消化吸收引进技术，提高国产机车车辆的技术水平。消化吸收 8K 电力机车和 ND5 内燃机车技术，用于研制韶山 5 型、韶山 6 型电力机车和东风 6 型内燃机车，取得显著效果，国产机车技术水平明显提高。国产第一台东风 6 型内燃机车除进口价值 3 万美元少量配件外，其余总价值 80 多万美元的配件全部实现国产化，其性能达到了国外同类产品的标准。国外内燃机车技术转让项目已完成，柴油机活塞、空滤器等 9 个重大零部件项目已全部取得生产许可证。从国外引进机械保温车技术项目，已完成散件组装车 7 组。

销　售 1991 年，全行业完成产品收入 699101.7 万元，比上年增长 16.70%。按销售的产品结构分：(1)新造产品为 413355 万元，占销售收入的 59.13%，比上年增长 14.32%。其中，新造电力机车 52768 万元、内燃机车 111214.4 万元、蒸汽机车 922 万元，分别占销售收入的 7.55%、15.91%和 0.13%，比上年分别增长 62.17%、11.87%和降低 49.95%；新造客车 87214.8 万元、货车 157810 万元、轨道吊车 3425.5 万元，分别占销售总收入的 12.48%、22.57%和 0.50%。(2)修理产品收入为 174410.3 万元，占销售总收入的 24.95%，比上年增长 26.91%。其中：修理电力机车 5731.10 万元、内燃机车 35039.5 万元、蒸汽机车 29668.10 万元、客车 28403.00 万元、货车 74565.9 万元、轨道吊车 1002.7 万元。(3)其它产品收入为 111337 万元，占销售收入的 15.9%，比上年增长 11.30%。按照销售对象分：销往铁路内部 629009.1 万元，铁路外部 70092.6 万元，分别占销售总收入的 89.97%和 10.03%。销售铁路外的产品有：新造电力机车 22466.8 万元，内燃机车 6325.9 万元，蒸汽机车 922 万元，客车 2414 万元，货车 33115.1 万元，吊车 890.5 万元；修理产品 3958.3 万元。

1991 年，总公司全年实现产品出口创汇 7400 万美元，签约成交500万美元。到年底，已交货收汇的项目有：向博茨瓦纳出口284辆货车，向泰国出口178个米轨客车转向架，向约旦出口23000个高磷闸瓦，国际投标中标的替代进口产品800辆C63A型重载敞车(1991年交货320辆)和53台韶山6型电力机车，向美国出口1台蒸汽机车等。

〔撰稿人：中国铁路机车车辆工业总公司　金列明　审稿人：中国铁路机车车辆工业总公司总经理杜景新〕

〔能源部电力机械局〕

生产发展情况　宝鸡电力设备厂是能源部系统经铁道部核准制造、检修铁路车辆的唯一厂家。1991年该厂完成工业总产值1300万元（当年价），全员劳动生产率14542元／人·年。1991年由于受电力建设规模及发展速度等方面的影响，加之竞争企业增加，该厂的主要产品市场占有率下降。主产品产量：造车78辆、改造车34辆、修车141辆，与上年相比有所降低，影响了全年的经济效益。但高空带电作业斗臂工程车及立式水隔离管道泵有了一定发展，并已占领了一定的市场。

新产品　1991年该厂与高校合作，开发研制了气垫带式输送机和26米高空带电作业斗臂工程车两种新产品。气垫带式输送机将传统的托辊支承皮带变成了连续的气垫支承，使输送带对托辊的摩擦力比原来减少了70%以上，减少了驱动功率，提高了劳动强度。新开发的26米高空带电作业斗臂工程车，采用了两伸缩、两变幅和巧妙的推杆滑车机构，使高空带电作业车起升、伸缩、回转自如，解决了变电站、电厂及高空作业场合的带电作业问题。

质量及质量管理　1991年该厂在抓质量、挖潜力、促效益方面节约资金22.9万元。1991年该厂立式管道泵通过了省优产品的复查。同时，该厂主要产品K18DGⅡ型煤碳漏斗车经省质量监督部门检验及检测，整车性能合格率达100%，整车装配质量合格率达97%，零部件项次合格率达95%。该厂还全面修订、编制了32米车和26米车工艺规程。

销售　1991年宝鸡电力设备厂完成销售收入1423万元。

〔撰稿人：能源部电力机械局　李愉骋　审稿人：能源部电力机械局　张海清〕

汽　车

〔中国汽车工业总公司〕

生产发展情况　1991年，机械电子工业部系统汽车行业有生产企业1021家，年末职工92万人，完成工业总产值（1990年不变价）449.5亿元，产品销售收入498亿元，全员劳动生产率50098元／人·年。全年生产各类汽车总计71万辆，改装车15.99万辆。在汽车总量中：载货汽车43.1万辆、越野载货汽车1.77万辆、自卸汽车1.69万辆、客车14.86万辆、轿车8.11万辆、牵引汽车761辆。

第一汽车制造厂(简称一汽)、第二汽车制造厂(简称二汽)、南京汽车制造厂、济南汽车制造总厂、北京汽车工业联合公司、天津汽车工业公司、上海汽车工业总公司、金杯汽车股份有限公司8大骨干企业集团是我国汽车行业的龙头。这八家企业中包含着国家"八五"规划中确定的6个轿车生产基地中的5个，生产的各种重、中、轻、微型载货汽车和越野车、专用车、客车、轿车，品种齐全，构成了我国汽车市场的主导产品。1991年除以生产重型载货汽车为主的济南汽车制造总厂外，其它7家企业集团均呈现了产销两旺。其中第二汽车制造厂、北京汽车工业联合公司的年产量和销售量均突破10万辆大关，第一汽车制造厂的年产量和销售量均超过8万辆。自8月份起，重型汽车市场有所回升，济南汽车制造总厂第四季度的生产已有所好转。1991年，这八家企业共完成工业总产值（1990年不变价）298.40亿元，比上年增长46.38%；产品销售收入375.69亿元，比上年增长61.49%，其中出口额9.91亿美元，比上年增长91.44%；实现利税40.66亿元，比上年增长113.67%，其中利润27.64亿元，比上年同期增长154.26%。这八家企业共生产各类汽车48.49万辆，比上年增长28.56%；销售汽车50.21万辆，比上年增长34.67%；产销率为104%，比上年增加5个百分点。其产量按车型分类：载货汽车31.61万辆（其中重型车1.23万辆、越野汽车6.84万辆），客车3.03万辆，轿车7万辆，自卸车、牵引车及各类专用汽车1.17万辆。年末这八家企业库存量总和为1.25万辆，比上年下降49.7%。汽车行业8个骨干企业集团1991年汽车产、销、库存情况见表1。

新技术与科研成果　1991年，汽车行业共获得国家级科技进步奖2项；获得部级优秀科研成果奖47项，其中，二等奖8项，三等奖27项，四等奖12项。

1991年，汽车行业制定了汽车工业"八五"科技发展规划；围绕"三节"，提出了推广应用子午线轮胎、燃用90号汽油的实施方案，并在15万辆汽车上推广应用了尼龙制动管，以替代传统的铜、钢金属管；组织了国产汽车在高速公路行驶情况的调查，并针对所暴露的问题，初步提出了提高国产汽车高速行驶安全性、可靠性的措施要求；完成并鉴定验收了包括我国公路允许轴荷和最大总质量，以及引进技术车型用齿轮钢国产化等重点课题在内的科研项目48个。

表1 1991年8个骨干企业集团汽车产、销、库存情况

企业名称	产量		销售量		年末库存		产销率	
	万辆	比上年增长%	辆	比上年增长%	辆	比上年增长%	(%)	比上年增长%
第一汽车制造厂	8.25	18.95	9.22	49.77	3118	−75.32	111.70	22.99
第二汽车制造厂	12.25	13.45	12.38	14.46	2523	−32.30	101.12	0.89
南京汽车制造厂	4.73	26.45	4.97	32.16	574	42.43	105.04	4.53
济南汽车制造厂	0.71	13.74	0.79	43.11	879	−44.51	111.01	22.79
北京汽车工业联合公司	10.67	24.92	10.78	26.45	728	−59.85	101.01	1.22
上海汽车工业总公司	4.40	58.67	4.20	50.34	2490	440.13	95.41	−5.29
天津汽车工业公司	4.46	65.46	4.80	60.10	1631	−46.86	107.58	−3.61
金杯汽车股份有限公司	3.02	87.44	3.08	82.34	611	−51.47	101.99	−2.85

近几年，汽车工业积极应用微电子技术改造工艺设备，取得显著成效。在此之前，汽车工业主要企业的很多设备由于长期超载运行，老化现象日趋严重，作为设备的神经系统——电控系统，绝大部分是传统的继电器制，对于较复杂、快节奏的生产自动线很不适应，停工台时和维修工作量日益增多，影响生产及产品质量的问题相当突出。在这种情况下，汽车企业应用微电子技术大量改造工艺设备，依靠技术进步和革新挖潜，向新技术要能力、要质量。在"七五"期间，仅一汽、二汽就应用以PC（可编程序控制器）为主的微机2000多台（一汽1200多台，二汽800多台），改造老设备1400多台（各700多台），改造自动线86条（一汽39条，二汽47条）。应用微机改造的工艺设备，几乎覆盖汽车生产的各个工序，主要有：包括各种造型线、挤压线、混砂机、射芯在内的铸造工艺设备；包括各种吨位的铸压机、校压机及输送带在内的焊接工艺设备；包括各种汽车零部件加工线、组合机床在内的机械加工工艺设备；包括热处理炉、烘干炉、中频淬火炉等在内的各类工业炉；各种装配线、运输链和测试设备等。经过改造后的工艺设备，技术性能，尤其是电控系统性能大为提高，带来明显的经济效益。(1) 设备故障率大幅度降低，停工台时显著减少。据一汽、二汽统计，设备开机率普遍提高5%～10%。二汽的缸盖自动线改造后，经过多次核实，生产率提高40%。(2) 节约维修费用。经过PC改造的工艺设备电气部分接近于零维修，每年可节约维修费用10%以上。二汽48厂的扩一线，原电控系统每月支出维修费3000多元，改用PC后，其维修费全部省掉。该厂的KW自动线，原电控系统为国外制造的逻辑元件系统，平均每年要用1～2万美元进口电气元件进行维修，另一台12000吨前梁锻造线电控系统每年要进口10万马克维修备件，这些自动线改用PC控制后，省掉了这笔外汇支出。(3) 提高产品质量。由于PC参数控制稳定，保证了产品质量，特别是以电参数和时间参数为主要工艺参数的设备，如热处理炉、烘干炉、淬火炉等设备，对稳定和改善产品质量，效果更为明显。一汽底盘分厂的销子淬火机，过去由于淬火控制工艺不稳定，废品率达10%左右，经过用PC改造后，废品率基本为零。二汽车轮厂的轮壳轮网CO_2保护焊自动线，用PC改造后，产品返修率由原来的40%降到10%左右。(4) 节能效果显著。二汽车身厂油漆烘干线用PC改造后，年节电约350万度。一汽用微机改造的一台10吨锅炉，蒸汽出力提高2～3吨／时，节煤10%；用PC改造工业炉窑，几年来累计节约能源费用达200万元。

新产品 1991年共有37种汽车新产品通过国家鉴定，并落实了一批重点新产品的设计、改进方案。在37种新产品中，轻型客车15种、大型客车1种、中型客车1种、矿用自卸车1种、汽车底盘7种、载货车6种、专用车3种、零部件1种。主要新产品有：

(1) 由中国汽车工业总公司组织，中国汽车技术研究中心、原野车辆厂、河北胜利客车厂、河北红星旅行车制造厂、四川旅行车制造厂、宁波汽车拖拉机工业公司联合设计和试制的6400轻型客车通过鉴定。该车采用前桥独立悬架、扭杆弹簧、承载式无骨架全金属车身，整车具有良好的动力性、经济性和行驶平稳性，达到国际80年代水平。外形尺寸（长×宽×高）3965mm×1625mm×1890mm，轴距2080mm，最小离地间隙165mm，最小转弯半径4.2m，乘员8人，最高车速120km／h，百公里油耗＜9L，最大功率48.5kW，最大扭距108N·m。

(2) 中国汽车技术研究中心和仪征仪表厂，继6450轻型客车（4×2和4×4）投放市场后，为进一步满足市场需要，将前驱动桥球叉式等速万向节改为球笼式等速万向节，前轮鼓式制动改为盘式制动结构。外形尺寸（长×宽×高）4754mm×1800mm×1810mm，轴距2750mm，乘员5～8人功率62.5kW（3800r／min），扭距179.3N·m(2500r／min)。

(3) 武汉轻型汽车制造总厂设计制造的WAQ6450轻型客车，采用EQ6450系列底盘，整车造型美观，线条流畅。驱动型式4×2，外形尺寸4540mm×1770mm×1780mm，乘员8人，轴

距 2750mm，最高车速 110km／h，额定功率 62.5kW(3800r／min)，最大扭距 179.3N·m (2500r／min)。

(4) 为提高 6600 系列轻型客车的动力性和可靠性，唐山汽车制造厂和上海第二汽车底盘厂选配了动力大的发动机后，客车的动力性、燃油经济性、废气排放、噪声指标均有提高，并可带空调。最高车速 100km／h，最大功率 75kW，最大扭距 1800N·m (3200r／min)。

行业管理 1991 年，国家颁布实施了《国家固定资产投资方向调节税暂行条例》。其中确定了汽车工业投资方向调节税税率：(1) 税率为 0%的投资项目：国家定点的重型汽车，行业规划内的重点汽车零件。(2) 税率为 5%的投资项目：国家定点的轻型车，国家定点的小轿车。(3) 税率为 30%的投资项目：行业规划内的汽车改装车、吉普车、摩托车，行业规划外的汽车零部件。

在加强企业管理方面，根据企业管理指导委员会的部署，中国汽车工业总公司起草了《汽车工业“八五”期间企业管理现代化纲要》和《汽车工业企业管理规范》。并根据汽车行业管理的要求，进一步完善和理顺统计工作渠道，建立了两个统计渠道：一是汽车工业 231 个主要企业的超级汇总；二是省、市、自治区和计划单列市，一汽、二汽、重型 3 个汽车企业集团的综合汇总渠道。统计工作渠道的进一步完善，为今后更好地做好汽车行业的统计工作和机电部汽车系统统计工作向中国汽车工业总公司移交奠定了基础。1991 年，中国汽车工业总公司制定了汽车行业统计系统“八五”期间远程传输网规划。现已有 7 家省汽车公司、13 个企业与总公司联网，目前已有 60 多家企业的数据通过计算机联网获得。1991 年，中国汽车工业总公司还颁发了《汽车工业企业技术进步考核办法》、《汽车工业管理先进企业评审办法》、《汽车工业“八五”科技发展规划》。

质量及质量管理 1991 年，汽车行业有 5 种产品获得国家优质产品银质奖，它们是：第一汽车制造厂的解放牌 CA1091 (CA141) 载货汽车、第二汽车制造厂的东风牌 EQ1090 (EQ140-1) 载货汽车、长沙汽车发动机总厂的长发牌 CS492-1A 汽油发动机、南京汽车制造厂离合器厂的跃进牌膜片弹簧离合器和第一汽车制造厂车轮厂的解放牌轻型轿车系列钢圈。天津微型汽车厂、大连柴油机厂等 49 个企业的产品获部优质产品奖。

为加强汽车产品的质量检验，由中国汽车工业总公司重新修订的《汽车产品质量检验评定》(简称 1991 年版蓝皮书) 系列标准正式实施，该书将以前分册出版的货车、客车、轿车、越野车蓝皮书合编为一本，统一了各车型的检验尺度，由指令性文件转化为标准，并在前蓝皮书的基础上，根据使用要求和目前汽车产品的质量状况，增加了保安检验，并作为质量否决项目。重点突出了可靠性，对装配调整质量、车身油漆、车身密封性等亦提出了更高的要求，与原蓝皮书相比，汽车成品质量提高了一个等级。

为提高汽车产品质量的综合水平，从 1991 年开始，用新的汽车质量标准，即《1991 年版蓝皮书》，考核汽车、汽车发动机及其它汽车产品。同时，清理整顿、修订完善和审批颁布了一批汽车专业有关标准。1991 年共制订和修订了国家标准、行业标准 11 项，为企业认证标准 28 项；与世界各国的标准化组织交换了 180 项各类标准。全国汽车标准化网网员单位已发展到近 700 家。

1991 年，在国家汽车产品质量监督抽查中，共抽查了 275 家汽车生产企业，19 家发动机生产企业，并对 8 家生产硬顶吉普车的企业进行了 15000 公里可靠性考核。受检企业总计 302 家，产品 306 种，比上年增加 31 种。按照《1991 年新版蓝皮书》进行评定，1991 年监督抽查的汽车整车平均得分数为 69.48 分 (满分为 100 分)。汽车可靠性水平保持稳定，平均首次故障里程为 1273.2 公里，平均故障间隔里程为 1974.7 公里，较上年的平均故障间隔里程 1705.6 公里提高了 269.1 公里，提高幅度为 15.78%。发动机平均得分为 88.6 分，合格率为 88.89%；发动机的可靠水平有较大提高，由上年的平均故障间隔时间 71.88 小时提高到 120.83 小时，增加了 48.95 小时，增长幅度为 68.10%；平均首次故障间隔时间为 132.04 小时，其中柴油机的可靠性水平更为突出，其平均首次故障间隔时间为 153.09 小时。

技术改造及技术引进 1991 年，国家下达给汽车行业的基本建设、技术改造投资项目共 164 项，计划总投资 28.3 亿元，年末共完成投资 23.3 亿元，占年计划的 82%。其中：基本建设 22 项，技术改造 142 项。在技术改造项目中，上年结转 78 项，当年新开工 64 项，计划投资 18.7 亿元 (其中上年结转 1.5 亿元)，实际完成投资 13.3 亿元，占年计划的 71.6%。

1991 年共有 49 个基本建设和技术改造项目竣工，其中技术改造项目竣工 45 项，当年新增固定资产 9.7 亿元。

1991 年，通过许可证、设备进口、联合设计等方式引进成套技术、装备共 13 项。一批“七五”重点建设项目完成了由投入向产出的转化。如：第一汽车制造厂的散热器、车轮、内饰件、化油器、标准件和硅油风扇离合器等 6 个零部件项目已通过国家验收。其中，散热器已由单一的 CA1091 (CA141) 水箱发展到目前的 34 个品种，生产能力由 1986 年的 10 万只提高到 17 万只；车轮厂也由生产单一的中型车轮发展成中、轻、轿品种齐全，型钢和滚形车轮并举，生产能力达 100 万只以上，成为一汽既为厂内和行业配套，又具有较强出口创汇能力的两个零部件“小型巨人”。中型车的六档同步变速箱已稳定达到年产 8 万台的生产能力，并正式获得日本日野公司颁发的生产合格证。

到 1991 年底，几种引进车型的国产化率进一步提高，桑塔纳轿车国产化率达到70.37%，北京切诺基吉普车的国产化率为44.75%，天津夏利微型轿车为45.7%，广州标致505轿车为29.8%，一汽奥迪轿车为21.9%，南京依维柯客车为44.17%，斯太尔重型汽车为67%，天津大发微型车为97%。此外，1991年还完成了上海桑塔纳轿车、江西五十铃轻型车、天津大发微型车、重庆江陵机器厂的微型车发动机、潍坊柴油机厂和杭州汽车发动机厂的斯太尔重型汽车柴油机等一批引进技术产品的国产化鉴定试验、资料及工艺工装技术审查等国产化鉴定准备工作，其中天津大发微型车厂发动机已正式通过国产化鉴定。

到1991年底，汽车行业共建立合资、独资和合作企业121家，其中整车企业14家，总成和零部件企业94家，改装车企业8家。已批准利用外商直接投资（含横向）达8亿美元，年底到位5.4亿美元。

销售 1991年，全国生产企业销售各类汽车73万辆，比上年增长43%。计划内企业销售汽车66.7万辆，其中，载货汽车（含越野车、自卸车、货厢式专用汽车、载货和越野汽车底盘）销售48.5万辆。在载货汽车销售量中，重型汽车销售2.1万辆、中型汽车22.58万辆、轻型汽车17.21万辆、微型汽车6.6万辆，重、中、轻、微型车分别占载货汽车销售量4.3%、46.6%、35.5%、13.6%。

在总量中乘用汽车销售18.27万辆，其中客车（含客厢式专用汽车、客车底盘）销售10.4万辆、轿车7.8万辆，客车、轿车分别占乘用汽车销售量的56.9%和75%。载货汽车和乘用汽车销售比例为7.3∶2.7。

全国销售改装汽车16.31万辆，其中自卸汽车（含专用自卸车）23515辆、牵引汽车9714辆。销售厢式专用汽车14864辆、罐式专用汽车10568辆、起重举升专用汽车4270辆、仓栅式专用汽车448辆、特种结构汽车1967辆。

〔撰稿人：中国汽车工业总公司　姜　英、沈长春　审稿人：中国汽车工业总公司　渠世居〕

〔航空航天工业部航空系统〕

生产发展情况 航空航天工业部航空系统近十年以来贯彻“航空航天为本，军民结合，军工第一，民品为主，走向世界”的工作方针，有近百个企业利用人材、技术、设备的优势，选择了与军品结构相似、工艺相近、技术相通的汽车产品进行开发，并确定其为产品结构调整的主要方向。经“七五”期间的技术改造，大部分企业已初步具备一定的产品开发，试制、生产、检测和售后服务能力。

目前航空系统已有汽车整车和改装车厂11家，汽车发动机生产厂3家，零部件生产厂70余家，所占固定资产近25亿元，生产面积近180万平方米，主要设备3.6万台，专业职工8万余人，其中工程技术人员达2万人，有高级职称者6000余人，设有研究所（设计所）24个。

1991年，为了加强汽车及零部件的管理，组建了航空航天工业民品总公司，协助部民品司专抓汽车产品的开发、生产、科研及销售工作。在总公司的统筹规划下，各企业发挥了联合优势，调整了产品结构，提高了产品质量，开发了适销对路的产品，强化了经营销售，增强了售后服务能力，提高经济效益。由于采取以上措施，扭转了被动局面，取得可喜的成就。1991年完成工业总产值26.2亿元，比上年增加75%。其中汽车及零部件产值达11.6亿元，比上年增加66%。汽车整车生产17931辆，比上年增加71%。主要类别的产品产量：微型载重汽车10035辆，微型厢式货车3718辆，旅行车750辆，中高级旅游车及大客车858辆，其它各种改装车2540辆。

汽车零部件是航空航天工业部支柱民品之一，在“七五”期间从国家引进汽车重点项目的零部件国产化入手，以桑塔纳轿车国产化起步，按照高起点、大批量、专业化的原则组织开发生产，并逐步制定了“七五”打基础，“八五”上水平，“九五”成“气候”发展汽车零部件的总体战略。通过“七五”期间的技术改造、引进先进技术及关键设备，使产品、技术装备和管理水平有了较大的提高，1991年产值已达到3.5亿元，比上年增加9.3%。到目前为止已有35个企业与国家批准的“三大三小”轿车、依维克轻型车、斯太尔重型车等生产单位签订了配套协议和意向，形成了一批专业化、大批量的零部件生产企业。经过重点改造，生产综合开关、锁芯、密封型材、安全带、排气管消声器、轿车内饰的企业，在汽车行业中居于领先地位。

新产品 1991年开发、研制的新产品有：沈阳飞机制造公司汽车厂的SFQ6981A型旅游客车（采用一汽CA6980D16-1三类底盘）和SFQ5030XGAA警车（采用北京汽车制造厂BJ2032D四类底盘），陕西飞机制造公司的SFJ1012长头型玻璃钢双排座车，宏图机械厂的HT5300GYQ型液化石油气槽车（红岩CQ1301C45型二类底盘）、HT5130GHYJ型自卸化工液罐车和HT5131GHYG型自流化工液罐车（选用二汽EQ1130型二类底盘）、HT5170GYQ及HT5261GYQ液化石油气罐车（采用济南汽车制造厂JN1171、北方奔驰2629型二类底盘及斯太尔1491·280/6×4底盘），昌河飞机制造厂的CH6591A轻型客车、CH5010XBW微型保温车和CH1010KT微型空调车，上海飞机制造厂SF6125旅游车（采用中国汽车工业总公司组织联合设计的SH6110D客车底盘），以上12种新的车型通过了鉴定并列入汽车产品目录。沈阳飞机制造公司的SFQ6880型、SFQ6981A型和上海飞机制造厂的SF6125型旅游客车被国家旅游局指定为替代进口的旅游客车。

在70余家汽车零部件生产厂中，1991年新开发试制了近百种零部件，为全国一百多个汽车厂配套，特别是为国家引进的车型配套，已经批量供货近1／2，获得认可的项目达60%，其余的项目1992年均可提交工装样件。

另外哈尔滨飞机制造公司为开发研制HF1010微型汽车自行设计制造的主模型已完成；成都发动机公司在日本专家现场指导下成功地试装40台五十铃汽车发动机，通过试验，质量完全达到原样机水平；贵州零一一基地以日本富士公司引进的迷你卡微型轿车散件也已装车成功，并通过天津台架试验和海南试车场路试，指标全部合格。

质量及质量管理 1991年，航空航天工业部结合“质量、品种、效益年”活动，先后派出31个工作组，由部领导或司局长带队，现场办公，解决问题，推动工作。同时专门组织工作组和质量审核组（红队）检查促进重点企业的产品质量和质量管理工作，针对销售形势好转又出现忽视质量苗头，部发出了“坚持不懈，狠抓产品质量，严防历史教训重演”的加急电报，提出了保证质量的五条要求。此外，根据国内和该部汽车摩托车产品可靠性较低问题，该部作为重点突破举办了培训班。1991年，整车的外观及内饰质量有了明显改善，可靠性、动力性也有了较大提高。平均故障间隔里程已达到2500km，发动机平均故障间隔达到150小时。

技术改造及技术引进 “七五”期间汽车、汽车零部件及汽车装备技术改造项目共47项，其中汽车项目9个，零部件项目31个，汽车装备项目3个。总投资8.5亿元。1991年完成12769万元，到1991年底共完成投资7.4亿元，1991年内建成验收7项，累计验收31项，余下的项目1992年建成12项，1993年建成3项，届时航空航天工业部将形成微型汽车年产4.8万辆、微车发动机5万台、轻型车发动机6.6万台、客车3000辆、汽车装备及零部件年产值5亿元的能力。

汽车及零部件产品的生产已初具规模，目前产值已占全部总产值的30%以上。在全面分析民品的发展形势，结合国家及行业总体规划的情况下，编制了“八五”技术改造规划，列入32个项目。

销售 1991年航空系统在汽车总的销售量连续两年下降，年初库存又大量积压的情况下，采取了措施，使销售量在年中有了明显的转机，虽然未达到1988年的水平，但仍销售整车20328辆，比上年上升77.2%。销售品种：微型卡车11705辆、微型面包车4189辆、高级旅游车416辆、昌河旅行车761辆、大中客车506辆、各种改装车245辆、专用吉普车2506辆、微车发动机16534台。销售收入约23亿元，销售汽车装备及汽车零部件约3.8亿元。为了强化销售服务，在全国设立了50多个微车售后服务网点，并多次参加全国各种展销定货会。为了搞好主机厂的配套关系，已在上海、江苏等地设立了中转库和二次加工线，得到了上海大众公司、南京轻型车公司的赞许。

1991年出口52辆客、微车及部分汽车零部件产品，成交额达200万美元，主要销往美国、日本、中东及东南亚地区。

〔撰稿人：航空航天工业部民品司　刘济世　审稿人：航空航天工业部民品司　刘清林〕

〔航空航天工业部航天系统〕

生产发展情况 1991年，航空航天工业部航天系统4个整车制造厂共生产各种轻型车0.98万辆，比上年增长88%。其中生产轻型载货汽车0.74万辆，生产轻型客车0.24万辆。贵州航天工业总公司乌江机械厂1990年生产了0.15万辆轻型车，1991年产量猛增到0.31万辆，比上年增长了100%。航天系统所属的9个汽车改装厂1991年共生产各种改装车0.38万辆，比1990年增长95%。汽车零部件的产量增长幅度较小，1991年共生产各种汽车零部件24.1万件（套），比上年增长2%。

新技术与科研成果 航空航天工业部第一研究院研制的汽油发动机电子燃油喷射系统，1991年完成了试验用100套单点电喷系统样件，完成了阶段性单点电喷系统的技术文件、图纸资料的编写和管理完善工作，完成了492 OA2、489 OA、491 O发动机与电喷系统联试的试验大纲、试验要求的编写工作，完成了492 OA2发动机与电喷系统数据优化第一轮试验等工作。

新产品 航天系统各汽车生产单位为适应市场需要，1991年共开发成功34种新车型。其中湖北航天汽车工业公司开发成功的WS6430型高档豪华八座轻型客车填补了国内产品空白。该车选用具有国际80年代水平的豹牌486 O发动机、膜片式离合器、五挡全同步变速箱、动力转向、扭杆式前独立悬挂、螺旋式后悬挂、油气筒式减震器、前浮动钳盘式制动器，并装有比例调节阀和真空助力器，车身设计全承载式，密封性好，该车的最高车速达到140km／h，百公里耗油8公升。该车的造型典雅美观，整车性能先进，已经达到国际80年代的水平。贵州航天工业总公司乌江机械厂1991年12月生产出首批五十铃NKR552L-1DWS轻型载货汽车，使该公司生产的汽车产品又上了一个新台阶。

质量及质量管理 在国家汽车行业质量监测管理部门按新版蓝皮书要求进行的检测中，贵州航天工业总公司乌江机械厂生产的GHT1040轻型载货汽车被评为一等品。

技术改造及技术引进 上海航天局下属的上海新新机器厂引进日本三电株式会社的汽车空调器制冷技术及日本三电株式会社和美国OAK公司部分关键设备，并配套国内设备，建立了汽车空调器生产线。1991年9月完成管片式生产线安装调试，联动试车一次成功。为上海桑塔纳轿车配套生产的空调器在性能上达到进口的CBU产品水平，而在使用性和可靠性方面比CBU产品有所提高，实现了上海桑塔纳轿车空调器（制冷系统）国产化。该生产线于1991年12月通过国家验收。这是我国第一个能大批量生产具有当代国际水平的轿车空调器的生产线。

销售 航空航天工业部航天系统1991年共销售汽车1.4万辆，比上年增加64%，其中整车销售1.1万辆，比上年增加70%，各类改装车销售0.33万辆，比上年增加50%。

〔撰稿人：航空航天工业部民品司 王晓光、徐鸣、张时铭 审稿人：航空航天工业部民品司 辛玉文〕

〔交通部〕

生产发展情况 1991年，列入交通部公路工业生产计划的汽车生产厂家共计110个。其中，公路客车生产厂35家、汽车挂车生产厂32家、公路专用车生产厂7家、配件生产厂37家。主要产品有：多种型号的大、中、小型公路客车，3、4、5、6、8吨全挂车，10、20、30、40吨半挂车，集装箱运输车，零担运输车，自卸半挂车，工程洒水车，沥青运输车，散装水泥车，运油车，交通管理车，公路运料车，农用运输车，以及各种客车、挂车主要附配件等。据统计，到年底，公路客车和汽车挂车企业拥有职工5.39万人，比上年下降8.6%。公路客车和汽车挂车的生产能力已分别达到3.5万辆和2万辆。

1991年交通系统汽车工业的生产特点：

(1) 公路客车和汽车挂车的生产、销售恢复性增长势头明显，库存下降。其中，客车情况明显好于挂车，1991年的生产、销售创五年来最高水平。据统计，1991年交通系统计划内公路客车生产企业实现工业总产值11.37亿元，比上年增加38.25%；生产公路客车15794辆（其中，完成指令性生产计划6048辆），比上年增加27.03%；销售客车16310辆，比上年增加27.42%；库存1086辆，仅为实际完成量的6.88%。1991年交通系统计划内汽车挂车生产企业实现工业总产值4.54亿元，比上年增长41.89%；全年生产汽车挂车10008辆（其中，半挂车约3000辆），比上年增加9.37%；销售挂车10204辆，比上年增加6.55%；库存1574辆，占实际完成量的15.73%。由此可见，由于公路货运市场不景气，1991年的挂车产销情况不太理想，略好于1990年，仅有淮阴市汽车改装厂、甘肃省筑路机械修造厂、新疆挂车厂、北京市汽车修理公司五厂、贵州客车厂等5家完成了全年的生产计划。此外，还生产公路专用半挂运输车110辆，其中，集装箱运输车30辆，零担运输车80辆，均为指令性计划。

(2) 大多数客车、挂车生产企业的主要经济效益指标好于1990年。1991年交通系统计划内公路车辆生产企业的公路客车产品在销售收入增长的同时，经济效益也普遍提高。据统计，1991年公路客车产品销售收入12.6亿元，比上年增长45.62%，实现利润2325万元，比上年亏损960万元有了很大的提高；汽车挂车产品销售收入4.6亿元，比上年增加41.83%，企业亏损270万元，比上年亏损1070万元，有了明显的好转。

目前，公路车辆生产所面临困难：

(1) 交通系统的公路车辆生产目前是既“吃不了”，又“吃不饱”。所谓“吃不了”是指水平高但价格适中的产品生产能力严重不足，这是“八五”期间亟待解决的结构调整问题。由于存在“吃不了”的问题，从而进一步加剧了“吃不饱”的矛盾。“吃不饱”主要表现在低水平产品生产能力过剩，导致企业生产任务不足，经济效益下降，发展缓慢。以公路客车为例，随着高等级公路的发展，公路运输企业需要50座左右、带空调、可靠性好、单车价格在20～30万元的中档客车，而目前这一档次的客车比较缺乏，大批量生产的多是普通档次的客车。

(2) 资金短缺。主要表现在生产流动资金短缺和技术改造资金短缺两个方面。

新产品 1991年由交通部下达计划，中国公路车辆机械公司负责组织有关生产厂、科研院校开发、研制汽车新产品31项，其中，公路客车11项、汽车挂车3项、专用改装车10项、零部件2项、工艺装备5项。到年底完成11项。

新开发的公路客车产品有：扬州客车制造总厂和长沙客车厂的JT6120大型客车、中信机电制造公司的JT6120大型客车底盘、合肥淝河汽车制造厂的HFF6120D07大型客车底盘、浙江客车厂的ZJK6960系列公路客车以及扬州客车制造总厂的JS6700CK公路客车。上述客车分别采用了矩型钢管骨架、张拉蒙皮工艺、新式侧窗、双曲面全景风挡玻璃、格栅底架、后置发动机、动力转向、空调机等先进工艺、结构和附配件，提高了客车工艺技术水平、外观质量和舒适性。

新开发的汽车挂车产品有：江扬船厂交通机械分厂的YET9262型半挂车，该车采用JN462型牵引车，载重20吨，悬架为纵置平衡钢板弹簧结构。

新开发的专用改装车有：天津车辆改装厂的TC5092XHG厢式火工车，该车具有良好的通风、保温、密封性，能够消除静电作用，防火、防盗、防潮，安全可靠。

为配合企业技术改造工作，吉林工业大学和大连奥托汽车新技术开发公司开发、研制了客车车身骨架可调式组焊设备和大客车龙门框架合装设备，前者可随车身长度的变化进行无级调整，后者采用液压推进、气动夹紧、液压锁止，机械定位。

行业管理 1991年交通部为31家汽车生产企业的47个产品颁发了生产许可证。其中，客车生产企业16家，产品27个；挂车生产企业15家，产品20个。主要发证产品有中、小型公路客车和半挂车（含集装箱半挂车）。

质量及质量管理 1991年交通部组织有关检验单位对交通系统56家公路车辆生产企业的产品进行了质量监督抽查，抽查结果，合格率为

100%。其中，被抽查的28个企业、28种客车产品中，优等品11种，占39.29%；一等品10种，占35.71%。被抽查的28种挂车产品中（半挂车、全挂车各14个企业、14种产品），优等品8种，占28.57%；一等品15种，占53.57%。大部分企业狠抓了产品质量，特别是扬州、长沙、郑州客车厂等骨干企业的产品，质量稳定，在历次质量检查中都名列前茅，成为交通系统公路客车生产的主力军。

技术改造及技术引进 “八五”期间，国家安排交通系统24家重点公路车辆生产企业专项技术改造项目30个（客车企业13家，挂车企业3家，专用车企业5家，配套件企业3家），其中，新开项目21个，结转项目9个。预计新增产值21亿元，新增利税3亿元，创汇4000万美元。

1991年交通部安排技术改造项目19个，其中，新开项目10个，结转项目9个。当年投资11630万元，其中，新开项目4530万元，结转项目7100万元。专项贷款5500万元，其中，新开项目2400万元，结转项目3100万元。

据统计，1991年引进日本、德国等国家自动喷涂设备、薄板校平下料设备、矩型管切割机等14台（套），成交额约200万美元。

〔撰稿人：交通部计划司　顾　霞　审稿人：交通部计划司　池振仁〕

〔建设部〕

生产发展情况 根据进一步深化调整产品结构、提高企业素质、加强宏观管理的要求，城市客车生产企业以市场为导向，努力生产城市客运适销对路的产品。1991年城市客车生产达到历史最好水平。列入建设部计划管理的客车生产厂36家，职工总人数38147人，生产各种型号的城市客车，包括：城市公共汽车、城郊公共汽车、团体客车、游览客车和特种客车，共计13393辆。全年完成工业总产值101409万元（当年价），净产值30255.8万元。

国内客车行业骨干企业常州客车制造厂生产各种客车838辆，其中公共汽车656辆，全年工业总产值6501万元；广州客车厂生产各种客车1456辆，其中公共汽车369辆，全年工业总产值10774万元；哈尔滨客车厂生产各种客车632辆，其中公共汽车69辆，全年工业总产值4589万元；北京市客车总厂生产各种客车1305辆，其中公共汽车230辆，全年工业总产值16762万元。

新技术与科研成果 1991年年初召开了建设部城市车辆行业科技工作会议，总结了“七五”期间城市车辆行业科技进步的经验，提出了“八五”行业科技发展指导思想。根据城市客车行业的特点，编制了《城市客车行业“八五”科技发展纲要》，制订了行业科技进步的战略目标、关键内容、政策措施，大力推进城市客车行业科技进步。

中国城市车辆总公司和东风汽车联营公司合作研制开发的科技成果——6900型城市客车标准化设计及制造技术，被国家科委列为国家科技成果1992年重点推广计划的增补项目，6900型城市客车采用第二汽车制造厂生产的EQ1110SC三类自行式客车专用底盘，由过去客车行业采用四类散发底盘发展为三类自行式底盘，是城市客车生产上的重大突破。标准化设计的主要内容是：底盘总布置统一，底盘各总成零部件统一，客车主要技术性能参数统一，骨架型材规格统一，按标准化设计制造客车，可提高生产率30%，每辆车可节约原材料20%。这个推广项目的实施将对我国的中低档城市客车，尤其是公交客车的产品质量和功能有较大的提高，有利于保证客车底盘的生产质量，有利于组织城市客车生产，有利于销售服务，有利于进入国际市场，具有较好的经济效益和社会效益。

新产品 1991年开发的主要新产品有：(1)武汉市公用客车厂生产的WG6900型城市客车，该车为6900型城市客车标准化设计基型车，3月份通过建设部主持的鉴定。(2)河北客车厂、襄樊市公用客车厂、河南信阳车辆厂、贵州通用机械厂等20个企业以该车为基型，采用标准化设计，试制开发各自的6900型城市客车，计划1992年完成鉴定。(3)为满足上海市南浦大桥大功率、大吨位公交车辆要求，上海客车厂采用济南汽车制造总厂生产的黄河JN6111型三类客车底盘，试制开发了SK6113型公共汽车，该车功率大，爬坡性能好，能满足公交用户对高动力性能车辆的要求，适用于城市公共交通干线、有坡道及桥梁的路线。(4)北京市客车总厂试制开发BK6450、BK6451小型客车,增补了城市客车的新品种。这些新产品通过了中国城市车辆总公司组织的鉴定。

行业管理 1991年为加强行业管理，建设部理顺了城市车辆行业管理关系，批准了中国城市车辆总公司的职责，并赋予协助建设部管理城市车辆行业的职能。抓好统筹规划和组织协调，强化了行业管理，过去行业中散乱和低水平重复现象得到了治理。1991年由中国城市车辆总公司起草，经建设部批准，制订了《城市车辆行业十年规划和“八五”计划》、《城市车辆生产企业科技进步考核办法》、《城市车辆新产品开发管理实施细则》。

建设部科技委城市车辆技术专家委员会对推动行业科技进步起了积极作用。3月份成立了城市车辆技术专家委员会城市客车工作委员会。加强了城市客车行业内部科技横向交流、合作。8月召开了城市车辆技术专家委员会第三次全体会议，推广使用安全玻璃、交流客车涂装防腐等关键工艺和开展“质量、品种、效益年”活动的经验。10月召开大型城市客车开发研讨会，论证了大型城市客车开发的可行性，提出了开发目标与内容、技术水平与主要参数。

城市客车许可证工作，受建设部工业产品生产许可证办公室委托，中国城市车辆总公司办理了8家企业、17个系列产品的新产品发证和老产品补证工作。取证企业有：四平客车厂、广州客车厂、南京市公交车辆厂、第一汽车制造厂无锡汽车厂、解放军第9502工厂、国营万山特种车辆制造厂、云马飞机制造厂、上海飞机制造厂。

根据国家有关组建企业集团的规定，为了发挥城市车辆行业的群体优势，发展规模经济，满足城市建设的需求，经建设部、常州市人民政府批准，将常州客车制造厂划归中国城市车辆总公司管理。常州客车制造厂更名为“中国城市车辆总公司常州客车制造厂”。中国城市车辆总公司对常州客车制造厂的人、财、物、产、供、销实行统一管理。

质量及质量管理 1991年，建设部批准转发了中国城市车辆总公司《关于城市车辆行业开展“质量、品种、效益年”活动的意见》，中国城市车辆总公司按照建设部的要求，组织制定了《城市车辆行业“质量、品种、效益年”活动考核评比办法》。经过一年的努力，城市车辆产品质量提高率、主要项抽查合格率、部件或总成装配一次合格率、产品合格率、一等品率均优于1990年。

中国城市车辆总公司受建设部建设监理司委托，按照国家技术监督局《国家优质产品行业评比导则（试行）》、《关于1991年国家优质产品评选计划的通知》，建设部《建设部质量奖评审管理办法》、《城市用公共汽车行业质量评比实施细则(试行)》，于1991年5月至8月组织进行了城市客车行业质量评比。经报建设部质量奖审定委员会审定，4个产品获部优质产品奖，经国家质量奖审定委员会审定，1个产品获国家优质产品奖。哈尔滨客车厂HKC6978型城市客车获国家优质产品奖；常州客车制造厂CJ6151型城市客车、广州客车厂GZK6100ED型城市客车、北京市客车总厂一厂BK6590型城市客车、成都客车厂CDK6690型城市客车获部优质产品奖。

为加强客车行业标准化工作，中国城市车辆总公司组织编制了企业标准《客车产品型号中企业自定代号的规定》。

技术改造及技术引进 建设部按照国家的产业政策和建设部科技进步“八五”计划和十年规划纲要，把调整结构、节能降耗、产品开发换代、出口创汇、提高经济效益和社会效益作为指导方针，编制了“八五”技术改造专项规划，列入建设部“八五”技术改造专项规划项目的城市客车企业都是国内客车行业骨干、重点企业，共有6家，它们是常州客车厂、北京市客车总厂、上海客车厂、四平客车厂、成都客车厂、重庆市客车总厂。

1991年建设部城市客车生产企业完成技术改造投资3931.8万元。

哈尔滨客车厂“七五”技术改造工程项目已全部完成，技术改造后新的客车生产线的建成使该厂具备了年产3000辆客车（双班）的生产能力和高、中、低档客车产品的制造技术，产品具有国内一流水平和80年代初国际水平。受建设部委托中国城市车辆总公司与哈尔滨市人民政府共同对哈尔滨客车厂“七五”技术改造工程项目进行了全面验收。

销售 1991年城市客车市场稳中有升，实际销售各种城市客车10750辆，比上年增加15%，其中中国城市车辆总公司批发销售总额达5.8亿元，各直属子公司的经营总额达1.5亿元。

1991年建设部系统向印度尼西亚、香港、南美等国家和地区出口城市公共汽车41辆，创汇100万美元。

〔撰稿人：建设部中国城市车辆总公司 沈美玉、叶东强 审稿人：建设部中国城市车辆总公司 李世豪〕

〔能源部电力机械局〕

生产发展情况 1991年，能源部电力系统8个企业生产重型平板挂车105辆、专用及民用改装车416辆，完成工业产值16249万元，其中平板挂车、专用及民用改装车产值达4254万元。

低驾驶室平板载重汽车生产企业——上海电力建设机械化公司，1991年产品已基本形成系列，计有载重8吨级的DJZ1150、25吨级的DJZ1400和40吨级的DJZ1600型低驾驶室平板汽车3种型号，广泛地应用于电力工程建设，其中DJZ1400采用了“斯太尔”发动机、离合器，使整车性能有所改进。1991年能源部在该公司批准成立了“能源部混凝土泵车维修中心”，年修复进口泵车能力达30台，可为国家节省外汇500万美元。上海水工机械厂生产的重型平板挂车，1991年市场有所好转，全年共计生产20～60吨系列半挂车、65～400吨组合式液压悬挂全挂车等105辆，销售收入达1534万元。目前，该厂组合式液压全挂车最大设计制造能力已达800吨，系列产品采用全轮可控液压转向、货台自动液压升降，重型挂车在任意道路条件下都能安全行驶和转向，组合式拼接结构方便了挂车各种吨位的任意组合。根据国家电力工程建设的需要，修造企业还积极开发了电力建设工程专用改装车。如宝鸡电力设备厂开发生产了26米高空带电作业车，西北电建器材总厂开发XBD9320GHYS载重量17.5吨的气卸式盐酸罐式汽车，长江葛洲坝汽车改装厂开发生产了CGQ5190GMF气卸式散装粉煤灰车。葛洲坝汽车改装厂生产的CGQ3101自卸汽车，1991年通过了中国汽车工业总公司组织的行业抽查。

新产品 1991年，长江葛洲坝汽车改装厂开发的CGQ5190GMF气卸式散装粉煤灰车通过了部级鉴定，该产品采用红岩CQ1191C56型二类汽车底盘，罐体为长圆筒形卧置，可举倾式、后出料结构，具有装载量大、动力损失小、卸料速度快、剩灰率低等特点。宝鸡电力设备厂开发成功的26米高空带电作业车，采用两伸缩、双变幅和推杆滑车机构。西北电建器材总厂开发的XBD9320GHYS气卸式盐酸罐体汽车，选用斯太尔二类底盘，罐体充装量17.5吨，利用该车动力带动空压机，把酸直接排放到高位贮槽，高进高出、气卸排放、无泄漏。上海水工机械厂1991年开发生产了50吨三轴式半挂车，并在国际招标项目中中标。

〔撰稿人：能源部电力机械局　刘春林　审稿人：能源部电力机械局　张海清〕

〔中国有色金属工业总公司〕

生产发展情况　1991年，中国有色金属工业总公司所属4家企业完成工业总产值5273万元，比上年增长32.1%；完成总产量4511吨，比上年增长74%。

生产的主要产品有：CA141K8型5吨载重汽车340辆，黄河362型9吨自卸汽车70辆，新解放341型4.5吨自卸车255辆，改装汽车187辆，汽车大修276辆，铝厂专用运输车7辆，轮胎翻新12613只，汽车备件986吨。

1991年，柳州特种汽车厂生产出现了较大幅度的回升，工业总产值、总产量、利税分别比上年增长162%、153%和512%，定额流动资金周转天数比上年加速120天，可比产品成本降低1.5%。

新产品　柳州有色冶金机械厂研制的红岩LZT3190自卸车已通过鉴定。该车以红岩CQ19·210二类底盘为基础，采用本厂成熟的黄河自卸汽车的举升、液压系统等机构，技术先进，工作安全可靠，是一种实用于国内的重型自卸汽车，各项性能指标均符合自卸汽车有关法规，达到了国内同类自卸汽车的先进水平。该厂还和贵阳铝镁设计研究院合作，为贵州铝厂生产了铝扒渣车。

行业管理　柳州特种汽车厂利用汽车企业集团的优势，与第一汽车制造厂、玉林柴油机厂合作，组装生产解放系列柴油载货汽车和变型专用车辆。赣州有色冶金汽修厂先后与第一汽车制造厂、沈阳金杯汽车公司、大连柴油机厂、朝阳柴油机厂、玉林柴油机厂、中国汽车贸易公司中南公司等单位建立了横向联系，在该厂建立了售后服务站，并被第一汽车制造厂评为1991年度优秀服务站。该厂还加入了中国轻型汽车修理行业联合会和中国汽车零部件销售集团，依靠联合的优势，搞活企业。

质量及质量管理　柳州特种汽车厂把提高专用车辆的生产工艺水平作为"上质量、上水平、上批量"的突破口，按照生产现场定置管理的要求及批量生产方式，实行定人、定岗、定工序、定工位，建立CA141K8车组装流水线，严格按生产区、待试区、重修区、合格品区实行定置管理，使生产工艺规范化，质量检验程序化。液压、气动元件在装车前全部经试验台检验，保证成台整车100%合格出厂。此外，1991年还制定了《自卸汽车液压缸技术条件》、《自卸汽车换向阀技术条件》、《气阀验收标准》等企业内控标准。

技术改造及技术引进　1991年完成技术改造投资195万元，根据生产专用汽车的需要，购置了大中型液压机、折弯机、数显车床、CO_2保护焊机等设备和检测仪器。

销售　1991年国内销售收入5678万元，销售利税率0.51%。

〔撰稿人：中国有色金属工业总公司装备局　李冠唐　审稿人：中国有色金属工业总公司装备局　徐立达〕

摩　托　车

〔中国汽车工业总公司〕

生产发展情况　1991年，摩托车行业产销两旺，与1990年相比，生产和销售都有较大幅度的增长，达到了历史最好水平。据统计，全年共生产摩托车130万辆，比上年增长28.13%；销售127万辆，产销率为98%，销售收入达51.1亿元，增长14.1%；实现利税5.08亿元，其中实现利润3.73亿元，增长69.4%；定额流动资金周转天数平均为137天，比上年减少27天；资金利润率为11.06%，比上年增加3.63个百分点。出口摩托车5.1万辆，创汇3510万美元。产品出口到土耳其、波兰、阿根廷、香港等22个国家和地区。

行业管理　1991年，摩托车行业办公室根据国家产业政策和国家计委、机械电子工业部关于"八五"计划编制要求，制订了《我国摩托车行业的"八五"计划及十年发展规划》和《摩托车行业"八五"科技规划及中长期发展规划》。

为了搞好行业管理，加强宏观调控能力，摩托车行业办公室对列入"八五"计划的项目进行了初审，同时针对一些地区或部门"摩托车热"的现象，及时下发了《关于摩托车产品生产能力的建设和技术改造加强管理的通知》。

1991年，摩托车行业办公室组织召开了摩托车出口创汇工作会议，会议总结了"七五"期间我国摩托车出口创汇的经验和存在的问题，并提出了我国"八五"期间出口创汇的奋斗目标。还成立了中国摩托车出口联合体，通过了《中国摩托车出口联合体章程》和《中国摩托车出口创汇管理办法》，初步理顺了出口渠道。

针对目前我国摩托车关键零部件产品水平低，以及相关工业达不到设计要求，以致影响整车质量的问题，摩托车行业办公室制订了《摩托车零部件目录管理暂行办法》，完成了活塞、活塞环、火花塞等5个零部件小行业和8个零部件检测站的调查，组织了减震器与相关工业的联合攻关，同时正式下达了第一批零部件定点企业名单。

质量及质量管理　1991年，摩托车行业办公室对50～70mL 8种排量的27种车型、56辆摩托车和27种、44台发动机进行了集中验证。从验证结果看，我国摩托车在噪音、制动、排放、油耗等方面有较大的改善，尤其是对废气排放，经过集资攻关和企业联合攻关，大部分企业的二冲程发动机排放都达到了8000ppm以下，有35%的产品达到了6000ppm以下，大大降低了摩托车产品对环境的污染。

三季度国家技术监督局对摩托车产品进行了抽查，抽查了11家摩托车企业的11种产品，全部合格，产品质量无论是外观、造型，还是技术性能、可靠性等方面都有较大的提高。

摩托车行业办公室还采取措施，加强标准化等工作。首先是对已公布实施的摩托车37项标准进行修订。为了尽快缩短我国摩托车标准与国际标准的差距，同时结合我国的实际，凡能直接采用国际标准均直接采用，暂时不能采用的，采取过渡办法向国际标准靠拢，使我国的摩托车行业能尽快按国际标准生产。其次，是加强摩托车行业统计工作。为了提高统计工作的效率和质量，及时掌握生产企业的动态，解决生产企业存在的问题，摩托车行业办公室与生产企业进行微机联网，并在原统计的基础上，增加了对销售、库存等经济指标的统计。

〔撰稿人：中国汽车工业总公司　黄桂利　审稿人：中国汽车工业总公司　张文灿〕

〔邮电部〕

生产发展情况　1991年，邮电部有13个摩托车专业生产厂，其中部属工厂2个，省属工厂11个，共有职工6475人，其中工程技术人员651人；固定资产原值为9591万元。生产50、55、75、80、100、125、250、650、750mL9个排量、28个品种的两轮和三轮摩托车。1991年生产各种摩托车28763辆，比上年增长74.6%；完成工业总产值11688万元，比上年增长8.19%；全员劳动生产率为18051元／人·年，比上年增长8.19%；全年销售收入为11384万元，比上年增长5.09%，其他各项经济指标比1990年均有不同程度的提高。1991年，邮电部摩托车行业生产虽有回升，但仍有部分企业生产任务不足，个别企业处于停产和半停产的状态。

邮电部摩托车行业在三年治理整顿中，走向市场。根据市场的要求，狠抓产品结构的调整，邮电部偃师摩托车厂停止HH250Ⅲ型摩托车的生产，重点开发市场急需的HH250Ⅳ型摩托车，并集中财力、物力和技术力量加快HH75-1A型摩托车的生产技术准备工作。浙江省邮政车辆厂开发了XH100型、XH125型两轮摩托车，使产品的产销率达到114.8%。

新技术与科研成果　1991年，邮电部摩托车行业在产品研制和开发，采用“四新”技术方面有了新的发展。邮电部偃师摩托车厂研制、试验了“分层排气燃烧”技术，用于IE65FM发动机的改进，取得了明显效果。百公里油耗降低15%，废气排放指标达到行业标准。同时改进缸体结构和散热条件，采用簧片阀进气等先进技术，使IE65FM发动机的动力性能提高了30%左右。HH75-1A型发动机已开始大批量生产。IE70FM全新型发动机的研制已经完成，为了不断提高新产品质量，引进美国格拉克公司喷塑双线并行的涂装流水线，已开通使用。

江苏省邮政机械厂在吸收消化意大利PIAGGIO公司703型三轮摩托车的基础上，改进老产品，提高了驾驶室的密封性、通风性和安全性。应用德国BMW公司650抗性单筒消声器代替涡流式双筒消声器，降低了整车的噪音，达到国内先进水平；采用前后轮同步液压制动系统，缩短了制动距离和制动的可靠性。同时研制并批量生产的HY750ZE、HY750ZX、HY750ZG几种特种车型摩托车，已投入市场。

销售　邮电部南昌鸿雁摩托车厂，狠抓X550型摩托车的质量，提高整车的可靠性，严格把好零部件的质量关，进一步满足市场的需求。江苏省邮电机械厂先后开发了三轮摩托车4种系列产品，供不应求。新疆邮政摩托车厂积极开展区域性贸易和中苏边境贸易，“快乐”牌摩托车畅销。四川省邮电摩托车厂生产的“成都”牌250型边三轮摩托车已经进入广东省、海南省等沿海市场，一直供不应求。

〔撰稿人：中国邮电工业总公司　犹学全　审稿人：中国邮电工业总公司　邹拯民〕

电　车

〔建设部〕

生产发展情况　1991年，建设部生产无轨电车企业有上海客车厂、北京电车公司制配厂、大连公共电车公司电车工厂、沈阳市客车制造厂；生产有轨电车企业有沈阳市客车制造厂、大连电车工厂；上海电车厂是为全国电车生产厂供应配套电车底盘和电车配件的专业厂。

1991年全国共生产无轨电车233辆，其中铰接车211辆、单节车22辆；生产有轨电车23辆，其中沈阳市客车制造厂开发试制出ST4型有轨电车，已出口朝鲜19辆。上海电车厂生产浦江1A型无轨电车底盘404套，后桥、三桥365根，TGC-1A型调速装置119套及其它电车配件。

新技术与科研成果　近两年来，我国研制成功5种型号无轨电车，5吨级无轨电车逐年更新换代，10吨级无轨电车投入运行试用，调速控制技术向集成化、微机化方向发展，整车及电气配套件不断完善。有轨电车技术已与轻轨电车发展相结合。

北京电车公司制配厂开发的BJD-D90C及D60C大型无轨电车，采用四川汽车制造厂研制的10吨级无轨电车专用底盘，驱动桥减速比为10.82，助力转向器为德国ZF8046型，配用上海电机厂120kW大功率牵引电动机、湘潭电机厂研制的逆导型斩波调整装置，并设有电阻制动系统，该车在技术上处于国内领先水平。

大连电车工厂采用第一汽车制造厂生产的新型客车底盘、上海电机厂90kW牵引电动机、沈阳市客车制造厂的可控硅斩波调速装置研制成了DL-D72C及D52C型6吨级无轨电车。该厂研制的有轨电车采用的新技术有：(1) DL-Z_1型再生制动斩波控制系统，实现有轨电车斩波调速并具有再生制动和电阻制动复合控制功能，该系统为国内首创。(2) 城市轨道车辆弹性车轮，使车内噪声平均降低2dB（A），车外噪声平均降低4dB(A)。(3) ZB-5型直流变换器，用于直流400～720V变换为直流235～270V，输出电流0～50A，可直接用于轻轨电车、无轨电车低压供电。

上海客车厂生产的SK561型无轨电车，采用上海电车厂生产的TGC-1A型晶闸管斩波调速装置代替TQC-1型调速装置，提高车辆调速稳定性和可靠性。

上海市公交总公司开发的微机控制斩波调速装置应用软件程序代替硬件控制电路属国内首创，进一步提高了晶闸管斩波调速装置无轨电车空载、重载运行稳定性和工作可靠性。

上海电车厂试制出用于有轨车辆控制调速的带复合制动晶闸管斩波调速器。

上海市延安东路外滩建成国内首条、世界第二条越江隧道无轨电车线路，经1991年技术完善和运行考验，显示无轨电车具有爬坡加速性好、无污染等优点，根据隧道运行要求，研制成功FLT-1型无轨电车电磁棘轮锁定绳箱器，当集电头脱线上升150mm时，具有自动锁定功能，避免打坏隧道顶部设施。

沈阳市客车制造厂试制开发的ST4型有轨电车解决了关键技术问题：内框式双驱动STB-1型转向架；适用四轴双转向的无支承式铰接机构，实现运行中保持与整车平衡和转弯时与转向架同步；180kW斩波器，采用螺旋内压接新型元件，高集成化，单元件电控系统并配有电制动系统。

新产品　1991年开发的新产品有大连公共电车公司电车工厂试制的DL-D52C无轨电车、DL-D72C铰接式无轨电车，北京市电车公司制配厂试制生产的BJD-D60C有轨电车、BJD-D90C铰接式无轨电车，沈阳市客车制造厂试制的ST4有轨电车。

行业管理　1991年建设部进一步加强了电车行业管理，年初召开了城市车辆行业科技工作会议，提出电车行业技术进步和发展规划。3月份建设部发文明确中国城市车辆总公司协助管理城市车辆行业，包括行业长远发展规划和计划、企业技术改造、技术引进、新产品开发、成果推广、质量管理，许可证发放等工作。中国城市车辆总公司提出“无轨电车中长期科技发展纲要”、“‘八五’期间无轨电车新产品计划项目”、“无轨电车行业技术进步的意见”等文件，并组织实施。

上海市公用事业研究所是建设部电车行业技术归口研究所、全国无轨电车新产品鉴定试验单位、无轨电车产品生产许可证检查单位，其任务还包括电车行业科技攻关，新产品开发，行业标准制订和修订工作。1991年该所完成北京电车公司制配厂两种无轨电车技术鉴定和大连电车二厂两种无轨电车试制鉴定工作。

质量及质量管理　电车行业企业根据建设部中国城市车辆总公司制订的城市车辆行业“质量、品种、效益年”的8项奋斗目标和10项措施，制订计划，加强技术基础工作，进一步健全质量保证体系，加强计量工作，经过一年的努力，电车产品质量提高率、主要项目抽查合格率、产品合格率均高于1990年。上海客车厂出厂项次合格率比1990年提高0.6个百分点，并通过了上海技术监督局对该厂产品标准的监督检查。上海电车厂浦江1A型电车底盘1991年继续保持上海市市优产品称号。

建设部参照国际标准，制订了电车产品国家标准，报批稿有“无轨电车系列”、“无轨电车技术条件”、“无轨电车试验方法”、“无轨电车底盘通用技术条件”、“无轨电车空气断路器技术条件”、“无轨电车定型试验规程”、“无轨电车管状电热化霜器技术条件”和“有轨电车技术条件”。

销售　电车生产以销定产，1991年销售无轨电车233辆，总销售金额2059.1万元，无轨电车专用底盘及配套件总销售金额807万元。

〔撰稿人：建设部上海市公用事业研究所　陈基杰　审稿人：建设部上海市公用事业研究所　曾昭明　建设部中国城市车辆总公司　李世豪〕

船　舶

〔中国船舶工业总公司〕

生产发展情况　中国船舶工业总公司直属船舶类企业85个，拥有职工24.24万人，固定资产原值68.2亿元。1991年完成工业总产值（1990年不变价）79.52亿元，比上年增长18.8%。其中，船舶类产品产值58.07亿元，增长18.2%；非船舶产品产值21.45亿元，增长20.3%。

在85家企业中，造修船厂27家，职工13.84万人，固定资产原值41.46亿元，全年完成工业总产值57.6亿元，增长20.6%。其中船舶类产品产值48.8亿元，增长18.6%；非船舶产品产值8.76亿元，增长33.3%。完成船舶127艘、81.8万吨，艘数减少21.6%，吨位增长29%。完工船舶中，交通部系统24艘、41.7万吨，分别为上年的160%、226.6%；出口船舶44艘、36.6万吨，分别为上年的125.7%、99.7%。完工船舶中，万吨级以上船舶11种14艘、64.9万吨，分别为上年的183.3%、127.3%、139.3%，万吨级以上船舶艘数仅占11%，吨位占79%，这说明船舶生产日益向大型化发展。修船完工949艘、951.6万吨，分别增长6%、70.8%，完成修船总产值7.47亿元，增长5.2%。其中外轮修理完工194艘、产值3.47亿元，分别减少33%、增长36.6%；国内远洋船修理完工153艘、产值0.98亿元，分别增长25.4%、53.1%。

船用配套设备厂38家，职工7.86万人，固定资产原值21.2亿元。全年完成工业总产值15.39亿元，增长11.6%。其中船舶类产品产值7.95亿元、非船舶产品产值7.44亿元，分别增长19.4%、4.3%。完成柴油机606台、48万kW，分别增长8.4%、15.5%。其中引进技术柴油机263台，36.77万kW，分别为上年的91.3%、109.5%，分别占柴油机总产量的43.4%、76.5%。在柴油机产量中，船用低速柴油机30台、21.67万kW，分别为上年的96.8%、118.2%。

船用导航仪表电子厂20家，职工2.55万人，固定资产原值5.54亿元。全年完成工业总产值6.56亿元，增长21.3%。其中船舶类产品产值1.32亿元，增长2%；非船舶产品产值5.24亿元，增长27.4%，比重达79.9%。完成船用精密导航仪表171台套，为上年的94.5%。

1991年船舶生产经营主要特点：

(1) 船舶建造周期进一步缩短。全年完工万吨级以上船舶平均建造周期为523天，比上年缩短36天，全年下水万吨级以上船舶的平均船台周期168天，比上年缩短33天，即船台效率提高了16.4%，但还比历史最好水平的1985年多了6天。由于建造周期缩短，32艘重点船舶有15艘提前完工交船，有3艘船实现了增产目标。

(2) 船舶订单创造了新纪录。全年新承接船舶176万吨，比上年增加了55.7%，几个生产大型船舶的船厂，生产任务已安排到1994年。但生产中小型船舶的船厂，生产任务仍然严重不足。

(3) 修船生产在没有什么投入的情况下，连续第五年创造了增产佳绩。

(4) 非船舶产品生产经受住了市场考验，大部分产品都站稳了市场，并有所发展。

新技术与科研成果 1991年获国家科技进步奖10项，其中一等奖2项，二等奖4项，三等奖4项。获中国船舶工业总公司（部级）科技进步奖306项，其中特等奖1项，一等奖20项，二等奖104项，三等奖181项。

船型研究开发方面，在主要运输船舶已基本形成系列的基础上，以解决批量生产及其相关技术为中心的重点产品技术开发研究，业已取得重要进展。1991年完成了15万吨以下的油船、2800—3500TEU集装箱船的技术开发研究，正待国家验收。这两个项目均是国家“七五”重点企业技术开发项目，研究内容包括船舶总体、线型设计、船模试验、尾部节能装置、振动及减振降噪、操纵性、建造工艺及施工特点、专用机电设备国产化及经济性分析等。通过这种系统的成套的技术开发，为今后逐步达到全部独立设计、批量建造这类船舶打下了牢固的基础。同时，列入“八五”攻关计划的液化石油气船、变速客船、冷藏船等的攻关研究等已起步。

船用设备研究仍以引进技术消化吸收实现国产化为重点，同时开展船用向陆用转移的开发研究，取得的主要成果有：自行设计开发的船用43／140低速柴油机已通过设计审查；四川齿轮箱厂开发的水泥磨减速齿轮箱，性能先进，可替代进口；渤海造船厂完成了30万吨／年乙烯加氢精制反应器。此外，还为国家重大装备项目，经济建设急需工程研制了许多重要设备或部件，如150吨矿山重型汽车轮网、电站用大型无缝钢管、水电调速器、数控切割机、盘类陶瓷生产线、电缆传输数控测井系统等。

新技术新工艺推广应用取得良好成绩。重点船厂高效焊接应用率已达59%，比上年提高7个百分点。仅对江南、渤海、上海和大连造船厂等4个厂统计，因推广采用高效焊接技术，年创效益528万元。船体总段建造、单元预舾装、涂装等工艺进一步推广，重点船厂管子预舾装已占88%，机电设备预舾装和单元组装已占50%，区域涂装、计算机辅助涂装、生产动态管理等先进技术也已开始使用。在柴油机制造方面，呋喃树脂砂铸造工艺已在上海船厂、新中动力机厂推广，类金属膜铸造MWM柴油机气缸盖已取得成功，铸件废品率降低了50%以上，铜铅合金轴瓦运用离心熔铸和三元电镀技术，已解决了该轴瓦长期不过关的问题，替代了进口。在船用设备生产方面，镇江锚链厂采用中频感应加热、液压插装阀、工业控制计算机等技术，年增经济效益上百万元。

新产品 1991年完成的主要新船舶有：(1)大连船舶设计研究所设计、大连造船新厂制造的98000吨成品油轮，主尺度240.7m×41.2m×14.4m，双层壳结构，无人机舱，无限航区，是我国建造的最大的“未来型”成品油轮。(2) 沪东造船厂设计建造的68600吨原油轮，主尺度224.6m×32.2m×19.6m×13.75m，无人机舱，无限航区。(3) 江南造船厂设计建造的65700吨散货船，主尺度225m×32.2m×18m×12.5m，无限航区，是迄今为止我国建造的最大的散货船。(4) 上海船舶设计研究院设计、渤海造船厂制造的35000吨肥大型散货船，主尺度 185m×32m×15.4m×10m，该船总长比 35000 吨经济型散货轮短 10m，总功率减少 15.8%，载重量仅减少 8.8%，节能明显，是国家“七五”重大装备重点科研项目，将成为我国“北煤南运”的主力船舶。(5) 德国 GTP 公司与江南造船厂联合设计、江南造船厂制造的 4200 立方米液化石油气船，主尺度 99.75m×16.2m×9m×5.9m，载重量 5500 吨，是我国目前建造的最大的液化气船。

完成的船用主辅机新产品主要有：(1) 5L70MCE 型船用柴油机，大连船用柴油机厂采用引进技术制造，功率 11800kW，转速 100r／min，燃油耗率 173g／kWh，是我国首次制造的长冲程低速柴油机。(2) 直径 44mm 液压起锚绞盘，南京绿洲机器厂制造，系缆负荷 80kN，起锚负载 101kN，适用于直径 42～46mm 锚链的各型舰船起锚用。(3) 降落式救生装置，镇江船舶辅机厂制造，符合 SOLAS83 修正案要求，用于船舶救生。(4) 500Nm^3／h 船用惰性气体装置，武汉造船专用设备厂采用引进技术制造，排气量 500Nm^3／h，含氧量 1%～4%，用于船舶防爆、防火。

行业管理 为进一步发挥集团优势，实行专业化生产，经批准，由从事液压科研的 704 所，上海航海仪器厂、重庆液压件厂、中南光学仪器厂、九江仪表厂、江西航海仪器厂、东海船舶修造厂和平阳机械厂共 7 家单位组成上海华岳液压机电（集团）公司，于 1991 年 10 月 26 日成立，这是我国目前规模最大的液压行业集团公司。中国船舶工业总公司已决定将上海航海仪器厂、上海导航仪器厂、上海航测仪器厂合并为上海航海仪器总厂，将润州造船厂、镇江锚链厂、上海船用锚链厂合并为镇江锚链总厂，这两个总厂筹备组建工作正在进行。

1991 年底中国船舶工业总公司出口基地企业仍为 6 个，出口产值 12.7 亿元，增长 50.2%，占总产值的 64%，比重提高 5.5 个百分点，有 3 个企业出口产值占总产值的 2／3 以上。出口扩权企业 14 个，出口产值 12.4 亿元，比上年减少 20.1%，占总产值比重为 36.4%，比上年下降 20.7 个百分点。

截至 1991 年底止，有国家一级企业 3 个，其中当年新晋升的是江津增压器厂；国家二级企业 28 个，其中新晋升的是青岛北海船厂。3 个国家一级企业，资金利税率达到 13.76%，全员劳动生产率按总产值计为 43931 元／人·年，按净产值计为 16141 元／人·年。28 个国家二级企业，资金利税率为 8.41%，全员劳动生产率按总产值计为 36825 元／人·年，按净产值计为 11062 元／人·年。

1991 年对 18 家生产船用配电箱、1 家生产船用锚链的企业进行了生产资格检查，均合格，发放了生产许可证。对 19 家生产船用锚链企业进行了换证检查，全部合格，换发了新的产品生产许可证。

质量及质量管理 围绕“质量、品种、效益年”开展了一系列质量管理活动。6 月份召开了质量工作会议，在总结交流“七五”和上半年质量工作经验的基础上，制定了质量工作“八五”规划，企业扩点联营、外协及外购产品质量管理办法，明确提出“靠质量求生存、靠质量求发展”、“向质量要效益”、“走质量效益型发展道路”的质量工作指导思想。继续对军工产品承制单位进行质量保证体系考核，全年有 15 个企业、17 个研究所通过了这一考核。开展降低废返损失率活动，重点抓降低铸件废返损失，铸钢件综合废品率为 0.99%，比上年降低了 1.89 个百分点，减少废品 800 吨；铸铁件综合废品率为 4.78%，比上年降低 2.81 个百分点，减少废品 565 吨。召开了出口机电产品质量分析会，针对出口产品质量问题，提出了具体改进措施，并制定了《出口机电产品质量管理及监督办法》。抓产品实物质量，开展重点产品质量监督抽查活动，重点抓一民品（烟草制丝设备）、三个出口产品（上海华海集装箱厂的集装箱、绿洲机器厂的分离机、北海船厂的救生艇），促进了这些产品质量的进一步提高。对重点船舶进行焊接 X 光探伤检查，全部合格，船舶 X 光探伤合格率达 86.4%。

1991 年，有 11 项产品经国家、市级质量监督抽查及行业检测，全部合格。1991 年有 9 项产品获国家优质产品称号，其中金质奖 3 项、银质奖 6 项。有 38 项产品、18 项修船工程获中国船舶工业总公司优质奖。广州造船厂获“国家质量效益先进企业”称号，有 13 个企业获中国船舶工业总公司授予的“质量效益先进企业”称号，有 3 个企业获“出口机电产品质量信誉奖”。

技术改造及技术引进 1991 年完成技术改造投资 24906 万元，比上年增加 53%。其中国内贷款 9130 万元，增加 126.3%；自筹资金 12341 万元，增长 6.3%。完成设备工器具投资 16224 万元，增长 69.5%，比重为 65.1%，比上年提高 10.7 个百分点。“七五”期间 15 项重点技术改造项目，已在“七五”期间竣工验收 6 项，1991 年竣工验收 3 项，即江南造船厂、新港船厂和江津增压器厂；有 2 项已基本完工，尚有少量收尾工程；有 2 项调整改造内容，原改造工程按现状验收；其余 2 项需结转“八五”期间继续进行，这两项是河南柴油机厂和大连船用柴油机厂。

1991 年引进技术 1 项，是由陕西柴油机厂以许可证方式从德国 MTU 公司引进大功率高速柴油机制造技术，包括 956、1163TBB$_2$、TB92 这三个系列 15 个品种，均是世界上先进的高速柴油机。此项技术引进后，使我国形成了高中低速配套的大中小功率齐全的具有国际水平的船用柴油机生产体系，这必将使我国船用柴油机的生产技术得到进一步的提高。

引进制造技术国产化共安排70种机型，1991年又有2种机型国产化率达到80%以上，它们是货轮用遥控阀和AWO燃烧器。累计已有54种机型实现国产化80%以上，占70种机型的77%。在抓整机国产化同时，有重点地抓了关键件的国产化工作，其中已取得进展的有：电渣熔铸低速柴油机缸盖，已通过鉴定；中速柴油机曲轴已基本实现国产化；苏尔寿柴油机的盘车机、曼哈姆柴油机的油泵、克令吊的BV高压泵业已试制成功。

销售 1991年销售收入68.12亿元，增长27%。其中船厂销售收入47.44亿元，增长26.9%；船用配套设备厂销售收入14.31亿元，增长26.1%；仪表厂销售收入6.46亿元，增长29.7%。85个企业的产成品资金3.33亿元，比上年减少6.2%。实现利税总额47235万元，增长94.4%。资金利税率为3.54%，比上年提高了1.45个百分点。全部流动资金占用89.56亿元，比上年增加19.2%，比工业总产值增长还高0.4个百分点，但周转天数473天，比上年加速了31天。定额流动资金平均占用62.16亿元，比上年增加12.4%，比工业总产值增长低6.4个百分点，周转天数为328天，比上年加速了43天。工业成本利润率为5.27%，比上年提高了2.79个百分点。可见，从总体上看，船舶工业1991年的经济效益有提高，但同其他行业相比，经济效益水平还是很低的。从船舶工业内部几个行业来看，船厂利润总额虽比上年有较大提高，净增盈利2.08亿元，但仍有8个企业亏损（只比上年减少1个企业），亏损额达16562万元，仅减少1178万元。船厂占用工业资金达93.16亿元，比上年增加15.4%，周转天数707天，加速了70天。工业资金利税率虽比上年提高2.54个百分点，但仅为2.82%，只相当于贷款利率的1/3。船用配套设备厂利润总额8418万元，比上年减少9.3%，工业资金利税率4.71%，比上年下降了0.48个百分点。仪表厂利润总额4574万元，减少7.4%，工业资金利税率8.29%，下降了1.33个百分点。

〔撰稿人：中国船舶工业总公司计划局　郭莲英
审稿人：中国船舶工业总公司　郭　泽〕

救捞潜水设备

〔交通部〕

生产发展情况 1991年，救捞潜水设备行业各生产企业，由于及时捕捉市场信息，抓住经营机遇，生产出现前所未有的好形势。各企业不仅充分发挥产品优势，努力满足客户要求，还积极开拓了国际市场。全年完成保暖救生服4700套，比上年增长90%，仍不能满足国内外客户的需要；生产高压氧舱5套、减压舱4套。新研制的正压型呼吸器已进入了国际市场。

根据市场需求情况，重点抓了保温救生服、各类氧舱的生产和销售。但是由于一些乡办企业也生产同类型产品，原来独家生产经营的局面被打破，给原材料的供应及本行业的生产、经济效益带来了严重的影响。

据统计，1991年全国大宗的保暖救生服出口及为大航运公司配备，基本上都是由上海潜水装备厂直接提供；各类氧舱由芜湖潜水设备厂提供。

新技术与科研成果 1991年，救捞潜水设备行业有6个项目通过技术鉴定。其中300米饱和潜水系统为原国家经委下达的“七五”期间的重大项目，是一项综合系统工程，技术难度大。该系统由中美联合设计，自行建造，整套系统的国产化率达58%。该项目已于1991年4月在上海通过交通部技术鉴定。它的研制成功，可替代国外同类产品，为我国大规模海洋石油开发和深海海洋工程以及潜水打捞作业提供了装备。该项目在研制过程中，还成功地获得了低温压力容器用钢、大口径厚壁无缝钢管、大容量无缝高压气瓶、大深度载人运载舱等一批“四新”科技成果，填补了国内空白，促进了我国一些相关工业的技术水平的提高。该项目同时还获得了中国船级社和美国船级社的入级证书。该系统为移动式，设计深度300m（压力3.02MPa），设计温度为−18～50℃，潜水员人数9人（最多可为12人），饱和潜水天数14天（增加储气量饱和天数可延长）。

另外通过技术鉴定的项目还有TY可调式单管咬嘴呼吸器、潜钟导向装置、密闭式氦氧潜水装具系统等。

正压型空气呼吸器取得了船检型式认可证书，并获得上海市优新产品奖。上海救捞局科研所的300米饱和潜水系统、芜湖潜水装备厂的高压氧舱系统、上海潜水装备厂的保暖救生服分别获1991上海市科技博览会的金奖、银奖和优秀奖。中原油田职工中心医院高压氧舱系统、湿式热水服、SLS·TS−Ⅱ型潜水竞赛呼吸器、潜水呼吸气体热交换器等，分别获局级科技进步甲类一、二等奖。

质量及质量管理 1991年，芜湖潜水装备厂对压力容器制造质量控制法规进行了调整、完善、修订，并对四年来生产的200多台压力容器的设计、工艺、焊接、材料、检验等原始数据和技术资料进行整理，于1991年11月顺利通过了一、二、三类压力容器制造许可证书的换证审查。各类潜水装具、救生设备及防护装具出厂合格率均达100%。

销售 1991年行业各单位完成的工业总产值均比上年增长，增长幅度最高为50.5%，人均实现利税和劳动生产率分别为1万元和3.54万元，高于1990年。合同履约率达95%以上。

〔撰稿人：交通部科技司　郭琦贵　上海救捞局李景龙　审稿人：交通部科技司　王建辉〕

民用飞机

〔航空航天工业部〕

生产发展情况　按照"八五"计划和使用部门订货要求，1991年生产民用飞机并交付37架。其中运七系列飞机交付14架，运八系列飞机交付3架，运十二飞机交付14架，MD-82飞机交付6架。外贸出口民用飞机成交32架，交付18架，出口额超过1亿美元，创历史最好水平。国产运八飞机、运七飞机、运十二飞机、蜜蜂超轻型飞机陆续销往亚洲、非洲、南美洲、南太平洋等地区的11个国家。特别是运十二飞机取得英国CAA型号合格证后，某些性能优于加拿大哈维兰公司的DHC-6"双水獭"飞机，市场看好，用户纷纷要求订货。

运七飞机已累计交付78架（其中租赁给老挝1架），在民航运营60余架，已成为民航最大的一个机种，截止到1991年10月底，在国内160条航线上进行运营，已安全飞行"双22万"（即22万个飞行起落，发动机工作22万飞行小时）。从总体来看，故障率逐渐下降，客座率逐步提高，日利用率提高。如民航湖北局3455号运七飞机1991年8月平均日利用率高达8.8小时，取得好的经济效益。在交通不便的偏僻地区通航，促进该地区经济、商业、旅游业的发展。运七飞机通往四川省泸州、黑龙江省黑河、吉林省延边等地区为商业、旅游业创造条件，促进了商业和旅游事业的发展。

过去使用的国产运五飞机，陆续淘汰。新研制的运五B飞机、农五飞机有广阔的市场需求，预计今后市场需求50余架。农林专业飞机可不依赖进口，满足国内需要。

上海飞机制造厂在取得美国联邦航空局颁发的装配MD-82飞机生产许可证后，已完成前期合同，装备交付MD-82飞机25架，现又续订装配MD-82飞机10架。目前已累计交付MD-82飞机27架，是民航国内干线的最大机队。已累计飞行13万小时，日利用率达7小时，最高日飞行达15小时，日出勤率高达99%。

新技术与科研成果　我国民用飞机研制方针是："立足国内，充分利用对外开放的有利条件，走与国外合作生产的道路，逐步实现现代化、国产化。"据此，在飞机设计方面积极引进国外先进技术、设计软件、国际标准，提高设计能力和技术水平。与德国MBB公司合作研制MPC-75客机，完成预发展联合设计，取得80年代末期空中客车飞机部分设计软件专利，为研制民用飞机打下良好的基础；与美国GE公司合作，使WJ5A-1发动机油耗由265g／hp·h，降低到240g／hp·h，降低了9.4%，已通过专家验收，并进行了试航试飞，预计1992年将取得型号合格证。

WJ5A-1发动机的加速性是涉及飞机进场后需要复飞时的安全问题。原来沿用苏联标准为15秒，经攻关后，已经达到8秒并对已出厂的发动机全部进行改装、调整，目前飞机加速性已调整到小于8秒，飞机进场的安全得到保证。

完成运七飞机、运八飞机、运十二飞机机载设备定延寿工作，其中完成运七飞机机载设备196项、发动机配套设备18项的定延寿工作。其中90.4%的机载设备首翻期达到5000小时／5年，一年内可节省更换机载设备和维修费约7500万元，既保证运七飞机正常运营，又提高产品质量和经济效益。发动机定延寿工作，进行领先飞行和厂内试验，已达到首翻期2500小时。

进行EFIS座舱电子飞行仪表、大气数据计算机、气象雷达、自动驾驶仪、座舱空调系统的国产化工作，取得很大进展。飞行参数记录仪（黑匣子）的国产化工作已完成，在中国适航当局与美国FAA签订双边协定后，第一个取得型号合格证，今后可不依赖进口并可出口创汇。

1. 运输机

干线飞机　从1988年国家批准干线飞机立项以来，与国外进行多次谈判确定飞机选型，探索合作研制途径，进行技术攻关、生产制造准备，同时对国外资料进行消化吸收，进行技术经济可行性论证。并对飞机、发动机、机载设备的研制厂所进行技术改造，在制造、测试、试验、试飞等方面，积极引进先进设备，为研制干线飞机创造有利条件。

运七飞机　运七飞机已成为国内支线运输的主力，为保证运七飞机正常运营，做了大量的工作。对用户提出的92个技术问题，进行技术攻关，对持续适航中暴露的问题，及时改进并逐步落实。

为保证安全飞行，增大运七飞机的安全余度，改善经济性，提高舒适性，1988年2月国家批准立项，研制运七-200A、运七-200B型飞机。运七-200B飞机经装用改进后的WJ5E发动机和新研制的螺旋桨，改进机翼气动性能，增加了飞机的升阻比，降低了失速速度，使飞机具有二级进场功能。1990年11月完成首飞，现正在进行适航试飞，预计1992年取得型号合格证。运七-200A飞机经装用国外PW-127发动机，改进机头扩大飞行员视角，机翼、尾翼、进气道前缘改胶囊式除冰套，减轻了飞机使用空重，精化设计前起落架，采用新的轮胎、机轮刹车和电子防滑，改变耗油顺序，降低机内噪音等一系列改进，预计1992年上半年首飞，1994年取得型号合格证。

运八飞机 1987年国家批准立项，研制改进运八飞机，将原运八飞机改气密舱和货桥大门，增装舱内空调系统。经三年研制，1990年底首飞上天，1992年将完成设计定型并按民航货机要求办理型号合格证审查工作。运八飞机已出口到斯里兰卡2架，1991年出口到苏丹2架。经市场预测，"八五"期间国外需求运八飞机约10架，可望为国家创汇。

运十二飞机 1986年运十二飞机取得国内型号合格证，1989年获国家科技进步一等奖，1990年取得英国CAA型号合格证。据专家评定其性能在某些方面优于加拿大的"双水獭"飞机，受到国外好评，现已签订外销合同44架，意向购买运十二飞机70余架。

为解决运十二飞机发动机国产化工作，研制了WJ9发动机，已进行适航审查和适航试飞，预计1992年将取得型号合格证。

2. 农林专业飞机 "七五"期间研制了3种型号农林专业飞机，其中运五B飞机商载1500公斤，运十一B飞机商载1200公斤，农五飞机商载800公斤。3种型号飞机覆盖了我国农林专业飞机的市场需求，农林专业飞机可立足国内，不依赖进口。

运五B飞机 1989年取得补充型号合格证，已投产9架并全部交付使用。1992年订购12架，"八五"期间预计市场需求50～60架。

运十一B飞机 1990年装用美国大陆公司发动机的运十一B〈I〉飞机首飞上天，已进行适航试飞和适航审查，预计1992年取得型号合格证。

运五飞机 1991年完成适航试飞并进行适航审查取得了型号合格证。预计1992年装用美国莱卡明公司发动机的农五A飞机首飞上天，1992年已订购3架，"八五"期间预计市场需求30～40架。

3. 直升机

直八机 1989年3月通过国家技术鉴定，已累计交付4架。发动机和机载设备国内可配套生产，大型直升机可立足国内生产，满足国内要求。

直九机 引进法国专利研制生产，已累计交付45架。直九机制造技术具有国际先进水平，需采用570种新材料、55种新锻件、1206种标准件、342项新型机载设备，还需解决34项重大技术关键，国产化难度很大。几年来经过刻苦攻关，国产化率达72%，1992年1月国产化直九机首飞上天，预计1992年完成技术鉴定。

直十一机 直十一机是轻型2吨级小直升机，1989年国家批准立项，已进行参考样机摸底试飞，完成气动、强度校核计算，并进行动力、传动系统设计。现已完成全部设计工作，发出全部图纸进行研制。预计1995年完成设计定型。

4. 国外飞机零部件转包生产情况 航空工业经过四十年的发展，设计水平、生产条件有很大提高，对国外"三来加工"、"转包生产"具备优越的条件。各主机厂进行飞机零部件转包生产，提高了技术水平并可出口创汇。上海飞机制造厂已生产并累计交付了主起落架舱门732架份、水平尾翼19架份。西安飞机制造厂生产的波音737飞机垂尾已累计交付146架份。成都飞机制造厂生产的MD-82机头，首架已交付，1992年将交付12架份，转包生产交付额达3900万美元。到1992年，技术改造可投入2亿元，到1995年前技术改造将再投入2亿元，这样，承担转包生产的能力逐步提高，从而提高我国民用飞机的设计水平、生产能力和质量控制标准，向世界先进水平跨进。

〔撰稿人：航空航天工业部计划司　于天杰　审稿人：航空航天工业部计划司　张汝谋〕

工业锅炉

〔机械电子工业部〕

生产发展情况 我国工业锅炉生产由于市场疲软，连续几年生产滑坡。1990年降至最低点，总产量22795台，计55220蒸吨。1991年，市场对工业锅炉需求增加，工业锅炉生产形势有所好转，总产量达62276蒸吨，与上年相比产量增加12.7%。

根据对全国近160家工业锅炉行业企业的调查统计，与上年相比，1991年行业的主要经济指标，产量增加约12%，总产值增加约10%，利润继续下跌约39%，全员劳动生产率和实物劳动生产率均有增加。其中重点骨干企业产量增加约2%，总产值增加约5%，利润降低约61%，全员劳动生产率增加5%，实物劳动生产率增加2%。1991年产量超过1000蒸吨的有上海四方、上海工业、广州、长春、天山等15家锅炉厂，而1990年为10家。1991年，行业中产量增加的企业占51%，利润回升者占39%，61%的企业效益继续下降，效益下降较多的仍然为大中型企业，小型企业效益上升或持平者较多。全行业亏损企业占18%，而1991年为16%，且亏损者多为行业大中型企业。1991年工业锅炉行业主要数据见表1。

尽管工业锅炉行业1991年的生产形势有所好转，但整个行业所遇到的问题尚未完全解决。1991年工业锅炉行业的特点是：重点骨干企业仍然发挥着重大作用，厂点数仅占12%，总人数占27%，而产量占41%，总产值占38%，利润总额占11%，实物劳动生产率超过行业平均水平1.6

倍。特别是某些重点骨干企业由于技术开发能力强，能适应市场的需求开发适销对路的特色产品，制造水平较高，在市场疲软、竞争激烈的情况下，企业仍显示出明显的优势，如天山锅炉厂的快装水管锅炉、四方锅炉厂的组装水管锅炉、广州和长春锅炉厂的燃油锅炉、济南和江西锅炉厂的循环流化床锅炉。而产品结构调整缓慢的、产品单一的企业，在生产和销售中遇到较大的困难。在小型企业中，继长沙、郑州锅炉厂之后，营口、哈尔滨龙江等锅炉厂开发的螺纹烟管、拱形封头等改进型水火管锅炉新产品受到用户欢迎。

表1　1991年工业锅炉行业主要数据

项　目	单位	全行业	其中重点骨干企业
企业数	个	194	23
职工总数	万人	13.09	3.96
工业锅炉产量	万蒸吨	6.23	2.35
工业总产值	亿元	21.45	8.10
销售收入	亿元	25.9	10.6
利润总额	亿元	0.64	0.13①
全员劳动生产率	元/人·年	15780	19860
实物劳动生产率	蒸吨/人	0.48	0.75

①盈利企业17家，利润总额3782万元；亏损企业6家，总计亏损2514万元。

新技术与科研成果　工业锅炉燃烧技术仍受到普遍重视，锦州真空设备厂和锦州锅炉厂研制的滚动炉排经过十多个用户近两年的试用，具有高效节能的特点。炉排金属耗量少，比链条炉排节省1/3，煤种适应性接近于往复炉排，但燃烧效率比层燃炉排高6～8个白分点，但是滚筒的耐热、寿命等问题仍要做工作，要采取措施解决。

上海工业锅炉研究所承担的国家"七五"科技攻关环保项目"型煤锅炉研究技术"通过技术鉴定。该成果解决了型煤燃烧中的技术关键，使锅炉运行时型煤着火迅速、火床平稳，具有较高的炉膛温度，锅炉热效率大幅度提高，烟尘原始排放浓度大大下降，取得了较好的节能和环保效益。

昆明锅炉厂研制的小车式、横臂式自动碳弧气刨机通过部级鉴定，该产品结合我国的实际情况，参照国外同类产品的特点进行修改、补充，经多次试验，取得良好效果。自动碳弧气刨机配用630A的电源，选用较低的电压和较小的气体流量及压力，可节省能源。刨槽深度精度±1mm，宽度精度±0.5mm，可以使用直径6～12mm的连接式加长碳棒，也可采用国内普遍使用的短碳棒，该设备在网路电压波动在±10%的范围内时，气刨电流变化量不大于5%，刨槽深度变化量范围±1mm，气刨速度变化不大于5%。该设备与手工碳弧气刨相比，提高生产率5倍以上，节约电能30%，刨槽边缘修磨工作量减少90%，可提高一次焊缝合格率，而设备价格仅为进口的1/3。

"七五"期间由北京工业锅炉技术咨询公司、北京精艺技术开发公司、杭州机械科学研究所及机械电子工业部第二设计研究院联合设计开发的膜式水冷壁生产线，先后有济南、四川、无锡、郑州等锅炉厂共计四条膜式水冷壁生产线投入使用，使用情况良好。并荣获国家星火计划一等奖。

新产品　1991年工业锅炉行业在市场推动下，产品研制和开发方面取得新的成果，产品结构调整优化继续有进展。一年中共计开发新产品300多个，其中经过鉴定测试的占57%（其中热电联产锅炉12个，大容量热水锅炉8个）。组装、快装水管锅炉有了进一步发展，水火管锅炉有了新的改进，泡床沸腾炉、循环流化床锅炉以及油炉、气炉及特种燃料锅炉又有一批新产品投入市场。铸铁热水锅炉也有一批新产品投入市场。

营口锅炉厂与院、所结合，合作开发的新型螺纹管水火管锅炉系列产品，采用螺纹烟管、凸形管板、翼型烟道、下降管入口引射、强化燃烧等10多项技术措施，锅炉热效率实测均达80%以上，比部颁标准高出5～8个百分点，具有10%～30%的超负荷能力，锅炉本体耗钢量由过去的2.2吨钢/蒸吨下降到1.5吨钢/蒸吨左右，节省钢材30%。这种改进水火管锅炉已在北京等地安装使用，受到用户的好评，被辽宁省科委评为科技成果，列入国家科委"火炬计划"。

长沙锅炉厂开发的全部燃用高炉煤气的20吨/时余热锅炉，采用双横汽包，整体为门型布置，烟气在炉膛出口后经燃烬室、对流管束受热面、省煤器、软水加热器后由烟囱排入大气，整个水冷系统分为五个单独循环系统，炉膛选取了较高的炉膛容积热负荷，并在炉膛下部敷设了1.5m高的卫燃带，燃烧器选用环缝涡流式，共四个分别在两侧墙作左右对称布置。为降低排烟温度，在省煤器后部设置软水加热器，锅炉实测热效率达86.94%。

太原锅炉厂研制的DZL20-1.27-P组装水管锅炉通过省机械厅鉴定。该产品是在该厂DZL系列烟煤锅炉的基础上，为满足山西、陕西等其他贫煤产区的需求而开发的，锅炉采用A型布置，结构紧凑，可以节省锅炉房基建及安装费用，且具有节约能源、烟尘排放量低等特点，锅炉出力20吨/时，锅炉热效率78.2%，烟尘初始排放浓度2178毫克/标立米，烟尘排放浓度144.2毫克/标立米，林格曼黑度为1级。

山西省平遥县岳壁机械厂铸铁热水锅炉有三个产品通过鉴定。该系列铸铁锅炉有烟气流程上下三回程、采用水平往复炉排等特点。青岛铸铁锅炉厂有产热量最大到0.4、0.7兆瓦的系列热水锅炉，这些产品都已通过有关部门鉴定，这些产品的热效率高于部颁标准。哈尔滨铸铁锅炉厂由于哈尔滨低压锅炉厂的并入，工厂的固定资产、装备、技术力量都得到加强。经哈尔滨市机电冶金局批准组建哈尔滨铸铁锅炉研究所，为发展铸铁锅炉服务。

南通锅炉厂开发的偏锅筒水火管锅炉通过省级

鉴定。该锅炉为单锅筒纵置式、三回程结构，锅筒偏于锅炉中心线左侧，锅筒底部不直接与炉膛高温火焰接触，炉膛两侧由膜式水冷壁组成，提高了锅炉运行的安全性和密封性，属国内首创。锅炉热效率为79.2%，烟尘排放浓度155毫克／标立米。

邯郸市锅炉厂、河北工学院开发的受热面积250平方米余热锅炉通过省级鉴定。该产品用于回收化肥厂造气炉上下行煤气废热，采用卧式水管结构，煤气横向冲刷交错排列的水管，传热效果好，该产品将产汽和预热水的二级余热回收装置构成一体，在严格安全水封管理的情况下，设备运行安全可靠，操作方便，煤气流速低，不易磨损、堵塞，延长了设备的使用寿命；阻力低，有利于提高造气炉的产气量，降低了化肥厂能耗。

工业锅炉所需的配套辅机近几年已有一批性能质量好的可靠性产品，例如陕西省轻工业机械厂用于工业锅炉炉排的谐波减速器，具有节电、节材、速比大、噪声低、可靠性高的特点。山东济宁水泵厂的立式不锈钢泵，江苏张家港工业给水泵厂的新型给水泵，是替代老式铸铁卧式水泵的产品，用户反映良好。双色水位计机电部定点生产厂有长春锅炉仪表厂、铁岭光学仪器厂、北京大兴工业公司等三家。南京841所等开发的锅炉水位微机监控仪，由光导纤维传递，微机监控水位。

行业管理　从1990年开始的行业“典型工艺规程”和“通用工艺守则”编制工作继续进行，先后在南昌、无锡、北京等召开了多次工作会议，于1991年9月份于无锡对38个工艺标准请专家进行终审，完成了行业内工艺标准的编制，对统一行业的工艺、提高工业锅炉的产品制造质量将发挥积极的作用。

在上海市召开了工业锅炉燃烧设备技术研讨会，对工业锅炉燃烧设备的历史进行回顾。燃烧设备是工业锅炉产品中最突出的薄弱环节之一，主要问题是制造精度差，可靠性差，影响产品的安全运行。今后燃烧设备在提高工业锅炉实际运行热效率、减少对环境污染以及提高可靠性方面有大量的工作要做。在设计方面对燃烧设备要不断改进和创新，对烟气中的硫化物和锅炉初始烟尘排放浓度进行有效控制，对燃烧设备的零部件提高系列化、标准化、通用化，采用切实有效措施改变燃烧设备中存在的各种问题。在制造方面提高加工精度，加强工艺装备，增加燃烧设备整体密封性。在管理方面重点解决燃烧设备的使用可靠性，制订和完善燃烧设备设计制造方面的有关标准，定点生产炉排及燃烧设备，保证燃烧设备的质量。

工业锅炉是我国的耗能大户，每年燃用原煤约3亿吨，由于煤的热能利用率低，成为国家节能的重点目标，工业锅炉排放大量烟尘，是环境保护的治理对象。我国工业锅炉的节能和环境保护不仅引起国家的重视，亦已引起国际上的关注，联合国全球环境保护基金会为此拨出专款进行一项关于中国工业锅炉的调查研究，探索提高工业锅炉运行效率约20%，每年节煤7000～10000万吨的可能性，以降低CO_2气体及污染物的排放。

广州锅炉厂与香港颖高发展有限公司合资成立“广州劲马锅炉实业有限公司”，外商以外汇现汇投入，广州锅炉厂以厂房、设备和技术资料软件评估作价投入，经营范围以B级以下锅炉和一、二类压力容器为主，产品70%在国内市场销售，30%外销。广州锅炉厂和外商的合资企业采取税后按投资比例分配利润。大连锅炉厂利用澳大利亚政府贷款，引进技术和关键工艺设备，于1991年基本上完成了硬件的引进有关事项。

质量及质量管理　在加强质量管理和监督的基础上，1991年工业锅炉行业质量和质量管理得到进一步加强。但工业锅炉产品存在的主要矛盾依然是产品质量不稳定、波动大、总体质量水平不高。工业锅炉主机绝大部分是机电部工业锅炉定点企业生产的，这些企业具有生产稳定合格品的技术条件，制造质量可以保证，一等品率可达60%～70%。而风机、水泵、水处理设备以及外协加工件质量不稳定，影响了整机质量。提高工业锅炉质量的重点之一是提高配套辅机、外协加工件的质量。

按机电部《机械产品质量等级评定暂行管理办法》的要求，在统一标准、统一办法的基础上组织评定了2672项一等品，锅炉行业有39项，梧州锅炉厂的SHF10－1.25－AⅡ沸腾炉、SZW4－1.25－AⅠ往复炉排锅炉和芜湖锅炉厂的SZL6－13－AⅡ组装水管锅炉、广州锅炉厂的WNS2－0.98－Y燃油锅炉等榜上有名。

在1991年国家劳动部以劳锅字〔1991〕8号文颁发了《热水锅炉安全技术监察规程》，以替代1983年原劳动人事部颁发的热水锅炉规程并进行了重大修改，主要有两点，之一是针对目前锅壳式卧式外燃锅炉比较普遍存在的管板裂纹或泄漏及锅壳鼓包等问题提出要求，锅炉制造厂在两年内要加以解决，并经过一定时间运行验证，如两年后仍然存在这些问题，这些锅炉就不得继续生产。其二是增加专门一章铸铁锅炉，对铸铁锅炉的设计制造、修理、运行作了明确规定，新规程对热水锅炉的发展将会起积极推动作用。

技术改造　1991年，“七五”计划有技术改造项目的企业除个别企业外，技术改造均已基本完成。上海四方、上海工业、江西、天山、唐山、芜湖、长春、太原、温州、天津、武昌、梧州、长沙等锅炉厂已竣工验收，并开始“八五”技术改造的项目立项、可行性研究报告等前期工作。其中江西、鞍山、梧州、衡阳、芜湖等锅炉厂已完成“八五”技术改造初步设计，天山、上海四方、上海工业、哈尔滨龙江、福州、邯郸、长沙、郑州等锅炉厂也完成了“八五”技改立项和可行性研究，并有梧州、鞍山、江西等锅炉厂开始实施“八五”计划。

销售　1991年工业锅炉销售情况有所好转，年初库存14000蒸吨，年末库存10000蒸吨，销售收入增加13%。

1991年工业锅炉出口共计760蒸吨，出口收入560万美元，出口产品中绝大部分是油炉，主要销往东南亚及香港等国家和地区。

〔撰稿人：机械电子工业部第二设计研究院 张素刚、黄学成 审稿人：机械电子工业部第一装备司 吴明时〕

附：余热锅炉

〔机械电子工业部〕

生产发展情况 1991年生产各种类型余势锅炉204台，计1809蒸吨，实现产值10900万元。这些余热锅炉全部投入运行，相当于年回收利用161万吨标准煤。与1990年相比（精确统计1990年共生产余热锅炉74台，计663.4蒸吨，产值为3330万元），生产的余热锅炉数量上升175.6%，容量上升172.7%，产值上升227.3%。生产的余热锅炉主要用于冶金、石油、化工和轻工等部门的工业炉窑余热回收。例如黑色冶金系统的转炉、平炉、干熄焦、硅铁炉等余热锅炉；用于化工系统的硫铁矿制酸、低热值尾气、小化肥造气等余热锅炉；用于轻工造纸行业的黑液碱回收余热锅炉等(详见表2)。其中较大型的干熄焦和硅铁炉余热锅炉均是我国首台设计制造，大型黑液碱回收余热锅炉进一步推广使用以及小化肥造气余热锅炉受到全国广泛应用，这些都表明了我国的余热能源回收利用水平有了迅速的提高。

1991年余热锅炉主要生产企业情况见表3。

表2 1991年与1990年余热锅炉生产情况对比表

余热锅炉类别	1990年		1991年		主要生产厂家
	台数	蒸吨	台数	蒸吨	
轧钢加热炉余热锅炉	4	24	7	63	杭州锅炉厂、本溪锅炉厂
氧气转炉余热锅炉	13	80	9	92	沙洲船用锅炉厂、本溪锅炉厂、太原锅炉厂、上海沪江机械厂
炼钢平炉余热锅炉	2	70	1	16	杭州锅炉厂、湘潭锅炉厂
硅铁电炉余热锅炉			1	4	长沙锅炉厂
低热值尾气余热锅炉	8	160	16	248	杭州锅炉厂、沙洲船用锅炉厂、梧州锅炉厂、鞍山锅炉厂
硫铁矿制酸余热锅炉	10	50	22	138	杭州锅炉厂、沙洲船用锅炉厂、东方锅炉厂、南京锅炉厂、鞍山锅炉厂
玻璃窑余热锅炉			3	15	杭州锅炉厂
干熄焦余热锅炉			2	76	杭州锅炉厂
有色冶金余热锅炉	2	10.6	3	23	杭州锅炉厂、柳州锅炉厂、鞍山锅炉厂
造纸黑液碱回收余热锅炉	7	59.5	19	300	武汉锅炉厂、自贡市轻工机械厂
炼油余热锅炉	2	88	2	12	哈尔滨锅炉厂
小化肥造气余热锅炉	22	102	93	478	杭州锅炉厂、上海四方锅炉厂、盐城锅炉厂、邯郸锅炉厂
水泥窑余热锅炉	1	6.5	3	36	鞍山锅炉厂、哈尔滨锅炉厂、齐齐哈尔锅炉厂
燃气轮机余热锅炉			3	174	哈尔滨锅炉厂
其它余热锅炉	3	12.8	20	134	沙洲船用锅炉厂等余热锅炉制造厂
总产量	74	663.4	204	1809	

杭州锅炉厂在1991年生产余热锅炉59台，计422蒸吨．在数量、蒸吨数和类型均列全国首位。该厂为上海宝钢二期工程配套的4台干熄焦余热锅炉已经正常运行，仅此一项就能节省外汇1200万美元，为我国推广采用干法熄焦工艺能配套国产余热锅炉树立典型。杭州锅炉厂设计制造的用于小化肥造气自供蒸汽L型系列水管式余热锅炉以及硫铁矿制酸余热锅炉、低热值尾气余热锅炉、炼钢平炉余热锅炉和有色冶金余热锅炉等，在相关的行业中广泛应用。武汉锅炉厂生产的大型造纸黑液碱回收余热锅炉，是专利产品，独占全国大型造纸行业市场。在1991年该厂共生产大型造纸黑液碱回收余热锅炉16台、共计282蒸吨，产值达4436万元，成为我国余热锅炉年产值最高的生产厂。最近几年江苏省沙洲船用锅炉厂余热锅炉生产发展很快，生产数量和产值已居于余热锅炉行业前列，在1990年生产20台、140蒸吨，1991年生产30台、282蒸吨、预计1992年可达40台左右、400

蒸吨。生产品种有硫铁矿制酸、催化裂化、烟道式等余热锅炉。东方锅炉厂生产的硫铁矿制酸余热锅炉、自贡市轻工机械厂生产的小型造纸黑液碱回收余热锅炉和哈尔滨锅炉厂制造的燃气轮机余热锅炉也受到有关行业的重视。

新技术与科研成果 1991年杭州锅炉厂对干熄焦余热锅炉和硫铁矿制酸余热锅炉的对流受热面管子，采用镍基金属热喷涂工艺，使管子增强耐磨和耐腐蚀性能，延长锅炉使用寿命，提高锅炉运行可靠性，取得明显效果。该厂为满足燃气轮机余热锅炉生产需要，自行研制高频焊螺旋鳍片管工艺生产线，可以制造左旋或右旋的螺旋鳍片管。长沙锅炉厂研制的硅铁炉余热锅炉，采用了先进的机械传送钢珠清灰装置，解决了对流受热面管子横向布置清灰问题。东方锅炉厂吸收国外技术，自行开发小半径挤压机，已成功地生产了弯曲半径为0.9倍管子直径的弯头，为余热锅炉受热面管子制造提供良好的工艺装备。

表3 1991年余热锅炉主要制造厂生产情况

余热锅炉制造厂	产量		产值
	台数	蒸吨	(万元)
杭州锅炉厂	59	422	2158
鞍山锅炉厂	9	104	411
武汉锅炉厂	16	282	4436
哈尔滨锅炉厂	5	186	374
东方锅炉厂	6	47	471
自贡市轻工机械厂	3	18	420
上海四方锅炉厂	23	142	571
邯郸锅炉厂	16	65	231
盐城市锅炉厂	13	68	206
沙洲船用锅炉厂	30	282	1200

表4 颁布实施的余热锅炉标准

标准编号	名称
GB10864.1—89	余热锅炉参数系列，玻璃熔窑余热锅炉
GB10864.2—89	余热锅炉参数系列，硫铁矿制酸余热锅炉
GB10864.3—89	余热锅炉参数系列，富氧炼钢平炉余热锅炉
GB1083—89	烟道式余热锅炉热工试验方法
ZBJ98017—89	烟道式余热锅炉产品型号编制方法
JB／T5341—91	烟道式余热锅炉技术条件及其主要内容
JB／DQ1575—90	烟道式余热锅炉产品质量分等

杭州余热锅炉研究所负责编制的GB10863—89《烟道式余热锅炉热工试验方法》获得机电部科技进步奖。

行业管理 1991年杭州余热锅炉研究所对已颁布实施的余热锅炉有关标准（见表4），向部分余热锅炉制造厂进行宣讲和贯彻实施。该所组织举办全国第一期“硫铁矿制酸余热锅炉技术培训班”，为来自全国各地硫酸制造厂的技术管理人员讲解硫铁矿制酸余热锅炉的设计、制造、安装、运行、维护和管理等方面的技术要求，并进行技术交流。通过培训学习，进一步提高了用户对硫铁矿制酸余热锅炉的操作运行和维修管理水平。

技术改造及技术引进 1991年余热锅炉制造厂共完成技术改造投资6704万元。其中杭州锅炉厂直线加速器技术改造项目竣工，配置我国自行研制的第一台4MeV直线加速器投入使用，可以对厚度为200毫米的钢板进行射线探伤，提高了检测技术性能。该厂还新建大型喷丸室，解决了大型钢结构件表面预处理能力，以及新建高频焊螺旋鳍片管工艺生产线，可以进行左旋或右旋鳍片管绕制。

销售 1991年销售余热锅炉204台，计1809蒸吨，实现产值10900万元。

武汉锅炉厂于1991年5月出口印尼一台90吨／时燃油锅炉后，不久又签订了向印尼出口一台1000吨固形碱回收锅炉成套设备供货合同。

〔撰稿人：杭州余热锅炉研究所　金永高　审稿人：杭州余热锅炉研究所　汤厥松　机械电子工业部第一装备司　吴明时〕

工业燃气轮机

〔机械电子工业部〕

生产发展情况 国产首台PG6531型3.6万kW燃气轮机发电机组于1991年2月13日在深圳市南山热电有限公司一次发电并网成功，发电功率达到额定功率3.6万kW。该机组的制造成功并投入使用是中、美、英三国高技术合作的成果，它具有80年代国际先进水平。使用该机组可以建成快装式电站，与同等功率的火电厂相比，具有占地面积小、效率高和建设周期短（约为火电厂的1／3）等优点，是目前国内较为理想的热能电力转换装置之一。应制造厂——南京汽轮电机厂的请求，南京市政府在深圳主持召开了大型的新闻发布会，进行了广泛宣传并听取用户对燃气轮机发电机组需求方面的意见。

1991年南京汽轮电机厂生产的第二台

PG6531B 型和第三台 PG6541 型 3.6 万 kW 燃气轮机发电机组，已相继和用户签订了供货合同，预计 1992 年上半年将陆续交付使用。

另外南京汽轮电机厂根据国内和国际市场的预测和参加国际市场投标的需要，决定对第四台和第五台 PG6541 型 3.6 万 kW 燃气轮机发电机组的部分通用部套和底盘进行预投生产，以便为扩大燃机生产赢得时间。为进一步拓宽燃气轮机市场，该厂正加速 5000 系列燃气轮机的生产技术准备工作，预计 1992 年 6 月可完成。

哈尔滨汽轮机厂自 1989 年开始，利用燃气轮机的轴流式压气机部件的设计制造技术，成功地设计制造了一系列轴流式风机，其中 1989 年生产的用于高炉鼓风的两套 A16 型固定式轴流风机，至今已运行近三年，1991 年经上海火电质量检测中心检测，其设计点的等熵效率为 87.5%以上，而机组振动值在 0.02mm 以下，即将进行技术鉴定。该厂 1991 年为催化裂化能量回收装置生产的 A17 型轴流风机已完成厂内调试；A20 型轴流风机已投入生产。为更新离心式风机而生产的 A19 型和 A19-1 型轴流风机已完成厂内试车。

北京燕山石化公司炼油厂的 RZL4.5-65 型燃气—蒸汽联合循环热电并供试验装置，继 1990 年完成了 8 小时大负荷水阻连续试验和 72 小时并网发电考核运行后，1991 年已转入 4 万小时正式试运行。

新技术与科研成果 中国科学院工程热物理所对燃气轮机总能系统进行了研究和开发工作，提出了新概念、新方法和新学说，使燃气轮机的应用发展已提高到总能系统的高度，即按能量品位的高低，进行梯级利用，在总体上安排好功、热（冷）与物料内能等各种能量之间的分配关系和转换利用，在系统的高度上，总体综合利用好各类能源，以取得更有利的总效果。这一理论研究具有重大意义和实用价值，在国内外产生了广泛的影响，具有显著的社会效益，获中国科学院 1991 年度自然科学一等奖。

该所自 1983 年起就对注蒸汽燃气轮机循环（程氏循环）进行了理论研究和全面的热力分析，并从 1985 年到 1990 年一直采用斯贝发动机燃烧室作为母型，进行注蒸汽燃烧室的试验研究，取得了许多有价值的成果，目前正在和航空航天工业部无锡 614 所合作，利用涡轴 5 发动机在大庆油田进行注蒸汽试验。

中国船舶工业总公司第 703 所于 1990 年承接了深圳南山热电有限公司的 PG5361 型燃气轮机发电机组的余热回收利用工程，这是我国首次自行设计改造的双工质平行—复合循环热机的工程应用，用该机组余热回收的蒸汽以供热为主，向燃气轮机回注作为调节热负荷手段，以提高电厂经济性和充分利用机组能力增加发电出力。根据计算分析：每台燃气轮机最大回注蒸汽量为 30t／h 时，功率增加不小于 20%，热耗降低不小于 6%。

由中国船舶工业总公司 703 所负责，在 725 所和航空航天工业部四三〇厂、四一〇厂等单位参加下，已完成对引进的斯贝 MK202 航空发动机舰用化改装工程中的关键项目：即将原机低压风扇改成自行设计的低压压气机。经全尺寸样机装舰试验，其性能均略超过设计指标，与英国船用斯贝发动机（SMIA）低压压气机相比，流量、压比（及平均级压比）、效率均有增加，其中效率约高于斯贝发动机（SMIA）2%，达到 80 年代国际同类机型的先进水平。

中国船舶工业总公司 703 所对变尾缘叶栅可用来防止压气机喘振，改善导叶进口气流工作条件，更好地适应在非设计工况下基元叶栅速度三角形的变化，对增大压气机稳定运行范围的新方法进行了试验研究，从对两个叶节组成的有缝隙和无缝隙的变尾缘叶栅以及三个叶节的变弯度叶栅的试验研究中，得出了这类叶栅自身特有的气流转折角和损失以及落后角的变化规律，为设计提供了依据，是目前国内外较完善的变尾缘平面叶栅资料。该所还对燃气轮机箱装体引射技术进行了全面系统的试验研究，即利用燃气轮机排气余速动能来实现箱体内冷却，而无需消耗额外能源，其结构简单可靠，已取代了原燃气轮机箱装体内采用鼓风排气和复杂的切换管路组成的冷却系统。

铁道科学院机车车辆所对机车用燃气轮机燃烧煤水浆的燃烧室进行了研究和论证，以一定规格的煤水浆，在燃烧室内稳定燃烧，其燃烧效率在所有工况下不低于 99%的情况下，向透平提供清洁的高温燃气为前提，其燃烧室的结构特点为：贫氧和富氧分段燃烧、先悬浮再旋风燃烧、先离心去灰再掺冷去灰，并安装有端面吹扫装置的内外剪切雾化式的空气喷嘴。这一论证结果为试验件的设计和制造提供了必要和足够的依据。

西安交通大学完成的“轴流式无叶喷嘴透平级”的研究成果获得了 1991 年 4 月在北京举行的第二届北京国际博览会金奖。另外还完成“高温氦气轮机复合循环方案的研究”，提出氦气轮机循环与氢氧燃烧的水蒸汽循环相结合，氦气轮机与低沸点工质（NH_3 或 $NH_3 \cdot H_2O$）循环相结合。编制了有关的计算软件，详细分析了循环各主要参数对复合循环性能的影响，近似优化了循环的匹配参数，并对复合循环的某些关键问题进行了分析和探讨。

质量及质量管理 1991 年机械电子工业部完成了《燃气轮机术语》国家标准报批稿和《燃气轮机质量控制规范》及《燃气轮机型号命名》两项行业标准报批稿。

〔撰稿人：南京燃气轮机研究所 刘家清 审稿人：南京燃气轮机研究所 冯明之 机械电子工业部第一装备司 高合川、强培生〕

〔航空航天工业部〕

生产发展情况 1991 年在生产第一线正常运行的轻型燃气轮机机组共 44 套，装机容量 13.8 万千瓦，全年累计运行时间约20万小时，总发电量4.1亿度，注水1119万方，供蒸汽41万吨。

中美合作研制开发的FT8燃气轮机在1991年较好地完成两项任务：成都发动机公司在形成年产10台份FT8燃气发生器能力基础上继续开展动力涡轮63项关键技术的研制攻关，同时完成近300万美元的创汇任务，西安发动机公司承担了FT8动力涡轮4个盘的试制攻关任务；深圳福田电站保质按期完成了第一期工程任务。深圳福田电站是航空航天工业部发动机总公司（由燃机中心具体承办）为打开FT8在国内市场而建立的示范项目，是由中外三家合资经营的电站，工程总投资2.2亿元（合2700万美元），装机容量为6.2万千瓦，预计年发电量3.6亿度。电站规划分三期建设，第一期工程是引进S&S公司成套LM2500燃气轮机热电联供机组，第二期工程是采用中美联合开发的FT8燃气轮机发电机组，第三期工程是应用国内南京汽轮机厂生产的两台6000千瓦汽轮机分别与上述两套燃气轮机发电机组匹配组成联合循环。1991年3月一期工程已正式并网发电，年发电量达7000多万度，可调度率在98%左右，二期工程将于1992年3月完成，三期工程预计将在1992年下半年完成。参加电站建设的各单位从立项、引进、筹资、建设到运行，发扬了艰苦奋斗、顽强拼搏的革命精神，在半年多时间里就先后完成二套机组的引进、一套机组的建设、投入运行、并网发电，以“深圳速度”保质保量完成了任务。1991年深圳福田电站得到深圳市政府的赞扬，并获得1991年深圳市先进企业称号。

湖南株洲南方动力机械公司采用WJ691A燃气轮机利用辽宁铁岭焦化厂的焦炉煤气作燃料（热值为16800千焦／标准立方米），通过攻克燃料气净化关键，于1991年建成了QDR-20燃气轮机热电联供机组并连续运行了953小时、发电163.2万度，供饱和蒸汽6670吨，创产值30多万元。该工程是燃气轮机首台用焦炉煤气作燃料的项目，填补了国内技术空白，为燃机推广使用开辟了新途径。

哈尔滨东安发动机公司研制成功输出转速为3000转／分的体内减速器，用来替换现有的先减速后增速的齿轮变速系统，以提高WJSG系列燃机的可靠性和效率，满足用户和市场的要求。

沈阳黎明燃气轮机工程成套公司和常州兰翔机械厂联合开发WZ6G燃气轮机发电机组，将用于大连炼油厂。此发电机组除发电外，余热部分可替代炼油流程中加热炉部分供热，为石油化工系统实现节能提供一个新的技术途径。

由无锡614所总成、无锡压缩机厂提供螺杆压缩机联合开发的以天然气为介质的增压装置在胜利油田QDR20燃气轮机热电联供机组上运行了7500小时，性能稳定，运行正常。该产品于1991年底通过了航空航天工业部的技术鉴定，可推广用于石油化工系统及化工系统中。

新技术与科研成果 1991年由航空航天部燃机中心、石油和石化工程研究会及大庆石油管理局联合发展的WJ5A1G2蒸汽回注燃气轮机工业试验电站工程被列为国家计委军转民技术开发项目。该试验工程建在大庆石油管理局让胡路电站，设计指标为：在标准大气条件下注入蒸汽后功率增加40%，热效率提高25%。1991年在614研究所、黎明成套工程公司、东安发动机制造公司及大庆石油管理局共同努力下完成了立项、分工、定点、工程设计及工程概算等工作。

在总结国产轻型燃气轮机成套机组运行中出现的故障的基础上开展了提高轻型燃机可靠性研究工作，同时建立了可靠性信息网及总站，搜集、总结机组情况，对运行中出现的问题提出解决措施以实现机组翻修寿命达8000小时的目标。根据上述目标制定出1991～1992年可靠性工作计划并确定以WJ69系列作为重点机种、开展提高可靠性工作。应用研究工作包括采用离子注入技术提高三大轴承寿命、南方公司采用小游隙轴承解决轻载打滑故障、黎明公司应用压气机叶片调频方法以排除叶片断裂故障、621研究所试制新配方的涂层攻克热端部件的低温腐蚀等。

为了进一步提高现有国产轻型燃机的经济性，614所经过充分调研、多方案比较后拟用WZ5燃气发生器开展回热循环研究试验。1991年完成了带回热器的燃机性能计算、燃机结构改动总图设计、排气蜗壳模型试验，同时选定了采用回热度为0.76～0.80的板翅式回热器的结构方案。

质量及质量管理 1991年在航空航天工业部轻型燃气轮机技术委员会领导组织下由北京航空航天大学完成了国标《轻型燃气轮机控制和保护》的报批稿，第四规划设计院完成了部标《轻型燃气轮机电气系统规范》讨论稿，614所完成了部标《轻型燃气轮机气体燃料使用规范》讨论稿，黎明公司完成了部标《轻型燃气轮机图样管理及编号制度》讨论稿，301所完成了部标《轻型燃气轮机标准体系表》报审稿。到1991年年底，航空航天工业部已编制轻型燃气轮机标准27项，其中国家标准14项，现已颁发7项；部标准9项，已颁发8项；正在审定待批的有4项。

技术改造及技术引进 成都发动机公司承担的中美合作研制的FT8动力涡轮试制生产线及黎明发动机制造公司发展的国内外燃气轮机的大修生产线在1991年都被正式列为国家计委批准的“八五”期间的技术改造项目。

南方动力机械公司生产并成套的QDR20热电联供机组向东南亚地区出口的工作在1991年取得可喜的进展。

〔撰稿人：航空航天工业部　李怀悌　审稿人：航空航天工业部　杨廉政〕

发 电 设 备

〔机械电子工业部〕

一、水 电 设 备

生产发展情况 1991年大型水电设备行业新产品多、合作产品多，采用了大量新结构、新工艺、新材料，加大了生产难度。但在当年“质量、品种、效益年”活动中，继续贯彻治理整顿、深化改革方针，狠抓产品质量、强化企业基础管理，深入发动职工挖掘企业内部潜力，克服了各种困难，生产水平基本与1990年持平。1991年大型水电设备产量为1270MW／25套，比1990年的1330MW／25套减少了60MW，1991年大型水电设备产值完成了33420.7万元，比1990年的24878.9万元增加了8541.8万元。详见表1。

1991年生产单机容量在10MW以上的大型水电设备制造厂家有哈尔滨电机厂、东方电机厂、福建水力发电设备厂、杭州发电设备厂、天津发电设备总厂、重庆水轮机厂、南宁发电设备总厂共7个厂家。其中作为我国大型水电设备行业中重点骨干企业之一的哈尔滨电机厂认真组织生产、奋力拼搏，克服了种种困难，完成了工业总产值3.35亿元，创造该厂历史最高水平。东方电机厂完成工业总产值26038万元，比上年增长3.2%。

表1 1991年行业主要企业水电设备产量产值

企业名称	产量(MW／套)		产值（万元）	
	1990年	1991年	1990年	1991年
哈尔滨电机厂	761／5	541／3	14270.0	11672.0
东方电机厂	424／8	480.5／5	7056.7	12931.0
福建水力发电设备厂		66／4		1045.2
杭州发电设备厂	40／4	62／4	508.0	888.8
天津发电设备总厂	30／3	57.5／5	914.2	4634.7
重庆水轮机厂	75／5	45／3	2130.0	1935.0
南宁发电设备总厂		18／1		314.0
合　　计	1330／25	1270／25	24878.9	33420.7

新技术与科研成果 1991年，哈尔滨电机厂为岩滩水电站制造的我国最大的混流式水轮机转轮，最大外径8.6m，高5.19m，重286t。其尺寸和重量在同类产品中列世界第三位。它的制造成功标志着我国水电设备制造技术又迈上了一个新台阶，同时也为今后三峡等水电站巨型水轮机的开发奠定了基础。天津发电设备总厂在170MW水轮机上首次应用了改进后的电磁设计。即将发电机转子磁极铁芯长度设计成比定子铁芯长度短120mm，磁极铁芯加上两端压板厚度的轴向长度与定子铁芯长度相等，使发电机获得较好的技术性能和经济效益。

哈尔滨电机厂研制的火焰加热器是加热水轮机主轴联轴螺钉专用工具，与过去应用的电加热器、液压拉伸器相比，结构简单，重量轻，操作方便，适用于各种直径螺钉，特别适用于大尺寸螺钉的预热，很有推广价值。东方电机厂的大型混流式水轮机分瓣结构转轮装焊机械加工新工艺，它是利用叶片样板划线、专用振动气割、等离子切割、碳弧气刨修整、最后铲磨出叶片出水边型线的工艺方法，可大大减少重型设备加工工时，缩短生产周期，降低电力消耗。这个厂为了解决发电机转子支架受运输条件限制的难题，成功地研制了发电机转子支架立筋平面工地加工装置，对工地组焊转子支架主立筋平面进行加工，消除了焊接变形，便于配刨副立筋。为了改变水轮机模型叶片型线手工铲磨加工方法，该厂引进一台M800C五坐标数控铣床，这对提高水轮机模型叶片的加工精度和加工效率都具有重要作用。重庆水轮机厂自制转盘、机械加工设备，解决了导叶室和内支承体的加工，提高了效率，保证了质量。

在采用新材料方面。重庆水轮机厂在长寿下清渊洞电站SF1000−10／1730发电机上使用的弹性金属塑料瓦，具有抗磨能力强、摩擦系数小、可在低速下运行、安装检修不刮瓦、承载能力强、检修周期短等优点。该厂为了保证灯泡机组长期安全运行，防止冷却套及泡体内壁结霜，在泡体内壁涂刷一层附着力极强的新型隔热材料。此材料在国内尚属首次应用，填补了国内空白。东方电机厂在漫湾250MW水轮发电机定、转子和重庆水轮机厂在安居电站15MW灯泡贯流式机组的定子上采用了F级绝缘，有力地提高了电机运行可靠性和使用寿命，这种F级绝缘材料尚属国内先进水平。

科研基地建设与试验手段方面。为了加强科研，促进产品上技术，上水平、上质量，提高产品竞争能力，有关厂家加快了科研设施与试验手段方面的建设。天津发电设备总厂1991年建成科学技术大楼。为了解决我国泥沙河流水轮机过流部件的泥沙磨损和汽蚀问题，哈尔滨大电机研究所在巴家嘴电站建立真机磨损试验基地。这个试验基地是继盐锅峡增压式磨蚀试验台之后，建立的又一个浑水工业试验基地。该所为了复验导叶摩擦装置的性能，对剪断销与摩擦装置联合受力情况进行了研究，研制成功了导水机构摩擦装置试验台，该试验台最大作用力矩900kN·m，采用精密压力表读数与计算机数据采集系统同时采集方式。重庆水轮机厂研制的智能型温度巡检仪投入使用。该检测仪测温范围为-50～150℃，测量精度0.5级，检查点数最大60点，报警方式有二道上限报警线，记录方式为通用80行打印机打印报表。它以单片机为控制核心，采用多点巡回检测方式，对水轮发电机组的各个测点进行自动检测和故障监视与报警。继东方电机厂1000吨推力轴承试验台投运后，哈尔滨大电机研究所的3000吨推力轴承试验台已进入最后调试阶段。该试验台是目前我国最大的推力轴承试验台，它的投入使用将为我国今后开发更大型的水电设备推力轴承运行可靠性研究创造良好的条件。为了提高试验结果的可靠性和便于模型装置安装，这个所对高水头试验台原有的静压轴承进行了技术改造，改造后的轴承可直接进行径向和轴向力的测量，提高了灵敏度，可保证水轮机模型试验的准确性与精度。

1991年大型水电设备行业科研项目较多，主要有：为了加速开发我国丰富的低水头水力资源，哈尔滨大电机研究所根据我国水电设备"八五"计划及十年规划设想开展了对大型贯流式水电机组关键技术的研究。东方电机厂的三峡及大型水电机组刚、强度计算及试验研究，三峡水轮发电机6000吨级推力轴承研究，热弹流压润滑理论研究，油路循环及冷却方式研究，新材料轴瓦研究，支撑结构研究，推力试验台完善，三峡巴氏合金轴瓦推力轴承总体方案研究。天津发电设备总厂的高性能贯流式水轮机模型转轮研究，大型灯泡机组结构刚度及强度研究，750吨级正、反向推力轴承研究，大电机定子铁芯涂漆粘接一体化新工艺研究，混流式蓄能机组过渡过程的研究等。以上这些研究工作将为我国水电产品赶超世界先进水平奠定牢固的基础。

1991年哈尔滨电机厂的鲁布革电站水轮机转轮焊接工艺、大型水轮机叶片系列几何造型及多轴数控加工图象编程软件系统、大型水轮发电机定子线棒新型换位技术研究、150m水头段水轮机转轮研究、大型水轮发电机结构优化设计程序系统研究，东方电机厂的调质高强度钢板在龙羊峡320MW水轮机蜗壳上的应用等6项获机械电子工业部科技进步二等奖。哈尔滨电机厂的模型转轮数控加工图象编程系统研究获机械电子工业部科技进步三等奖。

新产品 1991年大型水电设备行业生产的新产品有：哈尔滨电机厂的HLA286a-LJ-800，SF302.5-80/1700岩滩水轮发电机组；东方电机厂的150MW铜街子水轮发电机组；重庆水轮机厂为四川铜梁县安居水电站制造的15MW、型号GZ990-WP-550灯泡贯流式水轮机，它是我国目前单机容量最大机组，它采用了事故时借助水力矩和重锤自动关闭导叶，管形座与球面支撑杆支撑方式，密闭强迫循环通风系统等新结构。广西桂林天湖水电站15MW冲击式水电机组，水头1022.4m，型号CJ20-L-170×2×9.2，出力15MW，该机组是我国水头最高的立轴双喷嘴机组，转轮为不锈钢整铸，进水管路、发电机转子、定子圈式高压线圈等采用了一些新技术、新工艺和新结构。杭州发电设备厂出口瑞典的ZZ560A-LH-200配YFL630-6/850水轮发电机组，水轮机主轴通过齿轮联接传动发电机，改变了水轮机与发电机直接的传动方式，从而达到增速，缩小机组体积，降低了成本，该机组是目前我国转轮直径最小的轴流转桨式机组，填补了国内空白。还有天津发电设备总厂的东风170MW混流式机组，灯泡贯流式15MW水轮发电机组。

产品鉴定情况。1991年天津发电设备总厂15MW贯流式水轮发电机组和170MW东风混流式水轮发电机组经国家和部级鉴定。15MW贯流水电机组，水轮机型号GZTF07-WP-550，水轮机转轮直径5.5m，最高水头11m，最小水头7.4m，额定出力15540kW，额定流量237.35m^3/s，额定转速90.9r/min，水轮机最高效率93.8%；水轮发电机型号SFWG15-66/540，额定功率16304kVA/15000kW，额定电压6300V，额定电流1494A。170MW东风混流式水电机组，水轮机型号HLFT12-LJ-410，水轮机最大水头132m，最小水头95m，额定水头117m，额定出力172.94MW，额定流量160.5 m^3/s，额定转速187.5 r/min；水轮发电机型号SF170-32/8940，额定功率200MVA/170MW，额定电压13.8kV，额定电流8367A。哈尔滨电机厂天生桥水轮机转轮叶片热弯成型技术通过机械电子工业部鉴定。这个厂的卡拉乔仑电站水轮机模型通过土耳其卡佩斯公司的验收。这对该厂水电产品打入土耳其和欧洲市场将会起到重要作用。

行业管理 1991年大型水电设备行业在深化改革、转换企业经营机制的同时，坚持从严治厂，强化基础管理，开展了不同形式的改革试点，进一步完善经营承包制，企业管理水平有了进一步提高。东方电机厂进一步完善了工厂工艺体制，实行了产品工艺集中管理和部分专业工艺一级管理。为了提高产品质量，成立了质量监督科，认真贯彻GB/T10300《质量管理和质量保证》国家系列标准，加强质量工序控制，使得产品质量稳步提高。

1991年在企业升级创奖活动中，哈尔滨电机厂被评为国家一级企业、国家档案管理一级企业、国家能源管理先进企业、国家计量、管理先进单位，此外哈尔滨电机厂还获机械电子工业部工艺管理先进企业称号。杭州发电设备厂获国家一级企业档案管理合格证。

东方电机厂获四川省"一、二类压力容器"生产许可证，有效期四年。

质量及质量管理 哈尔滨电机厂以晋升国家质量管理奖企业和产品创优为工作重点，落实各项质量职能，产品质量不断提高，出厂产品全部达到一等品标准。重庆水轮机厂电机一等品率由1990年的28.9%提高到1991年的54.35%。杭州发电设备厂在机械电子工业部中小型水力发电设备产品质量监督中心组织的全国励磁行业首次质量检查中，该厂得 90.11 分，产品被评为一等品。

杭州发电设备厂的 5FW（7FW）1430 机座号水轮机、转轮直径 71cm 以下混流式水轮机及 YT300、600、1000 机械液压调速器取得了机械电子工业部机电产品质量许可证。东方电机厂获四川省商检局颁发的出口商品包装质量许可证。

在标准化工作方面，1991 年大型水电设备行业在贯彻执行国际标准、国家标准、专业（部）标准基础上，企业主导产品全部采用国际标准或国际先进国家标准或有关电机制造公司标准生产，机电产品质量得以稳步提高。

从提高国际标准对我国电工标准覆盖率出发，哈尔滨大电机研究所制定了我国“电工标准体系表”中的大电机水轮机行业新的标准体系表，该体系表是今后十年电工标准制修订工作的依据。

1991 年哈尔滨电机厂以“标准化法”为依据，结合本厂科研、设计和生产，建立了一整套以国家标准为主体，行业标准、地方和企业标准与之相配套的标准化体系。现有馆藏标准 15855 个，其中国际标准 778 个，国外先进国家标准 1132 个，国家标准 6543 个，行业标准 2666 个，企业标准 331 个，产品标准覆盖率达到 100%，1991 年这个厂被评为国家标准化一级企业。

技术改造及技术引进 1991 年大型水电设备行业厂家的技术改造主要立足于适应科研，品种发展和生产，以及适应于国内外市场需求。全年行业固定资产投资为 6230.7 万元，其中基本建设投资为 1550.2 万元，技术更新改造投资为 4680.5 万元。为了解决岩滩、大三峡等大型水电设备大件的制造与运输问题，哈尔滨电机厂与渤海造船厂合资联营的东北滨海水电大件加工厂现已正式投入生产。它除了为大型水电机组配套服务外，还可承接核电、电站、冶金、化工等行业的大型金属结构件的焊接与加工任务。杭州发电设备厂新建了大件加工装配车间，厂房面积 2900m^2，宽 30m，轨高 19.8m，双层行车。东方电机厂完成了对水力试验室的技术改造。

哈尔滨电机厂滨海大件厂的 ϕ12.5m×7m 钟罩式退火炉投入使用。该炉提升高度 7m，有效长度 6.5m，有效直径 12.5m，最大承重 600 吨，被国务院重大装备办公室列为国家重大设备，是我国制造大型水电机组的关键设备之一。杭州发电设备厂配置了 100／120t 桥式起重机，从捷克引进的加工最大直径为 10m 的单柱移动式立车（SKJ50×100B）和从捷克引进的直径 200mm 数显镗铣床（W200HC）的投入使用，大大地提高了这个厂的加工能力。天津发电设备总厂从法国奈尔皮克公司引进的转轮软件技术正在消化吸收，并应用于东风 170MW 水轮机设计之中。

技贸结合方面。1991 年大型水电设备行业厂家在积极参与国际竞争、拓展成套水电机组出口的同时，又以技术和劳务相结合的方式承接国外大中型发电设备的修理和技术改造，为我国发电设备出口创汇又开辟出了一条新路。东方电机厂同巴基斯坦签订了修理改造曼格拉电站 100MW 水轮发电机定子线圈、转子磁极线圈合同。哈尔滨电机厂在五强溪水电站 3 台水电机组国际投标中，水轮机由哈尔滨电机厂与原联邦德国伏依特公司联合中标，发电机由哈尔滨电机厂中标。杭州发电设备厂与日本三菱电机公司合作生产一只外形尺寸为 1325mm×12950mm 的水轮发电机机座，和日本富士电机公司合作生产“A”、“E”工程水轮发电机机座、上机架、下机架各两件。

表 2 1991 年水电设备行业国内外销售收入

企业名称	国内销售收入（万元）		国外销售收入（万美元）	
	1990 年	1991 年	1990 年	1991 年
东方电机厂	6380.5	7253.0		
天津发电设备总厂	914.2	5639.0		
杭州发电设备厂	505.0	4447.8		
重庆水轮机厂	1605.0	1935.0		
哈尔滨电机厂	4443.0	1802.0	952.7	1575.0
福建水力发电设备厂		1031.6		
南宁发电设备总厂				64.2
合计	13847.7	22108.4	952.7	1639.2

销售 1991 年大型水电设备行业厂家依靠科技进步，努力调整产品结构，在开拓国内市场的同时，积极开拓国际市场，提高了出口创汇能力。1991 年行业产品国内销售收入 22108.41 万元，比上年的 13847.7 万元多收入了 8260.71 万元，其中配套励磁设备 66.8 万元，配套冷却设备 18.8 万元，配套调速器与配套油压设备 55 万元。国外销售收入 1639.23 万美元，比上年的 952.7 万美元多收入了 686.53 万美元，产品销售于委内瑞拉及美国等地。详见表 2。

〔撰稿人：哈尔滨大电机研究所　崔恩林　审稿人：哈尔滨大电机研究所　刘光宇、赵喆　机械电子工业部第一装备司　高合川〕

二、火电设备

生产发展情况 1991 年全国共生产单机 1.2 万千瓦及以上火力发电设备 116 台／810.56 万千瓦，比 1990 年增长 3.9%。其中 10 万千瓦及以上大型火电机组完成 30 台／576 万千瓦，约占生产量的 64%。1991 年全国发电量完成 6700 亿千瓦时，比上一年增长 9%。新增大中型发电装机 89 台，超过 1029.57 万千瓦。全国装机容量已由 1990 年末的 13789 万千瓦增加到 14889 万千瓦（其中水电 3716.95 万千瓦，火电 11091.12 万千瓦）。在新增大中型发电装机组中，30 万千瓦以上机组 14 台 470 万千瓦。20 和 21 万千瓦机组 14 台 283 万千瓦，20 万千瓦及以上机组占新增大中型发电机组的 73.1%。

我国电工行业有210个企业引进国外先进技术，已可按国际先进标准生产230种主机和辅机产品,其中引进型30万、60万千瓦机组三大主机,国产化率均在85%以上。火电设备行业经过“六五”与“七五”计划的建设和技术改造,形成了布局合理、结构稳定、体系清晰、各具特色的产业格局。到目前为止,哈尔滨,上海已有按引进技术生产的30万、60万千瓦机组。东方电站成套设备公司吸收国外技术特色,开发了国产型的30万千瓦机组,并开始引进日本日立公司60万千瓦机组的技术。此外,北京、武汉也都以合资合作生产等方式吸收先进技术,形成了生产20万千瓦以上机组的能力。

哈尔滨电站设备成套（集团）公司的引进型30万、60万千瓦机组已达到美国燃烧工程公司和西屋公司产品水平，已形成规划设计的批量生产能力，并有了引进优化型产品。这标志着我国大容量火电设备的设计和制造已达到世界先进国家80年代的水平。

新技术与科研成果 吴泾电厂一号30万千瓦机组是国际招标中第一个中标交钥匙工程，于1991年并网发电，国产化率达75%。石横电厂两套30万千瓦引进型火电成套设备于1991年12月通过国家验收，上海发电设备制造基地生产的机、电、炉及主要辅机设备也通过了验收，验收表明：这两套设备技术先进，性能良好,自动化水平高,可控性好,具有较好的调峰性能和经济性,达到80年代国际水平。第一套引进国外的60万千瓦超临界发电机组于1991年在上海石洞口第二电厂点火成功,为总容量为120万千瓦的石洞口第二电厂的并网发电创造了条件。国产引进型60万千瓦考核机组在平圩电厂经过一年多的成功运行,于1991年底在平圩电厂并网发电,国产化率从第一套的30%提高到70%,主要经济指标和性能优于美国的原设计值。1991年荣获国家重大技术装备特等奖。上海电站辅机厂按引进技术生产的国产60万千瓦亚临界火电机组高压加热器于1991年10月通过机电部和能源部的鉴定。此外,由该厂设计制造的两套60万千瓦超临界机组主要辅机设备,于1991年在上海石洞口第二电厂投入试运行。

汽轮机大叶片国产化取得重大进展。继叶片长665、700、710、800、869、900毫米精锻长叶片实现国产化和批量供货后，无锡叶片厂与各有关单位互相协作，于1991年又试制出905和1000毫米的长叶片。

由东方电机厂试制的第二代首台30万千瓦汽轮发电机（QFSN-300-2-20型）于1991年5月在华鲁电厂并网发电。

第二重型机器厂首创的汽轮机叶轮模锻化新工艺及其系统产品已形成批量生产能力。与传统自由锻工艺相比,生产率提高一倍,可节约优质合金钢50%。

获1991年机械电子工业部科技进步一等奖的项目有：上海发电设备成套设计研究所的锅炉一次气温、二次气温计算方法及调温方式的研究，机电部第二设计研究院和哈尔滨锅炉厂的哈尔滨锅炉厂“七五”发电设备制造基建改造项目。获得科技进步二等奖的项目有：哈尔滨大电机研究所的汽轮发电机负载承载能力的研究，上海发电设备成套设计研究所的汽轮发电机组电气一机械藕合扭转振动研究，东方锅炉厂的DG670／140-11型中间再热自然循环液态排渣锅炉。

新产品 1991年火电设备行业具有代表性的新产品是75吨／时循环流化床锅炉。该锅炉由四川锅炉厂制造，于1991年10月在辽宁省鞍山市第二热电厂点火试运行。该锅炉采用了清华大学专利技术，其特点是适于燃烧不同质量的原煤，在低压状态下能保持正常运行，并减少空气污染。具有代表性的新产品还有DG670／140-11型液态排渣锅炉。该产品由东方锅炉厂制造，这是国内最大容量的液态排渣锅炉。经鉴定，该锅炉属国内领先水平。该炉容量670吨／时，蒸汽压力13.7MPa，蒸汽温度540℃／540℃，给水温度240℃，排烟温度138℃，锅炉热效率89.84%。液态排渣临界负荷70%MCR（最大连续功率）。首二台锅炉已装于四川白马电厂，运行良好。

行业管理 东方电机厂荣获1991年机械电子工业节约能源样板企业称号。

质量及质量管理 1991年火电设备制造行业在贯彻执行GB／T10300管理标准中做了大量工作,获得一定成效。1991年火电设备产品质量监督中心完成了电站行业各厂创部优、国优以及部、国优产品的检测工作,并根据机电部重点产品抽查计划,对东方锅炉厂等4个企业进行了行业突击性抽查工作和1991年部质量大检查,抽查结果令人满意。

东方集团公司生产的30万千瓦汽轮发电机荣获1991年国家优质产品金奖。获部优质产品称号的产品有：东方汽轮机厂的30万千瓦大型汽轮机转子。

技术改造及技术引进 大中型火力发电设备行业通过引进技术和技术改造,生产能力已达到年产860万千瓦,已有一批产品如30万、60万千瓦机组水平达到了80年代国际先进水平，并具有批量生产能力。到1991年，哈尔滨、上海、东方三个大型骨干基地的“七五”基建、技改项目相继完工,并通过了国家验收。经过技术改造,东方电机厂建成起重等级为400吨的重型装配跨、100吨露天跨、动平衡超速试验室、250吨桥吊和引进德国VPI整浸设备。东方汽轮机厂新建了250吨重型装配车间、高速动平衡试验系统及进口高速动平衡主件、全套测试系统、数据采集,以及装备了德国与齐齐哈尔机床厂合作生产的数控转子车床。东方锅炉厂建成蛇形管车间和接长集箱车间,引进日本三菱公司膜式壁加扁钢12头MPM气体保护焊装置,扩建了部分原材料库及动力配套设备,进一步完善了检测手段。通过对上海发电设备行业的技术改造,新建了一大批重型厂房和设施,现已建成的有上海电机厂线圈车间和剪冲车间、上海汽轮机厂的重型冷作车间、上海锅炉厂的膜式水冷壁车间、上海电站辅机厂的重型总装车间和重型金加工车间等。哈尔滨电站公司围绕着形成批量生产60万千瓦机组能力进行了技术改造。哈尔滨电机厂补充了数控转子槽铣床、500吨全自动冲床等设备,扩建了起重250吨的焊接车间;哈尔滨汽轮机厂添置了一批大型关键设备,如数控轮槽铣、数控落地镗床、数控龙门铣床、数控转子车床、数控围带车床等;哈尔滨锅炉厂增添了8000吨油压机、MPM管屏生产线、系统弯管机等具有现代水平的关键设备。

1991年,哈尔滨、上海等发电设备制造厂继续提高30万千瓦、60万千瓦引进型机组的国产化程度。由哈尔滨"三大动力"厂引进的60万千瓦火电机组国产化率逐台提高,已从第一台的64%提高到第三台的84.8%,预计正在为哈尔滨第三电厂制造的机组将达到88.9%,到"八五"期末将超过90%。

在技术引进方面,东方公司和日本日立公司签订了合同合作生产合作制造60万千瓦机组。东方公司引进日立的60万千瓦汽轮机和发电机的全套制造图纸、设计资料和有关计算机软件,以及双背压冷凝器和辅助系统的设计。

北京重型电机厂与法国阿尔斯通公司合作生产的第二台33万千瓦汽轮发电机组已于1991年3月全部交货,并已在电厂安装并投运。

1991年火电设备行业的外贸取得较大进展。哈尔滨汽轮机厂开发设计制造的两台4.7万千瓦双循环式汽轮机组于1991年在巴基斯坦中标。巴基斯坦姆扎发戈电站两套21万千瓦火力发电机组合同于1991年9月签订。贾姆肖罗电站三台机组已全部移交。东方锅炉厂于1991年7月荣获1990年度出口创汇先进企业称号。

〔撰稿人:上海发电设备成套设计研究所 王玉香 审稿人:机械电子工业部第一装备公司 吴明时、强培生〕

三、风力发电设备

生产发展情况 1991年机械电子工业部计划生产风力发电机组2万台,实际完成6000台(其中150W、200W、300W风力发电机组共1068台,其余是100W机组),为计划的29%,比1990年减少了1000台。其原因,一是风力发电设备行业受市场疲软影响,二是风力发电机组配套蓄电池价格上涨幅度大,对风力发电机组的用户影响较大,一台100W风机配两块蓄电池,其成本占总投资的三分之一,而蓄电池的使用寿命很短,一般1~2年就要更换,农牧民每年要拿出500~600元来更换蓄电池和支付维修费用,在经济上承受不了,因此严重地影响了企业生产和农牧民购买的积极性。

在风力发电机组市场疲软的情况下,风力机械行业的重点厂,如内蒙古商都牧机厂,及时地制订了"以风机为主、主副兼营、以副保主"的生产经营方针,积极开发农牧机械的其它产品,做到以副养主,扩大服务领域,使企业形成了以风力发电为主,兼有风力提水、牧业机械和农业机械产品4大系列23个品种的生产能力。1991年该厂完成工业总产值351.07万元,比上年增长53.9%,生产出100W、200W、300W、750W风力发电机组分别为2376台、220台、291台、222台,共3089台占全国风力发电机组总产量的50%。另外还生产了风力提水机、播种机、节能轮、青干草饲料机、颗粒压粒机等共716台。完成销售收入277.7万元,比上年增长12.5%,实现利润30.3万元,比上年增长56.1%,缴纳税金12.7万元,全员劳动生产率达到10701万元,比上年增长53.9%。

新技术与科研成果 1991年国家"七五"重点科技攻关课题"风能开发利用"及其8个专题均通过了国家计委、农业部和机械电子工业部组织的验收,另有14个子专题通过了鉴定。这些成果均为国内先进水平。在"七五""风能开发利用"攻关成果中,由呼和浩特畜牧机械研究所和商都牧机厂承担研制的FD2.1-200型200W风力发电机组获得国家计委、国家科委和财政部颁发的"七五"重点科技成果奖。由呼和浩特畜牧机械研究所承担的"小型风力机叶片动态特性及减振技术的研究"和"风力机动态测试方法的研究"两个子专题获得机械电子工业部1991年度科技进步三等奖。由山东工业大学、青岛大华机器厂、保定螺旋桨制造厂和山东省能源研究所承担研制的FD15-55/11型风力发电机组,安装在山东省长岛县从1990年10月开始并网运行,到1991年5月两台机组均完成了2000小时的运行考核,发电8万多千瓦,5月通过了由农业部和机械电子工业部组织的鉴定验收。

质量及质量管理 风力机械制造企业,在努力开拓市场、不断开发新产品、适时调整产品结构的同时,认真提高产品质量。如:内蒙古动力机厂厂长挂帅,狠抓产品质量,召开质量专题会议,落实责任制,层层把关确保出厂产品达到技术要求和标准,并加强售后服务工作,受到了用户的好评。内蒙古商都牧机厂积极深化企业内部改革,不断推行全面质量管理,实行质量目标责任制,使产品质量稳步提高。FD2-100型风力发电机组通过了机械电子工业部的可靠性考核,并获得了机械电子工业部和农业部优质产品称号。

技术引进 由内蒙古动力机厂和哈尔滨拖拉机配件厂引进法国埃尔瓦特(AEROWATT)公司的5kW风力发电机组制造技术,1990年通过鉴定验收后,1991年其零部件全部实现了国产化,并生产了17台,安装于解放军海岛部队及农牧区,并有4台出口到印度尼西亚,受到了用户的欢迎。内蒙古商都牧机厂与瑞典斯维阿勃(SVIAB)公司以补偿贸易方式合作生产的WG-240型风力发电机组,也已全部国产化,1991年补偿出口了222台,按合同要求全部补偿完毕。

销售 在国内风力发电机组市场不景气情况

下，生产企业和经营部门除继续开拓国内市场外，还积极开拓国际市场。如：印度尼西亚有千岛之国之称，那里风资源很丰富，并均是缺电海岛。中国农牧业机械总公司组织有关企业积极在该地区宣传和推广风力发电机，1991年销售约100台，此外小型风力发电机组还出口到日本、马来西亚、泰国、法国和美国等地。

〔撰稿人：中国农牧业机械总公司　祁和生　审稿人：中国农牧业机械总公司　李德孚〕

〔水利部〕

生产发展情况　水利部机电企业近200家，其中中小型水电生产设备制造厂有5个；富春江水工机械厂、湖北白莲发电设备制造厂、广西玉林水电设备厂、河南西峡水电设备厂、河南潢川水轮机厂。主要产品有：(1) 轴流式水轮机及配套水轮发电机；(2) 混流式系列水轮机及配套水轮发电机；(3) 贯流式水轮发电机组；(4) 冲击式水轮机及配套水轮发电机。水利部小水电生产企业可生产20多个品种、5～75000千瓦的水力发电设备，年生产能力30万千瓦，产品曾销往美国、加拿大、哥伦比亚、古巴、菲律宾、阿根廷、斯里兰卡等国。

1991年，富春江水工机械厂生产轴流机组7.5万千瓦、贯流机组1.55万千瓦、1万千瓦机组6台套，得到用户的好评。广西玉林水电设备厂生产的8千瓦微型整装水轮发电机组获得1991年中国名优新特产品称号。该产品已销往古巴、委内瑞拉、尼泊尔、印尼等国家。在1988年出口美国的ZD760-LM-120水轮发电机组，信息反馈回来说运行至今性能稳定，而且效率高，出力超过5千瓦，该机组与原联邦德国同类产品相比，具有同等先进水平，用户很满意，因而，在1989年又向我国订购该种水轮发电机组。

新技术与科研成果　近两年，广西玉林水电设备厂研制的钢塑复合材料轴承新产品在四种水轮机系列的导叶轴套上得到广泛应用，该产品在安装及检修时，避免了导叶轴打黄油孔之苦，很方便实用。富春江水工机械厂从奥地利引进了具有国际先进技术水平的计算机和水轮机转轮试验台，试验水头50米，最大流量每秒1.5立方米，模型转轮直径300～400毫米，综合精度可达0.19%，试验台的应用为工厂设计提供了大量的数据和参数资料。1989年，该厂开发了新型灯泡贯流式水轮发电机组，已研制出15500千瓦新型机组。广东水利水电机械厂采用IEC标准生产水轮机调速器，将原T-100型机械液压调速器改为电液调速器，使用精度和可靠性大幅度提高，其中YDTA型水轮机调速器获1989年国家银质奖称号。湖北白莲河发电设备厂将砂带磨削工艺应用在水轮发电机镜板加工中，提高了光洁度。

几年来河南西峡水电设备厂生产的小型水轮发电机组，在国内属于较先进水平，ZD560、ZD760系列水轮机均为国务院公布的节能产品，主要的技术指标部分采用了国际标准，水轮机转轮采用组杆，靠模加工，发电机线圈采用粉云母带热固等，保证了产品的性能指标，轴伸贯流式机组是近两年刚刚研制的，具有效率高，工程造价低等优点，是有发展前途的产品。

据1991年统计，我国小水电装机容量达1385.34万千瓦，年发电373.27亿度，小水电设备的发展，将使之向前推进一步。

〔撰稿人：水利部机械局　王大迎　审稿人：水利部机械局　韩庆占〕

电　机

〔机械电子工业部〕

一、大型电机

生产发展情况　1991年大型电机行业生产水平基本与1990年持平。1991年生产大型电机1857.836MW／3229台（包括中心高710mm及以上的大型交流电机和电枢直径在423mm及以上的大、中型直流电机），与1990年的2011.128MW／3173台相比减少了8.2%。1991年大型电机产值为29726.237万元，比上年的23704.33万元增长了25%。大型电机制造行业综合产值1991年227117.85万元，比上年的189667.19万元增长了19.7%；1991年行业职工的平均劳动生产率为28131元／人·年，比上年的27310元／人·年增加了821元／人·年。

1991年大型电机行业有：上海电机厂、沈阳电机厂、哈尔滨电机厂、兰州电机厂、北京重型电机厂、湘潭电机厂、东方电机厂、南京汽轮电机厂、江西电机厂、大连电机厂、湖北第二电机厂、杭州发电设备厂、南宁发电设备总厂等13个厂家。各厂1991年大型电机的产量产值详见表1。

国家重点企业的哈尔滨电机厂1991年全年共完成工业总产值3.35亿元，为这个厂历史最高水平，全年完成综合产量2894MW，商品产值3.16亿元，实现利税2750万元，实现利润899万元，上交利润251万元，实现出口创汇1575万美元。上海电机厂全年共完成工业总产值3.5亿元，比上年增长了6.2%，交流电机完成了1020MW，直流电机完成了173MW，比上年增长了12.3%，全年完成销售收入3.6亿元，比上年增长12.4%，上交利税3116.7万元。东方电机厂全年共完成工业总产值2.6亿元，比上年同期增长3.2%，完成交流电机　149.2MW／178台，直流电机

26.811MW／58 台。北京重型电机厂全年共完成工业总产值 2.53 亿元，比上年增长 3.2%，交流电动机完成 231.68MW／317 台，销售收入 2.82 亿元，实现利税 2913 万元，上交利税 2190 万元。

表 1　1991 年行业主要企业大型电机产量产值

企业名称	产量（kW／台）		产值（万元）	
	1990 年	1991 年	1990 年	1991 年
上海电机厂	593442／162	575329／1438	7531.00	9770.50
沈阳电机厂	313330／249	349580／263	2542.00	4536.00
哈尔滨电机厂	283854／186	232827／274	3438.30	4430.00
兰州电机厂	248755／223	174730／143	2748.77	2106.37
北京重型电机厂	240690／365	124350／153	2980.00	1823.80
湘潭电机厂	110788／170	117516／206	1517.89	1348.10
东方电机厂	130049／128	95361／141	1764.48	2015.00
南京汽轮电机厂	64570／170	77280／194	793.19	1845.79
江西电机厂	24750／61	64400／134	327.70	661.49
大连电机厂		25013／263		853.46
湖北第二电机厂	900／1	1500／4	25.00	250.00
杭州发电设备厂		3700／1		42.23
南宁发电设备总厂		2750／5		43.50
合　计	2011128／3173	1857836／3229	23704.33	29726.24

新技术与科研成果　1991 年大型电机行业在加速引进技术的消化、吸收和创新,努力开发新产品的同时，应用了许多新技术、新工艺、新材料，取得显著成果。东方电机厂对裸露导电部件采用静电喷涂技术，提高了直流电机导电元件的耐压、耐潮、耐腐蚀性能。江西电机厂利用高速冲槽机冲制转子通风槽板；并采用中型高压机座加工新工艺和少溶剂漆。兰州电机厂采用扇形片定子铁芯迭压和加工新工艺，以及中大型电机转子并头套氩弧焊新工艺。

在重大技术装备与试验基地建设及科研试验方面。上海电机厂建成 8041m^2 的新科研大楼已投入使用。江西电机厂完成了均匀送风大型冲天炉改造，提高了铁水温度，保证了铸铁质量。北京重型电机厂研制成功了数字式失步保护装置，解决了以往同步电机励磁调节系统存在的问题。哈尔滨电机厂为适应国内工业需要和技术发展的新趋势，填补国家产品空白，积极开发大型交流调整电机，对电机阻尼绕组、耐扭振结构、低频试验电源和测试仪表等开展了科研技术攻关。并进行了湿式电机用绝缘材料（主要是硬橡胶套管、耐水电工压敏带和热收缩管）国产化研究，取得成功，进一步加快了湿式电机国产化进程。上海电机厂在直流电机绝缘方面，完成了大型电机引进技术中绝缘技术国产化工作，为该厂今后大型直流电机的开发与生产创造了有利条件。兰州电机厂进行了 F 级无溶剂漆选型试验研究、H 级浸渍漆选型应用研究、VPI 工艺及绝缘结构试验研究及沙漠电机绝缘结构研究。江西电机厂进行了推力轴承计算程序验算及确认、提高轴瓦结合质量的研究及端盖轴承的绝缘研究。这些科研工作的进行有力地推动了大型电机的技术进步和产品质量的提高。

1991 年哈尔滨电机厂的 LUV—湿式电机绝缘系统研究获机械电子工业部科技进步三等奖。哈尔滨大电机研究所的西门子大型直流电机绝缘结构和工艺国产化研究获哈尔滨市科技进步一等奖。

新产品　1991 年大型电机行业新产品多于往年。上海电机厂的 2ZD90／52 型 2×1100kW、460／830r／min 大型直流电动机是为武钢硅钢片厂森吉尔轧机主传动电机备用的电机，该机换向火花等性能优于日本同类电机，替代了同类进口产品。哈尔滨电机厂生产了 Z990／320 型直流电动机、Z1350／500 型直流电动机、Z560／750 型直流力矩电动机。东方电机厂生产了 112、373、1120 和 1306kW 直流电动机，186kW 新系列直流电动机。大连电机厂生产了 ZZJ-800 系列轧机辅机传动用直流电动机，产品具有国际 80 年代先进水平。北京重型电机厂生产的 TD／QF-3.2／3-2 型同步电动发电机是一种高效、综合利用的新产品。并生产了 TK280-14／1180 型 280kW、TK630-20／1730 型

630kW、TK1250-18／2150 型 250kW、TK2200-12／1730 型 2200kW、TK2500-20／2600 型 2500kW 同步电动机，TKW710-37-4 型 1000kW 管道通风型同步电动机，TZYKW630-26-18 型 800kW 和 TZYKW630-29-18 型 1000kW 正压防爆无刷同步电动机。南京汽轮电机厂生产的为能量回收机组配套的 3150kW，2 极电动发电机采用铸铝转子结构，还生产了 TK630-20／1730 型 6.3kV 同步电动机。江西电机厂生产了 TG1250-2／990 型 1250kW、10kV 高速同步电动机，TK800-16／1730 型 800kW、6kV，TK1250-16／2150 型 1250kW、6kV，TK1000-16／2150 型 1000kW、6kV 同步电动机。哈尔滨电机厂生产了 YKKW560／11-2 型三相笼型异步电动机、YK112D-4-10／12 型双绕组双速异步电动机、YKK630-11-6 型交流异步电动机。上海电机厂的 JKS-800-2 型 10kV 异步电动机和 YCA-710-4 型 6300kW、6kV、4 极大型笼型异步电动机，是该厂采用美国西屋公司技术设计制造的，用于炼油厂的催化裂化装置。该机在技术性能、外型尺寸、重量等方面都与日本东芝生产的电机基本接近，可代替进口电机。北京重型电机厂生产了 Y450-8 型 315kW、Y800-6-W 型 1400kW、Y800-6-W 型 1800kW 异步电动机。江西电机厂生产了 YR450-8 型 400kW、YR630-12／1430 型 630kW、3kV、6kV，YR630-8 型 380kW、1000V，YR630-10／1180 型 630kW、6000V 三相异步电动机。其中 YR450-8 型 400kW、6kV 三相异步电动机，其产品技术水平与瑞士 BBC 公司 S 系列相当，达到了国际 80 年代初水平。

产品鉴定情况。1991 年通过省级鉴定的产品有东方电机厂的 112kW、1306kW 等 5 台直流电动机，江西电机厂的 400kW、6kV 三相异步电动机。哈尔滨电机厂自行设计制造的 ZPL42／60 型屏蔽电动机通过部级鉴定，其产品性能、技术标准、寿命和可靠性均已达到国外同类产品的先进水平。

此外，1991 年机械电子工业部在上海召开会议，对哈尔滨电机厂生产的宝钢 2050 轧机用电动机和上海电机厂生产的 2030 轧机用电动机进行了鉴定。结论是，这批合作生产的大电机效果很好，扩大了我国轧钢电机产品品种、掌握了引进的关键设计制造技术，电机技术性能和制造质量达到了西门子公司标准，电机换向性能良好，可靠性高，结构合理，维护方便，原材料基本立足国内，国产化程度高，轧钢电机的制造技术明显地上升了一个台阶；这两电机的技术经济指标先进，设计与制造水平均达到 80 年代国际先进水平。

行业管理 1991 年大型电机行业又有一批厂家进入第二轮承包，进一步深化企业内部劳动、人事、分配制度的配套改革，努力实现经营机制的转换，增强企业活力。在开展企业升级创奖活动中，企业管理水平有了进一步提高。哈尔滨电机厂被批准为国家一级企业、国家档案管理一级企业、国家能源管理先进企业、国家计量管理先进单位，此外这个厂还获机械电子工业部工艺管理先进企业的称号。兰州电机厂被批准为国家一级企业、国家一级节能企业、国家一级计量企业，并荣获国家级技术进步奖企业称号。北京重型电机厂、南京汽轮电机厂被评为国家计量先进单位。

上海电机厂 ZZJ-800 系列冶金起重用中型直流电机获机械电子工业部生产许可证，东方电机厂获四川省颁发的“一、二类压力容器”生产许可证，沈阳电机厂 1991 年 Y313 系列电机获国家出口产量质量许可证。所有这些成绩的取得标志着我国大型电机行业的企业管理工作又上升到了一个新台阶。

质量及质量管理 1991 年大型电机行业厂家在“质量、品种、效益年”活动中，以晋升国家质量管理奖企业和产品创优为重点，全面贯彻《质量管理和质量保证》国家标准，进一步完善工厂质量管理体系，完善质量管理手册、管理标准、技术标准和工作质量标准等，健全各项质量考核制度，产品质量不断提高。上海电机厂在推进全面质量管理工作中，制订了国家标准质量管理实施计划，包括产品质量改进计划、关键工序质量控制计划、产品零部件质量检验计划等 6 个方面 32 个项目 72 条措施。此外该厂在严格产品考核制度中建立和完善了一套以质量否决权考核为主的 9 个质量奖罚制度，采用“质量系数法”对责任部门和个人质量指标、工艺纪律、产品清洁度、厂内外产品质量抽查和用户质量信息反馈指标进行严格考核。在此基础上，实行了“归口职能部门考核各部门和综合管理部门考核归口职能部门”纵横结合的经济责任考核办法，以工作质量确保产品实物质量的提高。1991 年这个厂在上级质量检验部门和科研单位的“三防”抽查，“铸、锻、热”抽查和市 500 次监督商品抽查等 15 次质量抽查中合格率达 100%。为了全面提高产品质量、拓展市场、替代进口，哈尔滨电机厂在 1991 年召开了湿式电机质量协调会，对产品存在的具体问题进行了认真研讨，为该特种电机走向世界创造条件。兰州电机厂 1991 年产品的主要质量指标为：品种抽查合格率 100%，优质产品率 56.56%。北京重型电机厂通过考核，7 种重点产品均为一等品，产品质量稳定率为 100%，机加工废品率为 0.28%，铸钢件废品率为 3.3%，铸铁件废品率为 2.8%，分别比上年降低了 0.07、0.5、2.7 个百分点。

1991 年江西电机厂继 1990 年后，又被评为省级质量教育先进单位。

在产品创优活动中，哈尔滨电机厂的 200kW 湿式电机，兰州电机厂的 Y566-6 型 6kV、220kW 异步电动机等获机械电子工业部优质产品奖。哈尔滨电机厂的 9000kW 同步电动机、1000kW 直流电动机、2 台 2850kW 和 2 台 2×5000kW 直流电动机、LUVc250×2-410／1 型锅炉强制循环泵获国家重大技术装备成果奖；在宝钢2050热连轧机重大技术装备的研制工作中做出了突出贡献，受到国务院表彰。

在标准化工作方面。为了在大型电机行业认真贯彻“标准化法”，加强行业标准化工作，把标准化工作推向更高水平，1991年召开了大电机水轮机行业第八次标准化工作会议。会议总结交流了近几年来标准化工作的经验，审查通过了行业现行标准，还审议通过了“大电机水轮机行业标准实施与监督管理办法”，对清理整顿现行标准、划分强制性标准及推荐性标准、理顺标准管理关系、加强企业标准化工作起到了推动作用。哈尔滨大电机研究所根据国际标准体系结合我国大型电机行业具体情况，从提高国际标准对我国电工标准覆盖率出发，编制了我国大电机水轮机行业新标准体系表，该体系表将作为今后十年大电机水轮机行业制修订标准的依据。

哈尔滨电机厂重视标准化工作，他们以“标准化法”为依据，结合本厂科研、设计和生产建立了一整套以国家标准为主体、行业标准、地方和企业标准与之相配套的标准化体系。现有馆藏标准总数15855个，其中国际标准778个，国外先进标准1132个，国家标准6543个，行业标准2666个，企业标准331个，产品标准覆盖率达到100%，被评为国家标准化一级企业。

技术改造及技术引进　1991年大型电机行业厂家进一步加快了技术改造步伐。全年行业固定资产投资为17072.76万元，其中基本建设投资为3517.2万元，技术更新改造投资为13555.56万元。东方电机厂VPI真空压力浸渍系统年内正式通过国家验收，并对直流试验站、铁损试验站进行了技术改造。上海电机厂新建3000m²大型电机厂房投入使用；焊接车间改造工程开工，可缓解中型交流电机冲片冲制任务的20吨高速冲床投入使用，还有数控编程装置配合进口设备投入使用。南京汽轮电机厂对3吨炼钢炉大修改造，CAD工作站安装调试完毕。为了满足电机生产的需要，沈阳电机厂对原有工具车间进行了改造，并新建工具车间3000m²。江西电机厂安装完毕钢材库、毛坯库的供水、供气、供电设施及设备，并投入使用。

1991年上海电机厂、东方电机厂和江西电机厂“七五”基本建设项目通过国家验收，哈尔滨电机厂获黑龙江省“七五”技术进步先进企业称号。

在技贸结合方面，兰州电机厂引进了大中型交流调速电机及其变频器，容量范围为250～5000kW，和西门子公司签订了有关技术协议，引进的2000kW电机和3000kVA变频器样机业已到厂。南京汽轮电机厂从原联邦德国引进的450kV型X光机和USIP12超声波探伤仪调试完毕投入使用，对大型数控切割机及矽钢片去毛刺机进行了验证。江西电机厂的VPI整体浸渍工程技术项目进展顺利。

上述技术改造项目的实施与完成，调整了企业生产布局，扩大了生产能力，增强了企业生产实力，对保证产品质量、提高产品技术水平、加速新产品的开发都将产生积极的促进作用。

销售　1991年大型电机行业在巩固已有的市场的同时，努力开发国内国外两个市场，积极扩充产品销售渠道，因此国内外销售收入呈现回升的好势头。1991年国内销售收入30123.07万元，比1990年的25655.313万元多收入4467.757万元，其中大型同步电机17751.08万元，大型异步电机5154.22万元，大型直流电机6222.7万元，中型直流电机995.07万元。1991年大型电机国外销售收入241.8万美元。出口数量共19069kW／30台，其中大型同步电机为1409kW／16台，大型异步电机为17500kW／13台，中型直流电机为160kW／1台。产品主要销售于东南亚等国，并首次打入希腊和印度尼西亚市场。各厂的国内外销售收入详见表2。

〔撰稿人：哈尔滨大电机研究所　崔恩林　审稿人：哈尔滨大电机研究所　郑时刚、赵　喆　机械电子工业部第一装备司　高合川〕

二、中小型电机

生产发展情况　在机械电子工业部系统的产量中，一般交流发电机276.56万kW，为1990年的57%，交流电动机2996.34万kW，为1990年的105.5%（其中大中型电机590.88万kW，小型电机2405.46万kW，分别为1990年的82.1%和113.4%），直流电机101.27万kW，为1990年的101.5%。

1991年中小型电机行业生产水平稳定，产品销售不畅的局面有较大改观，出口创汇有较大发展。各厂的总产值、总产量和产品销售收入都有所增长，经济效益大都出现进一步好转的趋势，但也有不少企业利润率有不同程度的降低，据对中小型电机行业53家主要企业的统计，工业总产值增长的有36家，占总数的67.92%，产品销售收入增长的有46家，占总数的86.79%，但实现利润增长的只有23家，占总数的43.4%。其中沈阳电机厂、博山电机厂、上海南洋电机厂、上海五一电机厂、上海人民电机厂、上海起重电机厂、上海日用电机厂、杭州电机总厂、开封电机厂、河北电机厂、石家庄市电机厂、湖南常德电机厂、广东东莞电机厂、江西赣州电机厂、广州电机厂、大连电机厂、柳州电机总厂和新疆综合电机厂等19家企业，实现了产值、利润（或亏损下降）和产品销售收入三个同步增长。其中，上海人民电机厂1991年完成总产值8808.8万元，比上年增长16.5%，利润总额1060.3万元，比上年增长0.7%。1991年扭亏为盈的有柳州电机厂、湖北电机厂和昆明电机厂三家企业。新增亏损的有重庆电机厂、西安电机厂和济南第一电机厂三家企业。

表2　1991年主要企业大型电机国内外销售收入

企业名称	国内销售收入（万元）		国外销售收入（万美元）	
	1990年	1991年	1990年	1991年
上海电机厂	12403.00	10726.00	245.00	54.30
沈阳电机厂	3873.00	4195.00	2.23	165.00
哈尔滨电机厂	3190.00	4193.90		
东方电机厂	1506.50	1983.00		15.50
南京汽轮电机厂	1252.96	1603.52		
兰州电机厂	1854.30	1900.28		
北京重型电机厂		1507.00		
湘潭电机厂	1550.55	1309.19		7.00
江西电机厂		1158.30		
大连电机厂		632.63		
杭州发电设备厂		630.00		
南宁发电设备总厂	·	34.25		
湖北第二电机厂	25.00	250.00		
合　计	25655.31	30123.07	247.23	241.80

新技术与科研成果　东方电机厂完成了"励磁调节系统的计算机辅助设计系统"，该系统功能软件采用分级菜单管理机构，能完成各种典型励磁系统回路参数及特性计算，能完成励磁系统静、暂态性能分析计算，能实现不同励磁控制系统的数字仿真研究，适用于大中型发电机系统的计算机辅助设计。上海电器科学研究所联合开发了"QWK矿用隔爆型潜污水电泵"，该电泵可在煤矿井下含甲烷、煤尘的易爆炸性场合安全可靠地工作，为国家煤炭、矿物开采提供了安全、理想的排水机具，填补了我国电机行业的一项空白。大连电机厂开发研制了"电机定转子冲片级进冲模凸凹模CAD系统"，提高设计工作效率近100倍。

在工艺方面，石家庄市电机一厂的YWQ潜污电机出线口密封采用环氧树脂整体浇注，对环氧树脂成分的配比和操作程序进行了攻关，使其质量保证使用要求，保证了密封的可靠性。南阳防爆电机厂完成了"VPI真空压力浸漆工艺研究"，VPI处理后可使防爆电机具有优良的耐热性、防潮性和抗化学腐蚀性，能防止电磁线或机械振动引起的松动和绝缘损伤，从而提高了防爆电机的寿命和可靠性。

在工艺装备方面，天津动力机厂研制的ZXS-400数控钻铣床，适用于Y系列中心高180mm至400mm的电机机座底脚的钻、铣加工。其中钻削工艺可加工到中心高为400mm的电机座，铣削工艺可加工到中心高为355mm的电机座，以及尺寸相近的其他系列电机机座加工。由于采用数控系统控制，加工柔性大，特别能适应当今多品种小批量生产。芜湖电工机械厂研制的用于电机铁芯片生产的工艺装备JD91-10A（N／C）型模具数控切向进给高速冲槽机（俗称斜槽冲），该装备达到了国内先进水平。

新产品　1991年，宁波电机厂研制的Yky1050-4矿用三相异步电动机已通过部级鉴定，解决了大型水泵电机在矿井使用的安全问题，填补了国内空白，被列为"八五"期间能源部重点推广产品之一，是矿井新增设备和老设备改装所必需的产品。闽东电机研究所和闽东电机公司电器厂联合设计制造的20、30GFZ-F自动化风冷柴油发电机组，不用水作冷却介质，使用中不会发生漏水、腐蚀及结冰等方面问题，适用于高寒缺水地区不允许断电场合作为应急备用电源。该机组启动性能好，运转平稳、发电效率高；供电波形好，使用简单、可靠，为国内首创。福州发电设备厂设计的TFE系列无刷三相同步发电机为引进消化吸收英国Petbow公司E系列发电机先进技术基础上国产化设计的新一代产品，设计先进，造型新颖，性能指标先进，该产品达到了80年代国际先进水平。佳木斯电机厂研制的TAQ630系列增安型无刷励磁同步电动机采用与主轴机同轴的无刷励磁系统，具有运行可靠、防爆性能好、机械特性好、堵转转矩高、起动时间短等特点，该产品具有80年代国际先进水平，通过了国家级鉴定。包头市电机厂、上海南洋电机厂、桂林市第一电机厂均研制成功了具有高效、节能、节材、降耗的钕铁硼永磁直流电动机，该电机充分发挥了钕铁硼永磁材料的优势，缩小了电机体积，增强了电机过载能力，省去了激磁回路，提高了电机效率，运行可靠，动态响应快，调速范围广，达到了80年代后期国际同类产品水平。昆明电机厂、昆明电工厂、上海电机公司、河北电机厂、西安电机厂、合肥电机厂、大连电机厂、广东东莞电机厂、南通电机厂、陕西红旗电机厂等单位研制开发了符合美国电工协会NEMA标准的全封闭扇冷式鼠笼型三相异步电动机，不少厂还通过了加拿大CSA认证。天津电机总厂研制的QYDB115系列120℃潜油电泵是为适应我国较高温度油井增产原油的需要而开发的。该电泵经大港、华北、中原油田试用效果很好，达到国际80年代中期同类产品水平，填补了国内空白，可以替代进口产品，将为国家节约外汇750万～1500万美元。湘潭市调速电机厂研制的YYT型调压调速电机属国内首创的机电一体化产品，已获国家专利，它由特种三相异步电动机、测速发电机和控制器组成，比YCT系列电机同等规格容量的体积缩小，成本下降约15%，而且调速范围宽，起动电流小，可频繁正反转，无失控区，容量等级和安装尺寸与YCT调速电机相同。山西电机厂研制的YY系列液压升降平台配套用专用电机，起动、噪声、振动等性能先进，可替代原从美国进口的电机，其性能指标均达到了美国进口产品水平，填补了国内空白。昆明电机厂通过部级鉴定的YLL精密机床配套用专用三相异步电动机，机座、端盖、出线盒均采用铝合金铸造，重量轻，主要性能超过和达到台湾的同类产品。配套后的机床向美国、日本、东南亚出口。南京调速电机厂1991年试制成功的NT型液体粘性调速器，现已有NT-2B、4B、6B三种型号，该产品结构简单，调速范围宽，运行可靠，并能实现无功率损失的同步传动，是具有80年代末国际先进水平的高效节能产品，现已投入小批量生产。天津市起重电机厂研制了YNZ系列振动桩锤用耐振三相异步电动机，该产品具有高起动转矩，高过载能力，可承受12g振动加速度，达到80年代国际同类产品先进水平。上海电机厂研制了JKS-800-2型10kV异步电动机，在国内首次采用整浸VPI绝缘结构(10kV级)，属当前国内先进水平，由于国内电网10kV可直接进线，可节约6kV变压器、开关设备及场地。河南新乡市电机总厂研制了YZSM-170-6型大激振力水冷式振动电机，该电机激振力170kN，定子、轴承等部位采用水冷方式，广泛用于矿山、化工、水泥等行业。

行业管理 中国电机工业协会中小型电机分会紧紧围绕国务院提出的开展“质量、品种、效益年”活动的要求，在进一步加强内部建设、密切联系企业、加强信息交流、推动技术进步、抓好质量管理、反映企业呼声等方面取得了一定的成效，特别是在协调行业产品价格方面起了积极的作用。到1991年底为止共发展了7批会员共302个单位。

1991年，晋升为第三批国家一级企业的有哈尔滨电机厂和兰州电机厂；1991年批准郑州潜水泵厂、南平电机厂、衡水市电机厂和山东荣城市电机厂为国家二级企业。1991年福州发电设备厂被机电部确定增补为重点企业。至此，经机电部审定的中小型电机行业共有46个重点企业。天津电机总厂、兰州电机厂获得了国家计委1991年评选的100家“七五”期间“国家级企业技术进步奖”。兰州电机厂在1991年经经贸部批准为有进出口经营自主权的企业。

1991年中小型电机行业有39个企业的12个系列产品获得生产许可证，即南京调速电机厂、苏州电机厂、泰县调速电机厂、上海华通调速电机厂、宜兴市调速电机厂、杭州调速电机厂、浙江调速电机厂、青岛振华电机厂、德州电机厂、乳山县电机厂、内蒙古电机厂、海拉尔电机厂、黑龙江调速电机厂、江门电机厂等的YCT系列电磁调速电动机，北京电机总厂、哈尔滨第二电机厂、绥化市电机厂、绥化市第二电机厂、无锡市发电设备厂、江都线路器材厂、临海电机厂、普陀电机一厂、诸成市电机厂、潍坊电机厂、潍坊电机一厂、泰安电机厂、张店电机厂的T_2系列三相同步发电机，无锡市发电设备厂的TFW无刷三相同步发电机和TFDX单相同步发电机，宁波电机厂的TFDW系列单相同步发电机，泰安电机厂的T_2SD单相同步发电机，江西三波电机总厂的SB-W系列三相无刷同步发电机，上海南洋电机厂、上海电机厂的800系列轧机辅传动直流电动机，连云港电机厂、张家港市电机厂、浙江防爆电机厂、黄岩市电机厂的YEJ系列电磁制动三相异步电动机，济南第一电机厂、上海人民电机厂的YLB系列深井水泵用三相异步电动机和上海人民电机厂的YQS_2系列井用潜水三相异步电动机，哈尔滨潜水电泵厂的YQSY系列井用潜水三相异步电动机。

1991年中小型电机行业有14个企业的产品获得出口产品质量许可证，即上海人民电机厂和济南第一电机厂的YLB系列深井水泵用三相异步电动机，皖南电机厂、上海先锋电机厂、厦门电机厂、上海五一电机厂、北京大兴电机厂、天津大明电机公司（本部）的Y系列（IP44）三相异步电动机，上海南洋电机厂的Z_4系列直流电动机，上海电机厂的Y315～355（IP23）低压三相异步电动机和ZZJ800系列轧机辅传动直流电动机，南京调速电机厂和乳山县电机厂的YCT系列调速电动机，南京调速电机厂的YET_Y系列电磁调速电动机，江西三波电机总厂SB-W系列小型无刷三相异步发电机，潍坊电机厂单相和三相同步发电机。

1991年国务院机电产品出口办公室和经贸部共同对1986年批准的第一至第五批机电产品出口基地和扩大出口企业重新进行了考核审定。中小型电机行业中的合格出口基地有：上海跃进电机厂、湖北发电设备厂、大连电机厂、闽东电机（集团）公司。合格的扩大出口企业有：北京重型电机厂、北京电机总厂、天津大明电机公司、哈尔滨电机厂、杭州发电设备厂、东莞电机厂、广州电机厂、四川东方电机厂、江门电机厂、上海电机厂、厦门电机厂、博山电机厂、广东新会县电机厂、汕头电机厂、重庆电机厂、昆明电机厂、兰州电机厂、湘潭电机厂。

质量及质量管理 经机电部批准在1990年～1991年度开展Y系列电机创优评比活动。经测试：Y系列电机H80～160mm尺寸段达到优等品的企业有：大连电机厂、厦门电机厂、昆明电机厂、北京电机总厂、大连第三电机厂、皖南电机厂、宜宾电机厂、上海跃进电机厂、宁夏电机厂、博山电机厂等；达到一等品的企业有：闽东电机公司、六安电机厂、北京大兴电机厂、哈尔滨第二电机厂、开封电机厂、昆明电工厂、天津大明电机公司、江门电机厂等；H180～280mm尺寸段达到优等品的企业有：大连电机厂、北京电机总厂、重庆电机厂；达到一等品的有：河北电机厂、上海先锋电机厂、宁夏电机厂、淄博第二电机厂、西安电机厂、沈阳实业电机厂、上海革新电机厂。

按照Y系列电机创优评比实施细则得分评比结果，在H80～160mm尺寸段大连电机厂、厦门电机厂获一等奖，昆明电机厂、北京电机总厂获二等奖；在H180～280mm尺寸段大连电机厂获得一等奖，北京电机总厂、重庆电机厂获二等奖。

1991年大连电机厂和北京电机总厂的Y系列电机被机电部批准为扩牌产品，全系列产品分别获得国优金牌和银牌。

技术改造及技术引进 技术改造方面，兰州电机厂交流伺服和主轴电机技术改造项目，列入数控机床国产化技改专项，投资4000万元，主要用于调整工艺路线，增添先进、精密、高效加工设备，完善检测试验手段，建立技术开发试验室。改造后，交流伺服电机和主轴电机生产能力将由1000套增加到4000套。天津市电机总厂潜油电泵“七五”技改追加项目，投资2158万元，形成年产1200台潜油电泵生产能力，该项目于1991年11月通过验收。“八五”列入部专项技改2200万元。继续用于发展潜油电泵；形成年产潜油电泵2000套能力，其中出口200套，1991年已下达600万元投资，开始“八五”技术改造。山西防爆电机厂“七五”期间投资1000万元进行技术改造，主要用于新增关键设备和理顺工艺，形成机壳、端盖、轴、小件5条加工流水线，新增装配和喷漆两条自动线，该项目1991年下达“七五”结转投资450万元，已于年底完成验收。北京电机总厂“七五”技术改造项目总投资1705万元，用于引进和购置部分关键设备和计量、测试仪器，对机加工、冲剪、铸造和模具等生产工艺进行改造，加强工艺试验和计算机管理及辅助设计，采用无溶剂浸漆先进工艺。改造后形成年产Y系列电机180万千瓦能力，达到规模经济产量。先锋电机厂1991年主要实施“八五”扩大产品出口专项技术改造，建立了1200m^2Y系列及NEMA系列加工车间，提高了YCTD系列及西门子船用电机的制造能力。总投资为400万元，1991年已完成更新改造投资229.8万元。

技术引进方面，南阳防爆电机厂1991年是引进“高压中型防爆电机设计制造技术”合同进入关键的一年，通过技术消化、图纸翻版，完成了1MJ7型560中心高530kW 4P的模拟样机制造的大部分工作量。通过高压中型防爆电机的技术引进，南阳防爆电机厂完成了YB400、450高压中型防爆电机的更新换代设计，设计过程中应用了西门子公司1MJ5、1MJ7型的先进技术，从而使更新换代产品比老产品在同中心高情况下，提高了两个容量等级，效率提高两个百分点，重量减轻约15%，防爆性能可靠，具有80年代末国际先进水平。

〔撰稿人：上海电器科学研究所　陈宏军、倪佩娟　审稿人：上海电器科学研究所　彭友先　机械电子工业部第一装备司　李大千〕

三、分马力电机

生产发展情况 1991年分马力电机行业各企业根据自己的实际情况，采取了多种综合措施，求得生存和发展。例如：上海日用电机厂瞄准市场，以科技为先导，积极调整产品结构，开发适销对路的新产品，以优质新品占领市场，赢得效益，走出了低谷。该厂全年完成产值1802.1万元，销售收入1703.3万元，利润200.3万元，比上一年分别增长85%、86.9%和10.7%。芜湖电机厂深化企业改革，打破“三铁”旧体制（铁交椅、铁工资、铁饭碗），建立“三能”新机制（干部能上能下、职工能进能退、分配能多能少），真正贯彻“按劳分配”原则，充分调动了职工的劳动积极性、创造性和主人翁责任感，已初见成效。该厂1991年11月实行改革后，仅一个月时间完成产量4.5万台，销售收入1200万元，人均劳动生产率12000元／人·月，创生产经营历史水平。1991年行业完成主要经济指标完成情况详见表3。

表3　主要经济指标完成情况

项　目	产值（万元）	销售收入（万元）	利润（万元）	亏损企业（个）
1991年	153305.6	139883	3502	8
1990年	125714.3	97142.9	2582.9	14
增长率(%)	22	44	35.6	−42.9

新技术与科研成果 根据分马力电机行业“八五”科技发展规划，由行业归口所广州电器科学研

究所中标承担的机电部基金项目“整体型分马力逆变器异步电动机的研究”，已经完成，于1991年底通过行业鉴定，为我国发展机电一体化电机产品和开发经济型交流变频调速异步电动机产品奠定了基础。

上海日用电机厂是行业中依靠科学技术发展生产的成功一例。该厂抓住上海桑塔纳轿车定点配套散热器风扇总成这一机遇，应用优化设计和机电产品可靠性理论，对散热器风扇用电动机进行了大量研究试验，解剖分析了进口产品的薄弱环节，取长补短开发了适合于我国道路特点的新产品，以新品种优质量打入了汽车行业，获得了经济效益。该产品现已获国家实用新型专利，并已确定在1992年中为上海大众汽车公司配套6万套总成。

新产品 1991年，全行业以特殊、专用、派生和节能等品种为发展方向开发新产品，促进了企业生产的发展。例如：北京微电机总厂根据目前居民住宅的特点，开发生产了卫生间专用离心式通风机，该机的应用，加快了卫生间污浊空气的排放速度，具有清洁环境空气、适于潮湿环境中长期连续运行的特点。目前该产品已列入建设部门楼房建筑规划之中，可望大量投入应用，获得经济效益。北京微电机总厂开发的MQKS9-6／12低速开门电动机，具有运行平稳、噪声低的特点，经中国迅达电梯公司实验使用证明，该电动机性能优良，达到了80年代中期国际先进工业国家同类产品的水平。

1991年中全行业共开发新品种约30多项，其中包括泵类专用电动机、木工刨专用电动机、卷绕机械专用单相电动机、纺织专用电动机、汽车用电动机、日常生活用电动机以及一般用途的派生系列电动机和电动机专用配件等。

行业管理 中国电机工业协会分马力电机分会为了更好地肩负起政府与企业之间的桥梁和纽带作用，充分调动全体会员单位参与行业工作的积极性，于1991年成立了中南区、华北东北区、华东一区和华东二区等四个大区工作委员会，并召开了第一次联络员工作会议。

1991年，分马力电机协会会同归口所广州电器科学研究所、分马力电机情报网和中国电工学术委员会小功率电机分会等单位和组织共同完成了下列几项行业工作：(1) 制订了《分马力电机出口产品国内收购最低限价》。(2) 制订了《O_2系列三相及单相异步电动机行业转正价》。(3) 结合“质量、品种、效益年”活动，以会议和印发书面资料等多种形式开展以提高效益为主题的企业经验交流活动。(4) 组织召开了1991年全国小功率电机学术年会，会上发表论文90篇，宣读和交流论文52篇，这些论文涉及分马力电机的设计、工艺、检验、以及工艺装备和标准化等多个方面，有较高的学术水平和实用价值。会议同时还进行了技术交易，参加交易项目达50多项。(5) 创办了不定期刊物《协会通讯》，坚持出版每月一期的《分马力电机信息》和每季一期的《联络》，为企业及时提供科技、生产、经营和管理等信息。

根据机电部、商业部、物资部、国家技术监督局、国家工商行政管理局和国家进出口商品检验局等六部局联合签发“关于开展分马力电机产品认证的通知”，我国已开始对分马力电机产品实行强制性安全认证，截至1991年12月止，已有201家分马力电机生产厂的500个单元产品通过了安全认证第一阶段型式试验审查，现正在继续进行安全认证第二阶段产品认证审查，约有50家企业150个单元产品通过了工厂审查，将获得安全认可证书。

通过安全认证，提高了产品质量，获得良好的效益。如地方国营宁波镇海微型电机厂根据安全标准要求研制生产了具有阻燃特性的电机用非金属部件，由于较早通过了安全认证，产品质量信誉好，向其订购已认证产品的厂家明显增加，该厂安全认证后一年的产值和利润，分别比认证前一年增长了6.7%和12.2%。

为了更好地配合开展分马力电机产品安全认证和产品质量升级工作，由广州电器科学研究所、全国旋转电机标准化技术委员会小功率电机分委会和分马力电机专业协会联合组织举办了两期GB12350-90《小功率电动机的安全要求》和JB／DQ3619-90《小功率电机产品质量分等规定》标准宣贯会议，参加会议的人员有全国分马力电机生产厂和质量监督检验机构的技术人员约120人。通过对标准的宣讲，加深了对标准的准确理解，有利于标准的顺利贯彻实施。

技术改造及技术引进 1991年行业中用于基本建设投资和技术改造投资分别约为1860.2万元和5462.3万元。南京微分电机厂为了拓展市场、发展生产，在1991年中，用于技术改造投资金额约1174万元，居行业首位。其中已完成的技改项目有：国家科委批准的火炬计划“发展经济型数控技术”、国务院电子振兴办批准的“经济型电机转子柔性制造线”、南京市委批准的“引进交流伺服系统与驱动装置”。

销售 1991年，行业各厂根据自己的特点，采取了不同的营销策略。例如：上海日用电机厂提出了“把技术人员推向市场”的营销措施，派熟悉专业技术的设计、情报人员参与产品销售工作，通过技术人员主动进入市场、了解行情、预测市场变化动向，及时抓住机遇、果断决策，开发早期新产品，引导用户，占领新市场。他们的经验是：“以‘变’适应形势，以‘快’赢得时间，以‘优’质量取胜。”由于在市场竞争之中掌握了主动权，企业生产稳步发展。1991年不但制止了生产滑坡，而且创造了较好的经济效益，跃出了低谷。例如：该厂生产的空调电机，由于摸准了情报，在1991年春寒未尽之时，其生产销售量已达到高温旺季水平，仅1991年上半年，所生产的空调电机产量已达全国同类产品总产量的18%；当到达七八月高峰旺季时，月产量达到了历史最高水平。1～8月份销售收入达1289.3万元，是1990年全年销售收入的1.4倍。

〔撰稿人：广州电器科学研究所 刘莲莲 审稿人：广州电器科学研究所 林文硕 机械电子工业部第一装备司 强培生〕

四、微电机

生产发展情况 1991年通过狠抓"市场、产品、质量、机制和效益"的调整和改革，初步制止了生产滑坡，使总的生产发展出现了上升趋势，经济状况有了良性发展。1991年机电部系统67个企业生产微电机147.27万台，完成产值9.58亿元，比上年增长22.5%，销售收入7.9亿元，利税总额5840万元。现以上海微型电机厂、上海仪表电机厂、苏州电讯电机厂、南京微分电机厂、浙江东阳仪表电机厂、广东阳春电机厂、青峰机械厂、博山电机厂、威海电机总厂、天津安全电机有限公司、津市油泵电机总厂、郑州微型电机厂、昆明电机厂、自贡微型电机厂、东风电机厂微电机分厂、沈阳微电机厂、沈阳分马力电机厂、吉林永安电动工具厂、丹东市微型电机厂、北京宇环电器公司、北京曙光电机厂、青海微电机厂、西安微电机厂等23个机械电子工业部归口的重点和定点企业和一个部属专业研究所——西安微电机研究所为例，说明1991年的发展情况。上述企业在1991年共有职工29749人，其中工程技术人员2995人，工人19134人，管理人员3505人。主要产品为各种微电机、特种电机（变频、变流电机和电机扩大机等)、日用电器电机（录音机电机、洗衣机电机和冰箱电机等)、汽车电机、油泵电机等。按1990年不变价统计，1991年共完成工业总产值64103.18万元；工业净产值19054.33万元，平均比上年增长31.53%。产品销售收入57403.86万元，利润总额135.70万元，已交利税1490.16万元。年末固定资产总额46452.77万元，净值29436.47万元。销售利税率平均为5.05%，资金利税率为8.29%。全员劳动生产率平均为24046.97元／人年。可比产品成本降低率平均为2.58%。万元工业总产值能耗平均为0.51吨标准煤。全年出口电机138.70万台、19.38万千瓦，及配套件1.55万件。出口总额为1260.50万美元。以上述数据可以看出，微电机行业的经济形势开始有了好转。但另一方面还有不少大企业利润总额为负值，致使整个行业利润总额很低。

南京微分电机厂是部属重点企业。1991年，该厂以提高经济效益为中心，将生产经营型向经营效益型转化，摆脱了"滑坡"、"亏损"的困境，实现了扭亏增盈，工业总产值比上年增长43.10%，销售收入增长43.50%，利税总额增长177%，实现利润增长200.60万元（1990年为零)，上交利税增长73.40%，全员劳动生产率增长43.50%。

博山电机厂是部属骨干企业，1991年以市场为导向，围绕产、供、销建立短期平衡机制，推行二次承包，加强经济指标考核，使企业迅速摆脱了亏损状态，较好地完成了全年的生产任务。工业总产值比上年增长25.09%，产品销售收入增长29.12%，实现利润增长77.40%。

安徽国营青峰机械厂是部属重点企业，1991年，大力推行目标管理和经济责任制，加强新产品的开发和技术改造，增强工序能力，继续保持了稳定发展的势头。1991年工业总产值比上年增长24.10%，销售收入增长36%，实现利润增长150%。

上海微型电机厂是部属重点企业，1991年以贯彻经济责任制为核心，对工厂运行机制进行了适时的调整，对新产品的研制，产品的销售和工模具的制造实行综合承包，从而有力地促进了工厂经济状况的好转。1991年，工业总产值比上年增长15.50%，利税总额增长77.80%，产销率达99.20%。同时，积极扩大产品出口，出口创汇额达275.20万美元。

苏州电讯电机厂也是部属骨干企业，1991年，及时调整生产，并积极调整产品结构，开发新产品，同时严格控制三项资金的使用，加快货款回收，加速资金周转，从而提前79天完成了全年的生产任务。1991年的工业总产值比上年增长37.60%，销售收入增长33.33%，资金利税率达14.30%，可比产品成本降低率达7.44%。

新技术与科研成果 以上23个企业在1991年中采用的新技术及其产生的效果如表4。

1991年，西安微电机研究所实际完成117项科研项目，其中纵向项目66项，完成率为100%。该所完成了"91K13-G20型稀土永磁交流伺服系统"攻关项目，该系统是国际80年代研制开发出的高新技术产品，它综合了电机理论、传感器、新型稀土永磁材料、电力电子技术、微电子技术及自动控制技术的最新成就为一体，是高性能机电一体化产品。1991年12月通过了陕西省科委主持的鉴定。该所还完成了"磁电式脉冲测速机的研究"和"线绕盘式直流伺服电动机系列研究"两项基金项目，分别于1991年11月、12月通过了机电部基金委员会组织的专家鉴定和所内鉴定。1991年，西安微电机研究所共获得部级科技进步奖4项，通过省级鉴定成果2项。

新产品 以上24个单位在1991年中共完成新产品200余项。其中，南京微分电机厂完成新产品试制9项，4项通过市级鉴定，新产品的产值率达49.40%。上海仪表电机厂完成新产品试制鉴定5项。昆明电机厂完成部级鉴定的新产品有3项，其中全封闭扇冷式鼠笼型异步电动机属部级新产品，该系列电机按美国NEMA标准制造，通过加拿大CSA认证，全部出口美国。该厂完成的YLL精密机床专用三相异步电动机，原为中美合资云力机械有限公司制造的精密铣床配套，现已向美国、日本、东南亚出口。沈阳分马力电机厂试制生产Y（YB）系列三相异步电动机，产品品种从54种增加到152种规格，新产品产值占工业总产值69.80%，比上年提高61.80%。西安微电机厂完成了6种新产品，其中节能电机已完成YL系列2个机座号 7个规格的样机试制和鉴定；YYQ550-2潜水泵电机性能优于国内同类产品，已投入批量生产。上海微型电机厂完成了9项新产品的设计定型，其中ZYN45型钕铁硼永磁直流电动机是上海市科研项目，具有比其它直流电机体积小、重量轻、输出功率大、效率高、磁性能稳定的优点，可取代大部分铝、镍、钴类的永磁直流电动机和大部分电励磁直流电动机，为国家节约大量的铝、镍、钴等战略物资，是节材、节能型电动机。苏州电讯电机厂完成5项新产品的研究试制任务，其中55、75、89F2W无刷直流轴流风机是国家“七五”科技攻关项目，于1991年通过部级鉴定，该产品主要用于电子仪器，计算机、办公自动化等

表4 1991年微电机行业23个企业采用的技术情况

序号	名　　称	主要技术水平及内容	效　　果
1	DJB-823电接触固定薄膜保护剂应用	既导电、又绝缘、既润滑、又能三防。防护性能与润滑性强，价格低廉，广泛应用于各类机电元、器件以及机加工上	青海微电机厂等在工模具上应用，明显提高刃具使用寿命；节约资金
2	4Cr5MoVISi材料应用	替代Cr2W8，在模具上使用	增加寿命，每吨材料消耗下降约1000元，模具寿命提高30%
3	110SZ磁极冲片	利用差间隙冲裁，在不增加加工难度的前提下提高模具寿命	模具寿命可提高8～12倍
4	电脑程控无触点充磁机应用	采用计算机控制技术，控制充磁电压。采用光电隔离法和先进的电子开关，将控制部分和强电部分分开	苏州电讯电机厂的科研项目，采用本机，可控制充磁电压500、600、800、1000V各档，均能有效地满足充磁工艺要求，提高效率
5	130SI电机刷握盒材料和工艺改进	以铝代铜压铸，替代原精密铣后锉加工	单台成本由原来的25元降为1元左右
6	工频半自动试验台应用	主要用于交流风机大批量出厂试验，可供单相、两相、三相工频电机试验	每批试验工位100个，可按程序选择及自动控制耐压、起动、运转、过压等试验项目，可提高工效
7	外充磁工艺设计应用	从已装配好的电机外部对机壳内的转子进行充磁，改变原有的充磁工艺（先转子充磁，后装配）	提高电机装配速度和质量，降低劳动强度和生产费用
8	三位一体风机转子制造新工艺	采用三位一体嵌件式压注风叶，简化了工艺	提高了装配精度，缩短了加工周期
9	钕铁硼新型永磁材料的应用	在低速电机上以钕铁硼新型永磁材料代替铈钴铜铁材料	减少了电机重量，提高电机力矩，降低了成本
10	冰箱电机塑封新材料应用	上海微型电机厂研制成功改性PP-89塑封新材料，用于冰箱电机塑封上，用注射方法塑封电机线圈，国内首创	可承受-40～120℃高低温冲击，与原环氧浇注相比，降低了成本
11	树脂电机定子封装工艺	上微厂为上菱厂分体式空调器配套的YYS-5K单相电容电动机上马专门研制成功的	解决了YYS-5K$_1$电动机配套问题，为国产化做出了努力
12	球墨铸铁热处理软磁化处理工艺应用	主要用于三自动工业缝纫机配套电机上	改进生产工艺，提高工效
13	半自动半定子单槽环绕机	上微厂重大技术装备研制项目，具有自动记数、可靠均匀排线、最高转速可调、停车时电机能制动等优点	1991年12月底通过设计定型，为该厂YYS-5K$_1$电机上马开通了道路
14	86BH稀土磁钢充磁工艺攻关	上海仪表电机厂攻关项目。针对原相邻磁钢定向充磁时产生的退磁现象，采用新的充磁夹具和充磁工艺，大大提高了充磁合格率	充磁合格率由原来的50%提高到98%，便于批量生产
15	电机转子压铸模改进	为解决从日本引进冰箱原电机转子压铸模严重粘铝问题，西安微电机厂经研究、试验改为用国产材料，经氧化处理后制成新的压铸模具	压铸模实现国产化，解决了粘铝问题，保证了生产的正常进行

设备上，其主要技术性能指标达到国际80年代中期同类产品的水平。博山电机厂1991年完成并鉴定新产品20项。其中该厂与合肥工业大学、深圳大明太阳电池公司联合开发的DHB系列光伏电泵系统达到国际80年代末期先进水平，荣获第二届北京国际博览会金奖，列入了山东省“八五”腾飞计划，并申报列入国家科委火炬计划。西安微电机研究所1991年承担新产品研制任务66项，经国家和部省级鉴定的2项，其中磁电式脉冲测速机组共有3种规格，转速范围10～3000r／min，每转脉冲数50～1200，每转有一零位信号，输出电压TTL／comos兼容，电源电压5V±5%，该产品属国内首次研制成功，技术指标先进，是典型的机电一体化产品。“稀土永磁交流伺服系统”有7个规格电动机及相应的3个型号的伺服放大器。主要技术指标为：连续堵转（N·m）为1.6、2.2、3.6、6.5、9.0、14、18，调速比为1∶10000，低速静差度＜10%，低速转距波动＜3%，空载起制动时间＜40ms，加载卸载超调量6%，稳定时间40ms以下，达到了80年代中期世界先进水平，可广泛用于数控机床、工业机器人及纺织、造纸、缝纫机械上。

行业管理　1991年，主要做了五件事。一是为了总结交流我国“七五”期间微电机产品的出口工作的经验和教训，落实国务院10号文件《关于“八五”期间进一步扩大机电产品出口意见的通知》精神，进行了微电机行业企业产品出口情况调查，在肯定成绩的基础上，具体找出了影响企业扩大产品出口的问题。二是向机电部第一装备司和中国电机工业协会填报了微电机行业“八五”淘汰落后产品规划草案。三是召开了微电机分会一届二次理事会议，提出了专业协会1991～1992年工作设想。四是召开了1991年微电机专业协会联络员会议，详细介绍了微电机行业“八五”科技发展规划和新产品开发指南内容，商讨了有关引进设备使用情况和国产化可能性的调研问题，介绍了新技术、新工艺推广应用情况。五是在行业科技、咨询、信息等方面，重点抓了“工艺突破口”工作，走访了重点企业，制定了工作方案，征求了意见；通过《微电机信息》刊物向行业单位及时通报技术、工艺、产品、营销及政策信息；并向行业厂发送了《交流调速系统论文集》等科技资料。

质量及质量管理　1991年各厂普遍采取积极措施，加强了对产品质量的控制和质量管理。青海微电机厂从1991年3月开展了以厂领导为核心的销售、产品结构调整、整顿工艺纪律、强化检验工作。经青海省质检站对产品抽检，项目合格率达91.80%；110SZ56直流伺服电机经西安微电机研究所抽检，各项性能指标均达到JB／DQ3309.7-89产品质量分等中一等品要求。湖南津市油泵电机总厂是机电部定点企业，1991年在质量管理中对全厂工装进行了全面整顿，提高产品加工的工艺保证系数；在技术文件上一律采用国家标准，并积极向国际标准靠拢；对全厂职工进行了GB／T10300和GB／12350-90的贯彻教育，制定了全厂《质量手册》，并按定量管理要求，对全厂环境，工作场地进行了整顿，从而促进了产品质量的提高，经湖南省质量监督检测站抽查，均为合格产品。苏州电讯电机厂狠抓全面质量管理，1991年把707轴流风机列为复创部优产品，3月份由机电部组织进行实物抽样试验20台，全部符合国家标准要求，经部批复，继续列为部优产品。青峰机械厂通过增强职工的质量意识，加强质量管理，使电机成品合格率达98.3%，优质品率达45%，主导产品抽查合格率达95%，采用国际标准覆盖率达47.08%。西安微电机研究所以建立健全质保体系，在全所建立了质量责任制，编制了《质量管理手册》，举办了31期质量教育培训班，进行了全员质量教育；强化质量监督检查，使各项工作都处于受控状态；重点抓了检测中心的整改工作，同时制定并实施了质量奖罚制度。在抓好自身工作的同时，积极开展了行业质量的管理工作。组织了对微电机行业产品质量分等通测等7项标准的审查。按时编制了报批稿。

技术改造及技术引进　这23个企业在1991年共完成固定资产投资5199.10万元，其中技术改造投资达3676.70万元，占整个固定资产投资的70.72%。其中，博山电机厂全年完成技改投资额达658万元，已全部入固定资产。实现技术革新167项。南京微分电机厂完成技改投资246.89万元，截至1991年底，新增固定资产为1174万元。1991年中，该厂完成技术改造项目3项，即经国家科委批准，完成火炬计划中的经济型数控项目技改投资90万元；经国务院电子振兴办批准，完成经济型电机转子柔性线制造项目投资65万元；经南京市科委批准，完成引进交流伺服系统与驱动装置项目86.89万元。以上三个项目全部完成验收合格。青峰机械厂完成技改投资164.2万元，其中SWC联轴器技术改造项目投资110万元。

销售　1991年这23个企业产品销售收入为57403.86万元。

这23个企业在1991年中，共出口微电机及配件140.25万台（件）和19.38万千瓦，出口创汇达1260.50万美元。出口产品主要是录音机电机，洗衣机电机，换气扇电机，一般工业用微电机和交、直流电机、伺服电机、砂轮机、角向磨光机等。主要市场仍在香港、东南亚、欧美和非洲。博山电机厂出口交流电机容量10.54万千瓦，u系列配件11266件，创汇190万美元；威海市电机总厂出口TDS系列砂轮机124049台，MJ465线锯机8181台，创汇353万美元；南京微分电机厂出口一般工业用微电机6.14万台，角向磨光机3.31万台，创汇275.2万美元；沈阳分马力电机厂出口一般工业用微电机13.225万台，创汇105.1万美元；青峰机械厂出口录音机电机104万台，创汇104万美元。以上五个企业的电机出口创汇都超过百万美元，是1991年微电机行业中的出口创汇大户。

〔撰稿人：西安微电机研究所　王国柱　审稿人：西安微电机研究所　王　岗、毛鼎品　机械电子工业部第一装备司　李大千〕

〔中国煤矿机械装备公司〕

生产发展情况　1991年中国煤矿机械装备公司归口安排生产煤矿防爆电动机的企业有11个，共完成电机产量81.19万千瓦。其中抚顺、分宜、西北煤矿电机厂为重点厂，有职工4333人，固定资产8366.8万元，完成产值11148.1万元，实现利润547万元，全员劳动生产率达26330元／人·年。从煤炭工业生产、建设需要看，防爆电动机正向多品种、小批量、大功率方向发展。

新技术与科研成果　1991年，抚顺煤矿电机厂应用微电子技术（数显）改造旧加工机床，在磨床和铣床上共安装6个坐标，提高机床的加工精度；应用单板机改造C630车床加工电机端盖，不仅保证了质量，而且提高了效率；采用低银焊料焊接电机转子内笼（铜导体），提高了焊接质量；采用金属罩光涂料解决零件非配合加工表面锈蚀问题等。西北煤矿电机厂对电烘干炉进行微机改造，提高了电机定子烘干质量；应用PC机改造CB3232车床，故障大量减少，提高了工作效率。

新产品　抚顺煤矿电机厂1991年共完成防爆电机新产品试制16种，其中主要有：为辽源煤机厂生产的250型采煤机配套的250kW防爆电机、消化吸收波兰360型电牵引采煤机配套的150kW和60kW防爆电机和为鸡西煤机厂试制的直流电牵引MG463DW型采煤机配套的200kW交流截割用主电机及26kW直流牵引用电机。此外，结合前几年双速防爆电动机研制、使用中存在的问题，试制了改进型160／80、200／100型刮板输送机用双速防爆电动机。分宜煤矿电机厂完成7种产品样机的试制工作。西北煤矿电机厂试制了DSB-75P（I）、YBS-315矿用隔爆型三相异步电动机。鉴定了YMB-300S、300S（A）采煤机电机，YBS-40、55输送机电机，YBKJ-25调度绞车电机。其中YMB-300S、300S（A）矿用隔爆电动机是代表性新产品。该电机与大功率采煤机配套，电磁方案采用计算机优化设计，提高了产品的可靠性，主要性能指标达到国内先进水平。抚顺煤矿电机厂生产的DMB-375S型矿用隔爆三相异步电动机，1991年获能源部优秀科研成果项目二等奖。

行业管理　1991年在煤炭机械工业协会的领导下，成立了矿用防爆电机专业委员会，将对加强矿用防爆电机行业管理起积极作用。

质量及质量管理　1991年抚顺煤矿电机厂在加强产品质量管理，抓好职工质量教育等方面做了大量工作，取得较好成绩。1991年部级质量管理奖到期，经能源部组成质量管理复评组检查，达到一次合格。获省优的两种产品DSB-75、KBY550-132A通过复评检查。该厂生产的防爆电动机DMB-375S、DMB-300S、DSB-40型三种省优产品经辽宁省产品监督检查所抽查达到合格要求；DMB-170S型经抚顺市产品质理监督所抽查达到合格要求。

采用国际标准情况。1991年在原有DMB-170S、JDM_2B-150SA、DMB-300S三种产品采用国际标准验收的基础上，又完成了对DMB-200S电机采标验收。西北煤矿电机厂在采用国际标准方面也有较大进展，目前在主要产品中有14种防爆电机验收合格，采用国际标准的产品产量已占全年产量的87.2%。

技术改造及技术引进　1991年三个重点煤矿电机厂在技术改造方面做了大量工作。抚顺煤矿电机厂投资124万元，购置各种规格生产设备23台，自制2台硬绕组压型设备，加快了设备更新步伐。分宜煤矿电机厂围绕增加节能隔爆电机品种、产品产量达到行业先进水平，全年技术更新改造完成174.5万元，其中购置设备92万元。西北煤矿电机厂为适应煤炭工业综采机械化发展的需要，拟在“八五”期间发展大容量高压隔爆电动机，1991年主要进行技改项目论证和可行性研究等筹备工作。

销售　根据抚顺、分宜、西北三个重点煤矿电机厂提供资料统计，1991年销售收入9144.3万元。其中采煤机电机约占14.1%；输送机电机约占85.4%。电机出口额13.04万美元。

〔撰稿人：中国煤矿机械装备公司　董善宇　审稿人：中国煤矿机械装备公司　张志明〕

〔航空航天工业部航空系统〕

生产发展情况　航空航天工业部航空电机行业共有10家主要生产企业，职工2.3万人。1991年完成工业总产值1.7亿元，创利税8500万元，出口创汇200万美元。生产各类电机220多万台，主要产品有空调器电机、电冰箱电机、洗衣机电机、电风扇电机、电影放映机电机、点钞机电机、微型牙钻电机、吸尘器电机、稀土永磁电机、工业缝纫机电机、汽车摩托车用电机、电梯电机、洗碟机电机、船用舷外电机等百余种型号；电机功率从几瓦～几十千瓦，包括调频、测速、交流同步、力矩、减速、步进、直流、调速等功能；涉及航空航天、化纤、印刷、冶金、医药、食品、建筑、运输、机电、石油等行业。

新产品　贵州华烽电器总厂微型手持牙钻电动机获省优秀新产品二等奖；北京曙光电机厂生产的MBS54-10三相异步电梯制动电机（为迅达电梯配套）、QD1102-H汽车起动电机、36CK-3B和XDX-8测速电机1991年通过设计定型，其中QD1102-H电机采用稀土材料，具有起动力矩大、节能节材等特点，已用于“奥迪”汽车做性能试验；万里航空机电总厂与南京航空学院合作研制成功智能电机已投入试用，该厂生产的工业单相离合电机 GDD-200、250、400 三种型号 1991 年出口 2.64 万台，创汇 122.2 万美元；秦岭电气公司与西北工业大学研制的 XDD 系列稀土永磁电冰箱压缩机电机于 1991 年通过部、省级鉴定，该机对利用我国丰富的稀土资源，研制新一代高效节能压缩机开辟了广阔的前景，为我国研制可变制冷冰箱压缩机和变速空调器提供了新途径。

技术改造及技术引进 秦岭电气公司电机自动嵌绕设备及模具生产线于 1991 年通过国家验收，总投资 873.2 万元（含外汇 95 万美元）；北京曙光电机厂汽车起动机和发电机生产线及秦岭电气公司电冰箱压缩机电机生产线是国家“七五”第二批重点军转民技改项目，生产线已基本建成，目前正在试生产运行，1992 年将对这两条生产线进行验收。

〔撰稿人：航空航天工业部民品司 王平书 审稿人：航空航天工业部民品司 段铭宏〕

〔航空航天工业部航天系统〕

生产发展情况 林泉电机厂是航空航天工业部贵州航天工业总公司所属的微特电机、二次电源专业研究厂和航空航天部微特电机专业技术中心。该厂实行厂所合并体制。厂址在贵州贵阳市，另在广东省深圳市设有广宇电机有限公司。该厂从 60 年代初期起开始研制工作，已发展形成多型号多品种同时研制生产的格局。

新技术与科研成果 该厂研制生产了三相换流器、大功率快速直流伺服电机、电动自行车用盘式电机、交流整流子电机、冷凝器电机、拉丝机电机、吸尘器电机、冰箱压缩电机、数控机订电机、弧焊机器人电机等。近 30 项产品获部级以上科技进步奖。点焊、弧焊机器人电机等填补了国内空白，其性能已达到日本同类产品水平。

系列整流子电机用作吸尘器、吹风机、粉碎机等的驱动元件，年产 200 台；直流永磁电机主要用于电动自行车，年产 5～10 万台；高技术伺服电机及伺服系统用于机器人和数控机床等，有 5 个品种。

质量及质量管理 该厂民品一次交验合格率为 85%。系列整流子电机、直流永磁电机等获部优奖。

技术改造及技术引进 该厂在贵阳本部通过军转民的技术改造，引进关键设备，建立了年产 50 万台的盘式和整流子电机生产线；在深圳合资引进国外关键设备，生产系列整流子电机，日产 7000 台。现正开发汽车电机、录像机电机等。

〔撰稿人：贵州航天工业总公司 李开俊 审稿人：贵州航天工业总公司 刘富成〕

高压输变电设备

〔机械电子工业部〕

一、变压器、互感器、调压器

生产发展情况 1991 年，对 220 个变压器工厂统计，变压器总产量约为 7613 万 kVA。其中大型变压器 4432.6 万 kVA（其中：500kN 变压器 23 台、403 万 kVA，330kV 变压器 14 台、258 万 kVA，220kV 变压器 125 台、1834.3 万 kVA，110kV 变压器 875 台、1937.3 万 kVA），60kV 变压器为 368.5 万 kVA，35kV 变压器为 1273 万 kVA，10kV 变压器为 1405.8 万 kVA，特种变压器为 133.1 万 kVA。

对 72 个互感器厂统计，总产量约为 65.32 万台。

对 30 个调压器厂统计，总产量约为 73.28 万 kVA。

1991 年沈阳、西安、保定三个变压器厂的产值、产量、利润完成情况：

沈阳变压器厂——工业总产值为 40721 万元，比 1990 年增长 25.09%；变压器总产量为 1440.20 万 kVA，比 1990 年增长 9.16%；实现利润 2027 万元（含视同利润），比 1990 年增长 1.23%。

西安变压器厂——工业总产值 14917 万元，变压器总产量 693.45 万 kVA，实现利润 909 万元。

保定变压器厂——工业总产值 17829 万元，变压器总产量 820 万 kVA，实现利润 802 万元。

新技术与科研成果 交流 500kV 变压器、互感器、并联电抗器是“超高压交直流输变电成套设备”专项中的一个子项，由沈阳变压器研究所承担，其研究成果已随同上述专项于 1991 年 5 月由国家计委和国务院重大设备办公室验收。该子项共含 28 个专项，主要开展的 500kV 产品质量完善化、提高运行可靠性为中心，以提高产品的技术经济指标为目的的科技攻关。

对于变压器产品 21 个攻关专题，从结构、工艺、原材料、测试技术等多领域、多方位进行攻关，达到了降低损耗 15%，降低总重量 15%的预期目标。对互感器 5 个专题和电抗器 2 个专题，通过重点攻关，亦已达到攻关目标要求。

通过这次攻关，使变压器产品的技术经济指标达到国际 80 年代中期同类产品水平，运行可靠性也有了明显提高。同时提高了测试数据的准确性和可信度。在 28 个专题中“75-50-05-01-01 大型变压器防止局部过热和降低损耗的研究”等 9 个专题达到、接近 80 年代先进水平；“75-50-05-01-02 变压器外线圈围屏树枝状放电研究”等 15 个专题成果填补空白，居国内领先地位；“75-50-05-01-05 强油风冷却器的研究”等 4 个专题成果为行业领先。

该子项的攻关成果，结合工程已用在晋京线、葛洲坝、沙岭子、锦辽二期工程的变压器、电抗器、电流互感器产品上，并取得一定的经济效益。例如：研究提出的大型变压器降低损耗和防止局部过热的措施，实施后可降低负载损耗 15%，对大型变压器约为容量的 0.04%，也就是提高效率 0.04%，我国三大变压器厂一年生产大型变压器 3000 万 kVA，按 0.04%计算，即 12000kVA，按投资和运输费用综合考虑，按 6000 元／kVA 计算，相当于 7200 万元。500kV 新绝缘结构的研究，可降低器身重 10%以上，平均每台 500kV 变压器可节省材料费 10 万元，按三大变压器厂一年生产 15 台计，则一年可节约材料费 150 万元。

新产品 1991 年共开发新产品 46 种，其中变压器 28 种，互感器产品 12 种，调压器产品 6 种。主要新产品有：(1) 柱式接触调压器。沈阳变压器研究所根据调压器各制造厂要求组织开发了柱式接触调压器，与感应调压器相比具有体积小、重量轻等特点，从发展趋势看，具有很好的前景。(2) 农用变压器系列产品。针对农村用电负载率低、用户分散、供电半径大等特点及目前农用变压器损耗大的状况，组织开发了单相和三相系列农用变压器产品。(3) 箱式成套变电站。其特点是实现了开关、变压器、断路器三位一体，与传统变电站相比不仅占地面积小，且造价低，使用方便。

行业管理 1991 年在机电部第一装备司的领导下，沈阳变压器研究所与行业工厂组建的中国输变电设备行业协会变压器分会主要做了以下几项工作：

(1) 开展提高产品质量工作。变压器分会在狠抓变压器行业群众性的质量意识提高的基础上，在《变压器行业通讯》上接连四期集中宣传抓质量典型，使全国行业职工质量意识有了明显提高。

(2) 开发新产品，并组织新技术、新产品、新工艺、新装备的推广工作。组织交流、推广 2J 型接触调压器产品，现已有 13 家生产调压器的企业按此图纸进行生产。正在推广箱式成套变电站产品，已有 14 家企业按此图纸生产。组织交流了真空处理技术，如低频干燥技术已在行业中应用。干式变压器真空浇注，有的厂已形成了生产能力。为箔式线圈变压器的制造，开发了箔式绕线机，并试制了样机。

(3) 进行产品结构调整工作。提出了变压器类产品清册，截至 1990 年底止，全行业有品种 2169 个。编制了国家级变压器类新产品开发指南。

(4) 组织与外商、台商的技术交流活动。台湾华城电气公司的华城国际公司的负责人曾访问了变压器分会秘书处，并进行了技术座谈，主要探讨了干式浇注变压器技术转让和生产低噪声变压器的问题。与德国真空处理专家进行了技术座谈，了解到德国在真空处理方面的技术发展，促进了我国变压器制造业真空处理技术的发展。组团参加第一届国际电工装备与技术交流展览会。该展览会有来自德国、日本、瑞士、芬兰、保加利亚、奥地利、法国、意大利、西班牙、新加坡等 10 个国家和台湾、香港地区的 22 家公司参加展出和技术交流。我国变压器分会共有 20 家企业参展，介绍了这些厂家的生产规模和产品及其发展远景。

(5) 广泛开展信息交流工作。通过《变压器行业通讯》交流信息。通过专题资料进行传递信息和交流。

(6) 发展会员工作。变压器分会自成立以来，共发展了 7 批会员，总计为 284 家企业。

质量及质量管理 为了摸清变压器行业产品的质量状况，沈阳变压器所与中国变压器产品检测中心组织了产品质量调研，提出了中小型变压器产品质量现状分析、110～220kV 级电力变压器质量分析、110kV 及以上电压等级互感器产品质量调查分析、关于 500kV 变压器产品质量调查分析、双分裂变压器事故分析、关于 500kV 电流互感器产品质量状况、变压器组件质量状况和大型变压器防止渗漏油总体攻关措施计划实施情况等资料，在天津全国变压器行业质量工作会议上进行了交流。

组织沈阳、西安、保定三大厂开展质量攻关活动，在解决变压器产品的渗漏油问题上做了大量工作，开展了萤光试漏、采用密封胶新工艺等，使变压器出厂后渗漏油几率下降。

此外，根据国家技术监督局 (91) 国监任字第 1 号文“关于 1991 年第二季度国家监督抽查电力变压器产品质量的检测计划”，国家变压器质量检测中心于 1991 年 4 月～5 月，对 12 个企业的 110kV 电力变压器进行了突击抽查，并对 9 个企业的产品进行了吊芯检查和复试出厂试验项目。

检查结果表明：保定变压器厂、常州变压器厂、济南变压器厂、沈阳变压器厂、广州高压电器厂、哈尔滨变压器厂、太原变压器厂、西安变压器厂、衡阳变压器厂等 9 个企业的产品全部合格，抽查合格率为 100%。

在变压器组件质量整顿方面也取得了初步成果。有 32 家企业首批初步达到变压器组件质量整顿要求。

技术改造及技术引进 1991 年完成技术改造项目 37 项，固定资产总投资 23823 万元，其中基建投资 5312 万元，技术改造投资 18511 万元，重点用于工艺设备和测试手段的更新改造。

在技术引进方面，1991 年福州变压器厂和天津变压器厂联合引进了葡萄牙 EFACEC 公司油浸式和干式变压器设计制造技术项目，并派人前往葡萄牙进行培训学习。目前，福州变压器厂正抓紧进行总结、消化试制，力争按计划如期完成样机的制造。

销售 1991 年变压器类产品总销售收入为 36.83 亿元，其中变压器销售收入为 30.69 亿元，互感器销售收入为 4.56 亿元，调压器销售收入为 1.58 亿元。

变压器外销收入为 1767.7 万美元。

〔撰稿人：沈阳变压器研究所 陈 萍、范思纯 审稿人：沈阳变压器研究所 车金亭 机械电子工业部第一装备司 乔振西〕

二、高 压 开 关

生产发展情况 根据对 232 个高压开关主要生产厂的统计，1991 年基本情况见表 1。

从表 1 统计数字可看到，1991 年全行业工业总产值、高压开关产值、工业净产值、销售收入、销售税金、全年企业留利、年末固定资产原值和净值比 1990 年均有一定增长。这是由于国家经济状况好转特别是电力工业发展速度加快所致。但是企业的经济效益（利润）在 1989、1990 连续两年下降之后又一次出现下降，而且三年下降幅度都是两位数。几个重要的开关厂出现亏损。但也有部分开关厂仍取得了较好的经济效益，如福州第一开关厂、珠江开关厂、广州华成电器厂、广州南洋电器厂、佛山市电器厂、佛山低压电器厂等产值和利润均逐年有所增长。

表 1 1991 年高压开关行业主要技术经济指标情况表

项 目	单位	数量	比上年增长%
全部职工年末人数	人	136491	2.6
其中：从事高压开关人数	人	67621	3.9
工程技术人员数	人	13777	6.0
工业总产值：当年价格	万元	309835	12.0
1990 年不变价格	万元	306053	14.1
其中：高压开关产值（当年价格）	万元	150849	9.5
工业净产值（当年价格）	万元	93304	5.7
产品销售收入	万元	306850	20.1
产品销售税金	万元	16538	16.3
实现利润：总额	万元	12723	−15.6
其中：高压开关部分	万元	6504	−12.8
已交利润费	万元	14994	−7.1
全年企业留利	万元	4823	22.7
年末固定资产：原值	万元	206427	17.8
净值	万元	126612	17.9
定额流动资金：年末占用数	万元	188985	7.5
平均余额	万元	186680	9.2

1991 年产品产量情况见表 2。

表 2 1991 年高压开关行业各类高压开关产品产量表

（单位：台、间隔、组）

电压等级 kV	500	330	220	110	63	35	20	10	合计
SF_6 开关设备									
1. 断路器	26	9	250	178	54	132		1464	2113
2. GIS			7	34					41
少油断路器			224	1162	331	1666	21	30751	34155
多油断路器						1918		4607	6525
真空断路器						57	63	4526	4646
(附真空灭弧室)							(27.5kV)		29836
磁吹断路器								69	69
金属封闭开关设备（开关柜)									47317
负荷开关								7461	7461
隔离开关	25	61	1435	4549	980	8341		70131	85522
接地开关									11482
熔断器									215771
箱式变电站								136	136
总计	51	70	1916	5923	1365	12114	84	119145	

从表 2 统计数字可看到：(1) 500kV SF_6 断路器比 1990 年（断路器加 GIS）增长 86%。这反映了电力工业发展速度加快引起的需求增长。生产的 26 台断路器中，西安高压开关厂 11 台，平顶山高压开关厂 8 台，沈阳高压开关厂 7 台。(2) 330kV SF_6 断路器比 1990 年（断路器加 GIS）减少 65%，因为只有西北电网有 330kV 电压等级，其需求是有限的。(3) 220kV SF_6 断路器、GIS 及少油断路器的产量比 1990 年下降了 4%，但是 SF_6 断路器和 GIS 占这一电压等级断路器总产量的 53.4%，第一次超过了少油断路器的产量。(4) 110kV 断路器加 GIS 产量 1374 台（间隔），

比 1990 年增加 12.3%，但 SF_6 断路器加 GIS 仅占 15.4%，有所下降。

各类断路器所占比例变化情况见表 3。

表 3　1991 年各类断路器所占比例变化情况　　(单位：%)

电压 (kV)	500		330		220		110		63		35		10	
年份	1990	1991	1990	1991	1990	1991	1990	1991	1990	1991	1990	1991	1990	1991
SF_6 开关设备	100	100	100	100	39.1	53.4	23.3	15.4	11.4	14	2.6	3.5	3.9	3.5
少油断路器					60.9	46.6	76.7	84.6	88.6	86	49.3	44.2	75.5	74.2
多油断路器											47.7	50.8	11.5	11.1
真空断路器											0.4	1.5	9.0	10.9

在 63、35、10kV 电压等级中，各类开关所占比例没有明显变化，仍然是少油式为主，35kV 级多油式占一半。

新技术与科研成果　1991 年，完成了两项基础科研：暂态记录仪校验方法的研究，灭弧室气流密度场的光学测量。

新产品　1991 年行业各单位进行了多种新产品的研制并取得成功，这些产品将在 1992 年进行鉴定。已研制的新产品主要有：500kV 封闭式组合电器，220kV、500kV 罐式 SF_6 断路器，6kV 真空接触器，35kV 大容量单断口真空断路器，35kV 户外大容量 SF_6 断路器，10kV 柱上 SF_6 重合器、柱上油重合器，10kV SF_6 自动分段器、跌落式自动分段器，10kV 柱上真空断路器、柱上大容量 SF_6 断路器，10kV 金属封闭固定箱式开关柜，10kV 产气式负荷开关，10kV 产气式环网柜，10kV 箱式变电站，10kV 户内大电流隔离开关，35kV 户内新型隔离开关，10kV 带负荷开断的新型跌落式熔断器，35kV 跌落式熔断器，27.5kV 电气化铁道用 SF_6 断路器、真空断路器和熔断器。

1991 年西安高压电器研究所为全行业颁发了 127 个产品型号使用证书。其中高压开关柜 65 个，断路器 26 个，高压熔断器 3 个，隔离开关 9 个，接地开关 5 个，封闭式组合电器 4 个，操动机构 8 个，辅助开关 1 个，带电显示装置 6 个。这 127 个产品中多数是转产的产品。属于新产品的 9 个，其制造厂和产品型号如下：浙江开关厂的 ZN13－10／1250－31.5 真空断路器、平顶山高压开关厂的 LW10－330／3150－40 SF_6 断路器、潍坊开关厂的 JN9－35／20 接地开关、北京开关厂的 ZF4－110／1250－31.5 封闭式组合电器、平顶山高压开关厂的 ZF5－63／1250－31.5 和 ZF5－110／1250－31.5 封闭式组合电器、福州市电力器件厂的 DXN3－10／T、Q 和 DXN3－35／T、Q 带电显示装置、江山市开关厂的 DXN4－10、35／T、Q 带电显示装置。

行业管理　1991 年 1 月，中国输变电设备行业协会高压开关专业协会在郑州市举办了全国高压开关行业新闻发布会暨名优新产品展览会，展览会延续到 4 月底。会上发布了高压开关行业的生产、质量、新产品开支等情况。会上展出了油断路器、SF_6 断路器、真空断路器、发电机断路器、隔离开关和接地开关、负荷开关、熔断器、SF_6 封闭式组合电器、金属封闭开关设备、环网柜、箱式变电站、其它成套装置、配套件等 13 类 139 个产品的实物和图片。这次活动展示了我国高压开关行业"七五"期间所取得的成就，促进了行业的内部以及与使用部门之间的技术交流，推动了全行业产品结构的合理调整。

1991 年 1 月，机械电子工业部和能源部联合召开了全国农村电网装备工作会议。会议提出了促进农村电网改造和建设进程中为农村电气化建设提供性能可靠、结构简单、价格合理、成套性强的农网装备的要求，并做了具体安排。随后，行业各单位投入了农电产品的开发研究工作，并取得了一定的成果。

质量及质量管理　为了加强行业质量管理工作，1991 年 2 月成立了全国高压开关行业质量网。

国家高压电器检测中心完成了全行业 357 项产品的型式试验任务，其中 110kV 及以上高压电器 13 项，10～35kV 开关柜 116 项，10～35kV 熔断器 102 项。完成了 1991 年度 10kV 金属封闭开关设备的国家抽查，共抽查 7 个工厂的产品，合格率为 86%，比往年有所提高。

11 月国家商检局组织的评审考核组对西安高压电器研究所高压、大容量实验室进行认证考核，并正式认可为国家高压电器商检实验室。

平顶山高压开关厂生产的 LW6－500 型 SF_6 断路器荣获国家金质奖，这是全行业超高压领域第一次获此殊荣。

1991 年共制定了 9 项新标准，国家标准有 6 项，包括《发电机断路器通用技术条件》和 5 项《交流高压熔断器》；行业标准有 3 项，包括《交流高压隔离开关开合母线转换电流试验》、《交流高压接地开关开合感应电流试验》、《电气化铁道用断路器技术条件》。

技术改造及技术引进　1991 年全行业基本建设投资 10376.6 万元，技术更新改造投资 21150.9 万元，两项共计 31527.5 万元。在全行业经济效益不佳的情况下，仍然投入这么多资金进行技术改造和基本建设，这对增强行业发展后劲是很有益的。

各单位对已引进的技术继续进行消化、吸收，国产化工作取得进展。其中沈阳高压开关厂制造了500kV GIS、500kV 罐式 SF_6 断路器和220kV 罐式 SF_6 断路器，并在1992年申请两部鉴定，这是技术引进工作的重大进展。

〔撰稿人：中国输变电行业协会高压开关分会 罗贯康　审稿人：中国输变电行业协会高压开关分会 叶德隆　机械电子工业部第一装备司　乔振西〕

三、电瓷避雷器

生产发展情况　1991年生产电瓷避雷器企业近200家，其中主要企业18家。根据1991年35家电瓷避雷器企业的统计，工业总产值增长了8.79%，利润总额增长了26.69%。经济效益滑坡有所控制，但实现利税仍然下降，特别是骨干、重点企业成本增加，经济状况尚未走出困境，主要生产技术经济指标完成情况如表4。经济指标中处于行业的领先地位的18家主要企业和11家骨干、重点企业占所统计35家的比重如表5。

表4　1991年35家电瓷避雷器生产厂主要指标完成情况

项　　目	单位	实际完成	比上年增长%
工业总产值（1990年不变价）	万元	78862.84	8.8
年末职工人数	人	38208	−0.9
年末固定资产原值	万元	70774	7.3
年末固定资产净值	万元	39471	3.4
利润总额	万元	841	26.7
实现利税	万元	5876	−9.0
高压电瓷产量	吨	81143	−0.8
其中：线路电瓷	吨	58806	−4.2
电站电器电瓷	吨	22337	9.6
110kV 瓷套	只	18845	−14.9
220kV 瓷套	只	3192	−3.1
110kV 电容套管	根	2670	11.8
110kV 棒形	只	63813	23.6
220kV 棒形	只	28267	21.5
低压电瓷产量	吨	5193.82	−41.6
高压避雷器	只	489185	16.5
其中：110kV 及以上	只	3193	−13.5
销售收入	万元	70247	20.4

1991年全行业在"七五"引进技术、进口关键设备及进行技术改造基础上，进一步调整产品结构，大力开发新产品，特别是大量开发了耐污型产品和重点工程配套产品，如大连电瓷厂、苏州电瓷厂大量生产电力线路急需的耐污型悬式绝缘子、西安高压电瓷厂利用引进的等静压生产线，批量生产500kV 抗弯强度8kN～12kN 普通型和耐污型两个系列的单柱棒形支柱绝缘子，产品性能达到国际同类产品80年代水平，抗弯破坏强度稳定地超过额定值，为我国超高压输变电成套设备提供了优质国产化产品；该厂还能批量生产美标TR系列棒式支柱绝缘子，产品出口南北美洲。美国、哥伦比亚及台湾的一些公司已连续向该厂订货。抚顺电瓷厂及醴陵电瓷厂已能批量生产LW和FA系列六氟化硫断路器瓷套；西安高压电瓷厂开发了部分三菱系列六氟化硫断路器瓷套，供我国高压开关配套需要。南京电瓷总厂210kN玻璃绝缘子通过运行鉴定。

表5　电瓷避雷器主要企业及骨干重点企业占35家统计企业比重

项　　目	18家主要企业比重（%）	11家骨干重点企业比重（%）
工业总产值（1990年不变价）	82.91	69.92
年末固定资产原值	87.41	74.44
年末固定资产净值	85.49	71.48
利润总额	79.07	71.13
实现利税	82.48	69.23
高压电瓷产量	85.14	59.01
其中：线路	84.16	54.25
电站电器	87.74	71.55
110kV 瓷套	100	93.92
220kV 瓷套	100	94.74
110kV 电容套管	100	100
110kV 棒形	99.26	99.01
220kV 棒形	100	99.59
高压避雷器产量	75.40	41.44
销售收入	83.75	71.08

新技术与科研成果　1991年本行业完成科研成果及研究课题共268项，其中有为提高电瓷产品质量和发展高档产品而进行的高强度料配方的科研成果，开展此项工作的有：南京电瓷总厂、抚顺电瓷厂、大连电瓷厂、西安高压电瓷厂等。抚顺电瓷厂研制了 SF_6 断路器瓷套内壁耐 SF_6 气体腐蚀的有机耐腐蚀涂料，自行设计制造直径1000mm卧式真空练泥机、大瓷套内外仿型数控修坯机、35～60kV 棒形支柱绝缘子多工位上釉上砂机等。

在节约能源方面，电瓷行业具有较大的潜力，如西安高压电瓷厂节能效果显著，连续五年保持了国家节能二级企业水平；景德镇电瓷电器工业公司引进原联邦德国的等温高速煤气车底窑，1991年5月已正式投入生产，使产品质量稳定在99%以上，与圆窑相比，该窑耗能降低80%，生产周期缩短为38.5%；章丘电瓷厂85m隧道窑采用热煤气烧成技术，吨瓷耗煤由原来3.5吨降低到1.5吨。

1991年，经国务院重大装备办公室批准的攻关项目有：500kV 防污悬式绝缘子研制、500kV 高强度 SF_6 瓷套研制、500kV 高性能氧化锌避雷器、复合绝缘外套氧化锌避雷器、铁道线路保护用避雷器和绝缘材料研究。攻关项目均已作了可行性论证报告，开始攻关研制。

新产品 1991年据35家企业统计，完成新产品223项，其中主要有：

棒形支柱绝缘子有：110kV耐重污型棒式支柱绝缘子（抚顺电瓷厂）。

套管与瓷套有：500kV SF_6断路器瓷套（抚顺电瓷厂）、ELF型SF_6断路器用瓷套（抚顺电瓷厂）、220kV耐重污型电流及电压互感器用瓷套（抚顺电瓷厂）、220kV薄型密伞耐污型瓷套（阳泉高压电瓷厂）、LB−220／2×1250大电流互感器瓷套（南京电瓷总厂）、FA_2−363型SF_6断路器瓷套（醴陵电瓷厂）、252kV SF_6断路器用灭弧室瓷套。

线路绝缘子有：100kN圆柱头悬式绝缘子（大连电瓷厂）、160kN双伞型耐污悬式绝缘子（大连电瓷厂、苏州电瓷厂）、160kN耐污型玻璃绝缘子（南京电瓷总厂）、160kN耐污悬式绝缘子（淄博电瓷厂）、20kV耐雷击型针式绝缘子（萍乡电瓷厂）。

氧化锌避雷器有：500kV耐重污型氧化锌避雷器（抚顺电瓷厂）、500kV GIS用罐式氧化锌避雷器（抚顺电瓷厂）、110kV高原型氧化锌避雷器（抚顺电瓷厂）、YIC−12.7过电压吸收器（闽清电瓷厂）。

行业管理 根据国家和机电部提出调整产业结构和产品结构的要求，受机电部的委托，由西安电瓷研究所和中国输变电设备行业协会电工陶瓷分会组织行业力量，提出绝缘子避雷器新产品开发指南及分析论证报告，并已被编入全国机电产品开发指南中。"指南"榘出，今后高压电瓷发展的总趋势是：避雷器产品要稳定发展金属氧化物避雷器，逐步取代碳化硅避雷器，产品结构调整要根据"一创三节二保证"的方针，重点发展创汇产品，替代进口产品和重点配套产品。技术改造的重点要放在满足上述产品生产和提高质量的装备上，不能盲目用传统老设备扩大一般产品生产能力。制订了生产高压线路针式和盘形悬式瓷绝缘子企业必备条件的规定，为实行上述产品生产许可证制度创造条件。行业协会电工陶瓷分会成立后，协助政府进行部分行业管理工作，也为企业做了许多协调服务工作。在电瓷原料工作方面，加强了电瓷原料矿点调查，初步确定了4个粘土矿加工点和1个长石矿点，正在编制纳入"八五"规划的建议报告，并加强了现有原料加工点的质量管理工作，制订了"电瓷行业用原料加工厂（矿）产品管理和质量监督办法"。

1991年行业对外进行经济、技术合作，出口产品的企业近30家，经国家批准为机电产品出口基地的企业有：大连电瓷厂、苏州电瓷厂、萍乡电瓷厂；被批准为自营出口企业有：闽清电瓷厂、西安高压电瓷厂（包括在西电公司内）；获出口商品生产企业证书的有个旧市高压电瓷厂。

本行业国家二级企业有：西安高压电瓷厂、南京电瓷总厂、苏州电瓷厂、大连电瓷厂；国家二级能源节约管理单位有：西安高压电瓷厂、抚顺电瓷厂、闽清电瓷厂；部级二级能源节约管理单位有：南京电瓷总厂、苏州电瓷厂；达到国家安全级工厂标准，被授予部安全级企业有：西安高压电瓷厂、大连电瓷厂、苏州电瓷厂、南京电瓷总厂；国家二级档案管理单位有：西安高压电瓷厂、大连电瓷厂、苏州电瓷厂、淄博电瓷厂；荣获省级先进企业称号有：抚顺电瓷厂（创科技先导型）、淄博电瓷厂、闽清电瓷厂、红星电瓷厂、醴陵第一电瓷厂；获省级"重合同守信誉"企业有：唐山高压电瓷厂、平定高压电器厂；获省一级企业有：巩义市电瓷厂；省技术进步先进企业有苏州电瓷厂。

全行业有8个企业的"工艺突破口"工作获省级先进或通过省市达标验收。

根据原国家经济委员会经质〔1986〕147号文规定，避雷器产品被列为发放生产许可证的产品之一，国家绝缘子避雷器质量监督检测中心受机电部委托，对申请发证企业进行了严格的审查验收和产品检测，截至1991年底止，有40家企业的49个系列10kV配电型普通阀式避雷器和低压金属氧化物避雷器产品获得了相应的全国工业产品生产许可证证书。

质量及质量管理 在机电部第一装备司的领导和主持下，于1991年9月4日在淄博召开了1991年电瓷行业质量工作会议，会议通过了"1991年—1992年电瓷行业质量工作计划"、"1992年23个电瓷厂主要产品瓷检和全过程合格率考核指标"以及"电瓷行业用电瓷原料加工厂（矿）产品管理和质量监督办法"、"生产高压线路针式和盘形悬式瓷绝缘子的企业必备条件条例"、"开展电瓷材料显微结构分析检测的措施"、电瓷生产工序质量控制点及其管理办法（试行），并对电瓷行业产品结构调整、"八五"期间工艺推广应用引进技术和重大攻关成果、扩大出口产品品种、提高出口产品质量和出口创汇以及提高电瓷产品附件质量等问题进行讨论，制订措施贯彻实施。行业骨干重点企业建立了较为完善的质量保证体系，产品质量较好，其中抚顺、南京、醴陵、大连、淄博、唐山、个旧7个电瓷厂全面完成1991年机电部考核的瓷检合格率和全过程合格率。大连、抚顺、西安、南京、醴陵、苏州，产品合格率一直处于全行业较先进的地位。

按照国家技术监督局下达的任务，国家绝缘子避雷器质量监督检测中心对110kV互感器和断路器用瓷套进行国家监督抽查产品质量工作，合格率为100%，其中5个互感器用瓷套产品达到一等品。

同时根据机电部质量安全司下达的任务，国家绝缘子避雷器质量监督检测中心对线路盘形悬式绝缘子进行了全行业质量评比工作，全国稳定生产70kN级普通型及耐污型盘形悬式瓷绝缘子大约有20个生产企业，参加行评单位及产品占90%以上，产量占全行业85%以上，一等品占31.6%，合格率为 68.4%，行评合格率及产品质量有一定的提高。

1991 年能源部、机电部联合组织并对 110kV 及以上电压等级氧化锌避雷器产品进行运行调查，并对其进行运行鉴定。通过了生产 110～500kV 电压等级氧化锌避雷器的 6 个定点厂（西安电瓷研究所、抚顺电瓷厂、西安高压电瓷厂、南阳氧化锌避雷器厂、北京电力设备总厂电器厂、上海电瓷厂）的产品的运行鉴定，并作为两部的定点产品。

全行业保持部优质产品以上荣誉称号有 21 种(其中国优 4 种，部优 14 种)。1991 年荣获部优质产品称号的有 3 项：LW_Z-220 型 SF_6 断路器用瓷套（醴陵电瓷厂）、63～500kV FA 系列 SF_6 断路器用瓷套（醴陵电瓷厂）、P-10 针式绝缘子（淄博电瓷厂）。500kV 及以下输配电用的全部电瓷避雷器产品，绝大部分产品标准水平达到了国际标准水平，部分指标达到了国际先进水平。1991 年全行业通过审查后报批的国家标准 7 项，专业标准 1 项。1991 年经国家技术监督局及机电部批准的国标及专业标准共 15 种。

技术改造及技术引进 1991 年本行业根据国家和地方安排的技术改造费用共完成 5323.7 万元，主要用于发展和稳定 500kV 大瓷套，包括 SF_6 断路器高强度瓷套、防污瓷套，高强度大棒形、防污支柱，高强度、防污及其直流悬式绝缘子，钢化玻璃悬式绝缘子以及氧化锌避雷器等产品，提高 110～500kV 上述产品的生产能力和制造技术水平，充实电瓷行业研究所的科研测试条件，力图把行业的科研、生产水平较大地跃进到一个新的水平。

1991 年列入机械工业技术改造国家重点项目的单位有抚顺电瓷厂、西安高压电瓷厂、南京电瓷总厂、大连电瓷厂、萍乡电瓷厂、景德镇电瓷电器工业公司、醴陵电瓷厂、红星电瓷厂、闽清电瓷厂、阳泉市高压电瓷厂、唐山市高压电瓷厂、西安电瓷研究所等。许多企业都相应地利用地方投资及自筹资金进行了技术改造。如淄博电瓷厂、南票矿务局电瓷厂、章丘电瓷厂、苏州避雷器厂、醴陵第一电瓷厂、石嘴山高压电瓷厂、兰州电瓷厂、重庆电瓷厂等。1991 年本行业重点骨干企业技术改造完成情况见表 6。

表 6 1991 年电瓷避雷器行业主要企业技术改造完成情况

厂 名	完成投资额（万元）	用 途
抚顺电瓷厂	300	完成 18m 跨 5800m^2 厂房改造和生产设备技术改造，窑炉、烘房已投入生产，形成一条从泥料制作到成品胶装的高强度棒形生产线；迁建项目制泥、大套管、锅炉三大车间主体厂房的竣工
西安高压电瓷厂	350	新建一跨大瓷套厂房及安装了与之配套的大型内外仿型修坯机，完成了国产化车底窑主体工程、安装了 750kV 变压器、高强度车间榨泥系统改造，共安装 31 台设备
大连电瓷厂	185	完成第三制瓷车间改造，新增产值 438 万元，利税 48 万元
醴陵电瓷厂	372	1843m^2 试制车间和 4784m^2 科技中心竣工验收，完成新厂球磨榨泥、废水净化与综合利用工程，利用循环水 17.8t，回收废泥 1955t，回收废油 1.8t，减少排污费 4.7 万元，大套管等静压成形工程 821m^2 的土建工程动工
红星电瓷厂	372	老厂调整并形成线路电瓷、110kV 棒形、110kV 套管生产线，更新一部分陈旧设备；新厂区完成主厂房内外粉刷和水电安装，煤气站和总配变电站土建和安装工程
南京电瓷总厂	170	三号隧道窑实行微机控制，引进玻璃绝缘子生产线与意大利德兴集团签订技术转让合同 3 月份正式生效，更新了部分技术设备
苏州电瓷厂	150	完成高强度耐污悬式生产线技改及扩大机电产品出口技改项目
景德镇电瓷电器工业公司	1510	引进 D-2 高速搅拌分散机、Y-100 型含水混合机、TKMF-100×26 全自动液压成形机三台，氧化锌避雷器和高强度棒形生产线（成形、烧成工段）工程竣工，投入生产
闽清电瓷厂	294	完成扩大高低压熔断器出口工程的 4954m^2 的主体厂房封顶和框架结构施工及配套安装设备，投产 47 台（套）

销售 1991 年根据 35 个电瓷避雷器生产厂的统计，国内销售收入为 70247.69 万元，比上年增长 20.37%；国外销售收入为 1444.64 万美元，其中出口创汇较多的企业有：大连电瓷厂（325.3 万

美元、电瓷 3045 吨)、闽清电瓷厂(350 万美元)、苏州电瓷厂(200 多万美元)、萍乡电瓷厂(187.6 万美元、电瓷 2800 吨)、南京电瓷总厂(132.25 万美元、电瓷 284 吨)、西安高压电瓷厂(96 万美元)、醴陵电瓷厂(65 万美元)。产品销往北美、南美、哥伦比亚、东南亚、西欧、芬兰、阿拉伯、及香港、台湾等几十个国家和地区。

〔撰稿人:西安电瓷研究所 郑娉婵、田德起 审稿人:西安电瓷研究所 周义华 机械电子工业部第一装备司 乔振西〕

四、电力电容器

生产发展情况 1991 年电力电容器行业的生产、销售、利润等经济技术指标较 1990 年均有好转。收入统计范围的 22 个企业共生产各类电力电容器产品 1521 万 kvar,工业总产值为(1990 年不变价)25805.7 万元,比 1990 年分别提高 50.04%和 20.19%。利税总额共计 1641.04 万元,比 1990 年提高 80%。

总的说来,华东、东北地区企业的发展要快些;如南京、无锡、锦州等地的电力电容器厂产量、产值、销售利润和实现利润总额的增加幅度大些,尤其是南京电力电容器厂虽然产量只是行业中的第 13 名,但销售利润和实现利润总额却排行业第一。

1991 年行业形势的好转,还表现在库存商品的减少,1990 年末库存商品价值占当年行业商品产值的 34%;而 1991 年库存商品价值比 1990 年减少 1661 万元,是 1991 年全部商品产值的 21%弱,表现了较好势头。

流动资金周转仍然不畅,平均周转天数为 231 天,最长的达 678 天,流动资金占用额太大;全部资金利税率(净值)只有 4.06%,人均创利税 1604 元/年。

1991 年,产量为 101~200 万 kvar 的企业有西安、桂林、无锡、新安江、上虞、本溪等 6 个厂(后三厂产量中电热电容器占极大比重),产量为 51~100 万 kvar 的有锦州、苏州等 5 个厂,产量为 21~50 万 kvar 的有南昌等 5 个厂,其他厂产量均在 20 万 kvar 以下且主要生产低压并联电容器或电动机电容器。

新技术与科研成果 1991 年,行业共获得各级科技成果奖 27 项,在科技方面的投资额为 106.45 万元,科技转让收入 25 万元。

工艺材料方面 鉴于长期存在的电力电容器产品密封性不能让用户满意的问题,行业各厂积极采用氩气自动保护焊或二氧化碳自动保护焊等先进工艺装备和先进技术、改进低温化学镀代替传统镀银工艺等;有的企业还加强了箱壳清洗工作,以提高产品电气性能及密封性能。

材料方面的最大进展是完成了目前国外公认的、特别适合全膜高压并联电容器的最佳浸渍剂——苄基甲苯(M/DBT)的合成和试用,并初步进行了推广工作,上海厂、无锡厂已开始应用于批量生产。新浸渍剂大幅度提高了电容器的电气性能、尤其是低温下的局部放电性能,将对行业产品更新换代起到巨大作用。

1991 年,西安电力电容器所还进行了“双面粗化膜在电力电容器中的应用”的深入研究,以配合新浸渍剂共同推进高压并联电容器的全膜化进程,尽快赶上国际先进水平。

试验技术方面 继西安电力电容器所建成了国内容量最大的电力电容器耐用性试验基地和谐波试验电源之后,桂林厂筹建了科研试验基地,增添了 750kV 试验变压器等设备;无锡厂正在筹建 600kV 工频试验室,1991 年已完成土建任务;锦州、苏州二厂分别添置了元件耐压机。

新产品 1991 年,行业开发新产品、并已通过鉴定的有 56 个主要品种规格,其中西安厂和苏州厂各开发 11 个,桂林厂 8 个,无锡厂 7 个。

全行业 1991 年开发的新产品品种规格共计 148 个,总产量 372.48 万 kvar,总产值 7810.22 万元;新产品产值率 30.88%,分别比 1990 年提高 74.84%、72.74%和 42.96%。其中南京厂新产品产值率最高,为 85.70%,无锡厂第二,达到 70.60%,锦州厂 49.20%。新产品开发对企业经济效益的提高发挥了重大作用。

1991 年开发并鉴定的新产品,不但品种规格比 1990 年多,技术上也更为先进;有一些属于更新换代产品。

质量及质量管理 据电力电容器产品质量监督检测中心统计:1991 年行业 21 个制造厂的并联电容器电气性能平均交检一次合格率达到 96.14%,其中最高达 99.60%,电热电容器交检一次合格率 97.75%,耦合电容器 97.30%,电容式电压互感器 99.18%,均压电容器 98.78%,脉冲电容器 95.93%,串联电容器 92.38%。产品综合交检一次渗漏率 9.41%,并联产品 11.23%,电力电容器产品密封性欠佳的问题还远未解决。

1991 年新增加的部优产品有西安厂、桂林厂、锦州厂(各 2 种)以及丹东厂的 7 个规格产品;累计到 1991 年,共有各级优质产品 49 种,优质品产值 4322.21 万元,优质品产值率 17.14%。

技术改造及技术引进 1991 年行业 22 厂共完成固定资产投资 575 万元,其中技改项目投资完成 258.20 万元,与 1990 年相比,技改项目增加,土建投资相对减少。这是由于主要土建项目已基本完成之故;技改项目中主要是改造旧生产线以满足新用户需要。

销售 1991 年行业 22 个厂的销售收入 25371.90 万元,比上年增加 27.46%;利润留成 129.86 万元,比上年增加 100%以上。但平均每厂只有 5.90 万元,仍然是很低的水平。

1991 年,行业企业共出口 3 个系列 8 个规格的产品,共计 23.6 万 kvar,创汇 89.7 万美元;出口到巴基斯坦、马来西亚以及香港等国家及地区。

〔撰稿人：西安电力电容器研究所　张立盛　审稿人：西安电力电容器研究所　房金芝　机械电子工业部第一装备司　乔振西〕

五、保护继电器及装置

生产发展情况　1991 年本行业 19 家企业，仍然被市场疲软、库存积压、资金短缺所困扰。从完成的主要经济指标看，有 5 家企业工业总产值比上年有所下降，大部分企业出现了生产经营逐步回升的好势头，个别企业经济效益滑坡。1990 年出现亏损的 4 家企业，已有 3 家扭亏为盈，但由于债务株连及产品调整等因素影响，今年又有 2 家企业的利润总额出现负差。1991 年 19 家企业实现利润总额 1130 万元，比上年 1544 万元下降 26.8%。有些企业仍处在微利状态。另外行业年末发出商品余额高达近 9000 万元，比上年同期增加近 20 万元。定额流动资金期末占用数也呈上升趋势，因此行业企业在资金紧缺中运行。

许昌继电器厂开展"三上一提高"科技年活动，使开发的新产品尽快转化为生产力，创造了可观的经济效益。该厂实现工业总产值 8590 万元，比上年增长 9%，利润 811 万元，比上年增长 11%。阿城继电器厂以五个投入（市场开发，产品开发，关键工艺装备，企业文化，人才开发）为指导思想，以销售、成本、资金、质量、开发的十字方针为指南，仅新产品的产值就达 3013 万元。阿城继电器二厂由于几年来经济效益急剧滑坡，1990 年已到最低极限上，利润出现赤字亏损达 41 万元，1991 年克服各种困难，以拼搏进取精神一举扭亏为盈，工业总产值、商品产值分别比上年增长 55.3%和 48.7%，实现利润 23 万元。为适应市场需求，长征电器公司对产品结构再次进行调整，将继电保护产品、漏电开关产品于 1991 年 9 月重新调整回原长征电器八厂生产。该厂重新组建了领导班子，仅用 4 个月时间完成了搬迁、生产两不误，在恢复继电保护产品生产的同时，该厂引进项目生产的漏电开关产品在国内也打开了市场，这两大类产品为该厂实现销售收入 417 万元。苏州继电器厂为降低成本强化了物耗管理工作，使销售成本率降低 3%，全年节约金额达 20 余万元。

全行业 1991 年主要产品继电器生产 211 万只，比上年增长 9.4%；自动化及保护装置 2409 台（套），保护控制屏 17829 面，分别比上年下降 48.6%和 1.0%。

新技术与科研成果　许昌继电器研究所是本行业高科技研究和开发的归口所。1991 年积极同大专院校及有关单位合作先后开发了变电站微机综合自动化系统、微机大机组成套保护装置、微机收发信机、微机母线保护装置，还同本行业的阿城继电器厂、上海继电器厂联合开发县调远动等一批微机型产品。上述项目已取得不同程度的进展。该所全年完成 56 项科研成果，其中 38 项通过评审鉴定。14 种高科技产品通过两部鉴定。为占领农村市场积极开发农电产品，110kV 集成电路集控装置已完成基础元件 8 项的设计，为两部鉴定做好准备。35kV 农电集控装置，经采用现代电子技术、进口集成电路元器件，提高了装置灵敏度，可靠性及动作值。同时采用强电控制操作，弱电集成电路型保护及信号。该装置投入现场试运，因用户易于接受和掌握，受到好评，创造了 250 万元的经济效益。

保定继电器厂与河北工学院合作完成的 PKCAD／CAPP-I 计算机辅助设计研究成果，应用于 PK 屏、PGL 屏，低压板二次设计和工艺规程设计，提高了工作质量和效率。同时扩大了万能弯曲机的应用范围，提高工效 20 倍，降低成本 90%。

1991 年行业承担国家重点科技项目 3 大项共 8 个分专题，即：50 万伏线路微机保护装置的研制，包括高频方向保护、光缆短距离保护、自适应式母线差动保护线路保护装置，500kV 变压器、60 万千瓦机组微机保护装置研制，电气化铁路用继电保护及自动化装置包括微机型电气化铁路成套保护、牵引变电所微机自动化系统。这些项目已按计划完成整体方案确定及硬件设计。

1991 年在新工艺，新材料方面取得一定成绩。本行业生产的各类控制屏、保护屏、屏体涂装一直是采用喷漆工艺，喷漆材料利用率为 60%，工序 24 道，不仅费材费时，有时还影响屏体涂装表面质量。许昌继电器厂采用粉末静电喷涂新工艺，材料利用率达 80%，工序减少到 16 道，每平方米材料实际消耗量：喷漆为 1050g、而喷粉仅为 247g，折合人民币，喷漆为 8.4 元、喷粉为 4.94 元。该工艺达到节能节材、高效少污染的要求。在本行业有推广价值，望城继电器厂采用该工艺，到 1991 年止创利润 150 多万元。

另外由许昌继电器所主办编辑出版发行的《继电器》季刊，被河南省科委评为 1991 年度河南省优秀科技期刊，并颁发了期刊质量考核单项优秀证书。

许昌继电器研究所已全部搬进 1988 年动工修建的 $7790m^2$ 的科研大楼内和 1989 年竣工的 $3000m^2$ 的行业产品检测中心大楼，形成了一个科研、试验、检测成为一体的科研基地。并在全所配置了计算机网络系统，为研究所科研开发和设计能力上等级提供了必备条件。

新产品　根据国家发展重点，满足电力工业用户需要，以微机、集成电路型产品为主，全行业开发研制了 137 种新产品，其中通过厂内鉴定 85 种，省、市主管局级鉴定 14 种，部级以上鉴定 15 种。由机电部第一装备司和能源部科技司主持鉴定的阿城继电器厂引进瑞士 BBC 公司技术生产的 PFH-1 型发电机和变压器集成电路保护系统及其装置，经专家鉴定认为该系统采用标准化设计、双重化设计和自动监视检测技术，吸收引进了先进制造工艺技术，使该装置安全可靠性提高、灵活性好、通用性强，主要指标已达到BBC产品水平，可广泛应用于30万、60万大中型发电机组，并可替代进口保护装置。辽阳继电器厂研制的DZC-3超小型大功率继电器，以体积小、功率大、动作可靠、寿命长等特点，于1991年通过省机械委组织的鉴定验收，认为该产品已达到国际IEC标准水平。

行业管理 针对本行业1991年面临的市场疲软，资金短缺，生产不足，上半年亏损企业达40%以上，近30%企业亦频临亏损边缘的严重局面，由中国电器工业协会继电器及其装置分会组织召开了继电器行业厂长会议，就本行业如何加强管理、改善经营，提高质量、调整产品结构及产品价格等问题进行了讨论，决定对本行业产品价格从1991年6月15日起进行调整。价格调整原则"有升有降"。

1991年阿城、许昌、北京、保定、上海等继电器厂被机电部评为工艺先进管理单位。大部分企业在技术改造中开展"工艺突破口"工作，建立健全工艺管理标准和制度，提高了工艺管理水平，但也有少数企业未开展"工艺突破口"工作，产品质量仍不稳定，达不到质量标准。

由许昌继电器所组织行业重点、骨干企业对本行业和有关行业进行了工艺和工艺装备的调研。起草本行业工艺工装政策。同时在年末又召开了行业工艺成果审查评定会，评出一等2项、二等4项、三等3项、四等2项，代表机电部第一装备司对工作在工艺岗位20年以上并有一定成绩的工艺人员颁发了荣誉证书。

1991年许昌继电器厂被批准为扩大机电产品出口企业，该厂除出口继电保护产品外，与国外合作开发具有国际先进水平的自动开门器产品，1991年8月首次出口法国，法国LME公司的科技人员到该厂实地考察后洽谈了1992年的订货，达200台。

质量及质量管理 继电器产品质量监督检测中心根据上级有关文件精神，提出在1991年开展质量评比工作，选择了在全行业生产面广、有代表性、用户反馈意见较多的电压继电器作为行业质量评比产品。质检中心对生产企业进行突击抽样。参加行评的3种型号的电压继电器共有15种产品，由14个企业生产。本次抽检的15种产品中有8种合格，合格率为53.3%，合格的8种产品是许昌继电器厂生产的DY-32／200、阿城第二继电器厂生产的DJ-111／60、天津继电器厂生产的DJ-111／200、北京继电器厂生产的DJ-131／200、望城继电器厂生产的DY-32／200、成都继电器厂生产的DY-32／200、阿城继电器厂生产的DY-210／160上海继电器厂生产的DJ-111／200。8种合格品中性能达到优等品的有6家（上述前六家），达到一等品的1家（阿城继电器厂），合格品1家（上海继电器）。从行评质量看达不到合格品要求的主要是中、小企业，零件加工手段落后，工艺水平较低，人员素质较差。9月召开了行评评审会，评选出许昌继电器厂生产的DY-32，阿城第二继电器厂生产的DJ-111为本次行评获奖产品。

按部、国家技术监督局、省市标准化主管部门要求，许昌继电器所完成了标准化技术归口工作。对IECTC41／SC41A／SC41B秘书处及中央办公室寄来的4份"六月法"和2份"二月法"文件，经国内有关单位专家评议和投票表态，提出了我国的意见。

技术改造及技术引进 1991年全行业完成技术改造和更新项目投资额1768万元，鞍山继电器厂投资124万元，在2400m^{2}大楼内改造一条装配自动流水线，使该厂在文明生产、定置管理有了新的起色，并为扩大再生产创造了条件。

许昌继电器厂"八五"技术改造初步设计编制完毕，技术改造规划已经国家批准。列入国家项目1项，包括9个子项。

许昌继电器厂引进ESB500载波机国产化的研制工作完成，国产化率60%以上。并将部分国产化的ESB500载波机产品推向了国内外市场。引进西门子公司的SWT400F6技术而研制的YCP500音频传输机产品已全部完成了国产化。1991年完成性能试验、模拟样机的加工图样工作并进行了部分组装。

销售 1991年全行业销售收入32792万元，产品主要是继电器、自动化及保护装置、继电保护屏，有少部分企业生产低压电器元件。从销售市场看，整流型、晶体管型的产品用户兴趣不大，有的厂家生产的一些老产品销售量逐年减少，根据用户反映及市场调查，随着我国电力工业发展，电力部门对高科技产品需求将增加，特别是110kV以上的线路保护，无论新建或改建的变电站都希望采用微机线路保护，所以这就要求不断进行产品结构调整和产品更新换代，努力开发新产品来适应和满足电力部门的需要。

1991年本行业产品出口有5家企业，出口产品产值达1043万元，上海永嘉仪表厂生产的DZ-6小型中间继电器出口巴基斯坦、香港、埃及，销售收入达77.04万美元。

〔撰稿人：许昌继电器研究所　白玉芬　审稿人：许昌继电器研究所　方文楷　机械电子工业部第一装备司　乔振西〕

〔能源部电力机械局〕

生产发展情况 1991年本行业所属的55个企业从事高压开关、电力变压器、隔离开关、互感器、电抗器、输电线路铁塔及金具以及继电保护及自动化设备等产品的生产。各企业努力开拓市场，不断推出新产品，提高产品产量及质量，使得1991年的生产任务较好地完成。例如1991年生产的继电保护设备在全国新投产的41%的发电机组、51%的110kV线路、82%的220kV线路上完成了配套，并为天贵、天广、漫昆等500kV线路提供了金具及铁塔，保证了国家重点工程按时投产。虽然产品产量及工业总产值比1990年有所增长，但利润略有下降，这主要是因原料涨价造成的。

新技术与科研成果 1991年，广州电力设备厂"现场组装大型电力变压器综合技术"获能源部科技进步一等奖；自行设计、生产的中型立式绕线机获广东省科技成果二等奖。为了依靠技术进步来发展生产，各企业引进了一些数控加工设备，对现有的一些机床进行了改造，增加了数控、数显功能，从而大大提高了加工精度和产品质量，如鞍山铁塔厂进口了PMC-300系列数控系统、小型塔材加工液压生产线和BKM80型靠模冲床，已投入使用，使产品质量达到同行业的先进水平，年增产值96万元。武汉电力仪表厂引进了英国的数控冲床，不仅提高了生产效率及产品质量，产值也随之有所增长。

新产品 1991年通过鉴定的新产品有56项，其中达到国际同类产品先进水平的有10项。如湖南电力电瓷电器厂研制的LB_{10}-220WB型及LB_{11}-220WB型电流互感器，具有六个二次线圈，额定电流分别为2×300／5、2×600／5、2×750／5和2×800／5、2×1000／5、2×1250／5，其准确等级为0.1级或0.2级，准确限值系数为30（5P），仪表保安系数Fs≤5，动稳定电流分别为125kA及170kA，短时热稳定电流为63kA，这些技术指标均达到80年代中期国际同类产品的先进水平，该产品深受用户欢迎，填补了国内空白。该厂研制的JDCF-220WB型220kV电压互感器，装有金属波纹盘和压力释放器，系微正压全密封结构，其准确等级及容量（0.2级100VA，0.5级150VA，3P级400VA）均属国内领先，填补了国内空白。广州电力设备厂生产的SF-40000／110型变压器，节能效果显著，其空载损耗P_0=31kW，负载损耗P_K=156kW，分别比国标降低32.6%和10.3%。南京电力自动化设备厂和北京电力自动化设备厂1991年生产的继电保护装置中，75%是当年投产的新产品，并以其先进的技术性能迅速地占领了市场，其中与华北电力学院研究生部联合研制的WXB-11型微机高压线路保护装置，采用多CPU构成各种保护功能，与以前生产的单CPU保护相比，动作速度加快，自检功能加强，并根据几年来的运行经验编制了软件，从而使保护的性能和可靠性大大提高。南京电力自动化设备厂与天津大学联合研制的JCJ-02、04型集成电路距离保护装置，解决了过去存在的问题，以往的距离保护用于电气化铁路供电线路时，启动元件频繁启动，而每启动一次，保护的第一、二段将退出运行6～8秒，现在则无此弊。该保护采用测量阻抗变化速度的原理构成保护的振荡闭锁元件，利用接于PT第三绕组的低阻抗元件构成保护的启动元件。从原理上就不受负序分量和谐波分量的影响，因此可用于电气化铁路线路和各种不对称负荷的线路，该保护同时也提供了反映负序和零序电流增量的启动元件，因此也同样适用于电力系统的一般线路。南京电力自动化设备厂与华中理工大学合作研制的WXB-41型微机高压线路的保护装置，是由8086微处理机构成的新型保护，适用于110～220V线路，具有不采用通道实现全线速动和采用频率跟踪、自检功能等特点。以上保护装置的技术性能均达到国际同类产品的先进水平。武汉电力仪表厂与华北电力学院研究生部联合研制的DGL-11型电力系统故障录波屏采用小型化多CPU组合结构，每个CPU可控制12个模似量，23个开关量构成一个基本的录波测距单元，可根据用户需要进行基本单元的组合，该装置的模拟量和开关量输入系统均采用光电隔离措施，CPU处理单元总线不外接，因而具有很强的抗干扰性能，该装置技术性能先进，在采样频率、分辨率、测距精度、双回线测距功能及信息存储等方面处于国内领先地位，而且性能价格比例优于国内外同类产品，是当前电力系统的更新换代产品。

质量及质量管理 1991年，产品质量有了进一步提高，国标采取率100%，高、新技术产品采用IEC标准，部优产品及获奖产品的复测合格率100%。有1个企业获"1991年推行全面质量管理达标企业"证书。有2个产品获得国家质量金质奖章。

技术引进及技术改造 广州电力设备厂与用户相结合，采用技贸结合的方法，引进了日立工厂SF2-40000／110、SF-31500／110、SFSZ-31500／110及SFS-31500／110型变压器的设计图纸及施工工艺，现进行消化吸收及工艺准备。南京电力自动化设备厂从美国西屋公司引进的U4F-10RTU（显示终端）的国产化工作，其机械部分国产化率已达100%，电子元器件的国产化率已达80%，使其价格下降了30%。

销售 1991年上半年普遍出现订货减少，任务不足现象，经过经营人员的努力，调整了经营方式，到下半年扭转了被动局面，全年销售收入67119万元。

〔撰稿人：能源部电力机械局　孙玉庆、傅宏时
审稿人：能源部电力机械局　强凤贤〕

低 压 电 器

〔机械电子工业部〕

生产发展情况 1991年低压电器行业的生产

形势开始好转。与上年相比，机电部重点骨干企业中，有52%的企业总产量增加，有57%的企业利税总额增加，有90%的企业销售收入增加。1991年机电部重点骨干企业中，全员劳动生产率最高为5.41万元／人·年，最低为1.3万元／人·年；有57%的企业人均利税比1990年增加，最高为8904元／人。据对250个企业调查，1991年生产情况按工业总产值、全员劳动生产率和人均利税排序前十名如表1。

表1 1991年低压电器行业前十名企业

名次	企业名称	工业总产值（万元）	名次	企业名称	全员劳动生产率（万元／人·年）	名次	企业名称	人均利税（元）
1	上海华通开关厂	14324	1	珠江开关厂	13.76	1	珠江开关厂	14433
2	沈阳低压开关厂	9261	2	佛山开关厂	7.80	2	上海电器陶瓷厂	11950
3	上海人民电器厂	8092	3	上海金山电器厂	6.70	3	上海人民电器厂	8904
4	上海电器成套厂	6660	4	苏州电器一厂	5.86	4	长征电器一厂	8556
5	广州南洋电器厂	5879	5	上海电器陶瓷厂	5.41	5	上海金山电器厂	8040
6	长征电器一厂	4700	6	常州低压电器厂	5.00	6	佛山开关厂	7776
7	岳阳起重电磁铁厂	4501	7	杭州低压电器厂	4.90	7	无锡起重电器厂	7704
8	北京低压电器厂	4381	8	佛山电器厂	4.71	8	广州南洋电器厂	6667
9	嘉兴电气控制设备厂	3651	9	广州南洋电器厂	4.35	9	天津低压电器公司（本部）	6445
10	永佳低压电器厂	3261	10	上海人民电器厂	4.32	10	苏州电器一厂	5882

低压电器行业各企业的生产发展速度不平衡，其中有52%的部重点骨干企业的1991年产量比上年产量有较大增长，增长幅度超过20%，最高为1～2倍。近年来由于改革开放，某些地区低压电器企业发展很快，成为行业中一支重要的力量，主要有广州、佛山、苏州、常州、无锡等地的企业，其1991年产量增长幅度为17.8%～95%。而在东北地区，1991年企业生产仍与1990年持平，有的企业产量呈负增长。据对250个企业的调查，1991年本行业亏损企业数占6%，比上年略有下降，但亏损额比上年增加了57.8%，为1890万元，亏损最多的企业亏损近1000万元。行业内尚有约5%的企业濒临亏损。

部重点骨干企业1991年的生产也有好转，与上年相比，有18个企业总产值增加，52%的企业总产量增加，66%的企业净产值增加，51%的企业利税总额增加，人均利税增加的有57%的企业。

新技术与科研成果 以电子技术、微电子技术、组合技术研制开发新一代低压电器产品，是"八五"低压电器国家级新产品的重点，已列入国家重点攻关计划的终端电器、智能型断路器已正式开始研制，将使我国电子式、组合式电器产品提高一个档次。

新产品 为了满足一般工业用户使用要求加速淘汰落后产品，由上海电器科学研究所负责研制的经济型塑壳式断路器通过鉴定，由上海电器科学研究所负责研制的DW16带单相对地短路保护功能的万能式断路器投入生产。较老产品DW10万能式断路器增加了功能，提高了断流能力，价格适中，适应了用户的需求。

1991年行业各企业开发的产品已获得正式型号的有27个，其中主要有HX1旋转式开关（上海电器科学研究所、苏州燎原电器厂研制）、RT20有填料封闭管式熔断器（上海电器科学研究所、宁波开关厂研制）、RS4–半导体器件保护用（快速）熔断器（西安整流器厂二分厂的研制）等；从国外引进制造技术经消化吸收国产化的产品获得型号的有：DZ47塑料外壳式断路器（天津梅兰日兰有限公司）、CJ21交流接触器及JR21热继电器（佛山市开关厂）；经攻关达到现行国家标准及部标准的产品有：LK4D主令控制器（上海起重电器厂完成）等。

为贯彻机电部加速淘汰落后产品的精神，加速推广新产品，由低压电器行业归口研究所（上海电器科学研究所）编制了《"八五"低压电器淘汰产品规划》，并报机电部有关部门。1991年机电部第一装备司及机床工具司召开了行业会议，对量大面广的几个系列老产品提出了淘汰目标，及推广更新换代产品的措施。

行业管理 中国电器工业协会通用低压电器专业协会自成立以来，开展了大量的行业活动。1991年在机电部有关理顺机电产品价格的精神下，按工作委员会所属的各系列产品特点，组织开展了产品成本、价格调研工作，通过协商，制订了行业内协商执行价格，维护了行业的利益，受到会员单位的欢迎。进行价格调整的主要有DW10万能式断路器、RTO熔断器、RS3快速熔断器、CJ10交流接触器、CZO直流接触器、CJ12交流接触器、JR15、JR16和JR16D热继电器、QC10

和 QC12 电磁起动器、DZ10 塑壳式断路器、HZ10 组合开关、HD11B～14B 和 HS11B～13B 刀开关等。

经国家技术监督局批准，全国低压电器标准化技术委员会于 1991 年底正式成立。黄国泰（上海电器科学研究所）任主任委员，程林德（上海人民电器厂）、许勋国（成都机床电器研究所）、朱树藩（能源部华东地区低压电器质检中心）任副主任委员。该委员会由机电部领导，负责低压电器专业的标准化工作。

由国家技术监督局发出通知，1991 年对 QX1、QX3、QX4 系列星—三角起动器、LW5 系列万能转换开关、QS6 系列平动起动器、HY2 系列倒顺开关、LS7 系列主令开关进行颁发许可证工作。1990 年经国家技术监督局批准国家低压电器产品检测中心（上海武宁路 505 号）、机电部机床电器苏州测试中心站（苏州平门平四路）、天津电器研究所（天津河北区白庙工业区南口路 40 号）、福建省中心检验所（福州市西门外祭酒岭）等为低压电器产品生产许可证的检验单位。

质量及质量管理 1990 年四季度，国家低压电器质量监督检验测试中心抽查了 9 个企业的 DZ12 单、三极塑壳式断路器，合格率为 47.4%。1991 年末又对 DW15 1600A 以上万能式断路器进行了行评复查，除个别企业产品质量尚不稳定以外，参评单位均通过了有关试验。

技术改造及技术引进 引进制造技术的产品已形成批量生产的有：上海电器陶瓷厂引进的 NT 型熔断器（生产 32.3 万台）、NGT 快速熔断器(3.75万台)，上海人民电器厂引进的 B 系列交流接触器（24 万台）、T 系列热继电器（13.2 万台），北京低压电器厂引进的 S060 单极微型断路器（39.9 万极）、B 系列交流接触器（10.2 万台），上海华通开关厂引进的 H 系列塑壳式断路器（2.7 万台），佛山市开关厂引进的 DSL 交流接触器(4.4 万台）等。同时进行引进产品的技改，保证了产品大批量生产。如上海人民电器厂完成的 TSA45 装配线，适用于 T45 热继电器的部件制造和装配，达到了德国 ABB 公司装配线的水平，该装配线年产量可达 21.84 万台。

销售 1991 年低压电器一般元件仍处于供大于求的局面，市场竞争激烈。为了保护全行业的利益、防止削价竞争，中国电器工业协会通用低压电器专业协会对产品的现行价格协商制订了最低限价，大多数会员单位遵守协定，同时这一协定也得到了物资部门和用户的理解。

大多数部重点骨干企业的销售收入 1991 年均大于上年，其中增长幅度最高为 38%（上海立新电器厂，增长幅度超过 25%的有 8 个企业，占重点骨干企业数的 38%。

低压电器行业中销售情况好的主要是广州、佛山、上海、苏州、无锡、常州的一些低压电器企业，他们 1991 年的销售收入大多比上年超过 30%～40%。

据对 30 个出口企业调查，低压电器元件出口额为 1128.67 万美元，比上年增加 42.7%。出口量最大的为闽清电瓷厂，出口额 1697.3 万美元，其次为上海华一电器厂 272.8 万美元。出口额超过 50 万美元的企业有岳阳起重电磁铁厂、上海人民电器厂、上海金山电器厂、苏州低压电器厂、天津第六电器开关厂、嘉兴电气控制设备厂、上海长城电器厂、邢台仪表厂、北京低压电器厂、上海华通开关厂。

〔撰稿人：上海电器科学研究所 陆 娴 审稿人：上海电器科学研究所 黄国泰、夏之光 机械电子工业部第一装备司 张居猷〕

附：防爆电器

〔机械电子工业部〕

生产发展情况 防爆电器属低压电器行业中的特殊电器，在爆炸性危险环境中能实现安全配电、控制与保护，可以广泛使用于具有沼气（甲烷)、煤尘的煤矿井下及具有各类易燃易爆气体与粉尘的石油、化工、国防等危险场所。

防爆电器主要包括高、低压防爆电器设备和成套防爆电控设备。按使用场所还可分为矿用防爆电器设备和工厂用防爆电器设备。产品现已发展到 13 大类、几百个系列品种。根据 1991 年统计，属机电系统生产防爆电器的主要企业有 44 家，职工 18936 人，其中工程技术人员 2028 人，管理人员 2292 人。近几年由于国家对能源工业投入逐年增加，防爆电器行业也从前几年的滞销中开始回升。1991 年全行业取得了较好的经济效益。行业总产值比上年增长 13.6%，达到 32318 万元，实现利税 3698 万元，全员劳动生产率 17067 元／人·年。全年防爆电器主要产品产量：防爆高压配电装置 2387 台，比上年增长 18.9%；防爆电磁起动器 72057 台，比上年增长 3.3%；防爆馈电开关 13521 台，比上年增长 0.9%；防爆成套电控设备 2416 套，比上年增长 41.6%，防爆继电器 4387 台，比上年增长 14.7%；防爆煤电钻变压器综合装置 3184 台，比上年下降 9.3%；防爆充电装置 232 台，比上年增长 10%；防爆接线盒 443192 台，比上年增长 31%；防爆电铃及防爆打点器 79205 台，比上年增长 23%；防爆插销和防爆插销开关 50149 台，比上年增长 5.4%；防爆主令电器 149817 台，比上年增长 17.6%。

新技术与科研成果 根据"八五"科技发展规划，防爆电器行业承担了国家下达的粉尘爆炸性危险环境用防爆电磁起动器、矿用一般型高、低压电气成套设备、矿用隔爆型 630A 真空馈电开关*、矿用高压综合保护装置、矿用隔爆型下运可伸缩带式输送机电控装置*、新型工厂用防爆电磁起动器、新型工厂用防爆成套电控设备、矿用千伏级系列防爆插销*、矿用复合型高压防爆真空配电装置、新型矿用隔爆型高压配电装置*、隔爆外壳水压试验工艺的改进、特种防锈润滑漆的研制与应用*、矿用防爆电器可靠性的研究等共13项科技攻关项目。到1991年底，上述13项中标有*号的5项已基本完成产品设计和项目研究。另外还与有关部门合作完成了防爆电磁起动器用电动机智能化综合保护器的研究和矿用隔爆型移动变电站用馈电开关可靠性的研究两项科研课题，并通过了有关部门主持的鉴定。这些成果的完成，填补了国内空白，使我国防爆电器产品提高到一个新的水平，主要技术经济指标达到国外同类产品的先进水平。

新产品 根据行业新产品发展计划，为满足市场需要并使各企业产品有新的发展，以达到标准化、系列化、通用化的要求，沈阳电气传动研究所1991年对全行业开发的BQD23-315矿用隔爆兼本质安全型真空电磁起动器等47项新产品的技术资料进行了审查，并发放了产品型号。组织全行业完成了ZBZK型矿用隔爆型选择性漏电保护馈电开关、S-100型掘进机电控箱、BGP3-10型矿用隔爆型高压真空配电装置、BXX型声光数显报警信号装置、BGP13系列矿用隔爆型高压真空配电装置、BQZ1-80型矿用隔爆兼本质安全型真空电磁起动器、BKD5-400型矿用隔爆型馈电开关、BZA5系列矿用隔爆型控制按钮、BQZ21系列矿用隔爆型真空电磁起动器、KYGG-1Z矿用一般型高压真空配电柜、PJB-Ⅱ型矿用皮带机保护器、DXL-660型低压漏电保护器、BKD-500/1140型矿用隔爆型移动变电站低压馈电开关、BGP21-6型矿用隔爆型高压真空配电装置、BAX1型矿用隔爆型组合式声光信号器、BSY2-36Ⅱ型矿用隔爆型煤电钻综合保护装置、BGP7-6矿用隔爆型高压配电装置、BGP8-6(10)矿用隔爆型高压真空配电装置、SGZ-Ⅱ型矿用隔爆声光报警器等31项新产品开发任务。这些产品都是参照国际标准和按照现行国家标准而设计，采用了新型的元器件和新的技术，其主要技术指标先进，可靠性高，使用寿命长，达到了国外同类产品的80年代水平。

行业管理 在中国电器工业协会领导下，中国电器工业协会防爆电器分会经过两年的筹备，于1991年10月召开了防爆电器分会成立大会，民主选举产生了防爆电器分会第一届理事会，经理事会民主选举产生了理事长、副理事长。制定了防爆电器分会章程。到1991年底已发展会员单位104个。

沈阳电气传动研究所和中国电器工业协会防爆电器分会1991年12月举办了防爆电器行业技术工作研讨会，宣讲了《防爆电器新产品开发指南》及其论证报告、GB3836—83《爆炸性环境用防爆电气设备》(修订稿)和防爆电器行业"八五"科技发展规划。

受国家技术监督局和机电部委托，国家计量认证评审组和资格审查认可评审组联合组成的专家组于1991年8月对沈阳电气传动研究所暨机电部低压防爆电器产品质量监督检测中心进行了全面评审，达到了《国家产品质量监督检验中心审查认可细则》和《产品检验机构计量认证技术考核规范》要求，正式通过国家计量认证暨资格审查认可。并颁发了计量认证证书。

国家技术监督局以技管许发〔1991〕32号文批准沈阳电气传动研究所暨机电部低压防爆电器产品检测中心为低压电器产品生产许可证检验单位。为1992年低压电器发证产品复查试验和各种电器产品型式试验等工作创造了有利条件。

根据机电部组建质量协会专业委员会的指示精神，沈阳电气传动研究所检测中心和上海电器科学研究所检测中心，经中国电器工业质量管理协会批准，于1991年联合组建了电器工业质量管理协会低压电器专业委员会并召开了工作会议，制订了专业分会章程和工作计划，到1991年底已发展会员单位160多个。

质量及质量管理 机械电子工业部低压防爆电器产品质量监督检测中心，1991年对24家生产厂的34项防爆电器产品进行了检验，并发放了防爆电器产品防爆检验合格证。对山西阳城煤炭机电设备厂生产的KBC1-16矿用隔爆型插销和山西阳城通用机械厂生产的CH-16矿用隔爆型插销开关两种创部优产品进行复评和检测工作，并将审查和检测结果上报部质量监督司。根据国家有关部门的指令性计划，对辽宁省18家生产低压电器、防爆电器的企业进行了监督抽查，抽查企业合格率为72.3%，对抽查不合格的企业提出了整改意见。

1991年开展了《矿用隔爆型低压电器用接线端子》等7项行标的制、修订工作。根据部工作计划，《矿用隔爆型低压电器用接线端子》、《防爆电气设备用橡套电缆引入装置》、《矿用隔爆型检漏继电器》、《矿用隔爆型电钻变压器装置》、《隔爆型电铃》5项已按期完成，于1991年9月上报机电部第一装备司。这些标准都是按照国际标准制订的，对提高这些产品的技术水平和质量，提供了科学依据。

技术改造及技术引进 沈阳低压开关厂、合肥开关厂、上海电器厂相继从德国AEG、BBC和西门子公司引进了MSL系列矿用防爆组合控制站、8SK系列用防爆馈电开关和各类工厂用防爆电器的制造技术。经过几年的消化吸收，已全部完成国产化的技术转化工作，部分产品已形成商品投放市场。这些产品性能安全可靠、技术指标高，对提高我国防爆电器的制造水平起到促进作用。但由于采用了新的材料和元器件，产品制造成本高等原因，要形成批量生产和销售，还有一定的困难。

1991年全行业用于基本建设的投资为457.93万元，用于技术更新改造的投资约868.7万元，为今后防爆电器行业的发展和技术进步奠定了基础。

销售 1991年全行业销售总额为31492万

元，其中：防爆高压配电装置销售量为2387台，销售额5668万元；防爆电磁起动器70427台，销售额9198万元；防爆馈电开关销售量13500台，销售额2285万元；防爆成套电控设备销售量2416套，销售额1273万元；防爆继电器销售量4260台，销售额373万元，防爆煤电钻综合装置销售量4698台，销售额496万元；防爆接线盒销售量422346台，销售额1904万元；防爆高压电缆连接器销售量1920台，销售额270万元；防爆主令电器销售量为139900台，销售额588万元；防爆电铃及打点器销售量77215台，销售额689万元；防爆插销和插销开关销售量50149台，销售额488万元；其他防爆电器产品销售额为7960万元。

〔撰稿人：沈阳电气传动研究所　李绍春　审稿人：沈阳电气传动研究所　潘瑞华　机械电子工业部第一装备司　呼淑清〕

电气控制成套设备

〔机械电子工业部〕

生产发展情况　天津电气传动设计研究所承担研制的元宝山大型露天矿计算机监控系统是目前国内最先进的系统，由于作了充分的技术准备和各方面的工作，已签订1000余万元的技术合同；新开发的大功率整流装置继在抚钢、莱芜、无锡初轧机上应用后，又与天钢初轧厂签订了改造750轧机的任务。

该所研制的铝拉丝机电控系统为国内首台产品，最高速可达30m／s，保护系统完善，可用于拉铝镁合金线，该系统已在哈尔滨电缆厂投入运行，可替代进口产品。

该所研制的用于新港船厂的400kVA、60Hz电压型变频电源已通过出厂调试和用户验收，首次采用体积小、抗干扰能力强的“相组件”，该电源是国内采用变压器迭加容量输出电流等级最高的电压型递变电源，该装置国产化率为100%，可满足国内的需要。

天津电气传动设计研究所研制的X射线热轧钢板测厚仪成功地用于山东莱芜钢铁总厂及天津轧钢一厂，该仪表可随时显示被测板厚度与给定值间的偏差，并可进行厚度自动调节，测厚范围0.4～7mm、轧速5m／s，精度5%。

湖北开关厂于1991年开始批量生产GCL1动力中心和GCK1马达控制中心。

昆明开关厂研制的GCK1电动机控制中心及GCK2低压组合式抽屉柜被中央电视台彩电中心、漫湾电站、鲁布革电站等全国重点工程采用，收到良好的社会效益。

成都电器厂完成如下重大生产任务：市污水处理工程重点设备GCL动力中心、钢管厂大型连铸工程重点设备GCK电动机控制中心，生产150台，所得利润占全年利润1／3。

广东顺德开关厂1991年完成了广东省东莞虎门发电厂、广州电视台、深圳市50万伏变电站等重点工程项目的配套产品，部分产品还实现了配套出口。1991年全员劳动生产率78122元／人·年的，人均创利税14144元，均属本行业首位。

新技术与科研成果　天津电气传动设计研究所研制的12000kW的静止变频起动装置已通过设计审查，并为1992年生产准备了条件。该所研制的应用在长城钢厂的1250kW交—交变频装置上的新型控制单元即将进行推广前的型式试验。完成的FA系列电气设备柜体框架用结构件产品于1991年9月通过部级预鉴定。准备鉴定的结构件有立柱、横梁、角联接器、联角板等，这是我国首次采用连续冷辊弯轧制技术生产封闭型复杂断面的型材及联接件，为结构件、框架、柜体的标准化、系列化、通用化迈出重要一步。

北京变压器厂生产的交流异步机分频调速装置拖动一台25kW风机，年节电4万度，一年半时间即可收回装置费用，获国家实用新型专利。该厂完成的无功补偿滤波装置采用国际上近年来发展的节能新技术，产品投入运行后，年节电400余万度。该厂完成的组合式变电站可直接将高压引入宾馆居民楼群等负荷中心，大大降低线路压降和电能损失。

昆明开关厂研制的型材排孔冲模获中国模具工业协会云南模具工业协会优质模具奖，被行业厂广泛应用。该厂采用电子计算机辅助管理物资，已对7000多种电器元件采用数理统计方法进行了分析和管理。

新产品　天津电气传动设计研究所研制的ZG1A大功率晶闸管直流传动装置及抚钢850初轧机电控系统于1991年6月通过鉴定。该新型大功率变流装置的元器件全部立足于国内，解决了直接对接反并联、并联风道冷却、互感器均流、触发保护、导通监视和可靠性等关键技术。最高额定电压为1200V，额定电流2×4750A，单位面积出力达2×3570kW／m^2，均流系数0.95以上，最大电动机功率10MW，最大过载电流2×9500A，采用可编程序控制器作系统监视和分级故障报警，功能完善，抗干扰能力强，可有效地缩短排除故障时间，该装置总体水平已达到80年代同类产品先进水平。

天津电气传动设计研究所和部分行业厂联合开发的XGM1新型照明配电箱系列产品于1991年1月通过产品鉴定，它是新一代配电产品，具有过载、短路、漏电保护功能，电路组合采用积木拼块式，具有高达36路的输出电路，产品结构为活体分解式，明暗装统一箱型，便于组织生产和使用安装，该产品已小批量投入市场。

辽阳成套电器设备厂、辽宁无线电一厂联合开发了JP2C系列6kVA～100kVA共10种规格交流变频调速装置，已批量投入生产，并列入机电部第11批节能产品和第12批替代进口产品。现已在鞍山烧结总厂、本溪北台烧结厂、营口仪表厂等50多个企业安装使用数百台，使生产工艺和产品质量均有很大改进和提高，并节约能源，如鞍山烧结总厂电子秤送料系统采用变频调速装置年节电30万度。

岳阳起重电磁铁厂的大型数控切割机自动编程系统于1991年4月通过省级鉴定，该系统具有图形仿真、离线自动编程、自动纠错、动态跟踪、打印、通讯等功能，属国内首创。

大同整流器厂试制的KGF型工业锅炉控制装置于1991年通过市级鉴定，该装置具有给水三冲量自动控制系统、遥控燃烧系统、故障报警等功能。

广东顺德开关厂在广东省首先试制了天津电气传动设计研究所组织开发的新产品JK型低压电控配电装置。

广州番禺开关厂的GCL低压抽出式成套开关设备及CMC-2A插接式绝缘母线槽，于1991年底在国家电控配电设备质量监督检验测试中心通过了各项检查测试。

行业管理 在机电部第一装备司和中国电器工业协会筹备组的指导下，经上海电器成套厂、天津电气传动设计研究所等22家主导企、事业组成的筹备组为时一年半的紧张准备，中国电器工业协会电控配电设备分会于1991年10月在成都宣告成立。电控配电设备分会是全国性组织，它包括电控设备、低压成套开关设备、电气设备辅件三个制造行业。有423个会员单位（年产值约16亿元）。上海电器成套厂方居武厂长任分会理事长、天津电气传动设计研究所高通文副所长任分会常务副理事长，北京第二开关厂张敏慧厂长、南京电气控制设备厂严敦信厂长、锦州开关厂田伟光厂长任副理事长。北京整流器厂、上海华通开关厂、天津电气控制设备厂、天津塘沽电器厂、沈阳电控厂、苏州开关厂、南京化工电器仪表厂、广州南洋电器厂、杭州开关厂、山东淄博开关厂、柳州开关厂、开封开关厂、武汉开关总厂、成都电器成套设备厂、成都低压电器厂、昆明开关厂、长征电器成套厂、福州第二开关厂、天水长城控制电器厂、机电部第七设计研究院、天水电气传动所、沈阳电气传动所等22个企事业单位为常务理事单位。北京开关厂、大连低压开关厂等56个厂家为理事单位。中国电器工业协会电控配电设备分会秘书处依托单位为天津电气传动设计研究所，由李文孝同志任秘书长。该分会主办的《电控配电设备行业动态》自1991年元月创刊（双月刊）。

由机械工业电气自动化情报网和电控配电设备分会信息咨询工作委员会组织召开了电控配电行业工艺技术经验交流会，320余人参加会议，交流资料80余篇，涉及工艺组织管理、安装、接线、母线排加工、表面涂装技术、专用设备以及板金技术等。

国家电控配电设备质量监督检验测试中心1991年作了以下工作：①对量大面广产品进行抽检；②对某些产品进行面向全国的行业评比；③对某些产品进行产品评优；④对JK型交流低压电控设备、抽屉式开关板、照明配电箱等产品作经常性的检测。

新产品“JK型交流低压电控设备”发图会于1991年3月在天津举行，机电部第一装备司领导亲临会议，对今后新产品推广、管理及提高产品质量问题作了指示，会上已对70个行业厂发放了JK型新产品图纸。该产品在印尼、泰国等水泥厂出口工程项目中已被批量采用。

天津电气传动研究所通报了开关设备和控制设备的通用辅件产品及工厂生产条件验收情况，明确公布了一批符合IEC国际标准及国家现行标准的新产品，明令淘汰一批落后产品，并公布了验收合格获得产品型号使用证的企业名单。

岳阳起重电磁铁厂成为第10批扩大机电产品出口企业。

质量及质量管理 国家技术监督局1991年首次对低压固定面板式成套开关设备产品进行抽查工作，国家电控配电设备质量监督检验测试中心于1991年7～8月间分三路对广东、广西、云南、新疆、甘肃、陕西、河北、山西、天津等九个省市34个企业进行产品抽查，其中大型企业2个，中小型企业28个，乡镇企业4个，抽检产品41台，从技术性能、结构、被覆层及质量管理等四个方面严格考核，作出综合评定，检查结果除部分厂产品质量存在一定缺陷和管理方面有待改进外，其它指标均达到合格水平。

1991年3月在天津召开了《产品制造图纸组织与编绘》标准实施监督研讨会，并确定行业通用电气符号等，使电控、配电专业制图标准统一。

广州番禺开关厂坚持按国家标准GB7251—87及部标JB/DQ6142—86组织生产，该厂自1988年以来保持了广东省省级先进企业称号。

广东顺德开关厂1989年经机电部、能源部联合整顿审查合格，获“红证”生产许可证。1991年通过机电部《企业质量管理必备条件验收细则》验收，该厂生产的GCL抽出式开关柜技术性能及外观质量都处于省内前列，1991年获广东省优质产品称号。

昆明开关厂PGL交流低压配电屏获昆明优秀新产品奖，在低压成套开关设备生产秩序与产品质量整顿中，是云南省唯一获得“红证”生产许可证单位。

湖北开关厂质量管理逐步贯彻GB/TI0300《质量管理和质量保证》系列国家标准，获得湖北省机械工业质量管理奖。

柳州开关厂的 PGL 低压固定面板式成套开关设备和 PGJ 无功功率补偿屏 1989 年获省级优秀产品称号。1991 年认真宣贯 GB/TI0300《质量管理和质量保证》系列标准，建立健全产品质量保证体系，严格按国家标准 GB7251—87，GB3983—83 组织生产，7 月经国家技术监督局组织的抽查，产品全部合格。

成都电器厂在低压成套开关设备生产秩序与产品质量整顿中，获得“红证”生产许可证。

大同整流器厂 PGL 低压配电屏保持了山西省优质产品称号，于 1991 年 7 月获得机电部、能源部颁发的低压成套开关设备生产秩序与产品质量整顿合格证书。

天水长城通用电器厂的低压成套装置通过省电力局和机械工业总公司联合抽查，被评为全省 24 个生产厂中的第一名。

技术改造及技术引进 在机电部科技司组织下，天津电气传动设计研究所、上海电器科学研究所等单位联合引进瑞士 PERTEX 公司的采用 IGBT 器件交流伺服驱动装置的制造技术，系统噪音低，附加损耗小，低速下转矩脉动小，调速范围宽，动态性能好，处于国际先进水平。

德国 ABB 公司科特布斯自动化设备公司对我国元宝山露天煤矿开采设备投标成功，总项目折合人民币 3 亿元，1994 年实施完成，其中电控和计算机控制部分由天津电气传动设计研究所承包，双方将密切合作。

我国第一条自主开发的板材柔性加工系统 (FMS) 在天水长城开关厂建成试产，并通过机电部鉴定，其技术性能达到 80 年代末同类产品水平，提高了板材加工能力和加工精度，提高工效 10 余倍，节省劳力 50%以上，板材利用率达 81.3%，投产后年加工板材量可达 3000 吨，新增产值 2278 万元，利润 534 万元，税金 107 万元。

柳州开关厂引进德国通用电器公司 AEG 公司 SV18 电动机控制中心开关柜生产工艺和专有制造技术，促进了产品更新换代。引进板金柔性制造系统，1991 年 2 月进行项目竣工验收，总投资 880 万元。此外，独家引进日本村田机械株式会社的板金柔性制造系统，具有国际先进水平，适宜多品种、小批量开关板件生产，并达到高精度、高效率，增强了新产品的试制和开发能力。

天津开关厂、湖北开关厂于 1991 年引进日本 AMADA 公司的数控转塔式多工位冲床及编程机、数控弯板机及液压剪板机、数显边角剪床，建立了数控钣金加工中心。

昆明开关厂投资 500 万元对冷作、表面处理进行技术改造，引进日本 AMADA 公司的九工位数控冲床、数显剪床、液压切角机等设备。并修建大小两条静电塑料粉末喷涂生产线。

广州番禺开关厂于 1991 年引进国外设备数控冲孔压力机、数控板料折弯压力机、数控剪板机等，新建厂房 1639m^2，购进电子计算机 3 台，用于开关设备的设计及仓库管理，并添置一批国内配套设备，通过系列技术改造，加工生产能力及管理水平有长足进步。

成都电器厂亦引进日本多工位冲床，数控直角剪床、数控弯板机等。

长征电气控制设备厂通过技术改造，母线槽产品已形成年产 1 万米生产能力，产值、产量、利税在改造期间逐年上升。

销售 天津电力电子设备公司 1991 年销售收入 2871 万元，比上年增长 13%，其中新产品 483 万元，比上年增加 41.9%。

常熟开关厂努力开拓市场，以销促产，在 1991 年取得最好水平，工业总产值 1383 万元，比上年增加 47.6%，销售收入 1205 万元，比上年增长 43.0%，工业净产值 437 万元，比上年增长 97.7%。

成都电器厂适应高新技术产品市场需求量大的发展趋势，1991 年 GCK1 抽屉式开关柜销售额为 446.5 万元，而 1990 年仅为 189 万元。

柳州开关厂出口澳门电梯设备 13 台（套），销售收入 197 万元人民币，开关板 18 面作为首钢产品配套出口印尼，销售收入 43 万元人民币。

浙江义乌电器厂 1991 年实现单机直接出口，创汇 8 万美元，与主机配套出口创汇 700 万元人民币。

据统计，岳阳起重电磁铁厂、沈阳低压开关厂、浙江义乌电器厂等 6 厂出口电控配电设备，出口金额 300 余万美元，与上年持平。

〔撰稿人：天津电气传动设计研究所　田绍琪、张顺昌　审稿人：天津电气传动设计研究所　高通文、余锡仁　机械电子工业部第一装备司　呼淑清〕

电力电子器件与装置

〔机械电子工业部〕

生产发展情况 1991 年机械电子工业部机械系统定点从事电力电子器件与装置生产的专业厂有西安电力整流器厂、北京整流器厂、椿树整流器厂、北京变压器厂、上海整流器总厂、青岛整流器厂等 20 个企业，专业研究所有西安电力电子技术研究所，共 21 个单位。

21 个生产厂、所 1991 年末共有职工 14408 人。其中工人 8095 人，技术人员 2570 人，管理人员 2370 人。全年平均职工人数 14392 人。21 个生产厂、所 1991 年末拥有固定资产原值 27180 万元，固定资产净值 15270 万元。

1991 年 21 个生产厂、所共完成工业总产值

（1990 年不变价）31077 万元，比上年增加 8.6%；产品销售收入 31166 万元，比上年增加 22.2%；产品销售税金 1895 万元，比上年增加 12%；利润总额 2055 万元，比上年下降 6.4%；销售利税率 10.7%，资金利税率 9.7%，分别比上年下降 13.7%和 10.2%；全员劳动生产率 21593 元／人·年，比上年增加 9.1%；工资总额 3752 万元，比上年增长 10.8%；可比产品成本降低率 −6.2%。自 1988 年以来，电力电子行业的产品成本降低率连年成负值增加，1988 年为−12.44%，1989 年为−8.64%，1990 年为−15.44%。由上述数据可看出：电力电子行业 1991 年工业总产值、净产值、产品销售收入、销售税金都有较大幅度的增加，但利润总额继续下降。21 个企、事业单位中，亏损 1 家，利润为零 1 家，只获得微利（0.9～6 万元）5 家。目前原材料价格虽相应平稳，但电器配套件、能源交通、化工材料、稀有金属材料等近年来涨价幅度较大，工资及各种补贴增加，企业的经营继续处于困难状态。

1991 年 21 个企、事业单位中，生产电力电子器件的有 16 家，共生产 16 个系列电力电子器件 106 万只，比 1990 年减少 20%；生产电力电子装置的有 20 家，1991 年共生产 36 个系列电力电子装置 0.96 万台、62.65 万千瓦，千瓦数比 1990 年减少 23%。

表 1 列出几个主要行业生产厂 1991 年几项经济指标完成情况。

表 1

企业名称	年份	工业总产值（1990 年不变价）（万元）	产品销售收入（万元）	利润总额（万元）	可比产品成本降低率（%）	生产电力电子器件（万只）	生产电力电子装置（万千瓦）
北京整流器厂	1991	5096	4786	567	−22.3	2.2	12.2
	1990	3916	3737	443	−5	1.2	11.9
椿树整流器厂	1991	2481	2804	340	−17.9	7.9	3.1
	1990	1717	1975	321	−28.9	15.4	1.9
上海整流器总厂	1991	5010	4856	301	−0.2	17.4	8.3
	1990	4051	3688	411		35.6	5.5
北京变压器厂	1991	1176	1367	103	−0.7	2.6	10.2
	1990	1059	1189	255	−25.3	2.0	8.2
西安电力整流器厂	1991	3101	3409	70	10.9	3.8	9.8
	1990	3928	3798	277	−15.5	4.8	37.1
青岛整流器厂	1991	1373	1591	6	4.2	1.1	1.6
	1990	1614	1402	0	−35.8	1.0	1.7
6 厂合计（或平均）	1991	18237	18813	1387	−10.0	35.0	45.2
	1990	16285	15789	1677	−22.1	60.0	66.3
占 21 个单位总数的%	1991	58.7	50.7	81.6		33.0	72.2
	1990	56.9	61.9	76.4		45.1	81.5

由表 1 可看出：1991 年北京整流器厂生产经营情况最好，产值增加 1180 万元、产品销售收入增加 1049 万元，利润总额增加 124 万元，器件和装置产品均有所增产。西安电力整流器厂，由于大电解和电化装置等产量 1991 年减产 27.3 万千瓦，致使该厂产值、产品销售、利润总额全面减少，其中利润总额由 1990 年的 277 万元，1991 年降至 70 万元，减少 200 万元。青岛整流器厂 1991 年获得微利，利润总额 6.4 万元。

新技术与科研成果 1991 年西安电力电子技术研究所研制成功快速非对称晶闸管 500A／2000V 关断时间$<30\mu s$，此器件特点为：通态压降低，降低了功率损耗，使器件具有较大的电流容量或者可以使用较小容量的散热器；关断时间缩短了 1／2～1／3，使换相电路的电容和电感减小同样的百分比，提高了效率和输出功率；工作频率高，扩大了应用范围，可用于晶闸管与二极管反并联的逆变器，如感应加热、不间断电源、交流电动机驱动、电焊机、X 射线电源和牵引装置的斩波器等。该所还研制成功快恢复整流管 ZK250A／2000V，恢复时间$<4\mu s$，在陕西宝鸡机务段用于替换法国进口电力机车上烧毁的同类器件，经运行

证明，性能良好。该机务段每年需要这种器件数百只，过去一直靠进口。西安电力电子技术研究所还研制成功1kW、5kW正弦波高效逆变器，该逆变器系太阳能及风力发电系统中的关键设备，是“七五”期间国家重大科技攻关项目“蓄能技术装备开发”中的子项，经过几年的科技攻关，完成了1kW和5kW样机各一台，于1991年初通过鉴定，经测定其主要技术指标——转换效率已达到国外一些产品水平，1kW级效率为88.3%，5kW级效率为92.6%，为我国今后开发太阳能、风力发电等自然能源提供了关键技术和设备。该所1991年对快速晶闸管制造技术深入进一步研究，如对该器件的门极触发特性控制、电子幅照技术、频率与高温特性等方面进行了大量的研究和试验，使器件的有关特性有所提高，成品率由60%提高到95%。

DJB-823固体导电保护剂已在电力电子行业一些主要生产厂中作为四新项目推广应用。1990年西安电力整流器厂、北京整流器厂开始应用该保护剂涂敷在电力电子装置的导电铜母排上，取得理想效果。1991年上海整流器总厂对该保护剂涂敷于铜导体、印板插件功能单元、铝散热器、脉冲变压器上进行试验测定，其导电率和电气性能参数与未涂敷前相同，导热性能也符合国家标准规定。尤其是电力电子装置的铜母排上涂敷DJB-823后，表面光洁美观，显示出铜导体的本色，并可加色标以区别相序，以取代原来铜母排的镀银、镀锡、镀镍等，取得满意的效果。

新产品 上海电阻厂生产的高压电源控制装置，1991年用于国家重点工程平圩电厂的引进型600MW电除尘器电源控制装置及用于石横电厂的300MW电除尘器电源控制装置。获得了由国务院重大技术装备领导小组颁发的国家重大技术装备成果二等奖。上海整流器总厂承担的国家重大科技装备攻关项目“6QG14晶闸管功率组件”的试制工作，样品通过试验鉴定，符合国标要求。其额定交流输入电压为3相380V±10%，额定直流输出电压为±400V和±440V，额定直流输出电流为250、315、400、500A，负载等级为F级。该组件系为上海宝山钢铁总厂提供引进设备用的备品备件。

上海电压调整器厂试制成功大型三相晶闸管调压控温装置，功率528kVA。该装置系2.5万吨小化肥厂直径800mm合成塔自动控温专用设备之一，也可用作大容量三相平滑调压电源，可代替感应调压器用来控制电阻负荷或变压器一次侧。经一年多在四川江油天然气化工厂现场运行，取得良好效果。装置具有软起动、软关断、自动限流、过流截止、输出特性曲线斜率可调、抗干扰能力强、保护功能齐全、既能手动平滑调压、又能自动控温等特点，达到国际80年代中期先进水平。装置的基本参数为：三相，50／60HZ，输入电压380V，输出电压0～372V以上，输出电流800A，水冷、柜式结构，效率达99.5%以上。

行业管理 电力电子行业管理工作主要由中国电器工业协会（筹）电力电子专业协会和中国电力电子产品质量监督检测中心负责。目前主要抓行业产品质量的提高，在国民经济各有关部门积极推广应用电力电子技术。在经营管理方面着重抓供需渠道的沟通，1990～1992年召开三次产品展销会和技术市场信息交流会；合理调整产品价格并上报有关部门批准。电力电子器件产品生产许可证发放工作，目前已制订出生产许可证实施细则，并进行宣贯工作，为了进一步提高产品质量，在全行业中全面推广和深化“工艺突破口”工作，目前正在抓好行业试点单位的工作。

质量及质量管理 1991年4月，机电部质量司下达快速晶闸管行业评比任务后，电力电子产品质量监督检测中心对整个行业12家生产快速晶闸管KK200A的产品进行抽样、工厂质量调查，编写实施细则，实物检测，总结及质量分析，召开质量评审会等，历时三个多月。评比出优等品1家，一等品2家，合格品5家，不合格品4家。

1991年电力电子行业新制订符合IEC的国家标准2项3个，行业标准8项12个。2项国标为《高压直流输电阀试验方法》、《半导体电力变流器》（2个）。8项12个行业标准为：《半导体器件用无氧铜管壳技术条件》、《机动车用桥式整流组件》、《电焊机用晶闸管技术条件》、《逆变器通用技术条件》、《电力半导体模块空白详细规范》、《过电压保护用两端晶闸管》、《电力半导体模块外形尺寸和测试方法》（共5个）、《电力半导体器件用硅圆片》等。

技术改造及技术引进 1991年21个企、事业单位固定资产投资额2013万元。其中基本建设投资510万元，比上年度减少32.2%；技术革新改造投资1603万元，比上年度减少33.4%。以上资金主要用于新建和改建厂房，生产环境的净化，改造和更新工装设备和测试设备等。

“七五”期间21个企、事业单位共引进7项生产技术，通过消化和吸收以及国产化工作，使我国电力电子主要产品跨入国际80年代初、中期水平。如西安电力电子技术研究所原引进时只能生产2个品种的产品，现已开发出5个品种、14个系列、30多个规格的产品，技术参数指标均达到国外同类产品的80年代水平。除一种表面工艺涂料和少量特殊硅单晶材料外，国产化率达96.5%。该所还开发出具有80年代先进水平的旋转腐蚀台、大直径自动控制扩散炉等4种半导体工艺设备，并形成一定的生产能力。该所引进线的产品产量及产值与1987年投产时相比，年产量增加3倍，年产值增加近6倍，1991年生产大功率晶闸管2988只，产值340万元。上海整流器总厂引进的可关断晶闸管GTO，1991年产品水平达到700A／1.2～2.6kV。北京整流器厂引进的大功率直流电动机调速装置技术，单柜最大输出功率为

6000kW，1450V，已为太钢提供2300轧机主传动装置，性能达到国际水平。上海整流器总厂引进的全数字微机控制直流调速装置技术，消化吸收后已为宝钢提供了许多新型的直流调速装置。北京整流器厂从德国ABB公司引进的LWA变频调速装置技术，1991年试制成功80kVA，频率变化范围为5～50Hz的变频调速装置。装置调速过程中，从高速到低速都可以保持较小的转差率，因而具有效率高、精度高、范围宽的调速特性，可以实现四象限运行。

销售 1991年21个生产厂、所国内产品销售收入总额31166万元，比上年增加22.2%；出口销售额43.2万美元，比上年下降5.2%。电力电子器件目前销售的主体还是普通晶闸管和普通整流管，其次为快速晶闸管和快速整流管，晶闸管和整流管组件和模块销售情况逐年见好。电力电子装置的销售以电解电化、直流传动、交流电力控制器、励磁、中频装置等为主导产品，合闸、充电、电镀等电源销售量基本稳定。

搞好产品售后的安装、调试和维修等工作，是提高企业销售额的重要措施。上钢三厂的3300中厚板工程是国家"七五"期间重点技术改造项目，上海整流器总厂近年来先后为该工程提供了数百台控制柜、调节柜和整流柜等产品。这些设备能否正常安装、接线、调试，关系到该工程能否按期按质完成。为此，当这些设备刚进入安装阶段时，该厂便组成3300工程现场服务队，常驻在工地，进行现场服务。对所有设备的几千个线号及所有元器件进行逐一查核，防止运输和装卸过程中可能发生的线头松脱和个别元器件损坏，从而消除隐患，确保设备安全可靠。又如，西安电力整流器厂对售后的产品每年举办数期用户学习班，其目的是使装置操作人员了解装置的工作原理，基本结构和运行中可能出现的问题及其处理方法，为用户培养了技术骨干，提高了维修能力，使产品运行可靠，也就提高了产品质量的信誉，促进了产品的销售。

〔撰稿人：西安电力电子技术研究所高级工程师 黄嘉炳　审稿人：西安电力电子技术研究所所长 周胜宗　机械电子工业部第一装备司 呼淑清〕

电线电缆

〔机械电子工业部〕

生产发展概况 1991年，电线电缆行业，虽未完全摆脱滑坡状况，但也呈现回升形势，得到了较好的技术更新和技术改造，因而在"八五"计划的第一年，仍有一定的发展速度。根据机械电子工业部1991年对263家电线电缆企业的统计，电线电缆行业职工总数达16.9万人，完成工业总产值120.23亿元，产品销售收入96.77亿元，利税总额12.12亿元，三者分别比1990年增长7.0%、9.5%及-11.9%。1991年主要生产厂家经济指标完成情况见表1。

上海马桥电缆厂是一家乡镇企业，该厂充分发挥党在现阶段农村的经济政策，灵活运筹经营方法，从产品生产到销售及资金回笼方面加强了管理和考核，收到了很好经济效益，完成工业总值21158.6万元，利税1110.5万元，人均创利达3.1万元／年，劳动生产率为60万元／人·年。

1991年，电线电缆行业的主要大类产品为：钢芯铝绞线11.18万吨，电力电缆10.04万公里，通信电缆2.17万公里，电磁线10.07万吨。上海电缆研究所1991年生产光缆近1100芯公里。

新技术与科研成果 机械电子工业部上海电缆研究所利用我国高硅铝矿资源，用普通非电工级铝做出达到国际先进水平的电工铝导体，解决了我国电缆工业量大面广的基础材料，使电工铝导体的生产在质量和数量上有了保证。该项成果可节约大量能源，有较大的节能效果，而且可减少进口低硅铝锭和氧化铝等原材料，节约了外汇。整个电缆工业，从原材料差价、降低原材料品位，充分利用工艺废品和提高成品率可获很大的经济效益。仅原材料，每年可收益8000～10000万元（以特一级铝为比较基础，该成果处理费100元／吨，电工铝锭差价300～565元／吨，稀土铝锭差价400～600元／吨）。目前该技术成果已应用于电缆厂的技术改造、新厂的建设；生产的架空导线已用于500kV以下的各级输配电线路；产品也用于电线电缆的导电线芯和变电、配电站室的母线。目前，全国年需电工铝导体25万吨，约占我国铝年产量的1／3弱，该技术推广覆盖面已达47%，估计到1992年覆盖面可达60%左右。该成果从国情出发，用国产普通铝和丰富的稀土资源，立足于国内，并且技术经济效果显著。该课题"稀土在电工铝导体中的应用研究"于1991年获国家级科学技术进步二等奖。上海电缆研究所运用电缆专业技术，开发出边缘技术的新产业——大桥用斜拉索。而今196根斜柱索与国际一流的上海南浦大桥双塔桥面连体，犹如两个巨人手拉着手，连接正在开发的浦东浦西。1991年11月19日国务院李鹏总理出席大桥通车典礼并亲自剪彩。上海电缆研究所杜学国同志作为建设功臣的14位代表之一，受到李鹏总理的亲切接见。上海电缆研究所的UV固化光纤涂料及涂覆工艺，经过三年时间的研制，于1991年完成，并通过了上海市鉴定，获得了较高的评价。山西侯马电缆厂的一槽多芯骨架式光缆获邮电部科技进步一等奖。天津电子线缆公司的尼龙被覆线获机电部科技进步一等奖。天津电子线缆公司的屏膜控制电缆获1991年国家发明三等奖。上海电缆研究所开发研制的高温绝缘测控电线，荣获

表 1　1991 年主要生产厂家经济指标完成情况

企业名称	工业总产值（万元）	销售收入（万元）	利税总额(万元)			出口创汇（万美元）
			合计	销售税金	利润总额	
上海电线电缆(集团)公司	130727	106228	10750	6150	4600	1586.7
其中：集体企业	1286		109			
沈阳电缆厂	100010	87186	3937			1100
上海电缆厂	67298	62919	10686			800
郑州电缆厂	36900	32500	4000			661.0
哈尔滨电缆厂	36655	30320			419	800
湘潭电缆厂	38969	28145	3516		1319	877.4
成都电缆厂	25800	21000	3560	2260	1300	800
四川电缆厂	24421	21526	2862	2440	422	
昆明电缆厂	22301	18858	3034	2336	698	623
上海马桥电缆厂	21159		1111			
天津电缆总厂	20788				510	
山东电缆厂	20051	18501	3541	2139	1402	
红旗电缆厂	18310	15225	1539	1489	50	
长通电缆厂	17095	14006	3471	1850	1621	
天津市漆包线厂	15396	11340		816		
邯郸电磁线厂	15396	9668	306			
西安电缆厂	13723	13243		2765		
广东电缆厂	13500		1729			
杭州电缆厂	12466	9768	1151	1140	11	
常州无线电材料总厂	12300	10312		1053		
内蒙古电缆厂	10872	10077	303			
郑州电磁线厂	10708	7418	139			
山西侯马电缆厂	10656	9288	1740			
北京电缆总厂	10496	9566	913	762	151	
中国电工厂	10124	8234		723		
福州电缆厂	10034		1413	7 93	620	

国家科技发明四等奖。上海电缆研究所与上海中国电工厂共同研制的 F 级直焊性聚氨酯漆包圆铜线在 1991 年首届上海科技博览会上获金奖。

湘潭电缆厂在技术进步中崛起，被评为全省“七五”期间技术进步优秀企业。武汉电缆股份公司开发成功具有国际先进水平的高温耐热铝合金扁线于 10 月通过鉴定。

新产品　1991 年，开发的新产品，并通过鉴定的见表 2。此外，衡阳电缆厂开发出中心金属加强构件层绞式填充型单模光缆，该项高技术已向中国专利局申请专利。常熟电缆厂试制成功紫外光交联 PE 电缆。哈尔滨电缆厂成功地生产出第一批 110kV 级交联聚乙烯电力电缆。

1991 年电线电缆重点新产品发展的特点：一是幅照电缆技术；二是阻燃防火电缆技术；三是合金合成电缆导体技术；四是机电一体化的电缆装备技术；五是光通信电缆技术；六是交联电缆技术等方面都有重大进展，并取得了一定的社会效益和经济效益。

行业管理　机械电子工业部、国务院生产办公室、国家计划委员会联合发布《国家级机械新产品开发指南》的通知。其中有国家级电线电缆、光缆新产品开发指南的 32 个项目。

确定电线电缆行业结构调整，首先应该从线缆行业的现实基础和线缆行业经济发展战略出发，其目标应该从低技术、高物耗的粗放型转向新技术、低消耗的集约经营型转变；从产值速度型向质量效益型转变；从内向型经济向外向型经济转变。线缆行业既要摆脱市场疲软的困扰，又要实现产品升级换代，而产品结构调整是重要一环。产品结构调整突出的做法：依靠技术进步，不断开发新品种。通过“六五”、“七五”期间的引进和有关各厂的技术改造，线缆行业技术装备水平显著提高，设备新度系数逐年上升。在线缆行业中具有领先地位的光缆、

表 2　1991 年电线电缆新产品

序号	名　　称	试制工厂	主要性能、参数、水平	鉴定等级
1	光通信电缆	上海电缆厂		国家优秀产品
2	HYA 型 2400 对全塑市内电话电缆	上海电缆厂		机电部、上海市优质产品
3	110 千伏交联聚乙烯绝缘电力电缆	上海电缆厂、哈尔滨电缆厂		机电部、上海市优质产品
4	钢铝复合接触线	上海电缆厂、哈尔滨电缆厂		机电部、上海市优质产品
5	双沟形铜接触线	上海电缆厂、哈尔滨电缆厂		机电部、上海市优质产品
6	乙丙橡胶绝缘硅橡胶护套无触点汽车点火线	上海电线三厂	耐严寒,耐高温,抗干扰	机电部鉴定
7	PVC 热塑弹性体护套料	上海电线三厂	国内最高水平	上海市鉴定
8	电焊机电缆	上海南洋电线电缆厂	75℃	上海市鉴定
9	船用电缆(5 种)	上海南洋电线电缆厂		上海市鉴定
10	钢芯稀土铝绞线	湘潭电缆厂		机电部、湖南省鉴定
11	玻璃丝包聚酰亚胺薄膜绕包扁铜线	湘潭电缆厂		机电部、湖南省鉴定
12	纵孔 PE 绝缘 PVC 护套同轴电缆	湘潭电缆厂		机电部、湖南省鉴定
13	耐水绕组线用漆包线	湘潭电缆厂		机电部、湖南省鉴定
14	阻燃电力电缆、控制电缆、仪表用综合控制电缆 10kV 城网架空线	长通电缆厂		甘肃省鉴定
15	小尺寸潜油泵电缆	天津市电缆总厂	120℃	天津市鉴定
16	铜带屏蔽控制电缆	天津市电缆总厂		天津市鉴定
17	全塑电梯电缆(PVC 绝缘护套)	天津市电缆总厂		机电部鉴定
18	HYA 大对数全塑市内电话电缆	山东电缆厂	各项性能达 YD322-84 标准	
19	ZR-U 型阻燃矿用橡套电缆	山东电缆厂		
20	KVVRP,KVVR 型屏蔽型控制电缆	山东电缆厂		
21	三相五芯全塑电力电缆	苏州电缆厂	达国家先进水平	江苏省鉴定
22	束管式八芯七组综合光缆	西安电缆厂	电气、机械性能符合国家标准和 CCITT 有关建议、工艺先进,性能稳定	机电部、铁道部、邮电部鉴定
23	航空用搭铁线、柔性钢索、金属编织带、金属编织管	瑞金电线厂	起静电放电、防止雷击、防波屏蔽、机械保护等作用	机电部鉴定
24	HYA 型 3000 对全塑市内电话电缆	西安电缆厂	通话容量大、性能好、施工方便、维护简单	机电部、铁道部、邮电部鉴定
25	108 芯特控电缆和防波数字电缆	湘潭电缆厂	高温度、柔软性	航空部鉴定
26	35kV 交联 PE 电缆	无锡电缆厂		江苏省鉴定
27	QACC 特种聚氨酯漆包线	保定无线电材料总厂	绝缘温度高,锡焊性好,介质损耗小	部级生产定型鉴定
28	新型电缆填充料	张家港三兴电缆辅助材料厂、上海电缆研究所		江苏省科委鉴定
29	110kV 交联电缆及附件	沈阳电缆厂		机电部、能源部鉴定
30	物理高炎泡射频同轴电缆	江西无线电缆厂		机电部鉴定
31	HYA 型 6000 对全塑市内电话电缆	江西省通信电缆厂		邮电部、江西省鉴定
32	交流 3kV 及以下铁路机车车辆用电缆	衡阳电线电缆厂		铁道部、机电部鉴定

全塑市话电缆以及交联电缆等已形成一定的批量生产能力。目前，国内有关厂从芬兰、美国、瑞典等国引进了 20 余条干法交联电缆生产线（约耗汇 4000 万美元），加上国内自制的干法、湿法交联电缆生产线总数已接近 50 条，全年生产能力已达 4 万公里，大大超过国内的年需求量（按预测 2000 年时的国内总需求为 2 万公里）。从国外引进的交联电缆生产线确定均具有当代先进水平。但是，由于全行业对软件技术不够重视，特别是生产技术基础工作，生产管理工作，专用原材料的配套供应，生产人员的规范化培训都比较薄弱，故近几年国产交联电缆生产中出现了不少问题，有些还相当严重。在生产中曾出现不按技术文件规定制造，产品质量波动很大，以致在运行中曾发生多次击穿事故，严重影响了国产交联电缆的信誉，阻碍了交联电缆生产的正常发展。这就造成了一方面生产线开工严重不足，另一方面用户部门则大量进口交联电缆（1986～1988 年平均耗汇 3000 万美元左右）的严重局面。为发挥引进生产线的优势，扩大出口，加速电缆料国产化的进程，机械电子工业部第一装

备司专门召开了全国交联电缆生产整顿工作会议，根据编制的交联电缆验收细则和交联电缆料的采购规范，对郑州电缆厂、广东佛山电缆厂、上海电缆厂、哈尔滨电缆厂、合肥电缆厂、焦作电缆厂、烟台电缆厂、无锡电缆厂、山东电缆厂、湘潭电缆厂、昆明电缆厂、吉林白城电缆厂、内蒙古电缆厂等16家交联电缆生产线的整顿工作进行了验收。通过一年多来的“整顿”证明，这次全行业性的专业质量活动和技术大交流活动是成功的。整顿期间行业内开展了大量“软”（管理）与“硬”（技术）相结合的协调，改进完善工作，其广度和深度是空前的，取得的效果大大超过预期的要求。

中国电工器材行业协会电线电缆协会第四次会员大会于11月在四川成都召开，会议总结交流“七五”期间的工作成果，以及1991年开展“质量、品种、效益年”活动的经验，研讨搞活大中型企业办法，进一步调整产品结构、提高经济效益等，宣传贯彻本行业“八五”科技发展规则，讨论协调科技攻关与合作项目，发布行业技术经济信息，选举产生了该会第二届理事会的沈阳电缆厂李斌辉厂长为理事长和上海电缆研究所李民权所长为副理事长，重新确认了上海电缆研究所沈铸新书记为本会秘书长。

机电部电线电缆科技情报网第十次代表会议于9月10日在天津市召开。会议修订了《机电部电线电缆科技情报网工作条例》，协商产生了机电部电线电缆科技情报网第一届理事会组成名单。

由四川省政府科技顾问团、省邮电局、省电子厅，成都电缆厂等十余单位筹建的四川省光纤通信联合公司于10月在成都成立。该公司是隶属于省生产委员会主管的跨行业、跨地区的经济实体。

广东顺德电缆厂晋升为全国乡镇先进企业。哈尔滨电缆厂、郑州电缆厂、青岛电缆厂、天津市电磁线厂、天津市软线厂、山东烟台铜材厂等6家为国家二级企业。

沈阳电缆厂获国家级企业技术进步奖。

哈尔滨电缆厂通过国家节能一级企业评价。江西吉安八四九零厂于9月通过了“国家安全级企业”的复评。成都电缆厂获“七五”期间国家级技术进步先进企业称号。沈阳电缆厂、广东电缆厂荣获机电部工艺管理先进企业称号。湘潭电缆厂、福州电线厂的档案管理通过国家二级标准。沈阳电缆厂晋升国家一级档案管理企业，获得了国家计量先进单位称号。天津市电缆厂荣获了国家安全特级企业的称号。

衡阳电缆厂杨碧霞厂长被评为湖南省优秀企业家。

上海电线电缆（集团）公司所属上海电线线材厂被机电部评为1991年度先进集体企业。

全国评选出500家“最大的乡镇企业”，其中电线电缆行业多家企业榜上有名。产值亿元以上的有上海马桥电缆厂，产值在亿元以下的有山东烟台市芝罘电缆厂、广东顺德电缆厂、山东文登市电缆厂、上海朱家角电线厂、广东番禺电缆厂、江苏武进县电线厂等企业。

质量及质量管理　1991年，获国优金质奖的产品有2项：郑州电缆厂的新华牌YGV、YJV22系列10kV及以下铜芯交联聚乙烯绝缘电力电缆。广东电缆厂的海鸥牌YGV、YJV22系列10kV及以下铜芯交联聚乙烯绝缘电力电缆。获国优银质奖的有：天津市电缆总厂的WQPN10−1.8／3kV3×20mm^{2}中温等级潜油泵电缆、常州无线电材料总厂的QAVY特种漆包圆铜线。

1991年，电线电缆类产品获机电部优质产品的有28个企业的35项产品，占机电部电工产品获部优的181项产品的18.8%。这35项部优产品中，以电焊机电缆最多，有11项；其次是钢芯铝绞线，有6项。从企业来看，上海电缆厂、山东电缆厂、四川电缆厂各有3项部优产品，西安电缆厂有2项。

湘潭电缆厂生产的DA系列（单根电缆燃烧试验）和SA系列（成束电缆燃烧试验）船用电力电缆、DA系列船用控制电缆和船用对称电缆，在获得中国船级社（ZC）认可的基础上，经由英国劳埃德船级社对该厂进行严格审查和现场抽样全面试验，并经英国劳氏船级社伦敦总部反复审核，该船级社已于1991年10月10日正式向湘潭电缆厂签发了认可证书。常州船用电缆厂的船舶电缆产品获英国劳氏船级社认可。

1991年共批准发布电线电缆及电缆专用设备标准20项，其中，国家标准7项，行业标准12项，行业内部标准1项。1991年共完成标准制、修订9项，其中，国家军用标准1项，国家标准1项，行业标准6项，行业内部标准1项。

1991年100家企业获国家中国电工产品认证委员会颁发的产品认证合格证书，100家企业延长了认证合格证书的有效期。12家企业获得国家商检局和机电部颁发的出口质量许可证。

技术改造及技术引进　近几年来，湘潭电缆厂在银行的资金支持下，开发了35个主导产品，新产品产值率由1990年的15.6%上升到1991年的20.0%。在实施技改项目时，企业和银行都十分重视投资效益的发挥。

内蒙古电缆厂以科技进步为先导，以引进技术为突破口，从国外引进7条电缆生产线、专用设备生产技术和检测手段等。技术引进后，年生产能力达3000公里。产品质量达到BS、IEC标准，产品发展到300个品种，投产后取得明显的经济效益，成为内蒙古地方机械工业第一大户。

湖北红旗电缆厂国内配套，国外引进年产8000吨电工光亮铜杆生产线已完成。

上海中国电工厂引进的漆包线生产设备项目，已竣工投产，该厂形成了一套完整的先进手段和测试手段，进一步增强了该厂为引进设备国产化配套，扩大出口的能力。

福州电线厂二期引进特种及超微细漆包线生产

线，经福建省省级验收投产，生产能力达到 3500 吨要求。

上海电线三厂从美、日、意引进的电话软线生产设备和从英国引进的硅橡胶绝缘电线常压热空气连续硫化生产线竣工投产，通过了市级验收。

侯马电缆厂的全塑市话电缆、通信光缆两大技术改造项目全部完成后，形成该厂优势与引进技术改造相结合的新格局，实现年产全塑市话电缆 10 万对公里和通信光缆 5000 公里的生产能力。

天津电子线缆公司从芬兰诺基亚引进光缆生产线，已安装结束，该设备是目前国际上比较先进的光缆生产线，从光纤筛选、着色，二次被覆到成缆、挤出外护层全部五条生产线均采用程控和微机控制，可生产四芯以上的多芯骨架式、层绞式光缆，年生产能力可达 2000 公里以上，将为我国光缆通讯的发展提供高质量的光缆。

我国首条三层共挤交联引进项目在湘潭电缆厂正式竣工验收、建成投产。此项目是 80 年代末国际先进水平，除三层共挤机可靠外，采用 IBM 工艺计算机、“301”微机控制系统，以及可编程序控制、电视监视、触摸数显数控技术，整条生产线按经过验证的工艺参数以预编程序进行自动化生产，并能自动记录故障及停车时间，不受操作人员人为的因素影响。

哈尔滨电缆厂从国外引进的超高压交联电缆生产线已胜利通过竣工验收，并试制 110kV 交联电缆。

回顾第一阶段的技术引进工作，成绩还是显著的。

电线电缆产品（包括电缆附件），在技术引进前已解决的品种数为 725 个，占现有 913 个品种的 79.4%；通过技术引进后显著提高了产品质量或工艺水平的有 140 个，占 15.3%；依靠技术引进才解决的有 26 个品种，占 2.8%；需要再进一步提高质量和工艺水平的有 22 个品种，占 2.4%。详见表 3。

表 3　电线电缆品种的技术引进覆盖面情况

序号	产品小类	全部品种数		技术引进前已解决的品种数	技术引进后显著提高水平的品种数	依靠技术引进解决的品种数	需进一步解决的品种数
		新统计	老统计①				
1	裸电线	96	93	64	12		19
2	电气装备用电线电缆	328	304	241	84	3	
3	电力电缆	163	163	144	18	1	
4	通信电缆	178	180	147	13	18	
5	光纤光缆	7	4		4	2	1
6	射频和电视电缆	16	16	16			
7	绕组线	80	83	71	9		
8	电缆附件	45	45	42		1	2
	总计	913	888	725	140	26	22
	比重(%)	100		79.4	15.3	2.8	2.4

①老统计指《机械工业产品品种清册（1949～1982）》中的统计数。

从这些技术引进项目的消化吸收情况来看，各引进企业基本上能做到正常掌握其技术，生产出符合原要求的产品，满足国内市场需要。如成都电缆厂引进的市话电缆制造技术后，自 1986—1987 年，就生产出各种全塑市话电缆 196 万对公里，除内销外，还创汇 1500 多万美元。哈尔滨电缆厂引进的浸涂法无氧铜杆制造技术和设备，自 1983 年 9 月试生产，到 1985 年就偿还了外汇贷款。上海电缆厂引进的耐高温航空导线生产专有技术，仅 7 个月就偿还了全部软件贷款费用。据不完全统计，这些技术引进项目和引进的生产线所生产的电线电缆已出口创汇 5000 多万美元。

从总体来看，引进项目的技术经济效果是良好的，主要表现在下列方面：

(1) 填补了国内空白。如，引进的浸涂法无氧铜杆和连铸连轧低氧铜杆的制造技术，就填补了国内的空白。以往电线电缆行业使用的除了上引法生产的少量无氧铜杆外，都是黑铜杆，导电率只有 99.5%～100.5%IACS，每捆重量仅 80 千克，拉线前必须酸洗，拉线时易断头。引进了无氧、低氧铜杆制造技术后，导电率达到 101～102%IACS，每捆重量达 3～5 吨，可大大减少焊头次数，铜杆表面光亮，不需酸洗，拉线断头率大大减少，尤其在拉制细线时尤为突出。对提高电线电缆的导体质量水平起了决定性作用。又如引进的全塑市话电缆制造技术，使我国已能生产基本上包括国际现有全塑市话电缆所有品种和规格，质量符合 IEC 和 REA 标准，达到世界先进水平，并已出口创汇。其他如干法交联聚乙烯电缆制造技术和井下用重型软电缆制造技术的引进均为这些电缆品种的生产奠定了技术基础，解决了有无的问题，满足了国内工程和煤矿的国外采煤机的配套需要。

(2) 替代了进口。以往我国每年均大量进口电缆，从引进国外技术后，有的已经可以自行生产，替代了进口。除了上面提到的电缆外，其他如油泵电缆、海上石油平台用承荷探测电缆、带状电缆以及耐冷媒漆包线等均可替代进口。其中油泵电缆，在1984年前全部由国外进口，自引进美国技术后，1988年国内需要量的70%都已改为国内自制，节约了大量外汇。而交联聚乙烯电力电缆是以往我国进口电线电缆中占金额最大的一个产品。据1986年统计，占全部进口电线电缆金额的三分之一以上，如果全部以国产替代进口，估计至少可以节约外汇5000万美元。

(3) 扩大了出口。过去我国出口的电线电缆中，以裸电线和绕组线为多，据1986年统计，这两类产品的出口金额占全部电线电缆出口总金额的47%。除绕组线中的微细漆包线和特种漆包线外，这两类产品实际上是导体出口。而对技术更为密集的产品如电力电缆和通信电缆的出口不多。以往我国生产的湿法交联聚乙烯电力电缆国外不感兴趣，现在改用干法交联，就对出口创造了条件。全塑市话电缆也是引进了美国技术后才扩大出口的。再如电源插头线，以往全靠手工生产，质量达不到国际通用标准。引进制造技术和设备后，质量迅速提高，并已向外出口。除直接出口电线电缆外，还为其他出口机电产品的配套作出了贡献，例如引进了潜水电机绕组线制造技术后，即为潜水电机制造厂提供了薄层、高绝缘、长寿命的绕组线，1987年即为出口潜水电机配套1500台。天津电子线缆公司引进CATV制造设备后，1986、1987两年即出口CATV电缆1000公里。各厂引进了新型漆包设备后，更增加了漆包线的出口势头，并且由于装盘容量大，更符合国内外用户的要求，仅福州电线厂一家，1988年即出口创汇207万美元，除出口东南亚外，还远销美国。

(4) 提高了工艺水平和产品质量。不论是引进技术或是进口的生产线和单机，均提高了我国的电线电缆制造工艺水平和产品质量。前面提到的无氧铜杆和低氧铜杆制造技术和设备，就彻底改变了以往传统的黑铜杆制造工艺，电解铜进料可一次制成铜杆，不必经过电解铜熔铸成锭，再将铜锭加热后轧成铜杆，再酸洗后供拉线。工序简化了质量却提高了。又如过去的镀锡铜线都采用一般热镀法，锡层的结合力差，镀层不均匀，锡层虽厚，但可焊性差，锡的消耗多，引进了电解镀锡和真空镀锡工艺后，就大大提高了镀层质量。上海电缆厂引进了耐高温航空导线生产专有技术后，提高了工艺水平，产品质量迅速达到美国MIL标准。上海塑胶线厂引进的彩电导线生产线，其产品已经美国UL认可。拉线—漆包连续生产线和拉线连续退火生产线的应用都改进了生产工艺，并且分别提高了漆包线的柔软度和漆膜附着力以及铜线的退火质量。

(5) 提高了劳动生产率。引进的新工艺新设备对劳动生产率的提高极为显著。以铜杆生产为例，新的光亮铜杆制造工艺要比老的回线轧机制造工艺提高劳动生产率5～10倍。新型拉线机和漆包机的采用，使拉线速度提高1～2倍，漆包速度提高1～10倍。生产全塑市话电缆绝缘线芯的拉线—挤塑生产线比以往的挤塑机要提高速度10倍。

(6) 降低了物质消耗。有些引进的新技术对降低原材料和能源的消耗也有很大效果。哈尔滨电缆厂引进的浸涂法无氧铜杆制造技术，由于完全改进了生产工艺，每年可减少铜的工艺损耗430吨，节约木材1300立方米，节水240吨，节电820万度。上海电缆厂原来生产的耐高温航空导线线芯采用铜包银法，其导体的含银量高达37%，引进英国的制造技术后，采用电镀银法，使导体的含银量下降至5%以下，节约了大量的贵金属银。电解镀锡工艺的应用，使锡的消耗比原来的热镀法节约20%～40%。

在电线电缆行业的技术引进工作中，主要存在如下问题：

(1) 引进"硬件"多，"软件"少。在1981—1988年间，我国电线电缆行业引进技术和进口设备共达2亿多美元。其中，真正属于技术引进的项目只占总额的30.6%。而在这些技术引进项目中，"硬件"占74.1%，"软件"只占25.9%，可见"软件"的比重是不大的。

(2) 重复引进多，消化吸收少。重复引进，最突出的例子是铜杆和交联聚乙烯电缆制造技术和设备。前者引进了13条生产线，后者引进了19条生产线，并且其中有些完全是同一类型的。其原因主要是管理上的失控。更有甚者，有的项目即使引进的是设备制造技术（软件），但由于生产线（硬件）的重复引进，使软件的引进起不了作用，例如郑州电缆厂化了近百万美元向德国TROESTER公司引进的橡胶多层挤出连续硫化机组制造技术，原预计可以利用引进技术自行生产国内需要的橡胶多层挤出连续硫化机组，如以生产20多条这种生产线计，可节约3000万美元的外汇支出，但由于对这种生产线的引进失控，国内企业还不等设备制造出来，已经纷纷向国外订货，并且有些仍是该厂产品。目前市场已无需要，使引进的技术发挥不了作用。

(3) 元器件和专用材料的配套尚须解决。

元器件尤其是电气元件，国内产品同进口产品的差距很大，使备品备件的供应带来困难，迄今有不少的电气元件坏了，仍需依靠进口，漆包机的催化燃烧器，属于消耗性材料，但国内的配不上；有些材料如全塑市话电缆的着色母粒，复合铝带以及电缆屏蔽带所需EAA薄膜，都还需进口。

销售 1991年电线电缆销售总额96.77亿元，比1990年增长9.5%。

中国电线电缆出口联营公司1991年底实际出口为1803万美元。

上海电线电缆（集团）公司充分发挥集团优

势，不断改变经营作风，有效地防止配套任务的流失。公司各厂主动出击，改坐商为行商，以变应变，坚持用户第一，服务至上；打破常规，实行生产计划、财务一条龙服务；全心全意，加强售后服务。全年创汇 1586.7 万美元，出口产值 7799.8 万元。其中，上海南洋电线电缆厂完成了 508 万美元，上海电线电缆一厂完成了 290 万美元，这二家工厂被评为出口先进企业；上海电磁线一厂完成 155 万美元，上海电线三厂完成 144 万美元，上海电线电缆五厂完成 109 万美元，这三家被评为出口优秀企业。

近几年来，由于我国线缆产品的质量大有改进，不少工厂采用 IEC、BS、DIN 标准进行生产，产品已逐步适应了国际市场的需求，出口范围也已逐步扩大到欧美等发达国家。特别是 UL 认证的产品在国际市场上最为走俏。中国电线电缆出口联营公司已分三批为上海塑胶线厂、上海电线五厂、天津电子线缆公司、无锡燎源机械厂、北京电线厂、周口通讯电缆厂、上海电线线材厂和安庆电线厂申办了 UL 认证。上海电线电缆一厂对出口业务十分重视，同心协力严把质量关，先后两次通过了瑞士 SGS 的严格验收。

我国电线电缆产品正在不断进入国际市场。在巴基斯坦施工的 132kV 超高压充油电缆线路工程已近尾声，这是我国电线电缆出口中电压级最高，出口创汇数量最大，并且是我国在国外承包的第一工程项目。

郑州电缆厂承接的 3×300 和 3×400mm²50 公里纸绝缘不滴流电力电缆，经阿联酋水电部官员于 1991 年来华进行监测试验后，对所测结果表示满意，第一批产品已发运至阿联酋。

合肥电缆厂克服了很多困难，认真细致地创优质，完成了一批供朝鲜的 ACSR 生产任务。昆明电缆厂的 11000 伏三芯铝芯不滴流油浸纸绝缘铅套麻被外护层电力电缆在马来西亚中标，交货总长为 500 公里，创汇额达 500 万美元。广东顺德电缆厂的产品在国外具有广阔市场，产品分别销往港澳、台湾、东南亚、中东、欧洲、美洲、大洋洲等部分国家和地区，深受广大用户的欢迎和信赖。获得中国电线电缆出口金奖，成为全国乡镇企业及全国电线电缆行业中的出口创汇大户。

湖北红旗电缆厂出口巴基斯坦的钢芯铝绞线 7077 吨，创汇近 910 万美元。

上海电缆厂会同北京供电局、中国电线电缆出口联营公司参加了塞浦路斯电力局（EAC）132kV 38 公里地下充油电缆的投标后中标，并签订了合同。

武汉电缆股份公司与台湾金城电线公司开展补偿贸易。

〔撰稿人：机械电子工业部上海电缆研究所 陆企成　审稿人：机械电子工业部上海电缆研究所 金聘录〕

绝缘材料

〔机械电子工业部〕

生产发展情况　据统计，1991 年绝缘材料行业职工总数 47884 人，其中工程技术人员 4062 人。工业总产值（1990 年不变价格）为 180443 万元，比上年增长了 3.29%，工业净产值（现行价格）为 67883 万元，比上年增长了 35.69%，产品销售税金为 10073 万元，比上年下降 0.33%。

1991 年绝缘材料总产量为 80491 吨，比上年增长了 9.10%，7 大类绝缘材料产品及 FH 级产品的产量见表 1.

表 1　7 大类绝缘材料产品产量

产品名称	产量		FH 级产量	
	产量(吨)	构成(%)	产量(吨)	占各类比重(%)
油漆树脂	21153	26.28	2085	9.86
层压制品	27252	33.86	1478	5.33
薄膜、粘带及复合材料	7749	9.63	166	2.19
云母制品	2374	2.95	299	12.59
浸渍纤维制品	1691	2.10	59	3.49
塑料	15487	19.24	116	0.75
其他	4786	5.94		
合计	80492	100	4203	

新技术与科研成果　1991 年，机电部桂林电器科学研究所通过鉴定的有机械工业技术发展基金课题中型高压电机用真空压力浸渍树脂体系与绝缘线圈的电热性能和应用工艺关系的研究，聚酯薄膜耐热性评定方法的研究，以及部课题环氧模压塑料的研究，耐高温绝缘胶的研究等。中型高压电机用真空压力浸渍树脂体系课题，经过三年努力，研制出酚类金属化合物固化体系浸渍树脂，既具有酸酐固化体系浸渍树脂的浸渍线圈的优良电气性能，又具有硼胺络合物固化体系浸渍树脂贮存稳定性。它的优点还有：胶化时间长，固化速度快，耐热性能优良，不易吸潮和水解，高温下分解缓慢。因此，该树脂用于中型高压电机少胶粉云母带 VPI 绝缘是一种综合性能较好的树脂，可以解决我国进口成套设备配套用绝缘材料的国产化问题。

聚酯薄膜耐热性评定方法的研究是在收集了大量资料的基础上，进行了系统的评定试验和结构分析研究。对国际国内聚酯薄膜耐热性水平进行评定，对聚酯薄膜耐热性与微观结构关系、对聚酯薄膜原材料指标、成型工艺与结构关系以及制造工艺对耐热性的影响进行了深入研究，提出了快速评定聚酯薄膜耐热性的方法，提出了提高聚酯薄膜耐热性的合理工艺路线。

国营第五七二七厂研制成功聚酰亚胺薄膜挠性敷铜箔板，该板可弯曲折叠，可实现高密度化立体布线，三维空间互连，能制成挠性或刚性、单面或多面印刷电路板。实现电子机械小型化。该板全部性能达到或超过国家标准，主要技术指标达到英国BS4584和日本JIS6472标准，其中剥离强度、耐浸焊性、介电常数和介质损失角正切等指标达到美国杜邦公司产品的指标。五七二七厂这项科研成果的取得，为我国高科技电子产品的研制、生产提供了优质印制电路材料，并可以代替进口，具有明显的社会效益和经济效益。

新产品 1991年绝缘材料行业取得62项新工艺、新材料、新产品成果。天津绝缘材料总厂研制的新产品T733聚酰胺型自粘性漆包线漆，耐热性能好，各项理化性能优异,经机电部电线电缆产品质量监督检测中心测试，多项指标达到国家标准，其粘结力优于日本同类产品水平。涂线工艺裕度宽，流平性好，适应国产或引进漆包线机的工艺要求。该产品主要用于涂制彩色显像管水平偏转线圈和电机、电器、仪器、仪表等行业的特种热粘合聚胺酯漆包线和特种热粘合聚酯漆包线。

上海嘉西绝缘材料厂研制的MF-80 (A) 不饱和聚酯亚胺F级绝缘浸渍漆，是针对煤矿井下潮湿、闷热以及起动频繁、满载运行（或堵转）等特殊条件下研制的。该漆具有较好的防潮性、粘结力、耐热等级高、冷热冲击性强、与电磁线相溶性好等特点，与煤矿电机定子绕组浸渍后，固化时漆的流失少，挂漆量大，线圈表面光亮，整体坚固，效果良好，使用寿命长，深受各矿务局电机厂、修理厂欢迎。

嘉兴绝缘材料厂研制的J—891不饱和聚酯快固化无溶剂浸渍树脂，是由不饱和聚酯、活性稀释剂、引发剂、促进剂、稳定剂等组成的多功能滴浸、沉浸浸渍树脂，耐热等级为B级，分甲、乙组份包装，固化时间短。固化温度低，使用期长，贮存稳定，是一种有效的节能产品，与一般绝缘漆相比，可节能90%，提高工效4倍。该漆具有优异的机械物理性能，其技术指标可达到日立化成2763K和德国HERBERTS8571快固化浸渍漆同类技术水平，适用于各种中小型电机、电器的沉浸或滴浸绝缘处理。固化后的电机漆膜光亮，内层固化完全，温升低，湿热、防霉试验达到标准，深受中小型电机、电器厂青睐。

上海电机玻璃纤维厂在试制F级电工无纬带的基础上，又试制出H级电工用无纬带。该H级无纬带具有高抗张、抗拉和抗冲击强度，高模量，低延伸，无磁滞和涡流损失。该产品呈网状结构，不散丝，退卷容易，贮存期长，是各种电机、电器理想的绑扎和紧固的绝缘材料。

新会电容薄膜厂研制的6～20μm新型易浸型粗化聚丙烯电容薄膜已取得重大进展，预计1992年初通过部级鉴定。该薄膜具有在浸渍油中不发胀、可蒸镀的特点，可做容量大、体积小新型全膜型电力电容器和高科技领域的高压脉冲、储能等产品的电容器的固体介质材料。该薄膜目前已试生产，西安电力电容器厂和国营七一五厂分别用于制造电力机车电容器和高压储能电容器效果良好。预计投产后，年产量可达400吨，产值1700万元，利税200万元。

行业管理 1991年绝缘材料行业生产经营形势有所好转，整个行业经济持续稳定，协调发展。在深化企业改革，进一步加强行业之间和企业内部管理等方面作了大量工作，取得了一定进展。

(1) 深入开展“双增双节”活动，开源节流，优化活化资金使用，把有限资金用活。主要做法建立节能降耗保证体系、加强成本核算、加强供应库房管理、清仓利库、科技挖潜、搞好原材料代用，增加工厂效益。

(2) 转换经营机制，及时调整产品结构，抓销促产。1991年召开了全行业厂长工作会议、经营形势分析研讨会、产品价格协调会等，引导企业深化改革，加强转换经营机制，及时调整产品结构。

(3) 不断完善落实经济承包责任制，是绝缘材料行业许多企业组织生产和经营活动的一项基本的综合性管理制度。大部分企业推行了全员风险抵压承包，紧紧围绕全厂年度方针目标和年度主要经济技术指标，进行层层分解，层层承包，责任到人，并同企业内部经济责任制挂钩，以百分制综合考核计分，奖罚兑现，从而有效地强化了风险机制，在职工中起了凝聚力、向心力作用，增强了职工主人翁精神，较好地实现了工厂的方针目标。

质量及质量管理 1991年主要抓了：(1) 对优质产品（一个国优：上海云母绝缘材料厂的5536换向器云母板；7个部优：西安、哈尔滨、广州绝缘材料厂的1032三聚氰胺醇酸浸渍漆，西安、哈尔滨绝缘材料厂的2432醇酸玻璃漆布，上海绝缘材料厂的3240环氧酚醛层压玻璃布板，上海云母绝缘材料厂的HP_5型电热设备粉云母板）进行质量抽查，结果8个产品的质量仍保持优等品；(2) 部优产品评选：泰州绝缘材料厂、四平绝缘材料厂的6520聚酯薄膜绝缘纸复合材料，哈尔滨绝缘材料厂、上海云母绝缘材料厂的5438-1环氧玻璃粉云母带为1991年部优产品；(3) 与电机行业协调，在全行业开展了FH级绝缘材料推广应用活动，编写了FH级绝缘材料产品目录，测试了许多绝缘材料厂送来的样品的性能，向电机电器企业介绍F级真空压力浸渍树脂、聚酰亚胺薄膜(厚度0.05mm)、少胶粉云母带（胶含量$<10\%$）等三种FH级绝缘材料产品的质量情况，推动了FH级绝缘材料的应用。

1991年标准化工作主要开展了：(1) 召开了标准清理整顿工作会议和1991年全国绝缘材料标准技术委员会年会，对绝缘材料77个国家标准，

97 个行业标准进行了逐个清理，经过反复调查比较，最后确认 90 个标准继续有效，废止 27 个，制修订 40 个，合并 14 个，调整级别 3 个，对确认继续有效的标准提出划分为强制或推荐的建议；(2) 进行了认真的标准制修订工作，完成了国标 2 项，行标 13 项；(3) 积极参加国际电工委员会 IEC 工作，IEC 第 54 届年会在中国举行，中国代表团参加了其中 TC89 委员会，并提出 3 项提案，均被会议采纳；(4) 举办电气用塑料薄膜试验方法国家标准学习班，由于该标准试验项目多，方法较复杂，有些项目初次出现，所以举办了学习班，起到宣贯标准的作用。

技术改造及技术引进 1991 年绝缘材料行业完成或正在进行的技术改造项目 21 项，其中列入"八五"期间重点技术改造项目 3 项，1991 年完成技术引进项目 15 项，重大技术引进项目 1 项，完成国家更新改造投资费 3558 万元。

西安绝缘材料厂 1991 年完成的技术改造项目有：几个主要车间（硅有机、敷铜板、云母）厂区线路高压交直流输变电设备、废气燃烧装置冲渣池，完成技术改造费 220 万元。通过改造硅有机车间可年增产量 200 吨，产值 600 万元，利润 160 万元；敷铜箔板车间年增产量 400 吨，产值 1152 万元，利税 158 万元，出口创汇 74 万美元。

常州绝缘材料总厂聚酯薄膜技术引进项目，"七五"期间就作为国家重点完成了引进部分，这次技术改造是在原有生产线的基础上，引进挤出铸片系统设备和自动控制系统装置。改造完成后，产品质量得到提高，品种规格更为齐全，产量将达到 1200 吨，其中电工用薄膜 600 吨、民用薄膜 600 吨，新增产值 3000 万元，利税 930 万元。

国营第五七二七厂在"七五"期间从联邦德国、美国、法国和捷克引进的无碱玻璃纤维生产线，是国家第一批军转民技术改造项目。1987 年动工，1991 年竣工投产，总投资 2650 万元，设计生产能力年产无碱玻璃纤维 1500 吨、EW905 无碱玻璃布 400 万 m^2，产值 2150 万元。该产品已通过部级鉴定。它具有低捻、单经、单纬、织前上浆等特点，其技术指标达到美国 7268 型无碱玻璃布标准。该产品主要用于生产敷铜箔板，每年可为该厂生产符合国际市场需要的中高档敷铜箔板 50 万 m^2，年创汇 900 万美元，创利润 500 万元，预计 4 年可收回全部投资。

辽阳工业纸板厂从瑞士引进大型热压电绝缘纸板生产线已在 1991 年提上议事日程。该引进项目是一项较大工程。建设规模年产热压电绝缘纸板 7000 吨，总投资 5500 万元，外汇 500 万美元，土建面积 18500m^2。项目投产后，每年需要木材 4 万 m^3，产品质量达到瑞士魏德曼公司标准。效益较大，年新增产值 4200 万元，税金 560 万元，利税 1890 万元，利润总额 2450 万元。

销售 1991 年在绝缘材料行业中，绝缘材料产品销售总量为 84705 吨，产品销售收入为 147219 万元。其中层压制品销售量最大，为 31278 吨，占销售总量的 37.85%，销售收入也最多，为 50008 万元，占销售收入总数的 38.18%；其次是油漆树脂，销售量为 18078 吨，占 21.88%，销售收入为 21542 万元，占 16.42%。这二类产品销售量之和为 49356 吨，占销售总量的 58.27%，销售收入之和为 71550 万元，占销售收入总数的 48.60%。销售量最少的为浸渍纤维制品，全年只销售了 1652 吨，占销售总量的 1.99%；销售收入最少的为绝缘纸板，全年只有销售收入 3467 万元，占销售收入总数的 1.88%。

1991 年绝缘材料行业对外出口企业为 34 家，出口总量为 9473 吨，比上年增长了 30.91%；出口产值为 22362 万元，比上年增长了 59.07%；创汇金额为 3757 万美元。1991 年出口品种有油漆树脂、层压制品、浸渍纤维制品、塑料、薄膜及复合材料、云母制品和绝缘纸板等 7 大类 30 多个品种。其中层压制品出口量最大，达 8516 吨，占出品总量的 86.11%，耐敷铜箔板的出口量为 6191 吨，又占层压制品出口量的 75.91%。出口国家和地区，主要有香港、台湾、东南亚、西亚、中东诸国，出口量最大的还是香港，占出口总量的 80% 以上。也有少量的产品销售到美国、日本、西欧诸国。

〔撰稿人：桂林电器科学研究所　余必明　审稿人：桂林电器科学研究所　吴炳川　机械电子工业部第一装备司　何诗丝〕

电碳制品

〔机械电子工业部〕

生产发展情况 1991 年电碳行业生产基本保持稳定。据行业协会对哈尔滨电碳厂、东新电碳厂等 11 个定点生产厂家的数字统计，1991 年实现工业总产值 11016 万元，产量约 3870 吨，实现利润 114 万元，出口创汇 337 万美元。

新技术与科研成果 哈尔滨电碳厂经过技术攻关，采用石油焦代替沥青焦，解决了原材料的短缺问题，另外，他们还采用压片机压制、汽车电刷带瓣压制和气体保护烧结等新工艺。

东新电碳厂完成了三分瓣电刷加工工艺和碳素材料孔径测定方法的研究，并自行设计制造安装调试了一台振动成型装置，已试制出 ϕ1300mm×600mm 的石墨块。

上海电碳厂采用热压新工艺，使滑块的技术性能有很大的提高。

镇江润洲电碳厂选用无毒、无味、无腐蚀性的

NL新材料，解决了在常压下加温固化树脂外溢问题。

南通电碳厂通过革新改造，将500升混捏机改为导热油和电热管相结合的内部加热方法，预计每年可节约用电2万多度。

新产品 1991年电碳行业共有20种新产品通过技术鉴定。哈尔滨电碳厂鉴定的5种新产品有R103汽车电动燃油泵电刷、J106减速起动机用电刷、G304高纯石墨、MV112型机械密封、C201嵌铝碳滑板。其中R103汽车电动燃油泵电刷的研制成功，消除了汽车排烟污染环境这一公害，带来了很大的经济效益和社会效益；J106减速起动机用电刷，经用户试用，一致认为产品优于国内同类产品；MV112型机械密封材料主要应用于国外引进的苯酐生产线中的苯酐处理泵、苯酐输送泵、邻二甲苯泵及类似旋转机械中。其它15种新产品有东新电碳厂研制的T455石墨材料、D172F电刷、301-40水封材料，上海电碳厂研制的C412铜石墨滑触片、J215汽车发电机电刷，阜新电碳厂研制的QE122、QE257特大规格青铜石墨含油轴承，株洲电碳厂研制的D313轧钢电机用电刷、S78发电机用电刷、D374IG和D374IF牵引电机用电刷，哈尔滨电碳研究所研制的超美洲豹直升机油泵电机用TJ16Z电刷、超美洲豹直升机应急泵电机用TD13ZX电刷、地毯清洗机用S330电刷和D253新型电刷。其中TD13ZX和TJ16Z电刷是为从法国进口的超美洲豹直升机应急泵和输油泵电机配套而研制的新产品，使之取代进口电刷，解决电刷国产化问题，经用户试用，产品具有抑制火花能力强、磨损小、使用寿命长等特点。S330电刷是为我国第一代地毯清洗机HLX—1000单相串激电机研制的新型电刷，产品具有换向性能好、抑制火花能力强、抗磨性能好、使用寿命长等特点。D253电刷是为解决原材料紧缺用石油焦代替沥青焦研制的新型电刷，产品具有纯度高、结构均匀及导电性能好等特点。

行业管理 电碳行业协会于1991年11月10日至14日在山东省泰安市召开了一届六次会员大会、二届一次会员大会、二届一次理事会，参加会议的有哈尔滨电碳厂、东新电碳厂等18家协会成员单位的40名代表。这次会议的重要议题是：(1)电碳协会换届选举；(2)座谈"质量、品种、效益年"收获；(3)讨论1992年协会工作计划。

行业协会举办的《电碳信息》报，完成了六期的编辑出版任务。

质量及质量管理 电碳行业标准审定会于1991年9月15日～18日在江苏镇江市召开。会议由哈尔滨电碳研究所主持，审定通过了国标《人造金刚石用石墨片》、行业标准《无轨电车用滑块》二个标准送审稿。这次会议还讨论落实了电碳行业1992年标准制修订计划，成立了国军标《鱼雷发动机浸银石墨配气阀座规范》、国标《电机用电刷尺寸和结构型式》和国标《碳石墨制品抗冲击强度试验方法》三个编制小组。

根据国家技术监督局和机械电子工业部质量司的安排，电碳产品检测中心在1991年3季度突击监督抽查了11个企业生产的3种规格的碳弧气刨碳棒，合格的厂家9个，不合格的厂家2个，样品总合格率为81.8%，其中抽查大型企业1个，合格率为100%；乡镇企业4个，合格率为100%；中小型企业6个，合格企业4个，合格率为66.7%。

电碳行业质量工作会议于1991年12月5日至7日在杭州召开。参加会议的有哈尔滨电碳厂、东新电碳厂等19个单位的27名代表。这次会议就贯彻国务院关于开展"质量、品种、效益年"活动，结合本企业如何推行全面质量管理，抓"工艺突破口"和应用科学管理方法提高产品质量的经验进行了交流。

技术改造及技术引进 哈尔滨电碳厂的技术改造项目2000吨压制电极模具改造工作和调试正在进行，煅烧炉和备料工部完善收尾，地下浸渍工部建设已进入收尾调试阶段，焙烧工序增修了7个大型炉盖。

东新电碳厂自筹资金220万元进行了4项技术改造：(1)振动成型装置设计制造安装，投资10万元，现已基本完成。(2)大型燃气装置焙烧窑一座，投资30万元，已完工交付生产。(3)都江堰分厂石墨化扩能改造，投资95万元，已完工交付生产。(4)浸渍工部改造投资85万元，成套设备安装就位，目前正在调试。

销售 据11个企业统计，1991年产品销售收入共为10224万元，其产品有电机用电刷、高纯石墨，机械用碳，特种石墨，电影放映碳棒，人造金刚石碳片等，有些产品还打入国际市场，出口创汇337万美元。

〔撰稿人：哈尔滨电碳研究所 张淑娟 审稿人：哈尔滨电碳研究所 张梅君 机械电子工业部第一装备司 何诗丝〕

蓄电池

〔机械电子工业部〕

生产发展情况 1991年蓄电池行业保持了协调、稳定发展的势头。

据行业协会调查59个企业的统计，共有职工35473人，工业总产值172036万元；利润总额为14695万元，年耗铅量为120728吨。从国家定点企业看，有3家亏损，多数企业稳中有升。特别是沈阳、保定、重庆、淄博、上海等重点骨干企业，对重点任务加强生产调度，实现了均衡生产，在行业中起到了举足轻重的作用。沈阳蓄电池厂各项经济技术指标再次超过历史最好水平。实现工业总产值18621万元，比上年增长5.5%；实现利润1005万元，比上年增长14.2%。其中有10项指标居行业59家之首。湖北汽车蓄电池厂实现总产值6608万元，利润507万元，产品产量249912kWh，被授予“湖北省经济效益先进单位”和“质量、品种、效益年活动先进单位”称号。

1991年，全行业共生产各种蓄电池5930160kWh，其中起动用蓄电池4866481kWh，固定型蓄电池221062kWh，牵引用蓄电池333330kWh，铁道用蓄电池110093kWh，摩托车用蓄电池31120kWh，军用蓄电池307298kWh，密封蓄电池44830kWh，其它用蓄电池15946kWh。

统计结果表明，全行业产品产量有所下降。这是由于市场销售疲软，企业对生产计划做了必要的调整所致。起动用蓄电池比上年减少2%，固定型蓄电池较上年减少8.5%，而牵引用、摩托车用蓄电池有所增加。特别是免维护蓄电池已经打入国际市场，小型密封蓄电池在部分企业已形成了批量生产能力。潍坊蓄电池厂又一次扩大铁道用和牵引用蓄电池产量，对起动用蓄电池有计划地限产，全年铁道用蓄电池占总产量的50%，比上年提高34%，牵引用蓄电池比上年提高50%，减少了产成品的库存和资金占用，实现了效益和速度的统一。济南蓄电池厂实现产值458万元，比历史最好水平提高31%，产品产量以摩托车用蓄电池为主，比历史最好水平提高59%，占总产值的76%。

新技术与科技成果　全行业为实现蓄电池产品的免维护和密封化开展了积极的研究，国外先进技术如固化工艺、不焊接化成、塑壳热封、穿壁焊工艺等在企业中获得应用。沈阳蓄电池研究所及各大骨干企业、进行了铅钙合金、低锑多元合金、特殊吸附式隔板、活性物质利用率等多项研究，为蓄电池的密封化，提高蓄电池产品的各项性能做出了有益的探索。

天津蓄电池厂以生极板湿固化工艺代替自然固化工艺，不但保证了固化反应条件、缩短了生产周期，而且明显提高了极板强度。梧州蓄电池厂采用不焊接化成工艺，极板化成合格率平均达97%，部分达99%以上。镇江蓄电池厂的深型腔热流道蓄电池槽模设计，改进了模具结构和注射系统，在4000克注塑机生产深型腔塑料蓄电池槽，不但节省人力，降低成本，而且提高了产品质量。

长江电源厂研究的不焊接化成槽架，选用工程塑料注塑成形，可适用宽度为90～170mm的任何起动用蓄电池极板化成，且耐酸碱，抗冲击性好。嵩山蓄电池厂研制的适应各种极板化成的可调式增强塑料极板化成槽，1991年3月通过省级鉴定，并获国家专利局颁发的实用新型专利证书。

保定蓄电池厂自行设计的12吨大型铅粉机，耗能低，占地面积小，投入使用后，铅粉生产能力将在原有基础上提高66%。沈阳蓄电池研究所研制出铅蓄电池万能试验机系列产品，该系列产品具有恒流充电、恒压充电、恒流放电基本功能，所有试验参数都采用数字化预置和显示，能够实现全部试验自动化，可满足IEC、DIN、JIS、SAE、GB等国内外蓄电池标准的试验要求。

新产品　1991年共完成新产品136种。上海蓄电池厂有7种新产品通过鉴定，投入了批量生产，新产品产值达2339万元，占全厂总产值的26.9%。建阳蓄电池厂采用低锑多元合金开发塑壳蓄电池，当年开发，当年鉴定，当年创汇，实现出口产值24万元。通过省、市鉴定的产品还有：淄博蓄电池厂的6-QA-36S、6-QA-6QS、6-QA-120S等起动用蓄电池和固定型防酸雾系列蓄电池；青岛蓄电池厂的6-QA-54，6-QA-63蓄电池；天津蓄电池厂的N50Z、N150蓄电池；江南蓄电池厂的3-MA-12S，6-MA-14S蓄电池等。

许多企业建立新产品开发基地，上档次，上水平，发展系列成套产品和派生新的花色品种。保定蓄电池厂研制的重型汽车用蓄电池系列产品，通过了部级鉴定。该系列产品采用德国DIN标准，共5个品种，每个品种又分为标准型、低温型、免维护型和耐震免维护型。哈尔滨蓄电池厂以解决生产中的难题为重点，开展了“4742”科技兴厂工程，开发了煤矿防爆、桑塔纳汽车用、低温等蓄电池，使工厂的产品质量和工艺水平得到提高。

安图、包头、江南、梧州等蓄电池厂的免维护蓄电池已投入批量生产。广州蓄电池厂的6-QW-55免维护蓄电池荣获1991年省、市优秀新产品奖，并已出口澳大利亚。重庆蓄电池厂开发的3-YGM-100固定型密封蓄电池通过鉴定；江南蓄电池厂XM0.1～36-6小型密封蓄电池获省出口商品质量许可证。华北蓄电池厂58-475密封蓄电池和56-318高倍率冷起动蓄电池通过省级鉴定，企业被评为“市科技先导”企业。

行业管理　1991年机电部对机械行业的重点骨干企业名单做了调整，调整后的蓄电池行业重点骨干企业有12家，他们是：沈阳蓄电池厂、北京蓄电池厂、天津蓄电池厂、上海蓄电池厂、哈尔滨蓄电池厂、青岛蓄电池厂、广州蓄电池厂、重庆蓄电池厂和新疆综合电机厂蓄电池分厂。根据机电部的委托，行业召开了“八五”期间国家级企业升级标准工作会议，对蓄电池行业的107个企业进行了基本调查，为制、修订“八五”期间国家级企业升级标准做了准备。

行业协会召开会员大会和理事会，研究分析蓄电池行业面临的形势，探讨了行业应采取的共同对策。并适时地召开了出口工作会议，交流了各企业出口工作的经验教训，提出了实行起动用蓄电池统一出口价格的意见和加强出口信息交流的决定。

1991年10月份召开的蓄电池行业工作会议，总结了蓄电池行业"七五"科技发展规划的执行情况，讨论通过了"八五"期间铅蓄电池行业产品结构调整设想、蓄电池专用设备国产化工作及推广措施、铅蓄电池行业"八五"科技发展规划等文件。年内还先后召开了蓄电池行业情报网年会、标准化年会等。

质量及质量管理 根据国家技术监督局、机电部质量安全司的计划安排，国家蓄电池质量监督检验中心在一季度进行了监督抽查产品的测试。抽查了13个企业的7种规格的产品，结果均符合GB5008.1～3—85、JB／PQ7110—84标准技术要求，合格率为100%。截至1991年底止，共有36家企业申请出口质量许可证，现有24家通过了工厂必备条件验收和产品测试，办理了54个规格产品出口质量许可证。至此，出口质量许可证"发证实施"工作已基本结束，即将转入"监督管理阶段"。

1991年对14个企业的牵引用蓄电池产品进行了抽样和测试。对15家企业生产的起动用蓄电池产品质量进行了抽查，其中13家企业的7种规格的产品合格。

绍兴蓄电池厂荣获了市质量管理奖。谷城蓄电池厂制定了"质量第一、系统管理、一次成功"的方针，有两种产品获出口机电产品质量许可证，企业获农业部质量管理奖。

重庆蓄电池厂优质品率达71%，T—450铁道用蓄电池荣获省、市优质产品称号。

哈尔滨蓄电池厂每年举办一次劣质产品展览会，让劣质产品曝光，使职工增强质量意识。每年还召开消费者及用户意见评估会，让用户参与质量评比活动。最近，该厂做出决定，从1991年7月1日起，对售出的所有产品，实行终身"三包"。天津蓄电池厂成立了外协件、配套件、原材料质量保证体系联络网，有25个单位与其签定了技术协议书。

潍坊蓄电池厂6-Q-60蓄电池、青岛蓄电池厂 6-Q-60蓄电池、济南蓄电池厂生产的3-MA-4蓄电池、芜湖蓄电池厂6-QA-60蓄电池、重庆蓄电池厂T-450蓄电池等分别获得省优质产品称号。

技术改造及技术引进 1991年是"七五"技改全面验收、"八五"计划实施的第一年，尤其是重点骨干企业抓项目和资金的落实，加速对引进设备的消化吸收，提高了国产化程度，增强了自己的开发能力。沈阳蓄电池厂投资778万元，翻建重型蓄电池车间，引进了国外蓄电池破碎和还原铅冶炼成套生产线。该厂主导产品免维护系列国产化率达100%，GFD系列国产化率为98%。哈尔滨蓄电池厂瞄准高科技产品，1990年10月就提早启动"八五"技改项目，7400m^{2}的厂房原计划570天完成，由于全厂上下共同努力，仅用了270天，比合同期提前了300天。1991年10月一次通过市级验收，被评为优质工程，此工程投产后将新增产值2900万元，利润400万元，创汇300万美元。安图蓄电池厂投资1320万元，进行了15万kWh轿车用免维护电池的技术改造，计划1992年底完成，比国家计划提前一年。镇江蓄电池厂投资1300万元，改建牵引用蓄电池车间，1991年投资210万元。鞍山蓄电池厂新建厂房3500m^2，扩大了生产能力，固定资产增长了91.3%。华扬蓄电池有限公司投资35万元，对不焊接化成工艺和酸雾治理进行了二期改造。

表1 1991年蓄电池行业部分重点骨干企业销售情况 (单位：万元)

年份＼数量＼单位	沈阳	保定	广州	重庆	上海	湖北
1990年	13070	14808	9310	9194	5689	4711
1991年	16986	15881	10622	9398	6336	5168
比上年增加%	30	7.2	14	2	11	10

1991年签约的引进项目有：江南蓄电池厂引进美国泰鹏国际贸易公司蓄电池检测设备（6台），哈尔滨蓄电池厂引进德国斯太克公司MS型发射光谱，广州蓄电池厂引进奥地利ELBAK公司蓄电池全自动真空组片机（2台）及配件，梧州蓄电池厂引进德国迪卡龙蓄电池测试设备，华北蓄电池厂引进德国迪卡龙万能测试仪。北京蓄电池厂引进美国MAC、EBERLE等公司的蓄电池制造、测试设备12台，国内配套11台，1991年6月引进、配套、安装、调试通过鉴定。

销售 1991年部分重点骨干企业的销售情况见表1。

新疆综合电机厂蓄电池分厂全年走访用户4次，共365个单位，解决实际问题123件，赢得了信誉。广州蓄电池厂因势利导，采取灵活变通的生产措施，正确的营销策略，扩大了销售网点，还请客户上门，共同商讨促销工作，增强了用户信心。芜湖蓄电池厂制订了保配套、抓零售、多渠道出击的销售策略，送货试用，上门服务，不仅保证了销售渠道的畅通，而且年底还出现了供不应求的好局面。

上海蓄电池厂抓质量、上品种，出口创汇523.4万美元，创历史最好水平。绍兴蓄电池厂通过对美国的考察，看准了行情，制定了"两个市场一起抓，重点打入美国"的营销方针，以低于日本和台湾产品的价格，为美国提供了两批摩托车蓄电池试销，受到了欢迎。1991年出口蓄电池17584kWh，创汇155.2万美元。重庆蓄电池厂出口量比上年增加2.1倍，创汇37万美元，比上年增长3.1倍。

1991年全行业销售收入14.4亿元，比上年增长8%，出口蓄电池506336kWh，创汇2386万美元。

〔撰稿人：沈阳蓄电池研究所　杨凌　审稿人：沈阳蓄电池研究所　蔡潮生　机械电子工业部第一装备司　何诗丝〕

〔中国船舶工业总公司〕

生产发展情况　中国船舶工业总公司有2家大型蓄电池企业，拥有固定资产原值11840万元，比上年增加5%，职工4874人，增加0.6%。全年完成工业总产值26860万元，增长9.1%。完成铅酸蓄电池73.6万只、73.1万kVAh，分别增长13.2%、7.5%。其中汽车用启动电池55.6万只、58.6万kVAh，分别增长18.1%、8.0%。

新技术与科研成果　保定蓄电池厂完成9种新产品的研制。其中，为天津夏利汽车配套的55B24L型电池、58815型电池，已取得了批量生产认可；为南京汽车厂配套的61017型电池，为重型汽车斯太尔配套的66514型、63530型、62034型、65012型、68025型免维护电池，为北京切诺基配套的新58500型电池等7种蓄电池均已取得配套认可，这些产品的开发成功，为生产的进一步发展奠定了基础。工艺改进方面，优化了125型薄型极板化成工艺，可节电10%～15%；改进了低锑合金配方，使锑合金降到2.7%以下，而且提高了板栅的耐腐性能；完成了封口剂的代用试验，为缓解原材料紧张和降低成本开辟了新路；完成了超声波冲洗隔板试验，冲洗时间由12小时降到只需20～30分钟；完成了涂板不淋酸试验等。

质量及质量管理　产品质量继续保持稳定，成品电池一次交验合格率达到99%，比上年提高0.7个百分点；优质品率达到72%，提高了4.7个百分点；综合废返损失率为1.019%，比上级要求低1.96个百分点，即比计划节约340万元，比上年实际下降了0.05个百分点。保定蓄电池厂对16种规格的蓄电池进行性能抽样检测，除部分规格的型式试验年终尚正进行外，其余均达到或超过了标准要求，如起动性能提高的有6种，低温起动性能提高的7种，经充电耐久能力测试的4种，全部有较大幅度提高，其中7HK-28型电池比标准提高20次以上，58500型起动电池比标准提高3300次，比上年水平提高500次。

技术改造及技术引进　全年完成技术改造投资(5万元以上项目)525万元。其中保定蓄电池厂1号厂房二期技术改造已完成总投资的75%，两个厂的10吨锅炉房更新施工正在进行。

销售　两个厂全年销售收入22256万元，比上年增长2.3%，产品销售率为86.1%，比上年下降3.9个百分点，产成品资金达1724万元，比上年增加57%，其中淄博蓄电池厂增加78.7%，保定蓄电池厂增加17.3%。全年实现利税5927万元，增长2.95%，低于总产值增长6.15个百分点。全部流动资金平均占用11580万元，增长15.2%，高出产值增长6.1个百分点，周转天数为157天，比上年多21天。其中定额流动资金平均占用6710万元，比上年减少0.5%，周转天数为109天，比上年加速3天。工业资金利税率31.99%，比上年减少2.25个百分点。

全年出口产值仅349万元，比上年减少51%，主要是国际市场价格影响造成的，出口渠道不畅也是出口下降的重要原因。

〔撰稿人：中国船舶工业总公司　国　林　审稿人：中国船舶工业总公司　郭　译〕

〔航空航天工业部航天系统〕

生产发展情况　梅岭化工厂是航空航天用电池的科研生产专业厂和航空航天工业部电源专业技术中心，隶属于航空航天工业部贵州航天工业总公司，该厂实行厂所合并体制，于1966年建成投产。厂址在贵州省遵义市，另在江苏省苏州市设有分厂。该厂主要任务是研制生产各类飞行器用的电池，及其配套设备。投产初期，研制生产锌银电池，执行国家指令性计划。军民结合时期，在完成军品研制生产任务的同时，开发民用产品。

新技术与科研成果　该厂研制并生产了中国第一种化学加热锌银电池、第一种电加热锌银电池、热电池、锂电池、锌氧电池、氢氧燃料电池、手表电池、铅酸电池、锌空电池、镉镍电池等，为中国的高技术产业提供了配套电池。在研制中采用了脉冲化成等工艺。研制的圆筒形化学加热锌银电池，为世界首创。共完成研制课题300多项。获省、部级以上科技成果近60项。

新产品　该厂批量生产锌银电池、热电池、铅酸电池、锌空电池、镉镍电池等五种电池系列，以及光电机等配套设备。锌银电池是该厂的主要产品，生产能力为：电池组每年2000台，单体电池每年2万台。锌银电池已发展成为三大类：干荷电锌银蓄电池，品种已发展到150多种；电加热自动激活电池，30余种品种；化学加热自动激活电池，10余种品种。热电池有14个品种。铅酸电池用于摩托车、轻型汽车和电动自行车，品种10余种，年生产能力25万台。锌空电池用于航标灯电源，4个品种，年生产能力2000台。还生产摄影灯电池光电机3种，每年500台。

质量及质量管理　该厂产品获国家银质奖1项、部优3项、省优3项。

技术改造及技术引进　该厂从英国引进免维护铅酸电池技术，本部和分厂引进生产线设备已全部安装调试结束，投入使用。

销售　该厂产品主要在国内销售，出口到中东、欧洲、澳大利亚等地。1991年出口创汇546万美元。

〔撰稿人：贵州航天工业总公司　李开俊　审稿人：贵州航天工业总公司　刘富成〕

电 工 合 金

〔机械电子工业部〕

生产发展情况 根据电工合金行业主要定点厂上报数据统计，1991年电工合金行业工业总产值为97026万元，实现利润3650万元。

触头材料生产情况 1991年触头材料生产特点是产量提高，达到564.5吨，比1990年增长60%，品种增加。其原因是：(1) 国家清理整顿工作基本结束，电器工业正走出低谷，对低压电器的需求量大大增加。(2) 随着国家清理"三角债"工作的进行，触头生产厂家被用户拖欠的货款部分得到清还，企业具有一定的资金周转购买原材料，从而保证了企业的正常生产。(3) 随着产品结构的调整，CJ20接触器、DZ20断路器二大系列的更新换代产品在行业中已逐渐得到推广，形成了一定的批量产品。为了满足不同层次的需求，根据用户要求，企业开发了一些经济型电器。(4) 随着我国电子工业的发展，电讯、计算机等设备中使用的接插件、弱电接点等这类触头元件的需求量也相应增加，为适应社会这一需求，企业中已开始了弱电材料的生产。四川仪表一厂从日本藤泽株式会社引进的贵／廉金属轧制复合带材的生产设备和制造技术，1991年已正式竣工投产，可生产铜系、锡青铜系基带、复银包复带等主要品种，可广泛用于各种开关、连接器、继电器、调谐器、开关导向系统、接插件、陶瓷静噪滤波器等方面。这一新产品的开发，为今后电工合金产品适应多层次的需求拓宽了应用领域。

磁钢生产情况 1991年磁钢生产所面临的最大困难是原材料钴的涨价。1991年钴分别两次从13.5万元／吨上涨到18.5万元／吨和26.5万元／吨，对铸造五类、八类磁钢的生产形成很大冲击，磁钢企业陷入了极度困难的境地，经济效益大幅度下降。鉴于这一情况，行业归口所及时组织企业分析研究对策，根据磁钢生产特点及市场情况，重新制订了磁钢产品价格，各企业也积极想办法，筹集资金，抓质量，上品种，维持了磁钢的正常生产。1991年磁钢产量达2165吨。

根据国家"八五"发展规划的要求，近几年内我国现有的DD28电度表将被DD862、DD862a型电度表所取代。因此原来用于老表中的三、二类磁钢势必将逐渐被新表中的五类磁钢取代，这是铸造铝镍钴磁钢今后的发展趋势。各磁钢厂都正朝调整产品结构方向努力，使铸造铝镍钴永磁向高性能、深加工方向发展，力求以磁钢元件出厂，改变原磁钢产品品种单一、粗加工的局面。一些较大型企业正逐步开发电机用铁氧体、稀土、钕铁硼永磁。如青岛磁钢厂积极开发86系列电表磁钢组合件，1991年已形成年产100万只生产能力，并开发了稀土永磁、粘结永磁新品种，1991年稀土永磁生产能力达5吨。

新技术与科研成果 1991年电工合金行业获新技术与科研成果19项。其中：

桂林电器所承担的"高稳定、小型化军工电机电器机械装置用稀土永磁材料的研究"是机电部"七五"科研项目，于1991年通过部级鉴定。该项目研究了两种不同的稀土永磁材料，即高性能高稳定性钕铁硼永磁合金和高矫顽力2∶17型稀土钴永磁材料。研制成功的钕铁硼永磁合金性能参数已经达到：Br＝1.285T，Hcj＝582.4kA／m，Hcb＝560kA／m，$(BH)_{max}$＝288kJ／m^3，α_{Br}＝−0.039%℃，Tc＝518℃。该材料用于磁推轴承飞轮和摆动电机、机器人用高精度交流电机及150瓦永磁直流电机上，与原来的SmCo5磁钢比较，机械性能大为改观，电机体积小、重量轻，出力大。高矫顽力2∶17永磁材料批试产品性能达到：Br＝1.00～1.08T，Hcb＝715～795kA／m，$(BH)_{max}$＝190～210kJ／m。与日立金属公司的HICOREX26（国际同类产品最高水平）的标称性能相当。该材料已批试并用于卫星的红外地平敏感器的驱动电机上，效果优于原来用的SmCo5磁钢，用于120瓦无刷直流电机上，电机出力大，获得良好效果。这两种材料不仅在原材料方面可节约大量战略物质钴及稀有金属钐，而且提高了整机性能，有着重要的经济效益和社会效益。

桂林电器所承担的"高性能干压铁氧体永磁体的研究"是机电部机械工业技术发展基金项目，于1991年通过部级鉴定。该课题所研制成功的材料性能达到：Br＝360～375mT，Hcb＝222.8～237.8kA／m，$(BH)_{max}$＝23.9～25.8kJ／m^3，年生产能力为5吨。并试制成二种规格的磁瓦，分别安装在FD5291719和ZYT−545S−2588B两种型号的电机上进行运行试验，符合重负荷系列直流永磁电机的使用。该成果研究的工艺具有成本低、工艺简便、易于操作等优点，材料的Hcb较高，特别适用于永磁电机使用。

桂林电器所承担的"各向异性辐射取向铁氧体磁环的研究"是机电部机械工业技术发展基金项目，于1991年通过行业鉴定。研制的材料性能达到：Br≥350mT，H_{cJ}≥246.7kA／m，$(BH)_{max}$≥23.9kJ／m^3，为国内领先水平。最重要的一点是：该课题用无磁场取向技术制备永磁铁氧体磁环在我国尚属首次，它解决了传统工艺难以制备或无法制备辐射取向磁环的难题，在技术上向前迈进了一步。所研制的辐射取向多极磁环首次在步进电机上应用成功，填补了国内空白。

天津电工合金厂承担的"LCD系列交流接触器用触头材料研制"课题是部级国产化项目。于1991

年通过鉴定。该课题研制的 AgCdO12 触头材料，密度为 10.1g／cm^3，硬度 50～80HV，导电率 78，A_{c3} 工作寿命为 10^6 次，已批量生产 601 公斤，产值 75 万元，税利 9.6 万元。

上海电器所承担的"CD-402 型交流接触器用触头材料的研究"项目是应上海宝山钢铁总厂引进日本三菱 CD-402 型交流电接触器更换触头材料而立题。主要研究了银基多元氧化物材料，性能达到日本三菱 CD-402 型交流接触器所用触头材料指标。1991 年已为宝钢提供了 540 副触头，节约近 200 万元，今后每年可节汇 30 多万美元。

广州电工合金厂完成的"喷雾法银氧化镉铜复合触头的研制"课题，所研制的触头材料性能好，产量高，可替代进口触头，满足国内用户的需要。该材料 1991 年产值为 135 万元，创利 8 万元，上交税收 10.8 万元，为国家节约大量白银。

桂林电器所承担的"3TB 系列交流接触器用触头材料的研制"是机电部重点项目，是"低压电器引进消化吸收"的子项目。该课题分别研制了不含铟的新型银氧化锡 CAP 触头材料以及采用烧结挤压工艺研制银镍 10 触头。前者材料通过全部装机型式试验，达到西门子公司 3TB 系列交流接触器用银氧化锡 SPW 触头产品先进水平，后者材料各项性能达到国外 80 年代同类产品先进水平，有的还大大超过西门子公司的技术要求。研制期间共生产银镍 10 触头 3500 公斤，创产值 385 万元。填补了国内空白，经济效益显著。

新产品　1991 年电工合金行业创新产品 24 项。其中：

济南电工合金厂的 CX1-1 和 CX1-2 型银氧化锡电触头产品获山东省行业科技进步三等奖，银铜复合片状电触头产品获济南市科技进步二等奖。前者电触头性能高，用于引进电器产品——塑壳自动开关和我国更新换代产品 CJ20 交流接触器中，有良好的节银效果。后者主要用于继电器、接触器及家用电器中，是取代纯银触头的理想产品，可节约白银 50%。

四川仪表一厂的银钨 50 电触头产品于 1991 年通过行业鉴定。该产品性能达国内先进水平，适用于 DZ20 开关上使用，是电器开关更新换代的所需产品，1991 年产值 259 万元，销售收入 8.9 万元。

天水长城电工合金材料厂的 DW15 断路器用 Ag-W70、AgWC12-C3 电触头产品获省甘电公司科技进步二等奖，有载开关用 Cu-W60／Cu 电触头产品获三等奖。前者已推广使用，后者用于变压器开关，可替代焊接式触头。

行业管理　1991 年电工合金行业归口部门主要采取了以下措施：

(1) 贯彻落实机械工业"八五"产品结构调整、提高企业素质、强化宏观调控三大任务。组织行业厂长工作座谈会，结合永磁行业和触头行业面临的形势，对产品结构及发展方向作出统一规划。

(2) 加强标准化管理。根据机电部的要求，对电工合金行业国家级企业等级标准进行修订，并对建国以来的触头材料、磁性材料部标、国标进行清理，对标准进行逐个检查，对标准体系表进行修改补充，在标准清理的基础上，编制了电触头材料、永磁材料"八五"标准制修订规划。

(3) 在企业中强化质量意识，开展质量评比工作。表彰产品质量合格企业，对不合格产品限期整顿并进行复查。

(4) 利用价格规律，根据市场变化及时采取措施，维护行业利益。1991 年针对钴原材料二次大幅度涨价的情况，组织价格协调小组二次重新制订磁钢产品价格，并制订行规及价格管理办法，保护了行业合法权益。1991 年触头行业生产总趋势较好，但也出现一些问题。有的企业不顾成本高低，对某些用户降低价格销售产品，引进了企业间的竟相压价，使触头行业已形成的价格体系重新陷入混乱，使企业受到损失。归口所与电工合金行业协会及时组织企业对价格执行情况进行自查，并成立了价格检查小组，对触头生产量较大，企业相对集中的华东片区进行了行业价格执行情况摸底检查，将查出的问题在厂长会上作了汇报，分析了制订和执行行业价格的重要性，引导企业在质量和售后服务上竞争，统一了大家的认识，避免了行业内因价格竞争造成的不必要的损失。

(5) 继续开展"工艺突破口"工作。本行业目前已有 4 家企业通过了"工艺突破口"工作的验收。1991 年拟定了青岛磁钢厂、杭州磁钢厂、萧山磁钢厂作为 1992 年通过"工艺突破口"验收的企业。

(6) 加强经济技术信息的交流是电工合金行业管理工作中的一项重要措施。1991 年归口所与电工合金行业协会共同继续编辑出版了《电工合金文集》、《电工合金行业信息》等刊物，并应企业单位的要求编译了《电工合金国外标准汇编》。

质量及质量管理　1991 年机电部电工合金产品质量监督检测中心对触头材料行业组织实施了 Ag／Cu 复合铆钉触头质量评比。参加行评的企业共 17 个。评比结果：合格品企业 14 个，占 82.4%，其中一等品企业 3 个，占 17.6%，不合格品企业 3 个，占 17.6%。

达一等品并获部 1991 年度 Ag／Cu 复合铆钉触头行比二等奖的企业是：青岛电工合金厂、瑞安电工合金厂、苏州合金材料厂。合格品企业是：广州电工合金厂、福州电工合金厂、上海合金材料总厂、上海远东金银饰品厂、沈阳六一五厂、黑龙江八二三三厂、北京电工材料厂、宁波电工合金材料厂、沈阳金银制品实业公司、济南电工合金厂、桂林电器所。不合格企业是：成都金银制品厂、天水长城电工合金材料厂、湖南电工合金厂。

对生产不合格产品的企业限期进行整顿后再进行复查。

在行业质量评比总结会上，各企业对产品的质量问题进行了分析，对 Ag／Cu 复合铆钉产品存在的结合强度低和表面质量差的问题进行了探讨，并根据各企业存在的不同质量问题和具体情况提出了具体整顿措施。

技术改造及技术引进 1991年电工合金行业用于技术改造、基建项目总投资的计划数为4915.28万元（其中技术改造项目为3883.6万元，基建项目为1031.68万元），实际完成数为4093.34万元（技术改造项目为3334.1万元，基建项目为759.24万元）。具体情况见表1～3。

表1 1991年列入国家重点技术改造项目及情况

企业名称	项目名称	情况简介
四川仪表一厂	复合弱电触点材料	该项目用两年时间（1989.10～1991.10）完成了建筑安装、设备调试（包括引进设备及国内配套设备），已开工试生产复Ag、AgCu5、AgW10、AgNi30等五种合同产品，并通过了中日双方对产品的验收
上海电器所	“八五”电工合金科研中试基地	形成年产40吨双金属材料等电工合金材料的中试基地
国营八二七二厂	粘结稀土永磁	年生产能力20吨

表2 1991年完成的技术改造项目及其效果

企业名称	项目名称	效果
四川仪表一厂	复合热电触点材料	预计五年达纲，达纲时生产复合材料60吨，其它合金材料140吨，产值2340万元，利税585万元
宜昌电工合金厂	废旧金属回收生产线改造	年产钨酸钠100吨，产值200万元，利税30万元
青岛磁钢厂	86系列磁钢组合生产线	自制设备10台，包括清洗、酸洗、加工磷化、电泳、充磁、调试等，已形成年产100万件生产能力
国营八二七二厂	稀土永磁生产线	生产能力20吨，税金32.4万元，产值648万元，创汇102万元，利润156万元
无锡太湖磁性材料厂	中频炉，电炉烘箱	提高产值10万元，利税增加1万元
成都金银饰品厂	贵金属表面处理生产线	已全部安装完毕，1992年投入使用

表3 1991年技术引进消化吸收情况

企业名称	形成产品的项目名称	批量生产能力（吨/年）	达到预定产量比重（%）	国产化比重（%）
四川仪表一厂	复合热电触点材料	15	25	
黑龙江8233厂	双金属复合铆钉机	4台	50	100
天津电工合金厂	电触头材料	50	12.7	100

销售 1991年电工合金产品销售量略高于产量（主要包括有少量1990年的库存），国内销售收入为49677万元。对外销售收入达454.9万美元。外销产品主要是钕铁硼永磁、磁钢组合件、电度表及少量触头材料。出口国别及地区主要是东南亚、巴基斯坦及香港。其中仅哈尔滨电表仪器厂的DD101-4型单相电度表一项就创汇228万美元，占整个出口额约50%。该项目是1990年7月在国际电度表招标竞争中，由中国机械设备进出口总公司与哈尔滨电表仪器厂通力合作，先后击败美国、法国、日本等十几个国家的大公司而夺标的。中标产品DD101单相电度表系列是在引进国际先进技术基础上加以改型生产的，实现了国产化，产品各种技术性能已达到当代国际水平，并得到国际电工仪器权威机构的认证。

〔撰稿人：桂林电器科学研究所 詹亚萍 审稿人：桂林电器科学研究所 刘代琦 机械电子工业部第一装备司 呼淑清〕

电 焊 机

〔机械电子工业部〕

生产发展情况 1991年度纳入机械电子工业部计划定点的电焊机企业共38家，比上年增加1家；年末职工总数为18492人，其中，工程技术人员1745人，管理人员2706人；工业总产值为41253万元，比上年增长24.3%；产品销售收入43803万元，比上年增长46.8%；产品销售税金2380万元，比上年增长28.0%；利润总额3134万元，比上年增长83.3%；平均全员劳动生产率为23035元／人·年，比上年增长76.6%，其中最高为60476元／人·年，最低为6004元／人·年；拥有主要加工设备4430台；全年用钢量17114吨，其中硅钢片使用量8814吨；用生铁1474吨、有色金属1171吨；用电量1236万度。

在38家定点企业中，有骨干企业2个，重点企业6个。1991年，8家骨干、重点企业年末职工总数为9448人，占定点企业职工总数的51.1%，完成产值为22381万元，比上年增长15.2%，占定点企业的54.3%；产品销售收入为24013万元，比上年上升38.8%，占定点企业的54.8%。

38家计划定点企业电焊机产量为82234台，比上年增长25.6%。其中，8家骨干、重点企业电焊机产量为32303台，比上年增长10.4%，占定点企业总产量的34.9%。

目前，电焊机行业所生产的产品有40个系列、83个品种和455个规格。从生产发展趋势看，产品继续从劳动密集型向技术密集型发展，机电一体化、自动、半自动焊接设备进一步得到开发和推广，微机控制的焊接设备也逐步采用；量大面广的通用产品保持一定产量；耗能的老产品，特别是电动机驱动弧焊发电机的产品进一步得到控制；特种、专用、成套焊接设备品种进一步增加，可望得到进一步发展，但所占比例仍很小；电阻焊机产量仍相对稳定。1991年定点厂产品产量见表1。

新技术与科研成果 微机技术已逐步得到应用，如计算机辅助设计（CAD）、微机检测设备、微机控制弧焊设备、微机阻焊控制箱等。在制造工艺方面，静电粉末喷涂和变压器环氧树脂浇注工艺已经在一定的范围内得到应用，电焊机装配生产线和电子工段等先进的工艺装备正在得到充实和加强。在新材料方面，H级绝缘材料已得到一定的应用。

表1 1991年定点厂产品产量

产品名称	产量（台）	比上年增长%
总计	82234	25.6
一、电弧焊机	75250	25.1
1. 弧焊变压器	51138	32.1
抽头式	7016	11.0
动圈式	24438	33.2
动铁式	19594	40.4
2. 直流弧焊机	18629	7.2
硅整流式	3735	20.5
可控硅式	3585	117.1
电动机驱动	10510	−11.2
柴、汽油机驱动	799	−0.4
3. 自动、半自动焊机	5483	34.4
CO_2焊机	3248	29.3
TIG焊机	507	49.2
MIG／MAG焊机	1404	836.0
埋弧焊机	329	−21.3
二、电阻焊机及特种焊机		
1. 电阻焊机	6547	22.9
点凸焊机	4130	27.3
缝焊机	381	95.4
对焊机	2041	18.2
2. 特种焊机	169	7.0
等离子焊接设备	34	−46.9
摩擦焊机	32	220.0
钎焊机	103	22.6
三、其他焊机	268	89.3倍

1991年，电焊机行业共完成科研、新产品成果27项。成都电焊机研究所完成的科研成果有：具有优化参数的MIG／MAG焊机、新型可控硅电源的研究、可控硅多功能弧焊整流器、晶体管逆变弧焊电源的研究、FZ−3×100三相次级整流缝焊机、100kVA次级整流悬挂式点焊机、直流—交流方波变换器。

新产品 电弧焊机有代表性并通过鉴定的新产品有：CR−P150型便携式弧焊变压器、ZXE1−6×500／400型六头交直流两用弧焊机、ZXE1−3×500／400三头交直流两用焊机、ZXE1−6×400／315六头交直流两用焊机、ZX7−100场效应管逆变弧焊机、CPV−350晶体管逆变式半自动CO_2焊机 NB−500型 MIG／MAG焊机 WSM−40手工钨极脉冲氩弧焊机、WSM−63全集成化程控钨极脉冲氩弧焊机、WSE−315−1多用氩弧焊机。

通过鉴定的电阻焊机新产品有：DZ−63S次级整流点焊机、DZ13−200R次级整流点焊机、

DZ13-3×40R 次级整流点焊机、TZ 系列次级整流凸焊机、FNY1-2 缝焊机。

通过鉴定的专用、特种和成套焊接设备新产品有：N5-90 专用 CO_2 自动焊机、N6-90 专用 CO_2 自动焊机、N7-90 专用 CO_2 自动弧焊机、N8-90 专用 CO_2 自动弧焊机、NZC3-2×350S-Ⅱ型双头 CO_2 自动弧焊机、NZC-320-1 角焊缝自动焊接机、HSS-630 竖向钢筋电渣对焊机、HDS 系列竖向钢筋电渣压力焊机、LGS-300 型水面压缩及浅水下等离子弧切割机、C-4C-1 型摩擦焊机、C-50 型摩擦焊机。

行业管理 1991 年，行业组织工作成果显著。(1) 召开了高效、节能焊接设备配套件、元器件生产企业及部分电焊机生产企业厂长座谈会。会议讨论和分析了我国电焊机行业现状及焊接工艺与设备的发展动向，认真分析了各种配套件、元器件目前的生产和质量现状，明确地提出了电焊机行业"八五"发展重点和预期目标以及对电焊机用配套件，元器件的需求和质量要求。会议通过了 1991—1993 年节能焊接设备元器件、配套件推荐定点工作计划。(2) 组织、召开了第五届全国焊接博览会，参展厂家 112 个，展台近 80 个，其规模超过了历届展览会。(3) 中国电工技术协会电焊机专业委员会成立。(4) 举办了第二期工艺人员培训班，即印刷板老化、筛选工艺培训班，并编印一套完整的教材，通过培训，进一步提高了工艺人员素质，促进了电子类产品制造质量的提高。

在深化改革与企业改组、联合方面，成都电焊机研究所进一步开展了技术转让、科研生产联合体、联合生产、产品监制、技术咨询等 13 种方式的联合，目前已将高效节能产品 ZX5 系列转让到 38 家企业生产，NB-500 也已转让了 5 家，取得了良好的效果，也为进一步将科研成果转化为商品积累了好的经验。上海电焊机厂、1991 年 12 月被上海市经委批准为实行"税利分流、税后承包、全员劳动合同制"试点单位。1991 年 10 月，乌鲁木齐市变压器厂有偿并入乌鲁木齐市电焊机厂，两个厂生产的产品很相近，合并后有利于专业化生产水平的提高。上海电焊机厂、华东电焊机厂、成都电焊机厂、天津电焊机总厂、新乡电焊机厂分别与数家单位进行了联合生产或成立了分厂。长春焊机制造厂、北京电焊机厂、张家口市电焊机厂、太原电焊机厂、浙江电焊机厂及兰州电焊机厂分别与大专院校、研究所、企业、公司等联合，开发新产品。

1991 年，重新编写了《出口电焊机质量许可证实施细则（草稿)》。同时还对两家出口产品企业进行了出口质量许可证的工厂条件审查及产品检测，其中 1 家已取得许可证。

质量及质量管理 1991 年，交流弧焊机的安全认证工作继续取得进展。全年完成工厂条件审查 59 家，认证产品试验报告 387 份，上报认证材料 63 家企业，认证复查企业 1 家。

组织了新的认证实施细则研讨会，编印了《认证实施细则》和《工厂质量保证能力评定细则》。

完成了 1990 年全国晶闸管式弧焊整流器的行业评比。通过行评，了解了我国目前晶闸管式弧焊整流器的质量现状，把加强制造过程中的质量控制、提高制造工艺水平、强化工艺管理作为提高产品质量的主攻方向。

四川省机械厅进行了四川省交流弧焊机的评比工作。

编写了五种文字（英、俄、法、德、日）的电焊机名词术语词条，以适应国内外贸易和交流的需要。

在标准化工作方面，采用国际标准，完成了 6 项标准的编制、修订，完成了电焊机标准清理整顿任务，还确定了强制性标准 16 项，占标准总数的 29%；积极参与国际标准的制、修订工作，共对 8 项国际标准草案（文件）进行了投票表态，投票率达 100%。

技术改造及技术引进 1991 年，电焊机行业 38 家定点企业中，有 23 家企业进行了基本建设和技术改造，其中 11 家进行了基本建设，投资金额为 2850 万元；21 家技术改造投资为 2126 万元，主要用于引进技术及消化吸收国产化，更新加工、测试、试验设备，增添工艺装备，建立节能焊机装配线，建立电子工段，建立测试中心等。华东电焊机厂投资 900 余万元，新建节能焊机车间，1991 年开始动工。成都电焊机厂投资 500 万元的消化引进整流焊机制造技术加工设备项目，1991 年底已全部完成，实际总投资 630 万元。天津电焊机厂技术改造项目——CO_2 焊机总装生产线已安装完成，预计年产量 7500 台。唐山电子设备厂投资 300 万元进行技术改造，1991 年完成了第一阶段改造，加强了设备能力及检测水平。南通电焊机厂的焊机装配线项目，1991 年底已全部完成并开始投入使用。

1991 年，技术引进和消化吸收工作有了新的进展。上海电焊机厂从美国米勒公司引进的 31 个品种，已有 24 种经试制消化，其中有 10 种已小批生产，国产化率平均达 90%。北京电焊机厂引进日本 WSE 系列机型产品，国产化设计定型产品有 2 项，国产化率达 100%，均已成批生产；引进波兰 ZX5 可控硅焊机，形成定型产品 1 项，国产化率达到 100%，已批量投产；引进日本大阪 KD-120 恒流控制箱 1 项，已完成样机试制鉴定；消化吸收瑞典伊莎公司 ZX7 系列场效应管逆变焊机 1 项，国产化率达到 85%，现已批试。以上产品技术水平为 80 年代初水平。唐山电子设备厂引进日本小原株式会社悬挂式点焊机和神户制钢所的角焊缝焊机，经消化吸收，已形成国产化产品，国产化程度为 85%，达到日本同类产品水平，年产能力各为 100 台。南通电焊机厂引进的晶体管逆变式微机控制 CO_2 半自动焊机、晶体管逆变式 TIG/手工焊/空气等离子切割多用途焊机经过消化吸收已逐步形成生产能力。

销售 1991年，电焊机行业38家定点企业的销售收入为4.3亿元，比上年增长43.3%；其中骨干和重点企业的销售收入为2.4亿元，占总销售收入的55.8%；比上年增长38.8%。

1991年，国内电焊机市场从年初的疲软逐渐好转，走出了低谷。其主要原因：(1) 受国内大气候的影响。1991年是"八五"计划的第一年，新工程项目需求量增大，机电产品销售有所回升，特别是年底，落实了资金来源，急于购置设备；在全国范围内开展的"质量、品种、效益年"活动，各企业需要更新、添置设备。(2) 各企业加强了内部的决策和管理，以市场为导向，注意预测、排产、推销三个环节。推行不同形式的销售承包责任制，调动广大销售人员的积极性，开拓市场，并做好售后服务工作。同时，重视提高产品质量，调整产品结构，提高产品技术水平。

表2　1991年定点厂产品出口情况

产品名称	出口数量(台)	出口金额(万美元)
合计	6825	298
弧焊变压器	4962	
直流弧焊机	1789	
旋转式	1761	
整流式	28	
自动、半自动焊机	32	
CO_2焊机	20	
电焊机	42	

从销售构成来看，BX3系列交流弧焊机继续好销，主要原因是它比BX1系列噪声低、操作方便、经久耐用；ZX5系列和CO_2焊机等节能产品销售量增加，正在逐步得到推广和应用；耗能的电动机驱动弧焊发电机由于控制生产，销量有所下降；电阻焊机一直保持了较好的销售势头；摩擦焊机中，中小型焊机好销；其他产品的销售比上年有所好转。

1991年，电焊机定点生产企业出口总额达到298万美元，比上年增长66.0%。出口产品主要是交、直流弧焊机。详见表2。产品出口到美国、苏联、澳大利亚、新加坡、马来西亚、印度尼西亚、巴基斯坦、孟加拉、巴布亚新几内亚、朝鲜、中东及香港等国家和地区。

〔撰稿人：成都电焊机研究所　刘和君、周　凌　审稿人：成都电焊机研究所　聂泠生、刘表福　机械电子工业部第一装备司　李大千〕

工业电炉

〔机械电子工业部〕

生产发展情况 1991年，电炉行业制止了滑坡，生产出现了回升的好局面。据电炉行业17个主要厂家统计，1991年工业总产值为20663万元，比上年增长24.2%，其中电炉产品产值18371万元，比上年增长28.3%，销售收入18185.8万元，比上年增长30.7%。尤其是重点企业取得了较好的经济效益。如上海电炉厂工业总产值为2307.4万元，利润总额161.6万元，分别比上年增长51.4%和5倍；定额流动资金周转天数下降了54天。天津市电炉制造总厂1991年工业总产值虽然与上年持平，但其利税总额和销售收入分别比上年增长了20.5%和55.7%，定额流动资金周转天数下降113天。1990年电炉行业全员劳动生产率最高的佛山市电炉厂，1991年全员劳动生产率为56574元/人·年，比上年增长30.7%，仍为电炉行业第一名。1990年电炉行业人均利税最多的上海实验电炉厂，1991年人均利税9788元，比上年增长36.9%，仍为电炉行业第一名；该厂资金利税率为31.1%，比上年增长9.3个百分点，也是电炉行业第一名。

1991年标准电阻炉的产量继续减少，非标电阻炉产量产值仍呈上升趋势。如上海电炉厂标准电阻炉产值占总产值的39.3%，非标电阻炉和真空电阻炉收入占总产值的45.4%。

在非标电阻炉中，大型炉、热处理成套机组及控制气氛炉增加。吴县热处理设备厂为洛阳轴承厂生产的RCZQ9-80×470×10-SR铸链式热处理炉机组，用于轴承、标准件、链条等连续生产，其中淬火炉额定功率160kW，额定温度为900℃，最大生产率350kg/h，控制气氛为甲、乙醇滴注系统或氮基气氛。佛山市电炉厂为上海纺织机件制造一厂生产的RMS-170-9型双室多用炉生产线，由送料小车、装卸料台、箱式炉体、清洗机、回火炉等组成，全线采用微机控制，控温精度±5℃。上海市热处理技术研究中心为中国弹簧厂生产的可控气氛弹簧棒料加热炉，炉膛尺寸3.7m×2.1m×0.9m，额定功率280kW，额定温度1050℃，生产率900kg/h。南京摄山电炉总厂生产发展趋势是开发机电一体化产品，可控气氛热处理炉组、保护气氛电阻炉、真空电阻炉等产品全部采用微机程序控制和微机控制电阻炉参数，取得了较好的经济效益。

感应炉生产也具有非标准、大型、新产品多，产品交货期短的特点。无锡电炉厂加强各环节协调，加速资金回笼，人均创利税 3950.8 元，比上年增长 119%，资金利税率 15.6%，比上年提高 7.65 个百分点，销售成本利税率比上年提高 6.2 个百分点，取得了明显经济效益。该厂生产了 GC-4005 型淬火机床、GWB5-500 工频无心感应保温炉、GYB5-400-A 工频有心感应保温炉、GW-5-1300 工频无心熔炼炉等大型、非标准产品。

新技术与科研成果 由西安电炉研究所设计，无锡钢厂制造的 LFV-40 型钢包精炼炉是多功能、真空罐式钢包精炼炉设备，具有升温速度快、除气效果好、合金收得率高等特点。该设备投入工业运行三年来，共精炼 12 个钢种，净增利税 880 万元，钢材质量明显提高。该设备生产成本低，已通过江苏省科委主持的鉴定，被机电部评为 1991 年科技进步三等奖。由陕西机械学院组织、西安电炉研究所等单位参加，共同完成了国家‘七五’重点科技攻关项目——基础工艺专题的子专题“大型重载齿轮深层渗碳工艺及设备技术的研究”。该课题研究了滴注式变温、变碳势的深层渗碳工艺，研制了炉膛尺寸为 ϕ1.7m×7m 特大型滴注井式气体渗碳炉及新型碳势传感元件，采用微机系统进行炉温和碳势控制，可处理单件重高达 20 吨、渗碳深度 5～10 毫米的大型重载深层渗碳齿轮，表面渗碳浓度为 0.75%～0.90%C，炉温不均匀性≤10℃，控温精度±2℃，碳势控制精度±0.05%C。该课题已通过部级鉴定，成果已用于生产，被机电部评为 1991 年度科技进步三等奖。西安电炉研究所开发研制的微机碳势控制仪是国家‘七五’重点攻关项目——“工业炉窑自控系统”专题的分专题“热处理炉自控系统”科研成果商品化产品。该产品主要用于热处理渗碳炉的碳势控制，具有控温精度高、成本低、操作简便、抗干扰性强的优点。控温精度±2℃，碳势控制精度±0.05%C，达国外 80 年代水平，可作为热处理设备更新换代的主要辅助设备。该所的 82 千瓦多用炉热处理生产线已通过用户验收。具有节能型短网、快速升温、吹氩搅拌、自动控温、取样、插铝、合金化等多种功能的 LF-90 钢包精炼炉已在舞阳钢铁公司运行；3 吨、7 吨工频有心熔铜炉组，在改进的基础上进一步获得推广应用；完成了机械工业技术发展基金项目——“工频有心感应熔炼炉熔沟及炉衬耐火材料系列化研究”，并通过了机械电子工业部基金会组织的鉴定。该成果在铸铁、铝及合金、锌、铜及其合金保温和熔炼用的工频有心感应炉上进行工业运行考验，熔沟及炉衬使用寿命达国外同用途的保证寿命。西安电炉研究所设计、无锡钢厂制造国内第一台 30 吨超高功率电弧炉投入试车运行；该所研制的燃油火车闸瓦固化炉生产线使用情况良好，得到了生产线技术保障单位美国公司的认可。上海电炉厂完成了重点工程项目上海有色金属加工总厂板带分厂的重大配套设备——5 吨工频有心感应熔炼、保温炉组 5 台套的试制任务。锦州变压器电炉厂研制了 1 台 ZGZ-0.025 全自动真空感应熔铸炉，采用微机实现炉内真空度、炉温、输入功率、浇铸等的自动调节与控制，整个操作工艺可记录打印，产品已通过省级鉴定。东台市耐火器材厂研制并已通过省级鉴定的 4 种型号抗渗碳砖，其质量达到进口产品水平，价格低，一直供不应求，取得较好经济效益。无锡电炉厂研制了 GW-1.5-500／1J 型钢纤维用中频无心熔炼炉，该设备是熔抽法生产钢纤维中关键设备之一。熔抽法生产钢纤维是国际上近年开发的先进技术，具有工艺简单、生产率高、成本低、粘固性好等特点。该炉额定容量 1.5 吨，额定功率 500kW，工作频率 1000Hz，工作温度 1600℃，熔化率 600kg／h，电耗 800kW·h／t，已通过省级鉴定。

新产品 SL88-272 型网带式热处理机组和 SL89-299 型高温网带式热处理炉是上海电炉厂开发的新产品。SL88-272 型网带式热处理机组由上料机、淬火炉、回火炉、清洗机、冷却槽及气体发生装置等组成生产线。淬火炉额定功率 100kW，额定温度 950℃，生产率 200kg／h。SL89-299 型高温网带炉额定功率 13kW，额定温度 1150℃，两产品均已通过用户验收及上海市机电工业局组织的鉴定。无锡电炉厂开发的新产品有 GW1-360-A-WL、GWL1-320-A-WL 工频无心感应熔炼炉，KGPS1／100A-WL 微机感应加热装置。后一产品通过了省级鉴定。无锡市热处理设备厂开发的微机控制网带式淬火炉成套机组通过省级鉴定。北京电炉厂生产的高流率气淬真空炉通过了鉴定。东台市耐火器材厂开发了硬质高铝耐火纤维制品和红柱石耐火材料。上海实验电炉厂生产的 SSX-20-16 高温箱式炉通过了局级鉴定。泰兴光亮热处理设备厂生产的 RZ-140-160QL 型电加热强对流罩式光亮退火炉是高效节能产品，一次最大装载量 8 吨，额定功率 200kW，额定温度 800℃，产品通过了省级鉴定。哈尔滨松江电炉厂生产了两个规格共 5 套铸链式热处理生产线，主要用于钢件的光亮淬火、渗碳及调质，最高生产率 500kg／h。重庆电炉厂通过消化吸收生产了 3 套 CRG-150-CQ 滚筒式热处理机组，用于直径 5～10mm 的滚球、滚柱的光亮热处理，生产率 120～160kg／h。西安电炉研究所生产 2 台连续网带式钎焊炉，额定功率 60kW，额定温度 1150℃。宜兴市万石电炉厂生产的 GMY-48-16B 硅钼棒多用隧道式电阻炉可用于陶瓷、稀土材料的烧结，额定功率 48kW，额定温度 1600℃，产品通过了省级鉴定。湘潭电机厂电炉厂完成了 KGPS-100／1J 微机感应电源，在此基础上开发了 2 吨、5 吨中频熔炼、保温炉组。首都机械厂生产了 ZCQ13-600×900×600 高流率气淬真空炉，该炉将紧密的卧式设计与涡轮增压气淬技术相结合，具有冷却速率高、淬透性能好优点，额定温度 1320℃，额定功率 130kW，极限真空度 4×10^{-1}Pa，一次装炉量 300kg。该厂还开发

ZTR−900×1200×650 型真空退火、回火气冷炉，该炉在大范围有效加热区内，炉温不均匀度为±5℃，此项指标达国际 A 级炉水平；额定温度 1000℃，极限真空度 4×10^{-1}Pa，一次装载量 600kg。南京摄山电炉总厂生产了 NS88−900 微机滴控箱式多用炉机组 3 套，其中 1 套出口泰国，已通过用户验收和省级鉴定。江西工业电炉厂自行设计制造的 JG−91−101 型石油液化气钢瓶连续式自动热处理生产线是钢瓶专用热处理设备，填补了国内空白，已通过用户验收和省级鉴定。上海市热处理技术研究中心以开发研制节能型工业电阻炉的新产品为主要任务，完成了 SRZ89−22 型耐火纤维系列台车式电阻炉的制造。该电阻炉额定功率 90kW，额定温度 950℃，工作室尺寸 1.5m×0.8m×0.6m，最大装载量 2.5 吨；该厂完成的 SRZ89−23 型耐火纤维式车式电阻炉额定功率 800kW，额定温度 1050℃，工作室尺寸 5.5m×5.2m×1.8m，最大装载量 30 吨。该系列产品通过市级鉴定，获上海市优秀新产品二等奖。

行业管理 中国电器工业协会电炉及工业炉分会于 1991 年 10 月成立，并推选上海电炉厂为理事长单位，秘书处设在西安电炉研究所。现有会员单位 140 个，包括了电炉及工业炉行业各类别产品、各主要炉用材料和配套件的主要生产厂家，以及主要研究所和设计院。分会根据机电部部署，对电炉及工业炉行业中型企业 1988 年和 1989 年的经济效益指标进行了测算；为修订《电炉及工业炉行业国家级企业等级标准（试行）》作了前期准备；组织部分会员单位参加中国名优机械电子产品常设展销会；为保证行业内部生产厂家的合理竞争及行业整体利益，在分析产品市场和原材料变化的基础上，协调部分标准电阻炉产品价格；以国家统计局、国家计委、国家物价局颁布的 1990 年工业产品不变价为依据，制订了部分标准电阻炉产品的最低限价和建议最低价格。

在 1990 年对 3 个主要厂进行“工艺突破口”诊断验收基础上，1991 年对哈尔滨龙江电炉厂、长春电炉厂、长春市电器控制设备厂、锦州变压器电炉厂、天津市电炉制造总厂、南京电炉厂、南京摄山电炉总厂、无锡电炉厂、青岛工业电炉厂、上海实验电炉厂、湘潭电机厂电炉厂等 11 个单位进行了“工艺突破口”工作诊断验收。

质量及质量管理 在采用国际标准方面继续收集、翻译、出版了 IEC 标准及国外先进标准，到 1991 年止已收集出版了 40 篇。完成了《电工现行标准清理整顿登记表（工业电热设备部分）》，对现行的电炉国家标准、行（部）标准、行业内部标准总计 76 项进行整顿清理，重新确定标准的级别和划分标准的属性。新制订的专业产品标准均为等效采用或参照采用 IEC 国际标准和国外先进标准。

为做好电炉产品可靠性考核工作，完成了列入机电部计划的 6 个厂家、7 个产品考核工作。电炉产品质量监督检测中心对部级以上的优质产品进行了考核，并不定期进行监督和检查。电炉行业产品一次合格率普遍为 100%，一等品产值率有所提高。在开展“质量、品种、效益年”活动中，各企业对质量意识有所增强。锦州变压器电炉厂建立健全的全面质量管理机构，以厂长为主任委员的厂级质量管理委员会及分布在各车间、科室的三级质量管理网，从产品的开发设计到用户服务各层次均有明确的质量责任制、工作标准、工作程序，产品生产过程始终处于质量受控状态。上海电炉厂强化了质量工作的经济责任制考核，健全质量例会制度，加强车间现场管理。

技术改造及技术引进 1991 年电炉行业部分企业技术改造投资项目开始启动。上海电炉厂以铸链炉组为主的可控气氛生产技术改造项目投资 500 万元，完成后，可新增年产可控气氛炉组 5 套的生产能力。哈尔滨松江电炉厂技术改造项目投资 500 万元，完成后，可新增年产可控气氛炉组 15 套的生产能力。陕县电器厂技术改造项目投资 400 万元，完成后，可新增年产含锆纤维耐火材料 400 吨的生产能力。无锡市热处理设备厂的微机控制可控气氛淬火炉技术改造项目投资 400 万元。无锡电炉厂固定资产总投资为 500 万元，其中基本建设投资 200 万元，技术改造投资 300 万元，是建厂以来规模最大、投入最多的技术改造工程。1991 年青岛工业电炉厂一期技术改造工程投入使用，增加固定资产 700 万元。无锡市山河节能电炉厂完成了 55 万元技术改造投资，扩大了生产能力。东台市耐火器材厂投资 65 万元，建成了一条 40 米长耐火烧成隧道窑和一条自动化制毡生产线。天津市电炉制造总厂的发展可控气氛热处理炉技术改造项目投资 500 万元，完成后，新增可控气氛炉 15 台，新增产值 600 万元，利税 210 万元。本溪高中频电源设备总厂投资 140 万元，用于飞锯定尺技术、设备引进及交流变频调速技术改造。飞锯定尺设备是国外焊管生产线上实现自动定尺、切断的先进专用设备．通过消化吸收，现已形成年产 60 台的生产能力，国产化率达 85%以上，产品已通过省级鉴定。

西安重型电炉厂同奥地利钢铁联合公司合作生产的我国第一台 90 吨超高功率电弧炉于 1991 年 12 月 21 日在河南舞阳钢铁公司试车成功，功率为 60MVA。南京电炉变压器厂从英国 LDH 公司引进步进式、堆杆式、网带式粉末冶金烧结炉和后处理炉的软件技术，国产化率 60%。

销售 1991 年电炉行业产品销售经营呈上升趋势。据电炉行业 17 个企业统计，1991 年销售总收入 18186 万元，比上年增长 30.7%。其中天津市电炉制造总厂销售收入最高，为 2555 万元，比上年增长 55.7%；佛山市电炉厂销售增长率最高，达 117%。从销售品种来看，非标准产品、专用产品、机电一体化产品、技术水平高的产品、节能节材产品、成套设备都有较好的市场。

对外销售收入共 841 万元，其中南京摄山电炉总厂最多，为 386.6 万元，创汇共 123.9 万美元。出口地区主要是东南亚，如印度尼西亚、菲律宾、泰国、巴基斯坦、朝鲜、香港等国家和地区，另外还有古巴、叙利亚。出口产品主要有实验室电阻炉、中频无心感应熔炼炉、滴控箱式多用炉机组、真空电阻炉、箱式电阻炉、井式回火炉、坩埚熔炼炉、感应淬火设备等。

〔撰稿人：西安电炉研究所　蔡金鹤　审稿人：西安电炉研究所　杨永森　机械电子工业部第一装备司　张居猷〕

电工专用设备

〔机械电子工业部〕

生产发展情况　据统计，1991 年电工专用设备行业内 12 家企业的生产情况同 1990 年相比，产值和利税都有不同程度的提高，生产形势呈现上升趋势。这是因为电工专用设备行业生产的产品以非标产品为主，短线产品多且应用面广，因而在基本建设和技术改造投资规模稍有提高后便有较大的受益。

1991 年行业内这 12 家企业实现工业总产值 19243 万元(按 1990 年不变价)，比上年增长 23.3%。其中，优质品产值为 2864.9 万元。

由于国家对大中型企业进一步放开政策，这就为电工专用设备生产厂家提供了发展生产的契机。同时，行业内各生产厂家普遍增强了市场竞争意识，在降低消耗、提高产品质量、提高全员劳动生产率及加强工厂管理方面进一步挖掘内在潜力，并取得较好的经济效果。如上海电工机械厂、东方电工机械厂、长城电工机械厂和芜湖电工机械厂的工业总产值都比上年有较大幅度的提高，全员劳动生产率分别比上年增长 16.5%、35.8%、18.4%和 11.6%。

新技术与科研成果　1991 年电工专用设备行业有 4 项成果获机械电子工业部 1991 年科技进步奖。获得二等奖的有：(1)沈阳电工机械厂同武汉冷柜厂共同研制的 1050 薄板横剪机组，该产品主要用于电冰箱、洗衣机等家用电器和汽车制造行业的薄板定长剪切，机组采用计算机控制，不仅自动化程度高，而且整机构造合理，使用维护方便。定长值在 500～3200mm 范围内切断误差≤0.5mm。该机组的主要技术指标达到国外同类产品水平。(2) 西安电瓷研究所等单位完成了大型瓷件切割研磨工艺及设备研究项目，其设备对大型高精度瓷套，尤其是六氟化硫瓷套的切割和研磨可在一次装夹中完成，并且采用了自行开发研制的人造金刚石组合刃磨具。该设备在使用性能方面优于进口的同类产品，国产化率为 100%。

机械电子工业部中电设计研究院研制的分马力电机钢板机壳成套加工设备和郑州电缆厂等单位研制的棒型旋转切割导角机获机械电子工业部 1991 年科技进步三等奖。

1991 年电工专用设备及蓄电池搬运车产品质量监督检测中心在沈阳电工机械厂组织筹建，该厂已提出了建立检测中心可行性分析报告，同时初期工程完成了水泥跑道和爬坡道及外接电源的建设。

新产品　电工专用设备行业 1991 年研制开发了一些新产品。由机械电子工业部中电设计研究院设计研制的 BR-100 磁极线圈扁绕机通过了机械电子工业部评审鉴定。该产品是受中美合资天津奥的斯电梯有限公司电机厂委托设计制造的，适用于直流电机换向极线圈、同步电机磁极线圈及采用 TBR 材料扁绕成型的各种双圆角磁极线圈。其成型最大力矩为 1kN·m，线圈最大外形尺寸为 500mm×900mm，扁绕机导线最大截面尺寸为 5mm×20mm。该扁绕机实现了自动抻头、自动减小鼓形，能连续绕制，在达到所需的绕制匝数时自动停车，并自动统计产量和显示故障位置。该机自动化程度高，绕制效果好，达到了同类产品的领先水平。

合肥电工机械厂生产的 JSZ26×4／300 型摇摆式成缆机和 JDW-500 型高速对绞机通过了省级技术鉴定。

行业管理　1991 年 4 月沈阳电工专用设备研究所在福建省南平市召开了行业标准化工作会议，要求企业认真贯彻执行《标准化法》，并通过了《平衡重式叉车技术条件》的审查，研讨了标准化清理整顿工作以及行业标准化工作今后发展方向。在标准方面还完成了国家标准 GB2900.39《电工术语　电机变压器专用设备》的修订工作和部级标准《薄板矫平机》、《薄板纵剪机》的编制。

1991 年 9 月以“行动起来，让情报工作为‘质量、品种、效益年’做出更大贡献”为主题的行业情报工作会议在北戴河召开，会议传达了机械电子工业部全国情报工作会议精神，总结了 1990 年情报工作情况，通过了情报网工作报告、网章和工作规划草案，同时还探讨了行业情报如何为电工专用设备行业生产发展做贡献的问题。

1991 年机电部批准了沈阳电工专用设备研究所及哈尔滨电工学院等提出的编纂“电工专用设备科技丛书”的计划。丛书包括：《电机制造专用设备》、《变压器制造专用设备》、《铅蓄电池制造专用设备》、《绝缘材料制造专用设备》和《电线电缆制造专用设备》。这套丛书填补了行业技术专著的空白，对电工专用设备行业科技力量的培养及电工工艺水平的提高将起到一定的作用。

质量及质量管理　1991 年沈阳电工机械厂进一步加强产品质量和质量管理工作，同时加强标准清理整顿工作和标准执行工作，通过了沈阳市机械局产品贯彻标准大检查。1991 年 11 月沈阳电工专用设备研究所暨电工专用设备、蓄电池搬运车产品质量监督检测中心筹建组按机械电子工业部要求，分四个小组对山东龙口电子机械厂的工厂条件、产品组成及产品质量等项进行评审，该厂符合《机械工业企业质量管理必备条件验收细则》的要求，被推荐为本行业产品的定点厂。

1991 年芜湖电工机械厂根据已制订的产品质量特性、重要度分级表的要求，对 A 级特性零部件全部设置了工序、质量控制点，并编制了控制点实施条例，对关键工序实行重点控制，逐月进行检查评分并纳入经济责任制，经安徽省机械工业质量管理检查组对工厂进行创部优企业质量管理必备条件检查，通过验收。

技术改造及技术引进 1991 年电工专用设备行业全年共完成技术改造投资 1000 余万元。沈阳电工机械厂 1991 年完成技术改造投资 384 万元，其中危险厂房改造投资 210 万元，电工专用设备及蓄电池搬运车产品质量监督检测中心建立叉车试验基地投资 12 万元，建筑仓库楼投资 110 万元，购置设备为 52 万元。芜湖电工机械厂在“七五”期间投资规模较大，1991 年技术改造投资为 97 万元，通过技术改造，企业的技术水平、生产水平将有很大提高。经过技术改造后，1991 年该厂的工业总产值比上年增长 47%，利税增长 25%。长城电工机械厂 1991 年完成散热器技术改造投资 100 万元，技术改造后生产的变压器用片式散热器的产品质量通过了沈阳变压器研究所的检查，并得到能源部和机械电子工业部的认可。

销售 据统计，1991 年电工专用设备行业内 12 家企业实现销售收入为 20596 万元，比上年有较大的增长。

电工专用设备因单件、小批量产品居多，而且生产周期长、产品费用大，造成产品的利润较低。目前电工专用设备产品并不畅销，库存产成品占用资金及外欠资金，依然困扰着企业的正常生产和经营活动。

1991 年电工专用设备产品出口产值 727.3 万元，比上年增长了 48.2%，但在工业总产值中所占的比例很小，仅为 3.7%。目前电工专用设备产品总的质量和技术水平在国际市场上依然缺乏竞争能力。产品仅出口到南亚、西亚和苏联、南朝鲜、澳大利亚等国家和地区。

〔撰稿人：沈阳电工专用设备研究所　朱振东
审稿人：沈阳电工专用设备研究所　付家驹　机械电子工业部第一装备司　何诗丝〕

通用仪器仪表

〔机械电子工业部〕

生产发展情况 1991 年，机电部归口通用仪器仪表企业 553 家，这些企业生产逐步走上了稳步发展的轨道。全年共完成工业总产值(1990 年不变价格)58.04 亿元，比上年增长 17.9%，利润总额 3.52 亿元，比上年增长 20%，产品销售收入 55.11 亿元，比上年增长 26%，全员劳动生产率 20285 元／人·年，销售利税率 12%。其中，27 家骨干厂和集团公司完成工业总产值 30.1 亿元，比上年增长 16%。列有仪表行业生产计划的 26 个省、市、自治区，除江西、贵州、云南、甘肃未完成全年计划，天津、山西比上年有所下降外，其余均比上年增长。增长最快的是江苏，达 47%，浙江达 36%，广东达 33%。

六类主要产品产量完成情况如表 1。

表 1　1991 年六类仪器仪表产量表

主要产品	单位	全年完成	比上年完成增长　%
自动化仪表	万台(件)	1460.2	11.8
电工仪器仪表	万台(件)	2590.8	14.8
成份分析仪器	台	61029	24.7
光学仪器	台	362798	0.8
试验机	台	20089	13.8
实验仪器及装置	台	212248	30.4

在机电部单独统计的省、市（包括计划单列市）仪器仪表部门，1991 年各项经济指标比 1990 年增长情况如表 2。

表 2　1991 年仪器仪表部门各项经济指标比 1990 年增长情况表　　(单位：%)

单位名称	产品销售收入	产品销售税金	利润总额	上交利税	实现利税	亏损企业亏损额	固定资产原值平均余额
北京市仪器仪表总公司	16.7	7.2	−8.1	−20.4	7.7	−32.1	1.5
天津市电子仪表局	16.4	56.9	−19.7	−4.3	8.2	37.3	26.2
长春市仪器仪表公司	37.0	20.9		−27.0	−39.8	171.5	
上海市仪表电讯局	14.1	14.5	1.1	7.8	5.4		7.7
南京市仪器仪表公司	11.5	65.3	−65.7	−50.3	−5.9		17.4
青岛市电子仪表公司	45.4	45.9		−42.9		−86.2	16.2
成都市电子仪表局	6.1	−13.2		−34.3	−59.1		2.4

双保企业中的西安仪表厂，致力开拓国内外市场，千方百计承揽任务，各项经济指标实现了持续增长。工业总产值完成 2.34 亿元，比上年增长 1.1%；实现销售收入 2.06 亿元，比上年增长 10.8%；实现利润比上年增长 2.5%，实现利税总额比上年增长 6%；人均利税比上年增长 4%；劳动生产率达 4.2 万元／人·年，比上年增长 20.5%；定额资金周转天数加快 19 天；产品库存额比上年下降 8.9%。

中国四联仪器仪表集团公司完成工业总产值 4.33 亿元，比上年增长 6.4%；实现销售收入 3.82 亿元，比上年增长 17%；产品销售税金比上年增长 12.5%；利润总额比上年下降 10%，产品库存额比上年下降 17%。

泰州春兰制冷设备总公司，五年前产值只有 1900 万元，利税 300 万元，固定资产只有 400 万元，近五年靠改革开放政策，发展成为我国空调器生产规模最大的企业。1991 年该公司完成工业总产值 3.22 亿元，比上年增长 2 倍；产品销售额 2.62 亿元，比上年增长 1.9 倍；销售收入 2.62 亿元，比上年增长 1.9 倍；产品销售税金比上年增长 1.8 倍；利润总额实现 5000 多万元，比上年增长约 3.9 倍。杭州仪器仪表(集团)公司各企业，共创产值 1.29 亿元，销售总额 1.2 亿元，实现利税 1588 万元，比上年增长两位数以上。

还涌现了上海分析仪器厂、鞍山热工仪表厂、佛山分析仪器厂、苏州仪表元件厂等一批先进典型。

国家重点任务完成较好，1991 年投产和争取投产的国家重点火电机组有 29 台、515.8 万千瓦，需国内提供仪表控制盘 1514 面，配套仪表 3.91 万台(件)，均已全部完成。汉川 2 号、沙岭子 2 号 30 万千瓦电站配套仪表已全部交货，电站已并网发电。渭河 2 号 30 万千瓦电站所需仪表盘已全部交货，尚缺个别外配仪表。孟加拉吉大港出口电站配套仪表已完成出厂检验。其他国家重点工程项目，兰州城市煤气工程、哈尔滨煤气工程、宝钢二期工程、武钢 1900 连铸和所需仪表与装置也已按期交货，吴泾 30 万吨／年的合成氨工程所需仪表已通过初步设计，正处于订货、实施阶段。

新技术与科研成果 “七五”仪器仪表行业承担的 75—53 攻关项目，于 1991 年 3 月通过了国家验收。该项目经过 12 个部委、84 个单位 1580 人，五年的努力，共完成了 8 个课题、95 个专题、295 个分专题，完成率为 98%。成果中 90% 以上达到国际 80 年代初、中期以上水平，有 15 项成果为国内首创。其中，对典型生产过程自动控制技术的研究——20 万千瓦火电、化肥、发酵、制碱、工业窑炉、企业能源管理等工程项目的完成，掌握了一批中、小工程项目的系统设计、仿真、安装、调试技术，开发出一批先进的过程控制软件和 DJK-7500 为核心的一批新型控制装置、仪表、执行器、传感器系列产品，使自动控制系统所需仪表的配套率由“六五”期间的 50%～70%，提高到 80%。在 75—53 项目中，规模最大、难度最高的一个课题，即 DJK-7500 分散型控制系统，具有灵活实用的体系结构，汉字化、图形化的人机界面，适合我国国情。此外，在通讯网络的开发、标准化组合结构的设计等方面也具有自己的特色。75—53 攻关项目开发出的新产品 367 种，41%已形成批量生产。该项任务的完成满足了电力、石油、化工、冶金等工业部门对仪器仪表及成套装置的需要，也促进了自动化仪表技术水平的提高。

由仪表行业为主承担了国家“八五”攻关项目——“大型工业过程自动控制技术研究”（85—720），在 10 个课题中，目前已有 8 个课题通过论证，有 7 个课题被正式批复。85—720—10“典型工业自动化控制系统优化”课题，由外部（委）和机电部共同主持，目前已批复 19 个专题。截止 1991 年底已签订专题合同 48 个，分专题合同 157 个。对 85—721 传感器攻关项目中仪表行业归口承担的 5 个课题进行了论证和鉴定工作，已完成 21 项专题、57 项分专题的合同签订工作。红外碳硫分析仪、高性能紫外分光光度计、傅里叶红外光谱仪、电子万能试验机等 4 个项目的可行性论证，电子经纬仪、液相色谱仪等 3 个项目的合同签订工作都已完成。

仪表行业科研单位，也完成了一批科研成果。其中机电部北京机械工业自动化研究所的软件中心基金课题“技术信息系统评价及选择方法”，在试用中获用户好评；自控中心基金课题“条形码识别器与计算机多种通讯”，在北京医院病案管理中实际应用，其主要性能相当于国际水平；“板材自动化主体仓库”与“中央计算机管理软件通讯技术”项目，现场调试成功；制版中心基金课题“TJB 电路模块”本应两年完成，该所一年就将成果转变成商品。上海分析仪器厂委托该所开发的“含工艺处理加工图形自动编程”软件，将 CAD 与 CAM 有机地连接到一起，构成 CAD／CAPP／CAN 一体化的集成系统，通过了技术验收。上海工业自动化仪表所的“电感式超微压传感器”、“防爆油品计量控制管理系统”、“港口计算机控制与管理系统的开发研究”、“工业环境中浪涌电压和静电放电对仪器仪表性能影响的研究”、“HHF-216 核辐射厚度计”等都通过了专家签定。重庆工业自动化研究所为主承担的“分散型控制系统与工业控制局部网络”与“工业过程自动控制应用工程研究”两项攻关课题，是汇集计算机技术、数据通讯技术、CRT 显示技术、自动控制技术于一体的综合性高技术产品，历时四年，于 1991 年完成了过程控制级设备、监控级设备、通讯装置及网络等全部软件硬件任务。机电部武汉计算机外部设备所进一步开发了中小型集散型控制系统和工业控制图形终端。上海电子光学技术研究所完成了新型 20 万倍电镜鉴定。

新产品 1991 年列入机电部计划管理的新产品试制项目共 290 项，其中当年应完成 199 项，实际完成161项，水平较高的有长春气象仪器研究所的JQX-1型机场气象观测系统，在沈阳桃仙机场试运后，稳定可靠，填补了国内空白；江苏电分析仪器厂完成的880数字式BOD5测定仪对生物化学需氧量的测试采用了新型差压方法；天津自动化仪表十厂根据国内市场需求研制的G40大口径工业煤气表，其主要性能指标达到和超过国际80年代同类产品水平；南京分析仪器厂承担的微机燃烧效率测定仪研制项目，解决了一系列技术难题，其传感器各项指标均已超过美、日等国同类产品水平；天津实验仪器厂研制的10m^3冷冻真空干燥装置达到国际80年代中期水平；汕头超声仪器研究所的四种B超诊断仪及四川仪表总厂、上海自动化仪表公司、上海自动化仪表所的S系列自动化仪表都顺利通过专家鉴定。一些省、市仪表工业主管部门对新产品开发比较重视，计划完成率较上年有所提高，如：南京市仪表公司1991年完成了医用X射线设备、新型透射电子显微镜、微电脑稀释器等13项新产品，超过了原订计划。

仪表行业制定的"七五"发展机电一体化产品2500种的计划目标已基本实现，特别是带微机的具有自动校正、自动控制功能的仪器仪表产品有迅速发展。

各仪表企业根据市场需求，还自行研制开发了一批新产品，其中包括拓宽领域、面向市场的产品。如西安仪表厂实现新品产值3050万元，比上年增长45.2%；中国四联仪器仪表(集团)公司完成新产品开发56项，新产品产值率为17.2%；北京分析仪器厂完成了9201大气污染监测总站的鉴定；上海分析仪器厂实现了3208原子吸收分光光度计、红外数据站等7种产品的设计定型。一些中小企业通过开拓新领域，使企业得到发展，如：锦州光学仪器厂通过开发伪币识别仪，体表微循环测试仪等新品后经济效益大幅度增长。

行业管理 1991年，全行业深入开展"质量、品种、效益年"活动，紧紧围绕机电部提出的调整产品结构、提高企业素质和加强宏观调控这"三大任务"开展工作。

关于产品结构调整工作，1991年提出了优先发展中高档可编程序控制器、万能研究用显微镜、核磁共振波谱仪、特殊涂层光纤、汽车用压力传感器等1845项产品，限制发展的有数字指示型旋翼湿式水表、高低倍生物显微镜、机械式万能试验机等117项产品，建议淘汰的有电子管式记录仪、614型交流稳压电源、15秒级工程经纬仪等75项。电度表更新工作取得进展，其中工业电度表已全部更新，原D8系列电度表已由新型86系列电度表及引进的国产化产品所代替。自动化仪表中，应用微电子技术的第三代模拟控制仪表产量超过了分立元件的第二代仪表产量，第四代数字控制系统也有了一定发展。

根据国务院生产委员会发出的《"八五"企业管理现代化纲要》，继续抓好企业管理整体优化工作，在仪器仪表行业中继续推广计算机管理、目标管理等经验。当年有文化办公设备行业的3家企业进入国家二级企业。上海分析仪器厂、四川仪表四厂和七厂、西安仪表厂金工车间，北京电表厂、鞍山热工仪表厂、杭州仪表厂等34个单位被评为仪表行业现场管理优化先进单位。

1991年，为贯彻中央关于进一步搞好大中型企业的方针，不少企业积极转变经营机制。上海分析仪器厂率先贯彻《实行全员劳动合同制配套改革方案》和《完善经营机制的改革方案》已初见成效。苏州仪表元件厂面向国内、国外两个市场，靠技术进步增强企业活力，成为全国仪表行业"小巨人"企业。中国四联仪器仪表(集团)公司被首批选为重庆市"五自主"（生产经营、产品定价、内部分配、劳动用工、技术改造自主）企业，为公司打破"大锅饭、铁饭碗、铁交椅"创造了条件。西安仪表厂"构筑市场、技术、管理"三轮模式转变企业经营机制已见实效。北京电表厂被北京市确定为"比照中外合资企业部分政策"进行改革的试点单位，正在做扎实细致的工作，稳步前进，保证实效。

企业集团的实体化工作取得进展。中国四联仪器仪表公司，不断理顺内外关系，加快了工厂型管理向集团型管理转变的步伐，建立健全了集团公司的组织机构，按照"精简、效能、统一"的原则建立必要的处室。1991年，该公司被国务院列入国家计划单列试点企业集团。辽宁仪表(集团)公司是以系统工程成套为龙头，以自动化仪器仪表生产为基础，以专业化协作、生产经营、科研设计相结合的原则组建的地区性行业公司。该公司虽仍实行成员单位隶属关系、所有制性质、利税上缴渠道不变的原则，但在紧密层单位进行了发展规划、年度计划、物资供应、产品销售、技术改造、技术引进、进出口经营方面的统筹协调安排。该公司实行了材料供应在省计划单列，争得了外贸经营权，有利于集团企业引进技术，开拓国际市场。该公司还筹组了集团融资中心，为企业缓解资金困难提供了条件。上海自动化仪表公司争取到了"工效挂钩"、"税利分流"的政策支持，签订了一条龙信贷支持协议，实施了全员劳动合同制配套改革，使公司的凝聚力明显增强。武汉仪表集团公司推行了"大型企业小型化经营"、"划小事业部"等措施把改革推向深层次，经外贸部门批准，该公司已成为武汉市第一家工贸结合的有外贸自营权的单位。此外，济南试验机（集团）公司、天津自动化仪表公司、丹东射线仪器公司、上海精密科学仪器公司、上海仪表（集团）公司，在发挥成员单位的整体优势，由工厂体制向公司体制转变方面取得了进展。

在加强宏观调控方面，首先是认真做好大行业的规划工作。根据各部门报来的规划资料，结合国家产业政策、重点任务，将申请国家统筹安排的建设项目削减140项，减少计划申请投资35%。通过编制大行业规划，反映出一些产品项目热点集中，存在不合理的重复，主要有DCS(分散型控制系统)、变送器、可编程序控制器、成套控制盘柜、电子式电度表等产品，对这些热点产品进行了必要的控制，压缩和调整了投资项目。

1991 年，用经济办法加强了宏观调控手段。例如，四川仪表总厂、西安仪表厂、上海自动化仪表公司、襄樊仪表元件厂等数家企业，享受电子行业四项产品优惠政策，通过减免调节税等，促进仪表行业高技术产品的发展。当年，150 个骨干重点企业，以 30%的折旧费和免交“能交、调节”两金，提高了这些企业技术改造的自筹能力。在有关方面支持下，对仪器仪表产品进口的税率、税则提出了新的调整意见。当年，正式发行了“仪器仪表产品不变价格目录”，并进行了“清产核资价值重估统一标准目录”(仪器仪表部分)。

质量及质量管理 1991 年，加强了质检中心的管理，国家级光学仪器、照相机械、分析仪器等质检中心完成了验收。当年，有合肥仪表厂的 LC-0150 椭圆齿轮流量计、丹东射线仪器公司的 XXQ-2005 携带式 X 射线探伤机、营口复印机总厂的 AMD1800 小胶印机获国优产品奖，另有 78 项产品获部优。上海·福克斯波罗公司通过了国际 ISO9001 质量管理控制标准的验收，这是机电部系统的第一家。1991 年，参加产品质量行业评比的有 95 个企业、103 个规格产品，其中优等品率为 11.6%，一等品率 23.3%，合格品率为 33%，不合格品 23 个，不合格品率为 32%。其中，铠装热电偶行业产品质量评比，共 29 家企业参加，有 20 个企业产品不合格；体视显微镜参评 10 家企业，全部不合格。行评中也反映出部分重点骨干企业柜式仪表盘不合格，已引起这些企业的重视。

关于可靠性工作，1991 年重点对第四、五批产品质量考核计划进展情况进行督促检查，当年应完成 88 项，现已验收完成 64 项、114 个品种。在标准化计量管理工作方面，实际完成 84 项，其中 GB15 项，JB69 项。1991 年制订产品质量分等标准 50 项，完成部级计量检定规程 27 项。按部要求，对长沙科学仪器检测中心、秦皇岛视听设备检测中心、试验机检测中心汕头分中心、武汉计算机外部设备检测中心等单位进行了计量认证和质量认可。

“工艺突破口”工作已在重点、骨干企业普遍开展，其中部、省、市“工艺突破口”试点企业已有 76 个。大部分企业已达到“工艺突破口”初见成效五项标志的要求，处在将“工艺突破口”工作转入“三位一体”上水平的第二阶段。1991 年召开了第六次工艺会议，表彰了 20 个工艺工作先进单位、39 项优秀成果。

技术改造及技术引进 1991 年度共安排技术改造项目 44 个，总投资 1.38 亿元，其中，工商银行贷款约占 47%，压贷贷款约占 15%，地方自筹约占 37%。其中，“七五”计划结转项目 22 项，“八五”计划新开项目 17 项，上海市安排 5 项。大部分项目资金都已落实，专项贷款的到位率为 80%以上。但由于计划下达较迟和续建项目扩初批复较晚，资金完成情况约为 50%左右。

1991 年经营性基建项目开项较少，除湖南仪表总厂等 9 个续建项目外，仅有三门峡仪表元件厂、阳泉仪表厂、济南试验机厂 3 个新开项目，落实年度投资 2000 多万元。当年非经营性项目共安排了沈阳仪表工艺研究所、上海工业自动化仪表研究所、北京仪表综合所等 15 个项目，投资不到 1000 万元，主要用于行业研究所“七五”在建项目的收尾工作。安排节能基建项目 11 项，投资 2000 余万元，约有 50%为地方投资，资金到位情况比往年好。

1991 年，验收“七五”技术改造项目 25 个，限上项目有西安仪表厂、甘肃光学仪器公司；上海自动化仪表三厂和十一厂、湖南仪表总厂 3 个基建项目都按计划验收。“八五”已确定安排 91 项技改项目，其中机电部安排工商银行专贷项目 54 项（精密自动控制仪器和仪表专项 51 项，环保专项 3 项），建行项目 1 项，中国银行项目 1 项，上海及地方项目 35 项。“八五”安排基建项目为 44 个，其中：经营性项目 27 个，非经营性项目 17 个。

1991 年，完成了 12 个产品国产化验收，包括：南京分析仪器厂的血液分析仪、四川仪表九厂的红外紫外分析仪、丹东射线公司的 X 射线荧光光度计、上海调节器厂的单回路调节器、广东仪表厂的气动基地仪表、吴忠仪表厂的 CV-3000 调节阀、合肥仪表厂的旋涡流量计、大连仪表厂的单回路调节器、哈尔滨电表仪器厂的单及多费率表等。电站补充引进项目，共安排了上海自动化仪表公司、西安仪表厂、四川仪表总厂等 15 个项目，成交额 1000 万美元。到目前为止，电站补充引进专项已完成签约 37 项，当年有上海仪表成套厂、雷磁仪器厂、远东仪表厂、北京自动化仪表七厂 4 个项目进行了验收。

销售 1991 年仪器仪表企业，实行以销定产、限产压库等措施，实现了生产、销售同步增长，产品库存大幅度下降。从总体上来说，已走出低谷，但结构性和素质性矛盾仍然突出。从单独统计的省、市仪表工业主管部门的资料分析：北京、天津、长春、上海、南京、青岛、成都等市仪器仪表销售额普遍增长。期末库存量与年初比较，北京市仪表总公司下降 11.2%，天津市电子仪表局下降 12.1%，长春市仪器仪表公司下降 13.6%，上海仪表电讯局上升 3.9%，南京仪器仪表公司下降 20%，青岛市电子仪表公司下降 13.5%，成都市电子仪表局下降 13.4%；从几个骨干企业或企业集团分析，西安仪表厂下降 8.7%，中国四联仪表集团公司下降 17.1%，大连自动化仪表公司下降 16.1%，杭州仪器仪表集团公司上升 7.6%，贵阳仪器仪表公司下降 25.6%，湖南仪器仪表总厂下降 27.8%，春兰空调制冷设备公司下降 75%，武汉仪器仪表集团公司下降 80%。主要产品销售情况如表 3。

表 3　1991 年仪器仪表主要产品销售情况表

产品名称	单位	年初库存量	本年收入量	本年销售量	欠交合同量	报废处理量	期末库存量
工业自动化仪表	万台(只)	378	1579	1607	62	11	347
	万元	36324	219051	222612	5059	440	33995
电工仪器仪表	万台(只)	329	2713	2668	11	3	370
	万元	18701	118903	118632	529	224	18231
分析仪器	台	14691	51333	53229	396	48	12681
	万元	4767	21118	21913	123	37	4092
光学仪器	台	113380	380571	401232	4585	2101	89937
	万元	8639	34888	36689	412	354	7268
试验机	台	12374	24162	26091	773	509	9928
	万元	5898	15961	17363	352	90	4514

表 4　1991 年仪器仪表主要产品销售去向表

产品名称	计算单位	合计 本年销售量	其中: 自销	中: 产品主要去向 农林牧副渔业	轻纺工业	煤电油工业	交通运输邮电	文教卫生及科研	物资及商业经销单位	机械产品单机配套
工业自动化仪表	万台(只)	1607	1369	23	22	64	16	11	496	183
	万元	222612	174786	2053	8330	26209	2547	5134	63554	25452
电工仪器仪表	万台(只)	2668	1732	23	32	389	51	20	1341	317
	万元	118632	71259	854	823	19316	2391	1415	61841	9041
分析仪器	台	53229	30938	591	1783	3028	1321	7155	25882	422
	万元	21913	18594	107	779	2138	1235	4532	6256	242
光学仪器	台	401232	309922	6720	1721	8481	1166	64395	144879	1856
	万元	36889	32599	412	375	691	218	5984	14833	277
试验机	台	26091	19669	231	2069	970	1333	840	3632	768
	万元	17363	14436	376	1540	894	1428	1161	2760	427

产品销售去向，详见表 4。

1990 年仪器仪表行业出口约完成 7000 万美元，比上年大约增长 16%。北京仪器仪表总公司出口交货值 645.88 万美元；天津市电子仪表工业局出口交货值 366.93 万美元，出口额 173.03 万美元；长春市仪表工业公司交货值 104.08 万美元；上海市仪表电讯局出口交货值 1277.84 万美元，出口额 492.96 万美元；南京市仪器仪表工业公司出口交货值 445.35 万美元；青岛电子仪表公司出口额 157.9 万美元。企业挖掘内部潜力，积极扩大出口。例如，保定电影机械厂加强企业管理，内部消化增支因素 380 多万元，在收购价减 16%的情况下，仍然扭亏为盈，得到国务院出口办的好评。

在扩大对外合作出口方面，1991 年又有较大进展，特别是合资企业发展势头比较好，据初步了解，已签约的有上海试验机厂、南京分析仪器厂、南京光学测量仪器厂、江苏光学仪器厂、常州照相机厂、大连第五仪表厂、辽阳精密仪器厂、沈阳分析仪器厂等。主要仪器仪表产品出口完成情况，见表 5。

出口较大宗的产品仍然是压力仪表、显微镜、电度表、水表、投影仪、砂轮机、万用表等。

表 5　1991 年仪器仪表主要产品出口情况表

产品名称	完成出口产值(万元) 1990 年不变价	现价	出口数量	创汇(万美元)
工业自动化仪表	9040.7	8912.3	353.56 万只	1682.5
电工仪器仪表	4521.3	4001.2	93.21 万只	662.9
分析仪器	261.9	250.1	10487 台	56
光学仪器	9623.9	8754.2	411470 台	1786.2
试验机	812.9	724.2	913 台	48

〔撰稿人：机械电子工业部仪器仪表司　沓福祥
审稿人：机械电子工业部仪器仪表司　臧么玉〕

一、电工仪器仪表

生产发展情况 根据电工仪器仪表专业协会125家会员单位(含20家机电部系统重点骨干企业)1991年生产经营统计资料分析，其工业总产值、净产值、销售收入、实现利润、上交利税和出口创汇都获得了较大幅度的增长。其中工业总产值16.9亿元，比上年增长21%(其中机电部电工仪器仪表产值为13.3亿元，比上年增长23%)；工业净产值5.5亿元，增长34%；产品总产量3100万台(套)，增长17%；销售收入14.8亿元，增长14%(其中机电部电工仪器仪表销售收入12.4亿元，增长24%)；实现利润增长29%；销售税金增长42%；人均利税增长35%；资金利税率8.2%，增长1.4个百分点；劳动生产率达2.04万元／人·年，增长20%。各大类电工仪器仪表生产经营都有不同程度的发展。单相电度表产量完成2126万只，产值完成6.84亿元，销售收入完成6.43亿元，分别比上年增长18%、32%、29%；新型号单相表86系列、DD101系列等，完成产量203万台，产值1.34亿元，销售收入1.10亿元，分别比上年增长215%、246%、159%。新表产量、产值、销售收入已占单相表总量的9.5%、19.4%、17.2%。已实现了三相老型号电度表的淘汰更新目标。1991年三相电度表产量虽然因为产品更新有所下降（三相电度表总产量138万只，比上年下降23%），但产值、销售收入都分别增长了14%和28%，产值达1.99亿元，销售收入达1.76亿元，其中三相电度新表产量84.7万台，产值1.52亿元，销售收入1.19亿元，分别比上年增长150%，133%，144%。安装式电表产量完成628万台，产值1.43亿元，销售收入1.15亿元，分别增长了31%、34%、23%；万用表产量完成138万只，产值0.75亿元，销售收入0.7亿元，分别增长了10%、9%、13%。其它各类电工仪器仪表，包括精密电表、数字仪表、交流仪器、兆欧表、钳形表、磁测量仪器、电源装置、扩大量限装置、记录电表与电磁示波器等都实现了产量、产值、销售收入的同步增长，直流仪器产量、产值、销售收入基本与上年相同。行业20个重点、骨干企业的生产经营情况也比上年有较大发展（详见表6）。

表6 重点、骨干企业1991年生产经营情况表

指标名称	单位	1991年完成	1990年完成	增长率 %	占全行业比重(%)
工业总产值	亿元	6.58	5.38	22	39
其中：电工仪器仪表	亿元	5.51	4.54	21.6	41
工业净产值	亿元	2.10	1.68	25	40
产品销售收入	亿元	6.58	5.34	23	43
其中：电工仪器仪表	亿元	4.75	4.35	9.2	38
利润总额	万元	2605	2393	8.9	60
销售税金	万元	3056	2341	31	37
人均利税	元／人	1955	1640	19	
资金利税率	%	9.1%	7.6	1.5	
全员劳动生产率	元／人·年	22688	18626	22	
流动资金周期天数	天	224	271	快47天	
出口产品产值	万元	3082	1394	121	32

20个重点、骨干企业中，除上海电表厂和贵阳仪表公司外，其它18家工业产值都实现了增长，利润增长的有无锡电度表厂、上海沪光仪器厂、上海浦江电表厂、山西互感器厂、荷泽仪表厂、天津中环电表公司等6家；实现产值、利润同步增长的有无锡电度表厂、荷泽仪表厂、山西互感器厂、天津中环电表公司、上海浦江电表厂等5家，其中无锡电度表厂、荷泽仪表厂、山西互感器厂都比上年增长30%以上。1991年行业亏损企业共21家，比1990年减少6家。重点骨干企业亏损3家，青岛电度表厂扭亏为盈。

新技术与科研成果 1991年行业研制开发新技术科研成果百余项。机电部哈尔滨电工仪表研究所通过"七五"攻关开发了200MW汽轮发电机组故障诊断系统、音频电力负荷控制系统、企业能源管理系统、变压器故障诊断系统等，前两项获得了国家级"七五"攻关优秀成果奖，并在国民经济许多部门推广应用。电度表行业在应用微机技术、光电技术中迈出了较大步子，对提高电度表产品调校水平和劳动生产率，加强质量监督管理起到了很大作用。哈尔滨电表仪器厂通过了瑞士引进的ML246型以及FL246型多费率电度表国产化部级鉴定验收，并已批试生产。

新产品 1991年电工仪器仪表行业开发新产品120多个，其中哈尔滨电工仪表研究所开发了便携式电度表校验仪系列、变送仪表系列、可程控标准源系列、便携式变送器校验仪系列、充退磁机系列产品。行业厂开发的新产品有天津第三电表厂的DS310型1.0级三相三线有功电度表、DX310型2.0级无功表，上海第四电表厂MF378型和哈尔滨精艺仪表厂 MF140 型万用电表，上海电表厂 DZ126 型 $4^1/_2$ 位直流数字电压表和 PS70 型数字电能表，北京自动化控制设备厂 45L8、45C8 型 1.5 级安装式电表等。

行业管理 1991 年国家电工仪器仪表产品质量监督检验中心对 25 个企业 53 个品种发放了电度表生产许可证，对 5 个企业 9 个品种发放了电度表出口许可证，对 5 个企业 9 个品种发放了安装式电表和万用表出口许可证。标准化管理方面，完成了 21 项国标、行标的制、修订任务，并对现行的 71 个国标、行标进行了清理。电工仪器仪表专业协会继续开展行业统计信息发布工作，并组织了 $3^1/_2$ 位～$4^1/_2$ 位数字万用表联合设计，即将进行样机鉴定；协会配合部、司政府机关及行业归口所搞好电度表更新淘汰工作，取得了较大进展，1991 年已淘汰三相老表，并对更新单相电度表做了大量技术服务工作，争取 1992 年尽快淘汰单相老表。

技术改造及技术引进 1991 年电度表行业在技术改造方面开展了大量工作，上海电度表厂、上海第二电表厂都搬迁到宜山路新厂房，工艺、工装设备都做了大量改造，投入数千万元；杭州仪表厂、无锡电度表厂、苏州红旗电表厂、长沙电表厂、青岛电度表厂等都投入了大量资金，改造了生产线，增添了微机调校设备；哈尔滨电表仪器厂投入 570 万元，购置了进口的电度表、电控校验设备。

销售 机电部电工仪器仪表行业，1991 年累计销售量 2668 万台(只)，销售额 11.8 亿元。按销售额计算，其中自销量约占 54%。按销售去向分，煤电油工业约占 16.3%，物资及商业经销单位约占 52.1%，机械产品单机配套占 7.62%。期末库存量以数量计算为 370 万台（只），比年初增长 12.5%，以价值计算为 18231 万元，比年初下降 2.2%。1991 年出口情况较好，出口数量为 308 万台，出口产值达 9060 万元，比上年增长 2.8 倍。电度表出口产值 2994 万元，占三分之一。安装式电表出口产值 1681 万元，占五分之一。出口较好的企业是哈尔滨电表仪器厂、八五九厂、南京电表厂、上海第五电表厂、烟台电表厂等。其中哈尔滨电表仪器厂向巴基斯坦出口 DD101 型单相电度表 20 万台，产值 1700 万元，居行业之首。

〔撰稿人：哈尔滨电工仪表研究所 沈奎保 审稿人：哈尔滨电工仪表研究所 李 修 机械电子工业部仪器仪表司 昝福祥〕

二、光学仪器

生产发展情况 1991 年机电部仪器仪表行业光学仪器制造企业 71 家，工业总产值 53671 万元，现行价商品产值 51072 万元；完成光学仪器产品 362768 台，比上年增长 1%。全年销售量 401232 台，销售额 36689 万元。以地区分析，产量较多的有江苏，85186 台；上海，45778 台；广东，20443 台；福建，51635 台；江西，18863 台；北京，15110 台；浙江，18066 台；辽宁，12887 台；四川，38272 台；湖南，13785 台等。13 个机电部重点企业，工业总产值完成情况如表 7。

表 7 1991 年光学仪器重点企业完成产值表

企业名称	全年产值(万元)	为上年 %
北京光学仪器厂	3375	108.8
北京第二光学仪器厂	2124	102.1
铁岭光学仪器厂	1559	92.7
长春第一光学仪器厂	671	134.2
上海光学仪器厂	3931	106.5
上海第二光学仪器厂	486	120.4
上海第三分析仪器厂	2476	108.6
江南光学仪器厂	3800	88.5
苏州第一光学仪器厂	1441	135.3
江西光学仪器厂	5119	178.7
广州光学仪器厂	1226	109.6
重庆光学仪器厂	2050	88.1
新天精密光学仪器公司	1501	119.1

北京光学仪器厂产品销售额达 3187 万元，比上年增长 20.1%，产品库存额占工业总产值 19%，相当于上年同期水平。该厂产品销售收入为 3263 万元，比上年增长 20%，产品销售税金比上年增长 5.1%，利润总额比上年增长 54.6%，但外欠资金很少，欠外资金大幅度增加。该厂 1991 年完成三种型号的 2″ 经纬仪 2323 台；6″ 经纬仪 2685 台，S_3 水准仪 2862 台，测距经纬仪 176 台，物理光学仪器 252 台，以及实验室仪器等。上海精密科学仪器公司，由上海主要的光学仪器厂、分析仪器厂组成，该公司完成工业总产值 18423 万元，比上年增长 8.7%；产品销售额 18767 万元，比上年增长 11.2%；产品库存比上年同期增加 11.7%；产品销售收入 18467 万元，比上年增长 12.7%，产品销售税金比上年略有增加，利润总额下降 22%，外欠资金略减，欠外资金略增。该公司的上海光学仪器厂，也属机电部仪器仪表行业骨干企业，固定资产原值已达 4416 万元；产品销售收入达 3681 万元，比上年增长 8.2%；利润比上年略增长，但属微利企业。该厂主要产品产量：各种生物显微镜 5070 台，其中：倒置生物显微镜、33JA 型 1μ 读数显微镜 150 台，微机型紫外可见分光光度计 355 台，微机型万能工具显微镜 25 台，数显式万能工具显微镜 45 台，一米平面光栅摄谱仪 9 台。南京江南光学仪器厂，产品销售收入 3812 万元，比上年增长 5.8%；产品销售税金比上年增加约 70%；产品库存下降约 200 万元，但企业亏损，外欠资金减少，欠外资金增加。该厂生产的合同产品 171 种，生物显微镜等主要产品产量为 62212 台。该企业遇到百年未遇的洪涝灾害，造成生产经营被动局面，是影响效益的原因之一。江西光学仪器总厂(生产照相机械产品为主)，全年

完成光学仪器产值741万元，比上年增长29.2%，其中测绘仪器水准仪年产5500台，占光学仪器产值48.5%。该厂光学仪器库存有所减少，企业亏损。新天精密光学仪器公司完成工业总产值1501万元，比上年增长19.1%；产品销售额1772万元，比上年增长41%；产品销售收入1813万元，比上年增长27.1%；产品销售税金比上年增长26.8%；企业比上年减亏128万元，但仍严重亏损。企业产品库存有所下降，但外欠资金增加4.8%，欠外资金增加9.9%。该厂生产双目生物显微镜、偏光显微镜、显微分光光度计及光学计量仪器等约2500余台。重点企业中的北京第二光学仪器厂完成工业总产值2124万元，比上年增长2.1%；销售收入2224万元，比上年增长23.2%；实现利润比上年略有增长。以生产光电编码器为主的长春第一光学仪器厂实现销售收入764万元，比上年增长86.8%，编码器销售量达到7108台，比上年增长75%；实现利润比上年增长128%。重庆光电仪器总公司(以重庆光学仪器厂为主体)，1991年固定资产原值2038万元，净值1277万元，有职工1507人。1991年，该公司完成工业总产值3966万元，销售收入3414万元，实现利税约212万元，主要产品产量：光学仪器、显微镜22232台。苏州第一光学仪器厂完成销售收入1454万元，比上年增长62%，实现利润比上年增长23.2%。广州光学仪器厂完成销售收入1208万元；主要产品产量生物显微镜等，完成20443台，比上年略增加，利润总额35万元。

新产品 上海电子光学技术研究所完成了上海市科委下达的新型20万倍电子显微镜的鉴定，微机化扫描电镜、智能化扫描电镜也取得重大进展。北京光学仪器厂完成了4种新产品，其中：DCG05手持测距仪，相当于国际70年末期水平；DCS彩色比色计，相当于国际80年代水平；DC1.6–J半自动综合测距经纬仪，相当于国际80年代水平；DRP单面加热膨胀仪属国内首创。几种产品均经市主管部门鉴定。江南光学仪器厂完成较大的改进或新设计的合同产品35项，样机30余台。重点开发了新产品XD–101倒置生物显微镜和XSJ–4型研究用生物显微镜，并通过了市级鉴定，填补了现行产品结构中的空白。新天精密光学仪器公司完成新产品鉴定5项，包括：WF8A微机单光束原子吸收分光光度计、WFW1显微分光光度计、JJF2凸轮检查仪、XP6偏光显微镜、XP7偏光显微镜；完成新产品定型鉴定的有JD22数字式立式测长仪、WC1微机测微光度计。长春第一光学仪器厂完成新型编码器47项，其中，重新设计30项，改型17项，完成新产品产值158万元，占全厂工业总产值的24%。广州光学仪器厂完成了75瓦落射荧光显微镜、L–102（500）型和L–1100A型生物显微镜等3项新产品。苏州光学仪器厂把引进的先进技术，通过消化吸收，运用到老产品的改造上，改造了J_2–1等一些产品，使之在结构、性能等方面，都达到了国内先进水平。新开发的DSZ3自动安平水准仪，体积小，精度高，价格低廉；高精度秒级经纬仪、自动安平水准仪和其他产品、附件已形成四个系列，20多个品种，新产品产值和优质品产值已分别占总产值的43.7%、70%。重庆光电仪器总公司，1991年完成了3个新产品的开发研制，并通过样机鉴定，一是应国际市场需要开发的XSP–K型生物显微镜；二是填补国内空白的XZE–1色衬显微镜，它是成功地将光学信息处理技术应用在显微镜上的一种多功能新型产品；三是集光、机、电子于一体，可替代进口的XQX–1型图象分析显微镜。北京第二光学仪器厂完成ACD单道扫描光电直读光谱仪等9项批试产品，完成样试的有900D4带微机的紫外分光光度计、7503B光量计及800D_2A紫外分光光度计。900D4光度计国际中标20多台。该厂新产品产值占总产值40%以上。

质量及质量管理 苏州第一光学仪器厂主导产品J_2经纬仪稳定保持一等品水平，DS_3–Z自动安平水准仪创部优产品已通过了验收，优质品销售收入占总销售收入的70%，比上年增长23%。新天精密光学仪器公司，考核产品JT9成品抽查合格率100%，成品一次送检合格率达97.5%，比上年提高5个百分点，机加工废品率为1.5%，与上年持平。江南光学仪器厂加强了对产品质量和工作质量的“双百分”考核，成立了7012体视、ASZM体视专业组和表面质量攻关小组；全厂对关键工艺、关键零件都设立了质量控制点，主要产品质量稳定提高为100%。江西光学仪器总厂的DS_3水准仪继续保持部优，EPS显微镜被评为全国优秀新产品，DJ_2经纬仪被国家指定列为援外产品。重庆光电仪器总公司完成了2项较大的工艺攻关项目：(1)锌铝合金代铜材加工粗动座，提高了抗拉强度、冲击韧性等指标，使年需1万多件的出口产品主要零件坯件报废率由原来的20%降为1%；(2)改进了显微镜关键零件——物镜转换器组合加工工艺，使产品质量稳步上升。该厂强化质量检验职能和制度，针对长期以来存在的电器配件质量问题，严格进厂检验，使出口产品质量明显提高，使进入美国市场带电器的光学仪器产品销量，比上年提高5倍。

销售 光学仪器企业自销量，以产品价格计算占销售总额的77.2%，光学仪器出口创汇1786万美元。江南光学仪器厂，出口产品收购值完成1411万元，该厂努力发展多渠道、多口岸、多层次出口创汇之路，探索了一条“国外合作开发，厂内技术输出，世界市场销售”的新的合作、合资、技术输出的途径。重庆光电仪器总公司在西欧市场出口连续两年突破100万美元，1991年该公司出口创汇达169万美元。在美国市场销售该公司的产品呈上升趋势，另外产品也打入拉美、亚太等市场。该公司与美国合资组建“奥依卡”仪器制造有限公司已注册成立，旨在生产适应美国市场所需的显微镜，并符合 UL 标准，且 85%以上返销美国。广洲光学仪器厂出口生物显微镜出口交货值达 717 万元，为年计划指标的 143.4%。该厂积极开发美洲市场，已与墨西哥签署了每年不低于 30 万美元的供货合同。上海光学仪器厂出口拳头产品依然是生物显微镜，此外，还出口几十台分光光度计、几十台万能工具显微镜，出口交货值为 1033 万元，创汇 198.5 万美元。

〔撰稿人：机械电子部仪器仪表司　咎福祥〕

三、试　验　机

生产发展情况　据对试验机行业 24 家企业的统计，1991 年完成工业总产值 22523 万元，比上年增长 14.6%。12 家骨干、重点企业完成工业总产值为 18799 万元，比上年增长 14%。详见表 8。

24 家企业的利税总额比上年增长 21.8%。12 家骨干、重点企业的利税总额比上年增长 17.9%。其中苏州试验仪器厂增长了 100.7%。全员劳动生产率比上年增长的有 20 个企业，占 83.3%。

新技术与科研成果　长春试验机研究所根据机电部基金项目"负荷及变形测量技术（高频负荷测量及控制系统智能化研究）"进行研制的 PLG-100C 型智能化高频拉压疲劳试验机，于 1991 年 12 月通过部级鉴定。该试验机实现了机电一体化，能成功地进行常规疲劳试验、程控加荷疲劳试验和裂纹扩展速率试验的智能化控制，其技术指标和性能达到了国外同类产品先进水平。

表 8　1991 年试验机重点企业完成产值情况表

（单位：万元）

企业名称	1991 年产值	1990 年产值	为上年 %
丹东射线仪器工业公司	2810	1803	155.9
营口仪器厂	633	433	146.2
长春试验机厂	2095	2009	104.3
上海申克试验机有限公司	1657	1512	109.6
上海探伤机厂	951	1239	77.1
苏州试验仪器厂	1301	1010	128.8
济南试验机厂	3081	3060	100.7
莱州试验机厂	1540	1178	130.7
广州试验仪器厂	1141	1303	87.5
天水红山试验机厂	2022	1989	101.7
吴忠材料试验机厂	952	686	138.9
青山试验机厂	616	280	219.9

吴忠材料试验机厂为宝山钢铁厂提供的 42 台蠕变试验机成套设备，1991 年获国家科学进步三等奖和国务院重大技术装备二等奖。

长春试验机研究所研制的 CSS-125 型双面立式动平衡机和 CSS-153 型毛细管流变仪皆获机电部 1991 年度科技进步三等奖。

天水红山试验机厂、上海工业自动化仪表研究所、承德自动化计量仪器厂和苏州仪表元件厂共同制订的《动态电子轨道衡技术条件 GB11885—89》和长春试验机研究所、青山试验机厂、冶金部钢铁研究总院和吴忠微型试验机厂制订的《机械式拉力试验机技术条件 ZBN71007—89》均获机电部 1991 年度科技进步三等奖。

丹东射线仪器集团公司制造的 3070E 型全自动 X 射线荧光光谱仪在第四届北京国际分析测试仪器展览会（BCEIA）上获金奖。

新产品　1991 年共完成新产品 64 项，其中经国家、部、省（市）级鉴定的有 16 项，水平较高的有天津市中环试验仪器高频设备公司的 HJY-1 型砼绝对应力检测仪、长春试验机集团公司的 LES-300 型数显卧式拉力试验机、苏州试验仪器厂的 QJ-10 型汽车安全检测线成组设备、山东莱州市试验机厂的 HRZ-150 型全自动洛氏硬度计、吴忠材料试验机厂的 DJ-100 型微控电子万能试验机、丹东射线仪器集团公司的 XD_5 和 XD_9 医用固定阳极 CTX 射线管、宣化试验机厂的 YDQ 多功能动平衡机、上海申克试验有限公司的 WE-500 型液压式万能试验机。

行业管理　1991 年度试验机行业厂际竞赛于 1991 年 5 月在山东莱州市举行，经民主评议，济南试验机厂蝉联冠军，荣获自开展厂际竞赛以来的"第一个五连冠"。

由上海试验机厂和德国卡尔·申克公司合资组建的上海申克试验机有限公司于 1991 年 7 月 4 日正式开业，其合资期限为 50 年。

试验机行业首项国家重大技术开发项目——电子万能试验机技术开发项目由长春试验机集团公司与长春试验机研究所联合承担，于 1991 年 10 月通过了可行性专家论证，它将为轻．重工业和科研教学提供具有 80 年代中期先进水平的测试仪器。

质量及质量管理　国家技术监督局 1991 年 12 月授权长春试验机研究所(机电部试验机产品质量监督检测中心)为试验机新产品的定型鉴定机构。授权项目包括标准测力计、万能试验机、无损检测仪、动平衡机、振动台、橡胶塑料拉力试验机等 24 项。

机电部试验机检测中心汕头超声仪器检测分中心于 1991 年 11 月通过部级验收。

1991 年，试验机检测中心对 5 个企业的 10 台液压万能试验机行评结果：一等品率为 60%，比 1987 年提高 20%。该中心推荐试验机行业的 11 项产品均为国优、部优。

1991 年制订、修订《表面洛氏硬度计技术条件》、《涡流探伤系统性能测试方法》、《试验机包装、包装标志、储运技术要求》、《CWH 系列液压卧式拉力试验机》、《WKC-1 系列数字式温度控制测量器》等 19 项国标、行标及厂标。

技术改造及技术引进　吴忠材料试验机厂"七五"技术改造任务于 1991 年全部完成，包括建成 $2689m^2$ 包装试验机车间，改造 $575m^2$ 喷漆工段和购置122台设备、仪器。

丹东射线仪器集团公司对日本岛津1100A型医用X射线诊断机SKD散件组装调试工作完成，并形成小批量商品生产。济南试验机厂引进日本岛津的液压万能试验机通过第二阶段验收，国产化率达70%。

销售 机电部试验机行业1991年累计销售试验机26091台，价值1.74亿元，自销量以产量计算为75.4%，以销售价值计算为83.1%。从销售去向看，用销售价值分析，轻纺工业占8.9%，交通运输邮电业占8.2%，建筑及建筑材料工业占9.7%，文教卫生及科研占6.7%，冶金工业占9.2%，物资及商业经销单位为15.9%。

长春试验机(集团)公司销售额为2200万元，比上年增长19.2%，产品销售收入增长51.7%，企业亏损；天水红山试验机厂销售额为1872万元，比上年增长13.5%，产品销售收入增长45.7%；丹东射线仪器集团公司产品销售额达2588万元，比上年增长75.1%，产品销售收入增长41%。三个企业库存都有所下降。

1991年，试验机行业产品出口档次明显提高，其中有长春试验机所的电子万能试验机，莱州试验机厂的数显式硬度计，济南、长春试验机厂的液压万能试验机，汕头超声仪器厂、所的超声波探伤仪，上海申克试验机有限公司的上海菱菱平衡机，青云仪器厂的动平衡机，苏州试验仪器厂的振动台等。1991年行业出口额为1459万元，是上年的2.2倍。其中，苏州试验仪器厂出口额最高，达342万元，出口试验机105台。

〔撰稿人：长春试验机研究所　张希才　机械电子工业部仪器仪表司　罗德毅　审稿人：机械电子工业部仪器仪表司　昝福祥〕

〔航空航天工业部〕

生产发展情况 友力-2000集散控制系统是航空航天工业生产发展的主领域、主产品。在完成沧州炼油厂催化裂化集散系统后，又开始实施洛阳炼油厂催化裂化集散系统。STD工业控制计算机年产值达1500万元。在陶瓷、制糖、制药、自来水调控等行业上承接的工程额度达718万元。

新技术与科研成果 航空航天工业部共有11项技术被列入“八五”国家重点新技术推广项目计划：(1)可编程控制器(PLC)技术；(2) DD2-S系列数字单元组合仪表应用技术；(3) 友力-2000分散型控制系统；(4) 计算机集成制造系统CIMS；(5) 造纸生产过程计算机控制；(6) 制糖生产微机应用技术；(7) 发酵生产过程计算机控制技术；(8) 陶瓷炉窑的微机控制技术；(9) 印染工艺计算机控制技术；(10) 工业水处理技术；(11) 新建电站优化技术。

新产品 友力-2000集散控制系统(DCS)经行业归口部门认可，国家计划委员会批准，已进入国家“八五”专题科技攻关计划之列，并被批准为国内认可的DCS产品之一。

技术改造及技术引进 经部和国家批准，工控集团共有两项技术改造项目。一是工业控制自动化研究开发中心；二是工业控制自动化系统及产品生产线。根据计划安排，这两个项目均定于1993年投产。

销售 工控集团的销售工作主要体现在承接系统工程的额度上。由集团总部直接签订的合同为718万元。

〔撰稿人：航空航天工业部工业控制自动化公司　刘有宁　审稿人：航空航天工业部工业控制自动化公司　郭光磊〕

〔中国科学院〕

新技术与科研成果 1991年，中国科学院技术科学领域获科技进步奖的部分成果：沈阳计算所与沈阳第三机床厂联合研制的BS-7501MC／TC。这是一台实时、多任务、多CPU结构、技术先进的数控系统，其性能指标达到了4个CPU、5个过程、5轴联动。系统采用模块化结构，系统软、硬件配置灵活，组装方便，很容易扩展成多坐标的CNC系统。具有通讯能力强、内装PC等特点，是一台多功能和高性能的CNC系统。该系统硬件包括主CPU、轴CPU、主存储、显示接口、8A／D与8D／A、四编码器、32入／32出等七种模块，总线包装箱，键盘与面板，电源系统等，实现了国产化。自行研制的诊断、测试系统具有先进和实用的特色，不仅在CNC系统研制过程中发挥了重要作用，而且也为用户服务提供了手段和工具。该系统软件配置比较丰富。系统软件、过程软件运行正确可靠。该系统已与多台机床联通，运行可靠，并已向下派生BS-7502、BS-7503两档形成系列。兰天一号高档数控系统这一机电一体化的高技术产品的研制成功，填补了国内高档数控空白，达到80年代中后期国际同类名牌产品的先进技术水平，这是我国机电行业在“七五”期间取得的一项重大实用性科技成果。

上海光机所的成果有四项：(1) 新晶体激光器实用小型化。该项目针对新激光晶体（重掺杂Nd: YAP，双掺Nd，Ce: YAG，高掺杂Nd: YAG和自激活激光晶体NAB）荧光寿命较长、增益中等的特点，设计了快响应新型谐振腔，并利用可饱和吸收体的调Q和对撞增强的自作用，用氙灯泵浦，分别实现同时压缩脉冲宽度和束散角纳秒（ns）兆瓦级微型调Q晶体激光器和皮秒(ps)千兆瓦级小型对撞脉冲锁模晶体激光器，满足高峰值功率实用小型化的特殊要求。该项目包括三种小型激光器：①微型调Q晶体激光系列，该器件设计了双球面自准直腔型系统，创造性地解决了同时压缩脉宽和束散的关键技术，在无需腔倒空削波技术和外扩束望远镜技术条件下达到了脉冲宽度3～5毫微秒，束散角<0.5毫弧度，峰功率2～3.5兆瓦，耗电能3焦耳，激光器总重250克。②1米

精度微型激光测距机，该器件采用了不用扩束望远镜的自准直微型激光发射系统，设计了非球面单透镜接收光学系统，具有集光力强、损耗小，收一发一瞄三轴平行独立排布，利于测手眼睛的防护，提高了测距能力，在中等气候条件下实测 6955 米±1 米。采用距离分辨率±1 米的距离计数器电子学系统和微型电源。③小型对撞脉冲锁模晶体激光器，创造性地实现了对撞脉冲增强快的锁模—调Q—优化单脉冲一体化技术，在两次腔渡越时间内即可实现完全锁模和单脉冲增强，达到单级单一脉冲千兆瓦峰功率的输出，首次实现了 NAB 和 (Nd,Ce)：YAG 新晶体的锁模运转。上述激光器创造性地解决了一系列关键技术，对多种新型激光晶体实现了小型、高效、实用的激光运转。已提供多家用户使用，有的产品开始出口。(2) 内燃机车弹性联轴节主簧片激光表面淬火中试。该项目是与铁道部大连机车车辆工厂联合完成的。该项目采用激光作为主簧片端部表面淬火的热源，设计了适用于主簧片激光淬火的宽带激光加工机。加工机系统包括千瓦横流 CO_2 激光器、冷却水制冷系统、液压传动的加工机床、专用导光系统、宽带激光光束处理装置。在主簧片激光表面淬火中试生产线中采用了宽带技术，由矩形光斑以 10mm 的宽带一次扫描淬火的工艺，从而提高了生产效率 3 倍，而且提高了硬化带的硬度分布均匀性和耐磨性，提高了加工质量。该线生产工艺稳定，成品率 100%。工厂已把宽带激光处理主簧片工艺列入厂标正式投产使用，取代了常规处理工艺。(3)锁模 PS 半导体激光器。该器件体积小、重量轻、重复频率高。研制了适合高频调制的激光器管芯结构和脉宽为 200ps，重复频率 900～1050MHz 的梳状波发生器及微带匹配网络，采用了较好的光纤波导外腔。成功地将二次谐波自相关测量超短光脉冲用于半导体激光器。该项目有波长为 1.3μ 和 1.5μ、脉宽 12～15ps 两种器件。高重复频率锁模 ps 半导体激光器是高技术产品，在光时分复用高速光通信、光弧子通信、高速集成电路、高速光电子器件及光电取样测量等方面都有广泛用途，技术水平达到 80 年代中期国际同类器件水平。(4) 大功率半导体激光器锁相列阵。它采用激光模互相耦合的方法，把多个激光器组成锁相列阵，从而获得输出功率大、发散角小的激光输出。该器件选择以液相外延双异质结材料和 Zn 扩散反向结隔离的平面条形为基本结构，改进了液相外延工艺，较好地解决了母液的沾带以及外延片均匀性、重复性等问题，研制成功工作波长 809±5nm、输出功率＞200mW 的器件，性能达到了 80 年代中期国际水平。该器件已提供给许多单位应用于泵浦固体激光器、光记录和显示、光雷达、引信和夜视、激光医疗等领域。

安徽光机所的成果有三项：(1) 高功率宽调谐钛宝石激光器及其倍频研究。该激光器以新型激光晶体掺钛宝石 ($Ti:Al_2O_2$) 为激活介质，输出可以改变波长，在 664～1025nm 范围内波长可调，倍频扩展到 340～502nm 范围可调，最大峰值功率大于 6.6 兆瓦。该系统解决的关键技术有高效双向泵浦技术、综合线宽压窄技术、可调谐激光倍频扩展技术等。器件水平属国内领先，输出能量相当于 80 年代中后期水平。这种激光器在室温工作，调谐范围很宽，在科研、遥感、国防等许多领域有重要的应用前景。(2) 皮秒 (ps) 宽调谐高功率激光系统。该系统中选择染料调谐与新型晶体 BBO 的光参量调谐的混合体系，充分发挥了两者的优势，使调谐波段从可见光到红外。由高功率锁模 YAG 同放激光器的输出经 BBO 晶体二次、三次、四次、五次谐波分别获四种单一波长并由其中两个波长分别同步泵浦染料激光器的振放级，获可见光波段的调谐输出。以部分 532nm 的输出同步泵浦双晶体 BBO 光参量振荡器进行角度调谐，获 650～2506nm 的连续调谐输出。该系统解决了高转换效率的谐波输出、染料激光部分的高精度的腔长同步匹配及光参量腔体的腔长同步匹配、线宽压窄技术、精密的双晶体角度同步调谐等技术关键。主要技术指标为：调谐范围 212.8～2506nm，最大峰值功率大于 75 兆瓦，最窄脉宽 15ps。该项目的研制成功，将为发展我国超快过程研究与应用提供有力工具。(3) 紫外激光缩微打标机。该机是由 Nd:YAG 激光器经过 BBO 非线性倍频晶体产生 266nm 的紫外激光，紫外激光因波长短，对许多材料有良好的吸收特性，不产生热作用，形成“冷剥离”并能很好地控制剥离层的厚度。短波长降低了衍射效应，可以实现微型打标和亚微米加工，可在玻璃、非金属聚合物、塑料等材料上打标。主要技术指标：激光波长 266nm，能量不小于 20mJ，标记字符不大于 200μm，刻线宽度 20μm，打标速度 3600 个字符／时。由于该机是用掩模方式实现了打微型商标的要求，这对于某些产品加密和防止伪造具有特殊意义。该成果在国际上属创新。

上海技术物理所的成果有两项；(1) 低温大面积长波光电导 HgCdTe 红外传感器。该成果是采用光电导原理制成的红外传感器。它是“风云一号”改进型气象卫星大气探测红外分光辐射计（下称分光计）的关键敏感器件。该成果解决了长波大面积器件物理分析，深入进行器件设计，攻克具有特色异形光敏面、大面积均匀减薄，槽线侧面钝化技术、芯片一致冷聚光器组合技术等主要关键技术。研制成的传感器具有响应波段宽、波长长、灵敏面积大、灵敏度高、稳定可靠、使用方便等特点。所达指标超过气象卫星分光计的要求，填补了国内空白，主要光电性能达到 80 年代后期国际上类似器件产品的先进水平。本成果还可满足激光探测、激光通讯、激光测距、防化学、物体无损探伤、气体微量分析和其他特殊技术的需要。对于国防建设、科学研究、激光医学的发展、环境保护、安全防护，对于加速有关高技术发展和应用，打破西方对本传感器的技术垄断等方面有着重要科学价值。(2) 可凝性气体对低温光学元件的污染测试设备。该设备主要用于测试各类可凝性气体在各个波段的吸收系数，测试精度优于3%，达到国外同类测试仪器的水平，用该设备在国内首次定量测试了水汽霜层在2.5～50μ的透过特性，搞清了应用卫星的主要污染源——水汽的低温污染特性。为防污染对策的设计选材、地面环境条件控制及制定在轨道运行程序提供定量的依据。使我国气象卫星成功地采取了一系列的防污染措施，其红外通道工作寿命延长到一年以上。

中科院电工所研制了SM060M-1磁共振成像超导磁体系统。磁共振成像是80年代才出现的高档医疗影像大型诊断仪器。磁体系统是磁共振成像仪的核心部件，超导磁体系统是迄今性能最优良的磁体系统。低温超导技术是一项国际公认的高技术，中国已有30多年的研究历史，因为技术难度大，一直未能研制成功真正实用化的超导磁体。磁共振成像超导磁体是超导技术的一项重要的工业应用，要求磁体系统磁场均匀性好、磁场稳定性高、杜瓦液氦损耗小等一系列高技术指标。0.6T超导磁体是我国首台实用化超导磁体，它的研制成功是我国超导应用技术方面的一项重大成果，将推动我国超导应用技术及相关技术的发展。0.6T超导磁体系统研制过程中，统筹考虑了开发、试制和产品生产，从而大大缩短了从实验室到开发产品的周期，为我国开创了一项新的高科技产品领域。研制过程中解决的十几项首创的技术，可以直接在国内其他超导磁体和低温技术上推广应用。0.6T超导磁体系统，关键技术指标，即大空间内的磁场强度、均匀度、稳定性以及液氮液氦消耗量、可靠性等均达到了国际上80年代中后期同类产品的水平。

长春光机所的成果有三项：(1) KM_4太阳模拟器。它是一项结构复杂，技术难度大，多学科的重大工程课题。KM_4太阳模拟器的研制成功是中国空间环模技术、光学工程太阳模拟技术上的一项新的重大突破。采用的技术原理主要是由19台同轴卡赛格林光学系统，以正六边形拼接原理构成的大型太阳模拟器每个单元有各自的光源、光学系统、电源、电控、低温真空密封及冷却系统。整机的工作程序控制、指标检测与数据处理，由计算机来完成。KM_4太阳模拟器各项技术指标，经国家计量院测试，有效辐照面积为1.94m×3.5m，最大辐照度可达到$1.5S_o$，辐照不均匀度±12%，辐照不稳定度为±2，光束准直角为±2°。光学系统真空密封总漏率为$2\times10^{-10}Pa\cdot m^3/s$，以及太阳光谱匹配误差等项技术指标，均已达到原设计要求。KM_4太阳模拟器的研制成功，填补了国内大型太阳模拟器空白，其主要技术性能达到国际上同类设备的先进水平。KM_4太阳模拟器研制完成后，于1991年5月用来进行了“FY-2”天线和消旋组件的太阳辐照试验。这是我国研制卫星以来进行的第一次大型太阳模拟热平衡试验，第一次取得天线组件动态温度分布数据，为“FY-2”气象卫星天线正样设计提供了重要依据。(2)激光扫描显微镜。这是一种新型的显微测量仪器，与一般光学显微镜的成象机理不同，它是用一个聚焦的激光光点在物面上顺序扫描来完成整个物面成象的显微镜。该仪器采用光学扫描方式，把激光技术、共焦光学技术、高精度扫描技术、CCD成象技术和数字图象处理技术有机地结合在一起，研制了实用型的样机。激光扫描显微镜除具有一般光学显微镜光学成象的功能外，尚有一些独特的成象功能，光束感应电流(OBIC)成象就是其中之一。聚焦的激光光点入射到半导体器件上，在PN结附近产生感应电流，把这个电流值依扫描顺序重构以后会形成OBIC的图象。这个图象在半导体器件的检查、失效机理分析等方面都是非常有用的。激光扫描显微镜的另一重要应用是医疗卫生方面。由于共焦光学技术的采用，激光扫描显微镜具有层析成象的功能，对于生物医学样品，不需要制作切片就可以分层观察，因而可以直接观测活的组织。这在医疗卫生方面是很重要的。其主要技术指标达到了当前国际先进水平。(3) 高分辨率光电扫描输入机。该机是可以对静止文件和图文资料进行读人的台式图象扫描器。具有把图片、照片的图象信号数字化后送入计算机进行存贮、抽点、二值化或挂网处理等功能，并且可以与输入的文字信息一起成版输出给激光照排机或激光印字机，实现图文合一的编辑。该机主要包括光学系统、机械传动、光电转换、控制电路、接口控制器和软件的驱动程序和监控程序。主要技术指标：①扫描分辨率：垂直600DPI、水平600DPI；②灰度等级：64级灰度(实际达到256级灰度)；③扫描速度：每幅1.4分钟；④最大扫描尺寸：210mm×350mm；⑤接口方式：IBMPC／XT／AT等通用接口。高分辨率光电扫描输入机除了兼顾通用型扫描仪用途外，主要是解决了长期未能解决的电子照排系统的图片和照片的输入问题。它作为电子排版系统实现图文合一排版的必不可少的配套设备，适合于报社、印刷厂使用。同时扫描技术可广泛用于军事、侦察、精密测量、遥感、通讯等其它领域。

西安光机所的成果有四项：(1) 软X射线皮秒分幅摄影技术。该技术属于光学仪器仪表中的高速摄影技术，主要用于激光核聚变研究及X射线激光等超快速现象研究。该系统技术方案与国际上已有的几种方法不同，具有变象管结构简单，对控制线路要求较低，增加画幅数目容易等特点。本技术已获得四幅5mm×5mm图象，曝光时间达到250ps，空间动态分辨率为5LP／mm，达到80年代末扫描型X射线皮秒分幅相机的国际先进水平。在科学研究中具有重大应用价值，并已在高功率激光物理实验中完成了一轮激光球靶内爆过程分幅照相的物理实验。(2) 高分辨、彩色视频投影镜头。本镜头设计是双高斯型物镜的一种新改进型。设计中合理地使高级、初级像差匹配，使轴上、轴外高级球差有较大改善，扩大孔径。在物镜中使用国产玻璃，部分采用镧系玻璃，利用它的高折射率低色散特点，改善轴上、轴外高级像差，特别是高级球差；分离了双高斯前半组胶合面，改善轴外慧差和像散，有利于视场扩大；国产玻璃实现了大孔径、大视场、高分辨率，可以广泛应用于各种高要求的投影机；该镜质量完全可以替代美国TAC-3、HD-1在高分辨彩色视频机上用，大大节约外汇，为国产化开创了新途径。(3) 磁光盘机读、写、抹光头技术。该项目是“七五”国家重点科技攻关“5·25英寸磁光盘可擦重写光盘机的研制开发”中的核心部件。该技术:①采用了组合光学系统，同国外相比减少了50%的噪音;②光头移动部分特轻，有利迅速寻道;③成功的膜系设计，解决了特高增透和偏振分束镀膜工艺;④突破了高精度组合偏振分束器加工关键技术。巧妙的电、光路设计安装，获得了高的载噪比，内道44.7dB，外道52.6dB，将整机平均寻道时间压缩到29.6ms。经机电部鉴定，一致认为一体化光头寻道时间具有国际领先水平。(4) 真空钛炉光学投影观察仪(即真空电弧炉光学投影仪)。它是钛及其它有色金属熔炼过程重要观察设备。它是一系列光学物镜组成的大视场、长工作距的高清晰度图象传输系统。由三大部分、加工精度极高的60多个零件组成，每组镜头都是长焦距 (350mm以上)，相对孔径在 1/4.5~1/5.6之间，观察最大视场14.5°；该仪器设计新颖，解决了长焦距色差、球差叠加等问题，具有孔径大、对比度好，图像始终清晰，颜色真实，可连续观察熔炼全过程等优点，超过了日本、德国80年代中期产品水平。该仪器可以应用到其他冶炼炉的观察中去，如钢铁工业、玻璃工业、加上防护片亦可用于原子能反应堆的窥探，大大改善劳动条件，提高安全生产。

中科院光电技术研究所的成果有四项：(1) 平动式仿形仪。仿形仪是数控仿形铣床及其控制系统的配套部件，它与主机、控制系统配套后可以完成各种仿形功能、实物编程和兼作三维测头使用。该仪器是根据靠模力与差动变压器位移传感器的位移和其输出成正比，输出电压的相位随位移方向的改变而反相的原理，利用三套差动变压器位移传感器，以及相应的高精度三维平移机构，将模指（测头）的三维机械位移量转换成电压输出的三维测头。仿形仪结构自成一体，具有独立性，便于配套生产，除为数控仿形系统配套外，还可以推广应用到数字化仪，数控加工中心和数控机床等设备的在线测量作测量头用。(2) SYC-1水轮机叶轮型线三坐标自动测量仪。该仪器采用了恒惯量测控、步进电机计算机细分，三维光栅位置测量及闭环控制、滑式直线滚动导轨副等先进技术。解决了具有三维空间曲面的轴流式水轮机转轮型线自动测量问题，是一台专用的可测整体转轮部件直径达2米的全自动的智能化仪器。该仪器直接应用于小型轴流式水轮机叶轮制造企业，主要用于监控零部件质量，测量一个直径2000mm水轮机叶轮时间仅2小时(测量型线上点数100~200点自选定)。仪器由微机键入CAD理论设计参数后，即可对被检叶轮采用全屏幕操作方式进行自动测量，自动打印型线实测值及型线误差并给出型线曲线是应用CAT技术改造机械行业，提高产品质量的一个范例。(3)SJB-1型、YJB-1型激光标记机。SJB-1型扫描式激光标记机采用Nd: YAG连续声光调Q固体激光器，由计算机控制反射镜直线扫描运动，采用矢量书写试可书写字母、数字、图形及汉字等。YJB-1型掩模式激光标记机也采用Nd: YAG固体激光器为光源，激光束径扩束→掩模→聚焦，将掩模板上标记图形及字符投影到工件表面，光能被工件表面吸收变成热能，使标记部分发生瞬时变态、熔融、蒸发，而留下永久的标记。两种型号标记机，对于改变目前标记工艺起到积极推进作用。SJB-1型正准备用于轴承行业，对于改变轴承行业的标记工艺是一次革新。(4) AMDIS-1型掩模缺陷自动检测系统。该系统是微电子领域中关键的质量监控和在线检测的大型设备，适用于2μm以上线宽的VLSI制造中掩模外观缺陷自动检测。由光机电及计算机构成双光路光电扫描图象信息的全动态探测系统，对掩模上相同的分步重复图形自动互相比较原理，提取差异信息作缺陷判据。其主要关键单元技术及分系统有：全动态高运动直线性的X-Y扫描工作台、亚象元动态相关自动对准、双路动态同轴高精度自动调焦、双路对称光电探测、双光路均匀照明及恒光强控制、微细图形探测及运算定位全自动工作程序软件包等七项。该成果是一台高精度的功能齐全并有很强实用价值的样机。已具备交付微电与行业实际使用的条件，可替代同类仪器进口。

〔撰稿人：中国科学院技术科学局　盛海涛　审稿人：中国科学院技术科学局　梁荣基〕

照相机械

〔机械电子工业部〕

生产发展情况　1991年，机电部仪器仪表司归口管理的照相机械生产企业29个，生产总产值31581万元（1990不变价），比上年增长15.6%，销售收入26617万元。生产照相机94.16万架，完成年计划83.1%，比上年增长1.9%，1991年仪表行业地区照相机产量完成情况见表1。

十个重点企业工业总产值完成情况见表2。

常州照相机总厂是仪表行业照相机生产企业经济效益较好的厂家，年实现利润51.9万元，利税182.2万元，生产照相机13.6万架，销售收入

2630.4万元。全国最大的照相机企业——上海照相机总厂完成产品销售额9205万元，比上年下降8.8%；产品库存比上年同期增加18.3%，产品销售收入比上年同期下降8.75%；产品销售税金下降20.4%，外欠资金、欠外资金都有所增加。江西光学仪器总厂，产品销售额为4127万元，比上年同期下降7%；库存增加86%，产品销售收入下降25%，企业亏损，外欠、欠外资金增加。

表1 1991年各地区完成照相机械生产情况

(单位：架)

地区	1991年累计完成	1990年累计完成	1991年完成为1990年完成%
总计	941637	924195	101.9
北京	53698	99698	53.9
天津	22812	114607	19.9
辽宁	2250	246	914.6
哈尔滨	11594	14231	81.5
上海	171868	206129	83.4
江苏	159640	167975	95.0
浙江	252	4308	5.8
福建	15916	6878	231.4
江西	161533	90010	179.5
青岛	245957	147000	167.3
广州	33617	22223	151.3
甘肃	62000	51160	121.3
湖北	500		

表2 10个重点企业总产值完成情况

(单位：万元)

企业名称	1991年实际完成	1990年实际完成	1991年完成为1990年%
上海照相机总厂	12505	12021	104.0
常州照相机总厂	2919	2840	102.8
江西光学仪器总厂	5919	2864	206.6
甘肃光学仪器公司	2810	2920	96.2
北京照相机公司	1118	1507	74.2
天津照相机厂	1028	1975	52.1
青岛照相机总厂	1328	2020	65.7
广州照相机厂	1219	395	308.1
苏州照相机总厂	771	593	130.0
武汉照相机快门厂	135	55	243.7

新产品 1991年常州照相机总厂的红梅AF8型照相机，甘肃光学仪器公司的GKM-90型(1／2000)机械钢片快门通过了生产鉴定。江西光学仪器总厂的PC-15型35mm平视取景全自动照相机，常州照相机总厂的红梅PZ-11型照相机，福州照相机公司的FY-901D、FY-901型35mm平视取景照相机通过了新产品生产鉴定。苏州虎丘照相器材厂的虎丘HQ500AZ彩色相纸冲洗机、厦门的星辉Ⅲ型快速彩色冲印系统、江门的丽奥LEO-180型彩色负片冲洗机和彩色照片冲洗机、山西的科麦达KMD-9051C型连体彩色扩印机和KMD-226型彩色负片冲洗机通过了新产品检测。

行业管理 为促使照相机行业复苏、摆脱亏损困境，一方面贯彻落实"八五"行业发展规划，指导企业调整产品结构、提质降耗开发新产品，另一方面研究制止照相机"水货"的措施，经调查后已向国家有关部门做了反映，部与国家工商管理局下发了《特区照相机内销管理办法》。

质量及质量管理 1991年机电部杭州照相机械研究所筹建的国家照相机质量监督检测中心通过了国家验收。常州照相机总厂对304、PT6、PZ11三大系列照相机产品进行了15项质量改进措施、四大设计改进、八项工艺攻关；青岛照相机总厂将可靠性理论应用于生产和检验，并设立早期失效检查、模拟用户使用，使早期故障暴露在产品出厂之前，产品合格率由原来的90%提高到98%。杭州照相机械研究所、上海机械学院和上海照相机总厂联合完成的《照相机系统可靠性研究》课题通过了部级鉴定。

销售 1991年国内照相机市场依然严峻，产量与消费量的矛盾没有根本缓解。其主要原因有：一是照相机品种单一，消费者选择余地小；二是高档照相机受控制社会集团购买限制而需求锐减，个人购买因价高望而却步；三是大量走私照相机产品非法涌入、逃避关税，使国产相机在销售价格上难以抵挡，给正常的销售市场和国内照相机工业带来极大危害。据统计，1991年机械电子工业部仪器仪表司归口照相机企业全年生产94.16万架，加上年结转共152万架。全年销售照相机101万架，其中企业自行销售占一半以上。产品外销方面，出口基地企业上海照相机总厂出口DF-300单反相机4.3万架，出口创汇368万美元，比上年增长32.4%，主要销往瑞士、意大利、日本。

1991年10月，由中国文化办公设备制造行业协会和机电部杭州照相机械研究所联合举办了"第四届全国照相机械产品博览会"。这是在照相机市场最为疲软情况下召开的规模较大、影响较深的行业盛会。国内外110个单位参加了展览，除机电部系统企业外，轻工、化工、地质、兵器、航天、解放军、中科院等系统的生产和科研单位也参加了展出，成交额约5000万元。

〔撰稿人：机械电子部仪器仪表司 昝福祥 姚天飞 杭州照相机械研究所 杨宪国〕

复印缩微设备

〔机械电子工业部〕

生产发展情况 1991年全国复印机械行业完成工业总产值64475万元（1990年不变价），比上年增长60.9%，销售收入66454万元。全行业现有主要生产厂家11家，行业技术研究所1家，国家级质量监督检测中心1家，出口基地1个。在主要生产企业中，骨干企业3家，重点企业7家。1991年全行业主要生产企业销售收入达93638万元，实现工业总产值91476万元（按1990年不变价计算），主要产品产量与上年同期相比呈两位数增长。1991年主要生产企业的基本情况见表1；1991年主要产品产量：静电复印机28966台，大型工程图纸复印机12台，小型胶印加149台。1991年全行业出口产值为2174万元，占总产值的2.4%，全行业期末库存量为3888台／8963万元，比年初库存下降12.5%。

表1 1991年复印机械行业主要企业基本情况表

生产企业	销售总额(万元)	工业总产值(万元)	主要产品名称	主要产品产量(台)
上海施乐复印机有限公司	26607	24515	台式静电复印机	11822
天津复印设备工业公司	10370	12890	台式静电复印机	3955
武汉仪器仪表自动化(集团)公司	13810	14231	台式静电复印机	1681
国营汉光机械厂	10010	10182	台式静电复印机	3360
桂林复印机厂	8644	6199	台式静电复印机	3218
广州复印机厂	8969	5881	台式静电复印机	3123
湛江复印机工业公司	11221	13484	台式静电复印机	3200
上海申贝办公机械公司	9238	8798	打字机等	128060
营口复印机总厂	2699	2683	小型胶印机	596
上海延中复印机厂	1045	1121	晒图机	1555

表2 1991年复印机械行业重点企业主要经济指标完成情况 （单位：万元）

企业名称	工业总产值(1990年不变价)	产品销售额	产品库存额	产品销售收入	产品销售税金	利润总额	外欠资金	欠外资金
天津复印设备工业公司	12890	10370	3356	11098	667	1704	5122	1766
武汉仪器仪表自动化(集团)公司	14231	13810	4099	19000	550	820	10000	12660
上海施乐复印机有限公司	25095	26607	441	26607	997	2237	6003	7674
营口复印机总厂	2689	2699		2699	280	340		

1991年全行业的主要生产企业的各项经济技术指标，基本完成了年度计划。重点骨干企业的主要经济指标完成情况见表2。上海施乐复印机有限公司继续保持行业销售收入第一，比上年增长12%，工业总产值比上年增长20.2%，利润则比上年下降17.5%。天津复印设备公司产品销售收入比上年增长24.8%，工业总产值比上年下降23.8%，利润下降7.6%。武汉仪器仪表自动化(集团)公司销售收入增长15.5%，工业总产值增长5%，利润下降14.6%。广州复印机厂工业总产值增长6.9%。桂林复印机厂实现销售收入比上年增长49.6%，其中复印机的销售收入占全厂销售收入的93.7%；产成品资金占用额比上年下降16%，全部流动资金周转天数比上年加速136.4天，产品一次合格率91.3%，工业总产值比上年增长46.91%。营口复印机总厂销售收入比上年提高20.3%，利润总额比上年提高32.3%，税金比上年提高37.9%，工业总产值比上年提高17.2%，全员劳动生产率33083元／人·年，人均创利税7645元。上海延中复印机厂销售收入比上年增长40%，利润增长48%，人均利税5118元，资金利税率49%，资金周转天数97天。

科研成果与新产品 1991年天津复印技术研究所完成科研新产品9项，其中简易小型台式静电复印机的有机光导体感光鼓和单组份显影剂通过了部级鉴定；同期还完成标准课题13项、情报课题6项、质量管理课题2项。桂林复印机厂完成新产品批量试制项目4项，样机试制项目14项，其中的FT4085静电制版机获广西自治区工业新产品百花奖。上海申贝办公机械公司的施乐复印机国产化项目已有5项投入批量生产，全年国产化创产值比上一年增长53.6%；列入国家重点企业技术开发计划的数码速印机经过两年的努力，已于年内完成样机研制并通过国家级技术鉴定，公司还开展了办公自动化设备专题研讨，为进一步搞好产业结构与产品结构调整，创造良好的外部环境。营口复印机总厂的新产品JZ-310全自动静电制版机通过了省级鉴定。天津复印设备公司生产的NP-270型静电复印机和 NK-1 型静电复印干式单组份显影剂，广州复印机硒鼓厂生产的 F(P-200)与 H(P-120、P-201)型复印机硒鼓被机电部推荐为第二十六批技术先进产品。上海延中复印机厂的 BT-Ⅰ无氨晒图机获部优称号。

行业管理 1991 年全国复印机械行业最重要的行业活动之一就是由机电部、机械工业全行业统筹规划领导小组 10 月 12 日在北京召开的全国复印机械行业"八五"规划工作会议，会议对复印机械行业的"八五"规划（草案）进行了认真的讨论，针对行业面临的加强自主开发能力，形成适度经济规模，建立专业化协作配套体系，进口许可证管理等问题相互交流了情况，共同研究、协商解决办法，统一了认识，促进了全国复印机械行业"八五"规划的落实。年内行业还完成了《复印机行业技术人员岗位规范》与《复印机维修工人等级标准》（报批稿）。

汉光机械厂获 1990 年度河北省企业管理优秀奖及国家计量先进单位；上海施乐复印机有限公司获 1990 年度上海市质量管理奖；湛江复印机公司的产品荣获中国国际电子贸易博览会金奖及现代化技术优秀成果奖；营口复印机总厂获机电部仪表行业现场管理优秀单位，其产品荣获多国通讯设备展览会唯一的金牌奖及全国新产品新技术展示会金奖；桂林复印机厂获广西效益先进单位和企业技术进步奖；上海延中复印机厂获上海市优秀企业管理奖；天津复印设备工业公司获仪表行业工艺工作先进单位。

技术改造及技术引进 1991 年是"七五"规划项目完成验收，同时"八五"规划项目开始启动的一年。年内武汉仪器仪表自动化(集团)公司、天津复印设备公司和桂林复印机厂的复印机技术改造与技术引进分别于 5 月、10 月和 12 月通过项目验收；中美合资上海施乐复印机有限公司二期工程于 4 月竣工，从而实现了机、鼓、粉三位一体的生产。营口复印机总厂用于"七五"技术改造和技术引进的贷款于年内全部还清。桂林复印机厂引进的 FT4085 复印机与汉光机械厂引进的 UBiX1800Z 复印机分别通过了国产化率 65%与 80%批量生产鉴定及一等品检测。桂林复印机厂的磁制显影器技改项目，采用国内技术替代国外引进技术，仅用一年多的时间就完成了从计划调整到项目验收，节省资金近千万元。全行业充分认识到依靠技术进步、增强企业活力的重要性。同时，积极开展产品结构调整，拓展产品开发领域，为企业的今后发展增强后劲。年内行业开发与生产的产品品种比上年有所增加，如数码机、速印机、传真机等。

销售 1991 年复印机械行业抓住我国国民经济开始全面回升的机遇，克服复印机国内市场价格混乱、"水货"冲击、"控购"等不利因素，在激烈的市场竞争中，各生产企业采取一系列促销政策，建立社会专业化销售渠道与合理的价格体系，面向市场，强化销售措施，促进企业经济效益的提高。同时，通过加强质量管理，重视售后服务，扩大企业与产品的知名度，举办各种形式的培训等措施来扩大销售，宣传企业形象。

1991 年国产复印机市场，在总销售量中：上海施乐占 39.1%，天津佳能占 12.7%，汉光优美占 12%，湛江佳能占 10.6%，桂林理光占 10%，广州理光占 9%，武汉友谊占 6%；营口复印机厂生产的小型胶印机销售总量覆盖率达 70%。

〔撰稿人：天津复印技术研究所　张　昕　审稿人：机械电子工业部仪器仪表司　昝福详、罗德毅〕

电影机械

〔机械电子工业部〕

生产发展情况 1991 年电影机械行业继续调整产品结构，新产品和新领域产品的产值持续增长，全行业生产有所回升。据对电影机械行业 25 家企业的统计，全年完成工业总产值(1990 年不变价)24859 万元，比上年增长 17.1%。但是，电影放映设备的生产有所下降，全年生产 35 毫米固定式电影放映机 1217 台，35 毫米流动式电影放映机 2144 台，16 毫米电影放映机 5595 台，汽油发电机组 1873 台，投影器 89906 台。

1991 年重点企业的生产情况：天津中环影像设备公司生产 35 毫米固定式电影放映机 250 台，占其工业总产值的 47.7%。哈尔滨电影机械厂生产 35 毫米固定式电影放映机 604 台，电影放映镜头 1193 只，另外还生产点钞机 792 台。上海八一电影机械厂生产 35 毫米流动式电影放映机 2144 台。南京电影机械厂积极开发新产品，生产有较大幅度增长，生产 35 毫米固定式电影放映机 138 台，16 毫米电影放映机 4452 台，投影器 41545 台。该厂开发的 35 毫米高保真电影放映镜头生产 2707 只，累计生产 4000 多只，为提高电影放映质量做出了较大贡献。山东省电影机械厂生产汽油发电机组 1873 台，比上年增长 62.6%，但与前年相比仍下降 79.9%。生产自动油印机 1730 台，该产品已成为该厂的主导产品。郑州照相机厂生产投影器 39000 台。甘肃光学仪器工业公司生产继续滑坡，生产 16 毫米电影放映机 630 台，投影器 1639 台，比上年都有较大幅度的下降。电影机械行业重点企业 1991 年主要经济指标完成情况见表 1。

新技术与科研成果 秦皇岛视听机械研究所研制的 YJK35／70 毫米多功能光学印片机已经成功地印制了《国际大营救》、《夺虎连环计》等 70 毫米影片，得到广播电影电视部电影局和电影技术委员会的充分肯定。该所还完成了 35 毫米通用摄影机样机，OMAC洗片机控制系统的装调，35毫米优质放映镜头JF35-75/1.8、JF35-90/1.8的试制以及放映物镜鉴别率测试仪、声谱显示器、35毫米倍率镜等产品的研制。天津中环影像设备公司和哈尔滨电影机械厂分别试制成功适用于小厅放映的轻型35毫米固定式电影放映机。哈尔滨电影机械厂在CQ-1型钞票计数机的基础上，改进设计，研制出CQ200型气动钞票计数机。上海电影机械厂研制成功了XDD-35大型高温快速摩擦式彩色片洗片机。南京电影机械厂新开发研制了F16-8A型溴钨灯、F168E型氙灯溴钨灯两用16毫米电影放映机，FK35/16-2型电影还音设备，DX-3500型氙灯电源，JJB-7AⅡ型镝灯高亮度投影器，JSB-3型实物投影器等新产品。广东电影机械厂在原FG35/70毫米两用电影放映机的基础上，改进研制了FGS70/5声画双片道电影放映机。甘肃光学仪器工业公司研制了TT系列透射式投影仪，FTJ-5^{x}投影检片仪及六声道立体声还音磁头等新产品。四川省万县地区“申洪源”研制的35毫米电影放映机无齿输片装置，已获国家实用新型专利。湖南省常德市“剪向均”设计的16毫米连续放映机也已申请了国家实用新型专利。上海市电影发行放映公司和上海机械学院研制的D380mm节能冷膜电影反光镜具有节能、节灯的双重意义。

表1　1991年电影机械行业重点企业主要经济指标完成情况

企业名称	工业总产值(万元)		实现利润	上交利税	全员劳动生产率(元/人·年)	
	全年完成	比上年增长%	比上年增长%	比上年增长%	全年完成	比上年增长%
天津中环影像设备公司	849	5.7	7.7	41.9	7906	5.6
哈尔滨电影机械厂	3052	15.8	-16.5	17.6	16605	30.4
上海八一电影机械厂	3351	1.8	-23.6	210.1	28255	0.85
南京电影机械厂	3832	16.2	5.2	26.8	17308	18.7
山东省电影机械厂	1617	4.5	-27.6	114	22151	3.9
郑州照相机厂	1963	20.3	42.9	225	19302	19.9
甘肃光学仪器工业公司	2810	-7.6			7306	2.2

注：工业总产值为1990年不变价。

新产品　哈尔滨电影机械厂推出的松花江5505B型35毫米固定式轻型电影放映机，适合于小厅放映，可放映35毫米普通、遮幅、宽银幕、单机立体影片和道尔贝立体声影片。该机采用了先进的锥轴反光镜，缩小了灯箱尺寸；采用2kW氙灯，发光效率高达3.25lm/W，有效光通量不低于6500lm，银幕照度均匀率不低于65%，还音抖动不大于0.25%；整机信噪比不低于50dB。并有单声道、道尔贝立体声兼容、放映机和整流器一体化等特点。

上海电影机械厂研制的XDD-35大型高温快速摩擦式彩色片洗片机于1991年9月通过部级鉴定。该机在主要性能上达到了国际80年代同类产品的水平，填补了我国的空白。常用冲洗胶片规格：35mm、2×16mm，洗片速度：20～50m/min，药液温度控制：显影药液温度控制精度0.1℃，其它药液温度控制精度1℃；噪音不大于85dB。

南京电影机械厂研制的TSB-3型实物投影器在国内外首次采用了24V/150W卤钨灯全串联高效照明系统，加上$f=340$mm，$F=2.4$的高级投影物镜及高清晰度反光镜，有效光通量不小于200lm，照度均匀率不小于50%；鉴别率：中心处不低于8线/mm、0.7视场处不低于2线/mm，承物台升温不大于25℃。

质量及质量管理　1991年上海八一电影机械厂的104-X2型35毫米流动式电影放映机获国家优质奖。天津绘图机厂的GHB-0型机械升降式导轨绘图机，哈尔滨电影机械厂的5505、5505D型35毫米固定式电影放映机，广东电影机械厂的FG35-Ⅰ、FG35-Ⅲ型35毫米固定式电影放映机均获部优质品称号。

机械电子工业部电影机械与电化教育设备产品质量监督检测中心于1991年12月通过了机械电子工业部审查认可。该检测中心监督检测的范围是：(1)电影放映设备（含镜头）；(2)放映银幕；(3)电影摄影设备（含镜头）；(4)教育机械设备（含镜头）；(5)办公机械设备。

技术改造及技术引进　1991年哈尔滨电影机械厂对现代化银行机具生产进行了技术改造，完成投资250万元。南京电影机械厂对投影器装配流水线、装饰车间的滚镀锌线、压铸车间的集中化铝等项目进行了技术改造，并购置了注塑机、装载机、车床及测试仪器等198台（套），完成投资286万元。

销售　1991年电影机械行业期末库存普遍下降，电影机械产品销售略有回升。全年销售35毫米固定式电影放映机1410台，35毫米流动式电影放映机2294台，16毫米电影放映机6582台，投影器89045台，汽油发电机组2446台。电影放映设备全年合计销售17363万元、11751台。合计中，企业自销量以产值计算占83.1%，以数量计算占92.6%；向文教卫生及科研单位销售1161万元、1756台；向物资及商业经销单位销售2760万元、7812台。

1991年重点企业的销售情况：天津中环影像设备公司销售35毫米固定式电影放映机245台，70毫米电影放映机4台。哈尔滨电影机械厂销售35毫米固定式电影放映机831台，比上年增长了45%；销售电影放映镜头1159只，点钞机645台。上海八一电影机械厂销售35毫米流动式电影放映机2294台，检片倒片台77台。南京电影机械厂销售35毫米固定式电影放映机120台，16毫米电影放映机4005台，电教设备43322台，各种镜头4180只。山东省电影机械厂扩大了汽油发电机组系列，销售略有回升，销售汽油发电机组2446台，比上年增长了18.4%，销售自动油印机1504台。郑州照相机厂销售投影器39317台。甘肃光学仪器工业公司形势仍然十分严峻，销售16毫米电影放映机1944台。

1991年电影机械行业积极开拓国际市场，使出口量比上年有较大幅度增长。出口基地企业保定电影机械厂仪表砂轮机出口产值5509万元，创汇502.5万美元，比上年提高25%。哈尔滨电影机械厂出口产值588.58万元，创汇107万美元，其中出口35毫米固定式电影放映机81台，放映镜头306只，点钞机13台，产品销往东南亚和苏联。上海八一电影机械厂的35毫米电影放映机在继续占领东南亚市场的同时，首次批量进入欧洲市场。南京电影机械厂出口投影器5941台，电影放映机14台，幻灯机148台，镜头36只，产品销往西欧、南美及东南亚等地。郑州照相机厂出口投影器5910台，产品销往美国、西欧及东南亚等地。

1991年电影机械行业重点企业销售情况见表2。

表2 1991年电影机械行业重点企业销售情况

企业名称	库存量(万元)		销售额(万元)	
	年 初	年 底	全 部	出 口
天津中环影像设备公司	517	229	878	
哈尔滨电影机械厂	1304	1237	3130	251
上海八一电影机械厂	781	611	3410	474
南京电影机械厂	569	527	3892	309
山东省电影机械厂	482	298	1668	11
郑州照相机厂	199	231	1741	316
甘肃光学仪器工业公司	4237	4216	2657	

〔撰稿人：秦皇岛视听机械研究所　尚德勇　审稿人：机械电子部仪器仪表司　昝福详，姚天飞〕

衡　器

〔轻工业部〕

生产发展情况　1991年，衡器行业的经济形势朝着好的方向发展，主要是：

第一，生产稳步增长，基本恢复到正常水平。衡器行业从1989年下半年出现滑坡，到1991年初回升，已逐步恢复到正常水平。归口企业105家，工业总产值为58832万元(1990年不变价)，比上年增长13%，产品销售收入56070万元，利润总额221万元，全员劳动生产率18668元／人·年。全行业实现工业总产值8.07亿元(其中包括非轻工业部归口21家生产大型专用衡器工业总产值)，比上年增长16.7%。大型、专用衡器企业完成工业总产值6.12亿元，比上年增长15.2%；产量完成20.7万台，比上年下降14.7%，主要原因是小型专用衡器(架盘天平、体重秤等）减产。日用衡器企业完成工业总产值1.95亿元，比上年增长21.5%；产量完成154万台，比上年增长26.5%。各项主要技术经济指标也普遍好于上年。大型、专用衡器生产企业实现利税4517.1万元，比上年增长21%；人均实现利税1964元／年，比上年增长23.4%；实现利润总额比上年回升23.7%，达到1969.5万元；亏损企业面下降到11%；全员劳动生产率达到19467元／人·年，比上年增长19.7%；百元产值占用定额流动资金比上年下降13.9%；定额流动资金周转天数比上年减少49天；产品销售收入达到6.22亿元，比上年增长28.5%；只是资金利税率比上年继续下降了3.2%。

第二，企业的各项管理工作也有所加强。各单位普遍结合自己的实际开展了“质量、品种、效益年”活动。一是进一步强化全员质量意识，不仅把产品质量视为企业兴衰存亡之本，同时也更加注重用户利益和社会效益；二是坚持把质量否决权制度落实到生产经营过程中的每一环节；三是进一步加强销售服务，提高服务的深度和广度。同时，许多企业注意优化产品结构，努力开拓市场，在巩固“拳头产品”的同时，投入更多的力量开发新产品。据63个主要企业统计，近一年共开发新产品244项，其中电子衡器产品139项。在轻工业部公布的第一批技术先进轻工装备产品目录中，电子计价秤、电子汽车衡、动态电子轨道衡、电子吊秤、电子皮带秤、电子配料秤、电子天平以及称重传感器、称重显示器均已列入目录。继北京、南京、济南衡器厂（公司）晋升国家二级企业之后，鲁南衡器厂成为日用衡器生产企业中的第一个国家二级企业。

第三，企业内部机制的改革逐步向纵深发展。为了适应市场的竞争，许多企业把竞争机制同企业内部改革有机地结合起来，尤其在人事、劳动和分配制度等方面为了打破长期以来形成的干部任用中的"铁交椅"、用工制度中的"铁饭碗"和分配制度中的"铁工资"，进行了多种形式的大胆的改革尝试。如济南衡器厂进行了"一厂两制"，对全厂关键车间——传感器车间实行"特区政策"的试点，"特区政策"主要有三条：一是用人高标准，车间51名职工都达到职业中专或技校毕业以上文化程度，上岗以前又全部通过严格考试；二是管理严要求，厂部和车间到现场办公、现场抽检，违标重罚；三是根据工艺标准、工序技术复杂程度和工序定额制定工序工资，高于全厂其它岗位。试行"特区政策"以来，强化了现场定置管理，严格了工艺纪律，提高了上岗人员的素质，加快了引进技术的消化吸收，各项技术经济指标持续稳定增长，全厂的优质品率达到了71%。上海、青岛等衡器厂也从实际出发进行了改革探索，取得了一些成效和经验。

行业管理 1991年，衡器行业会议同中国衡器协会工作年会联合召开。轻工业部技术装备司在会上提出了衡器行业的改组改造方案，分析了衡器行业的现状和存在问题，阐述了行业改组改造的指导思想和目标。改组改造的指导思想是："一调四上"(调节产量，上品种、上质量、上档次、上效益)；以产品为龙头，进行企业结构的调整；以"三化"（零件标准化、部件通用化、产品系列化）为基础，进行生产体系的调整；以经济效益为目标，进行经济规模的调整；以生产要素（包括资源、技术、装备、资金）为依据，进行行业结构、区域结构的调整，促进生产力的合理布局。通过改组改造，加快电子衡器发展速度，增加产品品种，使衡器产品的结构、产量与需求相适应，使行业结构趋于合理；改变"大而全"、"小而全"的状况，实行专业化生产，形成一批达到合理经济规模的主导企业，计划用十年左右的时间初步实现电子衡器普及化，即到2000年，工业用电子衡器所占比例达到70%；日用电子衡器所占比例达到30%以上；机械衡器和弹簧度盘秤的关键件、通用件的专业化产品覆盖率达到70%～80%水平；实现出口产品以电子衡器为主，年创汇达到1000万美元。行业改组改造方案的逐步实施，将大大缩短我国称重技术同发达国家的差距，更好地满足国民经济各行业实现现代化计量的需要。

中国衡器协会围绕1991年工作重点做了生产许可证检查的准备工作(包括制定实施细则和培训评审员等)以及推动"质量、品种、效益年"活动的开展。在协会的工作年会上，总结了行业开展"质量、品种、效益年"活动的经验，授予济南衡器厂、郑州电子秤厂、太行仪表厂电子衡器分厂、鲁南衡器厂和上海衡器厂等5个单位"开展'质量、品种、效益年'活动优胜单位"称号，并且对青岛衡器厂、常州电子衡器公司、泰安衡器厂和西安衡器厂等4个单位予以表扬。

质量及质量管理 经过产品质量检测和专家评定，济南衡器厂的BM-LS-20t称重传感器获国家银质奖；获轻工业部优质产品的有：常州电子衡器公司、上海衡器厂、济南衡器厂、长春衡器工业公司、新乡衡器厂和西安衡器厂的SCS-20t电子汽车衡，常州电子衡器公司、上海衡器厂、西安衡器厂的SCS-50t电子汽车衡，长沙衡器厂、泰安衡器厂和天长轻机厂的TGT-500A计量杠杆。参加评比的22个企业、90台（件）产品，合格率为100%，A级品率为61.9%。

根据国家技术监督局技监局法发[1991]524号文，对国家重点管理的衡器产品，发放"制造计量器具许可证"和"生产许可证"（即实行"双证"管理），这些产品包括：台案秤(含人体秤)、地上衡、地中衡（含汽车衡）、轨道衡（含轻轨衡）、钢材秤、包裹秤（以上各类衡器均包括示值形式为杠杆式、度盘式、机电数字式和电子数字式）、电子吊秤、电子皮带秤和动态电子轨道衡。凡未取得"双证"的企业，不得生产上述产品。对质量保证体系的检查和产品检测的准备工作已基本就绪，拟于1992年上半年进行。

根据轻工业部的统一部署，全国衡器标准化技术委员会着手修订18项标准；同时，审定报批新订的3项基础标准（衡器术语、衡器设备管理和衡器工艺管理），以推动衡器技术基础工作的规范化。

〔撰稿人：中国衡器协会 赵丕强 审稿人：轻工业部 潘 科〕

教学仪器设备

〔国家教委〕

生产发展情况 1991年共有1137个工厂承担教学仪器设备的生产任务，其中国家教委所属教学仪器厂3个，中小学校办工厂621个；共有职工73075人，其中技术人员10341人；拥有固定资产原值87278万元。根据普及九年制义务教育和装备达标的要求，在"八五"计划期间，教学仪器设备费有较大增长。1991年完成工业总产值(按1990年不变价)166849万元，比上年增长12.3%；实现利润总额30511万元，比上年增长2%。

为适应教育改革的需要，除抓全日制学校课内教育用仪器及器材外，又抓了职业技术教育及课外教育用的仪器及器材，使产品构成逐渐发生了变化。

新产品 1991年完成并通过鉴定的新产品有：(1)浮力原理演示仪，由湖南省湘潭市实验电机厂研制。该仪器可以消除教科书中关于浮力定义容易引起的误解，演示效果明显，获1991年秋季普教仪器展评订货会优秀新产品奖。(2)化学奥林匹克微型实验箱、学生劳技制作多用工具箱、知识奥林匹克愉快教育器材（儿童博士系列、知识超人系列和小小博士系列），由中央教育科学研究所和中国科学院高能物理研究所联合研制。这套系列教具为开展课外教育提供了适用的器材。(3) D3000系列红外测距仪，由常州工业技术学院常州大地测距仪厂研制。该仪器具有三合一光路，较好地发挥内藏微机功能，在内符合精度、周期误差、测尺衔接、光强控制与检测、幅相误差等方面有创新。(4)LCR测试仪，由常州工业技术学院研制。该仪器使电感、电容和电阻的测试数字化，并便于教学。(5)数字式照度计，由北京师范大学光电仪器厂研制。该仪器的性能优于国际上同类产品。(6)高温超导体两个基本特性测量装置，由北京大学研制。该装置采用较先进的微弱信号检测——锁相技术，运用交流互感电流电桥法。这是当前研究高温超导体磁转变简单而有效的方法。(7)SSG型散射光干涉演示装置，由吉林大学物理系研制。该装置是散射光干涉现象定域的薄膜干涉的扩展，不在暗室中就可以看到五光十色的干涉现象。(8)量程展宽式测量与自动控制仪，由兰州大学研制。该控制仪采用展宽量程方式的分段测量法，除能对温度进行测量自控外，并可对多种非电量(如亮度、压力)进行测试和自动控制演示，改善了测量线性，提高了测量精度。展宽式高精度仪器作为一种教学仪器属国内首创。(9)夫兰克—赫兹实验装置，由浙江大学光学仪器厂研制。该装置将原充汞管改为充氩管，简化了加热装置，并可用普通示波器直接显示谱峰曲线。(10)初中光学实验盒，由浙江省温州师范学院和国家教委教学仪器研究所联合研制。该实验盒可以不用暗室就完成初中光学实验课所要求的全部内容。此外，还可开发一些课外实验。(11)HCD−1型数控原理演示系统，由南京机械专科学校研制。该系统可由基本门逻辑开始，直到构成一个CNC数字控制模型，填补了国内数控系统教学演示仪器的空白。(12)JD−1B型家电电气系统实验仪，由江苏省盐城师专物理系、盐城市胶木电器厂研制。该实验仪采用组合式结构，增大了实验容量，解决了电动类、制冷类、电热类家用电器的电气系统实验问题。故障设置采用开关式，具有随机性。

行业管理 为全面推动工厂的建设，加快产品、设备的更新改造，加强经营管理，提高产品质量，国家教委于1991年8月29日发出《关于教学仪器设备实行定点生产的通知》，以便在主管部门的关心扶持下，使定点厂逐步成为教学仪器设备行业的骨干厂。这是国家教委在“质量、品种、效益年”活动中采取的重大措施之一。随文印发了《国家教委教学仪器设备生产定点厂考核条件（试行）》。国家教委定点厂将在各省、自治区、直辖市及计划单列市定点工作的基础上进行确定。

1991年继续执行生产许可证制度。对低频信号发生器等10种产品颁发生产许可证79个(其中第一批54个)。还对直流安培计等7种产品复查换证，共颁发生产许可证83个。另外，还进行了1990年发证品种的补检、补查，其中有力矩盘、可调电阻电池、光具座和线路实验板，共颁发生产许可证14个。

1991年12月11日至14日在海南省海口市召开了国家教委教学仪器生产许可证工作会议，传达全国工业产品生产许可证工作会议和第二次全国技术监督工作会议精神，对教学仪器设备行业“七五”期间发证工作进行了总结，向上海市、江苏省、浙江省、福建省、安徽省、吉林省、宁波市、武汉市、武汉教学仪器厂等9个单位颁发了“国家教委生产许可证工作先进单位”奖状，并向徐震等13位同志颁发了“国家教委生产许可证工作先进个人”证书。会上对即将出台的《关于加强教学仪器设备管理工作的意见》、《国家教委生产许可证工厂审查员管理办法(试行)》和《“八五”后四年发放生产许可证产品计划目录报表》等文件进行了讨论。

1991年10月7日至11日，国家教委条件装备司在四川省广汉市主办了1991年秋季全国普教仪器优秀产品展评订货会。这是建立宏观指导下的教学仪器市场，加强行业管理，理顺管理体制，保证订货质量，把销售环节与生产环节结合起来，作为一个系统工程推行全面质量管理的改革措施。实践证明，这一改革的尝试是成功的。一次订货会成交额超1.2亿元，创历届的最高记录。主要改革措施有：贯彻国家教委《关于加强教学仪器设备行业归口管理的通知》精神，充分发挥省级主管部门的管理职能，由省一级统一组织供需双方参加的代表团；突出国优产品、委（部）优产品的地位，加上会议期间评出的优秀产品206项、优秀新产品113项，加强了订货的导向作用；经过严格审查后统一印制《参展产品目录》，未上《参展产品目录》的厂家和产品不得参展，不得订货；实行供需双方代表团免费鉴证制度，保证订货质量，保护供需双方的利益；充分发挥中国教学仪器设备行业协会的桥梁、纽带作用；制定合理的收费标准，实行财务收支公开；取消预备会议，节省会议开支；清除摆地摊者，维护参展资格的严肃性。

质量及质量管理 1991年继续以质量为中心，强化技术监督，整顿购销环节，不让不合格产品进入学校。1991年上半年对双缝干涉实验仪等36个品种、40个规格的290种产品进行了强制性监督检测，平均合格率为87.6%。由于及时制订了小学用的5个实验盒的行业标准，加上通报批评引起的巨大反响，提高了生产厂家的质量意识。1991年对小学用的5个实验盒进行的监督检测，合格率已达到96%，比1990年提高了52.07个百分点。1991年下半年又对电流实验盒等10个品种的85个产品进行了补检，平均合格率达88.2%。

为加强教学仪器设备产品的质量管理，1991年12月12日又发出通知，决定对碰撞实验器等17个品种自1989年以来未取得监督检验合格证(包括检验不合格和未参加检验)的，再进行一次补检，以促进提高产品质量。

在标准化工作方面，公布了《教学仪器和教学设备产品型号命名方法》、《教学仪器设备产品型号申请登记办法》和《教学仪器行业标准编号办法》，为加速行业标准的制定奠定了基础。1991年批准发布了《钟面模型》等12项行业标准，同时废止了与上述行业标准对应的《钟面模型技术条件》等5项原国家教委(部)标准。

技术改造及技术引进　1991年技术改造更新措施投资计划为2000万元，由于全部为自筹资金，所以仅完成85%。由于教学仪器设备行业执行服务于教育的低利政策，生产企业靠自筹资金再投入，普遍存在困难。

销售　1991年销售收入159683万元，其中主要是电教仪器设备、计算机及外部设备和科教仪器设备。1991年全国普教、高教、电教订货会成交额为3亿元。订货会的组织、管理工作正逐步规范化。

1991年教学仪器设备出口创汇额为857万美元。出口的主要品种有物理仪器、玻璃仪器、生物模型标本等。高科技产品也开始进入国际市场。出口的主要国家和地区有：新加坡、泰国、伊朗、印度、巴西和香港、台湾等。为促进国际交流和合作，1991年10月国家教委组团参加了国际教具联合会与墨西哥教育部在墨西哥城联合举办的国际教具博览会（'91WORLD DIDAC)，取得了成功，为中国教学仪器设备产品进入国际市场开创了好势头。

〔撰稿人：国家教委条件装备司　张润兴　国家教委教学仪器研究所　王长毅　中国教学仪器设备公司　崔永利　审稿人：国家教委条件装备司　周克平〕

专用仪器仪表

〔机械电子工业部〕

生产发展情况　长春气象仪器厂主要生产大气温度、湿度、气压、辐射、风等常规气象仪器，1991年完成29个品种、9107台（支），完成产值826万元。天津市气象海洋仪器厂完成风速表、通风干湿表、雨量计、海流计等气象、海洋仪器20个品种、23516台（支）、产值为495万元，利税率12%，全员劳动生产率8984元/人·年。上海气象仪器厂完成电接风向风速仪、电传风向风速仪、遥测雨量计、虹吸式雨量计、温湿度计、微压计、船舶气象仪等气象、海洋仪器34个品种、11173台（支），产值542.8万元，利润9.2万元，交税37.5万元，设备完好率86%。南京大桥机器厂完成WT-5和WT-7气象卫星地面接收设备各5部，705B雷达12部，701C雷达10部及民品收音机、通信机等，总产值2590万元。长春气象仪器研究所完成总产值281.7万元（其中科研、生产225.7万元)，共创收118.1万元，与上年相比增长了27.7%。

新技术与科研成果　长春气象仪器研究所全年承担纵向任务43项（含行业21项)，实际完成36项，占应当年完成任务37项的97.4%。其中实际完成科研课题15项，占应完成任务16项的93.8%；完成行业课题21项，全部完成当年任务。还承担横向任务75项，实际完成56项，占应当年完成任务55项的101.30%。

例如基金项目中的智能传感器、测风动静态参数测试装置、超声旋涡风速仪等已完成；基本天气站（简易型)、机载露点湿度计完成了上报资料；防冻液式雨雪量计经过冬季降雪试验补充了数据；还完成了电子野战气象仪试验考核任务。综合遥测气象仪（Ⅱ型）9台生产任务按时完成，用户反映良好，获机械电子工业部科技进步奖。

新产品　长春气象仪器研究所的桃仙机场自动观测系统通过部级鉴定；长白山森林生态观测系统的所内验收与现场架设，运转正常并取得了有价值的数据；电子野战气象仪通过了验收试验。长春气象仪器厂完成温湿度计、大风报警器（Ⅱ型)、环境卫生车等3项新产品市级鉴定，并批量生产，共生产676台（辆)。批量投放市场，获产值104万元，创利税7.8万元。上海气象仪器厂完成EM型起动风速校验器、EM_2型风速校验器生产定型与YJB-2500型补偿微压计设计、生产定型，并批量生产、投放市场。其中YJB-2500型补偿微压计投放市场105台，同时完成一台多要素、多接口配有微机的H/HQ×004船舶气象仪。天津市气象海洋仪器厂进行日照计、插入式温度计的研制。南京大桥机器厂完成了WT-7型气象卫星地面接收设备研制任务。上海科学仪器厂研制生产的JSZ-10气象卫星展望云图实时接收系统、SQJ-88型气象预报接收机、HRPT气象卫星云图接收系统分别获国家计委、科委、国防科工委、经贸部、军转民高科技、出口产品交易会金奖和银奖。上海无线电二十三厂推出GZZ5型电子探空仪与GEZ9型探空检查仪。浙江省温州市气象局和丽水地区气象局研制成PC-TR气象电报终端设备，通过了省级鉴定。广东省气象局建成全国第一个25个站的网络自动气象站系统，可测气压、气温、湿度、风向、风速、雨量等6要素（可扩展、设16通道），全部数字化显示，用国际通用先进的STD－BVS计算机，由5块模块组成，用STD56线总线板连接，具有高可靠性，能灵活互换，并具有打印、磁带记录、数据编码、纠错、通话、数据设定国值加密观测或报警与解除警报功能，还具备高可靠的防雷等自然灾害措施，全自动、全天候运行。山东德州地区气象局推出Pb－2型防感应雷击避雷器，适用于所有通过同轴线传输信号的收发装置，能有效地阻止感应电压进入机器，对直击雷也有抑制作用，已获国家专利。国家气象局人工影响天气研究所、北京理工大学飞行器工程系和国营866厂合作研制成功我国第一代飞机用FJY－34型飞机降水焰弹。南京水利水文自动化研究所推出了JE01A型雨雪量计，主要是为降雪地区的水文、气象部门用来测量固体降水量的仪器。对自然降雪融化效果好，测量方法简单、采值直观。

行业管理 气象仪器产品质量监督检验中心，1991年经国家技术监督局验收。该中心在人员配套与培训，设备购置与自制，规章制度，档案管理等对照39条评价标准进行了多次自检、改进。同时完成了吉林省标准计量局委托的对长春气象仪器厂生产的6种气象仪器产品的生产许可证复查工作，其中：探空平衡器3台，毛发湿度计3台，空盒气压表3支，空盒气压计3台、动槽水银气压表3支，手摇干湿表9只。除手摇干湿表有毛病外，其余均合乎标准要求。还完成了气象仪器可靠性评定规范，“八五”气象仪器行业计量检定规程规划。召开了气象仪器可靠性工作会议并举办了气象仪器第一期可靠性培训班。完成了第三、四期可靠性限期考核产品抽样工作。

上海气象仪器厂完成计量器具制造许可证复证工作，所属计量器具29种产品，全部具有制造（修理）许可证；SJ1－1型虹吸雨量计（长周记）经水利部水文仪器质量检测中心考核，达到技术标准；HCJ1型水位计，经南京水文仪器检测中心进行全性能测试合格，待发生产许可证；还完成10种产品企业标准修订工作，工厂连续四年被闸北区人民政府命名为“重合同、守信用”单位。

质量及质量管理 长春气象仪器研究所的产品质量有明显提高。例如桃仙机场自动观测系统经过7个项目考核只出1次故障，实测平均无故障工作时间为2500小时，达到或超过国外同类产品在我国运行的平均无故障工作时间。测风、测温、雨量传感器生产批量较大，信誉也较好。长春气象仪器厂建立了XCF02A气象探测车产品质量保证体系，经吉林省国防工办组织了验收。上海气象仪器厂开展“优秀质量检查”、“质量信得过工人”、“双满意”等劳动竞赛，国家气象局抽验了电接风向风速仪等产品，全部合格，上海市质量处监督抽查产品4次，3次一次性合格，一次复检合格，计量器具受检率达100%，器具完好率达95%。南京大桥机器厂获江苏省国防科技工业质量管理奖，并通过了军工质量保证体系考评。

技术改造及技术引进 长春气象仪器研究所为保证小批量生产中的产品质量，加强了工艺管理，投资购置工艺与质检设备用于技术改造，同时从国外引进了精密日射表、数据采集系统及石英巴登管数字式压力计等。长春气象仪器厂完成喷漆车间土建及设备投资，上海气象仪器厂自制了温度检测设备、校钟设备等取代了原来的陈旧设备，提高了劳动生产率。

销售 长春气象仪器厂在企业内部实行销售与工资、奖金挂钩，承包一次到位，积极开拓市场，上门服务，并进行质量跟踪，年销售额完成810万元。

上海气象仪器厂“立足气象、面向市场”，不局限于为气象观测服务，还扩大至食品、纺织、造船、实验室、环保等领域。通过销售人员努力，加强销前售后服务，年销售额的50%（即260万元）是通过门市部销售的。天津市气象海洋仪器厂由于向产品销售方面奖金倾斜，不断开辟新市场，同一种产品在不同行业中推广应用，开拓新领域，收效甚大，销售额比上年增长了15%。南京大桥机器厂完成销售总额为2595万元。

〔撰稿人：长春气象仪器研究所　刘景泰　审稿人：机电部仪器仪表司　昝福祥、姚天飞〕

〔国家海洋局〕

新技术与科研成果 1991年由国家海洋局组织鉴定的海洋仪器有以下几项：（1）由国家海洋局第三海洋研究所研制的SSA1－1型声学水位计，是水位测量仪的更新换代产品，可作为今后水位测量系统的主测仪器。这一科技新成果，经实验室定标达到了国际先进水平，并经用户初步使用说明，本仪器在不用验潮井的情况下，能可靠地测量水位的变化。它具有精度高、稳定可靠、安装简单、操作方便、自动定时测量记录、价格便宜等特点，是一种智能化的测量仪器。该水位计的水位测量范围3～10m，水位测量精度≤3cm，分辨率为0.1cm，测量方式为自动定时测量。（2）由中国科学院海洋研究所研制的深海海洋资料浮标，是国家重点科技攻关项目中的一个专题。它是由浮标体、锚系、传感器系统、收发讯机与采集系统、电源供给及岸站系统组成。其中有7种主要传感器，可测量13项水文气象及工程参数。并首次采用太阳能浮充镉、镍蓄电池供电方法，为浮标的能源供给开创了新路。该浮标的极限环境条件为水深4000m，最大波高30m，最大风速75m／s。主要测量要素有风速、风向、气压、气温、表层水温、表层流速和流向、波向、波高、波周期和波谱等，连续工作时间一年以上，资料平均有效接收率（一年）80%以上。最大通讯距离1000公里。该浮标用于监测深海海域的水文气象状况，是完善我国海洋环境监测系统的一项重大技术设施。（3）HFY2－1化学需氧量快速测定箱，是由国家海洋局海洋技术研究所研制的。化学需氧量历来是世界各国污染监测及执法管理中不可缺少的必测项目之一，是量度水中还原性物质的重要指标，它直接标志着水质污染的程度。该项成果的研制成功为现场污染监测、执法管理等工作提供了一种快速（仅需几分钟）、简便（不需加热）行之有效的测定工具。在测试方法和手段上是一项有价值的突破，与国外同类仪器相比，在反应速度、比色及不需加热等方面具有明显优势。其测量范围为 0～10mg／L（O_2），测量标度为：0、2、4、6、8、10mg／L（O_2）。(4) HZC1-1 型便携式现场水质仪，由国家海洋局海洋技术研究所研制。该仪器是用于水质污染监测工作的一种新型仪器。可直接测量海水的水温、酸度和溶解氧，其电化学传感器适用于海洋现场环境，具有响应时间短、可以连续测量的特点，并解决了化学传感器响应非线性修正的问题，提高了测量的准确性。其温度测量范围 0～35℃，酸度的测量范围 1～13pH，溶解氧的测量范围是 0～15mg／L。该仪器用于水产养殖，可以及时反映水质变化情况，对于降低养殖成本、提高产量、增加经济效益有重要作用。生产现场水质仪可以解决国内急需，为国家节省外汇。(5) HFY1-1 型硫化物现场快速测定箱，是国家海洋局海洋技术研究所研制的。主要是解决海洋污染监测中硫化物的快速测量问题，可以在被污染的河流入海口及海区对带有不同颜色的污染海水进行硫化物测量，快速提供结果。帮助监测人员迅速确定可能发生硫化物含量超标地点。该测定箱不受水样颜色干扰，不受氯离子干扰，操作简便，读数快，携带安全可靠。测定箱中采用低浓度、中浓度两种硫化物检测管，可根据测试点硫化物浓度来选用。低浓度检测管的测量范围是 0～1mg／L，中浓度检测管的测量范围是 1～5mg／L。该测定箱还可用于水产养殖业中的硫化物测量。

〔撰稿人：国家海洋局科技司成果处 朱莉莉 审稿人：国家海洋局科技司 郭德喜〕

〔国家地震局〕

生产发展情况 1991 年从事地震仪器生产的企业有 7 个，职工总数近 800 人。总产值 600 余万元，较 1990 年增长 200 万元，品种略有增加，产品质量进一步提高，售后服务大大增强，产品进一步向水电、水库、煤炭、石油等部门扩散，经济效益有不同程度的提高。

新产品 1991 年通过国家地震局鉴定的新产品主要有：(1) 黑龙江省地震局研制的 WSD-B 型微机水氡测量仪。该仪器利用单板机控制，可同时测量两个水样氡气含量。在自动鼓泡脱气方面设计新颖独特，采用电磁阀避免人工操作的干扰，增加了数据的准确性和可靠性，采用模块化设计、程序嵌套、数字滤波等先进技术，不仅适用水氡观测，而且在放射性勘探、环保、医疗等方面也有广泛应用前景。在同类仪器中处于国内领先水平。该仪器平行样测量误差：Rn≤18Bg／L，Δ≤10%；18Bg／L＜Rn≤111Bg／L，Δ≤8%；Rn＞111Bg／L，Δ≤5%。高压调节范围为 300～1000 伏连续调，高压稳定度≤5%。(2) 国家地震局地震研究所研制的 SWJ-1 型精密水位仪。该仪器是一种新型的自动测量水位变化的数字化仪器，它采用独特的绳式电容传感器和转换电路，结构合理，动态范围大，响应快，耐高温、耐腐蚀，性能稳定可靠；携带安装方便。该仪器合理地使用单片机，从而实现仪器的数字化，自动观测，自动数据处理和传输，集成化程度高，具有较高的性能价格比，该仪器水位最大变幅 2、10m，分辨率为 0.1、1mm，精度为 0.2%、1%，在国内同类仪器中居领先地位，达到国际先进水平。除用于地震前兆观测外，还可用于验潮、水文观测、水库调度、现代化工业生产等领域。

〔撰稿人：国家地震局计划财务司技术装备处 黄宝森 审稿人：国家地震局计划财务司技术装备处 宋永增〕

〔地质矿产部〕

生产发展情况 地质矿产部共有地质专用仪器工厂 4 个，其中部直属大中型骨干厂 2 个，下放厂 1 个，归口厂 1 个，拥有固定资产 5560 万元，职工 2340 人。

1991 年地质专用仪器生产呈上升趋势，共完成工业总产值 3985 万元，比上年增长 12.7%。主要产品产量完成较好，地质仪器比 1990 年增长 80%，除测井仪器下降外，其余均比 1990 年有较大幅度增长。1991 年完成重力仪器 20 台，比上年增长 33.3%；完成磁法仪器 59 台，比上年增长 126.9%；完成放射性仪器 90 台，比上年增长 26.8%；完成水文仪器 230 台，比上年增长 139.6%；完成电法仪器 361 台，比上年增长 875.6%。其他 6 类可比仪器仪表除地质罗盘下降外，亦均比 1990 年有较大增长。其中完成实验室分析仪器 259 台，比上年增长 475.6%；完成泥浆分析仪器 570 台，比上年增长 150%；完成石油分析仪器 1321 台，比上年增长 63.7%；完成钻探仪表 2139 只，比上年增长 181.8%。4 个专用仪器厂有 3 个厂的产值、效益好于 1990 年，重庆地质仪器厂比 1990 年减亏 52 万元，但仍亏损 38 万元。

新技术与科研成果 北京地质仪器厂研制的计算机管理材料定额——CMMQ 软件，具有建立新库、输入、查询、修改数据、插入删除、索引、汇总文件等 8 种功能，使用同一数据可打印材料工艺消耗定额表、发料台帐、材料汇总、合计汇总等五种不同形式的表格。通过软件的使用，从编制材料定额到下料、发料、投产这一过程的工作效率可提高 5 倍以上，适合该厂产品品种多、换代快、批量小、零部件多、工艺变化大、编制材料定额工作量大的特点，在一般仪器仪表企业推广使用将会取得显著效益。

新产品 1991年共研制鉴定地质仪器新产品8项，其中北京地质仪器厂7项，上海地质仪器厂1项。北京地质仪器厂研制的7项是：(1) AZFO-1型矿用智能测尘仪，即安全防爆型测尘仪。测量范围 0.1～500mg/m^3，采样流量 2L/min，定标精度和重复测量精度不大于满标值的±2.5%，重量3.5kg。可用于TSP监测、呼吸性粉尘监测及可吸入尘监测，能解决在有可燃性气体的作业环境中监测尘污染问题。(2) DWT-Ⅱ型微机激电仪。输入阻抗＞50MΩ，电位测量精度±20%±1个字，极化率测量最高分辨率±0.001%；仪器内部可存贮200个物理点的测量数据，仪器带标准串行接口RS-232C。该仪器主要用于详查及找深部矿，人机对话功能强，自动化程度高。具有二次电位放电曲线短延时取样功能和采样面积可多可少灵活多变的功能，能准确给出供电全过程中一次电位在1ms时的测量值，可有效减弱二次电位对一次电位的影响，能进行动态自校，提高测量精度。(3) XXR-1型矿物热电系数测定仪。热电势测量范围±199.9V，热电势分辨率0.1mV，活化环境温度范围0～200℃，温度控制精度±1℃，仪器测量精度±0.5%（0～200mV标准信号输入），样品粒度＞0.1mm。主要用于金属和半导体矿物样品的热电动势绝对值的测量，可求出矿物样品的热电系数，对隐伏矿床的预测有重要意义。(4) DTT-1型井中激电仪及数字处理应用软件系统。输入阻抗大于100MΩ，测量一次电位分辨率10μV，测量极化率分辨率0.01%，自然电位补偿范围0～1023mV，二次电位采样三种方式，软件系统包括激发极化测井预处理软件、激发极化绘图软件、点测激发极化测井处理软件、井中激电地—井方式处理软件。可从数据采集系统到回放处理解释系统形成了完整体系，实现了数字化的井中激发极化法采集与处理功能，激电测井方法的连续观测功能和部分校验功能的自动化，填补了国内井中激发极化方法专用仪器设备的空白。(5) GDZ-1型紫外可见分光光度计。波长范围200～300μm，波长准确度±0.5nm，波长重复性≤0.5nm，光谱带宽2nm，噪声100%线≤0.5%、O线≤0.2%，100%线平直度在全波段内≤2%，透明准确度±0.5%，透比重复性≤0.5%。该仪器采用凹面全息充栅和比例光束全反射光学系统，结构简单，低漂移，低杂散光，性能价格比高，汉字显示，自动化程度高，操作方便，可广泛用于地质、冶金、医药、卫生和环保等领域。(6) XDY-Ⅲ型双道原子荧光光度计。典型元素As、Sb、Bi、Hg、Se、Te检出限（DL）≤9×10^{-10}g/2mL，冷原子测Hg检出限（DL）≤9×10^{-11}g/2mL，精度RSD≤5%，工作曲线动态范围10^3。该仪器是在保留Ⅱ型光度计先进性基础上研制的，通过采取一系列改进措施，可大幅度降低成本，更能适应国内外市场承受能力，便于在基层单位推广使用。(7) DGQD-1型高效汽车电子点火器。工作电压8～20V（当电瓶电压降至7V时仍不影响启动和运行），工作电流小于5A（当工作电压20V时为5A），工作温度-40～+90℃。可取代机械配电式装置，能提高燃烧率，降低油耗，减少排气污染。

上海地质仪器厂研制的1项是：TTS-1型同位素释放器。外径38mm，总长1500mm，同位素贮源筒容积有200mL和400mL两种规格，释放器工作压力 20MPa，井下仪器工作电压12V DC，工作电源不大于200mA，同位素释放时间不超过10min。该仪器适用于同位素测井时投放同位素载体。仪器由地面控制，可进行各个不同深度的同位素投放，并可作"过油管不放空"测井。

质量及质量管理 北京地质仪器厂GGX-6A型原子吸收分光光度计获1991年部优质产品奖。

销售 1991年地质专用仪器厂实现销售收入3990万元，比1990年增长8.7%。外销创汇22.8万美元，是近十年外销创汇最多的一年。

〔撰稿人：地质矿产部 胡明松 审稿人：地质矿产部 孟宪琛〕

〔中国石油天然气总公司〕

生产发展情况 1991年中国石油天然气总公司系统生产石油专用仪器仪表的共有5个企业，主要生产石油地震勘探仪器、测井仪器、钻采仪器和油品分析仪器等四大类产品。

1991年末，拥有职工9946人，完成工业总产值38673.3万元，比上年增长42%，实现利税总额3438.6万元，比上年增长11.2%。完成各种石油工程专业仪器仪表8104台（套），检波器及配件为1266220支。其中：油品分析仪器3340台，钻采仪表1222台，成套勘探仪器300套，附属勘探仪器仪表2900台。

新技术与科研成果 1991年西安石油勘探仪器总厂通过鉴定的科研成果达17项，其中：数字采集及井下系列配套测井仪获国家科技进步二等奖，480道遥测数控地震仪获总公司科技进步一等奖，3700数控测井仪和240道数字地震仪获总公司科技进步二等奖，低速带地震仪获总公司科技进步三等奖，物探局研制的SK-1004型遥测数据地震仪获总公司科技进步一等奖。

新产品 西安石油勘探仪器总厂承担的"七五"国家科技攻关项目——YKZ480遥测数字地震仪，已于1991年3月通过鉴定，该系统为自行设计，设计思想新颖、先进，属实用新型；系统的综合性能达到了国外80年代后期同类产品的先进水平，可替代同类型进口产品；所用的采集站，技术指标及可靠性均达到了国外80年代同类产品的先进水平。

物探局仪器公司承担的"七五"国家科技攻关项目——SK-1004型遥测数控地震仪，已于1991年3月通过鉴定，该仪器是240道、并可扩展为480道或1016道，既适用于炸药震源又适用于可控震源，传输方式采用双纽线传输技术和野外采集站传输方式，构成分布式地震数据采集系统。该地震仪由仪器主机、采集站、遥测数传电缆和配套设备组成，配有完善的、功能较强的软件系统。该仪器的综合性能达到了国外80年代后期同类产品的先进水平。

上海石油仪器厂研制的SQC882色谱气测仪，已于1991年9月通过鉴定，它是一种直接分析钻井过程中由钻井液携带出地层逸出的气体组份，来寻找油气层的地球物理化学仪器，它采用气相色谱技术连续监测气体中的烃含量。同时进行钻井深度、达到深度、钻时、悬重、钻压、扭矩等钻井工程参数检测，该仪器具有自动控制、自动记录、监视、贮存和报警功能。

技术改造及技术引进 西安石油勘探仪器总厂为油田勘探开发需要加速引进随钻测井仪制造技术，该项目技术转让合同已于1991年11月签订，外国专家也已来厂进行建线考察，力争在1992年底前建成生产线，1993年开始批量生产。

销售 1991年中国石油天然气总公司石油专用仪器销售收入3.97亿元，比上年增加39%，保持了稳定增长。1991年已签订出口合同233.8万美元，创汇98.1万美元，出口的产品主要是检波器。

〔撰稿人：中国石油天然气总公司 赵光理 审稿人：中国石油天然气总公司 徐德兴〕

〔能源部电力机械局〕

生产发展情况 1991年能源部电力系统所属10家仪器仪表制造企业，完成工业总产值13459万元，比上年增长了7.7%，实现利润总额1810万元，全员劳动生产率为19780元／人·年，可比产品成本降低率为13.6%。1991年产品出口方面也有了很大增长，出口金额达到41万美元，在产品品种上不仅有传统的老产品出口。如水文仪器、土工仪器和大坝观测仪器，而且还有成套的热工仪表测量装置。

新技术与科研成果 随着电力系统自动化程度和测量精度的提高，电力生产对电工测量表计的功能要求，不仅作为现场监测，而且还具有远动遥测前置处理变送器和电量显示作用。目前电厂实际仍使用两套屏柜测量，场地占用大，投资多，两者量值不统一，测量误差大。为此，南京电力自动化设备厂开发研制了SM、BM系列电量变送仪器，在BS系列电量变送器基础上，采用标准通用模拟块及典型电路，配以高准确度等级槽型电流表，数字液晶显示表头，集模拟表、电量变送器、数显面板表三位一体新型表计，属国内首创，填补了国内空白。

上海电力学院附属仪器厂与苏州供电局共同研制的DYJ智能电压监测仪器，是一种替代人工监测电网电压的智能化仪表。经专家们鉴定，认为该仪表可靠性高，有较强的抗干扰能力，对谐波电压影响的误差小，尤其是该仪表测量精度高，数据采集处理的功能强，有存储存量大、存储时间长、在失电情况下可保护存储数据等性能，在国内同类仪器中技术上处于先进水平。

新产品 南京电力自动化设备厂，1991年新产品研制列项51项，通过鉴定21项，其中达到国际先进水平的有6项，达到国内先进水平的有11项，其余均达到了设计要求。南京水利水文自动化研究所和重庆水文仪器厂，1991年新产品列项32项，经过一年努力，已完成28项，当年研制，当年投产，当年产生了经济效益，新增产值1050万元。

微电子技术在热工仪表中的应用，可编程序控制器和工业计算机在锅炉保护、汽轮机保护、旁路控制、状态量监测汽水取样装置等产品上得到广泛应用，使产品的质量和性能有很大的提高。

南京电力自动化设备厂研制的SM、BM系列电量变送器，主要技术指标：准确度等级为1°级，输入标称值：交流电压100V、交流电流5A，输出方式：恒压±5V、恒流0～10mA和4～20mA，输出负载：恒压±5V时1000Ω、恒流0～10mA时300Ω、恒流4～20mA时300Ω。

上海电力学院附属仪表厂研制的DYJ智能电压监测仪，可有A、B二路输入，输入信号电压100V、50Hz，引用误差≤0.5%±1字，整定电压合格范围±7%～10%，每路有超限输出接点，接点容量220V、3A，失电可保护所储存的数据（不需要备用电池）。

质量及质量管理 南京电力自动设备厂开展了“以全面提高产品质量为中心，以现场管理为基础，以全体职工参与为保证的质量管理年”活动，健全了质量管理网络和职责，充实了质量管理人员，新产品的国标采用率达到了100%，微机保护系列产品获得了国家金质奖。上海新光显示仪厂从元器件购进到成品入库都严格地把住了质量关，对关键岗位设置了质量控制点，采用了德国西门子公司技术，产品质量优良，该厂生产的显示仪1991年被上海市评为优质产品奖。北京电力自动化设备厂，重新组建了以厂长为主任的全面质量管理委员会，强化了全厂的质量管理工作，当年通过了能源部全面质量管理验收以及国家二级计量复查合格，该厂研制的电气化铁路供电线路故障点探测装置获国务院重大技术装备成果二等奖，微机型线路保护装置获国家金质奖。武汉电力仪表厂，在湖北省计量局开展行业产品质量抽查中、该厂生产的振荡器产品抽查合格率为100%，武汉市仪器仪表检测站两次来厂突击抽查中，该厂选频表抽查合格率为100%。长春华电电力设备厂，抓产品质量方面，主要抓三级计量管理，强化质量保证体系，1991年授予该厂为国家一级计量单位和国家计量先进单位的荣誉称号。在产品创优方面，电测及电能系列产品被吉林省评为优质产品，0.1级电能校验台被能源部评为优质产品。南京电力仪表厂，经省、市计量局对库存单相电能表和分时计费电能表进行监督抽查，全部合格。重庆水文仪器厂，推行全面质量管理以来，又有4个系列产品7次获国家、部、省、市优质产品称号。

销售 1991年10个仪器仪表制造企业产品销售收入为13935万元，比上年销售收入12095万元增加了1839万元，其中水文仪器销售686台，土工仪器155台，大坝观测仪器1860台，热工和其他测试仪表529台，电能表16.85万只。

〔撰稿人：能源部电力机械局 何光吉 审稿人：能源部电力机械局 傅宏时〕

〔航空航天工业部〕

生产发展情况 1991年航空航天工业部的井岗山仪表厂，主要生产石油专用仪器仪表。该厂生产的油田低压测井仪器CJ-1、CJ-2型双频道回声测井仪等测试仪器，已投入小批量生产，截止1991年底已提供各大油田500余套。

新技术与科研成果 航空航天部和贵州省授予CJ-1、CJ-2型双声道测井仪优质产品称号，ZJY-1型液面自动监测仪获国优银质奖。还研制并推广应用了小直径抗震压力机、动力示功仪等测井仪器，同时在研制井下电子压力计、压力恢复数据遥测装置等测井产品。主要供大庆、胜利、克拉玛依等油田使用。通过对油井遥测参数的分析、解释和远距离控制，实现油井的自动化生产和现代化管理。

国家对该厂进行军转民产品第一批技术改造，部投资300万元，对检测设备、喷涂等设备进行了填平补齐，并且引进了国外的关键设备。

各种石油仪器1991年销售500套左右。

〔撰稿人：航空航天工业部民品司 孙东良 审稿人：航空航天工业部民品司 辛玉文〕

〔中国煤矿机械装备公司〕

生产发展情况 1991年中国煤矿机械装备公司归口安排生产煤矿安全仪器仪表企业7个，全年完成工业总产值7547.8万元，产量45.9万台(套)。其中重庆、抚顺煤矿安全仪器厂和西安煤矿仪表厂三个重点企业职工总数为3619人，固定资产8099.7万元，完成工业总产值6353.8万元，产量18.64万台（套)，利润-586万元，全员劳动生产率18832元/人·年。

新技术与科研成果 1991年，抚顺煤矿安全仪器厂先后推广了旋压加工高压钢气瓶、镍铁合金电镀、零件电抛光、静电喷涂表面处理等新工艺；推行了载体催化元件制造、用“磁性槽泥”改造JO系列电机等新技术；应用钢结合金等新材料加工模具；采用了产品自动称重记录仪、自动气密校验仪等新设备。研制的30分钟压缩氧自救器获辽宁省科技进步二等奖。该厂先后获抚顺市科技进步年先进集体、科技管理先进集体、科技先导型企业；辽宁省创建科技先导型企业先进集体等荣誉称号。

新产品 1991年，抚顺煤矿安全仪器厂研制开发15种新产品，其中完成工厂鉴定的6种，完成工业性试验的9种。完成工厂鉴定的产品有：甲烷标准气样瓶，FG0.28、0.55、1.2小容量30MPa高压气瓶，“1211”液体充装机，干粉充装机，MFB-100发爆器 ASJ_1 简易苏生器；完成工业性试验的产品有：AJ_4 空气呼吸器校验仪、AZL-90过滤式自救器、AK_4 车载矿用氢气断电仪、AF1022A矿用隔爆兼本质安全电源箱、KF1022B矿用隔爆兼本质安全电源箱、AP_2BP 隔爆兼本质安全电源箱、BH_3 全面罩、AQ_2 人工救护器、BP_{10} 配气装置。1991年投产的新产品产值占总产值的51%。

重庆煤矿安全仪器厂1991年研制开发新产品，主要是AKJ-1型矿用多功能监控系统、AFTM-1智能式温度传感器、ATD-1型远控断电器、AKB-1型瓦斯风电闭锁装置、AGD-1型高低浓甲烷传感器、ACD-4型车载瓦斯警报断电仪、15分钟压缩氧自救器等。这些新产品的开发，有利于开拓市场，增强企业的后劲。在开发民用产品安怡牌大流量燃气热水器工作中，全厂上下全力以赴，从设计、试制样机、工业性试验，到鉴定投产只用半年时间。该厂热水器的开发成功，并打入了国内市场，取得了用户好评，为实现中国统配煤矿总公司要求的立足煤炭、走出煤炭、多种经营，在激烈的市场竞争中开了一个好头。

西安煤矿仪表厂研制的AZH-1型初期供氧装置，主要用于化学氧隔离式自救器，该项技术作为自救器的启动装置，属国内首创，同国际同类产品相比较，各项技术指标均达到80年代国际水平。该项技术研制成功，对我国化学氧自救器的安全性、可靠性有明显的提高。

行业管理 为加强对定点生产煤矿安全仪器仪表厂的行业管理，开展行业技术交流，质量评比活动，1991年成立了煤矿安全仪器仪表专业委员会，以加强行业管理。

质量及质量管理 抚顺煤矿安全仪器厂1991年在保持省、部质量管理奖和保持10种优质品奖的基础上，继续加强全面质量管理，结合“质量、品种、效益年”活动，开展全员性的“保优创优”活动，进一步提高了产品质量和档次，取得了新的成绩。全年生产的所有出厂产品性能抽查合格率均达到100%；AHY6四小时氧气呼吸器荣获国优银质奖，名列全国行检第一名；AQG-1和AQG-2甲烷测定器生产许可证检查验收合格，AZL-60A过滤式自救器生产许可证复评合格；PG系列氧气瓶生产制造换证检查验收合格。

该厂采用国际标准工作始于1983年，截止至1991年底，已有6种产品采用了国际标准，经辽宁省抚顺市标准计量部门审查验收，发给了“采用国际标准验收合格证书”。

重庆煤矿安全仪器厂以“狠抓质量、振兴安仪”的精神，在全厂广泛地开展了“质量、品种、效益年”活动。各项工作均以质量为主线，并以纯化职工质量意识为基础，以提高经济效益为目的，以满足用户要求为宗旨，以产品升级创优为手段，以质量奖惩为动力，以高水平的工作质量来保证产品质量。为此，用两个月时间开展了“我是用户”的提高质量意识学习活动；开展了自我“质量曝光”活动，全厂曝光内容92项，提出整改措施127条；狠抓现场管理，完善现场质量保证体系，在全厂贯彻《现场管理规则四十条》和《现场管理十一法》；建立了“职工质量档案”；举办《GB/T10300质量管理和质量保证条例标准》学习班和全厂性QC成果发表会，评选出质量信得过个人和质量管理先进个人76名。在产品升级创优活动中，TF200监测系统和AHG系列氧气呼吸器获重庆市优质产品称号，产品性能抽查合格率达100%。主导产品一次交检合格率比上年提高1.4%，主要零配件主项抽查合格率比上年提高3.3%。1991年国家监督抽查，各项指标均合格，达100%。由中国煤炭机械工业协会组织的产品行检，AHG-2氧气呼吸器获第一名，AHG-4A氧气呼吸器获第二名，产品性能指标100%合格。采用国际标准的产品有TF200监测系统、钢质无缝气瓶、AHG-4型正压空气呼吸器、AZY系列压缩氧自救器。

技术改造及技术引进 抚顺煤矿安全仪器厂1991年先后完成气瓶车间改扩建工程和超高强度气瓶生产线、化学氧自救器装配生产线、载体催化元件生产线、粉末静电喷涂生产线的改造工程，增强了生产发展的后劲。

销售 1991年重庆、抚顺煤矿安全仪器厂和西安煤矿仪表厂销售收入为5993万元。煤矿安全仪器出口额0.99万美元。

〔撰稿人：中国煤矿机械装备公司 董善宇 审稿人：中国煤矿机械装备公司 张志明〕

〔国家技术监督局〕

生产发展情况 1991年列入国家技术监督局生产计划的归口工厂61个，职工总数3497人。1991年计量仪器设备完成工业总产值6496.3万元，完成工业净产值2756万元，实际利润818.1万元，1991年完成产品产量50734台，比上年上升49.6%。每百元固定资产原值实现的产值130.3元，比1990年增长57.7%。人均利税3240元，每百元产值占用的定额流动资金45元，资金利税率17.1%，流动资金周转时间166天。全员劳动生产率18074元/人·年，比1990年上升89%。其中全员劳动生产率超过1万元的工厂30个，占49.1%，全员劳动生产率在2万元以上的有8个，1991年的前三名是：上海市东昌计量厂：全员劳动生产率155700元/人·年，人均利税29650元；徐州市标准计量技术开发所：全员劳动生产率55417元/人·年，人均利税14250元；佛山市计量检定所实验工厂：全员劳动生产率28944元/人·年，人均利税8660元。总体来看，计量仪器设备生产的形势趋于好转。

新技术与科研成果 江苏省计量测试技术研究所的60kN杠杆式力标准机的高精确度技术研究及应用、上海市技术监督局实验工厂研制的YRJ-89恒温式自动热量计分别获得国家技术监督局1991年计量科技进步三、四等奖。为了更好的展示近年来我国计量测试技术的科研成果，国家技术监督局于1991年11月3日至7日在南京市举办了“首届全国计量测试技术成果展示会”，从而进一步推广和应用新技术、新产品、新方法，加速科学技术的发展。

新产品 1991年安排工厂的新产品试制和科技专项开发计划项目有5项。它们是：北京计量仪器厂研制的水准仪检定仪、襄樊市计量局实验工厂开发的智能流量仪表检定仪、无锡市计量所开发的石英三分力传感器、徐州市标准计量技术开发所研制的数字显示压力表校验仪、青岛第二计量仪器实验工厂开发的微机自动控制汽车轮重制动综合检测线。

行业管理 国家技术监督局在1990年12月召开的计量仪器生产厂座谈会的基础上，布置了在1991年对计量仪器生产厂进行全员劳动生产率、人均利税、产值销售率等五项指标为期三年的考核。在考核评比的基础上，对国家技术监督局计量仪器设备生产计划归口的工厂进行了适当的调整，进一步促进工厂的现代化科学管理，重视科研开发，发挥技术监督行业的优势，为技术监督事业提供优质设备，在国民经济主战场中发挥作用。

销售 1991年产品销售收入6266.6万元，比上年增长94%。产值销售率96.4%，比1990年上升15.4%。从工厂来看，产值销售率在100%以上的工厂19个，占31.1%；在70%～100%之间的工厂31个，占50.8%。从销售产品的数量构成来看，在已销售的4.3万台计量仪器设备中，计量标准仪器占5.1%，计量检定仪器占14.7%，计量测试仪器占36.9%，计量配套仪器占29.4%，计量修理机械器具占12.3%，其它占1.2%。1991年春季、秋季计量仪器展销会，销售额约为2000万元。

〔撰稿人：国家技术监督局综合计划司 戴 莹 审稿人：国家技术监督局综合计划司 杨学礼〕

〔中国核工业总公司〕

生产发展情况 1991年，专用核仪器的研制生产有5家企业，4400多职工，其中有工程技术人员1400余人。工业总产值按1990年不变价计算6590万元，比上年增长9%，产品销售收入6670万元，利润总额1534万元，全员劳动生产率15018元/人·年。核仪器在辐射育种、辐射刺激增产、昆虫辐射不育技术、合理施肥、改良土壤、辐射保鲜等方面都有较多应用，此外在石油测井、环境保护、医疗保健、火灾自动报警、考古及刑事犯罪分析鉴定等方面，核仪器都发挥了重要作用。目前除中国核工业总公司所属的研究机构与生产工厂外、据统计，我国从事核仪器教学、科研、生产的单位约有100多个，专业职工1万多人。虽然我国经过三十多年的发展，建立了一定的基础，取得了较大的成绩，对国外核仪器所涉及的应用领域，都开展了研究，但就整体而言，我国核仪器行业尚处于技术开发阶段，核仪器行业整体水平比世界先进国家落后20年。

新技术与科研成果 核仪器行业包括八个应用领域，或称八大类仪器，它们是核探测器、基本核仪器、核电站及堆用仪器、环境保护和辐射防护仪器、核医学仪器、农业用核仪器、工业用核仪器、资源开发核仪器。随着国民经济的发展和核技术在民用领域应用的不断扩大，核仪器应用面越来越广，加上采用计算机技术、先进工艺、新材料与元器件，核仪器产品每年都有大量的新产品投入市场，替代进口产品，"八五"期间，出口产品占本行业总产值的10%以上，科研开发重点是国内市场需要量大，高难度、高技术的核仪器设备，如单光子发射断层扫描计算机成象系统（SPECT）的引进开发，1991年已完成大部分工作，1992年研制出样机。

新产品 中国核工业总公司集中主要核技术科研开发力量，每年都研制出数十种科研成果及新产品，如核电厂用核辐射环境监测车、碳氧比石油测井车、充氙电离室、能量色散X荧光分析仪、核废料运输车、核燃料组件运输车、煤炭灰分分析仪、核电厂反应堆控制保护系统等。

行业管理 中国核仪器行业学会是我国核仪器行业管理的群众组织。自1987年成立已来，已发展团体会员近百家，该协会名誉理事长是著名核物理专家王淦昌教授，理事长是中国核工业总公司副总经理李定凡。中国核仪器行业协会负责行业规划、管理，介绍国内外核仪器行业发展动态、新技术、科研新产品，宣传普及核技术，参与组织国内外技术交流，协调各成员之间关系等，该协会主办的《中国核仪器通讯》已发行十八期。

质量及质量管理 核仪器产品属高技术产品，由于它的特殊技术，对产品质量及使用操作都有较高的要求。中国核工业总公司目前对所属专业仍严格按照《产品质量保证体系》实施管理。对核仪器产品还建立了质量检测中心，统一技术标准，对生产核仪器的企业单位进行资格审查，并拟实行生产许可证制度。

技术改造及技术引进 近年来核仪器生产企业已有较大发展，已引进的核技术有离子感烟探测器技术、SPECT技术和样机等。国营二六二厂先后进行了火灾探测器生产线技术改造、核仪器生产线技术改造，引进火灾探测器生产技术，成为我国最大的生产火灾报警产品的企业。

销售 1991年全系统共实现销售收入2105万元，约15799台、件（含探测原件），核仪器总保有量约10万台、套。

〔撰稿人：中国核仪器设备总公司 高 峻 审稿人：中国核仪器设备总公司 汤荫松〕

仪器仪表元器件

〔机械电子工业部〕

生产发展情况 1991年机电部仪器仪表元器件归口管理企业71家，以1990年不变价格计算完成工业总产值48868万元，比上年增长16.1%，按现行价计算为45159万元，比上年增长18.6%。工业净产值为16073万元，比上年增长8.2%。部归口管理的11个重点企业完成工业总产值12273万元，比上年同期增长12%。全行业职工全年平均人数22602人，该行业全年实现利税总额4420万元，全年固定资产平均余额为27224万元，定额流动资金全年平均余额19221万元，按工业总产值计算的全员劳动生产率为21621元／人·年，按工业净产值计算的全员劳动生产率为7111元／人·年；现行价工业净产值率为35.6%；定额流动资金周转天数达306天。

四川仪器仪表总厂所属企业完成仪器仪表元器件工业总产值4495.8万元，产品产量9833.4万件。其中机械元件完成962.8万元、4617.8万件，包括宝石轴承1131.2万件、轴尖轴座3166.6万件、压力表齿轮机构92.92万件、小模数齿轮5.69万件；弹性元件完成493.4万元、2877.9万件，其中金属波纹管1.89万件、金属膜片膜盒0.29万件、仪表游丝2875.72万件；电磁元件完成531.7万元、5.88万件；半导体器件完成92.3万元、14万件；集成电路完成1396万元、51.38万件；仪表接插件约完成40.89万元、3.21万件；其他元件完成1038.7万元、2263万件。大连仪表元件厂完成工业总产值357万元，该厂实际亏损额比上年增加约49%，完成半导体器件10.12万支、集成电路生产5.18万支、传感元器件0.14万只。上海仪表电机厂完成工业总产值1163.9万元，比上年增长29%，主要产品产量完成情况是：仪表元件（电磁元件）16.64万台，其中产量最多的是NO型可逆电机35043台，ND-D低压可逆电机25379台，451YZ同步电机36506台。该厂销售收入1135万元，利税总额140万元。上海仪表接插件厂完成工业总产值905万元，比上年增长7%，完成接插件总产量80万套，年销售额758万元，比上年增长16%，年利税总额105.1万元，比上年略有提高。上海电光器件厂完成工业总产值980.8万元，比上年略有下降，但销售收入完成1027.2万元，比上年略有提高，比上年净增利润40.3万元，完成真空器件20.29万件。上海电器电子元件厂完成工业总产值484.9万元，销售收入

464.8 万元，利税总额 45 万元，主要仪器仪表元件产量：光电元件 40.59 万件，集成电路 8.54 万件，固态继电器 1.63 万件，光电开关 0.7 万件。苏州仪表元件厂完成工业总产值 3004 万元，比上年增长 24.6%，销售收入 1850.8 万元，比上年增长 24.6%，实现利润比上年增长 9.9%，完成仪表元件 1878.6 万件，其中电磁元件 2.94 万件、仪表接插件 1875.6 万件。苏州晶体元件厂完成工业总产值 959.8 万元，比上年增长 6.9%，完成商品产值 878.7 万元，比上年增长 1.6%，实现利润比上年下降 41%，销售收入 800 万元；主要产品产量：刚玉球形轴承 1122 万粒，比上年增长 9.7%，刚玉通孔轴承约 112 万粒，比上年增长 9.1%，玛瑙轴承 571 万粒，比上年下降 19.1%。该厂销售利润率、资金利税率比上年下降。杭州仪表元件厂完成工业总产值 2695.4 万元，比上年增长 5.2%，主要产品产量：发光二极管 2479.8 万芯、半导体数码管 52.11 万芯、液晶屏 0.27 万只、计数器 309 万只。该厂产值中，全民产值占 6.3%，集体产值占 46.4%，合资企业产值占 47.2%。青岛计数器厂完成工业总产值 642 万元，比上年增加约 22%，完成销售收入 628 万元，比上年提高 39.6%，创历史最好水平，实现利税总额比上年提高 18%，完成多种计数器 93.5 万只。三门峡仪表元件厂完成工业总产值创历史最好水平，达 595.4 万元，比上年增长 10.3%，该厂经济效益持续增长，实现利税比上年增长 11.6%，销售收入利税率达 32.8%，居仪表元器件行业前列。该厂完成仪表接插件 248.2 万只。襄樊仪表元件厂是仪表行业中，除四川仪表六厂之外的又一个生产专用集成电路的企业，1991 年该厂完成工业总产值 1709 万元，比上年提高 5.6%，销售收入实现 1376.2 万元，比上年提高 43.5%，利税总额 216.8 万元，比上年提高 18.2%；完成主要产品产量：集成电路 3.3 万件、汽车元件 54.55 万件、晶闸管 3.22 万件。

新技术与科研成果 “七五”国家重点攻关项目 75—51—01 仪器仪表元器件和 75—53 03 工业自动控制系统用敏感元件及传感器通过了国家验收。75—51—01 项目，完成 4 项关键技术、9 台专用设备。通过工艺攻关提高了产品寿命和成品率，仪表电机寿命指标由 0.8 万 h 提高到 2.6 万 h，弹性元件成品率由 30%～50%提高到 85%以上，计数器寿命指标达到 3×10^7h。波纹管管坯多模变薄拉伸机提高工效 12 倍，波纹管滚筒除油装置提高工效 2 倍，自锁紧接插件自动车床年生产能力可达 100 万件。苏州仪表元件厂、上海仪表接插件厂、南京机械专科学校共同研制的自锁紧接插件专题获国家计委等部门颁发的重大科技成果奖。75—53—01 项目有 80 多名攻关科技人员获部表彰。部基金项目中机电部自动化所完成了机电仪专用集成电路高可靠、抗干扰基本单元图形库、机电仪数字专用电路故障诊断系统研究；沈阳仪表工艺研究所完成了深背景紫外滤光片制造技术、中等精度棱镜高效加工工艺研究。

新产品 上海仪表电机厂有仪表 36BY62 永磁步进电机等 5 项新产品通过市局组织的新产品鉴定。苏州仪表元件厂开发的 16 键导电橡胶键盘、GK-12 键盘开关、RDL-96 压接型产品、开关电源、广告屏等 5 项新产品完成了样机研制任务。此外，96 芯零插拔力连接器通过省级鉴定，填补国内空白，使国产 B 超机用上了国产的连接器。苏州仪表元件厂开发了 JQ014 手动计数器和 116 位机械传动计数器，并通过了部级鉴定，该厂新产品产值率一直保持在 85%以上。苏州晶体元件厂的宝石表镜系列产品已于 1991 年底进行了鉴定，使该厂宝石片用于永不磨损型手表表面迈出了可喜的一步。该厂的粘结磁钢、磁推轴承、纺织行业用磁管项目都已试制出样品。沈阳仪表工艺研究所开发的 NT870 液位传感器、扩散硅液位压力传感器等，提高了配套仪表的国产化水平。襄樊仪表元件厂完成了混合汽车调节器、交流开关调压器、GTR 单管不可逆调速系统。三门峡仪表元件厂从“六五”着手技术改造到“八五”规划第一年，共开发仪表开关等新产品 98 个品种、670 个规格。该厂技术进步产品产值率已达 50.2%，比上年增长 8.2%。上海仪表接插件厂的 KAM 开关通过了批试生产鉴定，为 S 系列调节仪配套的 22 芯接线端子已投放市场。

质量及质量管理 1991 年根据国家技术监督局下达的任务，国家仪器仪表元器件质量监督检验中心对位置传感器进行质量抽查。当年，行业完成了《压力传感器系列型谱》、《压力传感器通用技术条件》、《电子计数器》等 8 项行业标准，以及《仪表用圆型电连接器》、《仪表变压器产品质量分等》2 项行业内部标准，12 项光学工艺标准。还根据《标准法》、《标准法规实施细则》对现行标准进行清理整顿。苏州仪表元件厂生产的语言实验系统，生产四年来，连续夺得 5 项全国同类产品的第一名，质量达一等品标准。青岛计数器厂产品质量逐年提高，产品合格率达 93.6%。苏州晶体元件厂刚玉球形轴承合格率为 99%，玛瑙轴承合格率为 98.7%。襄樊仪表元件厂成品一等品率为 73%，品种合格率为 100%，质量稳定提高率为 100%，优质品产值率为 35%。该厂采用了 100A 达林顿模块及塑封工艺技术，50A 功率晶体管工艺攻关，使击穿电压⩾1000V 达到 6.9%，大于 5%的计划指标。三门峡仪表元件厂国际标准采用率达 58.8%，比上年增长 8.2%，成品抽查合格率 100%，成品一次交检合格率 99.3%，产品一等品率 100%。大连仪表元件厂，产品实际退换货率有很大幅度下降，如传感器退换货率为 10%，高输入阻抗运算放大器为 0.36%。上海光电器件厂主要产品废品率降低 5%，产品质量的稳定提高率达 80.7%，创历史最好水平。

〔撰稿人：机械电子工业部仪器仪表司 訾福

详〕

〔航空航天工业部〕

生产发展情况 航空航天工业部的上海新宇电源厂（上海空间电源研究所）是研制航空航天专用化学和物理电源的专业骨干企业，既为高科技领域提供优质航空航天用电源，又为民用提供高能直流应急电源。1991年完成工业总产值4118万元（1990年不变价），比上年提高22.2%，产品销售收入2638万元，利润总额164.8万元，全员劳动生产率42366元/人·年，出口创汇12万美元。1978年以来产值和利润以20%的速度递增。

该厂研制生产了银锌电池、镍镉电池、太阳电池、氢镍电池、铅酸蓄电池、电子自动控制装置等10多个系列产品。其产品开发在航空航天事业中创出一条新路，该厂成为国内首家出口空间用电源的专业化企业。

该厂获国防科工委颁发的"军工产品质量保证体系验收合格证书"，生产的航空航天和民用产品质量可靠。民用新闻电池、镍镉电池产品全部按国际标准生产，并获得上海市标准计量局认可证书，荣获部、市优产品称号，产品畅销国内。

为满足国内外市场需要，调整产品结构，引进美国EPI公司圆柱形可充式镍镉电池先进技术设备，组成生产流水线，目前已投入批量生产，品种有1、2、$2\frac{1}{2}$、5、7等规格，年产量600万台。

〔撰稿人：航空航天工业部　徐义俊　审稿人：航空航天工业部　汪才昌〕

仪表材料

〔机械电子工业部〕

生产发展情况 仪表材料行业现有企事业单位38家，其中专业厂32家，兼业厂6家。1991年底职工总数16886人，其中技术人员2218人，占全部人数的13.1%，占有固定资产净值36322万元，全年实现工业总产值67172万元（现行价），生产仪表材料7523吨，补偿导线10534km，利润总额5030万元。行业生产逐渐走出低谷，市场疲软有所缓解，经济形势正在好转，行业总产值比上年增长7.1%。出口创汇增加429万美元，产品销售收入增加4.5%，产品销售税金增加9.2%。但利润总额比上年下降2.4%，呈现出生产增长，利润下降的特点。

仪表合金行业10家企业的工业总产值为24158万元，比上年增长17.4%。利润总额1799万元，基本与上年持平，销售利税率比上年下降0.2%。上海合金厂的生产上升，产值、产量分别比上年净增20.63%和19.72%，销售总额净增1.5%，出口创汇增长138.9%，但利润总额下降14.9%。其中增长最快的产品是杜美丝和玻璃行业替代进口需用的贵金属制品，如搅拌器、坩埚等。四川仪表一厂生产稍有下降，工业产值下降0.5%，销售下降6.7%，利润下降13.9%。

生产仪表磁钢的10家企业工业总产值8422万元，比上年下降0.7%，产品销售收入比上年增加26%，上交利税增加67.7%，销售利税率减少3.3%，利润总额465万元。

补偿导线行业生产和销售总体上继续保持稳定增长，工业总产值比上年增加18.1%，产品销售收入增加15.9%，利润总额增加17.5%，产量达10534km，比上年增加3540km。

玻璃行业8家企业共完成工业总产值19661万元，比上年增加18.9%，利润总额1682万元，比上年下降21.5%。

新技术与科研成果 1991年仪表材料行业共完成科研项目77项，其中，获各种奖励的优秀科研成果共17项，获国家或部级科技进步奖科研成果9项。重庆仪表材料所完成科研项目45项。其中："七五"攻关项目1项，"八五"攻关项目4项，机械工业技术发展基金项目3项，专用机械科研项目7项。在完成的科技成果中，有7项达到80年代末水平，有8项填补国内空白，有10项达到国内先进水平，有6项获部、省、市各类科技成果奖。北京玻璃研究所完成科研项目9项，其中5项达国际先进水平或国外同类产品水平，4项达国内领先水平。国营二〇八厂共完成12项科研成果。

1991年科研工作更注重科研成果向生产力的转化，所完成的科研成果大部分已通过小批试制、中试，逐渐向产品、商品转化，产生直接经济效益。如重庆仪表材料所研制生产的"1151"变送器用恒弹性合金棒材、精密铠装铂电阻温度计、硫化镉、硒化镉光导材料等，用于替代进口材料，获得了较好的经济经益。北京玻璃研究所集中资金，抓了氟化钡晶体和酸溶光纤传象束的"科研—生产"一条龙，他们研制的氟化钡晶体的质量已达国际领先水平，并引起美国SSC工程（超导对撞机）研究者的重视。目前，这两个产品都已形成一定生产能力，预计"八五"后期将逐步形成新的技术产业。

新产品 1991年，仪表材料行业开发了64种新产品。

如：重庆仪表材料所根据用户需要，利用传统技术优势，进行某些技改后，开发出的电冰箱（三门）加热器、铠装加热器、哈氏合金长轴、端面铂电阻等，能够在当年或近两三年内创造较明显的经济效益。上海合金厂拓宽贵金属产品范围，生产了铂及铂铑合金包覆钼搅拌器，又第一次为北京七七四厂加工了低温点低坩埚，产品质量接近日本同类产品水平，使用期超过40天，为发展我国显像管玻壳的国产化事业做出了贡献。他们还开发了可替代进口的产品铜包铝丝、覆镍锆铜丝等技术型新产品。1991年上海合金厂新产品产量共达5.2吨(包括银制品)，产值达70万元。天津市电工合金厂开发的银氧化镉P型线材达日本同类产品先进水平，可替代进口，年产1.5吨，年产值152万元，CJ10系列交流接触器用触头材料获国家银质奖，年产量0.77吨，年产值77万元。

磁钢行业紧跟电度表更新换代和磁钢在高科技领域扩大应用的新形势，开发多系列、高档次产品。上海磁钢厂开发的低温度系数钕铁硼永磁和高矫顽力钕镍钴永磁，已形成批量生产能力。磁钢新产品的开发步伐加快，青岛磁钢厂和杭州磁钢厂新产品销售率由1990年的0.2%和11.6%上升到1991年的5%和35.3%。开发的新产品主要是技术含量高的五类磁钢、稀土产品，及为新型电度表、汽车仪表配套的铝镍钴磁钢及其组合件。青岛磁钢厂产品已逐步由LN系向LNG系过渡，并开发生产了用于60兆赫核磁共振仪和60kg激振仪的LNG52和LNG72新产品，NdFeB永磁也已具备年产5吨的生产能力。四川仪表十九厂开发的新产品主要是为引进的内磁式万用表、汽车仪表、煤气表国产化配套及为出口的广角表配套的磁钢。

由于玻璃行业在"七五"期间有五家大中型企业引进了国外80年代先进的生产工艺和技术，所以，行业的产品开发能力较强，光学玻璃、光学晶体等产品质量达到了国外80年代中、末期同类产品水平，在国内外市场上有一定的竞争力。如新沪玻璃厂开发的高科技产品"一管多芯"和"着色"光纤，在国际、国内激烈的市场竞争下，实现销售273万元。二〇八厂在保持传统光学玻璃产量比上年增长36%的同时，又开发了适应市场需求的新型光电产品、工艺品玻璃、新型眼镜材料——抗疲劳眼镜片，其主要技术指标达到德国迪沙克Neophon 200F产品水平。该厂的主要产品均有出口，直接创汇达历史最高水平。

行业管理 1991年行业工作完成了《国内外仪表材料发展概况及预测》、《工业发达国家仪表材料基本情况及典型企业情况》、《期刊文献题录、译文及内部参考》等项目。这些研究对促进仪表材料科技与生产的发展，对了解国内外仪表材料的发展状况，对引进技术、出口创汇、建立对外联系都有重要的作用。

1991年行业工作尝试和探索了在改革形势下的新工作方法，努力使行业工作切实做到为行业服务。"新产品开发指南"、"'八五'行业地区产品结构调整规划"和"'八五'行业科技发展规划"为企业产品结构调整和产业结构调整提供了依据。贵金属和磁钢产品价格协调会议，经充分讨论分析，制定了产品价格随原材料价格波动的原则和计算方法，避免了行业厂之间的价格混乱，维护了企业的合法权益。

1991年仪表材料科学会与中国有色金属学会、中国电子学会联合举办了"第二届弹性合金与工艺学术交流会"，仪表材料情报网召开了"第八届仪表材料情报网及技术交流会议"。

质量及质量管理 在行业产品质量监督检测方面，根据机电部机质〔1991〕21号文和机质〔1991〕年50号文，1991年仪表材料质检中心共承担了27个企业、78种产品的创优、等级评定、创优复查、行业评比、行评复查、型式检验、委托检验、仲裁检验等各项检测任务，受检企业产品类别有永磁材料、软磁材料、热电偶丝材料、补偿导线、电阻材料、电真空材料等七大类，受检产品数达到了历史最高水平，促使产品质量的提高和技术进步。

1991年制定了行业标准2项:《仪表材料产品系列型谱》、《铂及铂铑合金包覆钼搅拌棒》。并根据机电部机电科〔1990〕1100号文的要求，按国家标准和行业标准、强制性标准和推荐性标准划分的原则，对行业现行的82项国标、行标、内部标准进行了全面的清理整顿。确定继续有效的国标23项，其中强制性标准16项，推荐性标准7项。确定继续有效的行标37项，其中强制性标准4项，推荐性标准33项，另外废止2项。行业内部标准20项，均为推荐性标准。1991年行业标准的制订和清理为加强质量管理、促进企业生产起到了良好作用。

技术改造及技术引进 1991年，除上海合金厂经上海市经委批准，争取到1500万元投资及贷款外，其余项目资金主要靠企业自筹。仪表材料行业基本建设投资为604万元，技术更新改造投资4460万元。大的基建和技改项目有：上海合金厂投资1817万元用于理化实验室改造、节能改造和仪表电子合金材料生产线的技术改造。其中，基建投资225万元，技改投资1592万元，理化室改造已完成，仪表电子合金材料生产线的技术改造正在进行。上海磁钢厂投资105万元用于高性能铝镍钴永磁扩大生产能力和建造铸造五类永磁连续热处理炉。萧山磁钢厂投资311万用于粘结稀土永磁的厂房和生产线建设。电线、电缆的4个主要行业厂共投资573万元，用于购置设备，扩建厂房，贯通生产线，扩大了电线电缆的生产能力。二〇八厂投资195万元，用于稀土玻璃"S"池炉和白托池炉的技改，并用氧化铝空心球砖改造老式粘土焙烧炉，使每万元产值耗标煤下降了0.02吨。

销售 1991年我国国民经济仍处于调整时期，仪表材料行业市场疲软正在逐渐缓解，市场需求有新的变化。销售形势是总销售额有所增长，但销售利润下降。其中，老产品销售量稍有下降，量大面广的新产品既有市场，也有竞争。如适用性小家电的发展、刺激了杜美丝年需求达250吨；五、八类铝镍钴永磁、稀土永磁及磁钢组件需求增加，补偿导线销售量继续上升，变色玻璃需求下降，光学玻璃、光电材料、激光晶体、光纤需求增加。

1991年仪表材料行业出口增长较大，出口金额达584.6万美元，比上年增长65%，出口国别主要在东南亚各国，也有少量产品出口到日本、美国等国。出口量最大的产品是杜美丝，达96.8吨，出口金额147.4万美元，这使四川仪表一厂出口创汇增长了95%。出口产品档次也有所提高，从原来单纯出口初级产品发展到出口某些附加价值高的产品，如快速铂铑热电偶、激光晶体YNG、延迟线玻璃、光学镀膜材料等。

〔撰稿人：重庆仪表材料研究所　罗立虹　审稿人：重庆仪表材料研究所　刘福祥、孔祥戈　机械电子部仪器仪表司　眷福祥〕

电子测量仪器

〔机械电子工业部〕

生产发展情况　1991年是电子仪器行业面对国内、国际两个市场的需求进行产业结构和产品结构调整的一年。电子测量仪器更新换代，逐步推向国际水平，这是电子仪器发展的中心目标；同时，开辟第二或第三等子产业，形成两个或两个以上子产业相辅相成发展的格局，以增强企业的经济实力，推动企业的良性发展，这是1991年电子仪器行业生产发展的最基本特色，在这一年里不少企业的产品质量有了明显的提高，相当多的产品正向国际水平靠拢，一定数量的企业增强了经济实力，有的开始进入良性循环的发展道路。1991年生产发展的具体情况详见表1。

表1　电子工业系统电子仪器产值情况表

(单位：万元)

项　目	1989年	1990年	1991年	1991年比上年增长%
电子仪器工业总产值	177514	195992	313258	59.8
电子仪器产品产值	133136	14114	144098	2.1

1991年，各企业通过积极调整产品结构来提高经济实力，具体表现就是1991年电子仪器工业的总产值达到313258万元，比1990年提高了59.8%；随着生产的增长1991年全行业全年利税总和为27824万元，比1990年的19655万元增长了41.6%。这两项指标的大幅度增长，无疑提高了电子仪器行业不少企业的经济实力。

1991年电子测量仪器的产量情况完全体现了调整产品结构的指导思想。把不适应市场要求的产品从生产上调整下来，把适应市场要求的产品从生产上加强质量保证，把市场急需的产品尽快开发出来。因此，1991年电子测量仪器的产品产量没有大幅度增长，只是有些稍许增加，这是调整产业结构和产品结构的结果。1991年全国电子仪器的产品产量情况见表2。从表2可以清楚的看出，1991年全国电子仪器的总产量为470629台，比1990年增加仅为5.5%。这个低幅度的增长恰是调整产业结构、产品结构，提高经济效益实施的具体体现。1991年生产的十八类电子仪器中，其中有十一类产品的生产有不同程度的增长，其中微波测量仪器增长最多，达198%，其次为超低频测量仪器，增长135%；另有七类是负增长。正增长的产品是市场需求量大的产品，负增长的产品是市场需求量少的产品；而正增长幅度不大和负增长不应出现的门类产品，是因为我国的产品质量、技术水平、性能价格比还不适应开拓市场的能力。但从电子仪器行业总产值增长不大，而经济效益（全年利税）增长较大来看，说明电子仪器行业以市场为导向调整产品结构的正确。

新技术与科研成果　1991年电子仪器行业共获得26项机电部科技进步奖，其中一等奖3项，二等奖7项，三等奖16项。获奖具体项目见表3。这些获奖项目都是向数字化、自动化、智能化方向发展的高技术产品，基本上是80年代国际水平的产品。获一等奖的DH3181在线测试系统是一种节点阻抗式的电路板在线测试系统，属于制造故障分析机范畴。采用“比较法”进行测试，对同类电路板的测试过程中运行这个测试程序与正确电路板进行比较，判断被测电路板上的元器件参数值是否在公差之内，将故障点号、位置、超差数等内容打印出以便修理。DH3181在线测试系统的主要技术性能是：(1) 多功能测试系统，具有最大针号设置、针号识别、自动程序生成、程序编辑、测试、测试结果统计、系统自测等功能。(2) 大测量范围：测试点最大960点，测量范围：电阻0.5～40MΩ、电容10PF～6000μF、电感1μH～600H、电压0～14V (DC)、二极管极性及正向特性，测试重复性±1位，测试速度10～60ms/步。该系统的主要特点是：(1) 系统采取了最紧凑的优化设计原则，系统的元器件数量少，从而增加了可靠性，又使系统的热耗散很低，系统的总功耗低于100W。(2) 独特的测试夹具的结构设计，消除了电缆，使其具有很高的可靠性和重复性。(3) 系统具有可调器件，可直观地将可调器件调至很小的公差之内。(4) 被测板可以通过继电器板加电进行静态工作点的电压测试。(5) 测试模板制作简单，零件少，成本低，更换一种被测板的夹具只需一分钟。(6) 工作台按人机工程设计，操作方便舒适。

另一个获一等奖的QF1480合成信号发生器是一种超宽频带（0.1～1050MHz)、高稳定度（优于$\pm 5\times 10^{-7}$/日)、高分辨率（10Hz)、大动态范围（−127dBm～+13dBm）、高纯度（非谐波含量小于−6dBC、谐波含量小于−30dBC）的智能化合成信号发生器。内装 16 位微处理机，具有自检、自诊断功能和存储／调用功能，可存储 50 组前面板设置状态，断电后能保持二年之久。接口与 IEEE488 标准接口兼容，除电源开关和调制输出幅度外所有前面板功能均可接受远地控制，是广播通信和自动测试不可缺少的信号发生器。

再一个获一等奖的 WDVE−6 医用电子直线加速器是医疗电子仪器中的高技术产品，是国际上公认的高效治癌机，它的研制成功是我国在医疗电子技术上的一个新的突破，同时将有力的推动治癌工作的开展和医疗电子仪器科研开发工作的进一步发展。

表 2　全国电子仪器产量情况表　　（单位：台）

名　　称	1989 年	1990 年	1991 年	1991 年比上年增长%
全国电子仪器总产量	544678	446150	470629	5.5
一、频率测量仪器	7893	7634	7965	4.3
1. 模拟频率测量仪器	194	510	610	19.6
2. 计数器	5218	4655	4210	−9.6
3. 计数器扩频装置	1763	1700	1401	−17.6
4. 时间测量仪器	183	203	1445	612
5. 特种计数器	56	133	38	−71
6. 频率标准	406	347	180	−48
7. 校频比相仪	73	86	81	−5.8
二、电压测量仪器	79900	130453	70400	−46
1. 直流数字电压表	3171	30979	3498	−88.7
2. 数字多用表	50904	88901	52163	−41.3
3. 电压电流校准装置	78	402	11	−97.3
4. 模拟式电压表	2996	1957	2907	48.5
5. 数字面板表	3584	5605	9869	76
6. 其它	19167	2609	1952	−25
三、示波器	43710	30744	33191	8
1. 通用示波器	36537	25688	31911	24
2. 取样、存储、记忆示波器	243	277	514	85.6
3. 其它示波器（逻辑分析仪）	206	459	217	−52.3
4. 专用示波器	6650	4194	525	−87.5
5. 示波器校准仪	74	126	24	−81
四、器件参数测量仪器	6236	3761	3625	−3.6
五、元件参数测量仪器	8441	7722	6318	−18
六、脉冲测量仪器	2429	807	985	22
七、扫频、频谱、波形分析仪	5762	5474	5505	0.6
1. 扫频仪	4636	3961	3799	−4
2. 频谱仪	114	143	191	33.6
3. 失真度测量仪	439	1081	1286	19
4. 其它	169	111	116	4.5
八、微波测量仪器	6252	4584	13669	198
1. 网络特性测试仪	4	9	27	200
2. 衰减器、滤波器	1636	1474	511	−65
3. 微波元件	4170	2606	11192	329
4. 雷达综合测试仪	152	133	130	−2
5. 微波功率放大器	265	21	20	−4.8
6. 其它微波仪器		243	1789	636
九、通讯测量仪器	7604	6898	9515	37.9
十、广播电视测量仪器	4232	3542	3272	−7.6
十一、超低频测量仪器	8252	1278	3003	135
十二、声学测量仪器	7891	5429	6202	14
十三、干扰场强测量仪器	2001	1116	1759	57.6
十四、稳压电源	320350	193304	279558	44.6
1. 直流稳压电源	88542	39576	71662	81
2. 交流稳压电源	111173	70324	80108	13.9
3. 稳压电源	8030	5539	7242	30.7
4. 微机用不间断电源	20569	24634	35836	45.5
5. 其它电源	63596	30291	38194	26
6. 逆变电源	15664	4586	1928	−58
7. 开关电源	7719	9039	41687	361
8. 应急电源	4703	8322	2709	−67
9. 激光电源	310	74	184	148.6
十五、记录显示仪器	1052	519	269	−48
十六、信号源	22353	26282	19496	−25.8
1. 低频信号发生器	7540	5818	7250	24.6
2. 超高频信号发生器	316	12889	295	−97.7
3. 高频信号发生器	4650	2860	3071	7.4
4. 微波信号发生器	333	605	260	−57
5. 频率合成信号发生器	5	69	71	2.9
6. 其它	8515	3216	8189	154.6
十七、功率计	2638	2559	2575	0.6
1. 小功率计	852	1211	850	−29.8
2. 中功率计	712	550	840	52.7
3. 大功率计	1042	717	133	−81.5
4. 激光功率计	32	81	12	−85.2
十八、其它测量仪器	7682	14044	3322	76

表 3 1991 年获机械电子工业部电子工业科技进步奖项目

序号	项目名称	获奖等级	完成单位
1	DH3181 型在线测试系统	一	七六八厂
2	QF1480 型频率合成信号发生器	一	七六六厂
3	WDVE-6 医用电子直线加速器	一	12 所
4	AV2494 型智能光功率计	二	41 所
5	小模数齿轮数字化测试仪	二	西安电子科大
6	超微间隙磁头飞行姿态测试仪	二	西安电子科大
7	LA4050 逻辑分析仪	二	成都电子科大
8	HH4441 数字存贮示波器	二	八六九厂
9	QF1310 声表面波滤波器测试仪	二	七六六厂
10	QH1360 八毫米可程控扫频源	二	八六〇厂
11	DWMJ89A 电磁波微电脑脉冲记录仪	三	2 所
12	AV2252 (3) 电位器动噪声自动测试仪	三	41 所
13	AV2781LCR 自动测试仪	三	41 所
14	DY2463 三相交流功率电解表	三	北京无线电技术研究所
15	XJ4530 逻辑分析仪	三	上海无线电二十一厂
16	XJ4610 型带 μp 高灵敏度二线示波器	三	上海无线电二十一厂
17	JHY-1 型便携式动态心电监护仪	三	天津电子计算机研究所
18	YT411 型发动机分析仪	三	天津电子仪器技术研究所
19	HYDF 原油参数电脑分析仪	三	武汉计算机研究所
20	0.2～18.5GHz 微波取样器	三	南京电讯仪器厂
21	EE3376 型可程控通风计数器	三	南京电讯仪器厂
22	M8500 自动记录紫外线可见分光光度计	三	国营泰州无线电仪器厂
23	QF1054 标准信号发生器	三	七六六厂
24	QF4132 型调制度仪	三	七六六厂
25	GH2462 通过式双定向功率计	三	七六七厂
26	QH1261 全景扫频图示仪	三	八六〇厂

新产品 1991 年新产品开发的主要特点是既要面向市场又要在技术上高起点。XH2990 晶体管老化筛选仪是市场需要而又技术上高难的产品。该产品既有高速的老化筛选速度又有高度的质量保证，因此该产品很受欢迎。产品研制过程中解决了一系列技术关键，如高精度、大范围的恒压、恒流源，高速取样和数字化技术，分析处理软件，高速开关等。这一产品的研制成功将为我国提供一种元器件快速老化筛选的新手段，为我国电子产品的质量保证作出积极的贡献。BY2463 三相功率电能表是市场所需求而又高准确度的电能计量仪表。该电能表的研制成功将使我国电表的计量管理水平有一个新的提高，并很快被推广到全国 26 个省、市使用，将为我国的节约能源作出有益的贡献。BY1935 数字多用表体现了我国电子仪器开发技术的一个新的发展方向，这就是 SMD（表面组装元件）的应用。SMT（表面组装技术）在国际上被称为第四代电子组装技术，最主要的特点是体积可以减小 40%，重量可以减轻 70%。是电子产品小型化、多功能化的必经之路。该机采用 SMT 技术标志着电子测量仪器的研制开发将开始一个新的起点。SMT 技术的应用也使 BY1935 以新的技术面貌出现在市场上，实现了准确度高、功耗低，可靠性高，MTBF（无故障工作时间）＞20000 小时，并具有条码显示和休眠功能。Q06 型晶体管热阻计量装置的研制成功填补了国内空白，是检验晶体管热击穿点，成为保证产品质量的重要计量手段。DF79 型全电子化数字、模拟面板表是国内首创的第一种全电子化数字模拟面板表。FJ9121 计算机头部声波检测仪，它与 CT（计算机断层扫描 X 光机）的符合率为 80%。而 CT 是一种庞大的电子医疗设备，价格昂贵，检查费用很高，而 FJ9121 则是一种轻便的与 CT 符合率很高的一种电子医疗设备，是一种有市场有技术水平的新型电子医疗仪器。DF4075A 动态信号分析仪是一种具有多通道实时分析能力的新一代 FFT 信号分析仪器。高实时分析能力及其优异的性能，是由于大量采用了目前国际上最新的 VLSI 器件及自己开发的先进的软、硬件技术与之相结合的结果。DF4075A 不但具有时域、频域、幅域、倒频域等常用的信号分析功能，而且还能进行模态分析与故障诊断，是一台真正的 80386 计算机。DF4075A 动态信号分析仪作为集数据采集／信号分析／模态分析／故障诊断为一体的综合动态信号分析系统，以基础高的性能价格比为从事信号处理研究及其工程应用领域提供了先进的计量分析工具。这是一台代表我国现代化水平的电子测量仪器，也是我国电子测量仪器的技术发展趋势。

1991 年电子仪器行业定型的主要新产品见表 4。从产业结构调整的角度来看，电子仪器已经摆脱了单一电子测量仪器产品的格局，正在形成以电子测量仪器、电子应用仪器和电子医疗仪器三位一体的发展格局，当然有的厂还开辟了劳动密集型子产业，或者第三产业，其目的都是为了扭转企业经济被动的局面，改善企业的经济条件，形成支持电子仪器的发展能力。

表4　1991年电子仪器行业定型的主要新产品

序号	新产品名称	研制单位
1	DH2790型电子负载	七六八厂
2	DH1740A交流净化稳压电源	七六八厂
3	DH3633七毫米测量线	七六八厂
4	DH1782充电式通讯电源	七六八厂
5	DH832短路定位器	七六八厂
6	DH2791耐压测试仪	七六八厂
7	XZ1型10cm噪声发生器	七六八厂
8	BY1935数字多用表	北京无线电技术研究所
9	BY2462A-1电子式单相功率电能表	北京无线电技术研究所
10	BY2463A三相功率电能表	北京无线电技术研究所
11	BY1992工频数字电压表	北京无线电技术研究所
12	BY1993工频数字电流表	北京无线电技术研究所
13	Q06型晶体管热阻计量装置	北京无线电技术研究所
14	BJ3193微电脑电压比较器参数测试仪	北京无线电技术研究所
15	IST707（NI-4）多用电子除臭器	北京无线电技术研究所
16	GD2000可燃气体检测报警器	北京无线电技术研究所
17	YT113型加工中心数控系统	天津电子仪器技术研究所
18	YT412型发动机分析仪	天津电子仪器技术研究所
19	YT4010型桩基测试分析仪	天津电子仪器技术研究所
20	TD4075现场动平衡测试仪	天津电子仪器厂
21	YY2815精密元件分析仪	天津无线电六厂
22	YY2772数字电感测量仪	天津无线电六厂

(续)

序号	新产品名称	研制单位
23	WH17900C系列交流高精度净化电源	国营卫华仪器厂
24	WH17903F交流高精度净化电源	国营卫华仪器厂
25	WH17900E系列交流高效净化电源	国营卫华仪器厂
26	DF79型全电子化数字模拟面板表	国营永明无线电器材厂
27	DL4362型示波器	辽宁无线电二厂
28	DL4313型示波器	辽宁无线电二厂
29	XJ4321型示波器	上海无线电二十一厂
30	XJ4451型数字存贮示波器	上海无线电二十一厂
31	EE1602型电调石英频标	南京电讯仪器厂
32	EE4861通用纺机参数显示仪	南京电讯仪器厂
33	FJ2816Y_1分选控制器	南通无线电仪器厂
34	FJ9121计算机头部声波检测仪	南通无线电仪器厂
35	DCH-05B红外光电测距仪	常州第二电子仪器厂
36	微型激光测距仪	常州第二电子仪器厂
37	条彩码手持式激光扫描器	常州第二电子仪器厂
38	条彩码光笔	常州第二电子仪器厂
39	WCJ89激光测距仪	常州第二电子仪器厂
40	自动络筒车用电子清纱器	常州第二电子仪器厂
41	ZXJ91-200激光观测仪	常州第二电子仪器厂
42	CY2661、2662型耐压测试仪	常州电子仪器厂
43	交流电机变频调速装置	苏州自动控制设备厂
44	GH2411型毫微瓦功率计	七六七厂
45	GH3162型RAM测试系统	七六七厂

(续)

46	GH3182 型模拟集成电路测试系统	七六七厂
47	GH3611 型标量网络分析仪	七六七厂
48	GH12312 八毫米检波器	七六七厂
49	GH2911M 集成稳压电路测试单元	七六七厂
50	工业电镀镀层厚度自动控制系统	七六七厂
51	HF5110 传输测试仪	合肥无线电一厂
52	HF5150A 杂音计	合肥无线电一厂
53	HF5013 选频电平表	合肥无线电一厂
54	DC4361 通用示波器	合肥无线电三厂
55	DC5441 波形监视器	合肥无线电三厂
56	HS5660 精密脉冲声级计	国营四三八零厂
57	智能式三用表校验仪	潍坊计算机公司仪器厂
58	YHC-G1、G2 原油含水测定仪	潍坊计算机公司仪器厂
59	WY5135 微机控制线路故障测试仪	武汉桑迪电子仪器公司
60	QF4031 频谱分析仪	七六六厂
61	QF1052B 标准信号发生器	七六六厂
62	TS1630 智能脉冲／函数信号发生器	徐州电子仪器厂
63	TS2110 泄漏电流测试仪	徐州电子仪器厂
64	WFK 微机分散控制系统	徐州电子仪器厂
65	XH2990 晶体管老化筛选仪	八六七厂

(续)

66	XH3590A 频稳测试仪	八六七厂
67	XH3302 通用石英频标	八六七厂
68	CC5462X 多制式彩电集中信号源	重庆无线电测试仪器厂
69	CC5331 视频自动测试仪	重庆无线电测试仪器厂
70	CC5310VHF 信号发生器	重庆无线电测试仪器厂
71	CC5311UHF 信号发生器	重庆无线电测试仪器厂
72	数字式超声波探伤仪	四五四厂
73	QH1360 八毫米可程控扫频信号发生器	八六零厂
74	WCZ 微电脑测振仪	宁夏电子仪器厂
75	DF4075A 动态信号分析仪	宁波东风无线电厂

行业管理　(1) 加强电子仪器行业发展战略研究。为此在五个方面：电子仪器产业结构调整方案、产品结构调整方案、主流产品的选定、市场发展预测、出口战略调整方案等，进行了全面系统地研究和论证，为电子仪器的发展提出了可行性方案。(2) 健全行业性组织，加强电子仪器行业协会和各个分会的组织建设，更好地起到政府和企业之间的桥梁作用。(3) 加强行业电子仪器产品的设计能力，积极在全行业推广 CAD，以提高产品的设计水平和技术水平。(4) 加强电子仪器的工艺工作，在 1991 年召开了全国电子仪器行业工艺技术经验交流会，达到了互相学习、推广优秀工艺技术的目的，大大促进了工艺研究的热情，推动了电子仪器行业工艺工作的进一步开展。(5) 召开了电子仪器行业各企业"七五"技术引进工作总结会，通过对"七五"期间技术引进工作的成功与失败的总结，为"八五"电子仪器行业技术的引进确立了基本的经验和方向。

质量及质量管理　1991 年取得了一些新的经验和作法，这就是：(1) 引进具有 80 年代水平的测试手段，不断提高检测水平。由于有先进的测试手段做后盾，发现问题就成批退货，根本不让它进入工厂的库房，堵住了进货乱不受控的渠道。(2) 从管理着手，编制工厂优选手册。这对于规范厂内采购、压缩产品型号规格，保证进货质量和进度起到了很大的作用。(3) 制定工厂的元器件入厂检验标准。利用工厂标准成功地进行了批量的接收和拒收，使元器件管理向更严密、更科学的道路上前进了一大步。总之，元器件测试和管理工作迈出了可喜的一步，取得了一定的效果。

销售 1991年电子仪器行业由于产业结构和产品结构的调整，产品销售收入有较大的增长，1991年比上年增长50.8%，电子仪器产品销售收入与上年略有增长，1991年比上年增长3.4%，详见表5。

表5 电子仪器行业销售收入情况

(单位：万元)

种类	1989年	1990年	1991年	1991年比上年增长%
电子仪器行业产品销售收入	169695	192322	289970	50.8
电子仪器产品销售收入	123328	134625	139186	3.4

1991年电子仪器行业出口产品产值，优等品产值、全年商品产值都有较大幅度增长，详见表6。

表6 电子仪器行业出口产品产值等情况

(单位：万元)

种类	1989年	1990年	1991年	1991年比上年增长%
出口产品产值	8830.7	17246	23709	37.5
优等品产值	5491.1	5037	100986	190.0
全年商品产值		192472	299176	55.0

〔撰稿人：机械电子工业部电子基础产品发展研究中心 徐春龄〕

民用爆破器材

〔机械电子工业部〕

生产发展情况 1991年全国民用爆破器材行业共有定点生产企业411个，其中新增定点企业3个。这些企业分别隶属于国家10个部门或国家计划单列的大型公司，30个省、自治区、直辖市及7个计划单列市。中央各部门所属企业156个，其中中国北方工业（集团）总公司直属企业13个，中国统配煤矿总公司所属企业30个，东北内蒙古煤炭联合公司所属企业10个，中国有色金属工业总公司所属企业53个，中国黄金工业总公司所属企业3个，中国石油天然气总公司所属企业2个，中国核工业总公司所属企业1个，冶金工业部所属企业39个，化学工业部所属企业3个，总参工程兵部所属企业2个；地方企业255个。全行业共有职工15万人。

1991年全国民用爆破器材行业围绕“质量、品种、效益年”活动，认真贯彻治理整顿、深化改革的方针，克服了许多困难，较好地完成了生产任务，保证了能源，交通等基础工业发展的需要和抗洪救灾及水利建设的急需。行业生产稳定发展，企业的现有能力得到了较好的发挥。

1991年全行业共有402个企业安排了生产任务，实际投入生产的企业有398个，按1990年不变价格计算，共完成工业总产值270700万元，比1990年增长5%。主要生产品种实际完成情况见表1。

表1 1991年主要产品产量

序号	主要产品名称	单位	1991年产量	比1990年增长%
1	工业炸药	吨	925643	4
	其中：铵梯炸药	吨	669155	4
	乳化炸药	吨	88649	18
	铵油炸药	吨	150463	0
	浆状炸药	吨	6221	-25
	水胶炸药	吨	7319	4
	胶质炸药	吨	500	-10
	粘性炸药	吨	2842	-14
	其它炸药	吨	494	15
2	震源药柱	吨	11081	0
3	中继起爆具	吨	220	-26
4	工程雷管	万发	147937	3
	其中：火雷管	万发	66338	4
	瞬发电雷管	万发	46394	-6
	秒延期电雷管	万发	5827	-5
	毫秒延期电雷管	万发	24457	24
	非电雷管	万发	4921	9
5	塑料导爆管	万米	23883	5
6	工业导火索	万米	54989	16
7	工业导爆索	万米	2741	3
8	石油射孔弹	万发	260	34
9	矿岩破碎具	万发	12	-8
10	平炉穿孔弹	发	15000	400

1991 年全国民用爆破器材行业生产发展的特点是：第一，由于治理整顿取得明显成效，能源、交通、冶金矿山等基础工业稳定发展，民用爆破器材的需要量有明显增长，部分地区需要量增长较大，企业生产能力得到充分发挥，民爆器材产品出现供销两旺的可喜现象。第二，产品结构调整进一步取得明显成效，新产品稳定增长，老产品逐渐下降，产品结构比例进一步趋向合理。与 1990 年相比，新产品乳化炸药增长 18%，由占工业炸药总量的 6.8%上升到 9.4%；水胶炸药增长 4%，由占工业炸药总量的 0.7%上升到 1%；毫秒延期电雷管增长 24%，由占工程雷管总量的 13.75%上升到 16.53%；非电雷管增长 9%，由占工程雷管总量的 3.1%上升到 3.3%。老产品：浆状炸药下降 25%，胶质炸药下降 10%，瞬发电雷管下降 6%，秒延期电雷管下降 5%。第三，在行业调整中，一批形成了经济规模的大中型企业脱颖而出，在行业中突出了骨干作用。1991 年，工业总产值在 2000 万元以上的企业有 28 个，占全行业实际投入生产的 402 个企业的 6.97%，共完成工业总产值 79318 万元，占全行业工业总产值的 29.3%；工业炸药实际生产 8000 吨以上的企业有 23 个，共生产 240872 吨，占 343 个工业炸药生产企业数的 6.71%，占全行业工业炸药实际完成总量的 26.02%；工程雷管实际生产 4000 万发以上的企业有 13 个，占 70 个工程雷管生产企业的 18.57%，共生产工程雷管 61034 万发，占全行业完成工程雷管总量的 41.26%；工业导火索实际生产 2000 万米以上的企业有 7 个，占 43 个工业导火索生产企业的 16.28%，共生产工业导火索 22666 万米，占全行业工业导火索总量的 41.21%。第四，1991 年民用爆破器材行业生产中发生的安全事故尤其是恶性爆炸事故明显增加，全年共发生爆炸事故 8 起，比 1990 年增加 33%。

新技术与科研成果 1991 年全国民用爆破器材行业共下达民爆科研项目 38 项，完成设计定型(含技术鉴定)、生产定型 18 项。为进一步改进和提高老产品铵梯炸药的性能，减少生产和使用中对环境的污染，由华东工学院承担的 HF 粉状岩石铵梯油炸药研制，1991 年 4 月在福建省永安化工厂通过设计、生产定型，该产品可在原有铵梯炸药生产线上加以改造后生产，把原老产品中的 TNT 含量由 7%降到 5.5%～2.5%，采用改性硝酸铵，有效地提高起爆感度和爆速，改善了老产品易吸湿结块的物化性能，爆炸性能指标优于原 1 号、2 号岩石铵梯炸药，贮存性能提高，生产成本降低，生产环境得到改善，具有工业化推广价值。由长沙矿冶研究院同期承担的 RF 系列岩石粉状铵梯油炸药研制，1991 年 4 月在福建漳州 919 厂和福安 811 厂通过了设计、生产定型，达到了预定的指标。

目前国内雷管生产产品均由木箱包装，每年约需木材 1 万多立方米，为节约木材同时方便使用现场的包装物回收处理，由华丰化工厂承担的以瓦楞纸箱代替木箱包装雷管产品于 1991 年 12 月完成并通过鉴定，铁道运输管理部门、有关用户和生产企业对这一成果表示满意，行业管理部门将逐步在全行业推广应用。

为了提高铵梯炸药生产中的主要设备轮辗机的性能，由第五设计研究院和湖北广水市东方红机械厂合作研制了 90 型轮辗机，已通过了鉴定。与 50 年代的定型的老式轮辗机相比，改进了 20%以上的零部件，提高了安全使用性能，提高生产效率近 10%，加工制造更加容易，操作维修更加方便。该机将在"八五"期间用于企业的现有轮辗机的更新改造。设在华东工学院民爆研究所的全国民爆器材检测中心已完成一期工程建设并投入使用，现正着手二期工程建设。

新产品 1991 年研制了一批民爆器材新产品，其中通过部级设计定型的有：

(1) 秦川机械厂研制定型的 SG-23-Ⅱ地震枪及配用的 SS23-Ⅲ地震弹，为我国地质勘探增添了新产品，该产品使用方便，不破坏农田，是煤田勘探和石油勘探的有效震源。主要性能参数为：枪口能量为 23kJ，激发噪声＜100dB，击发一致性＜1ms，适用环境-40～50℃，口径 23mm，勘探深度 3000m，弹贮存期 2 年。

(2) 江阳化工厂研究定型的浅层震源枪和弹，在村庄、建筑物附近均可施工，勘探精度高、成本低、无污染。主要性能参数为：口径 23mm，击发一致性＜1ms，适用环境-40～50℃，勘探深度 1500m，弹贮存期 2 年。

行业管理 为了搞好民爆器材行业十年规划和"八五"计划的编制工作，中国兵器工业总公司以兵总爆〔1991〕629 号文发出了《关于编制民爆器材行业十年发展规划和第八个五年计划的通知》。通知中对关于编制民爆行业的十年规划和"八五"计划提出了五条要求和总体设想。要求：(1) 打破部门和地区间的界限，以需定点，以需定产，统筹规划，合理布局，综合平衡生产能力，积极促进地区经济合理分工，发展规模经济，促进全国统一市场的形成。(2) 进一步加强行业的宏观调控，继续进行调整整顿，对安全生产条件差、企业管理素质低、生产规模小、产品质量差的企业坚决进行停产整顿。通过改组、改造，削减规模撤并多余生产线，关停并转一些企业，提高行业的整体素质，解决厂点过多、生产能力大于需要的矛盾。(3) 发挥大中型骨干企业的作用，带动全行业技术发展和进步。"八五"期间原则上不再新增厂点，坚持以科技进步为先导、走内涵扩大再生产的路子。加强企业的技术改造，实现机械化、连续化、自动化、隔离操作和遥控技术，搞好环境保护，治理"三废"污染，逐步建成具有先进水平的各种主要产品的样板生产线。(4) 要加强科学管理，实现企业技术进步，加速企业的现代化建设，提高经济效益。"八五"期间国家一级企业要初步形成较全面的现代化管理体系，初步建立相对完善有效的计算机管理信息系统；国家二级企业要在生产经营主要环节实现管理现代化，完成计算机管理信息系统总体设计方案，并要在主要管理职能系统应用计算机辅助管理；大中型骨干企业也要逐步实现管理现代化，改变民爆企业的落后面貌。(5) 大力调整产品结构，加快新产品、新工艺、新技术的科研步伐，实现产品更新换代。

为了加强对民爆行业的安全管理的立法和建设工作，行业颁发了《民用爆破器材工厂生产安全性评价办法和标准》、《民用爆破器材工厂安全生产管理规定》、《民用爆破器材行业安全检查员制度》，并在全行业组织实施。

铵油类工业炸药生产许可证发证工作结束。全国民用爆破器材产品生产许可证办公室编制下发了《工业导火索、工业导爆索生产许可证监督检查办法》，组织审定了《毫秒延期电雷管、导爆管雷管生产许可证考核办法》。

质量及质量管理 1991 年，有 7 个工厂的 8 个产品被授予部级优质产品称号。它们分别为：江苏江宁县化工厂的 2 号岩石粉状铵梯炸药、山东招远 761 厂 2 号岩石粉状铵梯炸药、山西屯留县化工厂的 2 号煤矿粉状铵梯炸药、山东新华机器厂的 2 号煤矿抗水粉状铵梯炸药、广西大华化工厂的 8 号纸壳工业火雷管、山东临沂化工厂的普通棉线工业导火索和云南燃料二厂普通棉线工业导爆索、工业导火索。

为加强对优质产品的质量监督抽查、复查及优质产品申报的质量检测，颁发了《民用爆破器材优质产品检测细则》并组织实施。

技术改造及技术引进 1991 年全行业有 13 家民爆企业完成了批准的技术安全改造计划，经有关主管部门验收合格，领取了《民用爆破器材生产企业凭照》，纳入了国家生产计划，投入生产。根据规划需要，按调整产品结构和生产能力的要求，1991 年机械电子工业部爆破器材行业办公室批准新建定点企业 3 家，批准 21 家民爆企业增加品种、调整能力的技术改造项目。

北京矿务局化工厂 1985 年从瑞典、比利时引进雷管生产技术和设备，从国内有关单位引进起爆药制造、原材料加工及辅助生产设施，配套建成的一条具有国际先进水平的雷管生产线，于 1991 年 9 月正式通过国家验收。该生产线年生产能力为 1000 万发。生产品种有：普通型毫秒电雷管 1～20 段、24～80 段共 35 个段别，煤矿许用型毫秒电雷管 1～12 段，半秒电雷管 1～12 段，煤矿许用型瞬发电雷管及普通型瞬发电雷管。按照雷管发生能量不同，雷管电性能又分为 4 个组：1 组，对电敏感型，发火冲能 3～5mJ／Ω；1A 组，普通型，发火冲能为 8～16mJ／Ω；2 组，对电钝感型，发火冲能为 80～140mJ／Ω；3 组，最钝感型，发火冲能为 1000～2500mJ／Ω。该雷管生产线有严格的质量控制，从原材料、半成品、成品检验全部按照等效采用瑞典和英国工商部第十三号试验备忘录制定的企业标准进行质量检验。该生产线的建成将为我国雷管生产工艺改造提供先进模式。

1991 年大同矿务局化工厂从德国引进了乳化炸药装药机，淄博矿务局 525 厂从瑞典引进了电雷管脚线单发打靶机，现设备均已到货，正在进行安装调试。这些单项先进设备的引进将提高我国爆破器材生产的工艺水平。

销售 1991 年，民用爆破器材行业的产值、销售收入都超过了历史最好水平，产需矛盾进一步缓和，局部地区产品供不应求。

1991 年民爆产品出口有了新的进展，出口产品品种十几个，出口创汇达 193 万美元，比 1990 年增长 41.9%，主要销往香港、澳门、泰国、蒙古等国家和地区。

〔撰稿人：机械电子工业部爆破器材行业办公室 聂德俊 审稿人：机械电子工业部爆破器材行业办公室 李 志、姜 枫〕

工业机器人

〔机械电子工业部〕

发展历史概述 工业机器人 (IR) 是国内外近一二十年新兴的，发展很快的新学科、新技术。目前国际上对工业机器人尚未有明确的定义，我国习惯上将工作程序固定、动作简单、定位点不能灵活改变的装置称为机械手，把那些工作程序可变、可任意定位的自动化装置称为机器人。

早在 50 年代末期，我国一些机床上已经使用机械手来进行物料的搬运。1972 年上海汽车齿轮厂与上海拖拉机齿轮厂研制了我国第一台液压式通用机械手，从而开创了我国研制开发工业机器人的历史。1975 年以后在学习、消化引进国外技术基础上，我国有关研究单位开始了电液伺服驱动工业机器人的研制，先后研制出液压式和液压伺服型通用机械手并进行了示教试验。

1976 年在原一机部机电所（现机电部北京机械工业自动化所）成立了工业机械手行业组。开始有组织有计划地开展全国工业机械手的行业活动，包括日本、美国、瑞典、挪威等工业机器人制造厂商来华参展，举办各种类型的技术座谈会和国内各地区行业组织的地区交流会；并组织了机械手图册编写，工业机器人国外书籍审评推荐等工作。1978 年是我国研制工业机械手最兴旺的一年，全国以京、津、沪、辽为主纷纷建立工业机器人研究室或研究小组，国内许多大学不仅开展工业机器人的研究开发工作，而且着手培养这方面的研究生。到 1982 年，全国已有 40 多个单位，400 多人从事工业机器人的开发研制工作。

1983年12月在广州召开了全国工业机器人专业委员会成立暨学术会议。会议除进行技术交流外，还对我国发展工业机器人的必要性、发展规划及策略进行了研讨。这次会议引起国内和港澳地区新闻机构的极大关注，各家报纸纷纷进行报导。其中新华社在《国内动态》上发表了题为“一些专家建议将机器人的研究工作列入我国科技发展规划”的文章。当时的计委主任宋平同志在此“动态”上作了批示：“此事应有所安排，是否由经委、科委有关同志研究一下，予以适当支持，因为不搞机器人我们有些产品质量达不到要求”。

1984年4月原机械工业部受国家计委的委托主持召开了全国工业机器人规划讨论会，并通过了工业机器人发展规划的初步意见。同年11月机械工业部组织在大连召开了工业机器人“七五”规划座谈会，会上对工业机器人发展的总目标、发展策略、技术路线、措施意见作了详细的讨论。会后，根据代表提出的意见，整理撰写了“全国工业机器人技术发展规划”（草案），并列入了“七五”国家重点科学技术攻关计划。

科研进展情况 “七五”期间，在国家计委统一安排下，机电部组织全国优势力量，在工业机器人基础技术、基础元器件技术、搬运机器人技术、喷漆机器人技术和焊接机器人技术等5个方面开展了攻关开发工作。取得了90余项成果。初步掌握了工业机器人（包括元器件）的设计、制造技术、控制技术、测试技术和小批量试生产的工艺技术，并对工业机器人应用技术进行了探讨。研制出来的喷漆、点焊、弧焊、搬运等机器人的主要性能指标达到国外80年代中期同类产品水平；研制出的机器人控制器和机器人性能检测装置部分指标达到国际先进水平；控制技术和测试技术某些方面技术、理论研究处于国际领先水平；总之，完成了国家计委规定的攻关任务，达到了攻关预期的目标。

(1) 开发出6类10种不同类型的工业机器人控制系统

在工业机器人控制技术方面，我们基本掌握了示教再现式机器人控制系统硬件设计、软件设计、机器人语言等技术。研制出机器人用的专用控制系统、通用型控制系统（STD总线）和采用单片机或PC可编程控制技术的经济型机器人控制器等6类商品样机。

(2) 完成了机器人操作机的研制工作

在了解国外样机的基础上，我们开展了机器人机构学、运动学和动力学等方面基础理论的研究工作，若干成果水平达到国际先进水平，部分成果已经应用到“七五”机器人主机的设计中，取得很好的效果。

我们设计和研制出喷漆、点焊、弧焊、搬运、装配、冲压、压铸等7种机器人的两轮商品样机（共28台），其主要技术性能指标达到80年代中期国外同类商品水平。这些样机经过试验室120小时连续运转试验后，在工厂完成了3～6个月的生产考核，投入正式生产运行。

(3) 研制出一批与机器人配套的主要基础元器件

①薄壁轴承2类9个品种；②交流和直流伺服驱动系统系列产品（包括交流、直流伺服电机组合件）；③谐波减速器2类29个品种；④焊接系统2类6个品种（包括电源、变压器和焊钳等）；使工业机器人国内配套程度达到90%以上。

(4) 对机器人的工程应用技术进行了初步探讨

我们分别在第一汽车厂、第二汽车厂和南京汽车厂建成一条机器人汽车驾驶室自动喷漆线、两条汽车驾驶室焊装线和一个弧焊工作站；其中二汽的汽车车身喷漆线和南京汽车制造厂的弧焊工作站完成生产考核，投入正式生产，取得了明显的经济效益。

(5) 在机器人检测技术方面开展了工作

由北京理工大学自行研制的非接触式机器人CCD测试系统，率先按ISO标准完成了对机器人性能的测试工作。同时，在测试工作中发现现行ISO标准中的一些问题，已向ISO组织提出修正建议。该测试技术在世界上处于领先地位。这项技术开发成功为机器人技术的发展提供了一个很好的条件。

(6) 开展了工业机器人标准的制定工作

结合“七五”工业机器人攻关开发制定出7项国家标准和5项专业标准，初步建立了我国工业机器人的标准化体系，为机器人的研制开发、加工制造和生产实用提供了统一的基准，这将对加强国内外交流，推动机器人技术的进一步发展起到积极的作用。

关于“七五”工业机器人攻关开发的成果见表1。

1991年生产应用情况 第二汽车制造厂和南京汽车制造厂分别完成了14万辆驾驶室全面漆喷涂和4000件工件的焊接任务，达到年生产纲领，取得很好技术经济效益。第一汽车制造厂、第二汽车制造厂和沈阳金杯汽车股份有限公司的焊装生产线（站）进入全面调试和试生产，预计1992年年底可以通过鉴定投入正式生产。

机电部北京机械工业自动化研究所在完成第二汽车制造厂的机器人喷漆生产线后，1991年又与江西五十铃汽车厂等9家企业签定了14条喷涂线的合同，共采用各类国产喷漆机器人30台，自动喷涂机19台；合同额达1186万元。

关于1991年工业机器人的应用情况见表2。

〔撰稿人：机械电子工业部科学技术司 尤一平〕

表1 “七五”工业机器人专题成果一览表

序号	专题名称及专题编号	主要技术指标	鉴定时间
1	控制技术及装置 (75-75-01-01)	伺服系统速度控制比 1∶10000；两级 cpu PPSmax：400kpps；抗干扰能力：电压：319V～450V，电磁：32 台焊机同时工作；弧焊机器人系统的位置重复性：±0.058mm；点焊机器人系统的位置重复性：±0.28mm	1991.2.28
2	具有动作级语言的机器人控制器 (75-75-01-02)	位置重复性：弧焊±0.2mm，点焊±0.5mm；控制方式：16 位机 6 轴同时控制，直流 PWM 伺服；插补功能：直线、圆弧、关节插补；有面向动作级的机器人语言；弧焊焊接速度：1～33mm／sec；点焊最大合成速度：2500mm／sec	1991.3.12
3	工业机器人电液伺服系统 (75-75-01-03)	额定输入控制电流：≤600mA；额定输出流量：16L／min；最高工作压力：20MPa；滞环：＜3%；线性度：＜5%；频宽（-3dB）：≥40Hz	1990.6.16
4	工业机器人用交流伺服装置 (75-75-01-04)	功率级别：200W～4.5kW；调速范围：1∶10000；阶跃起动时间：15ms～39ms；速度环频率响应：160Hz；力矩过载倍数：5～10；角加速度：5500 弧度／秒^2	1991.1.31
5	工业机器人机构学研究 (75-75-01-05)	(1) 机器人重复精度测试仪：最大量程：2mm；线性度：0.3%；精度：0.0001mm；采样速度：5 次／分钟。 (2) 多环并联机器人实验样机：位置重复性：±2mm；液压伺服驱动；运动范围：Φ120mm；有效载荷：70kg；控制：分级分布计算机控制	1990.9.28
6	非接触式工业机器人动态性能测试系统 (75-75-01-06)	三维准确度：1.7 米处为 0.3 毫米；三维重复性：1.7 米处为 0.05 毫米；最高采样频率：2000 样点／秒；物距：1～3 米；视场角：25 度×25 度	1991.2.2
7	工业机器人标准化研究 (75-75-01-07)	完成工业机器人标准体系表的编制，7 项国家标准与 5 项专业标准共 12 项工业机器人基础标准，与国际标准水平相当	1991.1.9
8	装配机器人关键技术开发 (75-75-01-08)	位置重复性：±0.1mm；最大合成速度：1.5m／sec；最大持重：1.5kg	1991.2.24
9	接触式测试装置研制 (75-75-01-09)	一次测量范围：800mm×600mm×900mm；测量机本身重复性：±0.05mm；可测重复性：±0.1～0.2mm；最大综合速度：2.5m／s；轨迹动态连续重复性：±0.2～±0.4mm；综合速度：1m／s；姿态测量重复性：0.1°	199.2.24
10	机器人用直流伺服电动机组合件开发研究 (75-75-02-01)	线绕盘式直流伺服电机 5 个型号；输出功率：545～4500W；额定电压：78～215V；额定电流：8.5～32A；额定转矩：1.6～23.9N·m；额定转速：1800～3200r／min。直流测速发电机 2 个型号：输出斜率：7V／kr／min；线性度：0.5%；纹波系数：1%。编码器五个型号：输出脉冲：500～1000P／R。安全制动器五个型号：制动力矩：4.9～44.1N·m；额定电压：24V；额定电流：1.52～1.82A	1990.10.15

序号	专题名称及专题编号	主要技术指标	鉴定时间
11	稀土小惯量伺服电机组合开发研究 (75-75-02-02)		1991.1.31
12	机器人专用轴承的开发研究 (75-75-02-04)	薄壁密封四点接触球轴承：精度等级：D级；使用寿命：5000小时。薄壁密封交叉滚子轴承：精度等级：D级；使用寿命：5000小时	1990.11.22
13	工业机器人高精度谐波传动系列产品 (75-75-02-05)	精度高：空回：小于3分、1分、30秒；传动误差：小于3分、1分、30秒。效率高：当减速比为100时，$\eta=80\%\sim90\%$；当减速比为200时，$\eta=70\%\sim82\%$。承载能力大：允许短期超载50%，30分钟；允许短期超载150%，1分钟。连续工作寿命：5000小时；启动力矩小；扭转刚度高	1991.2.26
14	机器人焊接电源及变压器 (75-75-02-06)	机器人晶闸管式弧焊电源及设备系统（分离式）：额定输入电压：AC380V，三相，50～60Hz；输出焊接电流：DC60～315A；输出电弧电压：DC16～32V；选用焊丝直径：0.8～1.2mm；额定负载持续率：60%。机器人晶闸管式弧焊电源及设备系统（一体式）：额定输入电压：AC380V，三相，50～60Hz；输出焊接电流：DC50～400A；输出电弧电压：DC16～44V；选用焊丝直径0.8～1.6mm；额定负载持续率：60%。机器人分离式点焊系统：额定输入电压：AC380V，单相，50／60Hz；额定输入功率：125kVA；额定输出空载电压：22.3V；额定负载持续率：50%；生产率：40点／分钟；适用焊件厚度：1+1，1.5+1.5，1.5+1.5+1.5+1.5等	1991.2.28
15	机器人用电液伺服阀 (75-75-02-07)	额定供油压力：21MPa；额定电流：10mA；额定流量：FF115-12 12L／min；FF115-40 40L／min；分辨率：＜0.5%；滞环：⩽3%；频率响应：⩾80Hz；零偏：＜3%	1990.7.25
16	50公斤关节式电伺服搬运机器人技术开发 (75-75-03-01)	空间关节型、六轴联动、腕挂重50公斤、16位机控制、交流伺服驱动；最大合成速度：2000mm／s；最大空间范围：$10m^3$，位置重复性：±0.5mm；最大动作范围：θ轴300°(90°／s)，W轴90°(90°／s)，u轴115°(90°／s)，γ轴360°(120°／s)，β轴240°(120°／s)，α轴360°(180°／s)；平均无故障时间：大于2000小时	1991.1.26

(续)

序号	专题名称及专题编号	主要技术指标	鉴定时间
17	30公斤压铸机器人 (75−75−03−02)	最大伸缩速度：1000mm／s，运动范围：1400mm±10%；最大水平转动速度：30°／s±10%，运动范围：225°±10%；最大俯仰速度：20°／s±10%，运动范围：20°±10%；手臂回转速度：90°／s±10%，运动范围：90°±10%；负载能力：30kg；位置重复性：±1mm；液压驱动：PC顺序控制	1991.1.20
18	冲压机器人技术开发 (75−75−03−03)	工作频率：34次／分；有效载荷：1kg；手臂行程：400mm；送料行程：800mm；手臂移动速度：1000mm／sec；连续工作时间：2000小时，可编程控制	1991.1.18
19	电液伺服型喷漆机器人技术开发 (75−75−04−01)	电液数字伺服系统；两级CPU控制；持重5kg；CP／CP：PTP／CP示教再现；程序时间：最短25分钟；最大喷漆速度：1.7m／s；位置重复性：±2mm；活动范围：3295×1845×1000mm；同步、识别和开关接口；插补功能	1991.1.29
20	电动喷漆机器人 (75−75−04−02)	16位微机二级多CPU控制；交流永磁无刷电动伺服驱动电机变频控制；数字PID调节；坐标变换，曲线插补；PTP／CP示教再现；位置重复性：±2mm；最大喷漆速度：1.2m／s；最高速时持重：4kg；程序时间：最短20分钟；动作范围：4800×2800×2000mm	1991.1.29
21	东风系列驾驶室多品种混流机器人自动喷涂生产线 (75−75−04−03)	全线自动启、停与联锁；多机器人协调控制；混流多品种被喷工件的自动识别；实时工况显示；产量自动统计、报表文件的管理及打印；机器人系统与生产线同步运行；故障自动诊断及处理	1991.1.10
22	弧焊机器人技术开发 (75−75−05−01)	额定负载：12公斤；驱动方式：直流伺服驱动，控制方式：微机PTP.CP控制，示教再现式；位置重复性：±0.2mm； 动作范围及速度： 腰部回转：300°，速度：90°／sec; 大臂摆动：120°，速度：90°／sec; 小臂俯仰：110°，速度：90°／sec; 腕部摆动：210°，速度：90°／sec; 腕部回转：400°，速度：180°／sec	1991.2.27
23	点焊机器人技术开发 (75−75−05−02)	额定负载（含手部重量）：80kg；驱动方式：直流伺服驱动；控制方式：16位CPU,PTP,CP；位置重复性：±0.5mm；最大合成速度：2.5m／sec；动作范围：1轴：270°，2轴：95°，3轴：95°，4轴：360°，5轴：360°，6轴：360°	1991.3.17
24	弧焊机器人工作站 (75−75−05−05)	1. 工作站及其配套辅助设备符合机器人工作的特殊要求，满足生产工艺和生产节拍的要求。 2. 建立、健全一整套与机器人生产相关的安全、管理和工艺规章制度。 3. 研究与机器人生产有关的故障处理方法和生产工艺规范，培养一批操作维修人员	1991.2.28

注：主持鉴定单位除序号21为国家计划委员会科学技术司与机械电子工业部科学技术司外，其余均为机械电子工业部科学技术司。

表2　1991年工业机器人应用情况

序号	应用单位	应用情况	成果提供单位	备注
1	广东顺德容声电饭煲厂	面漆线	机电部北京自动化所机器人中心	一台 PJ–500 喷漆机器人
2	沈阳汽车厂	面漆线	机电部北京自动化所	四台 PJ–500 喷漆机器人
		底胶线		一台 PJ–500 喷漆机器人
3	南京汽车厂	底胶线	机电部北京自动化所	二台 PJ–IC 喷漆机器人 二台滑台
4	长春汽车厂底盘厂 长春汽车厂车身厂	面漆线	机电部北京自动化所	一台 PJ–1 喷漆机器人
		面漆线		二台 PJ–1B 喷漆机器人
5	北京汽车、摩托车联营公司	面漆线	机电部北京自动化所	二台 PJ–1 喷漆机器人
6	潍坊柴油机厂	面漆线	机电部北京自动化所	美国 GMF 公司 P–100 全线设计与应用
7	江西五十铃汽车厂	面漆线	机电部北京自动化所	二台 PJ–1A 喷漆机器人
		内漆		二台 PJ–1A (1) 喷漆机器人 四台侧喷机 二套内涂小车
		底胶线		一台 PJ–1C 喷漆机器人 一台小车
8	广东三星汽车公司	面漆线	机电部北京自动化所	四台 PJ–500 喷漆机器人 四台侧喷机，二台顶喷机
		中涂线		二台侧喷机，二台顶喷机
		底胶线		二台 PJ–500 喷漆机器人 二套底涂小车
9	第一汽车制造厂	焊装线	机电部广州机床所	一台点焊机器人
10	第二汽车制造厂	焊装线	机电部北京机床所	二台点焊机器人
11	沈阳汽车制造厂	焊接单元	中科院沈阳自动化所	一台点焊机器人
12	南京汽车制造厂	焊接单元	机电部大连组合机床所	一台弧焊机器人
13	湖北第二汽车制造厂	面漆线	机电部北京自动化所机器人中心	二台 PJ–1A 喷漆机器人 四台 PJ–1B 喷漆机器人 二台 PM–111 顶喷机
		底胶线		一台 PJ–1A 喷漆机器人
14	柳州汽车厂	面漆线	机电部北京自动化所	四台侧喷机 二台顶喷机
		中涂线		二台侧喷机 一台顶喷机
		车厢线		4台侧喷机
总计	14家	20条线 2个焊接单元		72台 其中：机器人36台 侧喷机20台 顶喷机9台 小车5台 滑台2台

〔中国科学院〕

表 3　中国科学院沈阳自动化所研制的工业机器人情况

名称	中型水下机器人 RECON-1V-SIA	小型水下机器人金鱼号	点焊机器人 控制器型号 SZJ-12 机械本体型号 JRS-80	弧焊机器人 控制器型号 SZJ-12 机械本体型号 ZHS-R005
鉴定时间	1990.12		1991.3	1991.3
获奖情况	获 1991 年中科院“七五”攻关重大科技成果奖		获 1992 年中科院“七五”攻关重大科技成果奖	获 1992 年中科院“七五”攻关重大科技成果奖
主要性能及技术指标	主要由操纵控制系统及控制间、吊放回收系统、中继器缓冲系统、机器人本体潜水器系统四部分组成； 工作深度 300 米，速度：前进＞2.5 节、侧移＞1 节、旋转 45°，外形尺寸 1.96m×0.9m×0.83m，有效载荷 160kg，深度控制（自动）±30cm，电视摄象机为彩色 CM-55，照明灯 2 个、250 瓦，云台：方位转动＞210 度、俯仰＞150 度，视测距离 5～7m（清水），主从机械手全范围持重 27kg，扫描声纳作用距离 100m	体积小，重量轻，收放灵活，运输方便，操纵简单，成本低廉，主要用于近海、湖泊、水库等水域进行水下观察； 工作深度 100 米，前进速度 1.5 节（静水），外形尺寸 1.05m×0.5m×0.48m，重量 36kg（空气中），电视摄象机为暗光，照明灯 2 个，云台：俯仰+10°～-80°，图象可记录，并可叠加字符，备便携式控制盒	结构型式为关节式，自由度 6 个，驱动方式为直流伺服电机，位置控制 PTP、CP，插补功能：直线、圆弧，重复定位精度 ±0.5mm，最大负荷 80kg，具有示教、错误诊断功能	结构型式为多关节式，自由度 5 个，驱动方式为直流伺服电机，重复定位精度：±0.2mm，位置控制 PTP、CP，插补功能：直线、圆弧，最大负荷 12kg（包括手部重），具有示教、错误诊断功能
使用情况	已用于水库大坝的观测、石油钻井平台服务、水下打捞、海军武器试验的技术服务，使用情况表明该机器人稳定性、可靠性很好。已出售给美国 2 台	已用于水库大坝及其它方面的水下观测，稳定可靠，灵活方便，效果很好，用户满意	用于焊接汽车驾驶室前门、后门、前挡风玻璃走水槽，已销售 2 台	用于焊接摩托车架，焊接情况良好，已售出 1 台，接受定货 6 台

〔撰稿人：中国科学院技术科学局　盛海涛〕

〔航空航天工业部〕

生产发展情况　北京航天机器人联合开发公司归口承担航空航天工业部工业机器人（含人工智能、自动化技术）的科研、试制、生产、技术开发、转让、咨询、产品的销售、技术培训及售后服务。

目前，该公司从事研制开发机器人及其关键元器件的厂、所共有 17 家，拥有机器人专业方面的专家和工程技术人员 800 余人。

新技术与科研成果　该公司研制的产品有点焊、弧焊、喷涂、工业通用、装配、搬运、排爆、教学、建筑行业用水磨石和爬壁等十种类型机器人及配套的关键部件；专用控制计算机系统、直流伺服电机系列产品、电液伺服驱动系统、谐波减速器、滚珠丝杆、伺服阀、回转油缸、旋转变压器、触觉、视觉、听觉、力觉传感器等系列产品。已研制成功并开始应用的机器人详见表 4。

该公司还成功地研制出国内第一条机器人应用生产线即哈尔滨星光机器厂 HRB-13 系列轻型汽车驾驶室机器人焊接生产线。该生产线由工件传输、工件定位、电控、焊接、安全保护、工件检测、通讯、电源等分系统构成，共安装使用12台机器人（其中8台是航空航天工业部研制、生产的点焊、弧焊机器人）。该生产线已于1990年1月通过部级鉴定。

新产品 装配、爬壁机器人。

质量及质量管理 该公司机器人产品的研究制造均按系统工程和全面量管理办法进行。严格实行全过程的质量控制和一整套检查验收的保障制度，有效地保证了机器人产品具有最佳性能和高可靠性。

〔撰稿人：航空航天工业部北京航天机器人联合开发公司 闫永利 审稿人：航空航天工业部北京航天机器人联合开发公司 仲跻敬〕

表4 主要航天工业机器人成果一览表

序号	名称	型号	研制单位	研制时间	鉴定时间	应用情况	获奖情况	特点
1	弧焊机器人	华宇Ⅰ型		1982～1985	1986年3月通过部级鉴定（航天部）		获1987年航天部科技进步一等奖	1. 五自由度，全关节式直流伺服电机驱动，谐波齿轮传动，专用计算机控制；2. 体积小、结构紧凑、操作方便、工作区域大、重复工作精度高；3. 达到80年代初国际先进水平
		HRGH－Ⅱ型	哈尔滨工业大学工业机器人研究所、航空航天部风华机器厂	1985.10～1987.5	1988年11月通过航空航天部鉴定	三台Ⅱ型已于1987年开始应用于星光机器厂13汽车焊装生产线上，至今运转正常	1989年获航空航天部科技进步三等奖，获工商银行贷款成果金箭优秀奖	
		HRGH－Ⅲ型		1988.12～1990.11			获1990年出口产品展览金牌奖	
2	点焊机器人	HRGD－Ⅰ型		1985.10～1987.5	1988年11月通过航空航天部鉴定	1987年11月开始在长春一汽使用三个月，焊件1500多件焊点光滑、排列整齐、无一废品；四台点焊机器人于1987年用于星光机器厂13汽车焊接线	获1989年航空航天部科技进步二等奖，获工商银行科技贷款成果金箭优秀奖	1. 六自由度，全关节式交流伺服驱动，谐波齿轮与丝杠传动，专用计算机控制；2. 承载能力为60公斤；3. 达到80年代初国际先进水平
		HRGD－Ⅱ型						
3	喷漆机器人	HRGP－Ⅰ型	哈尔滨工业大学工业机器人研究所、航空航天部北京试验工厂	1985～1987	1988年11月通过航空航天部鉴定	1988年开始在哈尔滨星光机器厂汽车喷漆生产线上试用	计算机获1988年部科技进步二等奖	1. 技术指标达到国际80年代中期水平，采用灵活的挠性手腕，具有在线零件识别；2. 国产化程度高，所有元器件部内均可配套；3. 液压伺服驱动
		HRGP－ⅠA型		1987～1990		1992年开始在柳州微型汽车厂喷胶生产线上应用	列为国家1990年全国重点推广项目	

〔第Ⅲ部分责任编辑：**王树良**（农业机械、热带作物机械、畜牧机械、工业锅炉、工业燃气轮机、发电设备、电机、高压输变电设备、低压电器、电器控制成套设备、电力电子器件与装置、电线电缆、绝缘材料、电碳制品、蓄电池、电工合金、工业机器人），**邝鸥**（营林机械、木材工业机械、金属切削机床、锻压机械、铸造机械、量具刃具、磨料磨具、起重运输机械、地质勘探设备、矿山及煤矿机械、重型机械、石油化工设备、橡胶塑料机械），**白萍**（通用机械、气体分离及液化设备、机械通用零部件、轴承、轻工机械、日用机械、家用电器、印刷机械、医疗器械、制药机械、商业专用机械、水工机械、城建机械、环境保护设备、消防设备及器材、邮政设备），**史晓岩**（建筑材料机械、建筑工程机械、粮油机械、食品机械、包装机械、纺织机械、铁路机车车辆、汽车、摩托车、电车、船舶、救捞潜水设备、民用飞机、电焊机、工业电炉、电工专用设备），**陈振中**（通用仪器仪表、照相机械、复印缩微设备、电影机械、衡器、教学仪器设备、专用仪器仪表、仪器仪表元器件、仪表材料、电子测量仪器、民用爆破器材）〕

主要统计指标说明

1. 工业总产值：工业总产值是以货币表现的工业企业在报告期内生产的工业产品总量。工业总产值包括成品价值、工业性作业价值和自制半成品、在制品期末期初差额价值。

计算工业总产值采用的价格有两种：不变价格和现行价格。不变价格是指在计算不同时期的总产值时，采用同一时期或同一时点的产品价格。它又称"固定价格"。用不变价格计算工业总产值，可以消除不同时期价格变动的影响，以保证计算工业发展速度时可比。现行价格是指计算工业总产值时，采用报告期内的产品实际销售价格。

工业总产值采用"工厂法"计算。所谓"工厂法"就是以工业企业作为一个整体，按企业工业生产活动的最终成果来计算，企业内部不允许重复计算，不能把企业内部各个车间生产的成果相加。

2. 工业净产值：是指工业企业在报告期内从事工业生产活动新创造的价值。也就是工业部门创造的国民收入。

计算工业净产值有两种办法：生产法和分配法。

按生产法计算的工业净产值是用工业总产值减去物质消耗价值求得的净产值。其计算公式为：

按现行价格计算的工业净产值＝按现行价格计算的工业总产值－按现行价格计算的物质消耗价值

按分配法计算的工业净产值，是根据工业生产新创造价值中属于国民收入初次分配的各项要素相加求得的净产值。其计算公式为：

工业净产值＝应得的产品销售利润和应缴纳的产品销售税金+工资+提取的职工福利基金+利息支出+其它

3. 产品销售收入：是指企业全年产品、自制半成品和工业性作业等商品产品的销售收入。包括企业自销产品的销售收入。

4. 利润总额（亏损为"－"）：是指企业全年实现的利润总额（亏损以"－"号表示）。包括实行资金有偿占用办法的企业按规定应从销售收入中交纳的固定资金占用费和流动资金占用费。不包括由于企业未按规定限期上交多余的流动资金而从专用基金中支付的流动资金占用费，应由租金收入中支付的固定资金占用费，以及按照规定从专用基金中支付的两项资金占用费的滞纳金等。

5. 已交利、税、费：是指企业在本年内实际交给预算的（包括交纳本年应交的和年初欠交的）利润、所得税、调节税、承包费、固定资金占用费和流动资金占用费等。包括原"以税代利"试点企业本年内实际交给预算的资源税、收入调节税以及企业通过主管部门交给预算的利润）不包上交管理费和主管部门留利）。不包括实交的产品销售税金和第二步利改税后开征的资源税。

6. 固定资产原值年末数：是指企业年末全部固定资产按原价计算的价值量。全部固定资产包括企业生产用固定资产、非生产用固定资产、租出固定资产、未使用固定资产、不需用固定资产和土地。

固定资产净值年末数：是指企业年末全部固定资产原值减去历年已提取折旧后的价值净额。

7. 定额流动资金年末占用数：是指企业年末定额流动资产所占用资金的合计数。包括储备资金、生产资金、成品资金以及待处理流动资产损失。

定额流动资金年平均余额：是指企业占用的定额流动资金1至12月的平均余额，其计算公式为：

定额流动资金全年平均余额＝1至12月各月月初、月末定额流动资金之和÷24

8. 资金利税率：是企业在一定时期内的利润总额和产品销售税金与全部资金的比率。全部资金是指固定资产净值年末数与定额流动资金全年平均余额之和。其计算公式为：

$$\text{全部资金利税率（\%）}=\frac{\text{利润总额}+\text{产品销售税金}}{\text{固定资产净值年末数}+\text{定额流动资金全年平均余额}}\times 100\%$$

9. 全员劳动生产率：是指企业平均每一职工在本年度内为社会提供的产品价值。其计算公式为：

$$\text{全员劳动生产率}=\frac{\text{工业总产值（不变价格）}}{\text{全部职工平均人数}}$$

10. 定额流动资金周转天数：是指工业企业定额流动资金周转一次所需要的天数。其计算公式为：

$$\text{全年定额流动资金周转天数}=\frac{\text{定额流动资金平均余额}}{\text{全年产品销售收入}}\times 360\text{（天）}$$

11. 可比产品成本降低率：可比产品是指上年正式生产过而本年仍在继续生产的产品。可比产品成本降低率是反映报告期企业在工业生产过程中物质消耗和劳动消耗的节约情况的重要指标。所得结果为"－"，表示可比产品成本升高。其计算公式为：

$$\text{可比产品成本降低率（\%）}=\left(1-\frac{\text{本年可比产品实际总成本}}{\text{本年可比产品产量}\times\text{上年实际单位成本}}\right)\times 100\%$$

12. 万元产值综合能耗（折标准煤：吨）：主要是反映工业生产的能源节约或浪费情况。它是评价企业能源经济效益高低的综合指标。其计算公式为：

$$\text{万元产值综合能耗（折标准煤：吨）}=\frac{\text{能源消耗量（折标准煤）}}{\text{工业总产值（不变价格）}}$$

附表 1

企业规模（1991 年）

行　业	部　门	企业总数（个）	按职工总人数分（个）500 人以下	500～2000 人以下	2000～5000 人以下	5000 人及以上	按固定资产原值分（个）100 万元以下	100～1000 万元以下	1000～5000 万元以下	5000 万元及以上
农业机械	机械电子工业部	1597	1027	485	73	12	227	1014	310	46
	农业部农垦司	120	94	25	1		34	76	10	
内燃机	中国石油天然气总公司	1				1				1
热带作物机械	农业部农垦司	20	16	4			1	17	2	
畜牧机械	机械电子工业部	82	67	15			16	58	8	
营林机械	林业部	13	6	7			1	8	4	
木材工业机械	林业部	45	13	28	4		1	26	16	2
	机械电子工业部	29	24	5			5	23	1	
金属切削机床	机械电子工业部	231	65	125	29	12	9	99	90	33
	航空航天工业部	1	1					1		
锻压机械	机械电子工业部	104	56	44	3	1	9	59	35	1
铸造机械	机械电子工业部	30	16	12	2		1	21	8	
量具刃具	机械电子工业部	140	89	43	5	3	25	70	39	6
磨料磨具	机械电子工业部	93	70	19	2	2	22	52	15	4
	中国核工业总公司	3	1	2					3	
通用机械	机械电子工业部	556	340	179	35	2	95	312	125	24
	能源部电力机械局	12		11	1			1	10	1
气体分离及液化设备	机械电子工业部	62	32	15	14	1	13	24	18	7
机械通用零部件	机械电子工业部	530	411	112	6	1	105	347	75	3
轴承	机械电子工业部	258	94	140	18	6	10	133	101	14
起重运输机械	机械电子工业部	209	103	91	13	2	27	123	50	9
	交通部	40	28	11	1		8	20	11	1
	冶金工业部	1				1				1
地质勘探设备	地质矿产部	39	25	12	2		1	29	8	1
	能源部电力机械局	1		1				1		
	中国有色金属工业总公司	12	12					12		
矿山及煤矿机械	机械电子工业部	127	60	50	12	5	8	71	38	10
	中国煤矿机械装备公司	30		15	12	3		1	18	11
	能源部电力机械局	6		5	1				4	2
	中国有色金属工业总公司	38	30	6	2		4	26	8	
	冶金工业部	6		5	1			1	5	
重型机械	机械电子工业部	58	39	12	1	6	7	35	9	7
	冶金工业部	98	12	66	14	6		20	60	18
	中国有色金属工业总公司	38	24	10	2	2		22	13	3
石油化工设备	化学工业部	221	136	71	13	1	29	135	47	10

(续)

行业	部门	企业总数(个)	按职工总人数分(个)				按固定资产原值分(个)			
			500人以下	500～2000人以下	2000～5000人以下	5000人及以上	100万元以下	100～1000万元以下	1000～5000万元以下	5000万元及以上
石油化工设备	机械电子工业部	94	44	44	2	4	7	52	27	8
	中国石油天然气总公司	26		13	11	2			10	16
	中国石油化工总公司	22	5	14	3			7	12	3
橡胶、塑料机械	轻工业部	47	20	27				33	14	
	机械电子工业部	25	18	5	2		3	14	7	1
	化学工业部	31	22	6	3		1	19	9	2
建筑材料机械	国家建材局	75	21	48	5	1	3	36	30	6
建筑工程机械	机械电子工业部	61	25	16	17	3	11	20	13	17
	建设部	165					2	114	44	5
	交通部	37	17	20			1	26	10	
	能源部电力机械局	6	1	5				1	5	
粮油机械	商业部	245								
	机械电子工业部	96	82	14			19	72	5	
食品机械	轻工业部									
制糖机械		14	6	7			1	5	7	
制盐机械		5	3	2				3	1	
烟草机械		8	4	4				4	4	
酿酒机械		18	10	8			1	10	6	1
罐头加工机械		8	3	5				4	4	
乳品加工机械		5	3	2				4	1	
饮料灌装机械		10	8	2				7	2	
面包糖果饼干机械		4	4					3		
其它食品机械		4	3	1				4		
	机械电子工业部	71	45	25	1		6	44	21	
	中国船舶工业总公司	5		5					4	1
	农业部农垦司	7	7				1	6		
包装机械	机械电子工业部	37	31	6			6	26	5	
	轻工业部	11	8	3			1	9	1	
纺织机械	纺织工业部	484	277	168	31	8	68	260	125	31
轻工机械	轻工业部									
造纸机械		43	16	22	2		1	16	21	2
皮革机械		35	24	8			2	22	8	
陶瓷机械		9	4	5				5	3	1
玻璃机械		10	4	6				5	5	
自行车、缝纫机加工机械		5	4	1				4	1	
木工、家具机械		17	13	4			3	12	2	
服装机械		16	11	3	1		1	11	3	
电光源机械		3	2	1				2	1	
五金机械		17	13	4			1	14	2	
工艺美术机械		6	4	2			1	3	2	
日用机械	轻工业部(独立核算工业企业)	922								
自行车		445								
缝纫机		152								

(续)

行业	部门	企业总数(个)	按职工总人数分(个)				按固定资产原值分(个)			
			500人以下	500～2000人以下	2000～5000人以下	5000人及以上	100万元以下	100～1000万元以下	1000～5000万元以下	5000万元及以上
钟表		244								
家用电器	轻工业部(独立核算工业企业)	643								
洗衣机		38								
电冰箱		54								
电风扇		132								
	机械电子工业部									
	机械系统	40	15	23	2		3	18	14	5
	电子系统	57	51	6			26	26	4	1
印刷机械	机械电子工业部	59	27	29	2	1	9	25	23	2
医疗器械	国家医药管理局	383	338	45			175	174	33	1
商业专用机械	商业部	388								
城建机械	建设部(计划归口)	18	15	2	1		2	14	2	
环境保护设备	机械电子工业部	48	35	13			13	25	10	
	能源部电力机械局	10		9	1			1	9	
	冶金工业部	1		1					1	
消防设备及器材	公安部(直属直供企业)	20	6	14				11	9	
	中国核工业总公司	8	3	5			1	3	4	
邮政机械	邮电部	12	9	3				9	3	
铁路机车车辆	中国铁路机车车辆工业总公司	35			4	31			2	33
	能源部电力机械局	1		1					1	
	冶金工业部	1			1					1
汽车	机械电子工业部	1005	635	299	55	16	188	557	208	52
	航空航天工业部航天系统	23	1	12	7	3		2	13	8
客车(含专用车)	交通部	48	15	32	1					
挂车		44	27	17						
	建设部	36	3	27	6			19	14	3
	能源部电力机械局	8		8				4	4	
	中国有色金属工业总公司	4	1	3				2	2	
	冶金工业部	1		1					1	
摩托车	机械电子工业部	16	8	7	1		3	9	3	1
	邮电部	13	10	3				10	3	
工矿电力牵引车辆	机械电子工业部	16	11	5			2	11	3	
船舶	中国船舶工业总公司	85	8	37	26	14		7	38	40
救捞潜水设备	交通部	2	2					2		
锅炉	机械电子工业部	179	99	68	8	4	29	92	49	9
工业汽轮机和燃气轮机	机械电子工业部	14	4	3	3	4	1	4	1	8
水轮机	机械电子工业部	37	27	9	1		2	32	2	1
发电机	机械电子工业部	67	38	18	5	6	3	42	12	10
电机	机械电子工业部									

(续)

行业	部门	企业总数(个)	按职工总人数分(个)				按固定资产原值分(个)			
			500人以下	500～2000人以下	2000～5000人以下	5000人及以上	100万元以下	100～1000万元以下	1000～5000万元以下	5000万元及以上
	机械系统	413	239	146	18	10	60	240	91	22
	电子系统	21	11	8	2		4	7	9	1
	中国煤矿机械装备公司	3		2	1				3	
电动机	机械电子工业部	279	157	106	12	4	43	157	68	11
微电机	机械电子工业部	67	44	22	1		14	41	11	1
	航空航天工业部	1		1					1	
高压输变电设备	机械电子工业部	385	252	123	6	4	72	233	67	13
	能源部电力机械局	55	25	28	2		9	27	18	1
低压电器	机械电子工业部	76	55	20		1	27	38	10	1
电器设备元件	机械电子工业部	208	166	39	2	1	78	117	11	2
电线电缆	机械电子工业部									
	机械系统	263	172	79	8	4	31	139	80	13
	电子系统	55	38	16	1		13	23	16	3
绝缘材料	机械电子工业部	50	30	17	3		4	32	12	2
电碳制品	机械电子工业部	13	9	2	2		2	7	3	1
蓄电池	机械电子工业部									
	机械系统	59	43	14	2		14	27	17	1
	电子系统	10	6	2	2		3	3	1	3
	中国船舶工业总公司	2			2					2
	航空航天工业部	1		1					1	
电焊机	机械电子工业部	47	39	7	1		9	32	6	
工业电炉	机械电子工业部	27	19	8			4	17	6	
电工专用设备	机械电子工业部	14	6	6	2		3	4	6	1
电动工具	机械电子工业部	37	29	8			13	19	5	
通用仪器仪表	机械电子工业部	553	383	157	9	4	132	332	82	7
照相机械	机械电子工业部	29	17	11		1	4	17	7	1
复印缩微设备	机械电子工业部	11	4	7			2	3	4	2
电影机械	机械电子工业部	25	15	8	2		4	15	5	1
衡器	轻工业部	105	85	20			40	57	8	
教学仪器设备	国家教委	1137	1135	2			966	170	1	
专用仪器仪表	机械电子工业部	5	3	2				4	1	
	地质矿产部	4	1	3				1	3	
	中国石油天然气总公司	5		4		1			3	2
	能源部电力机械局	10	4	6				5	5	
	中国煤矿机械装备公司	3		3					3	
	中国核工业总公司	5	1	4				2	3	
	中国石油化工总公司	2	1	1				1	1	
	国家技术监督局	61	61				53	6	2	
仪器仪表元器件	机械电子工业部	71	59	12			18	47	6	
	航空航天工业部	1		1					1	
工业机器人	航空航天工业部	1						1		

附表 2

职工人数、工资总额（1991 年）

行业	部门	全部职工年末人数(人)				全部职工全年平均人数(人)	工资总额(万元)
		总计	其中				
			工人	工程技术人员	管理人员		
农业机械	机械电子工业部	1036715	678339	71766	125011	1013578	240412
	农业部农垦司	46064	33269	4760	5601	46050	11490
内燃机	中国石油天然气总公司	6343	4058	621	407	6313	1746
热带作物机械	农业部农垦司	7067	5057	494	1009	7278	2044
畜牧机械	机械电子工业部	27125	17817	1666	3488	26758	5417
营林机械	林业部	7888	5449	699	920	7691	1898
木材工业机械	林业部	45546	28744	3462	5437	43965	1204
	机械电子工业部	10069	6440	595	1548	9879	2002
金属切削机床	机械电子工业部	316979	193149	30142	39207	313367	84863
锻压机械	机械电子工业部	71171	44857	5315	9313	70314	17030
铸造机械	机械电子工业部	18597	11767	1402	2383	18423	4097
量具刃具	机械电子工业部	103357	67303	7555	13793	102913	26059
磨料磨具	机械电子工业部	52705	33702	3470	6962	51847	14136
	中国核工业总公司	1491	1013	149	211	1500	416
通用机械	机械电子工业部	361191	226038	27629	49114	355739	89667
	能源部电力机械局	15858	9542	1223	1936	15788	5227
气体分离及液化设备	机械电子工业部	65097	39836	5880	8887	64372	16058
机械通用零部件	机械电子工业部	220669	141079	13472	30776	217627	50532
轴承	机械电子工业部	304816	202417	17340	38560	296700	80212
起重运输机械	机械电子工业部	159036	98880	11986	23104	156513	38518
	交通部	16106	11847	1299	1973	16027	5043
	冶金工业部	5176	3537	477	322	5180	1261
地质勘探设备	地质矿产部	24316	17482	1982	3205	24095	6188
	能源部电力机械局	580	300	75	75	578	170
	中国有色金属工业总公司	2860	1871	302	373	2818	682
矿山及煤矿机械	机械电子工业部	164889	101375	13741	21791	164028	40986
	中国煤矿机械装备公司	84945	54420	6884	9967	83618	25866
	能源部电力机械局	11844	7408	1571	1354	11527	3520
	中国有色金属工业总公司	16254	12073	1015	1628	16293	5190
	冶金工业部	8809	6151	544	999	8700	2652
重型机械	机械电子工业部	100788	59251	10176	10935	98994	29017
	冶金工业部	162902	133526	13036	16340	161565	48779
	中国有色金属工业总公司	39139	27376	3416	4028	38998	10682
石油化工设备	化学工业部	138855	85287	13832	14769	137060	38869

(续)

行业	部门	全部职工年末人数(人) 总计	其中 工人	其中 工程技术人员	其中 管理人员	全部职工全年平均人数(人)	工资总额(万元)
石油化工设备	机械电子工业部	95096	58679	7072	12504	93679	25131
	中国石油天然气总公司	58575	37021	4450	6531	57709	17338
	中国石油化工总公司	23669	16309	2490	4870		
橡胶、塑料机械	轻工业部	26212	17073	1766	3561	25825	7790
	机械电子工业部	15702	9755	1151	2075	15408	4825
	化学工业部	29756	23804	2105	4043	29371	8439
建筑材料机械	国家建材局	61907	37453	4293	7322	61457	14085
建筑工程机械	机械电子工业部	95134	59286	8108	12159	94332	25472
	建设部	158500	98000	12800	20800	155600	42969
	交通部	18143	12718	1673	3339	18210	5922
	能源部电力机械局	7581	4809	684	778	7547	2025
粮油机械	商业部	43147	27119	2845	6752	42646	9714
	机械电子工业部	28549	19629	1505	3619	27803	4874
食品机械	轻工业部						
制糖机械		7924	4966	657	943	7910	1972
制盐机械		2903	1756	169	474	2813	621
烟草机械		5964	3546	591	558	5830	1945
酿酒机械		13315	8778	1337	1497	13315	3826
罐头加工机械		5414	3322	538	827	5365	1230
乳品加工机械		2388	1527	218	371	2219	527
饮料灌装机械		3369	2023	237	480	3326	747
面包糖果饼干机械		1192	610	68	168	1001	222
其它食品机械		1787	1381	123	179	1647	273
	机械电子工业部	33345	20997	2544	4481	32978	8046
	中国船舶工业总公司	6805	3820	718	893	6580	2013
	农业部农垦司	1450	904	96	187	1451	319
包装机械	机械电子工业部	11978	7773	831	1764	11860	3043
	轻工业部	4684	3059	218	514	4152	1198
纺织机械	纺织工业部	390577	244161	31314		387604	99349
轻工机械	轻工业部						
造纸机械		32670	20094	2501	4197	32390	846
皮革机械		12775	8072	911	1758	11965	2813
陶瓷机械		6490	4095	400	806	6088	1612
玻璃机械		7516	4717	630	995	7363	1738
自行车、缝纫机加工机械		2823	1624	274	420	2791	949
木工、家具机械		6810	4341	457	998	6695	1242
服装机械		7815	5138	586	973	7604	2106
电光源机械		1825	1203	130	219	1778	388
五金机械		6288	4438	327	858	6226	1336
工艺美术机械		2356	1581	133	256	2408	424
日用机械	轻工业部	566800		27400		563700	142253
自行车		247700		9300		245000	62893
缝纫机		90900		4100		90100	24854

(续)

行业	部门	全部职工年末人数(人) 总计	其中 工人	其中 工程技术人员	其中 管理人员	全部职工全年平均人数(人)	工资总额(万元)
钟表		173300		9100		174200	39566
家用电器	轻工业部	253300		15700		249200	65395
洗衣机		40800		2600		40600	10443
电冰箱		60000		5100		59700	17491
电风扇		59900		3200		60600	9596
	机械电子工业部						
	机械系统	30317	20430	2532	4071	30356	9838
	电子系统	12428	8410	941	1535	11963	2651
印刷机械	机械电子工业部	42137	26897	3240	5652	41509	10978
医疗机械	国家医药管理局	105091		7797		103367	
商业专用机械	商业部	43930				41474	8995
水工机械	水利部	14122	8912	1293	1510	13877	3412
城建机械	建设部	6683	4243	466		6686	1833
环境保护设备	机械电子工业部	18616	12010	1436	2630	18514	3642
	能源部电力机械局	10558	6442	1093	2435	10427	3513
	冶金工业部	1478	958	115	198	1456	408
消防设备及器材	公安部	11522	6775	890	1884	11543	3086
	(直属直供企业)						
	中国核工业总公司	5723	2100	2000		5723	1916
邮政机械	邮电部	4042	2559	396	1087	4020	804
铁路机车车辆	中国铁路机车车辆工业总公司	278353	172250	27603	22721	267454	81280
	能源部电力机械局	860	497	70	117	852	276
	冶金工业部	2525	1620	191	323	2524	600
汽车	机械电子工业部	907521	562151	72548	115827	885183	248690
	航空航天工业部航天系统	54316	31090	8344	14882	52633	14834
客车(含专用车)	交通部					39693	9310
挂车						19370	4248
	建设部	38147	24595	2344		37796	10279
	能源部电力机械局	8194	6637	665	892	7961	1486
	中国有色金属工业总公司	2919	1734	210	433	2934	647
	冶金工业部	1022	624	98	139	1015	208
摩托车	机械电子工业部	12389	7696	873	1794	12043	3833
	邮电部	6475	3963	651	1016	6502	1626
工矿电力牵引车辆	机械电子工业部	6635	4184	315	888	6531	1350
船舶	中国船舶工业总公司	242378	144015	26404	26250	239426	74806
救捞潜水设备	交通部	612	383	67	94	608	169
锅炉	机械电子工业部	141227	85173	13482	18311	140199	36966
工业汽轮机和燃气轮机	机械电子工业部	51976	30803	6016	5914	51415	19345
水轮机	机械电子工业部	17473	11514	1415	2006	17364	3700
发电机	机械电子工业部	96329	56916	10721	11284	95596	29168

(续)

行业	部门	全部职工年末人数(人) 总计	其中 工人	工程技术人员	管理人员	全部职工全年平均人数(人)	工资总额(万元)
电机	机械电子工业部						
	机械系统	337618	213979	29056	42112	333070	89672
	电子系统	15658	10397	1506	1728	15497	3964
	中国煤矿机械装备公司	4333	2769	357	534	4234	1423
电动机	机械电子工业部	208841	136054	16014	26256	205513	52722
微电机	机械电子工业部	32448	21009	2321	4572	31961	7781
	航空航天工业部	1002	484	185	104	1015	2470
高压输变电设备	机械电子工业部	237158	141806	23608	33004	233669	57356
	能源部电力机械局	27330	18030	2098	3200	26736	8233
低压电器	机械电子工业部	39442	23497	3833	5899	38938	10291
电器设备元件	机械电子工业部	84339	52493	6608	12238	83009	18991
电线电缆	机械电子工业部						
	机械系统	169198	110813	10555	21599	165950	47099
	电子系统	24412	15687	1856	3405	24217	5986
绝缘材料	机械电子工业部	30837	20554	1960	3813	30332	6563
电碳制品	机械电子工业部	7896	5204	648	964	7810	2051
蓄电池	机械电子工业部						
	机械系统	25491	17525	1622	3479	25003	7348
	电子系统	9513	6377	827	1188	9353	2602
	中国船舶工业总公司	4874	3115	436	551	4867	1580
	航空航天工业部	1044	449	253	88	954	2624
电焊机	机械电子工业部	18907	11871	1743	2684	18630	4417
工业电炉	机械电子工业部	12953	7862	1139	1828	12612	2918
电工专用设备	机械电子工业部	13546	8115	1107	1776	13418	3318
电动工具	机械电子工业部	14242	9313	979	1954	14038	3261
通用仪器仪表	机械电子工业部	288473	169426	31518	42639	286151	69251
照相机械	机械电子工业部	20788	13286	1532	2599	21386	5219
复印缩微设备	机械电子工业部	6623	3122	922	1446	6309	2500
电影机械	机械电子工业部	16571	9867	1695	2347	16312	4008
衡器	轻工业部	32187	21421	2390	4544	31516	6656
教学仪器设备	国家教委	73075	44435	10341	7948	72265	15711
专用仪器仪表	机械电子工业部	2264	1163	254	294	2274	523
	地质矿产部	3403	1734	601	520	3380	899
	中国石油天然气总公司	9946	4621	1937	1615	9686	2994
	能源部电力机械局	6149	3307	1196	951	5538	1966
	中国煤矿机械装备公司	3619	2037	458	610	3374	946
	中国核工业总公司	4400	1900	1400		4400	1210
	中国石油化工总公司	1299	860	229	210		
	国家技术监督局	3497	2077	805	615	3494	898
仪器仪表元器件	机械电子工业部	22610	13859	2197	3158	22602	5750
	航空航天工业部	980	564	214	82	927	290
工业机器人	航空航天工业部	572	314	228	30		9

附表 3

行　业	部　门	工业总产值			工　业 净产值 (万元)	产品销 售收入 (万元)	产品销 售税金 (万元)	利润 总额 (万元)
		当年 价格 (万元)	1990 年 不变价格 (万元)	比上年 增　长 %				
农业机械	机械电子工业部	2913978	2988804	21.6	651557	2809336	72308	78057
	农业部农垦司	84900	72943	50.0	27959	75126	3442	5646
内燃机	中国石油天然气总公司	15874	15372	0.3	2806	16043	561	305
热带作物机械	农业部农垦司	12860	11373	31.2	6928	10048	449	694
畜牧机械	机械电子工业部	45496	48174	17.1	13414	38695	1310	759
营林机械	林业部	12289	11067	24.0	3679	11213	654	1187
木材工业机械	林业部	85768	84394	9.7	22694	81135	3519	957
	机械电子工业部	13340	13653	−7.1	4838	13011	637	75
金属切削机床	机械电子工业部	485670	496287	14.3	179681	510653	29021	13706
	航空航天工业部	780			720	340		84
锻压机械	机械电子工业部	124523	126710	15.3	36401	131459	6765	2637
铸造机械	机械电子工业部	26135	26547	52.0	8435	26915	1181	−235
量具刃具	机械电子工业部	172524	178321	−2.3	66155	156886	8591	5508
磨料磨具	机械电子工业部	130554	139488	−0.6	37031	116852	5976	7136
	中国核工业总公司	3378	4310	18.3	1197	3395	155	575
通用机械	机械电子工业部	750963	756503	2.7	269030	766699	42873	43927
	能源部电力机械局	39767	39195	15.3	11423	43052	1915	2226
气体分离及液化设备	机械电子工业部	131203	131735		45976	142825	7726	6002
机械通用零部件	机械电子工业部	359380	394335	9.0	115469	344329	17401	8570
轴承	机械电子工业部	642531	695120	5.8	245509	524338	30924	41757
起重运输机械	机械电子工业部	372035	394479	15.7	100710	368815	14417	2602
	交通部	29438	27375	20.7	6692	40328	1016	1731
	冶金工业部	6108	6206		1611	6166	200	−673
地质勘探设备	地质矿产部	33837	34084	10.2	11752	34343	2005	2136
	能源部电力机械局	1127	1098	31.8	430	1072	54	126
	中国有色金属工业总公司	4220	5016		1730	4182	194	286
矿山及煤矿机械	机械电子工业部	279028	302941	3.6	70156	277825	10222	−5219
	中国煤矿机械装备公司	219860	216899	−0.6	70328	194647	9188	8759
	能源部电力机械局	28281	27228		11519	28634	1634	1791
	中国有色金属工业总公司	17851	17008	7.2	5955	16726	455	−618
	冶金工业部	13103	11239		2697	13561	163	−1223
重型机械	机械电子工业部	194306	212718	5.0	48122	192072	8316	−12018
	冶金工业部	327476	402474		106873	334849	19506	10442
	中国有色金属工业总公司	63259	61812	2.4	19393	60953	2692	−503

机械工业行业状况统计表（1991 年）

已交利税费（万元）	年末固定资产 原值（万元）	年末固定资产 净值（万元）	定额流动资金 年末占用数（万元）	定额流动资金 平均余额（万元）	销售利税率（%）	资金利税率（%）	全员劳动生产率（元／人·年）	可比产品成本降低率（%）	万元工业总产值能耗（吨标准煤）
32386	1485422	911249	1183238	1075576	5.4	8.1	29488	0.42	0.83
5142	42630	26026	44095	38334	12.9	11.2	15840	3.70	2.10
168	27720	17258	8965	8306	5.5	3.8	24350	−1.23	1.62
541	10115	6338	5425	5949	11.3	9.3	15600	3.90	0.60
445	34244	21840	30788	28981	5.4	4.2	18004	0.87	0.99
387	7356	4541	4249	3879	16.4	21.9	14389	−8.50	2.72
3026	80053	50319	70451	56922	5.8	4.2	19196	−13.50	2.91
59	11075	6409	9833	9763	5.5	4.4	13820	3.64	0.92
7197	570079	289711	418062	400344	8.4	6.6	15837	0.21	1.34
17		220	590	86					
1352	114119	62607	99612	96370	7.2	6.2	18021	−0.29	1.08
174	25823	13558	19694	18790	3.6	3.1	14410	−13.70	1.62
2842	165131	89051	136499	132210	9.0	6.9	17327	−7.96	1.17
2227	99464	53324	58871	58124	11.3	12.3	26904	−4.55	3.48
328	4056	2579	2972	2872	21.5	13.4	28733	6.04	0.60
18117	566566	342909	496512	464026	11.4	11.4	21266	−3.68	0.90
2668	39133	24106	28390	25169	9.6	8.4	25188	−6.32	1.62
2897	110663	58868	99738	97122	9.7	9.2	20465	−5.57	0.83
3830	293943	179717	190730	181788	7.6	7.7	18120	−1.41	0.89
13780	490275	301856	335086	311395	13.5	12.7	23428	−4.40	1.22
3936	245876	145160	237908	225232	4.7	4.8	25191	0.33	0.91
920	32099	21120	23410	24764	8.5	7.5	15231	3.00	0.72
	8422	4351	6622	6977	−10.7	−3.7	11981	18.63	1.06
1154	42563	25709	25445	25429	12.1	8.1	14146	−7.40	1.53
86	960	615	767	632	20.6	11.5	18997	−4.20	0.40
223	4366	2413	2511	2131	11.5	7.4	14974		0.50
1482	309537	145132	236215	224447	1.8	1.4	18469	−3.94	2.73
307	163327	96928	124824	122231	9.1	8.2	25939	−3.49	1.44
2324	33492	18594	21134	19619	6.4	10.9	23621		1.87
745	23380	10846	8733	8637	−1.0	−0.8	10983		2.21
	13605	8711	4567	4300	−7.0	−9.4	12918		5.03
954	294832	143209	180702	175776	−1.8	−1.1	21488	−0.53	3.70
8977	339885	203499	169656	165000	8.0	5.5	24910	−10.90	2.61
2829	84752	45423	35512	34324	3.6	2.7	16163		2.83

行业	部门	工业总产值 当年价格 (万元)	工业总产值 1990年不变价格 (万元)	工业总产值 比上年增长 %	工业净产值 (万元)	产品销售收入 (万元)	产品销售税金 (万元)	利润总额 (万元)
石油化工设备	化学工业部	297163	322202		100679	277196	15807	9491
	机械电子工业部	199216	203444	22.0	57359	200081	10181	4820
	中国石油天然气总公司	160074	155833	17.7	43408	169035	7301	9020
	中国石油化工总公司	56386		13.5	14174	48687		4403
橡胶、塑料机械	轻工业部	66588	65875	11.4	18557	66711	3689	3976
	机械电子工业部	52618	52909	137.3	17669	54138	2821	4726
	化学工业部	47789	47599		16191	44578	2542	1493
建筑材料机械	国家建材局	106194	121618	19.4	26969	108742	4572	−1122
建筑工程机械	机械电子工业部	267032	264853	22.7	73419	276422	11491	11792
	建设部	426300		62.1	123900	430132	19245	13449
	交通部	35660	28863		13677	35750	1823	2364
	能源部电力机械局	15644	17041	1.0	4210	16169	933	754
粮油机械	商业部		102147	18.0		92615	5415	9059
	机械电子工业部	37925	38541	5.6	12341	35937	1305	637
食品机械	轻工业部							
制糖机械		13438	13761	32.6	4052	13749	759	284
制盐机械		3467	3573	3.6	1043	3771	196	−166
烟草机械		16774	18204	8.4	8998	14865	1163	3821
酿酒机械		29865	28429	14.4	12046	29545	1754	1420
罐头加工机械		7691	7344	10.1	3019	8101	565	374
乳品加工机械		5810	5737	9.4	1883	5763	333	610
饮料灌装机械		6989	6511	−28.5	2491	6677	418	534
面包糖果饼干机械		1380	1355		583	1665	61	290
其它食品机械		2592	2537		853	2057	140	155
	机械电子工业部	67244	69184	10.0	25803	65831	4298	4171
	中国船舶工业总公司	16619	16474	2.1	5621	16240	1202	2368
	农业部农垦司	3150	2871	61.0	1110	2595	167	264
包装机械	机械电子工业部	30757	33013	19.5	8502	23944	1441	1368
	轻工业部	11857	13336	31.5	4959	13363	1196	1615
纺织机械	纺织工业部		638540	0.1	251567	898723	47024	99490
轻工机械	轻工业部							
造纸机械		59401	58972	9.3	17013	63097	3896	1823
皮革机械		27615	26997	37.9	9176	27462	1407	1254
陶瓷机械		13370	13114	7.5	10030	14934	667	288
玻璃机械		11209	11755	32.6	4394	11983	708	289
自行车、缝纫机加工机械		7485	7583	136.6	2956	7859	557	901
木工、家具机械		6420	6547	7.8	2464	6542	393	15
服装机械		21979	23894	16.3	9609	22764	1469	2497
电光源机械		2262	2364	49.0	1040	2175	170	194
五金机械		12203	13377		4350	11552	556	560
工艺美术机械		4640	4650		1650	3954	275	227
日用机械	轻工业部(独立核算工业企业，不包括							

(续)

已交利税费(万元)	年末固定资产		定额流动资金		销售利税率(%)	资金利税率(%)	全员劳动生产率(元/人·年)	可比产品成本降低率(%)	万元工业总产值能耗(吨标准煤)
	原值(万元)	净值(万元)	年末占用数(万元)	平均余额(万元)					
21799	257179	164065			7.0	6.0	23895		3.00
2860	202275	124798	150500	148726	7.5	6.2	21717	−4.08	1.45
6139	204338	144773	129463	121061	9.7	6.8	27003	−3.90	1.78
	65154	43005					23823		
2711	42235	23726	37924	35983	11.5	11.3	25508	−1.43	0.48
854	32610	18996	30174	28281	14.0	16.5	34339	−4.32	0.61
2833	42845	19647			8.0	7.0	16206		2.00
1070	116320	73258	88452	134556	3.2	2.3	19789	−1.60	1.10
3659	188139	108962	181157	170129	8.4	8.7	23077	−1.82	1.02
9432	282000	174900	266700				27391		0.77
1066	35110	22207	26967	31119	11.7	9.6	15850	1.30	
665	18764	11022	16580	16639	10.4	6.1	22478	−0.70	1.55
5118	72734	44251	54886	52269	9.8	11.3	23864		
598	27270	17250	22005	21176	5.4	5.3	13862	−0.35	1.18
241	14496	7806	8668	8460	7.6	6.5	17397	1.80	0.99
91	3514	1900	2650	2719	0.1	0.1	12702	0.24	0.61
957	11984	8502	10355	10026	33.5	29.1	31225	4.88	0.21
1244	28193	18341	20214	26022	10.7	7.7	21351	4.66	0.76
315	7308	4263	6502	6502	11.6	9.1	13689	5.24	0.67
356	2506	2454	4762	4620	16.4	14.2	25854	24.82	0.65
283	5083	3135	4554	4471	13.9	12.6	19576	0.74	0.46
264	881	517	1525	1374	21.1	19.5	13536	7.80	0.69
96	1484	938	2402	2183			15404		0.54
1535	46316	30845	36926	34300	12.9	14.1	20979	2.79	0.51
1052	21855	16491	11388	11937	22.0	12.6	25036	−3.22	0.37
254	1091	676	1428	1818	16.8	17.3	19800	1.60	0.65
450	16727	11525	12039	11081	11.8	13.5	27836	0.69	0.46
643	5635	3450	5171	4031	21.0	42.3	32119	−1.80	0.33
29197	700494	434310	524806	508261	11.1	10.9	21883	−4.90	1.14
1561	58221	35076	46220	43683	9.0	7.5	18207	8.04	1.77
771	23800	16208	18701	16718	9.7	9.7	22563	−3.22	0.53
364	12398	8391	8835	7983	6.4	6.2	21541	0.97	0.91
134	11048	6133	9668	10227	8.3	6.3	15965	17.98	0.88
324	5069	3301	5731	3873	18.6	21.0	27169	7.43	0.33
140	6687	3126	8170	8520	5.8	3.4	9779	9.47	1.26
894	10788	6786	10358	8786	17.4	27.3	31096	1.09	0.25
66	2884	1854	1739	1590	16.7	11.2	13296	12.39	1.32
329	7672	4828	8782	8342	9.7	9.0	21486	4.36	0.54
41	3909	2855	3882	3674	12.7	8.1	19311	2.36	0.40

行业	部门	工业总产值 当年价格 (万元)	工业总产值 1990年不变价格 (万元)	工业总产值 比上年增长 %	工业净产值 (万元)	产品销售收入 (万元)	产品销售税金 (万元)	利润总额 (万元)
	街道企业)							
自行车		1049819	1050883	32.0		1090066	64872	−8651
缝纫机		230550	237131	36.1		252461	11240	9226
手表		178967	219902	−3.0		156216	21823	−3648
家用电器	轻工业部(独立核算工业企业,不包括街道企业)	1535015	1643929	13.5		1474341	62193	9427
洗衣机		348638	367191	22.9		323365	8403	−7138
电冰箱		484673	486176	9.9		494062	18198	6558
	机械电子工业							
	机械系统	292622	317022	28.5	69610	256751	11605	5542
	电子系统	43327	51235	70.2	14164	34416	1129	316
印刷机械	机械电子工业部	80626	77360	20.9	32871	84801	5156	8950
医疗器械	国家医药管理局	229344	237357	23.5	75771	218461	12471	10315
商业专用机械	商业部		93233	23.9		94451	17568	2123
水工机械	水利部	25779	27576		7543	24917	1078	878
城建机械	建设部	16945	14125	35.0	10058	16888	856	1109
环境保护设备	机械电子工业部	33464	34499	26.4	11193	32236	1750	495
	能源部电力机械局	25321	21087	5.6	10267	28473	1268	1060
	冶金工业部	3617	4507		662	3450	132	60
消防设备及器材	公安部(直属直供企业)	29024	27855	−6.4	8028	29859	1401	1146
	中国核工业总公司	6000	5960	4.0	2910	6000	300	1200
邮政机械	邮电部	8065	8065		2972	8445	524	971
铁路机车车辆	中国铁路机车车辆工业总公司	700352	617803	2.9	156836	699101	21770	20835
	能源部电力机械局	1300	1237	−25.0	409	1423	101	2
	冶金工业部	3467	3502		576	2432	30	−98
汽车	机械电子工业部	4625597	4389741	40.2	1099955	4871673	195076	339711
	航空航天工业部航天系统	124190	135883		30840	147827	2810	1075
	交通部	226464	218707	40.1		229915	7412	7011
客车(含专用车)		179885	173321	38.3		183702	5993	7285
挂车		46579	45386	41.9		46213	1419	−274
	建设部	101409	90704	20.0	30256	110006	5505	2485
	能源部电力机械局	16036	16249	29.5	4129	12681	663	908
	中国有色金属工业总公司	5728	5274	32.1	965	5661	157	−153
	冶金工业部	827	808		432	720	43	−48
摩托车	机械电子工业部	110516	105159	40.7	32474	109544	4622	12785
	邮电部	11688	11688	8.2	2832	11384	501	−727
工矿电力牵引车辆	机械电子工业部	11520	11441	−9.5	3256	11305	419	−14
船舶	中国船舶工业总公司	767000	795172	18.8	192801	682118	15407	31806
救捞潜水设备	交通部	1519	1501	47.3	592	1491	58	347
锅炉	机械电子工业部	352129	383937	6.8	92710	364825	17970	12668
工业汽轮机和燃气轮机	机械电子工业部	146634	149142	3.2	50287	128227	7488	8777

(续)

已交利税费(万元)	年末固定资产		定额流动资金		销售利税率(%)	资金利税率(%)	全员劳动生产率(元/人·年)	可比产品成本降低率(%)	万元工业总产值能耗(吨标准煤)
	原值(万元)	净值(万元)	年末占用数(万元)	平均余额(万元)					
	354750	244114	340479	321018	5.2	10.4	45753	0.86	
	123523	80240	74256	74299	8.1	13.6	26681	−3.27	
	206741	118441	133966	136153	11.6	7.2	17289	−2.23	
	583342	436578	661257	651520	4.9	6.9	67856	5.64	
	118615	88678	103210	110472	0.4	0.7	94255	6.01	
	183272	140865	239912	235347	5.0	6.9	97204	6.58	
3376	94054	72930	88482	88056	6.8	12.3	104435	3.70	0.09
109	27752	23271	19730	19287	4.2	3.6	42827	2.78	0.20
3607	70685	45346	51462	48950	16.7	16.2	18637	−2.85	0.73
5237	126695	86272	134659	129457	10.6	11.1	22586	−7.29	1.58
2593	58705	38601	103296	56883	20.8	12.2	21223		
746	29320	18534	25453	26785					
176	10066	6103					21136		
574	22500	15513	23362	22483	7.0	6.2	18634	4.73	0.54
932	21549	16946	27993	17353	12.2	7.3	22888	−5.02	5.48
	3110	2398	2290	2054	7.5	4.9	30955	−0.37	1.00
663	16052	10530	25408	24978	8.5	4.6	24132	−3.40	
720	5627	4502	2970	2988	25.0	20.0	10484		0.40
300	8010	4559	4807	5226			19952		
29845	707697	477982	224880	219466	6.9	7.6	23090	−6.55	2.10
2	2101	1219	700	1009	14.0	21.0	14542	−2.80	1.99
	5818	4556	4356	3976	−3.7	−0.8	13875	0.80	1.42
108222	2137913	1397595	1522788	1405354	11.0	20.7	49591	−1.00	0.63
3735	138606	98746		94136					
		51211		77883	4.8				
		36786		57989	7.2				
		14425		19894	2.4				
1249	50333	33465					23777		
958	13179	8369	11892	11788	12.4	7.8	20411	−3.80	
136	4872	3096	2425	2695	0.1	0.1	19623		0.93
	1642	813	813	637		−0.3	7964	4.80	2.95
1347	25710	19831	23688	22558	16.9	42.8	87320	2.11	0.24
	9591	5506	11356	7971			18051		
54	7203	4226	7105	6854	3.6	3.7	17518	−1.71	1.01
16576	681679	445639	629594	621567	6.9	4.4	33212	−0.19	0.76
364	709	6536	891	813	27.2	32.3	27214		2.17
6227	267743	163482	313264	303565	8.4	6.8	27385	0.91	0.54
3822	182046	107488	154312	139977	12.7	6.8	29007	−8.92	0.99

(续)

行业	部门	工业总产值 当年价格（万元）	工业总产值 1990年不变价格（万元）	工业总产值 比上年增长 %	工业净产值（万元）	产品销售收入（万元）	产品销售税金（万元）	利润总额（万元）
水轮机	机械电子工业部	20282	22622	9.0	8016	20138	1262	416
发电机	机械电子工业部	236481	253692	3.1	77298	232587	11992	9717
电机	机械电子工业部							
	机械系统	848005	913096	8.4	262576	815960	36585	27620
	电子系统	41745	52170	42.4	11551	35475	1227	1005
	中国煤矿机械装备公司	11057	11148	3.5	4396	9144	615	547
电动机	机械电子工业部	526193	563633	8.7	160781	503997	21288	15367
微电机	机械电子工业部	85331	95771	22.5	24496	79376	3305	2535
	航空航天工业部	918	1114	−19.0	627	364	6	8
高压输变电设备	机械电子工业部	629358	641930	0.2	183993	622806	31500	21897
	能源部电力机械局	89544	85232	16.7	17978	67119	4754	5081
低压电器	机械电子工业部	95802	94179	96.7	30665	90953	4757	6329
电器设备元件	机械电子工业部	149072	151353	0.2	48069	147401	6945	3654
电线电缆	机械电子工业部							
	机械系统	1083965	1202345	7.0	253854	967707	92166	29021
	电子系统	105628	115972	15.9	24849	91050	6443	2533
绝缘材料	机械电子工业部	79264	82860	0.4	19359	75070	4681	−326
电碳制品	机械电子工业部	10353	10392	−2.5	4259	9959	638	−73
蓄电池	机械电子工业部							
	机械系统	106047	124123	1.6	35263	99369	7408	8156
	电子系统	22168	26199	7.2	5768	21858	1219	366
	中国船舶工业总公司	25851	26860	9.1	11198	22256	1630	4298
	航空航天工业部	2152	2266	40.0	1443	1456	26	135
电焊机	机械电子工业部	36467	38122	28.6	12491	38758	1987	2217
工业电炉	机械电子工业部	23494	23285	20.7	7194	22798	1207	352
电工专用设备	机械电子工业部	20041	19243	23.3	6555	20596	1043	−571
电动工具	机械电子工业部	30819	31277	35.2	9525	30249	1529	1393
通用仪器仪表	机械电子工业部	553371	580456	17.9	209235	551128	30720	35273
照相机械	机械电子工业部	27370	31581	15.6	7253	26617	893	−2452
复印缩微设备	机械电子工业部	63401	64475	60.9	27719	66454	2846	7526
电影机械	机械电子工业部	21548	24859	17.7	8089	20426	1070	521
衡器	轻工业部	55988	58832	13.0	19431	56077	3303	2211
教学仪器设备	国家教委	156518	166849	12.3	67738	159683	9513	30511
专用仪器仪表	机械电子工业部	2442	2489	−9.0	1023	2494	186	102
	地质矿产部	4163	3985	12.7	1843	3990	233	247
	中国石油天然气总公司	38472	38673	30.3	8250	39703	1587	1852
	能源部电力机械局	13459	13278	7.8	4236	13935	744	1810
	中国煤矿机械装备公司	6748	6354	7.3	1941	5993	356	−586
	中国核工业总公司	6670	6590	9.0	3409	6670	400	1534
	中国石油化工总公司	4589		80.0	1208			482
	国家技术监督局	6496	6321	89.8	2756	6267	317	818
仪器仪表元器件	机械电子工业部	45159	48868	16.1	16073	41111	2518	1851
	航空航天工业部	3294	4118	22.2	1395	2638	97	164
工业机器人	航空航天工业部	440		107.5	352			

(续)

已交利税费(万元)	年末固定资产		定额流动资金		销售利税率(%)	资金利税率(%)	全员劳动生产率(元/人·年)	可比产品成本降低率(%)	万元工业总产值能耗(吨标准煤)
	原值(万元)	净值(万元)	年末占用数(万元)	平均余额(万元)					
253	22402	12631	17670	16790	8.4	6.2	13028	−2.13	1.03
2451	221247	123714	218771	224304	9.4	6.4	26538	−2.94	0.75
12252	563355	333272	539086	541681	7.9	7.7	27415	1.03	0.59
284	26808	17087	18389	17421	6.3	6.5	33664	1.61	0.16
	8367	4852	6507	5836	12.9	11.0	26330	−4.53	1.23
9027	297124	177988	279933	28010	7.3	8.5	27426	1.19	0.57
774	44984	31570	40382	37276	7.4	9.5	29965	5.97	0.34
78	1775	1257	1215	1864	2.2		10975		0.64
10926	438778	285613	393926	387450	8.6	8.3	27472	0.53	0.65
4506	76169	45386	64762	49308	14.7	10.4	31879		
3453	43244	25546	49572	46730	12.2	16.0	24187	−3.31	0.44
1836	75547	45028	83571	78391	7.2	9.0	18233	−2.35	0.45
14627	400711	263678	388486	374224	12.7	20.3	72452	2.10	0.48
1658	60602	45711	44011	44700	9.9	10.5	47888	2.26	0.56
370	48722	27986	34591	33129	5.9	7.5	27318	1.43	2.78
247	13323	7163	5249	4972	5.7	4.9	13306	−5.81	4.46
2483	56223	38734	32877	32553	15.8	23.3	49643	3.99	1.01
37	22034	14428	13970	13365	7.4	6.3	28011	6.00	1.26
1380	11839	6947	6162	6710	26.6	45.2	55188	−2.24	1.37
127	3508	2854	2013	3009	9.3		23753		0.73
1210	19012	10441	25792	24799	10.9	11.7	20463	1.88	0.41
383	14990	8463	17617	17355	6.9	6.4	18463	3.01	0.52
310	21434	12065	18126	17837	2.3	1.7	14341	2.38	0.88
208	19550	14224	16372	15811	9.7	10.3	22280	7.22	0.40
15066	366326	220032	374251	350604	12.0	12.1	20285	1.72	0.41
−17	36410	24649	36160	36348	−5.7	−2.6	14767	−4.65	0.49
2266	20866	16067	27742	23840	15.6	28.3	102195	4.43	0.14
286	26009	16019	21920	20422	7.8	4.8	15240	0.76	1.05
2065	34424	20548	32216	30345	9.9	11.0	18668	−1.70	0.66
15355	87278	60738	83442	78555	25.1	24.7	23088		
44	2455	1014	2002	1972	11.6	10.1	10945	−15.18	0.90
217	5560	3037	4302	4391	12.0	6.5	11790	−1.60	0.57
1147	49699	40273	46866	39675	8.7	4.7	39927	3.70	0.43
1026	12875	9330	11400	9648	18.1	16.0	19779	−13.60	−0.66
0	8100	5754	5079	4306	−3.7	−2.2	18832	−9.03	1.08
1080	9709	6792	6247	6175	28.0	15.0	15018		0.84
	3656	1977					35327		
	4847	3776	3494	2842	18.0	17.2	18074		
1208	28217	16074	20382	19221	10.7	12.6	21621	−4.45	0.53
143	2820	2331	3132	2814	10.6	5.5	42366	−9.45	0.56
	219	176	350	50			7690		

附表 4

固定资产投资额（1991 年）

行业	部门	固定资产投资(万元)总计	其中：基本建设投资	其中：技术更新改造投资
农业机械	机械电子工业部	214466	45826	168640
	农业部农垦司	3975	2385	1590
内燃机	中国石油天然气总公司	4128	3187	941
热带作物机械	农业部农垦司	713	404	309
畜牧机械	机械电子工业部	1845	517	1328
营林机械	林业部	3857	1900	1957
木材工业机械	林业部	9233	2582	6608
	机械电子工业部	607	93	514
金属切削机床	机械电子工业部	66273	9410	56863
	航空航天工业部	157	26	
锻压机械	机械电子工业部	14323	1907	12416
铸造机械	机械电子工业部	2716	232	2484
量具刃具	机械电子工业部	18150	7098	11052
磨料磨具	机械电子工业部	12759	2731	10028
	中国核工业总公司	237	142	95
通用机械	机械电子工业部	59490	15098	44392
	能源部电力机械局	3334	1315	2019
气体分离及液化设备	机械电子工业部	10626	2337	8289
机械通用零部件	机械电子工业部	32955	9221	23734
轴承	机械电子工业部	94459	19669	74790
起重运输机械	机械电子工业部	18312	4721	13591
	交通部	2213	1260	953
	冶金工业部	169	60	109
地质勘探设备	地质矿产部	1035	525	510
	能源部电力机械局	45		45
	中国有色金属工业总公司	243	69	174
矿山及煤矿机械	机械电子工业部	19407	4614	14793
	中国煤矿机械装备公司	8136	3318	4818
	能源部电力机械局	2664	982	1682
	中国有色金属工业总公司	1282	191	1091
	冶金工业部	836		836
重型机械	机械电子工业部	17405	6106	11299
	冶金工业部	26861	5121	21740
	中国有色金属工业总公司	4955	646	4309
石油化工设备	化学工业部	4411	1292	3119
	机械电子工业部	22259	5944	16315
	中国石油天然气总公司	26867	11835	15032

(续)

行　业	部　门	固定资产投资(万元)		
		总　计	其中	
			基本建设投资	技术更新改造投资
石油化工设备	中国石油化工总公司	1903		1903
橡胶、塑料机械	轻工业部	4099	1208	2891
	机械电子工业部	3994	1351	2643
	化学工业部	1000		1000
建筑材料机械	国家建材局	8870	3378	5492
建筑工程机械	机械电子工业部	24639	4756	19883
	建设部	1625		1625
	交通部	3190	1140	2050
	能源部电力机械局	868	170	698
粮油机械	机械电子工业部	1934	405	1529
食品机械	轻工业部			
制糖机械		638	115	523
制盐机械		278	133	145
烟草机械		3484	440	3043
酿酒机械		1505	358	1147
罐头加工机械		1086	498	588
乳品加工机械		553	91	462
饮料灌装机械		347	90	257
面包糖果饼干机械		156		156
其它食品机械		598	518	80
	机械电子工业部	6807	1068	5739
	中国船舶工业总公司	2501	2200	301
	农业部农垦司	21	5	16
包装机械	机械电子工业部	2361	390	1971
	轻工业部	885	311	574
纺织机械	纺织工业部	70246	3795	34781
轻工机械	轻工业部			
造纸机械		3930	1322	2578
皮革机械		5062	1400	3662
陶瓷机械		1066	516	550
玻璃机械		824	179	645
自行车、缝纫机加工机械		564	74	490
木工、家具机械		431	260	171
服装机械		1092	86	1006
电光源机械		274		274
五金机械		836	379	456
工艺美术机械		273	4	269
日用机械	轻工业部	52081	9840	42241
自行车		21250	7809	13441
缝纫机		11663	384	11279
手表		9489	1357	8132
家用电器	轻工业部	62748	23785	38963
洗衣机		4842	321	4521
电冰箱		10381	726	9655
电风扇		3432	1568	1864
	机械电子工业部			
	机械系统	10283	1519	8764
	电子系统	1621	710	911

(续)

行　业	部　门	固定资产投资(万元)		
		总　计	其　中	
			基本建设投资	技术更新改造投资
印刷机械	机械电子工业部	10062	2873	7189
医疗器械	国家医药管理局	6186	900	5286
水工机械	水利部	1819	772	1047
城建机械	建设部	666	96	570
环境保护设备	机械电子工业部	1039	57	982
	能源部电力机械局	2425	1132	1292
	冶金工业部	564	441	123
消防设备及器材	公安部(直属直供企业)	1534	1342	192
邮政设备	邮电部	233	62	171
铁路机车车辆	中国铁路机车车辆工业总公司	87377	61506	25871
	能源部电力机械局	131		131
	冶金工业部	178		178
汽车	机械电子工业部	403219	128918	274301
	航空航天工业部航天系统	13389	2377	11012
	交通部	11630		11630
	建设部	5527	1595	3932
	能源部电力机械局	920	665	255
	中国有色金属工业总公司	195	50	145
	冶金工业部	79		79
摩托车	机械电子工业部	3738	523	3215
	邮电部	280	71	209
工矿电力牵引车辆	机械电子工业部	103	38	65
船舶	中国船舶工业总公司	47566	22660	24906
救捞潜水设备	交通部	447		447
锅炉	机械电子工业部	20831	3622	17209
工业锅炉		1310	219	1091
工业汽轮机和燃气轮机	机械电子工业部	10905	1592	9313
水轮机	机械电子工业部	2652	482	2170
发电机	机械电子工业部	15408	4401	11007
电机	机械电子工业部			
	机械系统	58933	12037	46896
	电子系统	1560	329	1231
	中国煤矿机械装备公司	100		100
电动机	机械电子工业部	37293	6612	30681
微电机	机械电子工业部	6230	1023	5207
	航空航天工业部	1756		
高压输变电设备	机械电子工业部	52277	12986	39291
	能源部电力机械局	5932	2768	3164
低压电器	机械电子工业部	3762	884	2878
电器设备元件	机械电子工业部	5774	822	4952
电线电缆	机械电子工业部			
	机械系统	50843	13349	37494
	电子系统	7335	2076	5259
绝缘材料	机械电子工业部	4219	1789	2430

(续)

行业	部门	固定资产投资(万元)		
		总计	其中	
			基本建设投资	技术更新改造投资
电碳制品	机械电子工业部	727	156	571
蓄电池	机械电子工业部			
	机械系统	13009	5631	7378
	电子系统	2327	1017	1309
	中国船舶工业总公司	538	13	525
	航空航天工业部	3508		
电焊机	机械电子工业部	1377	345	1032
电工专用设备	机械电子工业部	953		953
电动工具	机械电子工业部	2368	176	2192
通用仪器仪表	机械电子工业部	31858	6486	25372
照相机械	机械电子工业部	4193	110	4083
复印缩微设备	机械电子工业部	2229		2229
电影机械	机械电子工业部	2509	309	2200
衡器	轻工业部	4310	1437	2234
教学仪器设备	国家教委	4585	2885	1700
专用仪器仪表	机械电子工业部	133		133
	中国石油天然气总公司	6427	5075	436
	能源部电力机械局	1418	279	643
	中国煤矿机械装备公司	30	30	
	国家技术监督局	73	73	
	中国石油化工总公司	245		245
仪器仪表元器件	机械电子工业部	1683	392	1291
	航空航天工业部	37		37
工业机器人	航空航天工业部	219	119	100

附表 5

出口额（1991 年）

行　　业	部　　门	主要类别产品	出口产品 单位	出口产品 数　量	出口金额（万美元）
农业机械	机械电子工业部	合计			8091.2
		拖拉机	台	3867	1084.1
		手扶拖拉机	台	12551	1111.9
		耕作农机具			282.5
		机引犁	台	9	0.2
		犁耙片	万片	52540	238.8
		其他农机具			43.5
		机动喷雾(粉)器	台	2975	51.3
		手动喷雾(粉)器	台	11951	8.8
		水利排灌机械	台	46789	373.2
		农业泵及其机组	台	45885	352.2
		喷灌机	台	388	9.0
		其他水利排灌机械	台	516	12.0
		收获机械	台	628	14.3
		联合收割机	台	16	5.7
		割晒机	台	5	0.3
		脱粒机	台	25	1.3
		其他收获机械	台	582	7.0
		农田建设机械	台	53	3.4
		棉花加工机械	台	8	12.6
		经济作物机械	台	20	0.4
		农业机械零配件			3334.1
		其他农业机械			1814.6
	农业部农垦司	农业泵	台	35	6.7
		玉米收割机	台	1	0.7
		15、20 吨升运机、清粮机	台	3	0.7
		农业机械零件	万件	3.2	9.8
内燃机	机械电子工业部	内燃机			2897.1
		柴油机	马力	1000191	2079.5
		船用柴油机	马力	27634	173.4
		汽油机	马力	328	1.2
		内燃机零配件			628.8
		其他内燃机			14.2
		内燃发电机组	千瓦	60542.7	458.0
		汽油发电机组	千瓦	345.7	1.8
		柴油发电机组	千瓦	59082	451.2
		其他发电机组	千瓦	1115	5.0
热带作物机械	农业部农垦司	橡胶初加工机械	台	121	49.9
畜牧机械	机械电子工业部	合计	台	949	62.7
		牧草收集机械	台	700	51.7
		饲料加工机械	台	215	2.5
		畜禽饲养机械	台	33	0.3

(续)

行　业	部　门	主要类别产品	出口产品		出口金额(万美元)
			单　位	数　量	
畜牧机械	机械电子工业部	畜产品加工机械	台	1	8.2
	农业部农垦司	鸡笼鸡架	组	3000	10.0
营林机械	林业部	合计	台	245	51.4
		营林整地机	台	83	42.5
		喷灌机	台	58	2.9
		割灌机	台	104	1.6
		其它营林机械			4.8
	机械电子工业部	合计			7.4
木材工业机械	林业部	合计	台	3314	969.0
		装载机	台	43	156.5
		液压挖掘机	台	58	6.5
		绞盘机	台	4	3.5
		集材拖拉机	台	987	189.2
		油锯	台	27	0.5
		木工机床	台	2187	499.2
		人造板设备	台	35	30.4
		大型旋刨刀	吨	94.2	30.6
		林业工具刃具	万件	23.71	19.8
		木材工业机械配件	件	3100	10.7
			吨	84.1	14.4
		汽油机及配件			7.5
	机械电子工业部	木工机械	台	7347	168.8
		机动伐木锯(油锯)	台	20	0.4
金属切削机床	机械电子工业部	合计	台	185562	8596.4
		车床	台	15011	4063.5
		钻床	台	5925	596.9
		铣床	台	2268	1155.0
		磨床	台	1379	668.6
		镗床	台	295	409.9
		齿轮加工机床	台	120	472.3
		螺纹加工机床	台	6	2.1
		刨床	台	760	235.3
		插床	台	83	40.6
		拉床	台	1	1.2
		电加工机床	台	1	1.4
		数控机床	台	44	79.2
		仪表机床	台	1	2.8
		其他机床	台	159668	867.6
	农业部农垦司	立钻	台	303	58.9
机床附件	机械电子工业部	合计			2041.8
		卡盘	件	17047	78.1
		钻卡头	件	71994	30.8
		回转工作台	台	5391	171.5
		其他机床附件			1761.4
机床电器	机械电子工业部	合计	台	94289	55.8
锻压机械	机械电子工业部	锻压机械单机合计	台	20074	1112.0
		机械压力机	台	3722	610.0
		液压机	台	31	23.7
		自动锻压机	台	26	6.0

(续)

行业	部门	主要类别产品	出口产品 单位	出口产品 数量	出口金额(万美元)
锻压机械	机械电子工业部	锻锤	台	2	0.7
		剪断机	台	15157	229.6
		整形机	台	16	2.9
		弯曲校正机	台	26	24.3
		其他锻压机	台	1094	214.7
		锻压机械成套设备			147.6
	农业部农垦司	压力机	台	116	7.1
铸造机械	机械电子工业部	合计	台	17	25.6
量具刃具	机械电子工业部	刃具	万件	4686647	3087.7
		量具	件	1283152	714.2
	水利部	硬质合金焊接车刀	支	70800	4.0
磨料磨具	机械电子工业部	磨料	吨	71152	2917.1
		磨具合计			425.7
		油石	万块	415.78	108.8
		磨石	万块	29.26	17.1
		砂轮	万块	183.64	189.2
		其他磨具	万块	49.75	109.1
		涂附磨具			103.0
		金刚石及制品	万克拉	245.10	121.4
		金刚石	万克拉	209.74	99.2
		金刚石制品	万克拉	35.36	22.2
	中国核工业总公司	人造金刚石单晶	克	307696.4	69.0
		人造金刚石扩孔器	个	100	0.8
	农业部农垦司	砂轮架	万件	3	6.8
通用机械	机械电子工业部	各种泵	台	414486	694.4
		工业泵	台	71227	300.8
		高真空泵	台	1158	23.8
		手摇泵	台	34646	28.2
		家用泵	台	59877	114.1
		其他泵	台	247578	227.5
		阀门	只	3735991	2476.2
		低压阀门	只	2125469	1051.8
		高中压阀门	只	525129	998.5
		其他阀门	只	1085393	425.9
		其他阀门			156.6
		铸铁法兰阀门	个	131230	92.1
		铸铁球闸阀	个	47	0.6
		铜阀门	打	40675	50.5
		风机	台	5141	133.0
		风机	台	565	131.0
		暖风机	台	4576	2.0
		气体压缩机	台	40	32.0
		小空气压缩机	台	16404	87.7
		冷冻设备	台	205	74.2
		空调设备	台	28	5.8
		离心机	台	124	38.3
		气体钢瓶	个	465111	492.9
		通用机械零配件			2377.0

(续)

行　业	部　门	主要类别产品	出口产品		出口金额（万美元）
			单　位	数　量	
通用机械	机械电子工业部	其他通用机械			2924.0
		冷冻成套设备			7.8
		通用机械成套设备			275.7
		冷库设备			0.5
	能源部电力机械局	风机	台	42	49.0
气体分离及液化设备	机械电子工业部	气体分离器合计	台	3156	277.8
		制氧机	台	3	28.6
		制氢机	台	1	14.7
		其他气体分离设备	台	3152	234.5
		制氧机成套设备			90.6
机械通用零部件	机械电子工业部	标准紧固件			1785.9
		工程液压件及附件	件	105	4.1
		橡胶密封件			243.8
		机械密封件			109.1
		金属粉末	吨	334	25.0
		粉末冶金制品	吨	686.6	96.0
		工业链条	万米	587.6	1032.9
		一般紧固件			205.8
		防滑链条	副	542350	260.7
	农业部农垦司	标准件	万件	5000	327.3
		各种链条	万米	5.1	24.8
	水利部	美国标法兰盘	吨	1911	147.0
轴承	机械电子工业部	滚动轴承	万套	6760.3	6783.6
		工业轴承	万套	6573.3	6661.2
		微型轴承	万套	187.0	122.4
		工业钢球	万粒	1551839	239.6
		其他轴承			48.9
		轴承检查仪	台	10	1.3
起重运输机械	机械电子工业部	起重机械合计			7160.9
		电动双梁桥式起重机	台	15	33.8
		电动单梁悬挂起重机	台	7	3.7
		手动单轨吊	台	3283	10.1
		回臂起重机	台	1	17.0
		汽车起重机	台	107	577.7
		履带式起重机	台	1	10.9
		塔式起重机	台	22	67.0
		港口起重机	台	6	421.4
		叉车	台	2252	410.2
		电动葫芦	台	3308	72.4
		手动葫芦	台	336559	1000.9
		千斤顶	万台	236.76	3660.1
		铁滑轮	台	190	0.4
		其他起重设备	台	323750	874.3
		运输机械			
		环链	吨	4567	408.4
		皮带运输机	米	850	1.6
		堆取料机	台	1	49.6
		电梯	台	725	79.9
	交通部	港口装卸机械	台	1	5.8

(续)

行　业	部　门	主要类别产品	出口产品		出口金额(万美元)
			单　位	数　量	
地质勘探设备	地质矿产部	合计			176.1
		地质机械	台(套)	82	53.1
		岩心钻机	台	15	12.9
		水文水井钻机	套	2	13.9
		工程钻机	套	26	17.2
		泥浆泵	台	39	9.1
		钻探工具			10.0
		硬质合金	公斤	153	0.3
		金刚石制品	只	52569	36.8
		钎具			57.8
		实验室选矿设备	台	2	0.2
		颚式破碎机	台	2	0.2
		其他			17.9
	中国有色金属工业总公司	人造金刚石钻头及扩孔器	个	1240	9.3
	机械电子工业部	合计			17.0
		地质钻头	万个	18.07	14.8
		泥浆泵	台	8	2.2
矿山及煤矿机械	机械电子工业部	凿岩机	台	5987	48.0
		凿岩台车及支架	台	1	2.3
		穿孔机	台	1	0.1
		其他采矿设备	台	2	1.4
		机动卷扬机	台	2	0.3
		手动卷扬机	台	8573	30.0
		破碎设备	台	2788	896.3
		研磨设备	台	126	15.4
		矿山辅助设备	台	86581	49.9
		输煤机械	台	15	60.0
	中国煤矿机械装备公司	煤矿机械合计			1255.2
		综采成套设备	套	1	417.0
		刮板输送机			338.2
		链条			82.8
		轻合金单体支柱			26.1
		碱性矿灯	盏	2000	16.9
		其它产品			374.1
	能源部电力机械局	给煤给粉设备	台	71	41.0
		卷扬机	台	8	7
	中国有色金属工业总公司	钎具	支	96368	116
		凿岩机件	件	475	3
		牙轮钻机	台／吨	2／170	46
		破碎机	台	4	5
		矿用备件	吨	500	45
	冶金工业部	破碎辊	件／吨	9／20.57	0.6
		轧臼壁	件／吨	8／8.97	(含下面3项)
		齿板	件／吨	20／3.54	
		渣盆	件／吨	5／60	
		矿用牙轮钻头	件／吨	318／12	17
		JG系列钻头	吨	0.233	0.1
重型机械	机械电子工业部	冶金设备	台	6	23.1

(续)

行　业	部　门	主要类别产品	出口产品		出口金额(万美元)
			单　位	数　量	
重型机械	机械电子工业部	减速机	台	36678	157.8
		其他重型矿山机械	台	52552	138.1
		重型工矿机械配件			908.1
	冶金工业部	焦炉本体	件／吨	106／236	33.0
		水冷电缆	吨	20	12.2
		小方坯连铸机	吨	31	10.4
		冶金轧辊	件／吨	187／938.5	118.5
		冶金刀片	件／吨	150／10.5	6.0
		棒材轧机	台(套)／吨	458／1871	390.0
		焊管机组			30.0
		矫直机	台／吨	2／62	12.0
		热交换器	件／吨	44／74.1	14.0
		高锰钢件	吨	189.2	129.1
		12m 刨边机			5.5
		冶金备件	吨	256.8	21.3
		其它设备			229.4
	中国有色金属工业总公司	电炉	台	1	33.0
		轧机	台	1	15.1
		液压剪	台	2	14.0
		花纹辊	个	2	3.2
		组角机	台	1	4.7
		辊轴	吨	9.5	1.4
		设备备件	吨	420	68.1
	能源部电力机械局	减速机	台	10	8.0
石油化工设备	化学工业部	化工设备及化工机械配件			559.1
	机械电子工业部	石油机械合计			284.6
		抽油机	台	1086	75.2
		抽油杆	革尺	7700	0.6
		石油钻头	个	4703	110.1
		其他石油机械			98.7
		化工机械合计			158.9
	中国石油化工总公司	石油化工机械			75.0
橡胶、塑料机械	机械电子工业部	塑料机械	台	1871	1038.6
		橡胶机械合计			196.0
		碾胶机	对	210	1.9
		密炼机	台	6	24.0
		炼胶机	台	10	13.2
		切胶机	台	1	0.3
		破胶机	台	3	6.2
		滤胶机	台	1	1.4
		挤出机	台	1	1.1
		压片机	台	3	13.3
		硫化机	台	23	58.2
		其他橡胶机械			76.4
	化学工业部	橡胶机械			1761.0
	水利部	注塑机零件	套	627	9.6
建筑材料机械	国家建材局	合计	吨	3067	424.0
		水泥机械	吨	1958	

(续)

行　业	部　门	主要类别产品	出口产品		出口金额(万美元)
			单　位	数　量	
建筑材料机械	国家建材局	墙体机械	吨	94	
		部外归口产品	吨	532	
		备件	吨	484	
	机械电子工业部	玻璃厂成套设备			1.7
建筑工程机械	机械电子工业部	推土机	台	289	1775.8
		装载机	台	91	258.3
		风动工具	台	2285	44.3
		压路机	台	319	458.8
		打桩机	台	9	16.5
		水泥搅拌机	台	20	1.0
		振动器	台	542	9.9
		钢筋切断机	台	383	3.3
		土建机械零件			74.3
		其他土建机械			282.7
	建设部	合计			9050.5
		塔式起重机			2442.5
		压路机			869.8
		挖掘机			279.0
		电梯			3201.8
		建筑金属结构			616.0
		桩工机械、砼机械、铲土运输机械			1644.9
	交通部	沥青砼搅拌设备	套	2	
		沥青砼摊铺机	台	2	30.0
		稳定土拌和机	台	2	
		沥青洒布车	台	5	25.0
		沥青砼搅拌机	台	4	
		多功能工程机及散件	台	40	100.0
	能源部电力机械局	合计			145.0
		起重设备	台	8	6.7
		砼搅拌站	台	1	6.0
		振动碾	台	4	7.3
		牵引拖车	辆	6	11.0
		其他	吨	3213	114.0
	水利部	拖式振动压路机	台	4	7.3
粮油机械	机械电子工业部	合计			274.9
		磨粉机	台	45	1.9
		碾米机	台	2277	114.4
		碾米机配件			12.9
		联合米机	台	180	7.8
		砻谷机	台	440	14.4
		去石机	台	11	0.6
		榨油机	台	124	14.0
		榨油机配件			0.9
		滤油机	台	15	1.7
		其他粮油机械			106.3
包装机械	机械电子工业部	合计	台	17240	67.4
纺织机械	纺织工业部	合计			11696.0
	机械电子工业部	合计			1184.0

(续)

行业	部门	主要类别产品	出口产品		出口金额（万美元）
			单位	数量	
纺织机械	机械电子工业部	纺织机械合计			1110.7
		织布机	台	261	43.1
		布机零件			2.9
		给棉机	台	1	0.6
		并条机	台	9	7.2
		纺织机械零件			0.9
		其他纺织机械			1056.0
		纺织器材合计			62.2
		针织机械合计			11.1
		袜机	台	10	4.4
		脱水机	台	11	1.4
		针织机械零件			5.3
轻工机械	机械电子工业部	订书订机	台	62	18.2
		切纸机	台	1535	211.2
		切纸刀片	片	16183	17 3
		造纸成套设备			184.9
		其他轻工机械			956.5
日用机械	轻工业部归口产品	合计			82668
	(经贸部统计口径)	自行车小计			46108
		自行车	万辆	793.5	37592
		自行车零配件			7773
		其他车			743
		缝纫机小计			9502
		家用缝纫机	万架	106.5	2936
		多能缝纫机	架	7892	72
		缝纫机头	万个	69.38	1840
		工业缝纫机	万架	26.77	2698
		缝纫机针	亿枚	3.29	271
		缝纫机零件			812
		钟表小计			26469
		闹钟	万个	1240.73	2809
		闹钟机芯	万个	97.05	243
		木钟	万个	41.57	484
		石英钟	万个	454.02	1567
		钟零件			170
		机械手表	万只	932.01	2807
		机械表芯	万只	1208.51	1937
		电子手表	万只	4274.58	6440
		电子表芯	万只	3799.57	2484
		表零件			2861
		外文打字机	万架	11.83	585
	机械电子工业	自行车合计			2729.6
		自行车	辆	706278	2022.3
		自行车零配件			666.8
		链条	条	2147837	114.1
		飞轮	个	100990	15.4
		辐条	罗	3850	0.7
		链轮曲柄	套	72700	4.1
		脚蹬	副	54250	3.3

(续)

行业	部门	主要类别产品	出口产品 单位	出口产品 数量	出口金额(万美元)
日用机械	机械电子工业部	车锁	打	3167	2.5
		车铃	打	7000	1.3
		打气筒	个	263916	30.7
		其他零件			488.1
		其他车			3.6
		缝纫机合计			1365.1
		家用缝纫机	架	116323	219.6
		缝纫机头	个	308401	478.7
		缝纫机台板	个	145800	36.8
		工业缝纫机	架	21500	250.3
		缝纫机针	万枚	935	11.5
		缝纫机零件			50.7
		其他缝纫机			317.5
		钟表合计			1187.9
		闹针	个	316020	90.0
		木钟	个	380	0.6
		石英钟	个	1580527	503.6
		晶体管钟	个	102308	34.5
		机械手表	个	42000	24.7
		机械表芯	个	64000	11.2
		电子手表	个	118294	53.9
		电子表芯	个	525146	91.0
		表带	打	227080	317.4
		表零件			49.9
		其他钟表			11.0
	农业部农垦司	合计	万只	1374.2	3853.4
		自行车锁	万只	156.9	54.6
		自行车灯	万只	173	395.2
		自行车打气筒	万只	297.8	285.2
		不锈钢餐具	万只	1050.6	1369.7
		日光灯支架(含镇流器)	万只	166.3	848.9
家用电器	轻工业部归口产品(按经贸部统计口径)	合计			44861
		电冰箱	万台	23.25	5199
		洗衣机	万台	38.37	2676
		电风扇	万台	1866.80	26241
		吊扇	万个	797.20	12985
		排气扇	万个	28.70	306
		电扇零件			519
		空调器	万台	2.89	661
		吸尘器	万个	24.96	545
		电炉	万个	62.93	1008
		电面包炉	万个	61.63	469
		电吹风	万个	861.19	3118
		电熨斗	万只	471.35	2540
	机械电子工业部	合计			22593.8
		电风扇	台	2323258	3335.3
		吊扇	个	2121490	3504.9
		排气扇	个	63630	67.1
		电扇零件			215.9

(续)

行　业	部　门	主要类别产品	出口产品		出口金额 (万美元)
			单　位	数　量	
家用电器	机械电子工业部	冷热风机	台	12100	12.7
		电冰箱	台	60353	1620.5
		洗衣机	台	96038	615.0
		空调器	台	5022	132.7
		吸尘器	个	45908	147.0
		电饭锅	个	5065	5.9
		电水壶	个	4252	3.3
		电炉	个	203604	888.2
		电烤炉	个	212	0.2
		电面包炉	个	47768	26.6
		电灭蚊器	个	100090	6.0
		电吹风	个	176224	33.2
		电熨斗	只	779023	268.0
		按摩器	个	4168	3.3
	农业部农垦司	电冰箱	台	2878	23.8
印刷机械	机械电子工业部	合计			1278.4
		印刷机	台	320	251.8
		装订机械	台	585	295.4
		印刷机械零件			29.0
		其他印刷机械			702.2
	农业部农垦司	印刷机、切纸机	台	81	101.3
医疗器械	国家医药管理局	合计			22071.0
	机械电子工业部	医疗器械合计			191.0
		X 光机	台	331	111.4
		助听器	只	1200	2.6
		其他医疗器械			77.0
		医用仪器			22.7
	农业部农垦司	肾结石碎石机	台	1	0.9
制药机械	机械电子工业部	合计			181.6
		颗粒机	台	4	1.1
		其他制药机械			180.5
商业专用机械	机械电子工业部	合计			214.5
		合面机	台	21	1.0
		面条机	台	9	0.2
		绞肉机	台	317	0.7
		包饺子机	台	82	8.8
		其他机械			203.8
水工机械	水利部	$25m^3$ 砼搅拌站	台／吨	1／20	6.0
城建机械	机械电子工业部	钢瓶	个	16674	36.6
		园林机械	台	1007	2.0
环境保护设备	能源部电力机械局	合计			180.3
		胶球清洗装置	套	8	13.2
		油水分离器	台	12	2.4
		仓式气力输送泵及附属设备	台	10	16.2
		旋风除尘器	台	4	7.4
		小孔消声器	台	14	5.2
		DDS 型消声器	台	10	6.4
		电除尘器	套	5	91.5
		除灰设备	台	90	38

(续)

行　　业	部　　门	主要类别产品	出口产品		出口金额(万美元)
			单　位	数　　量	
环境保护设备	机械电子工业部	机械除尘设备	台	1780	13.7
消防设备及器材	公安部	消防车	台	1	36.0
		消防机动泵	台	113	8.8
		灭火器	万具	17.9	226.6
		消防水带	万米	106.2	123.0
	机械电子工业部	合计			3.1
		灭火机	台	3520	2.8
		灭火机零件			0.3
铁路机车车辆	中国铁路机车车辆工业总公司	货车	辆	284	872
		C63A 型敞车	辆	320	3160
		韶山 6 型电力机车	台	53	3312
		蒸汽机车	台	1	35
		米轨客车转向架	个	178	35
		高磷闸瓦	万个	2.3	15.6
	机械电子工业部	铁路车辆零件			37.7
		其他铁路设备			70.3
汽车	机械电子工业部	整车合计	辆	7304	6115.5
		载重汽车	辆	5978	4747.6
		自卸车	辆	44	69.9
		吉普车	辆	456	296.2
		小轿车	辆	157	465.8
		旅行车	辆	29	51.0
		越野车	辆	4	4.8
		拖车及拖车头	辆	172	100.0
		保温车	辆	3	3.6
		油罐汽车	辆	1	2.8
		公共汽车	辆	21	85.2
		其他汽车	辆	286	255.3
		汽车零件			12801.9
	交通部	交通管理车	辆	1200	600.0
		公路客车	辆	60	60.0
		集装箱挂车	台	288	259.2
	建设部	城市客车	辆	41	100.0
	能源部电力机械局	酸碱车	辆	2	5.0
		半挂车	辆	1	7.0
	农业部农垦司	双排载货汽车	辆	30	17.3
	冶金工业部	汽车备件	件／吨	7000／23.5	15.0
摩托车	机械电子工业部	摩托车	辆	11465	454.1
		摩托车零件			19.3
电车	机械电子工业部	无轨电车	辆	8	14.1
工矿车辆	机械电子工业部	翻斗车	辆	36	53.9
		手动搬运车	辆	56887	296.7
		内燃小机车	辆	9	7.8
		蓄电池搬运车	辆	9000	4.6
		其他运输设备	辆	6	0.3
船舶	中国船舶工业总公司	船舶	艘／综合吨	21／165361	29585
	机械电子工业部	合计			29730.9

行　业	部　门	主要类别产品	出口产品		出口金额
			单　位	数　量	(万美元)
船舶	机械电子工业部	造船	艘	87	15371.0
		客船	艘	1	59.5
		货船	艘	8	3615.9
		油船	艘	1	3400.0
		冷冻运输船	艘	4	3982.3
		集装箱船	艘	1	810.0
		滚装船	艘	1	2071.0
		拖船	艘	8	151.4
		驳船	艘	29	977.7
		渔船	艘	2	49.5
		其他船	艘	32	253.7
		修船			2127.2
		船用设备			3256.0
		集装箱	只	28365	8545.0
		集装箱零备件			118.1
		其他船用零备件			212.4
		其他船舶			101.1
救捞潜水设备	交通部	保暖救生服	件	1729	38.4
		湿式潜水服	件	120	2.3
		正压型空气呼吸器	套	31	1.2
		潜水帽	顶	10	0.4
		供气调节器	只	200	1.5
民用飞机	机械电子工业部	航空设备及零件			8.4
工业锅炉	机械电子工业部	工业锅炉	蒸吨	141	86.7
		锅炉辅机	台	8	3.8
工业汽轮机	机械电子工业部	合计	千瓦	2	6.8
发电设备	机械电子工业部	发电设备合计	千瓦	320712	7424.1
		水轮发电机组	千瓦	104410	193.1
		汽轮发电机组	千瓦	215616	6363.7
		燃气轮发电机组			844.3
		其他发电设备	千瓦	686	23.0
		成套发电设备			
		火力发电成套设备			6393.6
		水力发电成套设备			1599.6
	水利部	电厂锅炉架	吨	3888	335.0
		电站锅炉辅机	吨	3213	114.0
电机	机械电子工业部	一般交流发电机	千瓦	231154	525.6
		一般交流电动机	千瓦	1731233	2532.2
		直流发电机	千瓦	2670	8.4
		直流电动机	千瓦	3421	3.1
		中频电机	台	7	17.1
		潜水电机	台	18159	78.6
		分马力电机	台	576669	1124.7
		微电机	台	1269615	398.1
	中国煤矿机械装备公司	矿用隔爆电动机	台	66	13.1
	航空航天工业部	微电机	万台	11	64.5
	农业部农垦司	微电机	万台	17.5	5.3
高压输变电设备	机械电子工业部	变压器	万千伏	136.9	1275.6

(续)

行业	部门	主要类别产品	出口产品		出口金额 (万美元)
			单位	数量	
高压输变电设备	机械电子工业部	小变压器	千伏	23935	41.0
		调压器及移相器	千伏	22220	30.6
		高压隔离开关	组	275	61.5
		互感器	台	265	37.0
		避雷器	台	4630	19.6
		高压熔断器	台	900	2.2
		高压开关板			19.1
		高压启动器	只	318	1.4
		保护继电器	只	65000	2.7
		高中压电瓷	吨	5558	514.4
		线路金具	吨	1859	189.3
		变电站成套设备			4.3
		电力电容器	千乏	12114	43.7
	能源部电力机械局	阻波器、滤波器	台	33	3
		变压器	台	1	2
		输电线路金具	吨	2281	122
		输电线路铁塔	吨	16731	1114
	冶金工业部	变压器	台／千伏安	2／10000	8.3
低压电器	机械电子工业部	低压开关板	面	265	1.6
		电气自动化元件	件	2000	0.7
		低压电器元件	万件	550.97	876.0
		主要元件	万件	23.97	86.0
		一般元件	万件	527.00	790.0
		低压电瓷	吨	1612	96.7
	农业部农垦司	元件	万件	595	12.4
电力电子器件与装置	机械电子工业部	硅元件	件	4203	8.8
电线电缆	机械电子工业部	裸铝线	吨	27	2.2
		钢芯铝绞线	吨	12363	1749.8
		裸铜线	吨	3958.27	1139.1
		电磁线	吨	8748	1166.8
		布电线	公里	114882	1157.9
		电焊机引接线	公里	1670	291.2
		电力电缆	公里	241367	1673.4
		纸绝缘电缆	公里	397	833.6
		橡皮绝缘电缆	公里	247	23.2
		塑料绝缘电缆	公里	598	73.6
		橡套电缆	公里	250	21.4
		交联聚乙烯电缆	公里	1500	93.2
		其他电力电缆	公里	238375	628.4
		通讯电缆	公里	4602	69.4
		同轴对称电缆	公里	48.27	31.5
		其他通讯电缆	公里	4554	37.9
		电缆附件	副	694	0.9
绝缘材料	机械电子工业部	合计	万吨	21.69	2462.6
		绝缘油漆	吨	1013	5.2
		层压制品	吨	7374	495.4
		云母制品	吨	177	40.6
		漆布绸	吨	23	8.7

(续)

行业	部门	主要类别产品	出口产品		出口金额（万美元）
			单位	数量	
绝缘材料	机械电子工业部	薄膜	吨	990	115.2
		薄膜复制品	吨	19	1.8
		敷铜板	吨	68727	879.1
		其他绝缘材料	吨	138574	916.6
电碳制品	机械电子工业部	合计	吨	876.7	174.9
蓄电池	机械电子工业部	蓄电池合计	千伏	82382	100.9
		铅酸蓄电池	千伏	27172	74.1
		汽车蓄电池	千伏	52730	18.1
		其他蓄电池	千伏	2480	8.6
		蓄电池极片	万片	216	2.2
	航空航天工业部	各类电池	台／只	522／1700	546.0
电焊机	机械电子工业部	合计	台	8296	202.6
工业电炉	机械电子工业部	电弧炉	台	2	19.5
		工业电阻炉	台	39	5.0
		中频电炉	台	1	1.9
电工专用设备	机械电子工业部	电工专用设备	台	3669	42.2
		其他电工设备			2598.9
		电工产品零配件			1942.3
电动工具	机械电子工业部	合计	台	363624	635.3
	农业部农垦司	各种电旋具	万只	23	41.1
通用仪器仪表	机械电子工业部	自动化仪表合计	只	563345	344.5
		温度仪表	只	144	6.2
		压力表	只	126572	31.0
		流量仪表	只	232935	184.3
		自动控制装置	只	118120	7.3
		其他自动化仪表	只	85574	115.7
		电工仪表合计	只	1216406	621.4
		电度表	只	417917	373.9
		万用电表	只	243311	96.0
		兆欧表	只	2388	9.2
		钳型表	只	1979	2.4
		其他电工仪表	只	550811	139.9
		光学仪器合计			3144.7
		显微镜	只	309931	703.7
		测绘仪器	只	96344	509.6
		观察仪器			1577.7
		其他光学仪器			353.7
		成份分析仪器	台	10013	0.7
		材料试验机合计	台	168	9.4
		金属材料试验机	台	166	9.3
		其他材料试验机	台	2	0.1
		实验室仪器合计			164.2
		实验室仪器及装置			26.9
		天平	台	6627	22.7
		真空镀膜机	台	8	43.9
		温度计	万只	40013	1.8
		其他实验室仪器			68.9
照相机械	机械电子工业部	照相机	架	1330387	2305.8
		其他照相器材			182.2

(续)

行　业	部　门	主要类别产品	出口产品		出口金额
			单　位	数　量	(万美元)
复印缩微设备	机械电子工业部	复印机	台	304	68.1
电影机械	机械电子工业部	电影放映机	架	70	49.5
		幻灯机	台	55580	46.5
		其他电影器材			25.2
衡器	机械电子工业部	合计	台	257	1.7
	轻工业部	日用衡器	万台	37	379.0
教学仪器设备	机械电子工业部	示教仪器			14.0
	国家教委	物理仪器、玻璃仪器、生物模型标本			857.0
专用仪器仪表	机械电子工业部	合计	台	229858	137.3
	地质矿产部	地质仪表	台	23	22.8
	能源部电力机械局	流速仪	台	65	1.6
		汽水取样分析装置	台	3	19.6
		汽车安全监视和自动加氨装置	台	4	19.8
	中国煤矿机械装备公司	一氧化碳碳头组件	个	1100	1.0
	中国核工业总公司	个人计量笔及其它	只	800	10
		火灾探测器	只		12
		光电倍增管	只	700	22
		多功能γ谱仪	台	1	5
仪器仪表元器件	机械电子工业部	仪表元件	件	547208	53.6
	航空航天工业部	5#圆柱形镍镉电池	万节	9	12.0
仪表材料	机械电子工业部	合计	吨	3	1.4
其他	机械电子工业部	金工机械动力头	台	10000	1.1
		台钻	台	188402	1067.7
		砂轮机	台	658717	1343.3
		半气动气割机	台	702	14.3
		机床锻压零配件			156.1
		其他金工机械			791.5
		法兰盘	吨	10351.41	931.2
		电焊条	吨	11507.84	616.2
		铸锻件			3121.4
		铸铁件	吨	38147.5	1539.1
		铸钢件	吨	602.5	92.6
		锻钢件	吨	126.5	13.0
		其他铸锻件			1476.7
		轻便三轮车	辆	62	5.8
		各种手推车	辆	11082	16.1

附表 6

行业各类产品产量（1991 年）

行　　业	部　　门	产 品 名 称	单　位	产　　量	比上年增长%
农业机械	机械电子工业部	大中型拖拉机	台	59429	40.8
		小型拖拉机	台	1315738	21.8
		内燃机生产量	万台／万千瓦	500.8／8878.2	27.0
		内燃发电机组	台／万千瓦	18080／98.12	-4.1
		拖拉机、内燃机配件	万元	650874.64	49.2
		机引耕作农具及小型拖拉机配套农具	台	841878	15.9
		农田基本建设机具	台	19030	-20.7
		种植机械	台	39059	34.9
		中耕施肥机械	台	1265	-39.3
		地膜覆盖机	台	555	-54.4
		机动植保机械	台	254977	56.9
		收获机械	台	153031	42.9
		场上作业机械	台	309523	22.0
		农用运输机械			
		农用运输车	辆	63839	65.2
		农用拖车	辆	265267	5.8
		船用挂机挂桨	台	71998	13.3
		机动三轮车	辆	449934	72.2
		水利排灌机械	台	118614	1.8
		农业泵	台	1377219	-0.8
		深井泵	台	41503	-15.8
		潜水电泵	台	643885	1.1
		人畜力农机具			
		手推胶轮车	万轮	778.3	11.1
		畜力胶轮车	辆	69886	8.0
		手动插秧机	部	4865	-57.6
		手动喷雾(粉)器	万部	222.42	-18.4
		人力脱粒机	台	226350	-25.1
		畜力割草机	部	66	-78.0
		畜力搂草机	部	566	13.2
		畜力犁	部	394093	-27.2
		棉花加工机械	台	11780	117.6
		茶叶加工机械	台	17557	40.3
	农业部农垦司	耕作机械	台	8178	4.7
		机引铺膜机	台	2267	
		机引犁	台	1756	
		机引耙	台	1171	
		机引播种机	台	1102	
		植保机械	台	821	58.6
		机动喷雾机	台	821	58.6
		收获机械	台	6226	11.6

(续)

行　业	部　门	产 品 名 称	单 位	产　量	比上年增长%
农业机械	农业部农垦司	联合收获机	台	1260	
		茎杆还田机	台	550	
		复式种子精选机	台	468	
		脱谷机	台	2145	
		金属粮仓	台	103	
		运输机械	辆	41062	−13.6
		1～1.5 吨拖车	辆	755	
		2～5 吨拖车	辆	258	
		7 吨以上拖车	辆	1263	
		农用汽车	辆	150	
		双轮力车底盘	辆	37500	
		农副产品加工机械	台(套)	486	12.2
		奶粉成套设备	套	12	
		茶叶加工机械	台	320	
		排灌机械	台	9309	66.9
		滚移式喷灌机	台	13	
		时针式喷灌机	台	19	
		深井泵	台	400	
		潜水电泵	台	1856	
		小型拖拉机	台	380	201.6
		拖、内及农具配件	万件	3589.4	2.7
		拖、内配件	万件	57.8	
		进口联合收割机配件	万件	109.6	
内燃机	中国石油天然气总公司	内燃机	台／千瓦	595／357831	
		柴油机	台／千瓦	555／349847	
		天然气发动机	台／千瓦	40／7984	
		内燃机发电机组	台／千瓦	248／78040	
热带作物机械	农业部农垦司	种植管理机械	台／万只	225／11.7	8.7／−5.4
		推土装置	台	17	
		水肥车	台	7	
		割胶灯	万只	3.7	
		割胶刀	万只	8	
		橡胶初加工机械	台／米	1581／2656	5.7／143.4
		造粒机	台	41	
		绉片机	台	101	
		洗涤机	台	44	
		压薄机	台	12	
		打包机	台	33	
		压片机	台	581	
		干燥车	台	359	
		干燥炉	台	11	
		渡车	台	6	
		胶乳离心过滤机	台	13	
		胶片烘干设备	台(套)	3	
		剑麻加工机械	台	192	−61.2
		刮麻机	台	32	
		理麻机	台	16	
		纺纱机	台	42	
		制绳机	台	34	

(续)

行业	部门	产品名称	单位	产量	比上年增长%
热带作物机械	农业部农垦司	制胶机	台	54	
		其它热带作物机械	台	86	
畜牧机械	机械电子工业部	草原建设机械	台(套)	977	−11.7
		牧草(料)收获机械	台	1977	136.8
		饲草(料)加工机械	台(套)	216667	4.0
		大中型成套设备	套	192	276.5
		小型成套设备	套	1395	13.4
		机动饲料粉碎机	台	198408	29.9
		畜禽饲养机械	台(套)	71481	−26.9
		畜产品采集加工机械	台(套)	5241	−52.7
		畜牧运输机械	辆	33	−8.3
		其它畜牧机械	台	10019	27.9
	农业部农垦司	合计	台(套)	7696	4.3
		液氮生物储存容器	台	1670	
		液氮生物运输容器	台	507	
		饲料粉碎机	台(套)	1495	
		孵化器	台	171	
营林机械	林业部	合计		46929	78.2
		森林抚育与清理机械	台	9017	−3.3
		喷灌机	台	6931	−3.2
		割灌机	台	2049	−4.7
		除草机	台	37	270.0
		营林整地机械	台	669	24.4
		营林整地机	台	644	44.1
		筑床机	台	25	−75.0
		森林保护机械	台	36977	132.6
		弥雾喷粉机	台	20337	92.3
		风力灭火机	台	16640	212.7
		种植机械	台	140	−53.9
		植树机	台	140	−53.9
		其它营林机械	台	126	−48.1
木材工业机械	林业部	合计	台	103127	25.0
		木材采运机械	台	14184	−34.7
		装载机	台	824	1.7
		森林车辆	台	50	2.0
		正、侧叉车	台	18	−82.0
		绞盘机	台	223	−1.6
		油锯	台	11611	−38.7
		运材挂车	台	366	22.8
		集材拖拉机	台	289	240.0
		其它木材采运机械	台	843	−24.8
		人造板设备	台	1385	−22.6
		皮带运输机	台	10	
		削片机	台	285	247.6
		砂光机	台	30	50.0
		旋切机	台	50	8.7
		热压机	台	121	−9.7
		干燥机	台	30	36.4
		制胶设备	台	20	−71.8

(续)

行业	部门	产品名称	单位	产量	比上年增长%
木材工业机械	林业部	其它人造板设备	台	839	-21.4
		木材加工机械	台	87507	48.1
		木工刨床	台	80095	3557.0
		木工圆锯	台	1069	30.8
		木工钻床	台	163	-13.3
		木工铣床	台	274	-35.7
		多功能刃磨机	台	221	-67.1
		带锯机	台	1686	79.7
		细木工带锯机	台	95	-33.1
		其它木工机械	台	3904	-92.7
		林业工具			
		斧子	万把	2.443	87.9
		刀具、刀片	吨	1193	
		圆锯片	片	40583	10.6
		带锯条	万米	135.93	-15.1
		油锯链	条	35569	226.3
		手搬葫芦	台	2580	28.1
		其它林业工具及配件	万件	68.9	
		林化设备		51	
		桉叶油、松香精炼设备	台	49	
		柴胶设备	台	2	
	机械电子工业部	机动伐木锯	台	5010	-59.0
		木工机械	台	48222	3.7
		人造板设备	台／吨	394／4815	-37.6
		木材综合利用设备	台／吨	66／240	-85.9
金属切削机床	机械电子工业部	车床	台	52344	14.7
		钻床	台	12402	17.0
		镗床	台	2171	10.8
		磨床	台	12279	6.1
		齿轮加工机床	台	1347	22.3
		螺纹加工机床	台	1776	26.2
		铣床	台	12292	13.2
		刨床	台	3151	37.8
		插床	台	100	194.1
		拉床	台	88	0
		电加工机床	台	823	17.9
		锯床	台	4057	47.6
		组合机床	台	753	-28.8
		大型机床	台	2594	22.6
		重型机床	台	267	26.5
		高精度机床	台	1144	28.7
		数控机床	台	2371	97.7
		加工中心	台	340	85.8
	航空航天工业部	车床数控系统	套	189	
		磨床数控系统	套	30	
	水利部	丝杆	根	418	
锻压机械	机械电子工业部	机械压力机	台	19554	39.5
		液压机	台	3551	21.8
		自动压力机	台	331	-61.5

(续)

行业	部门	产品名称	单位	产量	比上年增长%
锻压机械	机械电子工业部	锻机	台	23	43.8
		锻锤	台	1447	27.5
		剪断机	台	4415	11.2
		整形机	台	1553	9.8
	中国核工业总公司	压机	台	10	0
铸造机械	机械电子工业部	合计	台	4694	35.0
量具刃具	机械电子工业部	量仪	万件	4.42	14.8
		量具	万件	665.3	6.7
		刃具	万件	35908.29	−15.3
磨料磨具	机械电子工业部	磨具	吨	85003	2.9
		磨料	吨	183492	−3.5
		人造金刚石	万克拉	927.8	14.7
		人造金刚石制品	万克拉	491.8	0
	中国核工业总公司	人造金刚石单晶	克	1070014	12.3
		人造金刚石微粉	克	23400	87.4
		人造金刚石聚晶	粒	91300	−73.5
		人造金刚石拉丝模	粒	50900	170.3
		人造金刚石钻头	个	31887	84.0
		人造金刚石扩孔器	个	12082	27.0
		人造金刚石锯片	片	1799	
		人造金刚石磨头	副	12463	
		立方氮化硼	克	6651	100.0
通用机械	机械电子工业部	工业泵	台	361909	8.7
		风机	台	132055	−7.2
		鼓风机	台	22559	−30.5
		低压阀门	吨	111095	−1.2
		高中压阀门	吨	55260	−2.5
		阀门电动执行机构	台	14310	48.5
		气体压缩机	台	23090	42.8
		离心机	台	1237	12.8
		制冷设备	套／吨	107549／58251	4.1
		真空设备	台	36113	29.3
		高真空泵	台	14085	12.0
		真空镀膜机	台	266	31.7
	能源部电力机械局	风机	台	225	
		泵	台	295	−42.0
		阀门	吨	139	−53.0
		阀门电动装置	台	5507	
	水利部	$60m^3$ 砼泵	台／吨	8／96	
		$30m^3$ 砼泵	台／吨	24／216	−20.0
	冶金工业部	通用设备	台／吨	170／8283	
		成型机械	台／吨	7／58	
		减速机	台／吨	5770／3133	
		液压件	件／吨	8066／430	
		液压缸	件／吨	1377／229.3	
		液压泵	件／吨	2091／14.2	
		液压阀	件／吨	4588／25.2	
		液压系统	套／吨	57／160	
		其它通用备件	件／吨	1781／6013	

行　业	部　门	产品名称	单位	产　量	比上年增长%
通用机械	冶金工业部	真空炼泥机	台／吨	18／86	
气体分离及液化设备	机械电子工业部	空分设备	套	154	4.1
		稀有气体提取设备	套	9	−35.7
		气体液化设备	套	29	61.1
机械通用零部件	机械电子工业部	液压件	台(件)／吨	2586909／36587	38.5
		液力件	台／吨	17267／2057	11.5
		气动元件	万件	111.18	44.6
		密封件	万件	10555	4.9
		粉末冶金制品	万件／吨	80597.9／15103	12.4
		标准紧固件	万件／吨	3179069／329888	−20.5
		弹簧	万件／吨	40258／14430	14.0
		工业链条	万米／吨	2673／27739	−3.4
轴承	机械电子工业部	合计	万套	59931	3.1
		微型轴承	万套	4685	−0.2
		中小型轴承	万套	33857	−2.5
		中大型轴承	万套	13639	3.1
		大型轴承	万套	408	6.0
起重运输机械	机械电子工业部	起重机	台／吨	41704／151631	11.9
		电动双梁桥式起重机	台／吨	2947／72303	11.5
		电动单梁桥式起重机	台／吨	6014／16831	24.0
		手动梁式起重机	台／吨	414／1012	21.5
		手动单轨起重机	台／吨	28979／896	3.7
		龙门式起重机	台／吨	235／13607	−25.2
		回臂起重机	台／吨	72／86	−43.4
		轮胎起重机	台／吨	70／1345	24.0
		汽车起重机	台／吨	2973／45555	26.6
		叉车	台／吨	15773／54038	8.9
		架空索道	条／吨	6／363	−27.3
		输送机械	吨	88665	−2.2
		电梯及扶梯	台／吨	3260／40181	587.4
		电动葫芦	台／吨	52620／16843	17.0
		手动葫芦	台／吨	680201／11194	−3.9
		千斤顶	万台／吨	279.48／37961	51.1
		给料机械	台／吨	6298／5949	1.0
		装卸机械	吨	11416	−25.5
		堆取料机	台／吨	40／6576	−19.0
		翻车机	台／吨	69／1213	−33.8
		装卸船机	台／吨	20／2978	−13.3
	交通部	港口起重机械	台	185	26
		港口流动机械	台	783	−20
		散货专用装卸机械	台	25	−36
		集装箱起重运输机械	台	598	44
		装卸机械专用工属具	台	819	−60
	冶金工业部	起重运输设备合计	台／吨	626／12210	
		双梁吊车	台／吨	79／2227	
		单梁吊车	台／吨	11／31.5	
		龙门吊车	台／吨	6／333	
		港口吊	台／吨	1／318	
		液压抓取机	台／吨	25／59.3	

(续)

行　业	部　门	产品名称	单　位	产　量	比上年增长%
起重运输机械	冶金工业部	电梯	台／吨	159／1649.4	
		各类拖车	台／吨	9／16	
		冶金专用吊具	吨	129	
		翻斗车备件	吨	180	
		其它运输备件	吨	5157	
	中国有色金属工业总公司	起重机	台／吨	41／950	
		运输机	台／吨	3／10	
		皮带运输机	台／吨	11／41.6	
	国家建材局	起重机械	吨	145.2	
	水利部	单双梁起重机	台／吨	13／97.6	1.0
地质勘探设备	地质矿产部	钻探设备	台	2229	18.2
		300米以上岩心钻机	台	624	23.8
		百米钻机	台	54	−23.9
		水文水井钻机	台	122	−61.0
		浅孔钻机	台	490	115.9
		泥浆泵	台	748	17.6
		钻塔	台	191	42.5
		坑探设备	台	1378	53.5
		实验室选矿设备	台	2323	−27.3
		破碎设备	台	688	0.7
		磨矿设备	台	201	−61.0
		浮选设备	台	505	−24.7
		重选设备	台	182	−25.7
		筛分设备	台	396	−14.3
		切磨片设备	台	166	137.2
		辅助设备	台	158	209.8
		脱水设备	台	27	−55.0
		地质工具及其他			
		地质配件	吨	2767	61.7
		地质工具	吨	1046	7.8
		人造金刚石钻头及扩孔器	只	32750	42.3
		天然金刚石钻头及扩孔器	只	777	−17.6
		聚晶	万粒	106.6	63.8
		绳索取芯钻具	套	56	100.0
		硬质合金及顶锤	吨	84	200.0
		野外生活车	台	18	0
		测井绞车	台	14	
		野外生活作业活动房	间	238	
	能源部电力机械局	钻机	台	211	50.0
		泵	台	143	−14.9
		搅拌机	台	150	140.0
	中国有色金属工业总公司	金刚石单晶	克	833114.7	28.5
		地质钻头	个	33335	15.9
		扩孔器	个	9187	130.0
		各种锯片	片	2873	475.0
		研磨盘	个	1406	
		聚晶	万粒	75.69	
		金刚石微粉	万克拉	10	
		探矿水泵	台／吨	46／9	−8.0

(续)

行　业	部　门	产品名称	单位	产　量	比上年增长%
地质勘探机械	中国有色金属工业总公司	地质备件	吨	1000	
		其他	件	6624	
矿山及煤矿机械	机械电子工业部	采掘设备	台/吨	75443/44139	41.0
		单斗挖掘机	台/吨	1498/28105	65.8
		凿岩机	台/吨	52491/2641	-3.8
		凿岩支架	台/吨	18275/949	-45.3
		凿岩台车	台/吨	100/1768	318.0
		装岩机	台/吨	1044/4362	-4.7
		装运机	台/吨	74/307	19.9
		提升设备(卷扬设备)	台/吨	10969/26703	2.9
		破碎设备	台/吨	7521/26586	14.3
		研磨设备	台/吨	1175/26453	-9.5
		洗选设备	台/吨	3606/16114	1.2
		综采机械设备	吨	10951	-1.1
	中国煤矿机械装备公司	煤矿专用设备合计	万吨	31.98	-5.4
		采煤机	台	278	-11.7
		井下输送机械	台	4847	-25.7
		刮板输送机	台	4043	-20.3
		皮带输送机	台/万米	618/32.10	20.2
		转载机	台	186	-12.3
		掘进、装载机械	台	170	65.0
		煤矿支护设备	万吨	11.22	-9.1
		液压支架	架	4153	-1.1
		单体液压支住	万根	65.25	-11.9
		金属支柱、顶梁	万根	66.86	-12.2
		煤田勘探设备	台	851	37.5
		煤矿井巷设备	吨	980.6	73.2
		洗选设备	吨	1702.7	-32.9
		井下照明设备			
		矿灯	万盏	278.32	-7.1
		充电架	台	2039	-1.9
		防爆照明灯具	万只	10.76	-40.5
		煤矿电器控制设备	台	27721	-2.8
		煤矿专用信号元件	台(套)	90421	-13.7
	能源部电力机械局	卸煤机	台	3	
		翻车卸煤机	台	6	
		输煤给煤机械	台	486	
		给粉机械	台	706	
		碎煤机械	台	8	
		筛碎机械	台	189	
		中速磨煤机	台	18	
		风扇磨煤机	台	33	
		堆取料机	台	4	
	中国有色金属工业总公司	球磨机	台	44	
		浮选机	槽	342	
		矿车	台	994	
		分级机	台	16	
		凿岩机	台	92	
		轴流风机	台	911	

(续)

行　业	部　门	产品名称	单位	产　量	比上年增长%
矿山及煤矿机械	中国有色金属工业总公司	破碎机	台	48	
		棒磨机	台	3	
		磁选机	台	23	
		牙轮钻机	台／吨	5／525	
		铲运机	台／吨	10／100	
		挖掘机	台／吨	1／365	
		浓密机	台／吨	10／124	
		板框压滤机	台	6	
		反井钻机	台	2	
	冶金工业部	设备合计	台／吨	577／2183	
		154 吨电动轮自卸车	台／吨	2／80	
		CY2 型柴油铲运机	台／吨	11／126.5	
		ASG-021 平路机	台／吨	2／42	
		KS-15T 洒水车	台／吨	11／143	
		K1122 型钻机	台／吨	20／9.8	
		SQJ100JA 型钻机	台／吨	3／15.9	
		HQJ100 轻型钻机	台／吨	1／4.2	
		湿碾机	台／吨	4／96	
		圆盘给料机	台／吨	4／20	
		螺旋给料机	台／吨	5／6	
		永磁筒式磁选机	台／吨	19／91.77	
		SHP 强磁选机	台／吨	3／69.5	
		GN-5.18 浓缩机	台／吨	2／16.8	
		1200 立环磁选机	台／吨	1／20	
		双辊磁选机	台／吨	2／9.2	
		1420×1950 圆筒筛	台／吨	2／4.92	
		卷扬机	台／吨	2／2.4	
		搅拌机	台／吨	1／11.6	
		石膏中和旋转机	台／吨	1／7	
		矿山设备备件	吨	14663	
重型机械	机械电子工业部	炼焦设备	吨	8269	7.0
		炼铁设备	吨	2455	−8.1
		炼钢设备	吨	2442	−48.1
		有色金属冶炼设备	吨	679	5.9
		金属轧制设备	吨	34113	−12.4
		冶金车辆	辆／吨	82／2469	−74.0
		重型锻压机械	台	419	−7.7
		煤气发生设备	台／吨	100／790	−62.2
		减速机	台／吨	195453／33065	9.0
	冶金工业部	烧结球团设备	台／吨	161／630	
		五米烧结台车	台／吨	2／30.4	
		出口侧台车	台／吨	1／6	
		混料移动车和筛分机	台／吨	1／1.8	
		焦炉炉门装置	套／吨	370／1223.8	
		冶炼设备	台／吨	483／10362	
		转炉倾动机构	套／吨	1／32	
		BG 型液压泥炮	台／吨	7／55.6	
		DDS 泥炮	台／吨	1／7	
		Z1941 型 2 开铁口机	台／吨	5／125	

行　　业	部　　门	产　品　名　称	单　位	产　　量	比上年增长%
重型机械	冶金工业部	高炉炉顶设备	台／吨	2／605	
		高炉其它设备	吨	1310	
		铁精粉还原炉	台／吨	1／7	
		连铸设备	台／吨	32／1050	
		工业加热炉机械	吨	795	
		压延设备	台／吨	247／7370	
		四辊轧机	吨	70	
		中小轧机	台／吨	200／3508	
		矫直机	台／吨	4／80	
		钢材捆扎机械	台／吨	17／99.5	
		轧机辅助机械	台／吨	9／68	
		冶金车辆	台／吨	59／1884	
		轧辊	吨	152371	
		铸钢轧辊	吨	37198	
		铸铁轧辊	吨	106515	
		锻钢轧辊	吨	8658	
		冷轧辊	吨	6772	
		备品备件	吨	137402	
		修旧备件	吨	21022	
	中国有色金属工业总公司	连铸机	吨	1752	
		烧结机	台／吨	3／150	
		闪速炉	台／吨	1／111	
		氟化氢反应炉	台／吨	1／309	
		回转窑	吨	100	
		离心机	台／吨	3／27	
		卧式转炉	台／吨	1／148	
		轧机	吨	1157	
		轧辊	吨	176	
		分卷机	吨	2	
		剪切机	台	3	
	农业部	三环减速机	台／吨	16／16	
	能源部电力机械局	减速机	台／吨	31／146	55.0
石油化工设备	化学工业部	化工设备合计	吨	289619	12.0
		化工设备	吨	146287	33.0
		化工专用机械	吨	47233	−27.0
		耐腐蚀设备	吨	17874	0.9
		备品配件	吨	78225	21.0
	机械电子工业部	石油钻采设备	台／吨	51818／76829	−0.4
		钻井设备	台／吨	5429／16319	40.3
		石油钻机	台／吨	958／3841	121.1
		修井设备	台／吨	308／6037	3.6
		机械采油设备	台／吨	43076／48510	−0.6
		压裂固井设备	台／吨	205／3483	99.4
		炼油设备及机械	台／吨	4109／22056	6.4
		化工设备及机械	台／吨	9883／35333	52.6
		小化肥专用设备	台／吨	1792／6819	12.6
	中国石油天然气总公司	石油化工设备	吨	111095.5	
	中国石油化工总公司	石油化工机械合计	吨	44726	−9.0

(续)

行业	部门	产品名称	单位	产量	比上年增长%
石油化工设备	中国石油化工总公司	石油化工专用设备	吨	26940	-1.5
		机械产品	吨	1364	-26.0
		配件	吨	6056	22.0
橡胶、塑料机械	轻工业部	塑料机械	吨	50052	20.5
	机械电子工业部	橡胶机械合计	吨	16929	136.4
		密闭式炼胶机	吨	2523	752.4
		开放式炼胶机	吨	7568	258.2
		塑料机械合计	吨	27590	48.3
		塑料压延机组	台/吨	138/349	-49.3
		塑料挤出机组	台/吨	1005/2452	387.0
		塑料注射成型机	台/吨	5316/20740	44.7
		中空吹塑成型机	台/吨	190/223	77.1
	化学工业部	橡胶机械	吨	51570	21
		塑料机械	吨	2082	99
建筑材料机械	国家建材局	建筑材料专业机械合计	吨	80459	
		水泥机械	吨	60919	
		玻璃机械	吨	1095	
		玻纤机械	吨	453	
		墙体机械	吨	9769	
		新材料机械	吨	1150	
		陶瓷机械	吨	425	
		非金属机械	吨	558	
		石材机械	吨	1941	
		水泥制品机械	吨	3611	
		其它机械	吨	537	
		配件合计	吨	71194	
		铸钢件	吨	9994	
		高低铬件球	吨	44202	
		锻钢球	吨	885	
		加工配件	吨	8856	
		砖机配件	吨	5483	
		建仪配件	吨	135	
		玻纤配件	吨	333.3	
		其它配件	吨	1306	
	机械电子工业部	水泥设备	吨	14112	8.5
		其它建材设备	吨	3687	20.4
建筑工程机械	机械电子工业部	推土机	台/吨	2599/41698	5.8
		装载机	台	7025	25.4
		塔吊	台/吨	108/1825	157.4
		打桩机	台/吨	182/1999	120.6
		打夯机	台/吨	1812/2481	23.2
		搅拌机	台/吨	9903/15907	120.8
		振动器	台/吨	44281/3001	167.9
		钢筋弯曲机	台/吨	632/219	-29.8
		钢筋切断机	台/吨	956/312	21.9
		钢筋矫直机	台/吨	4/6	-98.0
		水磨石机	台/吨	2068/259	-1.9
		风动工具	台/吨	89940/893	11.5
	建设部	挖掘机	台/吨	1478/35186	0.3

(续)

行　业	部　门	产 品 名 称	单 位	产　量	比上年增长%
建筑工程机械	建设部	塔式起重机	台／吨	557／27381	1.9
		压路机	台／吨	2300／22559	0.5
		砼搅拌机	台／吨	20404／42034	1.3
		电梯	台／吨	7557／106976	0.3
		建筑翻斗车	台／吨	9617／10811	0.2
		建筑卷扬机	台／吨	2847／2487	0.6
		砼振动器	台／吨	90066／3202	0.4
		平地机	台／吨	121／1753	−0.2
		铲运机	台／吨	110／1686	0.3
	交通部	路面施工机械	台(套)	3981	
		沥青砼搅拌设备	套	8	
		沥青砼摊铺机	台	12	
		稳定土拌和机	台(套)	24	
		公路养护机械	台	9496	
		公路桥梁机械	台(套)	1224	
		公路路政管理设备	台	567	
		公路工程检测仪器	台(套)	2111	
	能源部电力机械局	起重设备	台／吨	114／2748	
		砼搅拌楼	吨	589	
		砼泵	台／吨	32／312	
		混匀及悬臂堆料机	台／吨	4／354	
		牵引拖车	辆／吨	86／1008	
		振动碾	辆	81	
		其他	吨	6156	
	中国有色金属工业总公司	稳定土拌合机	台／吨	6／78	
		工程灌注桩机	台／吨	10／40	
	水利部	装载机	台	210	
粮油机械	机械电子工业部	粮食加工机械	台	280104	−2.2
		碾米机	台	150589	0
		磨粉机	台	87561	−12.6
		油料加工机械	台	66986	7.9
食品机械	轻工业部	制糖机械	吨	19879	24.6
		制盐机械	吨	3359	15.0
		烟草机械	吨	3473	2.9
		酿酒机械	吨	12788	15.4
		罐头加工机械	吨	3909	20.1
		乳品加工机械	吨	1896	9.9
		饮料灌装机械	吨	2170	32.7
		面包糖果饼干机械	吨	1336	
		其它食品机械	吨	1819	
	机械电子工业部	合计	台／吨	223124／23315	−25.5
		制糖设备	台／吨	1132／8227	2.0
		卷烟加工机械	台／吨	897／3109	−6.9
		酿造设备	台／吨	337／548	11.2
		乳制品加工机械	台／吨	20／61	8.8
		蛋品加工机械	台／吨	6275／440	5.3
		豆制品加工机械	台／吨	37447／1654	−10.8
		米面食品加工机械	台／吨	65244／7824	−5.1
		肉类加工机械	台／吨	53084／1660	7.9

(续)

行业	部门	产品名称	单位	产量	比上年增长%
食品机械	机械电子工业部	果品加工机械	台／吨	342／384	19.9
		糖果糕点加工机械	台／吨	5317／3276	68.2
		饮料机械	台／吨	4505／1809	61.4
		其它食品机械	台／吨	50553／5659	45.0
	中国船舶工业总公司	烟草机械	台	1548	55.1
包装机械	机械电子工业部	合计	台／吨	19399／16191	26.2
		直接包装机械	台／吨	13797／6504	6.2
		间接包装机械	台／吨	5602／9687	44.4
	轻工业部		吨	9415	
纺织机械	纺织工业部	合计	吨	454686	6.7
	机械电子工业部	合计	台／吨	22106／34934	9.6
		棉纺机械	台／吨	6536／13518	−27.2
		毛纺机械	台／吨	530／5655	83.7
		针织机械	台／吨	7296／1529	100.6
		麻纺机械	台／吨	814／3194	26.3
		丝绸机械	台／吨	31／57	−14.9
		合成纤维设备	台／吨	45／1113	−8.0
		印染整理设备	台／吨	980／3120	80.4
		纺织生产专用设备	台／吨	3840／4478	−6.3
	中国有色金属工业总公司	粗纺机	台／吨	34／120	−5.0
轻工机械	轻工业部	制浆造纸机械及设备	吨	61911	4.0
		制革、制鞋及毛皮机械	吨	23512	14.0
		陶瓷机械	吨	23568	25.1
		玻璃制品加工机械	吨	9563	11.7
		木工、家具机械	吨	9295	52.4
		服装加工机械	吨	13569	23.9
		电光源制造机械	吨	1545	61.4
		五金制品加工机械	吨	12983	
		工艺美术制品加工机械	吨	5104	
	机械电子工业部	造纸机械	台／吨	1136／4006	−16.4
		皮革机械	台／吨	420／906	−13.5
		陶瓷机械	台／吨	611／1840	305.3
		玻璃机械	台／吨	178／821	53.7 倍
		制鞋机械	台／吨	1172／1040	17.5
日用机械	轻工业部(归口产品产量)	自行车	万辆	3676.80	17.0
		缝纫机	万架	763.84	0.8
		表	万只	7824.48	−9.8
		手表	万只	7595.10	−9.1
		钟	万只	3652.80	20.6
		定时器	万个	2009.17	−4.8
		打字机	万架	23.82	37.7
	轻工业部(系统内产量)	自行车	万辆	3293.65	12.1
		缝纫机	万架	659.80	0.1
		表	万只	4897.58	−9.2
		手表	万只	4870.02	−8.7
		钟	万只	2991.95	15.0
		定时器	万个	1756.31	−5.3
		打字机	万架	14.09	16.4

(续)

行 业	部 门	产品名称	单位	产 量	比上年增长%
日用机械	机械电子工业部	自行车	辆	423986	61.1
		缝纫机	架	135059	-67.0
家用电器	轻工业部(归口产品产量)	家用电冰箱(容积500升及以下)	万台	469.94	1.5
		冷冻箱(容积500升及以下)	万台	73.38	79.4
		房间空气调节器(单相制冷4000千卡及以下)	万台	63.06	161.7
		电风扇	万台	6213.16	7.1
		微型电风扇	万台	237.97	65.9
		电灶	万台	55.92	53.4
		抽排油烟机	万台	217.77	47.8
		家用洗衣机(洗衣容量6公斤及以下)	万台	687.17	3.7
		吸尘器(交流电式)	万台	69.80	-1.6
		电熨斗	万个	1449.43	3.1
		电吹风	万个	521.33	60.2
		家用电冰箱压缩机	万台	299.10	33.1
		房间空气调节器压缩机	万台	15.35	20.9倍
		家用电冰箱温控器	万台	469.51	56.8
	轻工业部(系统内产量)	家用电冰箱(容积500升及以下)	万台	243.39	-11.9
		冷冻箱(容积500升及以下)	万台	63.74	62.2
		房间空气调节器(单相制冷4000千卡及以下)	万台	29.64	187.2
		电风扇	万台	2253.79	13.7
		微型电风扇	万台	135.85	180.4
		电灶	万台	13.08	-27.0
		抽排油烟机	万台	185.25	39.8
		家用洗衣机(洗衣容量6公斤及以下)	万台	584.45	8.5
		吸尘器(交流电式)	万台	53.10	3.2
		电熨斗	万个	647.47	12.9
		电吹风	万个	98.76	2.1
		家用电冰箱压缩机	万台	178.91	75.7
		房间空气调节器压缩机	万台	0.73	4.3
		家用电冰箱温控器	万台	104.41	3.8
	机械电子工业部				
	机械系统	家用电冰箱	万台	107.4	36.6
		洗衣机	万台	40.49	-25.7
		电风扇	万台	922.22	7.0
		空气调节器	万台	6.45	78.7
		吸尘器	万台	1.52	87.7
		电熨斗	万台	40.3	-17.1
	电子系统	电冰箱	台	372043	25.0
		空调器	台	40310	282.5
		电风扇	台	1706134	2.3

(续)

行　业	部　门	产品名称	单位	产　量	比上年增长%
		其它日用电器	台	51509	18.9
印刷机械	机械电子工业部	合计	吨	48124	28.2
		印刷机	吨	27167	34.7
		制版设备	吨	558	−16.1
		装订机械	吨	7102	37.4
医疗器械	国家医药管理局	手术器械	万件	2298.7	11.8
		计划生育器械	万件	777.5	38.4
		医用X线设备	台	12584	12.4
		医用电子仪器	台	25034	18.0
		医用光学仪器	台	26361	40.0
		医用核素仪器	台	55	89.4
		口腔科设备	台	32335	21.3
		医用车辆	台	2041	60.8
	交通部	医用高压氧舱	套	9	28.6
水工机械	水利部	启闭机	台／吨	1384／8196	
		其它启闭机	台	1319	
		闸门	扇／吨	250／4529	
		锥形阀	台／吨	5／32	
		清淤机	条	14	
		清污机	台	1	
		锥孔机	台	5	
		水工结构	吨	918	
		水工金属结构	吨	622	
	机械电子工业部	启闭机械	台／吨	23696／11587	24.7
城建机械	建设部	城市专用车	辆	2692	52.0
环境保护设备	机械电子工业部	合计	吨	53920	16.3
		机械除尘设备	吨	13511	9.3
		电除尘设备	吨	21396	−9.5
		水处理设备	吨	14400	270
		噪音控制设备	吨	1301	−25.4
		气体净化设备	吨	2538	−46.0
	能源部电力机械局	胶球清洗装置	套	67	−30.9
		清污机	台／吨	28／186.4	145.5／86
		仓式气力输送泵	台	23	−64.1
		双辊式碎渣机	台	15	85.7
		小孔消声器	台	204	−20.3
		自动加药装置	台	4	−66.7
		工业吸尘车	台	2	0
		DDS消声器	台	10	0
		电除尘器	台／吨	30／14825	95.3
		水处理设备	台／吨	623／1439	0
		除灰设备	台	113	−26.0
	冶金工业部	电除尘器	台／吨	43／7680.6	
		布袋除尘器	台／吨	7／40	
		配干湿除灰系统	吨	34.4	
		其它除尘机械	台／吨	2／9	
		冷型振动筛	台／吨	2／34.1	
		极板	吨	175.5	
		极线	吨	10.4	

行　　业	部　　门	产 品 名 称	单 位	产　　量	比上年增长%
消防设备及器材	公安部	消防车	辆	1861	−4.1
		消防机动泵	台(组)	2111	−5.2
		泡沫灭火设备	台(只)	9536	17.1
		自动灭火系统	台(套)	1158	10.0
		灭火器	万具	76.4	−7.0
	中国核工业总公司	火灾报警器	台(套)	3762	−20.0
		探头	个	78940	−5.0
		灭火装置	套	236	354.0
邮政设备	邮电部	自动捆扎机	台	1416	
		分拣设备	台	66	
		提升装卸封装设备	套	8	
		开拆及除尘设备	台	68	
		传送传递装置及设备	台	32	
		其他设备	台	2351	
		邮政车改装	辆	592	
		其他车辆	辆	394	
铁路机车车辆	中国铁路机车车辆工业总公司	电力机车	台	173	4.8
		内燃机车	台	521	11.8
		蒸汽机车	台	12	−50.0
		客车	辆	1674	−10.2
		货车	辆	18478	−0.6
		吊车	台	31	−31.4
		柴油机	台	94	1.1
		硅机组	台	225	−17.8
		电机	台	4120	−15.6
		电控	台	236	−7.4
		货车轴承	套	102339	26.8
		客车轴承	套	17206	16.7
		增压器	台	814	8.5
		闸瓦间隙调整器	套	15000	−40.0
		电瓶叉车	台	58	7.4
		万能杆件	吨	438	3.0
		机车车辆配件	件(套)	2254540	−26.3
	能源部电力机械局	煤炭漏斗车制造	辆	78	−48.0
		煤炭漏斗车厂修	辆	141	64.0
		煤炭漏斗车改造	辆	34	13.0
	冶金工业部	自翻车	台／吨	68／2312	
		敞车	台／吨	18／387	
		煤炭漏斗车	台／吨	37／888	
		平板车	台／吨	16／362	
		低邦车	台／吨	2／42	
		罐车	台／吨	19／374	
		罐车底架	台／吨	115／1318	
汽车	机械电子工业部	载货汽车	辆	326114	28.2
		越野汽车	辆	59182	26.9
		自卸汽车	辆	14411	95.1
		牵引汽车	辆	718	83.6
		客车	辆	26673	64.5
		轿车	辆	68267	95.6

(续)

行业	部门	产品名称	单位	产量	比上年增长%
汽车	机械电子工业部	改装汽车	辆	54825	51.3
		汽车配件	万元	1182268	50.1
	航空航天工业部航天系统	轻型车	辆	9810	88.0
		轻型载货车	辆	7402	115.0
		轻型客车	辆	2408	37.0
		改装车	辆	3781	95.0
		汽车零部件	台(套)	240542	2.0
	交通部	合计	辆	31156	44.3
		公路客车	辆	15794	27.1
		汽车挂车	辆	10008	9.4
	建设部	客车	辆	13393	23.0
	能源部电力机械局	重型平板挂车	辆	105	
		改装车	辆	416	
	中国有色金属工业总公司	自卸汽车	辆	325	
		载货汽车	辆	340	
		改装车	辆	187	
		专用运输车	辆	7	
	冶金工业部	T20 柴油机总成	台/吨	30/30	
		T815 柴油机总成	台/吨	25/38	
		汽车钢板弹簧	个/吨	29192/668	
		汽车备件	件/吨	307200/854	
	水利部	5 吨带电作业车	台/吨	4/36	33.0
摩托车	机械电子工业部	合计	辆	262248	31.2
		二轮摩托车	辆	237454	327.5
		三轮摩托车	辆	24794	45.9
	邮电部	合计	辆	28763	74.6
		两轮摩托车	辆	23408	
		三轮摩托车	辆	5355	
工矿车辆	机械电子工业部	工矿电机车	辆	835	-20.1
船舶	中国船舶工业总公司	船舶	艘/综合吨	127/817800	-21.6/29.0
		货轮	艘/载重吨	50/753045	-2.0/38.3
		客轮及客货轮	艘/满载吨	5/5170	66.7/3946.6
		拖轮	艘/满载吨	10/4406	42.8/80.9
		渔轮	艘/满载吨	10/1988	-52.4/-70.6
		驳船	艘/载重吨	17/20300	-66.0/-55.4
		其他船	艘/综合吨	35/32351	16.7/-6.0
		柴油机	台/千瓦	606/480451	8.4/15.5
救捞潜水设备	交通部	BJ-1 型保暖救生服	件	4126	
		浅潜水服	件	79	508.0
		重装潜水衣	件	2109	109.0
		毛线保暖服	套	245	18.9
		沟工防护服	件	50	67.0
		重装潜水帽、鞋	套	409	13.6
		轻潜水装具	套	330	
		潜水装具	套	36	
		重装电动供气泵	台	268	306.0
		RCI 减压舱	套	3	50.0
		空气呼吸器	套	700	
		潜水对讲电话	台	806	320.0

(续)

行　业	部　门	产 品 名 称	单 位	产　量	比上年增长%
工业锅炉	机械电子工业部	工业锅炉	台／蒸吨	15639／43924	11.8
	国家建材局	锅炉机械	吨	8172	
工业汽轮机	机械电子工业部	工业汽轮机	台／万千瓦	114／29.82	−13.0
发电设备	机械电子工业部	发电设备合计	台／万千瓦	562／1048	−4.7
		水轮发电机组	组／万千瓦	288／182	−6.0
		汽轮发电机	台／万千瓦	271／863	−4.3
		燃气轮发电机	台／万千瓦	1／3.6	0
		电站锅炉	台／蒸吨	276／34780	−14.3
		电站汽轮机	台／万千瓦	290／856	−6.3
	水利部	火电钢结构	吨	3752	−29.2
		金属构件	吨	4890	4.8
		调速器	台	60	
电机	机械电子工业部	一般交流发电机	万千瓦	276.56	−43.0
		大中型交流电动机	万千瓦	590.88	−17.9
		小型交流电动机	万千瓦	2405.46	13.4
		直流电机	万千瓦	101.27	1.5
		分马力电机	万台	604.47	7.3
	机械系统	微电机	万台	147.27	−51.6
	电子系统	微电机	万只	1368.4	825.3
	中国煤矿机械装备公司	煤矿防爆电动机合计	万千瓦	81.2	−1.3
		采煤机电动机	万千瓦	11.47	20.7
		井下运输机电动机	万千瓦	63.84	56.5
		掘进机电动机	万千瓦	1.99	65.8
		泵站电动机	万千瓦	3.9	5.4
	航空航天工业部	微特电机	万台	16.2	240.0
	冶金工业部	大小电机	台／千瓦	476／16328	
		电机修理量	台／千瓦	25383／2632272	
高压输变电设备	机械电子工业部	变压器	万千伏安	7148	4.9
		互感器	台	746492	16.7
		感应调压器及移相器	万千伏安	35.45	−0.5
		电抗器	组	422	−53.5
		高压断路器	台	37153	−0.5
		柱上油开关	台	8329	−30.0
		高压负荷开关	台	9296	35.5
		高压隔离开关	组	110219	−7.9
		高压熔断器	万只	60.3	28.2
		高压接触器	台	1581	13.4
		高压开关板	面	33209	1.3
		高压综合启动器	台	426	−18.2
		高压防爆配电装置	台	441	45.5
		高压电瓷	吨	81315.86	−0.6
		避雷器	万只	70.68	6.9
		电力电容器	万千乏	1445.84	29.9
		电力整流器	万千瓦	68.53	−24.3
	能源部电力机械局	输电线路金具	吨	23849	2.8
		输电线路铁塔	吨	113043	14.3
		继电保护及自动装置	台(套)	2892	−24.3

行业	部门	产品名称	单位	产量	比上年增长%
高压输变电设备	能源部电力机械局	高压绝缘子	万支	216710	41.3
		真空净油机	台	78	−22.7
		高压变压器	万千伏安	252.8	0
		电瓷	吨	235	45.1
		高压油开关	台	157	0.1
		封闭母线	套	8	−46.0
		阻波器、滤波器	台	4414	−62.9
		互感器	台	684	42.8
		开关柜	台	78	550
		调度自动化设备	套	128	17.4
		厂站自动化设备	套	587	−4.3
	冶金工业部	变压器	台／千伏安	407／455809	
		变压器修理量	台／千伏安	1690／2093469	
低压电器	机械电子工业部	低压电器主要元件	万件	1981.22	31.8
		低压电器一般元件	万件	4736.31	20.5
		低压开关板	面	128062	13.6
		继电保护屏	面	18972	3.3
		电气传动控制屏	面	26785	0.3
		保护及自动化继电器	万只	268.08	73.1
		防爆磁力启动器	台	50563	−18.8
		防爆自动开关	台	10030	−17.4
		防爆电器元件	万件	38.49	−17.0
		低压电瓷	吨	22167	10.8
	冶金工业部	电器控制柜	面／吨	2484／775	
电线电缆	机械电子工业部				
	机械系统	钢芯铝绞线	吨	111806	20.3
		布电线	公里	2436425	13.0
		电力电缆	公里	100389	3.7
		通讯电缆	公里	21717	−1.4
		电磁线	吨	100744	2.7
	电子系统	合计	公里	798089.8	2.3
绝缘材料	机械电子工业部	合计	吨	41997	−57.2
电碳制品	机械电子工业部	合计	吨	2711	−15.5
蓄电池	机械电子工业部				
	机械系统	铅酸蓄电池	万千伏安时	507.06	13.7
		汽车蓄电池	万千伏安时	379.87	−1.1
	电子系统	合计	万只	21933.7	
	中国船舶工业总公司	铅酸蓄电池合计	万只／万千伏安时	73.57／73.08	13.2／7.5
		汽车蓄电池	万只／万千伏安时	55.59／58.59	18.1／8.0
		搬运蓄电池	万只／万千伏安时	13.54／9.49	−6.5／−7.7
		固定蓄电池	万只／万千伏安时	2.68／3.17	23.5／17.4
		其他蓄电池	万只／万千伏安时	1.75／1.63	29.6／30.4
	航空航天工业部	锌银组合电池	只／台	2700／814	2.0
		锌空电池	只／台	501／3730	16.0
		铅酸电池	只／台	3667／133047	
电焊机	机械电子工业部	合计	台	95484	24.3
		特殊电焊机	台	2486	87.2
		自动及半自动焊机	台	4304	2.2

(续)

行业	部门	产品名称	单位	产量	比上年增长%
电焊机	机械电子工业部	接触电焊机	台	8707	38.6
工业电炉	机械电子工业部	真空电炉	台	18	−21.7
		电弧炉	台	31	−27.9
		工业电阻炉	台	1942	40.3
		中频电炉及成套装置	台	449	−39.0
		非标准电炉	台	778	−48.5
		实验室电炉	台	6795	−6.3
电工专用设备	机械电子工业部	合计	吨	9855	4.9
通用仪器仪表	机械电子工业部	工业自动化仪器仪表	万台(件)	1978.6	66.6
		电工仪器仪表	万台(只)	2435.8	10.4
		分析仪器	台	53906	14.2
		光学仪器	台	440169	0.1
		试验机	台	19576	15.3
		实验仪器装置	台	184029	30.3
	冶金工业部	自动化仪表	台	1266	
照相机械	机械电子工业部	照相机合计	架	1004123	9.4
		135普通照相机	架	939917	4.4
		120普通照相机	架	10350	−38.0
		专用照相机	架	799	10.6倍
		照相器材合计	台	1265878	40.6
		镜头	台	987307	137.2
		放大机	台	9068	−17.6
复印缩微设备	机械电子工业部	复印机	台	27024	21.5
		晒静电复印机	台	18688	19.1
		缩微机械	台	155	−42.8
电影机械	机械电子工业部	合计	台	73189	−26.4
		放映设备	台	8965	−9.8
		电教设备	台	55223	9.4
		剪辑、扩片及胶片制作设备	台	785	−85.8
		镜头	只	7070	−4.0
衡器	轻工业部	大型及专用衡器	万台	20.4	−17.4
		日用衡器	万台	129	25.2
	冶金工业部	电子衡器	台/吨	23/58	
教学仪器设备	国家教委	教学仪器设备	万台(件)	2413.37	16.3
	机械电子工业部	教学仪器	台	57060	42.8
专用仪器仪表	机械电子工业部	合计	台	539330	18.0
		农、牧、渔仪器仪表	台	314178	18.8
		石油仪器仪表	台	18382	−28.8
		医疗仪器仪表	台	4912	−56.7
		动力机测试仪器	台	567	16.9
		气象仪器	台	49404	13.7
	地质矿产部	地质仪器	台	772	80.0
		重力仪器	台	20	33.3
		磁法仪器	台	59	126.9
		地震仪器	台	5	
		电法仪器	台	361	875.6
		测井仪器	台	7	−96.2

(续)

行业	部门	产品名称	单位	产量	比上年增长%
专用仪器仪表	地质矿产部	放射性仪器	台	90	26.8
		水文分析仪器	台	230	139.6
		实验室分析仪器	台	259	475.6
		泥浆分析仪器	台	570	150.0
		石油分析仪器	台	1321	63.7
		地质罗盘	个	3000	−42.4
		钻探仪表	只	2139	181.8
	中国石油天然气总公司	石油专用仪器	台(套、只)	933438	
	能源部电力机械局	汽水取样分析装置	台	47	8
		闪光报警装置	台	23	−30
		火焰检测装置	台	58	5
		状态量监测仪	台	4	−63.6
		单向测振仪	台	14	−40
		双向测振仪	台	37	113
		水文仪器	台	6480	12
		电能表	万只	16.85	2
		电频表	台	330	−2.1
		大坝仪器	台	1860	−59
		土工仪器	台	155	−17
		测试仪表	台	89	−5.3
		显示仪器	台	55	−17
	中国煤矿机械装备公司	煤矿专用仪器仪表合计	台(套)	459018	−18.1
		煤矿安全仪器	台(套)	434973	−14.3
		井下气体监测仪器	台(套)	20646	−22.5
		井下矿山救护仪器	台(套)	406876	−13.9
		井下顶板管理仪器	台(套)	999	−22.8
		物探仪器及附件	台(套)	4256	66.1
	中国核工业总公司	核仪器仪表	台(件)	15799	−11.0
		核医疗仪器	台	552	−5.8
	中国石油化工总公司	可燃气体报警器	台	2205	−20.0
		气动仪表	台	7114	1.5
		电动仪表	台	4817	−0.1
	国家技术监督局	合计	台(套)	50734	49.6
		计量标准仪器	台	2563	−39
		计量检定仪器	台	6637	−13
		计量测试仪器	台	21954	502
		计量配套设备器件	台(套)	13520	11.9
		计量修理机械器具	台(套)	5518	−4.2
		其他	台	542	−9.1
	中国有色金属工业总公司	测斜仪	套／吨	240／0.5	
仪器仪表元器件	机械电子工业部	合计	万件／万元	30343／24690	−11.6
	航空航天工业部	新闻电池	只	11726	−36.0
		镉镍电池	万伏安时	266	21.2
仪器仪表材料	机械电子工业部	合计	吨	2384.61	4.2
电子测量仪器	机械电子工业部	合计	台	1397808	213.3
		频率测量仪器	台	8188	7.3
		电压测量仪器	台	1276692	878.7

(续)

行　业	部　门	产品名称	单位	产　量	比上年增长%
电子测量仪器	机械电子工业部	示波器	台	33191	8.0
		器件参数测量仪器	台	3625	−3.6
		元件参数测量仪器	台	6318	−18.2
		脉冲测量仪器	台	985	22.1
		扫频频谱波形分析仪器	台	5505	0.7
		微波测量仪器	台	13714	199.2
		通用测量仪器	台	9518	38.0
		广播电视测量仪器	台	3272	−7.6
		超低频测量仪器	台	3003	135.0
		声学测量仪器	台	6223	14.6
		干扰场强测量仪	台	1759	57.6
		稳压电源	台	466791	141.5
		记录显示仪	台	269	−48.2
		信号源	台	19513	−25.6
		功率计	台	2621	2.4
		其它测量仪器	台	3412	−75.7
	水利部	电脑频率计	台	17	
		电脑信号发生器	台	11	
电子工业专用设备	机械电子工业部	半导体器件工艺设备	台	2538	−0.7
		电子元件工艺设备	台	2794	45.1
		电子真空工艺与应用设备	台	4657	236.0
		净化设备	台	8745	20.2
		力学环境可靠性试验设备	台	84	−88.1
		电子专用工模具、齿轮	万件	2744.8	28.5
		电子整机装联设备	台	719	−20.0
工业机器人	航空航天工业部	合计	台	14	107.0
		HRGP−ⅠA 喷漆机器人	台	2	
		HRGH−　Ⅲ弧焊机器人	台	3	
		HRGD−Ⅱ点焊机器人	台	3	
		星光Ⅰ型直角坐标	台	4	
		贮水罐爬壁机器人	台	1	
		奶粉清洗机器人	台	1	

注：附表1、2、3、4、6中机械电子工业部数据由该部经济信息统计中心提供，附表1、2、3、4、6中机械电子工业部未注系统的均为机械系统数据，附表6中有“／”线数据处的“比上年增长%”为分母的增长率。附表5中机械电子工业部数据由该部国际合作司提供，其数据为该部全系统的。

机械工业

发明及
优秀科研成果

第Ⅳ部分

发明项目　　(1991年)

国家发明奖评审委员会评审

1991 年度国家发明奖获奖项目共 209 项，其中，一等奖 1 项，二等奖 12 项，三等奖 92 项，四等奖 104 项，公布了 173 项。现将与机械工业有关的 95 项，其中二等奖 4 项，三等奖 35 项，四等奖 56 项，刊登如下。

序号	项目名称	发明者	奖励等级	申报部门
1	低油耗、低污染、低爆压的柴油机涡流燃烧室	江苏工学院李德桃、单春贤、朱晓光、孙平	四	机械电子工业部
2	锥盘式小麦精密排种器	中国农业机械化科学研究院北京农机化研究所张波屏、刘格兰、刘锡厚、董秋德、马学东	三	机械电子工业部
3	6BL-40 莲子剥壳工艺及设备	湖北省机电研究院刘绍雄、张时杰、胡才宏、刘中建、张克琼	四	机械电子工业部
4	杂交水稻机械采授粉制种实用新技术	江苏省丹阳市农业局、农业部南京农业机械化研究所，黄崇德、季申清、黄河清、刘宝森、邹国民	四	江苏省科委
5	电化学擦削方法及其阴极擦头装置	国营江麓机械厂向显德、欧迪君	三	湖南省科委
6	用于精冲压力机的内阻尼静压导轨	机电部北京机电研究所、四川省内江锻压机床厂，涂光祺、陶宏怡、周增猛、袁庆祥	四	机械电子工业部
7	25 千焦消振液压模锻锤	机电部济南铸锻机械研究所朱成康	四	机械电子工业部
8	以豆油油脚为主要原料合成的铸造用砂芯粘结剂	机电部沈阳铸造研究所周万友、刘凌婵、王忠惠	四	机械电子工业部
9	壳型铸造用耐高温树脂覆膜砂	机电部济南铸造锻压机械研究所秦升益、孟庆周	四	机械电子工业部
10、	树脂砂增强防潮剂	天津大学、盖县化工厂，张永年、林秀森、徐永梅	四	天津市科委
11	大型铸钢件用钛渣砂及复合钛渣砂	机电部沈阳铸造研究所孙公文、周静一、厉恩平、傅志伟、张明臣、刘洋	三	机械电子工业部
12	一种成型铣刀的制造方法及设备	国营太行机械厂吕锡华、刘彦平、阎国华	四	河北省科委
13	新型多维可转位刀片槽型研究及应用	哈尔滨科学技术大学李振加、杨永芝、刘献礼、陈波、黎志仁、潘洪平	四	机械电子工业部
14	磨削钛合金用陶瓷结合剂 CBN 复合砂轮及高效磨削油	西北工业大学任敬心、华定安、张智龙、黄奇、徐庆中、康仁科	三	航空航天工业部
15	SHB21／2X10／30SY 型高扬程水力活塞泵	胜利石油管理局、无锡县采油设备厂，王庆源	四	中国石油天然气总公司
16	可反向的轴流风机翼型	西安交通大学李超俊、魏百锁	四	国家教委

(续)

序号	项目名称	发明者	奖励等级	申报部门
17	气波制冷机	大连理工大学方曜奇、朱彻、刘润杰、史启才、刘成立、刘凤桥	三	国家教委
18	DJB–1型电子自动搅拌器	湖南省鲤鱼江电厂、湖南省郴州市无线电厂，李仁善、谢玉林	四	能源部
19	气体浮环动静压混合轴承及超高速空气精密主轴	机电部洛阳轴承研究所、北京航空航天大学，王云飞、张锡圣	三	机械电子工业部
20	烧结多孔聚酰亚胺保持架材料	机电部洛阳轴承研究所纪乃滕、方隆铮、朱元贞	三	机械电子工业部
21	异步启闭废钢块料抓斗	上海港木材装卸公司包起帆、姜国华、叶俊年、郑明敏、王龙宝、戚振海	四	交通部
22	CGD–1型长钢轨同步定位吊运装置	北京铁路局大修工程处科研所、铁道部科学研究院机车车辆研究所、北方交通大学，黎英豪、张锡斌、谢让皋、徐鸿敏、林国杰、朱衡君	三	铁道部
23	矿车电动转盘机	北京煤炭设计研究院姜景惠	三	中国统配煤矿总公司
24	SJ–650A型掘进后配套胶带输送机	徐州矿山设备制造二厂、中国矿业大学，于学谦、王如生、张玉良、陈军	四	中国统配煤矿总公司
25	工字钢可缩性巷道支架	中国矿业大学侯朝炯、马念杰、刘文若	四	中国统配煤矿总公司
26	炼锌球团立式自热焦结炉	葫芦岛锌厂吕云山、张武、李志坚	三	中国有色金属工业总公司
27	蜗螺形风箱、扩散型进风管双排风口冲天炉	江西省机械科学研究所、江西拖拉机制造厂、福州球墨铸造厂，谭岳云、方景辉、余国森、黄居俊、戴厚国	四	江西省科委
28	生石灰配料消化器	安阳钢铁公司吴吉庆、宋书亭、刘丙森、董青山、陈来芳、李育源	四	河南省科委
29	热风炉冷风均匀配气装置	冶金工业部武汉冶金建筑研究所、本溪钢铁公司第二炼铁厂，段润心、曲元春、王立、梁光瑞、王登明	四	湖北省科委
30	多排辊冷轧管机	机电部西安重型机械研究所白连海、赵新知、方河才、朱厚昌、孙丽缓、张瑞才	三	机械电子工业部
31	三环式减速（或增速）传动装置	冶金工业部重庆钢铁设计研究院陈宗源	二	冶金工业部
32	100～3000立方米金属骨架泡沫塑料浮子组装式油罐内浮顶	深圳市求实技术开发有限公司张凤球、孙昭瑞、史一之	三	深圳市科委
33	悬挂式加固抽油泵	天津市大港石油管理局第一采油厂郑勇、徐玉德、马士俊、乔来庆	四	中国石油天然气总公司
34	乙烯装置裂解炉侧壁附墙燃烧器陶瓷喷头	宜兴市张泽耐火电瓷厂、扬子石油化工公司烯烃厂、中国石化总公司联合化学反应工程研究所，徐纪昌、杨光燕、陈德祥、徐建明、常乐、朱天爵	三	中国石油化工总公司
35	新型开炼机辊筒	北京化工学院程源、王传军	四	化学工业部
36	JSD120型卧式锯石机	齐齐哈尔农牧机械厂宋士英、郭忠宝、朱建祥、刘凤桐、王国栋、邢阳海	四	黑龙江省科委

(续)

序号	项目名称	发明者	奖励等级	申报部门
37	光爆喷射砼新机具	北京军区工程兵部宁旭令、高新远、左炳和、孙德侠、申明敏、池瑞文	四	总参谋部
38	螺旋板式蜂窝点发酵罐冷却夹套	浙江大学林兴华、蒋家羚	四	浙江省科委
39	酱油原料高短法连续蒸煮方法及设备	青岛市商业局邓哲宇	四	青岛市科委
40	花式纱线及纺捻方法和设备	国营如皋染织厂王连贵	三	纺织工业部
41	髌骨记忆整复器（镍钛—聚髌器）	第二军医大学长海医院、上海钢铁研究所，张春才、张巽奇、刘植珊、高建章、崔振忠	四	总后勤部
42	医用水射流刀	山东省泰安市中心医院、山东省泰山科学院，解建、李传礼、刘启宗、单兵、韩国强	三	山东省科委
43	测量宫腔镜	沈阳大学、上海计划生育研究所，姜克让、冯缵冲、林泉、李莹	三	沈阳市科委
44	组织细胞氧耗测定器	中国人民解放军304医院吴志谷、朱兆明、盛志勇、尹少杰、孙同柱	四	总后勤部
45	心内血液吸引回收微栓过滤多用器	西安医科大学第一附属医院郑国强	四	陕西省科委
46	气囊腹压带加腹压助产装置	鞍山钢铁公司赵少飞	四	冶金工业部
47	肿瘤热疗用多点测温技术及仪器	天津市肿瘤研究所林世寅、于世起、李丰彤、左春刚、李瑞英	三	天津市科委
48	核孔滤膜红细胞变形能力测定仪	上海医科大学、上海医科大学仪器厂，戴稼禾、陈良巨	四	上海市科委
49	血液循环动力学脉图检测技术与脉图仪	南昌市第二医院、长海医院、解放军163医院、海军医学专科学校、空军杭州医院，张大祥、肖行贯、何素荣、黄国栋、余历宇、周正民	三	江西省科委
50	可调式多浪康复床	中山医科大学、广州白云机电工业公司，王维平、胡毅强	四	广东省科委
51	煤气干式横向栅板电除尘器	冶金工业部安全环保研究院、常德石门磷肥厂，钱朝葆、李茂松、郑永安、后德强、刘琳、单毅	四	冶金工业部
52	旋涡式锅炉烟气净化器	山东省肥城县新型节能环保设备厂、山西省浮山县铆焊厂，刘曾春、刘增营、刘增明、刘增盛、曹淑忠	四	山东省科委
53	采用生羊、麂皮边角料制取蛋白泡沫灭火剂方法	公安部上海消防科学研究所、上海市六里化工厂，杨志远、孙国林、张旗鑫	三	上海市科委
54	火箭式埋设锚	华东工学院、海军后勤部军港管理部，路景芝等	三	中国兵器工业总公司
55	胶粘型连杆滑履和制造工艺	东海船舶修造厂鲍震江、潘金法、汤立德	四	上海市科委
56	链条炉排工业锅炉多级拼插式活动炉拱技术	上海县劳动局顾志龙	四	上海市科委
57	径、混流式"全可控涡"三元叶轮设计方法及其流型	西安交通大学王尚锦、祁大同、苗永淼	三	陕西省科委

序号	项目名称	发明者	奖励等级	申报部门
58	高压互感器的电陶瓷线圈框	中山市和泰机电厂何见光、刘其昶	四	广东省科委
59	新材料新结构高电压合成绝缘子	武汉水利电力学院、湖北省化学研究所，黄齐嵩、欧阳民康、华南屏、郭慎远、郭小清、曾繁涤	四	能源部
60	全自动触电保安器	上海电力学院陈策沾	三	能源部
61	高温绝缘测控电线	机电部上海电缆研究所马德树、陈金海、毛树梁、姚伯生	四	机械电子工业部
62	DYFB 不燃烧电缆	锦州自控电工仪表成套设备总厂张全义、孙凤忱、李季、张明阳、张明华、赵同舟	三	辽宁省科委
63	点焊凸焊缝焊的恒流控制方法及装置	第二汽车制造厂鲍力立、李祥天、薛大黎	四	中国汽车工业总公司
64	阀门密封面镍基耐磨堆焊材料及工艺	哈尔滨焊接研究所、上海阀门厂，董祖珏、黄国梁、何实、余伟良、潘永明	三	机械电子工业部
65	直流电流互感器比差直读校验的方法及装置	黑龙江省计量科学研究所王笑君、薛天龙	三	黑龙江省科委
66	三项线性比相方法及在时频测量中的应用	西安电子科技大学、陕西省计量测试研究所，周渭	四	陕西省科委
67	小管径频差法超声波流量计	空军第二航空技术专科学校张瀚、梁青阳、桂德东、阎锐、富强	四	空军
68	旋转式庠斗流量控制仪	核工业第二研究设计院、上海跃龙有色金属有限公司，李崇芬、陈桂清、王金荣、王得源、唐锡庭、刘士昱	四	中国核工业总公司
69	微透明高分子材料的光学各向异性研究方法与显微激光分析仪	西北工业大学张武、罗建、林德宽、李建平、王燕	四	陕西省科委
70	单根光纤耦合输入输出行波半导体激光放大器	华中理工大学黄德修、刘德明、余思远、刘雪峰、周宓、黄菊仙	三	国家教委
71	超高压釜自动探伤系统	空军第一研究所、国营七零七厂，张德万、王中育、缪曙云、郭德广、王镇中、刘义生	四	空军
72	一种飞秒扫描变像管	中国科学院西安光学精密机械研究所牛憨笨、张焕文、杨勤劳、刘月平、王云程	二	中国科学院
73	微波等离子体油料发射光谱分析仪	空军第二航空技术专科学校、吉林大学，刘树铁、朱起辉、金钦汉、张寒琦、杨凤林	四	空军
74	跨限 X 射线吸收分析仪	核工业第二研究设计院、上海跃龙化工厂，曹洪章、陶伦常、胡颂虞、潘允德、韩彬、张剑敏	三	中国核工业总公司
75	取芯药测压测速地面模拟装置	机电部第 208 研究所彭显亲、何洪、杨耀明、郭明	四	中国兵器工业总公司
76	KTP 型旋转式铁谱仪	中国矿业大学杨志伊、何其华、郝院生、王晓雷、唐小行	三	中国统配煤矿总公司
77	CLB 型测流棒	山东省济宁市水利局牛奔、孙庆义、王学孟、李淑文、储和平、尹悦	三	山东省科委
78	新型声表面波射电天文功率谱仪	中国科学院声学研究所陈东培、宫俊杰、周献文、解述、魏玉兰、汪承灏	三	中国科学院

(续)

序号	项 目 名 称	发 明 者	奖励等级	申报部门
79	牵引、缓冲动力计	铁道部科学研究院中间试验基地、铁道部科学研究院机车车辆研究所，顾天福、吴泓泉、邵静华、刘凤春	四	铁道部
80	数示感应测电笔	广东省顺德县容奇测电器厂何敦启、卢国宁、张泽照、陈浩明	四	广东省科委
81	塞曼激光拍波干涉仪	中国计量科学研究院陈允昌、吴云龙、陈永年、唐任道、陈永江	二	国家技术监督局
82	计算机磁盘精密带式振动研抛机	清华大学王先逵、段广洪、雷源忠、郑维智、罗以松、朱企业	四	北京市科委
83	抗冲击高耐磨铁—铬—碳系堆焊合金	山东工业大学杨建华	四	山东省科委
84	光亮硬银电镀	上海轻工业专科学校张炳乾、王伟平、刘育弟	四	上海市科委
85	金属加工用干粉型高温润滑剂	上海胶体化工厂陈妙祥、胡菊英	四	上海市科委
86	热加工用金属陶瓷模具材料	冶金部钢铁研究总院、沈阳有色金属加工厂，周凤池、肖振声、李世魁、沈璋、唐福身	二	冶金工业部
87	非金属镀 CC-1 胶体铜活化新技术	四川大学袁永明、陈绍谦、谢明贵、党秀文、龚瑜	四	成都市科委
88	镁锭表面处理消除铬害新工艺	抚顺铝厂、沈阳大学，陈丽霓、张志桢、程富礼	三	辽宁省科委
89	自热式直接加热生产炭化稻壳的新设备	鞍山钢铁学院、鞍山第二炼钢厂，尚世南、王希才、崔燕虎、康日章、侯亿年、王志道	三	冶金工业部
90	高效烟囱	湖南省华湘高效烟囱建设公司、中南工业大学，盛惕闻、梅炽、王淑泉	三	湖南省科委
91	一种沸腾燃烧装置	湖南大学姚圣聪、杨志昂、刘光荣	四	湖南省科委
92	变异煤粉浓度燃烧器	西安交通大学徐通模、惠世恩、刘仲军、周小天	三	国家教委
93	耐热浇注胶	机电部桂林电器科学研究所梁凯洲	四	机械电子工业部
94	玻璃钢辊及其制造方法	河北省枣强县流常玻璃钢制管厂杨振玉、杨可富、丁林广	四	轻工业部
95	高低压双膜式礼炮弹	机电部第 208 研究所李惠昌、宋光威、衣景双、刘振纲、王永悦、潘德震	三	中国兵器工业总公司

〔国家科学技术奖励工作办公室供稿〕

获专利项目 (1991年)

中国专利局批准

中国专利局1991年审批并授权发明专利共1311项，实用新型专利17200项。现选登有关机械的发明专利131项，实用新型专利393项。表中"授权日"栏目只列月、日，授权年份"1991年"均省略。各行业专利情况如下表。

行业＼专利类别	发明	实用新型	行业＼专利类别	发明	实用新型
农业机械	12	36	印刷机械		4
畜牧机械		2	医疗器械	8	13
木材工业机械		7	环保设备	1	8
金属切削机床	11	23	铁路机车车辆		8
锻压机械	8	3	汽车	6	19
铸造机械	5	2	摩托车		5
量具刃具	1	14	船舶		2
通用机械	18	40	民用飞机		1
气体分离及液化设备		1	工业锅炉	1	12
机械通用零部件	7	12	电机	9	16
轴承		8	高压输变电设备		2
起重运输机械		19	低压电器	1	4
矿山及煤矿机械	1	9	电线电缆	1	
重型机械		4	电焊机	10	10
石油化工设备	1	12	工业电炉		1
建筑材料机械		3	通用仪器仪表	13	11
建筑工程机械		10	照相机械		1
粮油机械		1	电影机械		1
食品机械	1	13	衡器		1
包装机械		4	专用仪器仪表		5
纺织机械	2	14	仪器仪表元器件		1
日用机械	2	16	电子测量仪器	9	6
家用电器	3	9	合计	131	393

发明专利

专利名称	专利号	申请日	授权日	专利权人
农业机械				
步行拖拉机	85108218.1	1985.05.16	07.17	谢经泊
消除四冲程增压柴油机让阀坑的方法	88103186.0	1988.05.25	02.27	华中理工大学
增压式齿轮内燃机双卷流燃烧系统	87101335.5	1987.05.08	03.20	山东新华制药厂
燃烧多种燃料之发动机点火装置	86102286.6	1986.03.25	02.06	向探真
自控保温热面点火装置	89101039.4	1989.02.28	03.20	华南理工大学
双室同燃高压汽油机	89100886.1	1989.02.18	03.13	薛止众
内燃机排气阀杆部端面钎焊方法	89106952.6	1989.09.12	07.10	北京市上庄汽门厂
机动化肥穴施肥机	88105566.2	1988.08.31	08.07	王者中
磁化犁	89105059.0	1989.04.15	08.21	沈阳农业大学
割前脱粒收获机	88106505.6	1988.09.03	03.27	东北农学院
泵载止推轴承深井潜水泵	86102781.7	1986.04.16	02.06	徐光第
具有协同密封系统的全干式潜水电泵	88100735.8	1988.02.06	07.17	陆逢升
金属切削机床				
不落轮旋床	88100587.8	1988.02.25	01.23	石家庄机车车辆配件厂
在龙门刨上周边磨削机床导轨的方法及装置	86108903.0	1986.12.28	08.07	湖南省岳阳机床厂
改进的丝杠垂直升降开合螺杆机构	88106661.3	1988.09.14	05.01	范朝来
可变升程的凸轮机构	85103400.4	1985.04.07	01.16	苏州试验仪器厂
任意形状孔和轴的镗切装置	88106147.6	1988.08.24	05.01	窦迎峰
圆柱体表面纵向槽加工方法和装置	88108093.4	1988.12.02	05.01	北方工业大学
步进机构	88100628.9	1988.03.10	05.22	崔启坤
难加工材料的金刚石超精切削工艺	87102713.5	1987.04.09	03.13	哈尔滨工业大学
直生式可控气氛渗碳工艺	86108421.0	1986.12.11	04.03	广州南洋电器厂
复合渗碳剂彩色镀铬	89106223.8	1989.07.23	04.03	厦门大学
除油除锈磷化液	88105540.9	1988.07.02	02.27	戚墅堰机车车辆工艺研究所
锻压机械				
摆辊式四辊型材滚弯机	88104844.5	1988.08.15	03.20	开滦矿务局机电修配厂
计算机监控中频感应局部加热液压推弯式弯管机床	87105956.8	1987.12.31	05.15	华北电力学院北京研究生部
分体式多功能锻锤锤杆	88101960.7	1988.04.07	01.12	林云仁
汽车变截面钢板弹簧精密辊锻工艺	87105891.X	1987.08.31	08.07	吉林工业大学
低应力冲击剪切法	88108351.8	1988.08.15	03.20	开滦矿务局机电修配厂
随机改变输入设定的剪切类机床数字控制系统	88108871.4	1988.12.31	07.24	清华大学
有效压实锻造法	88100963.9	1988.10.07	06.26	北京重型机器厂
刚性离合器安全压力机控制装置	87105910.X	1987.09.29	03.07	薛云登
铸造机械				
石墨铝合金铸件的生产方法及装置	87105052.8	1987.08.01	01.23	沈阳铸造研究所
动态冷硬耐磨铸铁球成型工艺及设备	88101825.2	1988.03.27	04.10	王守忠
铸铁机械性能快速测定法	86107807.1	1986.11.13	08.07	北京工业大学
铬钼钒稀土系耐热耐磨铸铁	89105203.8	1989.01.09	07.03	山东省冶金设计研究院
稀土钙高强韧铸钢	87106700.5	1987.09.30	06.19	内蒙第二机械制造总厂
量具刃具				
无孔型刀片机夹车刀	89104055.2	1989.06.16	07.03	张邦南
通用机械				
内切大圆弧卸荷叶片泵	85103606.6	1985.05.16	02.27	杨德贵
圆锥环片旋转活塞泵	88104583.7	1988.07.20	02.06	张本元

(续)

专利名称	专利号	申请日	授权日	专利权人
配流式齿轮泵	88102029.X	1988.04.06	04.17	娄国元
磁力泵	89101121.8	1989.02.17	07.10	吴加兴
轴向滑片式压缩机	88100773.0	1988.02.07	02.27	浙江工学院
摆动步进送料机构	87102779.8	1987.04.11	02.20	西安电炉研究所
无剩磁磁分选机	87107713.2	1987.11.13	04.17	吉林大学
双向吊拉减震装置	88107145.5	1988.10.27	03.20	华北电力设计院
通风系统消波装置	88100413.8	1988.02.03	04.03	中国建筑科学研究院空调研究所
双活塞式多功能三轴压力室	88100053.1	1988.01.14	03.20	清华大学
橡胶弹簧平衡缓冲装置	88101801.5	1988.04.07	02.06	山西太原钢铁公司
聚氨酯泥浆泵活塞	89104953.3	1989.07.17	04.17	华北石油管理局运输公司
双轴变动式行星搅拌装置	89109522.5	1989.12.27	08.27	北京化工学院
吸气端端面有连通槽的螺杆压缩机转子	87100486.0	1987.01.26	02.27	武汉冷冻机厂
可反向的轴流风机翼型	88106303.7	1988.08.27	05.01	西安交通大学
双向防冲消振牵引联接器	88102326.4	1988.05.03	04.10	赵震东
用于压缩(或膨胀)机的螺杆啮合副	85109065.6	1985.12.10	07.03	西安交通大学
高精度超导程摆线螺杆加工方法	87101572.2	1987.06.17	02.27	沈阳水泵厂
机械通用零部件				
混合少齿差渐开线齿轮行星传动机构及装置	87102061.0	1987.07.18	01.16	湖南省机械研究所
高水基锥阀式电液换向阀	87102355.5	1987.03.30	03.20	西安重型机械研究所
活塞式疏水阀	86102586.5	1986.04.11	02.20	宁波制药厂
差流可调梭阀	87103004.7	1987.04.28	02.13	曾祥炜
无泄漏阀的装置	87104696.2	1987.07.06	06.26	宇秀明
磁流体密封装置	88104627.2	1988.07.30	04.24	北京理工大学
可快速拆装的螺纹紧固防松装置	90100384.0	1990.01.25	08.28	陆正家
矿山及煤矿机械				
矿井总风量自动调节系统	87103938.9	1987.05.26	01.23	贵州工学院
石油化工设备				
冲击回转钻用冲击器	87103924.9	1987.06.02	01.23	华北石油职工大学
食品机械				
水压面条成型机	89101341.5	1989.03.10	01.09	晋城市冶金研究所民用器械实验厂
纺织机械				
用于织画的编织机	88100199.6	1988.01.14	04.24	王连升
机绣梭锦缕丝花边织造方法	88102065.6	1988.04.12	06.12	浙江萧山花边总厂
日用机械				
摇杆驱动变速自行车	88102229.2	1988.04.30	01.27	清华大学
自行车飞轮的制造方法	88101437.0	1988.03.24	05.15	清华大学
家用电器				
带机械起动器的小型电风扇	85102741.5	1985.04.09	04.24	苏荣森
全自动触电保安器	86105323.0	1986.08.29	04.17	陈策沾
家用多功能煤气报警器	89103783.7	1989.06.16	07.24	中国人民解放军 89000 部队
医疗器械				
超微弱发光探测装置	88101099.5	1988.03.09	07.24	中国人民解放军总医院
微型便携式 X 线机	87104542.7	1987.06.30	03.27	北京长城光学仪器厂
微型电脑中频治疗仪	88102656.5	1988.05.10	06.05	中国人民解放军空军总医院
袖珍肛肠疾病电磁疗器	89108407.X	1989.11.08	06.05	中国人民解放军 39111 部队
频谱匹配治疗装置	85107113.9	1985.09.20	06.19	周林
程控数据磁带理疗装置	89101421.7	1989.03.11	07.03	李伯钦
人体身高无接触测量装置	88105505.0	1988.04.12	04.03	上海超声波仪器厂
电子束辐射消毒中药成药的设备	86104238.7	1986.06.24	07.31	北京师范大学

(续)

专利名称	专利号	申请日	授权日	专利权人
环境保护设备				
应用多种收尘机理的高效收尘器	87106456.1	1987.09.27	04.24	合肥水泥研究设计院
汽车				
差动齿轮转向器	86106907.2	1986.10.24	01.02	薛华林
摆动齿轮转向器	86107580.3	1986.11.18	01.02	薛华林
汽车和轮式拖拉机的自动防滑差速器	88108123.X	1988.12.03	01.30	丁宪明
车辆变速离合器	85102557.9	1985.04.01	04.03	赵明光
电控（或液控）差动变速器	88109736.5	1988.10.14	04.17	黄安涛
全钢口环氧塑料模制造工艺	86101869.9	1986.03.19	04.17	沈阳汽车制造厂
工业锅炉				
附壁射流煤粉火焰稳定方法及装置	88102411.2	1988.04.24	03.13	哈尔滨锅炉厂
电机				
无滑动接触的超导磁屏蔽交流发电机	88101933.X	1988.04.14	02.27	中国科学院科建公司
自悬浮直流直线电机	88102802.9	1988.05.10	03.06	国营新华化工厂
环形三叠片超声振子及用其钳位的微动马达	89109320.6	1989.12.21	08.21	清华大学
并联柴油发电机组频率、电压综合控制器	88103740.0	1988.06.24	07.17	清华大学
辐向取向钕铁硼永磁环	88103837.7	1988.07.16	04.03	冶金工业部钢铁研究总院
交流异步电机节能控制仪	87101037.2	1987.05.11	01.30	上海港科学技术研究所
交流电机两重式交—交变频调速装置	86106905.6	1986.10.29	01.16	重庆钢铁设计研究院
交流异步电动机分频调速方法	89100431.9	1989.02.04	07.17	北京变压器厂
交流异步电动机正负转差率调速装置	86108447.0	1986.12.16	07.17	顾正平
低压电器				
用于晶闸管变流器的微处理器频率自适应触发器	86103705.7	1986.05.31	01.30	陕西机械学院
电线电缆				
液氮温区超导线材带材及其制法	87102731.3	1987.04.14	02.20	中国科学院化学研究所
电焊机				
恒功率微束等离子弧焊机	86101100.7	1986.02.22	01.09	南昌航空工业学院
抽头变压器式弧焊机	89107682.4	1989.09.30	05.15	吴人起
旋转式自动浸焊机	88101103.7	1988.03.17	03.06	天津光电通信公司
等离子熔化极气体保护焊和焊炬	88102665.4	1988.05.12	07.10	哈尔滨焊接研究所
不烫手的手工电弧焊焊钳	89107205.5	1989.09.17	06.26	胡青云
组合并联式弧焊电源	88103604.8	1988.06.12	07.03	沈培湘
焊接交流电弧断弧参数测定装置	86102806.6	1986.04.20	04.20	甘肃工业大学
渗铝钢焊条	85105462.5	1985.07.16	02.20	华中理工大学
耐磨堆合金及焊条	88103062.7	1988.05.26	02.20	清华大学
锰铜基高阻尼合金氩弧焊丝	90100064.7	1990.12.29	08.21	中国船舶工业总公司第七研究院第725研究所
通用仪器仪表				
多功能可编程时间控制器	86106053.9	1986.09.06	03.20	福建省机械科学研究院
与温度变化有关的PN结传感器	86107738.5	1986.11.18	04.11	张开逊
复印机定影热辊温度传感器	86108894.8	1986.12.27	06.05	杭州大学
隔膜式高温高压流动介质压力传感器	87104155.3	1987.06.09	07.17	上海第三纺织机械厂
超声波轴向应力仪	88105550.6	1988.07.19	07.24	同济大学
无接触式电压相位测量装置	85107511.8	1985.10.15	04.10	常世昌
毫米波全波段功率计	86101442.1	1986.03.10	04.10	中国科学院电子学研究所
长光栅副相对转角测角方法	88108061.6	1988.11.26	06.19	天津大学
六筋结构切削测力仪	87100048.2	1987.01.06	07.03	哈尔滨工业大学
测量固体材料机械、物理性能的装置	88103565.3	1988.06.18	05.29	核工业第一研究设计院第4研究所

专利名称	专利号	申请日	授权日	专利权人
激光测厚仪	87105775.1	1987.08.26	06.12	机械电子工业部第27研究所
六点接触式平面度高精度测量方法和装置	88104989.1	1988.08.18	05.29	清华大学
电粘度测定装置	87106802.8	1987.10.07	04.10	长春应用化学研究所
电子测量仪器				
动态介电分析仪	88101800.7	1988.04.07	03.13	航空航天工业部第607研究所
短脉冲太阳电池测试方法	86101321.2	1986.03.01	02.20	西安交通大学
蓄电池电解液参数测量装置	87100483.6	1987.01.24	03.20	海军工程学院
双差动声–光频移二维激光多普勒测速器	85100063.0	1985.04.01	03.13	清华大学
激光束能量的光压测定仪器	88105433.X	1988.07.18	07.24	东南大学
阶梯衬底内条形激光器及制作工艺	87103851.X	1987.05.24	01.09	吉林大学
测量物体表面位移的贴片云纹干涉法	86100657.7	1986.03.05	02.06	天津大学
旋转体物理参数分布动态测量设备	87103023.3	1987.07.28	04.10	电子科技大学
驱动和加热同时进行的液晶电光控制显示装置	85100082.7	1985.04.01	07.03	清华大学

实用新型专利

专利名称	专利号	申请日	授权日	专利权人
农业机械				
燃用气体燃料的内燃机	90200483.2	1990.01.10	04.10	江苏省南通市动力机器厂
粉末燃料活塞式内燃机	90212467.6	1990.03.28	04.03	王章万
矩形活塞往复双向作用曲柄圆滑块式内燃机	90217827.X	1990.08.09	08.28	王兴国
内燃机润滑系统保安装置	90214290.9	1990.08.31	08.14	张德祥
手扶拖拉机后置施耕开沟两用装置	90208493.3	1990.06.09	08.07	湖北省钟祥县农业机械研究所
拖拉机连接架	90210632.5	1990.02.21	04.17	周凤军
手扶拖拉机用谷物播种机	90200275.9	1989.12.29	07.24	聂长久
新型冲孔式免耕播种器	90207833.X	1990.06.02	07.10	北京农业工程大学
撮播小麦播种机	90206192.5	1990.05.10	05.22	刘殿文
铰接式割草机	89221740.5	1989.12.27	03.20	贵州省贵阳市红星拖拉机厂
水旱两用耕整机	90211289.9	1990.02.20	02.20	湖南省耒阳插秧机制造厂
双列形中耕机	90205466.X	1990.04.29	03.20	北京市海淀区农业机械所
偏心刮板式施肥装置	90212127.8	1990.04.12	03.06	南京农业大学农业工程学院
人力玉米精量播种施肥多用机	89202611.1	1989.03.09	03.13	徐州市农业机械化研究院
旱田全自动追肥机	90213601.1	1990.07.27	08.14	李伯春
粉剂化肥条播深施机	90202299.7	1990.02.28	05.22	潘成洲
除茬机	89220636.5	1989.12.09	03.06	大连市金州区农业机械化所
鞍座式链传动打稻机	90201301.7	1990.02.09	02.13	甄凯玉
背负式稻麦收割机	90212414.5	1990.03.12	02.20	四川省乐山市长江工业集团公司
手推式稻麦收割机	90221209.5	1990.09.25	03.13	张承泉、李乃实
家用剪式稻麦收割机	89222068.6	1989.12.20	07.24	舒伯海
切除茎杆喂入式谷物脱粒机	90216183.0	1990.07.10	04.17	栾德军
轻便式折叠式多功能脱粒机	90201189.8	1990.01.21	03.06	广东南方专利开发中试中心
多用脱粒机	89213302.3	1989.11.03	01.30	周明龙
脱粒机	89213412.7	1989.12.26	08.14	四川省南充地区水利公司机修厂
脱粒清谷机	90214356.6	1990.07.14	08.21	武进县前黄农机修造厂

(续)

专利名称	专利号	申请日	授权日	专利权人
手动玉米脱粒机	90215286.6	1990.09.04	07.24	季建涛
豆类脱粒机	90204717.5	1990.04.08	06.12	云南省曲靖市沾益区农机厂
稻麦双风扇脱粒机	90217768.1	1990.05.19	02.20	陈明江
农田用多功能手压式扬水泵	90210493.4	1990.05.09	08.07	孙受光
喷水式增氧机	89219606.8	1989.11.10	04.10	吴卫国
潜水泵	90213450.7	1990.06.15	05.01	沈阳潜水泵厂
人力抽水喷灌机	90213061.7	1990.06.22	04.17	双牌县科技开发中心
棉花不孕籽下脚料开花机	90213910.X	1990.06.06	04.03	山东省昌邑县第三棉花加工厂
旋筛式籽棉联合清理机	90218416.4	1990.08.22	07.03	湖北省钟祥县棉花公司
茶叶赋香装置	90203144.9	1990.03.16	04.17	浙江省轻工业研究所
畜牧机械				
牧草挤压机	89202925.0	1989.03.14	01.16	林德进
自走式行车喂料机	90201211.8	1990.01.30	07.17	上海市川沙县畜牧机械厂
木材工业机械				
平行四边形升降装置木工平压刨床	90205025.7	1990.04.14	07.24	陈相贤
立木装饰块机床	90216120.2	1990.07.19	07.03	黑龙江省东京城林业机械厂
木工机械的送料装置	90217498.3	1990.08.09	08.28	郑敏正
全功能轻型木工机床	90211644.4	1990.02.26	02.27	刘振兴
插接机铣齿工序的自动控制装置	90200794.7	1990.01.17	03.20	福州木工机床研究所
木珠加工机	90216394.9	1990.07.19	04.17	黑龙江省东京城林业机械厂
可转位可修磨硬质合金木工钻头	90216927.0	1990.07.24	07.03	龚志欣
金属切削机床				
承载鞍加工卧式车床	89220903.8	1989.12.08	01.09	金华县木工机床厂
多功能椭圆车床	90210395.4	1990.04.16	01.30	沈阳市教学实验仪器二厂
旋转式直流电焊机整流子车削器	90202895.2	1990.03.10	02.20	张军
自仿形切削机具	90217029.5	1990.07.25	07.17	包头钢铁学院
轮胎模具数控铣花机	89210959.9	1989.03.27	02.13	山东省定陶县机械厂
加工螺纹钢轧辊的自动控制装置	90218125.4	1990.08.17	08.21	包钢轨梁轧钢厂
多功能钻床	90219020.2	1990.09.05	09.11	李德新
台钻钻削机动走刀机构	89205959.1	1989.08.31	01.23	山东省临沂机床厂
新型刨床	90203156.2	1990.03.17	04.03	眉县机械研究所
卧式攻丝机	90210360.1	1990.04.09	04.17	沈阳工业学院
球齿钎头修磨机	90206560.2	1990.05.15	04.24	李西岭
无尘气动磨光机	90210244.3	1990.03.15	01.23	苏志奎
容器封头电解研磨机床	89203204.9	1989.03.21	03.06	锦西化工机械厂
立轴圆台多用磨床	89219587.8	1989.11.10	08.21	朝阳机床厂
磨床加工控制器	89220121.5	1989.11.21	08.14	黄石市自动化研究所
差动圆材切断机	90208597.2	1990.06.11	08.07	冯庆庚
手动切圆机	90205360.4	1990.04.29	02.27	曹润起
胶带切割机	90208503.4	1990.06.14	04.24	蔡永朗
引射式纤维增强水泥制品喷枪及纤维切割机	90200569.3	1990.01.18	04.17	中国建筑材料科学研究院
电火花机床主轴头整体平动机构	90200544.8	1990.01.17	02.06	北京市电加工研究所
快速走丝线切割可调恒张力限振丝架	89219832.X	1989.11.21	02.20	北京市电加工研究所
用快走丝线切割机床加工锥度的设备	90222758.0	1990.11.03	08.21	北京电加工机床厂
连续轨迹数控坐标磨床磨头箱	90202376.4	1990.03.02	01.23	袁大伟
锻压机械				
多功能液压锻造机	90210203.6	1990.03.05	04.10	沈阳市华联金属器材厂
重型液压平锻机	90210375.X	1990.04.11	02.27	沈阳市新材料应用开发联合公司
高速锻锤液气动力头	90219403.8	1990.09.07	07.31	沈阳液压机分厂

专利名称	专利号	申请日	授权日	专利权人
铸造机械				
行星转子混砂机	90210710.0	1990.03.09	01.30	机电部济南铸造锻压机械研究所
铸铁炉	90203549.5	1990.03.22	02.20	车良工业股份有限公司
量具刃具				
气门座金刚整形刀	90208279.5	1990.06.05	03.13	宁海县特种工具厂
链式挤刀	90203081.7	1990.03.16	02.27	天津市自来水公司
多孔径钻头	89217319.X	1989.09.22	02.06	董朝红
三刃麻花钻	90211373.9	1990.04.07	02.13	湖南大学
重型内冷模块组合机夹车刀	90212641.5	1990.05.09	04.10	东方电机厂
可调安装高度的车刀	89215325.3	1989.08.23	03.06	江苏石油勘探局试采二厂
可装卸的波纹带轧滚刀	90211461.1	1990.04.25	04.17	航空航天工业部南方动力机械公司
新型压板式单刃可调铰刀	90209576.5	1990.07.06	09.18	天津大学
高速铣轮	90200459.X	1990.01.12	01.02	开封计算技术研究所
燕尾成型铣刀	89205188.4	1989.06.22	07.10	武进县合金工具厂
多用焊口、焊缝测量尺	90223169.3	1990.11.08	09.18	中国建筑第一工程局安装公司
多径测量仪	90204877.5	1990.04.20	04.10	古小灵
内螺纹综合测量仪	90200095.0	1990.12.28	04.10	哈尔滨工业大学
平面二次包络弧面蜗杆副测量机	90211748.3	1990.01.19	06.05	机电部成都工具研究所
通用机械				
水族箱手动式过滤泵	90200387.9	1990.01.09	02.06	中山市水族器材厂
新型电动往复泵	90200252.X	1990.01.06	11.07	宝鸡水泵厂
多级离心泵	90206090.2	1990.05.08	05.15	华世杰、王泽克
多片式齿轮泵	90202455.8	1990.03.03	05.01	广东工学院
悬浮离心式泥浆泵	90208196.9	1990.06.02	04.24	丁歌扬、殷俊安
手动增压式液氮泵	90208361.9	1990.06.07	04.03	航空航天工业部五院510所
全冷往复式真空泵	90218566.7	1990.08.21	08.14	浙江省瑞安市华丰工业泵厂
多级多摆动式单螺杆泵	90201508.7	1990.02.11	01.23	高志福
悬挂加固式抽油泵	89218729.8	1989.11.04	01.02	大港石油管理局第一采油厂
离心式机械传动采油泵	90204113.4	1990.04.12	02.27	沈进如等
中部轴向补偿密封的齿轮泵	90204469.9	1990.04.13	02.20	程安强
陶瓷喷涂滚子泵	89207523.6	1989.05.27	03.06	中国农业机械化科学院
限位补油管式隔膜计量泵	90214975.X	1990.09.27	08.14	重庆水泵厂
液力管式隔膜泵	90214976.8	1990.09.27	08.07	重庆水泵厂
具有增压发电装置的柔性阀门式水锤泵	89219898.2	1989.11.14	02.20	云南农业大学
差动式柱塞泥浆泵	90210939.1	1990.04.28	08.28	淄博陶瓷机械厂
高效耐蚀泵	90219047.4	1990.09.12	07.24	徐文餐
LF型双向旋转轴流风机	90215399.4	1990.10.22	09.04	上海交通大学
节能低噪声轴流风机	90217118.6	1990.08.03	08.14	航空航天工业部第七设计研究院
机械定位带锁阀门	90210454.3	1990.04.27	08.21	沈阳变压器厂
耐强酸碱及强腐蚀的小型阀	90211207.4	1990.03.03	08.07	湖南大学
装有翻卷式密封套的不泄漏阀门	90204724.8	1990.04.10	07.24	程润昌
对夹式蝶形止回阀	90210018.1	1990.01.06	01.30	张国泰
膜片式电磁阀	90202784.0	1990.03.10	02.13	广州金星仪器厂
磁性采样阀	89219599.1	1989.11.09	01.02	杭州轴承试验研究中心
带防腐套的燃气具热电磁安全阀	90200386.0	1990.01.09	01.23	广东中山市工程设备厂
排风防火两用风阀	90220529.3	1990.09.19	08.14	建设部建筑设计院
先导型膜片式截止阀	89221767.7	1989.12.27	05.08	范瑾
一种具有导阀的脉冲式疏水阀	90217325.1	1990.08.06	07.17	北京阀门研究所
新型衬胶闸阀	90203132.5	1990.03.17	02.06	湖北省红安县阀门厂
安全快速汽—水混合加热阀	89220411.7	1989.12.05	02.20	航空航天工业部航空工业规划院

(续)

专利名称	专利号	申请日	授权日	专利权人
消音式自动放风阀	90202953.3	1990.03.13	03.27	黄国才
多通多功能阀门	90200537.5	1990.01.11	03.27	广西壮族自治区绢麻纺织所
脉冲式流量控制阀	90213440.X	1990.06.13	04.17	郑惠
重力离心式过滤机	90213548.1	1990.07.09	04.17	沈阳油脂化学厂
集成式离心过滤器	90206125.9	1990.05.10	04.24	哈尔滨空气调节机厂
钛离心机	90203493.6	1990.03.23	04.24	宝鸡市新华钛设备制造厂
自清式旋流过滤器	89220840.6	1989.12.06	05.01	杭州塑料厂
立足式下部卸料自动离心机	90219248.5	1990.11.02	09.18	山东新华制药厂
空气压缩机冷却装置	90210826.3	1990.04.07	04.24	兖州矿务局鲍店煤矿
气体分离及液化设备				
动力型气液分离装置	90210844.1	1990.04.10	04.17	山东省能源研究所
机械通用零部件				
刚性联接的无杆拉链式气缸	90201915.5	1990.02.26	04.17	烟台气动元件厂
高机械强度的L型密封圈	90211763.7	1990.01.18	01.30	金行志
孔用弹性挡圈式机械密封	90201878.7	1990.02.20	01.23	杭州水泵总厂
抗振防扭金属液纹管机械密封	90214873.7	1990.08.27	08.28	夏新龙
调节阀切断密封件	90207223.4	1990.05.10	02.20	机电部上海工业自动化仪表研究所
防窃螺栓	90216580.1	1990.07.17	06.26	王世山
倒锁螺栓	90206222.0	1990.05.16	09.04	陆正家
自锁膨胀螺栓	90202135.4	1990.02.24	01.30	陈立民
电力线路防盗紧固螺栓	90202175.3	1990.02.27	01.02	王群
暗销式防盗螺栓	89202321.X	1989.03.01	01.30	欧其和
多功能组合夹具	90209378.9	1990.06.25	05.08	程刚
夹具链条	90205406.6	1990.04.23	05.01	刘家超
轴承				
多级轴承	90208408.9	1990.06.07	08.14	陈贺章
密封轴承	90214602.5	1990.10.10	08.14	单君
浮环主动轴承	89204799.2	1989.04.25	09.04	尚综仁
多列滚柱轴承	90209782.2	1990.07.03	08.07	瓦房店轴承厂
球状调心轴承	90207292.7	1990.06.01	07.03	嘉善纺织机械厂
镶嵌型滑动轴承	89205774.2	1989.06.29	03.06	孙纬正
滚珠行程轴承	90202134.6	1990.02.26	06.12	浙江景宁县新华轴承厂
圆锥滚子轴承外圈自动定向装置	90216377.6	1990.07.14	07.24	机电部第十设计研究院
起重运输机械				
液压随车起重机	90211069.1	1990.01.20	08.21	建设部长沙建筑机械研究所
矿用起重机	90206422.3	1990.05.17	01.30	北京矿务局机械设计研究所
无轨轮式人力起重机	90220842.X	1990.09.18	08.07	章崇焕、李昭岚
楼房微型起重机	89221886.X	1989.12.25	02.13	李赐平
电动微型起重机	90206548.6	1990.02.15	06.05	郄晋强
电动单梁起重机	90205832.0	1990.05.30	04.15	天津起重设备总厂
圆环型桥式起重机	90208106.3	1990.06.02	04.24	广西柳州市起重机厂
拉线式吊车臂长专用传感器	90203276.3	1990.03.23	02.20	航空航天部第304研究所
单臂起重装置力矩限制器	90221492.6	1990.10.06	08.21	中国船舶工业总公司七院702研究所
用于工程起重机载荷力矩的全方位保护器	90208610.3	1990.06.11	07.11	宜昌市葛洲坝智能电器厂
履链式输送机	90200788.2	1990.01.18	02.20	余国维、王克中
可伸缩式皮带输送机	89211526.2	1989.03.17	01.16	上海化工工程设备厂
可转向板式输送机	89220447.8	1989.11.29	01.16	师振华
输送装置变速系统	90222453.0	1990.10.27	08.07	郭锡煊
齿带输送机胶带失速自动检控装置	90207253.6	1990.05.18	07.03	上海海运学院
齿条传动的升降装置	90201454.4	1990.02.09	02.27	杨葆璜

(续)

专 利 名 称	专利号	申请日	授权日	专 利 权 人
无托辊除渣运输机	90210161.7	1990.02.23	04.03	薛树森
槽式散装物料输送机	90207825.9	1990.05.28	05.08	姜永庚
带大幅度液压起落升降架的搬运车	90207892.5	1990.06.06	05.08	郎学礼
矿山及煤矿机械				
短机身单滚筒采煤机	90206365.0	1990.05.12	02.13	煤炭科学研究总院上海分院
夹心料装填机	89219211.9	1989.12.02	03.06	冶金工业部马鞍山矿山研究院
煤矿采掘机械用卧式乳化液柱塞泵	90208548.4	1990.06.15	04.24	南京六合煤矿机械厂
副井口安全门罐门联动装置	90216272.1	1990.07.13	07.17	中国矿业大学
液压支架铺网装置	90208507.7	1990.06.14	08.21	煤炭科学研究总院北京开采研究所
矿用单体支柱柱鞋	90204856.2	1990.04.19	03.27	煤炭科学研究总院北京开采研究所
手持式风煤钻	90212471.4	1990.03.23	01.23	煤炭科学研究总院重庆分院
采煤机单齿条摇臂回转调高装置	90206362.6	1990.05.12	02.27	煤炭科学研究总院上海分院
重型机械				
液压驱动组合式冷床	89211997.7	1989.12.27	04.17	涟源钢铁厂
轧辊轴向移动的液压系统	90201853.1	1990.02.24	04.10	冶金工业部钢铁研究总院
冷轧螺纹钢筋辊轧装置	90205137.7	1990.04.27	04.10	河北省冶金技术开发公司
高炉煤粉喷吹装置	90212210.X	1990.05.07	04.24	东南大学
石油化工设备				
一种气举采油装置	90209934.5	1990.07.12	04.17	吴成林
全液压防喷作业机	89202819.X	1989.03.03	02.06	吉林省油田管理局扶余采油二厂
可倾斜式井口防喷装置	90209909.4	1990.07.12	04.24	大港石油管理局测井公司
离心清砂装置	90208445.3	1990.06.05	03.20	新疆石油管理局钻井工艺所
钻机传动装置	90220194.8	1990.09.08	07.31	宝鸡石油机械厂
油管平衡液压抽油机	89217947.3	1989.10.10	01.30	兰州通用机器厂
油井防喷器	90200420.4	1990.01.16	02.06	周占连
升降式钻井液搅拌器	90224045.5	1990.11.23	07.24	华北石油管理局钻井工艺研究所
定向变角钻井接头	89215330.X	1989.08.23	06.12	张健
表层套管井口校正器	90219123.3	1990.09.28	07.31	胜利石油管理局钻井总公司
用于长喷嘴钻头的装卸工具	90206425.8	1990.05.18	02.13	石油大学（华东）
可锁紧的卡光杆装置	89221882.7	1989.12.30	02.13	河南石油勘探局采油工艺研究所
建筑材料机械				
多头连续纤维切割机	90206396.0	1990.05.16	03.20	上海建筑材料工业学院
伏虎式混料机	90200566.9	1990.01.18	04.24	中国建筑材料科学院
混凝土制管机	90208272.8	1990.06.11	04.10	肃宁县水利局水泥制管厂
建筑工程机械				
一种新型自装式翻斗车工作装置	90215968.2	1990.10.12	07.24	建设部长沙建筑机械研究所
带高度调节装置的金属支承梁	89220948.8	1989.12.15	03.20	北京市建筑工程研究所
混凝土结构真空吸水装置	90200992.3	1990.01.20	02.06	河北建筑工程学院
混凝土盒型房屋组装工作架	90209662.1	1990.07.06	07.10	北京空间钢结构联合工程公司
具有吸附装置的建筑用振动器	90209089.1	1990.06.18	06.26	李渊河
混凝土搅拌机搅拌轴传动装置	90212462.5	1990.03.27	04.24	四川现代建设机电研究所
钢筋自动冷拔定长剪断设备	90206886.5	1990.05.25	04.17	天津市第二房屋建筑工程公司机械站
聚合物改性沥青卷材的施工装置	90205977.2	1990.05.15	02.13	北京市建筑工程研究所
振动压路机	89206108.1	1989.04.23	03.13	洛阳市工程机械设计所
多功能挖土机	89218148.6	1989.10.12	03.13	郭立友
粮油机械				
多层单体重力谷糙分离机	90213002.1	1990.06.11	04.17	郴州地区粮油机械厂
食品机械				

(续)

专利名称	专利号	申请日	授权日	专利权人
食盐加碘立式石磨粉碎机	90205231.4	1990.04.20	04.10	穆棱县伊林粮库
盐田机械	90203926.1	1990.03.31	04.24	河北省定州市拖拉机厂
食品面团现场成型机	89213425.9	1989.12.29	03.27	钟持义
速制酱菜机	90201918.X	1990.02.26	04.10	北京市蔬菜食品机械厂
自动控温多用食品机	90202576.7	1990.03.07	03.20	回全琢
自动蛋花酥机	90212088.3	1990.03.31	04.03	东台市食品机械厂
电加热滚筒式软饼机	89220585.7	1989.11.27	03.27	冯雪营
面圈食品油炸机	90012168.5	1990.04.24	04.17	南京市粮食科学研究设计所
果蔬、粮食静电保鲜机	90202545.7	1990.03.10	03.20	谢肇华
豆腐成型机	90206264.6	1990.05.11	02.20	哈尔滨酿造食品机械厂
家庭压饸饹面条机	90207853.4	1990.06.04	09.25	关升
直接成型内酯豆腐机	90214666.1	1990.10.27	08.21	华东工学院
蛋卷自动制造机	90221098.X	1990.09.22	07.31	林宽宗
包装机械				
平装纸包装机	89220919.4	1989.12.07	03.06	扬州庆丰铜版纸厂
真空气体充填包装机	89219465.0	1989.11.06	02.06	李寅
小型充气饮料一次灌装机	90200664.9	1990.01.16	05.01	山西省运城食品加工研究所
二出口塑料包装带机	89218020.X	1989.10.09	05.01	邵金水
纺织机械				
差动卷绕的成型导纱机构	90207247.1	1990.05.16	03.20	上海市纺织科学研究院
落纱机防震装置	90210891.3	1990.04.19	04.24	潍坊棉纺织厂
织机无级送经装置	90212031.X	1990.03.17	04.10	武进县横山桥镇东州纺织配件厂
赛络纺纱单纱切断装置	90200399.2	1990.01.10	01.30	长春市第一毛纺织厂
细纱机牵伸传动装置	90215395.1	1990.10.22	08.07	上海第二纺织机械厂
多锭变形纱机激光加热装置	89207407.8	1989.05.20	01.09	中国纺织大学
棉纤尘清理机	90214492.8	1990.08.29	08.21	苏州电器总厂
细纱机可调式下销棒双支架	90219172.1	1990.10.13	08.28	山东省潍坊第四棉纺织厂
快速变换的变位牵伸交换齿轮组	90221582.5	1990.10.09	07.17	纺织工业部北京纺织机械研究所
梳毛联合机的调节毛网张力无级变速器	90203172.4	1990.03.18	08.21	中国纺织大学
梳毛联合机的新型皮带丝导辊	90203227.5	1990.03.18	07.31	中国纺织大学
微机控制通风机脉冲调速装置	90200537.5	1990.01.11	03.27	广西壮族自治区绢麻纺织所
红外探纬器	90207058.4	1990.03.19	05.01	湖州市湖丰绸厂
织物复合机	90212312.2	1990.06.02	04.17	盐城市工具厂
日用机械				
加速省力的自行车	89219718.8	1989.11.13	01.09	李景伟
颠动自行车	90210330.X	1990.04.03	03.27	李传宽
组合式多功能自行车	90217808.3	1990.08.08	05.15	鲍绍滨
双摆杆、钢丝绳传动多级变速自行车	90212851.5	1990.05.10	05.15	何达齐
链条踏板往复驱动自行车	89220520.0	1989.11.27	01.02	王萍
自行车刹车毂辅加器	90201746.2	1990.02.17	07.31	鲍继新
自行车刹车指示器	89221141.5	1989.12.12	01.09	桑庭芳
自行车后轮定位制退装置	89219654.8	1989.11.01	01.02	上海自行车四厂
自行车增速机构	89213406.2	1989.12.23	02.06	邹孝卿
自行车双齿轮、双链变速装置	90207767.8	1990.05.28	08.21	范桥
自行车液压传动装置	89214792.X	1989.07.29	01.23	邹爽
自行车轴承防尘防水密封圈	90218822.4	1990.08.31	07.17	陈鸿翔
自行车轮轴管、辐条、车圈刷式除尘器	89205397.6	1989.09.27	01.30	黎俊生
机力助动自行车汽油机提升操纵杆	90207692.2	1990.05.25	06.19	孙建民
自行车座垫杆快卸装置	90217845.8	1990.08.21	07.24	陈俊雄
自行车安全指示装置	90202553.8	1990.03.12	02.13	史以侠

(续)

专利名称	专利号	申请日	授权日	专利权人
家用电器				
风冷式电冰箱	90220554.4	1990.09.12	08.07	万宝集团冰箱工业公司
冷热式电冰箱	90201050.6	1990.01.26	04.24	周国勇
节能电冰箱	90202143.5	1990.02.25	01.09	赵根田
洗衣机	90205057.5	1990.04.18	03.20	中山洗衣机厂
灭菌干燥机	89220906.2	1989.12.12	04.10	万宝集团洗衣机工业公司
圆周回转地扇	90213830.8	1990.05.22	05.01	李兆敏
带有定向装置的圆周顶扇	90214017.5	1990.06.26	04.24	济南市长清电扇厂
多功能节能电扇	90200392.5	1990.01.10	03.20	杨超
电风扇自动减速装置	89221264.0	1989.12.12	03.13	范世均
印刷机械				
全自动网版印刷机	89213742.8	1989.07.04	01.09	钟本源
手推式自动计数油印机	89219800.1	1989.11.16	01.09	王华强
速印机印制规格分挡器	90220175.1	1990.09.05	08.14	陈亦晖
平版印刷用复合版材	90207369.9	1990.06.25	08.07	立德印刷科技公司
医疗器械				
人工流产安全监护装置	89205820.X	1989.07.18	03.13	刘吉勇
X 线多功能遮线器	90205081.8	1990.04.24	03.20	侯军
目视和摄影透照诊断设备	89205295.3	1989.08.08	03.13	李晓琴
近红外线乳腺监测扫描仪	90205912.2	1990.05.10	04.24	河南省华新棉纺织厂
微型脑瘁中鉴别诊断仪	89206431.5	1989.04.30	01.02	杨万里
动态胃电图仪	89205695.9	1989.06.01	06.01	郑建华
颈—躯干柔韧性测量仪	89206996.1	1989.05.08	01.16	西北师范大学
XT-A 型多功能超声波水疗无痛换药仪	89218754.9	1989.10.30	01.02	肖荣科
红外线动态治疗仪	89215453.9	1989.10.14	01.23	湖南省通信广播电视公司
负压抽气式肺功能治疗仪	90209711.9	1990.07.07	09.04	张伟民
携带式实时动态血压监测分析仪	89213953.6	1989.07.10	02.06	无锡市电子技术应用研究所
妇科诊断治疗自控显示仪装置	902114409	1990.04.20	02.20	孙逊
动态紫外线消毒器	89220931.3	1989.12.14	03.13	天津市医疗器械七厂
环境保护设备				
高效湿式除尘器	90213023.4	1990.06.16	05.15	周良才
抽气式双旋风除尘器	90204359.5	1990.04.07	05.22	黄文玉
立式低阻力旋风险尘器	90212968.6	1990.06.07	03.27	孙建民等 4 人
工业炉窑消烟除尘节能装置	89221305.1	1989.12.22	03.13	哈尔滨市星火工业炉窑技术开发部
风动消声器	90214178.3	1990.08.02	04.17	潍坊油泵油嘴厂
机动车消声器	89220792.2	1989.12.09	05.01	张敬涛
单缸柴油机消声器	90200153.1	1990.01.04	05.08	上海内燃机研究所
自动控制电镀废水处理装置	89218057.9	1989.10.19	04.17	北京军区空军后勤部军械雷达修理厂
铁路机车车辆				
智能列车测速仪	90201705.5	1990.02.16	08.07	郑州铁路局武汉科学技术研究所
红外线列车轴承滚滑判别仪	89214665.6	1989.07.28	01.16	杭州铁路分局杭州车辆段
列车车轮传感器	90201623.7	1990.02.14	01.30	郑州铁路局武汉科学技术研究所
折角塞门定压自锁器	89211557.2	1989.10.17	01.16	长沙铁路分局株洲车辆段
铁道专用喷射式熔断器	90214667.X	1990.10.27	08.07	南京电瓷电器配件二厂
平行四杆单轨车道岔机构	90210414.4	1990.04.23	02.27	沈阳工业大学
防止机车误进信号装置	89201254.4	1989.02.02	01.09	石家庄铁路分局石家庄机务段
铁道口自动放杆报警红外监视器	90213354.3	1990.05.23	07.24	王福祥
汽车				
精确测重载货汽车	90210727.5	1990.03.15	02.06	李明才

(续)

专利名称	专利号	申请日	授权日	专利权人
粮油检验监测专用汽车	90212474.9	1990.03.28	05.29	四川省粮油收购储运公司
汽油发动机的微处理机点火正时控制系统	89208770.6	1989.06.28	08.21	中国科学院自动化研究所
汽油发动机化油器主油道自控装置	90211541.3	1990.01.12	04.03	梁渠春
汽车二次热风化油节能装置	90213818.9	1990.05.18	05.08	邱洪明等5人
汽车前照灯自动监控装置	90212656.3	1990.05.17	04.17	成都新科应用技术研究所
车辆信号灯光故障监视器	89222069.4	1989.12.21	02.13	李文生
机动车超车信号装置	90204815.5	1990.04.14	04.17	王苏豫
汽车发动机手摇安全装置	90203288.7	1990.03.19	02.27	王克燃
刹车瞬间反复降压防锁装置	90221621.X	1990.10.09	06.12	陈德智
刹车蓄能驱车装置	90211465.4	1990.04.26	01.30	王昌志、刘冀民
机动车急刹车自动控制器	90214946.6	1990.09.24	08.14	熊少龙
汽车刹车毂散热自动供水装置	90201843.4	1990.02.23	02.13	郑世均、袁炳炎
汽车电路故障监视器	90215260.2	1990.08.25	08.14	铁道部第十六局湖州多种经营公司
多功能轻便车辆清洁器	90206998.5	1990.05.22	08.14	邹林
汽车酒敏密码保安器	88217715.X	1988.11.19	02.06	陈祖桂、王全新
汽车空调器蒸发器	90216658.1	1990.07.20	07.31	武汉汽车暖风机厂
多功能无触点机动车设备控制器	89221352.3	1989.12.25	03.06	黄体栓
永磁式直流电动刮雨器的复位装置	89214646.X	1989.07.24	01.09	徐光赉
摩托车				
动力输出摩托车	90204129.0	1990.04.09	05.15	梁玉珊
摩托车防盗报警器	89221344.2	1989.12.23	03.06	王星全
新型摩托车防护罩	90200918.4	1990.01.19	08.21	上海市川沙县庆丰工艺美术厂
摩托车自动脱挂器	90214981.4	1990.09.29	06.26	杨大均
摩托车破胎辅助推车滑轮	90201716.0	1990.02.15	01.23	吴铁志
船舶				
船用齿轮箱	90200226.0	1990.01.06	04.17	杭州齿轮箱厂
船用手压应急消防泵	90213360.8	1990.05.24	04.24	海城市船舶器材厂
民用飞机				
飞机发动机起动系统电器故障监测仪	90212452.8	1990.03.26	05.01	成都飞机工业公司
工业锅炉				
中国循环床特种锅炉	90211400.X	1990.04.14	07.17	湘潭锅炉厂
贮藏型下燃式热水采暖铸铁锅炉	90216098.2	1990.07.12	03.27	杨国学
消烟除尘锅炉	89218786.7	1989.11.06	04.10	曹增毅
立式单箅组合法消烟锅炉	90208752.5	1990.06.22	04.17	张洪泉
高效节能消烟除尘加热炉	89211628.5	1989.09.15	03.20	周泽如
带高温飞灰回收装置的层燃锅炉	90222628.2	1990.11.01	08.21	清华大学
直接加热式蒸汽锅炉	90209647.8	1990.07.01	06.12	冯顺龙
船用燃油立式水管蒸汽锅炉	90201348.3	1990.02.06	02.13	大连船舶工业公司(集团)
立式外燃旋转型煤锅炉	90214919.9	1990.09.11	06.26	黄世铎
炉底排渣无尘高效节煤炉	90211140.X	1990.02.15	02.27	陈桂甫
热风蒸汽混合式旋风燃烧炉	90214543.6	1990.09.18	07.31	南京林业大学
水火旋流加热炉	90201993.7	1990.02.22	01.02	大庆石油管理局第四采油厂
电机				
圆环永磁低中高频二型交流发电机	89221184.9	1989.12.14	01.16	王焕生
轴向复合励磁式感应子发电机	89221801.0	1989.12.28	01.29	长春市电机厂
永磁转子整流式发电机	90219241.8	1990.10.30	08.07	靳兆贤
储能发电机	90220841.1	1990.09.18	09.04	毛根善
变频控制无级调速电动机	90214186.4	1990.08.04	07.17	山东省汶上县机电厂
单相电容运转电动机	90210084.X	1990.01.20	01.20	沈阳市华复机电厂

(续)

专利名称	专利号	申请日	授权日	专利权人
无噪音耐久电动机	90203996.2	1990.04.05	01.20	江照政、江吉雄
交流无级调压调速的异步电机	90211020.9	1990.01.10	01.30	湘潭市特种电机研究所
交流单相稳定异步电机	90215070.7	1990.10.25	09.18	孙元海
大功率交流差频调速电机	90202857.X	1990.03.16	04.24	北京市西城新开通用试验厂
非均匀分布磁路永磁盘式电机	90206805.9	1990.05.21	07.24	遵义电机厂
永磁直流盘式微型电机	90208253.1	1990.06.09	02.27	北京市海淀区泰普新技术开发公司
平面悬浮电机及其控制装置	90201518.4	1990.02.10	02.13	浙江大学
自制动浮动次级直线电机推进器	90209271.5	1990.06.29	07.24	北京煤炭管理干部学院
三相电动机保安装置	90210088.2	1990.01.21	01.30	沈阳市三新机电研究所
三相电机保护器	90210261.3	1990.03.17	04.17	李宝林
高压输变电设备				
穿墙式大电流户内高压隔离开关	90213085.4	1990.06.30	03.20	长沙市高压开关厂
带接切刀的户内高压隔离开关	90211186.8	1990.02.26	02.26	长沙市高压开关厂
低压电器				
记忆合金自动温控开关	89209769.8	1989.12.01	03.13	孙立安
可插接有线遥控开关的开关装置	89221125.3	1989.12.12	03.13	谢良帜
柔性联接式油流继电器	90210452.7	1990.04.27	04.17	沈阳变压器厂
压力继电器	89200182.8	1989.12.28	03.13	陈国章、杨士英
电焊机				
交直流两用电焊机	90200501.4	1990.01.10	03.27	浙江省东海电焊机厂
可调式微型电焊机	90213404.3	1990.06.06	04.24	王琇
电容式点焊机	90207523.3	1990.05.22	04.17	广州市太阳电器厂
金属波纹填料储能点焊机	90203234.8	1990.03.19	07.24	天津大学
用于修复汽车车身凹陷的点焊机	90208226.4	1990.06.06	08.21	赵天前
磁摆弧钨极氩弧自动堆焊机	89213414.3	1989.12.26	03.27	东方汽轮机厂
竖向钢筋电渣焊机	89209137.1	1989.07.03	08.21	新城县利民焊接设备厂
表面自动焊接机	90222662.2	1990.10.24	09.18	山门自动化工业股份有限公司
万能调向氩弧焊枪	90100337.7	1990.04.05	02.13	阚德新
单柱电渣焊机头	90206876.8	1990.05.25	04.24	北京市住宅建设总公司
工业电炉				
单电极直流埋弧式电弧炉	89220945.3	1989.12.14	03.27	冶金工业部钢铁研究总院
通用仪器仪表				
光学空间角度标准测量仪	90209445.9	1990.07.02	03.20	中国计量科学研究院
耐温位移传感器	90216422.8	1990.07.20	08.14	北京化学纤维研究所
微小载荷测力称重传感器	90207139.4	1990.04.16	02.20	机电部上海工业自动化仪表研究所
双岛五梁结构单块硅加速度传感器	90215390.0	1990.10.19	08.21	复旦大学
激光多普勒瞬时测速仪	89219248.8	1989.12.09	09.04	上海交通大学
温度数字显示调节仪	90203824.9	1990.03.29	01.30	天津大学冶金分校
液相化学发光检测器	90201546.X	1990.02.15	04.17	中国科学院化学研究所
光栅式储罐液位测量仪	89206190.1	1989.04.22	04.10	江西省科学院
光谱分析实时显示装置	90204482.6	1990.04.14	04.17	北京大学
亮度计/色度计的分光光学系统	90205042.7	1990.04.18	05.08	浙江大学
色度比色测定仪	90200178.7	1990.01.11	04.24	河北建筑工程学院
照相机械				
照相机的机械装置	90206646.3	1990.04.14	03.20	至法实业有限公司
电影机械				
单机连续放映机	90225041.8	1990.12.18	09.04	蒯向均
衡器				
液压衡器	90211417.4	1990.04.12	02.27	符镜佳
专用仪器仪表				

(续)

专利名称	专利号	申请日	授权日	专利权人
数模兼容式水动态测量仪	90217989.6	1990.08.11	05.22	河南省地震局
水位、压力显示控制仪	89205278.3	1989.07.28	04.17	李秋平
铁路夹板探伤仪	90203442.1	1990.03.27	05.15	兰州铁路局科学技术研究所
标准化轴温检测报警仪	90206042.2	1990.05.12	05.15	河北省标准计量职工中等专业学校
高压开关参数自动检测仪	89202632.4	1989.03.15	03.06	北京工业技术研究所
仪器仪表元器件				
霍尔效应双向数字式位移传感器	89219282.8	1989.12.26	03.27	冶金工业部马鞍山矿山研究院
电子测量仪器				
多用途电子测试仪	89217940.6	1989.10.10	04.03	上海船厂
多功能电子测电器	89214739.3	1989.08.05	05.02	蔡志钢
液体介质电阻率/电阻测试仪	90212098.0	1990.04.03	05.08	常州市佳乐电子仪器厂
通用可编程集成电路及微机测试仪	89220019.7	1989.11.27	03.06	田国璋
新型结构激光辐射探测器	90202337.3	1990.03.07	08.07	中国科学院物理研究所
准弹性激光光敏散射测量仪	90202342.X	1990.03.08	02.06	清华大学

〔机械电子工业部机械专利服务中心撰稿〕

(上接Ⅱ-110页)

外销量达724.2万辆，外销金额8.9亿美元，分别较上年增长10.76%与20.3%。出口地区以欧、美、日为主。1991年，台湾自行车外销量，欧洲占48.44%，美国占35%，日本占6.7%。

五、精密机械制造业

1991年，台湾精密机械制造业平均增长7.19%，较1990年8.22%略有下降(见表12)。

表12　1991年台湾精密机械制造业产值与增长率

(单位：百万元台币)

行业	1990年		1991年	
	产值	增长率(%)	产值	增长率(%)
科学度量及控制设备业	5861	5.24	5916	0.94
光学仪器材业	22442	9.22	24289	8.23
工业标准工具业	1018	44.19	1234	21.22
钟表制造业	10307	8.77	11166	8.33
医疗器械设备业	1509	5.30	1509	9.98
其他精密机械业	1662	−8.58	1762	6.02
合计	42800	8.22	45876	7.19

在重要精密机械产品生产方面，电表、照相机、电子石英钟等产品产量较上年有不同程度的增加，其中以电子石英钟增长6.9%为最大。水表、电子石英表、钢琴、电子琴等产品产量则有不同程度的下降(详见表13)。

表13　1991年台湾主要精密机械产品产销统计

产品	单位	1990年		1991年	
		生产量	销售量	生产量	销售量
电表	只	2404674	2438021	2450632	2319999
水表	只	689238	689448	474929	488882
照相机	台	11761015	11412072	12163751	12346880
电子石英表	只	5115695	5498309	4228233	4245727
电子石英钟	只	24663721	25982924	26346170	23943673
钢琴	台	17733	18291	16287	16548
电子琴	台	5582	5626	5295	5243

〔撰稿人：中国社会科学院台湾研究所　王建民〕

〔第Ⅱ部分责任编辑：**陈振中**(北京、河北、内蒙古、辽宁、吉林、黑龙江机械工业)，**王树良**(天津、山西、广西、四川、贵州、云南、台湾机械工业)，**史晓岩**(上海、江苏、浙江、安徽、福建、山东、陕西、甘肃、青海、宁夏、新疆机械工业)，**白萍**(江西、河南、湖北、湖南、海南、广东机械工业)〕

获国家科技进步奖项目　(1991 年)

国务院和国家科学技术进步奖评审委员会审批、核准

经国务院和国家科学技术进步奖评审委员会审批、核准，授予 1991 年国家级科技进步奖的科技成果为 502 项。其中特等奖 1 项，一等奖 32 项，二等奖 140 项，三等奖 329 项。现将与机械工业有关的 112 项刊登在本期《年鉴》上，其中一等奖 6 项，二等奖 29 项，三等奖 77 项。各行业获国家科技进步奖项数见下表。

行　业	获奖项数	行　业	获奖项数	行　业	获奖项数
农业机械	4	食品机械	3	输变电设备	3
木材工业机械	2	纺织机械	3	电器控制成套设备	1
金属切削机床	3	轻工机械	3	电力电子器件与装置	1
量具刃具	1	日用机械	1	电线电缆	2
通用机械	2	医疗器械	2	电焊机	1
气体分离及液化设备	1	水工机械	1	工业炉	1
通用零部件	1	环境保护设备	3	通用仪器仪表	4
起重运输机械	3	邮政设备	1	照相机械	3
矿山及煤矿机械	5	铁路机车车辆	4	专用仪器仪表	4
重型机械	8	汽车	4	电子测量仪器	2
石油化工设备	8	船舶	2	电子工业专用设备	2
橡胶、塑料机械	2	发电设备	4	其他	10
建筑工程机械	4	电机	3	合计	112

(续)

行　业	项 目 名 称	主 要 完 成 单 位	获奖等级	申报部门
农业机械	中等功率 R100 系列柴油机的设计与开发	第一拖拉机制造厂、华丰机器厂、上海内燃机研究所	二	机电部
	5TF-45 脱粒机及技术推广应用	河北省农业机械化研究所、河北省无极县机电修造厂、河北省栾城第一机械厂	三	河北省
	NHC3 系列农作物（种子）斜床式换向通风烘干加工生产线	中国农业工程研究设计院、哈尔滨北方干燥采暖技术开发公司	三	农业部
	MQZ-80 型冲击式籽棉清理机	山东棉麻机械厂、山东省齐河县第二粮油加工厂	三	商业部
木材工业机械	木质湿法超薄型硬质纤维板生产技术研究	天津市木材工业研究所、天津市木材五厂	三	物资部
	年产 3 万立方米刨花板成套设备主机的引进与研制	中国林业机械公司、林业部林产工业设计院、北京林业机械研究所、林业部信阳木工机械厂、林业部镇江林业机械厂	三	林业部
金属切削机床	X8132A 万能工具铣床的动态特性研究	昆明工学院、昆明铣床厂	三	云南省
	DWS／DWM 型超精密振动-位移测量仪	机电部北京机床研究所、江苏泰兴机床测试仪器厂	三	机电部
	SAXW-1400 大型轧辊磨床微电子技术改造	中国工程物理研究院职工工学院、西南计算中心、长城特殊钢公司第三钢厂、中国工程物理研究院结构力学研究所、中国工程物理研究院机械制造工艺研究所	三	四川省
量具刀具	600～1000mm 00 级大量块的研制及大量块生产线	航空航天部 304 研究所	三	航空航天部
通用机械	离心通风机内流理论及设计计算系统的研究与应用	浙江大学、沈阳鼓风机厂、清华大学、北京鼓风机厂、宁波风机厂、武汉鼓风机厂、吉林市鼓风机厂、石家庄市风机厂、烟台风机厂	一	浙江省
	泵节能系列技术及推广应用	重庆大学	三	国家教委
气体分离及液化设备	大中型空气分离设备技术条件及性能试验方法 ZBJ 76010.1—88,ZBJ76010.2—88	杭州制氧机厂	二	机电部
通用零部件	液压轴向柱塞泵可靠性研究	上海交通大学、上海高压油泵厂	三	国家教委
起重运输机械	500／300／40 吨双向门式起重机	太原重型机器厂、能源部西北水电勘测设计院、能源部水电第四工程局、佳木斯电器厂、山西电器控制设备厂、天水长城控制电器厂、长春试验机研究所	一	机电部
	GYX-3M 钢材预处理线	焦作市起重运输机械总厂、机械电子部设计研究院	三	河南省
	带式输送机用垂直轴减速器系列研制	北京起重运输机械研究所、唐山冶金矿山机械厂、沈阳矿山机器厂、沈阳起重运输机械厂、上海起重运输机械厂	三	机电部
矿山及煤矿机械	日产 600 吨活性石灰设备的研制	洛阳矿山机械研究所、洛阳矿山机器厂	二	机电部

(续)

行　业	项　目　名　称	主　要　完　成　单　位	获奖等级	申报部门
矿山及煤矿机械	MG200-W 型滚筒式采煤机	煤炭科学研究总院上海分院、鸡西煤矿机械厂、平顶山矿务局一矿	三	中国统配煤矿总公司
	单体液压支柱工艺技术研究及专用设备研制	佳木斯煤矿机械厂	三	中国统配煤矿总公司
	回转式气动工具性能自动测试系统	天水凿岩机械气动工具研究所	三	甘肃省
	液压支架计算机辅助设计（CAD）研究	煤炭科学研究总院北京开采所	三	中国统配煤矿总公司
重型机械	6 米焦炉机械	大连重型机器厂、鞍山焦化耐火材料研究院、大连低压开关厂、大连液压件厂	二	机电部
	离子氮化在轧钢机大负荷传动件上的应用研究	西安冶金机械厂、西安交通大学	三	冶金工业部
	大型转炉整体焊接三点铰支水冷托圈及全悬挂四点啮合柔性缓冲倾动装置	鞍钢设计研究院、鞍钢机械制造公司、鞍钢三炼钢厂、北京钢铁学院	三	冶金工业部
	320 吨鱼雷型混铁水车	大连重型机器厂、大连理工大学、上海润滑设备厂、哈尔滨第一工具厂、上海宝山钢铁总厂	三	机电部
	软铝加工新工艺新设备（连续挤压）的研究	中南工业大学、大连铁道学院、广东有色冶金机械厂、长沙铜铝材厂、东北工学院	三	中国有色金属工业总公司
	高炉节能型进风装置	河南省冶金研究所	三	河南省
	JNX43-83 型蓄热室分格下部调节式炼焦炉	鞍山焦化耐火材料设计研究院、湘潭钢铁公司焦化厂	三	冶金工业部
	特大型塔式精馏炉的研制	葫芦岛锌厂	三	中国有色金属工业总公司
石油化工设备	提高射流在井底工作效率的研究	石油大学（华东）钻井研究所、胜利油田钻井工程公司	二	机电部
	CBL 裂解炉技术开发	中国石化总公司北京石化工程公司、化学工业部北京化工研究院、化学工业部化工机械研究院、中国石化总公司辽阳石油化纤公司、兰化公司化工机械厂、四川化工机械厂、中国石化总公司茂名石油公司机械厂	三	中国石化总公司
	催化裂化 PV 型高效旋风分离器的研究开发	石油大学、中国石化总公司北京设计院、中国石化总公司洛阳石化工程公司、无锡县炼油设备配件厂、保定石油化工厂、中国石化总公司洛阳石化工程公司炼油试验厂、大庆石油化工总厂	二	中国石化总公司
	千吨有机硅生产装置技术开发	吉化公司研究院、吉化公司设计院、吉化公司电石厂	二	吉林省
	油田油井三相计量和天然气、轻烃流量标准装置及检定系统	大庆石油管理局油田建设研究院	二	中国石油天然气总公司
	QQ14 燃压机组	航空航天部 608 研究所、中原石油勘探局	三	航空航天部

(续)

行业	项目名称	主要完成单位	获奖等级	申报部门
石油化工设备	外循环式复极（单极）氯酸盐电解槽	化学工业部天津化工研究院、广西贺县光明化工厂	三	化工部
	三聚氰胺三相穿流板汽提塔改进	四川化工厂	三	四川省
橡胶、塑料机械	SY-4R2360 塑料四辊压延机	大连橡胶塑料机械厂	三	机电部
	塑料注射成型机合模机构及注射机构计算机辅助设计与计算机绘图	江苏化工学院、北京化工学院、无锡塑料机械厂	三	轻工业部
建筑工程机械	T150 履带推土机	宣化工程机械厂	三	河北省
	WLY100 轮胎式液压挖掘机和 WY125 履带式液压挖掘机	贵阳矿山机器厂	三	贵州省
	PS10 型砼喷射机械手	南京军区司令部工程兵部	三	总参工程兵部
	LRS-6000 型沥青乳化设备的研制	交通部公路科学研究所、交通部新津筑路机械厂、北京市密云公路沥青厂、天津市市政工程第一沥青厂	三	交通部
食品机械	烟草制丝成套设备国产化	昆明船舶设备集团公司、五〇〇二厂、五〇一二厂、五〇二二厂、五〇三二厂、五〇六二厂、昆明产品设计研究所	二	中国船舶工业总公司
	ZDF 自动豆腐机	河北省涿州市电子仪器厂	三	河北省
	振动式多层水平圆运动干燥机	东北工学院、大连盐业机械厂	三	辽宁省
纺织机械	高速高效汽蒸箱平幅练漂机的研制及生产试验	山东薛城纺织机械厂、山东第一印染厂、山东工业大学	二	纺织工业部
	GA121 型整经机	江苏射阳纺织机械厂、江苏省纺织研究所、盐城市机械研究所、上海工业大学、南通国棉三厂	三	纺织工业部
	多层次叠层复合纺织品工艺与设备研究（火焰法部分）	上海市纺织科学研究院、常州印染研究所	三	上海市
轻工机械	ZXJ-1000 型预应力复合制袋机组和预应力复合材料及其袋制品	郑州新型包装材料研究所	二	河南省
	WLJ-Ⅱ-1600 型瓦楞纸板生产线	航空航天部二一一厂	三	航空航天部
	QTD-350HZ 碟式分离机	浙江轻工机械厂	三	轻工业部
日用机械	NG 高强耐蚀铝合金轮辋研制	无锡县前洲面塘车圈厂	三	农业部
医疗器械	JYZ-1 型 YAG 激光眼科治疗机	机电部 11 研究所、解放军空军四五厂	三	机电部

(续)

行业	项目名称	主要完成单位	获奖等级	申报部门
医疗器械	J88系列电动骨科手术器械的研制与临床应用	中国人民解放军济南军区88医院	三	总后勤部
水工机械	龙羊峡水电站泄洪底孔偏心铰弧形工作闸门研制	能源部西北勘测设计院、富春江水工机械厂、水电第四工程局	三	能源部
环境保护设备	输煤系统转运点准脉冲荷电水雾除尘器	东北师范大学、吉林热电厂	三	能源部
	无酸污染废油再生白土高温精制工艺及工业化装置	沈阳军区环境保护监测站、沈阳军区建筑设计院、沈阳军区后勤部油料化验室、沈阳军区喀左油料仓库、沈阳市工具研究所	三	总后勤部
	YGD型模数组合式空气过滤器及工艺的研究	烟台市净化设备厂、上海宝山钢铁总厂	三	山东省
邮政设备	新型托盘式包裹分拣机	上海邮政科学技术研究所	三	上海市
铁路机车车辆	500米长钢轨全长淬火生产线	呼和浩特铁路局、铁道部科学研究院、内蒙古工学院	二	铁道部
	转向架B级钢的研究及推广应用	铁道部戚墅堰机车车辆工艺研究所、铁道部株洲车辆工厂、铁道部齐齐哈尔车辆工厂	二	铁道部
	铁路机车轴箱新型轴承552732QT、652732QT、752732QT结构及推广应用	铁道部大连内燃机车研究所、铁道部大连机车车辆工厂、大连轴承厂	三	铁道部
	接触网检测车设备	铁道部成都铁路局、西南交通大学	三	铁道部
汽车	汽车用安全玻璃等五项国标及测试仪 GB9656-88, GB4125-84,GB5137.2-3-87,GB5137.1-85	中国建筑材料科学研究院	二	国家建材局
	汽车内燃机缸套活塞环和凸轮挺杆摩擦学特性研究	武汉材料保护研究所、第二汽车制造厂石油化工科学研究院、石家庄内燃机配件总厂、西安交通大学	三	机电部
	汽车车身CAD/CAM的开发及应用	第一汽车制造厂、长春汽车研究所、第二汽车制造厂	三	中国汽车工业总公司
	改建FD-09风洞为汽车模型风洞	长春汽车研究所、北京空气动力研究所	三	中国汽车工业总公司
船舶	52000吨浮式生产储油船	中国船舶工业总公司708研究所、沪东造船厂、中国国际海洋石油工程公司、渤海工程设计公司	一	中国船舶工业总公司
	薄壁梁扭转分析及其在分节驳船体结构强度计算中的应用	武汉水运工程学院	二	交通部
发电设备	龙羊峡320MW水轮发电机组研制	东方电机厂	一	四川省
	酒泉钢铁公司一号高炉炉顶压差发电系统	冶金工业部武汉钢铁设计研究院、机电部陕西鼓风机厂、冶金工业部自动化研究院、中国科学院工程热物理研究所、酒泉钢铁公司	二	机电部
	高压汽水两相流与传热试验系统	西安交通大学	二	陕西省

行业	项目名称	主要完成单位	获奖等级	申报部门
发电设备	FJR 型发电机绝缘过热监测装置	中国华北电力联合公司电力试验研究所、中国华北电力联合公司、中国原子能科学研究院、中国科学院生态环境研究中心	三	能源部
电机	洗衣机电机机械化嵌线工艺及设备研究	上海电器科学研究所、龙口市振华电工专用设备厂、威海电机总厂	三	机电部
	新型低噪声三相异步电动机（5.5kW 与 7.5kW）	哈尔滨电工学院、齐齐哈尔电机厂、哈尔滨机械进出口公司、黑龙江电力职工大学	三	经贸部
	EG−500 型系列稳速永磁直流电动机及生产线	国营八八〇厂	三	机电部
输变电设备	160kN 直流盘形悬式瓷绝缘子	大连电瓷厂、能源部电科院高压所	二	机电部
	100kV 舟山直流输电工程成套新设备	西安电力机械制造公司、浙江省电力局、西安电力整流器厂、上海继电器厂、红旗电缆厂、西安变压器电炉厂、西安输变电成套设计研究所	二	机电部
	J83 系列、JGX 系列固体继电器的研制	北京半导体器件十一厂	三	北京市
电器控制成套设备	轧钢变频辊道静止变频器成组传动系统	冶金工业部自动化研究院、包头钢铁稀土公司	三	冶金工业部
电力电子器件与装置	功率半导体器件芯片背面多层金属层制造技术	清华大学微电子研究所	三	国家教委
电线电缆	稀土优化综合处理在电工程导体中的应用研究	机电部上海电缆研究所、上海交通大学、长通电缆厂、赤峰市电线电缆厂、南宁电线电缆厂、沈阳电缆厂、天津市电缆厂	三	机电部
	SLDY−75−37 型宽频带漏泄电缆及其接插件	机电部 23 所	二	机电部
电焊机	CY−80 型摩托车焊接自动机群研制	哈尔滨焊接研究所、国营建设机床厂	二	机电部
工业炉	上海锅炉厂 7.5 米×30 米大型热处理炉工程研制	机电部第二设计研究院、上海锅炉厂	二	机电部
通用仪器仪表	蠕变试验成套设备	吴忠材料试验机厂、上海宝钢总厂钢研所、东方汽轮机厂	三	宁夏回族自治区
	ZIC 系列离子色谱仪和两种离子色谱柱	核工业北京化工冶金研究院、青岛崂山电子仪器实验所、青岛科学仪器厂	三	中国核工业总公司
	针板式万瓦横流 CO_2 激光器	华中理工大学、北京有色金属研究总院	三	国家教委
	掠入射光栅谱仪	重庆大学、中国工程物理研究院	三	中国教委
照相机械	双近贴聚焦像增强器及分幅相机		二	中国科学院
	HR−2 型热像仪	机电部 11 所	三	机电部
	GD3、GD3A 微光摄像营	公安部第 1 研究所	三	公安部
专用仪器仪表	数字采集及井下系列配套测井仪	西安石油勘探仪器总厂、中原石油勘探局、郑州解放军信息工程学院、西安电子科技大学	二	中国石油天然气总公司

(续)

行　业	项 目 名 称	主 要 完 成 单 位	获奖等级	申报部门
专用仪器仪表	1.2 米红外望远镜的研制	中国科学院南京天文仪器厂、中国科学院北京天文台	二	中国科学院
	QSS01C 单模 1.3μm 光时域反射测试仪	邮电部北京仪表研究所	三	邮电部
	HFB-1B 型海洋浮标平台系统	山东省海洋仪器仪表研究所	三	机电部
电子测量仪器	磁性材料自动测量装置的研究	中国计量科学研究院、湖南省娄底地区电子研究所	二	国家技术监督局
	频率稳定度标准测量系统	中国计量科学研究院	三	国家技术监督局
电子工业专用设备	插孔端子 46 工位级进模	国营七〇二厂	二	机电部
	ZOO-1／HM 型低压圆片瓷介电容器生产线及关键设备	国营七一五厂	三	机电部
其他	北京 35MeV 质子直线加速器	中国科学院高能物理研究所、机电部北京广播器材厂、机电部上海先锋电机厂	一	中国科学院
	线扫描微剂量 X 射线安全检查系列设备	公安部第 1 研究所	二	公安部
	FR 系列钛合金、高温合金和不锈钢锻压防护润滑剂	航空航天部 301 所、航空航天部 621 所、北京玻璃研究所、航空航天部黎明发动机制造公司、航空航天部一七〇厂、西安化工研究所、航空航天部四二〇厂	二	航空航天部
	材料动态断裂性能研究及其在典型机械零部件上的应用	上海材料研究所、北京大学、成都工具研究所	三	机电部
	数显技术在工业上的推广应用	机电部第六设计研究院、中国机床数显技术协会推广应用委员会	三	机电部
	大型传动系统动态测试新方法与装置	重庆大学	三	国家教委
	厘米级电子液压升降跳水台	广州科技开发总公司、广州市设计院	三	广东省
	YDJ-3 型游泳电子计时成套设备	昆明体育电子设备研究所	三	国家体委
	机械舞台自动控制系统	天津舞台科学技术研究所	三	文化部
	无氰电镀镉钛合金新工艺及其应用	北京航空航天大学、航空航天部 621 所、航空航天部上海飞机制造厂、海军四八〇五厂、中国国际航空公司	三	航空航天部

(本表中机电部是机械电子工业部的简称，航空航天部是航空航天工业部的简称)

〔国家科技奖励工作办公室供稿〕

获国家星火奖项目　（1991 年）

国家星火奖评审委员会评定、国家科委核准

国家星火奖评审委员会于 1991 年 10 月进行了第四次评奖工作，评定 1991 年国家级星火奖共 194 项。其中一等奖 4 项，二等奖 38 项，三等奖 104 项，四等奖 48 项，已经国家科委核准公布。现选择与机械工业有关的 30 项刊登在本期《年鉴》上，其中二等奖 3 项，三等奖 22 项，四等奖 5 项。各行业获国家星火奖项目数见下表。

行　业	获奖项数	行　业	获奖项数	行　业	获奖项数
农业机械	5	包装机械	1	电线电缆	1
机床	1	纺织机械	1	电焊机	1
磨具磨料	1	轻工机械	2	通用仪器仪表	1
通用机械	4	日用机械	1	其他	4
轴承	1	商业专用机械	1		
塑料机械	1	工业锅炉	1		
建筑材料机械	2	低压电器	1	合计	30

行　业	项 目 名 称	主 要 完 成 单 位	获奖等级	申报部门
农业机械	多功能耕整机	湖南耒阳县插秧机械制造厂、湖南省沅江草尾拖拉机修配厂、湖南省益阳市机械厂、湖南省农机工业协会、津市新华工厂	二	湖南省
	小型拖拉机检测调整节能技术推广	浙江农业大学农业工程系、杭州市农业机械管理站	三	浙江省
	R180 型柴油机	安徽省全椒柴油机总厂、上海内燃机研究所	三	安徽省
	S195 型柴油机节能改造技术与推广	河北省农机修造服务总站、廊坊市农业局农机管理站、唐山市农业局农机服务站、石家庄地区机械工业公司、衡水地区农机管理站	三	河北省
	机井效率测试及节能措施推广	河北省水利厅农水处、河北省农业厅农机处	三	河北省
机床	DK3722PC 电化学去毛刺机床	淄博电加工机床厂、机械电子工业部苏州电加工机床研究所	三	山东省
磨具磨料	35kV 供电节能新技术暨棕刚玉冶炼	贵阳金刚砂厂	三	贵州省

(续)

行　业	项目名称	主要完成单位	获奖等级	申报部门
通用机械	GJC型自补偿柔性快装管接头产品系列开发	山东省蓬莱县电力配件厂、能源部华东电力设计院	三	山东省
	大型电站锅炉风门	河南省沁阳市电力配件厂	三	河南省
	调节阀与定位器开发应用	上海市光辉自动化仪表厂、机械电子工业部上海工业自动化仪表研究所	三	上海市
	IB型高效节能水泵	吉林省东丰县通用机械厂、吉林省农业机械研究所、吉林省辽源市科委	四	吉林省
轴承	微型深沟球轴承系列开发生产	浙江省慈溪微型轴承总厂	三	浙江省
塑料机械	废旧塑料再生利用技术及装备线开发	浙江省平阳特种机械设备厂、浙江省温州市技术市场开发中心	三	浙江省
建筑材料机械	花岗石精加工技术开发	山东省济南市青花岗石开发公司	三	山东省
	国产化圆网法彩色发泡墙纸生产流水线及产品	上海华美装饰材料厂	三	上海市
包装机械	出口包装钢桶系列产品及其装备技术开发	浙江省永康县城关镇五金厂	三	浙江省
纺织机械	羽绒加工成套设备	四川省新都羽绒机械厂	三	四川省
轻工机械	草席提花机成套设备开发	湖北省仙桃市轻工机械厂	四	湖北省
	再生皮革生产机械、技术和产品开发	浙江省宁波长江皮革有限公司	三	浙江省
日用机械	洗涤机械系列产品开发	蓬莱县工艺美术机械厂	四	山东省
商业专用机械	QT-500型家禽（鸡）屠宰成套设备	中国农业机械化科学院食品机械研究所、河北省涿州市食品机械厂	三	机械电子工业部
工业锅炉	锅炉蒸汽助燃节能消烟综合实用技术	牡丹江市技术改造公司	三	黑龙江省
低压电器	BSLF-A型防窃电低压配电屏	黑龙江省牡丹江市火炬电控设备厂	三	黑龙江省
电线电缆	HYA市内通讯电缆生产技术开发	济南通讯电缆厂、邮电部第五研究所	三	山东省
电焊机	膜式水冷壁专用焊机研制	北京市海淀区精艺技术联合开发公司	二	北京市
通用仪器仪表	铠装系列产品—测温一次仪表、热缆、热流道加热器	上海华光仪电器材厂、上海电器科学研究所	三	上海市
其他	专用热处理淬火油系列产品技术开发	瓦房店市石油化工厂、瓦房店市石油化工研究所	二	辽宁省
	稀土蠕墨铸铁新产品技术开发	山东省淄博市桓台蠕墨铸铁厂	三	山东省
	非金属电镀工艺品的研制	广州岭头电镀总厂、广州市花县花东工艺电镀厂、广州市第二轻工业局科学技术研究所	四	广东省
	年产100万发礼花弹技术装备及产品开发	湖南省浏阳县出口花炮厂	四	湖南省

〔国家科技奖励工作办公室供稿〕

优秀科研成果项目 (1991 年)

国务院所属部门评选

1991 年国务院各部门评选了优秀科研成果，本刊选登有关机械工业的项目 330 项，其中特等奖 1 项、一等奖 67 项、二等奖 262 项。按行业分布的科研成果项目数如下表。

行业	获奖项数	行业	获奖项数	行业	获奖项数
农业机械	12	粮油机械	3	电气控制成套设备	1
畜牧机械	2	食品机械	4	电线电缆	5
木材工业机械	1	包装机械	3	绝缘材料	2
金属切削机床	6	纺织机械	8	蓄电池	4
量具刃具	5	轻工机械	6	电焊机	3
磨料磨具	1	日用机械	2	工业电炉	1
锻压机械	4	医疗器械	6	通用仪器仪表	16
铸造机械	3	商业专用机械	1	照相机械	2
通用机械	16	环境保护设备	9	复印缩微设备	3
气体分离设备	1	消防设备及器材	4	衡器	1
机械通用零部件	2	邮政设备	3	专用仪器仪表	12
轴承	5	铁路机车车辆	5	仪器仪表元器件	4
起重运输机械	4	汽车	12	仪表材料	1
地质勘探设备	3	船舶	21	电子测量仪器	1
矿山及煤矿机械	8	救捞潜水设备	1	电子工业专用设备	2
重型机械	21	飞机	12	工业机器人	2
石油化工设备	24	工业燃气轮机	1	其他	18
橡胶、塑料机械	3	发电设备	9		
建筑材料机械	3	电机	7		
建筑工程机械	3	高压输变电设备	8	合计	330

行　业	授奖部门	获奖等级	项 目 名 称	主要完成单位
农业机械	机械电子工业部	二	喷油嘴偶件工艺研究	机电部无锡油泵油嘴研究所
		二	完善小型潜水电泵系列研究	江苏工学院、机电部上海电器科学研究所、杭州水泵总厂、上海人民电机厂、泰州潜水电泵厂
		二	驱动式圆盘犁基础部件及整机结构的研究	福建农学院、江西机引农具厂、北方机械制造厂
		二	调速器动态特性的研究	机电部无锡油泵油嘴研究所
		二	出口锄头系列产品研制	吉林工业大学、山东海阳县轻工机械厂
		二	机引犁铧辊锻工艺及应用	吉林工业大学、保定农业机械厂、中国农业机械化科学研究院
		二	引进的大中型拖拉机国内主要配套件的研制	机电部洛阳拖拉机研究所、成都仪表厂、上海离合器厂、杭州汽车摩擦材料研究所、南昌齿轮厂、大同齿轮厂
		二	内燃机连杆热锻模具CAD／CAM	吉林工业大学、丹东518内燃机配件厂
		二	PMS水泵综合测试系统	中国农业机械化科学研究院、北京计算机服务中心
		二	小四轮拖拉机配套系列旋耕机	南京农业机械化研究所、江苏连云港耕机厂
		二	中小功率柴油机振动测量方法GB7184—87、中小功率柴油机振动评级GB10397—89、内燃机噪声声功率级的测定准工程法GB1859—89	机电部上海内燃机械研究所、中国船舶工业总公司研究所、上海交通大学
	商业部	一	棉花轧花新工艺及成套设备	山东棉机联营公司
畜牧机械	机械电子工业部	二	秸杆及饲草小型碱化调质工艺设备的研究	机电部呼和浩特畜牧机械研究所、河南豫南农业专科学校、河南信阳柴油机厂
		二	挤奶设备技术要求GB8186—87、奶用真空泵ZBB92018.1—2—90	中国农业机械化科学研究院
木材工业机械	航空航天工业部	二	锯材尺寸的自动测量及管理系统	哈尔滨工业大学
金属切削机床	机械电子工业部	一	VWSH202、203桑塔那汽车缸体加工两条自动线	大连机床厂
		一	钻削类组合机床CAD系统开发	机电部大连组合机床研究所
		二	YX3120型高效滚齿机	重庆机床厂
		二	高精度车床用数控系统和高精度直流进给伺服系统	机电部北京机床研究所
		二	高精度圆柱齿轮独立制造岛	南京机床厂、同济大学
	航空航天工业部	二	连杆零件加工工艺和设备的研制	625所
量具刃具	机械电子工业部	一	高精度平面度测量技术研究	机电部北京机床研究所
		二	直线度、平面度误差检测	机电部机械标准化研究所、北京吉普车有限

(续)

行　业	授奖部门	获奖等级	项　目　名　称	主要完成单位
量具刃具	机械电子工业部	二	表面粗糙度比较样块抛（喷）丸、喷砂加工表面 GB6060.5—85	机电部济南铸造锻压机械研究所、哈尔滨量具刃具厂
	航空航天工业部	二	航空材料切削数据库与刀具管理数据库的研究与应用	625 所、西北工业大学、南京航空学院、西安飞机工业公司
		二	《普通螺纹量规》HB3887～3908—86	南方动力机械公司、301 所
磨料磨具	航空航天工业部	二	陶瓷结合剂 CBN 复合砂轮及钛合金高效磨削液的研究	西北工业大学
锻压机械	机械电子工业部	二	1000kN 三点式数控板料折弯机	机电部济南铸造锻压机械研究所、湖北省黄石市锻压机床厂
		二	1800 毫米数控辗环机	机电部济南铸造锻压机械研究所、险峰机床厂、国营三〇〇七厂、安徽电子科学研究所
		二	1050 薄板横剪机组	沈阳电工机械厂、武汉冷柜厂
		二	提高铝合金型材挤压模具制造技术及寿命的研究	机电部北京机电研究所、广东韶关模具厂
铸造机械	机械电子工业部	二	XZ458A 气流冲击造型自动线研制	机电部济南铸造锻压机械研究所、漯河铸造机械厂、潍坊机床二厂、大连液压件厂、博山水泵厂
		一	稀土镁球墨铸铁型材水平连续铸造设备、工艺及组织性能研究	陕西机械学院、西安交通大学、清华大学、山川机床铸造厂
	中国石油天然气总公司	二	YCCH 系列电机机座、端盖低压铸造工艺及设备	承德石油机械厂、上海机械工艺研究所
通用机械	机械电子工业部	二	80CHTA／4 高压锅炉给水泵	沈阳水泵厂
		二	D160−150×12 型油田注水泵	北京水泵厂
		二	容积式冷水机组性能试验方法 GB10870—89	武汉冷冻机厂、机电部合肥通用机械研究所
		二	高压齿轮泵引进技术的消化与吸收	长江液压件厂
	航空航天工业部	二	QZ 型桥式双流道热管余热回收装置	哈尔滨风华机器厂
		二	ZX120−自吸离心泵	〇六七基地
	中国核工业总公司	二	双室旋转磁控溅射镀膜机	西南物理研究院
		二	ZDB−200、ZDB−300 型低温泵	西南物理研究院
		二	PZNB−105／2.5 型喷水式柱塞泵	五二三厂
		二	100PLH 无轴封立式离心砂泵	第四设计研究院
		二	XPB19−1 旋转式喷射泵	理化工程研究院
		二	40m^3／h 氦气压缩机组	西南物理研究院
		二	3D50／HR4.2 或 3D55／CNC 旋压机芯模和旋轮研制	五二六厂

(续)

行　业	授奖部门	获奖等级	项 目 名 称	主要完成单位
通用机械	中国核工业总公司	二	30万吨乙烯裂解炉用$\phi800$清焦平板闸阀	五二六厂
		一	双功能引导式安全阀	核动力研究设计院
		二	JJ系列折叠式微过滤器	第八研究所
气体分离设备	机械电子工业部	一	增压型吉化$6000m^3/h$(氧)空分设备	杭州制氧机厂
机械通用零部件	机械电子工业部	二	机械密封系统研究	机电部合肥通用机械研究所、大连耐酸泵厂机械密封分厂、沈阳水泵厂机械密封分厂
	能源部	二	YOS系列水质液力偶合器	张家口煤矿机械厂
轴承	机械电子工业部	二	C4G66721／630K特大型四列圆柱滚子轴承	瓦房店轴承厂、东北工学院
		二	D3—826轴承研制	洛阳轴承厂
		二	变曲率对数母线凸度滚子滚动型面工艺的研究	机电部洛阳轴承研究所、洛阳工学院
		二	通用轴承CAD研究	机电部洛阳轴承研究所、华中理工大学、西安交通大学、清华大学、浙江大学、洛阳工学院、武汉工学院、机电部杭州轴承试验研究中心
		二	滚动轴承附件—技术条件及基础尺寸GB6584—86、GB310—87、GB9160.1～5—88	机电部洛阳轴承研究所
起重运输机械	机械电子工业部	二	自动化立体仓库	苏州起重机械厂、苏州第三光学仪器厂、机电部北京起重运输机械研究所、机电部北京机械工业自动化研究所
		二	桥式起重机计算机辅助设计	机电部北京起重运输机械研究、上海起重运输机械厂、上海交通大学、机电部经济信息中心、太原重型机械学院、北京科技大学
	冶金工业部	二	胶带输送机系统本质安全化	冶金部安全环保研究院、武汉钢铁公司、武汉钢铁公司烧结厂
	中国有色金属工业总公司	二	登山缆车	北京有色冶金设计总院、四川矿山机器厂
地质勘探设备	地质矿产部	一	GJD-1500工程施工钻机、钻具及配套设备	地矿郑勘探技术研究所、张家口探矿机械厂
		二	人造金刚石复合片开发研究	北京钻探工具厂
	中国核工业总公司	二	HD可调式喷射反循环取芯钻具	中国核工业总公司西北地质勘探局
矿山及煤矿机械	能源部	一	LM-200型反井钻机的研制和钻井技术	苏南煤矿机械厂、煤炭科学研究院建井研究所
		二	ZC-3型侧卸装岩机的研制和密封润滑覆带攻关	小浦煤矿机械厂、煤炭科学研究院建井研究所、上海采矿机械厂
		二	DQ2400／3000型35斗轮堆取料机	长春发电设备总厂
	中国有色金属工业总公司	二	AF-2000反井钻机及TYZ1500天井钻机	长沙矿山研究院、西北有色冶金机械厂、白银有色金属公司、吉林镍业公司富家矿

(续)

行　业	授奖部门	获奖等级	项 目 名 称	主要完成单位
矿山及煤矿机械	中国有色金属工业总公司	二	KY-170A 型地下牙轮钻机和 XM84-165 型地下矿用三牙轮钻头	长沙矿山研究院、铜陵狮子山铜矿
		二	HYD200、HYD300 型液压凿岩机消化制造	莲花山冶金机械厂、北京矿冶研究院
		二	BS-K8 浮选机	北京有色冶金设计研究总院、西北有色冶金机械厂、德兴铜矿
	中国核工业总公司	二	MLY-14 立磨	第四设计研究院
重型机械	机械电子工业部	特	上海宝山钢铁总厂 1900mm 板坯连铸设备	第一重型机器厂、宝钢炼钢厂、大连重型机器厂、重庆钢铁设计研究院、机电部哈尔滨焊接研究所、太原重型机器厂、上海东风机器厂、西安冶金机器厂、青岛通用机械厂
		一	直径 55～130mm 七辊钢材矫直机	机电部西安重型机械研究所、第五钢铁厂
		二	450m^2 烧结机关键部件及工艺研制	沈阳重型机器厂、齐齐哈尔第一机床厂
		二	锻造半钢、锻造铸铁轧辊的研制	第一重型机器厂、东北重型机械学院
		二	引进消化西马克标准的推广应用	机电部西安重型机械研究所
		二	重型机械基础件 CAD	机电部西安重型机械研究所、机电部经济信息中心、西安交通大学、清华大学、北京科技大学、陕西机械学院、重庆大学、合肥工业大学、天津大学
		二	数控切割机通用全自动编程套料系统的研制	太原重型机器厂
		二	直廓环面蜗杆减速器 GB9148—88	第一重型机器厂、机电部郑州机械研究所
	冶金工业部	一	宽带钢轧机辊型和板形的研究	东北工学院、北京科技大学
		二	本钢 165000^3 干式煤气柜	北京钢铁设计研究总院、本溪钢铁公司、上海中华造船厂
		二	消化及研制变截面板簧轧机	北京科技大学、温州冶金机械厂、南京钢铁厂、首都钢铁公司红冶钢厂
		二	热双金属冷轧复合轧机设备研究	上海钢铁研究所、北京钢铁设计研究总院
		二	无毛刺金属热切圆锯片(含提高热锯机锯片使用性能研究)	唐山市冶金锯片厂、重庆钢铁公司大型轧钢厂、大冶钢厂第一轧钢厂、天津大学冶金分校
		二	CT-1416 永磁磁滚筒的应用技术研究	北京矿冶研究总院、鲁中冶金矿山公司
	中国有色金属工业总公司	一	包头铝厂消化吸收引进设备的工业应用	沈阳铝镁设计研究院、沈阳有色冶金机械总厂
		一	还原—蒸馏联合法 5 吨／炉工艺设备研究	遵义钛厂、贵阳铝镁设计研究院、广州有色金属研究所、北京有色金属研究总院

(续)

行　业	授奖部门	获奖等级	项　目　名　称	主要完成单位
重型机械	中国有色金属总公司	二	平板式电磁搅拌器的研制及其在熔化炉上的应用研究	华北铝加工厂、铝加工技术开发中心、北方工业大学、解放军六四一一厂
		二	铜连铸连轧生产线	上海冶炼厂、上海机电设计研究院、南昌有色冶金设计总院、北京钢铁设计研究总院
		二	YL 型全自动立式压滤机	西北有色冶金机械厂、兰州炼油化工厂、北京有色冶金设计研究总院、冶金部北京自动化研究院
	中国船舶工业总公司	二	宝钢二号高炉热风炉国产化研究	渤海造船厂
	航空航天工业部	二	大型热煤炉技术攻关	○六七基地
石油化工设备	机械电子工业部	一	ZJ45D 丛式井钻机	兰州石油化工机器厂、机电部兰州石油机械研究所、甘肃长城电器工业公司、天水电气传动研究所、兰州电机厂、宝鸡石油机械厂、中原石油勘探局
		一	小流量化工用离心泵研制	机电部合肥通用机械研究所、沈阳工业泵厂、华中理工大学、南京深井泵厂、鹰潭水泵厂
		二	年产 7 万吨聚丙烯装置国产化可行性研究	机电部合肥通用机械研究所、北京石油化工程公司
		二	旋转钻柱的运动原理及其应用	机电部兰州石油机械研究所
		二	不锈钢表面转化膜技术对提高炼化设备抗腐蚀能力的研究	机电部兰州石油机械研究所
		二	直径 2400mm 卧式氨合成塔外壳研制	第二重型机器厂
		二	HBLG-3500m³/h 节能型横流式玻璃钢冷却塔	机电部第四设计研究院、中国环球化学工程公司、清华大学、河南省泌阳市大型冷却设备厂
	化学工业部	二	化工旋转机械整机全速动平衡原理和方法	浙江大学、华北制药厂、杭州化工机械厂
		二	热水循环温控装置及应用开发	青岛化工学院
			30 万吨/年氨合成塔出口汽锅炉给水预热器	南京化学工业公司机械厂
	中国石油天然气总公司	一	SYZ-41YD 聚能射孔弹	西安石油勘探仪器总厂
		一	LJ-60L(SB)沙漠钻机配套	宝鸡石油机械厂
		一	KJ-450 修井机	第四石油机械厂
		一	XJ-100 修井机	第二石油机械厂、胜利井下作业公司、泰安特种重型车制造厂
		一	KZ-20 型可控震源	石油地球物理勘探局
		二	DN350 全液压无线电遥控输油臂	抚顺石油机械厂
		二	190 系列柴油机试车节水能源回收装置	济南柴油机厂

(续)

行　业	授奖部门	获奖等级	项　目　名　称	主要完成单位
石油化工设备	中国石油天然气总公司	二	CYB95mm 大排量抽油泵	玉门石油管理局机械厂
		二	新系列射孔枪	宝鸡石油机械厂
		二	ZJ-60DS 钻机改装	宝鸡石油机械厂、塔里木勘探开发指挥部
		二	JHX5100XJCHC 油井测试车	江汉石油机械厂、江汉机械研究所、江汉局采油工艺所
	中国船舶工业总公司	二	40 万吨/年连续重整装置六台关链设备	大连造船厂
		二	HYC-88 型井下电视测井仪	江新机械厂、华北油田测井公司
		二	"胜利二号"极浅海步行式海洋石油钻井平台建造技术	青岛北海船厂
		二	海上平台管节点制造工艺研究与模型制造	江南造船厂、中国船舶工业总公司 11 所
橡胶塑料机械	化学工业部	二	GK-270N 密炼机	益阳橡胶机械厂
		二	高台式纤维帘布截断机	化工部北京橡胶工业研究设计院、桂林橡胶机械厂、辽宁轮胎厂、银川橡胶厂
		二	XJD-90×12 销钉机筒冷喂料橡胶挤出机	化工部桂林橡胶工业设计研究院
建筑材料机械	机械电子工业部	二	ϕ1000×250mm 辊压机	上海重型机器厂、南京水泥工业设计研究所、苏州木渎水泥厂
	航空航天工业部	二	水泥生产微机控制系统	613 所、汝州市水泥厂
		二	88 型耐高温吸声砖机	航空工业规划设计研究院、宜兴市分水噪声控制设备厂
建筑工程机械	机械电子工业部	二	大马力装载机斗齿材料与应用技术研究	机电部天津工程机械研究所
		二	ZLG30B 高原型军用轮式装载机研制	成都工程机械总厂、机电部西宁高原工程机械研究所、总参工程兵部驻重庆军代表室
		二	徐州工程机械集团公司"七五"技术改造	机电部设计研究院
粮油机械	商业部	二	消化吸收 200 吨粮食筒库关键设备研制(包括圆筒仓粮食循环熏蒸技术和设备研制、FP200 分配盘、CPCL10 平转螺旋清仓机、TGSS42 水平刮板输送机、TDTG60/33 斗式提升机)	商业部郑州粮食科研设计所
		一	FMFQ10×2 气压磨粉机	商业部无锡粮食科研设计所
		二	消化吸收日处理 150 吨油脂连续碱炼工艺和设备(包括 PSQ3 三级蒸汽喷射泵、消化吸收日处理 150 吨碟片离心机的生产制造技术)	商业部无锡粮食科研设计所
食品机械	轻工业部	二	KRONES 723-15-4-6 贴标机	广东轻工业机械厂
		二	B.ZP.Y-YG36/9 装瓶压盖机	广东轻工业机械厂

行　业	授奖部门	获奖等级	项　目　名　称	主要完成单位
食品机械	轻工业部	二	广东轻工业机械厂管理信息系统第一期工程	清华大学经济管理学院、广东轻工业机械厂
		二	C112965 新型立式除髓机	广州东莞糖厂、江门机械厂
包装机械	交通部	二	DCC 型集装箱式自动称重灌包机	交通部上海船舶运输科学研究所、南海仪器设备公司
	航空航天工业部	一	YLG-1 易拉盖口服液灌装生产线	一院
		二	ZJT-400 全自动胶囊充填机	二院
纺织机械	纺织工业部	二	GA741-180 型剑杆织机	中国纺织机械厂
		二	BD-200SN 型转杯纺纱机	山西经纬纺织机械厂
		二	D301A 型自动缫丝机	杭州纺机厂
		二	LMH085 型低张力绳状漂白联合机	陕西省第一纺织机械
		二	GA471 型结经机宽幅系列、GA471 型粗纱全自动结经机	青岛第二纺织机械厂
	航空航天工业部	二	自动络筒机的设计与制造	一一五厂、北京第三棉织厂、陕西省纺织科研所
		二	QZK-1 型微电脑全自动染色控制机	南昌航空工业学院
		二	挠性杆制造工艺技术	一院
轻工机械	航空航天工业部	二	电冰箱压缩机启动用 PTC 热敏电阻器	二院
		二	WFQ 清洁器	四川航天工业总公司
		二	纸张定量水份计算机综合控制系统	哈尔滨工业大学
		二	XT80-1 型羽绒洗脱机研制	一院
	轻工业部	二	服装计算机辅助设计系统	北京轻工业学院
		二	微机控制的底热式 60 米节能隧道窑	山东淄博张店陶瓷厂
日用机械	轻工业部	二	GC15-5-4D 型自动高速平缝机	上海工业缝纫机厂
		二	高速工业缝纫机旋梭	上海华萃缝纫机零件厂
医疗器械	国家医药管理局	二	YZ-20T 同光路手术显微镜	苏州医疗器械厂
		二	CX-960-1 多功能超声诊断仪	上海医用电子仪器厂
	机械电子工业部	二	土霉素发酵动态模型和洁霉素发酵计算机优化控制系统	杭州自动化研究所、华北制药厂
	航空航天工业部	二	GBJ-10 型、GBJ-150 型高效包衣机	625 所
		二	BLG×10 型玻璃拉管生产线	一二二厂、303 所

(续)

行　业	授奖部门	获奖等级	项　目　名　称	主要完成单位
医疗器械	航空航天工业部	二	YJF15 型全自动胶囊分装机	一二二厂
商业专用机械	商业部	二	废弃乳胶硫化胶化学机械简易再生方法	广州市再生资源利用研究所
环境保护设备	机械电子工业部	一	100 吨／日城市生活垃圾处理堆肥成套设备研究	湖北省机电研究院、北京垃圾综合处理厂
		二	W150、W150B 微滤机	湖南大学
		二	废水 COD 全自动监测装置	湖南大学
		二	空气幕 ZBJ72028.1～3—89	同济大学
	航空航天工业部	二	楼外试验室废水治理工程	一院
		二	纯水设备自动化	航空工业规划设计研究院、无锡市锡山水处理成套设备厂
		二	吸附、混凝—复极性粒子群电极法处理印染废水(中间试验)	哈尔滨工业大学
	中国船舶工业总公司	二	WZD 系列卧式塑料废气静电净化装置	中国船舶工业总公司第九设计研究院
		二	组合式漆雾有机废气净化装置	江南造船厂等
消防设备及器材	公安部	一	《火灾自动报警系统设计规范》国家标准	公安部沈阳消防科研所等
		一	二氧化碳局部施放灭火系统设计参数的试验研究	公安部天津消防科研所
		二	ZDX5172GXFPM65 型泡沫消防车	震旦消防设备总厂
		二	承重梁板耐火性能测试装置	公安部天津消防科研所
邮政设备	邮电部	二	邮政编码微机自动查询报号台	北京邮政科学研究所
		二	邮政自动化立体仓库系统	浙江省邮政车辆厂
	轻工业部	二	Y54A 邮政分拣机	苏州轻工机械厂
铁路机车车辆	铁道部	一	25.5 米空调双层旅客列车	铁道部浦镇车辆工厂等
		一	N1602 型铁路起重机	西南交通大学等
		二	东风 4 型内燃机车组件式脉冲转换增压系统	铁道部大连内燃机车研究所等
		二	铁路红外线轴温探测用光子型探头	铁道部科学研究院
	航空航天工业部	一	JK86411 铁路车辆轮对轴承不分解试验诊断系统	608 所、广州铁路局车辆处、广州铁路局株洲段
汽车	机械电子工业部	一	东风系列驾驶室多品种混流机器人自动喷漆生产线	机电部北京机械工业自动化研究所、第二汽车制造厂
		二	TA580 型重型特种汽车	山东泰安拖拉机厂、泰安市农业机械科学研究所
		二	CK-11 车用空调机组	武汉冷冻机厂
	中国汽车工业总公司	二	DD6113HK(DD688)大型高级旅游客车	丹东汽车制造厂

行　业	授奖部门	获奖等级	项 目 名 称	主要完成单位
汽车	汽车工业科技进步奖励基金委员会	二	G450系列轻型客车底盘设计	中国汽车技术研究中心、石家庄汽车制造厂、湖南省汽车制造厂、江苏省仪征汽车制造厂
		二	客车车身计算机辅助计算软件包QYCS89的研制	长春汽车研究所
		二	NCS-1非接触式车速仪	上海汽车研究所、中国科学院上海技术物理研究所
		二	汽车操纵稳定性试验方法(GB6323.1～.6—86)	长春汽车研究所、清华大学
		二	汽车工业税制结构及税制改革研究	第一汽车制造厂、中国汽车工业技术经济信息研究所、中国重型汽车集团
	航空航天工业部	二	HRB-13系列驾驶室阴极电泳涂漆工艺研究	哈尔滨星光机器厂
		二	QJ141SQ3随车起动运输车	长治清华机械厂
	航空航天工业部	一	HRB-12系列轻型驾驶室机器人焊接生产线	哈尔滨星光机器厂
船舶	中国船舶工业总公司	一	Pe=25～30bar效率增强的起高增压系统研究	上海交通大学
		一	气垫船围裙技术研究	中国船舶工业总公司708所
		一	6105无冷却柴油机研制	中国船舶工业总公司711所
		一	潜器四自由度动力定位系统	哈尔滨船舶工程学院
		一	2700箱集装箱船	沪东造船厂
		二	600客位平头涡尾客货船	华中理工大学、丰都轮船公司
		二	微机船体结构数据处理系统HSDP-PC	中国船舶工业总公司应用软件开发中心
		二	气垫登陆艇	中国船舶工业总公司708所、大沽船厂
		二	远洋实习船研制	上海船舶设计研究院、广州文冲船厂
		二	28.3万立方英尺冷藏船	上海船厂
		二	航运除灰工程船舶系统研制	芜湖造船厂
		二	2R70热气机半闭式循环陆上模拟试验装置	中国船舶工业总公司711所
		二	柴燃联合动力装置及其推进控制系统的计算机仿真技术	上海交通大学
		二	柴油机双层隔振中间基座	中国船舶工业总公司711所
		二	7RTA84+EB型柴油机研制	上海船厂、沪东造船厂
		二	5RTAS2型柴油机研制	上海船厂
		二	船用补偿导管及其组合装置的推广应用	中国船舶工业总公司708所
		二	新型救生艇绞车及轻载限速器研制	上海船舶设计研究院
		二	船用甲板机械系列引进产品铸件国产化试制	中国船舶工业总公司12所

(续)

行业	授奖部门	获奖等级	项目名称	主要完成单位
船舶	交通部	二	内河浅吃水大径深比推轮开发研制	交通部水运科学研究所、武汉水运工程学院等6单位
		二	船舶检验管理信息系统	交通部船舶检验局、北京市计算中心
救捞潜水设备	交通部	二	大深度氦氧氮饱和潜水科学实验	交通部、石油部海洋水下工程科学研究院、中国船舶工业总公司701研究所、中国船舶工业总公司四九一厂
飞机	航空航天工业部	一	风洞旋转天平系统的研制	627所
		一	飞机结构耐久性及损伤容限设计手册	603所等
		二	运七飞机TC-4地平仪陀螺寿命攻关及应用研究	无锡市仪表二厂
		二	自然层流翼型研究	西北工业大学、603所
		二	飞机圆弧风档鸟撞动响应分析与试验研究及其在某型机上的应用	三二〇厂等
		二	飞机结构高温疲劳断裂研究	629所、601所、621所
		二	在运七-200B研制中CAD／CAM技术及应用	西安飞机工业公司
		二	旅游者号(AD100)超轻型飞机	南京航空学院
		二	浮空4型纯浮力软式载人充氦飞艇	605所、三二二厂、621所、609所、610所、五五〇厂、五一〇厂、威远天然气化工厂
		一	航空动力传动斜齿圆柱齿轮系统的动态分析研究	西北工业大学等
		二	金属盘片式联轴器设计、试验与应用研究	614所
	机械电子工业部	一	4米×3米风洞数控座标移测架	机电部郑州机械研究所、中国气力研究与发展中心、低速气动力研究所
工业燃气轮机	航空航天工业部	一	P207系列涡轮膨胀机撬装机组	609所
发电设备	机械电子工业部	一	哈尔滨锅炉厂"七五"发电设备制造基建改造项目	机电部第二设计研究院、哈尔滨锅炉厂
		一	锅炉一次气温、二次气温计算方法及调温方式的研究	机电部上海发电设备成套设计研究所、哈尔滨锅炉厂、上海锅炉厂、东方锅炉厂、上海机械学院
		二	DG670／140-11型中间再热自然循环液态排渣锅炉	东方锅炉厂、白马发电厂
		二	汽轮发电机负载承载能力的研究	哈尔滨大电机研究所、哈尔滨电机厂、上海电机厂、东方电机厂
		二	汽轮发电机组电气—机械耦合扭转振动研究	机电部上海发电设备成套设计研究所、清华大学、西安交通大学
		二	工业汽轮机交互式CAD系统	杭州工业汽轮机研究所、杭州汽轮机厂、华中理工大学、清华大学、机电部上海发电设备成套设计研究所
		二	30万kW汽轮机外缸铸造工艺及新型造型材料与特种涂料的研究	第一重型机器厂、机电部沈阳铸造研究所

行　业	授奖部门	获奖等级	项 目 名 称	主要完成单位
发电设备	航空航天工业部	二	300MW、600MW 锅炉回转式空气预热器漏风控制系统	哈尔滨风华机器厂
		一	大型水轮机叶片系列几何造型及多轴数控加工图象编程软件系统	西北工业大学、哈尔滨电机厂
电机	机械电子工业部	一	8011 车电源及驱动电气设备	湘潭电机厂
		二	3600kW 新型立式工业大泵驱动电机的研制	东方电机厂
		二	机器人用直流伺服电机组合件开发研究	机电部西安微电机研究所
		二	专用中频电动机研制	机电部上海电器科学研究所、淮阴第二电机厂
		二	YZR 系列起重及冶金用绕线转子三相异步电动机技术条件 ZBK26008—89	佳木斯防爆电机研究所
		二	YB 系列隔爆型三相异步电动机技术条件（机座号 80～815）ZBK25002—89	南阳防爆电气研究所
	能源部	二	DMB-375S 型矿用隔爆三相异步电动机	抚顺煤矿电机厂
高压输变电设备	机械电子工业部	二	LW8-35 型户外高压六氟化硫断路器	西安高压电器研究所、苏州开关厂、湖南开关厂、泰安高压开关厂
		二	中压等级真空断路器触头材料的研制	机电部桂林电器科学研究所
		二	XWP2-160 双伞型耐污悬式瓷绝缘子	大连电瓷厂
		二	大型瓷件的切割研磨工艺及设备研究	西安电瓷研究所、郑州电缆厂、重庆大学
		二	提高电瓷原料质量及其对配方性能影响的研究	西安电瓷研究所、西安交通大学、中国电瓷公司、湖南大学
		二	电力负荷音频控制系统	北京低压电器厂
	能源部	二	国产金属氧化物避雷器的研制及推广应用	北京电力设备总厂电器分厂
		二	XZF1250-(0.2-1.0)/50-B 线路阻波器	北京电力设备总厂
电气控制成套设备	机械电子工业部	一	秦皇岛煤码头三期工程装卸成套设备电气自动化控制系统	机电部天津电气传动设计研究所
电线电缆	机械电子工业部	二	高温(120℃)铅护套潜油泵电缆	天津市电缆总厂
		二	大型发电机绕组用无氧铜绝缘空心导线	机电部上海电缆研究所、上海电磁线一厂、哈尔滨电缆厂、上海宜桥无氧铜厂
		二	超高压线路用光缆复合架空地线	机电部上海电缆研究所
	邮电部	一	一槽多芯骨架式光缆	邮电部侯马电缆厂

(续)

行业	授奖部门	获奖等级	项目名称	主要完成单位
电线电缆	航空航天工业部	二	高纯超细石英纤维研制	西北工业大学、陕西玻璃纤维总厂
绝缘材料	机械电子工业部	一	高压环氧浇注材料、工艺及性能研究	机电部桂林电器科学研究所、嘉兴绝缘材料厂、机电部广州电器科学研究所
		二	滞燃、耐弧不饱和聚酯玻璃纤维增强塑料 SMC、DMC	东方绝缘材料厂、哈尔滨绝缘材料厂
蓄电池	中国船舶工业总公司	一	58-475 型免维护铅酸蓄电池	保定蓄电池厂
		二	蓄电池巡回检测装置	中国船舶工业总公司 712 所
		二	起动电池车间技术改造工程设计与新技术应用	保定蓄电池厂
	航空航天工业部	二	蓄电池充放电过程图像控制	上海新宇电源厂
电焊机	航空航天工业部	一	对大型直流脉冲点焊机的焊接质量监视与自适应控制	一院
		二	直流缝焊微机控制器	西北工业大学、四三〇厂
	中国核工业总公司	二	等离子切割设备	第六研究所
工业电炉	航空航天工业部	二	QJ1428—88 热处理炉温控制与测量标准	〇六七基地
通用仪器仪表	机械电子工业部	一	DXS-3 高性能扫描电子显微镜	国营江南光学仪器厂
		一	大型电波暗室	机电部上海电器科学研究所
		二	电接点压力表标准 ZBN11013—88	西安工业自动化仪表所、上海自动化仪表四厂、苏州庆丰仪表厂、西安仪表厂
		二	单回路调节器分散型控制系统操作台	机电部武汉计算机外部设备研究所
		二	ZFK-1 型转炉煤气自动回收分析控制装置	南京分析仪器厂、上海第一钢铁厂、上海冶金设计研究院
		二	PG-1 型钳式用电状况监测记录仪	机电部哈尔滨电工仪表研究所
		二	KD-1 数字式正弦振动控制仪	苏州试验仪器厂、西安交通大学
		二	MD110-2 型上皿电子天平	上海天平仪器厂
	航空航天工业部	一	光电高温标准—精密(标准)硅光电高温计研制	哈尔滨工业大学
		一	3SD200kg-1 型多量程精密电磁天平	一院
		二	多功能交流电量测试仪	哈尔滨工业大学
		二	超高压毛细管粘度计研制	哈尔滨工业大学
		二	多用途板材三轴加载试验机	北京航空航天大学
	中国核工业总公司	二	FJ-2810 能量色散 X 光分析仪	二六二厂
		二	HL-2920 酶际自动分析仪	二六二厂
	国家技术监督局	二	QY-8900A 精密测力称重显示器	中国计量测试学会、中国计量科学研究院

(续)

行　业	授奖部门	获奖等级	项目名称	主要完成单位
照相机械	机械电子工业部	二	照相机综合标准(计 42 项国标)	机电部杭州照相机械研究所、西北光学仪器厂、江西光学仪器总厂、上海照相机总厂、苏州照相机总厂、明光仪器厂、东北光学仪器厂、华光仪器厂
		二	飞行体自动捕捉拍照系统	北京光电技术研究所
复印缩微设备	机械电子工业部	二	静电复印机 GB10992—89	机电部天津复印技术研究所、国营汉光机械厂
	中国船舶工业总公司	二	汉光 F3200Z 变倍薄纸复印机	国营汉光机械厂
		二	复印机用三项消耗品引进国产化	国营汉光机械厂
衡器	机械电子工业部	二	GGP-87 型高精度电子皮带秤	机电部上海工业自动化仪表研究所、成都科学仪器厂、华东电子仪器厂
专用仪器仪表	中国石油天然气总公司	一	YKZ480 遥测地震仪	西安石油勘探仪器总厂
		一	SK-1004 型遥测数控地震仪	石油地球物理勘探局
		二	WDJ-A 完井多功能测井仪	西安石油勘探仪器总厂
		二	SQC882 色谱气测仪	上海石油仪器厂
		二	SY8 型高精度压力测试仪	江汉石油管理局仪表厂
	地质矿产部	二	XDY-Ⅱ型双道原子荧光光度计	北京地质仪器厂
	交通部	二	CZP 型船舶最佳纵倾配载仪	交通部上海船舶运输科学研究所
	中国有色金属工业总公司	二	BB-1 型智能式爆破仪研制	北京矿冶研究总院、北京市科技情报研究所
	航空航天工业部	二	弹射加速度、激光多普勒校准装置	304 所
	中国核工业总公司	二	电弧光源痕量金微机光电检测仪	核工业总公司地质局 203 研究所
		二	BH-5038 固放磁组合测井仪	二六一厂
		二	4SYCY-G250L 手提式液压测试仪	第五研究所
仪器仪表元器件	机械电子工业部	二	FS100 型电量变送器系列	机电部哈尔滨电工仪表研究所
		二	PN 结温度传感器工业化应用关键技术研究	机电部北京机械工业自动化研究所、辽宁宽甸晶体管厂
	航空航天工业部	二	声发射传感器	
	中国核工业总公司	二	CECA-140G 型电容式绝对压力变送器	二六二厂
仪表材料	机械电子工业部	一	1151 电容式变送器用恒弹性合金研究	机电部重庆仪表材料研究所
电子测量仪器	航空航天工业部	二	数字显示式脉冲、稳磁装置	桂林电机厂
电子工业专用设备	机械电子工业部	二	XF16 电解电容器自动老化测试分选装置	上海仪器仪表研究所

(续)

行　业	授奖部门	获奖等级	项目名称	主要完成单位
电子工业专用设备	机械电子工业部	二	专用集成电路版图验证系统	机电部北京机械工业自动化研究所
工业机器人	航空航天工业部	二	GZ-1 装配机器人研制	上海仪表厂
	中国有色金属工业总公司	二	工业机器人三轴球形手腕装置	北方工业大学
其他	机械电子工业部	一	精细陶瓷综合研究——超细 Si_3N_4 的制备，陶瓷强度性能及无损检测技术研究	机电部上海材料研究所
		二	炉用耐热钢性能评定及合理选用的研究	机电部上海材料研究所、机电部西安电炉研究所、第二汽车制造厂
		二	铝及铝合金阳极化电解着色工艺研究及推广应用	机电部武汉材料保护研究所
		二	真空渗碳技术的研究	机电部北京机电研究所、天津第二通用机械厂
		二	蠕墨铸铁稳定生产控制系统的研究与应用	山东省机械设计研究院、山东桓台蠕墨铸铁厂、清华大学
		二	恒电量方法和恒电量金属腐蚀速率仪的研制及应用	湖南大学
		二	铸铁焊条及焊丝 GB10044—88	机电部哈尔滨焊接研究所
		二	SB1030 型中英文电子打字机	上海电表厂
	冶金工业部	一	高纯洁度轴承钢开发研究	上海第五钢铁厂、冶金部钢铁研究总院
		二	铸造焦技术推广	鞍山热能研究院、煤炭科学研究院、北京煤炭化学研究所、沈阳铸造研究所、镇江焦化厂、无锡柴油机厂、北京焦化厂、沈阳中捷友谊机床厂
	中国汽车工业总公司、	二	型砂质量管理专家系统	第一汽车制造厂、清华大学
	中国船舶工业总公司	一	钢管内壁涂塑技术推广应用	中国船舶工业总公司 11 所
		二	重力焊推广应用与焊架的设计制造	大连造船厂
		二	无机锌和环氧富锌涂料无气喷涂机研制	长江机械厂
	中国有色金属工业总公司	二	智能型控制系统计算机辅助设计及现场调试通用装备	北方工业大学
	航空航天工业部	二	航天系统计量保证方案(MAP)研究	一院
		二	制造自动化网络系统研究	沈阳飞机制造公司、北京航空航天大学
		二	整体无余量精铸工艺研究	南方动力机械公司

〔第Ⅳ部分责任编辑：**白萍**（发明项目、获专利项目）、**王树良**（获国家科技进步奖项目、获国家星火奖项目、优秀科研成果项目）〕

机械工业

优质产品及节能产品

第Ⅴ部分

获国家优质产品金、银奖项目（1991 年）

根据国务院生产办公室“关于暂停对企业的评优升级活动和清理整顿各种对企业检查评比的通知”〔国生企业（1991）17 号文〕有关精神的规定，结合 1991 年国家优质产品评审进展的实际情况，国家质量管理奖审定委员会办公室于 1991 年 10 月 15 日完成了国优产品评审的结尾工作，并报经国家技术监督局同意，本年度共评出国家优质产品 393 项，其中金质奖 82 项，银质奖 311 项。现选择与机械工业有关的产品 157 项刊登在本《年鉴》上，其中金质奖 34 项(含 3 项扩牌产品)，银质奖 123 项（含 26 项扩牌产品)，标有 * 号的为扩牌产品。各行业的国优产品数见下表。

行　业	金质奖	银质奖	行　业	金质奖	银质奖
农业机械	1	8	城建机械		2
营林机械		1	环境保护设备		2
木材工业机械		2	消防设备及器材		1
金属切削机床	1	5	铁路机车车辆		3
锻压机械		2	汽车		6
通用机械	1	6	船舶	3	5
气体分离及液化设备	1		民用飞机	1	
机械通用零部件		1	工业锅炉		1
轴承		3	发电设备	5	4
起重运输机械		8	电机	1	3
矿山及煤矿机械	3	3	高压输变电设备	4	4
重型机械		4	电线电缆	2	3
石油化工设备	3	1	蓄电池		1
橡胶、塑料机械	1	2	电工专用设备		3
建筑工程机械	1	3	通用仪器仪表	1	5
食品机械	1	2	电影机械		1
纺织机械		3	衡器		1
轻工机械		1	专用仪器仪表		2
日用机械		2	民用爆破器材		1
家用电器	2	15	其　他		2
印刷机械		1	合　计	34	123
商业专用机械	2				

获国家优质产品金质奖项目

行　业	产品牌号型号名称	制造单位	所在地区
农业机械	江动牌 S195 型柴油机	江淮动力机厂	江　苏
金属切削机床	南通牌 XK5032 数控立式升降台铣床	南通机床厂	江　苏
通用机械	南光 F-250／1400 型立式涡轮分子泵	国营南光机器厂	四　川
气体分离及液化设备	川牌 LTQ-2000 型 50 万立方米／日油田气液分离设备	四川空气分离设备厂	四　川
矿山及煤矿机械	北建牌 RH6 液压挖掘机	北京建筑机械厂	北　京
	＊ 分岭牌 WY80 全液压挖掘机	合肥矿山机器厂	安　徽
	ZFY(LM)-120 型煤矿用反井钻机	苏南煤矿机械厂	江　苏
石油化工设备	生建牌 3LZ165-Ⅱ型螺杆钻具	山东省潍坊生建机械厂	山　东
	承石牌 CJT-3 型抽油机节能拖动装置	承德石油机械厂	河　北
	巨牌 QK300YB 石油修井动力钳	山东临朐石油机械厂	山　东
橡胶、塑料机械	橡胶热炼机	大连橡胶塑料机械厂	辽　宁
建筑工程机械	建友牌 JS350 双卧轴强制式混凝土搅拌机	山东省建筑机械厂	山　东
食品机械	多丽牌 DKL-5 型远红外食品烤炉	南海县平北电热设备厂	广　东
家用电器	容升牌电冰箱	珠江电冰箱厂	广　东
	漩牌 QXW35 型电冰箱压缩机	上海冰箱压缩机厂	上　海
商业专用机械	华凌牌 BCD-178W 冷藏冷冻箱	中国雪柜实业有限公司	广　东
	积雪牌 NIL8-50m³ 室内装配式冷库	承德商业机械公司	河　北
船舶	2700 箱集装箱船	沪东造船厂	上　海
	52000 吨浮式生产储油船	沪东造船厂	上　海
	AM3 级电焊锚链	镇江锚链厂	江　苏
民用飞机	运十二Ⅱ型飞机	哈尔滨飞机制造公司	黑龙江
发电设备	N300-16.7／537／537 引进型 300MW 中间再热凝汽式汽轮机	上海汽轮机厂	上　海
	C66-0.78 锅炉给水泵汽轮机	东方汽轮机厂	四　川
	东电牌 QFSN-300-2 型 300MW 汽轮发电机	东方电机厂	四　川
	ND 牌 SFW850-6／118(1180 牌机座号)水轮发电机	福建南平电机厂	福　建
	HG-2008／186-M 型电站锅炉	哈尔滨锅炉厂	黑龙江
电机	＊ 达利牌 Y180-280 三相异步电动机	大连电机厂	辽　宁
高压输变电设备	平光牌 LE6-500／3150-40.50.63 六氟化硫高压断路器	平顶山高压开关厂	河　南
	＊ 锦开牌 SN10-101／630-16 型户内高压少油断路器	锦州新生开关厂	辽　宁
	飞达牌 WXB 系列微机高压线路成套继电保护装置	南京电力自动化设备厂	江　苏
	WGXL-1 型微机高压线路成套继电保护装置	北京电力自动化设备厂	北　京
电线电缆	三 A、海鸥牌 YGV、YJV22 系列 10kV 及以下铜芯交联聚乙烯绝缘电力电缆	广东电缆厂	广　东
	ZL、新华牌 YJV、YJV22 系列 10kV 及以下铜芯交联聚乙烯绝缘电力电缆	郑州电缆厂	河　南
通用仪器仪表	皖肥牌 LC-0150 椭圆齿轮流量计	合肥仪表总厂	安　徽

获国家优质产品银质奖项目

行　业	产品牌号型号名称	制造单位	所在地区
农业机械	崂山牌崂山-61 手扶拖拉机	崂山拖拉机厂	山　东
	连环牌 R175A-Ⅰ柴油机	滨湖柴油机厂	湖　南
	国光牌 R175A 柴油机	全椒柴油机厂	安　徽
	* 东内牌 D180 型柴油机	常州柴油机厂	江　苏
	丰产牌 2B×2B-6A 半精量播种机	沂南播种机厂	山　东
	诸丰牌 2BBJ-6 型小麦半精量播种机	诸城市农具厂	山　东
	布谷牌 2BXC-12 半精量播种机	石家庄市农业机械厂	河　北
	中喷牌 ZY-1、ZY-2 型摇臂式喷头	河南省水利机械厂	河　南
营林机械	林花牌 BJ331 手抬机动泵	林业部泰州林业机械厂	山　东
木材工业机械	友牌 MQ431A 台式多用木工机床	山东威海通用机械厂	山　东
	鹏翔牌 MQ431 台式多用木工机床	山东威海木工机械厂	山　东
金属切削机床	长铣牌 XK50381(S8J4／1)型数控立式升降台铣床	长征机床厂	四　川
	凌山牌 SEMEX400 机械滑台	湖北机床厂	湖　北
	上一牌 CJX3-9.12 交流接触器	上海机床电器厂	上　海
	沈凯牌 CJX3-9.12(3JB-40／41)交流接触器	沈阳二一三机床电器厂	辽　宁
	石林牌 CJX3-9.12 交流接触器	天水二一三机床电器厂	甘　肃
锻压机械	金山牌 35MN 旋转料室电板挤压机	上海重型机器厂	上　海
	EAS600-MB、FISI250-MB 机械压力机	第一重型机器厂	黑龙江
通用机械	GYJ 牌 3H-8／450 型油田用高压三柱塞泵	大港石油管理局总机械厂	天　津
	* CTP 驰天牌 SN440、660-46 三螺杆泵	天津工业泵厂	天　津
	IS 系列单级单吸离心式清水泵	四川省南部嘉陵水泵厂	四　川
	海狮牌 IH 型化工离心泵	靖江化工机械厂	江　苏
	Z-1.42／10 型空气压缩机	江苏省大丰县轻工业机械厂	江　苏
	玉环牌 4-72N06C(D)、10C(D)、12C(D)离心通风机	石家庄市风机厂	河　北
机械通用零部件	*合液牌 CBF-E 系列齿轮油泵	合肥液压件厂	安　徽
轴承	LS 牌 GE50E 单缝向心关节轴承	福建省龙溪轴承厂	福　建
	* ZWZ 牌 7608E 圆锥滚子轴承	瓦房店轴承厂	辽　宁
	* ZXY 牌 7608E 圆锥滚子轴承	襄阳轴承厂	湖　北
起重运输机械	* 川建牌 FO／23B 塔式起重机	四川建筑机械厂	四　川
	QY16 型汽车起重机	长江起重机厂	四　川
	海虹牌 QY16 汽车起重机	徐州起重机厂	江　苏
	* 工环牌 QY16 型汽车起重机	北京起重机厂	北　京
	* 武陵牌 QY16 型汽车起重机	浦沅工程机械厂	湖　南
	系列起重机超载限制器	常州起重机械附件厂	江　苏
	杭叉牌 CPC3 三吨机械传动叉车	杭州叉车总厂	浙　江
	北叉牌 CPQ 一吨内燃平衡重式叉车	北京叉车总厂	北　京
矿山及煤矿机械	PE-150、X250 复摆颚式破碎机	贵阳探矿机械厂	贵　州
	* 山宝牌 PE-150×250 复摆颚式破碎机	上海建筑机械厂	上　海
	ZK-2 型煤矿机采工作面通信控制系统	天津煤矿专用设备厂	天　津
重型机械	燃煤载体加热炉	常州能源设备厂	江　苏
	LK 牌 ZKL3A(XL-30)行星齿轮减速器	洛阳矿山机器厂	河　南
	* 天星牌 X5、X7 行星摆线针轮减速机	天津减速机厂	天　津
	* 165000m^3 稀油密封干式煤气柜	中华造船厂	上　海
石油化工设备	江陵牌 SNC35-16Ⅱ型固井水泥车高压装置	江汉石油管理局第四机械厂	湖　北

行　业	产品牌号型号名称	制造单位	所在地区
橡胶、塑料机械	SZ-200／1250(SZ-200／120)塑料注射成型机	浙江塑料机械总厂	浙　江
	SZ-160／800NB 塑料注射成型机	宁波塑料机械总厂	浙　江
建筑工程机械	永立牌 JZC200 齿圈锥形反转出料混凝土搅拌机	陕西省建筑工程机械厂	陕　西
	* 古城牌 JZC200 混凝土搅拌机	扬州机械厂	江　苏
	* 山花牌 YN30A 型手持式内燃凿岩机	宜春风动工具厂	江　西
食品机械	方圆牌全自动电阻焊罐身生产线	广东汕头轻工业机械厂	广　东
	凌云牌 XDHTM80 型窗式电热食品烤炉	云南省商业机械厂	云　南
纺织机械	SYZ-4YZ-75CB 四梭塑料圆织机	辽宁抚顺市轻工业设备厂	辽　宁
	陀螺牌直径 25mm 六锭棉纺细纱罗拉	上海纺织机械专件厂	上　海
	飞霞牌熔融纺丝圆形孔喷丝板	常州喷丝板厂	江　苏
轻工机械	沈灯牌 CDY24 滴料压饼式吹泡机	沈阳灯泡厂	辽　宁
日用机械	* 上海牌 ZSH 机械男表、SS5A 机械女表	上海手表厂	上　海
	* 海鸥牌 ST6B 机械(日历)女表	天津手表厂	天　津
家用电器	扬子牌电冰箱	扬子电冰箱厂	安　徽
	海河牌 QD44 小型全封闭制冷压缩机	天津海河冰箱压缩机总公司	天　津
	飞菱牌 QD48 型电冰箱压缩机	上海新新机器厂	上　海
	华光牌 QD57 型电冰箱压缩机	万宝集团冰机制作工业公司	广　东
	三乐牌 DB265-3 型全自动洗衣机	南京三乐电气总公司	江　苏
	* 水仙牌 XDB30-23 全自动洗衣机	上海洗衣机总厂	上　海
	* 申花牌 XDB30-3T 全自动洗衣机	上海三灵洗衣机厂	上　海
	* 威格马、五羊牌 KWA-308 全自动洗衣机	广州洗衣机厂	广　东
	* 鹰牌 1050、1200 型吊风扇	广东顺德华英风扇厂	广　东
	南方牌吊风扇	广东顺德南方电器厂	广　东
	琴宝牌 YP4-4(CPTⅡ-70)、YP5-4(CPTⅣ-140)型排油烟机	青岛室内净化设备厂	山　东
	铁马牌 CPT-755×2 型自动报警双通脱排油烟机	浙江湖州铁马家用电器厂	浙　江
	北斗牌 CPWⅣ110-2 型双头吸排油烟机	重庆航宇家用电机厂	四　川
	星球牌 KJD 型排油烟机	上海向东仪表厂	上　海
	老板牌 CPT-7 型脱排油烟机	浙江余姚县红星五金厂	浙　江
印刷机械	丹鹤牌 AWO-1800 小型胶印机	营口市复印机厂	辽　宁
城建机械	劳动牌 YSF-1 型液化石油气瓶阀	上海市劳动阀门厂	上　海
	万安牌 YST-1 型液化石油气瓶阀	宁波万安阀门厂	浙　江
环境保护设备	桧柏牌 BC02-50 型有机气体催化净化装置	高邮市环保设备制造厂	江　苏
	4FAA5×37.5H-2×90-125-A2 电除尘器	上海冶金矿山机械厂	上　海
消防设备及器材	上海牌 ZSTP15／68 玻璃球普通型洒水喷头	上海消防器材总厂	上　海
铁路机车车辆	C62A(N)型敞车	眉山车辆工厂	四　川
	东风(4)内燃机车牵引齿轮	南口机车车辆机械工厂	北　京
	YQB-1 型液压起拔道机	林口起拔道机厂	黑龙江
汽车	解放牌 CA1091(CA141)型五吨载货汽车	第一汽车制造厂	吉　林
	东风牌 EQ1090(EQ140-1)型五吨载货汽车	第二汽车制造厂	湖　北
	哈尔滨牌 HKC6978(HK348T)型城市客车	哈尔滨客车厂	黑龙江
	长发牌 CS4920-1A 型汽油发动机	长沙汽车发动机总厂	湖　南
	* 解放牌轻型轿车系列钢圈	第一汽车制造厂	吉　林
	跃进牌膜片弹簧离合器	南京汽车制造厂离合器厂	江　苏
船舶	7000 吨滚装船	大连造船厂	辽　宁
	* 兰电牌 75GFC70 船用柴油发动机组	兰州电机厂	甘　肃
	IHI 液压甲板机械	武汉船用机械厂	湖　北
	船用蝶阀	大连船用阀门厂	辽　宁

(续)

行　业	产品牌号型号名称	制造单位	所在地区
船舶	五一牌 Y80-180-H 系列(IP44)船用三相泊电动机	上海五一电机厂	上　海
工业锅炉	SZL6、10-1.25-AⅢ双锅筒纵置式组装链条炉	上海四方锅炉厂	上　海
发电设备	广发牌 YDT 中型水轮电液调速器	南宁发电设备总厂	广　西
	大达牌 GLF2000-1000 大型汽轮发电机励磁用变流装置	黑龙江省哈尔滨新生开关厂	黑龙江
	SDF 牌 JD540-1、JD420-1 型 300MW 低压加热器	上海电站辅机厂	上　海
	低压加热器	哈尔滨汽轮机厂辅机工业公司	黑龙江
电机	＊ BJ 牌 H180-280Y 系列三相异步电动机	北京电机总厂	北　京
	＊ 飞球牌 YB80-280 隔爆型三相异步电动机	佳木斯电机厂	黑龙江
	复旦牌 36L1224 型盒式磁带录音机用电子稳速永磁直流电动机	上海复旦电容器厂	上　海
高压输变电设备	森田牌 SCL-30-630／10 环氧浇注干式变压器	上海变压器厂	上　海
	＊ 榕牌 RBS8-30-50／10 低损耗节能电力变压器	福州变压器厂	福　建
	CXK 牌 SN10-101／630-16 型户内高压少油断路器	吉林省长春新生开关厂	吉　林
	PC 牌 PQI-10 针式瓷绝缘子	萍乡电瓷厂	江　西
电线电缆	小猫牌 WQPN10-1.8／3kV 3×20 平方毫米中温等级潜油泵电缆	天津市电缆总厂	天　津
	＊ 金环牌 YJV、YJV22 系列 10kV 及以下铜芯交联聚乙烯绝缘电力电缆	沈阳电缆厂	辽　宁
	＊ QAVY 特种漆包圆铜线	常州无线电材料总厂	江　苏
蓄电池	太行牌 GNZ100、150(2)300、KT200、KP500 型碱性蓄电池	国营第七五五厂	河　南
电工专用设备	飞燕牌、万里牌管柄式线钳	天津五金工具七厂	天　津
	双工牌 DG300～900mm 管式断线钳	济南五金工具二厂	山　东
	门字牌 600、750mm 断线钳	北京市门头沟五金工具厂	北　京
通用仪器仪表	太空牌电动计量加油机	新阳机器公司	辽　宁
	长空牌 J-60A 自动计量加油机	北京长空机械厂	北　京
	航空牌 DZ-5 振动测量分析仪	上海航空测控技术研究所	上　海
	青云牌 RWD30／2A 软支承动平衡机	北京青云仪器厂	北　京
	丹仪牌 XXQ-2005 携带式 X 射线探伤机	丹东射线仪器集团公司	辽　宁
电影机械	井岗山牌 104-X2 型移动式电影放映机	解放军二六〇一工厂	上　海
衡器	BM-LS20 吨称重传感器	济南衡器厂	山　东
专用仪器仪表	卫士牌 JTJ 型金属探测器	青岛电子检测仪器厂	山　东
	＊ GJT-5 型钢轨超声波探伤仪	上海超声波仪器厂	上　海
民用爆破器材	百灵牌 K.D 工业雷管	江西钢丝厂	江　西
其他	嘉陵牌 12 号猎枪弹(塑壳)	嘉陵机器厂	四　川
	虎头牌 HL12-203　12 并立式双管运动猎枪	长安机器制造厂	四　川

〔中国质量协会房玉生供稿〕

获国务院各部优质产品项目 （1991 年）

1991 年国务院各部门评选了优质产品，现选择与机械工业有关的 1103 项刊登在本《年鉴》上。各行业获奖项数如下表。

行　业	获奖项数	行　业	获奖项数	行　业	获奖项数
农业机械	83	包装机械	11	电器控制成套设备	1
畜牧机械	7	纺织机械	12	电力电子器件与装置	2
营林机械	3	轻工机械	14	电线电缆	39
木材工业机械	9	日用机械	68	绝缘材料	5
金属切削机床	34	家用电器	58	电碳制品	2
锻压机械	7	印刷机械	2	蓄电池	1
铸造机械	7	医疗器械	20	电工合金	2
量具刃具	21	商业专用机械	4	电焊机	2
磨料磨具	12	水工机械	7	电焊条	7
通用机械	65	城建机械	5	工业电炉	6
气体分离及液化设备	1	环境保护设备	3	通用仪器仪表	62
机械通用零部件	25	消防设备及器材	16	照相机械	2
轴承	26	铁路机车车辆	5	复印缩微设备	2
起重运输机械	30	船舶	21	电影机械	2
地质勘探设备	4	汽车	57	衡器	10
矿山及煤矿机械	24	摩托车	7	教学仪器设备	1
重型机械	24	工业锅炉	7	专用仪器仪表	6
石油化工设备	38	工业燃气轮机	1	仪器仪表元器件	7
橡胶、塑料机械	11	发电设备	17	仪表材料	7
建筑工程机械	34	电机	44	其他	4
粮油机械	27	高压输变电设备	44	合计	1103
食品机械	9	低压电器	9		

行　业	授奖部门	产品牌号型号名称	制造单位	所在地区
农业机械	机械电子工业部	江淮牌江淮-51 型手扶拖拉机	安徽拖拉机厂天长总装分厂	安　徽
		长江牌长江 51 型手扶拖拉机	安徽六安手扶拖拉机厂	安　徽
		崂山牌崂山-61 型手扶拖拉机	崂山拖拉机厂	山　东
		东昌牌 TS90 型泰山-12 小四轮拖拉机	山东聊城拖拉机厂	山　东
		黄海牌金马-180 型轮式拖拉机	盐城市拖拉机厂	江　苏
		沭河牌沭河-61 型手扶拖拉机	山东手扶拖拉机制造厂	山　东
		TY-81 型手扶拖拉机	江西手扶拖拉机制造厂	江　西
		朝阳牌 6102BQ 型柴油机	朝阳柴油机厂	辽　宁
		红岩牌 R6250Z 型柴油机	红岩机器厂	四　川
		龙舟牌 165F 型柴油机	湖南汨罗市柴油机厂	湖　南
		连环牌 165F 型柴油机	湖南滨湖柴油机总厂	湖　南
		湘潭牌 XT185 型柴油机	湘潭柴油机厂	湖　南
		山茶牌 2105A 型柴油机	广东省韶关内燃机厂	广　东
		英山牌 6135K-1　135 系列柴油机	广西英山柴油机厂	广　西
		海洋牌 6135G 型柴油机	江门柴油机总厂	广　东
		友谊牌 1E40FP 型汽油机	北京小型动力机械厂	北　京
		勇士牌 1E40FP 型小型汽油机	山东临沂农业药械厂	山　东

(续)

行　业	授奖部门	产品牌号型号名称	制造单位	所在地区
农业机械	机械电子工业部	光力牌 12GF69、40GF69 型交流工频柴油发电机组	大连第四电机厂	辽　宁
		参花牌 75GF30 型交流工频柴油发电机组	黑龙江绥化电机厂	黑龙江
		益齿牌泰山-12 型拖拉机齿轮	山东青州齿轮厂	山　东
		飞华牌泰山-12 型小四轮拖拉机齿轮	青岛第二齿轮厂	山　东
		金鸥牌东风-12 型手扶拖拉机齿轮	福建建瓯齿轮厂	福　建
		定齿牌太行-12 型拖拉机齿轮	河北省保定地区齿轮厂	河　北
		BY 牌长江-51 型手扶拖拉机齿轮	合肥齿轮总厂	安　徽
		EC 牌神牛 25 型拖拉机齿轮	湖北齿轮厂	湖　北
		天鹅牌工农-12K 型手扶拖拉机圆柱齿轮	韶关齿轮厂	广　东
		力牌 TS-12 型拖拉机花键轴	山东省东平县农机厂	山　东
		百灵牌泰山-12 型拖拉机离合器总成	潍坊离合器厂	山　东
		强力牌 LQ4.4S(8.8S)型拖拉机离合器总成	肥西离合器总成厂	安　徽
		北化牌 223 型化油器	北京化油器厂	北　京
		大字牌 6A85Z20 型喷油泵总成	大连油泵油嘴厂	辽　宁
		兰油牌 1Ⅰ-80Z 型单体喷油泵总成	兰州油泵油嘴厂	甘　肃
		亚字牌 XZ8A12 型柴油机喷油泵柱塞偶件	山东聊城油泵油嘴厂	山　东
		肖山牌 SAZ60A12(X26A)型柴油机喷油泵柱塞偶件	杭州油泵油嘴厂	浙　江
		朝晖牌 C0405 型柴油滤清器	贵州朝晖机械厂	贵　州
		三合牌 C0506B 型柴油滤清器	扬州滤清器厂	江　苏
		嘶马牌 C0506B 型柴油滤清器	江都县内燃机配件厂	江　苏
		五峰牌 C0506B 型柴油滤清器	江西上犹滤清器厂	江　西
		湘江牌 S195 型转子机油泵	湖南机油泵厂	湖　南
		GP 牌 S195 X195 型柴油机机油泵	江苏高淳机油泵厂	江　苏
		鲸牌 S195 型柴油机机油泵	常州机油泵厂	江　苏
		淳安牌 485Q 型机油泵	浙江淳安机油泵厂	浙　江
		北化牌 492 型机油泵	北京化油器厂	北　京
		流畅牌 492Q 型机油泵	江西机油泵厂	江　西
		三帆牌 S195 型柴油机油箱	南京内燃机配件三厂	江　苏
		常灵牌 S195 型柴油机油箱	常州钣焊厂	江　苏
		醉草牌 S195 型柴油机油箱	来安县油箱厂	安　徽
		云岭牌 X95 型内燃机铝活塞	云南大理活塞厂	云　南
		云岭牌 492Q 型内燃机铝活塞	云南大理活塞厂	云　南
		SNP 牌 D433A 型铝活塞	石家庄内燃机配件总厂	河　北
		远程牌 S195 型铝活塞	四川广汉活塞厂	四　川
		中字牌 CTS120 型铸铁气缸套	上海内燃机配件总厂	上　海
		衡山牌 165F 型气缸套	湖南衡山缸套厂	湖　南
		云山牌 S195、S1100 型柴油机气缸盖	河北辛集气缸盖厂	河　北
		五菱牌 S1100 型柴油机机体	武进县柴油机机体厂	江　苏
		致远牌 195 型柴油机齿轮	青岛第一齿轮厂	山　东
		天都牌 S195 型连杆螺栓	芜湖高强度螺栓厂	安　徽
		丰产牌 2BXB-6A 型半精量播种机	山东沂南播种机厂	山　东
		丰产牌 2BXB-9A 型半精量播种机	山东沂南播种机厂	山　东
		布谷牌 2BXC-12 型半精量播种机	石家庄农业机械厂	河　北
		诸丰牌 2BBJ-6 型小麦半精量播种机	山东诸城农具厂	山　东
		布谷牌 BGF-24A2 型施肥播种机	石家庄农业机械厂	河　北
		全农牌 3WBS-14 型塑料背负喷雾器	安徽全椒县农业药械厂	安　徽
		佳联牌 JL1065、1075 型联合收割机	佳木斯联合收割机厂	黑龙江
		东风牌 SE514 型联合收割机	四平联合收割机厂	吉　林
		4L2.5B 型桂林-3 号稻麦联合收割机	桂林联合收割机总厂	广　西

(续)

行 业	授奖部门	产品牌号型号名称	制造单位	所在地区
农业机械	机械电子工业部	梅花牌 JL650 型胶轮力车	国营青岛车辆厂	山 东
		双力牌 JL650 型胶轮力车	山东聊城运输机械厂	山 东
		工字牌 JL650 型胶轮力车	金华车辆厂	浙 江
		农字牌 JL650 型胶轮力车	杭州力车厂	浙 江
		跃牌 JL650 型胶轮力车	湖北襄樊力车厂	湖 北
		大力牌 JL650 型胶轮力车	商丘车辆厂	河 南
		合字牌 JL650 型胶轮力车	合肥车辆制造厂	安 徽
		马头牌 JL650 型胶轮力车	邢台车辆厂	河 北
		济车牌 20×6.00F 型板材车轮	山东济宁车轮厂	山 东
		四环牌 7C−2A2、7C2、7C1 型农机钢板弹簧	常州弹簧厂	江 苏
		安簧牌 7CC3 型农用挂车钢板弹簧总成	安徽安庆汽车钢板弹簧厂	安 徽
		新达牌 7C1−5 型一吨挂车钢板弹簧总成	河南新乡弹簧总厂	河 南
		飞舟牌 7G4、12 型农船用挂机挂桨	南澳县农机修理制造厂	广 东
		山峰牌 7G6 型船用挂机	福鼎县船用挂机厂	福 建
		牛牌湖北−12 型机耕船	湖北机耕船厂	湖 北
		立鹤牌 8.8CP−50 型轻型喷灌机	河南新郑县喷灌机厂	河 南
		鸿羽牌 65BPZ−55 型喷灌自吸泵	河南驻马店市喷灌机厂	河 南
畜牧机械	机械电子工业部	畜旺牌 9F−32 型饲料粉碎机	安陆市农业机械厂	湖 北
		潍河牌 9FQ40−20 型锤片式饲料粉碎机	山东诸城农业机械厂	山 东
		宇峰牌 9FQ−40B 型锤片式饲料粉碎机	江西吉水县农机修造二厂	江 西
		丰收牌 9F45A 型饲料粉碎机	宁城农牧机械厂	内蒙古
		DPDB304A 型颗粒饲料压制机	大同农牧机械厂	山 西
		昆仑牌 9N−50 型手摇牛奶分离器	青海农牧机械厂	青 海
		岷机牌 95N−50 型手摇牛奶分离器	四川岷山机械厂	四 川
营林机械	林业部	BG33 油锯	西北林业机械厂	宁 夏
		3MF−4 背负式弥雾喷粉机	西北林业机械厂	宁 夏
		6MFA 风力灭火机	西北林业机械厂	宁 夏
木材工业机械	林业部	ZLM50 装载机	常州林业机械厂	江 苏
		EQ−140 汽车钢板弹簧	昆明林业机械厂	云 南
		BY134×8／20 纤维板热压机	上海人造板机器厂	上 海
	机械电子工业部	晶花牌 MQ431 型台式木工多用机床	威海鲁东机械厂	山 东
		三工牌直径 160∼1250mm 木工圆锯片	哈尔滨第三工具厂	黑龙江
		剑龙牌直径 200～800mm 木工圆锯片	四川自贡市机动刀具厂	四 川
		海鸥牌 U011A 直径 300、500、800mm 木工圆锯片	山西太行锯条厂	山 西
		二工牌 40～1010mm 木工机用直刃刨刀	哈尔滨第二工具厂	黑龙江
		都江牌 MBL514 型木工安全平刨床	都江木工机床厂	四 川
金属切削机床	机械电子工业部	齐一牌 C5116A 型单柱立式车床	齐齐哈尔第一机床厂	黑龙江
		齐一牌 C518A 型单柱立式车床	齐齐哈尔第一机床厂	黑龙江
		沈一机牌 S1−240B 型活塞车床	沈阳第一机床厂	辽 宁
		世纪牌 X754 型卧式床身铣床	上海第四机床厂	上 海
		XK5032 型数控立式升降台铣床	南通机床厂	江 苏
		XK5038(CS8J4)型数控升降台铣床	长征机床厂	四 川
		东进牌 ZH1×63W40 型铣削组合铣床	盐城红旗机床厂	江 苏
		重机牌 YA4232 型剃齿机	重庆机床厂	四 川
		重机牌 YA4250 型剃齿机	重庆机床厂	四 川
		长吉牌 YS5120A 型高速插齿机	长江机床厂	湖 北

(续)

行　业	授奖部门	产品牌号型号名称	制造单位	所在地区
金属切削机床	机械电子工业部	星月牌 Z4012B 型台式钻床	湖北荆州台钻厂	湖　北
		武夷山牌 ZT512W 型台式钻床	福州台钻厂	福　建
		黄山牌 Z4112B(512-2B)型台式钻床	安徽黄山台钻厂	安　徽
		WH 牌 T716A 型立式精镗床	芜湖重型机床厂	安　徽
		WH 牌 T7220A 型立式精镗床	芜湖重型机床厂	安　徽
		3MZ1410SA 型全自动球轴承外圈沟双头磨床	石家庄轴承专用设备总厂	河　北
		上工牌 A-T 型直径 3～16mm 硬质合金旋转锉	上海工具厂	上　海
		HS-H 型全液压小型四转工作台式组合机床	国营北京北方精密机械厂	北　京
		双三角牌 QH 系列 125、160、200mm 机床用平口虎钳	北京燕山机床附件厂	北　京
		环球牌 K11(KZ)系列三爪自定心卡盘	呼和浩特机床附件总厂	内蒙古
		飞球牌 DGZ-1 型宽＜5m、速度＜12m／min 机床导轨防护罩	上海机床附件三厂	上　海
		双工牌 1～4 类件 12mm 槽系列组合夹具元件	沈阳组合夹具厂	辽　宁
		上一牌 JZC2(3TH)型接触器式继电器	上海机床电器厂	上　海
		上一牌 CJX3(3TB)系列交流接触器	上海机床电器厂	上　海
		沈凯牌 CJX3(3TB)系列交流接触器	沈阳二一三机床电器厂	辽　宁
		石林牌 CJX4-9、12、40、50、63 型交流接触器	天水二一三机床电器厂	甘　肃
		LXP1(3SE3)系列行程开关	北京第一机床电器厂	北　京
		LXK3 系列行程开关	北京第一机床电器厂	北　京
		AY 牌 MFJ6-18YC 型交流湿式阀用电磁铁	安阳机床电器厂	河　南
		AY 牌 MFZ6-22YC 型直流湿式阀用电磁铁	安阳机床电器厂	河　南
		KS1-35A～435A 型可控硅直流调速变流装置	襄樊机床电气传动设备厂	湖　北
	航空航天工业部	ZC8645、8645C、ZC866 三坐标测量机	前哨机械厂	山　东
	中国船舶工业总公司	WKQ 系列数控切割机	中国船舶工业总公司 11 所	上　海
	轻工业部	威扬牌 DJM-25D 刀剪磨床	扬州五金机械厂	江　苏
锻压机械	机械电子工业部	金电牌 JB04-0.5(1)型台式压力机	浙江萧山精密压力机厂	浙　江
		YDH 牌 YH32-500 型四柱液压机	合肥锻压机床总厂	安　徽
		恒力牌 W11-20×2000A 型三辊卷板机	南通重型机器厂	江　苏
		岱岳牌 WC67Y-63／2500 型液压板料折弯机	泰安锻压机床厂	山　东
	水利部	WC67Y-40／2000 型板料折弯机	无锡冶金机械厂	江　苏
		WC67Y-100／3200 型板料折弯机	无锡冶金机械厂	江　苏
		WC67Y-160／4000 型板料折弯机	无锡冶金机械厂	江　苏
铸造机械	机械电子工业部	飞跃牌 J1125E 型卧式冷室压铸机	上海压铸机厂	上　海
		铸乐牌 S1110(S1110A)型辗轮式混砂机	青岛第三铸造机械厂	山　东
		QZ 牌 S1125A、S1125B 型辗轮混砂机	青岛铸造机械厂	山　东
		QZ 牌 S1116B 型辗轮混砂机	青岛铸造机械厂	山　东
		金水牌 Q034 型抛丸叶轮	潍坊机床二厂	山　东
		大林牌 2GS90-210(H)-30 型铸造用水选砂	通辽大林型砂厂	内蒙古
	中国船舶工业总公司	ZX-5 铸板生产线	江陵仪器厂	四　川
量具刃具	机械电子工业部	重工牌 6～25mm 稀土高速钢车刀条	重庆工具厂	四　川
		双六牌直径 5～20mm 直柄粗齿立铣刀	杭州工具总厂	浙　江
		二工牌直径 6～20mm 直柄立铣刀	哈尔滨第二工具厂	黑龙江
		本工牌直径 32～200mm 中齿锯片铣刀	本溪工具厂	辽　宁

行　业	授奖部门	产品牌号型号名称	制造单位	所在地区
量具刃具	机械电子工业部	工字牌直径 40～200mm 中齿锯片铣刀	无锡量具刃具厂	江　苏
		一工牌直径 80～315mm 镶齿三面刃铣刀	哈尔滨第一工具厂	黑龙江
		雄峰牌直径 63～100mm 直齿三面刃铣刀	北京工具厂	北　京
		矛牌直径 20～80mm4～12 键矩形花键拉刀	贵阳工具厂	贵　州
		菱形牌直径 15～125mm 矩形花键拉刀	汉江工具厂	陕　西
		矛牌键宽 6、8、10mm 键槽拉刀	贵阳工具厂	贵　州
		一工牌直径 10～85mm 圆拉刀	哈尔滨第一工具厂	黑龙江
		日月牌 1AIRSS／C1 型直径 1000～2000mm 金刚石圆锯片	第六砂轮厂	贵　州
		一工牌 M2～40 硬质合金齿轮滚刀	哈尔滨第一工具厂	黑龙江
		川字牌 M3～24 圆板牙	成都量具刃具总厂	四　川
		山工牌 M3～36 圆板牙	山东工具厂	山　东
		天量牌 0～150mm Ⅰ型镀铬游标卡尺	天津量具厂	天　津
		羊尖牌 0～150×0.1mm 电子数显卡尺	无锡工具量具厂	江　苏
		北量牌 0～150mm 电子数显卡尺	北京量具刃具厂	北　京
		晶花牌 100B 型塞尺(另一商标:长城)	沧州量具厂	河　北
		川字牌 M2～50 普通螺纹塞规	成都量具刃具总厂	四　川
	航空航天工业部	JZKG125-500、JZKG600-1000 大量规	北京 304 所	北　京
磨料磨具	机械电子工业部	泰山牌 PA24-240#铬刚玉磨料	第四砂轮厂	山　东
		泰山牌 WA24-240#白刚玉磨料	第四砂轮厂	山　东
		三星牌 WA24～90#白刚玉磨料	梅河口砂轮厂	吉　林
		金字牌 WA36～120#白刚玉磨料	宽甸满族自治县金刚砂厂	辽　宁
		白鸽牌 DBG10～2000mm×400～12500mm 全树脂干磨砂布带	第二砂轮厂	河　南
		日月牌 IDD6Y 直径 161～168mm 金刚石光学磨边砂轮	第六砂轮厂	贵　州
		长城牌 SCH、SFH 系列珩磨油石	北京砂轮厂	北　京
		工钻牌 SFH8-14mm×100mm 碳化硅珩磨油石	大连磨具厂	辽　宁
		双鱼牌 SFHL60～150mm 陶瓷强力珩磨石	山东烟台砂轮厂	山　东
		工钻牌 SC25mm×50mm×150mm 碳化硅双面油石	大连磨具厂	辽　宁
		鹰盾牌 SC50mm×25mm×125～200mm 碳化硅长方油石	哈尔滨油石厂	黑龙江
	航空航天工业部	ϕ200mm×50mm 试验筛	巴山机械厂	河　南
通用机械	机械电子工业部	玉泉牌 IS 型 25 悬架单级单吸清水离心泵	浙江江山水泵总厂	浙　江
		浙泵牌 IS 型 25 悬架单级单吸清水离心泵	黄岩八一通用机械厂	浙　江
		龙牌 IS 型 25 悬架单级单吸清水离心泵	自贡第二水泵厂	四　川
		金波牌 IS 型 25 悬架单级单吸清水离心泵	沈阳第一水泵厂	辽　宁
		鸭江牌 IS 型 25 悬架单级单吸离心清水泵	浑江市水泵厂	吉　林
		剑门牌 IS 型 25、35 悬架单级单吸清水离心泵	四川三台水泵厂	四　川
		银河牌 IS 型 35 悬架单级单吸清水离心泵	天津海河工业泵厂	天　津
		三联牌 IH 型 25 悬架单级单吸化工离心泵	安徽和县水泵厂	安　徽
		飞跃牌 IH50-32-160 型单级单吸化工离心泵	上海交大南洋靖江化工机泵阀门厂	江　苏
		飞跃牌 IH80-65-160 型单级单吸化工离心泵	上海交大南洋靖江化工机泵阀门厂	江　苏

(续)

行业	授奖部门	产品牌号型号名称	制造单位	所在地区
通用机械	机械电子工业部	大隆牌 3D-G23/20.5 型锅炉给水泵	上海大隆机器厂	上　海
		沈泵牌 40CHTA 型高压锅炉给水泵	沈阳水泵厂	辽　宁
		芦沟桥牌 ZX25-18 型自吸泵	北京丰台区北方水泵厂	北　京
		双轮牌 40LG12-15 型立式多级泵	威海水泵厂	山　东
		朝泵牌 32WZ-18×2 型多级自吸旋涡泵	朝阳水泵厂	辽　宁
		金球牌 6MF、8MF、10MFC-21B、14MNC-16A 型污水泵	上海水泵厂	上　海
		益泵牌 SL3NB-1300A 型钻井泵	青州水泵厂	山　东
		黄梅牌 295 型冷却水泵	湖北机油泵水泵厂	湖　北
		景塔牌 SB1075 型单缸活塞式手动泵	河北景县机械厂	河　北
		武风牌 Y4-73-12 型(一系列段)离心通风机	武汉鼓风机厂	湖　北
		鲁鹰牌 9-19No.5A 型离心通风机	国营济南风机厂	山　东
		通天牌 9-19No.5A 型高压离心通风机	河南周口风机厂	河　南
		庐风牌 9-19No.5A 型离心通风机	安徽风机厂	安　徽
		武风牌 9-26No.10 型离心通风机	武汉鼓风机厂	湖　北
		西山牌 Y6-41No.7.1C 型锅炉引风机	北京海淀区西山风机厂	北　京
		四风牌 550SIBB50、1000SIBB24 型水泥窑尾高温风机	四平鼓风机厂	吉　林
		白湖牌 Z45T-10 型 DN50～150 暗杆楔式铸铁闸阀	安徽白湖阀门厂	安　徽
		黄山牌 J41H-25(40)型 DN15、20、25 截止阀	安徽屯溪高压阀门厂	安　徽
		三角牌 BJ45W-25P(R)型 DN15～150 保温截止阀	浙江高中压阀门厂	浙　江
		广宇牌 A42Y-16C 型 DN50 弹簧全启式安全阀	广州阀门厂	广　东
		宝利牌 A47H-1.6C 型 DN50 弹簧微启式安全阀	石家庄锅炉阀门厂	河　北
		三角牌 Z48H-40 型 DN40、50 铸钢排污阀	浙江高中压阀门厂	浙　江
		三峰牌 CSB/C9W-6.4G 型 DN15、20、25 热动力型疏水阀	天津第三阀门厂	天　津
		大阀牌 CS17-16C(TSF-1)型 DN15、20 双金属疏水阀	大连高压阀门厂	辽　宁
		西湖牌 D641X-6 型 100D300、400、500 空分用切换蝶阀	杭州制氧机厂	浙　江
		东海牌 QF-011 型小型航空氧气瓶阀	上海东海阀门厂	上　海
		里米托克 SMC 系列阀门用电动装置	天津第二通用机械厂	天　津
		庐山牌 LWJ-19/7 型无基础空气压缩机	江西气体压缩机厂	江　西
		SGCF 牌 L-22/7 型空气压缩机	沈阳气体压缩机厂	辽　宁
		重气牌 L-22/7 型空气压缩机	重庆气体压缩机厂	四　川
		XY 牌 L-42/7-X 型空气压缩机	无锡压缩机总厂	江　苏
		沈鼓牌 DH80 型离心压缩机	沈阳鼓风机厂	辽　宁
		泉星牌 V-0.67/7 型空气压缩机	济南空压机厂	山　东
		顺风牌 ZYB60A 型真空压力复合气泵	镇江印刷机械厂	江　苏
		华极牌 WG-800 型卧式刮刀卸料离心机	上海化工机械厂	上　海
		上真牌 2XZ-0.5、1、2 型直联旋片式真空泵	上海真空泵厂	上　海
		中环牌 2X-1、8、70A 型旋片式真空泵	广东真空设备厂	广　东
		BY219167 2XQ-1、2X-4 型旋片式真空泵	北京仪器厂	北　京
		双山牌 SK-1.5、3、6、12 系列水环真空泵	淄博真空设备厂	山　东
		晴川牌 2BE1 系列单级水环真空泵	武汉水泵厂	湖　北
		三角牌 MLB1100 型半自动立式模切机	安徽淮南机床厂	安　徽
	能源部	ZD 牌 DG140-59 型锅炉给水泵	郑州电力机械厂	河　南
		常电牌 SYF 系列水汽取样装置	常州电力机械厂	江　苏
	轻工业部	洪流牌 50ⅡQZB06-8 球型转子泵	宜兴市液压泵厂	江　苏
		宜轻牌 QJB2.5-25 高压均质泵	宜兴市轻工机械厂	江　苏

(续)

行　业	授奖部门	产品牌号型号名称	制造单位	所在地区
通用机械	轻工业部	天乐牌 RP9E2 高压均质泵	常州市食品机械厂	江　苏
	航空航天工业部	120°静止压力曲筛	黎明发动机制造公司	辽　宁
		ZBN-H160F×K 斜轴式轴向变量泵	贵阳航空液压件厂	贵　州
		LF 型冷却塔风机系列	保定螺旋桨制造厂	河　北
		HRQ-21 空气机油换热器	豫新机械厂	河　南
	中国有色金属工业总公司	直径 1200mm 风机转子	衡阳有色冶金机械总厂	湖　南
		WG-1700 离心机	衡阳有色冶金机械总厂	湖　南
	中国船舶工业总公司	QDX6-10-0.37 型小型潜水电泵	九江市电器厂	江　西
	国家医药管理局	京立牌 LD5-2A 型低速离心机	北京医用离心机厂	北　京
		磁极牌普通台式低速离心机	上海手术器械厂	上　海
气体分离及液化设备	机械电子工业部	西湖牌 KDON 型 6000Nm3/h 分子筛增压流程空气分离设备	杭州制氧机厂	浙　江
机械通用零部件	机械电子工业部	行星牌 BZZ1-80～400ml/r 摆线转阀式全液压转向器	镇江液压件总厂	江　苏
		铁手牌 CDB-F15 型叉车多路换向阀	浙江临海液压件厂	浙　江
		金石牌 ZL-25 型多路换向阀	江西安福液压元件厂	江　西
		长佳牌 G30 系列高压齿轮泵	长江液压件厂	四　川
		力源牌 CBG2080 型中高压齿轮泵	武汉液压件厂	湖　北
		兰燕牌 YB1-25、YB1-50 型中压定量叶片泵	南京液压件厂	江　苏
		天液牌 DP-10 型压力继电器	天津液压件一厂	天　津
		飞升牌 YOX(S)450A 型限矩型液力偶合器	沈阳煤机配件厂	辽　宁
		永牌 IQGB(40-80)型气动气缸	江都县气动元件厂	江　苏
		永牌 QGBX 系列气动气缸	江都县气动元件厂	江　苏
		金翼牌 EQ140、CA-10、BJ212 型粉末冶金气门导管	金华粉末冶金厂	浙　江
		春菱牌 CA-10 型粉末冶金(铁基)气门导管	宜春地区摩擦材料厂	江　西
		潍河牌 EQ140 型气门导管	山东诸城粉末冶金厂	山　东
		天桥牌 212 型气门导管	北京粉末冶金厂	北　京
		宁住牌老 2105、X195 型内燃机气门导管	宁波粉末冶金厂	浙　江
		航空牌 GB818—85 M5、M6 十字槽盘头螺钉	上海标准件四厂	上　海
		远航牌 GB818—85 M3、M4 十字槽盘头螺钉	上海远东标准件厂	上　海
		金鼓牌 GB5780—86、GB5781—86 M8～24 六角头螺栓	上海螺钉厂	上　海
		双菱牌 GB5780—86、GB5781—86 M8～20 六角头螺栓	上海标准件七厂	上　海
		金盾牌 GB5780—86、GB5781—86 M6～18 六角头螺栓	广东佛山市标准件公司	广　东
		紧力牌 GB5780—86、GB5781—86 系列六角头螺栓	成都标准件总厂	四　川
		蓉球牌 GB5780—86、GB5781—86 M5～20 L≤150mm 六角头螺栓	江阴标准件厂	江　苏
		熊猫牌 GB93—87 弹簧垫圈	无锡标准件二厂	江　苏
	能源部	直径 100～300mmU 形波纹管膨胀节	上海电力建设修造厂	上　海
		U—200 型压型钢板	山西电力建设修造厂	山　西
轴承	机械电子工业部	HS 牌 180101、80101、101 密封深沟球轴承	贵州虹山轴承厂	贵　州
		SZ 牌 180105、180106 双面密封深沟球轴承	广东韶关轴承厂	广　东
		翱翔牌 180201 密封深沟球轴承	浙江东海轴承集团公司黄岩轴承厂	浙　江

(续)

行　业	授奖部门	产品牌号型号名称	制造单位	所在地区
轴承	机械电子工业部	桓台牌 180202K、180203K 密封深沟球轴承	山东省桓台县轴承厂	山　东
		三清牌 180203KE 密封深沟球轴承	玉山轴承厂	江　西
		赫赫牌 180204KZ1 密封深沟球轴承	益阳轴承厂	湖　南
		YC 牌 180205(6205-2RS)双面密封深沟球轴承	阳江市阳春轴承厂	广　东
		湖北牌 180205K 密封深沟球轴承	湖北轴承厂	湖　北
		双喜牌 180205KZ1 密封深沟球轴承	杭州轴承厂	浙　江
		FXT 牌 180205K、180308K 密封深沟球轴承	厦门轴承厂	福　建
		HRB 牌 180306-180309(6306-2RS～6309-2RS) 双面密封深沟球轴承	哈尔滨轴承总厂	黑龙江
		朱龙牌 180308K-Z2 密封深沟球轴承	淄博轴承厂	山　东
		YT 牌 7205E 圆锥滚子轴承	山东烟台轴承厂	山　东
		宇宙牌 7208E 圆锥滚子轴承	贵阳轴承厂	贵　州
		华声牌 7208E 圆锥滚子轴承	淮南轴承厂	安　徽
		KS 牌 7211E 圆锥滚子轴承	上海磕山轴承厂	上　海
		HI 牌 7608E 单列圆锥滚子轴承	长治轴承厂	山　西
		峨眉牌 7611E 圆锥滚子轴承	成都轴承总厂	四　川
		ZWZ 牌 7610E、7611E 圆锥滚子轴承	瓦房店轴承厂	辽　宁
		LSZ 牌 7309E 单列圆锥滚子轴承	山东梁山轴承厂	山　东
		ZGZ 牌 97210 双列圆锥滚子轴承	公主岭轴承厂	吉　林
		庐山牌 8204 单向推力球轴承	九江轴承厂	江　西
		精益牌 9248／30 滚针轴承	山东济宁轴承厂	山　东
		ZWZ 牌 10777／750 特大型四列圆锥滚子轴承	瓦房店轴承厂	辽　宁
		上微牌 C906092JK2 端盖轴承	上海微型轴承厂	上　海
		滚子牌 $\phi16\times16$、$\phi17\times17$、$\phi18\times18$、$\phi19\times19$ Ⅲ级轴承滚子	上海轴承滚子厂	上　海
起重运输机械	机械电子工业部	东岳牌 QY12 型汽车起重机	泰安汽车起重机总厂	山　东
		海虹牌 QY12 型汽车起重机	徐州重型机械厂	江　苏
		安利牌 QY12 型汽车起重机	蚌埠起重机厂	安　徽
		QY16 型汽车起重机	徐州重型机械厂	江　苏
		锦重牌 QY16A 型汽车起重机	锦州重型机械厂	辽　宁
		北起牌 QY16B 型汽车起重机	北京起重机器厂	北　京
		长江牌 QY16C 型液压汽车起重机	长江起重机厂	四　川
		银起牌 5～50t 通用桥式起重机	银川起重机器厂	宁　夏
		武林牌 HSH3／4～6t 手扳葫芦(另一商标：飞鸽)	杭州武林机器厂	浙　江
		J 字牌 CPC2 型内燃平衡重式叉车	锦州叉车总厂	辽　宁
		双力牌 CPC2K 型内燃平衡重式叉车	宝鸡叉车制造公司	陕　西
		飞牌 CPQ2 型内燃平衡重式叉车	宜昌叉车厂	湖　北
		双力牌 CPQ2K 型内燃平衡重式叉车	宝鸡叉车制造公司四厂	陕　西
		杭叉牌 CPCD2.5 型液力传动叉车	杭州叉车总厂	浙　江
		杭叉牌 CPCD3 型三吨液力传动叉车	杭州叉车总厂	浙　江
		成华牌 CPQ-3 型内燃平衡重式叉车	成都起重运输机械厂	四　川
		湖南牌 CPCD5 型内燃平衡重式液力传动叉车	湖南叉车总厂	湖　南
		巨鲸牌 CPCD30C 型内燃平衡重式叉车	厦门叉车总厂	福　建
		承矿牌 WTJ 型积放式悬挂输送机	承德输送机总厂	河　北
		金环牌 WDQ10050、15050、16050 型门式斗轮堆取料机	哈尔滨重型机器厂	黑龙江
	能源部	天光牌 MPQ100／1500、50C 型门式滚轮堆取料机	长春发电设备总厂	吉　林
		双帆牌 QG400-24S 混匀取料机	上海水工机械厂	上　海
		炬轮牌 GF 型叶轮给粉机	沈阳电力机械厂	辽　宁

(续)

行　业	授奖部门	产品牌号型号名称	制造单位	所在地区
起重运输机械	航空航天工业部	CSG(CQG、CZG)、TCM、CC 叉车系列油缸	辽原机械厂	陕　西
		LSM 型链式刮板输送机	安中机械厂	陕　西
		YG-6、YG-7 顶升油缸	枫阳液压电磁元件厂	贵　州
		AM、DM 系列电梯电机	曙光电机厂	北　京
		TMS 系列电梯继电器	贵州天义电工厂	贵　州
	农业部	白云牌 Z 型托盘式升降机	广州白云机电工业公司白云输送机械厂	广　东
	水利部	QTK10A 塔式起重机	烟台水利机械科研厂	山　东
地质勘探设备	地质矿产部	DPP100-4 型汽车钻机	张家口探矿机械厂	河　北
		DS6×800 型金刚石压机	张家口探矿机械厂	河　北
		GPP-5 型粉体喷射搅拌机	上海探矿机械厂	上　海
		BW-120 型泥浆泵	无锡探矿机械配件厂	江　苏
矿山及煤矿机械	机械电子工业部	犀牛牌 WJD-1.5 型电动铲运机	南昌通用机械厂	江　西
		青云牌 KY-200 型牙轮钻机	江西采矿机械厂	江　西
		久久牌 ST、SD4(6、8)轨轮式梭式矿车	江西矿山机械厂	江　西
		BCRH-15 型现场混装乳化炸药车	长治矿山机械厂	山　西
		LK 牌 2JK-2.5A(3A)型矿井提升机	洛阳矿山机器厂	河　南
		巨轮牌 JD-1 型调度绞车	太原卷扬机厂	山　西
		双力牌 JD-1 型调度绞车	宝鸡叉车制造公司五厂	陕　西
		山峰牌 2DPJ-15 型耙矿绞车	锦州矿山机械厂	辽　宁
		摩天牌 RXC-10 型插爪式斜井人车	吉林矿山机械厂	吉　林
		摩天牌 RXB15-6/6 型抱轨式斜井人车	吉林矿山机械厂	吉　林
		山宝牌 PE-150 型复摆颚式破碎机	上海建设—路桥设备有限公司	上　海
		华都牌 PE-250 型复摆颚式破碎机	北京人民矿山机械厂	北　京
		金峰牌 PE-400 型颚式破碎机	南宁重型机器厂	广　西
		川矿牌 PE-400 型复摆颚式破碎机	四川矿山机器厂	四　川
		久久牌 PE-250×400 型复摆颚式破碎机	江西矿山机械厂	江　西
		铁虎牌 PE-600×900 型复摆颚式破碎机	梅河口市矿山机械厂	吉　林
		星沙牌 PE-250×400 型复摆颚式破碎机	长沙重型机器厂	湖　南
		声远楼牌 PEX-150×750 型复摆细碎颚式破碎机	山东济宁矿山机械厂	山　东
		菱角牌 PEX-250×750 型复摆细碎颚式破碎机	松滋矿山机械厂	湖　北
		山宝牌 PEX-150×750、250×1000 型复摆细碎颚式破碎机	上海建设　路桥设备有限公司	上　海
		常矿牌 QG(S)-0918 型球磨机	常州矿山机械厂	江　苏
		吉字牌 JYD 型 1.1-11kW 油冷式电动滚筒	集安通用机械厂	吉　林
	冶金工业部	1.2m 粗碎机锡锑轴承偏心套	鞍钢矿山公司机修厂	辽　宁
	中国有色金属工业总公司	DS 型重力抱索器	衡阳有色冶金机械总厂	湖　南
重型机械	机械电子工业部	E1S1250-MB 型单点单动压力机	第一重型机器厂	黑龙江
		沈重牌 DRF2000 型热模锻压力机	沈阳重型机器厂	辽　宁
		直径 1250～1570mm 整锻支承辊	第二重型机器厂	四　川
		银鹰牌 QJR236-335 型起重机减速器	银川起重机器厂	宁　夏
		LK 牌 D110 型减速器	洛阳矿山机器厂	河　南
		金星牌 ML1-ML13 梅花形弹性联轴器	扬中县联轴器厂	江　苏
		LK 牌 GCr15SiMn、G20Cr2Ni4A 轴承钢锻件	洛阳矿山机器厂	河　南

(续)

行　业	授奖部门	产品牌号型号名称	制造单位	所在地区
重型机械	机械电子工业部	金山牌 100～300MW 发电机转子锻件	上海重型机器厂	上　海
	冶金工业部	钼球墨冷硬复合铸铁轧辊(直径 600～800mm，L800～1200mm)	上海新沪钢铁厂	上　海
		钼球墨冷硬复合铸铁轧辊(直径 550～800mm，L1200～2500mm)	天津市第一冶金机械厂	天　津
		低铬钼球墨无限冷硬铸铁型钢轧辊(直径 500mm 以上)	邢台冶金机械轧辊厂	河　北
		低铬钼球墨无限冷硬铸铁小轧辊(直径 200～500mm)	泊头市冶金轧辊厂	河　北
		铬钼无限冷硬铸铁型钢带槽轧辊(直径 320～510mm)	常州市轧辊厂	江　苏
		低合金球墨无限冷硬铸铁轧辊(直径 270～825mm)	江苏冶金机械厂	江　苏
		低铬钼球墨无限冷硬铸铁轧辊(直径 180～750mm)	济南冶金机械制修厂	山　东
		铬钼无限冷硬铸铁轧辊(直径 200～500mm)	天津市第二冶金机械厂	天　津
		ZU75CrMo 合金铸钢轧辊(直径 270～680mm)	上海冶金设备总厂	上　海
		锻钢有色冷轧工作辊(直径＜250mm，L＜2000mm)	常州冶金机械厂	江　苏
		热风炉密集型圆孔炉蓖	鞍钢南部机械厂	辽　宁
		高强度铸铁机链条(节距 305mm)	河北省三河链条总厂	河　北
		(JN60-82、JN43-80 型)陀式双体废气交换开闭器	江苏省江都县机械厂	江　苏
	中国有色金属工业总公司	锻钢双曲线矫直辊	沈阳有色冶金机械总厂	辽　宁
		冷硬铸铁矫直辊	沈阳有色冶金机械总厂	辽　宁
	中国船舶工业总公司	2 万～5 万 m^3 稀油密封干式煤气柜	广州造船厂	广　东
石油化工设备	机械电子工业部	象牌 ZQ100 型石油钻井用动力钳	江苏如东县石油机械厂	江　苏
		德石牌 CYJY3-1.5-6.5HB 型游梁式抽油机	四川德阳东方石化通用设备厂	四　川
		DS 牌 CYJY12-4.8-73HB 型抽油机	吉林大安石油机械厂	吉　林
		兰石牌 CYJ10-3-53HB 型游梁式抽油机	兰州石油化工机器厂	甘　肃
		松花湖牌 BASY 系列板框式加压滤油机	吉林第一机械厂	吉　林
		五峰牌 SQC-50000／18 型固定式液化石油气贮罐	江西制氧机厂	江　西
		宝环牌 HSC-C10(20)型液化石油气贮罐	邯郸石油化工机械厂	河　北
		HHJ 牌 BES600-2.5-45-3／25-2Ⅱ型浮头式换热器	淮南东风化工机械厂	安　徽
		雪山牌 BR0.2A 型板式换热器	四平换热器总厂	吉　林
	中国石油天然气总公司	KR-14-340 热采井口	河南石油勘探局总机厂	河　南
		PCH65×16Ⅲ型偏心抽油井口装置	大庆汽车修理厂	黑龙江
		PYC14-(21／2.3)偏心带压环测井口装置	华北石油管理局二机厂	河　北
		GG25／DGG28D 抽油杆	铁岭石油机械厂	辽　宁
		DN300 全液压输油臂	抚顺石油机械厂	辽　宁
		LZ165／3.4C、LZ165／3.4Y、LZ177／3.5、LZ197／3.4Y、LZ165／3.4X 螺杆钻具	北京石油机械厂	北　京
		LZ165／3.4C、LZ165／3.4Y、LZ177／3.5、LZ197／3.4Y、LZ165／3.5X 螺杆钻具	大港石油管理局总机厂	天　津
		YLB-1000S(Ⅰ)型压裂泵阀箱	四川川中矿区机械厂	四　川
		J61-250M／d 潜油电动多级离心泵	大庆石油管理局电泵技术服务公司	黑龙江
		2ZZS-D 钻井液振动筛	长庆石油勘探局二机厂	甘　肃
		GF-5　1／4 滚轮方补芯	华北石油管理局二机厂	河　北
	化学工业部	高压洗涤器	南京化学工业公司机械厂	江　苏
		BM800、BA630 液压金属板柜压滤机	济南化工机械总厂	山　东
		8000L 固碱锅	吉化公司机械厂	吉　林

(续)

行　业	授奖部门	产品牌号型号名称	制造单位	所在地区
石油化工设备	化学工业部	SK80-2A 立式砂磨分散机	重庆化机厂	四　川
		JZ110 轮碾式挤压造粒机	四川化工设备机械厂	四　川
		ϕ1.8×17 蒸汽煅烧炉	临沂化工机械厂	山　东
		DN100、DN150 球铁弯管	邢台化工电机厂	河　北
		ϕ3×12m 喷浆造粒干燥机	三门峡化工机械厂	河　南
		HGJ5191GYQ 液化石油气汽车槽车	石家庄化工机械厂	河　北
		KP5320GYQ 液化石油气汽车槽车	开平机械厂	广　东
		HGQ24／1.8(2.2)液化石油气汽车槽车	锦西化工机械厂	辽　宁
		BJG5170GYQ 液化石油气汽车槽车	北京金属结构厂	北　京
		SLH_2 双螺旋锥形混合机	杭州化工机械厂	浙　江
		GH40-15 列管式石墨换热器	青岛石墨制品厂	山　东
		HG40-10 列管式石墨换热器	沈阳化工机械厂	辽　宁
		YKA40 圆块孔式石墨换热器	南通炭素厂	江　苏
	中国船舶工业总公司	80 万吨／年 15CrMo 钢热壁加氢反应器	渤海造船厂	辽　宁
		整泵筒管式抽油泵	中南光学仪器厂	湖　北
橡胶、塑料机械	化学工业部	SHJ-30 双螺杆配混挤出机	南京橡胶塑料机械厂	江　苏
		XLG-1.7×4 硫化罐	盘锦橡塑机械厂	辽　宁
		SHJ-68 双螺杆配混挤出机	甘肃化工机械厂	甘　肃
	机械电子工业部	SZ5000-3800 型塑料注射成型机	华西通用机器公司	四　川
		CE7-51 型锥形双螺杆塑料挤出机	上海挤出机械厂	上　海
	轻工业部	钻石牌 SCP-160 塑料破碎机	常州市第二轻机厂	江　苏
		华冠牌 SJ-90／30 塑料挤出机	山东塑料机械厂	山　东
		灵光牌 SDG 系列料斗式塑料干燥机	苏州轻工业电机总厂	江　苏
		WX 牌 SZ-630／2000 普通型塑料注射成型机	无锡塑料机械厂	江　苏
		宁波牌 SZ-250／125NB 普通型塑料注射成型机	宁波塑料机械总厂	浙　江
	航空航天工业部	SZ-100／800 程控塑料注射成型机	长风机械总厂	江　苏
建筑工程机械	机械电子工业部	吉光牌 ZL15 型轮式装载机	四平工程机械厂	吉　林
		吉光牌 ZL40A 型轮式装载机	四平工程机械厂	吉　林
		柳工牌 ZL50C 型轮式装载机	柳州工程机械厂	广　西
		宣化牌 TS140 型履带式湿地推土机	宣化工程机械厂	河　北
		伟力牌 ZL40 型轮胎式装载机	山东临沂工程机械厂	山　东
		YZJ12 型振动压路机	福建省三明重型机器厂	福　建
		上风牌 YN30A 型内燃凿岩机	上海风动工具厂	上　海
		燎原牌 S60 型气砂轮	天水风动工具厂	甘　肃
		鹏程牌 SOMA 型 18 系列轮式工程机械驱动桥	徐州工程机械桥箱厂	江　苏
		奔驰牌 PR10.05(ZL20 型)工程机械装载机驱动桥	江西省分宜驱动桥厂	江　西
		YC 牌 ZL20、30 型装载机齿轮	宜春齿轮厂	江　西
		九龙河牌 D85、T140 型工程机械轴瓦	河北省望都轴瓦厂	河　北
	建设部	RH6 液压挖掘机	北京建筑机械厂	北　京
		WY100A-ST 挖掘机	上海建筑机械厂	上　海
		F10D 翻斗车	大连建筑机械厂	辽　宁
		F20 翻斗车	陕西金属结构厂	陕　西
		ZL50 装载机	郑州工程机械厂	河　南
		FO／23B 塔式起重机	沈阳建筑机械厂	辽　宁
		VWZ-2500 振动桩锤	兰州建筑通用机械厂	甘　肃
		JS500 砼搅拌机	山东省建筑机械厂	山　东
		JCD／A 混凝土搅拌车	山东省建筑机械厂	山　东

(续)

行　业	授奖部门	产品牌号型号名称	制造单位	所在地区
建筑工程机械	建设部	HZS25 混凝土搅拌站	山东省建筑机械厂	山　东
		JZC350 混凝土搅拌机	广州市建筑机械厂	广　东
		JZ350Y 混凝土搅拌机	湖南建材机械厂	湖　南
		MR45-T 混凝土搅拌输送车	华东建筑机械厂	上　海
		CC21 振动压路机	徐州工程机械厂	江　苏
		JWT12×60A 挤压成型机	河北东光县第一机械厂	河　北
		DMJ350 金刚石水磨石机	河南黄河磨具厂	河　南
		ZB2×2／49 电动油泵	四平建筑机械厂	吉　林
	水利部	TY-15 微型堆土机	山西省水工机械厂	山　西
		YZT10L 型拖式振动压路机	陕西水电机械厂	陕　西
		JL2×1000 型自动化砼搅拌楼	郑州水工机械厂	河　南
		HL50-2F1000 型拌和楼	郑州水工机械厂	河　南
		HL115-3F1500 型拌和楼	郑州水工机械厂	河　南
粮油机械	商业部	双狮牌 LGL 系列棕色胶辊	湖南省常德粮机厂	湖　南
		金钱豹牌 LG 系列棕色胶辊	江苏省宝应粮机胶辊厂	江　苏
		环球牌 NF 系列碾米砂辊	浙江省宁波碾米砂辊厂	浙　江
		方方牌 NF 系列喷风碾米砂辊	湖北省鄂州市碾米砂辊厂	湖　北
		安粮牌 NZJ-10／8.5 联合米机	湖北省安陆粮食机械厂	湖　北
		武粮牌 ML-12 小型联合碾米设备	武汉市粮食机械厂	湖　北
		白玉牌 NP13.6 喷风碾米机	浙江省绍兴粮食机械厂	浙　江
		青龙牌 TQSX132 吸式比重去石机	浙江省嘉兴粮机厂	浙　江
		龙王山牌 QSX85 吸式比重去石机	湖北省黄冈地区粮机厂	湖　北
		长江牌 QSX85 吸式比重去石机	江苏省泰兴粮食机械厂	江　苏
		正昌牌 KYW32 环模颗粒压制机	江苏省溧阳粮油机械厂	江　苏
		牧羊牌碳化钨堆焊锤片	江苏省扬州粮食饲料机械厂	江　苏
		都菱牌 FDMW40×150 卧式打麦机	江苏省国营江都粮食机械厂	江　苏
		铁骑牌 FDMW30×150 卧式打麦机	辽宁省粮食机械厂	辽　宁
		唐都牌 SGS-Ⅱ高方平筛筛格	陕西西安市人民面粉厂	陕　西
		白山牌 FSFG 型、SLO11 型高方筛筛格、绢框	吉林省安图粮油机械厂	吉　林
		CLJ 牌 FSFG-B 高方筛筛格	山西省长治粮食机械厂	山　西
		美固牌 PGZ 型索道式挂面生产线	湖北应城市粮食机械厂	湖　北
		楚乡牌 GMJ-7×45-10 型索道式挂面生产线	湖北省江陵县粮油食品工业公司	湖　北
		长江牌 QTS 型挂面生产线	四川省泸州市粮油机械厂	四　川
	机械电子工业部	钻石牌 6FMG20、6FMG28、6FMG35 型磨粉机磨辊	河南中原轧辊厂	河　南
		长城牌 6Y-1.0 型立式液压榨油机	河北深县机械厂	河　北
		永丰牌 6YL-78 型螺旋榨油机	本溪榨油机械厂	辽　宁
		蒙山牌 6YL-95Y 型螺旋榨油机	四川青江机器厂	四　川
		百乐牌 6Y-180 型液压榨油机	黑龙江兰西榨油机械厂	黑龙江
		双象牌 6YL-95 型螺旋榨油机	河南沈丘县机械厂	河　南
		兴字牌 ZL-75 型螺旋榨油机	山东鄄城榨油机厂	山　东
食品机械	轻工业部	星火牌 YL11H3 多功能冰淇淋生产线	上海星火机械厂	上　海
		华明牌 ZRJ350 真空乳化机	上海华明机械厂	上　海
		甘泉牌 QS7 型冲瓶机	安丘县轻工业机械厂	山　东
	机械电子工业部	雪塔牌 B 8／2 型冰棒机	安徽冷冻机厂	安　徽
		晶菱牌 BQ313 型冰淇淋机	新会县机械厂	广　东
		中兴牌 NZL-15D 型室内装配式冷库	东莞中兴保鲜有限公司	广　东

(续)

行　业	授奖部门	产品牌号型号名称	制造单位	所在地区
食品机械	商业部	大方牌 DCL-740 型豆制品生产成套设备	黑龙江省哈尔滨酿造食品机械厂	黑龙江
		方圆牌 DZY 型豆制品生产成套设备	江苏省宿迁商业机械厂	江　苏
	中国船舶工业总公司	YS33 型加料机、加香机	西南东光机械厂	云　南
包装机械	机械电子工业部	TNZ100 型直线式贴标机	上海伟海包装机械厂	上　海
	商业部	旋力牌电控机械秤打包机	湖北省大冶县粮机厂	湖　北
		腾达牌 YD-2A 双箱液压打包机	天津市第三物资回收公司机械厂	天　津
		联达牌轻泡物液压打包机	湖北省供销机械厂	湖　北
		海鲸牌真空充气包装机	上海人民仪表厂	上　海
	轻工业部	佳灵牌 TMJ400 枕式糖果包装机	东台市轻工机械二厂	江　苏
		KRONES 723-15-4-6、723-10-44 贴标机	广东轻工业机械厂	广　东
		KRONES B.Z.P.Y-YG36／9 装瓶压盖机	广东轻工业机械厂	广　东
		甘泉牌 FY212 型压盖机	安丘县轻工业机械厂	山　东
	航空航天工业部	6000 型卷烟横式包装机	贵州平水机械厂	贵　州
	化学工业部	ZDC-Ⅱ型自动称量包装机	无锡化工机械厂	江　苏
纺织机械	纺织工业部	FK6-700 型高速弹力丝机	无锡纺织机械厂	江　苏
		KV441 型高速纺丝机	上海第二纺织机械厂	上　海
		SL 系列上罗拉轴承	无锡县纺织配件厂	江　苏
		PG 型钢领	河南省第二纺织机械厂	河　南
		纺织用氧化铝瓷件	苏州纺织瓷件厂	江　苏
		MC28／2-480、MC28／2-400 型盖板针布	白银纺织机械针布厂	甘　肃
	航空航天工业部	YZ-1728 型圆织机	三江机械厂	四　川
		GD762 型喷水织机	华兴航空机轮公司	陕　西
		SPL90-1100 塑料平膜拉丝机	兰州飞控仪器总厂	甘　肃
	轻工业部	三圆牌 S-GYZJ-4／750 高速四梭圆织机	武进圆织机厂	江　苏
	农业部	圆菱牌 175#胶木槽筒	江西东风纺织器材厂	江　西
		捷利牌 FW2 型双锭纺纱机	粤西农垦第二机械厂	广　东
轻工机械	轻工业部	飞鹤牌 ZDS11、ZDS17 卧式水力碎浆机	福建省轻工业机械厂	福　建
		XZXJ41-ϕ100 离心式纸浆泵	上海轻工机械二厂	上　海
		青峰牌 BA100、BA150 压滤机	包头市轻工业机械厂	内蒙古
		田川牌 GJ4F1-180 电脑控制喷浆干燥机	江门电子技术设备厂	广　东
		石花牌花岗岩石辊	平阳县石辊厂	浙　江
		济轻牌振框式平筛	山东济宁轻工机械厂	山　东
		辽机牌 2400mm 叠网多缸箱板纸机	国营辽阳造纸机械厂	辽　宁
		辽机牌 ZMX1 型直径 950mm 削片机	国营辽阳造纸机械厂	辽　宁
		ZWQ33A-1092 盘纸分切机	山东造纸机械厂	山　东
		良马牌 XJ1A2／Y-245kN 龙江液压下料机	上海皮革机械厂	上　海
		菱湖牌 GJ4C6-160 链带式自动绷平干燥机	浙江省湖州市皮革机械厂	浙　江
		金角牌 GJ4C6-160A 链牌自撑式绷平干燥机	浙江省湖州二轻机械厂	浙　江
		999 牌 HG80、HG25 羽绒烘干机	徐州羽绒设备总厂	江　苏
		双戟牌 450mm 削匀机刀片	湖州市和孚刀具厂	浙　江
日用机械	轻工业部	千力牌 12.7×2.4mm 自行车变速链条	迁西县链条厂	河　北

行　业	授奖部门	产品牌号型号名称	制造单位	所在地区
日用机械	轻工业部	环球牌 12.7×2.4mm 自行车变速链条	利民机械厂	江　苏
		金鹿牌 12.7×3.4mm 自行车普通链条	青岛自行车公司链条厂	山　东
		竞牌 12.7×3.175mm 自行车普通链条	威海市链条厂	山　东
		玉兔牌 12.7×3.4mm 自行车普通链条	滕州市链条厂	山　东
		海鹰牌 12.7×3.4mm 自行车普通链条	玉林自行车链条厂	广　西
		工字牌 20 牙自行车普通飞轮	邯郸市自行车飞轮厂	河　北
		钻石牌自行车 5 级飞轮	上海自行车飞轮厂	上　海
		飞达牌自行车 3 级、5 级飞轮	大丰县自行车飞轮总厂	江　苏
		蜗牛牌悬臂式自行车钳形闸	苏州市自行车零件二厂	江　苏
		升升牌 KJ–1 型自行车钳形闸	江阴鞍座手闸厂	江　苏
		联凯牌钩边 610×44mm 自行车车圈	昆山市春蕾机械厂	江　苏
		天马牌 710mm 自行车车圈	泰州市自行车配件四厂	江　苏
		飞乐牌直边、钩边 660mm 自行车车圈	汕头市自行车厂	广　东
		风火轮牌 660mm 自行车车圈	兴化市自行车链轮曲柄厂	江　苏
		飞人牌 JA 系列家用缝纫机	上海缝纫机一厂	上　海
		蜜峰牌 JA、JB 系列家用缝纫机	上海缝纫机三厂	上　海
		蝴蝶牌 JA 系列家用缝纫机	上海协昌缝纫机厂	上　海
		华南牌 JA 系列家用缝纫机	华南缝纫机厂	广　东
		上工牌 GD8–1／2 型双针送料平缝机	上海工业缝纫机厂	上　海
		锦鸡牌 GN2–1M 型高速包缝机	上海针织机械三厂	上　海
		奔马牌 GN8–3 型高速包缝机	椒江市工业缝纫机厂	浙　江
		标准牌 GN20–3 型高速包缝机	陕西缝纫机厂	陕　西
		双角牌 SJJ–311 型平头锁眼机	上海江湾机械厂	上　海
		锦鸡牌 GK73–2 型三针绷缝机	上海针织机械三厂	上　海
		标准牌 GK10 系列绷缝机	陕西缝纫机厂	陕　西
		钻石牌 GN 型工业缝纫机针	上海缝纫机针二厂	上　海
		飞人牌 JA6 梭床	上海缝纫机一厂	上　海
		工字牌 GC 型工业机梭芯套	上海华莘缝纫机零件厂	上　海
		上字牌 JA 型家用缝纫机摆梭	上海华莘缝纫机零件厂	上　海
		飞人牌家用缝纫机梭芯套	上海缝纫机一厂	上　海
		白浪牌家用缝纫机梭床	潍坊第三轻工机械厂	山　东
		光华牌家用缝纫机梭芯套	潍坊缝纫机零件厂	山　东
		华南牌家用缝纫机梭芯套	华南缝纫机零件六厂	广　东
		万里牌 GFTB3724S 型电磁调速电动机	上海电器二厂	上　海
		万里牌单相系列工业缝纫机电动机	上海电器二厂	上　海
		星光牌 GC15 系列高速平缝机轴类件	上海缝纫机零件十厂	上　海
		孔雀牌 3315 手表	丹东手表工业公司	辽　宁
		吉星牌 SJL3R 手表	吉林手表厂	吉　林
		钻石牌 SBIZB 手表	上海钻石手表厂	上　海
		琼花牌手表	扬州手表厂	江　苏
		蝴蝶牌 ZHQB 手表	西安蝴蝶手表厂	陕　西
		异形表壳	上海表壳一厂	上　海
		异形表壳	上海华申异形表壳厂	上　海
		星座牌异形表壳	苏州第二表壳厂	江　苏
		格林兰牌异形表壳	杭州临安手表壳厂	浙　江
		北极星牌异形表壳	烟台表壳厂	山　东
		异形表壳	广州表壳厂	广　东
		异形表壳	珠海经济特区中瑞表业有限公司	广　东
		众力牌手表宝石元件	北京手表元件二厂	北　京

(续)

行业	授奖部门	产品牌号型号名称	制造单位	所在地区
日用机械	轻工业部	津晶牌手表宝石元件	天津复印纸厂	天津
		晶宝牌手表宝石元件	丹东市手表元件二厂	辽宁
		中宝牌 LSS 宝石元件	上海钟表元件厂	上海
		晨牌 ST6、ST1 宝石元件	苏州钟表元件厂	江苏
		北极星 ST6、LSS 宝石元件	烟台宝石轴承总厂	山东
		达美时 DXT15SFX／3 定时器	沧州市钟表厂	河北
		金菱牌 DS-60 定时器	上海手表七厂	上海
		东湖牌 DFJ-120 定时器	无锡县定时器仪表厂	江苏
		太湖牌 DFJ-60、DFJ-120 定时器	苏州市通安电器厂	江苏
		双冠牌 DFJ-120 定时器	杭州西湖定时器厂	浙江
		飞雁牌 DFJ-60 定时器	杭州钟厂	浙江
		月兔牌 DFJ-60、DFJ-120 定时器	杭州定时器厂	浙江
		五羊牌 DFJ-G4 定时器	广州钟厂	广东
		舵牌 DFJ-60 定时器	汕头钟厂	广东
		三准牌红色人造刚玉	南京钟表材料厂	江苏
	航空航天工业部	BMS-G-888 型永不磨损拱型表	深圳飞达表业有限公司	广东
	农业部	永字牌 81 型自行车锁	上海自行车锁厂	上海
		自行车电镀后衣架	天津自行车厂汉沽农场衣架厂	天津
家用电器	轻工业部	雪花牌 QD60 电冰箱压缩机	北京电冰箱压缩机厂	北京
		建川牌 QD55A 电冰箱压缩机	国营建川机械厂	四川
		丰字牌温度控制器	本溪精密机械厂	辽宁
		双翼牌温度控制器	上海仪表厂	上海
		C30235 型温度控制器	富阳恒温控制器厂	浙江
		志翔牌管板式蒸发器	唐山市电冰箱蒸发器厂	河北
		常蒸牌板式蒸发器	常州蒸发器厂	江苏
		双燕牌板式蒸发器	成都发动机公司新星蒸发器厂	四川
		集翔牌管板式蒸发器	成都蒸发器厂	四川
		板式蒸发器	简阳蒸发器厂	四川
		复合式蒸发器	中国人民解放军九五一一工厂	
		长工牌台壁两用电风扇	慈溪市转页扇厂	浙江
		白菊牌窗式空调器	北京白菊电器公司	北京
		JDC 牌窗式空调器	京电制冷设备有限公司	北京
		新乐牌窗式、分体立柜式空调器	宁波空调器厂	浙江
		月兔牌窗式空调器	温州空调器总厂	浙江
		东宝牌窗式空调器	杭州空调器总厂	浙江
		兰波牌希岛 KC-18B 房间空调器	武汉冷柜厂	湖北
		华宝牌分体式空调器	顺德华宝空调设备厂	广东
		天鹅牌窗式空调器	合肥江淮空调器公司	安徽
		宝花牌窗式空调器	宝成通用电子公司	陕西
		佳洁牌房间加热器	上海富丽电器机械厂	上海
		嘉利牌房间加热器	广州市华轻电器公司	广东
		飞鹿牌房间加热器	佛山市家用电器总厂	广东
		顺华大牌房间加热器	顺德华机电器有限公司	广东
		高宝牌 YP4-228 型吸排油烟机	广州市国营兴达电器厂	广东
		正三桁瓦牌 YP5-4IC 型吸排油烟机	江门市三桁瓦厨房设备工业公司	广东

(续)

行　业	授奖部门	产品牌号型号名称	制造单位	所在地区
家用电器	轻工业部	华乐牌 CPT4-150 双孔吸抽油烟机	沈阳市电扇总厂	辽　宁
		方园牌 JCP-1 型吸排油烟机	哈尔滨厨房设备厂	黑龙江
		亚美牌微波炉	上海无线电二十六厂	上　海
		琴岛海尔牌微波炉	琴岛海尔股份有限公司微波电器厂	山　东
		百灵牌微波炉	中山市百灵电器总厂	广　东
		嘉利牌电磁炉	广州市华轻电器有限公司	广　东
		长城牌电磁炉	苏州电扇总厂	江　苏
		琴岛海尔牌电磁炉	琴岛海尔股份有限公司微波电器厂	山　东
		万家乐牌 WQB-900 家用电动洗碗机	顺德粤海洗碗机有限公司	广　东
	机械电子工业部	远东牌 BCD-185、BCD-220 型电冰箱	上海远东冰箱厂	上　海
		容声牌 BCD190、BCD-203 型电冰箱	广东珠江冰箱厂	广　东
		扬子牌 BCD-212、BCD-188 型冷藏冷冻电冰箱	中国扬子电气公司电冰箱总厂	安　徽
		白云牌 BD-112L、BD-125L 型冷冻箱	白云家用电器总厂	湖　南
		华意牌 BCD-161L、BCD-185L 型家用冰箱	华意电器总公司	江　西
		水仙花牌 BCD-121 型电冰箱	漳州通用电器总厂	福　建
		劲牛牌 BD-105 型冷冻箱	开封电冰箱厂	河　南
		劲牛牌 BCD-172 型电冰箱	开封电冰箱厂	河　南
		凯歌牌 XQB30-2 型全自动洗衣机	上海无线电四厂	上　海
		凯歌牌 XQB30-4 型全自动洗衣机	上海无线电四厂	上　海
		北斗牌 XDT-25 型洗衣机脱水用电动机	重庆航宇家用电机厂	四　川
		玉兰牌 CFXB40-2(CFF-65)型自动电饭锅	贵州电器厂	贵　州
		玉兰牌 CCF-125 型电炒锅	贵州电器厂	贵　州
	航空航天工业部	BCD-183 电冰箱	成都发动机公司	四　川
		QD-62G 冰箱压缩机	远东机械制造公司	陕　西
		YZ12 系列全封闭滚动转子式制冷压缩机	庆安宇航设备公司	陕　西
		LNQ-23 冷凝器	豫新机械厂	河　南
		ZFQ-23 蒸发器	豫新机械厂	河　南
		KC-15、17、19、20、32、32A、32-Ⅰ，KCD-32，KCS-32 窗式空调器	江淮空调器公司	安　徽
		KC-12、14、15、20、35，KFR-35LW 空调器	宝成通用电子公司	陕　西
		DD-35M、DD-35-1 空调器风扇电动机	秦岭电气公司	陕　西
	农业部	高宝牌 YP_4-2 抽油烟机	广州市国营兴达电器厂	广　东
印刷机械	机械电子工业部	上人牌 PZ41040 型机组式平版胶印机	上海人民机器厂	上　海
		长春牌 QZK1150 型程控切纸机	长春印刷机械厂	吉　林
医疗器械	国家医药管理局	磁极牌 SSW-3 型显微手术器械	上海手术器械厂	上　海
		新华牌普通手术剪	山东新华医疗器械厂	山　东
		王冠牌人用注射针	武汉注射针厂	湖　北
		迎春牌电动高压注射器	无锡市第二医疗器械厂	江　苏
		海鸥牌 5、10、30mL 全玻璃注射器	淄博医药玻璃厂	山　东
		卫字牌 1、20mL 全玻璃注射器	常州注射器总厂	江　苏
		生字牌 2、20、30mL 全玻璃注射器	宝应县热工仪表厂	江　苏
		新华牌脉动真空灭菌器	山东新华医疗器械厂	山　东
		蝈新牌脉动真空蒸气灭菌器	连云港市医疗设备厂	江　苏
		日月牌二氧化碳激光治疗器	上海医用激光仪器厂	上　海
		沈医光牌 XG-3 型子宫腔内窥镜	沈阳市医用光学仪器厂	辽　宁

(续)

行 业	授奖部门	产品牌号型号名称	制造单位	所在地区
医疗器械	国家医药管理局	久星牌医用X线管	上海医疗器械九厂	上 海
		久星牌医用X射线影像增强管	上海医疗器械九厂	上 海
		西南牌3704油泵牙科椅	西南医疗器械厂	四 川
		上齿牌合金钉瓷牙	上海齿科材料厂	上 海
		上齿牌黄金钉瓷牙	上海齿科材料厂	上 海
		玉环牌Ⅰ型医用钨酸钙中速增感屏	玉环县医药器材厂	浙 江
		新华牌SA5型手部外科器械包	山东新华医疗器械厂	山 东
	中国船舶工业总公司	大型医用高压氧仓	江峡船舶柴油机厂	湖 北
	机械电子工业部	成仪牌LMS-2B型二道生理记录仪	成都仪器厂	四 川
商业专用机械	商业部	劲力牌ZB1.0L4型冷藏柜	广东省中山市劲力厨具冷冻设备厂	广 东
		恒宝牌ZB1.0L4型冷藏柜	广东省江门市恒发冷气设备厂	广 东
		江菱牌BL4冷藏柜	广东省江门市饮食厨具机械厂	广 东
		玉垒牌GLK系列滚轮架	甘肃供销机械厂	甘 肃
水工机械	水利部	QHLY系列液压启闭机	江苏武进液压启闭机厂	江 苏
		广西桂平600kN、1100kN液压启闭机	郑州水工机械厂	河 南
		葛州坝大江冲砂闸2×200t弧门启闭机	郑州水工机械厂	河 南
		2×360t固定式启闭机	三门峡水工厂	河 南
		斯里兰卡、马杜鲁、欧亚水库闸阀平板门	郑州水工机械厂	河 南
		葛州坝27扇平门、6扇检修门	郑州水工机械厂	河 南
		葛州坝下闸首人字门	郑州水工机械厂	河 南
城建机械	机械电子工业部	金陵牌YSP-15型液化石油气钢瓶	南京煤气用具厂	江 苏
		三宝牌YSP-15液化石油气钢瓶	长春电炉配件厂	吉 林
		湖山牌YSP-15型液化石油气钢瓶	无锡县西漳压力容器厂	江 苏
		火箭牌YSP-15型液化石油气钢瓶	苏州昆山钢瓶厂	江 苏
		古琴台牌YSP-15型液化石油气钢瓶	武汉燃气设备制造厂	湖 北
环境保护设备	机械电子工业部	环山牌30～60万千瓦火电机组电除尘器	上海冶金矿山机械厂	上 海
	轻工业部	分水牌GL320-Ⅱ高效空气过滤器	宜兴市南方吸音器材厂	江 苏
	航空航天工业部	CLQ系列超滤器	武汉仪表厂	湖 北
消防设备及器材	公安部	银河牌SG35DE水罐消防车	宝鸡消防器材总厂	陕 西
		飞雁牌CP10C型泡沫消防车	长春消防器材总厂	吉 林
		上海牌ZSTP15／68玻璃球普通型洒水喷头	上海消防器材总厂	上 海
		泉城牌碳酸氢钠干粉灭火剂	济南第二消防器材厂	山 东
		正阳门牌碳酸氢钠干粉灭火剂	江苏省沛县灭火剂厂	江 苏
		禅光牌"1211"灭火剂	佛山市电化总厂	广 东
		千层浪牌"1211"灭火剂	山东省灭火剂厂寿光厂	山 东
		红卫牌"1211"灭火剂	大连金州灭火剂厂	辽 宁
		海狮牌YE6型蛋白泡沫灭火剂	石家庄市第二消防器材厂	河 北
		高灵牌YE6型蛋白泡沫灭火剂	南京市高淳消防药剂厂	江 苏

行　业	授奖部门	产品牌号型号名称	制造单位	所在地区
消防设备及器材	公安部	锁龙牌 YEF6 型氟蛋白泡沫灭火剂	兴化市消防药剂厂	江　苏
		沪光牌 MFT35 型推车式干粉灭火器	上海市川沙消防器材厂	上　海
		天鹅牌 MFT35 型推车式干粉灭火器	武汉市公安消防器材厂	湖　北
		海潮牌 MFT35 型推车式干粉灭火器	北京消防器材厂余姚分厂	浙　江
		芜湖牌 KD50、KD65、KD80 型内扣式水带接口和 KY50、KY65 型内扣式管牙接口	芜湖市消防器材总厂	安　徽
		云湖牌 KD50、KD65 型内扣式水带接口	章丘县消防器材厂	山　东
铁路机车车辆	铁道部	YW22 型硬席卧铺客车	唐山机车车辆厂	河　北
		RD2 车轴	武昌车辆工厂	湖　北
			大同机车工厂	山　西
			兰州机车工厂	甘　肃
			铜陵机车工厂	安　徽
			太原机车车辆工厂	山　西
			南口机车车辆机械工厂	北　京
	中国铁路机车车辆工业总公司	前进型蒸汽机车(厂修)	洛阳机车工厂	河　南
	机械电子工业部	金马牌 JMY279 型(380 马力)液力传动内燃机车	石家庄动力机械厂	河　北
	航空航天工业部	KLC 系列铁路客车铝合金窗	沈阳飞机制造公司	辽　宁
船舶	中国船舶工业总公司	98000 吨原油、成品油轮	大连造船新厂	辽　宁
		300 箱集装箱船	求新造船厂	上　海
		3000 立方米液化气船	江南造船厂	上　海
		100 吨内河浅水油轮	西江造船厂	广　西
		15000 吨多用途货轮	新港船厂	天　津
		25m 浅吃水拖轮	马尾造船厂	福　建
		BH-6 全封闭耐火型救生艇	北海船厂	山　东
		L23／30 型柴油机	镇江船用柴油机厂	江　苏
		6RTA48 型柴油机	上海船厂	上　海
		ST 系列船用生活污水处理装置	绿洲机器厂	江　苏
		自由降落式救生艇降放装置	镇江船舶辅机厂	江　苏
		球式电磁换向阀系列	上海航海仪器厂	上　海
		RNB 型板式电热器	安庆船用电器厂	安　徽
		船用法兰铸铁阀	大连船用阀门厂	辽　宁
		A-JDM 17-46 电动起锚机	华南船舶机械厂	广　西
		船用轴系锻件	武汉重型铸锻厂	湖　北
		TR 镦锻曲轴系列	武汉重型铸锻厂	湖　北
		CLP-2 型电控陀螺罗经	长平机械厂	四　川
		Y-H 系列舶用三相异步电动机	荣城电机厂	山　东
		A0.08-3 低压空气瓶	高密县内燃机配件厂	山　东
		LG 系列淡水冷却器	南通市交通机械厂	江　苏
汽车	中国汽车工业总公司	TJ1010 系列微型汽车	天津微型汽车厂	天　津
		6110 柴油发动机	大连柴油机厂	辽　宁
		CA6102 汽油发动机	第一汽车厂发动机厂	吉　林
		EQ6100-1 汽油发动机	第二汽车厂发动机厂	湖　北
		SY492Q-2 汽油发动机	沈阳汽车发动机厂	辽　宁

(续)

行 业	授奖部门	产品牌号型号名称	制造单位	所在地区
汽车	中国汽车工业总公司	CS492Q1A 汽油发动机	长沙汽车发动机厂	湖 南
		TJ370Q 汽油发动机	天津市内燃机厂	天 津
		轻、中、重系列发动机活塞环	武汉汽车配件厂	湖 北
		轻、中系列发动机活塞环	南平汽车配件厂	福 建
		直径 40～50 系列摩托车发动机活塞环	襄樊内燃机配件厂	湖 北
		EQ6100 型发动机活塞	湖北钟祥活塞厂	湖 北
		6102／6110A 型发动机铝活塞	山东活塞厂	山 东
		微、轻系列发动机气门	济南汽车配件厂	山 东
		轻、中系列发动机气门	湖北气门厂	湖 北
		轻、中系列发动机曲轴	湘潭汽车配件厂	湖 南
		轻、中、重系列发动机凸轮轴	成都汽车配件总厂	四 川
		14V350～500W 系列交流发电机	长沙汽车电器厂	湖 南
		QD321、QD1212 系列起动机	长沙汽车电器厂	湖 南
		EQ140D 离合器总成	黄石市离合器厂	湖 北
		TJ1010、4T17 系列变速器总成	唐山齿轮厂	河 北
		SQC6020A 型变速器总成	沈阳汽车齿轮厂	辽 宁
		EQ140／240 型汽车取力器	湖北汽车齿轮厂、	湖 北
		S30、S40 系列筒式减振器	七四三五工厂	
		S40 系列筒式减振器	河南淅川汽车配件厂	河 南
		JX1030 系列汽车驾驶室	江西汽车制造厂	江 西
		CA141 汽车传动轴总成	第一汽车厂转向机厂	吉 林
		中、轻系列万向节十字轴总成	湖北万向节厂	湖 北
		轻系列万向节十字轴总成	青岛万向节厂	山 东
		492Q 型汽油机冷却水泵	北京汽车水泵厂	北 京
		492Q 型汽车水泵	天津汽车水泵厂	天 津
		BJ2020N、BJ136 型管带式汽车散热器	北京汽车水箱厂	北 京
		EQ140-1 型管带式散热器	第二汽车厂水箱厂	湖 北
		EQ140 系列汽车钢板弹簧总成	鄂城钢铁厂钢板弹簧分厂	湖 北
		BJ130、BJ212 钢板弹簧总成	北京二汽钢板弹簧分厂	北 京
		JN162 系列钢板弹簧总成	山东张店弹簧厂	山 东
		JX1030DS 轻型系列钢板弹簧总成	江西汽车板簧有限公司	江 西
		CA141 型双腔汽车制动阀	第一汽车厂化油器厂	吉 林
		液压制动软管总成	青岛汽车配件六厂	山 东
		EQ140 车用空压机	成都空气压缩机厂	四 川
		SY132 型后桥总成	沈阳汽车车桥厂	辽 宁
		汽车变速器同步齿环	武汉同步器齿环制造联合公司	湖 北
		EQ140 型螺旋锥齿轮	内蒙古汽车齿轮厂	内蒙古
		EQ140 型螺旋锥齿轮	江苏清江齿轮厂	江 苏
		5205F 汽车电动刮水器	湖北石首汽车配件二厂	湖 北
		BZ 系列组合汽车仪表	北京汽车仪表厂	北 京
		DL50 系列盆型电喇叭	上海实业交通电器有限公司	上 海
	航空航天工业部	YM6970 型客车	云马飞机制造厂	贵 州
		CLQ-2(3.6)、KLQ-8、JLX-79 道依茨三滤	平原机械厂	河 南
		排气管消声器	贵州红湖机械厂	贵 州
		NXE1-16 五十铃 N 系列轻型载重汽车低压电线束	四川航空电器厂	四 川
		NJD1-16 五十铃 N 系列轻型载重汽车继电器总成	四川航空电器厂	四 川
	冶金工业部	钒钛重型汽车制动鼓	攀枝花冶金矿山公司	四 川
	建设部	CJ6151 型城市客车	常州客车制造厂	江 苏
		GZK6100ED 型城市客车	广州客车厂	广 东

(续)

行　业	授奖部门	产品牌号型号名称	制造单位	所在地区
汽车	建设部	BK6590 型城市客车	北京市客车总厂一厂	北　京
		CDK6690 型城市客车	成都客车厂	四　川
	轻工业部	东飞牌软轴软管总成	上海东方软轴软管镇流器厂	上　海
摩托车	中国汽车工业总公司	750B 系列摩托车	江西赣江机械厂	江　西
	航空航天工业部	AX-100 摩托车	金城机械厂	江　苏
		LY-750SK 四轮摩托车	卫红机械厂	贵　州
		XF-125 离合器	上海航空电器厂	上　海
		1E41FM(LMF-50)长江 750D-GB 汽油机	兰翔机械总厂	江　苏
		CJ-70 型摩托车前叉总成和后减震器	成都航空工业学校成都机械厂	四　川
	机械电子工业部	旺牌 XF125 型摩托车齿轮	江西省于都齿轮箱厂	江　西
工业锅炉	机械电子工业部	双峰牌 DZG0.5-0.7-AⅡ型双层炉排蒸气锅炉	武义锅炉厂	浙　江
		沪江牌 DZL1-0.7-AⅡ型链条炉排卧式快装锅炉	上海沪江机械厂	上　海
		鲁宁牌 DZL2-0.7-AⅢ型链条炉排卧式快装锅炉	山东济宁锅炉厂	山　东
		奇奇牌 DZL4-1.25-AⅢ型卧式快装链条炉排锅炉	上海工业锅炉厂	上　海
		鲁宁牌 DZL4-1.25-AⅢ型链条炉排卧式快装锅炉	山东济宁锅炉厂	山　东
		ZG 牌 DZL6-16-P 型单锅筒纵置式链条炉排蒸汽锅炉	郑州锅炉厂	河　南
		SHL6-1.25-WⅡ型工业锅炉	福州锅炉厂	福　建
工业燃汽轮机	航空航天工业部	QDR20、QD20 发电轻型燃气轮机装置	南方动力机械公司	湖　南
发电设备	机械电子工业部	ND 牌 SFW850--6／1180 型水轮发电机	南平电机厂	福　建
		SFW1180 型水轮发电机	昆明电机厂	云　南
		韩江牌 SFW1430(12～16 极单元)型水轮发电机	潮州市电机厂	广　东
		YT 小型系列水轮机机械液压调速器	仁寿水电设备厂	四　川
		蓝鹊牌 PG6531B 型 36MW 燃气轮发电机组	南京汽轮电机厂	江　苏
		QFSN-600-Z 型 600MW 汽轮发电机	哈尔滨电机厂	黑龙江
		SD 牌 QFS-50(60)-2 型双水内冷汽轮发电机	上海电机厂	上　海
		参花牌 TZS 系列小型三相同步发电机	黑龙江绥化市电机厂	黑龙江
		C145／N200-12.75／535／535 型单抽汽轮机	哈尔滨汽轮机厂	黑龙江
		北重电牌 N200-12.7／535／535 型 200MW 汽轮机	北京重型电机厂	北　京
		东方牌 DG670(680)／13.7 型燃油气锅炉	东方锅炉厂	四　川
		NG 牌 NG-220／9.8-M 系列 220t／h 高压电站锅炉	杭州锅炉厂	浙　江
		上电辅牌 N-15 300-1 N-18 300-1 型 300MW 冷凝器	上海电站辅机厂	上　海
		上电辅牌 DB0220(221)-0A(802)型蒸汽发生器	上海电站辅机厂	上　海
		东方牌 JG530 型配 200(210)MW 机组高压加热器	东方锅炉厂	四　川
		哈锅牌 HG-A49H-P54 14V 型超高压冲量安全装置	哈尔滨锅炉厂	黑龙江
		风光牌 FD2-100 型风力发电机	内蒙古商都县牧业机械厂	内蒙古
电机	机械电子工业部	Y80～100(IP44)型三相异步电动机	昆明电机厂	云　南
		跃马牌 Y80～132(IP44)型三相异步电动机	上海跃进电机厂	上　海

(续)

行业	授奖部门	产品牌号型号名称	制造单位	所在地区
电机	机械电子工业部	大明牌 Y80～160(IP44)型三相异步电动机	天津市大明电机公司	天津
		开封牌 Y80～160(IP44)型三相异步电动机	开封电机厂	河南
		Y80～160(IP44)型三相异步电动机	昆明电工厂	云南
		鹰牌 Y80～160(IP44)型三相异步电动机	厦门电机厂	福建
		Y80-160(IP44)型三相异步电动机	宜宾电机厂	四川
		力达牌 Y80～Y160(IP44)型三相异步电动机	大连第三电机厂	辽宁
		明星牌 Y80～160(IP44)型三相异步电动机	北京大兴电机厂	北京
		宁电牌 Y80～200(IP44)型三相异步电动机	宁夏电机厂	宁夏
		苏淮牌 Y80～280(IP44)型三相异步电动机	清江电机厂	江苏
		申字牌 Y200～250(IP44)型三相异步电动机	上海革新电机厂	上海
		三上牌 YZE132 型三相异步电动机	启东电机厂	江苏
		人民牌 YLB160-2 型深井泵用三相异步电动机	上海人民电机厂	上海
		LD 牌 Y560M-6 型 10kV 中型高压三相异步电动机	兰州电机厂	甘肃
		恒运牌 YD80～132 型变极多速三相异步电动机	湛江电机厂	广东
		盛辉牌 YB80～132 隔爆型三相异步电机	沈阳防爆电机厂	辽宁
		万力菱牌 YB80～160 隔爆型三相异步电动机	浙江防爆电机厂	浙江
		白山牌 YB80～180 隔爆型三相异步电动机	辽源市电机厂	吉林
		长城牌 YB80～280 隔爆型电机	河北防爆电机厂	河北
		甲字牌 YB132、160、180 隔爆型三相异步电动机	济宁电机厂	山东
		飞球牌 JBT1 5#隔爆型轴液式局部扇风机	佳木斯电机厂	黑龙江
		NT 牌 YCT160、180、200 型电磁调速电动机	南京调速电机厂	江苏
		神工牌 ZQDR-410 直流牵引电动机	常州牵引电机厂	江苏
		仪电牌 55TYB 型半罩极永磁同步电动机	上海仪表电机厂	上海
		三联牌 YXBZ(XD)-120 型洗衣机用洗涤电机	湖州三联电机电器实业公司	浙江
		千叶牌 YXD-120 型洗衣机电机	中山市中山电机电器总厂	广东
		千叶牌 YYG-40 型洗衣机脱水电机	中山市中山电机电器总厂	广东
		火花牌 JF90 型永磁交流发电机	开封内燃机电器厂	河南
		金桨牌 JF1211(2JF200)、JF1311Y 型交流发电机	上海汽车电器总厂	上海
		华胜牌 JF1313Z 型交流发电机	无锡县第三电机厂	江苏
		华泰牌 JF131A 型交流发电机	慈溪市汽车电机厂	浙江
		崂崮牌 JYF60 型永磁交流发电机	青岛第三电机厂	山东
		如意牌 SFF45 型发电机	四川化油器磁电机厂	四川
		北极星牌 CL2 型磁电机	青岛电机厂	山东
	轻工业部	星草牌洗衣机脱水电机	上海先锋电器厂	上海
		风行牌洗衣机电机	宁波风行电扇厂	浙江
		绣江牌洗衣机双速电机	章丘电机厂	山东
		百灵牌洗衣机电机	中山市家用电器二厂	广东
		北斗牌洗衣机电机	重庆航宇家用电机厂	四川
		天乐牌洗衣机电机	国营川江仪器厂	四川
		泰岭牌洗衣机电机	航空航天部秦岭电气公司	陕西
		琴岛牌 YCT160-4A 电磁调速电机	青岛振华电机厂	山东
	纺织工业部	FTY-(120-4、180-4、550-4)T 型永磁同步电动机	上海纺织机电厂	上海
高压输变电设备	机械电子工业部	银福牌 S7-30～500／10 型电力变压器	北京变压器二厂	北京
		S7-30～500 型电力变压器	邢台市变压器厂	河北
		燕杰牌 S7-30～500／10 型电力变压器	唐山市变压器厂	河北
		三方牌 S7-30～500／10 型电力变压器	保定变压器厂	河北
		SAP 牌 S7-30～500／10 型电力变压器	保定市第二变压器厂	河北

(续)

行　业	授奖部门	产品牌号型号名称	制造单位	所在地区
高压输变电设备	机械电子工业部	S7-30～500／10 型电力变压器	定襄变压器厂	山　西
		S7-30～500／10 型电力变压器	大同市变压器总厂	山　西
		S7-30～500／10 型电力变压器	大连变压器厂	辽　宁
		S7-30～500／10 型电力变压器	大连第二变压器厂	辽　宁
		S7-30～500／10 型系列段电力变压器	辽阳变压器厂	辽　宁
		三江牌 S7-30～500／10 型电力变压器	勃力变压器厂	黑龙江
		宁变牌 S7-30～500／10 型电力变压器	宁波变压器厂	浙　江
		三力牌 S7-30～500／10 型电力变压器	南通市变压器厂	江　苏
		连云牌 S7-30～500／10 型电力变压器	连云港变压器厂	江　苏
		JSB 牌 S7-500／10 及以下系列段电力变压器	江山变压器厂	浙　江
		森田牌 S7-30～500／10 型电力变压器	上海变压器厂	上　海
		金环牌 S7-30～500／10 型电力变压器	合肥变压器厂	安　徽
		广高牌 S7-30～500／10 型电力变压器	广州高压电器厂	广　东
		S7-30～500／10 型电力变压器	昆明变压器厂	云　南
		青城牌 S7-630～1600／10 型三相油浸式电力变压器	内蒙古变压器厂	内蒙古
		银福牌 S9-30～500／10 型电力变压器	北京变压器二厂	北　京
		魁字牌 S9-30～500kVA 型 10kV 高效节能电力变压器	重庆变压器厂	四　川
		宁变牌 S9-30～500／10 型电力变压器	宁波变压器厂	浙　江
		三江牌 S9-30～500／10 型电力变压器	勃力变压器厂	黑龙江
		SBK-0.75kVA 干式三相变压器	太原第二变压器厂	山　西
		振华牌 QYSS-100／6.3 型潜油电泵用变压器	天津第二变压器厂	天　津
		高亚牌 YD1 10-25／100 轻型试验变压器	武汉高压电器厂	湖　北
		南雁牌 JCC6-110 型电压互感器	衡阳变压器厂	湖　南
		西电牌 TYD110～220 电容式电压互感器	西安电力电容器厂	陕　西
		上互牌 LDZB7-35 型电流互感器	上海互感器厂	上　海
		大互牌 LZZBJ9-10、200／5A 电流互感器	大连第一互感器厂	辽　宁
		淄博牌 P-10 型高压线路针式瓷绝缘子	山东淄博电瓷厂	山　东
		环球牌 PQ1-10 型高压线路针式绝缘子	景德镇电瓷电器公司	江　西
		PC 牌 PQ1-10 型 22kV 高压针式绝缘子	萍乡电瓷厂	江　西
		火炬牌 63～500kV FA 系列六氟化硫断路器用瓷套	湖南醴陵电瓷厂	湖　南
		火炬牌 DLZ2-2000LW2-220 六氟化硫断路器用瓷套	湖南醴陵电瓷厂	湖　南
		兰亭牌 FS11-10 型阀式避雷器	绍兴电瓷厂	浙　江
		金球牌 BKMJ0.4-15-3 型自愈式低电压并联电容器	锦州电力电容器总厂	辽　宁
		桂容牌 BGMJ0.4-15-3 型自愈式低压并联电容器	桂林电力电容器总厂	广　西
		桂容牌 BFF12-300-1W 型高压并联电容器	桂林电力电容器总厂	广　西
		大拱桥牌 JWF40-1800H 型断路器电容器	丹东电力电容器厂	辽　宁
		银桥牌 QLFM10000～15000／15.75～24-Z 型全连式自冷分相封闭母线	阜新封闭母线厂	辽　宁
	能源部	OWF100／3-0.01 藕合电容器	湖南电力机械厂	湖　南
	中国船舶工业总公司	BGP6-6 矿用高压真空配电装置	汾西机器厂	山　西
低压电器	机械电子工业部	阳通牌 CH-16 矿用隔爆型插销开关	阳城县通用机械厂	山　西
		BACL-16 矿用隔爆型插销开关	阳城煤炭机电设备厂	山　西
		日月牌 CVT2.3 不可重接插头	安庆电线厂	安　徽
		6A250V 单相三极不可重接插头	广东郁南县都城电线总厂	广　东
		环球牌 E5T(T4135J)火花塞	重庆火花塞厂	四　川
		许继牌 DZB-200 保持中间继电器	许昌继电器厂	河　南
		许继牌 PK-21 控制保护屏	许昌继电器厂	河　南
	能源部	鼎牌 LJM 漏电脉冲继电器	南京电力专科学校附属工厂	江　苏

(续)

行 业	授奖部门	产品牌号型号名称	制造单位	所在地区
低压电器	航空航天工业部	TLN1039 行推动变压器	飞行试验研究所磁性元器件厂	陕 西
电器控制成套设备	机械电子工业部	NT 牌 JD1ⅡA-40 型电磁调速电动机控制装置	南京调速电机厂	江 苏
电力电子器件与装置	机械电子工业部	京字牌 KP500A 普通晶闸管	北京整流器厂	北 京
		椿树牌 KP500A 普通晶闸管	北京椿树整流器厂	北 京
电线电缆	机械电子工业部	银狮牌 LGJ 型 $400mm^2$ 及以上钢芯铝绞线	上海铝线厂	上 海
		泰山牌 LGJ 型 $400mm^2$ 以上钢芯铝绞线	山东电缆厂	山 东
		万里牌 LGJ 型 400～$800mm^2$ 钢芯铝绞线	哈尔滨电缆厂	黑龙江
		同心牌 LGJ 型 400～$800mm^2$ 钢芯铝绞线	焦作市电缆厂	河 南
		塔牌 LGJ 型 10～$800mm^2$ 钢芯铝绞线	四川电缆厂	四 川
		中华牌 LGJ 型 10～$800mm^2$ 钢芯铝绞线	武汉电线厂	湖 北
		太阳牌 TXR(0.12～1.2mm)镀锡圆铜线	南平电缆厂	福 建
		仙羊牌 QZ-1(2)／155／Ⅰ 0.100～1.00mm 聚酯漆包圆铜线	广州电磁线厂	广 东
		金光牌 Q(ZY／XY)-2／200 0.315～0.67mm 200 级聚酯亚胺／聚酰胺酰亚胺复合漆包圆铜线	天津漆包线厂	天 津
		晋字牌 SBE／130 型 1.18～5.00mm 双玻璃丝包圆线	太原电磁线厂	山 西
		塔牌 SBEB／155 型全系列双玻璃丝包铜扁线	四川电缆厂	四 川
		CSC 牌 CGLN-195、$250mm^2$ 钢铝复合接触线	上海电缆厂	上 海
		CSC 牌 CT-85(100、110)mm^2 双沟形铜接触线	上海电缆厂	上 海
		太阳牌 C2NB-VV2×$0.75mm^2$ 不可重接电源插头线	南平电缆厂	福 建
		BV、BVR 型聚氯乙烯绝缘电线	北京电线厂	北 京
		双峰牌 ZR-VV ZR-VV22 型 $70mm^2$ 及以下 0.6／1kV 及以下阻燃聚氯乙烯绝缘电力电缆	黄石市电缆厂	湖 北
		KVV、KVV22 型 0.75～$10mm^2$ 聚氯乙烯绝缘和护套控制电缆	榆次电缆厂	山 西
		ZL 牌新华 VV、VV22、VLV、VLV22 型 0.6／1kV 及以下聚氯乙烯绝缘电力电缆	郑州电缆厂	河 南
		CSC 牌 YJLV 系列交联聚乙烯绝缘电力电缆	上海电缆厂	上 海
		鑫环牌 YJV YJV22 全系列 10kV 及以下铜芯交联聚乙烯绝缘电力电缆	吉林白城电缆厂	吉 林
		泰山牌 YJV YJV22 全系列 10kV 及以下钢芯交联聚乙烯绝缘电力电缆	山东电缆厂	山 东
		沈线牌 YH 型 10～$120mm^2$ 电焊机电缆	沈阳电线厂	辽 宁
		南洋牌 YH 型 10～$185mm^2$ 电焊机电缆	上海南洋电线电缆厂	上 海
		永通牌 YH 型 10～$185mm^2$ 电焊机电缆	杭州电缆厂	浙 江
		绿宝牌 YH、YHF 型 10～$185mm^2$ 电焊机电缆	合肥电缆厂	安 徽
		塔牌 YH 型 10～$185mm^2$ 电焊机电缆	四川电缆厂	四 川
		泰山牌 YH 型 10～$185mm^2$ 电焊机电缆	山东电缆厂	山 东
		长颈鹿牌 YH、YHF 型 10～$185mm^2$ 电焊机用电缆	天津软线厂	天 津
		江川牌 YH 型 16～$50mm^2$ 电焊机电缆	湖北汉川电线厂	湖 北
		衡线牌 YH 型 16～$50mm^2$ 型电焊机电缆	衡阳电线电缆厂	湖 南
		金矛牌 YH 型 16～$70mm^2$ 电焊机电缆	镇江电缆厂	江 苏

行　业	授奖部门	产品牌号型号名称	制造单位	所在地区
电线电缆	机械电子工业部	金山牌 YHF 型 16～120mm^2 氯丁护套电焊机电缆	天津电线总厂	天　津
		长安牌 YH 型 95mm^2 及以下电焊机电缆	西安电线电缆厂	陕　西
		喜爱牌 YH 型电焊机电缆	无锡电缆厂	江　苏
		金环牌 HYA 全系列聚烯烃绝缘聚烯烃护套市内通信电缆	沈阳电缆厂	辽　宁
		西古牌 GTA(GYTA)2–24 多芯单模骨架式充油光缆	西安电缆厂	陕　西
		西电牌 GL22(23)–1000 八芯单模十三组综合光缆	西安电缆厂	陕　西
	能源部	多友牌 QJ–Z 型电缆桥架	华东列电基地	江　苏
	农业部	景亮牌 Q2–1Q2–2／115／1 聚酯漆包圆铜线	锦州小东电磁线厂	辽　宁
绝缘材料	机械电子工业部	上云牌 5438–1 环氧玻璃粉云母带	上海云母绝缘材料厂	上　海
		动力牌 5438–1 玻璃粉云母带	哈尔滨绝缘材料厂	黑龙江
		电塔牌 6520–50 聚酯薄膜绝缘纸柔软复合材料	四平市绝缘材料厂	吉　林
		劲松牌 6520–50 聚酯薄膜绝缘纸柔软复合材料	泰州绝缘材料厂	江　苏
		建工牌 CPFCP(G)–08F 印制电路用覆铜箔酚醛纸层压板(出口：金鸡牌)	包头绝缘材料厂	内蒙古
电碳制品	机械电子工业部	东新牌 D374D 内燃机车牵引电机用电刷	东新电碳厂	四　川
		电工牌 G3 型高纯石墨	哈尔滨电碳厂	黑龙江
蓄电池	能源部	新直牌 BZGN–10 系列镉镍(碱性)蓄电池直流电源成套装置	水电五局新乡直流电源成套厂	河　南
电工合金	机械电子工业部	天水牌 Cu–W(80)触头	天水长城电工合金材料厂	甘　肃
		电合牌银氧化镉 12 电触头	苏州合金材料厂	江　苏
电焊机	机械电子工业部	武焊牌 BX6–160、BX6–200 交流弧焊机	武汉轻便电焊机厂	湖　北
		天都峰牌 ZX6 315(G350D)硅整流弧焊整流器	合肥电焊机厂	安　徽
电焊条	机械电子工业部	南塔牌 SAL–3 纯铝焊丝	湖北塑料电线厂	湖　北
		大西洋牌 CHE422(E4303)碳钢焊条	自贡中国电焊条厂	四　川
		天鹅牌 J507(E5015)电焊条	锦州电焊条厂	辽　宁
		卫星牌结 422(E4303) 电焊条(另一商标：久久)	集宁电焊条厂	内蒙古
		宇宙牌结 507(E5015)电焊条	泰州电焊条厂	江　苏
		宇宙牌结 427(E4315)电焊条	泰州电焊条厂	江　苏
		实伊牌 A132 不锈钢电焊条	韶关电焊条厂	广　东
工业电炉	机械电子工业部	海河牌 RQ3–60–9D 型井式气体渗碳炉	天津电炉总厂	天　津
		摄山牌 RN–60–6K 型可控井式氮化炉	南京摄山电炉总厂	江　苏
		松江牌 RF6–50×65–HL 型强迫对流井式电阻炉	哈尔滨松江电炉厂	黑龙江
		云峰牌 SK2–2.5–13TS 型实验室用双管式电阻炉	天津科学器材设备厂	天　津
		苏热牌 RCG–30×434×5–B–SR 型网带式电阻炉	吴县热处理设备厂	江　苏
		哈二炉牌 SM10–7.5×12.5×6(11×18×7.5)–B–HLL 型茂福炉	哈尔滨龙江电炉厂	黑龙江
通用仪器仪表	机械电子工业部	宇岭牌 XCZ–101 型动圈式温度指示仪	上海自动化仪表六厂	上　海
		SFAIF 牌 DDZ–Ⅲ、DBW 系列温度变送器	上海自动化仪表一厂	上　海
		泰山牌 Y100 型＜6MPa 一般压力表	济南压力表厂	山　东
		新时代牌 Y–100 型＜6MPa 一般压力表	淄博压力表厂	山　东

行业	授奖部门	产品牌号型号名称	制造单位	所在地区
通用仪器仪表	机械电子工业部	漯仪牌 Y-100 型≤6MPa 以下一般压力表	河南漯河仪表厂	河南
		盾牌 Y-100 型≤6MPa 一般压力表	天津自动化仪表二厂	天津
		西仪牌 Y-100 型≤6MPa 一般压力表	西安仪表厂六分厂	陕西
		三尖牌 Y-100、Y-150 型≤6MPa 一般压力表	中山市仪表厂	广东
		阳仪牌 Y-100、Y-150 型≤6MPa 一般压力表	阳泉市仪表厂	山西
		超越牌 Y-100 型≤6MPa、Y-150 型 10～60 MPa 一般压力表	天府仪表厂	四川
		丰牌 Y100、Y150 型≤60MPa 以下一般压力表	苏州庆丰仪表厂	江苏
		华西牌 Y-100、Y-150 型≤6MPa 以下一般压力表	成都华西仪表厂	四川
		泰山牌 Y150 型 0～6MPa 一般压力表	济南压力表厂	山东
		漯仪牌 Y-150 型≤6MPa 以下一般压力表	河南省漯河仪表厂	河南
		西仪牌 Y-150 型≤6MPa 一般压力表	西安仪表厂六分厂	陕西
		齐仪牌 Y-150 型 10～60MPa 压力表	齐齐哈尔仪表总厂	黑龙江
		泰山牌 Y150 型 10～60MPa 一般压力表	济南压力表厂	山东
		广仪牌 KFP 型压力指示调节仪	广东仪表厂	广东
		YEJ-101 型 0～60000Pa 膜盒压力表	大连第六仪表厂	辽宁
		辰星牌 LGBG 型 DN50～100 流量测量节流装置	天津自动化仪表十厂	天津
		铁光牌 TC-MHE250-7 超高压双色水位计	辽宁铁岭光学仪器厂	辽宁
		广仪牌 KFL 型液位指示调节仪	广东仪表厂	广东
		上转牌 XJP-02A 型转速表数字显示仪	上海转速表厂	上海
		大仪牌 DTZ-2100 型全刻度指示调节器	大连仪表厂	辽宁
		鞍热牌 P／P700 型气动阀门定位器	鞍山热工仪表厂	辽宁
		吴仪牌 VPI 型电一气阀门定位器	吴忠仪表厂	宁夏
		天成牌 KG、KK、KP 系列工业自动化仪表控制盘制盘	天津自动化仪表成套设备厂	天津
		上虹牌 KA 型、KG 型通道式柜式仪表盘	上海虹桥自动控制设备厂	上海
		腾马牌 16T9-A、V 型安装式交流电流电压表	天津中环电工仪器仪表公司	天津
		双山牌 81T2-AV 型安装式电流电压电表	桂林电表厂	广西
		长新牌 DD862a-4 型单相有功电度表	兰州长新电表厂	甘肃
		美鹿牌 DD862a 型单相电能表	吉林国营江北机械厂	吉林
		哈仪牌 DD101 型单项电度表	哈尔滨电表仪器厂	黑龙江
		哈仪牌 FL246(DS246)型三相三线电度表	哈尔滨电表仪器厂	黑龙江
		西子牌 DT(DS)862a 型 3×20 三相有功电度表	杭州仪表厂	浙江
		国盾牌 DT862 型三相四线有功电度表	上海工业电度表厂	上海
		精艺牌 MF124 型万用电表	哈尔滨精艺仪表厂	黑龙江
		金川牌 MF47 型万用表	南京电表厂	江苏
		腾马牌 C29-A、V、mA、mV、μA 便携式直流电表	天津中环电工仪器仪表公司	天津
		三益牌 UJ33a 型直流电位差计	上海电工仪器厂	上海
		尧都牌 HEG4 型互感器检验仪	山西互感器厂	山西
		尧都牌 HEZ-1 型数显自平衡互感器校验仪	山西互感器厂	山西
		沪光牌 YS64-1 型晶体管交流稳压器	上海沪光仪器厂	上海
		青计牌 422(404)型六位电磁预选计数器	青岛计数器厂	山东
		一光牌 DS3-Z 型自动安平水准仪	苏州第一光学仪器厂	江苏
		北京牌 DSZ3-ZD 型自动安平水准仪	北京光学仪器厂	北京
		北测牌 DSZ3-ZD 型自动安平水准仪	北京测绘仪器厂	北京
		北京牌 DC1-J 型测距经纬仪	北京光学仪器厂	北京
		新天牌 JT9 型直径 350mm 轻型投影仪	新天精密光学仪器公司	贵州
		WD-10 型电子万能试验机	长春市第二试验机厂	吉林
		金盾牌 WD-10A 系列电子万能试验机	广州试验仪器厂	广东

行　业	授奖部门	产品牌号型号名称	制造单位	所在地区
通用仪器仪表	机械电子工业部	济试牌 WE-300 型液压式万能试验机	济南试验机厂	山　东
		力环牌 WE-100B 型液压式万能试验机	长春试验机厂	吉　林
		力环牌 WE-600 型液压式万能试验机	长春试验机厂	吉　林
		力环牌 WE-1000 型 1MN 液压式万能试验机	长春试验机厂	吉　林
		双龙牌 WE-1000A 型液压式万能材料试验机	上海申克试验机有限公司	上　海
		双龙牌 YYQ-5 型硬支承平衡机	上海申克试验机有限公司	上　海
	航空航天工业部	JL-4 型气体活塞式压力计	北京 304 所	北　京
		J-60F 液晶显示计量加油机	长空机械厂	北　京
	中国船舶工业总公司	XF17 全电子式三相指示仪表校检装置	九江仪表厂	江　西
		BDY9 型系列自动控制执行机构	九江仪表厂	江　西
		JBR2-1、J2.5 型家用煤气表	前卫仪表厂	四　川
照相机械	机械电子工业部	海鸥牌 DF-300 型单镜头反光照相机	上海照相机总厂	上　海
		HQ 牌 HQ-500AE 型彩色相纸冲洗机	苏州虎丘照相器材厂	江　苏
复印缩微设备	机械电子工业部	延中牌 BT-Ⅰ型无氨重氮复印机	上海延中复印机厂	上　海
	中国船舶工业总公司	汉光-优美 1800Z 显影剂、色调剂	汉光机械厂	河　北
电影机械	机械电子工业部	松花江牌 5505、5505D 型 35mm 固定式电影放映机	哈尔滨电影机械厂	黑龙江
		珠江牌 FG35mm 固定式电影放映机	广东电影机械厂	广　东
衡器	轻工业部	方向牌 SCS-20 型电子汽车衡	长春衡器工业公司	吉　林
		鹰牌 SCS-20、50 型电子汽车衡	上海衡器厂	上　海
		常衡牌 SCS-20、50 型电子汽车衡	常州电子衡器公司	江　苏
		金钟牌 SCS-20 型电子汽车衡	济南衡器厂	山　东
		SCS-20 型电子汽车衡	新乡衡器厂	河　南
		朱雀牌 SCS-20、50 型电子汽车衡	西安衡器厂	陕　西
		泰衡牌 TGT-500A 型计量杠杆	泰安衡器厂	山　东
		大地牌 TGT-500A 型计量杠杆	长沙衡器厂	湖　南
		TGT-500A 型计量杠杆	天长轻工机械厂	安　徽
	机械电子工业部	华东牌 ICS-600-1400-ST(465A)微机电子皮带秤	华东电子仪器厂	上　海
教学仪器设备	中国船舶工业总公司	WJK-5 型语言学习系统	东风仪表厂	陕　西
专用仪器仪表	地质矿产部	GGX-6A 型原子吸收分光光度计	北京地质仪器厂	北　京
	中国石油天然气总公司	200-J 压力计	江汉石油管理局仪表厂	湖　北
		DSCI 地震数据采集站	西安石油勘探仪器总厂	陕　西
		DAZ-K 型单点照相测斜仪	西安石油勘探仪器总厂	陕　西
	纺织工业部	YG-131 型条干均匀度仪	长岭机器厂	陕　西
	机械电子工业部	佛分牌 MEXA-324F 型红外线汽车排气分析仪	佛山分析仪器厂	广　东
仪器仪表元器件	机械电子工业部	维益牌 WRP-130 型工业铂铑 10-铂热电偶	长沙市湘江仪器厂	湖　南
		三峰牌 BZ3 型直流标准电阻	上海电表厂	上　海
		安星牌 BZ3 型实验室直流标准电阻器	安庆电工仪表厂	安　徽
		辽宁牌 XC28-5／200 型气体绝缘 X 射线管	丹东射线仪器集团公司	辽　宁

(续)

行　业	授奖部门	产品牌号型号名称	制造单位	所在地区
仪器仪表元器件	机械电子工业部	三日牌 QG2.5×1.5×1.3 球形刚玉轴承	上海仪表晶体元件厂	上　海
	航空航天工业部	JWG-KA、JWG-KB 感温管	天津航空机电公司	天　津
		TLN2059 行线性线圈	飞行试验研究所磁性元器件厂	陕　西
仪表材料	机械电子工业部	友谊牌 K 型、Ⅱ级直径 0.3～3.2mm 镍铬—镍硅热电偶丝	四川仪表一厂	四　川
		友谊牌 B 型、Ⅲ级直径 0.5mm 铂铑 30—铂铑 6 热电偶丝	四川仪表一厂	四　川
		节仪牌 EX、KC、SC、TX 型热电偶用补偿导线系列	天津节能仪表厂	天　津
		金山牌 KX-HB 型热电偶用补偿导线	天津电线总厂	天　津
		兰盾牌 KX-GB 型 2×1.5mm 热电偶用补偿导线	沈阳新生导线材料厂	辽　宁
		宇宙牌直径 0.15～0.60mm 杜美丝	上海合金厂	上　海
		川字牌 LNGT38 铸造铝镍钴钛磁钢	四川仪表十九厂	四　川
其他	机械电子工业部	银花牌 YSD1.0-1 型滴水式中压乙炔发生器	涟源市气焊机厂	湖　南
		金鹊牌 GHB-0 型机械升降导轨式绘图机	天津绘图机厂	天　津
	航空航天工业部	90 系列铝合金推拉窗	南昌飞机制造公司	江　西
		板式家俱五金件系列	成都飞机工业公司	四　川

节能产品推广项目 (1991年)

第14批节能产品推广项目共41项，批准单位：机械电子工业部、国家计划委员会、国家科学技术委员会、能源部、国家税务局、中国工商银行、国家工商行政管理局，批准日期：1991年11月5日。

这样，自1982年以来，我国共批准公布了14批计754项机电工业节能产品推广项目。

对公布的节能产品的规定同以前基本一样（详见本《年鉴》1990年刊）。节能标志见本《年鉴》1991年刊。

节能机电产品标志不得自行印刷。违者，由工商行政管理机关会同机电工业主管部门予以严肃查处。

机械工业第14批节能产品推广项目

序号	产品名称	主要技术参数及效益	可代替老产品型号规格	试制及生产单位
	农业机械			
1	达利-121手扶拖拉机	发动机标定功率8.82kW，转速2000r/min，标定牵引力2942N，各档速度2.42、4.34、5.94、6.82、12.3、16.8km/h，牵引比油耗350.7g/kW·h，环境噪声82.5dB(A)，耳旁噪声90.0dB(A)。与现行产品标准规定的指标相比，牵引比油耗减少约7%，环境噪声降低3.5dB(A)，耳旁噪声降低3dB(A)	工农-7手扶拖拉机	郑州拖拉机厂
2	长白山-91手扶拖拉机	发动机标定功率8.82kW，转速2000r/min，标定牵引力2548N，各档速度1.68、3.07、5.00、6.20、11.3、18.40km/h，牵引比油耗408.7g/kW·h，环境噪声83.0dB(A)，耳旁噪声91.0dB(A)。与现行产品标准规定的指标相比，牵引比油耗减少7%，环境噪声降低3dB(A)，耳旁噪声降低2dB(A)	工农-7手扶拖拉机	龙井手扶拖拉机厂
3	65BP-55型喷灌泵	$Q=30m^3/h$，$H=55m$，$n=2900r/min$，$\eta=68\%$。效率比老产品提高8%	$2^1/_2$BP-55型喷灌泵	江苏金坛喷灌泵厂
4	$50BPZ_{4Z}$-35型喷灌泵	$Q=15m^3/h$，$H=35m$，$n=2600r/min$，$\eta=55\%$。效率比老产品提高4%	$2BP_{CZ}$-35型喷灌泵	浙江新昌喷灌机厂
5	65BPZ-55型喷灌泵	$Q=30m^3/h$，$H=55m$，$n=2900r/min$，$\eta=65\%$。效率比老产品提高12%	2.5BPZ-55型喷灌泵	浙江萧山水泵厂
6	$50BPZ_{6Z}$-45型喷灌泵	$Q=20m^3/h$，$H=45m$，$n=3000r/min$，$\eta=58\%$。效率比老产品提高7%	$2BPZ_{CZ}$-45型喷灌泵	河南新郑喷灌机厂

(续)

序号	产品名称	主要技术参数及效益	可代替老产品型号规格	试制及生产单位
	金属切削机床			
7	XF-SIMOREG-V54、V55、V56、V57 机床直流传动变换装置	额定电压 3～380V，额定输出电压 DC±400V，额定输出电流 35、65、90、130、190、250、360、435A，调速比 1∶100，调磁比 1∶3。用于取代发电机组拖动后，可节电 20～30%	KBB-Ⅱ，KBC-Ⅱ，KKB-Ⅱ，KBS-Ⅱ	襄樊机床电气传动设备厂
8	卧式离心研磨机			
	XMW30	滚筒容积 7.5L×4，功率 1.5kW，回转半径 210mm，滚筒转速 185r/min。节电 30%左右，效率高，无污染	新产品	无锡县机械厂
	XMW80	滚筒容积 20L×4，功率 5.5kW，回转半径 350mm，滚筒转速 145r/min		
	XMW120	滚筒容积 30L×4，功率 7.5kW，回转半径 318mm，滚筒转速 50～300r/min		
9	螺旋振动研磨机			
	LMJ100	容积 100L，功率 1.5kW。节电 30%左右，效率高，无污染	新产品	无锡县机械厂
	LMJ250	容积 250L，功率 3.7kW		
	LMJ600	容积 600L，功率 5.5kW		
	通用机械			
10	小型潜水电泵			
	QY15-26-2.2	$Q=15m^3/h$，$H=26m$，$n=2860r/min$，$P=2.2kW$，$\eta_{泵}=58.5\%$，$\eta_{电}=72\%$。泵效率提高 3%，电机效率提高 5%，单台年节电 950kW·h	QY-25	上海人民电机厂、杭州水泵总厂、蚌埠潜水泵厂、漯河潜水泵厂、泰安潜水电机厂
	QY25-17-2.2	$Q=25m^3/h$，$H=17m$，$n=2860r/min$，$P=2.2kW$，$\eta_{泵}=68.5\%$，$\eta_{电}=72\%$。泵效率提高 6%，电机效率提高 5%，单台年节电 1450kW·h	QY-15	同上
	QY65-7-2.2	$Q=65m^3/h$，$H=7m$，$n=2860r/min$，$P=2.2kW$，$\eta_{泵}=69\%$，$\eta_{电}=72\%$。泵效率提高 5%，电机效率提高 5%，单台年节电 1300kW·h	QY-7	同上
	QY100-4.5-2.2	$Q=100m^3/h$，$H=4.5m$，$n=2860r/min$，$P=2.2kW$，$\eta_{泵}=69.5\%$，$\eta_{电}=72\%$。泵效率提高 8%，电机效率提高 5%，单台年节电 1700kW·h	QY-3.5	同上
11	175QJ20 井用潜水电泵	$Q=20m^3/h$，$H=26～27m$，$n=2850r/min$，$\eta=66\%$	160-20	河北临城县水泵厂、北京市朝阳水泵厂
12	175QJ25 井用潜水电泵	$Q=25m^3/h$，$H=26～203m$，$n=2850r/min$，$\eta=67\%$	160-25	同上

序号	产品名称	主要技术参数及效益	可代替老产品型号规格	试制及生产单位
13	175QJ32 井用潜水电泵	$Q=32m^3/h$，$H=24\sim168m$，$n=2850r/min$，$\eta=68\%$	160-35	河北临城县水泵厂、北京市朝阳水泵厂
14	175QJ40 井用潜水电泵	$Q=40m^3/h$，$H=24\sim123m$，$n=2850r/min$，$\eta=70\%$	160-40	同上
15	175QJ50 井用潜水电泵	$Q=50m^3/h$，$H=24\sim108m$，$n=2850r/min$，$\eta=72\%$ 11～15 项产品效率比老产品平均提高 6%，若以 15kW 电机计算，单台年节电 3600kW·h	160-50	同上
16	D30-4 水轮泵	$H=1\sim6m$，$Q=0.189\sim0.463m^3/h$，$h=4\sim24m$，$q=32.5\sim79.6L/S$，$\eta=67.5\%$。效率比老产品提高 5%～13.1%，使用寿命延长 1～2 倍	高产 30-4，30-4-15，BS30-4-10，长波 30-4	福建省龙溪水轮泵厂
17	D40-4 水轮泵	$H=1\sim6m$，$Q=0.336\sim0.823m^3/h$，$h=4\sim24m$，$q=59.5\sim145.7L/S$，$\eta=69.5\%$。效率比老产品提高 10.5%，使用寿命延长 1～2 倍	高产 40-4，40-4-20，BS40-4-15，长波 40-4	福建省龙溪水轮泵厂
18	D30-6 水轮泵	$H=1\sim6m$，$Q=0.189\sim0.463m^3/h$，$h=6\sim36m$，$q=21.2\sim51.9L/S$，$\eta=66.0\%$。效率比老产品提高 6.5%～14.2%，使用寿命延长 1～2 倍	高产 30-6，川 30-6，30-6-12.5，30-6/12，黔 30-6，长波 30-6	福建省龙溪水轮泵厂、贵州省遵义农机二厂、湖南省常宁农机二厂
19	D40-6 水轮泵	$H=1\sim6m$，$Q=0.336\sim0.823m^3/h$，$h=6\sim36m$，$q=38.8\sim95.0L/S$，$\eta=68.0\%$。效率比老产品提高 3.1%～11%，使用寿命延长 1～2 倍	高产 40-6，川 40-6，40-6-15，黔 40-6，BS40-6，长波 40-6	福建省龙溪水轮泵厂
20	8ES10 活塞式制冷压缩机	制冷量 207.1kW，单位轴功率制冷量 3.493kW/kW，单位制冷量重量 3.31kg/kW，转速 960～1200r/min，噪声 84.4dB(A)，工质 R22。效率比老产品提高 7.2%，单台每年可节电 13000kW·h，单位制冷量重量减轻 8.6%，单台节约材料消耗 58kg	8FS10	上海冷气机厂
21	CRHH 系列全封闭制冷压缩机			上海空调机厂
	CRHH-035	$Q=9250W$，$COP=2.8W/W$，$n=2850r/min$，工质 R22。效率提高 12%，单台年节电 1440kW·h	F5Q(R22)	
	CRHH-042	$Q=12200W$，$COP=2.8W/W$，$n=2850r/min$，工质 R22。效率提高 12%，单台年节电 2091kW·h	2FV5Q(R12)	
	CRHH-050	$Q=14200W$，$COP=3W/W$，$n=2850r/min$，工质 R22。效率提高 13.1%，单台年节电 2480kW·h	2FV5Q(R22)	
	CRHH-062	$Q=18400W$，$COP=2.95W/W$，$n=2850r/min$，工质 R22。效率提	3FW5B(R22)	

(续)

序号	产品名称	主要技术参数及效益	可代替老产品型号规格	试制及生产单位
		高 12.9%，单台年节电 3218kW·h		
	CRHH-075	Q=21800W，COP=2.9W／W，n=2850r／min，工质 R22。效率提高 12.5%，单台年节电 3758kW·h	6FW5B(R12)	
	CRHH-083	Q=24200W，COP=2.9W／W，n=2850r／min，工质 R22。效率提高 12.7%，单台年节电 4239kW·h	3FY5Q(R22)	
22	LG25A315Z 大型单级喷油螺杆式制冷压缩机	制冷量 1158kW，Ke 值 3.65kW／kW，转速 2960r／min，工质 NH_3。应用于化工行业，替代活塞式机型，降低投资和运行、维修费用，提高了运行效率，每台每年可节电 30000 kW·h	新产品	武汉冷冻机厂
23	SZZ4-175Z 蒸气双效溴化锂吸收式制冷机	工作蒸汽压力 0.4MPa，制冷量 1750kW，蒸汽消耗量 2350kg／h，冷水出水温度 7℃。蒸气消耗比老产品低 8%，单台每年节约蒸汽 580000kg，以煤计算则每年节标准煤 93 吨	新产品	江阴溴化锂制冷机厂
24	LS-300 冷水机组	制冷量 356kW，冷冻水流量 60 m^3／h，冷却水流量 78m^3／h，冷水出水温度 7℃，噪声 86.7dB(A)。效率比老产品提高 7.28%，单台每年节电 22000kW·h	LS-210	上海冷气机厂
	气体分离及液化设备			
25	KDON-6000／13000-Ⅲ型增压分子筛流程空分设备	氧气产量 6000m^3／h，氧气纯度 99.6%O_2，氮气产量 13000m^3／h，氮气纯度≤10PPMO_2，粗氪氙液 0.076m^3／h、32%(Kr+Xe)，运转周转周期 2 年,电耗 0.484kW·h／m^3O_2。与同类型常温分子筛净化不增压流程空分设备相比，单位氧电耗下降 10%～13%	KDON-6000／13000 型不增压空分设备，KDON-6000／6000 型切换式空分设备	杭州制氧机厂
	家用电器			
26	SLF1.2D 无霜型厨房冰箱	箱内有效容积 1.2m^3，箱内制冷温度-12±2℃，24 小时耗电量 7.1 kW·h，噪声≤58dB(A)，自动化霜。效率比 CB1000C 提高 40%,单台每年节电 28680kW·h	CB1000C	无锡市冷气机厂
	低压电器			
27	TDGC2J、TSGC2J 型接触调压器	单相系列：额定容量 0.2～5kVA，额定输入电压 220V，输出电压范围 0～250V；三相系列：额定容量 3～15kVA，额定输入电压 250V，输出电压范围 0～430V。与老型号产品相比，空载损耗下降 4.7%，负载损耗下降 17.3%，总损耗下降 14%，年产 60 万 kVA 时，年节电 3120 万 kW·h	TDGC、TSGC 型接触调压器	上海电压调整器厂、北京调压器厂、苏州电器总厂、天津调压器厂、丹东调压器厂、杭州调压器厂、昆明市电器仪表厂、佛山市电器厂、南京电气控制设备厂、湘潭市调压器厂

(续)

序号	产品名称	主要技术参数及效益	可代替老产品型号规格	试制及生产单位
28	EK系列照明节电控制器	电源220V±20%，额定电流1、3、5、10、20A，开关寿命50万次，自动延时为3～6分钟可调。用于楼道、走廊、厕所等公共场所照明，可节电70%，任何一层都可控制灯的“开”和“关”。若忘记关灯，延时3～6分钟自动关闭	新产品(1990年全国照明节电会推广产品)	陕西省水电工程局电器厂
29	KTA、KTF3系列微电子调功器	额定输出容量10～640kVA，额定输入电压220V、380V，额定输出电压217V、375V,额定输出电流46～986A，设定调节周期为0～13秒可调，控制电流0～10mA、4～20mA，控制精度±0.1%、±1位数字，调功范围0～640kVA。与可控硅调功器相比，用微电子技术省掉了分立元件和动圈式控制仪表，使生产过程中有效地降低电耗，同时大大提高工件品质和成品率	可控硅调功器TGDFK系列10～20kVA，TGLFK系列18～190kVA，TGSFK系列30～330kVA	永嘉航空电气设备厂、中国航空工业规划设计研究院
	通用仪器仪表			
30	锅炉微机监控系统		新产品	大连仪表厂
	DMC-501	用于6.5～20t/h锅炉的监控，模入量64点，输出控制16回路，配备CRT显示器、打印机、专用键盘、声光报警装置，定时打印锅炉运行日志，双主机配备。与锅炉手动状态相比，节煤率可达5%～13%		
	DMC-502	用于20～35t/h抛煤机锅炉的监控，模入量48点，输出控制回路8路，配备CRT显示器、打印机专用键盘、声光报警装置，定时打印锅炉日志，双主机配备。与锅炉手动状态相比，节煤率3%～7%		
	DMC-503	用于65～130t/h煤粉锅炉的监控，模入量48点，输出控制6路，配备CRT显示器、打印机专用键盘、声光报警装置，定时打印锅炉运行日志，双主机配置。与锅炉手动状态相比，节煤率1%～5%		
31	WRP-125C、WRP-135C再结晶碳化硅保护管热电偶	测温范围0～1600℃(长期使用温度0～1300℃，短期使用温度0～1600℃)，代号S，允差等级Ⅱ级，5℃或0.25%tmax,热响应时间<180s	WRP-120，WRP-121,WRP-130,WRP-131	上海工业自动化仪表研究所（试制单位)，上海胜利无线电厂、开封仪表四厂
32	LGJ-02系列流量计算机	输入信号：温度0～10mA或4～20mA P_t100铂电阻，压力0～10mA或4～20mA，压差0～10mA或4～20mA，5～3000Hz的正弦波或脉冲信号，密度变送器脉冲信号；输出信号：4～20mA电流脉冲信号；显示：6位LED数码管显示	XP2-40型流量指示仪，XSF-40型流量指示积算仪	上海工业自动化仪表研究所

(续)

序号	产品名称	主要技术参数及效益	可代替老产品型号规格	试制及生产单位
		瞬时流量、差压、温度、压力、密度、上(下)限报警等；精度：±0.2 F、S。精度高，对工况中的密度、湿度气体压缩系数、流量系数等均具有在线校正功能，提高了测量的精确性。采用开关电源，提高了电源转换效率，降低了功耗		
33	LGX 系列楔型流量计	测量精度±1%，工作压力 2.5 MPa，介质温度 −40～120℃，环境温度 −25～60℃，供电电源 220V±10%、50Hz(AC)	新产品	齐齐哈尔仪表总厂
34	LFXZ−50、80B、100 智能式分流旋翼蒸汽流量计	公称通径 25、50、80、100mm，被测介质为水蒸汽(饱和点附近)，工作压力 (1) 0.05～1.60MPa、(2) 0.05～1.00MPa，最高介质温度 (1) 240℃、(2) 220℃，精度±2.5%,数显位数 6 位,电源 220V、50Hz、11W。采用微机技术和传感器技术具有自动压力补偿功能和掉电保持功能，提高了计量精度及可靠性，有利于节能	LFX−Ⅱ−25，LFX−50、80、100 分流旋翼式蒸汽流量计	河北省泊头市仪表厂
35	XMW−31 热量计量显示仪	仪表热量积误差限±1%，MTBF ≥5000 小时。可靠性高,测量精度高,配套仪表少	NRS−01 热水热量指示积算仪，XMW−30 过热蒸汽计量数字显示仪	上海大华仪表厂
36	ZPQ−21 非线性反馈阀门定位器	输入信号 20～100kPa，气源压力 140、260kPa，阀杆行程 10～60 mm，基本精度±2%，回差≤2%，MTBF≥1 万小时。可使调节阀在低压降比下运行,减少泵的动力消耗,一般可节能 20%左右	新产品	上海自动化仪表七厂
37	J 系列家用煤气表	公称流量 2.5～4m^3/h，最大流量 4～6m^3/h，工作压力范围 0.5～40kPa，总压力损失 200Pa，始动流量≤0.00/Qn，最小流量 0.0/Qn，机械压损≤60Pa,基本精度±3%、±2%。最大流量与最小流量之比为 150 倍，量程大，小流量性能好	国内 A 级家用煤气表	丹东热工仪表厂
38	ZJHP 精小型气动调节阀	DN20～3000，PN6～64，T −60～450℃，kV 1.6～1600，基本精度±5%、±1%(带定位器),回差 3%、1%(带定位器)，可调比 50：1，流量特性符合 IEC 标准中规定的斜率±30%的要求。比老产品高度降低 30%，重量减轻 30%，流量系数增加 30%，与同规格产品耗用的金属材料相比，可节省 30%	ZMAP 和 ZMBP 型中 DN20～300、PN16～64、T−60～450℃，ZMA 型中 DN25～300、PN16～64、T−60～450℃	无锡市仪表阀门厂、鞍山热工仪表厂、四川仪表十一厂、无锡西塘自动化仪表厂、上海光辉自动化仪表厂、乐清自动化仪表三厂
39	ZO 系列氧化锆、氧分析仪 (ZO−11、ZO−12、ZO−13、ZO−14、	基本回差±2%、±3%、±5%，重复性±2%，探头寿命 6～12 个月。锅炉安装氧表控制后，可	DH46	江苏南通市应用电子仪器厂、中国原子能科学研究院

(续)

序号	产品名称	主要技术参数及效益	可代替老产品型号规格	试制及生产单位
	ZO-15、ZO-12Q、ZO12Q2)	节能3%～10%		
	衡器			
40	SCS-10、20、30、50、60、80电子汽车衡	计量车速3～7km／h，计量精度：静态0.1%、动态0.2%，灵敏度加1.4d负荷示值有变化，零点漂移30分种不大于1d，用于北京东方红炼油厂，每年可节约原油2000余吨	新产品	承德市自动化计量仪器厂
	其它			
41	GC3411(BKW-350)型高光效金属卤素灯	电源电压220V，配光曲线蝙蝠翼形，适用于5～18m吊高，最大距高比1.6，灯具效率＞75%，功率因数＞0.9，配用光源ZJD175W、ZJD250W、ZJD400W，外形尺寸ϕ350mm×370mm，重量1kg。比高压汞灯节电60%，比混光灯节电15%	GKB724、GKB725、GC系列搪瓷罩灯	合肥和平灯具厂

〔机械电子工业部科学技术司供稿〕

淘汰产品项目　　(1991 年)

一、机械工业第 14 批淘汰产品项目

机械工业第 14 批淘汰产品项目共 29 项，批准单位：机械电子工业部、国家计划委员会、国家科学技术委员会、能源部、财政部、中国工商银行、国家工商行政管理局，批准日期：1991 年 11 月 12 日。淘汰产品开始生效日期：1992 年 12 月 31 日。

这样，自 1982 年以来，我国共批准公布了 14 批计 535 项机电工业淘汰产品项目。对公布的淘汰产品的规定见本《年鉴》1990 年刊。

机械工业第 14 批淘汰产品项目

序号	淘汰产品名称及型号规格	推荐更新产品型号、规格及性能参数	推荐更新产品制造厂
	农业机械		
1	$2\,^1/_2$BP–55 型喷灌泵	65BP–55 型喷灌泵　效率提高 8%	江苏金坛县喷灌机厂
2	2BPZ$_{CE}$–35 型喷灌泵	50BPZ$_{4Z}$–35 型喷灌泵　效率提高 4%	浙江新昌喷灌机厂
3	2.5BPZ–55 型喷灌泵	65BPZ–55 型喷灌泵　效率提高 12%	浙江萧山水泵厂
4	2BPZ$_{CE}$–45 型喷灌泵	50BPZ$_{6Z}$–45 型喷灌泵　效率提高 7%	河南新郑喷灌机厂
	通用机械		
5	12J130 深井泵	250JC130(250JC／Q130，250JC／S130) 效率提高 4%	上海深井泵厂、保定深井泵厂
6	250JQB80 深井泵	250JC80，250JC／S80　效率提高 3.5%	上海深井泵厂、保定深井泵厂
7	250QJC140 深井泵	250JC130(250JC／Q130，250JC／S130) 效率提高 3%	上海深井泵厂、保定深井泵厂
8	10JB20 深井泵	250JC80，250JC／S80　效率提高 5.5%	上海深井泵厂、保定深井泵厂
9	QY–25 小型潜水电泵	QY15–26–2.2　$Q=15m^3/h$，$H=26m$，$n=2860r/min$，$P=2.2kW$，$\eta_{泵}=58.5\%$，$\eta_{电}=72\%$，电机效率提高 5%，泵效率提高 3%	上海人民电机厂、杭州水泵总厂、蚌埠潜水泵厂、泰安潜水电机厂、漯河潜水泵厂
10	QY–15 小型潜水电泵	QY25–17–2.2　$Q=25m^3/h$，$H=17m$，$n=2860r/min$，$P=2.2kW$，$\eta_{泵}=68.5\%$，$\eta_{电}=72\%$，电机效率提高 5%，泵效率提高 6%	上海人民电机厂、杭州水泵总厂、蚌埠潜水泵厂、泰安潜水电机厂、漯河潜水泵厂
11	QY–7 小型潜水电泵	QY65–7–2.2　$Q=65m^3/h$，$H=7m$，$n=2860r/min$，$P=2.2kW$，$\eta_{泵}=69\%$，$\eta_{电}=72\%$，电机效率提高 5%，泵效率提高 5%	上海人民电机厂、杭州水泵总厂、蚌埠潜水泵厂、泰安潜水电机厂、漯河潜水泵厂
12	QY–3.5 小型潜水电泵	QY100–4.5–2.2　$Q=100m^3/h$，$H=4.5m$，$n=2860r/min$，$P=2.2kW$，$\eta_{泵}=69.5\%$，$\eta_{电}=72\%$，电机效率提高 5%，泵效率提高 8%	上海人民电机厂、杭州水泵总厂、蚌埠潜水泵厂、泰安潜水电机厂、漯河潜水泵厂
13	650KQ–30 型潜水泵	6825 型潜水泵　$Q=420\sim740m^3/h$，$H=525\sim880m$，$\eta=77\%$	石家庄水泵厂
14	80WQ–12 型潜污泵	80WQA 型潜污泵　$Q=25\sim45m^3/h$，$H=13.5\sim10m$，$\eta=42\%$。效率提高 11.9%	石家庄水泵厂

(续)

序号	淘汰产品名称及型号规格	推荐更新产品型号、规格及性能参数	推荐更新产品制造厂
15	80WQ−20 型潜污泵	80WQA 型潜污泵 $Q=25\sim45.5m^3/h$，$H=22\sim18m$，$\eta=53\%$。效率提高 26.5%	石家庄水泵厂
16	高产 30−4，长波 30−4、30−4−15，BS30−4−10 水轮泵	D30−4	福建省龙溪水轮泵厂
17	高产 30−6，川 30−6、30−6／12、30−6−12.5，黔 30−6，长波 30−6 水轮泵	D30−6	福建省龙溪水轮泵厂、贵州省遵义农机二厂、湖南省常宁农机二厂
18	高产 40−6，川 40−6、40−6−15、黔 40−6,BS40−6，长波 40−6 水轮泵	D40−6	福建省龙溪水轮泵厂
19	高产 40−4，长波 40−4，BS40−4−15、40−4−20 水轮泵	D40−4	福建省龙溪水轮泵厂
20	10PNK−20 型泥浆泵	10／8ST−AH 型渣浆泵 $Q=612\sim1368m^3/h$，$H=11\sim61m$，$\eta=71\%$。效率提高 3%	石家庄水泵厂
21	$4\,^1/_2$PSJ 型泥浆泵	4／3D−AHR $Q=79\sim180m^3/h$，$H=5\sim34m$，$\eta=55\%$。3／2C−AHR $Q=36\sim75.6m^3/h$，$H=13\sim39m$，$\eta=53\%$。效率提高 13%～15%	石家庄水泵厂
22	1PN 型泥浆泵	25ZD 型渣浆泵 $Q=15m^3/h$，$H=5\sim20m$，$\eta=40\%$。效率提高 10%	石家庄水泵厂
23	2PN 型泥浆泵	50ZD 型渣浆泵 $Q=32\sim59.5m^3/h$，$H=15\sim22m$，$\eta=60\%$。效率提高 21%	石家庄水泵厂
24	2PNL 型立式泥浆泵	50ZDL 型立式渣浆泵 $Q=32\sim59.5m^3/h$，$H=15\sim22m$，$\eta=60\%$。效率提高 21%	石家庄水泵厂
25	2V−0.3／7(环状阀)空气压缩机	2V−0.3／7−0，V−0.3／7(舌簧阀)空气压缩机	上海第二压缩机厂、武汉空压机厂、烟台空压机厂、青岛空压机厂、沈阳空压机厂、西安第二压缩机厂
26	2V−0.6／7(环状阀)空气压缩机	2V−0.6／7−C，2V−0.6／7−D，V−0.6／(舌簧阀)空气压缩机	同上
27	3W−0.9／7(环状阀)空气压缩机	3W−0.9／7−C，3W−0.9／7−D，3W−0.9／7−A，W−0.9／7(舌簧阀)空气压缩机	同上
	起重运输机械		
28	QY3 汽车起重机	QLY3	青岛第一齿轮厂、湖南桃江轻型起重机厂
29	Q51 汽车起重机	QY5	泰安汽车起重机总厂、长春起重设备厂

〔机械电子工业部科学技术司供稿〕

二、纺织机械第二批淘汰产品项目

纺织机械第二批淘汰产品项目共46项，批准单位：纺织工业部，批准日期：1991年10月30日。淘汰产品开始生效日期：第2.25项为1992年12月31日，其余均为1991年12月31日。

这样，从1987年11月14日公布纺织机械第一批淘汰产品项目以来，共批准公布了2批计152项纺织机械淘汰产品项目。

纺织机械第二批淘汰产品项目

序号	淘汰产品型号名称	推荐更新产品型号名称	推荐更新产品制造厂
	化纤机械		
1	VC473B低弹力丝假捻机	FK-6高速弹力丝机	无锡纺织机械厂
2	YC331牵切粗纱机	YC331A牵切粗纱机	天津纺织机械厂
3	VD403-1700螺杆挤压机	HV416-90×24、HV416-120×24、HV416-150×24螺杆挤压机	邵阳第二纺织机械厂
4	VD405-0200螺杆挤压机		邵阳第二纺织机械厂
5	VD406-0100螺杆挤压机		邵阳第二纺织机械厂
	棉纺织机械		
6	A513系列细纱机	FA502、FA502A、FA503、FA506、FA509细纱机	上海第二纺织机械厂、榆次经纬纺织机械厂
7	A036、A036C、A036BC、A036CS开棉机	FA106、FA106A、FA107、FA107A、开棉机	郑州纺织机械厂
8	A076、A076A、A076B成卷机	FA141成卷机	郑州纺织机械厂
9	A092A、A092AS双棉箱给棉机	A092AST、FA046双棉箱给棉机	郑州纺织机械厂
10	AU522皮辊加油机	FU242皮辊加油机	北京第三纺织机械厂
11	G181结经机	GA471结经机	青岛第二纺织机械厂
12	AU052-50布袋滤尘器	FU031A滤尘器	邯郸纺织机械厂
13	1511M-105织机		中国纺织机械厂
14	A453F粗纱机 A453MA粗纱机 A456MA粗纱机	A456E、A456D、A454E粗纱机 A454G、A456C粗纱机 A456G粗纱机	天津纺织机械厂
15	1332SD络筒机 1332M络筒机 1332P络筒机	GAO12络筒机 1332MD络筒机 1332PD络筒机	天津纺织机械厂
	毛纺织机械		
16	NO63重型缩绒机	MB271重型缩绒机	东台纺织机械厂
17	BC272、BC272B分条梳毛机	BC272D、BC272E、BC272G、BC272F、BC272P、BC272Q分条梳毛机	上海第四纺织机械厂、胶南纺织机械厂、常熟机械总厂
18	B702A针织线摇绞机	FB801针织绒摇绞机	邯郸纺织机械厂
19	B701A绒线摇绞机	FB801A绒线摇绞机	邯郸纺织机械厂
20	B311C毛精梳机	B311D、FB251A毛精梳机	上海第一纺织机械厂
21	B311C(CZ)毛精梳机	B311D(CZ)毛精梳机	上海第一纺织机械厂
22	B311C(DJ)毛精梳机	B311D(DJ)毛精梳机	上海第一纺织机械厂
	丝绸机械		
23	K251、K251A丝织机	K251G、K251GP丝织机	咸阳纺织机械厂
24	BC272B(DJ)绢纺梳毛机	BC272E(DJ)绢纺梳毛机	上海第四纺织机械厂
25	FY13-15煮茧机	FD301煮茧机	成都纺织机械厂
26	ZD647、ZD721自动缫丝机	D301A自动缫丝机	杭州纺织机械厂

序号	淘汰产品型号名称	推荐更新产品型号名称	推荐更新产品制造厂
27	ZD681 立缫机	D203 立缫机	绍兴市纺织机械厂
28	D112GT 复摇机	D113 复摇机	佛山纺织机械厂
	针织机械		
29	Z114 小提花机	Z114A 提花双面圆机	上海第七纺织机械厂
30	Z484 合缝机	GE681 羊毛衫合缝机	张家港针织机械厂
31	GE186 提花毛圈机	GE186A 提花毛圈机	宜昌纺织机械厂
32	Z151 小罗纹机	Z151B 小罗纹机	广州针织机械厂
33	Z303A 经编机	KS2 GE271-84×2 经编机	常德纺织机械厂
	Z303-3 经编机	KS4 GE271-84×2 经编机	
	Z303C 经编机	KS2 GE271-84×2 经编机	
	Z303B-3 经编机	KS4 GE271-84×4 经编机	
34	Z103 灯芯罗纹机	GE011、GE015 罗纹机	上海第七纺织机械厂、绍兴柯桥轻纺机械厂
35	Z261 人造毛皮机	GE141 人造毛皮机	上海第七纺织机械厂
36	Z241 多三角纬编机	GE162、GE161 四跑道单面机	宜昌纺织机械厂、上海第七纺织机械厂
	印染机械		
37	LMH551 型平网印花机	LMH552 型-180(220、280)、LHM5V 型平网印花机	上海印染机械厂、郑州纺织机械厂
38	LMH571-180 型圆网印花机	LMH571A-180 型、LMA331-180 型、LMA331-200 型圆网印花机	上海印染机械厂、黄石纺织机械厂
39	LMH303-160、LMH303B-160、LMH304-160、LMH304B-160 型热熔染色机	LMH304DJ-140 型、LMH304DJ-160 型、LMH304DJ-180 型、LMH304MJ-140 型、LMH304MJ-160 型、LMH304MJ-180 型热熔染色机	上海印染机械厂
40	LMH734-160 型热风布夹拉幅机	LMH731A-140 型、LMH731A-160 型、LMH731A-180 型热风拉幅机	邵阳第二纺织机械厂
41	LMH722M-180 型短环烘燥定型机	LMH724AM-180 型短环烘燥定型机	邵阳第二纺织机械厂
	LMH722D-180 型短环烘燥定型机	LMH724AD-180 型、LMH724Y-180 型、LMH722Y-180 型短环烘燥定型机	邵阳第二纺织机械厂
	纺织仪器		
42	YT501 光电检测头	YT522-B 红外光电检测器	太仓纺织仪器厂
43	YT601 光电继电器	YT522-B 红外光电检测器	太仓纺织仪器厂
44	YT502 光电检测头	YT521-B 红外光电检测器	太仓纺织仪器厂
45	YT602 光电继电器	YT621-B 红外光电控制器	太仓纺织仪器厂
46	Y561 织物透气量仪	YG461 织物中压透气量仪	宁波纺织仪器厂

〔纺织工业部技术装备司供稿〕
〔第五部分责任编辑：邝　鸥〕

机械工业

产品和技术进出口

第Ⅵ部分

机械工业产品外贸概况　（1991 年）

对外经济贸易部系统

1991 年，对外经济贸易部所属的中国机械进出口总公司（CMC）进一步深化企业内部改革，狠抓经营管理，采取切实措施，提高了经济效益。同时，为增强竞争实力，大力开拓国际市场，尽早实现实业化、集团化、国际化目标进行了有益的实践。

一、进口情况

1. 截至 1991 年底止，总公司进口到货实际 11.91 亿美元，比上年的 15.20 亿美元减少 21.64%。其中对资本主义国家进口到货 6.29 亿美元，比上年的 6.23 亿美元增加 1.0%；对苏联、东欧进口到货 5.62 亿美元，比上年的 8.37 亿美元减少 32.85%。

进口到货国别（地区）前十位依次为：苏联 32037 万美元，日本 14868 万美元，捷克 12899 万美元，美国 11393 万美元，德国 8771 万美元，中国其它 6305 万美元，罗马尼亚 6183 万美元，奥地利 5166 万美元，香港 4275 万美元，保加利亚 2440 万美元。

进口到货商品前十位依次为：汽车及摩托车 20547 万美元，航空设备 17873 万美元，轻工机械 15492 万美元，铁路车辆及设备 9440 万美元，机床、工具 7743 万美元，矿山设备 7662 万美元，船舶及船用设备 7636 万美元，起重、挖掘机械 4395 万美元，其它机械 3224 万美元，土建机械 2978 万美元。

2. 截至 1991 年底止，总公司进口成交完成 12.59 亿美元，比上年的 12.86 亿美元减少 2.10%。其中对资本主义国家进口成交 7.73 亿美元，比上年的 6.09 亿美元增长 26.93%；对苏联、东欧进口成交 4.85 亿美元，比上年的 6.78 亿美元，减少 28.47%。

进口成交国别（地区）前十位依次为：苏联 36274 万美元，日本 17876 万美元，美国 15090 万美元，中国其它 11552 万美元，捷克 9758 万美元，德国 7644 万美元，香港 5272 万美元，加拿大 3090 万美元，意大利 2428 万美元，瑞士 2163 万美元。

进口成交商品前十位依次为：航空设备 27744 万美元，轻工机械 23710 万美元，汽车及摩托车 20657 万美元，机床、工具 10983 万美元，矿山设备 10235 万美元，起重、挖掘机械 4042 万美元，船舶及船用设备 3182 万美元，唧筒压缩机 2640 万美元，其它商品 2216 万美元，其它机械 2042 万美元。

二、出口情况

1. 1991 年，总公司自营出口和承担双轨制的各省、市机械公司记帐外汇出口，实际总值为 2.69 亿美元，比上年减少 9.42%。

2. 截至 1991 年底止，总公司自营出口实际完成 2.07 亿美元（其中自营记帐出口 8812 万美元），比上年增长 102.94%。

主要商品出口额：铁路车辆及设备 5376 万美元、修造船 1603 万美元、工农具 1365 万美元、成套设备 1246 万美元、农业机械 1126 万美元、拖拉机 1126 万美元、轴承基础件 1062 万美元、通用机械 800 万美元、汽车零件 608 万美元、电子设备 518 万美元、机床 466 万美元、动力机械 397 万美元、重型矿山机械 323 万美元。

1991 年，出口国别已达 64 个，比上年自营出口的国家（地区）增加 11 个。1991 年除扩大和保持了对原有国家和地区出口业务外，又新增了塞浦路斯、南朝鲜、博茨瓦纳、巴西等 15 个国家和地区的出口业务。增加的主要国别皆为总公司重点开发的市场，即周边国家、非洲、中东和南美；增长较快的地区为东南亚、中东、非洲、西欧、南太平洋地区。

3. 截至 1991 年底止，总公司出口成交 1.87 亿美元，比上年增长 6.9%。

4. 为了适应苏联、东欧形势的变化，总公司继续努力开展易货贸易，贸易额明显增加，1991 年易货贸易额达 4964 万美元，比上年增长 247%。易货的主要商品除轴承、拖拉机外，还包括轻工业品、纺织品、家用电器、粮油食品等。

三、扩大机电产品进出口贸易采取的主要措施

（一）进一步深化企业内部改革，加强管理，进出并举，加强出口，努力提高经济效益。

1. 为贯彻落实国务院新的外贸体改方针和经贸部 8 月扩大会议精神，为利于总公司今后发展，为进出口业务的开展创造良好的内部环境，进行了企业内部改革。即以建立自我发展机制为目的的机构改革；以打破“大锅饭”为目的，使责、权、利进一步相统一的完善承包经营责任制的改革；以搬掉“铁交椅”为目的的人事制度改革。1991 年，总公司重新修订下发了14份基础和专业管理制度，进一步加强了人事管理、财务管理和行政管理工作，使整体管理水平和企业素质有了新的提高，巩固了1990年晋升国家二级企业的成果，并顺利通过了国家二级企业复查。

2. 由于苏联、东欧局势的变化，对其贸易方式的改变，致使总公司的进出口业务受到极大的影响，由于及时采取对策，使进口保持了适当规模。

(1) 为进一步抑制进口规模滑坡的趋势，总公司上下采取各种有效措施。在年初工作安排的基础上，及时研究解决业务工作中出现的新情况、新问题，领导集团及时掌握进口进度。特别是在8月底召开的总公司进口工作会议上，分析形势，树立目标，挖掘潜力，取得较好效果。

(2) 总公司各进口业务部、子公司主动拓宽业务领域。1991年对资本主义国家进口货单较上年有较大增长，成套技术改造货单比上年增加1倍。特别是利用各类贷款采购业务出现了可喜的局面，全年进口签约39825万美元，到货28915万美元，分别比上年增长20.77%和减少7.95%。

(3) 积极清理和执行对苏联、东欧政府间协议贸易遗留合同，以及对苏联政府专项易货进口合同的签约和执行。职能、业务部门互相配合，对苏联、东欧易货贸易取得一些成绩，受到对外经济贸易部表扬。1991年，总公司共与苏联、东欧国家签订了进出口总额20954万美元的易货合同，执行了11648万美元。

(4) 进一步加强进口计划管理，拟定了中央外汇现汇进口用汇计划管理办法。

(5) 加强对进口统计工作的管理，拟定了进口业务统计工作评比办法。1991年，总公司荣获1990年度统计工作评比三等奖。

(6) 拟定了与各省、市机械公司的合作协议，并与其签订了进口业务的合作协议。

(7) 来华展览会的工作有了新突破。1991年，总公司共组织了10个展览会的展品留购工作，共留购展品1043.6万美元，较上年增加74.4%。还成功地举办了“国际工程机械及零部件展览会”，拓宽了总公司业务领域，提高了知名度，增加了贸易额和经济效益。

3. 总公司不断优化出口商品结构，加强管理。1991年的出口突破2亿美元大关。通过在业务上的协作，形成了包括中国机械进出口总公司、系统省市公司及实行贸工结合发展起来的外向型机电产品出口生产企业间合作、联营出口的新格局。到1990年，中国机械进出口总公司系统三年累计出口达32.7亿美元，1991年出口达15亿美元。

(1) 为认真贯彻国务院关于“全方位、多元化和重点市场、重点产品、重点突破相结合”的方针，大力开拓国际市场，总公司拟定了对今后几年市场开发有重要指导性文件“实施市场多元化战略的建议”。为了扩大机电产品出口，公司以重点商品为突破口，狠抓商品质量，优化出口商品结构，实现由劳动密集型产品出口为主向以技术密集型产品出口为主的更快转化，形成了一批年出口额超过500万、1000万美元的拳头产品。在主要出口产品中，成套设备、船舶、铁路车辆、轴承基础件、农业机械、电站设备、纺织机械、机床及工具等均已形成一定的出口规模。1991年出口和成交中，国内外投标业务的比重增加；成套设备、船舶、铁路车辆等大型商品所占比例加大，约40%。1991年，公司有15种商品的出口超过100万美元。

(2) 注意发挥两个优势。各出口业务部出口额占总公司出口总额的2／3，总公司在继续发挥其主力军作用的同时，注意发挥各进口业务部门进出结合，以进带出优势，以对销、返销、补偿贸易等各种灵活手段开辟了出口工作的新局面，其出口额已占总公司出口总额的1／3。

(3) 重点抓好出口计划管理，把坚持抓好“四排”会制度与抓重点处和重点商品相结合。

(4) 对基层统计人员进行教育、培训、指导，开展统计评比工作，提高基层出口统计工作水平。

(5) 组织出口业务部门和货源厂申报两项技术改造贷款共460万元；贸工农基地贷款项目两个，计255万元；利用“技措”贷款和周转金项目1个，100万元。这些项目均是为总公司提供适销货源和出口包装服务的。

(6) 在苏联、东欧局势急剧动荡之际，公司于9月初及时召开出口工作会议，充分分析形势和困难，研究具体对策和措施。

4. 1991年，公司虽然对苏联、东欧自营出口及代理进口遇到很大困难，但仍取得了较为理想的经济效益，超额完成了对外经济贸易部下达的承包利润指标。

(1) 全年出口费用水平为4.00%，比上年的4.79%降低了0.79%，降幅达16%；流动资金周转次数比上年同期加快了0.24次，实现了对外经济贸易部在“质量、品种、效益年”提出的费用水平降低5%、流动资金周转次数加快5%的目标。

(2) 1991年总公司出口净收汇为15072万美元，完成了对外经济贸易部下达的出口收汇计划。

(3) 总公司在努力保持进出口规模的同时，注意在各个环节上努力增收节支，开源节流，注意加强对进出口业务的宏观经营管理和财务管理，以管理促效益。1991年，总公司在有关部门的大力支持下，共清回4.61亿元拖欠款。进口用户拖欠的货款已由清欠期前的13.12亿元，下降到9.31亿元，达到从1986年以来用户欠款的最低额。

(4) 加强对总公司零配件寄售业务的管理，进一步提高经济效益。对已有工作制度、办法进行补充、完善，摸索经验，提高管理水平；按照北京海关报关自动化的要求，总公司在北京所属站、库中，建立了计算机管理，并组织报关员培训学习；与国家工商局建立业务联系，公司对全国所属180多个站、库进行了年检换照和基础资料的调查，拟进行全面整顿。1991年，新建站、库5个；解决了苏联、东欧寄售汽车零配件结算汇率和减半计征关税问题。

(二) 为了增强国际竞争能力，扩大机电产品出口，总公司在实现实业化、集团化、国际化方面进行了大胆的尝试和有益的探索。

1. 机电产品的进出口贸易难度大，涉及面广，尤其是船舶、大型成套设备等的出口必须依靠贸贸、贸工、贸银等诸方面的联合。同时，机电产品进出口的售前售后服务也有别于其他行业。因此，形成各部门的紧密联合是进出口业务发展的必然要求，这是发挥综合国力、扩大出口、开辟海外市场的主要途径。为此，总公司决定着手申请组建中国机械贸工企业集团，旨在发挥行业群体优势，增强在国内外的竞争能力。

2. 搞好国内外企业的开拓。

(1) 在国内，总公司通过为生产企业引进技术、设备，开展三来一补、代理、租赁、易货业务，利用投资入股、协助信贷等方式，与上千家生产企业建立了稳定的合作关系。

(2) 以国际市场需求为导向，结合我国产业政策，实行贸工结合，以独资、合资、联营、参股等方式形成外向型出口生产企业。截至1991年底，已达24家，累计投资1.3亿元人民币。

(3) 总公司对现有国内企业开始全面整顿。1991年，对总公司国内投资额最大的生产企业——烟台CMC轴承厂进行整顿，抓生产，抓产品质量，力图以点带面，使现有企业成为稳定的出口货源企业。

(4) 在国外，总公司是我国建立海外企业最早的外贸公司之一。自1980年创办第一个海外公司——巴黎机械进出口有限公司以来，海外网点逐年增加，目前已达24个。

公司驻外机构和海外企业在积极推销出口产品，提供大量业务服务的同时，在传递信息、内引外联、扩大公司影响、宣传公司形象以及培养锻炼干部诸方面发挥了重要作用。1991年，各海外机构共承担总公司自营出口任务2140万美元，实际完成2658万美元。

为了加强对海外网点的管理，促进海外工作的发展，1991年7月总公司召开海外工作会议，提出海外企业上缴利润、出口任务的承包方案和代表处的考核办法以及鼓励总公司国内外机构业务合作的奖励办法。

1991年，总公司先后在捷克和苏联建立了代表处。利用出口贸易、展览小组的机会，考察了波兰等东欧国家，为建立匈、波代表处提供了第一手材料。还为在马来西亚、柬埔寨设立贸易网点做了必要的前期准备工作。

1991年，中国机械进出口总公司宁波贸易公司利用特有的经营范围，在中国机械进出口总公司驻捷克代表处的牵线搭桥下，与捷克一家合资公司成交一笔100万美元的现汇贸易，向其出口近20大类、178种商品，并安全收汇，为公司对苏联、东欧现汇贸易闯出一条新路。

〔撰稿人：中国机械进出口总公司〕

机械电子工业部系统

1991年，开始实行外贸体制改革，在国家取消财政补贴的情况下，机械电子工业各级主管部门和各地出口生产企业、工贸公司，努力实现“自主经营、自负盈亏、自我约束”的经营机制，机电产品外贸又取得了新的发展。

一、进口情况

1991年机电行业进口250亿美元，比上年增长16.8%。其中机电部归口产品进口144.7亿美元，比上年增长19%。在这144.7亿美元中，机械行业进口47.2亿美元，比上年增长17%；电子行业进口49.1亿美元，增长18%；汽车行业进口16.6亿美元，增长39%；船舶行业进口3.4亿美元，减少31%；来料加工料件进口28.4亿美元，增长23%。部系统主要公司进口情况见表1。

表1　1991年机电部系统主要公司进口情况

公司名称	进口总额(万美元)	
	订　货	到　货
中国机械设备进出口总公司	4470	4400
中国电子进出口总公司	93633	62887
中国工程与农机进出口公司	1253	1301
中国汽车进出口公司	5553	7638
中国北方工业公司	9849	3843
中国船舶工业贸易公司	14874	1316
解放汽车工业进出口公司	12206	7423
东风汽车工业进出口公司	1429	1153
中国机床总公司	3064	2533
中国机械工业电脑应用技术开发公司	2102	1090
中国电工设备总公司	467	263
中国长城计算机集团公司	2113	1209

二、出口情况

按海关统计，1991年全国机电产品出口141.2亿美元，比上年增长27.4%，其中来料加工出口39亿美元，增长30.5%。

在全国机电产品出口额中，机电部归口产品出口 89.6 亿美元，比上年增长 24.7%。其中机械行业 21.2 亿美元，增长 12%；电子行业 31.6 亿美元，增长 26%；汽车行业 1.5 亿美元，增长 24%；船舶行业 3.1 亿美元，增长 17.9%。部归口 13 类重点产品出口合计 51.8 亿美元，比上年增长 20%；来料加工出口 32 亿美元，增长 33.6%。

按经贸业务统计，全国机电产品出口 109 亿美元，比上年增长 34.1%，其中部系统工贸公司出口 33.7 亿美元，比上年增长 10%。部直属工贸公司完成 19.35 亿美元。其中中国机械设备进出口总公司出口 2.50 亿美元，比上年增长 3%；中国电子进出口总公司完成 8.71 亿美元，增长 18%；中国汽车进出口总公司完成 1.46 亿美元，增长 6%；中国北方工业公司出口 2.03 亿美元，增长 59%；中国工程与农机进出口总公司完成 0.45 亿美元，增长 7%；中国船舶工业贸易公司出口 4.20 亿美元，增长 43.4%。

37 家地方机械设备进出口公司合计完成 12.2 亿美元，比上年增长 19%；29 家专业公司合计完成 2.8 亿美元，131 家自营出口企业合计完成 2.7 亿美元。

按出口产值统计，机械电子工业实现出口产值 368.1 亿元（1990 年不变价），占机电工业总产值的 12.5%。其中机械工业出口产值 120.9 亿元，占同行业总产值的 6.5%；电子工业出口产值 203.5 亿元，占 22.7%；兵器行业民品出口产值 16.7 亿元，占 14.4%；船舶行业出口产值 27 亿元，占 32.1%。

三、机电产品出口的主要特点

1. 出口商品结构进一步得到改善。在自负盈亏机制的约束下，出口商品结构有所改善，高亏和效益低的产品受到不同程度的抑制。如低附加值的机械基础产品、磨料磨具、民爆产品等的出口，比上年下降约 20%；而换汇成本较好的电工及电工器材、工程农机、仪器仪表、电子元器件等产品出口比上年增长 24%～42%；一些技术含量较高的产品，如重型设备、石化通用设备、计算机、视听设备等出口的增长幅度均在 50%以上。一些大宗的拳头产品，如金工机械、拖拉机、卡车、客车、叉车、电视机、电话机、收录机和成套设备等继续保持强劲的增长势头。

2. "三资"企业出口发展迅速，来料加工出口继续高速增长。据海关统计，1991 年"三资"企业出口机电产品 40.6 亿美元，比上年增长 50.1%，占全国机电产品出口的 28.8%；来料加工产品出口 39 亿美元，比上年增长 30.5%，占全国机电产品出口的 27.6%。两者出口合计约 79.6 亿美元，占全国机电产品出口的 56.4%，已成为我国机电产品出口的重要组成部分。

3. 出口生产体系建设进一步加强，区域布局日趋改善。至今为止，机械电子行业已有出口基地企业和扩大机电产品出口生产企业 788 个。其中，机械行业 500 个、电子行业 157 个、兵器行业 36 个、汽车行业 69 个、船舶行业 26 个，形成了一支机电产品出口的主力军。

目前，机电产品出口初步形成了沿海、内地、边贸互为渗透、互为补充的梯次格局。从部系统对出口货源的统计测算，沿海 8 省市（广东、福建、上海、江苏、浙江、山东、天津和辽宁，含各有关单列市）提供货源占全行业出口货源总额的 74.6%，内地其它省、市、区出口货源占 25.4%。即三分之一的省、市、地区提供了约四分之三的出口货源，一方面说明沿海出口基地的优势得到发挥；另一方面也说明内地企业尚有很大潜力有待挖掘。

〔撰稿人：机械电子工业部国际合作司　文　勇
审稿人：机械电子工业部国际合作司〕

中国船舶工业总公司

1991 年中国船舶工业总公司外贸进出口取得了新进展。全年进出口成交总额 67760 万美元，比上年增长 13.6%；实际进出口总额 55122 万美元，增长 33.2%。实际出口比进口多 28810 万美元，增长 28.4%，出超率为 219%，比上年下降 17.8 个百分点。

一、进口情况

1991 年进口订货 14874 万美元，比上年增长 14.2%。按构成分：成套设备及技术引进订货 2217 万美元，比上年增长 41.1%，比重为 14.9%，比重提高 2.8 个百分点，主要是固定资产建设增加了设备订购量；船用配套设备订货 12072 万美元，增长 9.9%，比重为 81.2%，比重减少 3.1 个百分点，主要是配套设备国产化率提高的结果；电子类产品订货 202 万美元，仅增长 2%，比重占 1.4%。按地区分：亚洲地区订货 9502 万美元，增长 97.7%，比重为 63.9%，提高 27.9 个百分点；欧洲地区订货 3814 万美元，减少 22.6%，比重为 25.6%，下降 13.4 个百分点；北美洲地区订货 1550 万美元，减少 53%，比重仅为 10.4%，下降 14.6 个百分点。

1991 年实际进口 13156 万美元，增长 38.9%。按构成分：成套设备及技术引进到货 1003 万美元，比上年减少 68.1%，比重为 7.6%，比上年下降 25.4 个百分点，这是由于"七五"重点技术改造项目进口设备工作已基本完成，"八五"技术改造项目尚未展开所致；船用配套设备进口到货 11758 万美元，增长 95.8%，比重达 89.4%，提高 26.4 个百分点，这是由于出口船舶增加的结果；电子类产品进口到货 129 万美元，减少 24.6%，比重仅为 1%。按地区分：亚洲地区 6415 万美元，增长 53.5%，比重为 48.8%，提高 4.8 个百分点；欧洲地区 2844 万美元，减少 34.3%，比重为 21.6%，下降 24.4 个百分点；北美洲地区 3897 万美元，增长 305.1%，比重为 29.6%，提高 19.6 个百分点。

二、出口情况

1991 年出口成交 52886 万美元，比上年增长 13.5%，比实际出口多 26%。成交船舶 88.4 万吨，增长 113.8%，成交金额为 39433 万美元，增长 42.3%，占全部成交金额的 74.6%，比重提高了 6.6 个百分点。成交大连造船新厂为比利时建造 15 万吨散货船 2 艘，江南造船厂为美国建造 7 万吨散货船 3 艘、为香港建造 6.5 万吨散货船 2 艘，沪东造船厂为香港建造 7 万吨散货船 2 艘，大连造船厂为香港建造 4.4 万吨成品油轮 1 艘、为印度尼西亚建造 3.5 万吨原油轮 1 艘，江南造船厂为德国建造 4200 立方米液化石油气船 1 艘。直接出口修船成交 2010 万美元，减少 8.9%，比重为 3.8%，下降 0.9 个百分点。其他机电产品成交 11443 万美元，增长 1.36%，比重为 21.6%，下降 5.7 个百分点。在出口的机电产品中，集装箱成交 23880 只，减少 9.3%，成交金额 6486 万美元，减少 18.4%，这主要是上海华海集装箱有限公司出口减少所致。从成交的地区分布看，亚洲地区仍是主要出口地区，成交 29042 万美元，增长 109.7%，比重达 54.9%，提高 25.2 个百分点，其中香港地区又占亚洲地区成交额的 78%；欧洲地区成交 13838 万美元，减少 39.8%，比重为 26.2%，下降 23.1 个百分点；北美洲地区成交 9172 万美元，增长 323.3%，比重为 17.2%，提高 12.6 个百分点。

1991 年实际出口 41966 万美元，比上年增长 31.5%。出口船舶 17 万吨，主要有大连造船新厂出口挪威的 9.8 万吨原油成品油轮 1 艘，大连造船厂出口比利时的 7000 吨滚装船 1 艘，上海船厂出口德国、塞浦路斯、利比里亚的 6050 吨冷藏船 5 艘，中华造船厂和东海船舶修造厂出口英国的 2700 吨多用途船 7 艘等；其他机电产品出口 10263 万美元，增长 18.6%，比重为 24.5%，下降 5.7 个百分点。在出口的机电产品中，集装箱出口 25202 只，增长 9%，主要是广州造船厂集装箱分厂出口增长 14.9%，集装箱出口金额 6875 万美元，减少 3%，占其他机电产品出口总额的 67.0%，出口金额减少是由于来料加工比重提高。从出口的地区分布看，亚洲地区 28279 万美元，增长 157.2%，比重达 67.4%，提高 33 个百分点；欧洲地区 12883 万美元，增长 18.1%，比重为 30.7%，下降 3.5 个百分点；北美洲地区仅 644 万美元，减少 91.5%，比重仅 1.5%，下降 22.3 个百分点，主要是 1991 年没有向该洲出口船舶所致。

三、技术引进

1991 年 11 月 1 日，陕西柴油机厂以许可证方式从德国 MTU 公司引进大功率高速柴油机制造技术合同生效，我方获准生产 MTU956、MTU1163TBB$_2$、MTU TB92 这 3 个系列共 15 个品种柴油机的权利。这样，使我国形成了高中低速配套的、大中小功率齐全的、并具国际先进水平的船用柴油机生产体系，必将进一步提高我国船用柴油机的生产技术水平。

〔撰稿人：中国船舶工业总公司　郭　泽〕

中国汽车工业总公司

1991 年，中国汽车工业总公司及其所属企业积极发展对外经济合作与贸易，开发新产品，引进新技术，在以先进的技术装备汽车工业的同时，积极开拓国际市场，推动了我国汽车及零部件产品的出口创汇。

一、进口情况

1991 年，中国汽车工业总公司系统（含中国汽车工业进出口公司、解放汽车工业进出口公司、东风汽车工业进出口公司、上海汽车进出口公司）进口成交额 23552 万美元，比上年增长 47.0%。其中：中央外汇 635 万美元，地方外汇 16220 万美元，国外贷款 2421 万美元。实际完成进口 16999 万美元，比上年增长 5.5%。其中：中央外汇 2055 万美元，地方外汇 10753 万美元，国外贷款 4181 万美元。中央外汇主要是用于第一汽车制造厂、第二汽车制造厂、重型汽车集团、南京汽车制造厂等单位的技术引进项目和生产制造、检测设备的进口；地方外汇主要用于各骨干企业的技术引进项目和进口设备及部分引进项目的整车 CKD 散件；国外贷款主要用于南京汽车制造厂和第一汽车制造厂的引进项目。

在进口工作中，按照工技贸结合、进出口结合的方针，把进口工作的重点放在提高我国汽车工业的技术装备水平上，为提高我国汽车工业的生产制造技术水平创造了条件。同时，结合引进项目，适当增加了整车 CKD 散件进口，以满足国内需求。

二、出口情况

1. 汽车行业出口情况

1991 年，汽车行业（含中国汽车工业总公司系统、航空航天工业部、北方工业（集团）公司）产品出口创汇 24950 万美元，比上年增长 19.5%。其中整车 8243 万美元，摩托车 1069 万美元，零部件 15278 万美元。摩托车出口按生产企业提供出口货源统计共 5.1 万辆，创汇 3510 万美元。

在全部出口创汇额中，中国汽车进出口总公司完成14581万美元，比上年增长6.4%；解放汽车工业进出口公司完成1867万美元，比上年增长18.8%；东风汽车工业进出口公司完成1873万美元，比上年增长7.6%；上海汽车进出口公司完成2611万美元，比上年增长78%；潍坊柴油机厂完成401万美元，比上年下降6.1%；航空航天工业部完成1816万美元，比上年增长13.5%；北方工业（集团）公司完成1805万美元，比上年下降20.4%。

1991年，实际出口创汇额达19610万美元，比上年提高47%，占创汇总额的79%。出口的产品包括载重汽车、自卸车、吉普车、旅行车、越野车、大客车、轿车等多种车型和摩托车，出口的国家和地区从60个发展到68个。

到1991年底，汽车行业共有69家出口重点企业，其中出口基地企业17家，扩大机电产品出口生产企业52家。1991年，重庆汽车发动机厂晋升为出口基地企业，四川汽车厂、陕西汽车厂、四平专用汽车厂、湖北汽车齿轮厂、上海低压电器一厂晋升为扩大机电产品出口生产企业。

2. 中国汽车工业总公司（系统）出口创汇情况

在全行业出口创汇中，中国汽车工业总公司系统完成21332万美元，比上年增长25.5%，占全行业出口创汇额的85.5%。其中汽车整车6777辆，创汇5689万美元，比上年下降24.3%；摩托车907辆，创汇145万美元，比上年增长37.2%；汽车和摩托车零部件创汇13666万美元，比上年增长43.9%。

在出口创汇额中，实际出口额16009万美元，比上年增长61.3%。

出口的主要国家、地区和出口金额列表如下：

国别、地区	出口金额（万美元）	国别、地区	出口金额（万美元）
香港	4868	泰国	218
美国	3997	澳大利亚	161
新加坡	1334	法国	209
日本	869	苏联	153
巴基斯坦	301	印尼	813
德国	315	朝鲜	106
南朝鲜	414	菲律宾	82
古巴	214	伊朗	69
孟加拉	204	加拿大	66
马来西亚	229	沙特阿拉伯	72
意大利	174	瑞士	60
英国	171	荷兰	53

1991年，是“八五”计划的第一年，汽车行业在创汇额、实际出口比重、市场开拓等方面都达到历史最好水平。

〔撰稿人：中国汽车工业总公司　赵海明〕

中国邮电工业总公司

一、出口情况

1991年，中国邮电工业总公司出口创汇1531万美元，比上年增长27.58%。主要出口产品有全塑市话电缆、光缆、对称电缆、卫星单收机、PCM数字设备、电器元件等19种。出口产品主要是以投标方式中标。如邮电部成都电缆厂生产的全塑市话电缆，多次参加国际投标都以质高价廉战胜国内外竞争对手而夺标。1991年邮电部成都电缆厂出口伊朗全塑市话电缆50万对公里，创汇885万美元。邮电部侯马电缆厂出口朝鲜和国际投标的通信光缆和对称电缆711公里，创汇152万美元。1991年创汇的产品主要是电缆，创汇1045万美元，占1991年创汇额的68.25%。

二、技术引进

中国邮电工业总公司，1991年技术引进和与外商合资的项目有：邮电部上海通信设备厂与美国电话电报公司（AT&T）合资建立了中美电话电报通信设备有限公司，并引进了SLC120/240路数字用户环路载波系统，该产品可通过光缆，数字微波或电缆的传输媒介组成光数综合业务通信网，邮电部重庆通信设备厂与意大利的意大太尔公司（ITALTEL公司）合资建立了重庆·意大太尔通信设备有限公司，并引进了意大利的三次群、四次群、五次群光通信设备，其产品具有国际80年代末的先进水平。

〔撰稿人：中国邮电工业总公司　冯金声　审稿人：中国邮电工业总公司　邹拯民〕

1991年批准的出口重点企业和先进企业

第十批机电产品出口基地企业和扩大机电产品出口生产企业

1991年8月13日，国务院机电产品出口办公室和对外经济贸易部联合批准第十批机电产品出口基地企业（79家）和扩大机电产品出口生产企业（153家）。名单如下。

一、出口基地企业

机械电子工业部

1. 邢台拖拉机厂
2. 河北电机厂
3. 长治轴承厂
4. 大连高压阀门厂
5. 齐齐哈尔第一机床厂
6. 齐齐哈尔第二机床厂
7. 牡丹江轴承厂
8. 上海仪表（集团）公司
9. 上海通用机械（集团）公司
10. 南京第二机床厂
11. 浙江省永康拖拉机厂
12. 杭州万向节总厂
13. 浙江东海轴承（集团）公司
14. 福州电线厂
15. 猴王焊接公司（湖北）
16. 湛江高压电器厂
17. 台山县机械厂
18. 韶关市轴承厂
19. 广州市铸锻工业公司
20. 广西轴承厂
21. 山川机械铸造厂（青海）
22. 联想计算机集团公司（北京）
23. 天津电子元件公司
24. 天津长城电子公司
25. 上海市华美无线电厂
26. 苏州精达电子电器公司
27. 浙江水晶厂
28. 青岛电视机厂
29. 潮州瓷件厂
30. 京华电子有限公司（深圳）
31. 华强电子工业公司（深圳）

轻工业部

32. 吉林市管路配件总厂
33. 上海自行车（集团）公司
34. 上海餐具厂
35. 上海钻石手表厂
36. 上海电冰箱厂
37. 上海第一锁厂
38. 上海刀片厂
39. 上海缝纫机四厂
40. 海宁锁厂（浙江）
41. 杭州小轮车总厂
42. 宁波电池总厂
43. 宁波制锁总厂
44. 青岛缝纫机厂
45. 枣阳市自行车厂（湖北）
46. 湛江电器工业集团公司
47. 中山市家用电器总厂
48. 汕头市电池厂
49. 粤东电池厂（广东）

农业部

50. 绍兴电视机厂
51. 绍兴金属压延总厂
52. 海盐县标准件五厂
53. 慈溪微型轴承总厂
54. 青岛崂山工具厂
55. 南海县威乐斯风扇厂（广东）
56. 南海县中华电缆厂（广东）
57. 顺德县桂洲家用电器厂（广东）
58. 东莞市光华电器厂
59. 顺德桂洲日用电器厂（广东）
60. 顺德县裕华电风扇厂（广东）
61. 顺德广连鸿交通机械制造有限公司（集团）（广东）

航空航天工业部

62. 四川航空液压机械厂
63. 成都飞机工业公司
64. 红原锻铸厂（四川）

纺织工业部

65. 青岛纺织机械厂
66. 郑州纺织机械厂

冶金工业部

67. 吉林炭素厂

交通部

68. 金陵船厂（南京）

建设部

69. 四川建筑机械厂

劳动部

70. 青岛索具公司

北方（集团）公司

71. 内蒙古第一机械制造厂
72. 华中精密仪器厂（湖北）
73. 长江光学仪器厂（湖北）

中国船舶工业总公司

74. 山海关船厂
75. 广州造船厂
76. 文冲船舶修造厂（广州）

中国核工业总公司

77. 苏州阀门厂

中国有色金属工业总公司

78. 浙江铝业股份有限公司

中国汽车工业总公司

79. 重庆汽车发动机厂

二、扩大机电产品出口生产企业

机械电子工业部

1. 天津市塘沽阀门厂
2. 天津第一机床总厂
3. 天津市叉车总厂
4. 景县机械厂（河北）
5. 阳泉市阀门厂（山西）
6. 包头蓄电池厂
7. 大连液压件厂

8. 白城市机床厂(吉林)
9. 长春拖拉机制造厂
10. 长春市低压电器厂
11. 牡丹江木工机械厂
12. 哈尔滨第二电机厂
13. 哈尔滨电影机械厂
14. 南京分析仪器厂
15. 绍兴轴承厂
16. 绍兴机床厂
17. 宁波轴承厂
18. 合肥电机厂
19. 合肥电缆厂
20. 合肥轴承厂
21. 阜阳轴承厂
22. 六安轴承厂
23. 福建水表厂
24. 福建机床厂
25. 福建发电设备厂
26. 永安轴承厂（福建）
27. 山东拖拉机厂
28. 汶上县农业机械厂（山东）
29. 青岛锚链厂
30. 商丘市铸造厂
31. 许昌继电器厂
32. 焦作市起重运输机械厂
33. 西平县轴承厂（河南）
34. 武汉电线厂
35. 岳阳起重电磁铁厂
36. 衡阳轴承厂
37. 湘潭轴承厂
38. 广州重型机器厂
39. 广州市锅炉工业公司
40. 玉林柴油机总厂
41. 柳州工程机械厂
42. 广西第一机床厂
43. 四川亚西机器厂
44. 四川东方轴承厂
45. 万县市川东轴承厂
46. 重庆轴承工业公司
47. 昆明市电线厂
48. 昆明重型机器厂
49. 云南轴承厂
50. 云南齿轮厂
51. 泰川机床厂
52. 西安机床厂
53. 天水星火机床厂
54. 天水锻压机床厂
55. 青海微电机厂
56. 天津显像管厂
57. 天津津华无线电厂
58. 辽宁无线电八厂
59. 沈阳百花电器集团
60. 大连录音器材厂
61. 大连磁头厂
62. 中菱磁带制造公司（黑龙江）
63. 南京电视机厂
64. 厦门达真磁记录有限公司
65. 山东电视机厂
66. 燎原无线电厂（河南）
67. 新潮计算机集团（四川）
68. 川北电子工业公司（四川）
69. 云南电子设备厂
70. 陕西彩色显像管厂

轻工业部

71. 辽阳造纸机械厂
72. 沈阳锻压设备厂
73. 大连红旗机械厂
74. 四平市钨钼材料厂
75. 吉林市陶瓷厂
76. 哈尔滨市第一轻工机械厂
77. 上海钟表元件厂
78. 上海中国钟厂
79. 上海嘉宝照明电器公司
80. 菊花电器集团公司（无锡）二厂（江苏）
81. 泰县大华工具厂
82. 无锡市家用电器有限公司
83. 南京自行车总厂
84. 杭州缝纫机厂
85. 瑞安市工具二厂
86. 瑞安刀具合营厂
87. 嘉兴海鸥电器集团(浙江)
88. 象山缝纫机厂(宁波)
89. 宁波拉丝厂
90. 合肥搪瓷厂
91. 南昌电池厂
92. 费县合营五金工具厂（山东）
93. 临沂制桶厂
94. 郑州玛钢总厂
95. 沙市市洗衣机总厂
96. 京山轻工机械厂（湖北）
97. 江陵县轧钢厂（湖北）
98. 衡阳市自行车厂
99. 益阳缝纫机厂（湖南）
100. 南海县二轻机械厂
101. 成都电池厂
102. 昆明电池厂
103. 咸阳电器厂
104. 西安缝纫机厂

农业部

105. 石家庄市东郊齿轮二厂
106. 冀县暖气片出口散热器厂（河北）
107. 锦县铸造厂（辽宁）
108. 营口市渤海石油化工配件厂
109. 大连冶金轴承厂
110. 肇东市蓄电池厂
111. 上海轻工公司运西搪瓷联营厂
112. 杭州减速机厂
113. 东阳市电声厂
114. 富阳县场口电子器材厂
115. 黄岩市珠光彩灯厂
116. 宁海县机械设备配件厂
117. 慈溪市长城家用电器厂
118. 慈溪夹具厂
119. 宁波市高频瓷厂
120. 蚌埠市家用机床厂
121. 济宁市第一工具厂
122. 潍坊管件厂
123. 漯河市五金厂
124. 淮阳县轴承厂
125. 郑州市巩县联营石墨电极厂
126. 温县起重机械厂
127. 长沙铸铁制品厂
128. 湖南省果园汽车改装厂
129. 顺德县陈村镇拉丝厂

航空航天工业部

130. 金城机械厂（江苏）

纺织工业部

131. 昌邑县纺织机械厂（山东）

冶金工业部

132. 抚顺炭素厂
133. 大连铸钢厂
134. 杭州塘栖钢丝绳厂

交通部

135. 江阴船厂
136. 新华船舶修造厂（南京）
137. 南京市船舶修造厂
138. 江东造船厂（安徽）

化学工业部

139. 郑州磁带厂

邮电部

140. 河北省邮电器材厂

国家建材局

141. 温州高频电瓷总厂

国家医药管理局

142. 山东新华医疗器械厂

北方（集团）公司

143. 吉林建东工业公司
144. 湘华机械厂（湖南）
145. 明光仪器厂（重庆）

中国船舶工业总公司

146. 澄西船舶修造厂（江苏）

147. 芜湖造船厂

中国汽车工业总公司

148. 四平专用汽车制造厂
149. 上海低压电器一厂
150. 湖北汽车齿轮厂
151. 四川汽车制造厂
152. 陕西汽车制造总厂

中国有色金属工业总公司

153. 沈阳有色冶金机械总厂

〔国务院机电产品出口办公室供稿〕

1991年机电产品出口创汇超1000万美元生产企业

1991年全国机电产品出口创汇超1000万美元生产企业139家（含“三资”企业44家），按地区排列名单如下。带＊为“三资”企业，★为1990年创汇超1000万美元企业。

1. 联想计算机集团公司
2. 长城计算机集团公司★
3. 北京电视机厂★
4. 北京松下彩色显像管有限公司＊
5. 北京菲利浦电子有限公司★＊
6. 天津餐具公司★
7. 天津飞鸽自行车集团★
8. 天津通信广播公司★
9. 北洋集装箱有限公司＊（天津）
10. 宣化工程机械厂★
11. 经纬纺织机械厂★（山西）
12. 中捷人民友谊厂★
13. 沈阳第一机床厂★
14. 大连造船厂★
15. 大连造船新厂
16. 大连起重机器厂
17. 瓦房店轴承工业公司★
18. 佳能大连办公设备有限公司＊
19. 万宝至马达有限公司（大连）
20. 斯大精密有限公司＊（大连）
21. 原田有限公司＊（大连）
22. 解放汽车工业联营公司★
23. 哈尔滨飞机制造公司★
24. 哈尔滨电站设备成套公司★
25. 上海自行车集团公司★
26. 上海船厂★
27. 沪东造船厂★
28. 上海电气联合公司★
29. 江南造船厂★
30. 上海机床公司★
31. 上海电视一厂★
32. 上海港口机械厂★
33. 上海协昌缝纫机厂★
34. 上海线缆公司★
35. 上海电机公司★
36. 上海东海船厂
37. 上海电真空公司★
38. 上海搪瓷不锈钢联合公司★
39. 上海电池厂
40. 上海第二纺织机械厂★
41. 中华船厂★（上海）
42. 上海电器公司★
43. 上海轴承公司★
44. 上海标准件公司★
45. 上海电视电子出口集团
46. 上海跃进不锈钢制品厂
47. 三菱电梯公司＊（上海）
48. 华海集装箱厂★＊（上海）
49. 无锡虹美电器集团公司★
50. 苏州电视机厂★
51. 徐州工程机械集团公司★
52. 如东无线电厂（南通）
53. 常熟千斤顶厂
54. 苏州电扇总厂★
55. 常州自行车总厂
56. 常州柴油机厂★
57. 扬州通运集装箱有限公司＊
58. 常州华昌国际集装箱有限公司＊
59. 南京无线电厂★
60. 绍兴电视机厂
61. 闽东电机（集团）公司★
62. 福日电视机有限公司★＊（福建）
63. 厦门自行车公司★
64. 夏华电子企业有限公司★＊（厦门）
65. 厦门领雅电子有限公司★＊
66. 厦门宝航电子有限公司★＊
67. 厦门宏泰企业发展有限公司＊
68. 厦门三德兴有限公司＊
69. 南昌硬质合金厂
70. 江西万平电容器厂
71. 济南第一机床厂★
72. 烟台造锁总厂★
73. 青岛电视机厂★
74. 洛阳轴承厂★
75. 洛阳拖拉机厂
76. 东风汽车工业联营公司★
77. 宜昌红旗电缆厂
78. 江麓机器厂★（湖南）
79. 佛山电子集团总公司★
80. 中山港口风扇厂★
81. 顺德美的家用电器公司★
82. 顺德灯饰一厂★
83. 阳江小刀厂★
84. 台山机械厂
85. 江门电池厂
86. 粤宝电子工业总公司（广东）
87. 佛山家用电器工业公司
88. 中山小榄五金制锁总厂
89. 中山星光制锁厂
90. 中山家用电器总厂
91. 中山无线电总厂★
92. 南海威乐斯电器公司
93. 中欧电子工业有限公司★＊（广东）
94. 东莞美加伟华生益敷钢板有限公司＊
95. 惠信精密部件有限公司★＊
96. 蚬华微波炉制品有限公司★＊
97. TCL通讯设备有限公司＊
98. 乐庭电线工业有限公司＊
99. 惠丰电子有限公司＊
100. 蚬华电器厂有限公司★＊
101. 大陆制罐厂有限公司★＊
102. 迅达电子有限公司＊
103. 奇胜电器工业有限公司＊
104. 华声音响器材有限公司＊
105. 广州造船厂集装箱分厂★
106. 广州电池工业公司★
107. 万宝电器集团公司★
108. 广州电筒工业公司★
109. 广州造船厂（不含集装箱分厂）★

110. 华南缝纫机工业公司★（广州）
111. 广州文冲船舶修造厂★
112. 广州美特容器有限公司★*
113. 广州标致汽车有限公司★*
114. 京华电子有限公司★
115. 深圳宝电有限公司
116. 深圳天马微电子公司★
117. 深圳中华自行车（集团）股份有限公司★*
118. 华强三洋电子有限公司★*
119. 深圳康佳电子（集团）股份有限公司★*
120. 深圳华发电子有限公司★*
121. 深圳赛格日立彩色显示器件有限公司*
122. 深圳世纪电子有限公司*
123. 深圳华利电子有限公司★*
124. 深圳华源磁电股份有限公司*
125. 通成（深圳）电子有限公司*
126. 斯比泰（深圳）电子有限公司*
127. 深圳美雅电业有限公司*
128. 深圳天狮电子有限公司*
129. 业进（深圳）电子有限公司*
130. 东方电站成套设备公司
131. 新潮计算机产业集团公司★（四川）
132. 东方锅炉厂★
133. 四川建筑机械厂
134. 红光电子管厂★
135. 第七砂轮厂
136. 云南光学仪器厂
137. 西安飞机工业公司
138. 黄河机器制造厂★（西安）
139. 西安电力机械制造公司★

〔国务院机电产品出口办公室供稿〕

出口统计资料（1991年）

表1　1991年机电产品出口额超1亿美元的省、市

（外贸业务统计）

省、市名称	出口额（万美元）	比上年增长%	省、市名称	出口额（万美元）	比上年增长%
广东省	274800	68.3	天津市	42191	0.6
广州市	50500	38.7	山东省	38724	20.5
深圳市	129081	111.5	北京市	30831	15.2
上海市	114700	16.7	四川省	30045	32.9
辽宁省	64588	49.2	湖北省	18253	32.2
沈阳市	10277	24.2	黑龙江省	17385	0.0
大连市	29004	131.6	陕西省	16471	36.1
江苏省	60236	36.1	湖南省	13800	27.5
福建省	53172	23.3	河南省	10921	40.2
厦门市	31324	20.0	河北省	10829	14.9
浙江省	45343	35.4			

表2　1991年出口额超1亿美元的机电外贸、工贸公司

（外贸业务统计）

公司名称	出口额（万美元）	比上年增长%	公司名称	出口额（万美元）	比上年增长%
中国电子进出口总公司	85663	16.2	中国北方工业公司	15554	59.5
深圳工贸公司	15003	49.6	中国汽车进出口总公司	14581	5.8
华南分公司	10701	0.4	广东机械进出口公司	13508	44.7
中国船舶工业贸易公司	41966	43.4	上海轻工进出口公司	13257	9.9
中国航空技术进出口总公司	26324	53.0	上海五矿进出口公司	13031	21.2
中国机械设备进出口总公司	24566	0.6	广东机械设备进出口公司	12700	14.8
广东轻工进出口公司	23802	37.3	上海机械设备进出口公司	12518	1.5
上海机械进出口公司	21001	1.4	江苏机械进出口公司	10448	3.3
中国机械进出口总公司	20715	103.2	江苏机械设备进出口公司	10118	2.3

表3　1991年出口额超1亿美元的机电产品

（海关统计）

商品名称	出口额（万美元）	比上年增长%	商品名称	出口额（万美元）	比上年增长%
收录音机	168497	11.1	电风扇	24252	24.7
钟表	112778	19.2	金属加工机床	23004	−8.1
电视机	62463	12.3	集装箱	22011	123.8
彩色电视机	41499	2.4	纺织机械	21977	2.4
黑白电视机	14523	27.5	照相机	19038	44.1
电子元器件	47248	39.7	干电池	16868	14.8
船舶	45882	102.2	锁	16607	37.2
自行车	42829	106.4	电子计算器	16258	9.5
手工具	37337	7.2	汽车及零部件	15797	22.9
电话机	34107	25.4	家用电热器具	15498	90,7
电工器材	33208	36.0	标准紧固件	14268	−3.5
计算机及零部件	31334	60.6	提升机械	13754	40.9
飞机	25851	116.1	检测仪器	13738	2.6
电机	25592	37.7	轴承	11391	−37.7
录音磁带	25340	69.2			

〔国务院机电产品出口办公室供稿〕

机械工业技术引进情况及项目简介(1991 年)

1991 年技术引进情况

1991 年机械工业共引进技术 55 项，其中机械电子工业部系统 32 项，占 58.18%；中国汽车工业总公司引进 8 项，占 14.55%；能源部电力机械局引进 7 项，占 12.73%；纺织工业部和中国石油天然气总公司各引进 2 项，各占 3.63%；中国船舶工业总公司、冶金工业部、中国有色金属工业总公司和中国核工业总公司各引进 1 项，各占 1.82%。引进项目中，按专有技术许可引进方式的居多，达 32 项，占 58.10%；进口设备带技术（包括技贸结合）的 16 项，占 29.09%；合作生产 4 项，占 7.27%；技术合作（包括合资）2 项，联合设计 1 项。各行业技术引进情况及技术来源国、地区合同签约情况见表 1。

表 1　机械工业各行业技术引进情况及技术来源国、地区合同签约情况

行业 \ 国别地区	合计	德国	美国	英国	奥地利	日本	意大利	瑞士	法国	香港	捷克和斯洛伐克	瑞典	澳大利亚	南斯拉夫	丹麦	西班牙	芬兰
合计	55	14	13	4	4	4	2	2	3	2	1	1	1	1	1	1	1
金属切削机床	3		1		1		1										
锻压机械	2		1	1													
铸造机械	1		1														
磨料磨具	1			1													
通用机械	6	3	1	1							1						
起重运输机械	3			1		1						1					
重型机械	2	2															
矿山及煤矿机械	1																1
石油化工机械	1						1										
建筑工程机械	3							1					1	1			
纺织机械	2	2															
汽车	9	3	3		1	1			1								
船舶	1	1															
工业锅炉	1		1														
发电设备	3					1									1	1	
电机	1							1									
高压输变电设备	2	1							1								
低压电器	1	1															
电工专用设备	1									1							
通用仪器仪表	5	1	3			1											
专用仪器仪表	2		1						1								
其他	4		1		2					1							

机械工业技术引进项目简介(1991 年)

序号	行业	部门	引进项目名称	合同号	国内接受单位	技术转让方	合同签约日期、生效日期	有效期	技术引进方式	引进技术主要内容
1	金属切削机床	机械电子工业部	外圆磨床技术	CUSSDS900719	上海机床公司	美国 LANDIS	1991.09 (签约)		专有技术许可	
2			数控车床专有技术转让	CATFD−S902031	上海第二机床厂	奥地利	1991.08.22 (生效)		技术许可	
3			转塔刀架产品生产许可证		烟台机床附件厂	意大利	1991.08.22 (生效)		技术许可	
4	锻压机械	机械电子工业部	数控冲模回转头压力机专有技术转让	CGBFD−S900893	上海第二锻压机床厂	英国	1991.02.04 (生效)		技术许可	
5			机械压力机专有技术转让	CUSFD−S901182	上海锻压机床厂	美国	1991.10.26 (生效)		技术许可	
6	铸造机械	机械电子工业部	高速混砂机和翻转起模机专有技术	91BMR/12009US	漯河铸造机械厂	美国 B &P 公司	1991.02.17 (签约)		专有技术许可	85B、100B 高速混砂机，1005H 翻转起模机
7	磨料磨具	机械电子工业部	金刚石立方氮化硼超硬模具设计与制造专有技术转让	CGBFD−S901081/A	上海砂轮厂	英国	1991.02.04 (生效)		技术许可	
8	通用机械	机械电子工业部	斜盘式通轴泵许可证	CGT9032	重庆液压件厂	德国	1991.07.25 (生效)		技术许可	
9		冶金工业部	冶金工业液压系统及泵、站设计制造技术	91LMGY/45A603CD (力士乐号 6/91×41000)	北京冶金液压机械厂	德国曼内斯曼力士乐液压公司	1991.06.03 (签约)	10年	许可证贸易及技术转让	冶金液压系统工程及泵、站设计制造技术，检测技术和标准，技术培训等

(续)

序号	行业	部门	引进项目名称	合同号	国内接受单位	技术转让方	合同签约日期、生效日期	有效期	技术引进方式	引进技术主要内容
10	通用机械	机械电子工业部	单螺杆泵专有技术和关键设备	91ECTE／JH-005	成都水泵厂	捷克和斯洛伐克西格玛鲁汀公司(Sigma-Lutin)	1991.04.27 1991.05.27	10年	专有技术许可	橡胶硫化注射机(4020-116)、芯轴加热装置(ϕ25.1～85.8)、转子焊接定位设备(ϕ25.1～46.5)、定子测量仪器(ϕ25.1～85.8)、定子成型模具(ϕ25.1～85.8)、转子成型模具(ϕ25.1～85)
11			轴流风机制造技术及关键设备	CDEW-P91074	安徽风机厂	德国DLK公司	1991.11.12(签约)	5年	专有技术许可	矿井风机、高压对旋式煤矿风机、大型纺织轴流屋顶风机、隧道用风机共5个系列15种规格
12			二手真空钎接炉及技术	ZT-J91006	杭州制氧机厂	美国Stewart-Warner公司	1991.02.08(签约)		进口设备带技术	
13		能源部电力机械局	30万千瓦机组给水泵组	Wtir Contract No.12931	上海电力修造总厂	英国Brilish Weir Pumps Ltd.	1990.02.15 1990.02.15		技贸结合	芯包、前置泵、主给水泵全套图纸
14	起重运输机械	机械电子工业部	大输送量埋刮板输送机专有技术	90WMHN／37074CE	湖北农机进出口公司、宜都运输机械厂	英国雷德勒运输机有限公司(Redler)	1991.04 1991.10	5年	专有技术许可	提供1000／500、800／500、400、500／250输送机，630、500、400提升机，400皮带和斗提技术资料、图纸部分标准，咨询和技术服务
15			650A／AW型随车起重机技术转让		徐州液压件厂	瑞典	1991.05.14(生效)		技术许可	
16		能源部电力机械局	耐压式计量给煤机	CCNGZSY-91057	沈阳电力机械厂	日本大和制衡株式会社	1991.10.16	1年	技贸结合	图纸及关键零部件

(续)

序号	行业	部门	引进项目名称	合同号	国内接受单位	技术转让方	合同签约日期、生效日期	有效期	技术引进方式	引进技术主要内容
17	重型机械	机械电子工业部	“八五”技术改造	91BMSZ-20000807	上海重型机器厂	德国	1991.12.17		技贸结合	HP磨煤机齿轮机技术
18			滚切式双边剪制造技术	91MMG-140(5)005DE	沈阳重型机器厂	德国曼内斯曼德马克—沙克公司	1991.03.28 1991.05	10年	专有技术许可	三曲轴滚切式双边剪制造技术
19	矿山及煤矿机械	中国有色金属工业总公司	柱齿钎头制造技术	91NNKD/08D01011FI	莲花山冶金机械厂	芬兰赫拉索公司(Helso)	1991.06	2年	技贸结合	引进柱齿钎头制造专有技术
20	石油化工设备	中国石油天然气总公司	$5\frac{7}{8}''$～$14\frac{1}{4}''$钻具制造技术和关键设备	90MSR138097VS	江汉钻头厂	意大利贝拉尔蒂公司(Berardi)	1991.02		关键设备带技术	
21	建筑工程机械	机械电子工业部	稳定土搅拌设备专有技术	T/91MMG-195(8)001AU	镇江路面机械制造总厂	澳大利亚“阿伦”公司	1991.08.23 1991.10.16	8年	专有技术许可	ASR200G、250× ASR280E型搅拌设备的设计、制造、装配、质量控制、维修和使用技术诀窍
22		能源部电力机械局	L508型轮式装载机	91FJUR4027CH	山东水利机械厂	瑞士利勃海尔工业公司(Liebherr)	1991.12.11 1992.01.29	8年	技术合作	
23			碾压砼施工用震动碾制造技术	B901009	夹江水工机械厂	南斯拉夫RICO公司	1990.09.08	至1995年12月	设备带技术	引进BW200型震动碾关键零部件10套，样机一台，引进生产BW200型震动碾生产图纸、技术资料进行生产，技术人员出国培训，利用进口关键零部件试制样机或改型，并具备小批量生产能力

(续)

序号	行业	部门	引进项目名称	合同号	国内接受单位	技术转让方	合同签约日期、生效日期	有效期	技术引进方式	引进技术主要内容
24	纺织机械	纺织工业部	FK6-M/V900、FK6-L/S12扩大延伸合作生产	CDED-P91040	无锡纺织机械厂	德国巴马格公司(Barmag AG)	1991.07.15 1991.11	5年	引进技术合作生产	FK6M-900、FK6V-900、FK6L-12、FK6S-12四种机型的弹力丝机及超细旦、双喂入、预牵伸三附加装置的制造技术
25			SW46-2S-900/6卷绕头技术转让和FDY涤伦高速纺丝机合作生产	91SJ-501	上海第二纺织机械厂	德国巴马格公司(Barmag AG)	1991.10(签约)	5年	引进技术合作生产	FDY涤伦高速纺丝机的制造技术，包括E8系列挤压机、SP46/12纺丝箱、热导丝盘、分丝辊及SW46-2S-900/6卷绕头制造技术等
26	汽车	中国汽车工业总公司	汽车制动硬管制造技术	91MMG-180(3)27DE 91MMG-180(3)26DE	天津油管厂	德国金光公司	1991.12.09(签约)		生产线进口	制动硬管涂PVF生产线及管子加工关键设备
27			化油器制造技术	CJPY-P91078	第二汽车制造厂化油器厂	日本京滨化油器株式会社	1991.12(签约)		许可证	桑塔纳轿车化油器制造技术
28			中央接线盒双触点继电器	91MMG-180(3)28DE 91MMG-180(3)29DE	哈尔滨汽车电器厂	德国斯垂比公司	1991.11(签约)		许可证	双触点继电器模具、在线检测设备等
29			仪表软轴制造技术	91NFNC20198MR	四平仪表厂	美国	1991.12(签约)		关键设备进口带技术	软轴关键设备
30			自行小车制造技术	CDEY-P91051	第二汽车制造厂	德国	1991.12(签约)		联合设计	联合设计生产线
31			刮水器制造技术	91NFNC/12112CT 91NFNC	温岭汽车配件厂	美国GOLRE公司 德国	1991.02.07(签约) 1991.06.27		关键设备进口带技术	绕线机等关键设备，注塑设备等

(续)

序号	行业	部门	引进项目名称	合同号	国内接受单位	技术转让方	合同签约日期，生效日期	有效期	技术引进方式	引进技术主要内容
				/12155CF 91NFNC/20157MR		申克公司 意大利Mkron AG	(签约) 1991.07.01 (签约)			
32	汽车	中国汽车工业总公司	铝铅合金粉末技术	91NFNC/12133CO	北京汽车摩托车公司轴瓦厂	奥地利米巴公司	1991.12 (签约)		许可证	铝铅粉制造技术、关键设备
33			计算机站		中国汽车工业总公司信息所	美国SGI公司	1991.01 (签约)		关键设备进口带技术	计算机软件
34		机械电子工业部	标致505座椅骨架技术改造	90BMJJ/H505FR	广州车辆厂	法国贝腾富公司(B.F.A)	1990.12.13 1991.01.15	5年	进口设备带技术	管材弯曲机1台、线材弯曲机2台、压焊机2台、液压泵站2台、铆接机1台
35	船舶	中国船舶工业总公司	大功率高速柴油机制造技术	CGT-9140	陕西柴油机厂	德国MTU公司	1991.11.01	10年	许可证	MTU956、1163TBB$_2$和TB92三个系列高速柴油机制造技术
36	工业锅炉	机械电子工业部	循环流化床锅炉制造技术	91BMK/200622US	北京锅炉厂	美国Riley炉排公司	1991.06.08 (签约)		专有技术许可	
37	发电设备	机械电子工业部	60万千瓦汽轮机组合作设计及合作生产	DETC190-010	东方电机厂	日本	1991.09.21 (生效)		合作生产	
38			120千瓦风力发电机生产许可证及销售		杭州发电设备厂	丹麦	1991.10.28 (生效)		技术许可	
39		能源部电力机械局	电站调节阀生产技术		上海电力机械厂	西班牙沃顿威尔公司	1991.03.27 1991.04.29	20年	合资	设计图纸、制造工艺和生产、安装、调试技术

(续)

序号	行业	部门	引进项目名称	合同号	国内接受单位	技术转让方	合同签约日期、生效日期	有效期	技术引进方式	引进技术主要内容
40	电机	机械电子工业部	交流伺服异步电动机和主轴异步电动机驱动装置设计制造专有技术	89FMF/21AL0015CD	天津电气设计传动研究所	瑞士	1991.03.08 (生效)		技术许可	
41	高压输变电设备	机械电子工业部	绕包干式变压器制造技术	91-JLOS-02-E001	通化市变压器厂	德国 ABB公司	1991.10.25 (签约)	3年	专有技术许可	RESIBLOC铸体树脂变压器的设计、制造、检验、使用、维修专有技术
42		能源部电力机械局	电力变压器制造技术	91B1、91B2、91B6、91B7、91B19、91B20	广州电力设备厂	日本 日立株式电器 (Hitachi)	1990.11.06 1990.11.19	半年	自有外汇购技术	设计图纸、施工工艺、管理方式
43	低压电器	机械电子工业部	小型矿用组合馈电开关补充引进协议	85BMSJ/200149CD	合肥开关厂	德国 西门子公司	1991.11.05 1991.12.01	5年	专有技术许可	3WE63~3WE83系列断路器
44	电工专用设备	机械电子工业部	CO_2焊丝连续式退火镀铜专有技术及设备	91NZ407-061CNT	天津市焊条公司	香港	1991.03.11 (生效)		技术许可	
45	通用仪器仪表	机械电子工业部	高温高压调节阀技术转让	91AMWR/2000002MR	上海自动化仪表七厂	美国	1991.12.13 (生效)		技术许可	
46			事故顺序记录仪的关键设备及绘图仪等制造技术	CUSHS-P9018	上海大华仪表厂	美国 Enter Computer 公司	1990.11.10 1991.02.23	5年	专有技术许可	提供SP系列绘图仪(SP600、SP1800)全套技术图纸资料标准
47			智能记录仪制造技术转让	CJPEC-P89	四川仪表总厂		1991.05.18 (生效)		技术许可	

(续)

序号	行业	部门	引进项目名称	合同号	国内接受单位	技术转让方	合同签约日期、生效日期	有效期	技术引进方式	引进技术主要内容
48	通用仪器仪表	机械电子工业部	环境试验设备箱技术转让	89MMG407(TT1)206MR	辽宁试验设备厂	美国	1991.02.21(生效)		技术许可	
49		能源部电力机械局	420型工业用X射线检验设备	90AMRW/470300CD	郑州水工机械厂	德国罗德华材料检测公司(Rontgen-werk)	1990.11.10 1990.11.19		技术贸易	420型工业用X射线检验设备(正负高压发生器、操作台、控制台、控制程序、高压电缆、油冷却泵、双极射线管)以及其他配套
50	专用仪器仪表	机械电子工业部	同位素核辐射仪表生产技术软件资料	90FIR-46307545	武汉仪表集团公司温度计厂	美国TN Tech-nologies Inc.	1990.05.29(签约)	2年	专有技术许可	核辐射仪表电离室探测器技术有关设计、生产和使用的专有技术
51		中国核工业总公司	单光子发射计算机断层系统(SPECT)的技术转让及关键设备的供货	91LFHS/825001FR	中国核仪器设备总公司、西安核仪器厂、北京核海高技术开发公司	法国索法公司(SOPHA MEDICAL)	1991.05.31(签约) 1991.07.16(生效)	7年	技术转让并提供关键设备	SPECT的外围设备、主机机架、探测系统及计算机系统的制造技术
52	其他	机械电子工业部	模具CAD/CAM系统	91DIVY/47095CK	苏州机床电器厂	香港	1991.08.05(生效)		技术许可	
53			铜铅轴瓦三元合金电镀技术及二手设备	ZT-J91039	杭州轴瓦厂	奥地利MIBA公司	1991.09.28(签约)		进口设备带技术	镀敷设备及技术软件
54			管理系统培训	CATED-S890292/B	上海机床厂	奥地利	1991.10.16(生效)		合作生产	
55		中国石油天然气总公司	MWD随钻测斜仪	TT91MSR-135(3)104GB	西安石油勘探仪器总厂	美国吉奥急他(Geodata)	1991.11	5年	技贸结合	制造图纸和工艺

〔第Ⅵ部分责任编辑：史晓岩〕

机械工业

全国统计资料

第Ⅶ部分

机械工业全国综合统计资料（1991年）

（国家统计局工业交通司供稿）

机械工业总产值及其比重

年　份	工业总产值(亿元)	占全国工业总产值的比重(%)	年　份	工业总产值(亿元)	占全国工业总产值的比重(%)
1976	787.5	24.1	1984	1523.2	21.7
1977	895.1	24.0	1985	1936.9	23.4
1978	995.8	23.5	1986	2062.1	22.8
1979	1073.2	23.4	1987	2439.2	23.7
1980	1061.4	21.3	1988	2985.9	24.6
1981	996.9	19.2	1989	3193.9	24.7
1982	1107.5	19.9	1990	3246.6	23.6
1983	1286.0	20.9	1991	4910.6	21.0

注: 1976～1981 年是按 1970 年不变价格计算, 1982～1990 年是按 1980 年不变价格计算, 1991 年是按 1990 年不变价格计算。

机械工业总产值指数

（以 1976 年为 100）

年　份	机械工业总产值指数	年　份	机械工业总产值指数
1976	100	1984	193.4
1977	113.7	1985	246.0
1978	126.5	1986	261.9
1979	136.3	1987	309.8
1980	134.8	1988	379.2
1981	126.6	1989	405.6
1982	140.6	1990	412.3
1983	163.3	1991	491.4

按机械工业行业分的工业企业单位数

行业	企业单位数(个) 1990年	1991年	比重(%) 1990年	1991年
合计	100120	100532	100.0	100.0
金属制品业	28841	28562	28.8	28.4
集装箱和金属包装物品制造业	1401	1406	1.4	1.4
金属包装物品及容器制造业	1361	1365	1.4	1.4
建筑用金属制品业	4096	4179	4.1	4.2
农业用金属制品业	7787	7350	7.8	7.3
金属表面处理及热处理业	1810	1767	1.8	1.8
日用金属制品业	6021	6131	6.0	6.1
搪瓷制品业	233	247	0.2	0.2
铝制品业	804	806	0.8	0.8
普通机械工业	42385	42496	42.3	42.3
锅炉及原动机制造业	1971	1990	2.0	2.0
内燃机制造业	233	226	0.2	0.2
金属加工机械制造业	2005	2048	2.0	2.0
通用设备制造业	3360	3419	3.4	3.4
通用零部件制造业	7199	7194	7.2	7.2
铸锻毛坯制造业	5300	5340	5.3	5.3
工业专用设备制造业	6542	6616	6.5	6.6
纺织工业专用设备制造业	1721	1720	1.7	1.7
化工设备制造业	368	385	0.4	0.4
农、林、牧、渔业机械制造业	4179	4153	4.2	4.1
拖拉机制造业	149	148	0.1	0.1
机械化及半机械化农机具制造业	2116	2087	2.1	2.1
建筑机械制造业	572	537	0.6	0.5
地质专用设备制造业	68	70	0.1	0.1

注：本表数据为机械工业独立核算工业企业数据。

(续)

行　业	企业单位数(个)		比　重(%)	
	1990 年	1991 年	1990 年	1991 年
医疗器械制造业	735	769	0.7	0.8
文化、办公用机械制造业	153	159	0.2	0.2
日用机械制造业	1727	1793	1.7	1.8
自行车制造业	792	779	0.8	0.8
缝纫机制造业	320	329	0.3	0.3
钟表制造业	529	596	0.5	0.6
其他专用设备制造业	1397	1422	1.4	1.4
机械设备修理业	6339	6149	6.3	6.1
交通运输设备制造业	10925	11203	10.9	11.1
铁路运输设备制造业	287	284	0.3	0.3
汽车制造业	3915	3973	3.9	4.0
摩托车制造业	268	269	0.3	0.3
船舶制造业	479	468	0.5	0.5
飞机制造业	106	105	0.1	0.1
交通运输设备修理业	5416	5626	5.4	5.6
电气机械及器材制造业	14461	14763	14.4	14.7
电机制造业	1053	1069	1.1	1.1
输配电及控制设备制造业	4418	4419	4.4	4.4
电工器材制造业	3404	3517	3.4	3.5
日用电器制造业	2456	2516	2.5	2.5
洗衣机制造业	109	103	0.1	0.1
电冰箱制造业	219	195	0.2	0.2
照明器具制造业	1910	2072	1.9	2.1
仪器仪表及其他计量器具制造业	3508	3508	3.5	3.5
仪器仪表制造业	2461	2496	2.5	2.5
电子测量仪器制造业	244	241	0.2	0.2

按机械工业行业分的工业总产值

(按1990年不变价格计算)

行　　业	绝对数(亿元)			比　重(%)	
	1990年	1991年	1991年为1990年%	1990年	1991年
合　计	3968.34	4748.85	119.7	100.0	100.0
金属制品业	533.09	625.93	117.4	13.4	13.2
集装箱和金属包装物品制造业	41.94	60.76	144.9	1.1	1.3
金属包装物品及容器制造业	38.83	50.72	130.6	1.0	1.1
建筑用金属制品业	73.64	85.43	116.0	1.9	1.8
农业用金属制品业	23.46	25.91	110.4	0.6	0.5
金属表面处理及热处理业	25.25	29.74	117.8	0.6	0.6
日用金属制品业	158.81	186.62	117.5	4.0	3.9
搪瓷制品业	19.25	20.99	109.0	0.5	0.4
普通机械工业	1753.15	2059.79	117.5	44.2	43.4
锅炉及原动机制造业	209.81	239.69	114.2	5.3	5.0
内燃机制造业	87.16	102.94	118.1	2.2	2.2
金属加工机械制造业	89.67	105.90	118.1	2.3	2.2
通用设备制造业	189.39	223.10	117.8	4.8	4.7
通用零部件制造业	207.08	234.20	113.1	5.2	4.9
铸锻毛坯制造业	79.16	96.26	121.6	2.0	2.0
工业专用设备制造业	361.07	412.24	114.2	9.1	8.7
纺织工业专用设备制造业	83.72	96.68	115.5	2.1	2.0
化工设备制造业	26.32	29.05	110.4	0.7	0.6
农、林、牧、渔业机械制造业	165.23	204.53	123.8	4.2	4.3
拖拉机制造业	72.89	91.95	126.1	1.8	1.9
机械化及半机械化农机具制造业	43.89	51.99	118.5	1.1	1.1
建筑机械制造业	37.59	44.63	118.7	0.9	0.9
地质专用设备制造业	4.45	5.02	112.8	0.1	0.1

注：表中数据为全部独立核算工业企业数据。

(续)

行业	绝对数(亿元)			比重(%)	
	1990年	1991年	1991年为1990年%	1990年	1991年
医疗器械制造业	23.62	28.86	122.2	0.6	0.6
文化、办公用机械制造业	10.44	13.69	131.1	0.3	0.3
日用机械制造业	173.23	212.21	122.5	4.4	4.5
自行车制造业	101.09	128.44	127.1	2.5	2.7
缝纫机制造业	23.59	27.24	115.5	0.6	0.6
钟表制造业	43.93	49.30	112.2	1.1	1.0
其他专用设备制造业	32.35	38.63	119.4	0.8	0.8
机械设备修理业	30.18	33.12	109.7	0.8	0.7
交通运输设备制造业	731.98	949.47	129.7	18.4	20.0
铁路运输设备制造业	62.27	63.68	102.3	1.6	1.3
汽车制造业	398.55	556.33	139.6	10.0	11.7
摩托车制造业	20.33	30.30	149.0	0.5	0.6
船舶制造业	69.72	85.05	122.0	1.8	1.8
飞机制造业	68.11	79.01	116.0	1.7	1.7
交通运输设备修理业	90.09	104.11	115.6	2.3	2.2
电气机械及器材制造业	833.25	969.46	116.3	21.0	20.4
电机制造业	118.47	131.98	111.4	3.0	2.8
输配电及控制设备制造业	134.93	155.26	115.1	3.4	3.3
电工器材制造业	260.86	296.33	113.6	6.6	6.2
日用电器制造业	243.42	293.13	120.4	6.1	6.2
洗衣机制造业	34.84	39.53	113.5	0.9	0.8
电冰箱制造业	78.00	90.20	115.6	2.0	1.9
照明器具制造业	60.05	73.28	122.0	1.5	1.5
仪器仪表及其他计量器具制造业	116.87	144.20	123.4	2.9	3.0
仪器仪表制造业	90.55	113.23	125.0	2.3	2.4
电子测量仪器制造业	9.45	11.60	122.8	0.2	0.2

历年机械工业产品产量

年 份	冶 金 设 备 (万吨)	矿 山 设 备 (万吨)	石 油 设 备 (万吨)	化 工 设 备 (万吨)	金属切削机床 (万台)	锻 压 设 备 (万台)
1949		0.07		0.02	0.16	0.03
1950	0.02	0.24		0.04	0.33	0.06
1951	0.02	0.21		0.01	0.59	0.08
1952	0.02	0.18		0.10	1.37	0.11
1953	0.03	0.82		0.26	2.05	0.25
1954	0.37	0.87	0.03	0.79	1.59	0.25
1955	0.44	1.12	0.07	0.21	1.37	0.25
1956	1.60	3.09	0.31	0.36	2.59	0.24
1957	1.38	5.29	0.59	0.72	2.80	0.29
1958	15.10	9.56	0.84	3.11	8.00	0.88
1959	28.38	22.98	1.70	5.68	11.55	1.34
1960	23.23	25.19	2.08	9.15	15.35	2.46
1961	4.61	9.03	0.71	2.75	5.67	1.17
1962	2.22	3.45	0.51	1.55	2.25	0.39
1963	1.22	2.20	0.86	2.15	2.22	0.42
1964	0.88	2.82	1.80	2.69	2.81	0.61
1965	1.74	4.00	1.29	3.42	3.96	0.75
1966	3.49	5.19	2.14	4.75	5.49	0.85
1967	1.71	3.77	1.23	1.81	4.07	0.59
1968	1.33	2.93	1.50	2.30	4.64	0.65
1969	2.40	6.16	1.74	4.10	8.56	0.89
1970	7.25	9.63	3.23	5.90	13.89	2.17
1971	11.12	17.23	4.60	6.03	14.57	2.98
1972	10.47	19.53	5.16	7.20	16.22	3.34
1973	9.65	20.15	5.82	6.57	18.33	4.35
1974	7.78	18.99	5.96	6.51	16.45	3.92
1975	8.21	19.61	6.32	7.59	17.49	4.47
1976	6.15	16.15	6.87	6.05	15.70	3.74
1977	4.85	18.45	7.26	6.52	19.87	4.91
1978	6.82	24.29	8.29	6.75	18.32	3.75
1979	7.29	26.37	9.30	6.64	13.96	3.60
1980	4.10	16.25	5.71	6.98	13.36	4.84
1981	3.51	11.49	9.77	5.46	10.26	5.16
1982	3.82	15.82	9.32	6.32	9.98	4.62
1983	3.88	20.16	10.07	6.96	12.10	4.38
1984	4.97	25.81	12.23	9.30	13.35	4.81
1985	5.06	31.43	16.69	11.39	16.72	6.69
1986	6.16	30.06	18.11	11.54	16.37	6.50
1987	8.47	29.72	20.72	13.30	17.22	7.56
1988	8.96	38.36	20.77	18.11	19.17	9.10
1989	11.01	32.56	16.72	17.33	17.87	6.75
1990	9.02	31.38	20.35	20.46	13.45	4.63
1991	9.27	33.39	20.12	19.06	16.39	6.55

(续)

年份	发电设备(万千瓦)	交流电动机(万千瓦)	变压器(万千伏安)	拖拉机(14.7千瓦及以上)(万台)	小型拖拉机(万台)	汽车(万辆)	
						合计	其中:载重汽车
1949			12				
1950		20	54				
1951	0.2	23	61				
1952	0.6	64	117				
1953	2.2	92	198				
1954	0.8	96	196				
1955	6.2	61	193			0.01	0.01
1956	20.1	107	289			0.17	0.17
1957	19.8	146	420			0.79	0.62
1958	110.0	605	1302	0.10		1.60	1.29
1959	242.3	1250	2332	0.29	0.21	1.96	1.36
1960	338.8	1401	2588	1.16	0.12	2.26	1.38
1961	67.9	656	589	0.69	0.05	0.36	0.26
1962	15.2	343	316	0.71	0.01	0.97	0.78
1963	40.4	313	437	0.87	0.02	2.06	1.67
1964	44.0	308	572	0.98	0.09	2.81	2.08
1965	68.3	405	818	0.96	0.36	4.05	2.65
1966	132.3	615	1303	1.18	1.16	5.59	3.41
1967	61.9	496	999	0.85	0.97	2.04	1.09
1968	137.5	460	650	0.89	1.11	2.51	1.20
1969	203.1	810	1490	1.34	1.94	5.31	3.04
1970	291.8	1456	2741	3.19	5.14	8.72	4.71
1971	353.3	1831	3011	4.45	8.09	11.10	5.81
1972	432.5	2195	3173	4.93	8.95	10.82	6.05
1973	501.8	2717	3490	5.79	11.93	11.62	6.44
1974	461.6	2626	3989	6.27	13.80	10.48	5.69
1975	496.5	2799	4097	7.84	20.94	13.98	7.76
1976	400.2	2609	3656	7.37	24.00	13.52	7.45
1977	318.1	2696	3581	9.93	32.05	12.54	7.59
1978	483.8	3195	4862	11.35	32.42	14.91	9.61
1979	621.2	3563	5823	12.56	31.75	18.57	11.67
1980	419.3	2570	4461	9.77	21.79	22.23	13.55
1981	139.5	2126	2734	5.28	19.89	17.56	10.83
1982	164.5	2420	3143	4.03	29.83	19.63	12.18
1983	274.0	2868	4228	3.70	49.77	23.98	13.71
1984	467.4	3051	5030	3.97	68.86	31.64	18.18
1985	563.0	3484	8045	4.50	82.25	43.72	26.90
1986	722.3	3967	7730	2.86	77.45	36.98	22.91
1987	941.1	4172	9297	3.71	110.60	47.18	29.84
1988	1109.3	4511	10039	4.72	133.57	64.47	40.33
1989	1174.0	4096	9931	3.98	111.81	58.35	36.34
1990	1233.9	3528	7443	3.94	110.14	51.40	28.97
1991	1164.2	3825	7748	5.27	134.78	71.42	38.25

1991年机械工业主要产品产量

产品名称	单位	1990年	1991年	1991年为1990年%
铸铁管	万吨	152.49	158.55	104.0
金属切削工具	万件	47734.25	43749.74	91.7
手工工具	万件	137835.79	133512.61	96.9
钢丝绳	万吨	30.07	37.79	125.7
铸铁暖气片	万吨	94.10	111.92	118.9
金属门窗	万吨	168.90	206.25	122.1
日用搪瓷制品	万吨	16.52	17.45	105.6
日用精铝制品	万吨	7.85	8.68	110.6
日用不锈钢制品	吨	41873	51864	123.9
锁	万把	82587	88817	107.5
工业锅炉	蒸发量吨	55220	66462	120.4
内燃机生产量	万千瓦	7645	9722	127.2
农用内燃机	万千瓦	3046	3907	128.3
柴油机	万千瓦	4239	5099	120.3
汽油机	万千瓦	3404	4622	135.8
金属切削机床	万台	13.45	16.39	121.9
大型机床	台	2295	3000	130.7
重型机床	台	244	324	132.8
数控机床	台	2634	4051	153.8
高精度机床	台	1121	1218	108.7
车床	台	61372	82411	134.3
钻床	台	16948	20115	118.7
镗床	台	4823	4455	92.4
磨床	台	13008	14984	115.2
铣床	台	12555	14308	114.0
锻压机械	万台	4.63	6.55	141.5
重型锻压机械	台	545	697	127.9
起重机械	万吨	39.31	75.35	191.7
输送机械	万吨	26.54	24.09	90.8
给料机械	万台	1.35	1.04	77.0
装卸机械	台	6445	14766	229.1
泵	万台	366.37	399.15	108.9
工业泵	万台	113.62	124.19	109.3
农用水泵	万台	252.75	274.96	108.8
气体压缩机	台	54700	62246	113.8
制冷空调设备	套	73871	117955	159.7
电动工具	万台	190.63	262.76	137.8
高压阀门	吨	22617	27945	123.6
中压阀门	吨	73476	89572	121.9
低压阀门	吨	238535	253002	106.1
滚动轴承	万套	66921	73065	109.2
外圆直径450毫米及以上	套	22300	21869	98.1
紧固件	万吨	69.06	92.14	133.4
矿山设备	万吨	31.38	33.39	106.4
工矿配件	万吨	56.24	58.96	104.8
冶金设备	万吨	9.02	9.27	102.8
石油设备	万吨	20.35	20.12	98.9
化工设备	万吨	20.46	19.06	93.2
印刷工业专用设备	万吨	4.72	6.96	147.5
纺织机械	万吨	41.85	44.26	105.8
水泥设备	万吨	5.11	7.07	138.4
建材设备	万吨	5.64	6.89	122.2
食品机械	万吨	26.59	18.17	68.3
机动饲料粉碎机	台	289154	322071	111.4
大中型拖拉机	台	39438	52691	133.6

(续)

产品名称	单位	1990年	1991年	1991年为1990年%
小型拖拉机	万台	110.14	134.78	122.4
机引耕作机械	台	677104	620673	91.7
种植机械	台	195416	251152	128.5
机动插秧机	台	3817	4469	117.1
联合收割机	台	5173	10638	205.6
机动脱粒机	台	487550	580824	119.1
中小农具	万件	67776	71465	105.4
挖掘机	台	1178	1963	166.6
压路机	台	2155	2694	125.0
推土机	台	5376	9893	184.0
医疗器械	万元	205147	257115	125.3
电影机械	台	77968	76723	98.4
复印机械	台	24436	30420	124.5
缝纫机	万架	760.96	763.84	100.4
照相机	万架	213.22	478.18	224.3
自行车	万辆	3141.57	3676.81	117.0
钟	万只	3056	3660	119.8
表	万只	8671	7825	90.2
手表	万只	8353	7596	90.9
环境污染防治设备	万吨	8.32	9.64	115.9
铁路机车	台	655	706	107.8
蒸汽机车	台	24	12	50.0
内燃机车	台	466	521	111.8
电力机车	台	165	173	104.8
铁路客车	辆	1866	1674	89.7
铁路货车	万辆	1.86	1.85	99.5
汽车	辆	513951	714173	139.0
载货汽车	辆	289689	382468	132.0
越野汽车	辆	51275	67508	131.7
自卸汽车	辆	8996	16873	187.6
客车	辆	26594	41705	156.8
轿车	辆	34991	68727	196.4
改装汽车	辆	110527	149874	135.6
摩托车	辆	978539	1341031	137.0
民用钢质船舶	艘	4587	5013	109.3
	综合吨	1409968	1718998	121.9
钢质渔轮	艘	277	518	187.0
	满载排水量吨	74089	110702	149.4
	千瓦	82327	129018	156.7
发电设备	台(组)	945	856	90.6
	万千瓦	1225.38	1164.16	95.0
水轮发电机组	组	357	354	99.2
	万千瓦	210.07	213.14	101.5
汽轮发电机	台	569	412	72.4
	万千瓦	1010.21	944.22	93.5
交流电动机	万千瓦	3527.75	3825.19	108.4
直流电机	万千瓦	287.52	269.80	93.8
变压器	万千伏安	7442.57	7747.66	104.1
7500千伏安及以上变压器	万千伏安	4285.84	4505.21	105.1
钢芯铝绞线	吨	121390	136155	112.2
电力电缆	公里	346495	475575	137.3
家用洗衣机	万台	662.68	687.17	103.7
电风扇	万台	5799	6219	107.2
家用电冰箱	万台	463.06	469.94	101.5
灯具	万只	11358	15175	133.6
水表	万只	826.89	679.93	82.2
煤气表	万只	191.60	136.09	71.0
电度表	万只	2530.97	2303.34	91.0
大型及大型专用衡器	台	28124	26927	95.7

1991 年各地区机械工业主要产品产量

地　　区	金属切削机床(台)	矿山设备(吨)	大中型拖拉机(台)	小型拖拉机(万台)	汽车(辆)	发电设备(万千瓦)
全国总计	163897	333928	52691	134.78	714173	1164.16
北　京	6205	27503	0	1.06	109661	92.40
天　津	875	373	7797	0.52	44694	5.75
河　北	2549	14472	0	14.99	16795	0.14
山　西	1955	26732	0	2.01	752	2.70
内蒙古	755	15017	0	1.45	141	0.00
辽　宁	17663	36678	876	2.21	42044	0.00
吉　林	1130	10129	3167	6.35	92293	0.00
黑龙江	2258	3431	304	2.13	10423	266.12
上　海	14594	12532	10812	0.00	44448	238.65
江　苏	21192	21125	1124	13.99	64045	44.01
浙　江	32546	13662	1414	4.26	8019	56.26
安　徽	4207	11095	200	9.83	5340	0.00
福　建	1466	2178	0	2.41	1796	11.74
江　西	4686	8736	0	2.16	14443	0.84
山　东	14340	16616	10018	27.29	11992	76.20
河　南	2015	43074	11400	18.44	3598	2.38
湖　北	5310	9385	5550	1.02	129518	107.45
湖　南	2177	14206	0	1.96	8996	4.95
广　东	6912	11099	0	4.30	21494	12.36
广　西	3570	4809	0	5.58	23752	6.85
海　南	0	0	0	0.00	231	0.00
四　川	5964	10590	0	2.24	40415	229.68
贵　州	543	0	0	1.00	4250	0.00
云　南	5053	9921	0	2.23	9582	3.59
西　藏	0	0	0	0.00	0	0.00
陕　西	2939	5767	0	1.65	4862	2.09
甘　肃	567	4434	0	1.87	68	0.00
青　海	1062	171	4	0.00	521	0.00
宁　夏	1154	193	25	1.09	0	0.00
新　疆	210	0	0	2.74	0	0.00

1991年机械工业主要产品产量中各地区的比重

(以全国总计为100)

地 区	金属切削机床 (%)	矿山设备 (%)	大中型拖拉机 (%)	小型拖拉机 (%)	汽车 (%)	发电设备 (%)
全国总计	100.00	100.00	100.00	100.00	100.00	100.00
北 京	3.79	8.24	0.00	0.79	15.35	7.94
天 津	0.53	0.11	14.80	0.39	6.26	0.49
河 北	1.56	4.33	0.00	11.12	2.35	0.01
山 西	1.19	8.01	0.00	1.49	0.11	0.23
内 蒙 古	0.46	4.50	0.00	1.08	0.02	0.00
辽 宁	10.78	10.98	1.66	1.64	5.89	0.00
吉 林	0.69	3.03	6.01	4.71	12.92	0.00
黑 龙 江	1.38	1.03	0.58	1.58	1.46	22.86
上 海	8.90	3.75	20.52	0.00	6.22	20.50
江 苏	12.93	6.33	2.13	10.38	8.97	3.78
浙 江	19.86	4.09	2.68	3.16	1.12	4.83
安 徽	2.57	3.32	0.38	7.29	0.75	0.00
福 建	0.89	0.65	0.00	1.79	0.25	1.01
江 西	2.86	2.62	0.00	1.60	2.02	0.07
山 东	8.75	4.98	19.01	20.25	1.68	6.55
河 南	1.23	12.90	21.64	13.68	0.50	0.20
湖 北	3.24	2.81	10.53	0.76	18.14	9.23
湖 南	1.33	4.25	0.00	1.45	1.26	0.43
广 东	4.22	3.32	0.00	3.19	3.01	1.06
广 西	2.18	1.44	0.00	4.14	3.33	0.59
海 南	0.00	0.00	0.00	0.00	0.03	0.00
四 川	3.64	3.17	0.00	1.66	5.66	19.73
贵 州	0.33	0.00	0.00	0.74	0.60	0.00
云 南	3.08	2.97	0.00	1.65	1.34	0.31
西 藏	0.00	0.00	0.00	0.00	0.00	0.00
陕 西	1.79	1.73	0.00	1.22	0.68	0.18
甘 肃	0.35	1.33	0.00	1.39	0.01	0.00
青 海	0.65	0.05	0.01	0.00	0.07	0.00
宁 夏	0.70	0.06	0.05	0.81	0.00	0.00
新 疆	0.13	0.00	0.00	2.03	0.00	0.00

1991年全民所有制独立核算机械工业企业主要财务指标(一)

行业	企业单位数(个)	工业总产值(亿元) 按1990年不变价格计算	按现行价格计算	产品销售收入(亿元)	职工年平均人数(万人)
机械工业总计	15646	2671.12	2621.69	2609.64	1064.34
金属制品业	1558	149.57	147.69	141.29	57.90
金属结构制造业	69	6.39	6.76	6.46	2.91
铸铁管制造业	68	4.05	4.57	4.40	2.13
工具制造业	261	23.16	22.66	21.16	13.40
切削工具制造业	86	12.29	12.05	11.07	6.90
模具制造业	90	3.52	3.34	3.13	2.54
手工具制造业	59	5.41	5.37	5.14	2.79
其他工具制造业	26	1.94	1.91	1.82	1.17
集装箱和金属包装物品制造业	104	9.28	8.20	7.88	2.59
集装箱制造业	9	0.66	0.65	0.63	0.25
金属包装物品及容器制造业	95	8.62	7.56	7.24	2.34
金属丝绳及其制品业	174	26.70	27.44	26.50	8.29
建筑用金属制品业	253	11.24	11.19	10.89	5.99
建筑小五金制造业	34	1.79	1.87	1.79	0.81
水暖管道零件制造业	68	3.49	3.47	3.28	1.91
金属门窗制造业	135	5.51	5.34	5.22	2.95
其他建筑用金属制品业	16	0.46	0.50	0.60	0.33
农业用金属制品业	33	0.82	0.85	0.86	0.61
铁制小农具制造业	25	0.75	0.78	0.79	0.57
其他农业用金属制品业	8	0.07	0.07	0.06	0.04
金属表面处理及热处理业	102	2.20	2.19	2.11	1.54
日用金属制品业	413	51.34	48.87	46.91	17.39
搪瓷制品业	57	13.54	13.57	13.07	4.84
铝制品业	50	9.45	8.48	7.16	2.57
不锈钢制品业	29	4.10	3.28	3.65	0.82
刀剪制造业	14	2.21	1.78	1.59	0.68
制锁业	32	3.88	3.77	3.78	1.70
厨房及炊事用具制造业	124	7.54	7.59	7.20	3.30
理发用具制造业	7	1.41	1.46	1.60	0.44
制伞业	14	1.96	1.94	1.86	0.60
其他日用金属制品业	86	7.25	7.01	6.99	2.43
其他金属制品业	81	14.39	14.94	14.12	3.06
焊条制造业	28	9.54	10.07	9.82	1.53
其他类未包括的金属制品业	53	4.85	4.88	4.30	1.53
普通机械工业	8906	1346.68	1309.54	1293.87	620.45
锅炉及原动机制造业	695	191.64	183.11	179.95	68.93
锅炉制造业	125	33.12	30.59	31.92	10.90
内燃机制造业	188	98.49	96.86	97.03	30.11
汽轮机制造业	12	14.71	14.43	12.63	5.01
水轮机制造业	42	3.04	2.68	2.74	2.13
内燃机配件制造业	304	40.53	36.84	33.91	20.07
其他锅炉及原动机制造业	24	1.74	1.72	1.73	0.71
金属加工机械制造业	520	76.86	74.76	77.58	47.62

(续)

行业	企业单位数(个)	工业总产值(亿元) 按1990年不变价格计算	按现行价格计算	产品销售收入(亿元)	职工年平均人数(万人)
金属切削机床制造业	259	55.10	53.63	56.09	34.32
锻压设备制造业	88	12.17	11.78	12.47	6.60
铸造机械制造业	27	1.76	1.73	1.73	1.38
机床附件制造业	50	3.41	3.15	2.95	2.46
其他金属加工机械制造业	96	4.43	4.48	4.34	2.86
通用设备制造业	760	125.89	123.99	128.20	54.09
起重运输设备制造业	193	46.31	45.32	47.37	18.46
工矿车辆制造业	30	5.21	5.11	5.63	1.74
泵制造业	231	23.59	22.82	22.48	10.92
风机制造业	47	6.71	6.58	6.69	3.57
气体压缩机及气体分离设备制造业	64	16.46	16.29	17.44	7.56
冷冻设备制造业	58	12.53	12.93	13.28	3.59
风动工具制造业	18	3.70	3.55	3.50	1.90
电动工具制造业	18	1.40	1.42	1.50	0.91
其他通用设备制造业	101	9.98	9.99	10.31	5.44
通用零部件制造业	966	125.81	116.78	105.96	61.00
轴承制造业	228	65.58	60.86	51.67	27.90
阀门制造业	145	15.08	14.50	14.80	8.52
液压件及液力件制造业	113	9.96	9.74	9.28	5.87
气动元件制造业	26	1.81	1.74	1.73	0.75
密封件制造业	11	0.34	0.31	0.26	0.19
粉末冶金制品业	49	4.23	2.97	2.58	1.59
紧固件制造业	172	12.11	10.72	10.23	6.92
弹簧制造业	20	0.85	0.83	0.82	0.38
链条制造业	32	3.04	2.73	2.58	1.66
齿轮制造业	74	8.05	7.88	7.77	4.62
其他通用零部件制造业	96	4.77	4.51	4.25	2.60
铸锻毛坯制造业	316	26.78	28.21	27.10	14.21
铸件制造业	269	18.57	19.40	18.99	10.74
锻件制造业	47	8.21	8.81	8.12	3.47
工业专用设备制造业	1830	272.03	259.50	258.23	132.46
矿山设备制造业	237	60.81	58.83	54.91	27.89
食品、饮食、烟草工业专用设备制造业	145	11.05	10.91	10.78	6.19
粮油工业专用设备制造业	353	14.54	13.92	13.50	8.21
饲料工业专用设备制造业	41	2.33	2.19	1.81	1.02
纺织工业专用设备制造业	322	54.29	48.55	50.60	23.28
造纸工业专用设备制造业	40	5.32	5.33	5.66	3.03
印刷工业专用设备制造业	52	7.38	7.63	8.12	4.07
制药工业专用设备制造业	25	2.14	2.11	2.18	1.08
石油设备制造业	45	13.40	13.42	13.46	6.40
化工设备制造业	137	20.23	18.40	19.00	9.62
化学纤维设备制造业	1	0.10	0.10	0.05	0.05
橡胶工业专用设备制造业	22	5.04	5.11	4.98	2.31

(续)

行业	企业单位数(个)	工业总产值(亿元)		产品销售收入(亿元)	职工年平均人数(万人)
		按1990年不变价格计算	按现行价格计算		
塑料工业专用设备制造业	39	4.87	4.85	4.71	1.75
木材工业专用设备制造业	50	4.75	4.83	4.76	3.34
建材及其他非金属矿制品专用设备制造业	109	11.88	10.80	11.17	7.03
冶金设备制造业	54	32.00	30.66	30.49	15.77
电工专用设备制造业	12	1.72	1.80	1.86	1.17
电子工业专用设备制造业	34	5.00	4.89	4.84	3.30
其他工业专用设备制造业	112	15.20	15.16	15.35	6.94
农、林、牧、渔业机械制造业	1479	157.37	156.80	151.36	60.72
拖拉机制造业	117	89.75	90.29	88.70	21.97
机械化农机具制造业	292	23.34	23.50	21.91	10.99
半机械化农机具制造业	420	11.01	10.76	10.17	7.63
营林机械制造业	12	0.95	0.91	0.91	0.41
畜牧机械制造业	30	1.40	1.39	1.40	0.93
渔业机械制造业	12	0.90	0.87	1.01	0.44
拖拉机配件制造业	431	21.43	20.63	18.90	13.83
其他农、林、牧、渔业机械制造业	165	8.60	8.45	8.36	4.52
建筑机械制造业	176	36.32	36.74	38.25	15.15
挖掘机制造业	8	6.03	6.10	6.53	2.91
压路机制造业	6	0.96	0.96	1.14	0.50
推土机制造业	12	9.98	10.08	10.14	3.17
其他建筑机械制造业	150	19.35	19.61	20.44	8.57
地质专用设备制造业	48	4.52	4.48	4.37	2.99
医疗器械制造业	156	11.43	11.69	12.20	5.16
文化、办公用机械制造业	51	7.42	6.68	7.08	2.58
电影机械制造业	31	2.48	2.15	2.07	1.51
幻灯机及投影仪制造业	3	0.23	0.21	0.19	0.13
复印机制造业	6	3.75	3.32	3.77	0.46
打字机及油印机制造业	3	0.75	0.76	0.79	0.24
其他文化、办公用机械制造业	8	0.22	0.24	0.25	0.24
日用机械制造业	361	119.06	118.54	118.56	37.49
自行车制造业	142	74.05	77.41	77.49	16.80
缝纫机制造业	60	18.08	17.97	19.51	6.49
钟表制造业	137	24.74	21.27	19.50	12.20
照相机制造业	22	2.20	1.90	2.05	2.00
其他专用设备制造业	245	14.79	14.47	14.15	7.38
商业、饮食业、服务业专用机械制造业	68	1.94	1.91	1.87	0.94
邮政机械及器材制造业	12	0.72	0.76	0.74	0.30
水利机械制造业	54	3.17	3.00	2.97	1.59
环境保护机械制造业	35	2.66	2.55	2.30	1.25
安全、消防设备及器材制造业	38	2.54	2.57	2.63	1.10
其他类未包括的专用设备制造业	38	3.75	3.68	3.63	2.19
机械设备修理业	890	15.22	14.75	14.29	11.95
工业设备修理业	62	2.16	1.99	1.98	1.36

(续)

行业	企业单位数(个)	工业总产值(亿元)		产品销售收入(亿元)	职工年平均人数(万人)
		按1990年不变价格计算	按现行价格计算		
农、林、牧、渔业机械修理业	663	5.28	5.28	4.63	5.13
建筑机械修理业	10	0.16	0.15	0.16	0.22
其他机械设备修理业	155	7.62	7.33	7.51	5.24
其他机械制造业	413	161.53	159.04	156.57	98.74
交通运输设备制造业	2371	645.99	668.56	702.86	215.85
铁路运输设备制造业	115	57.91	65.28	65.95	23.04
机车制造业	6	20.57	22.78	22.47	6.41
客车制造业	4	7.31	8.99	9.42	3.17
货车制造业	9	14.14	16.30	16.18	5.21
铁路专用器材制造业	65	11.03	12.16	12.61	5.38
其他铁路运输设备制造业	31	4.85	5.05	5.26	2.88
汽车制造业	777	339.68	359.92	405.14	81.38
载重汽车制造业	57	192.77	213.83	237.45	33.49
客车制造业	29	15.25	15.76	15.79	3.60
小轿车制造业	2	4.58	4.99	25.18	0.19
特种车辆及改装汽车制造业	158	55.22	56.17	58.46	14.56
汽车配件制造业	531	71.84	69.15	68.26	29.54
摩托车制造业	49	13.17	13.01	13.03	2.79
电车制造业	1	0.00	0.00	0.00	0.00
船舶制造业	168	75.12	71.46	63.39	22.42
飞机制造业	98	78.71	75.68	72.47	42.54
交通运输设备修理业	1064	63.42	66.00	66.23	38.22
铁路运输设备修理业	38	18.48	20.67	20.29	11.57
汽车修理业	889	23.83	24.48	25.87	15.42
电车修理业	3	0.03	0.03	0.03	0.01
船舶修理业	80	12.08	12.08	11.14	6.16
飞机修理业	24	7.04	6.71	6.54	4.27
其他交通运输设备修理业	30	1.96	2.04	2.37	0.79
其他交通运输设备制造业	99	17.99	17.20	16.65	5.46
电气机械及器材制造业	2002	444.67	414.55	392.61	121.76
电机制造业	369	93.21	86.20	83.16	33.17
发电机制造业	66	24.02	22.39	21.89	8.45
电动机制造业	240	58.21	54.16	52.29	20.64
微电机制造业	63	10.99	9.65	8.98	4.08
输配电及控制设备制造业	599	77.37	76.07	75.12	30.26
变压器制造业	194	30.74	29.41	29.65	9.16
整流器制造业	27	2.75	2.68	2.66	1.19
电容器制造业	27	2.21	2.11	2.08	1.05
开关控制设备制造业	190	25.89	26.29	25.53	11.63
电器设备元件制造业	81	12.28	12.16	11.98	5.13
其他输配电及控制设备制造业	80	3.50	3.43	3.23	2.10
电工器材制造业	502	168.45	152.17	140.77	31.35
电线电缆制造业	253	116.18	104.12	95.24	16.32
绝缘制品业	45	8.17	7.86	7.49	2.40

(续)

行　　业	企业单位数(个)	工业总产值(亿元) 按1990年不变价格计算	按现行价格计算	产品销售收入(亿元)	职工年平均人数(万人)
蓄电池制造业	70	17.85	15.52	14.55	4.29
干电池制造业	98	22.34	20.88	19.87	6.59
其他电工器材制造业	36	3.91	3.79	3.62	1.75
日用电器制造业	206	69.56	65.74	61.65	10.53
洗衣机制造业	12	2.57	2.45	2.45	0.87
电冰箱制造业	44	43.79	41.97	38.99	4.71
电风扇制造业	34	12.09	10.43	9.26	2.14
空调器制造业	14	4.17	4.04	3.71	0.62
电热器具制造业	22	2.46	2.39	2.84	0.70
其他日用电器制造业	80	4.49	4.46	4.40	1.49
照明器具制造业	212	29.45	27.91	25.46	13.31
灯泡制造业	117	19.71	19.33	17.73	9.85
灯头制造业	8	1.10	1.09	0.85	0.41
灯具制造业	64	3.43	3.34	3.18	1.62
其他照明器具制造业	23	5.21	4.15	3.71	1.43
电气机械修理业	54	0.67	0.67	0.63	0.44
其他电气机械制造业	60	5.97	5.79	5.81	2.70
电焊机制造业	27	3.36	3.25	3.33	1.28
工业用电炉制造业	13	1.59	1.52	1.49	0.84
其他类未包括的电器机械制造业	20	1.02	1.01	0.99	0.57
仪器仪表及其他计量器具制造业	809	84.21	81.35	79.01	48.38
仪器仪表制造业	597	69.01	66.93	65.33	38.63
工业自动化仪表制造业	123	19.08	18.51	19.18	8.83
电工仪器、仪表制造业	81	10.84	10.84	10.35	5.56
光学仪器制造业	85	11.68	11.09	10.48	10.04
计时仪器制造业	2	0.02	0.02	0.01	0.01
导航、制导仪器制造业	28	5.91	5.72	5.10	2.87
分析仪器制造业	21	2.05	1.99	1.85	1.00
试验机制造业	25	2.58	2.53	2.43	1.90
实验室仪器及装置制造业	23	1.79	1.76	1.79	1.19
农、林、牧、渔仪器、仪表制造业	6	0.19	0.19	0.20	0.15
地质勘探、钻采、地震专用仪器制造业	6	3.20	3.15	3.21	1.11
气象、海洋、水文、天文测量仪器制造业	8	0.38	0.39	0.39	0.37
教学仪器制造业	52	1.24	1.20	1.27	0.72
核子及核辐射仪器制造业	3	0.77	0.72	0.66	0.36
仪器仪表元件、器件制造业	46	3.48	3.31	3.18	1.63
其他仪器、仪表制造业	88	5.80	5.50	5.23	2.87
电子测量仪器制造业	111	8.01	7.48	7.07	5.30
传递标准用计量仪器制造业	11	0.11	0.11	0.10	0.12
量具量仪制造业	29	3.71	3.57	3.13	2.23
衡器制造业	44	2.98	2.93	3.04	1.86
仪器仪表及其他计量器具修理业	7	0.04	0.04	0.04	0.05
其他计量器具制造业	10	0.36	0.30	0.30	0.18

1991年全民所有制独立核算机械工业企业主要财务指标(二)

(单位: 亿元)

行业	年末固定资产		定额流动资金年平均余额	利润总额	利润和税金总额
	原值	净值			
机械工业合计	2033.86	1269.32	1413.50	83.08	201.55
金属制品业	94.01	63.35	65.20	4.26	11.32
金属结构制造业	5.27	3.39	3.90	0.16	0.45
铸铁管制造业	2.80	1.76	2.17	−0.12	0.01
工具制造业	22.43	13.47	15.19	0.88	2.06
切削工具制造业	12.44	6.74	9.36	0.44	1.07
模具制造业	4.05	2.69	2.05	0.05	0.23
手工具制造业	3.92	2.70	2.68	0.30	0.58
其他工具制造业	2.02	1.34	1.10	0.08	0.18
集装箱和金属包装物品制造业	6.45	4.90	4.53	0.32	0.61
集装箱制造业	0.58	0.31	0.29	0.00	0.01
金属包装物品及容器制造业	5.87	4.59	4.23	0.32	0.60
金属丝绳及其制品业	14.58	10.17	7.81	0.67	1.68
建筑用金属制品业	7.55	4.90	7.10	−0.26	0.22
建筑小五金制造业	0.76	0.46	0.58	0.05	0.12
水暖管道零件制造业	2.66	1.69	1.96	−0.18	−0.02
金属门窗制造业	3.76	2.56	3.96	0.08	0.32
其他建筑用金属制品业	0.37	0.20	0.60	−0.21	−0.20
农业用金属制品业	0.52	0.33	0.43	−0.05	−0.01
铁制小农具制造业	0.47	0.30	0.39	−0.05	−0.01
其他农业用金属制品业	0.05	0.03	0.04	0.00	0.00
金属表面处理及热处理业	2.37	1.62	0.74	−0.05	0.05
日用金属制品业	23.33	15.97	18.60	1.46	4.53
搪瓷制品业	6.14	4.24	5.55	0.09	1.54
铝制品业	5.13	3.53	2.92	0.38	1.02
不锈钢制品业	1.27	0.97	1.51	0.20	0.27
刀剪制造业	0.60	0.37	0.78	0.05	0.12
制锁业	1.63	1.08	1.51	0.04	0.17
厨房及炊事用具制造业	3.30	2.16	2.32	0.22	0.51
理发用具制造业	0.81	0.56	0.81	0.17	0.25
制伞业	0.58	0.38	0.90	−0.08	−0.04
其他日用金属制品业	3.87	2.67	2.31	0.39	0.67
其他金属制品业	8.72	6.84	4.73	1.25	1.72
焊条制造业	3.68	2.72	2.94	0.34	0.68
其他类未包括的金属制品业	5.04	4.12	1.80	0.91	1.05
普通机械工业	1144.55	700.12	775.97	28.45	87.40
锅炉及原动机制造业	135.90	85.05	98.30	7.43	14.59
锅炉制造业	24.45	15.02	25.87	1.24	2.81
内燃机制造业	59.81	37.83	39.14	2.75	5.65
汽轮机制造业	17.61	10.19	13.81	0.88	1.62
水轮机制造业	3.21	1.90	2.51	0.10	0.26
内燃机配件制造业	29.48	19.26	16.05	2.47	4.18
其他锅炉及原动机制造业	1.34	0.84	0.92	−0.01	0.07
金属加工机械制造业	84.98	45.36	59.32	1.99	6.34

(续)

行业	年末固定资产		定额流动资金年平均余额	利润总额	利润和税金总额
	原值	净值			
金属切削机床制造业	63.93	33.15	43.71	1.54	4.74
锻压设备制造业	11.53	6.40	9.44	0.15	0.79
铸造机械制造业	1.97	1.09	1.33	−0.01	0.08
机床附件制造业	3.44	2.13	1.90	0.19	0.38
其他金属加工机械制造业	4.11	2.59	2.94	0.13	0.35
通用设备制造业	96.98	57.98	81.63	5.07	11.29
起重运输设备制造业	34.62	20.83	31.26	0.31	2.14
工矿车辆制造业	3.44	2.04	2.73	0.36	0.60
泵制造业	16.07	9.89	13.18	1.56	2.81
风机制造业	7.50	4.04	5.13	0.34	0.80
气体压缩机及气体分离设备制造业	13.53	7.17	12.17	0.78	1.72
冷冻设备制造业	7.76	5.38	7.08	0.94	1.60
风动工具制造业	3.38	1.98	2.30	0.27	0.47
电动工具制造业	1.46	1.05	0.96	0.09	0.18
其他通用设备制造业	9.23	5.60	6.81	0.42	0.98
通用零部件制造业	98.12	60.52	59.86	6.33	12.29
轴承制造业	47.32	28.96	28.89	4.27	7.37
阀门制造业	11.29	6.85	8.71	0.65	1.49
液压件及液力件制造业	8.98	5.45	5.41	0.65	1.23
气动元件制造业	1.01	0.71	0.79	0.19	0.30
密封件制造业	0.24	0.16	0.14	0.01	0.02
粉末冶金制品业	2.45	1.64	1.25	0.16	0.33
紧固件制造业	10.54	6.20	5.78	−0.42	−0.02
弹簧制造业	0.62	0.43	0.37	0.06	0.10
链条制造业	1.94	1.30	1.70	0.09	0.17
齿轮制造业	9.82	6.22	4.58	0.44	0.82
其他通用零部件制造业	3.91	2.61	2.24	0.22	0.48
铸锻毛坯制造业	28.63	19.67	12.19	−0.46	0.26
铸件制造业	19.61	13.41	7.78	−0.56	−0.02
锻件制造业	9.02	6.26	4.41	0.10	0.28
工业专用设备制造业	257.92	151.62	179.04	8.53	22.14
矿山设备制造业	56.23	30.18	40.12	0.69	2.98
食品、饮食、烟草工业专用设备制造业	9.23	5.89	7.61	0.90	1.57
粮油工业专用设备制造业	10.28	6.84	7.80	0.91	1.63
饲料工业专用设备制造业	1.37	0.95	1.09	0.12	0.20
纺织工业专用设备制造业	41.51	26.11	29.13	4.22	7.26
造纸工业专用设备制造业	5.69	3.35	3.81	0.25	0.60
印刷工业专用设备制造业	6.99	4.39	4.86	0.79	1.32
制药工业专用设备制造业	1.76	1.09	1.39	0.18	0.32
石油设备制造业	15.42	9.49	11.57	0.11	0.86
化工设备制造业	17.77	11.20	13.26	0.13	1.14
化学纤维设备制造业	0.05	0.03	0.03	0.01	0.01
橡胶工业专用设备制造业	4.69	2.54	3.63	0.18	0.49

(续)

行业	年末固定资产		定额流动资金年平均余额	利润总额	利润和税金总额
	原值	净值			
塑料工业专用设备制造业	3.17	1.99	2.77	0.16	0.41
木材工业专用设备制造业	5.56	3.27	3.90	−0.01	0.23
建材及其他非金属矿制品专用设备制造业	13.52	8.64	8.95	−0.27	0.25
冶金设备制造业	43.32	22.36	24.57	−1.13	0.32
电工专用设备制造业	1.98	1.12	1.53	−0.03	0.08
电子工业专用设备制造业	6.20	3.90	4.60	0.19	0.44
其他工业专用设备制造业	13.18	8.28	8.42	1.12	2.04
农、林、牧、渔业机械制造业	85.50	51.39	65.27	2.45	6.08
拖拉机制造业	39.33	22.89	28.06	1.14	2.43
机械化农机具制造业	12.77	7.98	13.20	0.65	1.36
半机械化农机具制造业	7.92	5.00	6.32	0.13	0.55
营林机械制造业	0.72	0.44	0.45	0.08	0.13
畜牧机械制造业	1.15	0.75	1.15	0.01	0.06
渔业机械制造业	0.70	0.47	0.49	0.04	0.06
拖拉机配件制造业	17.03	10.42	11.43	0.08	0.87
其他农、林、牧、渔业机械制造业	5.89	3.45	4.18	0.31	0.62
建筑机械制造业	27.80	16.95	22.75	0.86	2.50
挖掘机制造业	6.92	4.08	4.75	0.18	0.47
压路机制造业	1.17	0.73	0.88	0.04	0.09
推土机制造业	7.18	4.24	6.10	0.45	0.87
其他建筑机械制造业	12.53	7.90	11.01	0.19	1.07
地质专用设备制造业	5.47	3.27	3.12	0.26	0.49
医疗器械制造业	7.18	4.70	7.57	0.85	1.53
文化、办公用机械制造业	4.66	3.14	4.17	0.75	1.09
电影机械制造业	2.58	1.59	1.94	0.13	0.23
幻灯机及投影仪制造业	0.22	0.16	0.07	0.00	0.01
复印机制造业	1.49	1.14	1.78	0.53	0.70
打字机及油印机制造业	0.23	0.14	0.25	0.05	0.08
其他文化、办公用机械制造业	0.13	0.10	0.13	0.05	0.06
日用机械制造业	61.98	40.86	45.82	−1.71	7.47
自行车制造业	26.39	18.21	21.97	−1.52	4.44
缝纫机制造业	9.71	6.34	5.93	0.54	1.33
钟表制造业	21.75	13.19	14.61	−0.33	2.02
照相机制造业	4.14	3.11	3.32	−0.40	−0.33
其他专用设备制造业	11.57	7.62	9.04	0.51	1.21
商业、饮食业、服务业专用机械制造业	1.24	0.79	1.21	0.16	0.28
邮政机械及器材制造业	0.53	0.33	0.39	0.05	0.09
水利机械制造业	2.51	1.66	1.85	0.10	0.23
环境保护机械制造业	1.72	1.22	1.49	0.11	0.24
安全、消防设备及器材制造业	1.60	1.01	1.59	0.12	0.24
其他类未包括的专用设备制造业	3.97	2.60	2.51	−0.04	0.14
机械设备修理业	18.62	11.59	10.47	0.54	1.07
工业设备修理业	2.52	1.58	1.29	0.22	0.33

(续)

行业	年末固定资产		定额流动资金年平均余额	利润总额	利润和税金总额
	原值	净值			
农、林、牧、渔业机械修理业	5.11	3.21	3.23	0.00	0.21
建筑机械修理业	0.31	0.21	0.12	0.00	0.01
其他机械设备修理业	10.68	6.59	5.82	0.31	0.52
其他机械制造业	219.24	140.40	117.43	−4.94	−0.98
交通运输设备制造业	480.95	302.94	312.30	32.92	56.85
铁路运输设备制造业	59.90	41.06	21.95	2.34	4.70
机车制造业	20.40	13.20	6.94	0.91	1.75
客车制造业	7.87	5.90	2.98	0.21	0.53
货车制造业	12.82	8.56	4.34	0.59	1.23
铁路专用器材制造业	10.89	7.83	5.17	0.66	1.08
其他铁路运输设备制造业	7.92	5.58	2.52	−0.03	0.11
汽车制造业	186.87	118.98	122.55	22.92	38.24
载重汽车制造业	107.14	65.36	64.82	13.89	22.64
客车制造业	5.21	3.56	4.73	1.12	1.72
小轿车制造业	1.28	1.10	1.14	2.05	2.50
特种车辆及改装汽车制造业	25.13	17.46	23.39	1.32	3.51
汽车配件制造业	48.12	31.49	28.47	4.54	7.87
摩托车制造业	5.08	3.86	5.47	0.50	0.86
电车制造业	0.00	0.00	0.00	0.00	0.00
船舶制造业	53.10	31.91	59.61	0.10	1.22
飞机制造业	94.61	54.11	63.78	3.36	5.49
交通运输设备修理业	72.58	47.39	32.10	3.11	5.20
铁路运输设备修理业	26.35	18.22	6.58	0.42	1.20
汽车修理业	17.68	11.20	10.68	1.27	2.18
电车修理业	0.00	0.00	0.00	0.00	0.00
船舶修理业	17.28	11.89	7.76	0.85	1.10
飞机修理业	9.42	4.89	5.16	0.42	0.52
其他交通运输设备修理业	1.85	1.19	1.92	0.14	0.20
其他交通运输设备制造业	8.83	5.63	6.85	0.58	1.13
电气机械及器材制造业	233.29	152.20	198.35	13.99	38.28
电机制造业	60.36	36.31	55.07	3.34	7.31
发电机制造业	20.26	11.42	20.75	1.44	2.64
电动机制造业	33.62	20.59	29.41	1.69	4.08
微电机制造业	6.49	4.31	4.91	0.21	0.59
输配电及控制设备制造业	55.14	34.39	46.04	3.12	6.86
变压器制造业	20.55	13.88	18.07	1.36	2.81
整流器制造业	1.51	0.79	1.79	0.14	0.27
电容器制造业	2.19	1.38	1.40	0.01	0.10
开关控制设备制造业	18.54	11.58	16.47	0.82	2.04
电器设备元件制造业	7.09	4.30	6.35	0.75	1.37
其他输配电及控制设备制造业	5.25	2.46	1.96	0.05	0.27
电工器材制造业	68.03	45.50	54.71	5.29	17.25
电线电缆制造业	43.17	28.90	38.39	3.51	12.84
绝缘制品业	5.26	3.24	3.49	−0.01	0.40

(续)

行业	年末固定资产		定额流动资金年平均余额	利润总额	利润和税金总额
	原值	净值			
蓄电池制造业	9.42	6.20	5.30	1.31	2.31
干电池制造业	6.91	4.95	5.60	0.26	1.24
其他电工器材制造业	3.27	2.20	1.94	0.21	0.45
日用电器制造业	28.81	22.29	29.84	0.88	3.46
洗衣机制造业	2.15	1.66	1.56	−0.32	−0.26
电冰箱制造业	17.97	13.79	18.39	1.10	2.49
电风扇制造业	3.10	2.24	4.81	−0.20	0.51
空调器制造业	2.29	1.94	2.25	0.06	0.19
电热器具制造业	0.96	0.68	0.91	0.13	0.23
其他日用电器制造业	2.35	1.98	1.92	0.10	0.30
照明器具制造业	16.55	11.16	8.33	1.05	2.77
灯泡制造业	12.44	8.29	4.95	0.79	2.16
灯头制造业	0.48	0.34	0.21	0.03	0.07
灯具制造业	1.49	1.00	1.66	0.16	0.30
其他照明器具制造业	2.14	1.53	1.50	0.06	0.23
电气机械修理业	0.63	0.43	0.31	0.02	0.06
其他电气机械制造业	3.77	2.12	4.04	0.28	0.57
电焊机制造业	1.61	0.89	1.93	0.27	0.45
工业用电炉制造业	1.32	0.63	1.47	−0.02	0.06
其他类未包括的电器机械制造业	0.84	0.59	0.64	0.02	0.06
仪器仪表及其他计量器具制造业	81.06	50.71	61.68	3.46	7.70
仪器仪表制造业	67.13	42.80	49.38	3.25	6.71
工业自动化仪表制造业	13.75	8.33	12.03	1.71	2.86
电工仪器、仪表制造业	6.88	4.09	6.78	0.24	0.74
光学仪器制造业	19.87	12.69	10.81	−0.32	0.13
计时仪器制造业	0.01	0.01	0.01	0.00	0.00
导航、制导仪器制造业	5.78	3.75	4.04	0.47	0.67
分析仪器制造业	1.54	0.84	1.40	0.12	0.22
试验机制造业	2.92	1.77	2.54	0.09	0.27
实验室仪器及装置制造业	1.79	1.15	1.60	0.09	0.21
农、林、牧、渔仪器、仪表制造业	0.14	0.08	0.11	0.02	0.03
地质勘探、钻采、地震专用仪器制造业	4.52	3.55	3.37	0.08	0.24
气象、海洋、水文、天文测量仪器制造业	0.51	0.28	0.35	0.01	0.04
教学仪器制造业	1.10	0.68	0.99	0.10	0.17
核子及核辐射仪器制造业	0.88	0.61	0.49	0.10	0.13
仪器仪表元件、器件制造业	2.28	1.28	1.37	0.24	0.45
其他仪器、仪表制造业	5.16	3.72	3.49	0.30	0.56
电子测量仪器制造业	7.55	4.43	7.51	0.03	0.42
传递标准用计量仪器制造业	0.08	0.06	0.06	−0.01	0.01
量具量仪制造业	3.80	1.85	2.60	0.12	0.29
衡器制造业	2.28	1.44	1.90	0.07	0.25
仪器仪表及其他计量器具修理业	0.08	0.05	0.07	0.00	0.00
其他计量器具制造业	0.14	0.09	0.17	0.00	0.02

1991年全民所有制独立核算机械工业企业主要财务指标分析资料

行业	每百元固定资产原值实现的产值(元)	每百元固定资产原值实现的利税(元)	全部资金利税率(%)	可比产品成本降低率(%)
机械工业合计	128.90	9.91	7.51	−0.89
金属制品业	157.10	12.04	8.80	−3.74
金属结构制造业	128.38	8.49	6.13	−6.14
铸铁管制造业	163.33	0.39	0.28	−2.26
工具制造业	101.06	9.19	7.19	−6.58
集装箱和金属包装物品制造业	127.19	9.41	6.44	2.91
金属丝绳及其制品业	188.24	11.50	9.32	−6.00
建筑用金属制品业	148.23	2.91	1.83	−1.76
农业用金属制品业	162.78	−1.05	−0.71	2.19
金属表面处理及热处理业	92.42	2.15	2.16	0.38
日用金属制品业	209.48	19.40	13.09	−3.97
其他金属制品业	171.41	19.76	14.88	−0.97
普通机械工业	114.42	7.64	5.92	−0.72
锅炉及原动机制造业	134.73	10.73	7.96	−0.71
金属加工机械制造业	87.98	7.46	6.06	0.04
通用设备制造业	127.86	11.65	8.09	−3.02
通用零部件制造业	119.02	12.53	10.21	−3.58
铸锻毛坯制造业	98.53	0.92	0.83	0.22
工业专用设备制造业	100.61	8.59	6.70	−3.71
农、林、牧、渔业机械制造业	183.38	7.12	5.22	0.60
建筑机械制造业	132.19	9.00	6.30	1.62
地质专用设备制造业	81.86	9.03	7.73	−7.19
医疗器械制造业	162.82	21.26	12.45	−5.17
文化、办公用机械制造业	143.34	23.46	14.95	−1.07
日用机械制造业	191.25	12.05	8.62	−0.30
其他专用设备制造业	125.03	10.50	7.29	−1.18
机械设备修理业	79.22	5.75	4.85	−5.34
其他机械制造业	72.54	−0.45	−0.38	4.28
交通运输设备制造业	139.01	11.82	9.24	−2.36
铁路运输设备制造业	108.99	7.85	7.46	−7.58
汽车制造业	192.60	20.46	15.83	−1.62
摩托车制造业	256.28	17.03	9.26	1.85
船舶制造业	134.58	2.30	1.34	0.14
飞机制造业	80.00	5.80	4.66	−1.99
交通运输设备修理业	90 94	7.16	6.54	−8.38
其他交通运输设备制造业	194.86	12.78	9.03	−0.33
电气机械及器材制造业	177.70	16.41	10.92	1.16
电机制造业	142.80	12.11	8.00	0.03
输配电及控制设备制造业	137.96	12.45	8.53	−2.71
电工器材制造业	223.69	25.36	17.21	1.33
日用电器制造业	228.20	12.01	6.64	5.15
照明器具制造业	168.63	16.73	14.21	1.25
电气机械修理业	105.36	8.77	7.51	−15.42
其他电器机械制造业	153.61	15.23	9.31	0.39
仪器仪表及其他计量器具制造业	100.36	9.50	6.85	1.19
仪器仪表制造业	99.70	10.00	7.28	1.32
电子测量仪器制造业	99.08	5.52	3.49	9.65
传递标准用计量仪器制造业	128.97	6.62	4.45	1.15
量具量仪制造业	93.84	7.71	6.59	−11.73
衡器制造业	128.60	10.84	7.41	−1.85
仪器仪表及其他计量器具修理业	52.41	1.77	1.26	−60.42
其他计量器具制造业	208.58	14.63	8.13	−2.73

1991 年机械工业乡办企业主要经济指标

行　　业	企业单位数（个）	工业总产值（现行价万元）	工业净产值（万元）	产品销售收入（万元）	职工年平均人数（人）
机械工业合计	44376	7174240	1766065	5874772	2987419
金属制品业	15425	1850424	437136	1507349	848368
金属结构制造业	428	101648	22535	83467	35977
铸铁管制造业	617	77028	18134	65585	40280
工具制造业	940	165109	45349	130740	81660
集装箱和金属包装物品制造业	544	136759	32622	112288	41311
金属丝绳及其制品业	953	213738	36277	173001	65048
建筑用金属制品业	1831	342864	81710	275569	149444
农业用金属制品业	6278	178067	43223	130128	155237
金属表面处理及热处理业	1079	188266	45851	164841	89742
日用金属制品业	2194	347874	90477	293331	156185
其他金属制品业	561	99071	20959	78399	33484
普通机械工业	19388	2944271	760778	2376377	1373158
锅炉及原动机制造业	577	167030	43850	128057	77656
金属加工机械制造业	605	119407	30844	93154	57349
通用设备制造业	1211	337802	89434	279303	135743
通用零部件制造业	3378	487488	137731	403114	250399
铸锻毛坯制造业	3500	443825	104359	359966	219761
工业专用设备制造业	2530	611101	165113	492300	267550
农、林、牧、渔业机械制造业	1834	242217	55254	182563	113737
建筑机械制造业	167	37870	9665	32947	15914
地质专用设备制造业	10	2667	730	2440	1038
文化、办公用机械制造业	36	9400	2908	8131	3248
日用机械制造业	508	179406	41595	146620	72445
其他专用设备制造业	533	110894	29887	92584	47198
机械设备修理业	4080	111703	27871	89395	78232
其他机械制造业	204	29510	6551	22104	12205
交通运输设备制造业	3446	665922	165275	575821	249122
铁路运输设备制造业	42	4926	1252	3937	2387
汽车制造业	1313	397444	98650	345360	134409
摩托车制造业	103	30978	7614	25345	8805
电车制造业	1	462	74	333	75
船舶制造业	113	33470	7060	25718	12359
飞机制造业	1	3	1	5	13
交通运输设备修理业	1736	158929	42951	139305	80590
其他交通运输设备制造业	137	39711	7672	35819	10484
电气机械及器材制造业	5295	1590222	368497	1316977	459143
电机制造业	294	106533	25475	89412	35267
输配电及控制设备制造业	1354	217405	58163	181366	90305
电工器材制造业	1491	537207	105232	422861	116857
日用电器制造业	1021	540210	131069	466033	123729
照明器具制造业	854	152120	38760	128279	78075
电气机械修理业	111	6030	1534	5090	3120
其他电气机械制造业	170	30718	8264	23936	11790
仪器仪表及其他计量器具制造业	822	123401	34378	98250	57628
仪器仪表制造业	602	90462	25207	71155	38498
电子测量仪器制造业	25	2856	843	2147	4044
传递标准用计量仪器制造业	10	3202	951	2937	873
衡器制造业	64	6666	1769	4780	3246
仪器仪表及其他计量器具修理业	8	412	128	317	259
其他计量器具制造业	63	11405	3016	9859	4183

(续)

行　　业	固定资产原值（万元）	定额流动资金年平均余额（万元）	全部资金（万元）	利润和税金总额（万元）	全员劳动生产率（元／人·年）
机械工业合计	2526955	2247796	3985166	581427	24725
金属制品业	656715	513599	970425	136143	22255
金属结构制造业	30760	31979	53819	7669	29242
铸铁管制造业	30437	23559	44183	5245	19006
工具制造业	65416	58435	102298	13469	20928
集装箱和金属包装物品制造业	46896	39341	74144	11205	35187
金属丝绳及其制品业	69303	48485	98748	10410	32594
建筑用金属制品业	110987	113627	189137	28945	23543
农业用金属制品业	76521	39619	89125	10343	11634
金属表面处理及热处理业	76764	33859	85847	14190	21646
日用金属制品业	119078	98908	184765	26694	22716
其他金属制品业	30554	25788	48360	7973	28843
普通机械工业	1184437	1014227	1797040	241597	22284
锅炉及原动机制造业	68853	61096	106246	14034	21973
金属加工机械制造业	54879	43287	78674	8506	21808
通用设备制造业	132100	143321	228068	32557	25617
通用零部件制造业	202623	165660	302202	44805	20779
铸锻毛坯制造业	173977	117998	236523	31211	20262
工业专用设备制造业	263364	249733	422348	51603	24402
农、林、牧、渔业机械制造业	87427	73895	129314	16854	22016
建筑机械制造业	16398	16040	25912	2823	24675
地质专用设备制造业	1187	1577	2259	149	29199
文化、办公用机械制造业	2100	3090	4412	884	29536
日用机械制造业	63838	46700	89441	12551	25369
其他专用设备制造业	37427	42360	67605	9690	24315
机械设备修理业	50842	22847	55818	8089	14341
其他机械制造业	10437	7912	14766	3100	24186
交通运输设备制造业	219352	180911	334391	64327	27504
铁路运输设备制造业	1759	1990	3260	361	20513
汽车制造业	130817	118570	209881	42605	30399
摩托车制造业	7484	7531	13155	2836	37517
电车制造业	21	39	56	39	61600
船舶制造业	8854	9392	14869	1887	29064
飞机制造业	52	1	50	1	1769
交通运输设备修理业	61667	34725	78369	13998	20132
其他交通运输设备制造业	8698	8663	14752	2600	38188
电气机械及器材制造业	431751	495832	816148	126925	35273
电机制造业	30130	36371	56820	8306	30188
输配电及控制设备制造业	68097	72540	121753	19430	24588
电工器材制造业	140405	146885	254915	41445	48772
日用电器制造业	139236	176692	279465	43474	42956
照明器具制造业	43387	51070	83726	10703	19505
电气机械修理业	1817	1236	2664	698	17897
其他电器机械制造业	8679	11038	16806	2870	26899
仪器仪表及其他计量器具制造业	34700	43227	67162	12436	23186
仪器仪表制造业	24513	30473	47455	9156	25451
电子测量仪器制造业	719	893	1418	303	7291
传递标准用计量仪器制造业	450	905	1226	467	41259
衡器制造业	2007	2548	3852	434	21506
仪器仪表及其他计量器具修理业	200	127	274	53	16015
其他计量器具制造业	2902	4012	6064	1309	31732

机械工业企业主要经济指标排序（1991年）

（国家统计局工业交通司供稿）

按工业总产值排序

名次	企业名称	工业总产值（现价，千元）
一	**金属制品业**	
1	广州美特容器有限公司	467620
2	上海搪瓷不锈钢制品联合公司	371925
3	广东省石油气用具发展有限公司	339744
4	上海太平货柜有限公司	272405
5	贵州钢绳厂	238436
6	上海电焊条总厂	215956
7	中国国际海运集装箱股份有限公司	205250
8	广东神州燃气具联合实业公司	179870
9	宁波双圆铝制品(集团)公司	170663
10	佛山市大陆制罐有限公司	169496
11	哈尔滨第一工具厂	151760
12	江阴钢绳厂	151030
13	国营六一四厂	141094
14	漳州铝容器有限公司	140635
15	成都量具刃具总厂	135193
16	天津市电焊条公司	129690
17	锦州市电焊条厂	124941
18	天津市第一钢丝绳厂	118940
19	猴王焊接公司	112364
20	鞍山铁塔制造总厂	111060
21	国营六一五厂	105551
22	上海工具厂	104952
23	重庆搪瓷总厂	103740
24	山东烟台造锁总厂	102134
25	大连企荣铸铁管有限公司	100400
26	天津市预应力钢丝一厂	98380
27	天津市第二钢丝绳厂	96880
28	自贡中国电焊条厂	96829
29	南海县南方五金厂	94956
30	天津市电焊条厂静海分厂	92441
二	**普通机械工业**	
1	第一拖拉机制造厂	1394077
2	上海自行车三厂	902523
3	深圳中华自行车有限公司	845759
4	北京内燃机总厂	824518
5	国营建设机床厂	802920
6	国营嘉陵机器厂	798680
7	上海自行车厂	770249
8	国营长安机器制造厂	729370
9	天津自行车厂	691550
10	内蒙第一机械制造厂	634561
11	上海通用机械(集团)公司	596742
12	洛阳轴承厂	585482
13	哈尔滨轴承厂	572173
14	广州市五羊自行车工业公司	568100
15	常州金狮自行车工贸集团公司	544087
16	上海钟表公司	542408
17	瓦房店轴承厂	533685
18	哈尔滨锅炉厂	526876
19	山东昌潍拖拉机厂	499692
20	上海第二纺织机械厂	490359
21	石家庄拖拉机厂	469536
22	常州柴油机厂	442399
23	长春拖拉机制造厂	442332
24	第一重型机器厂	430600
25	中国迅达电梯有限公司	419008
26	国营经纬纺织机械厂	404280
27	上海柴油机厂	390511
28	上海轴承公司	377095
29	徐州工程机械集团公司	376408
30	上海拖拉机内燃机公司	373869
31	内蒙第二机械制造厂	357349
32	第二重型机器厂	349235
33	沈阳重型机器厂	318572
34	河北省张家口煤矿机械厂	315430
35	上海锅炉厂	311294
36	无锡市自行车厂	305770
37	上海汽轮机厂	301249
38	洛阳矿山机器厂	297319
39	常州拖拉机厂	297134
40	溧水县农用车制造厂	292600
41	太原重型机器厂	292135
42	鞍山市红旗拖拉机制造厂	291880
43	协昌缝纫机厂	290393
44	天津市拖拉机制造厂	285700
45	上海施乐复印机有限公司	283793
46	厦门工程机械厂	281374
47	国营华山机械制造厂	278090
48	柳州工程机械厂	278064
49	东方锅炉厂	277381

(续)

名次	企业名称	工业总产值(现价,千元)	名次	企业名称	工业总产值(现价,千元)
50	哈尔滨汽轮机厂	276710	98	上海液压气动元件成套公司	172560
51	兰州石油化工机器厂	272936	99	上海冰箱压缩机厂	170197
52	莱阳动力机械总厂	272528	100	衡阳有色冶金机械总厂	169950
53	上海标准件公司	272172	三	**交通运输设备制造业**	
54	南京晨光机器厂	270040	1	第一汽车制造厂	5383960
55	全椒县柴油机厂	269168	2	第二汽车制造厂	5281433
56	广州市华南缝纫机工业公司	263990	3	上海大众汽车有限公司	3716320
57	河北省邢台冶金机械轧辊厂	258292	4	北京吉普汽车有限公司	2406781
58	西北煤矿机械总厂	249109	5	金杯汽车股份有限公司	2130290
59	武进柴油机厂	248769	6	广州标致汽车公司(有限)	1628250
60	东方汽轮机厂	244461	7	南京汽车制造厂	1459700
61	天津自行车二厂	244340	8	天津市微型汽车厂	1001500
62	中国天津奥的斯电梯有限公司	231110	9	北京汽车摩托车联合制造公司	873505
63	潍坊柴油机厂	227833	10	江南造船厂	847980
64	武汉锅炉厂	227288	11	沪东造船厂	817200
65	上海广播器材厂	223174	12	济南汽车制造总厂	753047
66	上海缝纫机一厂	220707	13	重庆汽车制造厂(庆铃公司)	744947
67	玉林地区柴油机厂	217079	14	上海—易初摩托车有限公司	700159
68	国营秦川机械厂	214950	15	江西汽车制造厂	693905
69	上海三菱电梯有限公司	214568	16	广东三星企业集团公司	637160
70	大连起重机器厂	212140	17	国营广州造船厂	632050
71	国营江陵机器厂	210920	18	北京轻型汽车有限公司	630996
72	东北机器制造厂	210730	19	柳州汽车工业联营公司柳州汽车厂	617289
73	安阳市自行车工业公司	209700	20	齐齐哈尔车辆工厂	615601
74	中国洛阳嘉陵摩托车厂(五一一一厂)	209500	21	沈阳飞机制造公司	584910
75	中国纺织机械厂	204658	22	天津市客车厂	576510
76	上海重型机器厂	203958	23	株洲电力机车工厂	569648
77	盐城江淮动力机集团公司	202490	24	大连机车车辆工厂	541254
78	大连柴油机厂	200999	25	江苏省仪征汽车制造厂	512424
79	上海电站辅机厂	199547	26	大连造船厂	496362
80	青岛自行车工业公司	197820	27	上海汽车厂	495979
81	山东拖拉机厂	197740	28	四川汽车制造厂	491581
82	沈阳第一机床厂	197650	29	沈阳黎明发动机制造公司	479400
83	大连重型机器厂	196780	30	哈尔滨飞机制造公司	458606
84	襄阳轴承厂	193370	31	长春客车工厂	426757
85	浙江绍兴自行车总厂	191366	32	南方动力机械公司	420242
86	上海新中华机器厂	189987	33	西安飞机工业公司	410200
87	国营乌江机械厂	189280	34	天津市汽车制造厂	385690
88	邢台拖拉机厂	186691	35	济南轻骑摩托车总厂	373400
89	国营天津纺织机械厂	185020	36	四方机车车辆工厂	372269
90	重庆汽车发动机厂	184660	37	成都飞机工业公司	370980
91	北京第一机床厂	183880	38	南昌飞机制造公司	360360
92	北京人民机器总厂	181121	39	上海船厂	345860
93	杭州汽车发动机厂	179911	40	大连造船新厂	342631
94	四平联合收割机厂	178294	41	资阳内燃机车工厂	342437
95	新疆十月拖拉机厂	176819	42	戚墅堰机车车辆工厂	338243
96	开封机械厂	175428	43	柳州市微型汽车厂	280520
97	国营郑州纺织机械厂	175074			

(续)

名次	企业名称	工业总产值(现价,千元)	名次	企业名称	工业总产值(现价,千元)
44	东风汽车工业联营公司云南汽车厂	267486	38	四川电缆厂	234130
45	大同机车工厂	262403	39	苏州香雪海电器公司(苏州电冰箱厂)	227520
46	西安车辆工厂	260364	40	顺德美的风扇厂	220640
47	株洲车辆工厂	256659	41	佛山华英风扇厂	216597
48	唐山机车车辆工厂	253690	42	佛山电器照明公司	213390
49	新港船舶修造厂	250420	43	邮电部成都电缆厂	212610
50	四川省成都轻型汽车改装总厂	247109	44	合肥洗衣机总厂	211294
四	电气机械及器材制造业		45	山东金龙电器总厂	209370
1	广东万宝电器集团公司	1513250	46	上海洗衣机总厂	207274
2	沈阳电缆厂	878360	47	昆明电缆厂	206598
3	上海电线电缆(集团)公司	860072	48	青岛电冰柜总厂	205380
4	西安电力机械制造公司	782940	49	永济电机工厂	202885
5	上海电器公司	758431	50	天津市天洋洗衣机公司	201310
6	顺德珠江冰箱厂	754742	五	仪器仪表及其他计量器具制造业	
7	上菱电冰箱总厂	617148	1	四川仪表总厂	350380
8	上海电机(集团)公司	592750	2	上海自动化仪表公司	297130
9	上海电缆厂	574054	3	泰州春兰制冷设备总公司	264961
10	青岛电冰箱总厂	570560	4	西安石油勘探仪器总厂	248528
11	中山市威力洗衣机厂	561250	5	西安仪表厂	231506
12	中国扬子电器公司电冰箱总厂	478500	6	哈尔滨量具刃具厂	142700
13	佛山市地方国营广东电工厂	443110	7	武汉仪器仪表自动化工业集团公司	141666
14	苏州电扇总厂	441550	8	邯郸市汉光机械厂	101660
15	沈阳变压器厂	407840	9	上海合金厂	96530
16	广东半球实业集团公司	407400	10	桂林电表厂	95270
17	中国雪柜实业有限公司	393917	11	国营前锋无线电仪器厂	85780
18	合肥电冰箱总厂	385010	12	国营云南光学仪器厂	83660
19	上海电机厂	353591	13	杭州仪表厂	76707
20	郑州电缆厂	353346	14	广州航海仪器厂	71427
21	湘潭电缆厂	348836	15	上海福克斯波罗有限公司	66204
22	青岛红星电器股份有限公司	341810	16	哈尔滨电表仪器厂	63390
23	哈尔滨电机厂	335300	17	江苏雷声电子设备厂	63050
24	哈尔滨电缆厂	324960	18	国营华南光学仪器厂	61480
25	湘潭电机厂	321668	19	北京电表厂	55420
26	广东电饭锅厂	312977	20	国营九江仪表厂	54580
27	顺德蚬华电器制造厂	312820	21	青岛空调器厂	54490
28	广州电池厂	299790	22	沙市市电表厂	53578
29	长沙电冰箱厂	297669	23	杭州华立电气(集团)公司	53155
30	中国长江动力公司(集团)武汉汽轮发电机厂	288140	24	国营曙光仪器厂	51989
31	新乡电冰箱厂	273770	25	国营灯塔电机厂	50460
32	上海电冰箱厂	264855	26	江西光学仪器总厂	49783
33	吉林市电冰箱总厂	248803	27	重庆无线电测试仪器厂	48317
34	北京电冰箱压缩机厂	243295	28	南京电力自动化设备厂	46972
35	东方电机厂	242682	29	北京分析仪器厂	46763
36	上海嘉定照明电器公司	240706	30	国营西北光学仪器厂	46730
37	北京重型电机厂	239792			

按销售额排序

名次	企业名称	销售额(千元)	名次	企业名称	销售额(千元)
一	**金属制品业**		13	瓦房店轴承厂	551001
1	上海搪瓷不锈钢制品联合公司	371021	14	广州市五羊自行车工业公司	542503
2	广州美特容器有限公司	366405	15	内蒙第一机械制造厂	528731
3	广东省石油气用具发展有限公司	327782	16	上海第二纺织机械厂	512406
4	上海太平货柜有限公司	280084	17	哈尔滨锅炉厂	503726
5	贵州钢绳厂	224337	18	山东昌潍拖拉机厂	500990
6	上海电焊条总厂	213580	19	上海钟表公司	468780
7	中国国际海运集装箱股份有限公司	205250	20	常州柴油机厂	445780
8	佛山市大陆制罐有限公司	174270	21	石家庄拖拉机厂	443750
9	江阴钢绳厂	164987	22	国营经纬纺织机械厂	414392
10	哈尔滨第一工具厂	155208	23	第一重型机器厂	401091
11	漳州铝容器有限公司	150816	24	哈尔滨轴承厂	400576
12	广东神州燃气具联合实业公司	141430	25	长春拖拉机制造厂	400278
13	国营六一四厂	137428	26	上海拖拉机内燃机公司	389992
14	成都量具刃具总厂	136139	27	上海柴油机厂	388962
15	天津市电焊条公司	125715	28	徐州工程机械集团公司	386782
16	锦州市电焊条厂	124853	29	东方锅炉厂	380131
17	鞍山铁塔制造总厂	117440	30	上海轴承公司	371814
18	天津市第一钢丝绳厂	111590	31	中国迅达电梯有限公司	364137
19	重庆搪瓷总厂	105716	32	第二重型机器厂	354114
20	自贡中国电焊条厂	105271	33	内蒙第二机械制造厂	350781
21	大连企荣铸铁管有限公司	104974	34	上海锅炉厂	326368
22	猴王焊接公司	100074	35	中国天津奥的斯电梯有限公司	308000
23	上海工具厂	100060	36	太原重型机器厂	306587
24	泰州电焊条厂	98496	37	柳州工程机械厂	306471
25	天津市预应力钢丝一厂	97680	38	沈阳重型机器厂	302178
26	上海跃进不锈钢制品厂	95872	39	河北省张家口煤矿机械厂	301654
27	宁波双圆铝制品(集团)公司	94653	40	无锡市自行车厂	300549
28	山东烟台造锁总厂	91869	41	广州市华南缝纫机工业公司	295888
29	上海镀锌铁丝厂	91457	42	厦门工程机械厂	295666
30	天津市第二钢丝绳厂	90180	43	常州拖拉机厂	294868
二	**普通机械工业**		44	协昌缝纫机厂	293150
1	第一拖拉机制造厂	1440110	45	天津市拖拉机制造厂	288965
2	上海自行车三厂	1011189	46	上海标准件公司	288040
3	北京内燃机总厂	892696	47	溧水县农用车制造厂	281600
4	深圳中华自行车有限公司	841268	48	洛阳矿山机器厂	278114
5	国营建设机床厂	838292	49	莱阳动力机械总厂	276543
6	上海自行车厂	811661	50	国营华山机械制造厂	273097
7	国营嘉陵机器厂	789933	51	上海汽轮机厂	270338
8	国营长安机器制造厂	751465	52	南京晨光机器厂	269097
9	上海通用机械(集团)公司	649240	53	兰州石油化工机器厂	269061
10	常州金狮自行车工贸集团公司	591869	54	上海施乐复印机有限公司	266066
11	天津自行车厂	588717	55	鞍山市红旗拖拉机制造厂	257980
12	洛阳轴承厂	558396	56	潍坊柴油机厂	254444

(续)

名次	企业名称	销售额(千元)	名次	企业名称	销售额(千元)
57	全椒县柴油机厂	249685	三	**交通运输设备制造业**	
58	上海缝纫机一厂	249473	1	第一汽车制造厂	6176236
59	玉林地区柴油机厂	247189	2	第二汽车制造厂	5909851
60	武进柴油机厂	247012	3	上海大众汽车有限公司	3575481
61	哈尔滨汽轮机厂	243204	4	北京吉普汽车有限公司	2406284
62	中国洛阳嘉陵摩托车厂(五一一一厂)	235312	5	金杯汽车股份有限公司	2285901
63	武汉锅炉厂	228663	6	广州标致汽车公司(有限)	1556100
64	河北省邢台冶金机械轧辊厂	228516	7	南京汽车制造厂	1533788
65	国营江陵机器厂	227266	8	北京汽车摩托车联合制造公司	1512736
66	上海三菱电梯有限公司	226703	9	天津市微型汽车厂	1055618
67	青岛自行车工业公司	223774	10	济南汽车制造总厂	837727
68	长征机械厂	223560	11	重庆汽车制造厂(庆铃公司)	725900
69	天津自行车二厂	219540	12	沪东造船厂	711962
70	大连重型机器厂	217844	13	上海—易初摩托车有限公司	704464
71	沈阳第一机床厂	216496	14	北京轻型汽车有限公司	689839
72	中国纺织机械厂	215726	15	江西汽车制造厂	685731
73	安阳市自行车工业公司	214941	16	齐齐哈尔车辆工厂	637840
74	大连起重机器厂	213866	17	柳州汽车工业联营公司柳州汽车厂	635456
75	北京人民机器总厂	211524	18	国营广州造船厂	618281
76	西北煤矿机械总厂	210480	19	沈阳飞机制造公司	599160
77	北京第一机床厂	208779	20	广东三星企业集团公司	568705
78	上海广播器材厂	207928	21	天津市客车厂	558271
79	大连柴油机厂	206875	22	大连机车车辆工厂	546362
80	国营郑州纺织机械厂	205093	23	大连造船厂	535020
81	沈阳新阳机器制造公司	201118	24	四川汽车制造厂	531502
82	盐城江淮动力机集团公司	200600	25	株洲电力机车工厂	519149
83	上海新中华机器厂	199805	26	上海汽车厂	499026
84	上海重型机器厂	199542	27	上海船厂	451831
85	东北机器制造厂	196818	28	哈尔滨飞机制造公司	451471
86	东方汽轮机厂	192528	29	江南造船厂	450504
87	沈阳水泵厂	191807	30	成都飞机工业公司	440847
88	衡阳有色冶金机械总厂	191572	31	沈阳黎明发动机制造公司	439861
89	国营秦川机械厂	191491	32	长春客车工厂	435969
90	浙江绍兴自行车总厂	185989	33	江苏省仪征汽车制造厂	430425
91	山东省推土机总厂	185167	34	南方动力机械公司	408905
92	重庆汽车发动机厂	184036	35	济南轻骑摩托车总厂	400033
93	新疆十月拖拉机厂	182296	36	天津市汽车制造厂	397600
94	上海液压气动元件成套公司	181771	37	四方机车车辆工厂	376771
95	上海电站辅机厂	178081	38	资阳内燃机车工厂	340608
96	山东拖拉机厂	177030	39	戚墅堰机车车辆工厂	339246
97	杭州汽车发动机厂	176512	40	南昌飞机制造公司	327154
98	国营乌江机械厂	176212	41	柳州市微型汽车厂	304514
99	邢台拖拉机厂	175650	42	西安飞机工业公司	301967
100	国营天津纺织机械厂	174174	43	丹东汽车制造厂	290046

(续)

名次	企业名称	销售额(千元)	名次	企业名称	销售额(千元)
44	大同机车工厂	278625	38	上海嘉定照明电器公司	225999
45	唐山机车车辆工厂	276680	39	北京电冰箱压缩机厂	217521
46	东风汽车工业联营公司云南汽车厂	267038	40	四川电缆厂	215259
47	西安车辆工厂	251608	41	成都电缆厂	214417
48	株洲车辆工厂	250982	42	永济电机工厂	211344
49	国营金城机械厂	247840	43	重庆五洲实业公司	208935
50	沈阳机车车辆工厂	246312	44	天津市电缆总厂	207591
四	**电气机械及器材制造业**		45	吴县防爆电机厂	204690
1	广东万宝电器集团公司	1454640	46	营口北方友谊家用电器(集团)公司	204502
2	上海电线电缆(集团)公司	994694	47	佛山华英风扇厂	202127
3	沈阳电缆厂	871861	48	上海洗衣机总厂	201818
4	上海电器公司	785406	49	顺德华宝空调设备厂	200903
5	西安电力机械制造公司	734901	50	河北省保定变压器厂	200584
6	顺德珠江冰箱厂	712254	五	**仪器仪表及其他计量器具制造业**	
7	上海电机(集团)公司	648009	1	上海自动化仪表公司	359901
8	上菱电冰箱总厂	630841	2	四川仪表总厂	326061
9	上海电缆厂	614186	3	泰州春兰制冷设备总公司	274321
10	青岛电冰箱总厂	603242	4	西安石油勘探仪器总厂	253387
11	中山市威力洗衣机厂	548576	5	西安仪表厂	205495
12	苏州电扇总厂	430940	6	武汉仪器仪表自动化工业集团公司	198635
13	沈阳变压器厂	414572	7	哈尔滨量具刃具厂	113302
14	中国雪柜实业有限公司	410172	8	邯郸市汉光机械厂	100095
15	广东半球实业集团公司	392502	9	桂林电表厂	93316
16	合肥电冰箱总厂	383455	10	上海福克斯波罗有限公司	91729
17	上海电机厂	360545	11	上海合金厂	90161
18	中国扬子电器公司电冰箱总厂	353025	12	国营前锋无线电仪器厂	84524
19	湘潭电机厂	326833	13	国营云南光学仪器厂	77104
20	郑州电缆厂	325014	14	杭州仪表厂	73851
21	哈尔滨电机厂	305676	15	广州航海仪器厂	67825
22	青岛红星电器股份有限公司	305109	16	国营九江仪表厂	55528
23	哈尔滨电缆厂	303070	17	哈尔滨电表仪器厂	54000
24	广东电饭锅厂	292829	18	杭州华立电气(集团)公司	53033
25	长沙电冰箱厂	283299	19	上海自动化仪表公司系统成套分公司	52934
26	湘潭电缆厂	281453	20	北京电表厂	52182
27	中国长江动力公司(集团)武汉汽轮发电机厂	280323	21	江苏雷声电子设备厂	51261
28	新乡电冰箱厂	270713	22	国营华南光学仪器厂	50388
29	顺德美的风扇厂	269441	23	南京电力自动化设备厂	50244
30	上海电冰箱厂	269266	24	青岛空调器厂	50208
31	苏州香雪海电器公司(苏州电冰箱厂)	268470	25	上海分析仪器厂	48761
32	顺德蚬华电器制造厂	245146	26	国营西北光学仪器厂	47675
33	广州电池厂	244279	27	北京分析仪器厂	45105
34	吉林市电冰箱总厂	240678	28	上海自动化仪表一厂	42693
35	合肥洗衣机总厂	240643	29	青岛电度表厂	42439
36	东方电机厂	228710	30	上海自动化仪表三厂	41621
37	北京重型电机厂	227750			

按固定资产原值排序

名次	企业名称	固定资产原值(千元)	名次	企业名称	固定资产原值(千元)
一	**金属制品业**		13	瓦房店轴承厂	393624
1	北京高压气瓶厂	160544	14	上海汽轮机厂	366861
2	贵州钢绳厂	153147	15	兰州石油化工机器厂	364662
3	国营六一四厂	143670	16	上海重型机器厂	355703
4	国营六一五厂	142046	17	东北机器制造厂	342677
5	哈尔滨第一工具厂	139511	18	国营华安机械厂	342279
6	江阴钢绳厂	122840	19	上海钟表公司	325101
7	成都量具刃具总厂	117261	20	东方汽轮机厂	324781
8	广东省石油气用具发展有限公司	114502	21	北京内燃机总厂	321842
9	上海搪瓷不锈钢制品联合公司	114147	22	国营晋西机器厂	302976
10	广州美特容器有限公司	101898	23	潍坊柴油机厂	299743
11	咸阳石油钢管钢绳厂	87563	24	国营东方机械厂	293831
12	鞍山铁塔制造总厂	87080	25	上海通用机械(集团)公司	279233
13	漳州铝容器有限公司	85580	26	中原特殊钢厂	277741
14	广东神州燃气具联合实业公司	79692	27	大连重型机器厂	264949
15	国营六一三厂	76794	28	国营建设机床厂	257811
16	上海工具厂	69081	29	天津重型机器厂	250231
17	中国国际海运集装箱股份有限公司	68601	30	抚顺挖掘机制造厂	249109
18	汉江工具厂	67310	31	国营经纬纺织机械厂	247710
19	上海电焊条总厂	60696	32	北京重型机器厂	247676
20	上海华海集装箱制造有限公司	59489	33	西北煤矿机械总厂	243273
21	天津玛钢厂	57404	34	河北省邢台冶金机械轧辊厂	239304
22	北京市门窗公司	56892	35	上海柴油机厂	238317
23	青岛钢丝绳厂	54540	36	国营嘉陵机器厂	235365
24	猴王焊接公司	53681	37	陕西重型机器厂	232708
25	重庆铝制品加工厂	49952	38	国营秦川机械厂	231513
26	陕西硬质合金工具厂	49037	39	国营长安机器制造厂	230347
27	天津市造纸网厂	48028	40	国营和平机器制造厂	228063
28	西安造纸网厂	46759	41	宝鸡石油机械厂	225830
29	关中工具厂	46602	42	沈阳第一机床厂	225744
30	中国人民解放军第三五二三工厂	46575	43	南京汽轮电机厂	224838
二	**普通机械工业**		44	大连起重机器厂	218389
1	第一拖拉机制造厂	947355	45	沈阳鼓风机厂	217010
2	第一重型机器厂	849248	46	东方锅炉厂	216695
3	第二重型机器厂	651158	47	长征机械厂	216584
4	内蒙第一机械制造厂	618470	48	国营华山机械制造厂	213672
5	内蒙第二机械制造厂	502217	49	武汉重型机床厂	212498
6	洛阳轴承厂	493981	50	上海锅炉厂	212219
7	太原重型机器厂	469389	51	北方车辆制造厂(六一八厂)	210792
8	哈尔滨汽轮机厂	451850	52	佳能珠海有限公司	210189
9	哈尔滨锅炉厂	450673	53	中国辽宁北方铸钢厂	209760
10	沈阳重型机器厂	426502	54	北京第一机床厂	208609
11	洛阳矿山机器厂	402040	55	深圳中华自行车有限公司	207961
12	哈尔滨轴承厂	394716	56	南京晨光机器厂	207744

(续)

名次	企业名称	固定资产原值(千元)	名次	企业名称	固定资产原值(千元)
57	济南第二机床厂	206712	三	**交通运输设备制造业**	
58	白云家用电器总厂	204903	1	第二汽车制造厂	3844257
59	国营江北机械厂	203171	2	第一汽车制造厂	3069553
60	首都机械厂	200906	3	金杯汽车股份有限公司	1159981
61	国营望江机器制造厂	199616	4	南京汽车制造厂	756111
62	衡阳有色冶金机械总厂	197780	5	上海大众汽车有限公司	728558
63	天津自行车厂	197189	6	西安航空发动机公司	624059
64	国营西南车辆制造厂	195384	7	成都飞机工业公司	542549
65	国营红阳机械厂	194724	8	沈阳黎明发动机制造公司	526686
66	沈阳矿山机器厂	194195	9	沈阳飞机制造公司	520410
67	国营山西柴油机厂	193047	10	大连机车车辆工厂	494368
68	国营江南机器厂	189525	11	西安飞机工业公司	485019
69	国营江山机械厂	189138	12	济南汽车制造总厂	461988
70	国营山西机床厂	188720	13	北京吉普汽车有限公司	407845
71	国营哈尔滨第一机器制造厂	186913	14	沪东造船厂	390162
72	国营郑州纺织机械厂	186853	15	齐齐哈尔车辆工厂	383465
73	上海轴承公司	186082	16	资阳内燃机车工厂	382850
74	国营建华机械厂	184546	17	成都发动机公司	373012
75	中捷友谊厂	184256	18	哈尔滨飞机制造公司	368589
76	天津市拖拉机制造厂	182651	19	东安发动机制造公司	366899
77	齐齐哈尔第一机床厂	180626	20	国营渤海造船厂	360619
78	上海标准件公司	180556	21	株洲电力机车工厂	351138
79	上海自行车三厂	179660	22	南方动力机械公司	337252
80	襄阳轴承厂	178516	23	唐山机车车辆工厂	333880
81	广州重型机器厂	178241	24	南昌飞机制造公司	331725
82	国营渭阳柴油机厂	177144	25	江南造船厂	323290
83	鞍山市红旗拖拉机制造厂	173930	26	四方机车车辆工厂	320921
84	国营华晋机械厂	173344	27	戚墅堰机车车辆工厂	316288
85	长春拖拉机制造厂	171750	28	大同机车工厂	297349
86	国营江陵机器厂	171270	29	陕西飞机制造公司	288416
87	宜昌船舶柴油机厂	169711	30	大连造船新厂	288277
88	上海自行车厂	168436	31	大连造船厂	284170
89	河北省张家口煤矿机械厂	167578	32	长春客车工厂	268104
90	锦西化工机械厂	166257	33	南口机车车辆机械工厂	263932
91	徐州工程机械集团公司	166188	34	广州标致汽车公司(有限)	257727
92	首钢吉林柴油机厂(六三六厂)	164651	35	沈阳机车车辆工厂	256520
93	武汉重型铸锻厂	163870	36	上海船厂	254116
94	国营星光机器厂	163504	37	哈尔滨车辆工厂	234744
95	北京煤矿机械厂	163071	38	柳州市微型汽车厂	220513
96	济南第一机床厂	161862	39	国营广州造船厂	218612
97	国营江麓机械厂	160638	40	北京汽车摩托车联合制造公司	216746
98	武汉锅炉厂	160001	41	北京二七机车工厂	193342
99	沈阳拖拉机制造厂	159328	42	秦皇岛山海关桥梁厂	189236
100	天津市海河电冰箱压缩机公司	158524	43	文冲船舶修造厂	187625

(续)

名次	企业名称	固定资产原值(千元)	名次	企业名称	固定资产原值(千元)
44	新港船舶修造厂	187529	38	东风电机厂	113519
45	上海飞机制造厂	186976	39	邮电部侯马电缆厂	112437
46	秦皇岛山海关造船厂	185151	40	长沙电冰箱厂	111879
47	四川汽车制造厂	184705	41	景德镇市华意电器总公司	109335
48	济南轻骑摩托车总厂	177634	42	顺德蚬华电器制造厂	107951
49	眉山车辆工厂	174973	43	常州压缩机厂(国营江苏工模具厂)	107838
50	武昌车辆工厂	173629	44	中国长江动力公司(集团)武汉汽轮发电机厂	107042
四	**电气机械及器材制造业**		45	邮电部成都电缆厂	106601
1	广东万宝电器集团公司	956270	46	沈阳电机厂	105770
2	西安电力机械制造公司	826597	47	沈阳低压开关厂	105180
3	哈尔滨电机厂	459876	48	大连电机厂	104305
4	沈阳电缆厂	456101	49	阿城继电器厂	98886
5	沈阳变压器厂	339445	50	大连原田工业有限公司	97392
6	上海电器公司	327085	**五**	**仪器仪表及其他计量器具制造业**	
7	上海供用电器材公司	309547	1	西安石油勘探仪器总厂	366135
8	东方电机厂	304663	2	四川仪表总厂	264201
9	顺德珠江冰箱厂	299803	3	国营云南光学仪器厂	154834
10	上海电机厂	272953	4	西安仪表厂	153994
11	湘潭电机厂	272289	5	武汉仪器仪表自动化工业集团公司	152530
12	上海电机(集团)公司	242407	6	上海自动化仪表公司	142722
13	北京重型电机厂	239923	7	哈尔滨量具刃具厂	142009
14	上海电线电缆(集团)公司	226676	8	国营西北光学仪器厂	133786
15	上海电缆厂	219478	9	平原光学仪器厂	125822
16	营口北方友谊家用电器(集团)公司	215945	10	国营华光仪器厂	112291
17	永济电机工厂	205159	11	邯郸市汉光机械厂	85054
18	广州市广州铝加工厂	173600	12	国营华北光学仪器厂(二一八厂)	77841
19	沈阳高压开关厂	172523	13	哈尔滨电表仪器厂	74751
20	郑州电缆厂	159826	14	国营华南光学仪器厂	68523
21	万宝集团电工器材工业公司	155818	15	国营东风仪表厂	62514
22	苏州香雪海电器公司(苏州电冰箱厂)	153970	16	华中精密仪器厂	60897
23	北京电冰箱压缩机厂	150068	17	国营前锋无线电仪器厂	60078
24	湘潭电缆厂	141656	18	新天精密光学仪器公司	59605
25	青岛红星电器股份有限公司	139905	19	国营燎原仪器厂	59473
26	哈尔滨电缆厂	139493	20	国营曙光仪器厂	57578
27	青岛电冰箱总厂	139450	21	国营华西光学仪器厂	56786
28	佳木斯电机厂	137905	22	国营湖光仪器厂	55274
29	中国雪柜实业有限公司	137242	23	国营华东光学仪器厂(五三一八厂)	53304
30	上海嘉定照明电器公司	133506	24	贵阳仪器仪表工业公司	52822
31	湖北红旗电缆厂	132045	25	北京分析仪器厂	51852
32	河北省保定变压器厂	130760	26	国营旭光仪器厂	50363
33	长征电器公司	129045	27	湖南仪器仪表总厂	49705
34	国营风华电机器厂	124114	28	泰州春兰制冷设备总公司	49541
35	兰州电机厂	122672	29	江苏雷声电子设备厂	49540
36	广东半球实业集团公司	120843	30	桂林电表厂	48876
37	吉林市电冰箱总厂	115612			

按利税总额排序

名次	企业名称	利税总额(千元)
一	**金属制品业**	
1	广州美特容器有限公司	65659
2	国营六一四厂	59076
3	广东省石油气用具发展有限公司	49733
4	上海搪瓷不锈钢制品联合公司	39655
5	佛山市大陆制罐有限公司	36696
6	上海太平货柜有限公司	35377
7	中国国际海运集装箱股份有限公司	27974
8	上海电焊条总厂	20639
9	国营六一五厂	19497
10	哈尔滨第一工具厂	18289
11	上海市劳动机械厂	18234
12	上海刀片厂	17958
13	天津印铁制罐公司	16594
14	贵州钢绳厂	15371
15	江阴钢绳厂	14734
16	广东神州燃气具联合实业公司	14679
17	郑州市搪瓷总厂	14252
18	上海工具厂	14050
19	宁波双圆铝制品(集团)公司	13923
20	中国人民解放军第三五二二工厂	11902
21	成都量具刃具总厂	11320
22	工贸合营无锡市瓶盖总厂	10831
23	上海日用化学制罐厂	10497
24	兰溪市建筑五金总厂	10430
25	天津市第一钢丝绳厂	9970
26	鞍山铁塔制造总厂	9570
27	福州市搪瓷厂	9558
28	自贡中国电焊条厂	9503
29	天津市预应力钢丝一厂	9430
30	汉江工具厂	9283
二	**普通机械工业**	
1	第一拖拉机制造厂	166205
2	上海自行车三厂	153855
3	国营嘉陵机器厂	133492
4	国营长安机器制造厂	110762
5	国营建设机床厂	100676
6	上海通用机械(集团)公司	100647
7	上海自行车厂	86460
8	深圳中华自行车有限公司	84058
9	北京内燃机总厂	81612
10	洛阳轴承厂	81552
11	上海第二纺织机械厂	80311
12	瓦房店轴承厂	70150

名次	企业名称	利税总额(千元)
13	国营经纬纺织机械厂	67812
14	北京人民机器总厂	62388
15	东方锅炉厂	62228
16	哈尔滨锅炉厂	60592
17	哈尔滨轴承厂	59379
18	天津自行车厂	59152
19	上海冰箱压缩机厂	57106
20	上海轴承公司	55654
21	国营郑州纺织机械厂	53860
22	上海柴油机厂	51876
23	玉林地区柴油机厂	50422
24	上海钟表公司	49710
25	北京第一机床厂	48226
26	上海汽轮机厂	44232
27	常州金狮自行车工贸集团公司	43172
28	上海自行车四厂	43055
29	南京晨光机器厂	41997
30	重庆汽车发动机厂	41900
31	国营天津纺织机械厂	41331
32	柳州工程机械厂	39314
33	上海手表厂	38975
34	协昌缝纫机厂	38249
35	中国迅达电梯有限公司	37396
36	厦门工程机械厂	36902
37	上海三菱电梯有限公司	35695
38	上海锅炉厂	34143
39	中国天津奥的斯电梯有限公司	33816
40	常州柴油机厂	33650
41	上海缝纫机一厂	33232
42	上海合众—开利空调设备有限公司	33231
43	杭州制氧机厂	32653
44	上海施乐复印机有限公司	32354
45	全椒县柴油机厂	31141
46	襄阳轴承厂	30752
47	河北省张家口煤矿机械厂	30618
48	上海液压气动元件成套公司	30608
49	贵阳矿山机器厂	30059
50	辽宁手表厂	29476
51	河北省邢台冶金机械轧辊厂	29208
52	中国纺织机械厂	28590
53	上海拖拉机内燃机公司	27958
54	国营沈阳纺织机械厂	27720
55	徐州工程机械集团公司	26591
56	天津手表厂	26504

(续)

名次	企业名称	利税总额(千元)	名次	企业名称	利税总额(千元)
57	上海第一纺织机械厂	26494	三	**交通运输设备制造业**	
58	兰州石油化工机器厂	25797	1	第二汽车制造厂	926487
59	天津市海河电冰箱压缩机公司	25732	2	上海大众汽车有限公司	675516
60	哈尔滨汽轮机厂	25319	3	北京吉普汽车有限公司	364744
61	天津市复印设备公司	23837	4	广州标致汽车公司(有限)	292246
62	青岛捷能动力集团公司	23655	5	第一汽车制造厂	275030
63	上海标准件公司	23471	6	重庆汽车制造厂(庆铃公司)	237459
64	中国洛阳嘉陵摩托车厂(五一一一厂)	23357	7	江西汽车制造厂	190354
65	玉林市自行车总厂	22637	8	金杯汽车股份有限公司	175208
66	杭州汽轮机厂	22627	9	天津市微型汽车厂	169779
67	首都机械厂	22141	10	南京汽车制造厂	133909
68	无锡市宏源纺织机械制造集团公司	21761	11	上海一易初摩托车有限公司	129897
69	邯郸市纺织机械厂	21502	12	北京汽车摩托车联合制造公司	110954
70	中国标准缝纫机公司陕西缝纫机厂	21412	13	沪东造船厂	104617
71	上海电站辅机厂	21345	14	国营广州造船厂	104187
72	无锡机床厂	21039	15	天津市客车厂	99336
73	大连柴油机厂	20229	16	上海汽车厂	97980
74	上海缝纫机四厂	19723	17	广东三星企业集团公司	86326
75	贵州航空工业总公司平水机械厂	19513	18	北京轻型汽车有限公司	83798
76	上海医疗器械厂	19219	19	上海汽车齿轮厂	70024
77	沈阳第一机床厂	19081	20	江苏省仪征汽车制造厂	66425
78	申贝公司本部	18951	21	铁道部株洲电力机车工厂	56749
79	浙江绍兴自行车总厂	18742	22	江南造船厂	55465
80	上海汽车发动机厂	18703	23	齐齐哈尔车辆工厂	53208
81	杭州齿轮箱厂	18677	24	大连机车车辆工厂	51950
82	上海印刷包装机械公司	18448	25	戚墅堰机车车辆工厂	50056
83	北京电力设备总厂	18227	26	南方动力机械公司	49525
84	大连船用柴油机厂	18216	27	四川省成都轻型汽车改装总厂	45827
85	震德塑料机械厂有限公司	18202	28	大连造船厂	40899
86	上海微型轴承厂	18180	29	北京齿轮总厂	38215
87	衡阳有色冶金机械总厂	18035	30	哈尔滨飞机制造公司	35739
88	国营青岛纺织机械厂	17928	31	沈阳飞机制造公司	34738
89	上海高压容器厂	17600	32	长春汽油机总厂	33321
90	武汉锅炉厂	17559	33	西安飞机工业公司	33311
91	鸡西市煤矿机械厂	17542	34	国营金城机械厂	32750
92	无锡油泵油嘴集团公司	17502	35	柳州汽车工业联营公司柳州汽车厂	32449
93	彭浦机器厂	17290	36	资阳内燃机车工厂	32286
94	河北省张家口市宣化工程机械厂	17197	37	沈阳黎明发动机制造公司	31397
95	鞍山市红旗拖拉机制造厂	17160	38	长春客车工厂	30833
96	溧水县农用车制造厂	17030	39	秦皇岛山海关桥梁厂	30627
97	石家庄内燃机配件总厂	16694	40	济南轻骑摩托车总厂	30387
98	东方汽轮机厂	16632	41	眉山车辆工厂	28380
99	长江起重机厂	16597	42	上海纳铁福传动轴有限公司	28300
100	石家庄水泵厂	16503	43	四方机车车辆工厂	27291

(续)

名次	企业名称	利税总额(千元)	名次	企业名称	利税总额(千元)
44	上海易初通用机器有限公司	25811	38	北京电冰箱压缩机厂	29116
45	成都飞机工业公司	24579	39	四川电缆厂	29048
46	长沙汽车电器厂	23707	40	天津市电缆总厂	28679
47	宝鸡桥梁工厂	23284	41	中山市威力洗衣机厂	26425
48	上海汽车电器总厂	21683	42	佛山华英风扇厂	26165
49	第二汽车制造厂杭州分厂	21285	43	哈尔滨电机厂	25436
50	上海飞机制造厂	21213	44	广东电饭锅厂	24420
四	电气机械及器材制造业		45	沈阳蓄电池厂	23743
1	上海电线电缆(集团)公司	117133	46	上海华通开关厂	23442
2	上海电器公司	114755	47	天津市电机总厂	23395
3	沈阳电缆厂	106485	48	北京重型电机厂	23214
4	中国长江动力公司(集团)武汉汽轮发电机厂	105063	49	新乡电冰箱厂	23072
5	上菱电冰箱总厂	96915	50	天津裕年空调器有限公司	22688
6	上海电缆厂	95644	五	仪器仪表及其他计量器具制造业	
7	顺德珠江冰箱厂	90711	1	泰州春兰制冷设备总公司	64161
8	上海电机(集团)公司	78464	2	上海自动化仪表公司	63752
9	中国扬子电器公司电冰箱总厂	63219	3	西安仪表厂	46623
10	长沙电冰箱厂	60275	4	四川仪表总厂	43323
11	西安电力机械制造公司	56900	5	上海福克斯波罗有限公司	41733
12	广东万宝电器集团公司	55490	6	西安石油勘探仪器总厂	16991
13	成都电缆厂	53536	7	邯郸市汉光机械厂	14731
14	青岛电冰箱总厂	53170	8	江苏雷声电子设备厂	14691
15	国营保定第四八二厂	52500	9	上海合金厂	14267
16	佛山电器照明公司	52339	10	北京电表厂	12986
17	上海电机厂	51479	11	常州托利多电子衡器有限公司	11736
18	合肥洗衣机总厂	49731	12	武汉仪器仪表自动化工业集团公司	11549
19	合肥电冰箱总厂	48305	13	南京电力自动化设备厂	11317
20	苏州电扇总厂	45230	14	国营二六二厂	11165
21	上海嘉定照明电器公司	43198	15	上海自动化仪表三厂	10604
22	中国雪柜实业有限公司	42713	16	国营前锋无线电仪器厂	10006
23	哈尔滨电缆厂	42285	17	上海自动化仪表一厂	9061
24	青岛红星电器股份有限公司	40355	18	上海调节器厂	8941
25	山东电缆厂	35810	19	上海量具刃具厂	8871
26	甘肃省长通电缆厂	35101	20	哈尔滨量具刃具厂	8737
27	沈阳变压器厂	33638	21	中南光学仪器厂	7993
28	上海电冰箱厂	33085	22	北京分析仪器厂	7210
29	顺德蚬华电器制造厂	32386	23	济南衡器厂	7159
30	广东省南海县飞行家用电器工业公司	32321	24	大连仪表厂	7022
31	郑州电缆厂	31949	25	国营华南光学仪器厂	6879
32	湘潭电机厂	31810	26	宁夏吴忠仪表厂	6792
33	山东金龙电器总厂	31640	27	吉林省四平仪表厂	6122
34	昆明电缆厂	30766	28	大华仪表厂	6061
35	顺德美的风扇厂	30157	29	上海自动化仪表四厂	5971
36	湘潭电缆厂	29258	30	上海自动化仪表九厂	5744
37	长征电器公司	29148			

按全员劳动生产率排序

名次	企业名称	全员劳动生产率(元/人·年)
一	**金属制品业**	
1	广州美特容器有限公司	1116038
2	佛山市大陆制罐有限公司	915977
3	漳州铝容器有限公司	403025
4	上海太平货柜有限公司	402711
5	肇港综合制罐公司	391177
6	兴利五金制品有限公司	289360
7	中国国际海运集装箱股份有限公司	254176
8	顺德永恒金属彩印制品公司	240343
9	三水饮料罐制造厂	237007
10	常州华昌国际集装箱有限公司	201365
11	广州莎艾镀锌钢结构有限公司	200432
12	广东省石油气用具发展有限公司	197902
13	金洲硬质合金公司	197258
14	中美上海司太立有限公司	175108
15	南海县南方五金厂	162789
16	上海华海集装箱制造有限公司	157300
17	上海沪茂装饰材料有限公司	148337
18	工贸合营无锡市瓶盖总厂	143042
19	广东神州燃气具联合实业公司	139935
20	上海跃进不锈钢制品厂	117829
21	重庆铝制品加工厂	113916
22	上海精艺不锈钢器皿厂	111097
23	天津印铁制罐公司	108108
24	湖北省压力容器厂	102167
25	上海电焊条总厂	102032
26	兰溪市建筑五金总厂	96654
27	天津市电焊条公司	95197
28	广州铝制品三厂	94454
29	宁波双圆铝制品(集团)公司	92274
30	泰州电焊条厂	90622
二	**普通机械工业**	
1	上海施乐复印机有限公司	444165
2	湛江复印机工业公司	353010
3	深圳中华自行车有限公司	341949
4	成都平和粉末冶金有限公司	299422
5	上海合众—开利空调设备有限公司	293159
6	震德塑料机械厂有限公司	282467
7	上海英格·索兰压缩机有限公司	255926
8	地方国营吴县纺织机械二厂	248808
9	亚洲自行车厂有限公司	247474
10	溧水县农用车制造厂	237522
11	上海三菱电梯有限公司	229079
12	医用材料(jms大连)有限公司	196238
13	闽东日立电动工具有限公司(福州)	176917
14	上海强生有限公司	164976
15	台山机械厂	153803
16	华杰电子合营公司	152191
17	佳能珠海有限公司	147974
18	国营乌江机械厂	145017
19	常熟市千斤顶厂	142362
20	石家庄市潜水电泵厂	140631
21	中国迅达电梯有限公司	137885
22	常州拖拉机厂	129935
23	上海通惠—开利空调设备有限公司	129562
24	厦门工程机械厂	125096
25	云南金马柴油机总厂	123962
26	顺德柴油机厂	120917
27	常州塑料机械厂	120766
28	永久自行车苏州股份有限公司	115595
29	上海自行车鞍座厂	115411
30	聊城拖拉机厂	112615
31	浙江绍兴自行车总厂	111785
32	武进柴油机厂	110541
33	河南省钢球厂	108578
34	上海第二纺织机械厂	106894
35	枣阳市自行车厂	106624
36	河南省新乡内燃机厂	106587
37	大连冈野阀门厂	105273
38	绍兴市自行车零件二厂	104792
39	常州柴油机厂	104327
40	江苏省国营新华机床厂	103622
41	广州卫生材料厂	103088
42	吴川县糖酒机械工业公司	102599
43	山东昌潍拖拉机厂	102475
44	石家庄拖拉机厂	101985
45	荣成市拖拉机厂	101643
46	大连船用柴油机厂	101618
47	天津市复印设备公司	101019
48	宁国县机械工业公司	99705
49	无锡市自行车厂	98545
50	国营嘉陵机器厂	98531
51	大连柴油机厂	98188
52	上海自行车厂	97549
53	盐城江淮动力机集团公司	96827
54	山东滨州活塞厂	94629

(续)

名次	企业名称	全员劳动生产率(元/人·年)
55	四川遂宁市机器厂	94615
56	上海自行车三厂	93777
57	广州市仪器仪表工业公司	93720
58	广州市五羊自行车工业公司	91460
59	湛江卫生材料厂	90291
60	莱阳动力机械总厂	90127
61	浙江新昌柴油机总厂	89680
62	玉林市自行车总厂	88306
63	中国天津奥的斯电梯有限公司	88298
64	广济动力机总厂	88224
65	泰安拖拉机厂	88220
66	上海自行车四厂	87704
67	无锡县柴油机厂	84692
68	广东华达机器厂	84230
69	郑州柴油机厂	83457
70	博白县自行车零件厂	83357
71	林业部常州林业机械厂	83350
72	六安手扶拖拉机厂	82943
73	江苏省国营徐州锻压机床厂	82608
74	嘉兴市自行车厂	81351
75	山东省临沂工程机械厂	81274
76	上海亚华印刷机械有限公司	79810
77	广州电梯工业公司	79030
78	济南钟表厂	78707
79	青岛胶南第四纺织机械厂	78181
80	山东省临沂农业药械厂	78142
81	天津斯普自行车公司	77919
82	江苏无锡太湖锅炉厂	77787
83	浙江省永康活塞厂	77456
84	马鞍山市磁性材料总厂	76965
85	上海卫生材料厂	76954
86	合肥自行车二厂	76788
87	天津市海河电冰箱压缩机公司	76009
88	全椒县柴油机厂	74156
89	开封机械厂	74146
90	上海新中华机器厂	73433
91	上海工业缝纫机厂	73294
92	天津自行车厂	72011
93	苏州迅达电梯有限公司	71868
94	江阴标准件厂	71823
95	珠海特区中瑞表业有限公司	71778
96	新会农械厂	71669
97	地方国营海安县磁性材料厂	71468
98	威海市水泵厂	71267
99	乌鲁木齐粮油机械厂	70701
100	南宁手扶拖拉机厂	70158
三	**交通运输设备制造业**	
1	上海大众汽车有限公司	1286664
2	北京吉普汽车有限公司	495939
3	天津市微型汽车厂	375941
4	江苏省仪征汽车制造厂	361148
5	广州标致汽车公司(有限)	308698
6	上海汽车厂	301767
7	皖南机动车辆厂	262542
8	上海—易初摩托车有限公司	215781
9	广州摩托车公司	215590
10	柳州汽车工业联营公司柳州汽车厂	205400
11	广东三星企业集团公司	189858
12	天津市客车厂	171003
13	重庆汽车制造厂(庆铃公司)	169527
14	龙岩地区拖拉机厂	162051
15	第二汽车制造厂深圳联合公司	156618
16	安吉机动车辆总厂	153012
17	长春汽油机总厂	141043
18	江都汽车总厂	139150
19	天津市专用汽车厂	131395
20	天津市汽车制造厂	129552
21	北京轻型汽车有限公司	114628
22	十堰市车桥轮毂厂	112300
23	第二汽车制造厂杭州分厂	112061
24	上海汽车齿轮厂	110149
25	番禺县红桥客车厂	109929
26	淮阴汽车改装厂	107116
27	镇江冷藏汽车厂	102095
28	中国人民解放军第七四二九工厂	96481
29	长沙摩托车厂	96041
30	四川省成都轻型汽车改装总厂	95867
31	温岭县汽车配件总厂	95709
32	广东顺德挂车厂	95314
33	随州市机械工业局汽车改装总厂	93436
34	大连造船新厂	93311
35	北京市旅行车股份有限公司	93048
36	四川省华川轻型专用汽车厂	90703
37	郧阳地区汽车容器厂	90485
38	合肥车辆制造厂	88890
39	中国人民解放军第五四零八厂	87675
40	重庆农用汽车制造厂	87139
41	南京东风专用汽车制造总厂	86422
42	青岛专用汽车制造厂	85017
43	北京汽车摩托车联合制造公司	84145

(续)

名次	企业名称	全员劳动生产率(元/人·年)	名次	企业名称	全员劳动生产率(元/人·年)
44	四川汽车制造厂	83541	38	山西省长治洗衣机厂	161389
45	福州汽车厂	80969	39	金山电化工业(惠州)有限公司	161269
46	上海易初通用机器有限公司	80138	40	珠海特区珠海压缩机厂	159912
47	聊城运输机械厂	77707	41	太仓冷气机厂	156470
48	浙江双飞汽车齿轮箱集团公司	77589	42	上海电冰箱厂	147333
49	天津市汽车车轮厂	77405	43	合肥洗衣机总厂	147199
50	国营广州造船厂	76957	44	上海洗衣机总厂	144772
四	**电气机械及器材制造业**		45	天津市漆包线厂	144159
1	佛山市地方国营广东电工厂	717988	46	溧阳市电缆厂(电线厂)	143558
2	中山市威力洗衣机厂	523750	47	武汉冷柜厂	140334
3	顺德华宝空调设备厂	457260	48	无锡市小天鹅电器工业公司	139767
4	中国扬子电器公司电冰箱总厂	419076	49	广东电饭锅厂	137820
5	佛山电缆厂	417651	50	青岛电缆厂	135216
6	合肥电冰箱总厂	353803	**五**	**仪器仪表及其他计量器具制造业**	
7	上海铝线厂	347462	1	常州托利多电子衡器有限公司	215737
8	顺德珠江冰箱厂	329022	2	泰州春兰制冷设备总公司	166665
9	万宝集团电工器材工业公司	312945	3	上海福克斯波罗有限公司	140679
10	中国雪柜实业有限公司	310974	4	汕头超声仪器研究所	113576
11	深圳澳科电缆有限公司	282958	5	天津天力有限公司	105870
12	上海通信电缆厂	273658	6	广州航海仪器厂	94876
13	天津裕年空调器有限公司	242691	7	上海合金厂	68513
14	河南省冷柜厂	242125	8	杭州华立电气(集团)公司	58888
15	上菱电冰箱总厂	231371	9	上海电度表厂	57080
16	吴县防爆电机厂	231022	10	青岛空调器厂	54347
17	南海县平洲华达风扇厂	230589	11	沙市市电表厂	53790
18	青岛电冰箱总厂	229319	12	重庆无线电测试仪器厂	52785
19	长沙电冰箱厂	227682	13	无锡市电度表厂	51135
20	长兴(深圳)电器制造有限公司	221663	14	山东省滕州市鲁南衡器厂	49511
21	广东电缆厂	207444	15	杭州仪表厂	49296
22	珠海特区千岛电工有限公司	204030	16	广州金星仪器有限公司	48961
23	苏州电扇总厂	203564	17	宜兴市自动化仪表厂	44729
24	江门市洗衣机厂	198237	18	柳州市仪表总厂	44405
25	新乡电冰箱厂	197506	19	苏州仪表元件厂	43037
26	珠海特区海港积层板有限公司	189333	20	西安石油勘探仪器总厂	42554
27	顺德北滘裕华电风扇厂	188823	21	西安仪表厂	42190
28	景德镇市华意电器总公司	188613	22	济南衡器厂	41952
29	邯郸市电磁线厂	185487	23	上海调节器厂	41891
30	三水机电厂	181748	24	鞍山热工仪表厂	39316
31	佛山市中宝电缆厂	177320	25	国营前锋无线电仪器厂	38864
32	番禺县电缆厂	174756	26	桂林电表厂	38768
33	顺德县华南空调制冷实业有限公司	174556	27	上海第三分析仪器厂	38630
34	石家庄北方覆铜板有限公司	174089	28	上海分析仪器厂	36996
35	顺德电缆厂	170723	29	上海自动化仪表三厂	36625
36	佛山电器照明公司	167689	30	北京电表厂	36430
37	青岛红星电器股份有限公司	165864			

按人均利税排序

名次	企业名称	人均利税（元）	名次	企业名称	人均利税（元）
一	金属制品业		12	上海自行车四厂	28159
1	佛山市大陆制罐有限公司	168330	13	常州喷丝板厂	25865
2	广州美特容器有限公司	156704	14	申贝公司本部	24390
3	上海太平货柜有限公司	51872	15	湛江复印机工业公司	24107
4	广东省石油气用具发展有限公司	39191	16	玉林市自行车总厂	22369
5	金洲硬质合金公司	37337	17	上海亚华印刷机械有限公司	21884
6	中国国际海运集装箱股份有限公司	37299	18	上海冰箱压缩机厂	21771
7	国营六一四厂	35609	19	石家庄市潜水电泵厂	20383
8	中美上海司太立有限公司	31118	20	地方国营吴县纺织机械二厂	19301
9	三水饮料罐制造厂	27890	21	上海自行车三厂	18994
10	天津印铁制罐公司	24916	22	天津市复印设备公司	18681
11	漳州铝容器有限公司	22606	23	武汉市武汉服装机械厂	17455
12	工贸合营无锡市瓶盖总厂	20709	24	厦门工程机械厂	17188
13	肇港综合制罐公司	20473	25	山东省临沂工程机械厂	17110
14	上海刀片厂	20042	26	浙江省永康活塞厂	16913
15	钟祥县钢丝厂	19342	27	上海第二纺织机械厂	16865
16	上海字模一厂	16755	28	广州市仪器仪表工业公司	16753
17	广东神州燃气具联合实业公司	16738	29	大连船用柴油机厂	16743
18	兰溪市建筑五金总厂	13724	30	亚洲自行车厂有限公司	16277
19	上海市劳动机械厂	13577	31	国营嘉陵机器厂	15686
20	上海华海集装箱制造有限公司	13325	32	上海卫生材料厂	15421
21	上海日用化学制罐厂	12024	33	绍兴市自行车零件二厂	15284
22	上海缝纫机针二厂	11961	34	京山县轻工机械厂	14955
23	上海第三钢铁厂大同联营厂	11881	35	山东省临沂农业药械厂	14949
24	郑州市搪瓷总厂	11740	36	重庆汽车发动机厂	14579
25	国营六一五厂	11335	37	北京医用射线机厂	13889
26	兴利五金制品有限公司	10977	38	溧水县农用车制造厂	13879
27	广州铝制品三厂	10655	39	无锡采煤机械厂	13858
28	上海电焊条总厂	10177	40	广济动力机总厂	13787
29	南海县南方五金厂	10174	41	国营无锡纺织机械专件厂	13392
30	大连制盖厂	9828	42	江苏省铜山柴油机厂	13219
二	普通机械工业		43	昆明市第二机器厂	13148
1	上海合众—开利空调设备有限公司	146392	44	珠海特区中瑞表业有限公司	12914
2	震德塑料机械厂有限公司	85858	45	常州塑料机械厂	12722
3	上海施乐复印机有限公司	57264	46	上海自行车厂	12672
4	上海强生有限公司	40417	47	大连黄海轴承厂	12391
5	上海通惠—开利空调设备有限公司	38973	48	河南省钢球厂	12384
6	深圳中华自行车有限公司	38916	49	天津市海河电冰箱压缩机公司	12359
7	上海英格·索兰压缩机有限公司	38241	50	浙江塑料机械总厂	12285
8	成都平和粉末冶金有限公司	37703	51	中国天津奥的斯电梯有限公司	12243
9	大连冈野阀门厂	36145	52	北京人民机器总厂	12209
10	闽东日立电动工具有限公司（福州）	34227	53	贵州航空工业总公司平水机械厂	12015
11	上海三菱电梯有限公司	33706	54	广州卫生材料厂	12003

按人均利税排序

(续)

名次	企业名称	人均利税(元)
55	云南金马柴油机总厂	12001
56	上海医疗器械厂	11762
57	浙江省五一机械厂	11722
58	上海高压容器厂	11702
59	中国迅达电梯有限公司	11628
60	泰县精锻齿轮厂	11621
61	林业部常州林业机械厂	11616
62	浙江绍兴自行车总厂	11598
63	天津斯普自行车公司	11566
64	威海市印刷机械厂	11465
65	常德烟草工业机械厂	11281
66	嘉兴市自行车厂	11131
67	阳春轴承厂	11098
68	东莞轴承厂	10978
69	吴川县糖酒机械工业公司	10862
70	常州市能源设备总厂	10737
71	永久自行车苏州股份有限公司	10567
72	顺德第三农机修造厂	10511
73	江苏省国营无锡建华机床厂	10452
74	山东滨州活塞厂	10446
75	佛山市石湾陶瓷机械厂	10337
76	上海汽车发动机厂	10305
77	浙江新昌柴油机总厂	10192
78	上海远东钢丝针布厂	10056
79	国营江津增压器厂	10024
80	昆明市机器厂	9904
81	上海缝纫机四厂	9822
82	余姚通用机器厂	9760
83	国营无锡市第二纺织机械厂	9549
84	南京工学院机械技术开发公司靖江化工机械厂	9479
85	上海第一纺织机械厂	9452
86	上海缝纫机一厂	9414
87	绍兴县柯桥轻纺机械厂	9355
88	国营天津纺织机械厂	9253
89	天津市汽车水泵厂	9215
90	天津市减速机总厂	9195
91	国营第一一零四厂	9190
92	国营长安机器制造厂	9137
93	台山自行车零件厂	9122
94	国营经纬纺织机械厂	9014
95	上海微型轴承厂	9013
96	广东锻压机床厂	8990
97	江苏省泰兴自行车脚蹬厂	8920
98	天津市工业泵总厂	8786
99	玉林地区柴油机厂	8758
100	湖南滨湖柴油机厂	8757
三	**交通运输设备制造业**	
1	上海大众汽车有限公司	227907
2	广州标致汽车公司(有限)	123938
3	重庆汽车制造厂(庆铃公司)	102618
4	北京吉普汽车有限公司	70797
5	上海汽车厂	64973
6	天津市微型汽车厂	60831
7	江苏省仪征汽车制造厂	46033
8	上海—易初摩托车有限公司	42422
9	上海汽车齿轮厂	37187
10	江西汽车制造厂	33602
11	广东三星企业集团公司	32320
12	天津市客车厂	30859
13	长春汽油机总厂	30767
14	上海纳铁福传动轴有限公司	27718
15	上海易初通用机器有限公司	24723
16	温岭县汽车配件总厂	24214
17	四川省成都轻型汽车改装总厂	17498
18	第二汽车制造厂深圳联合公司	16954
19	上海延锋汽车内饰件厂	16334
20	北京轻型汽车有限公司	14699
21	天津市汽车车轮厂	14288
22	皖南机动车辆厂	14083
23	龙岩地区拖拉机厂	13882
24	江都汽车总厂	13743
25	国营广州造船厂	13153
26	安吉机动车辆总厂	13026
27	番禺县红桥客车厂	12794
28	中国人民解放军第五四零八厂	12767
29	镇江锚链厂	12760
30	柳州汽车工业联营公司柳州汽车厂	12745
31	重庆农用汽车制造厂	12265
32	郧阳地区汽车容器厂	12258
33	北京汽车摩托车联合制造公司	11657
34	第二汽车制造厂	11544
35	新城县华北车身总厂	11494
36	上海实业交通电器有限公司	10952
37	第二汽车制造厂杭州分厂	10893
38	巢湖铸造厂	10872
39	国营第七四二四厂	10804
40	福州汽车厂	10588
41	贵州航空工业总公司红阳机械厂	10569
42	中国人民解放军第七四二九工厂	10401
43	东风汽车工业联营公司新疆汽车厂	10287

(续)

名次	企业名称	人均利税(元)	名次	企业名称	人均利税(元)
44	上海小糸车灯有限公司	10277	38	绍兴蓄电池厂	18610
45	中国人民解放军三四零一工厂	9669	39	苏州电扇总厂	18552
46	广东顺德挂车厂	9508	40	顺德电线电缆工业公司	18095
47	石家庄市汽车改装厂	9386	41	南平市电线电缆厂	17920
48	佛山市澜石机械厂	9154	42	新乡电冰箱厂	17078
49	沪东造船厂	8603	43	青岛变压器厂	17073
50	赣江机械厂	8392	44	广东电饭锅厂	17065
四	**电气机械及器材制造业**		45	佛山华英风扇厂	16946
1	天津裕年空调器有限公司	96136	46	吴县防爆电机厂	16894
2	佛山电缆厂	55908	47	阳谷电缆厂	16598
3	中国扬子电器公司电冰箱总厂	49779	48	顺德美的风扇厂	16248
4	合肥电冰箱总厂	44562	49	番禺县电缆厂	16225
5	长沙电冰箱厂	43583	50	山东金龙电器总厂	16110
6	顺德珠江冰箱厂	41027	**五**	**仪器仪表及其他计量器具制造业**	
7	顺德华宝空调设备厂	40175	1	上海福克斯波罗有限公司	93782
8	中国雪柜实业有限公司	38689	2	常州托利多电子衡器有限公司	68632
9	上菱电冰箱总厂	37843	3	泰州春兰制冷设备总公司	32602
10	上海铝线厂	37645	4	汕头超声仪器研究所	18246
11	上海通信电缆厂	36109	5	济南衡器厂	12259
12	合肥洗衣机总厂	32168	6	上海合金厂	10874
13	佛山电器照明公司	31341	7	上海自动化仪表三厂	9702
14	江门市洗衣机厂	30311	8	上海调节器厂	9180
15	广东电缆厂	26498	9	广州金星仪器有限公司	9053
16	珠海特区珠海压缩机厂	24969	10	北京电表厂	8757
17	中山市威力洗衣机厂	23678	11	西安仪表厂	8423
18	青岛电冰箱总厂	23351	12	国营二六二厂	7890
19	顺德北滘裕华电风扇厂	22950	13	上海第三分析仪器厂	7563
20	宁波空调器厂	22751	14	上海自动化仪表四厂	7211
21	甘肃省长通电缆厂	22558	15	国营常州纺织仪器厂	7148
22	顺德电缆厂	22410	16	上海远东仪表厂	6762
23	广州蓄电池厂	21957	17	能源部南京电力自动化设备厂	6673
24	衡阳电缆厂	21445	18	上海第二电表厂	6594
25	宝应县宝胜电缆厂	21156	19	鞍山热工仪表厂	6489
26	大通铜箔层压板有限公司	21025	20	江苏雷声电子设备厂	6360
27	河南省冷柜厂	20877	21	万县市江陵仪器厂	6295
28	中山市港口风扇总厂	20564	22	大连仪表厂	6214
29	上海汽车空调器厂	20508	23	上海自动化仪表公司	6053
30	国营保定第四八二厂	20508	24	上海自动化仪表一厂	5973
31	上海电冰箱厂	20486	25	上海天平仪器厂	5969
32	中国长江动力公司(集团)武汉汽轮发电机厂	20020	26	上海电度表厂	5959
33	山东电缆厂	19622	27	上海量具刃具厂	5749
34	上海电缆厂	19611	28	国营衡山机械厂	5671
35	广东二轻制冷机公司	19428	29	上海自动化仪表九厂	5555
36	青岛红星电器股份有限公司	19053	30	杭州华立电气(集团)公司	5446
37	邮电部成都电缆厂	18864			

1991年机械电子工业部法规文件目录

序号	法规文件名称	文件编号	发文时间	拟稿单位
1	计算机软件保护条例	国发〔1991〕84号	6月4日	机电部
2	机械电子工业部直属企事业单位会计证颁发工作管理办法	机电经〔1991〕92号	1月21日	经济调节司
3	机械电子工业部工程建设优秀标准设计评选及奖励办法(试行)	机电建〔1991〕149号	2月2日	建设协调司
4	机电工业大中型企业总工程师职责暂行规定	机电科〔1991〕369号	3月9日	科学技术司
5	机械电子行业高级技师评聘试点实施办法	机电人〔1991〕444号	3月22日	人事劳动司
6	电子工业企事业工业卫生先进单位评比办法(试行)	机电质〔1991〕557	4月5日	质量安全司
7	机械电子工业部关于干部交流工作的补充规定	机电人〔1991〕615号	4月9日	人事劳动司
8	机械工业新产品试制管理办法	机电科〔1991〕644号	4月16日	科学技术司
9	机械电子工业部驻外机构干部管理暂行规定(秘密)	机电人〔1991〕680号	4月19日	人事劳动司
10	电子工业生产发展专用基金使用管理暂行办法	机电经〔1991〕724号	5月25日	经济调节司
11	贯彻四种电子产品优惠政策的暂行办法	机电经〔1991〕764号	5月7日	经济调节司
12	机械电子工业部关于稳定科技队伍、促进人才合理流动的暂行规定	机电人〔1991〕820号	5月14日	人事劳动司
13	机械电子工业部关于设置总会计师的有关规定	机电经〔1991〕841号	5月18日	经济调节司
14	机电部部属高等学校函授、夜大学两个学籍管理暂行规定	机电教〔1991〕857号	5月18日	教育司
15	机械电子工业部事业单位类别管理办法(试行)	机电人〔1991〕1080号	6月29日	人事劳动司
16	电子工业优质产品管理办法	机电质〔1991〕1095号	6月29日	质量安全司
17	电子工业优质产品评审实施细则	机电质〔1991〕1095号	6月29日	质量安全司
18	援外机电产品质量管理办法	机电质〔1991〕1101号	6月25日	质量安全司
19	电子工业产品质量集中考核评价管理办法	机电质〔1991〕1106号	7月2日	质量安全司
20	发电成套设备及其技术出口管理办法	机电外〔1991〕1155号	7月10日	国际合作司
21	机械电子工业部科学技术期刊管理办法	机电科〔1991〕1157号	7月15日	科学技术司
22	省、区、市机械产品质量监督检测机构暂行管理办法	机电质〔1991〕1623号	10月6日	质量安全司
23	机械工业标准化管理办法	机电科〔1991〕1698号	10月9日	科学技术司
24	机械工业标准制定工作细则	机电科〔1991〕1698号	10月9日	科学技术司
25	机械工业产品企业标准制定管理办法	机电科〔1991〕1698号	10月9日	科学技术司
26	机械工业产品标准化审查管理办法	机电科〔1991〕1698号	10月9日	科学技术司
27	机械工业标准实施与监督管理办法	机电科〔1991〕1698号	10月9日	科学技术司
28	机械工业专业标准化技术归口单位考核办法	机电科〔1991〕1698号	10月9日	科学技术司
29	机械工业固定资产投资项目前期与勘察有关工作的规定(试行)	机电建〔1991〕1757号	10月21日	建设协调司
30	机械工业企业岗位劳动评价试行办法	机电人〔1991〕1848号	11月4日	人事劳动司
31	勘察设计单位固定资产折旧试行办法	机电经〔1991〕1913号	11月13日	经济调节司
32	机械电子工业部重要科学技术档案进馆办法	机电办〔1991〕2007号	11月25日	办公厅
33	机械电子工业部劳动就业服务企业暂行管理办法	机电人〔1991〕2181号	12月20日	人事劳动司
34	机械电子工业部因公出国及赴港澳地区人员审查暂行办法	机电人〔1991〕2253号	12月29日	人事劳动司

机械工业

重要

经济政策法规

第Ⅷ部分

总会计师条例

（1990年12月31日国务院令　第72号）

第一章　总　　则

第一条　为了确定总会计师的职权和地位，发挥总会计师在加强经济管理、提高经济效益中的作用，制定本条例。

第二条　全民所有制大、中型企业设置总会计师；事业单位和业务主管部门根据需要，经批准可以设置总会计师。

总会计师的设置、职权、任免和奖惩，依照本条例的规定执行。

第三条　总会计师是单位行政领导成员，协助单位主要行政领导人工作，直接对单位主要行政领导人负责。

第四条　凡设置总会计师的单位，在单位行政领导成员中，不设与总会计师职权重叠的副职。

第五条　总会计师组织领导本单位的财务管理、成本管理、预算管理、会计核算和会计监督等方面的工作，参与本单位重要经济问题的分析和决策。

第六条　总会计师具体组织本单位执行国家有关财经法律、法规、方针、政策和制度，保护国家财产。

总会计师的职权受国家法律保护。单位主要行政领导人应当支持并保障总会计师依法行使职权。

第二章　总会计师的职责

第七条　总会计师负责组织本单位的下列工作：

（一）编制和执行预算、财务收支计划、信贷计划，拟订资金筹措和使用方案，开辟财源，有效地使用资金；

（二）进行成本费用预测、计划、控制、核算、分析和考核，督促本单位有关部门降低消耗、节约费用、提高经济效益；

（三）建立、健全经济核算制度，利用财务会计资料进行经济活动分析；

（四）承办单位主要行政领导人交办的其他工作。

第八条　总会计师负责对本单位财会机构的设置和会计人员的配备、会计专业职务的设置和聘任提出方案；组织会计人员的业务培训和考核；支持会计人员依法行使职权。

第九条　总会计师协助单位主要行政领导人对企业的生产经营、行政事业单位的业务发展以及基本建设投资等问题作出决策。

总会计师参与新产品开发、技术改造、科技研究、商品（劳务）价格和工资奖金等方案的制定；参与重大经济合同和经济协议的研究、审查。

第三章　总会计师的权限

第十条　总会计师对违反国家财经法律、法规、方针、政策、制度和有可能在经济上造成损失、浪费的行为，有权制止或者纠正。制止或者纠正无效时，提请单位主要行政领导人处理。

单位主要行政领导人不同意总会计师对前款行为的处理意见的，总会计师应当依照《中华人民共和国会计法》第十九条的规定执行。

第十一条　总会计师有权组织本单位各职能部门、直属基层组织的经济核算、财务会计和成本管理方面的工作。

第十二条　总会计师主管审批财务收支工作。除一般的财务收支可以由总会计师授权的财会机构负责人或者其他指定人员审批外，重大的财务收支，须经总会计师审批或者由总会计师报单位主要行政领导人批准。

第十三条　预算、财务收支计划、成本和费用计划、信贷计划、财务专题报告、会计决算报表，须经总会计师签署。

涉及财务收支的重大业务计划、经济合同、经济协议等，在单位内部须经总会计师会签。

第十四条　会计人员的任用、晋升、调动、奖惩，应当事先征求总会计师的意见。财会机构负责人或者会计主管人员的人选，应当由总会计师进行业务考核，依照有关规定审批。

第四章　任免与奖惩

第十五条　企业的总会计师由本单位主要行政领导人提名，政府主管部门任命或者聘任；免职或者解聘程序与任命或者聘任程序相同。

事业单位和业务主管部门的总会计师依照干部管理权限任命或者聘任；免职或者解聘程序与任命或者聘任程序相同。

第十六条　总会计师必须具备下列条件：

（一）坚持社会主义方向，积极为社会主义建设和改革开放服务；

（二）坚持原则，廉洁奉公；

（三）取得会计师任职资格后，主管一个单位或者单位内一个重要方面的财务会计工作时间不少于三年；

（四）有较高的理论政策水平，熟悉国家财经法律、法规、方针、政策和制度，掌握现代化管理的有关知识；

（五）具备本行业的基本业务知识，熟悉行业情况，有较强的组织领导能力；

（六）身体健康，能胜任本职工作。

第十七条　总会计师在工作中成绩显著，有下列情形之一的，依照国家有关企业职工或者国家行政机关工作人员奖惩的规定给予奖励：

（一）在加强财务会计管理，应用现代化会计方法和技术手段，提高财务管理水平和经济效益方面，取得显著成绩的；

（二）在组织经济核算，挖掘增产节约、增收节支潜力，加速资金周转，提高资金使用效果方面，取得显著成绩的；

(三)在维护国家财经纪律,抵制违法行为,保护国家财产,防止或者避免国家财产遭受重大损失方面,有突出贡献的;

(四)在廉政建设方面,事迹突出的;

(五)有其他突出成就或者模范事迹的。

第十八条 总会计师在工作中有下列情形之一的,应当区别情节轻重,依照国家有关企业职工或者国家行政机关工作人员奖惩的规定给予处分:

(一)违反法律、法规、方针、政策和财经制度,造成财会工作严重混乱的;

(二)对偷税漏税,截留应当上交国家的收入,滥发奖金、补贴,挥霍浪费国家资财,损害国家利益的行为,不抵制、不制止、不报告,致使国家利益遭受损失的;

(三)在其主管的工作范围内发生严重失误,或者由于玩忽职守,致使国家利益遭受损失的;

(四)以权谋私,弄虚作假,徇私舞弊,致使国家利益遭受损失,或者造成恶劣影响的;

(五)有其他渎职行为和严重错误的。

总会计师有前款所列行为,情节严重,构成犯罪的,由司法机关依法追究刑事责任。

第十九条 单位主要行政领导人阻碍总会计师行使职权的,以及对其打击报复或者变相打击报复的,上级主管单位应当根据情节给予行政处分。情节严重,构成犯罪的,由司法机关依法追究刑事责任。

第五章 附 则

第二十条 城乡集体所有制企业事业单位需要设置总会计师的,参照本条例执行。

第二十一条 各省、自治区、直辖市,国务院各部门可以根据本条例的规定,结合本地区、本部门的实际情况制定实施办法。

第二十二条 本条例由财政部负责解释。

第二十三条 本条例自发布之日起施行。1963年10月18日国务院批转国家经济委员会、财政部《关于国营工业、交通企业设置总会计师的几项规定(草案)》、1978年9月12日国务院发布的《会计人员职权条例》中有关总会计师的规定同时废止。

机电工业大中型企业总工程师职责暂行规定

(1991年3月9日由机械电子工业部与国家科学技术委员会联合发布)

第一章 总 则

第一条 为促进机电工业企业科技进步,提高机电产品的性能、质量和可靠性,在进一步完善厂长(经理)负责制的前提下,建立健全以总工程师为首的技术管理系统,明确总工程师的职责,保障总工程师行使职权,贯彻技术责任制,特制定本规定。

第二条 为发挥总工程师的重要作用,原则上总工程师应列为第一副厂长(第一副经理)。有的企业也可根据具体情况由厂长兼任总工程师或将总工程师列为厂级(经理级)领导班子主要成员。

第三条 设总工程师的企业(公司)不再设分管技术的副厂长(副经理)。

第四条 总工程师在厂长(经理)的领导下,负责企业科技进步工作。

第二章 总工程师的条件

第五条 总工程师应当具备以下条件:

一、坚持四项基本原则,作风正派,认真贯彻党和国家的有关路线、方针、政策。

二、具有理工科大专以上文化程度,有高级工程师职称及相应的外语水平,熟悉企业生产工艺和装备状况、产品设计、产品标准和性能,了解国内外同行业技术发展状况,有丰富的生产实践经验,对新技术有敏锐的接受能力,有推动科技进步的开拓精神和求实精神,懂得经济基本知识及有关技术、经济政策和法规。

三、有较强的组织能力和领导工作经验,善于团结和调动广大职工,特别是科技人员的积极性,是厂长(经理)联系科技人员的桥梁和纽带。

四、有较长期从事科技工作的经验,并在科技工作方面获得过技术成果。

第六条 由于管理的领域不同,为避免管理混乱,总工程师和副总工程师不得兼任总经济师和副总经济师。

第三章 总工程师的职责

第七条 要认真贯彻执行国家、部门和地方制订的有关科技方针、政策、法规,带领和组织广大科技人员,积极推动企业的科技进步。

第八条 负责组织企业产品技术发展趋势分析、新产品开发和推动生产技术发展。

第九条 总工程师协助厂长(经理)推行企业的全面质量管理,组织质量技术攻关,负责解决产品质量中的重大技术问题。

第十条 负责把握企业技术发展方向,负责组织制订企业科技发展及技术进步规划、计划,并组织实施。

第十一条 审定企业技改及重大技措中的技术方案和为之需要引进的技术、装备,组织引进技术的消化、吸收和创新工作。

第十二条 负责领导技术开发、试验研究工作,审定工艺规范,签发生产技术规程。

第十三条 主管企业计量工作和标准化工作,组织贯彻执行国家标准、行业标准,积极采用国际标准、经企业法人授权负责审批并组织实施本企业标准(含内控标准)及各项技术工作标准。

第十四条 主管企业科研、科技成果和专利、技术推广、科技保密、科技情报、科技档案等工作。

第十五条 主管厂(公司)属研究所。负责主持企业技术委员会工作。

第十六条 负责企业内外技术交流、技术合作和技术转让事项，主管科技外事。

第十七条 负责抓好科技人员的继续教育和知识更新工作。

第四章 总工程师的权限

第十八条 组织编制企业年度科技费用预算，经厂长(经理)批准后，负责审批和使用企业各项科技经费及各种科技奖金。

第十九条 主持科技人员技术职称评审工作。对科技人员的使用、培训、调动、晋级、奖惩需经总工程师同意。

第二十条 对企业重大技术问题有决定权。

第二十一条 负责签发技术方面的计划、文件、并检查执行情况。

第二十二条 对全厂技术工作进行布置、检查和考核。

第二十三条 厂长(经理)授予的其他职权。

第五章 技术指挥系统

第二十四条 总工程师要在厂长(经理)领导下，负责建立、健全和强化全厂技术指挥系统。

第二十五条 根据企业规模和实际工作需要，大型企业可按专业范围设置三至五名、中型企业可设置一至三名副总工程师，在总工程师领导下，并代表总工程师负责处理有关专业范围内的业务，副总工程师可兼任总设计师、总工艺师、总质量师、总机械动力师等职务。

第二十六条 健全设计、工艺、质量、技术情报、标准化等技术系统职能机构，充分发挥各职能部门的专业管理作用。

第二十七条 为加强对科技部门的综合协调工作，可设置总工程师办公室，作为总工程师的办事机构，按照总工程师的意图，协调各技术职能机构间的关系。

第六章 总工程师的任免

第二十八条 总工程师的任命由厂长(经理)提名，报上级主管机关审批。为使企业科技进步工作有一定的连续性，总工程师应保持相对稳定。

第二十九条 总工程师的免职，由企业申报，上级主管机关审查批准。

第七章 总工程师的奖惩

第三十条 对有突出贡献的企业总工程师，应由上级主管部门予以表彰、奖励。

第三十一条 总工程师犯有严重技术、质量过失并造成严重损失或影响的，应视情节轻重给予必要的处分。

第八章 其　它

第三十二条 个别有条件的小型企业，经上级主管部门批准，可参照本规定设置总工程师。一般不设副总工程师和总工程师办公室。

第三十三条 在企业验收、评比和考察领导班子时，应将本规定作为其中一项考核标准。

第三十四条 本规定解释权归机械电子工业部。

第三十五条 本规定从 1991 年 4 月 1 日生效。

机械电子行业高级技师评聘试点实施办法

(1991 年 3 月 22 日由机械电子工业部与劳动部联合发布)

为稳定生产第一线高水平的技术人才，引导工人在生产岗位上刻苦钻研技术(业务)，鼓励技师在技艺上精益求精，发挥他们在生产实践中的骨干作用，根据国务院国办发(1988)10 号《关于从工人、农民及其他劳动者中选拔和培养各级技术人才的通知》的精神和劳动部劳培字(1990)14 号《关于高级技师评聘的实施意见》的规定，结合机械电子行业的实际情况，特制定本办法。

一、实行范围和职务名称

高级技师是在高级技术工人中设置的高级技术职务，评聘高级技师是技师聘任制的组成部分。机械电子行业高级技师的评聘应根据生产发展的需要，在生产工艺复杂、技术要求高和能够反映综合技能的生产岗位进行，按专业确定其职务名称。凡符合上述要求并在生产岗位上作出突出贡献的技师均可申请参加高级技师考评。

二、任 职 条 件

(一)具有本专业系统的技术理论知识以及高超、精湛的技艺和综合操作技能，了解和掌握相关专业(工种)的知识和操作技能。

(二)任技师三年以上，并做出突出贡献，在本企业或本地区的本专业中具有一定的影响和知名度。

(三)在工艺改进、质量攻关、技术革新、技术改造方面，在学习、消化、推广和应用国内外先进技术方面，在防止和排除重大事故隐患方面，在大型和高精尖设备的安装、调试、操作、维修和保养等方面成绩显著，贡献突出。

(四)具有培养高级技术工人和技师的能力，并且积极主动无保留地传授技艺或绝技。

(五)能够坚持正常的生产和工作。

三、比 例 限 额

高级技师的比例限额，控制在应聘技师总数的百分之十以内。具体名额和津贴指标由各主管部门根据所属单位的实际情况，统一掌握和使用。

四、职务津贴标准和待遇

被聘任的高级技师实行高级技师职务津贴。高级技师职务津贴标准，按每月人均五十元标准核算。每个高级技师的具体职务津贴标准由各单位在每月四十至六十元的幅度内自行确定，不得压低或提高，更不准挪作它用。高级技师的职务津贴从本人受聘之月起执行。已享受的技师职务津贴予以取消。高级技师在受聘期间(两年以上)退休，其职务津贴列入工资基数计算退休费。对核准下达的增资指标，企业列入生产成本，机关、事业单位由工资科目开支。

被聘任的高级技师可享受本单位高级专业技术人员的有关待遇。高级技师的退休年龄应根据单位生产的特殊需要和本人身体的实际状况可适当延长，不搞“一刀切”。凡确需延长的要经单位上一级主管部门批准。

五、评 审 组 织

试点单位所在的省、自治区、直辖市及计划单列市机械电子工业主管部门，国家计划单列企业集团，中国汽车工业总公司都要建立健全高级技师评审委员会，负责本地区或本系统所属单位评审高级技师的工作。评审委员会应有二分之一以上的高级工程师和高级技师参加。

试点单位亦应建立相应的考核组织，负责本单位考核高级技师的工作。

六、评审程序和要求

高级技师的评审工作一般要经过学习动员，本人申报成绩或成果，撰写专业技术工作总结和单项成果论文，填写申报表格，单位组织专家答辩考试，考核审查推荐，上级有关部门审核批准和颁发证书。

各级考评组织在考核审查时，应注意本人的实绩和对单位做出的贡献。坚持公开、平等、竞争的原则，严格按照任职条件进行考评，不搞照顾和降低标准。要特别注意从中、青年技术工人中培养和选择优秀人才。

七、审 批 权 限

高级技师的审批权限，地方所属单位的高级技师分别由各省、自治区、直辖市、计划单列市的劳动行政部门核准发证；中国汽车工业总公司负责直属单位高级技师的核准发证。国家计划单列的企业集团和机电部直属单位的高级技师由机电部核准发证。

上述各级主管部门正式批准的高级技师评审呈报表应报部人事劳动司四份备案。

取得高级技师合格证书的，由本单位的行政领导进行聘任、颁发聘书和签订聘约。聘期一般为三至五年。聘任期满后，对符合条件的可以续聘。

八、其 它

评聘高级技师的其他问题，均按技师聘任制的有关规定执行。

试点的省、自治区、直辖市、计划单列市机械电子工业主管部门，中国汽车工业总公司，国家计划单列企业集团和部直属单位可以根据本办法制定具体实施细则。

本办法的解释权归机械电子工业部人事劳动司。

本办法自颁发之日起执行。

中华人民共和国外商投资企业和外国企业所得税法

(1991 年 4 月 9 日以主席令发布　第 45 号)

第一条　中华人民共和国境内的外商投资企业生产、经营所得和其他所得，依照本法的规定缴纳所得税。

第二条　本法所称外商投资企业，是指在中国境内设立的中外合资经营企业、中外合作经营企业和外资企业。

本法所称外国企业，是指在中国境内设立机构、场所，从事生产、经营和虽未设立机构、场所，而有来源于中国境内所得的外国公司、企业和其他经济组织。

第三条　外商投资企业的总机构设在中国境内，就来源于中国境内、境外的所得缴纳所得税。外国企业就来源于中国境内的所得缴纳所得税。

第四条　外商投资企业和外国企业在中国境内设立的从事生产、经营的机构、场所每一纳税年度的收入总额，减除成本、费用以及损失后的余额，为应纳税的所得额。

第五条　外商投资企业的企业所得税和外国企业就其在中国境内设立的从事生产、经营的机构、场所的所得应纳的企业所得税，按应纳税的所得额计算，税率为 30%；地方所得税，按应纳税的所得额计算，税率为 3%。

第六条　国家按照产业政策，引导外商投资方向，鼓励举办采用先进技术、设备、产品全部或者大部分出口的外商投资企业。

第七条　设在经济特区的外商投资企业，在经济特区设立机构、场所从事生产、经营的外国企业和设在经济技术开发区的生产性外商投资企业，减按 15%的税率征收企业所得税。

设在沿海经济开放区和经济特区、经济技术开发区所在城市的老市区的生产性外商投资企业，减按 24%的税率征收企业所得税。

设在沿海经济开放区和经济特区、经济技术开发区所在城市的老市区或者设在国务院规定的其他地区的外商投资企业，属于能源、交通、港口、码头或者国家鼓励的其他项目的，可以减按 15%的税率征收企业所得税，具体办法由国务院规定。

第八条　对生产性外商投资企业，经营期在十年以上的，从开始获利的年度起，第一年和第二年免征企业所得税，第三年至第五年减半征收企业所得税，但是属于石油、天然气、稀有金属、贵重金属等资源开采项目的，由国务院另行规定。外商投资企业实际经营期不满十年的，应当补缴已免征、减征的企业所得税税款。

本法施行前国务院公布的规定，对能源、交通、港口、码头以及其他重要生产性项目给予比前款规定更长期限的免征、减征企业所得税的优惠待遇，或者对非生产性的重要项目给予免征、减征企业所得税的优惠待遇，在本法施行后继续执行。

从事农业、林业、牧业的外商投资企业和设在经济不发达的边远地区的外商投资企业，依照前两款规定享受免税、减税待遇期满后，经企业申请，国务院税务主管部门批准，在以后的十年内可以继续按应纳税额减征15%至30%的企业所得税。

本法施行后，需要变更前三款的免征、减征企业所得税的规定的，由国务院报全国人民代表大会常务委员会决定。

第九条 对鼓励外商投资的行业、项目，省、自治区、直辖市人民政府可以根据实际情况决定免征、减征地方所得税。

第十条 外商投资企业的外国投资者，将从企业取得的利润直接再投资于该企业，增加注册资本，或者作为资本投资开办其他外商投资企业，经营期不少于五年的，经投资者申请，税务机关批准，退还其再投资部分已缴纳所得税的40%税款，国务院另有优惠规定的，依照国务院的规定办理；再投资不满五年撤出的，应当缴回已退的税款。

第十一条 外商投资企业和外国企业在中国境内设立的从事生产、经营的机构、场所发生年度亏损，可以用下一纳税年度的所得弥补；下一纳税年度的所得不足弥补的，可以逐年延续弥补，但最长不得超过五年。

第十二条 外商投资企业来源于中国境外的所得已在境外缴纳的所得税税款，准予在汇总纳税时，从其应纳税额中扣除，但扣除额不得超过其境外所得依照本法规定计算的应纳税额。

第十三条 外商投资企业或者外国企业在中国境内设立的从事生产、经营的机构、场所与其关联企业之间的业务往来，应当按照独立企业之间的业务往来收取或者支付价款、费用。不按照独立企业之间的业务往来收取或者支付价款、费用，而减小其应纳税的所得额的，税务机关有权进行合理调整。

第十四条 外商投资企业和外国企业在中国境内设立的从事生产、经营的机构、场所设立、迁移、合并、分立、终止以及变更登记主要事项，应当向工商行政管理机关办理登记或者变更、注销登记，并持有关证件向当地税务机关办理税务登记或者变更、注销登记。

第十五条 缴纳企业所得税和地方所得税；按年计算，分季预缴。季度终了后十五日内预缴；年度终了后五个月内汇算清缴，多退少补。

第十六条 外商投资企业和外国企业在中国境内设立的从事生产、经营的机构、场所应当在每次预缴所得税的期限内，向当地税务机关报送预缴所得税申报表；年度终了后四个月内，报送年度所得税申报表和会计决算报表。

第十七条 外商投资企业和外国企业在中国境内设立的从事生产、经营的机构、场所的财务、会计制度，应当报送当地税务机关备查。各项会计记录必须完整准确，有合法凭证作为记帐依据。

外商投资企业和外国企业在中国境内设立的从事生产、经营的机构、场所的财务、会计处理办法同国务院有关税收的规定有抵触的，应当依照国务院有关税收的规定计算纳税。

第十八条 外商投资企业进行清算时，其资产净额或者剩余财产减除企业未分配利润、各项基金和清算费用后的余额，超过实缴资本的部分为清算所得，应当依照本法规定缴纳所得税。

第十九条 外国企业在中国境内未设立机构、场所，而有取得的来源于中国境内的利润、利息、租金、特许权使用费和其他所得，或者虽设立机构、场所，但上述所得与其机构、场所没有实际联系的，都应当缴纳20%的所得税。

依照前款规定缴纳的所得税，以实际受益人为纳税义务人，以支付人为扣缴义务人。税款由支付人在每次支付的款额中扣缴。扣缴义务人每次所扣的税款，应当于五日内缴入国库，并向当地税务机关报送扣缴所得税报告表。

对下列所得，免征、减征所得税：

(一)外国投资者从外商投资企业取得的利润，免征所得税；

(二)国际金融组织贷款给中国政府和中国国家银行的利息所得，免征所得税；

(三)外国银行按照优惠利率贷款给中国国家银行的利息所得，免征所得税；

(四)为科学研究、开发能源、发展交通事业、农林牧业生产以及开发重要技术提供专有技术所取得的特许权使用费，经国务院税务主管部门批准，可以减按10%的税率征收所得税，其中技术先进或者条件优惠的，可以免征所得税。

除本条规定以外，对于利润、利息、租金、特许权使用费和其他所得，需要给予所得税减征、免征的优惠待遇的，由国务院规定。

第二十条 税务机关有权对外商投资企业和外国企业在中国境内设立的从事生产、经营的机构、场所的财务、会计和纳税情况进行检查；有权对扣缴义务人代扣代缴税款情况进行检查。被检查的单位和扣缴义务人必须据实报告，并提供有关资料，不得拒绝或者隐瞒。

税务机关派出人员进行检查时，应当出示证件，并负责保密。

第二十一条 依照本法缴纳的所得税以人民币为计算单位。所得为外国货币的，应当按照国家外汇管理机关公布的外汇牌价折合成人民币缴纳税款。

第二十二条 纳税义务人未按规定期限缴纳税款的，或者扣缴义务人未按规定期限解缴税款的，税务机关除限期缴纳外，从滞纳税款之日起，按日加收滞纳税款2‰的滞纳金。

第二十三条 未按规定期限向税务机关办理税务登记或者变更、注销登记的，未按规定期限向税务机关报送所得税申报表、会计决算报表或者扣缴所得税报告表的，或者未将本单位的财务、会计制度报送税务机关备查的，由税务机关责令限期登记或者报送，可以处以五千元以下的罚款。

经税务机关责令限期登记或者报送，逾期仍不向税务机关办理税务登记或者变更登记，或者仍不向税务机关报送所得税申报表、会计决算报表或者扣缴所得税报告表的，由税务机关处以一万元以下的罚款；情节严重的，比照刑法第一百二十一条的规定追究其法定代表人和直接责任人员的刑事责任。

第二十四条 扣缴义务人不履行本法规定的扣缴义务，不扣或者少扣应扣税款的，由税务机关限期追缴应扣未扣税款，可以处以应扣未扣税款一倍以下的罚款。

扣缴义务人未按规定的期限将已扣税款缴入国库的，由税务机关责令限期缴纳，可以处以五千元以下的罚款；逾期仍不缴纳的，由税务机关依法追缴，并处以一万元以下的罚款；情节严重的，比照刑法第一百二十一条的规定追究其法定代表人和直接责任人员的刑事责任。

第二十五条 采取隐瞒、欺骗手段偷税的，或者未按本法规定的期限缴纳税款，经税务机关催缴，在规定的期限内仍不缴纳的，由税务机关追缴其应缴纳税款，并处以应补税款五倍以下的罚款；情节严重的，依照刑法第一百二十一条的规定追究其法定代表人和直接责任人员的刑事责任。

第二十六条 外商投资企业、外国企业或者扣缴义务人同税务机关在纳税上发生争议时，必须先依照规定纳税，然后可在收到税务机关填发的纳税凭证之日起六十日内向上一级税务机关申请复议。上一级税务机关应当自收到复议申请之日起六十日内作出复议决定。对复议决定不服的，可在接到复议决定之日起十五日内向人民法院起诉。

当事人对税务机关的处罚决定不服的，可以在接到处罚通知之日起十五日内，向作出处罚决定的机关的上一级机关申请复议；对复议决定不服的，可以在接到复议决定之日起十五日内，向人民法院起诉。当事人也可以在接到处罚通知之日起十五日内，直接向人民法院起诉。当事人逾期不申请复议或者不向人民法院起诉、又不履行处罚决定的，作出处罚决定的机关可以申请人民法院强制执行。

第二十七条 本法公布前已设立的外商投资企业，依照本法规定，其所得税税率比本法施行前有所提高或者所享受的所得税减征、免征优惠待遇比本法施行前有所减少的，在批准的经营期限内，依照本法施行前法律和国务院有关规定执行；没有经营期限的，在国务院规定的期间内，依照本法施行前法律和国务院有关规定执行。具体办法由国务院规定。

第二十八条 中华人民共和国政府与外国政府所订立的有关税收的协定同本法有不同规定的，依照协定的规定办理。

第二十九条 国务院根据本法制定实施细则。

第三十条 本法自1991年7月1日起施行。《中华人民共和国中外合资经营企业所得税法》和《中华人民共和国外国企业所得税法》同时废止。

附：

刑法有关条款

第一百二十一条 违反税收法规，偷税、抗税，情节严重的，除按照税收法规补税并且可以罚款外，对直接责任人员，处三年以下有期徒刑或者拘役。

中华人民共和国固定资产投资方向调节税暂行条例

（1991年4月16日国务院令　第82号）

第一条 为了贯彻国家产业政策，控制投资规模，引导投资方向，调整投资结构，加强重点建设，促进国民经济持续、稳定、协调发展，制定本条例。

第二条 在中华人民共和国境内进行固定资产投资的单位和个人，为固定资产投资方向调节税（以下简称“投资方向调节税”）的纳税义务人（以下简称“纳税人”），应当依照本条例的规定缴纳投资方向调节税。

第三条 投资方向调节税根据国家产业政策和项目经济规模实行差别税率。固定资产投资项目按其单位工程分别确定适用的税率。税目、税率依照本条例所附的《固定资产投资方向调节税税目税率表》执行。

税目税率表未列出的固定资产投资（不包括更新改造投资），税率为15%。

除适用税目税率表中百分之零税率以外的更新改造投资，税率为10%。

《固定资产投资方向调节税税目税率表》由国务院定期调整。

第四条 投资方向调节税的计税依据为固定资产投资项目实际完成的投资额，其中更新改造投资项目为建筑工程实际完成的投资额。

第五条 投资方向调节税按固定资产投资项目的单位工程年度计划投资额预缴。年度终了后，按年度实际完成投资额结算，多退多补；项目竣工后，按全部实际完成投资额进行清算，多退少补。

纳税人按年度计划投资额一次缴纳全年税款确有困难的，经税务机关核准，可于当年9月底以前分次缴清应纳税款。

第六条 纳税人在报批固定资产投资项目时，应当将该项目的投资方向调节税税款落实，并列入项目总投资，进行项目的经济和财务评价。但税款不作为设计、施工和其他取费的基数。

第七条 投资方向调节税，除国务院另有规定者外，不得减免。

第八条 投资方向调节税由税务机关负责征收管理。纳税人应当向项目所在地税务机关办理税务登记、纳税鉴定、纳税申报等手续。

第九条 投资方向调节税的征收,实行计划统一管理和投资许可证相结合的源泉控管办法:

(一)各省、自治区、直辖市和计划单列市计委(计经委)汇总本地区的固定资产投资项目计划,经同级税务机关审定各固定资产投资项目适用的税目、税率和应纳税额后,由计划部门下达。

(二)纳税人在使用项目年度投资前,应当到项目所在地税务机关办理税务登记、申报等手续。银行和其他金融机构凭税务机关填发的专用缴款书划拨应纳税款。

(三)计划部门凭纳税凭证发放投资许可证。银行和其他金融机构根据投资许可证,办理固定资产投资项目的拨款、贷款手续。

第十条 投资方向调节税由中国人民建设银行、中国工商银行、中国农业银行、中国银行和交通银行、其他金融机构及有关单位负责代扣代缴。

第十一条 对计划外固定资产投资项目,税务机关除按其适用税率征税外,并可对纳税人处以应纳税额五倍以内的罚款。但适用百分之零税率的计划外固定资产投资项目,由计划部门依照有关规定另行处置。

以更新改造为名进行基本建设投资,按照基本建设投资的税目税率加倍征税。但适用百分之零税率的投资项目,由计划部门依照有关规定另行处置。

第十二条 纳税人未按本条例规定缴纳税款的,计委(计经委)对预备项目应当取消其立项,对新开工项目不得安排其开工,对续建项目应当取消其年度投资计划规模,并吊销投资许可证;银行和其他金融机构不得为其办理贷款、拨款。

计划、银行等部门违反本条例规定,导致纳税人偷税漏税的,其上级主管部门应当追究有关人员的责任。

第十三条 投资方向调节税征收管理的其他事项,依照《中华人民共和国税收征收管理暂行条例》的规定执行。

第十四条 中外合资经营企业、中外合作经营企业和外资企业的固定资产投资,不适用本条例。

国家禁止发展项目的投资,不适用本条例。计划部门应当依照国家有关法律、法规和方针、政策的规定另行处置。《国家禁止发展项目表》由国务院定期调整。

第十五条 少数民族地区投资方向调节税的优惠办法另行规定。

按照国家规定不纳入计划管理、投资额不满五万元的固定资产投资,投资方向调节税的征收和减免,由省、自治区、直辖市人民政府决定。

第十六条 固定资产投资项目投资许可证由计划部门统一发放和管理。投资许可证的具体管理办法由国家计划委员会规定。

第十七条 本条例由国家税务局负责解释,实施细则由国家税务局制定。

第十八条 本条例自1991年度起施行。1987年6月25日国务院发布的《中华人民共和国建筑税暂行条例》同时废止。

附件:

一、固定资产投资方向调节税税目税率表

二、国家禁止发展项目表

机械工业新产品试制管理办法

(1991年4月16日机械电子工业部印发)

第一章 总 则

第一条 为促进机械工业科学技术的发展,适应国民经济发展新形势和国内、外两个市场的需要,增强企业技术进步的实力,促进机械工业新产品开发,加速企业调整产品结构的步伐,实现科学管理,特制定本办法。

第二条 为了加强新产品设计、试制、批产、用户服务等环节的计划与管理,必须建立新产品试制管理体系。按照生产一代、试制一代、预研(储备)一代的规律,大力推进新产品的科研、开发和生产。

本办法适用于全国机械工业企业、事业单位新产品试制。

第二章 新产品定义及开发程序

第三条 新产品系指采用新技术原理、新结构、新制造工艺或新材料等研制成的产品或在结构、材质、工艺等方面比老产品有明显改进,从而在技术性能和使用功能上有显著提高的产品。

第四条 机械工业新产品试制计划安排的新产品必须符合产品发展趋势和国家技术发展政策以及国民经济需要,具有先进性和实用性,有明显的或潜在的经济效益和社会效益,并具备下列一项或多项特征:

一、采用微电子技术,新发明专利,新材料或新的设计构思而开发的产品;

二、引进国外先进技术而消化吸收国产化(或合作生产)及创新的产品;

三、比老产品在结构、材质、工艺等方面有重大改进,技术性能明显改善或扩大了使用功能的产品;

四、根据某一基型产品原理和结构而派生研制的新系列或补齐系列的产品;

五、根据工程或用户需要而研制开发的重大专用产品;

凡具备上述条件之一者,且属于全国第一次试制生产的新产品,其技术水平为国内先进或国际水平的新产品,均可申请列入机电部机械工业新产品试制计划。

第五条 凡属于采用进口散件组装的新产品，不能列入机械工业新产品试制计划。

第六条 新产品开发大致分四个阶段：

一、计划决策阶段：包括市场调查、产品发展规划(建议)、新产品发展计划任务书等；

二、设计试制阶段：包括方案设计、技术设计、施工设计、试验研究、样机试制、样机试验、样机鉴定等；

三、批试生产阶段：包括小批量试生产、小批量鉴定、试销服务、正式生产等；

四、销售服务阶段：包括初期销售服务、定期用户服务、长期运行情况调查等。

第七条 新产品试制管理由新产品立项调研、设计、试验、试制、样机鉴定、批试鉴定、投产、考核、奖励等环节组成。新产品试制计划应由各级科技部门统一管理和组织实施，企业以科技部门为主，会同生产部门进行管理和组织实施，重点是计划决策、设计试制、批试生产三阶段，而销售服务阶段原则上由企业负责实施。

第三章 计划管理

第八条 机械工业新产品试制计划实行部、省、自治区、直辖市、计划单列市机械主管厅局、公司(以下简称省市厅局)，企业三级管理。

第九条 各机械工业企、事业单位根据国家产业发展政策，国家级新产品开发指南及机械工业科技发展规划，并根据国内外市场需要及企业发展方向，每年编制本单位的新产品试制计划。

第十条 企业新产品开发应建立厂长领导下的总工程师(或技术副厂长)负责制，组织管理和实施。并严格按照新产品开发程序执行，新产品设计应采用国际标准或国外先进标准，积极采用现代设计方法，加强试验研究，新产品的批试主要是验证工艺和工艺装备，提高产品可靠性。

第十一条 各省市厅局根据所属企、事业单位的新产品试制计划，结合地方科技发展规划及优势，每年制订本地方新产品试制计划。

第十二条 各省市厅局应严格和完善新产品试制计划管理和考核办法，并指导所属企、事业单位安排好新产品试制计划。

第十三条 部科技司负责编制部机械工业新产品试制计划。优先安排具备下列条件之一的新产品：

一、国家重点建设项目、国家重点科技攻关和重大技术开发项目的有关产品；

二、机械工业科技发展规划和国家级新产品开发指南列入的产品；

三、高新技术附加价值高的产品；

四、出口创汇，替代进口或大量节约能源、材料的产品。

部机械工业新产品计划原则上只安排具有生产能力的企、事业单位进行新产品试制，每种产品只安排一个单位承担试制。

第十四条 部机械工业新产品试制计划包括A、B两类，并实行分类管理。

一、凡企、事业单位承担的国家重点专项(如国家重点科技攻关项目、国家重点企业技术开发项目、国家重大成套技术装备项目等)以及部科技基金项目，国家和部其他专项重点项目中的机械新产品，为A类产品。以部各专项归口部门为主，进行项目的组织协调、督促检查、经费管理和鉴定验收等组织管理工作。省市厅局协助部有关部门进行项目计划管理。

二、凡企、事业单位承担的地方重点专项(如地方重点科技攻关项目、地方重点企业技术开发项目等)和地方其它科技拨、贷款计划支持的新产品，中央有关部委直接委托开发的新产品，及各企、事业单位根据国内外市场需要而自筹资金研制开发的重点新产品，为B类产品。以各省市厅局为主，进行项目的组织协调、督促、检查、经费和鉴定验收等组织管理工作。部直属单位仍以各行业司归口管理。

三、机电部所属企、事业单位申报的"国家级新产品试制鉴定计划"和"国家级重大新产品试产计划"项目，必须按有关规定和要求，从部机械工业新产品试制计划中遴选。

第十五条 部机械工业新产品试制计划申报和审批程序

一、部各专项归口管理部门根据国家、部重点专项的发展规划与计划要求，结合各企、事业单位提出的产品发展规划和年度新产品试制计划，经与有关省市厅局协商，审定并落实国家、部的重点专项任务，地方重点专项归口部门，负责审定并落实地方重点专项任务。

二、审定并落实的A类产品，由部各专项归口管理部门(各有关司、办、基金会)，按行业向部有关行业司提交"专项合同任务书"一份，经各行业司审查、编号、汇总后，填报《机电部机械工业新产品试制计划表》。

三、凡申请列入部新产品试制计划的B类产品，均由企、事业单位经可行性研究后，提出《新产品试制计划任务书》一式二份(根据用户需要而安排的试制项目，应附有与用户签订的技术合同或协议书)按隶属关系报送主管部门(地方企业报各省、自治区、直辖市、计划单列市主管厅、局，直属单位报部有关司)，地方项目经省市厅局初审确认为全国第一次试制的新产品，并具有国内先进或国际先进技术水平后，将其中一份《新产品试制计划任务书》按行业报有关司，经行业司对所有申报项目审查、编号、汇总后，由行业司填报《机电部机械工业新产品试制计划表》。

四、各有关司审查、编号、汇总后的《机电部机械工业新产品试制计划表》，经科技司对A、B类新产品综合平衡，并商有关省市厅局，最后由部审批下达。

五、机电部机械工业新产品试制计划一年下达一次。

第十六条 机械工业新产品试制计划信息管理由各级机械工业主管部门的科技部门和统计部门负责，并应逐步实行计算机辅助计划管理，凡列入部机械工业新产品试制计划的A、B类产品，各企、事业单位必须逐项编报产品的计划进度和执行情况。

一、列入部机械工业新产品试制计划中A类产品，各企、事业单位除按专项报表要求按期上报专项管理部门外，必须于每年7月5日前将项目进展情况报部各专项归口管理部门(有关司、局、基金会)和所属省市厅局。计划中B类产品，由各企、事业单位每年7月5日前将计划进展情况报各省市厅局。每年1月15日前各企业将承担的A、B类产品及计划外产品完成情况，填写项目完成卡片，报省市厅局。直属单位直接报部各有关司。

二、部各专项归口管理部门和各省市厅局分别对A类产品统计汇总后，于每年7月15日前将A类产品计划进展情况汇总表报部科技司。由部科技司审定公布。

三、部各有关司和省市厅局应于每年1月25日前，将所属单位承担的A、B类产品及计划外重点产品完成卡，审查整理后按行业分类报部科技司和各有关司，由科技司汇总编印发布。

第十七条 新产品试制必须经试验鉴定合格后，方算完成试制计划和试制成果。对于某些大型成套设备，制造厂家缺乏整机或系统性能试验条件，而现场安装调试周期又较长时，其分散在各厂试制的单机、部件，经试验检测合格后，可视为完成计划，整机成套设备必须经工业性运行鉴定合格后，方能作为完成计划和科技成果。

第四章 新产品鉴定

第十八条 新产品鉴定应按照“机械电子工业部科学技术成果鉴定办法”进行，新产品在完成样机试制及检测试验和工业性运行考验合格的基础上，方可进行技术鉴定。样机鉴定合格，且对鉴定时指出的必须改进的技术问题已得到解决，并由负责组织样机鉴定的部门审批后，方能转入小批试制或正式投产。

第十九条 新产品鉴定可以采用多种形式，各种形式具有同等效力。

一、专家评议鉴定会，由同行专家对新产品的有关技术资料进行审查、评价，并根据产品技术性能，型式试验数据以及工业试运行(或试生产)情况进行技术鉴定，并由组织鉴定单位作出结论。

二、检测鉴定：由部以上的专业检测机构按照国家标准，专业标准或者有关规定的技术指标进行样机测试，提出试验报告和评价。

三、验收鉴定：专业性强或为主机厂配套的产品，引进国外技术，国内又不具备测试条件的产品可由验收单位或国外有关公司按照计划任务书或合同有关验收标准和方法进行验收并作出评价。

第二十条 计划中A类产品由部各专项归口管理部门(有关行业司、办、基金会)组织产品鉴定工作。计划中B类产品，由省市厅局负责组织产品鉴定。

第二十一条 新产品样机鉴定需具备下列条件：

一、已进行性能测试和试验，并具有必要的工业运行报告(含现场试验报告或用户报告)；

二、具有完整的技术文件资料，包括计划任务书、技术总结、成套设计图纸技术条件及有关说明，必要的工艺文件，标准化审查报告，产品技术经济分析报告，试制总结，鉴定大纲等。

第二十二条 批量生产的新产品，在样机试制鉴定后，应组织小批试生产，并鉴定，以验证工艺规程、工艺装备、检测方法等。新产品批试鉴定(含生产定型)需具备的条件：

一、通过样机鉴定，且批量生产的产品，经测试、工业运行，达到原设计要求或合同要求，质量可靠；

二、具有满足批量生产的工艺设备、装备和必要的检测设备；

三、具备必要的技术文件。如技术总结报告，工艺文件、设计图纸及产品说明书，样机鉴定意见的修正报告，性能测试报告，标准化审查、质量R分析报告，技术经济分析报告，用户试用报告等；

第二十三条 未经新产品样机鉴定的新产品不得直接进入批试鉴定(或生产定型)，对于专用性较强或市场需要量不大，且在工艺、工装等方面与原产品基本相似的产品。样机鉴定和批试鉴定可合并进行。

第二十四条 计划中的新产品属于量大面广且在工艺、工装技术和设备方面难度较大，必须进行小批鉴定的产品，新产品批试鉴定工作原则上由各地方主管部门负责组织，有条件的省市厅局可专列新产品批试鉴定计划进行监督实施。

第二十五条 凡需鉴定的项目，申请鉴定单位应提前一个月向组织鉴定部门提出申请，并附有关文件资料，经组织鉴定部门审定同意后，方可进行鉴定。个别重大新产品需部组织鉴定的，申请鉴定单位的地方主管部门应先行组织预鉴定，方可申报上级部门组织鉴定。新产品鉴定证书由部、省市厅、局组织鉴定部门或相应的科技成果管理部门负责颁发。

第二十六条 新产品鉴定资料要按档案管理办法及有关专项规定全部归档。

第五章 新产品试制经费及价格

第二十七条 新产品试制费用有以下渠道：

一、国家地方重点专项拨、贷款；

二、科技三项费用；

三、企业留利中的生产发展基金，企业新产品试制基金；

四、按销售额一定比例提取的技术开发费；

五、新产品减免税；

六、开发费摊入生产成本。

第二十八条 新产品试制计划中A、B类产品的开发补助费，系国家和地方下达的科技专项费用和科技三项费用，各级科技主管部门负责项目费用的申请、分配、下达、检查等管理工作，主管财务部门负责经费的请领、拨付以及使用的监督，做好核算工作。

第二十九条 凡属于机械工业新产品试制计划中A、B类产品，属国家和地方给予拨、贷款的项目，各企、事业单位必须于每年1月20日前将科技拨、贷款年终核算表(见附件九)报部各专项归口管理部门(A类)及省市厅局(B类),逾期不报者,可视情况停拨下年度经费。

第三十条 凡列入机电部机械工业新产品试制计划的A、B类产品。各企、事业单位可按有关规定申报"国家级新产品试制鉴定计划"和"国家级重大新产品试产计划",享受新产品减免税的政策优惠。

第三十一条 新产品在试制、试生产阶段均可实行试销,机电产品试销期一般为一至三年,各企、事业单位对列入部试制计划的新产品,可根据试制成本,参照同类产品价格,自行制定试销价格,并报物价管理部门和业务主管部门备案,试销期满后,再由有关部门制定正式价格。

第六章 新产品计划考核

第三十二条 新产品开发是企、事业单位技术进步的关键,机械工业新产品试制计划是国家计划的组成部分,必须纳入各企、事业单位的主要技术经济指标进行考核。

一、机械工业大中型企业每一年或两年必须至少开发试制新产品一项以上,并完成投产。各企业新产品产值率一般应不低于15～20%(机电产品新产品生产周期为2～4年)。

二、机械工业企、事业单位承担的部新产品试制计划中的A、B类产品,除因用户发生变化及发生不可抗拒客观原因,A类产品须征得部专项归口管理部门审定同意,B类产品须征得地方省市厅、局审定同意进行调整外,一律纳入企、事业单位技术经济指标进行考核。

三、企.事业单位新产品试制计划的考核,由各省市厅局科技部门结合地方具体规定负责执行。直属单位,由部各有关司进行计划考核工作。

第三十三条 机电部将根据各省市厅、局所属企、事业单位新产品试制计划A、B类项目执行及完成情况,(包括信息报表)对各省市厅局进行综合考核。

第七章 新产品试制奖励

第三十四条 为鼓励企事业单位开发新产品的积极性,提高计划管理水平,每年评选优秀新产品、优秀设计、优秀管理部门和个人并授予部荣誉证书,报刊公布。

第三十五条 国家、部科技进步成果奖(新产品部分)和国家级优秀新产品奖项目由部优秀新产品中推荐产生。具体奖励办法见新产品试制计划奖励规定。

第八章 附 则

第三十六条 各级机械工业主管部门可根据本办法精神要求,结合本地方需要,制订相应的新产品试制管理办法(或细则)。

第三十七条 本办法自公布之日起实施,部以前颁发的有关新产品管理办法即行废止。

第三十八条 本办法由机电部科技司负责解释。

境内机构借用国际商业贷款管理办法

(中国人民银行1991年8月1日批准)
(国家外汇管理局1991年9月26日公布)

第一章 总 则

第一条 为加强对国际商业贷款的管理,根据《中华人民共和国外汇管理暂行条例》和国务院有关规定,特制订本办法。

第二条 国际商业贷款系指境内机构向中国境外的银行及其他金融机构、企业、个人和在中国境内的外资银行、中外合资银行及其他外资、合资金融机构筹借,并以外国货币承担的契约性偿还义务的贷款。包括:一般的外汇商业贷款、买方信贷、三来一补项下的外汇贷款、国际金融租赁项下的外汇贷款及其它形式的外汇贷款。

对外借用国际商业贷款的境内机构仅限于:

一、经国家外汇管理局批准,经营境外借款业务的金融机构;

二、经批准的工贸企业或企业集团。

第三条 中国人民银行是国际商业贷款的审批机关。中国人民银行授权国家外汇管理局及其分局具体负责对国际商业贷款的审批、监督和管理。

第二章 中长期国际商业贷款

第四条 中长期国际商业贷款系指一年期以上(不含一年)的国际商业贷款。

第五条 境内机构借用中长期国际商业贷款必须列入国家利用外资计划。

第六条 中长期国际商业贷款应用于引进先进技术设备,提高创汇能力,并符合国家利用外资政策。

第七条 境内机构借用中长期国际商业贷款须向国家外汇管理局申请。未经批准,对外签订的贷款协议不能生效,外汇管理部门不予办理外债登记,银行不得为其开立外汇帐户,借款本息不准汇出。

第八条 全国性金融机构对外借款,由国家外汇管理局审批。区域性及各省、自治区、直辖市金融机构对外借款,由所在地外汇管理分局审核,报国家外汇管理局审批,但全国性、区域性银行分行须经其总行授权,方可按此程序报批。

第九条 境内机构申请对外借款,需向外汇管理部门提出申请,并提供以下全部或部分证明和材料:

一、对外借款纳入国家利用外资计划的证明文件；

二、借款项目立项批准文件，包括借款用途、配套人民币资金落实情况；

三、贷款条件意向书，包括债权人名称。贷款金额及货币种类、利率及其他费用、期限及宽限期、提前还款意向及期他金融条件；

四、还款资金来源及还款计划，外汇担保情况；

五、对外借款机构近期的外汇或人民币资产、负债表或其他财务报表；

六、银行分行对外借款需提供其总行授权的有关文件；

七、三来一补项下的外汇贷款，需提供经贸部门关于三来一补的批准文件；

八、外汇管理部门认为需提供的其它有关材料。

第十条 中长期国际商业贷款一般不能用于外汇抵押人民币贷款，不能进入外汇调剂市场。如有特殊情况，需要进入外汇调剂市场，须经国家外汇管理局批准。

第三章 短期国际商业贷款

第十一条 短期国际商业贷款系指一年期以下(含一年)的国际商业借款。

第十二条 外汇管理部门对短期国际商业贷款实行余额管理。

第十三条 全国性金融机构提出短期国际商业贷款余额控制额度(简称短期额度)申请，由国家外汇管理局核定下达。银行分行可以向其总行申请短期额度，对外借用短期国际商业贷款，由其总行核报国家外汇管理局批准，由分行所在地外汇管理分局负责监督管理。

第十四条 区域性银行和各省市非银行金融机构可以向所在地一级外汇管理分局申请短期额度，省一级外汇管理分局在国家外汇管理局核定下达的短期额度内，进行审批。

第十五条 国营企业及企业集团为筹集出口所需的外汇流动资金，直接对外借用一次性短期国际商业贷款，须逐笔报国家外汇管理局批准，方能对外谈判和签约。未经批准，不得直接对外借款。

第十六条 短期额度由国家外汇管理局按年度进行调整，金融机构的短期国际商业贷款月平均余额不得超过所核定的短期额度。

第十七条 短期国际商业贷款只能用于出口所需的流动资金。不得用于长期项目投资、固定资产贷款和其他不正当用途。

第四章 附 则

第十八条 境内机构签订国际商业贷款协议后，须根据《外债统计监测暂行规定》向外汇管理部门办理外债登记手续。

第十九条 境内机构借入的国际商业贷款应调入境内，未经外汇管理部门批准，不得将贷款存放境外或在境外直接支付。

第二十条 偿还国际商业贷款实行谁借谁还的原则。下列外汇可用于偿还国际商业贷款本息。

一、利用国际商业贷款新增加的产品出口收汇和非贸易创汇项目新增加的外汇收入；

二、利用国际商业贷款用于新开发项目的外汇收入；

三、留成外汇和自有外汇；

四、外汇管理部门同意的其他外汇。

第二十一条 对外借款的境内机构应根据国际市场汇率和利率变化，在不扩大外债规模的条件下，积极主动地防范外债风险。

第二十二条 对外借款的境内机构应于每年三月底前向外汇管理部门提供上年贷款使用效益等情况。

第二十三条 对违反本办法有关规定的境内机构，外汇管理部门将视情况，对其进行警告、罚款或取消境外借款权，并根据《违反外汇管理处罚施行细则》进行处罚。

第二十四条 本办法除第十八条的规定外，不适用于外商投资企业直接对外借用国际商业贷款。

第二十五条 本办法由国家外汇管理局负责解释。

第二十六条 本办法自公布之日起施行。

〔第Ⅷ部分责任编辑：王亚水〕

机械工业

1991年大事记

第Ⅸ部分

机械工业大事记　(1991 年)

1 月

1 日　经中国汽车工业总公司和江苏省批准,原江苏省汽车配件公司和中国汽车工业南京贸易公司合并为江苏省汽车工业贸易公司,并正式挂牌营业。

3 日　机械电子工业部发出《关于认真加强机电工业质量工作的通知》。《通知》包括 14 个部分。

《人民日报》报道:哈尔滨飞机制造公司设计研制的国产新型运十一 B 飞机,日前在哈尔滨首飞成功。

4 日　机械电子工业部和国务院重大技术装备办公室联合发出《关于对 2050mm 热连轧机、1900mm 连铸机合作制造工作人员进行表彰的通知》。

报载:(1)我国首辆玻璃钢盐酸罐车由铁道部西安车辆工厂研制成功,并通过鉴定。这种车具有自重系数低、耐腐蚀等优点,载重比以往使用的衬胶盐酸罐车增加 1 吨多,寿命延长 10 年以上。(2)深圳华达电源系统有限公司从美国 GNB 公司引进的固定式密封免维护铅酸蓄电池生产技术及设备,目前已投入批量生产。

5 日　国家技术监督局发布《工业产品质量分等导则》,自 10 月 1 日起正式实施。

《经济日报》报道:我国第一家大规模生产经营光纤光缆的中外合资企业——西古光纤光缆有限公司通过国家验收,于 1990 年 12 月 27 日正式全面投产。该公司由西安电缆厂与日本古河电气工业株式会社于 1986 年 7 月共同出资筹建,1988 年 11 月投入试生产,形成年产光纤 20000 公里及相应能力的光缆 2400 公里的生产能力。

6 日　报载,江西光学仪器总厂开发成功的我国第一代 135 平视取景全自动照相机——“凤凰”604 红外全自动调焦照相机,经中国照相机械产品质量监督检测中心测试合格,最近通过鉴定。

9 日　《人民日报》报道:上海桑塔纳轿车国产化又获新进展,工装国产化率累计达 72.69%,车身、发动机、变速箱的国产化认可任务基本完成,减货国产化率累计达 60.09%,已停止向德国大众公司订购桑塔纳轿车散装零部件 833 项,节汇率达到历史最高水平,并且有 2550 台短发动机首次返销德国大众公司。

10 日　报载,全国纺织工业厅局长会议于 1990 年 12 月 25 日至 30 日在北京市召开。纺织工业部部长吴文英在会上宣布:“八五”期间要把乡镇纺织企业纳入整个纺织工业规划,发挥其优势,促进其技术开发和技术改造,与整个纺织工业形成合理的分工与合作。

11 日　江泽民总书记视察第一汽车制造厂,并题词:“发扬创业精神,坚持改革开放,把一汽建设成现代化汽车基地”。

大连机车车辆工厂推出了东风 10 型内燃机车。采用这种新型机车,每年可提高货运能力 30%以上。

由中国航空技术进出口总公司、南昌飞机制造公司与巴基斯坦航空联合企业合作研制的 K−8 教练机在南昌市首飞成功。

由沈阳滑翔机制造厂自行设计和研制的海燕 650B 型轻型飞机最近通过了国家民航局的审查和验收。

11～12 日　上海新建机器厂应用日本小野田公司技术制造的 N−250 首台高效选粉机,通过技术考核验收;北京水泥机械厂引进丹麦迪沙公司的造型生产线和南斯拉夫的耐磨、耐热材料制造技术生产的优质耐磨钢球已通过考核验收;湖北水泥机械厂与南京压缩机厂联合引进的美国富勒公司气力输送系统 F−K 螺旋泵、压缩机和气力提升泵的样机通过了考核验收,取得合格证书。

12 日　国务院企业管理指导委员会和国务院生产委员会审定确认济南第一机床厂等 87 家企业为第二批国家一级企业。

14 日　机械电子工业部下发定期公布“产品库存与产品销售额之比”指标的通知。通知决定从 1 月份起每月将此指标按省、自治区、直辖市排名次,在《中国机电报》上公布,以促进压缩机电产品库存。

14～15 日　机械电子工业部副部长陆燕荪和冶金工业部副部长黎明在上海对宝钢二期工程的高炉、烧结、石灰窑等 17 个工程项目进展情况进行了检查,并确定了下一步的进度安排。

15～19 日　航空航天工业部工作会议在北京召开,林宗棠部长做了工作报告。

“七五”国家重点科技攻关项目——“重点机械产品计算机辅助设计(CAD)系统开发”课题,已胜利完成并通过国家鉴定。为此,机械电子工业部在北京举办了“机械 CAD 成果展览会”。

15～20 日　机械电子工业部在哈尔滨市召开整顿机电产品出厂价格工作会议。会议决定对机电产品价格进行整顿,并重编产品价格目录。

17 日　报载,国务院最近任命李效时为国家科学技术委员会副主任,傅志寰为铁道部副部长。

济南第二机床厂研制成功的 J47−1250/2000 型闭式四点双动拉深压力机,通过机械电子工业部鉴定。该机高 18 米、重 718

吨、工作压力为 2000 吨，填补了国内空白。

报载，中法合资的盖克斯工具制造有限公司最近在江苏淮阴投入试生产。这家公司是由法国盖克斯公司、淮阴市工具厂和江苏省机械设备进出口公司三方投资举办的，总投资额 1000 万元人民币，法方投资占 60%，合资期限为 20 年。

18 日 中国纺织机械工业总公司在北京市召开 1991 年工作会议，决心集中精力，扎扎实实地开展“质量、品种、效益年”活动，努力开发适合国情的实用先进的新型纺机产品。直属企业厂长、党委书记、总工程师、总会计师参加会议。纺织工业部部长吴文英到会并讲话。

18～23 日 全国农业工作会议召开。会议强调要重视发展农业机械。据此，机械电子工业部工程农机司决定进一步修订农机行业“八五”计划。

19 日 《人民日报》报道：改革开放以来，我国完成消防科技项目 400 多项，标准规范制订及试验装置研制的项目 100 多项。其中有 113 项获得国家和部(省)级发明奖和科技进步奖。还建成了 4 个国家级消防产品质量监督检验测试中心。

21 日 机械电子工业部发出《关于加强机械电子工业统计工作提高统计数据质量的通知》。

巴基斯坦水电发展局和中国哈尔滨电站设备进出口公司签订合同，由中国公司为费萨拉巴德和考曲两市建设两台以煤气作燃料的 45 万千瓦发电机组。

21～24 日 全国汽车工作会议在上海市召开，会议确定 1991 年汽车工业工作总的要求：进一步搞好结构调整，努力提高企业素质，争取在质量、品种、效益上比 1990 年有较大的变化，继续完善和加强行业宏观管理，确保“八五”计划有一个良好开端。围绕汽车工业的现状及发展目标，1991 年行业调整的重点是：从载货汽车转到轿车上来。并要求严格按照国家确定的“三大三小”、重点在“三大”的布局，搞好统筹规划。

22 日 我国第一枚 120 公里高空低纬度探空运载火箭——“织女三号”在海南探空发射场首发试验成功。火箭长 4.87 米，直径 0.25 米，重 285 公斤，有效载荷为 50 公斤。

由北京吉普车有限公司生产的北京切诺基汽车，经过七年的努力，目前国产化率已达 43.1%，累计生产汽车 20 万辆，出口汽车 374 辆。

23 日 机械电子工业部副部长陆燕荪主持召开全国发电设备大型锻件工作会议。会议就 1991 年大型锻件的生产及攻关问题进行了研究和落实。

我国自行研制的首台 UD80 型换刀换箱柔性加工单元，在青海第一机床厂通过国家鉴定。这一国家“七五”重点科技攻关项目是由大连组合机床研究所与青海第一机床厂共同开发研制成功的。

24 日 报载，配装在国产运七客机上的动力装置——涡桨 5E 发动机研制成功，并通过航空航天工业部的验收。发动机是由哈尔滨东安发动机公司、沈阳航空发动机研究所与美国通用电气公司历时三年联合研制成功的。

27 日 《中国机电报》报道：江苏江南减速机厂研制出升级换代产品——双摆线齿轮减速机，已获国家专利和美、英、法、德、日、意等国专利。新一代减速机与传统的摆线针轮减速机相比，传动效率可提高 5%。现已形成 SBW0～6 型 7 个品种的系列。

28 日 常州工业技术学院、常州大地测距仪厂研制的 D3000 系列红外测距仪通过国家教委组织的鉴定。

召开 863 计划表彰大会，表彰“七五”期间参与 863 计划自动化领域科研工作的有功之臣。34 个单位、42 名个人分获集体、个人一、二等奖。863 计划自动化技术领域的工作是 1987 年 2 月开始的。“七五”期间，共安排课题 161 个，其中，计算机集成制造系统主题(CIMS)106 个，智能机器人主题 55 个。

29 日 报载，由北京重型电机厂与法国阿尔斯通公司合作生产的第一台 33 万千瓦汽轮发电机组，在四川江油电厂顺得通过 72 小时满负荷运行，正式投入使用。

29～2 月 5 日 1991 年有色金属机械工业工作会议在辽宁省锦州市召开。会议讨论部署了有色金属机械行业“八五”发展规划和 1991 年工作安排。

30 日 北京重型汽车制造厂研制的 BJZ3480 型 27 吨矿用自卸车通过中国汽车工业总公司组织的鉴定，其国产化率已达 84.14%。

31 日 《中国机电报》报道：前不久，广州市副市长谢士华率团访法时与法国标致汽车公司共同签订协议，到 1992 年底，目前在法国生产的标致 505 型系列轿车将全部转移广州生产。届时，广州标致汽车公司将成为这类车型在世界上的唯一生产厂家。该协议规定，法国标致汽车公司将以优惠条件向广州标致汽车公司转让属于法国标致或其他供应商的各种生产 505 系列汽车的专用模具、生产线及装备，并增加生产 504PU 双排座车，利用法国标致的现有渠道销售这类小货车。

邓小平同志视察上海飞机制造厂。

31～2 月 4 日 中国煤矿机械装备公司在北京市召开煤炭工业机械制造工作会议。能源部副部长胡富国到会并讲话。

2 月

2 日 机械电子工业部印发《Y 系列三相异步电动机新产品试行出厂价格转正目录》。

我国“七五”期间 20 项国家重点建设项目之一的斯太尔重型汽车制造技术引进项目在北京市通过中奥双方的考核验收。中国重型汽车工业公司已开始批量投产国产斯太尔汽车。该公司于 1983 年成立，自 1985 年起对奥地利斯太尔—戴姆勒—普赫公司重型汽车制造技术引进项目开始实施建设。到1990年底，这个项目已累计完成投资7.47亿元，进入收尾阶段。“八五”期间，中国重型汽车工业公司载重16～40吨的斯太尔汽车，将达到年产万辆的生产能力，并开发斯太尔91系列产品中的47种车型和56种专用车品种。

中新飞机开发有限公司成立暨新闻发布会在北京国际会议中心举行。该公司是由中国航空技术进出口总公司与新加坡胜宝旺私人有限公司合资兴办的。

5日 《人民日报》和《中国机电报》报道：哈尔滨电站设备成套(集团)公司的“七五”技术改造项目，日前通过了由国家计委主持，机械电子工业部、能源部、劳动部、国务院重大办、各级银行、省、市政府等34个单位组成的国家验收委员会的验收。这是国家主持的三个验收项目之一。该集团公司是由哈尔滨锅炉厂、电机厂和汽轮机厂组成的。“七五”期间由国家投入3.05亿元，引进世界80年代最新技术进行大规模技术改造。整个改造过程，只花费了相当于固定资产1/3的资金，便使这三家工厂的火电设备生产能力增加1.4倍。而且可以批量生产引进型的60万千瓦发电机组。

6～7日 由交通部水运科学研究所、武汉装卸公司、长江船舶设计院和武汉内河港口机械厂，用4年时间联合攻克的“七五”国家重点攻关课题——GGQ40/25型高塔柱轨道式起重机和单吊点集装箱简易吊具在武汉通过鉴定。

7日 国务院在北京市召开全国企业工作会议。国务委员邹家华在会上讲话，强调经济工作要转移到以提高经济效益为中心的轨道上来，搞活大中型企业既要改善外部环境，更要加强内部管理。

杭州机械设计研究所设计、研制的国产最大的风力发电机组，在福建省并网发电。

8日 我国汽车工业最大的合资企业——一汽—大众汽车有限公司正式成立。投资额为42亿元人民币，长春第一汽车制造厂与德国大众汽车公司投资比例为6∶4。该公司在一汽二区内，总面积为116公倾，主要生产具有国际先进水平的普及型溜背式高尔夫和阶背式捷塔轿车。1991年将装车2000辆投放市场。预计1994年建成投产后，产量可达6万辆。1996年达产，年产15万辆，国产化率达90%。同时，每年向大众公司返销10万台发动机和价值5000万马克的备件，大众公司负责向国际市场销售年产量15%的整车。

22日 我国第一艘大型海上液化石油气船最近在上海江南造船厂建成。这艘大型全压式液化石油气船，长89.6米，宽14.6米，可装载3000立方米的液化石油气。

23日 邓小平、杨尚昆同志视察了上海新中华机器厂。

24日 《人民日报》报道：国务院企业管理指导委员会最近宣布，撤销23家企业的国家二级企业称号，并对178个国家二级企业提出警告，限期整改。

报载，国产第一台60万千瓦机组，日前通过了由能源部、机械电子工业部和用户平圩电厂按照ASME规程对汽轮机、锅炉进行的设备性能考核试验审定。

25日 李鹏总理会见美国通用电气公司高级副总裁保罗·福莱斯科。李鹏总理对该公司积极发展对华经济合作的态度表示赞赏，并希望双方今后开展更广泛的合作。保罗·福莱斯科表示愿意在中国未来的经济发展中加强同中国的合作。

《科技日报》报道：机械电子工业部制定评选国家级技术进步奖办法，这项评选办法分为否决项目、评价体系和评定步骤三大部分。

中国石油天然气总公司在上海召开了石油装备科技工作会议。会议落实了1991年石油装备科研计划。

宝鸡铁塔厂在巴基斯坦1073-2铁塔标国际招标中中标。

27～28日 能源部在北京召开了主要电站辅机产品质量座谈会。

长春发电设备总厂试制的我国首台大型堆取料机在张家口通过专家技术评议。

28日 上海汽车行业召开万人誓师大会。市长朱镕基到会讲话，要求上海汽车行业在“八五”期间加快建设具有经济批量能力的轿车基地，成为上海的第一大产业。“八五”期间，上海汽车工业总公司将以88%的资金集中投向轿车工业及为其配套的零部件、基础件，重点加强质量检测、技术中心和销售体系，使该公司的产值从1990年的42.8亿元上升到1995年的180亿元，实现税利从6亿元提高到24亿元。

3月

1日 国务院决定，任命张德邻为机械电子工业部副部长，免去唐仲文的机械电子工业部副部长职务。

1～3日 《建材装备制造工业“八五”技术进步规划》审定会议在北京召开。

2日 中华人民共和国主席令：任命侯捷为建设部部长、黄镇东为交通部部长，免去林汉雄的建设部部长、钱永昌的交通部部长职务。

4日 航空航天工业部和民航局在北京举行运七飞机安全飞行“双十五万”表彰和经验交流会。我国自行研制的48架“运七”飞机，6年多来已在157条航线上安全飞行了17.6万小时和16.9万个起落。

机械电子工业部发出《关于在机电行业认真开展“质量、品种、效益年”活动的通知》。

4～6日 沧州化工机械厂和南朝鲜合资兴办的河北翼乐ACE国际集装箱有限公司奠基典礼在河北省沧州市举行。

5～10日 全国纺织机械器材工业工作会议在上海召开。

7日 中国汽车流通协会在

北京成立。这是一个由从事汽车、摩托车及其配件的销售企业等组成的全国性汽车流通行业的社会团体。协会将发挥政府与企业间的桥梁作用，维护成员单位的合法权益，并对其交易行为进行指导和引导。首批会员单位有全国 91 家大中型汽车销售企业。

中国进出口商品检验协会在北京成立。

机械电子工业部颁发《机电工业大中型企业总工程师职责暂行规定》。

8 日　西安石油勘探仪器总厂承担的“七五”国家科技攻关项目——YKZ480 遥测数字地震仪和石油地球物理勘探局仪器公司承担的“七五”国家科技攻关项目——SK-1004 型遥测数控地震仪通过鉴定。

浙江电力修造厂承担的“七五”国家重大技术装备科技攻关项目——干式除灰厂内气力集中系统在昆明电厂通过部级技术评议。

10 日　《人民日报》报道：“七五”期间技术监督事业发展迅速，成绩显著。5 年中，共制修订国家标准 10346 个，考核验收国家一级计量合格企业 785 个，评出国家优质产品奖 1338 项，国家质量管理奖企业 93 个，建成国家级质检中心 125 个。

10～13 日　冶金工业部在广州召开了全国冶金机动工作会议暨冶金机械厂长工作会议。

12～16 日　公安部消防器材管理办公室在北京召开部属厂厂长、党委书记工作会议，总结交流了 1990 年工作，分析了企业面临的市场情况和生产形势，明确了 1991 年的任务和目标。

13～15 日　国务院重大技术装备领导小组在北京市召开国家重大技术装备第二次表彰暨经验交流会。这次表彰的成果项目共 244 项，获奖单位 843 个。机械电子工业部系统获奖项目 148 项，获奖单位 352 个。

15 日　机械电子工业部发出《关于组织对大中型企业进行调查的通知》，决定组织力量，对大中型企业的现状进行调查研究，以便提出搞好大中型企业的具体政策、建议和措施。

中国邮电工业总公司工作会议在北京召开。这次会议的主要任务是贯彻第二十八次全国邮电工作会议和邮电部办公会议精神，总结 1990 年和“七五”期间工作、第一轮企业承包的经验，部署 1991 年的工作。会议还重点研究了“八五”计划和十年规划的主要目标，讨论了产品结构调整和生产布局，安排了下一轮企业承包。

17 日　《中国机电报》报道：日前，中国机电进出口商会第二届理事会在北京举行，唐仲文当选为第二届理事会会长。

我国第一台国产大型工业机器人——点焊机器人在北京科技大学通过了机械电子工业部主持的鉴定与验收。点焊机器人主要用于汽车车身、驾驶室等构件的焊接，也可以派生出搬运机器人。

18 日　北京电冰箱压缩机厂研制的 QD89 型电冰箱压缩机，正式通过国家鉴定。

19 日　成都铁塔厂圆满完成巴基斯坦 566-15 铁塔标的出口任务。

20～25 日　由机械电子工业部负责组织实施的“七五”国家科技攻关项目——“机械工业基础技术和基础件的开发研究”、“重点机械产品计算机辅助设计(CAD)系统的开发研究”、“工业过程自动控制系统的开发研究”、“柔性制造技术系统和设备开发研究”和“机器人开发研究”在北京通过国家验收。这些项目共包括 27 个课题、275 个专题。

21 日　由国家计委主办、中国工业经济协会承办的首届全国工业企业技术进步成就展览会在北京展览馆隆重开幕。参展的近万种展品中，有新设计成果 1368 项，新产品 2464 项，新工艺 1125 项，新型材料 1054 项，尖端产品 500 多项。

《中国机电报》报道：太原重型机器厂为龙羊峡水电站研制的 500／300／40 吨双向门式起重机，最近荣获机械电子工业部技术进步特等奖。

22 日　《光明日报》报道：列入国家“七五”A 类科技攻关课题的“高温结构陶瓷和陶瓷绝热发动机的研制”取得重大进展。到目前为止，共获得科研成果 122 项，其中 45 项达到国际先进水平，77 项填补了国内空白。

22～25 日　经物资部批准，公安部消防器材管理办公室在长春市召开 1991 年度消防车辆分配会。

24 日　报载，铁道部科学研究院路通新技术联合开发公司设计研制的我国第一台无基座曲线动态电子轨道衡，近日在安徽省巢湖安装完毕，通过国家鉴定。这种轨道衡适用于不同条件的铁路专用线，列车通过即在电脑显示重量，误差不超过千分之三。

27 日　上海电气联合公司召开上海地区电站设备配套厂座谈会。机械电子工业部副部长陆燕荪到会讲话，希望上海能发挥集团优势，把成套工作做得更好。

28 日　我国首台 560 吨加氢裂化反应器日前在上海研制成功，通过了机械电子工业部、中国石化总公司、国务院重大办的联合出厂鉴定验收。

29 日　机械电子工业部副部长陆燕荪在广东主持召开全国机械工业生产工作会议。会议研究预测了 1991 年机械工业生产形势，安排落实了 1991 年国家重点任务。

中国汽车工业总公司节能监测中心在长春汽车工业设计研究院正式成立。该中必将负责全国汽车行业的节能管理工作，对能源的利用状况进行监督、检测，搜集和汇总汽车行业的能源消耗情况，参与制定行业节能标准、节能计划，开展行业节能技术研究、情报交流、技术培训和技术咨询工作。

30 日　经国家体改委批准，宝鸡石油机械厂、宝鸡石油钢管厂、西安石油勘探仪器总厂和咸阳石油钢管钢绳厂从 1991 年 1 月 1 日起划归中国石油天然气总公司管理。

4月

1～5日 全国水电系统机电企业工作会议在兰州市召开。

2日 国务院任命张学东为中国电子工业总公司总经理，王金城、吕新奎为中国电子工业总公司副总经理；免去张学东的机械电子工业部副部长职务。

4日 机械电子工业部印发了《电线电缆产品出厂价格目录》。

11日 国家计委、能源部、机械电子工业部在北京联合召开新闻发布会，公布一批机电工业石化通用机械节能产品。这批产品包括风机、泵、压缩机、蒸气管网设备、气体分离设备、制冷与空调设备、换新设备等7类，其耗电量达2500亿度，占全国发电总量的40%以上。

12日 《人民日报》刊载，国务院决定免去侯捷的水利部副部长职务。

15日 江泽民总书记视察重庆机床厂。

17日 航空航天工业部庆祝中国航空工业创建40周年。中国的航空工业经历了40年的风风雨雨，逐步建成了规模宏大的高技术产业部门。民用飞机的研制呈现良好势头，国产运七支线客机已交付65架，在国内157条航线上安全飞行超过17万小时，17万个起落，成为中国民航的最大机群。运八、运十二飞机已经出口国外。中美合作生产的MD-82干线飞机已经交付21架，使用情况良好。

20日 江泽民总书记视察东方电机厂和邮电部成都电缆厂。

22日 冶金工业部颁发《冶金企业设备管理升级办法》，并制订实施细则。

22～27日 国家教委举办第三届全国自制教具评选活动。评出一等奖10项、二等奖27项、三等奖127项。

23日 联合国援助我国的技术项目——机床工业方案项目在北京签字生效。该项目共包括提高设计水平与制造水平、增强提供计算机数字控制系统和机电一体化关键配套部件能力、发展铸造机械、改善铸件质量、加强管理和成果推广6个子项目。

24～27日 国家建材局在江苏省无锡市召开第二次全国建材装备工作会议。会议贯彻国家十年发展设想、“八五”规划的方针政策和全国建材局长会议精神，落实建材装备“八五”发展规划；贯彻国务院关于开展“质量、品种、效益年”的要求，落实1991年上质量、上品种、提高经济效益工作。

25日 渤海造船厂制造安装的、目前世界上最大的直径为12.5米钟罩式退火炉通过验收。该炉高7米，炉内最高温度900℃，最大承重600吨，以石油液化气为燃料，可满足300吨焊接大件退火加工的要求。

机械电子工业部在宁波市召开机械电子工业经济信息工作会议。机械电子工业部副部长包叙定在会上做了《切实加强经济信息工作，为振兴机电工业提供优质服务》的报告。

5月

1日 《医疗器材新产品管理暂行办法》自今日起在全国开始实施，对医疗器械新产品统一归口鉴定、分类分级管理，通过规范检测和专家评审才能颁发“批准号”。《办法》规定，只有获得医药行政管理部门颁发的“批准号”的医疗器械新产品，才能生产、销售和进行广告宣传。

2日 风云一号卫星抢救工作获得成功，卫星重新向地面发送了可见光和红外云图。

4日 经全国清理整顿公司领导小组、建设部批准，国家工商行政管理局核准并重新登记注册，中国城市车辆总公司在北京成立。这家公司是建设部直接管理的国营大型企业，主要生产经营城市用各种公共汽车、环卫作业车辆等，在全国各地有60多家成员厂，年产各种城市车辆13000多辆，年产值9亿多元。

7日 经国务院批准，上海、江苏正式签署协议，联合投资建设梅山热轧板厂。总投资需10多亿元，计划于1993年建成。届时，可年产热轧成品板卷115万吨，生产能力居全国第三位。

10日 新疆14万吨乙烯装置合同草签仪式在北京举行。在新疆乙烯工程主要引进装置的招标中，英国司南普吉提公司中标。新疆乙烯工程是迄今中国西北地区最大的石油化工工程，计有乙烯、聚乙烯、聚丙烯、乙二醇等8套主要生产装置。工程投产后可年产塑料、橡胶和有机化工原料等30多万吨。

由上海船厂制造、苏尔寿柴油机公司订购的一台5RTA52超长冲程新型船用低速柴油机签字交货。这是我国出口的第一台船用低速柴油机。

12日 我国规模最大的五十铃轻型汽车总装生产线，在江西汽车制造厂建成投产。至此，国家“七五”规划重点发展的三个汽车品种之一的“江铃”车型已全面完成技术改造规划，并形成年产1.5万台的生产能力。

14日 报载，国家“七五”重大技术装备攻关项目、为镇海石化总厂年产80万吨加氢装置配套的BCL-407离心压缩机，由沈阳鼓风机厂研制成功，并通过了机械电子工业部的性能试验认可。该机最高压力190多个大气压，是我国首台国产压力最高的离心压缩机。

15日 上海—大众汽车有限公司首次实现单班日产100辆上海桑塔纳轿车能力，创造了我国轿车工业发展史上的一个新纪录。

第二次全国技术监督工作会议在北京召开。

16日 报载，国务院任命周文智为水利部副部长，韩英为中国统配煤矿总公司副总经理；免去张彦宁的国家经济体制改革委员会副主任职务，王连铮的农业部副部长职务，陈钝的中国统配煤矿总公司副总经理职务。

武汉轿车产业开发区之一的

零部件加工区在汉阳县沌口三元寺村朱家嘴破土动工。该零部件加工区占地1830亩，规划有为轿车总装厂配套的座椅、轮胎、蓄电池、水箱、玻璃、大型塑料件等零部件企业，还包括规划发展的一批外商投资企业。

17日 机械电子工业部副部长、部机械产品包装改进领导小组组长陆燕荪主持召开机械产品包装改进领导小组第一次会议。会议讨论了领导小组的工作任务和工作计划，确定了1991年的工作重点。

18日 报载，第一重型机器厂制造的我国第一台H型钢万能轧机，日前在马鞍山钢铁公司整机试车成功。

21～28日 机械电子工业部副部长陆燕荪率中国机械电子工业高级代表团赴巴基斯坦考查电站建设。

22日 财政部、国家计委、国务院生产委员会联合发文，决定在"八五"期间对896家电子、化工、纺织、汽车等行业的国营大中型骨干企业产品生产线上使用的机电设备实行加速折旧的政策。即这些企业生产线上使用的机电设备折旧年限可在《国营企业固定资产折旧试行条例》规定的年限上加速10%～30%，享受此项政策的有汽车行业25家企业、电子行业153家企业。

22～27日 中国化工装备总公司在青岛市组织召开了化工机械产品出口工作会议，总经理井振元在会上总结了1990年化工机械产品出口情况，部署了1991年出口任务。

23日 报载，由南京汽轮机发电机厂与美国通用公司、英国勃拉胥公司合作制造的3.6万千瓦燃气轮发电机组，日前在深圳市南山热电有限公司一次并网发电成功。

27～6月1日 国际标准化组织消防设备技术委员会第十次会议在北京召开。出席会议的有比利时等12个国家的87名代表。除ISO／TC21第十次全会外，还包括5个分技术委员会及分委会有关工作组的会议，共讨论了近40份国防标准草案文本，通过7项决议。

6月

2日 《光明日报》刊载：国务院任命芮杏文为国家计划委员会副主任，胡启立为机械电子工业部副部长，刘平源为邮电部副部长，阎明复、陈虹为民政部副部长；免去宋直元的邮电部副部长职务。

《中国机电报》报道：中国对外经济贸易部最近批准了美国麦克唐纳·道格拉斯飞机公司与中国航空技术进出口总公司签署的一项共同研究设计MD-90双引擎喷气式飞机四轮起落架的合作协议。这项初期设计投资就达200万元的研究项目，将由上海航空工业公司和麦道飞机公司的专家进行合作，其产品将在中国生产制造。

3日 冶金工业部北京冶金液压机械厂与德国力士乐公司在北京签订了引进德方液压系统与泵站的许可证技术转让合同。

报载，我国第一台2000千瓦大型减速机日前在河北省唐山水泥机械厂制造成功。

4日 机械电子工业部发出《关于进一步增强国营大中型机电企业活力的通知》。

5日 山西电力设备厂生产的高铬铸铁辊轮在沙角B厂运行超过11000小时。

6日 经国务院批准，中国电子工业总公司在北京成立。

7日 有色金属机械行业第五次质量工作会议在沈阳有色金属冶金机械总厂召开。

机械电子工业部印发《轴承产品出厂价格目录》。

7～9日 常州电力修造厂为秦山核电站一期工程奥氏体不锈钢管配制工艺，在常州通过专家评定。

8～10日 机械电子工业部召开宝钢备件工作会议。

9日 四川东方电站成套设备公司"七五"技术改造基本建设项目提前一年全部完成，通过国家级验收。该项目包括东方电机厂、东方汽轮机厂、东方锅炉厂和公司本部，共计完成76423平方米建筑面积、21项单项工程，新增617台(套)设备，计18096万元的技改基建任务。改造后，年综合生产能力从60万千瓦提高到180万千瓦，单机容量为30万千瓦发电机组形成批量生产能力。

能源部召开给水泵用小汽机和双进双出磨煤机合作生产可行性讨论会。

21日 新疆乙烯装置合同正式签字仪式在伦敦举行。这项合同总金额为1.6亿美元。

中国汽车工业总公司颁发《摩托车及主要零部件新产品开发管理办法》。《办法》对各种摩托车及其主要零部件的新产品开发程序，从计划编制，设计任务书的编报、审批，新产品的鉴定定型都做了具体的规定。

22日 西安飞机制造公司转包生产的第一百架波音737垂直尾翼交付仪式在西安市举行。目前，该公司又接到了波音737的200架垂直尾翼和100架水平尾翼的生产合同。

24日 齐鲁30万吨乙烯工程通过了国家竣工验收。

29日 我国第一座以自己为主设计、安装施工的4000立方米级大型现代化高炉——宝钢二号高炉今天点火试生产，设备国产化率达90%。至此，宝钢二期工程的六大建设工程已全部建设完成，形成了年产650万吨铁、671万吨钢的能力。

7月

1日 中国企业、公司及产品数据库(CECDB)中文版今日正式运行。目前已收录我国大中型企业、国家一二级企业及外向型企业25000家的有关重要数据。

由中国汽车工业总公司组织编纂的《汽车产品质量检验评定》(简称1991年版蓝皮书)正式实施。1991年版蓝皮书是作为"八五"期间汽车工业产品质量抽查考核、监督管理和质量等级评定的指令性文件发布实施的，对各型汽车(包括零部件)质量的考核项目、评价指标、检验方法和等级评定做了统一规定，并在以前蓝皮书的基础上，根据使用要求和目前汽车产品的质量状况，适度提高了要求。

2日 由大连造船新厂建造的9.8万吨“维洛米·爱拉”号大型成品油轮交船。该船船长240.7米，型宽41.2米，型深21米；船体采用国际最新的双层底结构，船东称之为“未来型”。

航空航天工业部副部长王礼恒与来访的意大利大学和科研部副部长拉瑞克·萨波利托分别代表两国草签了“中华人民共和国政府和意大利共和国政府关于和平利用与研究空间方面进行合作的协定”。

湖南省湘潭第一中学研制的沉浮原理演示仪通过国家教委鉴定。

3日 东风4C型内燃机机车在大连机车车辆工厂通过铁道部鉴定，并准予批量生产。

3～5日 电子专用设备国产化工作会议在北京召开。

4～8日 全国机械工业利用外资工作座谈会在上海召开。

中国煤矿机械装备公司在西安煤矿机械厂召开“质量、品种、效益”工作现场会。

8日 国家“七五”期间国产化重大技术装备研制项目——1900mm板坯连铸机，在第一重型机器厂研制成功。这套设备由145台设备组成，总重2825吨，国产化率达98.9%。主要用于生产中低碳优质碳素钢和低合金钢，每年可生产60万吨板坯。

9日 1991年度国家科学技术进步奖评审工作日前结束，评选出547项获奖重大科技成果。国家科技进步奖评审委员会今天根据奖励条例公布其中430项成果，包括一等奖27项、二等奖127项、三等奖276项。另有117项获奖成果将在适当范围公布。

由冶金工业部北京电子设备研究制造厂、唐钢第二耐火材料厂和冶金工业部鞍山焦化耐火材料设计研究院合作研制成功的我国第一台DPC-88型多组自动配料称量车，通过冶金工业部组织的技术鉴定。

9～29日 中国建材技术装备公司组织承德自动化计量仪器厂、成都科学仪器厂、常熟机械总厂联合引进德国申克公司的秤量设备的设计、制造技术，已制造出定量给料机、固体流量计、固体流量给料机、皮带秤等样机，并通过了考核验收。

10日 《人民日报》刊载：国务院任命昝云龙为中国核工业总公司副总经理，免去沈觉人的对外经济贸易部副部长职务。

报载，经过近40天无人与载人潜水作业试验，我国第一台载人式水下机器人——QSZ-Ⅱ型单人常压潜水装置系统研制成功。这种装置的外形酷似身着宇航服的人体，高2.1米，重650公斤，作业水深300米。

我国第一条工业用真空吸尘机生产线日前在内蒙古包头红光机械厂建成投产，设计年生产大功率工业用真空系列吸尘机1.2万台。

11日 中德合资创办的上海爱德华造船有限公司在上海市正式签约成立。由中华造船厂、江南造船厂和德国希拉克公司共同投资，总投资为1250万美元。公司位于浦东南码头，并租赁中华船厂沪东分厂作为生产场地。这是我国造船行业第一家大型合资企业，生产的船舶全部在国外销售。

11～13日 冶金工业部备件工作会议在上海市召开，会议提出“八五”冶金备件工作重点为加速备件国产化，强化备件修复工作。

13日 《中国机电报》报道：国务院重大办、国家大型冶金成套设备专项领导小组日前在上海宝钢召开了“八五”大型冶金成套设备可行性研究报告论证会。会议对“八五”大型冶金成套设备提出的10个子项及相关课题可行性报告进行了论证。

15日 一汽第二发动机厂建成，正式试生产；一汽变速箱厂的产品通过日本日野公司检验，取得鉴定试验合格证；一汽“七五”零部件技术改造工程，通过中国汽车工业总公司正式验收。

17日 国务院最近决定撤销国务院生产委员会，成立国务院生产办公室。

18日 中国内燃机工业协会在北京成立。这个协会是全国内燃机及其配件制造企业和有关科研单位、大专院校、公司、团体等自愿组成的全国性行业协会，有团体会员1089家。我国内燃机行业涉及到国务院15个部门，已有1257个企业，年产内燃机8000多万千瓦，工业总产值115.3亿元，能生产从0.59到2.3万千瓦各种基本型号内燃机239种，为各种机动车辆，农业机械，船舶等提供配套动力。机械电子工业部部长何光远被聘请为协会名誉理事长，内燃机大行业处规划办公室刘洪森副主任当选为理事长。

机械电子工业部审查批准了第三批国家节约能源一级企业55家，国家节约能源二级企业221家。

由杭州机械设计研究所和华东列电基地联合研制的XC-8/2.5-Z-1型工业吸尘车在镇江市通过技术评议。

21日 《中国机电报》报道：机电部广州电器科学研究所的广州日用电器认证实验站等9个检测站，在6月份的法国巴黎48届IECEE—CCB和第七届IECEE—MC年会上被CCB(国际电工产品认证机构)和MC(管理委员会)会议批准，从程序ⅠCB试验室进入程序Ⅰ+ⅡCB试验室。从此我国CB试验室不仅能出检测报告，而且能发CB证书，所发证书将在CB公报上刊登，被世界35个CB成员国所接受。

22日 由金杯汽车股份有限公司和香港华博财务有限公司、海南华银国际信托投资公司共同投资组建的合资企业——沈阳金杯客车制造有限公司在沈阳成立。这个公司是在金杯公司所属的原沈阳轿车制造厂的基础上建立的，占地面积89万平方米，拥有员工6215名，注册资本2998万美元。其产品是SY6474型厢式客(货)车和具有国际90年代水平的日本丰田"海狮"牌第四代RZH系列旅行车。

中国重型机械总公司与德国塔克拉夫设备制造有限公司为我国元宝山露天煤矿合作生产$3600m^3$/h斗轮式挖掘机组成套设备的合同，经过中德两国政府批准正式生效。这套设备总重10635吨，中方制造9648吨，占90.7%。合同总价7986万瑞士法郎，中方制造部分为4326万瑞士法郎，占54.2%。这套连续工艺成套设备具有国际先进水平，已列入"八五"国家重大技术装备项目。

25日 机械电子工业部发出《关于加强机械产品包装改进工作的通知》。

27日 中国建材技术装备总公司组织唐山水泥机械厂和洛阳矿山机器厂应用引进德国KHD公司的辊压机制造技术制造的首台RDV100-63型辊压机通过考核验收。

我国自行设计的第一条具有80年代末期国际先进水平的注塑模具CAD/CAM系统，丁7月27日在国营黄河机器厂建成。

杭州机械设计研究所设计、鞍山铁塔制造总厂试制的55千瓦风力发电机组在辽宁省瓦房店风力发电试验场一次并网发电成功。

28日 江铃汽车集团在南昌正式成立。江西五十铃汽车是江西汽车制造厂开发的。新组建的江铃集团，以"江铃"轻型车为龙头，集生产、销售、开发、外贸、服务为一体。目前已有20多家工业企业参加，职工总数2万余人。

29日 江泽民总书记视察天津微型汽车厂。

机械电子工业部印发《重型矿山机械、工程机械产品现行出厂价格目录》。

冶金工业部发出贯彻落实《全面质量管理和质量保证系列标准》通知，要求冶金机电企业认真贯彻GB/T 10300标准，努力提高冶金机电产品质量。

8月

1日 中国汽车工业总公司、公安部联合发出《1991年全国汽车、民用改装车和摩托车生产企业及产品补充目录》的通知。《补充目录》与1989年9月中国汽车工业联合会、公安部(89)中汽综联字第537号文件和1990年3月中国汽车工业总公司、公安部(90)中汽综联字第104号文件公布的目录同时有效。

2日 中国监察学会汽车工业分会在丹东市成立。

7～8日 航空航天工业部航天系统1992年大型飞行试验工作会在北京召开。

9日 航空航天工业部601所与中国科学院三环公司在沈阳举行了我国第一台闭环运行全自动对撞式气流粉碎机开发成功新闻发布会。

14日 中国农业机械工业协会在北京成立。协会已有会员单位1931个，其中生产企业1246个，占全国农机工业企业总数的63%，产值占全行业的88%。协会设拖拉机、农用运输车、耕整及种植机械、旋耕机械、植保机械、收获机械等16个分会。

15日 报载，北京轻型汽车有限公司应用日本五十铃IV系列车的技术，重新设计的BJ1041系列轻型载货汽车，日前正式投入批量生产。

17日 《人民日报》报道：上海航空工业公司和美国麦道公司合作生产的MD-83大型客机，日前在上海飞机制造厂投入生产。

17～20日 国务院重大技术装备领导小组、机械电子工业部、能源部和哈尔滨市政府在哈尔滨市主持召开引进型60万千瓦火电机组国产化工作会议，总结交流经验，并提出"八五"目标。国务院重大技术装备办公室主任李守仁、机械电子工业部副部长陆燕荪、能源部总工程师秦中一和哈尔滨市副市长洪企鹏出席了会议。哈尔滨电站设备成套(集团)公司、哈尔滨"三大动力厂"和电站研究所在研制引进型60万千瓦火电机组的工作中，以"软件引进为主，硬件自制为主"为原则，国产化率已由第一台的64%提高到第二台的84.8%，各项性能指标达到了考核值。

19日 江泽民总书记视察青海第一机床厂。

21日 报载，全国首家专用汽车工业集团——四平专用汽车工业(集团)公司，日前在吉林省四平市成立。该公司采用英国约克拖车有限公司的先进技术，生产制造大型半挂汽车列车、集装箱拖车，年产各种专用汽车、特种汽车可达3500辆。

21～9月1日 国家计委、国家科委、财政部联合举办的国家"七五"科技攻关成果展览会在北京举行。"七五"期间国家重点科技攻关计划共确定了76个项目、349个课题、近5000个专题；共投入经费66亿元。全国有1.5万个单位、13万科技人员进行联合攻关。5年来，共获得攻关成果1.1万项，其中50%以上达到国际80年代水平，4000多项填补了国内空白，334项攻关成果获得国家专利，155项成果荣膺国家自然科学奖、发明奖和科技进步奖，还有1100多项成果受到部、省级嘉奖。取得的成果中，已有80%在国民经济生产和建设国推广应用，已获得直接经济效益400多亿元。展览会有15个展馆，700来个展位，展出面积达1.6万平方米，展示了"七五"科技攻关成果中的2000项优秀成果。机械电子工业部完成8大攻关项目，取得成果1782项。其中有1247项达到国际先进水平。

27～29日 中国建材技术装备总公司组织引进美国富勒公司技术，由合肥水泥研究设计院进行技术转化，平顶山电收尘器厂制造的首台PPCS96-6脉冲式收尘器经过试用通过国家验收。

国家教委发布《关于教学仪器设备实行定点生产的通知》。

9月

2日 国家“七五”科技攻关总结表彰大会在北京人民大会堂举行。453项重大科技成果和206名为攻关做出优异成绩的同志受到表彰。大会由国务委员兼财政部部长王丙乾主持。李鹏作了题为《科技攻关是促进我国科技进步的重要形式》的讲话。机械电子工业部系统有95项攻关项目、156个先进集体和31名先进个人受到表彰和奖励。

4日 全国印刷包装机械器材技术交流暨展销会在北京市举行。来自全国22个省、市、自治区125家企业近300台机械参展。

5日 “七五”期间国家重点建设项目鞍钢板坯连铸机工程正式投产。该工程总投资9.3亿元，其主体设备和技术装备是与日本神户制钢所按技贸结合方式联合设计并合作制造的，国产化率达77.34%。

5～7日 机械电子工业部在承德市召开第二届机械工业代销公司经理工作研讨会。这次会议首次提出机电工业的生产要由以前的产、供、销转变为销、产、供，即以销定产，生产为了用户，生产面向需求，合理运用计划与市场调节的经济运行机制。

5～10日 国际计量测试联合会第12届世界大会在北京市举行。来自32个国家和地区的近300名外宾与200多位国内代表参加了会议。这次会议共收到论文900多篇。我国已经建立了长度、温度、力学等10大计量专业的138种国家计量基准及8万余台(套)社会公用的最高计量标准。

10～13日 公安部消防器材管理办公室组织的1992年全国消防产品展销订货会，在辽宁省大连市举行，23个省、市、自治区和公安部、中国核工业总公司及解放军所属的近300家消防生产企业参展，展品品种达200种700多个规格。

11日 1991国际石油炼制学术会议暨展览会在北京展览馆开幕。这次展览由中国石油化工总公司和中国科协联合举办，有来自中国、美国、苏联、日本等19个国家和地区的500余名中外专家、学者参加会议，有12个国家和地区的80多家外国公司参展。

12日 国务院副总理朱镕基到邮电部成都电缆厂视察。

报载，机械电子工业部西安重型机械研究所筹建的“国家重型机械产品质量监督检验中心”，日前通过国家技术监督局组织的验收。

我国向巴基斯坦星化学公司出口年生产能力为12000吨棉浆粕和1万吨的粘胶短纤维成套技术设备合同在北京签定，这是我国出口的第一套化纤成套技术和设备。

14日 我国首次办公自动化设备成果展览会在北京中国科学技术馆展出。

15日 扬州电讯仪器厂研制的ZBT-1型智能保护专用收发信机在谏壁220kV高压输电线上调试成功，并投入试运行。

16日 报载，中国机械进出口总公司和香港信德高发展有限公司合资开办的华信德机械技术开发有限公司日前在北京正式开业。

17日 河南中原14万吨乙烯工程乙烯裂解装置引进合同，由中国技术进出口总公司和意大利柯梯普国际技术工程有限公司在北京正式签订。该装置是利用意大利政府混合贷款建设的项目，已被优先列入意大利政府贷款计划。合同总价1.377亿美元。

17～23日 第二届中国国际机床展览会在北京举行。来自美国、德国、英国、台湾和香港等26个国家与地区的780个厂家、1万余名厂商参加。占地面积4万平方米，展出金属切削、锻压、铸造、焊接、装配、检测、运料、热处理等机械设备600多台。这次展览会是由中国机床工具工业协会、中国国际展览中心共同举办的。

18日 中国仪器仪表学会第四届第一次理事会暨学术年会在北京举行。中国仪器仪表学会现有35个专业学会、25个地方学会。

20日 江泽民总书记到邢台冶金机械轧辊厂视察。

中国机械设备进出口总公司和巴基斯坦水电发展总署在北京市签订我国向巴出口两台21万千瓦火电机组合同，合同总价1.5亿美元，建设工期为27个月和33个月。

21日 中国统配煤矿总公司决定：任命刘刚为中国煤矿机械装备公司总经理，免去门迎春总经理职务。

21～26日 中国煤矿机械装备公司在张家口煤矿机械厂召开煤矿机械制造企业管理工作会议，推广张家口煤矿机械厂抓管理、上等级、全面提高企业素质的经验。该厂达到国家一级企业标准。

23日 财政部、国务院生产办公室、中国人民银行联合发文，决定在“八五”期间对部分国营大中型工交企业实行补充流动资金的优惠政策，每年按销售收入的10%提取，执行期限为1991年7月1日至1996年6月30日。享受此项政策的机械电子工业企业共269家，其中机械企业204家，汽车企业4家，电子企业61家。

23～27日 中共中央工作会议在北京召开。会议的主要议题是着重研究如何进一步搞好国营大中型企业的问题。中共中央总书记江泽民主持会议并做了总结讲话。中共中央政治局常委、国务院总理李鹏做了题为《关于当前经济形势和进一步搞好国营大中型企业的问题》的讲话。会议分析了目前我国国营大中型企业的状况。为搞好国营大中型企业创造良好外部条件，会议决定采取十二条措施。即：增加企业技术改造的投入；逐步缩小对国营大中型企业的指令性计划；适当提高企业折旧；增加新产品开展基金；继续补充企业流动资金；对利率再做些适度调整；抓紧落实给予部分企业外贸自主权；继续对国营大中型骨干企业实行“双保”；抓紧清理“三角债”；进一步做好组建大型企业集团的试点工作；坚决治理“三乱”；逐步降低国营工业企业的所得税率。

24日 全国质量管理工作座谈会在南通市召开。会议决定“八五”期间，我国质量管理工作的重点是，加快贯彻国际通行的《质量管理和质量保证》系列国家标准。

报载，大连造船新厂最近与比利时爱克司玛公司和考贝尔·弗莱特公司正式签订了两艘15万吨散装货轮的建造合同。

24～27日 机械电子工业部在重庆市召开机械工业标准化工作会议。会议部署了“八五”机械工业标准化工作，表彰了“七五”期间机械工业标准化工作先进单位和个人。

25日 北京内燃机总厂设计制造的BN482Q型汽油发动机在北京通过由中国汽车工业总公司组织的国家级签定。这种汽油机是BN475Q型汽油机改型，与BN475Q发动机的通用化率达91.9%，二机可以共线生产。该机适用于1～1.5吨轻型货车和10吨以下轻型客车。

25日 北京师范大学光电仪器厂研制的数字式照度计通过国家教委鉴定。

26～28日 第十三次冶金机电行业节能工作会议在天津市召开。

国家教委召开北京教具中心及10个分中心项目主任会议，总结工作，安排“八五”期间的工作计划，同时进行教玩具新产品展评。

27日 大连机车车辆工厂突破年产2000台东风4型内燃机车的生产大关。

由首都钢铁公司设计制造并出口印度尼西亚的458台(套)、重1871.4吨的棒材轧机成套设备，抵达雅加达港，创汇390万美元。这套设备是我国向国处提供的第一套冶金重型成套设备，也是首都钢铁公司在发挥综合优势、实行跨国经营中取得的重大成果。

10月

1日 机械电子工业部副部长陆燕荪出席巴基斯坦贾姆肖罗电站竣工仪式。

4日 报载，我国第一台实用型金属材料表面改性装置——GLZ-100型工业离子注入机，最近在核工业西南物理研究院研制成功。

5日《冶金报》报道：联合国开发计划署援华项目——钢铁企业设备维修计算机管理系统(CMMS)开发建设，已在我国鞍钢、武钢取得了有效的进展。已完成软件系统设计、设备考察和国内外技术培训工作，引进的大型计算机设备已进入安装调试、试运行阶段。

7日 第一届国际电工设备展览会在北京展览馆开幕。机械电子工业部副部长胡启立、国务院利用外资领导小组顾问周建南出席了开幕式。

8日 报载，我国第一台数控龙门刨床近日在东方机床厂研制成功并通过鉴定。这种BK2012×4000型数控龙门刨床最大加工长度4000毫米，整机重量约27吨，为两坐标联动的数控机床。它可加工具有直线、圆弧以及二次曲面轮廓的各种零件。

8～16日 中国航天35周年成果应用展览会在北京举行。

9日 国家计委、国家科委、能源部和机械电子工业部联合公布一批仪器仪表节能产品名单，一般可节能3%～15%。

10日 我国第一艘半冷半压式乙烯液化气船在江南造船厂顺利下水。

10～13日 全国液压工业工作会议在北京市召开。

11日 中华医学会与北京国际技术合作中心联合举办的“首届全国医疗器械设备发展现状与未来研讨会”在北京市开幕。

12日 上海航空工业公司与美国麦道公司合作生产的第25架MD-82飞机正式交付中国北方航空公司使用。至此，中美圆满完成合作生产25架MD-82飞机的合同。

我国向印度尼西亚卡尼度集团公司出口24万锭棉纺成套设备的合同在北京市签定。这是历年来纺织机械最大的一宗出口合同。

国家医药管理局医疗器械新产品评审专家委员会在北京市成立。

12～14日 全国复印机械行业“八五”规划会议在北京市召开。

12～29日 机械电子工业部副部长张德邻率中国机床工具代表团出访匈牙利和苏联。

14日 武汉电力设备厂设计制造的CFH-2型翻车机，在汉川电厂经过一年多试运行，通过鉴定。

14～18日 中国有色金属工业总公司组团参加了在悉尼举办的1991澳大利亚国际矿山设备展览会。总公司所属机械厂、科研院所生产的近100种采矿、选矿设备，仪器、消耗件、备件参展。

15日 农5A飞机农业设备模拟喷洒试验获得成功。

第四届北京国际航空展览在北京开幕，共有13个国家和地区的105家中外厂商参展，其中有国内近20家厂商的30余件产品。

15～19日 国家科委、轻工业部和宜昌市政府等6个部门联合主办的“1991年度全国科技成果交易会”在湖北省宜昌市举行。全国25个省、市、自治区的358家科研院所及技术需求方的2700人参加了交易会。

商业部商办工业管理司在四川省乐山市召开全国商办机械工业工作座谈会，会议讨论修订由商业部机电产品出口办公室起草的《商业部发展机电产品出口管理工作细则》、《商业部商办机械工业年度生产计划编制办法》等。

15～21 日　机械电子工业部主办的“中国北京国际动力传动与控制技术展览会”在北京市举行。德国、法国、日本、美国、新加坡、香港、台湾等国家和地区的厂商参加了这次展览会。

16 日　报载，我国第一台单台最高容量变压器日前在沈阳市问世。这台由沈阳变压器厂设计生产的 37 万千伏安大型变压器将安装在辽宁铁岭电厂的输变电系统中。

17～19 日　“七五”国家重点项目——上海发电设备制造项目竣工验收会在上海市举行。

18 日　扬子 30 万吨乙烯工程通过国家验收。该工程的 15 套生产装置全部做到了一次开车成功，节约投资 2.3 亿元。

全国专利工作会议在北京市召开。我国专利申请平均每年以 24%的幅度增长，累计专利申请总量进入了世界前十五位。

《经济日报》报道：由法国宇航公司、中国航空技术进出口公司和新加坡宇航公司签订的共同研制两吨级的单发直升飞机合同，已经在 1991 年 10 月开始实施。第一架飞机将于 1997 年交付。

21 日　报载，国家“七五”科技攻关项目——JT6120 大型客车底盘，日前在山西省绛县中信机电制造公司验收投产。

西安冶金机械厂金属结构车间技术改造工程项目通过了冶金工业部组织的竣工验收。

22～26 日　发展中国家农机工业合作会议在北京举行。

23 日　国务院知识产权领导小组成立并召开第一次会议。

23～11 月 2 日　第六届全国发明展览会在西安市举行。共展出 19 大类 1200 多项最新实用技术发明成果，同时展销 500 多种技术发明新产品。展览会评出金、银、铜牌奖 653 项，其中，金牌奖 59 项、银牌奖 182 项、铜牌奖 412 项；发明成果转让 1910 项次，成交金额 3.81 亿元；发明新产品销售 586 项，成交金额 2.74 亿元；技术成果转让 643 项次，成交金额 0.82 亿元；技术成果新产品销售 1.06 亿元。

24 日　中德双方决定：新增投资 25 亿元，在 1995 年把上海大众汽车有限公司建成年产 15 万辆轿车的现代化轿车厂。

25～29 日　由中国机械工业工艺协会焊接专业协会和机械电子工业部成都电焊机研究所联合主办的第五届中国焊接博览会在北京举行。

26 日　由中国船舶工业总公司所属 7 家生产液压件的骨干厂组成的上海华岳液压机电(集团)公司成立。

27～31 日　中国建材机械工业协会第二次会员大会在江苏省无锡市召开。会议通过了新的章程和 1992 年工作计划，选出了第二届理事会。

30～11 月 4 日　以周克平为团长的国家教委教具考察团一行四人访问古巴，就中古两国在教学仪器设备领域进行广泛合作进行探讨和交流。

31 日　全国星火计划五周年总结表彰大会在北京市举行。星火计划共安排星火示范项目 27913 项，已完成 14633 项，投入总金额 171.23 亿元，累计新增产值 339.24 亿元，为投资总额的 1.98 倍，创利税 81.25 亿元，创汇 30 多亿美元，建立了 500 多个以科技为先导的星火示范企业。

11 月

2～7 日　“七五”星火计划成果博览会在北京举行。博览会占地 1.1 万平方米，展示了星火计划的 4000 多项优秀成果。这些成果来自全国 30 个省、市、自治区，14 个计划单列市，以及航空航天工业部的 45 个展团，内容涉及机电、轻纺、建材、化工、医药、食品等许多领域。

3 日　我国自行研制的第一台年产 5000 吨的双螺杆聚丙烯造粒机在天津第二石油化工厂通过考核试车。

我国第一台多探头工业 CT 中间装置在合肥工业大学试机成功。

4 日　国务院生产办公室、国家计委、机械电子工业部正式发布《国家级机械新产品开发指南》。它的内容涉及 8 个行业、1759 个品种或系列。

报载，世界最大的水泥灌浆机日前在大连起重机器厂建造完工，并一次试机成功。

冶金工业部生产许可证办公室公布了全国第一批获得铸钢轧辊生产许可证的企业名单。共有 16 个企业、28 个品种的铸钢轧辊获生产许可证。

4～9 日　世界教具联合会在墨西哥城举办“1991 国际教具博览会”。以周克平为团长的中国代表团与会，并参加了展出活动。

6 日　我国第一台高精度激光照排机在北京市通过技术鉴定。

7 日　设在湖南省长沙市的中国有色金属工业总公司有色机械产品质量监督检测中心，通过国家技术监督局组织的验收。

《中国机电报》报道：第一汽车制造厂使用“挤弯成形”工艺研制成功我国第一个轿车铝车门。

9 日　中国航天科技展览会在香港会议展览中心隆重开幕。

斐济航空公司向我国订购 3 架运十二飞机的合同签字仪式在北京市举行。

10 日　报载，由北京第一机床厂与德国科保公司合作生产的我国第一台 5 米×20 米数控桥式龙门铣床，近日在太原重型机器厂通过国家技术鉴定。

西安石油勘探仪器总厂研制的 SYZ-41YD 聚能射孔弹和宝鸡石油机械厂研制的新系列射孔枪通过鉴定，产品达到了 80 年代水平。

11 日　中国邮电工业总公司系统在桂林召开了第五次市场工作会议，各直属工厂、经理部等 47 个单位参加，会议讨论研究了经营机制转换，产品结构调整导向，市场网的发展扩大及如何搞活市场工作等问题，并确定了 1992 年的销售目标。

报载，我国第一台 60 万千瓦超临界发电机组日前在上海石洞口第二电厂点火成功。

11～13日　机械电子工业部在北京市召开元宝山露天煤矿 $3600m^3/h$ 斗轮挖掘机组成套设备工作会议。副部长陆燕荪出席会议并讲话,他要求在组织这项重点工程设备总承包中推广宝钢二期工程的经验。

12日　报载,北京航空航天工业大学最近研制成功一种新型双座多用途超轻型飞机。

13日　位居世界第五位的亚洲最大闪速炉在镍都—金川有色金属公司竣工。衡阳有色冶金机械总厂、沈阳有色冶金机械总厂为该工程提供了配套件。

15日　包头市电机厂研制成功的ZYN钕铁硼永磁系列电机日前通过鉴定。这种高效、节能、降耗产品符合IEC标准。

17日　第三届全国机器人学术讨论会在北京市召开。我国机器人研究开发通过国家"七五"重点科技攻关计划和863高技术计划的实施,取得了重大进展,不仅获得一批接近或达到世界先进水平的科研成果,而且进入生产领域。

18日　沈阳铝镁设计研究院、沈阳有色冶金机械总厂和包头铝厂对引进的铝电解多功能机组、阳极焙烧多功能机组、阳极炭块堆架机组、$\phi2.1$米×3.7米风扫磨、电子计算机控制系统等18项技术,加以改、创,并通过在包头铝厂的工业应用,各项技术经济指标均处于国内先进水平,某些指标达到了80年代的国际先进水平。该项目获中国有色金属工业总公司科技进步一等奖。

报载,一种用装甲车改装的新型森林消防车,近日在黑龙江省大兴安岭地区通过鉴定。

20日　总投资27913万元的特薄铝板生产线在西南铝加工厂建成投产。该生产线主要设备分别从德国德马克公司、ABB公司以及美国斯坦姆科公司引进,国内配套设备主要由衡阳有色冶金机械总厂制造。年产特薄铝板9.2万吨,可提供高质量易拉罐板、PS板、铝箔毛料,填补了我国高质量特薄铝板产品空白。

21日　报载,中国重型汽车集团公司引进技术生产的斯达—斯太尔S29重型牵引车,近日在四川汽车制造厂通过了奥地利专家的验收。斯太尔项目是"七五"期间国家重点引进工程,经过七年的建设和改造,现在已相继生产了2000多辆国产化率达70%的斯达—斯太尔汽车。斯达—斯太尔S29汽车是斯太尔系列中一个具有代表性的新产品。

25日　最后一辆上海牌轿车下线。上海汽车厂作为中方增资于1992年1月1日正式合并到上海大众汽车有限公司,成为其第二汽车厂。

报载,山东临邑县光明化工厂研制的875浸渍液密封纸垫,最近通过了机电部鉴定。这种新产品可以根治动力机械渗漏油的顽症。与目前常用涂胶密封垫相比,浸渍液密封纸垫成本低30%以上,多次拆装不粘连、不损坏,可重复使用7次,寿命延长2年。

26日　中国和泰国合作生产摩托车的合同签字,洛阳北方易初摩托车有限公司将年产中排量摩托车20万辆,其中50%外销。

报载,由太原重型机器厂自行设计制造的、具有80年代先进水平的我国首台355十二架微张力减径机,最近在鞍钢无缝钢管厂,一次试轧成功。

27日　机械电子工业部印发《金属切削机床、锻压设备、铸造机械产品现行出厂价格目录》和《石化通用机械产品现行出厂价格目录》。

机械电子工业部在北京市召开"全国应用电子技术改造传统产业经验交流和政策研讨会"。

12月

2～4日　中国化工装备总公司在北京召开了"中国化工装备(集团)公司筹备会议"。会议主要内容是讨论、研究中国化工装备(集团)公司章程、组建方案、发展规划等。共有40个企、事业单位代表参加了会议。

3日　机械电子工业部副部长陆燕荪会见荷兰质量体系认证机构DNV高级审计专家特威勒、美国福克斯波罗公司荷兰分公司高级质量保证专家温克、上海·福克斯波罗公司副总经理哈德雷等人,就如何开展质量体系认证工作的合作进行了探讨。

3～7日　1991年天津国际橡胶工业展览会在天津市举行。其中的橡胶机械产品展厅,由中国化工装备总公司承办。德国、意大利、美国、日本、香港等国家和地区厂商参加了展出,全国化工机械行业共有51个企、事业单位参加了展出。

4日　中国汽车工程学会在北京市举办了汽车工业技术展览会。

冶金工业部"七五"重点科研项目—紧凑式连轧机组在天津顺利投产,并通过冶金工业部组织的技术鉴定。

6日　1991年度国家科技奖励项目评审揭晓,958项优秀科技成果和4590位个人获奖。在这些获奖项目中,国家自然科学奖53项,其中二等奖10项、三等奖31项、四等奖12项;国家发明奖209项,其中一等奖1项、二等奖12项、三等奖92项、四等奖104项;国家科技进步奖502项,其中特等奖1项、一等奖32项、二等奖140项、三等奖329项;国家星火奖194项,其中一等奖4项、二等奖38项、三等奖104项、四等奖48项。获奖项目所创经济效益累计已达136.6亿元。

7日　能源部电力机械局在北京市召开了质量工作座谈会。

8日　西南铝加工厂扁锭熔铸车间、2800mm热轧生产线、气垫式连续热处理机组等三项工程通过验收。

9日　航空航天工业部副部长刘纪原和巴基斯坦空间、外大气层委员会主席扎曼先生在北京市签署了航天科技和平利用合作协议。

11～13日　冶金工业部冶金机械厂生产计划座谈会在苏州市召开。会议检查了1991年生产计划执行情况,讨论研究了冶金机械厂1992年生产计划,并进行了协调。

11～14日 国家教委生产许可证工作会议在海南省海口市召开。

12日 国家科技奖励大会在北京市召开。国务委员兼国家科委主任宋健做了题为《加速科技成果的传播》的讲话，国家科委副主任周平做《1991年度国家科技奖励评奖工作报告》。自1979年到1990年底，获得国家级科技奖励的各领域、各行业的优秀科技成果已有6649项，这些项目所创经济效益约计2800亿元。其中，在"七五"期间，获奖的有3674项，创经济效益1392亿元。

报载，国家"七五"重点科技攻关项目——JT6120大型客车底盘试制成功，日前在中信机电制造公司验收投产。

12～18日 全国机械工业1992年度生产计划工作会议在福州市召开。会议主要任务是：贯彻中央工作会议和全国计划会议精神，围绕如何调整结构，搞好国营大中型企业，提高经济效益，编制好1992年机械工业生产计划；同时探讨在新形势下如何搞好机械工业的生产计划工作。

13日 成都飞机公司转包生产美国麦道公司MD-80／90系列飞机机头的第一架MD-80飞机机头在成都交付，即将发往美国，与麦道公司生产的机身对接装配。这种机头长4.9米，最大宽度3.3米，高3.5米。净重1.1吨，整个机头共有3500项零件和1800项标准件和元器件。生产机头所使用的工艺装备有4000多项。

14日 冶金工业部成立4个冶金企业集团——攀钢集团、武钢集团、宝钢集团和鞍钢集团。苏州冶金机械厂、常州冶金机械厂已经加入了宝钢集团，武汉冶金设备制造公司将加入武钢集团，乐山冶金机械轧辊厂将加入攀钢集团。

15日 兰州石油化工机器厂及其配套生产厂研制的深井6000米ZJ60L型机械驱动沙漠边缘石油钻机日前在新疆塔里木盆地上的库尔勒市通过了中国石油天然气总公司和机电部组织的专家鉴定，填补国内空白。

16～17日 我国第一条独立开发的板材加工柔性制造系统(FMS)通过部级鉴定。系统是由机电部济南铸造锻压机械研究所承担，北京自动化所、上海锻压机床厂、沈阳锻压机床厂、天水长城开关厂等单位参加设计制造的。

18日 由勃海造船厂建造的我国第一艘双机双桨双舵浅吃水肥大型3.5万吨货轮"宁安一号"交船。

中国汽车工业进出口总公司和中国汽车贸易总公司合作创办的日产汽车北京培训中心和日产汽车广州培训中心开业。

20日 中美合资企业——上海福克斯波罗有限公司获得世界权威质量组织DNV颁发的《ISO9001国际质量体系标准》证书，成为我国第一家获得这种殊荣的企业。上海福克斯波罗有限公司管理水平已达到世界级管理水准，其公司产品可以直接向全世界各国销售，成为世界合格的供应商。

报载，由辽宁省瓦房店轴承厂和湖南大学用三年时间合作研制成功的高精度、高强度轧辊轴承已成功地安装在宝钢二期工程2050热连轧机上，经7个月负载运转考核，工作正常。除瑞典外只有我国能生产这类高级轴承。

21日 沈阳电缆厂研制的具有当代国际先进水平的YJV型110kV交联聚乙烯绝缘电力电缆、JCW-110型110kV电缆瓷套型预制应力锥终端、YJAY型110kV综合防水层电缆和110kV的YJJTR绕包型中间接头，通过机电部和能源部的产品鉴定和技术鉴定。

21～25日 中国煤炭机械工业协会在北京召开第三届常务理事会，会上总结了前一段工作并进行了改选。门迎春同志当选为理事长。

24日《光明日报》刊载：经国务院同意，我国将采取12条政策措施，以增强国营大中型企业自我改造、自我发展的能力，全面推进企业技术进步工作。这12条政策措施是：(1)三年内全部免掉从国营大中型工交企业折旧基金中上缴的"两金"(能源交通重点建设基金和预算调节基金)。(2)加快对国营工交企业固定资产重估的步伐。(3)降低国营大中型工业企业的所得税率。(4)适当调整财政信贷政策。(5)增加企业新产品开发资金。(6)国家准备增加一些外汇引进国外先进技术，用于引进技术改造企业。(7)实行压缩产成品资金占用与增加技术改造贷款、流动资金贷款挂钩的办法。(8)建立国家和地方两级新产品开发和消化吸收专项资金。(9)增加国家重点技术改造贷款比重，相应减少一般贷款的比重。(10)在大型企业和企业集团中建立技术中心，对中间试验产品定期减免所得税。(11)加强宏观调控，防止重复建设。(12)完善约束机制，提足用好有关技术进步的自有资金。

28日 今日20时02分，我国在四川西昌卫星发射中心，用长征三号运载火箭发射了一颗自行制造的通信卫星。

报载：(1)最近，三门峡水工机械厂为国家"八五"重点工程——广西岩滩水电站制造的第一套弧型钢闸门，顺利通过用户的质量检验，各种技术指标均达到规范和设计要求。(2)中国农业机械化科学研究院和北京通县京联挂车厂共同研制生产的MI-3型耕耘机通过鉴定。该机外形宽63厘米，可直接进入田间进行中耕、除草、培土、施肥等项作业，还适合在蔬菜大棚及园艺作业。

30日 民政部批准，中国建材机械工业协会为全国性行业组织。

31日 《冶金报》报道：国家"七五"期间冶金与机械行业节材攻关课题——大型新型预应力高刚度全液压冷拔机在合肥钢铁公司顺利投产，并通过冶金部和安徽省组织的技术鉴定。

〔第Ⅸ部分责任编辑：史晓岩〕

机械工业

优秀企业

第X部分

1991 年，机械工业有 35 个企业获全国“五一”劳动奖状，又有一批企业进入国家一、二级企业行列，同时还有一些企业获得质量管理奖、设备管理奖。本部分刊登上述企业名单，各部门的国家一、二级企业数和质量、设备获奖企业数见下表。本部分还刊登质量效益型先进企业、全国“十佳”合资企业及工艺管理先进企业。

部门	国家级企业		质量管理奖		设备管理奖
	一级企业	二级企业	国家奖	部门奖	部门奖
机械电子工业部	7	71	1		
公安部		1			
建设部		2		3	
能源部电力机械局		3			
铁道部	1	2	2	10	
航空航天工业部	4	6			
冶金工业部				8	
化学工业部		1		3	1
轻工业部	1	17		17	
纺织工业部	1	2			
邮电部		1			
农业部				5	
商业部				2	4
中国船舶工业总公司	1	1		13	7
中国汽车工业总公司	2	5		5	
中国石油天然气总公司	1			1	
中国煤矿机械装备公司	1	5			8
合计	19	117	3	67	20

全国“五一”劳动奖状获得单位

1991 年 4 月，全国总工会向 135 个企事业单位颁发“五一”劳动奖状，其中机械工业系统有 35 个；1992 年 4 月，全国总工会向 144 个企事业单位颁发“五一”劳动奖状，其中机械工业系统有 25 个。

1991 年全国“五一”劳动奖状获得单位

（按地区排列）

1.北京重型电机厂
2.北京化工机械厂
3.天津手表厂
4.邢台冶金轧辊机械厂
5.张家口煤矿机械厂
6.国营内蒙古第一机械制造厂
7.沈阳轿车制造厂
8.国营大连造船厂
9.佳木斯煤矿机械厂
10.上海水泵厂
11.上海新中华机器厂
12.苏州电扇总厂
13.南京汽车制造厂
14.杭州齿轮箱厂
15.宁波水表厂
16.安徽省合肥电冰箱总厂
17.安徽省中国扬子电气公司
18.福建国营华龙机械厂
19.江西横峰纺织器材厂
20.山东省莱阳动力机械总厂
21.山东活塞厂
22.第一拖拉机制造厂
23.新乡电冰箱厂
24.湘潭电缆厂
25.株洲电力机车工厂
26.中意电器集团公司长沙电冰箱厂
27.平江县电器厂
28.南宁手扶拖拉机厂
29.重庆汽车制造厂
30.四川空气分离设备厂
31.国营长安机器制造厂
32.云南电子设备厂
33.云南机床厂
34.甘肃省长通电缆厂
35.宁夏西北轴承厂

1992年全国"五一"劳动奖状获得单位

(按地区排列)

1.山西省长治轴承厂
2.内蒙古电缆厂
3.沈阳飞机制造公司
4.辽宁省沈阳电缆厂
5.大连橡胶塑料机械厂
6.瓦房店轴承厂
7.公主岭市气门芯厂
8.上海市自行车厂
9.上海分析仪器厂
10.江苏仪征汽车制造厂
11.盐城市江淮动力机厂
12.苏州机床电器厂
13.厦门工程机械厂
14.江西汽车制造厂
15.山东电缆厂
16.长沙汽车电器厂
17.湖南滨湖柴油机总厂
18.广东珠江冰箱厂
19.四川内燃机厂
20.成都市电热器厂
21.国营建设机床厂
22.国营黄河机械制造厂
23.兰州石油化工机器厂
24.青海第一机床厂
25.新疆维吾尔族自治区十月拖拉机厂

国 家 级 企 业

继1989、1990年国务院企业管理委员会审定批准第一、二批国家一级企业之后,又有一批企业经过1990年和1991年上半年连续考核,达到了国家一级企业标准。根据国务院主管部门考核审查意见,国务院企业管理委员会于1991年10月10日审定确认58个企业为国家一级企业,其中机械工业企业有19个。

1991年7月15日机械电子工业部批准、国务院企业管理委员会核定93个企业为1990年度的国家二级企业,其中机械工业企业有71个。其他部门也批准了一批国家二级企业,其中机械工业企业有46个。

国 家 一 级 企 业

(第三批)

1.天津起重设备厂
2.沈阳鼓风机厂
3.哈尔滨电机厂
4.佳木斯联合收割机厂
5.无锡机床厂
6.洛阳轴承厂
7.兰州电机厂
8.眉山车辆工厂
9.沈阳飞机制造公司
10.黎明发动机制造公司
11.北京向东机械厂
12.南京晨光机器厂
13.广东轻工机械厂
14.经纬纺织机械厂
15.江津增压器厂
16.第一汽车制造厂
17.第二汽车制造厂
18.江汉钻头厂
19.张家口煤矿机械厂

国 家 二 级 企 业

(1991 年批准)

1.浙江新昌柴油机总厂
2.河南省新乡市第一拖拉机厂
3.四川内燃机厂
4.广西南宁机械厂
5.北方机械制造厂
6.山东沂南播种机厂
7.国营高邮水泵厂
8.郑州市潜水泵厂
9.吉林市水泵厂
10.湖南省平江潜水电泵厂
11.包头市潜水泵厂
12.肇东水泵厂
13.湛江三星农车企业(集团)公司
14.河南省长葛奔马机器厂
15.榆次挂车总厂
16.锦江油泵油嘴厂
17.汉江油泵油嘴厂
18.杭州油泵油嘴厂
19.河南省西峡猎枪厂
20.河北辛集气缸盖厂
21.安徽省桐城内燃机配件厂
22.湖南省益阳齿轮厂
23.新兴县饲料机械厂
24.通化市风动工具厂
25.重庆水轮机厂
26.云南变压器厂
27.锦州变压器厂
28.福建省南平电机厂
29.衡水市电机厂
30.哈尔滨电缆厂
31.郑州电缆厂
32.青岛电缆厂
33.天津市电磁线厂
34.天津市软线厂
35.山东烟台铜材厂
36.大连电瓷厂
37.上海电器陶瓷厂
38.上海蓄电池厂
39.锦州矿山机械厂
40.湖北省石首水泵厂
41.唐山市水泵厂
42.大连高压阀门厂
43.杭州阀门厂
44.苏州高中压阀门厂
45.陕西鼓风机厂
46.通化市石油工具厂
47.福建三明市虬江机械厂
48.天津市复印设备公司
49.营口市复印机总厂
50.广州复印机厂
51.襄阳轴承厂
52.贵州轴承(集团)公司(贵阳虹山轴承厂、贵阳轴承厂)
53.成都轴承总厂
54.济南轴承厂
55.株洲轴承总厂
56.南通轴承厂
57.江苏省镇江轴承厂
58.常州市轴承厂
59.阜阳轴承厂
60.四川小型轴承厂
61.武汉粉末冶金厂
62.福州弹簧厂
63.青海重型机床厂
64.上海砂轮厂
65.大连磨具厂
66.第二砂轮厂深圳联合公司
67.太原第二变压器厂
68.昆明市第二机器厂
69.机械工业出版社印刷厂
70.中国农业机械进出口公司
71.浙江省机械设备进出口公司

公安部

1.震旦消防设备总厂

建设部

1.四川建筑机械厂
2.山东省腾州市钢窗厂

能源部电力机械局

1.富春江水工机械厂
2.杭州钻探机械制造厂
3.广东省水利水电机械厂

铁道部

1.长春客车工厂
2.四方机车车辆工厂

航空航天工业部

1.南昌飞机制造公司
2.贵阳电机厂
3.北京东方科学仪器厂
4.上海科学仪器厂
5.北京兴华机械厂
6.陕西红光机械厂

化学工业部

1.江苏省化工设备制造公司

轻工业部

1.天津市钟表游丝厂
2.牡丹江市钟表工业公司
3.珠海经济特区中瑞表业有限公司
4.上海电冰箱厂
5.安徽黄山电器总厂
6.佛山市家用电器总厂
7.成都市电热器厂
8.鲁南衡器厂
9.通化市轻工机械厂
10.辽阳造纸机械厂
11.上海江湾机械厂
12.山东荣成市电机厂
13.山东肥城县轻工机械厂
14.山东蓬莱县工艺美术机械厂
15.武汉市武汉服装机械厂
16.重庆航宇家用电机厂
17.上海第二车辆配件厂

纺织工业部

1.上海远东钢丝针布厂
2.常州纺织器材厂

邮电部

1.江苏省邮政机械厂

中国船舶工业总公司

1.青岛北海船厂

中国汽车工业总公司

1.江西汽车制造厂
2.重庆汽车制造厂
3.长春汽油机总厂
4.湖北汽车方向机厂
5.白城市汽车电线厂

中国煤矿机械装备公司

1.河南省济源矿灯厂
2.哈尔滨煤矿机械厂
3.营城煤矿机械厂
4.江苏省苏南煤矿机械厂
5.兰州矿灯厂

质量管理奖获奖企业

1991 年国家质量奖审定委员会批准了 8 个企业获国家质量管理奖，其中机械工业企业有 1 个。1991 年铁道部批准 2 个企业获全国质量管理奖。

1991 年，国务院主管部门批准了一批部级质量管理奖获奖企业，其中机械工业企业有 67 个。

国家质量管理获奖企业

（1991 年批准）

1.华伟电子仪器厂
2.成都机车车辆工厂
3.齐齐哈尔车辆工厂

部级质量管理奖获奖企业

（1991 年批准）

建设部

1.陕西建设机械厂
（陕西省金属结构厂）
2.烟台钢模板厂
3.潍坊市长城门窗工业公司

铁道部

1.长春客车工厂
2.眉山车辆工厂
3.四方机车车辆工厂
4.沈阳机车车辆工厂
5.株洲电力机车工厂
6.戚墅堰机车车辆工厂
7.长春机车工厂
8.资阳内燃机车工厂
9.牡丹江机车工厂
10.唐山机车车辆工厂

冶金工业部

1.西安冶金机械厂
2.四川省冶金机械厂
3.常州冶金机械厂
4.鞍山钢铁公司北部机械厂
5.本溪钢铁公司第一机修厂
6.攀枝花钢铁公司密地机械厂
7.马鞍山钢铁公司动力厂
8.重庆钢铁公司修建部

化学工业部

1.湘东化工机械厂
2.北京化工机械厂
3.四川化工机械厂

轻工业部

1.上海工业缝纫机厂
2.合肥手表厂
3.中国标准缝纫公司苑坪缝纫机厂
4.上海电冰箱厂
5.上海电熨斗总厂
6.无锡市洗衣机厂
7.菊花电器集团公司(无锡)二厂
8.苏州春花吸尘器总厂
9.浙江东阳市巍山五金电器厂
10.安徽黄山电器总厂
11.厦门市电器设备厂
12.山东金龙电器总厂
13.万宝集团冷机制作工业公司
14.重庆华西电器厂
15.鲁南衡器厂
16.大连轻工机械总厂
17.武汉服装机械厂

农业部

1.广州市中国雪柜有限公司
2.上海市自行车锁厂
3.广州九佛电器厂
4.上海跃进工具厂
5.上海市新海玩具厂

商业部

1.江苏无锡粮食机械厂
2.江苏大丰县供销机械厂

中国船舶工业总公司

1.大连造船厂
2.广州造船厂
3.江南造船厂
4.沪东造船厂
5.武汉造船用机械厂
6.江津增压器厂
7.四川齿轮箱厂
8.大连推进器厂
9.镇江锚链厂
10.中南光学仪器厂
11.江陵仪器厂
12.江苏雷声电子设备厂
13.保定蓄电池厂

中国汽车工业总公司

1.沈阳轿车制造厂
2.南京汽车制造厂
3.第二汽车制造厂铸造二厂五车间铣工班
4.重庆汽车制造厂
5.国营长安机器厂

中国石油天然气总公司

1.济南柴油机厂

质量效益型先进企业

中国质量管理协会主办的《质量管理》杂志 1992 年 4 月号上刊登了 1990 年度的全国质量效益型先进企业名单，共有 69 个企业榜上有名，其中机械电子工业企业有 30 个。按地区排列如下。

1.内蒙古变压器厂
2.第一汽车制造厂
3.长春客车厂
4.哈尔滨锅炉厂
5.佳木斯电机厂
6.上海汽轮机厂
7.上海探矿机械厂
8.上海协昌缝纫机厂
9.航空航天工业部南京晨光机器厂
10.国营苏州光学仪器厂
11.林业部常州林业机械厂
12.中国华晶电子集团公司
13.杭州汽轮机厂
14.邮电部杭州通信设备厂
15.厦门市电容器厂
16.山东潍坊生建机械厂
17.青岛电冰箱总厂
18.青岛钢锯条厂
19.第二汽车制造厂
20.浦沅工程机械总厂
21.广州造船厂
22.广东珠江冰箱厂
23.中山市威力洗衣机厂
24.国营长虹机器厂
25.国营四五一厂
26.国营华伟电子设备厂
27.西安仪表厂
28.国营黄河机器制造厂
29.青海省电信器材厂
30.西北煤机总厂一厂

设备管理优秀单位

1991 年，国务院一些主管部门评选了一批部级设备管理奖获奖企业，其中机械工业企业有 20 个。

部级设备管理优秀单位

化学工业部

1.金州重型机器厂

商业部

1.哈尔滨商业机械总厂
2.国营宝应粮食机械胶辊厂
3.江苏大丰县供销机械厂
4.广东省佛山市商业机械厂

中国船舶工业总公司

1.大连造船厂
2.上海船厂
3.上海新中动力机厂
4.武汉船用机械厂
5.江津增压器厂
6.江苏雷声电子设备厂
7.汉光机械厂

中国煤矿机械装备公司

1.张家口煤矿机械厂
2.西北煤矿机械总厂
3.北京煤矿机械厂
4.淮南煤矿机械厂
5.郑州煤矿机械厂

6.无锡煤矿机械厂　　7.徐州煤矿机械厂　　8.峰峰金属支架厂

全国十佳合资企业

由《经济日报》与《中华工商时报》联合举办的全国十大最佳合资企业(生产型)评选每年进行一次。1992 年 5 月 6 日,《经济日报》公布了第五届(1991 年度)全国十佳合资企业评选结果。其中大部分为机电工业合资企业。

这次评选的指标有 9 项。这届当选的企业中,投资利税率最高的达到 237.61%,平均为 130.58%;人均利润额最高达 31.86 万元,平均为 11.3 万元;劳动生产率最高达 118.61 万元,平均为 47.7 万元;累计折旧率最高的达到 169.87%,平均为 62.4%;人均投资额最高值达 47.95 万元,平均为 16.9 万元;外汇平衡度最高值为 241.26%,平均为 130%;成本产值率最佳值为 248.6%,平均为 147.9%;出口率最高值达 91.5%,平均为 35.4%;研究开发投入率(研究开发投入额与销售总收入之比)最高值为 4.5%,平均为 1.65%。这些数据表明,当选本届"十佳"的合资企业的经营业绩在全国已批准外商投资企业 3.7 万家(其中 1。8 万家已开业经营)中相当出色,不仅在中国同行业中可居鳌头,许多经营指标即使在国际同行业中也名列前茅。

这次当选"十佳"的合资企业投资额均在 1000 万美元以上,最高投资额超过 2 亿美元。它们分布在机械、电子、制药、纺织等行业,以机电行业为多。

全国十大最佳合资企业评选已历五届,上海大众汽车有限公司、上海易初摩托车有限公司、中国惠普有限公司和中国迅达电梯有限公司已连续五届蝉联"十佳"称号,展示出机电企业的强大后劲。

第五届全国十佳合资企业

(1991 年度)

名　次	企　业　名　称	投资外方	得　分
第一名	上海大众汽车有限公司	德国	611.09 分
第二名	深圳中华自行车(集团)股份有限公司	美国和香港	546.75 分
第三名	深圳康佳电子(集团)股份有限公司	香港	535.11 分
第四名	西安杨森制药有限公司	比利时	469.85 分
第五名	上海贝尔电话设备制造有限公司	比利时	460.6 分
第六名	中国惠普有限公司	美国	439.06 分
第七名	上海易初摩托车有限公司	泰国	436.09 分
第八名	新疆天山毛纺织品有限公司	香港	434.07 分
第九名	中国迅达电梯有限公司	瑞士	432.52 分
第十名	北京松下彩色显像管有限公司	日本	410.47 分

工艺管理先进企业

（1991 年机械电子工业部批准）

1.北京重型电机厂
2.北京电机总厂
3.天津溏沽阀门厂
4.天津起重设备厂
5.天津复印设备厂
6.天津通讯广播公司
7.天津汽车减震器厂
8.石家庄内燃机配件总厂
9.石家庄水泵厂
10.太原重型机器厂
11.长治轴承厂
12.包头内燃机配件厂
13.齐齐哈尔第二机床厂
14.佳木斯联合收割机厂
15.阿城继电器厂
16.哈尔滨电机厂
17.长春第一机床厂
18.鞍山红旗拖拉机厂
19.沈阳电缆厂
20.沈阳水泵厂
21.沈阳第一机床厂
22.大连仪表厂
23.天水长城开关厂
24.陕西鼓风机厂
25.国营陕西彩管总厂
26.国营黄河机器制造厂
27.大河机床厂
28.青海重型机床厂
29.新疆汽车改装厂
30.上海人民电机厂
31.上海工具厂
32.上海第四电表厂
33.上海四方锅炉厂
34.徐州重型机械厂
35.无锡机床厂
36.杭州制氧机厂
37.济南第二机床厂
38.合肥轴承厂
39.南昌柴油机厂
40.福州变压器厂
41.许昌继电器厂
42.黄石锻压机床厂
43.浦沅工程机械厂
44.广东电缆厂
45.广州机床厂
46.桂林电表厂
47.柳州第二空压机厂
48.第二重型机器厂
49.东方锅炉厂
50.成都内燃机总厂
51.红岩机器厂
52.长虹机器厂
53.涪江机器厂
54.重庆汽车厂
55.昆明机床厂
56.佳木斯电机厂

[本部分由中华全国总工会、中国质量管理协会和机械电子工业部体制改革司及其他有关部门、公司有关单位供稿]
[第Ⅹ部分责任编辑：陈振中]

机械工业

先进人物

第Ⅺ部分

全国“五一”劳动奖章获得者

全国总工会于1991年5月评选出1991年“五一”劳动奖章获得者1046人，其中机械工业系统有178人；1992年4月评选出1992年“五一”劳动奖章获得者1059人，其中机械工业系统有174人。

1991年全国“五一”劳动奖章获得者

北京

王自龄　首钢重型机械公司总经理
范月仙　女　北京水泵厂检验科科长
朱玉安　北京市设备安装工程公司金属容器结构公司主任工程师
赵英杰　女　北京内燃机总厂工会副主席

天津

李津来　天津电缆总厂橡缆分厂维修电工
孙志国　天津市中环科学仪器公司高级工程师、室主任
康秋环　女　天津手表厂工人
焦渤海　天津市制锁七厂副科长
张金凯　天津市汽车制造厂组长

河北

郝喜信　石家庄市潜水电泵厂厂长
苏秀芹　女　石家庄市电机厂工人
王旗文　石家庄水泵厂工人
刘连会　铁道部唐山机车车辆工厂工会主席
杜绍友　邯郸市灯具总厂厂长
张进军　廊坊市灌装机械厂厂长
刘二虎　廊坊市杨柳青化工机械厂工人
郝增义　赞皇县机械厂厂长
赵树红　华北车身总厂工人
王桂英　女　张家口地区机械厂工人
吕吉泽　衡水市电机厂工程师
刘廷香　故城钢丝绳厂厂长

山西

荣保生　阳泉市阀门厂厂长
梁吉祥　长治洗衣机厂厂长
左海彬　山西省交城县五金工具厂厂长
陈宏耕　国营经纬纺织机械厂厂长
刘怀旺　国营晋西机器厂机加工二分厂车工
乔计友　国营山西机床厂一分厂工人

内蒙古

齐合扬　机械电子工业部52研究所专业组长
程广田　赤峰电机总厂厂长

辽宁

徐正新　中捷友谊厂班长
韩国强　沈阳量具刃具厂厂长
张炳余　沈阳新光动力机械公司车工
张绍阳　沈阳市手表厂工人
姜希尚　机械电子工业部沈阳铸造研究所所长
张　桦　女　沈阳拖拉机制造分厂厂长
石以祥　沈阳汽车车桥厂工人
张锡生　国营五二三厂工人技师
孙志英　鞍山钢铁公司北部机械厂高级工人技师
刘传明　抚顺市挖掘机制造厂金工二车间工人
王国勋　辽阳五金结构厂厂长
丁秀勋　国营渤海造船厂厂长
蒋新松　中国科学院沈阳自动化研究所所长
王华彬　瓦房店轴承厂厂长

吉林

徐天齐　第一汽车制造厂工具厂工人
王家骐　中国科学院长春光学精密机械研究所所长
王庚胜　吉林手表厂技师
刘树林　国营江北机械厂工会主席
吴丛林　四平联合收割机厂技师
徐景春　吉林省梨树县计量仪器研究所所长
林国胜　延边珲春把斧厂班长

黑龙江

刘仁海　哈尔滨飞机制造公司车工
林万里　国营风华机器厂工程师
蓬铁权　哈尔滨量具刃具厂厂长
李志民　哈尔滨空气调节机厂钻工
高俊起　齐齐哈尔第二机床厂工会主席
吴忠忱　第一重型机器厂工会主席

上海

陈家翔　中华造船厂车间主任

顾永生　　上海大众汽车有限公司发动机厂厂长
徐惠芳　女　上海金属丝网二厂挡车工
王克伦　　上海机床厂四车间班长
潘建始　女　上海柴油机厂油泵分厂副工长
江洪涛　　上海缝纫机针二厂三车间主任
王立章　　上海第二石油机械厂运输队队长
黄胜临　女　上海飞机制造厂工程师

江苏

高敏芳　女　苏州化工机械厂工人
李延武　　徐州工程机械厂班长
冯祥华　　高邮电器厂厂长
李新观　　仪征汽车制造厂厂长
吴庆余　　常州冶金机械厂科长
甘坤海　　江苏省化工设备制造安装公司电焊工
韩淑芳　　常州齿轮厂厂长

浙江

陈礼萼　　杭州机床厂工程师
朱正均　　杭州汽轮机厂党委书记
王明强　　奉化汽车空压机厂车工组组长
张金香　女　温州市制针厂质量检验员
沈建清　　金华市试验机总厂铣工组组长
张飞春　女　天台县缝纫机螺丝厂车工
周宪典　　黄岩轴承厂厂长
沈良安　　浙江油泵油嘴厂厂长
王文杰　　浙江电影机械厂油漆班长

安徽

刘　霞　女　蚌埠压缩机总厂工人
郜振飞　　宿州市柴油机厂工人
洪信余　　宁国县机械工业公司经理
董全成　　江淮航空仪表厂厂长
曹美珍　女　安徽拖拉机厂班长

福建

潘桂宗　　福建省建阳压缩机厂班长
林焕明　　福建省南平电缆厂厂长
颜启淡　　福建省龙岩粉末冶金厂厂长

江西

商伯勋　　江西制氧机厂党委书记
赵春佑　　昌河飞机制造厂电气技师
李建林　　鹰潭市水表厂厂长
孙　敏　　江西汽车制造厂厂长
李阳仁　　南昌飞机制造公司52车间喷漆工

山东

楚东素　女　济南锅炉总厂工人
刘克浩　　青岛前哨机械厂班长
于建华　　山东新华医疗器械厂工人
孙显斌　　荣城市内燃机厂组长
刘加平　　日照市五金机械厂工人
李贤杰　　山东潍坊拖拉机厂厂长

河南

崔振兴　　郑州市荥阳机电学校校长
张兆芳　　河南省中州煤矿机械厂工人
何胜福　　开封机械厂工会主席
姚秀荣　女　焦作市起重运输机械厂工人
杜合廷　　西平县轴承厂厂长
王汉杰　　长葛奔马机器厂厂长
张家驹　　河南省第二纺织机械厂厂长
赵佳轩　　第一拖拉机制造厂工会主席

湖北

何汉香　女　武汉锅炉厂党委书记
许建阳　　襄樊轴承厂工人
聂兆富　　沙市轻工机械厂工程师
吴建宁　　湖北红旗电缆厂工人
周武保　　湖北鄂城重型机器厂副主任
谭功炎　　汉川县钢丝绳厂厂长
李化平　　二汽设备制造厂高级技师
姚景涛　　航空航天工业部襄樊609研究所高级工程师
喻文清　　湖北汽车改装厂副总设计师
金其鲁　　湖北国营五一零八厂厂长

湖南

郭伟帆　　长沙汽车电器厂厂长
黄俊仪　　铁道部株洲车辆工厂工会主席
苏命良　　衡山专用汽车制造厂班长
袁长春　　邵阳液压件厂铣工
肖友桂　女　湖南钢球厂技师
曾志正　　零陵水电设备总厂总工程师

广东

罗　平　　湛江三星汽车企业集团公司总经理
朱干民　　肇庆机械厂铸造车间主任
植韶华　　韶关市配件厂工人技师
管金华　　梅州汽车修配厂厂长
吴道安　　五华汽车电器厂厂长
熊　检　　东莞市轴承厂厂长
梁豪吉　　广州航海仪器厂工人
谢萍娜　女　汕头市福利医疗器械厂工人
陆　斌　　汕头自行车厂厂长
刘之券　　汕头威达医疗器械公司总经理
巫贵明　　广东省粤西农垦第一机械厂研究所所长
林亚华　　湛江市霞山机械厂厂长

广西

何礼中　　南宁重型机器厂工会主席
郑维生　　柳州压缩机总厂工人
周文明　　国营华南船舶机械厂厂长
覃燕华　女　柳州电缆厂科长
袁丰台　　桂林联合收割机总厂工程师
黄菊棉　女　百色矿山机械厂工人

四川

王德径 四川省新达水泵厂厂长
杨发强 四川省化工设备机械厂工人
张永全 四川自贡高压阀门总厂二车间工人
姜玉玺 航空航天工业部成都发动机公司工会主席
刘荣富 成都市电热器厂厂长
毛仕富 成都飞机公司钣金厂31车间钣金工
阳群梅 女 四川华通汽车集团公司通工汽车厂班长
胡良民 四川仪表总厂党委书记
魏志成 重庆灯泡工业公司组长
谭细绵 国营长安机器制造厂厂长
黄允祺 四川省邮电器材厂副厂长
黄中兴 广元市第一机器厂班长
林长江 四川内燃机厂厂长
杨合元 四川矿山机器厂工人
邓秋泉 四川航空液压机械厂工人
刘国定 成都量具刃具总厂厂长

贵州

徐文全 航空航天工业部国营三零一七厂工人
杨靖南 贵州石油化工机械厂铆工班长

云南

邵光灿 昆明机床厂二装配车间装配工
李树清 国营云南光学仪器厂设备分厂班长

陕西

马卫东 延安汽车工业联营公司经理
陈有录 汉江机床铸锻件厂工人
杨乃适 西安航空发动机公司经理
唐文德 远东机械制造公司工会主席

甘肃

田海泉 天水长城低压电器厂工人技师
王尔铮 兰州飞控仪器总厂厂长
吕自俊 兰州机车工厂机械车间工人

青海

吴卓勋 青海省汽车车桥厂厂长

宁夏

郑思民 宁夏吴忠配件厂厂长

新疆

库尔班·艾买提 新疆十月拖拉机厂工具车间铣工

铁路

孙 征 女 北京铁路局北京科研所高级工程师
司 燃 铁道部山海关桥梁厂技师
彭少华 铁道部第二十工程局工程机械厂工人
屈伟继 铁道部长春客车工厂技师
熊鹏辉 铁道部贵阳车辆厂锅炉工
王志仁 中国铁路通信信号总公司天津信号厂工人
詹振炎 铁道部长沙铁道学院教授

1992年全国"五一"劳动奖章获得者

北京

张 忠 北京重型汽车制造厂工人
李渊珠 北京汽车摩托车联合制造公司经理
陈济民 国营第二一八厂厂长

天津

张续泉 天津市航空机电公司总质量师
梁桂香 女 中环试验仪器高频设备公司工人
孙志广 天津新港船厂工人
费恩和 天津市汽车齿轮厂车间主任
赵 辅 天津电力试验研究所高级工程师

河北

王巨椿 机械电子工业部石家庄第54研究所副总工程师
陆松若 石家庄拖拉机厂工程师
陈昌伟 国营汉光机械厂副处长
董培城 广平县机械厂厂长
靳保芳 宁晋县农机公司经理
王永恩 定州市高压管件厂副厂长
黄铁城 泊头市齿轮泵总厂厂长
曹移风 衡水电池厂厂长
马大敏 河北省农业机械化研究所所长

山西

路东生 长治锻压机床厂组长
刘耀堂 晋城市城区西巷机械厂厂长
孙秀蓉 女 国营经纬纺织机械厂铣工
任 钢 平遥县农业机械公司经理
孔庆安 临汾地区建材设计研究所所长
康 宏 女 机械电子工业部第33研究所高工

内蒙古

孙春元 内蒙古临河市农机总公司总经理
梁民忠 呼和浩特市制锁工业公司工人
吕中五 内蒙古第一机械制造厂副总工艺师

辽宁

蔡春生 沈阳黎明发动机制造公司工长
项永春 沈阳高压开关厂厂长
马俊彦 沈阳五金防爆灯具总厂工程师
刘桂芹 女 沈阳特种环保设备制造总厂厂长
邵守元 沈阳变压器厂供应处班长
郭玲华 女 大连造船厂工人
宋广谍 瓦房店轴承厂工人

刘立新 丹东市手表元件一厂钳工
周惠臣 丹东市水技术机电研究所总工程师
李长安 盘锦市石油化工机械总厂厂长
李维奎 锦西化工机械厂电焊工

吉林

张国良 长春第一汽车制造厂副总工程师
殷继先 吉林市鼓风机厂工人
王　力 四平鼓风机厂党委书记
袁延令 公主岭轴承厂厂长
黄义德 辽源市北方电工机械总厂厂长
郑云峰 通化市轻工机械厂厂长

黑龙江

武永合 哈尔滨建成机械厂十六车间工人
刘义明 哈尔滨汽轮机厂工人
张安治 哈尔滨电缆厂厂长
张棣芹 哈尔滨电碳厂高级工程师
吴连凤 女 齐齐哈尔齿轮厂工人
佟承全 国营北方工具厂机修车间工人
张润培 大庆三环企业总公司乳品机械研究所所长
马成果 双鸭山市锅炉总厂厂长
张玉宝 大兴安岭塔河林机厂工人
吉　立 哈尔滨锅炉厂工会主席

上海

傅依璐 女 上海冶金设备总厂副组长
冯耀华 上海金山电器厂技革组长
韩光平 上海调节器厂业务组长
桑乃荣 上海缝纫机四厂工人
沈文钧 上海航海仪器厂班长
王文彬 上海汽车齿轮厂车间主任
宋彧辑 上海冰箱压缩机厂厂长
黄旭初 华光工具厂技术科长
陆海鸿 上海飞机制造厂组长
黄明山 航空航天部803研究所副总工程师
欧阳予 上海核工程研究设计院总工程师

江苏

王来生 江苏工学院教授
丁金和 铁道部浦镇车辆工厂工会主席
张家东 常州第二电机厂工人
姚永方 常州能源设备总厂厂长
荣士英 女 苏州电讯电机厂工人
薛祖兴 无锡油泵油嘴集团公司总经理
曲志超 南京市第二机床厂厂长

浙江

李春贤 杭州第二纺织机械制造厂钳工
戴绍琳 瑞安市封包机总厂厂长
沈传信 绍兴机床厂钻工
张炳琴 女 浙江省龙泉工具厂班组长

安徽

宣中光 中国扬子电气公司总经理
王顺好 安徽省马鞍山钢铁公司轮箍厂工人
沈文芳 宣城地区农机公司党支书
俞力丰 南陵县机械厂工程师
张学勤 合肥叉车总厂钳工

福建

萧亨琳 福州市柴油机总厂厂长
吴守洁 厦门市电气设备厂厂长
李振营 龙岩拖拉机厂厂长

江西

张武政 江西上饶市线材厂厂长
刘章华 江西九江船用机械厂厂长
谢元藻 江西发动机总厂厂长
雷接和 江西余江县手表元件厂厂长
何正如 江西新余长林机械厂工人

山东

刘广凯 青岛通用机械厂班长
马明顺 青岛市胶南纺织机械厂组长
顾德录 烟台冷冻机总厂厂长
曲日坤 山东牟平发动机厂班长
李成华 山东鲁南自行车厂厂长
杨本贞 山东活塞厂厂长
田宗民 胜利石油管理局油建一公司机械分公司工人
刘文仓 莱芜钢铁总厂机械厂工人

河南

严聚洲 郑州柴油机厂厂长
吴其亮 郑州纺织机械厂工会主席
俞家骅 第一拖拉机制造厂厂长
李德贵 洛阳轴承厂厂长
吴东源 新乡家用电器厂厂长
陈　乾 航空航天工业部第一一六厂技师
史秀琴 女 安阳机械厂工人
曹裕民 焦作制动器厂科长
严人文 河南第二纺织器材厂工人
张振国 淅川汽车配件厂车间主任

湖北

周忠明 黄石纺织机械厂厂长
易继纯 猴王焊接公司总经理
庞振帮 湖北省十堰市汽车改装厂工人
孙友元 湖北省京山轻工机械厂厂长
赵启英 女 洪湖市纺织机械总厂工人
余世高 第二汽车制造厂铸造一厂六车间班长
田兆库 航空航天部〇六六基地万山特种车辆制造厂技师
徐光华 国营长江光学仪器厂高级工程师

湖南

刘普成 长沙阀门厂厂长
王爱国 女 株洲水泥机械厂车工

朱正芳　湖南省电力机械厂科长
曾即秋　邵阳第二纺织机械厂冷作工
向显德　国营江麓机械厂高级工程师
蒋铁生　衡阳有色冶金机械总厂班长
李建新　中国人民解放军7319工厂厂长

广东

刘铁儿　广州南洋电器厂班长
罗佛光　广东省韶关发电设备厂厂长
田金城　广东博罗县机电设备公司司机
郭荣生　广东省郁南县中兴机器厂车间主任
黎佩珍　女　广州市展华制锁厂压铸组副组长
何大智　佛山国营北江机械厂工人
黄永权　广东省吴川县轻化设备厂厂长
王林保　广东省湛江机械厂科长

广西

李德文　广西南宁印刷电影机械集团公司班长
肖丹启　广西柳州微型汽车厂副厂长
王德息　广西桂林风动工具厂班长
黄　琼　广西北海市电机厂班长
李福硕　广西南宁地区通用机械厂工人
龙自君　广西柳州农用运输车总厂厂长
王玉坤　广西桂林内燃机配件厂党委书记
李春光　广西河池市农机厂科长

四川

吴泽英　女　四川省岷山机械厂工人
李家琛　自贡硬质合金厂十五分厂研磨组班组长
李显祝　国营涪江机器厂厂长
陈子陛　国营建设机床厂厂长
包铃安　重庆汽车发动机厂工会主席
杨腾芳　成都轻型汽车总厂厂长
郭洪财　攀枝花冶金矿山公司机械厂工人
朱伯和　内江锻压机床厂班长
张素珍　女　四川锅炉厂二分厂电焊工
辛起华　东方汽轮机厂工会主席
夏祥贵　中国核动力研究设计院研究员
徐　勤　女　四川省江北机械厂车工
罗文华　四川地矿局成都探矿机械厂厂长

贵州

朱文源　长征电器公司党委书记
张文儒　国营平水机械厂厂长
周惠民　航空航天工业部贵阳航空液压件厂副所长
周玉祥　虹山轴承厂工具分厂工人

云南

赵曙红　昆明铣床厂四车间工人
艾自龙　云南光学仪器厂七车间干部

西藏

小格桑　自治区机修厂打井队队长

陕西

颜福澄　国营长岭机器厂纺电所高工
路　宽　西北林业机械厂销售员
张贵田　航空航天工业部〇六七基地主任
慕明宜　国营五二三厂厂长
陶成泽　国营汉川机床厂厂长
刘进贵　汉中变压器厂工人
王　俊　陕西飞机制造公司工人

青海

薛玉英　女　青海省微电机厂工人

宁夏

宋粉荣　女　天津电焊条公司银川电焊条厂厂长
王宝珠　女　宁夏西北轴承厂工会主席
蒋振声　宁夏长城机器制造厂工人

新疆

吕家魁　新疆电池厂厂长

铁路

朱　超　沈阳铁路局苏家屯机车车辆配件厂车工
艾存义　南口机车车辆机械工厂电力车间电工
李云平　大同机车工厂技师
黄世新　铁道部隆昌工务器材厂工人
徐卫国　铁道部上海铁路通信工厂工程师

全国优秀乡镇企业家

1992年1月份，农业部召开全国乡镇企业家表彰大会，表彰了500名全国乡镇企业家。其中51名被评为全国优秀乡镇企业家(1992年1月23日《科技日报》公布了名单)。在这51名全国优秀乡镇企业家中，机电行业有15名(1992年1月19日《中国机电报》也公布了这部分名单)。

1991年全国优秀乡镇企业家

（按姓氏笔画排列）

王国勋	辽宁省辽阳五金结构厂厂长	段马柱	山西省文水工程机械总厂厂长
王菊明	浙江省平湖光明电讯变压器厂厂长	郭建民	陕西省三原美乐公司总经理
区鉴泉	广东顺德县裕华实业集团公司总经理	徐灿根	浙江省上虞风机厂厂长
陈人金	江苏省武进化工防腐材料厂厂长	温永和	河北省黄骅市大麻沽电路板总厂厂长
吴光荣	江苏省南京摄山电炉总厂厂长	彭灯亮	广东省澄海五金工具总厂厂长
张金海	北京市第二汽车齿轮厂厂长	鲁冠球	浙江省杭州万向节总厂厂长
陈　添	广东省南海县平洲电子厂厂长	缪康强	江苏省南通县江海电容器厂厂长
陈景宝	江苏省江都线路器材总厂厂长		

部级劳动模范

航空航天工业部

		钱阳正	西安飞机公司工人
		熊德春	秦岭电气公司工人
赵健刚	青云仪器厂工人	周学祖	燎原机械厂设计师
李国华	哈尔滨飞机制造公司工人	薛汉平　女	陕西飞机公司工人
泰道银	航空航天工业部627研究所所长	黄冬青	东方仪器厂工人
赵经敏	滨江电器厂工人	梁振河	华燕仪表厂厂长
陆卫国	红卫机械厂工人	董全成	江淮仪表厂厂长
闫光炜	黎明发动机制造公司总经理	蒋庆林	天津航空电气公司经理
陶兴元	长风机械总厂医生	胡文钦	黎阳航空发动机公司经理
肖福寿	沈阳飞机制造公司工人	李联诚	贵州一所设计师
宋德霖	平原机器厂工人	涂人英	双阳飞机制造厂车间主任
孟玉俊	豫北机械厂工人	刘文治	万江机电厂工人
周庆华	哈尔滨物资供应管理处经理	欧贤福	清平刃具厂工人
黄胜临　女	上海飞机制造公司工人	王占平	华阳电工厂副总工程师
陆荣国	中国航空无线电电子研究所高工	段熏鹏	贵阳电机厂厂长
王根宝	东安发动机制造公司工人	王国顺	安湖机械厂工人
成星怀	南昌飞机制造公司高工	张传壁	四川液压附件厂厂长
刘怀英	中国航空技术进出口总公司广州分公司总经理	王灿忠	中国雷华电子技术研究所室主任
		吴文富	成都发动机公司工人
孙肇卿	中国航空技术进出口总公司总经理	张　林	成都飞机公司工人
杨升雄	长江动力机械厂厂长	吕松堂	成都飞机公司室副主任
杨国富	中南传动机械厂工人	朱梧槚	南京航空学院教授
姜朝忠	南方动力机械公司工人	沙伯南	西北工业大学教授
丁国亮	远东机械制造公司设计员	彭育麒	北京航空航天大学副教授
张年祥	宝鸡通用电子公司室主任	谢克光	黎明发动机制造公司主任助理
段先祥	庆安宇航设备公司主治医师	刘振书	航空工艺研究所工人
周自全	航空航天工业部飞行试验研究院室主任	赵振业	航空材料研究所高工
康凤孝	红原锻铸厂厂长	李在田	部机关副司长
尹鹏岱	西安航空发动机公司采购员	毛德华	部机关司长

全国先进班组

（"五一"劳动奖状获得者名单）

由全国总工会于1991年5月评选出先进班组191个，其中机械工业系统有27个；1992年5月评选出207个先进班组，其中机械工业系统有32个。

1991年全国先进班组

航空航天工业部第二三二厂六分厂电加工班
天津市照明电器工业公司氙灯组
包头内燃机配件厂工装车间热处理组
内蒙古变压器厂冲剪组
营口市蓄电池厂化成班
哈尔滨汽轮机厂二车间三工段一班
国营和平机器制造厂二十二分厂四班
上海电冰箱厂技术服务中心
沪东造船厂民品船体车间许伟荣小组
苏州电讯电机厂嵌线班
淮阴机械总厂液压件分厂磨床组
扬州柴油机厂四车间磨床组
临海电机厂第一车间机床班
福建省厦门工程机械厂检验处四金工检验站
福建省闽东电机厂九车间发电机绕嵌班
江西发动机总厂缸盖压铸班
景德镇市印刷机械总厂C620车工班
洛阳轴承厂终磨小组
第二汽车制造厂铸造二厂五车间车铣班
广州锅炉二分厂管子班
四川绵阳国营涪江机器厂八车间八班
国营宇光电工厂十五车间技术组
昆明市机器厂三车间铣工二组
国营东方机械厂八车间802班
兰州油泵油嘴厂热处理班
乌鲁木齐市小汽车修理公司钣金喷漆缝纫组
铁道部成都机车车辆工厂电机车间

1992年全国先进班组

北京化工机械厂十一车间焊工班
中国人民解放军2672工厂动力分厂热力工段司炉班
冶金部第二十冶金建设公司金属制品厂结构一车间铆工三组
国营山西锻造厂轻锻车间五吨模锻班
国营山西机床厂锻造分厂第三生产小组
中捷友谊厂摇钻分厂大臂班
莲花山冶金机械厂柱齿钎头车间车工二班
上海第二石油机械厂运输队
上海船厂造船分厂铜工车间内场电焊班
上海易初摩托车有限公司摩托车厂二金工减震柱组
徐州重型机械厂铆工二组
清江电机厂电工车间嵌线班
杭州制氧机厂透平一组
衢州市机械实验厂车工班
中国扬子电器公司电扇总厂销售处技术服务部
马鞍山铸管厂三车间泥芯班
长江航务管理局安庆港机厂金工班组
福州电线厂中小拉班
南平电缆厂裸线车间束绞组
山东推土机总厂电炉炼钢乙班
山东省烟台造锁总厂锁件三厂栓簧班
郑州第二砂轮厂精磨分厂水浇注成型组
广州市机床工具工业公司广州机床厂齿轮车间五班
广西区建筑机械厂拉管一班
贵阳矿山机器厂铸铁分厂造型二班
国营新云器材厂七车间装配组
云南半导体器件厂硅太阳电池片制片组
国营西北光学仪器厂"三八"女子车工班
宝鸡机床厂大件一班
宁夏吴忠配件厂二车间二班
青海化工机械厂成进文锅炉班
铁道部永济电机工厂锻工车间三吨锤班

〔第Ⅺ部分责任编辑：王亚水〕

机械工业

企业介绍

第Ⅻ部分

目　录

企业简介

企业集团、公司简介

1991年又获上海首届科技节博览会银奖。

企 业 简 介

天津动力机厂

地址：天津市河北区南口西路4号 邮码：300230 电话：261319 传真：086022 663451 电挂：1811 厂长：缪建新 总工程师：吕理乾

简介：该厂建于1936年，现有固定资产9000万元，年产值1000万元，厂区面积23.5万平方米，建筑面积11.5万平方米，设备1247台，工程技术人员457人。该厂是国内第一台中马力高速柴油机的诞生地。

主要产品有：130系列柴油机、T115系列柴油机及50～300千瓦柴油发电机组，是35～300kW工程机械及农机主要配套机型。6130型柴油机已列入国家节能产品，并获部优产品称号。

青海油泵油嘴厂

地址：西宁市柴达木路196号 邮码：810022 电话：43091、43075 电挂：3119 厂长：任明隽

简介：该厂系1970年兴建的油泵油嘴专业生产厂。现有职工686人，其中工程技术人员45人。固定资产原值1223万元。

主导产品：单缸高压喷油总成、喷油器总成、喷油嘴偶件、柱塞偶件、出油阀偶件等5大类25个品种规格。其中S195柱塞偶件和ZS4S1喷油嘴偶件为省优产品。三种偶件年产150万副，品种规格齐全。产品销往全国各地，部分产品通过外贸和边境贸易销往东南亚等国家。

上海向明机械厂

地址：上海市崇明县南门港 邮码：202150 电话：9621580 电挂：9432 厂长：曹树民 总工程师：李道椿

简介：该厂为有三十多年历史的中型企业，是以制造农业机械为主的机械电子工业部重点企业之一，隶属于上海农场管理局。该厂占地面积8万多平方米，建筑面积4万多平方米，职工人数近千人。厂内铸、锻、热处理、冷作及机械加工设备齐全，技术工种门类完整。

该厂主要产品有5XZ系列种子清选机、5XT系列种子加工成套设备、上海4LQ-2.2型收割机及上海-90型新一代谷物联合收割机。其中5XZ系列种子清选机荣获原国家经委优秀新产品奖和国家科技进步三等奖。上海4LQ-2.2型收割机曾获上海市优秀新产品奖、上海市科技成果三等奖，1991年又获上海首届科技节博览会银奖。

龙岩拖拉机厂

地址：福建省龙岩市 邮码：364000 电话：320612 电挂：2151 厂长：李振营

简介：该厂始建于1970年，是机械电子工业部农用运输车定点厂，福建省机械工业重点企业。1987年获省先进企业称号。全厂占地面积104332平方米，建筑面积5万平方米，固定资产1200多万元。现有职工900余人，其中工程技术人员170多人，高级工程师10人。拥有各种大中型机械加工设备300多台，自行设计制造年产5000辆农用运输车生产装配线3条，配备了各种检测仪器、设备。

该厂生产农用车、扫路机、堆高机等农业机械、工程机械和环卫机械。龙马牌农用运输车是主导主品，其中7Y-1B型获省优产品，7Y-1.5型被评为全国“十优”产品，荣获飞马奖，产品畅销全国21个省市，并部分出口国外。

福建省惠安机械厂

地址：福建省惠安螺城南门外 邮码：362100 电话：32782、32783 电挂：2750 厂长：李三通 高级工程师：卢坤生

简介：该厂被评定为1990年度福建排名300家工业企业之一。年销售额2425万元，资产总额505万元，职工人数514人。

该厂创建于1958年4月。从50至80年代初期，主要生产农机产品、水工机械以及12型小四轮拖拉机等。1985年开始研制HA7Y-1.5型农用运输车，后又试制成功HA1815、2015、2815型单排、双排、自卸等系列农用运输车，均通过部、省级技术鉴定，并达到国内同类产品先进水平。

主要产品有农用运输车、水利工程机械和石板材加工机械。农用运输车荣获泉州市科技成果二等奖。深孔闸门盘香式启闭机获省科技成果三等奖。

该厂于1989年11月被福建省人民政府授予“省级先进企业”称号。

天津林业工具厂

地址：天津市南开区临潼路19号 邮码：300110 电话：767861、767862 电挂：0367 厂长：李世祥 总工程师：王振和

简介：该厂始建于1959年，系中国林业机械公司所属的林业工具和木工刃具的专业生产厂。工厂占地面积4万平方米，现有职工849人，其中工程技术人员65人。

该厂主要产品有：木工带锯条、弯把锯、锯链、导板，普通圆锯片、硬质合金圆锯片、木工刃具、高枝剪及手搬葫芦等。其中4″～6″带锯条、手搬葫芦获林业部和天津市优质产品称号。

林工牌带锯条是采用进口优质冷轧钢带经热处理、磨光后制成，锯背平直，表面平整光洁，厚度

均匀，强度韧性均好，锋利耐磨，规格为 0.8mm×75mm 至 1.25mm×150mm，可满足制材和细木车间的需要。

HSS-3 手搬葫芦是小型手动起重工具，额定起重量 3 吨，轻便坚固，安全可靠，携带操作方便，适于流动性临时性作业，更适于无电源或外界条件限制的场合，广泛用于工业、农业、林业、建筑、铁路运输及邮电部门。

西北林业机械厂

地址：陕西省渭南市老城街 150 号　邮码：714400　电话：(0913) 212811　电挂：2651　厂长：卢松龄　总工程师：沈　和

简介：该厂创建于 1966 年，占地面积 15 万平方米。经过二十多年的发展，目前已成为国内最大的生产营林机械的厂家之一，也是全国机械行业重点企业之一，1989 年晋升为国家二级企业。

该厂主要以生产风力灭火机、油锯、弥雾喷粉机等营林机械为主，产品行销全国，其中 BG33 油锯、3MF-4 背负式弥雾喷粉机、6MFA 风力灭火机等产品一直保持着省或部优质产品称号。该厂生产的风力灭火机在 1987 年大兴安岭森林火灾中大显神威，深受用户好评，曾获 1988 年机械电子工业部科技进步成果三等奖，1991 年该产品创销售 13640 台的记录，是森林防火不可缺少的好产品。

“八五”期间国家投资 296 万元，对该厂风力灭火机装配车间进行技术改造，改造后将年增产值 500 万元，新增利税 110 万元。

齐齐哈尔第二机床厂

地址：黑龙江省齐齐哈尔市永安大街 54 号　邮码：161005　电话：475931　电挂：6066　厂长：孙振英　总工程师：毛振庭

简介：该厂始建于 1950 年，现为国家大型一类企业、国家二级企业和部质量管理奖企业。主要生产自动锻压机、数控步冲压力机、高速精密压力机、机械压力机、铣床、加工中心和落地镗铣床等十大系列 200 余个品种。70%的产品达到国际 80 年代水平；国优、部优、省优产品 22 种，J95K-20 型数控步冲压力机获国优金质奖；产品服务领域由机械、标准件等一般行业扩展到电机、电气、汽车、冶金、矿山、航天、造船等国家重点行业，产品行销国内 30 个省、市、自治区，出口到 40 多个国家和地区。国家二类所——齐齐哈尔自动锻压机研究所和黑龙江省大型模具开发中心设在该厂。

湖北省荆州机床厂

地址：湖北省江陵县安心桥路 38 号　邮码：434100　电话：464743　电挂：1643　厂长：黄辛　总工程师：叶怀金

简介：该厂始建于 1958 年。厂区占地面积 7.53 万平方米，拥有职工 1000 余人，加工设备 300 多台（套），具有 30 多年生产机电产品的历史，技术科研力量雄厚，加工设备精良，产品检测手段齐全，现年产车床 1000 多台，出口车床 800 多台，年创汇 300 万美元。

该厂是一个面向国际、国内市场，以生产荷花牌系列车床为主的机床出口专业厂家。主导产品 C6132E-1 车床，1986 年获湖北省优质产品证书，1988 年获机械电子工业部优质产品证书；铸造熔炼设备 R12A1-5t／h 卡腰冲大炉，1988 年获机械电子工业部优质产品证书。1987 年经湖北省政府批准为生产出口车床专业厂，1988 年经国务院机电办、对外经贸部批准为扩大机电产品出口企业。1988～1990 年，连续三年被省政府授予“出口创汇先进企业”称号，1990 年晋升为国家二级企业。该厂产品代表中国机床参加了 11 次国际博览会，受到外商好评。产品远销美国、德国、日本、荷兰、意大利、泰国、比利时、马来西亚和香港等 20 多个国家和地区，成为湖北省出口车床最多的企业，同时在国内市场上，产品多年来行销北京、上海、天津、广州、山东、江苏、浙江、辽宁、四川等地，并获得良好信誉。

昆明机床厂

地址：昆明市茨坝　邮码：650203　电话：50290　电挂：2894　厂长：郭进远　总工程师：杨永健

简介：该厂被誉为中国精密机床工业“一颗明珠”，是一个具有 56 年历史的大型骨干企业。建国以来，先后开发了 200 多种新产品，填补了国内一系列空白。主导产品有精密加工中心、坐标镗床、卧式镗床、仿形铣床、三坐标测量机及精密检测元件六大系列。

近几年来，以深化改革为动力，坚持技术进步，又研制成功具有 80 年代中期先进水平的国内第一台大型精密箱体柔性制造单元，为国家经济建设和高科技发展做出了重要贡献。该厂有 15 种产品获得国优、部优或省优称号，产品不仅国内畅销，而且还远销到了 40 多个国家和地区。

云南第二机床厂

地址：昆明市北郊上马村　邮码：650221　电话：52200　电挂：0059　厂长：李　增　总工程师：秦百永

简介：该厂是国内精密磨床的主要生产厂。其产品设计、工艺制造、计量检测均有较高水平，近年来不断推出的新产品远销美国、西欧、东南亚、中东、南非、澳大利亚等许多国家和地区。

该厂占地 68485 平方米，固定资产 2400 万元，是云南省重点骨干企业，扩大机电产品出口企业。

主要产品有三大系列：(1) 手动、液动、精密、程序控制等多种功能和规格的 SGS 精密平面磨床系列；(2) 功能齐全、精密可靠的

MY1432、MY1420C万能外圆磨床系列；(3)一次装夹磨削内孔和周边磨削端面的内圆端面磨床系列。产品曾获云南省优质产品奖，新产品开发二等奖，科技成果三等奖等多种奖励。

青海第二机床厂

地址：西宁市南川东路12号 邮码：810021 电话：41976 电挂：2504 厂长：黄彦狄 总工程师：常学勤

简介：该厂系1965年由济南第一机床厂内迁建厂，是机械电子工业部机床工具行业中型骨干企业，也是扩大机电产品出口生产企业，国家二级计量合格单位。现有职工2176人，其中工程技术人员390人。

主要产品有半自动花键轴铣床、半自动螺纹铣床、转子铣床、高精度滚刀铲磨床、丝锥磨床、数控仪表车床及多种专用机床，其中螺杆铣床、转子铣床是新开发的技术先进产品，具有较好水平。YB6212半自动花键轴铣床获省科技进步二等奖；SGTB25A高精度滚刀铲磨床、QH_2–017螺杆泵转子铣床、YB6212T半自动万能花键轴铣床获省科技进步三等奖；SBT22A/B半自动丝锥磨床获省科技进步四等奖；SB6110A、YB6012B、YB6212等产品系省优质产品。

上海工具厂

地址：上海市大连路920号 邮码：200092 电话：5418055 电挂：0922 厂长：孙宝鑫 总工程师：薛建新

简介：该厂建于1949年，现已成为专业生产金属切削刀具的国家大型骨干企业。主要生产孔加工、螺纹、齿轮、拉削、铣铰刀、异型、硬质合金等七大类刀具共70个品种4000多种规格的产品。全厂17个主导产品和26个主要产品全部贯彻了国际标准，其中有13个产品分别获得国家和部、市级优质产品称号。该厂1987年被批准为出口基地企业，1988年晋升为国家二级企业，1990年晋升为国家一级企业。

天津市工业泵总厂

地址：天津市北郊区果园南道10号 邮码：300400 电话：590586、590373 电挂：0123 厂长：徐庆友 总工程师：蔡奉献

简介：该厂是机械电子工业部和天津市的重点企业，是国内唯一生产螺杆泵的专业厂家，1987年荣获国家二级企业称号。主要产品有：单、双、三螺杆泵，船用、陆用离心泵及双螺杆输送机、双螺杆压缩机、单螺杆潜油泵等，产品广泛用于火电、水电、造船、石化、机械、矿山、农业、食品等领域，远销东南亚、欧美、非洲等国家和地区。

该厂1985年引进原联邦德国阿尔维勒公司螺杆泵制造技术，1987年引进英国豪尔公司螺杆加工设备，技术力量雄厚，工艺先进，测试手段完善，产品多次荣获国家银质奖和机械电子工业部、天津市优质产品称号，并已通过国际劳埃德船级社型式认可，是我国生产螺杆泵和各种工业泵的主要基地。

山东博山水泵厂

地址：山东省淄博市博山区柳杭路27号 邮码：255200 电话：413532 电挂：4164 厂长：丛经珠 总工程师：孟昭明

简介：该厂是机械电子工业部重点企业，山东省机械厅骨干企业，全国十大泵厂之一。1990年晋升为国家二级企业及省级精神文明单位。

该厂始建于1929年，从1956年开始专业生产水泵，素以产品做工精良而闻名海内外，产品远销亚、非、欧美等66个国家和地区。主要产品有单级离心泵、立式多级泵、锅炉给水泵、油田注水泵、化工泵、喷射泵、输油泵、磷酸料浆泵、低压阀门、矿用排水泵等23个系列153个品种602个规格。IS型单级离心泵继1980年荣获全国泵行业第一块国家金质奖后，1988年又获国家金质奖；DA1型多级泵荣获机械电子工业部优质产品奖，SPB型喷射泵、DL型立式多级泵被评为省优质产品；DGL型高扬程吊泵获国家科技成果奖。

大连耐酸泵厂机械密封分厂

地址：辽宁省大连市沙河口区华北路250号 邮码：116022 电话：442591 电挂：6999 厂长：曲能义 总工程师：殷洪基

简介：该厂是机械电子工业部生产耐腐蚀泵用机械密封的专业厂家，产品除为大连耐酸泵厂生产的耐腐蚀泵配套件外，并向全国各地的石油、化工、轻纺、冶金、冶炼、食品等企业提供配套和维修。该厂现有职工431人，工程技术人员21人，年生产密封产量4万套（件），工业总产值1250万元，利税318.4万元，利润216.9万元。现有机械密封产品18个系列、36个品种、118个规格，另有4个系列机械密封用循环保护系统。

1991年又引进日本皮拉公司10个系列、1400余个规格机械密封和5个系列机械密封用循环保护系统产品的生产技术，现已投入试生产。产品采用国际标准已达70%以上。目前，该厂已有5个系列产品分别荣获市、省、部优产品称号，并且机械密封用循环保护系统，通过部级鉴定，获国家“七五”攻关重大科技成果三等奖，109型超低温泵用机械密封通过部级鉴定，达80年代国际同类产品水平。该厂年优质品产值率已达38.7%，且产品质量多年来在行业抽查评比中均名列前茅。该厂能自行开发和承接国内各大石油、化工企业引进泵用密封的研制任务。

兰州高压阀门厂

地址：兰州市西固区合水路54号 邮码：730060 电话：56711、56712 电挂：5713

厂长：张晓喜　总工程师：宁丹枫

简介：该厂是机械电子工业部重点企业，西北地区最大的高中压阀门生产厂。建于1966年，工厂占地面积18.6万平方米；建筑面积10万平方米，现有职工2000余人。1991年被评为省一级企业。

该厂技术力量雄厚，具有从事阀门研究、设计、生产制造各种碳钢、合金钢、超高压和特殊用途阀门的能力。近年来还开发了蒙乃尔合金和全镍阀门。阀门主要类型有闸阀、截止阀、止回阀、球阀等。产品广泛应用于石油、化工、冶金、电力、矿山、轻工和科研等部门。近年来，工厂引进国外高合金钢阀门的先进生产技术和部分关键设备、测试仪器，生产的产品具有80年代水平，产品畅销全国，部分产品销往美国、东南亚、原苏联等国家和地区。

铁岭阀门厂

地址：辽宁省铁岭市银州区铁道北　邮码：112002　电话：总机33521—236　电挂：2052　厂长：高志宏　总工程师：顾洪涛

简介：该厂始建于1935年，已有57年生产阀门的历史，现为国家二级企业。全厂共有职工3700人，其中工程技术人员194名。工厂占地33万平方米，固定资产6000万元。厂内建有树脂砂造型和冲天炉—电炉双联熔炼车间，可铸造单重15吨的球墨铸铁件，拥有机加设备1000余台，最大机床为8米立车。厂内建有阀门测试基地，最大可模拟DN3000阀门的动水试验。全厂每年可生产各类阀门15000吨。

主要产品有蝶阀，闸阀，止回阀，方、圆闸阀等150多个型号、近1000个规格，公称通径从DN50到DN5000。1984年，该厂引进了日本久保田株式会社的符合美国AWWAC504标准的大型蝶阀制造技术，现已全面国产化。该厂产品广泛应用于电站、城市给排水、冶金、化工等行业，并多次获得国优、部优、省优及各种奖励。该厂是国家"双保"企业，机械电子工业部的骨干厂。

陕西鼓风机厂

地址：陕西省临潼县代王镇　邮码：710611　电话：2382至2385　电挂：7849　厂长：温长生　总工程师：张效恩

简介：该厂是生产透平鼓压风机的国家大型骨干企业。始建于1968年，现有职工3300多人。工厂占地面积46万平方米，固定资产原值8200万元，拥有设备1800余台，能生产离心式鼓风机、压缩机、轴流式压缩机、能量回收透平机组，离心和轴流通风机共5大类、25个系列、300多个品种。

该厂1988年获西安市质量管理奖，并连续获得陕西省机械工业企业管理进步"大十佳"称号；1990年被授予国家二级企业；1991年获机电部工艺管理先进单位和国家安全级企业。先后有9种产品获省、市优质产品称号，取得了35项科技成果奖，其中有4项是国内首创，11项达到国内先进水平。

北京第一通用机械厂

地址：北京市昌平县沙河　邮码：102206　电话：2913435（总机）　电挂：9095　厂长：云庆华　总工程师：陈弟岱

简介：该厂创建于1926年。厂区面积27.8万平方米，现有职工2558人，拥有设备761台。厂内设有压缩机研究所和技工学校，具有较强的技术能力和生产能力。该厂是机械电子工业部大型骨干企业和北京市百户重点企业之一，是中国通用机械行业协会副理事长单位和中国压缩机行业协会常务副理事长单位。

该厂主要产品是气体压缩机，已有30多年的生产历史，产品已形成五大部类、70多个品种、160多种规格，应用于全国各行各业，并向25个国家和地区出口。该厂产品有1个国优、1个部优和2个市优。该厂是重合同守信誉单位。该厂"天坛牌"为北京市著名商标。

重庆通用机器厂

地址：四川省重庆市江北区玉带山1号　邮码：630021　电话：7530021　电挂：9411　厂长：刘在信　总工程师：唐朝斗

简介：该厂建于1938年，系大型二类重点骨干企业。占地37万平方米，固定资产原值5423万元，职工3264人，各类专业技术人员644人。生产离心制冷机（压缩机）、鼓压风机、军用改装车三大类产品。

该厂拥有精大稀等设备565台及250、850千瓦等大型试验装置。1989年被评为国家二级计量单位和"全面质量管理"达标企业，并经省政府批准为省先进企业。

该厂"八五"期间将增设镗铣中心及数控、数显等设备，扩大生产能力，适应发展需要。

蚌埠压缩机总厂

地址：安徽省蚌埠市南郊燕山路　邮码：233052　电话：46181　电挂：0589　厂长：张正坤　总工程师：施恩明

简介：该厂始建于1950年，自1953年起专业生产各类压缩机。1986年被评为省级先进企业，1987年被评为国家二级企业。现有职工2686人，工厂占地面积28万平方米，生产建筑面积10万平方米，拥有各类设备1200余台（套），其中主要生产设备685台（套）。工厂设有压缩机研究所和产品理化、计量实验室，具备完整的加工制造能力，并可根据用户需要研究、设计、制造不同用途的各类气体压缩机。

该厂年产各类压缩机1200余台（套）。主要产品有车装式、固定式、移动式和撬装式，排气量从 0.3～200m^3／min，排气压力由 0.2～45MPa，计 12 个系列 100 余种不同用途的压缩机。

北京冷冻机厂

地址：北京市通县半壁店大街 23 号　邮码：101149　电话：9542895　电挂：1489　厂长：许兆栋　总工程师：马鸿儒

简介：该厂是生产制冷空调设备的国家大型二类骨干企业，是北京市百户重点企业之一。该厂建于 1956 年，占地面积 14.5 万平方米，固定资产原值 4650 万元，职工 1700 余人，其中技术人员 200 余人，高级工程师及教授级高工 30 人。

该厂以工业空调为主导产品，主要生产 10.5～116kW 柜式空调机、机房专用空调机、高精度空调机、低温空调机、冷水机组、冷凝机组、除湿机、热泵干燥机、溴化锂吸收式制冷机、组合冷库等系列产品，其中，机房专用空调机等产品性能达到进口同类产品水平，可替代进口。该厂主导产品的主机荣获国家银质奖，部分产品曾获部颁“质量信得过”证书、市优质产品奖和科技进步奖等。

岳阳制冷设备总厂

地址：湖南省岳阳市金鸡山 4 号　邮码：414000　电话：221311　电挂：2894　厂长：彭鹤仪　总工程师：易树清

简介：该厂是机械电子工业部、中国汽车工业总公司定点生产汽车空调的专业厂家，1986 年分别从联邦德国康维他（KONVEKTA）公司和美国川恩（TRANE）公司引进具有 80 年代国际先进水平的汽车空调、风机盘管的生产技术和设备。主要产品有汽车空调、风机盘管、火车空调、沙漠营房空调、活塞式制冷压缩机、冷水机组、立柜式空调机，产品质量性能可靠，其中 4FS7B 制冷压缩机曾获国家银质奖。

主导产品汽车空调，广泛应用于大中型客车、旅游车、轿车、工程卡车以及冷藏车等，产品畅销国内外。工厂环境优美、设备齐全、工艺先进、技术力量雄厚，综合效益居全国同行业前列。

四川省江北机械厂

地址：四川省重庆市江北县　邮码：631144　电话：0811—721481　电挂：重庆 3068　厂长：叶秉忠　总工程师：张　海

简介：该厂建于 1941 年，1951 年恢复生产，1965 年从广州内迁部分人员和设备定点生产离心机，是机械电子工业部骨干企业，全国最大的离心机生产厂。有职工近 2000 人，拥有固定资 2800 万元，设有离心机研究所和实验室。

主要产品有 HY800 型和 HR400、500、630 型单、双级活塞推料离心机；WL200、350、355、450 卧螺离心机；SS1000、800、600、SX、SG1250、1000、800 三足式离心机；炼油和血粉成套设备；淀粉设备等 9 大类 40 多个品种。其中 HR400－N 离心机获国务院重大科技成果二等奖，SS800－N 获部优，SS1000－N、HR500－N 获省优，另有一大批产品分获国家、部、省、市新产品奖和科技进步奖。

辽宁铁岭精工机器厂

地址：辽宁省铁岭市银州区汇工街　邮码：112002　电话（总机）：40311 至 40314　电挂：6593　电传：816034 PMPTL CN　传真：(0410) 33979　厂长：陈贞华　总工程师：逄守勤

简介：该厂始建于 1956 年，是国家二级企业，现有职工 1750 人，工程技术人员 300 人，其中具有高、中级职称的 70 余人，固定资产 3000 万元，厂区占地面积 11 万平方米，建筑面积 5 万平方米。是国家干燥设备专业生产厂、主要生产有 GZQ 系列振动流化床干燥机、ZW 系列真空振动流动干燥机、TZ 系列粮食（种子）干燥机、GXS 系列旋转闪蒸干燥机、GTQ 系列回转筒干燥机、GSQ 系列真空双锥回转干燥机、GSL 系列气流干燥机、GHR 系列管束式干燥机、GFR 系列翻板干燥机、NGZ 系列真空刮膜转鼓蒸发器和 ZD、SZD、SZL 三个分系列的振动筛分机等，共十多个系列、近百种规格的产品，产品销往全国 27 个省、市、自治区和东南亚国际市场。

该厂生产的 GZQ 系列振动流化床干燥机和 ZW 系列真空振动流动干燥机被国家列为替代进口及节能产品，并相继荣获省优和部优产品称号。该厂是目前国内最大的集生产、科研、试验于一体的干燥设备生产基地，厂内设有国内一流水平的干燥实验中心，并在无锡、武汉、西安建有干燥实验室，承接干燥技术课题试验和用户委托物料实验。

清江液压件一厂

地址：江苏省淮阴市淮海西路 192 号　邮码：223001　电话：343137　电挂：2151　厂长：陈晋隆

简介：该厂始建于 1956 年，是机械电子工业部重点企业。现有职工 1000 余人，其中高级工程师 6 人，工程师 41 人。拥有固定资产 1157 万元，全厂占地 8.2 万平方米，建筑面积 3.2 万平方米。主要生产 CBN－E 型中小排量、中高压齿轮泵及与之相配套的多路换向阀、分配器、油缸等液压件产品。其中 3M 齿轮泵获国家银质奖。“七五”期间为发展名优基础件产品，相继投入 600 余万元技改资金，使液压件综合生产能力达 15 万件／年，其中齿轮泵 12 万台／年。“八五”期间技术改造经批准总投资为 998 万元，并通过现代化管理，使产品再上一个新台阶。

广州橡胶密封件厂

地址：广州市荔湾区周门路 36 号　邮码：

510176 电话、图文传真：（020）8812935 电挂：0783 厂长：容如驹

简介：该厂是机械电子工业部橡胶密封件定点生产厂。配备有：引进的日本自动卧式注射成形机、原联邦德国立式注射成形机、高精度坐标镗床、硫化测定仪等密封件生产设备、模具制造设备及测试仪器，具备密封件配方工艺设计、结构设计、模具设计能力。

该厂按国家标准生产"O"形橡胶密封圈，骨架油封、往复运动用密封圈，并能设计加工各种异形橡胶密封件，以及氟橡胶、硅橡胶、聚氨酯、聚四氟乙烯等不同材料的密封制品。等效于ISO3601／1—1978国际标准的新国家标准"O"形橡胶密封圈已批量生产。该厂现有厂房1万平方米，密封件年生产能力5000万件。

中山市轴承总厂

地址：广东省中山市青溪路 邮码：528402 电话：（07654）823504 电挂：6519 电传：426023 ZSBRF CN 传真：（07654）829118 厂长：宋建柱 总工程师：张钊贤

简介：该厂始建于1968年，自1986年起，大力引进国外先进技术，进行大规模技术改造，发展到目前拥有中山精密钢球厂、中山轴承厂、中山轴承专用设备厂、中山轴承工具厂等多家工厂组成的集团式企业。现有职工700人，其中科技人员114人，具有高、中级职称19人。是机械电子工业部的重点企业，广东省机械行业的骨干企业。年产DW3.175～12.7精密钢球6亿粒，外径D40～D120深沟球轴承800万套，精密钢球专用机床100台，年产值8000万元。

东莞市轴承厂

地址：广东省东莞市莞太路 邮码：511700 电话：221784、222548 电挂：2110 厂长：熊检 总工程师：余庆堂

简介：该厂是机械电子工业部的重点企业、国家二级企业，现有职工640人，固定资产2181万元，厂区占地面积4.7万平方米。

该厂技术力量雄厚，生产设备先进，工艺完善，检测手段齐全，质量可靠，主导产品UCP200全系列获省优质产品称号，其中UCP204、UCP205、UCP206、UCP207获部优质产品称号。现可生产7个系列300多个品种规格的公、英制带座外球面轴承，产品畅销全国各地，出口欧、亚、美等三十多个国家和地区。

该厂以市场为导向，不断调整产品结构，开发新产品；注重技术进步，进口关键设备，有较强企业后劲；不断完善企业内部管理，有良好经济效益和社会效益，连续三年被机械电子工业部评为"出口创汇先进单位"，1991年又被评为"全国轴承工业经济效益先进单位"和广东省文明单位。1989年被国务院机电办和经贸部批准为出口基地企业，具有自营进出口权。1991年产量达到164.43万套，产值达到4074万元。

"八五"期间，该厂计划技改投资4000万元，年生产能力扩大到500万套，为国家创汇1500万美元，建成一个具有经济规模的外向型企业。

江苏省无锡探矿机械厂

地址：江苏省无锡市跨塘路48号 邮码：214026 电话：555731 电挂：0208 厂长：徐兴 总工程师：黄克杰

简介：该厂创建于1956年，现有职工910人，其中工程技术人员181人，是地质矿产部钻探设备制造专业定点厂，国家机械工业重点企业。拥有钻探设备研究所。

近十年研制出17种新设备，形成了国内首创的G型钻机系列。SH30-2型、XY-4型钻机获国家银质奖，G-1型、G-2型、G-2A型、G-3型钻机获省、部优质产品称号，G-1型、G-1A型钻机获省科研成果二等奖，G-3型钻机获国家技术开发优秀成果奖。企业获地质矿产部质量管理奖，为国家二级企业。目前，该厂的产品设计、工艺技术、制造能力和市场占有量达到国内同行业先进水平，尤其是工程钻机和岩心钻机的制造技术是全国同行业厂家水平较高的单位之一。

湖北煤矿机械厂

地址：湖北省咸宁市 邮码：437002 电话：22829 电挂：4349 厂长：贾茂 总工程师：洪积深

简介：该厂始建于1970年，是原国家机械工业委员会确定的重点企业，现为中国煤矿机械装备公司直属企业，是煤炭工业专业生产刮板输送机定点厂之一。有职工1404人，其中技术人员88人；拥有各类设备877台，其中金属切削机床146台；固定资产原值2776万元，年工业总产值3232万元

该厂主要产品有SGD-280／11、SGD-320／18.5、SGD-420／22、SGB-520／44、SGB-630／80型单链和双链两个系列13个品种的刮板输送机。其中：17B型刮板输送机1983年荣获国优银质奖，$\phi 14\times 50$高强度矿用圆环链1982年获国优银质奖，另有3种产品获部优，5种产品获省优。$\phi 14\times 50$圆环链制造技术1982年获湖北省科技进步二等奖，新工艺等离子喷焊强化中部槽技术1983年荣获煤炭行业科技进步一等奖。

该厂技术力量雄厚，检测手段齐全，为国家二级计量单位。产品质量高、信誉好、行销全国27个省、市、自治区的40个矿务局，$\phi 14\times 50$圆环链远销东南亚和西欧国际市场。

昆明煤矿机械总厂

地址：昆明市官渡区小坝 邮码：650224

电话：53219　电挂：5907　厂长：高明田

简介：该厂始建于1960年，是原国家机械工业委员会确定的重点企业，现为中国煤矿机械装备公司生产煤矿机械产品的重点、定点厂之一。1990年被评为国家二级企业。现有职工3458人，其中专业管理人员413人，中、高级技术职称的165人。拥有设备1531台，其中金属切削机床494台。固定资产原值6522万元，年工业总产值10265万元。

该厂生产的主要产品有刮板输送机、带式输送机、单体液压支柱等三大类、12个系列和其它非标准设备及配件。该厂还是煤炭系统生产综采设备圆柱齿轮、圆锥齿轮、螺伞齿轮的定点厂之一。年生产能力20000件、400吨。其中SGB-520／34型刮板输送机、SD-40P带式输送机等5种产品1990年荣获省优质产品称号，DZG单体液压支柱1990年荣获部优质产品称号，SGB-420／30刮板输送机1990年荣获国优银质奖。

该厂技术力量雄厚，工艺、设备先进，检测手段齐全，产品质量可靠，在用户中享有较高声誉，产品销往全国21个省、市、自治区的60个矿务局、121个煤矿。

莲花山冶金机械厂

地址：辽宁省锦西市　邮码：121514　电话：441023　电挂：2111　传真：04261—441022　电传：815015 JZ LHS CN　厂长：成立华　总工程师：张石杰

简介：该厂隶属于中国有色金属工业总公司，是凿岩钎具生产的重要基地，生产凿岩钎具已有四十年的历史。该厂技术力量雄厚，装备先进，生产能力强，具有科研、设计、机械加工等综合能力，拥有先进的生产线和现代化的检测手段，钎具年产量居全国之首。

主要产品：各种规格型号的硬质合金钎头、钎杆、钎尾、风动和液压凿岩机备件，HYD200和HYD300型液压凿岩机。其中一字型钎头获省、部级优质产品奖，柱齿钎头获国优产品银质奖，被机械电子工业部公布为第二十五批替代进口产品。该产品在国内外具有较强的竞争实力，其质量在国内领先并达到发达国家80年代水平。柱齿钎头和十字钎头已批量销往澳大利亚、南非、法国等十多个国家和地区。引进法国技术制造的HYD系列液压凿岩机，经国家技术鉴定，其性能参数基本上达到了80年代中期国际水平，被机械电子工业部公布为第二十批替代进口产品。新开发的各种型号电冰箱压缩机底座已批量投产，年产百万套（件），质量居国内领先，符合意大利压缩机铸件标准。

福建省三明重型机器厂

地址：福建省三明市列东街　邮码：365000　电话：(0598) 222701　电挂：4453　厂长：林荣湘　总工程师：蔡德茂

简介：该厂建于1958年。全厂占地面积41万平方米，建筑面积20万平方米。设有机械加工和热加工共十个分厂（车间）。设计规模为年产机器产品1.5万吨。厂区有铁路专用线3.7公里与鹰厦铁路相连。拥有固定资产5722万元，主要设备597台。现有职工2400多人，各类专业技术人员400余人，其中高级工程师22人，工程师158人。是机械电子工业部重点企业，福建省机械工业的骨干企业，省级先进企业。

该厂主要产品有：压实机械设备、轻工机械设备、成套水泥设备、冶金、锻压、耐火材料设备、矿山破碎设备、压力容器等。其中YZJ12振动压路机获部优、省优，$\phi 2\times 21$米蒸压釜获省优产品称号。

昆明重型机器厂

地址：昆明市茨坝　邮码：650203　电话：5150091　电挂：6833　传真：0871—51500151　厂长：戴森林　总工程师：伍必琮

简介：该厂始建于1958年。现有固定资产原值1.1亿元，占地面积80万平方，职工5000人，各类专业技术人员1200余人。属机电工业重型机械行业，为国家大型骨干企业，国家二级企业。主导产品：(1) 冶金设备：中小型精密轧机和大规格高水平拉丝机的研制和生产居国内领先地位。(2) 矿山设备：主要是各种规格的窑类和球磨、破碎设备。国内首次与国外（奥地利钢铁联合公司）合作制造的VABE550型斗轮挖掘机成套设备代表着当今中国斗轮挖掘机的设计制造水平。(3) 起重设备：主要是各种规格的门式、桥式、塔式起重机。其中132HC利勃海尔塔吊已成批出口东南亚。(4) 其他设备：磷化工设备、橡胶机械、建设及水利机械、大型铸锻件等。

该厂连续获得1990、1991年全国重型机械行业大型骨干企业厂际联赛第一名，获1991年第四届云南省企业管理优秀奖，1991年首届云南依法治厂“金帆奖”。

山东冶金机械厂

地址：山东省淄博市南定新村路1号　邮码：255064　电话：290492　电挂：8093　厂长：王玉成　总工程师：罗维声

简介：该厂始建于1953年，现有职工1772人，其中各类专业技术人员360多人，拥有金工、铸钢、铸铁、压力容器等四个车间和一个机动分厂。厂区占地面积30多万平方米，有固定资产1612万元（净值），拥有各种设备近500台，其中有从国外购置的9米龙门刨、梅花铣床，有国产的8米立车、5米滚齿机、人字齿轮铣床和1.6×5.5米热处理深井电炉等先进设备。厂内设有自备制氧、变电、供排水等完善的生产配套系统。设备齐全，技术力量雄厚，检测手段完备，产品品种多，销售国内外。主要产品有直径250、300毫米短应力线轧机，直径2.4米湿碾机，MQL3000煤气发生炉，紧凑式轧机等。

武汉钢铁公司电器修造厂

地址：武汉市青山区厂前　邮码：430083　电话：662563　电挂：027-7005　厂长：于汶秦　总工程师：迟　峰

简介：该厂是以修为主，修造并举的武钢主要辅助生产厂。创建于1957年。主要承担进口电气设备检修及电机、电焊机、变压器、电控设备修造和电器开关备品备件制作等任务。1991年有职工1761人，创产值2731万元，创利润387万元。

该厂技术力量雄厚，生产设备先进，修造手段齐全，有各类专业技术人员144人，还拥有外部电气工程检修，电机、电焊机和变压器的修理与制造，电控设备修造与安装，电器开关备品备件制作，电磁线生产，炼钢用铝杆轧制，以及电气设备质量检测等9条生产作业线。1989年获湖北省和武汉市质量管理奖，1990年获武汉市“节能技术改造及推广应用节电新技术先进企业”等。为武钢新三轧系统开发生产出六大系列300多种电器备品备件定型产品取代进口。1990年生产的四种规格聚酯漆包电磁线达IEC国际标准，并获武汉市优质产品。1991年，获国家生产低压成套电控设备的生产许可证——红证，S_9-1000型节能型电力变压器、BX_1-300型和BX_1-500型节能型交流弧焊机获湖北省节能产品证书。

韶关冶金机械厂

地址：广东省韶关市五里亭　邮码：512000　电话：(0751) 882654　电挂：0113　厂长：黎远秋　副总工程师：黄兆民

简介：该厂是中国有色金属工业总公司直属的全民所有制企业，创建于1965年，是有色金属工业总公司生产矿用风机的定点厂。该厂设备齐全，技术力量较强，检测手段先进，拥有新型多功能风机自动测试仪。

主要产品：GKJ系列局部轴流通风机，低压大风量GKF-No7.1、No8风机（辅扇），低压大风量GF35-No5、No6.3风机（辅扇），YOTJ调速型液力偶合器（YOTJ-360-630），中小型选矿(30～70吨)成套设备及工矿备件。GKJ、GF系列局部轴流高效节能通风机，1985年通过部级鉴定，被国家经委、计委列入“七五”期间国家重点新技术推广项目。该厂系列风机和液力偶合器多次荣获部、省级科技进步奖、省优质产品奖和优质产品称号。1988年该厂被授予“广东省质量管理先进企业”和省级先进企业称号。

承德石油机械厂

地址：河北省承德市　邮码：067000　电话：223490(总机)　电挂：4258　厂长：张仁杰　总工程师：高万安

简介：该厂建于1970年4月，是石油系统内部机械厂中唯一生产机、电两大类石油专业设备的定点厂。全厂占地面积62243平方米，建筑面积49822平方米。现有职工1070人，工程技术人员120人，其中，高级工程师10人，工程师60人。拥有生产设备428台，主要生产设备212台。建有铸造、锻造、铆焊、热处理、金工、电机和工具维修等7个生产车间，20余个职能管理科室。固定资产原值2481万元，年产值2000余万元。1988年评定为国家一级计量单位。

建厂22年来，先后生产机械产品和电机产品共120余个品种。机械产品有：30MPa、40MPa、70MPa的钻采配件系列产品和35MPa、70MPa的压井管汇、节流管汇、固井管汇、压裂管汇、地层测试器地面控制设备、样品分析装置以及钻杆校直机、电缆桥塞、井壁取芯器等钻采设备。先后有DC35地层测试器地面控制设备获石油部优秀科技成果二等奖，YG35压井管汇、JG35节流管汇获石油部优秀新产品三等奖，并获石油部优质产品奖。YG70压井管汇、YJG70节流管汇获中国石油天然气总公司科技进步三等奖。

电机产品中，先后生产0.6kW至800kW电动机和120kW、630kW、750kW发电机。自1983年以来研制生产了游梁式抽油机专用的驱动设备、超高转差率电动机，并逐步形成CJT-2型、CJT-3型、CJT-4型、CJT-5型抽油机节能拖动装置系列化产品，为油田抽油机节能、增产、改善运行状况提供了优良的驱动设备，被国家列入推广的48项节能新技术之一。CJT-3型抽油机节能拖动装置1991年荣获国优金质奖。

江汉石油管理局第三机械厂

地址：湖北省天门市龙尾山　邮码：431734　电挂：1126　厂长：侯长保　总工程师：陶伦绪

简介：该厂原为新疆石油管理局独山子机械厂，始建于1950年，1970年内迁湖北省天门县为国家石油钻采设备骨干生产企业，石油部文明工厂，省级先进企业，国家安全级企业。

现有职工2600多人，其中工程技术人员占8.2%，技术工人占80%以上；拥有固定资产净值6300多万元；各种设备1100多台（套），占地面积93.3万平方米，总建筑面积为18万多平方米。年工业产值7500多万元，产量17000多吨，是生产石油钻采设备的主要厂家之一。

各类检测技术、计量手段齐全，工艺配套，能按国内外标准、规范和用户的要求，设计制造各类石油钻采设备。主要产品有抽油机、气体压缩机、特种车辆、工业泵四大系列和天然气发动机、空气净化装置、12V90柴油机配件等34个品种。其中18项产品分获省、部优质产品奖，ZW-12.5／8型空压机获石油部优秀科技成果奖和国家科技进步二等奖，节能型抽油机获石油部科学技术进步一等奖。优质品产值率达83.5%以上。铸铁件生产在总公司名列前茅，多种牌号的球墨铸铁产品，均享有盛誉。1988年，从美国德莱赛兰公司引进天然气压缩机组制造技术及关键设备，于1991年12月剪彩投产，带动了全厂的技术改造和科技进步。

苏州化工机械厂

地址：江苏省苏州市虎丘路22号　邮码：215008　电话：731972　电挂：8002　厂长：郭忠良　总工程师：徐雄飞

简介：该厂建于1958年，是生产压力容器的专业工厂，机械电子工业部重点企业。占地面积71000平方米，建筑面积40000平方米。现有职工750多人。1989年被评为省级先进企业。

主要生产化工、化肥、炼油设备及螺旋板、薄管板系列管式换热器，年产量为3000吨。近年又先后开发出KLH可拆式螺旋板和铝镁合金、超低碳不锈钢等各种不同材质的压力容器，其中有四种产品被机械电子工业部列为第一批替代进口产品，KLH可拆式螺旋板换热器获苏州市新产品"金马"奖、市科技进步奖、江苏省新产品"金牛"奖。螺旋板式换热器产品质量居国内领先，畅销国内并配套出口东南亚、东欧等地。

福建省三明化工机械厂

地址：福建省三明市长安路23号　邮码：365001　电话：237770　电挂：7560　厂长：余有江　总工程师：王绍亨

简介：该厂始建于1958年，是机械电子工业部骨干企业、省级先进企业，也是列入省重点扶持的一百家大中型企业之一。该厂占地面积33.4万平方米，职工近2000人，固定资产原值3348万元，主要生产设备528台，拥有年产6000吨钢水冶炼和4000吨机械加工能力。

主要产品有橡胶机械、塑料机械、高中压阀门、压力容器、金属结构件、商品铸件等六大类70多个品种，其中直径1310（A）、1310、1525毫米三种轮胎硫化机和5000kN胶囊硫化机，分别荣获机械电子工业部和福建省优质产品称号，并先后批量出口泰国、印尼、尼泊尔、朝鲜和台湾等国家和地区。1991年，该厂被国务院机电产品出口办公室批准为扩大机电产品出口生产企业。

朝阳重型机器厂

地址：辽宁省朝阳市黄河路3段22号　邮码：122000　电话：210501、216601、219131　电挂：6613　厂长：齐中兴　总工程师：曲文波

简介：该厂建于1959年，现有职工7600人，其中工程技术人员450人。工厂占地面积48.8万平方米，拥有各种设备近2000台，年生产能力2万吨以上，是生产建材设备的大型骨干企业。该厂"七五"期间，从德国、日本、美国、意大利等国引进了6种系列产品的制造技术，使产品进入国际80年代水平。

主要生产：4.4万～60万吨／年水泥熟料成套设备和灰砂砖厂、彩釉墙地砖厂、水磨石厂、大理石厂成套设备以及冶金、矿山、化工等行业的破碎、冶炼、烘干、输送除尘等设备及各种压力容器。该厂被评为国家二级企业，并荣获国家建材局授予的质量管理奖，获国家计量局计量一级合格证书和标准化二级合格证书，连续八年被评为省级文明工厂。

湖北水泥机械厂

地址：湖北省黄石市牧羊湖　邮码：435000　电话：224966、224967、224968　电挂：2894　厂长：杨巨川　总工程师：徐源河

简介：该厂建于1967年，现有职工2140人，其中技术人员330人，工厂占地面积18万平方米，拥有固定资产2700万元，是我国建材行业重点大型骨干企业，产品远销国外及国内30个省、市、自治区（含台湾地区）。

该厂"七五"期间，从德国、美国引进水泥包装和气力输送设备设计制造技术，使产品具有80年代国际水平。并可提供年产30万吨以下水泥熟料成套设备，工厂被原国家机械委确定为500家骨干企业之一，属中南地区的最大的水泥机械设备厂，并荣获国家二级计量单位，被评为湖北省级先进企业。

天津工程机械制造厂

地址：天津市河东区津塘公路156号　邮码：300180　电话：490323　电挂：3984　电传：23210 TJEMP CN　厂长：田世文　总工程师：朱礼逊

简介：该厂是以生产平地机、装载机为主导产品的国家机械工业重点骨干企业。占地面积20万平方米，建筑面积11.6万平方米，固定资产原值4413.6万元，净值2023.4万元，职工2307人。1991年，工业总产值4201万元，上交利税329.2万元，完成全年各项经济承包指标，保持了市先进企业称号。

该厂适时调整产品结构，大力开发新产品，并采用引进技术对平地机、装载机两个产品进行改型，以适应市场需求。改型后的PY160B平地机和ZL45A装载机性能、外观造型有了较大改进，投放市场后畅销。

黄河工程机械厂

地址：陕西省华阴市　邮码：714202　电话：2841　电挂：1696　厂长：王宝琮　总工程师：张长泰

简介：该厂始建于1968年，是国内产量大，品种多的大马力履带推土机、装载机专业制造厂。1979年与日本小松公司签订了大马力履带推土机

合作生产合同。全厂职工 3037 人，占地面积 58.16 万平方米。

该厂还设有陕西省工程机械研究所和跨西北三省的西北工程机械联合公司，并与 100 余家企业组成配套协作网。“七五”期间进行重大技术改造引进日本东芝公司的加工中心及数控切割机床、热处理生产线、三坐标测量机等，并建成台车架、后桥、装配三条生产线。该厂现为机电部重点骨干企业、省级先进企业，1989 年被批准为出口创汇企业，陕西省超前改革试点企业。先后获得厅局级、省部级和国家级荣誉称号 33 种（次）。

中国纺织机械厂

地址：上海市长阳路 1687 号 邮码：200090 电话：5432970 电挂：2543 厂长：金伟 总工程师：苏项

简介：该厂创建于 1946 年，是国营大型纺织机械骨干企业，国家二级企业，全厂占地面积 30 万平方米，现有职工 6323 人，拥有包括加工中心、数控车床、坐标磨床、精冲床、三坐标测量仪等生产设备 3700 台，并建立了有当代先进水平的加工中心车间和树脂砂造型车间。具有年产各类纺织机械 3 万台、无级变速器 1800 台和 400 吨粉末冶金制品的制造能力。

主要产品有 GA615、GA618、G263 等有梭织机，GA741、GA743、G745、TP500 等无梭织机，P 型齿链式、PRB6 滚柱式、PUX3 重锤式等无级变速器和各种铜基、铁基粉末冶金制品，产品除供应国内市场外，还远销世界 40 多个国家与地区。

威海市印刷机械厂

地址：山东省威海市环翠区解放路 38 号 邮码：264200 电话：225023 电挂：1417 厂长：李宗科

简介：该厂是机械电子工业部生产印刷机械的定点厂，建于 1954 年，1965 年开始生产印刷机。工厂占地面积 10 万平方米，现有职工 565 人，主要设备 280 台，其中加工中心、三坐标测量仪等设备 16 台，固定资产原值为 2000 万元。属山东省骨干企业、机械电子工业部重点企业，1988 年被评为省级先进企业，1989 年晋升为国家二级企业。

主要产品有平台印刷机、小胶印机等 5 个系列、14 个规格品种，其中平台印刷机曾获省、部优称号，单双面小胶印机达到国际 80 年代中期水平，并先后获国家科技贷款成果“金箭”优秀奖，省“科技兴鲁”一等奖和国家火炬高新技术产品“银奖”。

陕西印刷机器厂

地址：陕西省渭南市朝阳中路 12 号 邮码：714000 电话：（0913）214140 至 214149 电挂：0603 厂长：马德钦 总工程师：祁英松

简介：该厂是机械电子工业部大型骨干企业。工厂占地面积 30 万平方米，建筑面积 7.5 万平方米，固定资产 5000 多万元。现有职工 2500 多名，其中工程技术人员 242 名，高级工程师 27 名。有各类机械加工和检测设备 500 多台，其中包括进口德国沃坦公司的大型卧式加工中心和西欧国家的数控精密加工机床及检测设备。

该厂是生产印刷机和包装装潢机械的专业厂，目前有四大系列 30 多个品种：(1)以引进德国海得堡印刷机制造技术为核心的一回转凸版印刷、烫金装潢机械；(2)软包装材料凹版印刷机械；(3)软包装材料复合、分切机械；(4)纸箱柔版印刷、开槽、模切机械。

富春江水工机械厂

地址：浙江省桐庐县富春江镇 邮码：311504 电话：51111、51211 电挂：1381 厂长：吴正方 总工程师：宋兆光

简介：该厂以设计和制造大中型成套水轮发电机组为主，同时生产电站备品配件、大型金属结构件、施工机械、起重设备及化纤、冶金设备。是机械工业骨干企业和扩大机电产品出口生产企业及国家二级企业。

该厂建于 1970 年，隶属能源部、水利部，占地 36 万平方米，职工 2353 人，生产性固定资产为 5018 万元，拥有各种加工设备 1300 余台（套），设有水力机械研究所，从国外引进了具有当代国际先进水平的多功能、高精度水力机械通用试验台。产品销往国内 28 个省、市、自治区的一百多座电站，其中有转轮直径为 8 米的 75MW 和 60MW 水轮发电机组 8 台（套），转轮直径为 5.5 米和 4.1 米的 15.5MW 和 9.3MW 贯流式机组各 2 台（套）。并有总重 3500 余吨的机电产品销往美国、德国、日本、澳大利亚等 8 个国家。12 项产品分别获国家、部、省科技进步奖和优质产品奖。

广东省水利水电机械厂

地址：广州市永福路 48 号 邮码：510500 电话：7714981 电挂：4144 厂长：郑桃生 总工程师：王春桐

简介：该厂是有 30 多年历史的国营中型企业，是省属水利水电设备生产的骨干企业，是水利部水轮机调速器定点生产厂。占地面积 2.2 万平方米，现有职工 450 人，专业技术人员 86 人。

产品分四大类：水工金属结构类、水轮机调速器类、起重设备类、电子产品类。T-100 水轮机调速器、CT-40 机调改电调分获省科技进步奖。YT 型水轮机调速器获 1988 年省优称号，卷扬式启闭机获 1989 年省优称号，YDTA 型水轮机调速器获 1989 年省优、部优和国优银质奖。为国家二级计量单位，通过了能源部、水利部质协全面质量管理验收。获 1986～1988 年广东省立功创先竞赛

先进集体，1988年水利部先进单位。1990年获省、部级先进企业，1991年获国家二级企业，同时荣获"七五"期间国家级企业技术进步奖。

黑龙江省汽车工业贸易总公司

地址：哈尔滨市道里区通达街145号 邮码：150076 电挂：1006 电话：401525、404056、404989 电传：8720 HAITC CN 传真：401063 总经理：张 信

简介：该公司是1961年2月根据国家计委、国家经委、商业部、交通部关于"实行专业公司归口管理"的决定精神成立的全民所有制企业。隶属黑龙江省机械工业厅。总公司下设10个分公司。

经营范围：各种国产、进口汽车，摩托车，汽车、摩托车配件及横向产品；兼营建材、五金交电、机电产品、化工产品等，1988年经省政府批准该公司对苏边境贸易权，进一步扩大了公司的经营范围。

30年来，公司实现销售额268923万元，为国家上缴利润6264万元。

公司职工在"团结、奉献、拼搏、实干"的公司精神鼓舞下，坚持"信誉第一，用户至上"的服务宗旨，竭诚为用户和生产企业服务。1991年被省委、省政府授予"省直文明单位"，被省经贸委授予"地方边境贸易先进企业"荣誉称号。

烟台汽车制造厂

地址：山东省莱阳市旌旗路21号 邮码：265200 电话：831211 电挂：0208 厂长：封国贤

简介：该厂是一个具有40多年历史的省属国营中型企业，是山东省轻型汽车生产的龙头厂。现有职工2000人，厂区面积21.2万平方米，主要生产设备453台，固定资产总值3500万元，现已形成年产8000辆轻型汽车的生产能力。

该厂的主导产品YTQ1041系列轻型汽车，具有结构科学、先进，造型大方美观，内饰软化精细，操纵灵活方便等特点，其动力性、经济性、密封性均达到国际80年代水平。1988年以来，连续四年被国家汽车质量检测部门评定为一等品。

1991年，该厂在"质量、品种、效益年"活动中，通过扎扎实实的工作，取得了显著的成绩，工业总产值、利润分别比1990年增长47%和4.7倍，荣获山东省"经济效益排头兵企业"、"技术进步先进企业"和"明星企业"称号。

东风汽车公司（原名第二汽车制造厂）

地址：湖北省十堰市 邮码：442001 电话：23401、23402 电挂：0057 厂长（经理）：陈清泰 总工程师：宋延光

简介：该厂始建于1969年，是中国自行设计装备建设起来的现代化汽车厂，国家一级企业。由36个分厂组成，拥有职工8万余名，设备2.75万台，固定资产（原值）33亿元。工业建筑面积190万平方米，年产销东风牌卡车逾14万辆，是国内规模最大的汽车工业基地。1991年实现销售收入58.8亿元。

主要产品有EQ240两吨半越野车、EQ140-1五吨载重车、EQ153八吨柴油车等7种基本车型，及由此发展起来的81种变型车和172种改装车。截至1991年12月已累计产销东风牌卡车110万辆。主导产品东风EQ140-1汽车以其功率大、车速高、油耗低、环境适应性强、安全可靠和用户经济效益显著等特点深受用户喜爱。1991年整车荣获国家银质奖。在全国建立了5个销售分公司、7个经理部和283个技术服务站，并已同世界上40多个国家和地区的300多家公司建立了生产技术和贸易联系。1989年11月19日与法国雪铁龙汽车公司签订了合作生产年产15万辆（一期工程）的轿车厂。目前，东风牌汽车、自卸车、越野车、客车等33个车型已远销到东南亚、南亚、中东、非洲、南美洲，为广大用户服务。

湖北气门厂

地址：湖北省麻城市新建街47号 邮码：431600 电话：412404、412126 电挂：7024 厂长：陈明珠 总工程师：谢文淼

简介：该厂创立于1954年，为国内专业性生产内燃机气门之先导，专门从事国内外各种内燃机进、排气门之制造。是机电部和中汽总公司定点厂，二汽集团联营厂，国家二级企业。

该厂具有全国第一家气门研究所，技术力量雄厚，引进美国、德国生产线及关键设备，装备精良，集摩擦焊接、等离子转弧堆焊、高效热挤压、杆部镀铬、软氮化、小端焊片、"U"型淬火、锥面淬火之大全。工艺先进，制造过程无不经过精密仪器之严格检查及品质管制。占全部产值80%以上的东风系列、解放系列和农机95系列产品均为部优，其余全部产品为省优。年生产能力800万支（出口50万支），工艺设计符合国际标准，产品畅销全国，出口欧美市场。

四川朝阳机器厂

地址：四川省绵阳市仙人桥 邮码：621000 电话：(0816) 22213 电挂：7117 厂长：尹玉阶 总工程师：张嘉贤

简介：该厂是兵器工业总公司直属企业，是长安微型系列专用汽车定点生产厂。主要生产"长安"双排座汽车、各类型专用汽车、汽车零部件。产品采用日本铃木公司技术生产，质量达到同类产品先进水平，检测仪器齐备，产品畅销全国各地。

该厂建于1969年，占地面积104万平方米，建筑面积16.8万平方米，拥有固定资产5280万元，各类机械设备1630台（套），现有职工2875人，工程技术人员246人，其中高级工程师41

人。1980年获"大庆式"企业，1985年获绵阳市"文明单位"，1986年获国家二级计量单位称号。箱式保温车1991年获国家科委新产品展览银质奖。

丹东市小汽车配件厂

厂址：丹东市桃源街423号 邮码：118002 电话：661282 电挂：0069 厂长：王鸿才 总工程师：张仁德

简介：该厂始建于1960年，是生产轻型汽车配件的专业厂。品种有：车桥总成、车架总成；主要产品型号为：BJ2023、BJ2032、BJ2020N、BJ1021AQ、ZQ6450。年产量：车桥3万件，车架5000件。

该厂占地面积2.2万平方米，建筑面积为8000平方米，固定资产500万元。现有职工450人，其中工程技术人员40余人，生产工人平均技术等级为6级。

该厂是中汽协会成员厂，是丹东市"明星企业"、"重合同守信用单位"。

该厂于1986年、1990年先后两次通过了产品鉴定，其产品主要为汽车制造、改装配套服务，产品质量优良，售后服务及时。

湖北汽车灯具厂

地址：湖北省襄樊市襄城区 邮码：441021 电话：514105 电挂：3597 厂长：江中海 总工程师：谷振邦

简介：该厂始建于1970年，是国家投资兴建的汽车灯具专业骨干厂，国家一级计量单位，国家进口汽车湖北商检实验室灯具站，"八五"技改国家重点扶持的汽车零部件生产企业。工厂占地6万平方米，建筑面积5.3万平方米，职工1116人，工程技术人员140人。1982年从日本小系制作所引进汽车防眩目前照灯设计制造技术及相关的检测和关键工艺设备。ND170-3/3C防眩目前照灯于1984年在全国汽车灯具行业中被评为第一个部优并保持至今。1985年原机械工业部首先为该厂颁发了采用国际标准证书。多种产品被评为省优。目前生产环宇牌的东风、斯太尔、五十铃等系列及其它汽车灯具120余种。

泰县精锻齿轮厂

地址：江苏省泰县里华 邮码：225516 电话：214423 电挂：6849 厂长：王庚贵 总工程师：王欣林

简介：该厂是生产精锻齿轮的专业工厂，中型企业，全厂有职工816人，各类工程技术人员85人，拥有固定资产2100万元，年精锻齿轮产量500万只，批量居于全国同行第一。

采用精锻工艺生产齿轮，是齿轮少无切削加工的先进工艺之一，齿轮经精锻后不再进行加工，齿轮精度可达JB180—60八级。精锻齿轮与切削齿轮相比，具有机械强度高、节能节材、生产效率高等优点。

该厂产品自1980年投放市场后，受到越来越多用户的信赖。目前主要有：东风140、BJ130、日本五十铃，BJ212等系列的汽车后桥差速器齿轮，已批量为二汽、金杯、江陵等大的集团定点配套。

江西齿轮箱总厂

地址：江西省赣州市虎岗 邮码：341005 电话：221432 传真：221308 电挂：7876 厂长：李德林 总工程师：龚志明

简介：该厂是机械电子工业部定点生产汽车、工程车变速箱总成及配件的全民所有制中型企业，全国绿化先进单位，省级先进企业，江铃汽车集团紧密层厂家。现有职工1457人，占地面积127950平方米。主要设备356台，固定资产原值1852万元，净值1202万元，生产能力为年产5万台套变速箱总成。

主要产品有五十铃JX1030DS、BJ212（两箱）、NJ134、JCCL、JC6450、CA10C、EQ140等汽车变速箱，JCM、J2030TD、2030TX、CPC3等叉车变速箱，WY4·11小挖掘机行走减速箱、回转小齿轮装置、钻具减速箱、中央回转接头、三轮等总成及配件。多种产品获省优、部优和国家级新产品称号。

该厂先后引进日本、美国、瑞士和德国的先进技术和设备，使主导产品达到80年代末国际水平，部分产品随主机远销国外。

芜湖仪表厂

地址：安徽省芜湖市团结东路30号 邮码：241001 电话：32797、31493 电挂：5851 厂长：王满鑫 总工程师：王明仲

简介：该厂是中国汽车工业总公司定点生产汽车仪表的专业厂家，是国家二级企业。该厂占地面积7.7公顷，固定资产1200万元，年总产值3000万元。

该厂率先引进德国VDO公司先进技术，向市场投放五十铃、尼桑、斯太尔、切诺基和标致504仪表，年产仪表25万套、软轴15万根、油气压报警器和真空度报警器15万只，同时每年出口各种单表30万只。目前已形成机械式、电气式（电热式和动磁式）、电子式三大技术系列，共266个品种规格的汽车仪表，其中5个产品获得部优称号，7个产品获得省优称号。"八五"期间，将开发生产奥迪100、高尔夫、切诺基、标志505轿车仪表，达到年产35万套的能力，成为国内汽车仪表主要生产基地。

山东龙口市油泵厂

地址：山东省龙口市黄城中心街101号 邮码：265701 电话：517548 电挂：6593

厂长：李兆政　总工程师：曲新中

简介：该厂始建于1952年，为国营中型企业，是机械电子工业部柴油汽车用喷油泵、提前器专业生产定点厂。拥有固定资产2300多万元，现有职工1100余人，主要生产设备330余台，年产值3600多万元，实现利税400万元。

主要产品有P系列喷油泵总成、柱塞偶件、出油阀偶件、各种供油角度自动提前器总成，产品广泛应用配套于重型汽车、工程机械、发电设备、船舶、中型汽车等，部分产品随主机厂出口。P系列泵其品种产量及应用范围居国内首位，提前器总成占国内总需求量的75%以上。1990年P系列泵被国家科委等四部门评为国家级新产品，ZQN-2、SA系列提前器分别获部、省优质产品，企业晋升为省级先进企业，获山东省机械厅质量管理奖。

贵阳战友摩托车厂

地址：贵阳市营盘路83号　邮码：550002　电话：28922　电挂：6813　厂长：李养民　总工程师：王昌其

简介：该厂是贵州省重点集体工业企业。不仅是西南五省七方经济区中唯一被国家认可的750边三轮摩托车生产厂，而且是全国最小最年轻的摩托车生产厂。

该厂的主要产品和经营范围是：战友牌750、80摩托车、活塞的生产、组装、销售和维修。其中与金山机械厂开发的JS80两轮摩托车，通过了国家检测中心的检测和省级鉴定。战友牌贵阳750系列边三轮摩托车和战友牌长江750铝活塞已分别进入国家汽车、摩托车产品目录和国家摩托车配件目录。1991年推出的新型产品战友牌ZY750BJ-D边三轮摩托车，在“1991年中国汽车工程学会暨展览会”中以其小巧美观的外形和百公里油耗低于5公升、时速达105公里等达目前国家先进技术的条件（已经国家有关部门鉴定）而优先被列入国家摩托车行业为“1992年新产品试制计划”，同时被邀请参加“1992年北京国际汽车工业展览会”。

贵阳战友摩托车厂全厂112名职工在厂长李养民的带领下，努力拼搏创新，迄止1990年，累计完成产值1300万元，上交利税90多万元，现年销售额上升到500～1000万元，产品销售到各省、市、自治区。该厂是贵州省又一支跃进奋飞的企业。

陕西省摩托车厂

地址：西安市北关振华路62号　邮码：710014　电话：61414、723834　电挂：2302　厂长：王建平　总工程师：王　建

简介：该厂系邮电部摩托车定点生产厂。1970年建厂，为西北地区最早专业生产摩托车的厂家。年生产能力1万辆，产品销往全国二十几个省、市、自治区，并有批量出口。

主要产品有西马牌XM250型系列，西马牌XM100型两轮摩托车等。西马XM250Ⅱ型摩托车，1987年至1990年，连获陕西省“优良产品”、“优秀新产品”和“省优质产品”奖，在全国厂牌赛上获第五名，1989年行业检测为一等品。

新投产的西马牌100型两轮摩托车，是企业更新换代产品，其技术性能先进，造型美观新颖，经济性能好，受到广大客户的欢迎。

安徽黄山仪表厂

地址：安徽省黄山市歙县壕城路1号　邮码：245200　电话：2345、2311　直拨：(05691)2175　电挂：0308　厂长：潘金根　总工程师：黄道修

简介：该厂座落在著名风景区黄山南麓——素有“东南邹鲁”美称的历史古名城歙县县城，铁路、航空、公路四通八达。

该厂创建于1956年，占地面积2.12公顷，建筑面积2.32万平方米。现有职工690人，下设黄山仪表二厂、歙州宾馆（厂招待所）、仪器仪表经营部等。工厂系机械电子工业部仪表专业生产企业，航空航天工业部地方动员企业，中国汽车工业总公司摩托车仪表定点生产厂之一，全国摩托车仪表行业组副组长单位，省级先进企业。

目前有摩托车仪表、汽车仪表、压力表、材料应力腐蚀试验机等五大类50个规格品种。具有设计加工、检测试验等一整套生产手段和年产各类仪表150万只以上生产能力。其中摩托车仪表产量、品种、规格均居全国首位，能与50～750mL 11种排量40多种车型配套，国内市场覆盖率80%，市场占有率40%以上。

产品曾获1个部优、4个省优，3项部、省技术开发成果奖，全国行业产品展评获“骏马奖”、“银牌奖”，被国防科工委授予厂际质保体系优秀单位。

安庆船用柴油机厂

地址：安徽省安庆市渡江路12号　邮码：246003　电话：542813　电挂：1675　厂长：俞德宏　总工程师：吴发祥

简介：该厂始建于1960年，现为中国船舶工业总公司所属中速柴油机专业生产厂，是国家二级企业。工厂拥有固定资产2400余万元，职工1100多人，其中高、中级技术职称100多人。各种冷热加工设备齐全，检测手段完备，工艺先进，采用现代化管理，质量保证体系基本形成。

主要产品：(1)引进日本先进技术研制生产的PS-26H、DS-18A、DL-20三种系列柴油机，主要用于船用主机、船舶电站和陆用电站。其中两个系列获省优、部优，一个系列获国家银质奖。产品畅销国内各大船厂、远洋公司、海运局。并远销英、日、意大利等国家。

(2)生产用于淀粉工程的 DPX-445 型淀粉分离机、DPF-500 型浓缩分离机、消沫泵、过滤器、曲筛等配套产品，用于建材行业的超细型振动磨，用于环保业的并流型卧螺机。其中淀粉工程有三种产品获省、部优质产品称号，DPX-445 分离机被原国家机械委列为替代进口产品。产品供不应求，畅销全国 27 个省、市。

四川江津增压器厂

地址：四川省江津 200 信箱 邮码：632284 电话：（直）522360、（无）0811·791119 电挂：6892 厂长：刘建华 总工程师：潘金国

简介：该厂是国家一级企业，直属中国船舶工业总公司，以生产瑞士 BBC 公司 VTR／VTC／RR 系列增压器为主，兼营 400～3000kW 汽轮发电机组。该厂坚持科技和现代化管理兴厂，走出了一条自我完善和发展的道路。

该厂拥有以专用、仿形、自动机床和数控加工中心为主体的增压器生产线，所生产的产品全部实现国产化和达到 BBC 质量要求，并获部、省级优质产品奖，其中 VTR“O”、“1”系列获国家银质奖。能为 220～12500kW 各型柴油机匹配满意的增压器，并在全国设维修点 13 处。

上海工业锅炉厂

地址：上海市鲁班路 789 号 邮码：200023 电话：3772060 电挂：0235 电传：30316 SIBW CN 厂长：郑洪章 总工程师：陈锡嘉

简介：该厂是机械电子工业部重点骨干企业，工业锅炉专业制造厂家，具有 CY 级制造许可证，美国 ASME 制造许可证和“S”钢印。是国家二级企业及扩大机电产品出口生产企业。现有职工 1450 人，占地面积 5.4 万平方米，固定资产 2945 万元，年生产锅炉 750 台，年销售额 11000 万元。

在全国工业锅炉行业中具有较强的技术优势和营销能力。1964 年首创具有中国特色的水火管卧式快装锅炉，为我国工业锅炉行业的产品开发、质量管理、制造工艺、行业标准、经济效益做出了重大贡献。通过“六五”、“七五”技术改造和“九四”专项引进设备及软件，企业已具有近似国外同类企业的先进设备和技术，经济效益指标、产品质量、工艺工装水平、市场竞争能力等均名列前茅。

产品有 2～10 吨蒸汽锅炉系列，1.4～7 兆瓦热水锅炉系列，100～700Ⅲ中美合作生产全自动燃油锅炉系列，4.2～7 兆瓦角管式热水锅炉系列及特种锅炉等。批量生产的四个系列 21 种主导产品均为 80 年代以后开发的新型节能产品，其中拥有国优产品 1 个、部优产品 2 个、市优产品 2 个及国家优良节能推广产品 3 个。1989 年获首届全国工业锅炉行业质量评比第一名，单锅筒纵置式锅炉获一等奖。产品畅销全国 29 个省、市，并远销日本、菲律宾、马来西亚、新加坡等国。

上海四方锅炉厂

地址：上海市共和新路 2901 号 邮码：200072 电话：6650399 电挂：上海 2910 厂长：蔡乐仪 总工程师：陈传康

简介：该厂创建于 1931 年，是国内最早制造工业锅炉和压力容器的专业工厂，占地面积 114700 平方米，现有职工 2500 人。有 7 个分厂。

工厂现已具有美国 ASME 五个钢印的制造证（S：动力锅炉，U：压力容器，H：采暖锅炉，PP：动力管道，A：锅炉安装）以及国家劳动部颁发的 A 级锅炉制造许可证和三类压力容器设计制造许可证。设计制造各类优质节能的适应各种燃料（烟煤、无烟煤、贫煤、褐煤、油、气、废木柴、稻壳、椰壳等）的快装、组装、散装、角管、余热、特种（油田热采用蒸汽锅炉）锅炉，配套齐全，并承接整个锅炉房设计和建造的成套工程项目。设计制造各类高压容器和化工非标设备。

几十年来，为社会提供了大量的精良产品，遍及各行各业。其中 SF 型系列油田热采用蒸汽锅炉获国家金质奖，SZL 型系列组装水管式锅炉获国家银质奖。

黑龙江省电工设备公司

地址：哈尔滨市和平路 60 号 邮码：150040 电挂：0460 电话：220460、220475、249007 总经理：秦 锋 总工程师：徐云坤

简介：该公司是 1986 年经黑龙江省计划经济委员会批准成立的全民所有制企业，隶属黑龙江省机械工业厅。经营范围：总承包发包电站工程项目，代理成套供应电气机械及器材。公司设成套部、电器部、经营部、外贸部、销售公司等十个部门，公司领导班子六人全部为高级工程师。已同哈尔滨电工学院、哈尔滨电站成套所等 60 多个科研院所、生产企业，建立了广泛而紧密的联合体，使公司实力大增。

五年来，公司承揽了以中小型电站为主的工程成套项目 30 多个，成交额 1.6 亿元，利税总额 640 万元。阿城热电厂、宝清热电厂、鹤岗热电厂等一批热电联产节能工程项目已经建成投产。

公司坚持“质量第一，信誉第一、用户第一”的方针，重合同、守信用，全心全意为用户、为生产企业服务，1991 年被省委、省政府授予“省直文明单位标兵”称号。

上海机电机修总厂

地址：上海市淡水路 361 号 邮码：200025 电话：3202981 电挂：7961 厂长：周根生 副总工程师：赵育华

简介：该厂是按照专业生产要求，于 1980 年 7 月由上海机电工业管理局所属各公司机修厂合并

组建而成，是上海机电局直属企业，现有五个分厂，一个机电局备件总库和一个经营服务部。

总厂下属的各厂均有几十年的生产史，积累了丰富的设计和制造经验，一向以质量第一提供优质产品和精湛的技术服务为宗旨，承担华东地区精密机床设备维修和精密备件的生产任务，同时还制造各种专用设备，如轻纺机械、橡塑机械、冶金矿山机械、电工机械、轴承加工设备、数控机床等各种产品。历年来开发50多种新产品，都具有80年代国际先进水平，其中有28种产品获上海市优秀新产品称号，有5种产品获上海市赶超和市优质产品光荣称号。目前又在引进设备国产化及维修方面做了大量的技术准备工作，以适应经济发展需要。

宁夏电机厂

地址：宁夏回族自治区贺兰县　邮码：750200　电话：直拨（区号）09611—242　电挂：7193　厂长：张尧钦　总工程师：阴坤元

简介：该厂是机械电子工业部定点生产Y系列三相异步电动机、QJ系列潜水电泵、T2S系列自励恒压同步发电机的综合重点企业。全厂占地面积13万平方米、职工1000人、固定资产2000万元，年产量30万千瓦，是省一级企业、国家二级计量单位，曾获得省质量管理奖、新产品开发奖和技术进步优秀奖。并连续三年被评为省优秀企业。

该厂工艺精良、产品性能稳定，其主导产品Y系列H80mm～H280mm电机全部获部优、省优产品奖。产品分别销往全国17个省、市及香港、台湾、东南亚等地区。

内蒙古变压器厂

地址：呼和浩特市东门外　邮码：010210　电话：611424　电挂：6239　厂长：王建宣（兼总工程师）

简介：该厂始建于1958年，是机械电子工业部变压器重点生产厂和机械电子工业部110kV级变压器定点生产厂。主要产品为低损耗节能电力变压器，有S_7、SL_7、S_9、SFS_7、$SFSL_7$等九个系列600余种规格，具有年产量80万kVA、最大单台产品容量31500kVA／110kV的生产能力。

该厂，1988年获国家二级企业称号。进入80年代以来，该厂先后荣获机械电子工业部质量管理奖、工业管理先进企业、第二届企业管理优秀单位、设备管理优秀单位、国家二级计量单位等十几项国家级、部级荣誉称号，厂内涌现出全国“五一”劳动奖状班组、机电部质量信得过班组、机电部模范班组等一批国家级、部级优秀班组。

由于狠抓产品质量，先后有三个系列段的39种产品获自治区和机电部优质产品称号，优质品产值率达到48%以上，产品交验一次合格率连年保持在98%以上，一等品率保持在91%以上，在近年行业质量抽查评比中，均获得好名次，企业经济效益连年大幅度提高，在1991年全国“质量、品种、效益年”活动中，被中国质量协会评为全国质量效益型先进企业。

该厂以市场为导向，注重技术进步，工艺技术先进，近年被沈阳变压器研究所选定，承担了大量中小型变压器研究的样机试制任务。因技术力量雄厚，可根据用户要求进行特殊设计，满足市场要求。目前，已经列入机械电子工业部和自治区“八五”技术改造重点企业，通过“八五”期间改造，生产能力和质量检测手段将达到一个新水平。

该厂占地面积6.5万平方米，现有职工600余人，企业奉行质量第一、用户至上的宗旨，竭诚为广大用户服务。

内蒙古电缆厂

地址：呼和浩特市　邮码：010010　电话：44881　电挂：呼和浩特4848　厂长：宋宝楹（兼总工程师）

简介：该厂是机械电子工业部所属大型二类骨干企业。现有职工1635人，拥有固定资产5759万元。产品有：裸电线、电力电缆、电气装备用电线电缆等三大系列、300多个品种、近5000个规格，产品行销全国各地，并已进入国际市场，全部产品采用国际标准和国家标准生产。也可按英、美等国家标准生产。80年代末期，从芬兰、意大利、德国、美国等国家引进了七条具有80年代国际先进水平的电线电缆生产线及电缆测试设备，使导体、绝缘体及护套的生产和质量检测手段均进入国内先进行列。

湖北红旗电缆厂

地址：湖北省宜昌市江南　邮码：443004　电话：221981　电挂：4968　厂长：侯祖启　总工程师：马正厚

简介：该厂建于1968年，现系国家大型综合性电线电缆制造厂，机械电子工业部重点骨干企业之一，国家高压、超高压电力电缆和海底电缆的生产基地。

该厂占地面积60万平方米，固定资产1.32亿元，职工2200人，其中各类技术人员505人。拥有主要生产设备680台（套），大量的先进设备从国外引进。

主要产品有：裸架空线、电力电缆、船用电缆、控制电缆、通信电缆。钢芯铝绞线、120路浅海通信电缆、塑料绝缘控制电缆获机电部优质产品称号，聚氯乙烯电力电缆、纸绝缘电力电缆获湖北省优质产品称号。浅海通信电缆、110kV直流海底电缆、浅海光缆、UYPN矿用难燃电缆填补了国家空白。

该厂产品行销全国29个省、市、自治区，并远销澳大利亚、毛里塔尼亚、马达加斯加、尼泊尔、巴基斯坦、孟加拉以及香港、澳门等国家和地区。

“八五”期间工厂将提供110～500kV直流高压

电力电缆和电缆附件以及更多的新产品，竭诚为国内外用户服务。

保定蓄电池厂

地址：河北省保定市富昌路8号　邮码：071057　电话：35931　电挂：3000　厂长：王保祥　总工程师：潘文章

简介：该厂始建于1958年，系中国船舶工业总公司直属企业，国家二级企业，是专用蓄电池定点生产厂，中汽零部件公司成员厂。1991年企业固定资产原值6174万元，占地面积25.7万平方米，生产建筑面积4.8万平方米，年末职工人数2566人，其中工程技术人员233人。工业总产值(1990年不变价)17832万元，实现利税5224万元。工厂设1个分厂、6个车间、1个研究所和省部级产品检测中心。蓄电池生产能力130万只，7个品种、100余规格。曾获国家银质奖1项，省、部优质奖22项。产品性能分别达到GB、IEC、DIN、SAE标准。产品可适用于国产和进口的各种汽车、拖拉机和船舶，为上海桑塔纳、北京切诺基、重庆斯太尔等引进汽车配套。

上海电焊条总厂

地址：上海市万荣路15号　邮码：200072　电话：6651322（总机）　电挂：4581　厂长：李鹤富　副总工程师：陈杨贵

简介：该厂是机械电子工业部重点骨干企业之一，是上海市机电局直属厂，国家二级企业，总厂下属有东亚分厂、上焊分厂、亚洲分厂及中外合资的上海斯米克有色焊材有限公司和三个大集体厂家。总厂人员2100余人，工业净产值在2亿元以上，产量在5万吨左右，出口7000吨以上。

该厂产品有各种黑色金属和有色金属的焊条、焊丝、熔剂、钎料、焊粉等270余种。主要产品业经中国、英国、美国、法国、德国和挪威等国家船级社认可；20个产品荣获国家金质奖和上海市的优质产品奖和科学进步奖。

宁波水表厂

地址：浙江省宁波市江东四眼矸　邮码：315040　电话：332931　电挂：3173　厂长：张世豪　总工程师：叶显苍

简介：该厂建于1958年，企业性质为全民与集体合营，是机械电子工业部重点企业，水表行业主导厂，国家二级企业。

宁波水表厂是国内规模最大、设备最先进、技术力量最雄厚的水表专业生产厂，主要生产工业用和民用水表，年生产能力达120万只，产品性能达到ISO4064B级水平，有16个系列60多个规格，产、销量占全国定点水表生产厂总数的30%，产品出口美国、香港、台湾、菲律宾、泰国等20多个国家和地区，被授予扩大机电产品出口企业。1991年外贸出口总额为156.71万美元。近年来与浙江大学液压研究室共同开发电液比例技术，已投产全系列20多种规格，质量达到当代国际先进水平，填补了国内空白。企业在升级创优方面，1987年获机械委质量管理奖，1988年获国家一级计量单位，1989年主导产品LXS-15E～40E获国家银质奖，1990年LXL-80～500可拆卸冷热水表荣获国家金质奖。

山东省莱州市试验机厂

地址：山东省莱州市鼓楼街46号　邮码：261400　电话：712350、711934　电挂：5478　厂长：桑国胜　总工程师：王之中

简介：该厂始建于1948年，系国家二级企业，二级计量单位，是国内生产硬度试验机的主导厂和研制基地。1990年建成全国材料试验机行业第一个中外合资企业。

该厂主要生产布氏、洛氏、维氏、肖氏、里氏五大系列31个品种的硬度试验机。其中：HB-3000型布氏硬度计、HR-150A型洛氏硬度计、HV-120型和HV-50型维氏硬度计、HRS-150型数显洛氏硬度计均获国家银质奖。年产各种硬度计5000余台，出口创汇100万美元，产品销往美国、德国、西班牙、罗马尼亚等30多个国家和地区。其产量、销售量、出口量均占国内同行业的80%以上。

湖南仪器仪表总厂

地址：长沙市望城坡　邮码：410205　电话：83941　电挂：0731　传真：(0731) 83948　厂长：陈万和　总工程师：李佐伯

简介：该厂原名湘西仪器仪表总厂，是全国最大的实验室仪器科研生产厂家之一。产品以实验室仪器为主，并跨医疗仪器、汽车仪表、微电机等行业。是实验室仪器行业的排头兵。该厂科技力量雄厚，建厂26年来开发新产品60项，其中国家、部级项目40项，另外还有机电仪一体化产品25项，50%的产品为国内独家生产。

长沙科学仪器仪表研究所也设在该厂，多年来，该所出色地承担了全国实验室仪器行业的产品质量监督和检验工作。

西安仪表厂

地址：西安市劳动路　邮码：710082　电话：741921、43921　电挂：6644　厂长：施金昌　总工程师：江红生

简介：该厂是最大的综合性自动化仪表与装置制造厂。企业将最大限度地满足用户需求作为一切活动的出发点和落脚点，着力于抓技术、抓市场、上管理、促效益。产品技术水平、质量和成套能力均居全国同行业首位，“七五”期间为30万吨乙烯、30／60万千瓦火电机组等国家重点工程提供自动控制装置414项并成套出口，工业总产值和实现利税分别年均递增19%和24.7%。1991年工业总

产值 2.335 亿元、销售收入 2.055 亿元、利税总额 4637 万元，固定资产 1.54 亿元。系国家二级企业，全国 500 家最大工业企业之一。500 家最佳效益工业企业之一，仪器仪表行业的质量效益型企业。

云南仪表厂

地址：昆明市海口　邮码：650114　电话：90400（总机）　电挂：0308　电传：64202YINTF CN　厂长：张少努　总工程师：沈士祥

简介：该厂是国家生产温度仪器仪表的重点企业，设在该厂的机电部云南温度仪表分中心，拥有先进的测试仪器和测试技术，面向全国服务。该厂主要生产适用于冶金、机械、化工、轻工、纺织、计量、航天、航海、交通、国防和科研等部门需要的温度标准计量仪器、温度检测装置和各种自动化显示、调节、测温、控温等 6 大类、32 个系列、162 个品种、2000 多种规格的工业自动化仪表。6 个产品达到国际先进水平，23 个产品荣获国家、部、省、市科技成果奖和优质产品奖。工业用热电偶和热电阻，经中国自动化仪表产品质量检验中心评定，为全国同行业中首家达到国际标准的产品，产品畅销全国各地，远销到亚洲、欧洲、美洲等几十个国家和地区，深受国内外用户赞誉。

主要产品：引进英国兰德公司的 QR 系列红外温度计，引进法国 CMR 公司的船用热电偶系列及高温管、高中低温标准铂电阻温度计、标准铂铑热电偶、动圈仪表系列、电子温度调节仪系列以及各种非接触式测温仪表等。

该厂有职工 1181 人，技术力量雄厚，工程技术人员占职工总数的 20%以上，设备精良先进，产品质量可靠。

国营南京电影机械厂

地址：南京市太平门外岗子村　邮码：210042　电话：648101 至 648108　电挂：0892　厂长：尚兆勇　总工程师：彭恩明

简介：该厂是国家仪器仪表行业大型重点骨干企业之一，技术力量雄厚，拥有职工 2300 余人，具有较强的光、机、电、声和微机方面的综合设计、生产能力。

主要生产电影、电教、光学镜头、办公机械四大系列 50 余种产品，有长江牌 16mm 系列流动放映机，2000W 35、16mm 两用固定放映机，各种规格 35mm 系列高保真镜头，TTB 系列透射式投影器、STB 实物投影器、H36 幻灯机和三友牌 NY-231 普通纸台式静电复印机。

1991 年实现工业总产值 3832 万元，销售收入 3605 万元，实现利税 321 万元，分别比 1990 年增长 16.2%、17.7%、21%，全面超额完成年计划。

黑龙江省机械工业供销总公司

地址：哈尔滨市和平路 58 号　邮码：150040　电话：228767、228686　电挂：8867　总经理：马守信

简介：该总公司是经省政府批准成立的全民所有制企业，隶属于黑龙江省机械工业厅。公司依托于黑龙江省 400 多家机械工业企业，是这些企业原材料供应和产品销售的主营公司。具有注册资金 1100 万元，现有职工 360 人，其中工程技术人员近百人，高级技术职称 7 人、中级职称 37 人，翻译 10 人。公司主营：黑色金属、有色金属、非金属、建材、机电产品、农机产品、电子产品等。总公司设有金属、非金属、有色炉料三个材料供应部；边贸进出口 1 至 5 部以及边贸合作部、综合部和 15 个分公司。公司还拥有 3 万平方米场地，2000 多平方米仓库，300 多延长米铁路专用线的储运场地。年销售额近 1 亿元。

1988 年以来，公司采取委托代理方式，与独联体国家开展边境贸易，先后同俄罗斯、乌克兰等国家的 100 多个大中型企业和外贸公司建立了客户关系，签订合同 2 亿瑞士法郎，1989～1991 年共计过货 2000 多万瑞士法郎，实现利润 500 多万元。同时，公司在黑河市建立了办事处和分公司，为开展边境贸易创造了条件。

公司坚持“质量第一、信誉第一、用户第一和薄利多销”的方针，重合同、守信誉，真心实意为用户、为企业服务。1989 年以来，连续三年被省机械厅授予“双文明标兵单位”称号。

广东省机械工业厅供销公司

地址：广州市站前路流花新街 22 号　邮码：510010　电话：678210　电挂：1046　图文传真：678151　总经理：黎　勇

简介：该公司由省机械厅机电产品销售局演成现名，已有三十四年的经营历史；担负全省机械系统计划物资调拨供应、机电产品销售及市场补充任务。拥有流动资金和专用资金近 1 亿元；经营场所 6 万平方米；设有 15 个经营部、4 个门市部、8 个联营企业和 2 个中外合作企业；在全省 11 个县市设有销售网点；并拥有 5 万多平方米的仓库；几十辆各种汽车及吊机等运输工具。1991 年销售额 3.2 亿元，上缴税利 359 万元，购销业务名列全省各厅（局）物资供销企业前茅。

公司主要经营金属材料、生铁炉料、普通机械、电器机械、铸锻件及通用零部件、国产汽车及零配件、工程机械及零配件、仪表仪器、建筑材料、化工原料、橡胶及制品、塑料制品、五金交电等；同时坚持以“服务社会、用户至上、守法经营、信誉第一”为宗旨，正逐步开展成套机械设备的组织和供应以及租赁业务。

该公司经广东省人民政府批准列入全省一百家综合改革试点企业；1991 年获广东省工商行政管理局授予连续五年“重合同、守信用”企业和工商银行广州市分行授予的“一级信用企业”荣誉称号。

竭诚为各方用户服务。

深圳市特力机械股份有限公司

地址：深圳市水贝二路104号 邮码：518020 电话：(0755) 533405、533685 电挂：3086 传真：(0755) 533404 董事长：胡昌永 总经理：方时茂

简介：该股份有限公司的前身是深圳市政府直属的全民所有制大型行业公司——深圳市机械工业公司。最近经市政府批准改组并更名为现名。1982年创办，是一个集工业、房地产开发和商贸三位一体的、多元化、综合性、实力雄厚的企业集团。

公司创业十年来年年盈利，效益持续高速增长。1991年工业总产值达4亿元，销售总额5.5亿元，出口创汇2800万美元，实现利润4400万元。

全公司系统共有49家企业。现有总资产4.9亿元，其中净资产1.88亿元；职工4000余人，其中工程技术人员600余人；生产、销售印刷包装机械、电脑外围设备、家用电器、办公机械、磨具磨料、汽车检测设备、电线电缆等机电产品共18个门类、200多个品种、500多种规格。有11个产品荣获省、市优质产品称号。产品远销全国各地和欧、美、东南亚各国。

特力公司的全资企业房地产开发公司，在市内已建成占地面积20余万平方米的水贝、布心、笋岗工业区和综合生活区，正在建设中的位于宝安境内平湖、石岩的二个工业区，占地面积15万平方米，厂房、宿舍竣工面积40万平方米。

专事商贸及加工业务的机构有：进出口公司、供销公司、贸易部、进出口部、对外加工部、驻泰国代表处等，在国内建有一批出口基地。

公司中有深圳特区机械行业中唯一的一家国家二级企业，四家省级先进企业。

特力公司是特区大型全民企业正在实行股份制改革的重点企业。股份化后的特力公司将以更灵活的机制、更雄厚的资金、更充沛的活力，与社会各界携手共图发展大业。

企业集团、公司简介

中国机械工业技术总公司

地址：北京万寿路甲15号 邮码：100036 电话：8213088 传真：(01) 8215345 厂长：蔡文熙

简介：该公司是机械电子工业部直属的全民所有制企业，并经北京市新技术产业开发试验区认定的新技术企业，是机电结合、军民结合、技工贸结合的技术开发先导型经济实体。公司有近百个研究所、高等院校及设计院作为技术依托和长期合作单位，具有雄厚的技术开发能力。在上海、广州设有子公司。

该公司成立后，主要从事科技成果的二次开发、组织生产与推广应用等商品化工作，承担机电行业新工艺、新材料、新技术应用和成套技术工程项目，经营技术及其产品的进出口业务，提供上述业务有关的科技咨询、技术服务。公司承担了国家科委重点科技项目“两相流泵技术开发”和“两相流风机技术开发”，三年中开发了轻、重介质两相流泵两个系列几十种规格的产品。

1991年公司在国家重点工程——东雷引黄灌溉工程招标中，会同国内有关工厂及研究所进行前期技术开发，以先进的水力模型、抗泥砂磨损材料及优异的泵体设计在国际竞争中取胜中标。

中国机械工业安装总公司

地址：北京市王府井大街277号 邮码：100740 电话：5124156 电挂：2254 电传：211220 CMII CN 总经理：蔡耀垲

简介：该总公司是机械电子工业部直属施工企业，在国家工商行政管理局登记注册，具有法人地位。成立于1952年，承担过数百个大中型建设项目的机电设备安装工程，多次出国承担任务，积累了丰富的施工经验，锻炼出一支过硬的施工队伍。现拥有专业技术人员1000余人，技师200余人，技术工人4000余人，共有职工近万人。并在四川、湖北、陕西、河南、安徽、天津、深圳、广州、上海等地设有子公司及联络处。该公司工种齐全，设备配套，装备有各种大型起重设备、运输车辆、工程机械、检验设备和测试仪器。

该公司以优质服务为宗旨，面向国内外，为各行业服务，保证质量，保证工期。承包方式灵活多样，既可采取从工程设计、设备供应、土建施工到安装调试的全部承包，也可以单项工程承包、技术指导、咨询服务、提供劳务。随着改革开放、搞活方针的贯彻执行，该公司大力发展对外服务，近年来陆续承担了多项国外工程和引进国外二手设备的拆卸、包装、运输、安装、调试，积累了一定的经验，并同国外有关厂商建立了广泛的业务关系，增进了友谊。今后将进一步同国内外厂商继续广泛合作，扩展业务。

中国机电广告公司

地址：北京市西城区百万庄大街22号 邮码：100037 电话：8318305 传真：8310633 电传：222557 STIP CN 电挂：北京8283 总经理：路继广

简介：该公司是机械电子工业部批准成立、国家工商局核准登记的全国性专业广告公司，宗旨是：以适应社会主义商品经济的发展，在开拓国内

外机电产品市场、扩大机电产品出口，以及促进新产品、新技术推广应用中，充分发挥广告宣传的作用。

该公司作为面向全行业服务的广告专营机构，始终围绕全国机电行业发展的重点任务，开展多种形式的广告、展览和咨询、交流活动，突出宣传国营大中型企业和名优产品，为广大用户提供优质服务。在展示机电行业发展面貌、促进国际交流与合作、加强机电行业广告管理、引导企业面向两个市场，以及帮助企业提高广告宣传水平，促使企业广告活动向系统化、整体化、科学化发展等方面，发挥着重要作用。

该公司主要经营范围：为各界客户代理国内电视、广播、报刊、路牌等各类媒体广告，承办广告策划、设计、制作、装璜业务；承办与代理外商来华广告、港澳台地区客商广告；承办国内展览、出国展览、外商来华展览、港澳台地区经济贸易展览；开展国内外经济技术合作业务。经销广告设计制作设备器材，音频视频设备器材，照相设备器材。

中国机械设备进出口总公司

地址：中国北京复兴门外大街 16 号　邮码：100045　电话：3268157　电挂：EQUIMPEX 北京　电传：22186 EQUIP CN　总经理：洪福有

简介：该总公司（简称 CMEC）成立于 1978 年，是中国外贸体制改革诞生的工贸结合全国性专业化国际贸易公司。截至 1991 年底，全系统累计进出口总额达 108 亿美元，其中 1991 年全系统出口额达 14.8 亿美元，CMEC 总公司自营出口 2.5 亿美元。

主要业务和经营范围如下：各类机、电、仪产品和成套设备的进出口，技术进出口；合资、合作经营；“三来一补”和易货贸易；联合设计、联合投标；承包国内外大型成套设备；包装储运业务；在国内外举办各种类型的机电产品展览会及对外经济贸易法律咨询等服务。

该公司以“工贸结合，扩大出口，促进机电工业技术进步”为宗旨，已与世界上 140 个国家和地区建立了贸易关系；在 27 个国家和地区设立了代表处、独资和合资公司，形成了 CMEC 在世界各地广泛的信息、销售和服务网络。CMEC 实行“工贸结合、技贸结合、进出结合”，与生产厂家、企业集团建立了多种形式的联合，在国内外赢得了良好信誉。

中国农牧业机械总公司

地址：北京市西城区月坛南街 26 号　邮码：100825　电话：867532、8033045　电挂：3667　传真：8013472　电传：22569 CAAM CN　总经理：李友杰　副总经理：罗志陶、杨遂安　总经济师：陈维德

简介：该总公司（CAAMC）是直属机械电子工业部的全国性专业成套公司，是机械电子工业部中国机械对外经济技术合作（集团）总公司（CMIC）的常务董事单位，是全国农牧业机械行业中集技工贸于一体的综合性国营大型企业。

该总公司的主要业务和经营服务范围：成套承包国内外各类农牧业工程建设项目；经营拖拉机、内燃机、农用运输车辆、收获机械、畜牧机械、农副产品加工机械等各类农牧渔业机械和成套设备以及农牧渔业需要的其他机电产品；为农牧业机械企业提供技术咨询、技术服务；为企业技术改造、基本建设提供所需各类机电设备；开展边境贸易、进出口和“三来一补”业务；参加利用外资项目的国际投标。从 1985 年企业化以来，已为国内外农牧渔业发展提供了数亿元的技术装备。近两年全年经营额近 1 亿元。

该总公司设置 14 个经营管理和技术部门。在新疆的乌鲁木齐市、江苏的镇江市设有分公司。在北京、上海设有联营公司。同全国 17 个地、市农机公司组成了营销联合体。与新西兰、马来西亚、德国、美国等十几个国家和地区的客商有密切的贸易合作关系。

中国工程与农业机械进出口公司

地址：北京市月坛南街 26 号　邮码：100825　电话：8033685、8032186　电挂：6361　传真：8012871 北京　电传：22467 AMPRC CN　总经理：姜承勋

简介：该公司（CAMC）是工贸、技贸结合的国家级外贸公司，总部设在北京。公司的前身是中国农业机械进出口公司（1982 年 1 月 1 日成立），1991 年 10 月改为现名。

该公司充分发挥工贸结合优势，与国内厂家、乡镇企业、公司及企业集团开展多种形式联合，相互支持，紧密合作，并已与一百多个国家和地区有贸易往来，签订代理经销协议，建立信息、销售、服务网络。在美国、澳大利亚、古巴、委内瑞拉、泰国、孟加拉、香港等地设有贸易机构、常驻代表、合资公司、生产企业及技术服务中心等。

公司经营和代理工程机械、农业机械、动力机械及成套设备，以及制造技术进出口贸易。经营的产品有三十余部（类）、数百个品种，主要有拖拉机、内燃机、内燃发电机组、船用齿轮箱、农机具、推土机、装载机、挖掘机、叉车等。以灵活贸易方式，提供上述商品的单机及零部件，提供成套设备及装配线出口。应客户要求，承接来图、来样、来料加工，并开展合作生产、合资经营、易货贸易等各种形式的灵活贸易。定期派出技术专家和通过在国外的派出机构和代理，向国外用户提供配件和技术服务。也为国内用户代办农业机械、动力机械、工程机械的进口，并在国内与德国克虏伯公司合作建立了天津维修中心，与德国波许公司合作建立了北京维修中心，与英国里卡多公司合作建立了技术咨询联络处。

CAMC 将积极开拓，向综合型、集团型、多功能、国际化的企业迈进，成为以外贸为主导，生产为基础、金融为后盾的跨国公司。

中国机床总公司

地址：北京安定门内方家胡同 19 号 邮码：100007 电话：4011682 电挂：7134 电传：210088 CNMTC CN 总经理：权义鲁

简介：该总公司于 1979 年初经国务院批准成立，1984 年 6 月按国家经济体制改革要求，政企分开，成为独立核算、自负盈亏的全民所有制企业法人单位。经对外经济贸易部批准，1988 年 4 月取得进出口经营权，1989 年 2 月取得对原苏联、东欧国家易货贸易权。公司注册资金 3000 万元。从业人数 236 人。是机械行业较早实行内外贸结合、技工贸结合的专业公司。经营金工机械、机械成套设备、石材机械、注塑机、机床数控和数显系统、工具、模具、石材制品、超硬材料及制品、金属制品、小五金、铸铁制品、铸锻件、轴承基础件、动力机械、通用机械、仪器仪表、橡胶制品、其它机械设备的进出口、代理进出口，以及国内销售业务；经营机床工具行业的技术进出口业务；承办中外合资经营、合作生产、易货贸易、“三来一补”业务；从事机床工具产品的开发、研制、生产，以及国内外技术、信息咨询和交流，机床展览，机床改装、安装调试与维修，备件供应等技术服务。1991 年经营业务收入 30701 万元，外贸进出口总额 5790 万美元，再次列入全国最大的 500 家外贸企业行列。

北京九州重型机床企业集团

地址：北京市北三环西路 21 号 邮码：100088 电话：2011948 电挂：7846 传真：2015355 董事长：张连祥 总经理：李志东 常务副总经理：王陆平

简介：该企业集团组建于 1988 年 10 月，是以国内重型机床行业 9 家重点骨干企业为主体，联合 11 家著名高等院校、科研院所以及近 10 家一流专业配套厂所组成，挂靠机械电子工业部机床工具司，是全民所有制的跨地区、跨行业、多层次、多形式的经济联合体，具有法人地位。

该集团董事成员企业是：武汉重型机床厂、齐齐哈尔第一机床厂、齐齐哈尔第二机床厂、青海重型机床厂、上海重型机床厂、东方机床厂、险峰机床厂、芜湖重型机床厂、星火机床厂、北京液压件厂。

该集团以经营重型机床产品为主、兼营设备调剂，承接国内外能源、交通、冶金、矿山等重点建设项目和技术改造项目所需的通用设备、专用设备和成套设备的设计、制造、安装、调试任务，并为用户提供科研试验、设备精化、技术咨询等服务业务。

中国珠峰数控公司（集团）

地址：北京东直门外望京路 4 号 邮码：100015 电话：4363322 电挂：BNTEC 电传：4362584 董事长：彭晋龄 总经理：李中廉 常务副总经理：申彦河 副总经理：解明九、郑启江

简介：该公司是专门从事数控产业化的科工贸一体化的高技术公司。有雄厚的技术实力，具有机、电、数控等全面技术，熟悉各类机床结构和机械加工工艺，能向用户提供成套实用可靠的数控装置和完美的服务。

该集团是以中国珠峰数控公司为核心，由北京机床研究所、北京计算机三厂、襄樊机床电气传动设备厂、兰州电机厂及机电部 6 所、机电部自动化所、南京大方股份有限公司、清华大学、北京航空航天大学等单位参加，按照国家数控发展规划而组建的多功能经济实体。

其经营范围为：(1) 研究、开发、销售机电一体化产品，如：各种数控系统、伺服单元、伺服电机、主轴单元及主轴电机、编程机及相应的软件技术；(2) 承接国内外数控设备的技术咨询、改造、培训和维修，销售数控设备的备品、备件和配套件；(3) 承包国内外机电一体化工程项目的成套设备的开发、制造、供货、服务；(4) 承接机床的改造业务；(5) 承担国外数控产品的代销及合资返销业务。

天津市数控机床配套公司

地址：天津市河北区增产道 1 号 邮码：300250 电话：620917 电挂：1180 总经理：宋凤山 副总工程师：姚秀明

简介：该公司是 1988 年 9 月在原天津市机床工业公司基础上，经过调整改组后组建的企业集团公司。由 8 个单位组成，占地面积 218451 平方米，固定资产 3928 万元，拥有各种设备 1065 台，职工 4554 人。1991 年工业总产值 5119 万元，利润 270 万元。该集团公司实行“五统一”的管理体制，1991 年经国家计委批准被列入“八五”数控机床国产化专项技术改造重点项目，进行技术改造。机械电子工业部已确定该公司为全国数控机床配套产品生产、供应基地之一，为数控机床国产化配套服务。

主要产品：主轴单元、立卧式加工中心刀库、换刀机械手、镶钢导轨、对刀仪、恒温油箱、数控刀柄、排屑器、工具预调室、孔系组合夹具、多台氮化硅陶瓷刀片以及各种机床附件等 110 多种。数控刀柄曾获部优秀新产品奖和春燕奖。

中国造型材料公司

地址：沈阳市铁西区爱工南街 26 号 邮码：110021 电话：551965、552311-356 电挂：5060 传真：551306 电传：80367 SRLF CN

总经理：姜希尚

简介：该公司于1981年成立，是具有法人地位的科工贸相结合的经济实体，是直属机械电子工业部唯一的全国铸造专业公司。现有两个子公司、一个合资厂。并以本公司牵头，以38个科研单位和企业，组成全国性跨地区、跨部门、跨所有制的科研、生产、经营、技术服务的横向联合体。还办《铸造世界报》，宣传公司宗旨，报导经济技术信息。

该公司十多年来，经营各种造型材料及铸造材料、设备的研制、组织生产和销售，并对全行业进行技术咨询、技术服务、信息服务；负责对机械行业造型材料重点厂矿技改项目的规划与实施；开展对原砂、粘结材料的检测认证工作，已成为全国造型材料方面的归口单位。覆盖全国24个省、自治区及52个市县，遍布机械、冶金、石油、化工等行业。在开展国内贸易的同时，还开展对外贸易、出口糠醇、铸造焦、膨润土、过滤网等产品，销往英国、泰国、南朝鲜、台湾等国家和地区。还与美国等国家专家、商友进行技术交流与人材培训，深受国内外商友欢迎，誉为可靠的贸易伙伴。

中国磨料磨具进出口联营公司

地址：郑州市中原西路183号 邮码：450006 电话：773054 电挂：2436 电传：46051 CAECZ CN 总经理：陈和生

简介：该公司是于1981年经原国家机械委员会和进出口委员会批准成立的磨料磨具专业外贸公司，直接对外经营磨料磨具进出口业务。公司拥有60家成员单位。

该公司总部设在郑州市。在深圳、海南设立了分公司，并在北京、上海、青岛、厦门等地设有办事处和经理部。年创汇额逾千万美元，已与世界上60多个国家和地区的生产厂家及客商建立了广泛密切的贸易联系。

公司经营范围：(1) 磨料磨具，包括各种刚玉、碳化硅、碳化硼、人造金刚石、立方氮化硼和各种新型磨料及用上述磨料制成的磨具（砂轮、油石、磨头、砂瓦、涂附磨具）、刃具、硅碳棒及其他制品，矾土、耐火材料等各种商品的进出口贸易。(2) 接受磨料磨具产品的国外来图、来样、来料加工。(3) 办理有关磨料磨具的技术设备引进、合作生产、合资经营、补偿贸易及咨询服务等事宜。(4) 接受和承包国外客户有关磨料磨具工厂、车间、生产线等项目的设计、施工等成套工程。

上海企鹅制冷（集团）公司

地址：上海市河南北路283号 邮码：200085 电话：3060633 电挂：3379 董事长：张德荫 总经理：张德荫

简介：该公司于1985年11月正式成立，它以上海冷气机厂为主体厂并有16个专业厂和科研机构、大专院校、物资部门、银行、外贸等25个单位组成。其中兼有全民、集体两种所有制，既有“企鹅”名牌产品作龙头，还有银行与科研物资部门作后盾，集团以瞄准国际先进水平，开发“企鹅”新产品，带动其他产品同向发展为基本立足点，运用集团的优势扬长补短，开展工作。

集团成立后形成了决策层、管理层的现代化管理三个主体系：即技术密集型体系、规模生产与质保体系、资源销售体系。有10个专业化生产厂，即成套组装生产厂，制冷压缩机专业生产厂，压力容器、铸造件、曲轴、温控元件、工矿配件、风机盘管及管道阀门专业生产厂，凡属国家氟利昂冷冻空调产品的规格，均可在集团生产的近300个品种中任意选购。全年完成工业总产值达2.8亿元，利润3500万元，该公司目前已成为华东地区及上海市颇有影响的跨省市、跨行业，集科研、生产、工贸为一体的专业制冷集团公司。

中国空分设备公司

地址：杭州市东新路152号 邮码：310004 电话：543471 电挂：4500 电传：351020 NASPC CN 董事长：赵文华 总经理：沈昌炽

简介：该公司成立于1981年，现有员工140人，其中具有高级技术职称的22人，具有中级技术职称的55人，具有初级专业技术职称的44人，有办公楼5000余平方米。

该公司主要承包空气分离（制氧、制氮）设备，稀有气体（氩、氖、氦、氪、氙等）提取设备、多组份气体（石油气、天然气、焦炉气体）分离设备、气体液化设备、低温液体贮运设备、溶解乙炔发生及充罐设备，与上述产品工艺相近结构相似的其他工业气体设备和低温设备等产品的工程技术设备成套项目。为国内外用户提供技术咨询与设计、工程设计、成套供货、土建施工、安装调试、人员培训等服务，直至承包“交钥匙”工程。

中国机械基础件成套技术公司

地址：北京复兴门外大街16号 邮码：100045 电话：3266191 电挂：7615 传真：3266191 总经理：杨乃燕

简介：该公司是机械电子工业部的直属专业性公司，是经国家工商行政管理局登记注册、具有法人资格的经济实体。

该公司以国家重大技术装备和用户的需求为对象，承接机械基础件成套工程和新产品开发，以满足主机要求为目的，进行机械基础件的系统配套；以保证国家重点建设为目标，进行优质机械基础件的供应与服务。

该公司经营的产品有：液压件、液力件、气动件、轴承、紧固件、密封件、链条、弹簧、粉末冶金制品、阀门、模具及以上行业生产所需的专用设备、仪器、仪表、工具、专用原材料、辅料等。公司直属的成都机械基础件装备开发中心（原成都机床厂）是以研制轴承专用磨床为主、融科研开发、设计制造、综合服务为一体的装备基地。除研究轴承磨床外，还从事基础件其它行业、汽车行业的专用机床及通用精密内圆磨床的开发和生产。

榆次液压集团公司

地址：山西省榆次市经纬路 308 号　邮码：030600　电话：26111-321　电挂：3210　电传：25018　董事长兼总经理：王文鼎

简介：该集团公司是以液压行业大型骨干企业榆次液压件厂为主体，以长治液压件厂、太原液压件厂、太原液压机械厂、原平液压机械厂为骨干，从事液压工业科研、开发、生产、配套、销售、服务实行资产经营一体化的企业集团，1985 年成立。1988 年在山西省实行计划单列，1990 年实行资产经营一体化。现有职工 5600 人，主要设备 1500 多台，年产量达 26 万台（套）。生产制造液压元件，液压附件和液压系统。

主要产品有各类液压阀、液压缸、液压油泵、蓄能器等。引进的美国威格士公司液压阀和意大利埃托斯公司柱销式叶片泵等具有国际 80 年代水平的先进液压制造技术，是工程机械、塑料机械、冶金机械等主机新一代技术先进产品。在榆次液压件厂、液压阀和液压系统分厂的基础上，现已与日本油研工业公司签订协议，成立全国液压行业最大的合资企业——榆次油研液压有限公司。

天津液压机械集团公司

地址：天津市南开区三纬路 63 号　邮码：300100　电话：226281 至 226287　电挂：5222　总经理：齐雪楼　总工程师：董少连

简介：该公司（原天津机械厂）是机械电子工业部大型重点骨干企业，是天津市市级先进企业，建于 1937 年，是国家重点扶植发展的生产液压元件、气动元件和摩托车发动机的专业厂家。

该公司主要产品有齿轮泵、液压阀、液压缸等液压元件，共 46 个品种 164 种规格，年产量达 22 万件。近年来又先后从美国迪尔公司引进了大中马力拖拉机液压件和谷物收割机液压件，从美国威格士公司引进了高压齿轮泵，并已小批量投入生产，还设计试制了气动元件。

1985 年天津市政府决定由该厂制造从原联邦德国引进的“纯达普”摩托车汽油机。现已生产出 $1E_{46}^{50}FM$ 和 1E50M 汽油机 2 个品种 3 种规格，年产已达 2 万余台。由于注重产品质量，CB 系列油泵被评为机械电子工业部优质产品，摩托车汽油机被评为天津市优质产品。

哈尔滨轴承工业公司

地址：哈尔滨市香坊区红旗大街 2 号　邮码：150030　电话：55031　电挂：4574　电传：229379　董事长兼总经理：马继波

简介：该公司以哈尔滨轴承总厂为主体，由牡丹江、佳木斯、青冈、铁力轴承厂组成。

该公司坚持“质量、信誉、用户第一”的宗旨，拥有现代化的工艺装备，按国际标准组织生产，产品质量精良，年生产七大类 2700 多种、各精密等级的小、中小型轴承。哈尔滨轴承总厂主要生产为航空航天、航海、铁路、汽车、拖拉机、矿山、冶金、精密机床、纺织、家电配套轴承；牡丹江轴承厂主要生产为汽车、农机、矿山、油田、纺织配套及出口轴承；佳木斯轴承厂主要生产为汽车、农机、矿山、油田非标准机械配套轴承；青冈轴承厂主要生产为农机、林机、汽车配套轴承；铁力轴承厂主要生产为农机、林机、矿山配套轴承。哈尔滨轴承总厂、牡丹江轴承厂均为国家出口轴承产品基地。公司生产的产品在国内外客户中倍受欢迎。

哈尔滨轴承总厂厂长马继波、牡丹江轴承厂厂长刘永春、佳木斯轴承厂厂长龚万学、青冈轴承厂厂长薛继武、铁力轴承厂厂长牟瑞坤及该公司综合办公室主任温金诚竭诚欢迎各方用户来人、来函洽谈、订货。

中国矿山机械成套制造公司

地址：河南省洛阳市重庆路　邮码：471039　电话：413588　电挂：2052　电传：473002 LMMP CN 转 CMEMC　董事长兼总经理：郁明山

简介：该公司（集团）于 1981 年初成立，是以洛阳矿山机器厂等大型骨干企业为核心，由 13 省、市的 35 个企业和科研院（所）组成的跨地区、跨行业、跨部门全民性企业集团，具有独立的法人地位。公司实行董事会领导下的总经理负责制，对外统一承包工程项目，对内实行“科研、设计、制造、供应、服务”一体化管理。

该公司 1991 年底拥有固定资产原值 12.5 亿元，职工 9 万余人，其中：中、高级工程技术人员 6000 余人，高级管理人员 1500 人。拥有机床 15000 余台，其中大精稀有设备 1000 余台。具有先进的加工工艺和现代化的试验和测试手段，并具有先进的管理技术。公司可为煤炭、建材、冶金、化工等工业部门提供年产 1500 万吨级露天矿、60 万～300 万吨级煤矿矿井、60 万～400 万吨级洗煤厂、5 万～60 万吨水泥厂等工程项目的成套技术装备。

该公司在 1991 年为煤炭、建材等工业部门的工程项目提供成套设备 9.3 万吨，产值达 8.2 亿元，实现利税 6600 万元，创汇 550 万美元。公司的宗旨是全心全意为用户服务，以高标准竭力为用户提供最优质的设备和服务，提高社会经济效益为最终目的。

竭诚欢迎国内外客户惠顾。

中国重型机械总公司

地址：北京公主坟复兴路甲 23 号　邮码：100036　电话：8217492　电挂：2050　电传：

20057 CHMC CN 总经理：沈克林

简介：该公司是机械电子工业部直接领导的、以工程技术设备成套为主、自主经营的企业。

该公司拥有众多经验丰富的各类专业工程技术及经济管理人才，主要是总承包或分包国内、外大型重大成套项目及其他工程设备成套，为钢铁、有色金属、煤炭、城市建设、建筑材料、环境保护、交通运输、森林等工业部门以及国外厂商提供优质成套设备，并组织引进技术、科技攻关、新产品开发、合作制造，为各种工程成套服务。自1980年9月成立以来共承包300多个项目，其中重大、重点项目158个。承包的宝钢二期工程中1900板坯连铸机项目，获国家1991年重大技术装备特等奖、科技进步奖。在国际上，该公司还曾获得1985年的第六届国际科学技术奖，1986年的美国市场开拓奖。

该公司与国内175个重型机械、矿山机械、起重运输机械、工程机械的制造工厂和研究所及有关设计院组织联营。具有强大的设备制造能力和管理能力。

该公司具有较丰富的内、外贸经验，已组织引进70余项国际先进技术，与20多个国家和地区近150个厂商建立了技术合作和业务往来关系，承担国内、外用户的进出口项目承包。

上海重型机械工程成套公司

地址：总部上海市闵行江川路299号、分部上海市通北路599号 邮码：总部200240、分部200082 电话：5416857、5417647 电挂：8362 传真：0086215120945 总经理：朱春湖 副总经理：谢金方

简介：该公司是以上海重型机器厂为主体，联合上海冶金矿山机械厂、上海沪江机械厂、上海东风机器厂、上海建设机器厂、上海起重运输机械厂、上海液压件一厂、上海电机厂、上海南洋电机厂、上海电气成套厂、上海整流器总厂、上海变压器厂、上海机电设计研究院、中国工商银行上海市闸北区办事处等14家全民所有制企业于1987年6月组建起来的大型企业集团。公司的主要任务是为国内外广大用户提供按国际标准、国家标准制造的各类冶金、轧制、锻压、矿山、煤炭、建材、水泥、汽车工业成套装备，总承包国内外重点工程项目的设计、制造及配套。

公司成立至今已经承接完成了上海第五钢铁厂年产30万吨合金钢棒材轧机成套工程重点任务、上钢一厂750m^3高炉配套工程、武汉钢铁公司和梅山冶金公司等大型钢铁基地的改扩建任务以及巴基斯坦巴克铃木汽车有限公司冲压车间成套工程等项目。并本着为国家基础工业及重点建设工程项目服务的目的，坚持技术上的先进性和质量上可靠性，力求工程的投资省、工期短、质量好，做到包工程成套、包工程质量、包供货周期、包技术服务，竭诚愿为国内外客户拟议中的工程项目服务。

东方重型机械集团公司

地址：成都市二环路北三段 邮码：610081 电话：335283 电挂：6041 传真：(028) 337672 董事长：彭光显 总经理：华涌欣 常务副总经理：屈德培

简介：该集团公司于1987年以中国第二重机厂为主体组建，成员单位48个，其中大、中型企业37个、银行1所、研究所3个、设计院3个、大学4所，分布10省22市，职工总数近20万人，工程技术人员近2万人，拥有固定资产22亿元，是机械行业全民联营机构。

公司经营范围：主营重型、矿山、冶金、石化、通用、风力、食品、轻工、包装、建材、工程机械的成套项目的工程承包及土木工程建筑；兼营电站配套设备、模锻件、铸锻件、通用零件。主要出口矿山、轧钢、锻压、水泥、索道等设备和配件及锰钢件、铬铁球、铁合金等产品。

集团成立以来，总承包了国家重点建设项目云南小龙潭煤矿四期扩建工程上万吨设备，近亿元产值，获得能源部、机电部、用户的广泛好评。同时在新产品试制、外贸出口、联办企业方面都进行了有益的尝试。

中国石化通用机械工程总公司

地址：北京宣武区太平街甲2号 邮码：100050 电话：3042288（总机） 电挂：2054 传真：3010347 电传：222233 GMEBJ CN 总经理：赵志明

简介：该总公司（CPGME）是1991年3月由原中国通用机械工程公司（GME）和中国石油化工设备成套公司（CPEC）合并创立的，是机电部直属的工程承包、工程设计、工程技术设备成套及联营服务企业，具有法人资格和外贸法人地位。可承担国内外有关海陆石油、石油化工、化工医药、轻纺、环保、城建、建材等领域的工程项目和工程技术设备成套中的成套开发、成套设计、成套制造、成套供货、成套服务等业务，组织成套机电产品出口，开展进出口贸易。

该总公司还与国内140家生产企业和科研设计单位组成“经济联合体”，形成一支强大的工程集团力量，在海陆石油、石油化工、化工轻工、冷冻空调、环境工程、流体输送、供水工程等领域承担过大批国内外工程项目和新产品开发研制，有着丰硕的业绩和良好的信誉。

中国工程机械成套公司

地址：北京月坛南街26号 邮码：100825 电话：863884、8032056 电挂：8535 传真：8013987 总经理：赵德源 副总经理：李登祥 总工程师：韩学松

简介：该公司是机械电子工业部所属专业性成套公司，是自主经营、独立核算、自负盈亏的经济

实体。在国家工商行政管理局注册登记，具有法人资格。

该公司的宗旨是为用户服务，为生产企业服务，坚持用户第一、质量第一、信誉第一。公司向国内、外用户总包和分包矿山、交通、铁路、城市建设、水利、能源、冶金、林业、农业和国防等建设项目所需先进工程机械设备及补套单机；组织工程机械配套、配件的供应和销售；组织工程机械设备的租赁和维修；承包土石方工程。

经营的产品有挖掘机械、铲土运输机械、工程起重机械、压实机械、路面机械、桩工机械、混凝土机械、钢筋预应力机械、叉车和工业车辆、装修机械、城市公共设施机械、凿岩机械、风动工具、线路机械、其他专用工程机械以及工程机械基础零部件。

中国包装和食品机械公司

地址：北京市西城区月坛南街 26 号 邮码：100045 电话：868261-2614 电报：6028 传真：8010556 电传：222221 CPFMC CN 总经理：张伯华

简介：该公司是机械电子工业部直属的全国性专业公司，在国家工商行政管理局登记注册，具有法人资格。

该公司以发展包装和食品机械工业，全心全意为包装工业、食品工业服务为宗旨，坚持“质量第一，信誉第一”的原则。公司的主要经营业务是：承包包装和食品工业工程，组织包装和食品机械设备的成套、销售、租赁和进出口；兼营印刷机械、塑料机械、包装容器及包装材料；开发新产品、新技术，提供有关的技术咨询服务；开展多种形式的合资、合作经营业务。

公司具有雄厚的经济技术实力，现有 1 个子公司、2 个研究所、8 个成套联营部。几年来，公司先后向国内几十个工厂、公司投入资金和技术，已开发新产品和完成工程成套项目 300 多个，为用户引进设备几百台（套），并多次成功地组织国产设备到国外展销，取得较大成果。

该公司竭诚欢迎中外朋友前来洽谈贸易和开展各种形式的合作。

上海印刷包装机械公司

地址：上海市江宁路 106 号 邮码：200041 电话：2151100 电挂：4944 传真：081-021-2152465 总经理：陆忠信

简介：该公司系全国印机行业最大的印刷、包装机械生产经营公司。1988 年列为上海市利用世界银行贷款改造的单位，1989 年由上海市经委批准为实体公司，1990 年被机械电子工业部认定为国家大型企业，1992 年由经贸部批准为出口自营企业，同年被上海市政府列为转换机制、放开经营（即仿“三资”企业）改革试点单位，中外合资部分已占 36.5%。现有职工 7884 人，固定资产原值 15365 万元。

主要产品是印刷机械、塑料及纸品包装机械、机械刀片、备品配件五大类。通过供应、代销、服务等方式，主营印刷包装机械及配件、印刷包装器材及印刷包装机械设计、技术服务等。

企业技术水平国内领先，墙板、滚筒、齿轮、凸轮和大平面五大类零部件加工工艺接近国际水平。主要出口胶印机、装订联动线、压痕机、切纸机等。主要出口地区为东南亚、西欧、北美等 20 多个国家（地区）。1991 年出口创汇 960 万美元，产品销售收入 23817 万元。达到成立三年后总产值、出口创汇、经济效益实现翻一番的目标。

第一汽车制造厂

地址：长春市朝阳区东风大街 63 号 邮码：130011 电话：504389 电挂：0500 厂长：耿昭杰

简介：该厂是汽车行业中的大型骨干企业。1953 年动工兴建。1956 年 7 月 13 日生产出第一辆解放牌汽车，结束了我国不能生产汽车的历史。1958 年制造出第一辆国产轿车和军用越野车。之后又完成了包建第二汽车制造厂和多项对外援建任务。被誉为汽车工业的摇篮。

1987 年元月，经技术改造，正式投产了具有 80 年代初国际先进水平的新型解放 CA141 五吨载重车。1988 年又开始了年产 3 万辆中高级轿车先导工程和年产 15 万辆普及型轿车合资项目的建设。年产 6 万辆轻型车工程也同时上马。1991 年，有职工 86785 人，占地面积 1567 万平方米，拥有设备 14770 台，年产汽车 82500 辆，其中奥迪轿车 6461 辆；工业总产值 35.8 亿元，销售收入 51 亿元，出口创汇 1800 万美元。

1991 年 2 月 6 日，第一汽车制造厂—德国大众汽车有限公司在长春成立，15 万辆轿车合资项目全面开工建设，并于 10 月试装了 156 辆捷达轿车。轻型车工程的技术准备已基本结束，有 7 种车型经鉴定定型，并有两个专业厂投入了试生产。到 1991 年底，累计生产汽车 165 万辆，上缴利税和折旧基金 72.6 亿元，相当建厂投资的 12.6 倍多。从 1984 年到 1991 年，连续七年被国家授予“全国思想政治工作优秀企业”的光荣称号。

东风汽车集团（二汽集团）

地址：湖北省十堰市 邮码：442001 电话：23402 电挂：0057 电传：40104 HBSAW CN 经理：陈清泰

简介：该集团（二汽集团）诞生于 1981 年 4 月 8 日。东风汽车集团在十年改革中留下了不平凡的足迹。从起步到发展，经历了“生产协作、生产经营、资产联合”三个阶段，逐步形成了以二汽及其紧密联营厂为主体的核心层、以合资厂及半紧密联营厂为主体的骨干层、以其它联营厂为主体的协作层三层次的具有科研、开发、生产、销售、服务、信息、金融等多功能的企业集团。

东风汽车集团以东风汽车公司为主导，东风系列产品为龙头，按照“自愿、平等、互利”的原则，通过内在的经济技术要求，发展横向联合，推动专业化生产，合理配置生产要素，发展集约化经营，使集团具有强大的向心力和凝聚力。现已拥有联营企业318家，辐射28个省、市、自治区；拥有职工30万人，固定资产（原值）61亿元，设备6.9万台；年生产能力达15万辆，销售收入突破100亿元大关，利税超过10亿元，成为我国汽车工业规模最大、经济实力较强的企业集团，已被列入国家首批大型企业集团试点单位。

该集团具有强大的产品开发、试制、试验能力，以二汽技术中心为主导，集结一批成员企业的开发力量，形成了系统的、门类齐全的产品开发体系，采取联合开发、联合试制的方针，现已开发东风系列产品184种，其中基本车型7种、变型车150多种，在此基础上又开发了各种专用车、乘用车11大类255种，还开发了轻型客、货车40余种，形成了中、重型结合，汽、柴油并举，长短头齐全的多品种、宽系列的东风产品系列。

1991年，东风汽车集团产销汽车15.4万辆，实现工业总产值62.8亿元，销售收入73亿元，实现利润69462万元。

该集团在国内建立了以北京、上海、武汉等中心城市为依托的5个贸易分公司、7个销售经理部和283个技术服务站，并与30个省、市、自治区建立了长期的贸易关系，形成了市场广阔的销售体系，卡车销售量占全国65%以上。在国外，利用东风汽车集团所具有独立的外贸自主权的优势，把“触角”伸向了东南亚、南北美及欧洲的广阔市场，行销40多个国家和地区，并与美国康明斯、日本的日产等300多家企业建立了技术交流和贸易往来。

金杯汽车股份有限公司

地址：沈阳铁西区兴工北街67号　邮码：110025　电话：454211、452720　电挂：5037　电传：80042　总经理：赵希友

简介：该公司是融科研、生产、经营、开发、外贸、教育为一体，具有法人资格的大型股份式企业。

公司现有50家生产厂，并设有6个专业公司及轻型汽车研究所、汽车工业学院、技术培训中心。现有职工5万人，工程技术人员7000人，其中高级技术人员300人。公司占地280万平方米，建筑面积100万平方米，注册资本10亿元；主要产品有“金杯”牌系列轻型载重货车和厢式旅行客车及两个系列的变型车、汽车配件等。

1991年公司在各方面条件比较困难的情况下，实现利润7934万元，上缴税金10352万元，生产各种类型汽车30183辆，出口创汇1100万美元，同时签订了多个合资项目，其中较大规模的是与美国通用汽车公司合资经营的金通公司、与日本丰田汽车公司合资经营的金客公司。

几年来，公司围绕发展生产力，先后进行了在全国范围内带有开创性的几项改革，使公司有了飞速的发展，“金杯”牌轻型载重汽车和旅行客车年产量占全国同类车总产量的25%～50%。在全国汽车工业中占重要位置的金杯汽车公司前景广阔，将继续开拓前进。

嘉陵集团

地址：四川省重庆市沙坪坝区双碑　邮码：630032　电话：961991　电挂：6124　电传：62173 CSCSJ CN　传真：（0811）960718　总经理：郝振堃

简介：该集团是在1980年9月26日成立的横向经济联合组织——嘉陵牌摩托车经济联合体的基础上形成和发展起来的。该集团由核心层、紧密层、半紧密层和松散层四个层次构成。嘉陵集团的核心企业——中国嘉陵工业股份有限公司（集团），于1987年9月经原国家经委、国家体改委、国家计委的经体[1987]576号文批准成立。1991年经国务院批准，列入国家第一批55家试点企业集团。

目前，该集团的骨干企业拥有固定资产原值4.6亿元，净值2.9亿元，专业化生产线103条，机器设备9600台（套），生产厂房面积46万平方米，从事摩托车生产的职工28400余人，其中科技人员4600人。已形成年产35万辆成车及70～125cm^3发动机60万台（套）的能力。主要产品有嘉陵牌50、70、125、145系列摩托车和塑料壳猎枪弹、工业钢球、工业轴承。1991年产销摩托车27.6万辆，完成工业总产值8.385亿元，实现销售收入9.89亿元，实现利税1.575亿元。

中国电工设备总公司

地址：北京市广外莲花河胡同1号　邮码：100055　电话：3264477　电挂：1055　电传：22613 CNEEC CN　总经理：吴树辉

简介：该总公司是机械电子工业部直属从事工程技术设备成套和工程咨询设计并具有对外贸易权的专业公司。

该公司1979年经国家经委批准成立，以后相继有部电站设备成套公司、中国通用电气工业公司和中国电焊条公司等并入。现共设7个工程成套事业部和1个列入部属设计院具有国家甲级设计证书的中电设计研究院。公司现有职工650余人，专业技术人员占80%以上，其中高级技术人员150余人。

公司主要经营国内外火力、水力发电厂（站）、输变电站（所）工程成套，冶金、石油、化工、煤炭、交通运输等行业的供配电工程和机电行业、旅游、住宅等建设项目的设计、施工、设备成套和技术服务。并经营工业锅炉、工业汽轮机、燃

气轮机、高低压电器、电机、电线电缆、焊接器材、绝缘材料、蓄电池、电工专用设备、电动工具及家用电器等35大类284小类、近13000个品种的成套或单台设备。1991年共承担国内外各类工程130余项，成交额达5.5亿元，经营范围遍及55个国家和地区。

华北电力设备成套公司

地址：北京市石景山区吴家村　邮码：100039　电话：8216957　电挂：1419　传真：8212015　总经理：白正宇

简介：该（集团）公司创建于1980年，其前身为“华北电力设备制造联合公司”（简称华北电联），1987年根据国家关于横向经济联合的规定，调整组建为集团公司，组织成员与经营范围得以迅速发展，成为国内第四家大型电站设备集团公司。由北京市领导，受机械电子工业部、能源部指导。公司总部设在北京，具有企业法人地位，是自主经营、独立核算、照章纳税、自负盈亏的全民所有制企业集团公司。

近几年来，公司与世界著名的电气公司——法国阿尔斯通公司、美国巴布科克·威尔科克斯公司、德国西门子公司和ABB跨国电气公司、美国西屋公司、日本东芝和日立等公司进行了包括合作经营、合作生产、引进技术和设备、技术交流等广泛的经济技术合作。该公司承包国内外火电、水电、核电、燃机发电、柴油机发电、风力发电、地热利用等电站项目、输变电工程、热力工程的勘察设计、成套设备、土建、安装、调试服务一条龙式的“交钥匙工程”，及单机设备、备品配件、能源设备制造行业工厂设计、技术改造、规划咨询等业务。

中国东方电气集团公司
(中国东方电站成套设备公司)

地址：成都市一环路西一段115号　邮码：610041　电话：766655（总机）　电挂：2000　传真：028-769555　电传：60152DEC CN　董事长：丁　一　总经理：张光纯

简介：该集团公司以大型骨干企业东方电机厂、东方汽轮机厂、东方锅炉厂、东风电机厂和中州汽轮机厂为紧密层成员，是国家计划单列的全国首批试点大型企业集团之一。

该集团现有固定资产10亿多元，以生产经营大型成套发电设备为主，同时生产各类机电产品和家用电器，有职工37000人，高中级专业人员占10%以上。1991年生产发电设备212万千瓦，出口创汇4700万美元。300MW锅炉、汽轮发电机和320MW水轮发电机都是获国优金牌产品。目前，集团正与国外著名厂商合作设计、生产600MW大型汽轮发电机组和锅炉。

为发挥集团群体优势，集团公司先后创办了工程承包、进出口、财务、物资供销等专业公司和成套设计研究院、联合职工大学，发展了27个半紧密和65个松散层成员单位，还在北京、上海、深圳等15个城市建立了分支机构，在加拿大、德国设立了代表处。

东电集团正向外向型、跨国经营的方向努力开拓前进。

中国西电集团

地址：西安丰登北路29号　邮码：710077　电话：44805　电挂：0500　电传：741442　总经理：郭　斌

简介：该集团是以西安电力机械制造公司（简称西电公司）为主体，包括跨地区的5个中外合资企业，18个参股控股企业，以及近百家具有经济技术联系的企事业单位组成的经济技术联合体。1988年开始在国家计划中单列，1991年经国务院批准作为国家级企业集团试点单位。

其核心企业西电公司，1959年成立，是国内最大的成套高压、超高压交直流输变电设备和其它电工产品的科研、生产基地，拥有11个工厂、15个研究院（所、室）、7个专业公司、174个集体工商贸企业和其它文教、福利设施。现有固定资产原值8亿元，职工（含集体）4.7万人，其中各类专业技术人员7000余名。三十多年来，西电公司为我国电力、交通、冶金、化工、通讯、煤炭等部门提供了大量装备，承担着全国电力建设约三分之一的高压输变电装备任务，产品远销58个国家和地区。西电公司73.4%的产品已达80年代和90年代初国际水平，平均每年有近百种新产品投入市场。1991年工业总产值达8亿多元，出口创汇2000多万美元。

中南输变电设备成套公司

地址：郑州市伏牛路179号　邮码：450007　电话：772186　电挂：6556　传真：(0371) 773185　董事长：闫世博　总经理：徐树龙　常务副总经理：王　钢

简介：该成套公司成立于1980年，系经中南地区六省二市机械厅（局）同意、机械电子工业部批准、具有法人资格的经济实体，是以保定变压器厂、平顶山高压开关厂、郑州电缆厂、许昌继电器厂、醴陵电瓷厂、桂林电力电容器厂等21家大中型企业为依托，联合中南电力设计院等8家设计院所及1家送变电建设公司所组成的输变电设备集团公司。公司所属厂共拥有固定资产8亿多元，年工业总产值15亿元，职工5万多人，为机电部三大输变电设备制造公司之一。

主要生产10～500kV各种电力变压器、电抗器、互感器、电力电容器、高低压开关、继电保护、电线电缆等十一大类具有国际、国家标准的输变电产品，向国内外10～500kV电力工程、发电站提供工程建设和设备总承包。1991年，公司完成了深圳华能电厂二期、深圳南山电厂二期三期、岳阳石化总厂、金川有色金属公司等5项工程电器配套和设备成套的综合服务工作，并签订了海南大广坝220kV变电站、深圳横岗220kV变电站及荆门炼油厂110kV变电站设备成套、电器配套合同，为公司赢得了良好的信誉和收益。

中国自动化控制系统总公司

地址：北京市朝阳区团结湖北路2号　邮码：100026　电话：5022211（总机）　电挂：6626　电传：210444 CACS CN　传真：5018828　总经理：崔十信

简介：该总公司直属于机械电子工业部，是以科技为先导，以服务为宗旨，以行业为依托，技工贸相结合的综合型工程技术成套公司。公司业务范围：为国内外各个行业和国家重点工程项目提供自动化控制系统设计、成套供货、安装调试及全面技术服务；为科研、企事业单位提供成套办公自动化设备和科研实验装备；经营各类仪器、仪表、仪表元件；承办仪表行业物资供应及各种材料经营业务；组织国际技术合作、技术交流及进出口业务。

该总公司创建于1981年。十一年来，先后承担了国内外成套工程400余项，其中国家重点工程项目50余项，如宝钢二期自控成套工程，仪征化纤一、二期自控成套工程，300MW、600MW电站机组自控系统成套工程，北京水源九厂日处理50万吨供水控制系统工程，黄岛油区原油计量系统工程，抚顺石油三厂连续重整计算机监控系统工程，北京潞河面粉厂日处理小麦800吨自控系统工程等。

总公司直属单位有设计研究所、北京销售成套公司、北京思远公司、华北公司（天津）、东北公司（沈阳）、华东公司（上海）、西南公司（重庆）、西北公司（西安）、中南公司（武汉）、深圳公司，联营单位有成套厂（北京顺义）、中国厦门仪器仪表公司、广州仪器仪表联合展销技术服务中心，在美国合资经营北美微电子及软件有限公司，在香港参股经营华盛昌机械企业有限公司。

上海自动化仪表公司

地址：上海市北京西路1421号　邮码：200040　电话：2471680　电挂：81498　电传：上海2471680　总经理：倪光荣

简介：该公司以生产制造高效能的工业过程自动化控制仪表及装置而著称，被国家定为234家“双保”企业之一。公司所属系统成套公司、供销分公司和24家工厂及投资控股3家合资企业。从业人员16600余人，工程技术人员达3200人，1991年销售额达4.6亿多元，是国内自动化仪表工业主要基地之一。

主要产品有：过程控系统与装置，工业控制计算机及外部设备，单回路调节器，可编程序控制器，温度、压力、流量、物位、秤量、机械量的检测调节仪表，显示记录仪表，执行器及调节阀，电动单元组合仪表，气动单元组合式仪表，基地式仪表，各类控制盘，仪器仪表元器件和模具加工，铸锻件等16大类、149个系列、2845个品种。该公司从国外引进了17项产品制造技术和加工设备，实现了产品更新换代。

系统成套分公司具有一流的技术装备和众多的高科技人才，主要从事工业过程自动控制系统设计、系统制造、系统成套、系统调试、系统培训等全过程服务项目，可为用户提供“交钥匙”工程的一条龙服务。

供销分公司负责全公司的整体营销工作管理，在上海及全国部分大中城市设有经销服务网点，集中销售公司所属各单位的产品及备品备件，为用户提供仪表维修服务。

中国四联仪器仪表集团公司

地址：四川省重庆北碚　邮码：630700　电话：（08215）3992　电挂：0019　传真：（08215）3997　电传：62150 SICCB CN　董事长：胡良民　总经理：万教明

简介：该公司是以四川仪表总厂为主体，以系统工程成套为龙头，以过程控制装置和科学仪器为重点，从事仪器仪表、仪表元件、仪表材料生产和工艺协作的大型企业集团，成立于1987年。1989年经国家工商局核准注册登记。

1990年，重庆市属11户仪表企业进入集团紧密层，由四联集团公司对重庆市仪表企业实行统一规划、统一管理、统一承包、统一任免干部。四联集团公司拥有从国外引进的多种产品生产线和硬软件制造技术，能为国内外广大用户提供1500个品种、上万个规格的仪表产品。主要产品达到国际80年代初、中期水平，并能进行成套设计、成套制造、成套供货、现场安装调试，代培技术，直至工程项目“交钥匙”。

1991年，集团公司所属单位共有职工1.6万人，固定资产原值3.4亿元，完成工业总产值4.76亿元，销售收入4.45亿元，实现利税5400万元，出口创汇415万美元。1991年12月，以四联集团公司为核心的四联仪表集团被国务院批准为全国首批55家试点的企业集团之一。

长春试验机集团公司

地址：长春市宽城区天光路9号　邮码：130052　电话：838791　电挂：2394　电传：83130 CCTMFC　总经理：孙成河

简介：该集团公司组建于1989年12月，是由主导厂长春试验机厂与长春市第二试验机厂、长春市仪表机械厂在突破“三不变”原则的基础上，实现资产经营一体化，具有法人资格的经济实体，是全国试验机行业中唯一的实体性公司。企业全部固定资产原值3610万元，占地面积23.8万平方米，其中建筑面积10.8万平方米，生产用建筑面积4.5万平方米，拥有主要生产设备538台。

主要产品有：WEW液压万能试验机、液压压力试验机、电液伺服疲劳试验机、标准测力机、岩土力学试验仪器、卧式拉力试验机、电子万能试验机、电子拉力试验机、熔融指数仪、橡胶拉力试验机、其它试验仪器、汽车发动机无触点分电器等系列。

1991年整个集团完成工业总产值2200万元，比上年增长4.3%；完成产品产量902台，比上年增长27.2%，完成产品销售收入2276.6万元，比上年增加51.7%。

上海海鸥照相机公司

地址：上海市松江县中山东路70号　邮码：201600　电话：7812912　电挂：9179　传真：7820305　公司办事处地址：上海市贻庆街42号　邮码：200010　电话：3737742　电挂：2094　传真：3291763　传真：30318 SGOF CN　总经理：吴纪福

简介：该公司主要由上海照相机总厂、二厂、三厂、器材二厂、有色光学玻璃厂等企业组成。以海鸥名牌为主导，生产各种照相机、镜头、照相器材、快门及零配件。并从事技术攻关、转让、培训、服务等经营活动。公司所属企业生产照相机及器材历史悠久，有国内最先进的模具中心，能设计制造各类高精尖的模具，技术力量雄厚，工艺先进，在国内外享有一定声誉。

主要产品有海鸥DF系列相机、28mm广角镜头、28～70mm和70～210mm变焦镜头、闪光灯、三脚架、各类零配件和照相器材。近期内推出了DF-300高级单镜头反光照相机，使DF系列更上一层楼。

该公司为发挥行业优势，大力开发各种相机和各类照相器材，坚持走外向型道路，愿以优良的技术向全社会服务，真诚地同各界进行多种形式的经济合作。

中国机械工业电脑应用技术开发公司

地址：北京市东长安街33号北京饭店3088室　邮码：100004　电话：5137766-3088　传真：5137766-3896　电传：22426 BHCTL CN（技术开发中心：北京市海淀区复兴路9号中国人民革命军事博物馆内　邮码：100038）　总经理：席与平　总工程师：陈宗良

简介：该公司系机械电子工业部直接管理的全民所有制企业，是自主经营、独立核算、自负盈亏、具有外贸进出口权的经济实体。

业务范围：(1) 经营大、中、小、微各类计算机硬、软件进出口业务；(2) 经营计算机外部设备、配套设备、备件、消耗品、数控设备、工业控制机的进出口业务；(3) 承办中外合资、合作生产等业务；(4) 承办来料加工、来样加工、来件装配等业务；(5) 从事对外展销、技术交流及咨询业务。

进出口商品有：(1) 计算机：微型计算机、32位超级微型计算机、小型计算机；(2) 计算机外部设备：各种终端、图形终端、打印机、磁存贮设备、计算机通讯设备、图形输入输出设备等；(3) 计算机配套设备：不间断电源、机房配套设备、计算机教学设备等；(4) 计算机配套控制设备及工业控制机；(5) 计算机备件和消耗品；(6) 计算机软件。

国内所属机构：北方电脑应用开发公司、南方电脑技术开发公司、MICV研究开发中心。国外代理机构：日本JMICC公司。另有香港HMC公司也为代理机构。

长葛奔马机械集团公司

地址：河南省长葛县人民路142号　邮码：461500　电话：22818、22693　电挂：7103　董事长：李秀奇　总经理：王汉杰

简介：该集团公司是国内农用三轮运输车行业第一家跨省市、跨行业、跨所有制的企业集团，是国家二级企业、河南省工业战线"十面旗帜"之一，河南省"118工程"技术改造重点企业、河南省放开经营试点企业。现有职工1200人，工程技术人员96人。固定资产3000万元，自有流动资金1500万元，主要生产设备530台（套），专用流水作业生产线6条，工艺装备在全国同行业居先进水平。占地面积21万平方米，建筑面积10.5万平方米。主导产品——奔马牌、飞乐牌农用三轮运输车和2BX-3型播种机，全部采用国家标准设计生产。三轮车双获"省优质产品奖"。三行播种机获河南省重大科技成果奖。三轮车分为"重、轻、微"三个系列19种规格型号，年生产能力10万台。自1983年研制投产以来，奔马牌、飞乐牌农用三轮运输车畅销全国28个省、市、区，总销量已逾30万台。连续七年稳居全国同行业产销量、产值、全员劳动生产率、人均利税四个第一。

1990年生产农用三轮运输车6.7万台，完成工业总产值2.5亿元，实现利税2200万元，成为许昌市第二产值、利税大户，跻身河南省机电行业工业产值五大户之列，销售收入跃居全国12万家机电生产厂家第95位。总经理王汉杰同志先后获"河南省劳动模范"、"河南省优秀企业家"、"全国优秀经营管理者"等荣誉称号，受到江泽民总书记的亲切接见。

1991年，生产农用三轮运输车8.1万台，完成工业总产值超过3亿元，各项经济技术指标均有所增长。

公司与中国农机研究院、清华大学、洛阳拖拉机研究所等十多所高等院校、科研机构密切协作，完成150多项产品、工艺、设备等技术革新项目，开发新产品10个，获省市县科技成果奖7项。

目前，公司正加紧进行技术改造，总投资3500万元，年生产能力将达15万台。

北京鼓风机厂

地址：北京宣武区广外鸭子桥路 21 号　邮码：100055　电话：361831　电挂：2445　厂长：韩云鸿　总工程师：王栋国

简介：该厂是国合性质的中型企业，是机电部、能源部生产风机的定点厂，是中国烟草机械公司烟草机械配套风机生产的专业定点厂，是化工部化肥生产专用造气鼓风机的专供厂，又是生产涂装设备、环境治理设备以及从事涂层施工的专业化厂家。该厂历史悠久，具有 30 多年生产各种风机、环保涂装设备和涂层施工的经验，技术力量雄厚，加工设备齐全，试验和检测手段完备，能承接生产各种类型、各种用途的风机，环保涂装喷漆设备及处理喷涂污染的成套工程设计、制造、施工、测试，同时还承接非标准产品的设计制造。主要生产各种轴流风机、离心风机、专用风机和涂装环保设备，其中 9-19 5A、9-26 4A、10-19 系列化肥专用风机，2K-60 矿井轴流风机等产品分别获得国家银质奖，部级、市级优质产品奖，科技进步奖，节能奖和国家经委颁发的金龙奖。产品行销全国各地区，并配套出口到东南亚、中东、阿拉伯、非洲等国家和地区。

北京高压气瓶厂

地址：北京市朝阳区黄厂路　邮码：100023　电话：7712516　电挂：01-4531　厂长：王平生　总工程师：秋长鋆

简介：该厂前身为北京金属结构厂氧气瓶车间。1978 年 10 月，在北京市专业化调整中独立建厂。该厂是机电部和北京市的重点企业之一。现有职工 957 人，其中工程技术人员 86 人，全厂占地面积 87500 平方米，工厂设计能力为年产高压气瓶 20 万只，溶解乙炔气瓶 6 万只，固定资产 16054 万元。

主要产品有以“JP”为商标的 WP219 钢质无缝高压气瓶、HP250-41 溶解乙炔气瓶。其主导主品 WP219 高压无缝气瓶于 1983、1984 年先后获得市优、部优、国优银质奖，1986 年获市优良出口产品奖。1986 年，经国务院批准为国家扩大机电产品出口企业。1988 年 12 月，在全国同行业中独家取得美国“DOT”许可证。

北京机床电器厂

地址：北京市崇文区广渠门内安化北里 18 号　邮码：100062　电话：7018883　电挂：4172　厂长：吴文吉　技术副厂长：李淑英

简介：该厂是国家定点生产机床电器、低压电器的骨干企业。

该厂把赶超世界先进水平作为奋斗目标。独家引进具有国际先进水平的德国西门子 3VE 系列自动开关，3ST、3LB 系列组合开关和南斯拉夫 PR41 中间继电器技术。产品已发展到 15 个系列、28 个品种、上千种规格。40%的主导产品为部优。

该厂已有三十多年的历史，具有引进的高精尖的设备，并为生产优质产品创造了良好的条件。200 多名各类工程技术人员承担着产品开发研制等重任。科学的“IE”管理使企业进入现代化管理行列。该厂荣获市级质量管理奖和市级先进企业及重合同守信誉先进单位称号。

北京变压器厂

地址：北京西城区新街口外大街 36 号　邮码：100088　电话：2013483　电挂：9516　传真：2013027　电传：222238 CEGOC CN　厂长：李昭祥　总工程师：李淑琴

简介：该厂建于 1956 年，是以生产变压变流设备为主的国家大型二类企业。从美、日、德、法引进大功率元件、环氧浇注干式变压器、硅钢片剪切线等先进技术、设备。职工 2000 余人，技术人员 528 人，固定资产 4861 万元，1991 年产值 7008 万元，实现利税 1187 万元。该厂是机电部大型重点企业之一，1991 年综合指标在变压器行业中居第六，该厂是 1990 年全国 500 家最大工业企业之一，是市百户重点企业之一。主要产品：变压器、硅整流设备和硅元件。该厂参加研制北京正负电子对撞机 1987 年获国务院嘉奖，1988 年获北京市新产品开发先进单位称号，1990 年生产的干式变压器获国家银质奖，是国家一级计量单位，1991 年获北京市质量管理奖。

附录

附录一 机械工业管理机构及领导人员

我国机械工业管理机构涉及许多部、委、总局、公司和各省、市、自治区的有关厅、局、公司。为了工作方便，将全国有关机械工业管理机构在本《年鉴》上刊登。领导人员以 1991 年 12 月底在职的部门领导和司、局级人员为准。如有遗漏，敬请鉴谅。

机械电子工业部

地址：北京市西城区三里河路 46 号
邮码：100823
电话：3294711、3294710(总值班室)、3294114(总机查询)
电挂：0102
电传：22341 MMEI CN

部　长：何光远
副部长：曾培炎、胡启立、陆燕荪、张德邻、包叙定
总工程师：俞忠钰、姚福生、张今强
副总工程师：郭志坚

办公厅
主　任：贾成炳
副主任：胡培荣、秦宗旭

政策法规体改司
司　长：邢玉久
副司长：何大为、于致田

综合计划司
司　长：白慈生
副司长：衣福安、王荣泉

电子行业发展司
司　长：吴小龙
副司长：季金奎、王志刚、徐顺成

科学技术司
司　长：朱森第
副司长：刘洪昆、依英奇、张海门

经济调节司
司　长：王　都
副司长：王希贤、戚正荣

生产司
司　长：薛德林
副司长：孙昌基、武铁舟

军工司
司　长：贾守志
副司长：史传训

建设协调司
副司长：孟祥恩、关建勋、何升韬

国际合作司
司　长：姚明伟
副司长：杨世良、侯允超、陆仁琪

质量安全司
司　长：程光辉
副司长：曹仿颐、邱平金

信息统计司
司　长：董亮清
副司长：黄康仕

人事劳动司
司　长：曲维枝
副司长：郭洪泽、陶立业

教育司
司　长：涂仲华
副司长：沙彦世、郝广发

工程农机司
司　长：鹿中民
副司长：郝贵明

第一装备司
司　长：许连义
副司长：林昭奎

第二装备司
司　长：季家骏
副司长：宗福珍、汪建业

第三装备司
司　长：熊福元
副司长：陈永革、隋永滨

微电子与基础产品司
司　长：郦大升
副司长：王国光、林元芳、郑敏政、王阳元

计算机司
司　长：杨天行
副司长：郭诚忠、乔钟涛

通信产品司
司　长：魏学兴
副司长：何非常、吴兆力

仪器仪表司
司　长：奚家成
副司长：臧公玉

机械基础产品司
司　长：练元坚
副司长：张志英、万长森

机床工具司
司　长：徐文星
副司长：于成廷、黄　浙

行政司
司　长：鲁恩琦
副司长：陈玉璋、翟洪吉

部直属机关党委
书　记：岳书学
副书记：任怀栓、徐家富

部直属机关纪委
书　记：马桂芳
副书记：苏隆兴

老干部局
局　长：张凤林
副局长：罗国正、邢　敏

中央纪委驻机电部纪律检查组
组　长：孙祖梅
副组长：杨淑云

监察部驻机电部监察局
局　长：汪国华
副局长：王　恩、王德义

审计署驻机电部审计局

局　长：钟复生

副局长：李玉祥、胡惠方

国务院重大技术装备领导小组办公室

地址：北京市西安门大街22号

邮码：100017

电话：3099149

电传：222208 OMATE CN

主　任：李守仁

副主任：杨靖华、金计环、董必钦

国务院机电产品出口办公室

地址：北京市西安门大街22号

邮码：100017

电话：3095793

电传：222560 MEPEO CN

传真：6012695

主　任：沈烈初

副主任：倪益瑾、杨庚辰、孙曾祥、陈晓谷

国家教委

地址：北京市西单大木仓胡同37号

邮码：100816

电话：6033344(总机)

电挂：2514

传真：(01)6012801

电传：22014 SEDC CN

副主任：邹时炎

条件装备司

司　长：蒋景华

副司长：周克平、高炳章

公安部消防器材生产管理办公室

地址：北京市东长安街14号

邮码：100741

电话：5121219

电挂：3194

电传：22505 BOOTH CN No35

主　任(局级)：郭殿昌

地质矿产部

地址：北京市西四阜内大街64号

邮码：100812

电话：6031144(总机)

电挂：0966

电传：22531 MGMRC CN

部　长：朱　训

副部长：张宏仁

中国地质机械仪器工业总公司

地址：北京市海淀区四季青小煤厂甲1号

邮码：100081

电话：8418825、8417770

电挂：1191

电传：22293 CGMIC CN

总经理：卢　环

副总经理：孟宪琛

建设部

地址：北京西郊百万庄

邮码：100835

电话：8393114、8394114(总机)

电挂：2260

电传：222302 MOC CN

主管副部长：干志坚

综合计划财务司

司　长：杨思忠

中国城市车辆总公司

地址：北京市百万庄建设部院内

邮码：100835

电话：8315541

电挂：6686

传真：8315362

总经理：刘锡国

副总经理：李世豪

能源部

地址：北京市白广路二条1号

邮码：100761

电话：3273322(总机)

电挂：82081

电传：22466 MWREP CN

部　长：黄毅诚

副部长：史大祯、胡富国、陆佑楣

总工程师：秦中一

电力机械局

局　长：王佩文

副局长：韩庆占、汪自生、张体修、鲁廷印

铁道部

地址：北京市复兴路10号

邮码：100844

电话：3241150、3242150(总机)

电传：22483 MIRFA CN

部　长：李森茂

副部长：屠由瑞、石希玉、孙永福、傅志寰

总工程师：沈之介

中国铁路机车车辆工业总公司

地址：北京市复兴路10号

邮码：100844

电话：3244055、3260830

电传：222218 LORIC CN

总经理：杜景新

副总经理：魏明海、秦刚、王志泉、杨安立

总工程师：贾玉申

交通部

地址：北京市复兴路10号

邮码：100845

电话：3265544(总机)

电挂：6663

电传：22462 COMCT CN

传真：3273943

部　长：黄镇东

副部长：王展意、刘松金、郑光迪、林祖乙

科技司

司　长：张德洪

副司长：时信涵、张叔辉

航空航天工业部

地址：北京市交道口南大街67号

邮码：100712

电话：4013322(总机)

电挂：9696

电传：211244 MAS CN

部　长：林宗棠

副部长：刘纪原、何文治、王礼恒、王　昂

办公厅

主　任：张彦朴

副主任：葛瑞锦、冯云祥、
曹国英

政策法规司
司　长：孙广运
副司长：焦　勇、周日新

体制改革司
司　长：刘长滨（兼）
副司长：王道昌、宋正为

综合计划司
司　长：张汝谋
副司长：徐仲奎、张成玉、
张新侠、张祥泰

科学技术司
司　长：曹中俄
副司长：周家骐、陶家渠

航天系统工程司
司　长：曾庆来
副司长：邵锦城、向孝刚、
张新斋、宋大琨

军机系统工程司
司　长：毛德华
副司长：柯　恂、陆惠民

民机系统工程司
司　长：段大杨
副司长：秦德馨、郑作棣

质量司
司　长：王　忻
副司长：张增茂、李在田

民品司
司　长：袁育我
副司长：张汉声、王茂昌

生产调度司
司　长：刘　文
副司长：陈宝珍

财务司
第一司长：施祥新
司　长：池耀宗
副司长：李宝安、李元正

建设司
司　长：陆建中
副司长：马明阳、赵松龄

国际合作司
司　长：余　燮
副司长：王秀亭、徐冠华、
陈中青

教育司
司　长：关　敦
副司长：杨明德

冶金工业部

地址：北京市东四西大街46号
邮码：100711
电话：5133322(总机)
电挂：3131
电传：222753　CMMI CN
部　长：戚元靖
副部长：黎　明、王汝林、
徐大铨、殷瑞钰
总工程师：吴溪淳

机械动力司
司　长：林汉夷
副司长：奚延珍

化学工业部

地址：北京市西城区六铺炕
邮码：100723
电话：2019933(总机)
电挂：北京CNCCC（国外）
电传：22492 CNCCC CN
传真：4215982
部　长：顾秀莲
副部长：贺国强、谭竹洲、
潘连生、李子彬

中国化工装备总公司

地址：北京市东城区和平里七区
4号楼
邮码：100013
电话：4212961(总机)
电挂：3947
传真：4215773
总经理：井振元
副总经理：吕修奎、冯传丰

轻工业部

地址：北京市阜外大街乙22号
邮码：100833
电话：890751(总机)
电挂：6535
电传：222717 LIGHTIND CN
部　长：曾宪林
副部长：于　珍、潘蓓蕾、
徐荣凯

技术装备司
副司长：沈忠康、赵维焕、
周德成

纺织工业部

地址：北京市东长安街12号
邮码：100742
电话：5126633(总机)
电挂：4791
电传：22661　MTI CN
部　长：吴文英
副部长：季国标、杜钰洲、
王曾敬、刘　珩

技术装备司
司　长：凌宝银
副司长：柳仁德、张怀良

邮电部

地址：北京市西长安街13号
邮码：100804
电话：6014249(总机)
电挂：06752
部　长：杨泰芳
副部长：朱高峰、谢高觉、
杨贤足

中国邮电工业总公司

地址：北京市新街口外大街28
号
邮码：100088
电话：2021144(总机)
电挂：01562
电传：22018
总经理：郎锋军
副总经理：张庆忠、张延
爱、李哲志

水利部

地址：北京市白广路二条1号
邮码：100761
电话：3273322(总机)
电挂：3048
电传：22466　MWREC CN
部　长：杨振怀
副部长：张春园、王守强、
严克强

机械局
局　长：王佩文
副局长：韩庆占、江自生、
张体修、鲁廷印

农业部
地址：北京市农展馆南里11号
邮码：100026
电话：5003366（5004624直通）
电挂：1083、3346
电传：22233
部　长：刘中一
副部长：马忠臣、陈耀邦、洪绂曾

农垦司
司　长：刘成果
副司长：刘传筑

中国林业机械公司
地址：北京市和平里七区25楼
邮码：100013
电话：4214255
电挂：4642
电传：210456 CNFMC CN
总经理：刘效林
副总经理：戈　成

商业部
地址：北京市复兴门内大街45号
邮码：100801
电话：6038581(总机)
电传：20032 BF AMC CN
电挂：9037
部　长：胡　平
副部长：傅立民

商办工业管理司
司　长：王瑞元
副司长：罗梦传

科技质量司
司　长：刘兴信
副司长：林彩民、王　晴

中国机械进出口总公司
地址：北京市西郊二里沟
邮码：100044
电话：8317733(总机)
电挂：1188
电传：22328 CMIEC CN
总经理：李广元
副总经理：吴经延、袁久安、孟桂荣、周链华、刘克明、梅浩林

国家医药管理局
地址：北京市北礼士路甲38号
邮码：100810
电话：8313344(总机)
电挂：0531
电传：222901 CMIC CN
局　长：齐谋甲
主管副局长：石　恒

医疗器械行业办公室
主　任：王国立
常务副主任：徐　虹

国家技术监督局
地址：北京市海淀区知春路4号
邮码：100088
电话：2022288(总机)
局　长：朱育理
副局长：李保国、白景中、鲁绍增、李　瑞

综合计划司
司　长：朱玉龙
副司长：石志勤、肖德明

国家海洋局
地址：北京市复兴门外大街1号
邮码：100860
电话：8032211(总机)
电挂：3189
电传：22536 NBO CN
局　长：严宏谟
副局长：陈德鸿、陈炳鑫、杨文鹤、葛有信

科技司
司　长：余宙文
副司长：郭德喜、吴培中

国家地震局
地址：北京市复兴路63号
邮码：100036
电话：8215522(总机)
电挂：77777
电传：222351 SSB CN
局　长：方樟顺
副局长：陈章立

计划财务司
司　长：葛治洲
副司长：戎绍昌

中国建材技术装备总公司
地址：北京市三里河路11号
邮码：100831
电话：8311329
电挂：0044（装备）
电传：22076 SABM CN
传真：8311353
总经理：廉级三
副总经理：朱广达、袁光普、李朝宗

中国船舶工业总公司
地址：北京市月坛北街5号
邮码：100861
电话：8318833(总机)
电挂：0038
电传：22029
总经理：张　寿
副总经理：王荣生、黄平涛、陈小津、酆炳林

办公厅
主　任：柴梦熊
副主任：张光兴、周光霁

综合计划局
局　长：范有年
副局长：邱慧辉、朱华璋

生产经营局
局　长：张广钦
副局长：严长泉、龙正才

国际合作局
局　长：李　坚
副局长：杜有志

科技教育局
局　长：王守道
副局长：陈国珍、兰荣波

军工局
局　长：王产良
副局长：李毓林、胡基政

修船局
局　长：毕越然
副局长：杨新崑

企业管理局
局　长：陆俊岫
副局长：段志树

财务局

局　长：严懿君

副局长：王树森、吉大千

物资局

局　长：陈正泰

副局长：贺关铭、许德祺

中国汽车工业总公司

地址：北京市复兴门外大街16号

邮码：100860

电话：3271946

电挂：6481

电传：22656

总经理：蔡诗晴

副总经理：吕福源、夏德明、吴自强、丁志寰

总工程师：徐仁根

办公厅

第一副主任：叶焱章

生产司

司长：渠世居

规划司

司长：张小虞

科技司

司长：陈敬明

质量监督司

司长：宁士奎

体改法规司

司长：吴智平

信息司

司长：张　铮

国际合作司

司长：刘凤洲

摩托车行业办公室

主任：张文灿

中国石油化工总公司

地址：北京市安定门外小关街24号

邮码：100029

电话：4216731(总机)

电挂：0029

副总经理：吴协刚

中国石油化工总公司物资装备公司

经　理：翟　齐

副经理：王廷俊、陆朱龙

中国有色金属工业总公司

地址：北京市复兴路乙12号

邮码：100814

电话：8014477(总机)

电挂：5330

电传：22086 CNIEC CN

总经理：费子文

副总经理：吴建常、沃廷枢、何伯泉、张　健

装备局

副局长：骆英森、陈振国、李永汉

中国石油天然气总公司

地址：北京市六铺炕

邮码：100724

电话：2015544(总机)

电挂：3111(装)

电传：22312 PCPRC CN

装备局

局　长：陈泽轩

副局长：张德禄、张文学

中国核工业总公司

地址：北京市西城区三里河南三巷1号

邮码：100822

电话：8012211(总机)

电挂：8744

电传：222315 FACNC CN

总经理(正部级)：蒋心雄

副总经理（副部级）：陈肇博、赵　宏、李定凡、黄齐陶

计划局

局　长：张志峰

副局长：郝东秦、曾明昆

中国核仪器设备总公司

经　理(正局级)：张宝冀

副经理(副局级)：陈格峰、容铁华

中国煤矿机械装备公司

地址：北京市和平里北街21号

邮码：100713

电话：4214847(总机)

电挂：3561

电传：210443 CNMCI CN

总经理：刘　刚

副总经理：张福元、张志明、宋文健

北京市机械工业管理局

地址：北京市宣武区槐柏树街2号

邮码：100053

电话：3011021

电传：3012338

局　长：冒泽泉

副局长：柯昌棠、居之良、刘庆桃、严　龙

北京市农业机械总公司

地址：北京市复兴路2号

邮码：100038

电话：3273336

电传：3267036

经　理：刘振山

副经理：李永寿、周荣华、俞　渤

北京市仪器仪表工业总公司

地址：北京市安定门西滨河路25号

邮码：100011

电话：4234466(总机)

电挂：1816

总经理：何民生

副总经理：薛荣康、李希汉、单英烈、陈克传

北京汽车工业联合公司

地址：北京市宣武区南纬路31号

邮码：100050

电话：3043411(总机)

电挂：3086

电传：22093

传真：3012351

总经理：马守平

副总经理：王明先、夏连生、刘传富、王玫

天津市机械工业管理局

地址：天津市和平区锦州道2号

邮码：300020
电话：705020(总机)
电传：705886
局　长：金纪元
副局长：常景州、王求志、王广浩、刘光兴

天津市电子仪表工业管理局

地址：天津市河北区进步道56号
邮码：300010
电话：311894
电传：311894
局　长：时其林
副局长：曹学智、张曦泉、单长寿、江立业

天津市农机公司

地址：天津市和平区赤峰道76号
邮码：300041
电话：399455
电挂：2495
经　理：于翰波
副经理：张　均、宋恩锐、朱永平、王家助
经理助理：尚玉玲

天津市汽车工业公司

地址：天津市和平区烟台道78号
邮码：300040
电话：310858
经　理：纪学澄
副经理：汪声銮、董仪隆、吕明喜、张应吉、周正和

河北省机械电子工业厅

地址：石家庄市合作路9号
邮码：050051
电话：744441、744408(总机)
电挂：1562
传真：743313
厅　长：原道谋
副厅长：彭光育、冯银宝、林在机、梁立江

山西省机械电子工业厅

地址：太原市并州路31号
邮码：030001
电话：440912～440916
电挂：2864
厅　长：彭致圭
副厅长：张蓝田、牛建业、田　梅
总工程师：吴庆山
注：1992年5月任命薛文富为厅长

内蒙古自治区冶金机械工业厅

地址：呼和浩特市新华街1号
邮码：010055
电话：663949(厅办公室)
电挂：2814
电传：85020 NMGYJ CN
厅　长：张启生
副厅长：乔岐山、解双华

辽宁省机械工业委员会

地址：沈阳市皇姑区崇山中路6号
邮码：110032
电话：463358(办公室)
电挂：1358
电传：371987(信息中心)
主　任：陈国清
副主任：张中英、安玉亮、周福悦、刘喜林

沈阳市机械工业管理局

地址：沈阳市和平区文化路41号
邮码：110003
电话：380716(办公室)
电挂：2625
电传：380717
局　长：徐有泮
副局长：张树棠、王贵邦、姚俊喜、宋铁瑜

沈阳市农机工业管理局

地址：沈阳市铁西区兴工北街67号
邮码：110025
电话：458231(办公室)
电挂：5823
电传：458440
局　长：周长春
副局长：林桂元

金杯汽车股份有限公司

地址：沈阳市铁西区兴工北街67号
邮码：110025
电话：454271(办公室)
电挂：5307
电传：452537
经　理：赵希友
副经理：何忠彬、刘玉兰、刘德祥、陈芝芳、孙承铎、黄　平、周铁军

大连市机械工业管理局

地址：大连市斯大林路5号
邮码：116001
电话：238280(办公室)
电传：237450
局　长：李学勤
副局长：于鸿志、秦宏伟

吉林省机械工业厅

地址：长春市富锦路2-1号
邮码：130021
电话：53481
电挂：1116
电传：825375
厅　长：陶长福
副厅长：傅万成、刘振山、李宝玉

长春市机械工业管理局

地址：长春市斯大林大街51号
邮码：130051
电话：825270
局　长：周兴全
副局长：何全亭、吴国义、王　可

黑龙江省机械工业厅

地址：哈尔滨市动力区和平路60号
邮码：150040
电话：224492～224496(总机)
电挂：2078
厅　长：杨殿军
副厅长：陈易人、王鸿智、袁志友

哈尔滨市机械工业局

地址：哈尔滨市道里区买卖街

11号
邮码: 150010
电话: 416464
局　长: 夏绍裘
副局长: 佟汉卿、沙巨大、玉　炜、武云鸿

哈尔滨市电子仪表工业总公司

地址: 哈尔滨市道里区友谊路10号
邮码: 150010
电话: 494865
传真: 482960
总经理: 阎立本
副总经理: 桑　洪、迟吉泰、高文彬、朱景义

哈尔滨市汽车工业办公室

地址: 哈尔滨市南岗区东大直街副2号
邮码: 150009
电话: 347161
电挂: 2958
电传: 87173 HAFT CN
主　任: 顾景春
副主任: 傅于武、孟令贵

上海市机电工业管理局

地址: 上海市四川中路110号
邮码: 200002
电话: 3215530
电挂: 3395
电传: 33585 SMEIA CN
局　长: 徐志毅
副局长: 洪积明、朱国梁、秦志良、夏毓灼

上海市仪表电讯工业局

地址: 上海市延安中路816号
邮码: 200041
电话: 2536409
电挂: 4893
电传: 33261 SIEC CN
局　长: 林树楠
副局长: 刘鸿超、魏怡华、杨宗秩

上海市郊县工业管理局

地址: 上海市中山东一路14号
邮码: 200002
电话: 3214097
电挂: 0496
电传: 30365 SAMD CN
局　长: 周文玄
副局长: 盛亚飞、郎丰盈、谢金怀、王昌法

上海汽车工业总公司

地址: 上海市武康路390号
邮码: 200031
电话: 4336892
电挂: 0912
电传: 33146 CTAC CN
总经理: 陆吉安
副总经理: 叶　平、陈廷越、高明福、宣洪涛、胡茂元

上海电气联合公司

地址: 上海市中山南路601号
邮码: 200010
电话: 3778078
电挂: 0560
电传: 30197 SUEC CN
总经理: 宓麒廷
副总经理: 赵祖源、顾慰庆、金銙香

江苏省机械工业厅

地址: 南京市中山北路32号
邮码: 210008
电话: 635427
电挂: 0658
电传: 635427
厅　长: 曹志超
副厅长: 宋秀芳、吴昌瑞、苏泽民

南京市机械工业局

地址: 南京市北京东路41号29楼
邮码: 210008
电话: 713601
电传: 713601
局　长: 鱼行淳
副局长: 胡肄钦、石建昌、余雅声

南京市仪器仪表工业公司

地址: 南京市中央路3号
邮码: 210008
电话: 306783
电挂: 1002
电传: 025-303183
经　理: 施鸿章
副经理: 金立年、李健平、郭全保

浙江省机械工业厅

地址: 杭州市大学路高官弄9号
邮码: 310009
电话: 771124(总机)
电挂: 1111
电传: 771124-47
厅　长: 吕祖善
副厅长: 王鹏举、黄星安

宁波市机械工业局

地址: 宁波市解放南路78号
邮码: 315000
电话: 66369
电传: 2035
局　长: 周余江
副局长: 邱永年、董文龙

宁波市电子仪表工业局

地址: 宁波市解放南路63号
邮码: 315000
电话: 62158
电挂: 2102
电传: 62502
局　长: 劳树华
副局长: 孙国芳、严永兴、牟立志、戴崇尧、荆　中

安徽省机械工业厅

地址: 合肥市庐江路22号
邮码: 230001
电话: 277981
电挂: 4619
传真: 277323
电传: 90022 CMECA CN
厅　长: 朱煦春
副厅长: 何兆祥、胡昭耀、许金和
总工程师: 杨永清

福建省机械工业厅

地址：福州市省府路1号
邮码：350001
电话：533387(值班室)、552772
电挂：8047
传真：0591-551141
厅　长：施今伟
副厅长：胡敏生、陈文钊、夏玉瑚

厦门市经济委员会机械冶金处

地址：厦门市湖滨北路(市府大楼) 61号
邮码：361012
电话：561606
电传：0592-593109
传真：0592-552409
处　长：关玉珠

江西省机械工业厅

地址：南昌市北京西路50号
邮码：330046
电话：63614、226768
电挂：4164
厅　长：李立德
副厅长：徐世杰、李德和、孙一奎、余秉绶

山东省机械工业厅

地址：济南市解放路134号
邮码：250013
电挂：6197
电话：44911～8、648991～8(总机)、643508(办公室)
电传：39145 SDMJN CN
厅　长：李燕潭
副厅长：赵启升、臧凤山、房士顺
总工程师：马信才

山东省汽车总公司

地址：济南市文化西路19号
邮码：250011
电话：614690
电挂：1609
总经理：孔繁树
副总经理：盖彩文、沈学廷、李义训、向新康

青岛市机械工业局

地址：青岛市湖南路37号
邮码：266001
电话：270542、268049
电挂：6814
电传：270542
局　长：高志喜
副局长：王宪典、邱文坤、陈德同、戴文治

青岛仪表工业公司

地址：青岛市江苏路13号
邮码：266003
电话：279170
电挂：4170
电传：32156 ELEME CN
经　理：李德珍
副经理：单年凯、于立业、崔天祝、王实珍

河南省机械电子工业厅

地址：郑州市红旗路3号
邮码：450003
电话：556787、556788(总机)
电挂：2623
电传：555344
厅　长：徐燊础
副厅长：孙贵寅、郭益民

湖北省机械工业厅

地址：武汉市武昌武珞路245号
邮码：430070
电话：714430、714014
电挂：6001
电传：714181
厅　长：马　骏
副厅长：应起彬、刘世焰、张春早
总工程师：罗作彝

武汉市机械工业局

地址：武汉市江汉路102号
邮码：430020
电话：323637
电挂：4444
电传：512298
局　长：曾冠凡
副局长：李　涛、张绪松、杨汉生、叶向荣、胡际友

湖南省机械工业厅

地址：长沙市东茅街49号
邮码：410002
电话：26101
电挂：2814
电传：(0731) 42264
厅　长：夏德济
副厅长：黄卯生、陈保民、林国悌

广东省机械工业厅

地址：广州市越华路185号
邮码：510030
电话：3330629
电挂：1530
电传：3330629
厅　长：奚志伟
副厅长：陈达枝、李赐勋、陈善如

广州市机电工业局

地址：广州市大德路187号
邮码：510120
电话：340730
电挂：5213
电传：441035
局　长：刘本庄
副局长：张　铨、戴锡榕、谢干城、谢幼德

深圳市机械工业公司

地址：深圳市水贝二路104号
邮码：518020
电话：533685、533405
电挂：3086
传真：533404
董事长：胡昌永
总经理：方时茂
副总经理：吴　松、房可风

深圳市汽车工业公司

地址：深圳市燕南路2号5栋
邮码：518031
电话：360863
电挂：2750
经　理：田士哲
副经理：刘正青

广西壮族自治区机械工业厅

地址：南宁市民主路17号

邮码：530023

电话：203841(办公室)

电挂：7806

传真：206568

厅　长：李树森

副厅长：尤效贤、陈学明、袁　智

海南省机械工业局

地址：海口市海秀大道17号

邮码：570005

电话：796814、796852

电挂：2750

传真：72635、74936

局　长：李春甲

副局长：李东昕、郭上京

总工程师：蔡九江

四川省机械工业厅

地址：成都市人民东路1号

邮码：610013

电话：24892

电挂：2750

电传：24892

副厅长：张世银、沈和勇、张荣跃、冯宗强

成都市机械工业局

地址：成都市大红土地庙街61号

邮码：610015

电话：27251、26066(总机)

局　长：蒋光丛

副局长：马树臣、马孟才

成都市电子仪表工业局

地址：成都市人民西路1号

邮码：610012

电话：27531(总机)

电挂：1678

局　长：孙毅方

副局长：丁定理

重庆市机械工业管理局

地址：重庆市江北区观音桥小湾二村1号

邮码：630020

电话：52934

电挂：4248

局　长：高可纲

副局长：李为民、赵光星、袁兴邦、丁　权

贵州省机械工业厅

地址：贵阳市瑞金中路80号

邮码：550003

电话：523942、523943(总机)

电挂：2623

电传：4294

厅　长：沈连生

副厅长：熊开周、杨斌严

云南省机械工业厅

地址：昆明市白塔路27号

邮码：650011

电话：66968

电挂：5101

电传：23291

厅　长：杨树蔚

副厅长：臧　举、李文炳

西藏自治区工业电力厅

地址：拉萨市林廓北路16号

邮码：850000

电话：22565(厅办)

电挂：0074

传真：26971

厅　长：多　吉

副厅长：杨海滨、米马顿珠、廖锡铭、娄俊、旺　姆

陕西省机械工业厅

地址：西安市新城广场省政府大楼

邮码：710004

电话：793410、792802

电挂：1040

电传：791913

厅　长：许汉文

副厅长：王竹祥、杜克俊、贾　湘

西安市冶金机电工业局

地址：西安市北院门市政府院内

邮码：710003

电话：795334、22912

电挂：5630

电传：22912

局　长：刘宏儒

副局长：金德浩、李永超

甘肃省机械工业总公司

地址：兰州市城关区农民巷105号

邮码：730000

电话：28941～28947

电挂：0361

电传：25849

经　理：李连维

副经理：高志卿、李仁仪、刘治敏、杨书昌、丁法斗

青海省机械工业厅

地址：西宁市西大街66号

邮码：810000

电话：42933

电挂：0363

电传：47832

厅　长：葛继义

副厅长：陈利恒、马晓凤、秦宝德

青海省农牧机械管理局

地址：西宁市西大街14号

邮码：810000

电话：47445

局　长：芦仰斌

副局长：聂景文、桂存银

宁夏回族自治区重工业厅

地址：银川市凤凰北街46号

邮码：750001

电话：43074、43641

电挂：1234

电传：43403

厅　长：查中凡

副厅长：苑尔卓、杨发茂

新疆维吾尔自治区机械电子工业厅

地址：乌鲁木齐市光明路17号

邮码：830002

电话：79889(厅办)

电挂：9159

厅　长：莫罕买提·马木提

副厅长：聂伦五、王士生、张惠恩

附录二 企业集团名录

据《集团经济研究》第3期介绍，1991年统计调查，有1000多家“企业集团”。按国家体改委界定企业集团的条件，即：(1) 企业集团核心企业必须是企业法人，不兼有政府行政管理职能；(2) 核心企业规模必须在中型及以上；(3) 企业集团必须有多层次的组织结构，有3个及以上的紧密层企业。该文作者（顾士师等）经反复核实，确定目前共有企业集团431家。这431家企业集团中，机械、电子、轻工、纺织四个行业占总数的65.4%。又据机械电子工业部体制改革司统计，我国机械行业的企业集团已有300个左右，其中在国家实行计划单列的有10个。现将各部门、各地区提供的和收集到的企业集团名录105份，按地区分类刊登如下。如有不足敬请指正。

北 京

北京九州重型机床企业集团
地址：北京市北三环西路21号
邮码：100088
电话：2011948
电挂：7846
传真：2015355
董事长：张连祥
总经理：李志东
成立时间：1988年10月
主要成员：武汉重型机床厂、齐齐哈尔第一机床厂、齐齐哈尔第二机床厂、青海重型机床厂、上海重型机床厂

中国珠峰数控公司
地址：北京东直门外望京路4号
邮码：100015
电话：4363322
电挂：BNTEC
电传：4362584
董事长：彭晋龄
总经理：李中廉
成立时间：1991年
主要成员：北京机床研究所、北京计算机三厂、襄樊机床电气传动设备厂

华北电力设备成套（集团）公司
地址：北京市西郊石景山吴家村
邮码：100039
电话：8212015
电挂：1419
电传：22072 BHEMW CN
董事长：柯昌棠
总经理：白正宇
成立时间：1980年

中国地质机械仪器企业集团
地址：北京市海淀区四季青小煤厂甲1号
邮码：100081
电话：8417770、8418823
电挂：1191
电传：22293 CGMIC CN
董事长：孟宪琛
成立时间：1986年12月
主管部门：地质矿产部
主要成员：张家口探矿机械厂、衡阳探矿机械厂、北京地质仪器厂

中国机械进出口总公司
地址：北京市西郊二里沟进口大楼
邮码：100044
电话：8494811
传真：8314143
电传：22328 CMIEC CN
总经理：罗开富（法人代表）
成立时间：1991年8月26日（国家工商局注册）
主管部门：经贸部

中国工业机械进出口公司
地址：北京市西郊二里沟进口大楼
邮码：100044
电话：8494942、8495020
传真：8314137
电传：22328 CMIEC CN
总经理：王建宾
成立时间：1987年7月17日（国家工商局注册）
主管部门：经贸部

中国工程能源机械进出口公司
地址：北京市西郊二里沟进口大楼
邮码：100044
电话：8495048、8494848
传真：8327323
电传：22328 CMIEC CN
总经理：耿仁强
成立时间：1987年7月16日（国家工商局注册）
主管部门：经贸部

中国运输机械进出口公司
地址：北京市西郊二里沟进口大楼
邮码：100044
电话：8494960、8495030
传真：8314136
电传：22328 CMIEC CN
总经理：杨明德
成立时间：1987年7月17日（国家工商局注册）
主管部门：经贸部

中国车辆进出口公司
地址：北京市海淀区白石桥路42号甲
邮码：100081
电话：8315580、6846529（总机）
电挂：1188
传真：8327297
电传：22877 CMIEC CN
总经理：宁俊权
成立时间：1989年 12月 30日（国家工商局注册）
主管部门：经贸部

中国化肥装备集团公司
地址：北京市宣武区太平街甲2

号
邮码：100052
总经理：叶廷玺
北方车辆公司
地址：北京市海淀区车道沟10号
邮码：100081
总经理：徐晓庆

天 津

天津市数控机床配套公司
地址：天津市河北区增产道1号
邮码：300250
电话：620917
电挂：1180
总经理：宋凤山
成立时间：1988年9月
天津液压机械集团公司
地址：天津市南开区三纬路63号
邮码：300100
电话：714371
电挂：5222
总经理：齐雪楼
成立时间：1990年
主要成员：天津液压机械公司

山 西

华北重型矿山机械工程联合公司
地址：太原市河西区前进路7号院4号楼
邮码：030024
榆次液压集团公司
地址：山西省榆次市经纬路308号
邮码：030600
电话：26111-321
电挂：3210
电传：25018
董事长：王文鼎
总经理：王文鼎
成立时间：1985年
类型：省计划单列
主要成员：榆次液压件厂、长治液压件厂、太原液压件厂

内 蒙 古

内蒙古拖拉机（集团）公司
地址：内蒙古自治区包头市拖拉机厂院内
邮码：014040
电话：43951～43958
电挂：8519
董事长：张宝荣
总经理：张宝荣
成立时间：1988年
主要成员：包头市拖拉机厂

辽 宁

东北重型矿山机械联合企业集团
地址：沈阳市铁西区兴工南街1号
邮码：110021
电话：454535
电挂：5140
电传：80027
董事长：郭建煜
总经理：黄松涛
主要成员：第一重型机器厂、沈阳重型机器厂、大连重型机器厂
辽宁省液压工业公司
地址：沈阳市沈河区万柳塘路41号
邮码：110015
电话：811482
电挂：3210
成立时间：1979年
主要成员：大连液力机械总厂、阜新液压件厂、锦州液压件厂
辽宁石油化工装备集团公司
地址：沈阳市和平区文体路20号
邮码：110003
电话：397205
电挂：1236
董事长：王景明
总经理：杨崇先
主要成员：金州重机厂、抚顺机械厂、开原化工机械厂
东北输变电设备公司（集团）
地址：沈阳市铁西区保工街北二中路18号
邮码：110025
电话：551243
电挂：5079
电传：80366 STW CN
董事长：左长林
总经理：左长林
成立时间：1985年
类型：国家计划单列
主要成员：沈阳变压器厂、沈阳高压开关厂、抚顺电瓷厂
长城电线电缆企业集团
地址：沈阳市铁西区兴华大街二段4号
邮码：110025
辽宁省包装和食品机械集团
地址：沈阳市和平区南四马路28号
邮码：110001
电话：365707
电挂：0343
总经理：高 通
成立时间：1990年7月
主管部门：省机械委
主要成员：大连包装机械厂、锦州包装机械厂
金杯汽车股份有限公司
地址：沈阳铁西区兴工北街67号
邮码：110025
电话：454211、452720
电挂：5037
电传：80042
总经理：赵希友
辽宁省汽车工业总公司
地址：沈阳市和平区胜利北街25号
邮码：110001
电话：335494、332495
电挂：0050
电传：338338
总经理：雷志敏
成立时间：1980年
辽宁省仪器工业公司
地址：沈阳市沈河区三好街1号
邮码：110018

电话：392537
电挂：2569
董事长：宋树仁
成立时间：1979 年 2 月
主管部门：省机械委
主要成员：丹东射线仪器集团公司、营口复印机厂、鞍山热工仪表厂

辽宁省机械工业供销总公司

地址：沈阳市和平区南四马路 28 号
邮码：110001
电话：366215
电挂：0252
传真：365998
总经理：徐志刚
主管部门：省机械委

辽宁省机械设备进出口（集团）公司

地址：辽宁省大连市中山区昆明街 42 号
邮码：116001
电话：233824
电挂：6752
电传：86224
总经理：康 剑
成立时间：1979 年 5 月
主管部门：省机械委
主要成员：美国西来实业有限公司、摩洛哥摩中有限公司、澳大利亚西来实业有限公司

新大制冷集团

地址：辽宁省大连市西岗区长春路 303 号
邮码：116013
电话：281622
电挂：7140
董事长：张 和
总经理：王德魁
成立时间：1987 年
主要成员：大连冷冻机厂、烟台冷冻机厂、北京冷冻机厂

瓦房店轴承工业（集团）公司

地址：辽宁省瓦房店市共济北街一段
邮码：116300
电话：3496
电挂：6519
电传：86486 LNZWZ CN
董事长：王华彬
主要成员：瓦房店轴承厂

吉 林

长春试验机集团公司

地址：长春市宽城区天光路9号
邮码：130052
电话：838791
电挂：2394
电传：8313 OCCTMFC
总经理：孙成河
成立时间：1989 年 12 月
主要成员：长春试验机厂、长春市第二试验机厂、长春市仪表机械厂

中国第一汽车集团公司

地址：长春市朝阳区东风大街 63 号
邮码：130011
电话：53071、54707（总机）
电挂：0500
传真：867780
董事长：李治国
总经理：耿昭杰
成立时间：1982 年 12 月
类型：国家计划单列
主要成员：第一汽车制造厂、哈尔滨齿轮厂、长春汽车研究所、一汽大众有限公司

黑 龙 江

哈尔滨轴承工业公司

地址：哈尔滨市香坊区红旗大街 9 号
邮码：150030
电话：55031
电挂：4574
电传：229379
董事长：马继波
总经理：马继波
成立时间：1980 年
主要成员：哈尔滨轴承总厂、牡丹江轴承厂、佳木斯轴承厂

哈尔滨电站设备成套（集团）公司

地址：哈尔滨市动力区大庆路旭升街 21 号
邮码：150046
电话：(0451) 51721
电挂：6150
电传：87068 HPEC CN
董事长：邬宗祥
总经理：邬宗祥
类型：国家计划单列
主要成员：哈尔滨锅炉厂、哈尔滨汽轮机厂、哈尔滨电机厂、阿城继电器厂

黑龙江省农垦农机工业企业公司

地址：黑龙江省佳木斯市和平路 100 号
邮码：154002
电话：226951～5 转 766
电挂：1083
电传：24633
董事长：宋传诚
总经理：宋传诚
成立时间：1991年7月2日
类型：总局计划单列
主要成员：依兰收获机厂、迎春机械厂、红兴隆机械厂

上 海

上海机床公司

地址：上海市福州路89号
邮码：200002
电话：324061
电挂：0907
电传：33159 SMTCT CN
总经理：唐振悌
成立时间：1956 年
主要成员：上海重型机床厂、上海锻压机床厂、上海量具刃具厂

上海重型机械工程成套公司（集团）

地址：上海市闵行江川路299号

邮码：200240、200028（上海分部）
电话：4355480
电挂：8362
电传：0086-21-5120945
董事长：张传武
总经理：朱春湖
成立时间：1987年
主要成员：上海重型机器厂、上海建设机器厂、上海冶金机械厂

上海通用机械（集团）公司

地址：上海市东大名路393号
邮码：200080
电话：5414040（总机）
电挂：1207
传真：0086-21-5452521
总经理：朱铭勋
成立时间：1990年5月8日
主要成员：上海第一冷冻机厂、上海冷气机厂、上海阀门厂

上海轴承公司

地址：上海市西藏中路725弄23号
邮码：200003
电挂：0293
电传：33414 SBC CN
总经理：张俊杰
成立时间：1982年

上海石油化工设备公司

地址：上海东大名路393号
邮码：200080
电话：5461037
电挂：1207
电传：33102 SICFU CN
董事长：于培国
总经理：余学炯

上海轻工机械公司

地址：上海市南京西路1576号
邮码：200040
电话：2560280
电挂：0606
总经理：赵定再
成立时间：1986年

上海企鹅制冷（集团）公司

地址：上海市河南北路283号
邮码：200085
电话：3060633
电挂：3379
董事长：张德荫
总经理：张德荫
成立时间：1985年11月
主要成员：上海冷气机厂

上海电气联合公司

地址：上海市中山南路601号
邮码：200010
电话：3778078
电挂：0560
电传：30197 SUEC CN
总经理：宓麒廷
成立时间：1988年
类型：国家计划单列
主要成员：上海电机厂、上海汽轮机厂、上海锅炉厂

上海电机（集团）公司

地址：上海市福州路89号
邮码：200002
电话：3216390
电挂：4956
总经理：储金祥

上海电器公司

地址：上海市福州路89号
邮码：200002
电话：3216175
电挂：0906
电传：33404 SEA CN
董事长：赵国荣
总经理：唐子平
成立时间：1955年
类型：国家大型一级企业
主要成员：上海人民电器厂、上海电器成套厂、上海变压器厂、上海整流器总厂

上海仪表（集团）公司

地址：上海市北京东路137号
邮码：200002
电话：3231557
电挂：1682
电传：3230561
总经理：郑祖明
主要成员：上海电表厂

上海海鸥照相机公司

地址：上海市松江县中山东路70号
邮码：201600
电话：7812912
电挂：9179
传真：7820305
总经理：吴红福
主要成员：上海照相机总厂、二厂、三厂

上海华海工程机械公司

地址：上海市共和新路3201号
邮码：200070

上海标准件公司

地址：上海市西藏南路615号
邮码：200011

大力神（集团）有限公司

地址：上海市广中路701号
邮码：200072

江　苏

南京汽车工业企业联营公司

地址：南京市中央路331号
邮码：210009

金城摩托车集团

地址：南京市中山东路518号
邮码：210012
电话：646161、648161
电挂：4500
电传：34143 NJETB
成立时间：1992年6月
主要成员：金城机械厂

无锡机床集团公司

地址：江苏省无锡市健康路205号
邮码：214031
电话：202756
电挂：0473
电传：362004
总经理：洪汝乾
成立时间：1988年
主要成员：无锡机床厂

泰州春兰制冷设备总公司（集团）

地址：江苏省泰州市口泰路7号
邮码：225300

电话：22224
电挂：0046
电传：364303 TZREP CN
总经理：陶建幸
主要成员：春兰制冷设备有限公司

无锡市气动集团公司
地址：江苏省无锡市清扬南三路
邮码：214023
电话：552151
电挂：4662
总经理：金 锋
主要成员：无锡市气动元件总厂

京华化工机械集团
地址：江苏省苏州市金门路123号
邮码：215008
电话：331650
电挂：7900
董事长：樊明正
总经理：夏正江
成立时间：1988年9月
主要成员：化学工业部第一设计院、上海新建机器厂、南京第二化工机械厂

苏州四达铸造工程集团
地址：江苏省苏州市人民路636号
董事长：宋顺馥

常州柴油机集团
地址：江苏常州市怀德中路123号
邮码：213002

徐州工程机械集团公司
地址：江苏省徐州市苏堤北路5号
邮码：221006

浙 江

杭州链条集团
地址：杭州市湖墅南路309号
邮码：310005

安 徽

安徽省轴承工业集团公司
地址：合肥市长江路406号
邮码：230061
电话：273569、273641
电挂：2110
总经理：李寿祺
成立时间：1991年9月16日
主要成员：合肥轴承厂、六安轴承厂、阜阳轴承厂

安徽省汽车工贸联营（集团）公司
地址：合肥市巢湖路143号
邮码：230001
电话传真：256460
电挂：6792
总经理：王立声
成立时间：1989年6月28日
类型：省计划单列
主要成员：生产企业49家、贸易企业24家、科研院校2家

福 建

福建拖拉机（农机）集团公司
地址：福州市新店坂中
邮码：350012
电话：570617
电挂：6593
电传：572032
总经理：洪锦汀
成立时间：1987年12月15日
类型：福州市计划单列
主要成员：福建拖拉机厂、福建拖拉机配件厂、福州联合收割机厂

闽东电机（集团）公司
地址：福州市五一路中段高桥
邮码：350005
电话：555466
电挂：8988
电传：92126 MIDON CN
总经理：吴晓明
成立时间：1981年12月28日
类型：省计划单列
主要成员：闽东电机厂、闽东电机七厂、闽东电机（集团）公司电泵厂

江 西

江铃汽车集团
地址：南昌市包家花园
邮码：330001
电话：251809
电挂：0208
电传：9523 NCJC
董事长：孙 敏
总经理：孙 敏
成立时间：1988年8月12日
类型：省级计划单列
主要成员：江西汽车制造厂、江西齿轮箱总厂、江西汽车底盘厂

江西高新工程机械集团公司
地址：江西省新余市赣新中路7号
邮码：336500
电话：443010
电挂：4462
董事长：王思增
总经理：王思增
成立时间：1990年5月13日
类型：市计划单列
主要成员：长林机械厂、长红机械厂、江西电工厂

宜春工程机械集团
地址：江西省宜春市环城西路1号
邮码：336000
电话：226592
电挂：1234
董事长：王春林
总经理：王春林
成立时间：1992年3月12日
类型：地市级计划单列
主要成员：宜春工程机械厂、宜春风动工具厂、长青机械厂

赣州地区星星摩托车齿轮集团
地址：江西省于都县
邮码：342300
电话：县总机转323
电挂：2151
董事长：黄贵钢
总经理：黄贵钢
成立时间：1991年12月19日
主要成员：于都齿轮箱厂、赣州标准件厂、于都钎头

厂

景德镇华意电器总公司

地址：江西省景德镇市瓷都大道官庄

邮码：333000

电话：443126

电挂：3137

董事长：吴祥才

总经理：吴祥才

成立时间：1988 年 7 月

类型：市级计划单列

主要成员：景德镇家用电器厂、冰柜厂、空调器厂

山　东

白马机械企业联合总公司（集团）

地址：济南市王官庄西路4号

邮码：250022

电话：663300

电挂：8088

电传：39120 MCTJN CN

董事长：易炜里

总经理：易炜里

主要成员：济南第一机床厂

中国重型汽车集团公司

地址：济南市无影山东路36号

邮码：250031

电话：553520

电挂：3330

电传：39124 CNHTC CN

总经理：纪保祥

类型：国家计划单列

青岛密封件工业公司

地址：山东省青岛市南区办

邮码：264001

总经理：李顺年

河　南

白鸽磨料磨具联营总公司（二砂集团）

地址：郑州市华山路78号

邮码：450006

电话：775049

电挂：4263

电传：46037 ZSAWF CN

董事长：郝延忠

总经理：王辅生

类型：1988 年 4 月

主要成员：第二砂轮厂、深圳联营公司、第二砂轮厂登封磨料联营厂

中南输变电设备成套公司

地址：郑州市伏牛路179号

邮码：450007

电话：772186

电挂：6556

传真：（0371）773185

董事长：闫世博

总经理：徐树龙

主要成员：保定变压器厂、平顶山高压开关厂、郑州电缆厂

第一拖拉机工程机械联营集团公司

地址：河南省洛阳市涧西区建设路 154 号

邮码：471004

电话：411567

电挂：2151

电传：473004 LOTRA CN

董事长：何泽民

总经理：俞家骅

成立时间：1987年8月25日

类型：国家计划单列

主要成员：第一拖拉机制造厂、武进柴油机厂、郑州柴油机厂

中国矿山机械成套制造公司

地址：河南省洛阳市重庆路

邮码：471039

电话：413588

电挂：2050

电传：473002　LMMPON转CMEMC

董事长：郁明山

总经理：郁明山

成立时间：1981 年 3 月

主要成员：洛阳矿山机器厂、洛阳矿山机械研究所、太原矿山机器厂

洛阳轴承联营公司

地址：河南省洛阳市涧西区

邮码：471039

电话：285913

电挂：3796

电传：470001 PAMLB CN

董事长：李德贵

总经理：李德贵

成立时间：1980 年 9 月

类型：大型

主要成员：洛阳保持器厂、河南钢球厂、东风轴承厂

信阳木工机械总公司

地址：河南省信阳市五里墩

邮码：464000

电话：221111

电挂：8026

电传：471104

董事长：张自艾

总经理：张自艾

成立时间：1988 年 5 月

主要成员：光山机械厂、临颍木机厂

长葛奔马机械集团公司

地址：河南省长葛县人民路142号

邮码：461500

电话：22818、23693

电挂：7103

董事长：李秀奇

总经理：王汉杰

成立时间：1991年1月13日

主要成员：长葛奔马机器厂

商丘铸造集团公司

地址：河南省商丘市新建北路14 号

邮码：476000

电话：22064、24640

电挂：6999

董事长：晋士林

总经理：晋士林

成立时间：1991年11月13日

主要成员：商丘市铸造厂、商丘市水泵厂、商丘球铁厂

南阳防爆电气集团公司

地址：河南省南阳市

邮码：473011

电话：24961

电挂：7122
电传：471007 NEPMP CN
董事长：张春明
总经理：张春明
成立时间：1988 年 12 月
主要成员：南阳防爆电机厂、南阳防爆电器研究所

湖　北

湖北省汽车工业总公司
地址：武汉市汉口解放大道727号
邮码：430016
电话：0039
总经理：吴家贤
成立时间：1961年2月20日
类型：省计划单列
主要成员：直属工厂13家、下属销售公司 16 个单位、中美合资企业 1 家

武汉仪器仪表自动化工业（集团）公司
地址：武汉市前进四路160号
邮码：430014
电话：21145、511454
电挂：2244
总经理：宋金生
主要成员：武汉仪表工业联合公司、武汉友谊复印机联合制造公司

东风汽车集团（二汽集团）
地址：湖北省十堰市
邮码：442001
电话：23402
电挂：0057
电传：40104 HBSAW CN
总经理：陈清泰
成立时间：1981年4月8日
类型：国家计划单列
主要成员：第二汽车制造厂

襄阳汽车轴承集团公司
地址：湖北省襄樊市万山轴承路1号
邮码：441022
电话：0710-514101、514110转770
电挂：6519
电传：514019
董事长：张德炳
总经理：张德炳
成立时间：1991年11月13日
类型：省计划单列
主要成员：襄阳轴承厂、黄石轴承厂、湖北轴承厂

湖　南

南方有色冶金机械集团公司
地址：湖南省衡阳市江东区东风路
邮码：421002
电话：31011-2382
电挂：0888
电传：992006 HYMMW CN
董事长：张志光
总经理：刘武生
成立时间：1987年12月12日
主要成员：衡阳有色冶金机械总厂、长沙有色冶金设计研究院、赣州有色冶金机械厂

广　西

南宁印刷电影机械集团公司
地址：南宁市民主路4号
邮码：530023
电话：202521
电挂：0208
董事长：张祖乾
总经理：张祖乾
成立时间：1991年3月23日
主要成员：南宁市印刷机械厂、南宁电影机械厂

柳州内燃机企业集团公司
地址：柳州市鸡喇路
邮码：545005
电话：337761
电挂：2750
传真：337761
董事长：黄任武
总经理：黄任武
成立时间：1989年12月28日
主要成员：柳州机械厂、柳州机械厂复合材料轿车分厂、柳州机械厂内燃机配件分厂

柳州南方空气压缩机集团公司
地址：柳州市北鹊路129号
邮码：545002
电话：222432
电挂：2623
总经理：林国强
成立时间：1988 年 5 月
主要成员：柳州压缩机总厂、北京燕山石化总公司机械厂、佛山曲轴厂

柳州气体压缩机企业集团公司
地址：柳州市城站路94号
邮码：545005
电话：337342
电挂：6715
传真：337342 转 227
董事长：田锡柱
总经理：田锡柱
成立时间：1989 年 11月
主要成员：柳州第二空气压缩机总厂、柳州市力风塑料成型机厂、柳州市力风空气净化设备厂

柳州工程机械企业集团公司
地址：柳州市柳太路 1 号
邮码：545007
电话：335631
电挂：0022
传真：331147
董事长：张　沛
总经理：张　沛
成立时间：1989年3月10日
主要成员：柳州工程机械厂、广西龙江机械厂、柳州市装载机厂

柳州佳力电工电子企业集团公司
地址：柳州市飞鹅路 53 号
邮码：545005
电话：334062
电挂：3932
传真：334062
董事长：郭宝善
总经理：郭宝善
成立时间：1989 年 11月
主要成员：柳州电机总厂、柳州

市发配输变电成套公司、柳州市高压电器厂

柳州五菱汽车企业集团公司

地址：柳州市河西路 18 号

邮码：545007

电话：339230

电挂：0520

传真：331151

董事长：金振华

总经理：金振华

成立时间：1989年12月11日

主要成员：柳州微型汽车厂、柳州五菱实业总公司、柳州长虹机械制造公司汽车底盘分厂

桂林仪器仪表复印设备企业集团公司

地址：桂林市翠竹路 8 号

邮码：541002

电话：333567

电挂：5903

传真：335293

董事长：王仕才

总经理：王仕才

成立时间：1992年5月22日

主要成员：桂林电表厂、桂林复印机厂、桂林光学仪器厂

桂林联合收割机企业集团公司

地址：广西灵川县灵川镇桂建路 2 号

邮码：541200

电话：2281

电挂：6593

董事长：江文良

总经理：江文良

成立时间：1988 年 10 月

主要成员：桂林联合收割机总厂、平乐县机械厂、兴安县机械厂

四　川

东方重型集团公司

地址：成都市二环路北三段

邮码：610081

电话：335283

电挂：6041

传真：(028) 337672

董事长：彭光显

总经理：华涌欣

成立时间：1987 年

中国东方电气集团公司（中国东方电站成套设备公司）

地址：成都市一环路西一段115号

邮码：610041

电话：766655

电挂：2000

电传：60152 DEC CN

董事长：丁　一

总经理：张光纯

成立时间：1984 年

类型：国家计划单列

主要成员：东方电机厂、东方汽轮机厂、东方锅炉厂

四川东方石油化工机械设备集团公司

地址：成都市一环路西一段

邮码：610041

电话：554352

电挂：5000

董事长：曹　东

总经理：张培菊

成立时间：1987年11月11日

四川华通汽车集团公司

地址：成都市双林路 2 号

邮码：610061

电话：447803

电挂：4528

总经理：谢钦先

中国四联仪器仪表集团公司

地址：重庆市北碚

邮码：630700

电话：(08215) 3992

电挂：0019

电传：62150 SICCB CN

董事长：胡良民

总经理：方教明

成立时间：1987 年 12 月

主要成员：四川仪表总厂

嘉陵集团

地址：四川省重庆市沙坪坝区双碑

邮码：630032

电话：961991

电挂：6124

电传：62173 CSCSJ CN

总经理：郝振堃

成立时间：1980年9月26日

类型：国家计划单列

陕　西

陕西省拖拉机工业集团

地址：西安市小寨西路53号

邮码：710061

电话：52010

电挂：1151

成立时间：1988年8月9日

主要成员：陕西拖拉机厂、陕西省柴油机厂、陕西省齿轮厂

中国西电集团

地址：西安市丰登北路 29 号

邮码：710077

电话：44805

电挂：0500

电传：741442 XPEBO CN

总经理：郭　斌

类型：国家计划单列

主要成员：西安电力机械制造公司

中国西联自动化仪表集团公司

地址：西安市大庆路 15 号

邮码：710082

电话：43156

电挂：1564

总经理：赵耀文

主要成员：西安仪表厂、开封仪表一厂、吴忠仪表厂

甘　肃

兰州石油化工机械设备工程集团公司

地址：兰州市七里河区西津西路 112 号

邮码：730050

甘肃电机发电设备制造公司

地址：兰州市七里河区民乐路 66 号

邮码：730050

附录三 香港机械工业

机械电子工业部机械科技情报研究所 常淑茶

香港机械工业近几年发展较快,在其国民经济中所占地位也越来越重要。

1991年香港本地产品出口额为2310.4亿港元,其中机电产品848.8亿港元,占36.7%,仅次于纺织品和服装(占40.5%)。见表1。

表1 1991年香港机电产品出口统计

出口产品名称	出口额(万港元)	比重(%)	比1990年增长%
金属制品	492866.4	5.8	9.0
普通机械	651513.9	7.7	13.2
电工电子机械	5284019.8	62.3	5.3
运输机械	18611.7	0.2	7.7
精密机械	2040873.3	24.0	−10.3
机电产品合计	8487885.4	100.0	1.5

香港是一个自由港,绝大多数产品都可免税进出口,因此转口贸易发展迅速。

1991年香港机电产品转口出口额1719.9亿港元,是当地机电产品出口额的2倍多,机电产品转口出口额占进口额的60.8%,占全商品转口出口额的32.2%。香港机电产品转口出口市场多达100多个国家和地区,其中最大的市场是中国内地,1991年香港转口出口到中国内地的机电产品占当年香港机电产品转口出口额的1/3。同时,中国内地也是最大的香港转口出口国。中国内地出口到香港的机电产品80%以上(1990年约为81.6%)被转出口到其它市场,可见香港从中国内地进口的机电产品转口率相当高。中国内地经港转口的机电产品以收音机、家用电动和非电动设备、通讯设备等消费类机电产品为主;转口主要市场集中在北美、西欧和亚洲,上述三大市场占香港转口大陆机电产品总额的80%以上。

香港机械工业仍在进行产业结构调整,一方面利用中国内地廉价土地和劳动力将一些劳动密集产品或工序转移到中国内地加工生产,以降低成本,提高竞争力,另一方面,香港正积极引进外资和先进生产技术(包括先进设备),使产业结构向高技术密集化方向发展。下面按行业介绍香港机械工业情况。

一、金属制品业

截至1990年3月底,香港共有金属制品厂3091家,从业人员18958名。1991年,香港金属制品出口额为49.3亿港元,比1990年增长9.0%;主要出口市场是中国内地和美国,二者占香港金属制品出口总额的50%强。1991年香港各项金属制品的本地出口额见表2。

表2 1991年香港各项金属制品出口情况

产品名称	出口额(万港元)	比1990年增长%
建筑用五金材料及零件	10218.5	32.2
储存及运输用金属容器	37905.8	44.2
金属线产品(不包括绝缘电线)	3393.5	37.2
钢铁或铜制紧固件	23799.0	−0.6
手用或机用工具	27247.5	−28.6
刃具	53618.8	12.2
其它家用贱金属器具	143905.5	2.4
其它贱金属制品	192778.0	16.5
金属制品总计	492865.8	9.0

二、普通机械制造业

香港普通机械制造业达到中级水平,产品趋向多元化,营销市场扩展到世界各地。香港普通机械制造厂可分为以下三类:1. 生产各种零配件的机器零件厂;2. 生产成套设备的工厂;3. 以修理为主的机器修配厂。截至1990年9月底,香港共有各类型机器制造厂(电器制造厂除外)5567家,从业人员29397人,其中特种工业专用机械厂1492家,从业人员9212人。香港的机器厂绝大多数是中小企业,平均每家工厂的职工人数不足6人。这说明香港一般机械制造业平均规模很小,在发展大型和高精度的机器方面受到一些限制,另一方面也充分显示了香港此行业具有相当大的灵活性。

目前香港普通机械制造业已具备一定的技术力量,产品种类很多,包括针织和梭织机、染整机、打磨机、注塑机、吹塑机、印刷机、五金机械、钻探设备、电镀设备、农业机械、过滤及净化设备、模具、气动机械、玻璃制品机械、饮料包装机械、医疗器械、衡量器等,这些产品基本上可以应付一般生产要求,加上设计实用,价格方面比较便宜,售前售后服务也不错,所以香港生产的机械在本地和海外均有一定的市场。目前,香港机械主要出口市场是中国内地、南亚各国、中东、非洲、欧洲和拉丁美洲。

注塑机是香港普通机械制造业的主要产品,1990年销售量已达4000台,在款式及性能上均达到很高水平。如香港制造的塑料吹瓶机,在塑料逐步取代玻璃器皿的今天,已在市场上崭露头角并得到用户的认可。由香港专家设计制造的大型精密注塑机的问世，也标志着香港注塑机已迈向更高层次。

在工模具制造方面，香港也有相当长的历史。目前香港工模具制造业已装备最现代化的机械设备和精密仪器，从而使制成品更准确和精确。某些香港制造的模具水平已超过日本，达到美国最高的DME标准规格。

据香港海关统计，1991年香港普通机械出口额为65.2亿港元，比1990年增长13.2%，其中动力机械及设备出口额12.7亿港元，比1990年增长11.3%；工业专用机械出口额24.8亿港元，比1990年增长19.6%；金工机械出口额5.4亿港元，比1990年增长34.6%；通用工业机械出口额22.2亿港元，比1990年仅增长3.6%。

三、电工电子机械制造业

据香港海关统计，1991年香港电工电子机械出口额约为528.4亿港元，比1990年增长5.3%，其中办公机械及自动数据处理设备出口额为182.9亿港元，比1990年增长12.6%，视听通讯设备出口额为151.3亿港元，比1990年减少8.9%，电工设备出口额193.4亿港元，比1990年增长12.12%。

1. 电风扇制造业

80年代初，香港制造的电风扇曾称霸世界。据香港贸发局统计资料，1981年香港家用电风扇出口数值已超过日本居世界第一位；据1990年3月贸发局统计资料，1988年香港电风扇出口量值次于台湾和中国大陆，居第三位。近几年来，香港电风扇在世界市场上受到台湾、日本和东南亚各国(地区)产品的强烈竞争，特别是台湾产品是香港产品最强劲的对手。统计数字显示，1985年台湾出口电风扇量值已是香港的两倍，1987年则增长为3倍，1988年为5倍。事实上，近几年香港电风扇出口数值连续下降，1989年连续五年下降，1990年、1991年又是第六、七年连续下降。

1991年香港电风扇出口额为1.29亿港元，比1990年减少3.0%。1991年占出口比重最大的仍为吊扇，占风扇出口总额的35.9%，但其出口额却比1990年下降了28.7%，台扇、落地扇增长了119.8%，挂墙扇、换气扇增长31.4%，其他类型风扇跌幅达56.6%。详见表3。

表3　1991年香港电风扇出口统计

名　称	出口量　(万台)	比1990年增长%	出口额　(万港元)	比1990年增长%
吊　扇	27.8	−28.8	4631.4	−28.7
台扇、落地扇	30.5	315.5	3219.0	119.8
挂墙扇、换气扇	24.6	24.4	4059.8	31.4
其它风扇	69.1	−52.3	997.6	−56.6
风扇总计	152.0	−28.0	12907.8	−3.0

2. 电子工业

随着微电子技术及微处理技术的发展，香港电子工业也不断发展，特别是80年代，每年都呈两位数增长(年均增长率为24%)，目前，电子工业已成为占香港工业出口总值1／4的第二大出口产业。

香港电子工业以小型企业为主，聘用50人以下的厂商约占80%，逾500人的公司不足20%。截至1990年12月，香港共有电子厂1049家，从业人员63359人。为降低成本，增强产品竞争力，目前有90%的香港电子厂均在内地进行各种生产活动如加工、合作、合资或独资办厂等。

香港电子产品出口1988年有32%的增长，1989年增长率几乎为零，1990年有5%的增长。香港出口电子产品中，50%是制成品，另有50%为零件。出口制成品多为家庭及个人消费品，主要包括电子钟表、电脑及外围设备、有线及无线电话、收音机、盒式录音机、电视机、电子游戏机、计数机、空白录像带及录音带；出口零部件方面，中挡产品占较大优势，主要有电脑及电讯设备零件，收音机、电视机及盒式录音机零件，印刷电路板、集成电路、整流器、晶体管及电子手表零件。

香港电子厂也生产一些电子新产品，如复印机、电子打字机、图像电话、蜂窝式电话、图文传真机、电子收款机、激光唱盘、液晶投射板及可编程序控制器等。

香港电子产品以出口为主，厂商多从事元件制造业务，或为国际名牌、大型百货公司及连锁店生产专用牌子产品，也有一些电脑、电视机及电话大厂以自已牌子推销产品。香港电子业所需零部件，特别是技术先进的产品，主要依赖进口，本地供应的零部件大多属基本产品。

四、修造船业

香港造船业以小型特殊船只见长，如高速船、拖船、游船和帆船等。截至1990年9月底，香港有轮船修造厂73家，从业人员5087人。

近几年，香港不少船厂转向游艇方面发展，特别是建造玻璃纤维游艇。据香港海事处统计资料显示，80年代，香港登记的游艇成倍增加，从1200多艘增到5000艘左右，而香港游艇制造业也跃升到世界一流水平。如港制83英尺长、排水量58吨巨型游艇曾得到外国用户的赞赏。估计未来几年，港产游艇将可直追游艇生产王国——美国和法国，在欧美市场占一席之地。

1991年初，香港修造船业接单情况良好，前景仍可继续看好，主要原因有：(1)香港一直以建造特种用途的小型船只为主，这和日本、南朝鲜无正面竞争；(2)香港经营手法灵活，虽在建造大油轮上难敌日本和南朝鲜，但自己设计建造15000吨以下的油轮仍十分有利；(3)内地实行开放政策，中港两地货运增加，内地货轮在香港维修和建造诸如拖轮、渔轮等的数量也有增加。

目前香港已有不少船厂与内地同行精诚合作，估计不远的将来，香港与内地合作形成一股新的势力，足以与日本、南朝鲜等地的造船业相抗衡。

五、精密机械业

1. 摄影器材及光学物品制造业

香港摄影器材制造业生产照相机、电影摄影器材和设备、幻灯机镜头和设备等。各类产品的生产技术、工艺及档次不断提高。70年代已能生产35mm单镜头反光机，80年代初已能生产碟型机。

光学物品业主要生产眼镜框、镜头、眼镜、太阳镜以及望远镜。

香港摄影器材及光学物品制造业近20年发展迅速，以工厂数和从业人数为例：1965年两行业分别有工厂数和从业人数5家、2021人和20家、488人；1986年9月分别增加到42家、7680人和45家、3286人；1988年9月两行业共有工厂197家，职工10499人。1989、1990年香港统计部门没将此两行业的工厂数和从业人员数单独列出，而放在“科学、测试、控制设备及摄影、光学器材”中。

1991年香港摄影器材产销情况较好。1991年香港摄影器材出口额为22.8亿港元，比1990年增长7.6%，主要出口产品是35毫米非单镜反光照相机，出口额12.9亿港元，占55.8%；主要出口市场是德国、美国、比利时和日本。

1991年香港光学物品出口额为8.0亿港元，比1990年增长11.9%，主要出口产品是眼镜及框架，占74.9%；主要出口市场是美国和日本。主要摄影器材及光学物品出口情况见表4、表5。

表4　1991年香港摄影器材出口统计

产品名称	出口额(万港元)	比1990年增长%
照相机		
单镜反光机	8683.3	−73.7
35mm非单镜反光机	129225.9	32.7
110胶卷照相机	1109.7	−26.1
其他相机	47.8	−25.7
照相用闪光灯	10993.8	−0.6
三脚架	267.0	45.9
其他相机零件	63579.8	13.9
光学闪光仪器零件	13730.3	−8.8
幻灯机	106.1	−78.1
总计	227743.7	

表5　1991年香港光学制品出口统计

产品名称	出口额(万港元)	比1990年增长%
已光学加工的眼镜片	425.4	−90.2
未装嵌的光学元件	6510.2	−4.4
照相机用镜头	2329.6	−27.1
已装嵌的光学元件	2235.6	−6.2
眼镜架	44119.5	3.8
各类眼镜	24081.7	8.9
总计	79702.0	

表6　1991年香港钟表出口统计

产品名称	出口额(万港元)	比1990年增长%	产品名称	出口额(万港元)	比1990年增长%
液晶表	55638.8	−43.8	电子钟	20124.6	−13.0
石英行钟电子表	1015650.7	−13.3	其他钟	1999.4	−30.2
石英数字电子表	9283.4	−33.3	计时器	6733.8	−34.0
17钻以下机械表	17199.8	−29.7	装有钟表机芯的计时开关	8783.2	−50.0
17钻以上机械表	28128.7	−37.3	已组装的电子钟芯	3104.2	−23.5
其它表	328.8	−26.9	其他已组装的钟芯	33.2	−84.1
装有表机芯的钟	9429.7	−34.4	钟壳及钟壳零件	945.2	−20.2
已组装的电子表芯	89113.5	16.8	其它表零件	185757.4	−2.9
其它已组装的表芯	11892.5	−8.9	其它钟零件	28460.1	−2.8
表壳及表壳零件	92899.8	−1.5	钟表总计	1585519.4	−13.5
供车辆等使用的仪器板钟	13.3	−87.5			

2. 钟表制造业

1990年香港有钟表制造厂1408家，从业人员23345人。

1991年香港钟表出口额为158.6亿港元，比1990年减少13.5%，除已组装的电子表芯出口额增长16.8%外，其余各项均呈下降趋势，详见表6。

(本文资料来源：1991年《香港经济年鉴》、1991年香港海关《统计月报》、1991年香港贸发局《统计月报》)

附录四　世界机械和运输设备贸易的发展情况和趋势

对外经济贸易大学　童书兴　汤传锋

世界机械和运输设备在世界商品贸易中占据十分重要的地位。1990年这类商品的世界出口额已达到12372亿美元，占世界商品出口总值的36.5%，占世界制成品总值的50.5%。情况表明，世界机械产品贸易在世界商品贸易中的地位将越来越重要。

一、世界机械和运输设备贸易增长迅速

80年代，世界机械和运输设备贸易增长十分迅速，大大地高于世界商品出口贸易的增长速度。在1980～1990年期间，前者的年均增长率为9%，后者仅为5.4%。世界机械和运输设备出口的持续高速增长使其在世界商品出口总额中所占的比重不断增大，由1980年的26.3%提高到1990年的36.5%(详见表1)。

表1　世界机械和运输设备出口的增长情况

(单位:亿美元)

年　份	世界机械和运输设备出口总额(1)	世界商品出口总额(2)	(1)在(2)当中所占比重(%)
1980	5247.50	19976.86	26.3
1985	6038.00	19308.49	31.3
1989	10845.50	30118.11	36.0
1990	12372.00	33940.94	36.5

资料来源：1. 关税和贸易总协定《国际贸易年鉴》1991—1992第52页。
2. 联合国《统计月报》1992年2月号。

工业发达资本主义国家是世界机械和运输设备的主要出口国。这类商品的增长首先表现为这些国家的出口增长。1980年工业发达国家机械和运输设备的出口额为4363.15亿美元，1990年增长到10212.88亿美元，1990年比1980年增长1.3倍。

1990年下半年美国经济进入衰退，日本和西欧国家的经济增长速度也放慢。1991年美国经济出现了0.7%的负增长，整个工业发达国家的经济增长率仅为1%。尽管近两年来工业发达国家的经济情况不好，但是世界机械和运输设备的出口仍在继续增长。1990年这类商品的世界出口值比1989年增长14%。美国资本货物的出口从1990年的1527亿美元增长到1991年的1667亿美元，增长9.2%。日本和西欧的出口也在增长。

机器设备是现代技术的主要载体，是大工业的核心和进行高效率生产的主要手段，在当代各国经济发展、贸易增长和激烈的国际竞争中，以及在工业结构的调整中均起关键作用。这决定了世界市场对机械产品有很高的需求。科技飞速发展，科技成果的大量涌现，技术和机器设备生命周期的缩短，生产和销售新型的现代化的机器设备能够获得较高的附加价值等等，决定了世界机器设备市场供应的增长。所有这些均受到研究和开发(R&D)投资和固定资本投资的增长的影响。前一种投资制约着新的效率更高的机器的发明、研制和销售，后一种投资直接影响机器设备市场上的订单和需求的变化。

工业发达国家R&D开支规模庞大。1991年美国R&D支出达到1571.7亿美元，比1985年增长35%，比1990年增长4%。日本R&D支出在1989年达到579.85亿美元，比1985年增长44.7%。德国R&D支出在1990年达到284.45亿美元，比1985年增长42.3%，比1989年增长6.4%。法国R&D支出在1990年达到209亿美元，比1985年增长43.4%，比1989年增长10%。

固定资本投资规模持续增长。整个经济合作与发展组织成员国在1986～1988年的固定资本投资增长率分别为3%、5%和8%，均高于1980～1986年的平均2%的年增长率水平。南朝鲜、菲律宾、泰国和台湾等地的固定资本投资则更是以年均两位数的速度增长(详见表2)。

表2　世界部分国家和地区固定资本投资规模趋势(年变化率)　(单位:%)

国别和地区	1980～1986年	1986年	1987年	1988年
经济合作与发展组织	2.0	3.0	5.0	8.0
美国	3.5	0	2.0	6.0
欧共体	0	3.5	5.0	7.5
日本	3.5	6.0	10.5	13.5
香港	1.5	7.5	16.0	5.5
南朝鲜	9.0	11.0	17.5	11.5
马来西亚	1.0	−18.5	−3.0	…
墨西哥	−1.5	−12.0		…
菲律宾	−12.5	−15.5	16.0	21.5
新加坡	4.5	−11.0	3.5	…
泰国	2.5	−4.0	13.0	17.5
台湾	1.0	10.5	18.0	13.5

资料来源：联合国工发组织《全球工业发展》1991／1992第9页。

二、世界机械和运输设备贸易地理分布高度集中

(一)世界机械和运输设备贸易大部分集中在工业发达国家,小部分分布在发展中国家。

根据关贸总协定《国际贸易年鉴》统计,1989年,发达国家之间相互交换的机械和运输设备价值占世界总额的一半以上,他们对世界出口的机械和运输设备总值(不包括对原苏联东欧国家的出口)达8645亿美元,占世界这类商品出口总额的79.7%。他们进口的机械和运输设备价值(不包括他们从原苏联东欧国家的进口)达7789亿美元,占世界总额的71.8%。而广大发展中国家在1989年世界机械和运输设备出口总额中只占11.3%,占进口总额的19.2%。世界机械和运输设备的出口比这类商品的进口集中程度更高一些。发展中国家在世界机械和运输设备进口中所占比重比在这类商品出口中所占比重更高,反映了这些国家工业发展水平不高和为推行工业化战略从工业化国家进口大批机器和运输设备的事实(详见表3)。值得注意的是发展中国家出口的主要市场也是工业发达国家。1989年发展中国家出口的机械和运输设备总值为1236亿美元,其中向发达国家出口850亿美元,占68.8%,向发展中国家出口386亿美元,只占31.2%。

表3 1989年世界机械和运输设备贸易流动概况

(单位:亿美元)

项　　目	金　额	份额(%)
发达国家之间的流动	6939	64.0
发达国家向发展中国家出口	1706	15.7
发展中国家向发达国家出口	850	7.8
发展中国家之间的流动	386	3.5
世界贸易总额	10846	100.0

资料来源:关贸总协定(GATT):1991—1992年《国际贸易年鉴》第52页。

1990年工业发达资本主义国家机械和运输设备的出口额为10212.9亿美元,占世界该类商品出口总额的82.5%。与1980年相比,这类国家在世界机械和运输设备出口总额当中所占比重稍有下降(1980年占83%)。工业发达资本主义国家不仅是世界机械和运输设备的主要出口国,而且也是这类产品的主要进口国。1990年工业发达国家相互交换的机械和运输设备为7770.4亿美元,占这类国家出口机械和运输设备总额的76%,占世界这类商品出口额的62%。由此看出,虽然工业发达国家的机械产品出口大于进口,但他们仍是这类商品的主要进口市场。

发展中国家在世界机械和运输设备出口中的地位有上升趋势,但在进口中所占比重却呈下降趋势。1980年发展中国家出口的机械和运输设备约为148.7亿美元,约占世界出口同类产品金额的3%,1989年发展中国家出口这类商品的金额达到1236亿美元,占世界出口这类商品的11.3%。发展中国家在1980年进口的机械和运输设备约为1461亿美元,约占世界进口该类商品总额的29.3%,1989年发展中国家进口这类商品的总值(不包括从原苏联东欧的进口)为2086亿美元,占世界该类商品进口总额的19.2%。在整个80年代除亚洲发展中国家和地区经济发展较快以外,其他第三世界国家的经济发展情况均不好,原料和能源价格下降,出口收入减少,外债高筑,这大大降低了这些国家进口资本货物的支付能力。预计在90年代情况会有所好转。

原苏联和东欧国家在世界机械和运输设备贸易中所占地位呈下降趋势。1980年这类国家在世界机械进口总额中所占比重约为8.5%,1989年下降为只占3.9%。他们对这类商品出口在世界总出口中所占的比重从1980年的9.2%下降到1989年的2.8%

(二)在发达国家最主要出口国是日本、德国和美国,在发展中国家和地区最主要的出口国和地区是亚洲“四小龙”。

在工业发达国家,机械和运输设备出口贸易有一半以上集中在日本、德国和美国。根据联合国统计月报1992年2月号,1980年日、德、美三国机械和运输设备出口额分别为758.7亿美元、845.1亿美元和854.1亿美元,共占发达国家同类产品出口总额的56%。10年后到1990年,上述三国机械和运输设备出口额分别上升到2029.3亿美元、1966.3亿美元和1725.2亿美元,依然保持其在发达国家机械设备出口总额中占56%的比例。而其他为数较多的发达国家在整个发达国家机械运输设备出口中只占44%的份额。

尽管日本、德国和美国是当今世界机械和运输设备的最主要出口国,但他们的发展是不平衡的。1980年美国在世界这类商品出口中占第一位,到1990年降为第三位,排在日本和德国之后。日本现在是世界机械和运输设备的最大出口国,1990年的出口额达到2029亿美元,占世界出口总额的16.5%,它所占份额还呈上升趋势。相反,美国却呈下降趋势。

在发展中国家和地区中,亚洲“四小龙”异军突起,目前发展中国家机械运输设备的出口主要集中在亚洲“四小龙”即集中在香港、南朝鲜、新加坡和台湾。1990年亚洲“四小龙”出口的机械和运输设备总额已达994亿美元,占同年发展中国家和地区这类商品出口额的80.4%。引人注目的是亚洲“四小

龙”已进入世界机械和运输设备前 15 名主要出口国和地区的行列(详见表 4)。

表 4　1990 年世界机械和运输设备主要出口国和地区

国家和地区	金额(亿美元)	占世界出口比重(%)		年均增长率(%)		
	1990 年	1980 年	1990 年	1980～1990 年	1989 年	1990 年
日本	2029	14.5	16.5	10	4	5
德国	1966	16.5	16.0	9	7	18
美国	1826	17.0	15.0	7	12	10
法国	784	7.0	6.5	8	8	27
英国	754	7.5	6.0	7	9	22
意大利	632	5.0	5.0	10	13	22
加拿大	472	3.0	4.0	11	4	6
比利时	323	2.5	2.5	9	8	26
荷兰	307	2.5	2.5	9	6	27
新加坡	264	1.0	2.0	18	17	19
台湾	263	1.0	2.0	18	15	7
南朝鲜	255	0.5	2.0	22	4	8
瑞典	249	2.5	2.0	7	2	13
西班牙	216	1.0	1.5	15	18	35
香港	212	0.5	1.5	19	13	11
合计	10553	82.0	85.5			

资料来源：1991—1992 年关贸总协定《商品统计年鉴》第 54 页。

(三)在发达国家主要进口国是美国和德国，在发展中国家主要进口国家和地区是新加坡、南朝鲜、香港和墨西哥。

美国是当今世界机械和运输设备最大的进口国。1990 年它进口这类商品的金额达到 2133 亿美元，占世界机械和运输设备进口值的 16.5%，而在 1980 年美国在世界机械和运输设备进口中占的比重是 12%。德国在世界机械和运输设备进口中占据第二位，排在美国之后。1990 年美、德、法、英、加等五国合计在世界机械和运输设备进口中所占比重达 42%。同年美、德、英、法、加、意、荷、比—卢、日、西班牙等十国进口的机械和运输设备总额达 7458 亿美元，占发达国家进口该类商品总金额的 96%，占世界该类商品进口额的 57.5%。

在发展中国家和地区，虽然进口机械和运输设备的国家数量众多，但主要进口国和地区是新加坡、南朝鲜、香港和墨西哥。这四个国家和地区已进入世界机械和运输设备最大进口国和地区的行列。1990 年他们进口这类商品的总值达 965 亿美元，占同年 15 个最大进口国和地区该类商品进口总额的 10.8%，占世界该类商品总进口的 7.5%(详见表 5)。

表 5　1990 年世界机械和运输设备主要进口国和地区

国家和地区	金额(亿美元)	占世界进口比重(%)		年均增长率(%)		
	1990 年	1980 年	1990 年	1980～1990 年	1989 年	1990 年
美国	2133	12.0	16.5	13	4	1
德国	1109	6.5	8.5	12	13	35
英国	843	5.5	6.5	11	7	10
法国	796	5.5	6.0	11	8	25
加拿大	585	5.0	4.5	8	1	−2
原苏联	546	4.5	4.0	9	1	24
意大利	543	3.5	4.0	10	9	24
荷兰	389	3.0	3.0	10	8	24
比—卢	365	3.0	3.0	9	9	26
日本	360	1.5	3.0	16	21	28
西班牙	334	1.0	2.5	19	17	21
新加坡	272	1.5	2.0	14	15	24
南朝鲜	239	1.0	2.0	17	16	13
香港	230	1.0	2.0	16	9	15
墨西哥	224	2.0	1.5	8	17	29
合计	8969	55.5	69.5			

资料来源：1991—1992 年关贸总协定《商品统计年鉴》第 54 页。

三、世界机械和运输设备贸易结构在向高技术机械产品倾斜

根据联合国国际贸易标准分类目录，机械和运输设备分为以下 9 类：动力机械设备(71，为分类标号，下同)；工业专用机械(72)；金属加工机械(73)；通用机械设备(74)；办公机械和自动数据处理机(75)；电讯和音响设备(76)；电力机械、电器及其配件(77)；公路车辆(78)；其他运输设备(79)。

在世界机械和运输设备 9 大类出口产品中，按规模和所占比重当首推汽车及其部件，1989 年世界主要出口国出口的汽车产品价值达 2553.6 亿美元，占该年机械产品出口总值的 27.4%。1990 年世界汽车产品出口额达 3220 亿美元，占同年世界机械和运输设备出口额的 26%，占世界商品出口总额的 9%，占世界制成品出口总额的 13.5%。汽车的主要出口国和地区是北美、西欧和日本。1990 年他们出口汽车的价值达 2995 亿美元，占该年世界汽车出口值的 93%。他们出口汽车的地理方向主要是发达国家(1990 年占他们出口总额的 88.2%)，其次是向发展中国家(约占他们出口总额的 11%)。

增长最迅速的是高技术机械产品，其中首先是办公机械和自动数据处理机，其次是电力机械、电器及其配件；再其次是电讯和音响设备。1980～1989 年主要出口国出口的办公机械和自动数据处理机价值从 292.5 亿美元，增长到 1019.7 亿美元，九年间增加了 2.5 倍，平均年增长率高达 14.9%。电讯及音响

设备在同期的年均增长率为 8.6%，仅次于电力机械出口 10.3%的年均增长率。1990 年世界办公机械和电讯设备出口额合计达到 3030 亿美元，占世界机械和运输设备出口总额的 24.5%，占世界商品出口额的 8.5%，占世界制成品出口额的 12.5%。办公机械和电讯设备加在一起已成为仅次于汽车的大宗机械出口产品(详见表 6)。

表 6　世界主要出口国出口机械运输设备产品结构

商品类别	国际贸易商品分类目录编号	出口金额(亿美元)				1980～1989 年均增长率(%)
		1980 年	所占比重(%)	1989 年	所占比重(%)	
全部机械产品	7	4794.735	100.0	9311.838	100.0	7.65
其中：						
动力机械设备	71	342.267	7.1	631.869	6.8	7.05
工业专用机械	72	654.125	13.6	970.524	10.4	4.00
金属加工机械	73	171.877	3.6	253.840	2.7	4.40
通用机械设备	74	616.839	12.9	1011.781	10.9	5.65
办公机械和自动数据处理机	75	292.521	6.1	1019.704	11.0	14.90
电讯和音响设备	76	347.413	7.2	729.540	7.8	8.60
电力机械及其配件	77	577.303	12.0	1395.782	14.9	10.30
汽车及部件	78	1294.963	27.0	2553.645	27.4	7.85
其他运输设备	79	437.616	9.1	725.443	7.8	5.75

资料来源：联合国 1991 年《世界机械产品贸易年鉴》。表中百分比和增长率均由作者计算而得。

电力机械、电器及其配件广泛适用于国民经济各个部门，在世界市场有很高的需求，因而其进出口贸易得到了迅速发展。

高技术机械产品，生产效率高，附加价值高，开始研制时虽然要求进行大量的投资，并且也有很大的风险，但一旦实行了商业化，随着生产经验的积累，单位成本可迅速降低，从而取得较大的收益。日本之所以早在 60 年代中就把信息和通讯技术作为战略部门去对待，其原因也就在于此。其他国家也在大力发展科技，进行技术革新和产业结构的调整。高技术机械产品贸易的迅速发展，就是各国发展科技和调整产业结构的表现。

四、各主要进出口国家机械和运输设备的贸易结构有较大差异

(一)世界主要出口机械和运输设备结构发生了较大变化，反映经济和科技发展的不平衡性。

日本在高技术机械产品出口(如办公机械、电讯和音响设备及电力机械等)和汽车出口上占居世界首位，在传统的机械产品出口上也占据显著重要地位，同样具有相当强的竞争能力。但在其他运输工具出口上远远落后于其他发达国家。德国在一般机械(如农业、建筑机械、缝纫机、工业专用机械、金属加工机械、通用机械)出口上占据世界首位，在汽车出口上也占据重要地位，但在高技术机械产品的出口上就不如日本和美国。美国在动力机械和其他运输工具出口上占据世界的首位，在高技术机械和一般机械出口上也占据重要地位，但在汽车出口上，只占世界同类商品出口的第四位，处在日、德和加拿大之后。南朝鲜在电讯和音响设备出口上已占据世界第四位，超过了英国、法国等发达国家，在电力机械出口上已闯入第七位。新加坡在办公机械及电讯和音响设备出口上已占据世界第五位，在电力机械出口中占第八位(详见表 7)。

表 7　1989 年各主要出口国在世界各类机械和运输设备出口中所占位次

国别	71	72	73	74	75	76	77	78	79
日本	3	2	2	2	1	1	1	1	5
德国	2	1	1	1	4	3	3	2	2
美国	1	3	3	3	2	2	2	4	1
英国	4	5	6	6	3	6	5	8	3
法国	5	6	7	5	7	7	4	5	4
意大利	7	4	4	4	8	12	6	7	7
加拿大	6	11		10	10	11	11	3	6
比利时		10	8			9		6	
荷兰	10	9		9	6	10	9		9
南朝鲜					9	4	7		8
新加坡					5	5	8		
瑞典	9	8	9	7	11	8		10	
瑞士		7	5	8			10		
西班牙								9	
奥地利	8	12	10						

注：1. 资料来源：1991 年联合国出版的《世界机械产品贸易年鉴》第 26 页和第 37 页。表中数据均是由作者根据有关数据计算比较后所得。

2. 商品类别见本文第三节。

(二)主要进口国进口机械和运输设备结构也发生了很大变化，美国是进口许多机械设备的头号大国。

美国在世界主要进口国各大类机械和运输设备进口中，除其他运输工具类进口占据第二位外，均占据世界第一位。1989 年美国在世界汽车、电讯和音响设备、办公机械和动力机械进口中所占的比重均在 20%以上。德国在世界主要进口国金属加工机械、通用机械及高技术机械产品进口中占据第二位。法国在世界其他运输工具进口中占据首位。引人注目的是日本这个世界机械出口的头号大国，在世界各类机械商品进口中却占据不很重要的地位，进口总额与其出口相比是很小的，在世界进口中的比重也很小(1989 年日本只占世界机械商品进口额的 2.5%)。这也可以说明日本为什么同世界那么多的国家有着巨大的贸易顺差(详见表 8)。

表 8　1989 年各主要进口国在世界机械和运输设备各大类进口中所占的位次

国别、地区	71	72	73	74	75	76	77	78	79
美国	1	1	1	1	1	1	1	1	2
德国	3	4	2	2	2	2	2	4	4
法国	2	2	4	3	5	4	4	5	1
英国	4	3	5	4	3	3	3	3	3
加拿大	5	6	9	6	9	7	7	2	6
意大利	8	7	7	5	7	5	5	6	
荷兰	9	11	15	7	4	6	8	9	8
比一卢	6	10	8	8	11	12	13	7	
西班牙	7	8	13	10	10	8	14	8	9
日本	10	13	12	15	8	10	10	12	5
瑞士	17	15	10	11	14			10	
瑞典	13		11	12	13			11	12
南朝鲜	14	9	6	9			9		13
澳大利亚	16	14			12			13	7
墨西哥	11					11	12		
新加坡	12				15	13	6		11
奥地利				14				14	
原苏联		5	3	13	6				10
香港						9	11		

注：1. 资料来源：1991 年联合国《世界机械产品贸易年鉴》。

2. 机械和运输设备的分类情况如前述。

表 9、表 10 分别作为表 7、表 8 的具体数据，另外表 11、表 12 分别列出各主要出口国和进口国对 30 种小类机械和运输设备的出口和进口金额，以供读者进一步参考之用。其中表 11 原资料缺乏世界总额数据。为弥补此缺陷，现将关贸总协定《商品统计年鉴》中世界机械和运输设备出口总额的数字列出：1989 年为 10950 亿美元，1990 年为 12370 亿美元，供参考。

表 9、表 10 中数码“71～79”均为联合国国际贸易标准分类目录中机械和运输设备产品编号。其含义是：

71 为动力机械及设备；

72 为特种工业专用机械；

73 为金属加工机械；

74 通用工业机械设备及零件；

75 为办公用机械设备及自动数据处理设备；

76 为电讯器材、收音、录音等音响设备；

77 为电力机械、电器及其配件；

78 为公路车辆(包括气垫式)；

79 为其他运输设备。

展望世界机械和运输设备贸易发展前景，80 年代这一商品市场迅速扩大的势头，贸易分布高度集中的格局，以及日本和亚洲“四小龙”在机械设备出口中所占份额的增加，在 90 年代还会继续保持下去，并且在 90 年代这类商品贸易将会比 80 年代有更大更快的增长。国际形势的缓和、世界格局的变化，将促使各国把更多的注意力放在经济和贸易发展上面，科技和技术更新将得到越来越多的重视，新技术的推广运用将得到更大的发展。工业发达国家工业结构的调整及产品更新换代，发展中国家工业化战略的推行，将进一步增加对机械设备的需求。跨国经营规模将进一步扩大，经济一体化和集团化也将加强。这些就是促使世界机械和运输设备贸易发展的基本因素。世界机械和运输设备在国别分布和商品结构上的不平衡将会有新的表现。未来世界机械和运输设备市场上的激烈竞争对我国来说既是一种机遇，又是一种挑战。

表9　1989年主要出口国(地区)在世界机械和运输设备分类产品出口中的份额

金额单位:百万美元(FOB)

国　别	7		71		72		73		74	
(地区)	总金额	%	金额	%	金额	%	金额	%	金额	%
世　界	958733.3	100.0	65055.4	100.0	99923.4	100.0	26135.0	100.0	104171.4	100.0
日　本	193669.0	20.2	9512.7	14.6	13875.4	13.9	5415.1	20.7	15977.8	15.3
原西德	166005.2	17.3	9591.3	14.7	22293.1	22.3	5975.4	22.9	22498.8	21.6
美　国	148799.9	15.5	14165.9	21.8	13644.0	13.7	2603.1	9.9	13095.5	12.6
英　国	61624.7	6.4	7748.3	11.9	6168.8	6.2	1224.3	4.7	6601.5	6.3
法　国	61619.0	6.4	5043.3	7.8	5244.5	5.2	893.1	3.4	6966.4	6.7
意大利	51881.0	5.4	2514.6	3.9	10610.2	11.7	2376.4	9.1	9997.1	9.6
加拿大	44591.1	4.7	3622.4	5.6	2337.4	2.3	320.0	1.2	2108.9	2.0
比—卢	25661.9	2.7	543.8	0.8	2592.4	2.6	655.2	2.5	1861.2	1.8
荷　兰	24192.8	2.5	1396.7	2.1	2594.3	2.6	379.0	1.5	2839.1	2.7
南朝鲜	23590.3	2.5	535.4	0.8	513.1	0.5	126.4	0.5	942.3	0.9
新加坡	22130.1	2.3	766.9	1.2	836.8	0.8	190.7	0.7	1654.3	1.6
瑞　典	21910.3	2.3	1485.5	2.3	2642.0	2.6	542.6	2.1	3729.0	3.6
瑞　士	16073.9	1.7	1060.4	1.6	4715.3	4.7	2324.0	8.9	3023.6	2.9
西班牙	15958.5	1.7	945.7	1.5	879.8	0.9	432.1	1.7	1473.9	1.4
奥地利	11161.2	1.2	1780.6	2.7	1817.3	1.8	485.8	1.9	1927.4	1.9
小　计	888868.9	92.7	60713.5	93.3	90764.4	90.8	23943.5	91.6	94696.8	90.9

国　别	75		76		77		78		79	
(地区)	金额	%	金额	%	金额	%	金额	%	金额	%
世　界	104986.8	100.0	75112.4	100.0	143707.5	100.0	262919.2	100.0	74690.3	100.0
日　本	23419.8	22.3	27459.8	36.6	31412.3	21.9	61634.3	23.4	4961.8	6.6
原西德	8526.1	8.1	6241.6	8.3	22431.7	15.6	57634.6	21.9	8841.4	11.8
美　国	23183.8	22.1	7669.2	10.2	23920.9	17.0	25479.6	9.6	25037.8	33.5
英　国	9999.8	9.5	3634.0	4.8	8257.7	5.7	9926.3	3.8	8064.0	10.8
法　国	5184.2	4.9	2898.5	3.9	8644.1	6.0	19395.7	7.4	7349.3	9.8
意大利	4109.7	3.8	1466.2	2.0	7454.8	5.2	11050.2	4.2	2301.7	3.0
加拿大	2419.6	2.3	1471.5	2.0	2862.8	2.0	26857.3	10.2	2591.1	3.5
比—卢	1021.9	1.0	1702.1	2.3	2403.4	1.7	14252.7	5.4	629.4	0.8
荷　兰	5185.8	4.9	1485.9	2.0	4397.5	3.1	4060.9	1.5	1853.6	2.5
南朝鲜	2762.2	2.6	6078.1	8.1	7128.0	5.0	3497.5	1.3	2007.2	2.7
新加坡	6779.2	6.5	5203.2	6.9	5298.0	3.7	419.2	0.2	981.7	1.3
瑞　典	1417.6	1.3	2209.9	2.9	2077.2	1.4	6965.2	2.6	841.1	1.1
瑞　士	515.5	0.5	550.2	0.7	3130.2	2.2	489.4	0.2	265.2	0.4
西班牙	976.5	0.9	347.1	0.5	1547.4	1.1	8018.4	3.0	1337.6	1.8
奥地利	364.5	0.3	1111.0	1.5	2116.7	1.5	1293.1	0.5	264.8	0.4
小　计	95866.2	91.3	69528.3	92.6	133082.7	92.6	250974.4	95.5	67327.5	90.1

注:*1.* 资料来源:表9、表10分别摘自《*1991*年世界机械产品贸易年鉴》第*26*、*27*页和第*46*、*47*页。

2. 表9和表10中百分比及主要出(进)口国的出(进)口金额小计均由作者计算所得。

表10 1989年主要进口国(地区)在世界机械和运输设备分类产品进口中的份额

金额单位:百万美元(FOB)

国别(地区)	7		71		72		73		74	
	总金额	%	金额	%	金额	%	金额	%	金额	%
世界	931183.8	100.0	63186.9	100.0	97052.4	100.0	25384.0	100.0	101178.1	100.0
美国	177389.4	19.0	12729.7	20.1	12338.9	12.7	3625.7	14.3	12071.8	11.9
原西德	73663.3	7.9	5078.4	8.0	5771.7	5.9	2355.0	9.3	7978.2	7.9
法国	66797.3	7.2	5175.6	8.2	6641.0	6.8	1615.9	6.4	7366.1	7.3
英国	66577.4	7.1	4111.5	6.5	5785.7	6.0	1393.7	5.5	6412.7	6.3
加拿大	45351.2	4.9	3902.3	6.2	3811.3	3.9	708.3	2.8	3886.9	3.8
意大利	38479.1	4.1	1843.4	2.9	3446.3	3.6	1032.6	4.1	4281.7	4.2
荷兰	32875.9	3.5	1747.3	2.8	2720.5	2.8	521.3	2.1	3720.4	3.7
比—卢	30790.8	3.3	2467.9	3.9	2955.0	3.0	793.4	3.1	3293.6	3.3
西班牙	26505.9	2.8	2136.7	3.4	3099.9	3.2	582.0	2.3	2869.0	2.8
日本	23634.0	2.5	1244.9	2.0	2431.8	2.5	610.8	2.4	2035.0	2.0
瑞士	18541.5	2.0	889.1	1.4	2101.2	2.2	683.4	2.7	2502.8	2.5
瑞典	18004.4	1.9	1065.7	1.7	1737.7	1.8	634.2	2.5	2476.0	2.4
南朝鲜	17226.9	1.8	1017.4	1.6	2998.6	3.1	1239.4	4.9	2932.6	2.9
澳大利亚	16658.1	1.8	927.3	1.5	2143.1	2.2	282.4	1.1	1893.2	1.9
墨西哥	15050.1	1.6	1236.1	2.0	1366.2	1.4	363.2	1.4	1708.2	1.7
新加坡	15045.4	1.6	1131.3	1.8	1252.3	1.3	260.3	1.0	1611.1	1.6
奥地利	13776.3	1.5	647.1	1.0	1606.3	1.7	470.7	1.9	2069.7	2.0
原苏联	12759.9	1.4	331.0	0.5	3845.7	4.0	1616.3	6.4	2160.9	2.1
香港	12232.7	1.3	537.7	0.8	1039.6	1.1	151.6	0.6	1195.0	1.2
中国	10930.5	1.2	931.9	1.5	2548.0	2.6	563.9	2.2	1730.5	1.7
小计	732290.3	78.6	49152.3	77.8	69640.8	71.8	19504.1	76.8	74195.4	73.3

国别(地区)	75		76		77		78		79	
	金额	%	金额	%	金额	%	金额	%	金额	%
世界	101970.4	100.0	72954.0	100.0	139578.2	100.0	255364.5	100.0	72544.3	100.0
美国	22749.4	22.3	16310.3	22.3	20388.9	14.6	69484.9	27.2	7608.1	10.5
原西德	11514.5	11.3	5986.2	8.2	12358.3	8.9	18122.2	7.1	4498.8	6.2
法国	7587.6	7.4	3325.0	4.6	8621.5	6.2	17873.5	7.0	8575.5	11.8
英国	10713.7	10.5	4570.0	6.3	8650.5	6.2	19929.1	7.8	4998.8	6.9
加拿大	3382.5	3.3	2171.1	2.9	4746.5	3.4	20216.6	7.9	2513.8	3.5
意大利	4282.6	4.2	2691.6	3.7	6498.8	4.7	13151.0	5.1	1207.6	1.7
荷兰	7856.0	7.7	2570.5	3.5	4544.2	3.3	7215.9	2.8	1948.0	2.7
比—卢	2356.4	2.3	1884.6	2.6	3262.5	2.3	12913.4	5.1	823.9	1.1
西班牙	2465.1	2.4	2078.0	2.8	3049.2	2.2	8385.7	3.3	1831.5	2.5
日本	3727.9	3.7	1908.1	2.6	4344.7	3.1	4794.4	1.9	2526.9	3.5
瑞士	1832.3	1.8	1423.3	2.0	2533.0	1.8	5550.5	2.2	1023.2	1.4
瑞典	1872.8	1.8	1218.6	1.7	2660.3	1.9	4891.6	1.9	1437.8	2.0
南朝鲜	1312.6	1.3	926.3	1.7	4615.1	3.3	738.2	0.3	1383.6	1.9
澳大利亚	2202.3	2.2	1299.3	1.8	1674.6	1.2	4264.1	1.7	1971.5	2.7
墨西哥	841.4	0.8	1906.8	2.6	4177.6	3.0	2744.9	1.1	682.1	0.9
新加坡	1678.2	1.6	1695.3	2.3	4797.5	3.4	1018.4	0.4	1586.5	2.2
奥地利	1009.9	1.0	950.1	1.3	2394.1	1.7	4243.5	1.7	373.7	0.5
原苏联	674.4	0.6	608.2	0.8	1030.2	0.7	490.1	0.2	1625.3	2.2
香港	1270.2	1.2	2067.6	2.8	4239.3	3.0	991.0	0.4	740.3	1.0
中国	313.9	0.3	1227.1	1.7	1525.7	1.1	754.3	0.3	1142.2	1.6
小计	89643.7	87.9	56814.0	77.9	106108.0	76.0	217773.3	85.3	48493.0	66.8

表 11　1989 年主要出口国(地区)大宗机械和运输设备产品出口情况

金额单位:百万美元(FOB)

出口地	713	714	716	721	722	723	724	728	731、733	741
日　本	6404.7	314.6	2059.2	264.7	616.6	2939.2	3656.5	4877.8	3934.9	2959.2
原西德	4800.3	1312.3	1883.1	1301.6	1155.8	2669.5	4821.3	6641.1	3918.1	2831.4
美　国	4806.9	7006.6	1491.2	1317.2	988.2	4482.0	1049.1	3975.5	1056.6	3143.2
英　国	2217.5	4389.3	705.2	357.2	1025.4	1424.7	666.1	1338.8	660.5	877.4
法　国	2667.9	852.3	915.3	531.7	286.4	1459.1	739.7	1320.6	416.4	1471.9
意大利	1082.4	567.8	639.1	717.2	814.1	720.3	2452.0	4358.5	1472.9	2148.9
加拿大	2055.8	1166.0	201.3	531.7	299.8	565.4	56.8	617.7	97.6	236.1
比—卢	173.9	172.7	113.8	426.0	101.3	1111.5	282.7	471.9	402.1	419.6
荷　兰	334.1	765.7	132.4	402.1	27.2	398.8	242.9	708.8	150.3	464.8
南朝鲜	96.1	267.2	141.8	5.8	4.6	75.4	217.9	180.3	80.5	160.5
新加坡	334.6	64.2	348.4	7.0	1.9	300.0	117.3	329.9	130.4	299.4
瑞　典	788.4	230.0	230.8	246.6	12.4	878.6	125.6	690.6	217.2	580.8
瑞　士	130.8	228.5	409.6	46.1	16.3	76.2	1938.1	1197.0	1556.9	532.4
西班牙	682.3	55.6	133.1	63.0	9.6	74.9	289.8	222.1	314.6	257.4
奥地利	1429.0	9.6	183.4	126.7	82.7	283.2	142.8	802.8	266.3	307.5
丹　麦	201.5	5.8	173.3	273.9	14.2	58.5	92.7	336.8	77.3	568.3
芬　兰	167.5	2.1	110.5	62.3	99.0	280.6	14.3	370.4	41.1	173.4
爱尔兰	16.5	222.6	20.1	24.4	6.6	18.8	16.5	41.7	18.1	192.0
原东德	110.5	5.1	128.5	435.2	11.1	158.9	216.9	685.8	503.8	137.3
南斯拉夫	117.4	2.9	106.0	16.4	55.9	151.9	33.4	108.2	302.1	47.2
小　计	28618.1	17640.9	10126.1	7156.8	5629.1	18127.5	17172.4	29276.3	15617.7	17808.7

出口地	743	744	745	751	752	759	763	764	764.1	764.9
日　本	2955.0	2544.7	1140.6	3895.8	11242.3	8281.7	8970.3	14642.8	3825.6	4003.1
原西德	3106.2	2978.9	3721.9	1204.6	4722.5	2599.0	431.3	3562.9	895.3	1718.8
美　国	2470.4	1843.0	1720.5	699.2	12593.4	9891.2	351.7	6719.5	1404.8	3040.0
英　国	1271.1	1166.6	692.2	845.7	6544.1	2610.0	420.6	2425.7	494.9	901.1
法　国	1031.3	1074.2	552.5	449.9	2525.8	2208.5	172.2	2126.5	431.3	1006.4
意大利	1473.5	989.5	1650.0	325.8	2030.2	1753.7	31.4	1071.4	171.7	552.7
加拿大	363.4	357.5	196.5	53.2	893.1	1473.3	14.7	1264.4	219.8	715.5
比—卢	334.1	275.8	146.4	35.9	514.3	471.7	231.4	820.5	84.7	544.0
荷　兰	391.2	644.2	391.6	863.7	1844.2	2478.0	148.4	976.2	269.3	435.0
南朝鲜	80.3	393.0	34.2	147.7	2025.8	588.8	1633.1	1762.2	330.9	656.0
新加坡	400.9	145.5	63.8	313.3	4869.2	1596.7	860.9	1898.7	213.9	1310.4
瑞　典	452.5	864.9	748.4	136.2	840.1	441.2	6.2	2109.6	866.9	890.0
瑞　士	509.4	353.7	607.6	73.9	247.6	194.0	71.8	454.5	70.4	195.8
西班牙	262.0	184.6	142.1	46.1	638.3	292.1	5.4	199.6	31.6	121.4
奥地利	291.1	375.0	193.9	30.2	185.0	149.3	106.0	287.1	53.7	178.9
丹　麦	243.1	305.5	336.5	93.1	137.4	129.8	35.9	506.6	35.9	183.8
芬　兰	65.5	444.3	64.8	11.5	182.3	73.9	2.3	658.1	322.5	193.0
爱尔兰	62.1	65.6	35.3	5.2	2189.7	1921.1	3.6	276.9	40.5	192.6
原东德	65.3	270.4	80.0	62.4	212.1	84.3	1.8	169.9	107.3	33.1
南斯拉夫	45.0	83.8	32.4	13.3	12.8	5.1	0.2	68.4	19.0	30.7
小　计	15873.4	15360.7	12551.2	9306.7	54450.2	37243.4	13499.2	42001.5	9890.0	16902.3

(续)

出口地	772	775	776	776.4	778	781	782	784	792	793
日　本	5200.4	1269.6	14123.3	8514.5	6856.7	39111.7	8345.5	10299.6	384.1	4428.2
原西德	5993.7	3371.8	3540.2	2475.1	5338.7	35433.2	5191.5	13901.2	7243.8	1021.5
美　国	4025.2	1301.2	10118.0	7752.9	4177.4	9651.6	3096.8	11708.5	23637.5	983.8
英　国	1440.0	616.4	2583.6	1935.9	2307.3	4311.8	970.1	4193.8	3506.3	4465.1
法　国	2436.2	1142.1	1943.3	1241.5	1756.0	10672.9	1630.1	5952.0	6307.4	840.4
意大利	1151.0	2743.1	1335.5	840.0	1391.3	4809.1	1413.2	3602.8	1796.0	444.2
加拿大	578.2	129.6	1135.4	984.1	463.2	13668.9	5735.6	6562.8	1942.4	105.7
比—卢	445.9	169.8	122.4	78.8	955.7	10216.6	1488.8	1638.3	520.4	64.8
荷　兰	574.3	494.3	1024.4	535.9	1386.2	1207.0	798.1	780.7	1343.9	465.4
南朝鲜	276.7	1085.4	4702.1	3571.0	546.6	2048.4	33.5	224.9	190.0	1788.5
新加坡	717.8	316.4	3311.8	2445.5	526.9	57.3	29.3	183.9	503.5	476.9
瑞　典	516.4	439.7	195.9	161.8	347.0	2867.0	2015.4	1927.5	432.8	339.0
瑞　士	1208.6	210.6	223.9	154.6	1034.5	94.0	127.9	180.5	179.5	9.9
西班牙	271.5	355.1	93.9	32.5	535.8	5184.0	843.3	1827.3	850.3	458.5
奥地利	449.5	283.0	461.9	242.7	342.4	216.3	375.0	518.0	56.1	26.6
丹　麦	149.5	311.6	41.6	12.6	128.6	96.7	92.2	216.5	190.0	580.4
芬　兰	141.9	59.8	30.2	24.7	103.9	482.9	73.9	95.5	37.0	922.2
爱尔兰	205.2	188.4	255.3	215.0	65.8	39.0	58.0	43.0	27.1	26.5
原东德	153.7	188.6	122.0	57.4	186.5	76.6	212.6	188.6	25.7	310.5
南斯拉夫	122.6	219.2	21.0	2.5	178.7	196.6	23.7	280.7	11.9	471.3
小　计	26058.3	14895.7	45385.7	31279.0	28629.2	140441.6	32554.5	64326.1	49185.7	18229.4

表 12　1989 年主要进口国(地区)大宗机械和运输设备产品进口情况

金额单位:百万美元(FOB)

进口地	713	714	716	721	722	723	724	728	731,733	741
美　国	6418.4	4363.3	1308.8	868.4	1213.5	2410.0	1821.5	3589.4	2378.7	1468.0
原西德	2656.2	1165.2	920.7	521.7	188.4	936.8	902.7	1917.3	1495.5	1154.8
法　国	1408.4	2811.6	553.7	992.0	625.9	1053.1	688.3	1806.3	1039.9	1021.8
英　国	1814.4	1611.5	511.0	507.9	290.6	1074.0	510.7	1713.5	821.3	928.0
加拿大	2387.6	908.6	447.8	514.7	433.1	1023.6	274.9	841.1	340.7	845.8
意大利	926.9	323.8	467.2	210.7	105.1	577.1	915.0	791.4	698.4	585.9
荷　兰	498.4	727.7	318.1	267.0	170.0	562.4	224.7	773.5	258.1	512.6
比—卢	1826.2	154.4	252.9	275.2	120.4	764.0	404.3	806.2	470.4	528.8
西班牙	1635.2	181.6	185.9	218.2	222.3	649.7	452.6	913.6	316.9	596.1
日　本	291.7	663.6	205.6	131.3	117.7	229.3	444.4	891.7	348.5	420.8
瑞　士	131.3	293.6	285.6	178.1	112.9	330.0	348.4	655.6	421.1	414.2
瑞　典	383.6	240.4	204.9	182.4	171.5	324.2	79.3	496.6	420.5	329.2
南朝鲜	403.3	108.6	344.9	48.2	21.2	254.0	738.2	1514.2	685.0	744.5
澳大利亚	494.9	244.5	142.9	189.2	271.5	685.1	200.9	413.8	165.2	298.9
墨西哥	779.8	117.9	273.7	75.5	50.5	153.1	368.8	499.0	190.8	328.3
新加坡	389.6	393.9	289.4	11.4	34.9	378.4	123.5	579.2	158.7	268.0
奥地利	420.5	22.1	136.0	162.1	91.1	240.2	189.3	538.7	284.4	320.5
原苏联	207.6	10.3	52.3	283.0	51.7	288.0	966.3	1618.1	1259.5	539.3
香　港	142.6	133.6	226.1	7.9	2.8	83.1	477.7	313.9	94.9	349.8
中　国	204.2	139.5	159.7	56.1	14.1	223.3	977.5	1024.2	353.1	480.6
小　计	23421.4	14615.7	7250.8	5701.0	4309.2	12239.4	11109.0	21697.3	12201.5	12135.9
世　界	29150.6	17788.2	10227.2	7384.3	5639.9	18334.1	17339.3	29711.1	15697.9	18166.9

进口地	743	744	745	751	752	759	761	763	764	764.9
美　国	2248.1	1955.9	1377.9	2345.2	11681.7	8722.5	904.0	4701.9	8657.7	2420.8
原西德	1155.4	1093.9	940.1	881.3	6521.7	4111.5	1012.6	1037.7	3347.1	1366.1
法　国	1007.5	1179.3	1188.8	757.4	4257.5	2572.8	748.3	490.8	1710.3	723.0
英　国	814.2	1250.6	952.9	720.6	5391.5	4601.6	605.3	665.9	2916.5	1121.2
加拿大	560.7	559.0	466.1	322.5	1873.6	1186.4	223.4	478.7	1258.6	369.8
意大利	722.8	484.8	495.9	400.9	2680.8	1200.9	996.9	261.3	1179.3	361.0
荷　兰	618.5	632.6	510.4	944.3	3855.3	3056.4	510.6	390.2	1468.6	382.8
比—卢	504.3	611.9	431.3	187.1	1473.8	695.5	269.8	414.0	867.9	285.4
西班牙	416.6	448.5	445.7	301.5	1407.9	755.6	356.4	360.7	1179.3	482.8
日　本	416.4	159.7	389.0	104.0	2118.7	1505.3	206.7	170.5	1307.2	709.6
瑞　士	307.5	475.6	375.5	130.4	1241.3	460.5	230.3	287.2	811.7	281.4
瑞　典	374.5	403.8	314.2	109.5	1116.2	647.1	220.3	160.9	741.0	293.0
南朝鲜	465.5	335.1	279.1	67.1	708.9	536.6	24.4	81.6	781.2	565.9
澳大利亚	324.5	335.2	313.0	239.6	1315.7	646.9	155.5	290.3	737.1	247.2
墨西哥	306.4	230.7	196.5	93.2	249.7	498.5	216.5	206.3	1396.6	994.7
新加坡	259.7	248.8	106.1	108.4	587.3	982.5	112.4	522.1	919.1	522.6
奥地利	281.7	303.5	291.0	98.9	616.6	294.3	191.8	159.0	537.9	287.0
原苏联	270.0	539.7	254.6	51.3	496.3	126.9	66.5	90.1	426.9	90.4
香　港	147.2	282.1	78.1	143.9	609.6	516.7	239.9	608.0	1026.2	352.4
中　国	454.6	219.5	178.7	36.4	220.9	56.5	341.5	283.8	585.0	213.2
小　计	11656.1	11750.3	9584.9	8043.5	48425.0	33175.0	7633.1	11661.0	31855.2	12070.3
世　界	16030.0	15582.1	12665.9	9344.8	54968.3	37657.3	9822.4	13539.6	42778.6	17231.1

进口地	772	775	776	776.4	778	781	782	784	792	793
美　国	3041.6	1356.8	9072.1	7403.4	3969.0	44174.1	8449.3	14338.0	5296.1	484.0
原西德	2268.8	1670.5	3372.4	2550.5	2724.2	10367.1	1425.1	5022.0	3594.0	280.3
法　国	1594.0	1680.1	1906.1	1314.2	2013.6	10230.0	2377.0	2487.8	7464.1	183.4
英　国	1736.5	1312.3	2384.1	1627.2	1812.7	12257.3	2051.3	4396.6	4256.6	634.5
加拿大	842.2	493.4	1466.5	1071.8	1145.0	9335.1	2551.2	776.4	1659.2	145.2
意大利	1503.2	551.3	2250.8	1667.3	1421.1	9021.7	1563.3	1875.8	837.3	199.8
荷　兰	893.8	802.7	555.1	361.5	1340.2	3426.7	1223.8	1729.1	1388.5	177.7
比—卢	716.8	592.8	426.1	212.0	913.3	6155.5	854.5	5145.0	596.9	79.5
西班牙	672.6	543.9	456.8	224.0	860.3	3905.7	1200.0	2627.2	1220.7	164.1
日　本	559.4	243.2	2103.2	1678.0	676.3	3703.7	85.0	697.8	2215.1	175.8
瑞　士	744.3	411.8	246.3	155.1	659.6	3756.2	738.9	513.7	680.6	146.8
瑞　典	641.4	458.1	311.9	207.6	717.1	2619.6	467.5	1372.1	732.6	565.2
南朝鲜	804.8	74.4	2626.5	1596.8	738.9	70.2	66.2	567.3	1293.4	71.5
澳大利亚	383.3	281.5	183.4	119.1	534.8	1927.5	1056.3	1029.7	1351.5	308.7
墨西哥	1081.8	235.3	766.1	289.6	731.2	53.4	45.4	2531.0	514.8	101.1
新加坡	727.0	118.7	2917.1	2263.0	618.7	335.7	147.4	378.1	1095.5	412.4
奥地利	513.8	470.5	497.9	301.3	487.6	2682.7	457.2	733.5	283.5	29.7
原苏联	215.3	58.9	38.5	11.9	379.4	63.0	137.0	167.8	7.9	1259.8
香　港	513.0	194.6	2380.2	1638.1	690.3	445.6	163.3	147.2	349.3	347.4
中　国	387.8	148.7	434.6	50.1	189.1	296.7	205.1	116.2	775.0	219.0
小　计	19841.4	12228.9	34392.7	20705.8	22622.4	124828.5	25264.8	46652.3	35612.6	5985.9
世　界	26430.1	15215.2	45674.7	31544.0	28988.9	140913.0	32987.3	64908.3	49816.1	19665.1

表11、表12注：1. 资料来源：表11、表12分别摘自《世界机械产品贸易年鉴》1991年版第38～43页、第48～59页。

2. 出进口国家(地区)的排列是根据其当年机械和运输设备出进口金额的大小依次而定的。

3. 上述20个国家和地区出进口的机械和运输设备产品总额约占当年世界该类商品出进口总额的90%、75%～80%。

4. 此表中所列30种机械和运输设备产品均是在世界机械和运输设备贸易中占有较大份额的。

5. 根据国际贸易标准分类目录(SITC, Rev.3)，编号“713”～“793”分别代表的机械和运输设备产品是：

713 内燃机及其零件(包括航空用、车辆用和船舶用内燃机)；

714 非电动发动机(包括喷气发动机、燃气轮机，不包括713)；

716 旋转式电力设备及零件(包括直流、交流电动机及发电机、发电机组和旋转式变流机)；

721 农业机械及其零件(不包括拖拉机)；

722 拖拉机(牵引车)(包括履带式和轮式拖拉机)；

723 土木工程及建筑用机械及其零件(如机动压路机、建筑及采矿用机械)；

724 纺织及皮革用机器设备(如缝纫机、纺织机械)；

728 其他特种工业专用机器设备及零件；

731、733 机床(金属、陶瓷加工机床)；

741 加热及冷却机械及零件；

743 泵(液压泵除外)及压缩机、鼓风机、离心机、过滤和净化机器及装置与零件；

744 机械转送搬运设备及零件(起重机、装卸机)；

745 非电动机械工具、机械器具及零件；

751 办公用机械(打字机、计算器、复印机等)；

752 自动数据处理设备及其部件、磁性或光学阅读器；

759 专用于或主要用于编号751、752机器的附件及零件；

761 电视接收机(包括彩色和黑白电视接收机)；

763 留声机、口授机及其他录音机、放音机，录像机、放像机；

764 其他电讯设备及电讯设备的附件和零件(包括有线电话及电报设备，微音器、扬声器及音频扩大器，电视、广播发射机等)；

764.1. 有线电话及电报设备；

764.9. 电讯设备装置的附件及零件；

772. 接电路、断电路、保护电路及联接电路用的电气用具、电阻器，印刷电路，配电板及控制板和上述装置的零件；

775 家用电动及非电动设备(如洗衣机、冰箱、洗碟机、电扇等)；

776 电子管、光电管，已配装的压电晶体、二极管、晶体管及类似的半导体器件，微电子电路，上述物品的零件；

776.4 微电子电路；

778 其他电力机械及器具(原电池、蓄电池、灯泡等)；

781 机动小客车(指9座及以下的机动客车，包括客货两用)；

782 载货及特种车辆(如载货汽车、消防汽车、加油车等)；

784 编号722、781、782、783的附件及零件(主要有装有引擎的底盘、车身、机动车辆的其他附件)；

792 航空器和有关设备及零件(如飞机、飞艇、航空器、发射装置及有关零件)；

793 船舶及浮动装置(船、艇、拖船、船舶以外的浮动装置)。

〔附录责任编辑：陈振中(附录一、二)，王树良(附录三、四)〕